## 《电动汽车工程手册》卷目

**总主编** 孙逢春（北京理工大学，中国工程院院士）

### 第一卷 纯电动汽车整车设计

**主编** 北京理工大学 林 程

**主审** 北京汽车集团有限公司 林 逸

### 第二卷 混合动力电动汽车整车设计

**主编** 北京理工大学 何洪文

**主审** 清华大学 张俊智

### 第三卷 燃料电池电动汽车设计

**主编** 同济大学 章 桐

**主审** 清华大学 李 骏（中国工程院院士）

### 第四卷 动力蓄电池

**主编** 中国电子科技集团公司第十八研究所 肖成伟

**主审** 中国科学院上海微系统与信息技术研究所 夏保佳

### 第五卷 驱动电机与电力电子

**主编** 上海电驱动股份有限公司 贡 俊

**主审** 中国科学院电工研究所 温旭辉

### 第六卷 智能网联

**主编** 清华大学 李克强

**主审** 清华大学 李 骏（中国工程院院士）

### 第七卷 基础设施

**主编** 北京交通大学 张维戈

**主审** 中国科学院电工研究所 王丽芳

### 第八卷 测试评价

**主编** 中国汽车工程研究院股份有限公司 周 舟

**主审** 湖南大学 刘敬平

### 第九卷 运用与管理

**主编** 北京理工大学 王震坡

**主审** 北京航空航天大学 王云鹏

### 第十卷 标准与法规

**主编** 中国汽车技术研究中心有限公司 吴志新

**主审** 比亚迪汽车工业有限公司 廉玉波

# 谨以此书献给

为中国电动汽车事业
砥砺奋进的电动汽车人！

HANDBOOK OF ELECTRIC VEHICLE

**总主编** 孙逢春 **主编** 李克强 **副主编** 边明远 **主审** 李 骏

Volume 6

**第六卷**

# 电动汽车工程手册

## 智能网联

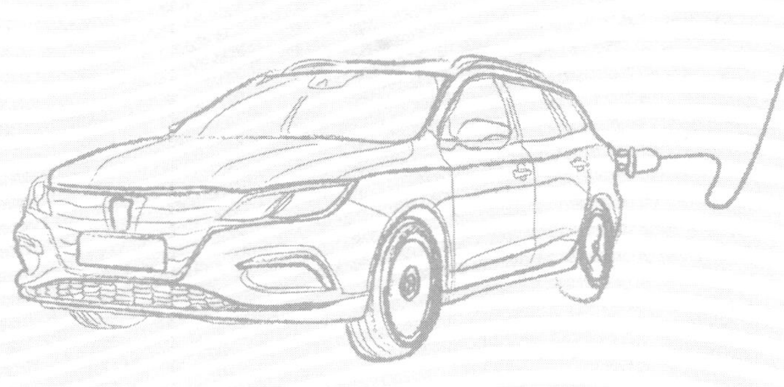

机械工业出版社
CHINA MACHINE PRESS

《电动汽车工程手册　第六卷　智能网联》沿智能化汽车和车联网应用两大技术主线展开，分为基础知识、智能技术、网联技术三篇，围绕智能网联汽车所覆盖的车辆关键技术、网联与通信技术、基础支撑技术三大领域，重点介绍智能汽车相关领域的技术体系、电子电气架构、车辆状态及环境感知技术、高精度导航与定位技术、智能车辆决策规划技术、控制执行技术、测试与评价技术，车联网相关领域的车载网络与通信技术、车际网络与通信技术、车载移动互联网技术、车联网信息安全技术，智能网联汽车相关的基础学科知识、技术标准与法规，以及智能网联技术在电动汽车方面的典型应用等支撑性内容。

本手册旨在梳理电动汽车现有技术成果、推进电动汽车产业链全面发展，不仅可以为高等院校、汽车研究机构和企业工程技术人才培养提供非常有价值的教材和参考资料，而且可以直接服务于电动汽车产业的自主创新，希望能够对深入推进供给侧结构性改革、提高我国电动汽车产业研发自主创新能力、提升自主品牌零部件和整车企业的竞争力、培育新动能做出贡献。



**图书在版编目（CIP）数据**

电动汽车工程手册. 第六卷，智能网联 / 李克强主编. —北京：机械工业出版社，2019.12

ISBN 978-7-111-63872-8

Ⅰ. ①电…　Ⅱ. ①李…　Ⅲ. ①电动汽车－汽车工程－技术手册　Ⅳ. ① U469.72-62

中国版本图书馆 CIP 数据核字（2019）第 217717 号

机械工业出版社（北京市百万庄大街 22 号　邮政编码 100037）
策划编辑：何士娟　责任编辑：何士娟　安桂芳　张翠翠　侯　颖　章承林
责任校对：刘雅娜　责任印制：张　博
北京铭成印刷有限公司印刷
2019 年 12 月第 1 版第 1 次印刷
184mm × 260mm · 41.5 印张 · 3 插页 · 968 千字
0001—3000 册
标准书号：ISBN 978-7-111-63872-8
定价：338.00 元

电话服务　　　　　　　　　网络服务
客服电话：010-88361066　机　工　官　网：www.cmpbook.com
　　　　　010-88379833　机　工　官　博：weibo.com/cmp1952
　　　　　010-68326294　金　　书　　网：www.golden-book.com
**封底无防伪标均为盗版**　　机工教育服务网：www.cmpedu.com

# 《电动汽车工程手册》指导委员会

# 《电动汽车工程手册》编撰委员会

## 《电动汽车工程手册》出版委员会

# 序

《电动汽车工程手册》正式和广大读者见面了。这是对我国新能源科技与工程领域的一个贡献，也是我国新能源汽车产业的一项重大基础性建设。

从顶层上看，中国汽车产业发展战略一定要与国家的能源战略相契合。国家的能源战略很明确，就是立足国情，多元替代。2009年，我国将新能源汽车上升为国家战略，在全球率先启动了产业化进程。2014年，发展新能源汽车被认为是迈向汽车强国的必由之路，这更进一步坚定了相关企业的信心，汽车产业总体由燃油汽车的跟踪追赶转向新能源汽车的“换道先行”。

近几年来，我国新能源汽车技术快速发展，整体素质和实力有所增强，产品的质量和水平有较大提高，产品的门类和品种有了较快的发展，为我国社会主义现代化建设做出了应有的贡献。但是也应当看到，与国民经济蓬勃发展的需要和国际先进水平相比，我国电动汽车技术还存在着一定差距。在我国社会主义市场经济体制逐渐建立和完善的进程中，在世界范围新技术革命步伐加快的过程中，我国电动汽车工业既有机遇，又有挑战。为此，电动汽车工业发展必须真正调整到依靠科技进步和提高劳动者素质的轨道上来，要下大力气掌握和追踪新技术，开发和应用新技术，改造传统工艺，发展新兴产业，不断增强电动汽车工业在国内外两个市场的竞争能力。只有这样，才能更好地完成党和人民赋予我们的发展民族汽车工业的历史重任。

《电动汽车工程手册》正是为完成这个历史任务而诞生的。它梳理了电动汽车产业多年发展的知识积累，凝结了我国电动汽车产业近20年来自主研究的重要成果，对于总结电动汽车现有技术成果、强化关键共性技术、引领技术发展方向有重要意义；另外，它涉及的内容全面，对于推进电动汽车产业链全面发展、加快国家基础体系建设具有重要意义，对于发展新能源汽车的国家战略、加快新能源汽车的推广应用、有效缓解能源和环境压力、促进汽车产业转型升级也将起到重要的参考作用，具有非常重要的出版价值。

这部手册的编写与审稿队伍，由国内千余名有专长、有经验的学者和专家所组成。手册扼要地总结了电动汽车各个关键细分领域的科学技术成就，同时也吸收了国外的成熟经验。聚沙成塔，集腋成裘。名为手册，实为巨著。

读书不易，写书颇难，写工具书更难。为了编好这部“立足全局，勾画全貌，反映共性，突出重点”的手册，从技术全面性、知识完整性、分卷协调性的角度出发，编者们做了很大努力，从无到有，诸事草创，困难重重，艰辛备尝。值此手册出版之际，我谨向各参编单位、各审稿单位和出版印刷单位，向数以千计的全体编写、审稿人员，向遍及全国的为手册提供资料和其他便利条件的单位和同志们，表示衷心的感谢。

“大道行于百年，权宜利于一时”。《电动汽车工程手册》是积累、扩充和传播知识的工具，是新能源汽车科技领域的一项宏远工程。唯有以渊博的科学技术知识作为基础，才能不断创新。它既可供从事技术工作的各类人员在工程实践中查阅使用，也可供企事业单位从事相关管理工作的人员参考使用。读者可以从中了解相关专业领域的国内领先科技和国际先进科技，了解和把握技术动向，以便能科学、准确地做出决策和规划，使我们的工作更具系统性、预见性和创造性，更好地为汽车工业的持续、快速、健康发展服务。

实践是检验真理的唯一标准。在我国，这类工具书的编撰和出版工作刚刚开始，现在是从无到有，将来是精益求精。我们将严肃认真地听取广大读者的意见和建议，以作为评价和改进这部手册的主要依据。在新的长征途中，希望我们全体的中国汽车人勠力同心，再接再厉，去完成时代赋予我们的光荣使命。

付于武

# 前　言

2014 年 5 月 24 日，习近平总书记在上海汽车集团考察时指出：“发展新能源汽车是我国从汽车大国迈向汽车强国的必由之路。”他的重要讲话为我国汽车工业的发展指明了前进和发展方向。2010 年，国家把新能源汽车列入七大战略性新兴产业之一；2015 年，节能与新能源汽车列入《中国制造 2025》十大重点支持领域之一。

保障我国能源安全、实现节能和环保、促进汽车产业技术革命及产业转型升级，是发展新能源汽车的国家战略和大势所趋。以新能源汽车为基础的智能网联汽车，将会在生产环节以及整个消费环节、服务环节取得全面发展。

经过国家四个“五年计划”的科技攻关，特别是通过 2008 年北京奥运会、2010 年上海世博会，我国新能源汽车行业取得了四大标志性成果：一是新能源汽车产业规模和产销量全球第一，并占有全球 50% 以上市场份额，技术水平处于国际先进行列；二是充电基础设施规模全球第一；三是动力蓄电池、电机、电控等核心关键技术产品产销量全球第一；四是构建了全球领先的新能源汽车安全运行监管平台技术和标准体系。

目前，我国新能源汽车产业基本掌握了整车技术和关键零部件技术，有了一定的技术积累，进入了成长期。

成长中的中国新能源汽车，对知识的需求极度渴望。在完全开放的全球市场中，技术竞争压力越来越大，中国汽车企业亟须解决电动汽车核心关键技术。加快新能源汽车持续创新，推进中国汽车产业技术转型升级，是中国科技发展的重大战略需求。

我国新能源汽车发展了 20 多年，是到了一个该总结、该展望的时刻了。

《电动汽车工程手册》是一部系统概括电动汽车各专业主要技术内容的大型工具书，总结了三种电驱动车辆——纯电动汽车、混合动力电动汽车和燃料电池电动汽车相关的技术成果和知识链。

《电动汽车工程手册》的编写初衷，是响应国家建设制造强国的发展战略目标要求，系统地、完整地梳理我国电动汽车这 20 多年来的知识体系，对电动汽车各个关键细分领域专题技术路线进行深入剖析，总结电动汽车现有技术成果，强化关键共性技术，引领技术发展方向，希望能够从供给侧的角度推进电动汽车产业链全面发展。

根据国家电动汽车重大专项部署，依据我国科技开发和产业化“三纵三横”布局，《电动汽车工程手册》规划了 10 卷：《纯电动汽车整车设计》《混合动力电动汽车整车设计》《燃料电池电动汽车设计》《动力蓄电池》《驱动电机与电力电子》《智能网联》《基础设施》《测试评价》《运用与管理》和《标准与法规》。其中，前三卷为整车卷，第四卷和第五卷为关键技术卷，第六卷到第十卷涉及三种整车共同的基础建设和相关产业链。手册内容广泛，卷帙浩繁，各卷的内容又相互渗透，互为补充，构成了一个纵横交错的知识体系。

从2016年开始，《电动汽车工程手册》编撰委员会盛情邀请在智能网联新能源汽车研究开发和产业化领域积极进取、攻坚克难和卓有建树的相关单位和专家，积极参与《电动汽车工程手册》的编撰工作。这套手册的编撰是一个从无到有的大工程，三年来，在千余位专家学者的共同努力下，书稿终成。

本手册集成产、学、研各方力量和智慧，实属来之不易。在这里，衷心地感谢《纯电动汽车整车设计》林程主编/林逸主审、《混合动力电动汽车整车设计》何洪文主编/张俊智主审、《燃料电池电动汽车设计》章桐主编/李骏主审、《动力蓄电池》肖成伟主编/夏保佳主审、《驱动电机与电力电子》贡俊主编/温旭辉主审、《智能网联》李克强主编/李骏主审、《基础设施》张维戈主编/王丽芳主审、《测试评价》周舟主编/刘敬平主审、《运用与管理》王震坡主编/王云鹏主审、《标准与法规》吴志新主编/廉玉波主审；感谢北汽新能源、宁德时代、福田汽车、广汽新能源、宇通客车、比亚迪汽车、中国一汽、东风汽车、上汽集团、长安新能源、奇瑞新能源等知名企业的技术总监和技术专家；感谢清华大学、北京理工大学、北京航空航天大学、北京交通大学、同济大学、吉林大学、南开大学、天津大学、重庆大学、湖南大学等院校的教授和老师；感谢中国电子科技集团公司第十八研究所、中国科学院电工研究所、中国科学院理化技术研究所、中国汽车技术研究中心有限公司、中国汽车工程研究院股份有限公司等研发机构的工程师。

《电动汽车工程手册》还是一个新生儿，希望大家能够不断地对之修正补充完善，使之始终伴随并助力中国电动汽车产业的健康成长。

手册终于和大家见面了，但在总体编排和一些具体问题的处理上仍有些不尽如人意之处，欢迎广大读者批评指正，并请将意见和建议发到邮箱 evhandbook@163.com。感谢大家的支持！

# 本卷编写与审稿人员

**主编：李克强　　副主编：边明远　　主审：李骏**

| 章号 | 章名 | 负责人 | 编写人员 | 审稿人员 |
| --- | --- | --- | --- | --- |
| 第 1 章 | 概述 | 中国信息通信研究院：葛雨明 | 清华大学：边明远；<br>中国信息通信研究院：宫政，刘晓曼，于润东；<br>北京嘀嘀无限科技发展有限公司：武晓宇 | 清华大学：李骏；<br>华为技术有限公司：夏媛；<br>北京新能源汽车股份有限公司：尹颖，张友焕，王雪莹；<br>比亚迪汽车工业有限公司：李桂忠，田果 |
| 第 2 章 | 电子电气架构与计算平台 | 北京智行者科技有限公司：王肖 | 北京智行者科技有限公司：张德兆，付文亮，赵学峰，李晓飞，张放 | 清华大学：李骏；<br>清华大学苏州汽车研究院智能车研究所：戴一凡；<br>北京新能源汽车股份有限公司：尹颖，张友焕，王雪莹 |
| 第 3 章 | 车辆状态及环境感知技术 | 同济大学：白杰 | 同济大学：黄李波；<br>华为技术有限公司：夏媛，马莎；<br>上海禾赛光电科技有限公司：孟颖；<br>苏州豪米波技术有限公司：仝盼盼，罗振刚 | 北京智行者科技有限公司：王肖；<br>北京信息科技大学：陈勇；<br>东南大学：殷国栋；<br>北京新能源汽车股份有限公司：尹颖；<br>比亚迪汽车工业有限公司：李桂忠 |
| 第 4 章 | 导航与定位技术 | 武汉中海庭数据技术有限公司：曾佳 | 武汉中海庭数据技术有限公司：罗跃军；<br>国汽（北京）智能网联汽车研究院有限公司：褚文博，李庆建 | 清华大学：李骏；<br>吉林大学：高振海；<br>比亚迪汽车工业有限公司：田果 |
| 第 5 章 | 智能车辆决策规划技术 | 北京理工大学：龚建伟 | 北京理工大学：陈雪梅，吕超 | 南京理工大学：王洪亮；<br>清华大学：李升波；<br>北京新能源汽车股份有限公司：张友焕；<br>比亚迪汽车工业有限公司：凌和平，石明川 |

（续）

| 章号 | 章名 | 负责人 | 编写人员 | 审稿人员 |
|---|---|---|---|---|
| 第 6 章 | 控制执行技术 | 厦门大学：郭景华 | 大连理工大学：郭烈；<br>北京理工大学：赵玉壮，龚建伟，吴绍斌，王志福；<br>东南大学：殷国栋；<br>上海大学：金贤建 | 北京信息科技大学：陈勇；<br>南京理工大学：王洪亮；<br>北京新能源汽车股份有限公司：王雪莹；<br>比亚迪汽车工业有限公司：李桂忠 |
| 第 7 章 | 测试与评价技术 | 北京智能车联产业创新中心有限公司：倪鹏 | 北京智能车联产业创新中心有限公司：吴琼，孙亚夫，党利冈，王哲；<br>中国汽车技术研究中心有限公司：宋攀，刘兴亮，张慧，高博麟，王羽，宋瑞；<br>吉林大学：朱冰，张培兴 | 清华大学苏州汽车研究院智能车研究所：戴一凡；<br>吉林大学：高振海 |
| 第 8 章 | 标准法规 | 中国汽车技术研究中心有限公司：孙航 | 中国汽车技术研究中心有限公司：王兆，赵静炜，解瀚光，张行，陈振宇；<br>中国信息通信研究院：葛雨明，宫政，刘晓曼，于润东；<br>北京嘀嘀无限科技发展有限公司：武晓宇 | 华为技术有限公司：夏媛；<br>中国汽车技术研究中心有限公司：高博麟；<br>比亚迪汽车工业有限公司：凌和平，丘国维 |
| 第 9 章 | 车载网络及通信技术 | 英飞凌科技有限公司：陈骐 | | 南京理工大学：王洪亮；<br>清华大学苏州汽车研究院智能车研究所：戴一凡 |
| 第 10 章 | 车际网络及通信技术 | 大唐电信科技产业集团：高卓 | 大唐电信科技产业集团：周巍，房家奕，胡金玲，任世岩，林琳；<br>北京航空航天大学：田大新；<br>华为技术有限公司：夏媛，李明超 | 北京智行者科技有限公司：王肖；<br>国汽（北京）智能网联汽车研究院有限公司：褚文博；<br>比亚迪汽车工业有限公司：田果 |
| 第 11 章 | 车载移动互联网络架构及关键技术 | 武汉英泰斯特电子技术有限公司：糜锋 | 武汉英泰斯特电子技术有限公司：柳伟，李荣成，沈剑凯，张道武 | 华为技术有限公司：夏媛；<br>国汽（北京）智能网联汽车研究院有限公司：褚文博；<br>北京新能源汽车股份有限公司：尹颖，张友焕，王雪莹 |
| 第 12 章 | 车联网信息安全与隐私保护 | 武汉英泰斯特电子技术有限公司：糜锋 | 武汉英泰斯特电子技术有限公司：柳伟，李荣成，沈剑凯，张道武 | 华为技术有限公司：夏媛；<br>清华大学苏州汽车研究院智能车研究所：戴一凡；<br>比亚迪汽车工业有限公司：石明川 |
| 第 13 章 | 基于智能网联技术的电动汽车应用 | 清华大学：边明远 | 清华大学：罗禹贡，李克强；<br>上海汽车集团股份有限公司：张书玮；<br>清华四川能源互联网研究院：朱陶 | 北京信息科技大学：陈勇；<br>国汽（北京）智能网联汽车研究院有限公司：褚文博；<br>中国汽车技术研究中心有限公司：高博麟；<br>比亚迪汽车工业有限公司：田果 |

# 本卷前言

新一轮科技革命和产业变革引发了新一代信息技术与制造技术的深度融合。汽车产业正加快与新能源、新材料、电子信息等融合发展，“能源动力革命”“智能化革命”“互联网革命”正引导汽车技术和产业发生颠覆性变革。电动化、智能化、网联化、共享化的汽车技术和产业发展趋势日益成为行业内外的共识，汽车产业结构正面临全新的重构。在汽车产业“新四化”的变革趋势中，电动汽车是智能化、网联化技术的最佳载体和依托平台，共享化则是前三者结合的典型应用和产业生态形式。

《电动汽车工程手册　第六卷　智能网联》沿智能化汽车和车联网应用两大技术主线展开，分为基础知识、智能技术、网联技术三篇，围绕智能网联汽车所覆盖的车辆关键技术、网联与通信技术、基础支撑技术三大领域，重点介绍智能汽车相关领域的技术体系、电子电气架构、车辆状态及环境感知技术、高精度导航与定位技术、智能车辆决策规划技术、控制执行技术、测试与评价技术，车联网相关领域的车载网络与通信技术、车际网络与通信技术、车载移动互联网技术、车联网信息安全技术，智能网联汽车相关的基础学科知识、技术标准与法规，以及智能网联技术在电动汽车方面的典型应用等支撑性内容。

本卷旨在为汽车与相关行业从事技术研发、战略研究的专业人员提供系统的智能网联汽车技术参考资料，广泛邀请了国内从事智能网联研发的相关院校、研究院所和企业，如清华大学、北京理工大学、同济大学、厦门大学、大连理工大学、东南大学、上海大学、吉林大学、北京航空航天大学、中国信息通信研究院、北京嘀嘀无限科技发展有限公司、北京智行者科技有限公司、华为技术有限公司、上海禾赛光电科技有限公司、武汉中海庭数据技术有限公司、国汽（北京）智能网联汽车研究院有限公司、北京智能车联创新中心有限公司、中国汽车技术研究中心有限公司、英飞凌科技有限公司、大唐电信科技产业集团、武汉英泰斯特电子技术有限公司、上海汽车集团股份有限公司、清华四川能源互联网研究院等单位参与组稿和审稿，力求内容充实全面，体例易查易用，概念科学准确。历经两年时间，五次统稿，书稿终成。

由于编者水平有限，手册内容的深度和广度尚存在欠缺，观迎广大同仁、读者予以批评指正。

编　　者

# 目　录



## 第1篇　基础知识

### 第1章　概述

# 第2篇 智能技术

**第2章**

**电子电气架构与计算平台**



**第3章**

**车辆状态及环境感知技术**



**第4章**

**导航与定位技术**

第 5 章 智能车辆决策规划技术

# 第6章 控制执行技术

## 第7章 测试与评价技术



## 第8章 标准法规



# 第3篇 网联技术

## 第9章 车载网络及通信技术

第 10 章 车际网络及通信技术

## 第 11 章 车载移动互联网络架构及关键技术

## 第13章 基于智能网联技术的电动汽车应用

# 基础知识

# 第1篇

# 第1章 概述

## 1.1 智能网联汽车概述

### 1.1.1 定义及内涵

智能网联汽车（Intelligent and Connected Vehicle，ICV）是指搭载先进的车载传感器、控制器、执行器等装置，并融合现代通信与网络技术，实现车与X（人、车、路、云等）智能信息交换、共享，具备复杂环境感知、智能决策、协同控制等功能，可实现“安全、高效、舒适、节能”行驶，并最终可实现替代人来操作的新一代汽车。

因此，智能网联汽车（ICV）属于一种跨技术、跨产业领域的新兴汽车体系。从广义上讲，智能网联汽车是以车辆为主体和主要节点，融合现代通信和网络技术，使车辆与外部节点实现信息共享和协同控制，以达到车辆安全、有序、高效、节能行驶的新一代多车辆系统。

智能网联汽车集中运用了汽车工程、人工智能、计算机、微电子、自动控制、通信与平台等技术，是一个集环境感知、规划决策、控制执行、信息交互等于一体的高新技术综合体，是汽车智能化的重要体现。

从技术发展路径来说，智能汽车分为3个发展方向：网联式智能汽车（Connected Vehicle，CV）、自主式智能汽车（Autonomous Vehicle，AV），以及前两者的融合，即智能网联汽车（Connected and Automated Vehicle，CAV或Intelligent and Connected Vehicle，ICV），如图1-1所示。

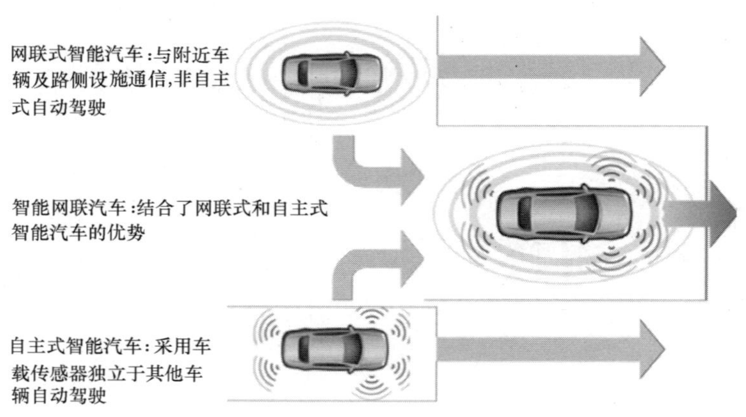


图 1-1　智能汽车的内涵

通过车载传感系统，智能网联汽车本身具备主动的环境感知能力，此外，它也是智能交通系统（ITS）的核心组成部分，是车联网体系的一个节点，通过车载信息终端实现与人、车、路、互联网等之间的无线通信和信息交换。因此，智能网联汽车可以提供更安全、更节能、更环保、更便捷的出行方式和综合解决方案，是国际公认的未来发展方向和关注焦点。智能网联汽车、智能汽车与车联网、智能交通等的相互关系如图 1-2 所示。

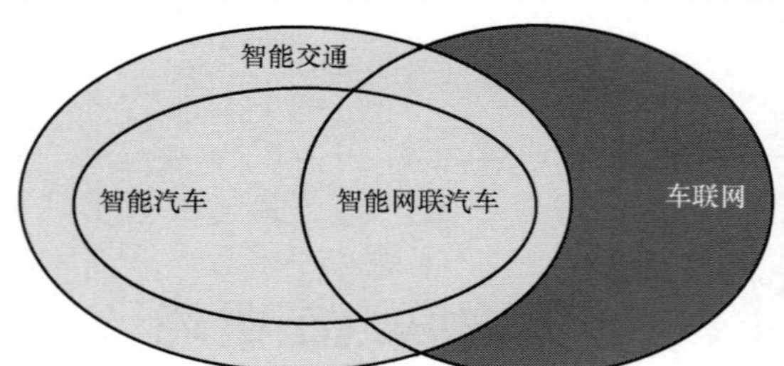


图 1-2　智能网联汽车、智能汽车与车联网、智能交通等的相互关系

### 1. 智能网联汽车的价值链

智能网联汽车在提高行车安全、减轻驾驶人负担方面具有重要作用，并有助于节能环保和提高交通效率。研究表明，在智能网联汽车的初级阶段，通过先进的智能驾驶辅助技术有助于减少 30% 左右的交通事故，交通效率提升 10%，油耗与排放分别降低 5%。进入智能网联汽车的终极阶段，即完全自动驾驶阶段，甚至可以完全避免交通事故，交通效率提升 30% 以上。如果说车联网在汽车安全、节能、环保方面的价值是间接、基础性的，那么智能网联汽车在提高行车安全、减轻驾驶人负担方面的核心价值是直接、显而易见的，并有助于节能和环保。

### 2. 智能网联汽车的技术链

智能系统技术一般由传感、控制、执行三大层面的关键技术组成，智能网联汽车也不例外。智能网联汽车的重要功能主要从两个途径得以体现，一是自动驾驶技术，二是车联网及应用技术，这两个途径表现为相辅相成的关系。作为载运工具平台，智能网联汽车依靠车载传感器，结合车联网交互的其他多源信息实现对车辆自身运行状态及行驶环境信息的完备感知，并通过智能化的行驶决策和控制技术完成车辆路径规划、安全节能行驶控制的目标。智能网联汽车的关键技术主要包括以下方面：

1）环境感知技术。包括车辆本身状态感知、道路感知、行人感知、交通信号感知、交通标识感知、交通状况感知、周围车辆感知和天气感知等。这其中既包含了先进的传感器技术，也包含了基于多源信息融合的环境感知技术。

2）智能互联技术。包括车联网 V2X 通信与组网技术，车载端、路侧端、云端的智能终端技术等，共同满足车联网环境下不同信息节点的数据传输和交互。

3）数据驱动的智能应用技术。包括大数据处理技术、分布式云计算技术、云端平台及控制技术、自动驾驶技术、车联网产业应用技术等。

3. 智能网联汽车的产业链

智能网联汽车的产业链涉及汽车、电子、通信、互联网、交通等多个领域，按照产业链上下游关系主要包括：

1）芯片厂商。开发和提供车规级芯片系统，包括环境感知系统芯片、车辆控制系统芯片、通信芯片等。

2）传感器厂商。开发和供应先进的传感器系统，包括机器视觉系统、雷达系统（激光、毫米波、超声波）等。

3）汽车电子 / 通信系统供应商。能够提供智能驾驶技术研发和集成供应的企业，如自动紧急制动、自适应巡航、V2X 通信系统、高精度定位系统等。

4）整车企业。提出产品需求，提供智能汽车平台，开放车辆信息接口，进行集成测试。

5）平台开发与运营商。开发车联网服务平台，提供平台运营与数据挖掘分析服务。

6）内容提供商。高精度地图、信息服务等的供应商。

车联网、智能交通系统（ITS）为智能汽车提供了智能化的基础设施、道路及网络环境，随着汽车智能化层次的提高，反过来也要求车联网、智能交通系统同步发展。

## 1.1.2 “端 - 网 - 云”架构

智能网联汽车同时具备“智能”与“网联”两个方面的特性，这就决定了一方面它是道路交通系统中一个可以具备一定自主决策和自我控制能力的载运工具平台，另一方面，它同时也是车联网络大环境中的一个信息交互节点。智能网联汽车未来自动驾驶和智能交通场景的实现，都需要依赖车 - 车、车 - 路、车 - 云协同的信息交互和协调控制技术。因此，不论是从物理域还是从信息域来看，智能网联汽车从功能到技术实现方面都体现为“端 - 网 - 云”的体系架构。

其中，“端”既包括道路交通环境中行驶的车辆（智能移动终端），也包括处于交通环境中的非车辆，如行人、动物等。端是智能网联汽车运行过程中数据获取、计算处理、智能应用的功能载体。

“网”则指智能网联汽车赖以运行的车联网环境，车联网以车、路、道路基础设施为基本节点和信息源，通过无线通信技术实现信息交互，从而实现“车 - 人 - 路 - 城市”的和谐统一。车联网是以车内网、车际网和车载移动互联网（车云网）为基础，按照约定的通信协议和数据交互标准，在车 - 车、车 - 路、车 - 云，以及车辆与互联网之间，进行无线通信和信息交换，以实现智能交通管理控制、车辆智能化控制和智能动态信息服务的一体化网络，它是物联网技术在智能交通系统领域的延伸。

车内网：通过应用成熟的总线技术建立一个标准化的整车网络，实现电器部件之间控制信号及状态信息在整车网络上的传递，实现车载电器的控制、状态监控及故障诊断等功能。

车外网（车际网、车云网）：通过无线通信技术把车载终端与外部网络连接起来，实现车辆间、车辆和固定基站等基础设施之间的信息交换。

“云”是指智能网联汽车运行的体系架构中用以进行跨领域大数据存储和处理的云服务平台。这是一种基于“云”计算架构的大数据车辆信息与车路互动平台，能够至少同时支持百万级车载智能终端及千万级智能移动终端的大数据并发，实现对海量涉车数据的存储、计算、管理、监控、分析、挖掘及应用，是系统互联与智能的核心。有别于其他不能互联互通的独立平台，它是一个可以不分地域、不分业务种类、车辆全网透视、统一集中的开放车联业务平台。



## 1.2 智能网联汽车技术分级

智能网联汽车包括智能化与网联化两个技术层面，其分级也可对应地按照智能化与网联化两个层面区分。在智能化方面，美国 SAE、NHTSA，德国 VDA 等组织已经给出了各自的分级方案，这里以较权威的美国 SAE 分级定义为基础，并考虑我国道路交通情况的复杂性，加入了对应级别下智能系统能够适应的典型工况特征。

### 1.2.1 智能化分级

智能化分级见表 1-1。

表 1-1 智能化分级

| 智能化等级 | 等级名称 | 等级定义 | 控制 | 监视 | 失效应对 | 典型工况 |
|---|---|---|---|---|---|---|
| 人监控驾驶环境 | | | | | | |
| 1（DA） | 驾驶辅助 | 通过环境信息对方向和加减速中的一项操作提供支援，其他驾驶操作都由人操作 | 人与系统 | 人 | 人 | 车道内正常行驶工况，高速公路无车道干涉路段，泊车工况 |
| 2（PA） | 部分自动驾驶 | 通过环境信息对方向和加减速中的多项操作提供支援，其他驾驶操作都由人操作 | 人与系统 | 人 | 人 | 高速公路及市区无车道干涉路段，换道、环岛绕行、拥堵跟车等工况 |
| 自动驾驶系统（“系统”）监控驾驶环境 | | | | | | |
| 3（CA） | 有条件自动驾驶 | 由无人驾驶系统完成所有驾驶操作，根据系统请求，驾驶人需要提供适当的干预 | 系统 | 系统 | 人 | 高速公路正常行驶工况，市区无车道干涉路段 |
| 4（HA） | 高度自动驾驶 | 由无人驾驶系统完成所有驾驶操作，特定环境下系统会向驾驶人提出响应请求，驾驶人可以对系统请求不进行响应 | 系统 | 系统 | 系统 | 高速公路全部工况及市区有车道干涉路段 |
| 5（FA） | 完全自动驾驶 | 无人驾驶系统可以完成驾驶人能够完成的所有道路环境下的操作，不需要驾驶人介入 | 系统 | 系统 | 系统 | 所有行驶工况 |

### 1.2.2 网联化分级

在网联化层面，按照网联通信内容的不同将其划分为网联辅助信息交互、网联协同感知、网联协同决策与控制三个等级（表 1-2）。

表 1-2 网联化分级

| 网联化等级 | 等级名称 | 等级定义 | 控制 | 典型信息 | 传输需求 |
|---|---|---|---|---|---|
| 1 | 网联辅助信息交互 | 基于车-路、车-云端/服务器端，实现导航等辅助信息的获取以及车辆行驶数据与驾驶人操作等数据的上传 | 人 | 地图、交通流量、交通标志、油耗、里程等信息 | 传输实时性、可靠性要求较低 |
| 2 | 网联协同感知 | 基于车-车、车-路、车-人、车-云端/服务器端，实时获取车辆周边交通环境信息，与车载传感器的感知信息融合，作为自车决策与控制系统的输入 | 人与系统 | 周边车辆/行人/非机动车位置、信号灯相位、道路预警等信息 | 传输实时性、可靠性要求较高 |
| 3 | 网联协同决策与控制 | 基于车-车、车-路、车-人、车-云端/服务器端，实时并可靠获取车辆周边交通环境信息及车辆决策信息，车-车、车-路等各交通参与者之间信息进行交互融合，形成车-车、车-路等各交通参与者之间的协同决策与控制 | 人/自车系统/外部系统 | 车-车、车-路间的协同控制信息 | 传输实时性、可靠性要求最高 |

## 1.3 智能网联汽车技术体系架构

### 1.3.1 “三横两纵”式技术架构

智能网联不仅涉及汽车本身，还涉及信息通信、交通等多个领域，技术涉及范围广、跨度大，可划分为“三横两纵”式的技术架构（图 1-3）。“三横”是指车辆/设施关键技术、信息交互关键技术及基础支撑技术；“两纵”分别是指围绕汽车的车载平台和围绕道路环境的基础设施。

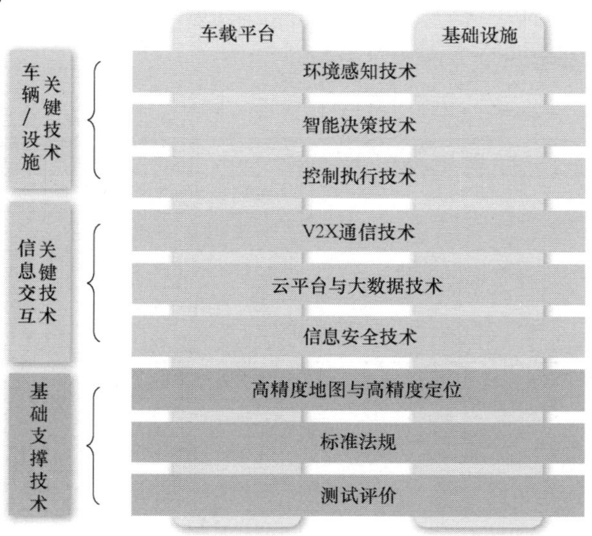

图 1-3 技术架构

### 1.3.2 车辆/设施关键技术

车辆/设施关键技术主要是指围绕汽车本身的智能化技术，以实现高级辅助驾驶乃至自动驾驶、更加自然的人机交互方式及更加丰富的信息娱乐功能为目的。其技术体系可分为环境感知、智能决策和控制执行三个方面（表 1-3）。

表 1-3　车辆 / 设施关键技术

| 技术方向 | 具体技术 |
| --- | --- |
| 环境感知技术 | 雷达探测技术 |
| | 机器视觉技术 |
| | 车辆姿态感知技术 |
| | 乘员状态感知技术 |
| | 协同感知技术 |
| | 信息融合技术 |
| 智能决策技术 | 行为预测技术 |
| | 态势分析技术 |
| | 任务决策技术 |
| | 轨迹规划技术 |
| | 行为决策技术 |
| 控制执行技术 | 关键执行机构控制 |
| | 车辆纵向 / 横向 / 垂向运动控制 |
| | 车间协同控制 |
| | 车路协同控制 |
| | 智能电子电气架构 |

## 1.3.3　信息交互关键技术

信息交互关键技术主要是指围绕信息通信的汽车内部以及与其他车辆、道路、行人、平台之间的网联化技术，通过安全地进行数据通信，从而实现信息获取、远程控制、数据分析以及信息服务等功能。其技术体系主要可分为专用通信与网络、大数据、平台和信息安全四个方面（表 1-4）。

表 1-4　信息交互关键技术

| 技术方向 | 具体技术 |
| --- | --- |
| 专用通信与网络技术 | 车辆专用短程通信技术 |
| | 车载无线射频通信技术 |
| | LTE-V 通信技术 |
| | 移动自组织网络技术 |
| | 面向智能交通的 5G 通信技术 |
| 大数据技术 | 非关系型数据库技术 |
| | 数据高效存储和检索技术 |
| | 车辆数据关联分析与挖掘技术 |
| | 驾驶人行为数据分析与应用技术 |
| 平台技术 | 信息服务平台 |
| | 安全 / 节能决策平台 |

（续）

| 技术方向 | 具体技术 |
| --- | --- |
| 信息安全技术 | 车载终端信息安全技术 |
| | 手持终端信息安全技术 |
| | 路侧终端信息安全技术 |
| | 网络信息安全技术 |
| | 数据平台信息安全技术 |

### 1.3.4 基础支撑技术

基础支撑技术主要是指支撑智能网联汽车的共性基础性技术，主要包括高精度地图、高精度定位、基础设施、车载硬件平台、车载软件平台、人因工程和整车安全架构等（表1-5）。

表1-5 基础支撑技术

| 技术方向 | 具体技术 |
| --- | --- |
| 高精度地图 | 三维动态高精度地图 |
| 高精度定位 | 卫星定位技术 |
| | 惯性导航与航迹推算技术 |
| | 通信基站定位技术 |
| | SLAM（即时定位与地图构建）技术 |
| | 协作定位技术 |
| 基础设施 | 路侧设施与交通信息网络 |
| 车载硬件平台 | 通用处理平台 / 专用处理芯片 |
| 车载软件平台 | 交互终端操作系统 |
| | 车辆控制器操作系统 / 共用软件基础平台 |
| 人因工程 | 人机交互技术 |
| | 人机共驾技术 |
| 整车安全架构 | 整车网络安全架构 |
| | 整车功能安全架构 |

## 1.4 电子电气系统

### 1.4.1 汽车电子系统

汽车电气是随着发动机控制、制动控制以及驾驶舒适性的发展而发展起来的。近10年来，随着新技术不断涌现，汽车产业70%的创新来源于汽车电子技术及其产品的开发应用。在某些高端汽车中，汽车电子在整车中的成本占比已在60%以上。汽车电子系统主要可以分为传感器、控制器、执行器等三个部分。

1. 传感器

汽车传感器根据对象可划分为对车辆内部信息的感知和对车辆外部信息的感知。内部感知主要通过电位器、编码器、氧传感器、温度传感器、压力传感器、液位传感器对节气门开度、节气门开关速率、发动机周围气体、油箱液位、发动机转速、温度等车辆内部信息进行感知；外部感知主要通过超声波雷达、毫米波雷达、摄像头、激光雷达等对周围障碍物、道路信号、天气情况进行感知。

2. 控制器

控制器是汽车电子系统的核心，负责整个控制系统的管理和控制。控制器的核心是微处理器，根据在内存中固化的程序代码对传感器数据进行采集，通过一系列逻辑运算后得到控制信号传给执行机构，由伺服电动机、舵机、车灯、电磁开关等将电子信号转换为机械动作，完成对车辆的相关控制。

3. 执行器

车辆中的各控制单元以及传感器之间需要相互通信，协同完成一系列动作。例如，在车身稳定电子系统控制车轮制动时，同时需要告知发动机管理系统降低转矩。各系统之间的相互通信一般是借助汽车数据总线完成的，如 CAN 总线、LIN 总线等。

汽车电子系统贯穿于所有的汽车子系统之间，根据高级辅助驾驶、动力总成、底盘与安全、车身与便捷、信息娱乐系统的汽车五大系统，相应的汽车电子系统组成见表 1-6。

表 1-6　汽车电子系统组成

| 五大系统 | 系统组成 |
|---|---|
| 高级辅助驾驶 | 自适应巡航系统 |
| | 紧急制动系统 |
| | 防碰撞预警系统 |
| | 自动泊车系统 |
| | 车道保持系统 |
| | 全景和并线辅助系统 |
| | 自动跟车系统 |
| 动力总成 | 发动机电子控制 |
| | 变速器电子控制 |
| | 在线诊断 |
| 底盘与安全 | 防抱死制动系统 |
| | 驱动防滑系统 |
| | 电子稳定性系统 |
| | 前照灯调节与清洗 |
| | 刮水和清洗控制 |
| | 燃油和磨损件监控 |
| | 安全气囊、安全带张紧器 |
| | 汽车安全系统 |
| | 胎压控制 |
| 车身与便捷 | 加热与空调控制 |
| | 座椅自动调节 |
| | 车窗与天窗控制 |
| | 中央闭锁系统 |
| | 车门与行李舱监控系统 |
| 信息娱乐系统 | 电子语音合成 |
| | 语音交互系统 |
| | 音频装置 |
| | 车载显示 |
| | 车载计算机 |
| | 车载电话 |
| | 导航 |

### 1.4.2 汽车电气系统

汽车电气系统由发电机、一个或多个蓄电池及电气设备组成（图 1-4）。其中，发电机用于机械能到电能的转换，蓄电池用于电能的存储，而电气设备则作为用电负载。蓄电池为起动机供电起动发动机。车辆行驶时，需要不断给点火系统、燃油喷射系统、控制器、安全系统、舒适系统的电气设备、照明和其他一些相关设备供电，以保证系统正常运行。在车辆起动以及行驶过程中，汽车电气系统需要依靠电能管理系统来协调发电机、电压变换器、蓄电池和用电设备之间的能量分配。车辆发动机处于熄火状态时，电能管理系统需要监视蓄电池状态，保证能够具备下次起动车辆所需要的能量。电能管理系统调节控制整个系统的电能分配，对用电设备的功率需求和整车电气系统的可供功率进行比较，确保供求平衡，是整个电气系统的核心。

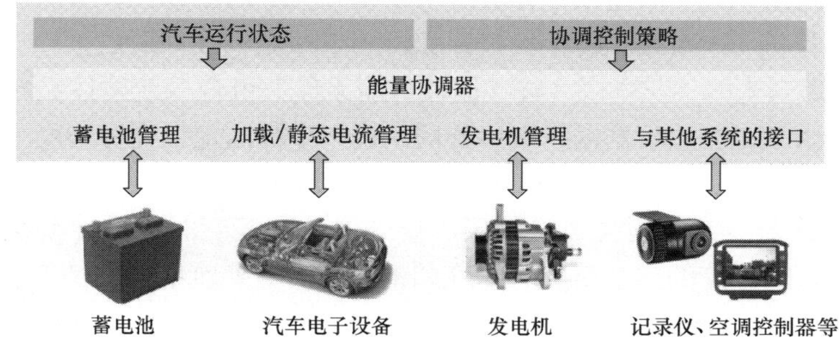


图 1-4 汽车电气系统组成

## 1.5 智能网联汽车专业术语及缩略语

### 1.5.1 术语

1. 自动紧急制动（Autonomous Emergency Brake，AEB）系统

自动紧急制动系统是一种汽车主动安全技术，主要由 3 大模块构成，包括控制模块、测距模块和制动模块。其中测距模块的核心包括微波雷达、视频系统等，它可以提供前方道路安全、准确、实时的图像和路况信息。

2. 车道保持辅助（Lane Keeping Assist，LKA）系统

在驾驶人注意力不集中或疲劳驾驶出现车辆偏转时，由车道保持辅助系统进行主动修正、转向干预，当检测到驾驶人操作转向信号灯时，系统进入被动模式（关闭模式）。

3. 车道偏离报警系统（Lane Departure Warning System，LDWS）

车道偏离报警系统用于在驾驶人注意力不集中或疲劳驾驶出现车辆偏转时提醒驾驶人。

4. 自适应巡航控制（Adaptive Cruise Control，ACC）系统

自适应巡航控制系统是一种智能化的自动控制系统，它是在早已存在的巡航控制技术

的基础上发展而来的。在车辆行驶过程中，安装在车辆前部的车距传感器（雷达）持续扫描车辆前方道路，同时由轮速传感器采集车速信号。

### 5. 协同式自适应巡航控制（Cooperative Adaptive Cruise Control，CACC）

协同式自适应巡航控制是一种基于车 - 车通信的技术，通过车 - 车协同控制的方法，实现协同式队列控制，在保证安全性的基础上，缩短了跟车间距，减小了队列中车辆速度的波动，对改善交通安全性、降低交通能耗、提高交通效率发挥了重要作用。

### 6. 前方碰撞预警（Forward Collision Warning，FCW）系统

前方碰撞预警系统能够通过雷达来时刻监测前方车辆，判断本车与前车之间的距离、方位及相对速度，当存在潜在碰撞危险时对驾驶人进行警告。

### 7. 全球导航卫星系统（Global Navigation Satellite System，GNSS）

全球导航卫星系统是能在地球表面或近地空间的任何地点为用户提供全天候的三维坐标和速度以及时间信息的空基无线电导航定位系统。

### 8. 定位定姿系统（Positioning and Orientation System，POS）

定位定姿系统本质上是 GNSS/INS（惯性导航系统）组合导航硬件系统加上一套精密数据处理软件，用于对原始数据进行事后处理，进一步提高定位定姿精度。

### 9. 全球定位系统（Global Positioning System，GPS）

全球定位系统是具有全方位、全天候、全时段、高精度的卫星导航系统，能为全球用户提供低成本、高精度的三维位置、速度和精确定时等导航信息，是卫星通信技术在导航领域的应用典范，它极大地提高了地球社会的信息化水平，有力地推动了数字经济的发展。

### 10. 控制器局域网络（Controller Area Network，CAN）

控制器局域网络是国际标准化组织（ISO）的串行通信协议。CAN 为分布式控制系统实现各节点之间实时、可靠的数据通信提供了强有力的技术支持。在汽车产业中，CAN 能够满足对安全性、舒适性、方便性、低公害、低成本的要求。

### 11. 局域互联网（Local Interconnect Network，LIN）

局域互联网是针对汽车分布式电子系统而定义的一种低成本的串行通信网络，是对控制器局域网络 (CAN) 等其他汽车多路网络的一种补充，适用于对网络的带宽、性能或容错功能没有过高要求的应用。

### 12. 车载诊断（On-Board Diagnostic，OBD）系统

车载诊断系统可以随时监控发动机的运行状况和尾气后处理系统的工作状态，一旦发现有可能引起排放超标的情况，会马上发出警示。

### 13. 人机交互

人机交互指人类与智能汽车之间通过图像、声音、振动等形式进行交流和互动，使车辆运行及交通环境相关信息被人类充分了解，并使驾驶人员意图和需求被智能汽车充分认知。

### 14. 车路协同

车路协同指基于无线通信、传感探测等技术获取车辆和道路信息，通过交通参与者、智能车载单元和智能路侧单元之间实时、高效的双向信息交互，在全时空动态交通信息采

集与融合的基础上，开展车辆主动安全控制和道路协同管理，充分实现人、车、路的有效协同，达到优化利用系统资源、提高道路交通安全、缓解交通拥堵的目标，形成安全、高效和环保的道路交通系统。

### 15. 专用频谱

专用频谱是指 LTE-V2X、5G-V2X 等车用无线通信网络的无线电波或电磁波的频率。

### 16. 窄带物联网（Narrow Band Internet of Things，NB-IoT）

窄带物联网作为基于移动蜂窝网络部署的物联网技术，具有广覆盖、大连接、低功耗和低成本等特点。

### 17. “端、管、云”

“端、管、云”是指车联网中的各类车载和路侧基础设施终端、无线和有线通信网络、大数据及云服务平台。

### 18. 虚拟仿真

虚拟仿真是用虚拟系统模拟真实系统的技术。虚拟仿真由计算机生成，可以虚拟现实世界中的各类场景，用于智能汽车设计开发阶段对各类无法或不便于开展实际测试的功能进行模拟测试与评价。

### 19. 新型智能终端

新型智能终端指具备通信网关、信息处理、计算平台等功能的智能汽车新型车载终端，是智能汽车进行环境感知、决策、控制等操作的基础硬件平台。

### 20. 传感器融合感知

传感器融合感知指雷达、摄像头、通信、定位等各类不同的环境感知传感器间信息的交互与融合，共同保证智能汽车对周边交通环境的充分感知。

### 21. 新型电子电器信息架构

新型电子电器信息架构指智能汽车中各类电器与电子元件的新型连接关系与拓扑架构，包括高压电器与高压系统、低压电器与低压系统、CAN 总线架构、以太网总线架构等。

### 22. 智能决策控制

智能决策控制指智能汽车根据对自身及周边交通环境的感知，对驾驶任务、行驶路径、运动状态等所制定的策略和做出的决定，以保证车辆安全、高效、舒适地完成驾驶目标。

### 23. 复杂环境感知

复杂环境是指包含车辆、行人、非机动车、信号灯、交通标志等诸多交通要素的混杂式交通环境。复杂环境感知是指智能汽车针对复杂交通环境的场景理解与认知，是智能汽车决策与控制的基础。

### 24. 车用无线通信网络（5G-V2X）

车用无线通信网络（5G-V2X）是指基于 5G 新空口的车联网无线通信技术，可以支持实现自动驾驶等更高级别、更复杂的车联网应用。

### 25. 车用无线通信网络（LTE-V2X）

车用无线通信网络（LTE-V2X）是指利用第四代移动通信技术（4G）的车用无线通信

技术，支持实现车辆与车辆（Vehicle to Vehicle，V2V）、车辆与路侧基础设施（Vehicle to Infrastructure，V2I）、车辆与行人等弱势交通参与者（Vehicle to Pedestrian，V2P）、车辆与云服务平台（Vehicle to Network，V2N）的全方位网络连接和信息交互。

26. 人 - 车 - 路 - 云

人 - 车 - 路 - 云是指车辆与行人等弱势交通参与者、车辆与车辆、车辆与路侧基础设施、车辆与云服务平台的协同系统。

27. 车联网

车联网是以车内网、车际网和车云网为基础，按照约定的体系架构及其通信协议和数据交互标准，在车 -X（X：车、路、行人及移动互联网等）之间，进行通信和信息交换的信息物理融合系统。



## 1.5.2 缩略语

术语中未涉及的缩略语如下：

ADAS：Advanced Driver Assistant System 先进驾驶辅助系统

V2X：Vehicle to Everything 车与 X（人、车、路、云等）的信息交换

V2V：Vehicle to Vehicle 车辆与车辆的信息交换

V2I：Vehicle to Infrastructure 车与路侧基础设施的信息交换

V2P：Vehicle to Pedestrian 车辆与行人等弱势交通参与者的信息交换

V2N：Vehicle to Network 车辆与云服务平台的信息交换

DA：Driving Assistance 驾驶辅助

PAD：Part of the Automatic Driving 部分自动驾驶

CAD：Conditional Automatic Driving 有条件自动驾驶

HAD：Highly Automatic Driving 高度自动驾驶

FAD：Fully Automatic Driving 完全自动驾驶

ITS：Intelligent Transportation System 智能交通系统

LCA：Lane Change Assistance 变道辅助

HMI：Human Machine Interface 人机接口

HUD：Head Up Display 平视显示器

ETC：Electronic Toll Collection 电子不停车收费系统

API：Application Programming Interface 应用程序编程接口

UDS：Unified Diagnostic Services 统一诊断服务

OBU：On Board Unit 车载单元

TSP：Telematics Service Provider 内容服务提供商

MOST：Media Oriented System Transport 面向媒体的系统传输

RSU：Road Side Unit 路侧单元

BSD：Blind Spot Detection 盲区监视系统

MCU：Microcontroller Unit 微控制单元

SLAM：Simultaneous Localization And Mapping 即时定位与地图构建
T-BOX：Telematics BOX 远程信息处理器
ECU：Electronic Control Unit 电子控制单元
IVI：In-Vehicle Infotainment 车载信息娱乐
FOTA：Firmware Over-The-Air 空中下载硬件升级
SOTA：Software Over-The-Air 空中下载软件升级
HSM：Hardware Security Module 硬件安全模块
SHE：Secure Hardware Extension 安全硬件扩展
APN：Access Point Name 接入点名称
SSL：Secure Sockets Layer 安全套接层
TLS：Transport Layer Security 传输层安全
RFID：Radio Frequency Identification 射频识别
PKI：Public Key Infrastructure 公钥基础设施

## 1.6 常用数学、物理学等公式和定理

### 1.6.1 公式

1）平均速度 $\bar{v}=\dfrac{\Delta r}{\Delta t}$

2）瞬时速度 $v=\lim\limits_{\Delta t\to 0}\dfrac{\Delta r}{\Delta t}=\dfrac{\mathrm{d}r}{\mathrm{d}t}$

3）速度 $v=\lim\limits_{\Delta t\to 0}\dfrac{|\Delta r|}{\Delta t}=\dfrac{\mathrm{d}r}{\mathrm{d}t}$

4）平均加速度 $\bar{a}=\dfrac{\Delta v}{\Delta t}$

5）瞬时加速度（加速度） $a=\lim\limits_{\Delta t\to 0}\dfrac{\Delta v}{\Delta t}=\dfrac{\mathrm{d}v}{\mathrm{d}t}=\dfrac{\mathrm{d}^2 r}{\mathrm{d}t^2}$

6）匀速直线运动质点坐标 $x=x_0+vt$

7）匀变速运动的速度 $v=v_0+at$

8）匀变速运动质点坐标 $x=x_0+v_0t+\dfrac{1}{2}at^2$

9）匀变速情况下，速度随坐标变化公式 $v^2-v_0^2=2a(x-x_0)$

10）滑动摩擦力 $F=\mu N$（滑动摩擦系数 $\mu$ 略小于 $\mu_0$）

11）动量 $P=mv$

12）牛顿第二定律 $F=\dfrac{\mathrm{d}(mv)}{\mathrm{d}t}=\dfrac{\mathrm{d}P}{\mathrm{d}t}$

13）动量定理的微分形式　$F\mathrm{d}t = m\mathrm{d}v = \mathrm{d}(mv)$

$$F=ma=m\frac{\mathrm{d}v}{\mathrm{d}t}$$

14）动量定理的积分形式　$\int_{t_1}^{t_2} F\mathrm{d}t = \int_{v_1}^{v_2} \mathrm{d}(mv) = mv_2 - mv_1$

15）冲量　$I = \int_{t_1}^{t_2} F\mathrm{d}t$

16）冲量定理　$I=P_2-P_1$

17）平均冲力 $\overline{F}$ 与冲量的关系式　$I = \int_{t_1}^{t_2} F\mathrm{d}t = \overline{F}(t_2 - t_1)$

18）平均冲力　$\overline{F} = \frac{I}{t_2 - t_1} = \frac{\int_{t_1}^{t_2} F\mathrm{d}t}{t_2 - t_1} = \frac{mv_2 - mv_1}{t_2 - t_1}$

19）质点系的动量定理　$\sum_{i=1}^{n} F_i \Delta t = \sum_{i=1}^{n} m_i v_i - \sum_{i=1}^{n} m_i v_{i0}$

作用在系统上的外力的总冲量等于系统总动量的增量。

20）质点系的动量守恒定律（系统不受外力或外力矢量和为零）

$$\sum_{i=1}^{n} m_i v_i = \sum_{i=1}^{n} m_i v_{i0} = 常矢量$$

21）圆周运动角动量　$L=PR=mvR$

22）非圆周运动角动量　$L=Pd=mvd=mvr\sin\varphi$

23）$F$ 对参考点的力矩　$M=Fd=Fr\sin\varphi$

24）作用在质点上的合外力矩　$M = \frac{\mathrm{d}L}{\mathrm{d}t}$

25）质点系的角动量守恒定律　$\left.\begin{array}{r}\frac{\mathrm{d}L}{\mathrm{d}t} = 0 \\ L = 常矢量\end{array}\right\}$

如果对于某一固定参考点，质点（系）所受的外力矩的矢量和为零，则此质点对于该参考点的角动量保持不变。

26）刚体对给定转轴的转动惯量　$I = \sum_{i} \Delta m_i r_i^2$

27）刚体的定轴转动定律　$M=I\alpha$（刚体的合外力矩）

刚体在外力矩 $M$ 的作用下所获得的角加速度 $\alpha$ 与合外力矩的大小成正比，并与转动惯量 $I$ 成反比。

28）转动惯量　$I = \int_m r^2 \mathrm{d}m = \int_v r^2 \rho \mathrm{d}V$（$\mathrm{d}V$ 为相应质元 $\mathrm{d}m$ 的体积元，$\rho$ 为体积元 $\mathrm{d}V$ 处的密度）

29）角动量　$L=I\omega$

30）冲量矩　$M\mathrm{d}t=\mathrm{d}L$

31）角动量变化量　$\int_{t_0}^{t} M\mathrm{d}t=\int_{L_0}^{L}\mathrm{d}L=L-L_0=I\omega-I\omega_0$

32）角动量常量　$L=I\omega=$ 常量

33）功　$W=Fr\cos\theta$

力的功等于力沿质点位移方向的分量与质点位移大小的乘积。

34）$a$ 点到 $b$ 点做功公式　$W_{ab}=\int_{\substack{a\\(L)}}^{b}\mathrm{d}W=\int_{\substack{a\\(L)}}^{b}F\mathrm{d}r=\int_{\substack{a\\(L)}}^{b}F\cos\theta\mathrm{d}s$

35）合力的功　$W=\int_{\substack{a\\(L)}}^{b}F\mathrm{d}r=\int_{\substack{a\\(L)}}^{b}(F_1+F_2+\cdots+F_n)\mathrm{d}r=W_1+W_2+\cdots+W_n$

合力的功等于各分力功的代数和。

36）功率表达式　$\bar{N}=\dfrac{\Delta W}{\Delta t}$

37）瞬时功率　$N=\lim\limits_{\Delta t\to 0}\dfrac{\Delta W}{\Delta t}=\dfrac{\mathrm{d}W}{\mathrm{d}t}$

38）瞬时功率　$N=\lim\limits_{\Delta t\to 0}F\cos\theta\dfrac{\Delta s}{\Delta t}=F\cos\theta v=\boldsymbol{F}\cdot\boldsymbol{v}$

瞬时功率等于力 $\boldsymbol{F}$ 与质点瞬时速度 $\boldsymbol{v}$ 的标量积。

39）动能定理公式　$W=\int_{v_0}^{v}mv\mathrm{d}v=\dfrac{1}{2}mv^2-\dfrac{1}{2}m{v_0}^2$（功等于动能的增量）

40）物体的动能　$E_\mathrm{k}=\dfrac{1}{2}mv^2$

41）动能定理公式　$W=E_\mathrm{k}-E_{\mathrm{k}_0}$

合力对物体所做的功等于物体动能的增量。

## 1.6.2　定理

### 1. 香农第一定理（可变长无失真信源编码定理）

设离散无记忆信源 $X$ 包含 $N$ 个符号 $\{x_1, x_2, \cdots, x_i, \cdots, x_N\}$，信源发出 $K$ 重符号序列，则此信源可发出 $N^K$ 个不同的符号序列消息，其中第 $j$ 个符号序列消息的出现概率为 $P_{K_j}$，其信源编码后所得的二进制代码组长度为 $B_j$，代码组的平均长度 $B$ 为

$$B=P_{K_1}B_1+P_{K_2}B_2+\cdots+P_{K_{N^K}}B_{N^K}$$

当 $K$ 趋于无限大时，$B$ 和信息量 $H(X)$ 之间的关系为 $BK=H(X)$（$K$ 趋近无穷）。

香农第一定理又称为无失真信源编码定理或变长码信源编码定理。

香农第一定理的意义：将原始信源符号转化为新的码符号，使码符号尽量服从等概率分布，从而使每个码符号所携带的信息量达到最大，进而可以用尽量少的码符号传输信源信息。

### 2. 香农第二定理（有噪信道编码定理）

当信道的信息传输率不超过信道容量时，采用合适的信道编码方法可以实现任意高的传输可靠性，但若信息传输率超过了信道容量，就不可能实现可靠的传输。

设某信道有 $r$ 个输入符号，$s$ 个输出符号，信道容量为 $C$，当信道的信息传输率 $R < C$，码长 $N$ 足够长时，总可以在输入的集合（含有 $r^N$ 个长度为 $N$ 的码符号序列）中，找到 $M$ [ $M < =2^{N(C-a)}$，$a$ 为任意小的正数 ] 个码字，分别代表 $M$ 个等可能性的消息，组成一个码以及相应的译码规则，使信道输出端的最小平均错误译码概率 $P_{\min}$ 达到任意小。

信道容量 $C$ 为

$$C = B\log_2\left(1+\frac{S}{N}\right)$$

式中　$B$——信道带宽；

$S/N$——信噪比，通常用分贝（dB）表示。

### 3. 香农第三定理（保失真度准则下的有失真信源编码定理）

保失真度准则下的有失真信源编码定理也称为有损信源编码定理。只要码长足够长，总可以找到一种信源编码，使编码后的信息传输率略大于信息率失真函数，而码的平均失真度不大于给定的允许失真度，即 $D' \leqslant D$。

设 $R(D)$ 为一离散无记忆信源的信息率失真函数，并且选定有限的失真函数，对于任意允许平均失真度 $D \geqslant 0$，和任意小的 $a > 0$，以及任意足够长的码长 $N$，则一定存在一种信源编码 $W$，其码字个数为 $M \leqslant \mathrm{EXP}\{N[R(D)+a]\}$，而编码后码的平均失真度 $D'(W) \leqslant D+a$。

# 智能技术

# 第2篇

# 第2章 电子电气架构与计算平台

## 2.1 汽车电子电气架构

### 2.1.1 汽车电子技术发展历史

汽车电子技术的发展及其应用是从20世纪70年代末到现在，大致经历了4个发展阶段。

第一个发展阶段为1971年以前，汽车开始应用技术原理简单的交流发电机、电压调节器、电子闪光器等分立元器件搭建的电路，该阶段汽车为纯机械控制，电子技术只是作为辅助。

第二个发展阶段为1974—1982年，随着集成电路的快速发展，汽车开始应用16位以下的微控制器，电子汽油喷射技术的发展和ABS（防抱死制动系统）作为该阶段的典型代表，是汽车从机械控制逐步向电子控制转变的开始。

第三个发展阶段为1982—1990年，随着微处理器技术的逐渐成熟，汽车电子开始向智能化方向发展。汽车应用的产品有胎压控制器、数字式油压计、直视仪表板、倒车示警器、高速限制器、自动后视镜系统等，该阶段汽车控制系统逐步电子化，同时辅助驾驶系统开始开发应用。

第四个发展阶段为2005年至今，随着汽车智能化、网联化、电动化的快速发展，自动防撞、动力优化、自动驾驶、高清地图导航等技术逐步开始应用于汽车，该阶段表现为汽车开始转变为完全由电子系统掌控，不需要驾驶人，同时汽车开始作为一个网络终端，和其他网络设备一起构成新一代网络体系。

## 2.1.2 汽车电子电气架构相关知识

### 1. 架构定义

电子电气架构包括所有的电子和电气部件、它们之间的互联结构（拓扑结构），以及它们之间的线束连接。一个完整的电子电气架构是由不同的车载网络连接在一起的，为了系统化管理和规划，按照功能将车辆划分为不同电子系统管理域，如信息娱乐系统（指示、娱乐和车载导航）、行车安全系统（底盘、主动、辅助驾驶系统）、传动系统（驱动、废气处理）等。通过划分不同的域，将功能和软硬件结合到一起，依维柯电子电气架构如图 2-1 所示。从图中可以看到，整个电子电气系统由不同的功能模块组成，功能模块之间通过总线进行连接。

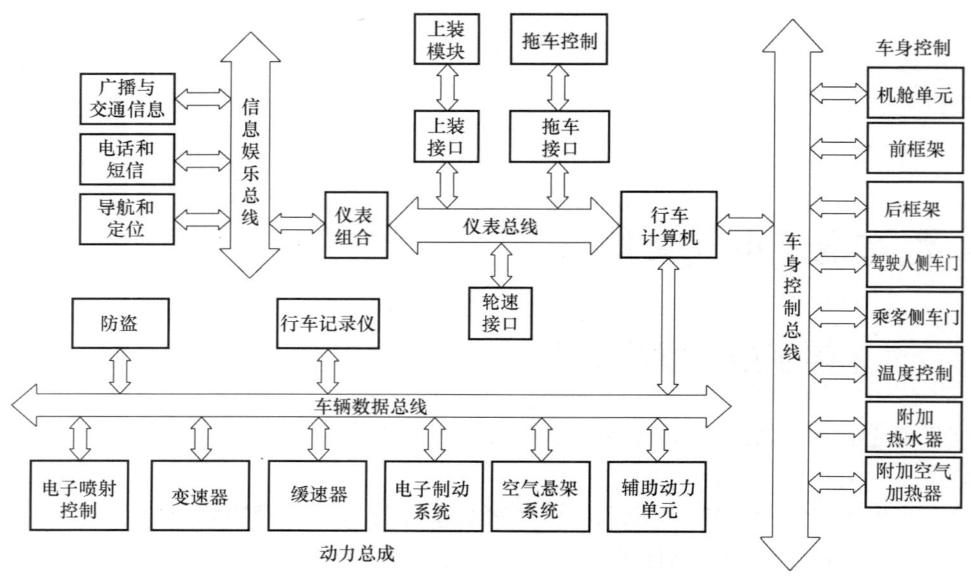


图 2-1 依维柯电子电气架构（公开版）

### 2. 架构模型

电子电气架构模型从不同的维度描述了电子电气架构系统，主要包括逻辑模型和实现模型两种，如图 2-2 所示。逻辑模型用来描述抽象逻辑层面上的功能，不依赖于实现该功能的硬件。实现模型用来确认实现功能需要的电子部件，同时会根据功能耦合关系进行合理的功能域分配和接口分配，其中，节点模型用来合并技术链不同的技术组件，电子部件硬件模型用来实现节点模

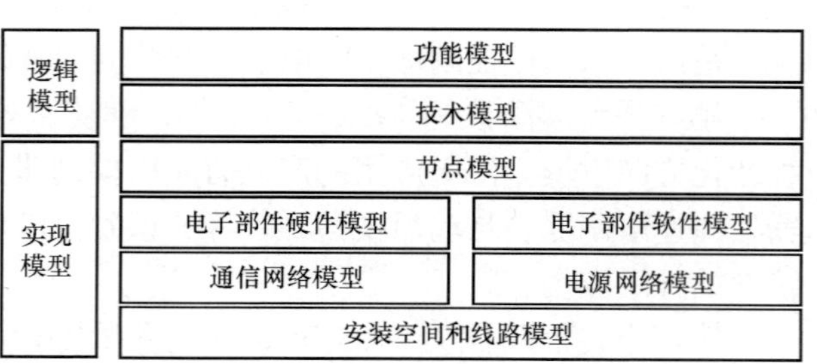


图 2-2 汽车电子电气架构模型

型的硬件部分，电子部件软件模型又分为基础软件和应用软件两部分，通信网络模型用来描述通过总线进行连接的部件，电源网络模型描述负载对电源的需求，安装空间和线路模型定义具体部件的安装空间和线缆的走线和固定方式等。

图 2-3 所示为功能模型典型案例，它通过作用链来描述。该模型将功能和与之相连的传感器及执行器以粗略的功能块的形式加以描述，并不涉及其具体技术实现。

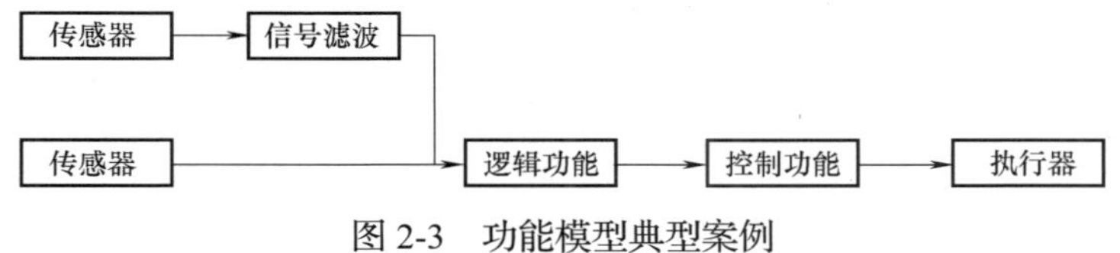


图 2-3 功能模型典型案例

图 2-4 所示为技术模型实现过程。技术模型中由技术组件形成一个技术链，而技术组件要说明功能模块是采用硬件还是软件来实现，确认实现主体。

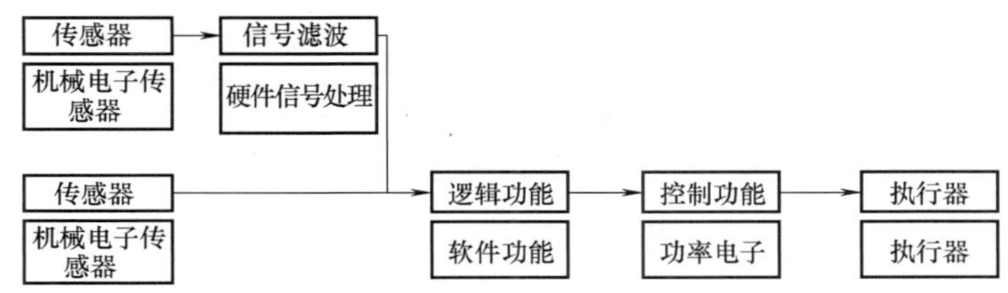


图 2-4 技术模型实现过程

图 2-5 所示为节点模型实现过程。它属于技术链的技术组件合并到处于不同位置的节点中去。因此，节点模型包括并描述了电子电气架构中所有需要的部件。此外，在确定节点模型时还要决定功能的集成度，将功能进行合理的集成。

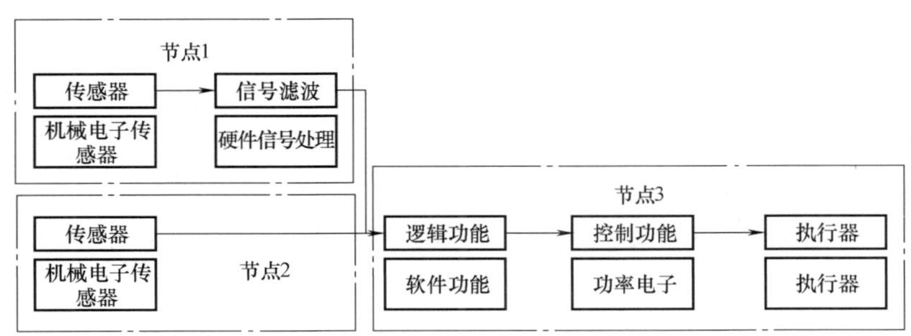


图 2-5 节点模型实现过程

### 3. 开发流程

电子电气开发过程遵循 V 模型开发流程，按照逻辑关系和时间先后顺序将开发步骤连接在一起，并对每个设计的输入 / 输出文档做出规定。

图 2-6 所示为汽车电子电气架构开发 V 模型，这是一种典型的 V 模型。汽车电子电气架构开发过程属于整车开发过程的需求分析阶段和设计阶段。在进行电子电气架构开发的需求管理和需求分析时，要区分功能需求和非功能需求。功能需求产生汽车制造商的功

能列表，而非功能需求产生汽车制造商的决策矩阵和设计限制。电子电气的开发有两种模式，一种是从下到上的模式，一种是从上到下的模式。从下到上的开发模式是以现有的电子电气架构为基础，仅对某些附加功能和通信涉及的新部件加以补充，并执行相应的建模步骤。这种方式最适合于对现有电子电气架构的下一代进行开发。从上到下的模式则适合应用于新的车辆平台的开发。

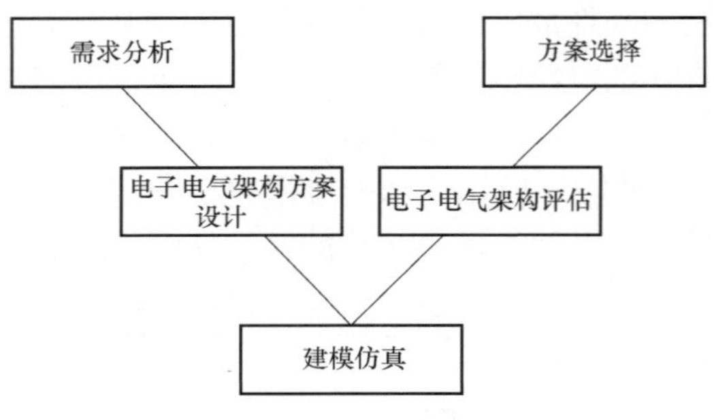


图 2-6　汽车电子电气架构开发 V 模型



**4. 开发工具链**

在电子电气架构设计过程中需要应用到很多电子设计自动化（Electronics Design Automation，EDA）工具，比较有代表性的有 DOORS（需求管理工具）、PreeVision（电子电气架构设计工具）、Capital（线束设计软件），通过应用 EDA 设计软件，可以提高开发效率和开发准确性。

整车电子电气系统开发过程中，会涉及需求、功能设计、网络设计、功能分配、线束设计等多方面内容，由不同的部门或工程团队进行共同开发。为了实现多团队并行开发过程中的合理分工与协作，整个电子电气架构设计需要按照分层设计的思路展开，如图 2-7 所示。在模型开发过程中需要进行不断的评估优化，最终选择最优的设计方案。

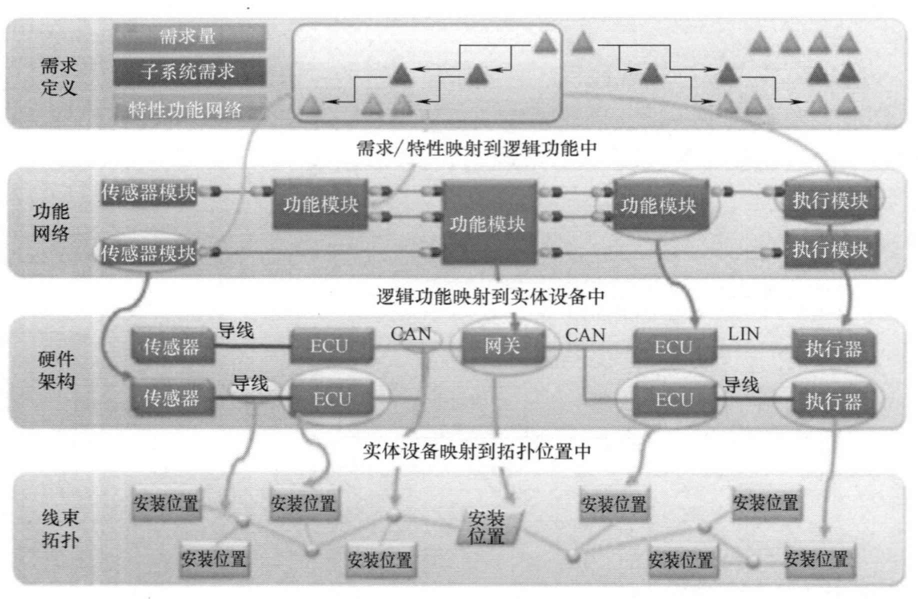


图 2-7　电子电气架构开发模型

PreeVision 开发过程包括按照架构模型的开发逻辑和 V 模型的开发过程，分为需求定义、功能逻辑设计、硬件系统设计、线束层设计和拓扑层设计几个部分。

（1）需求定义

该层需要导入需求开发的工作成果——需求规范，也可以直接将需求开发的工作在此阶段开展。该层用来描述电子电气系统要实现的功能需求和非功能需求，是电子电气架构设计的起始点。

（2）功能逻辑设计

该层约定整个系统功能的逻辑实现方法。功能网络层的内容包括逻辑传感器、功能块、逻辑执行器等功能模块，以及各功能模块之间的信息交互接口。当功能网络层各模块之间的端口通过信息交互接口连接后，相应模块就能进行数据和控制信息的交换。在功能网络里，用户可以看到各功能模块之间的逻辑关系。

（3）硬件系统设计

该层主要包括网络层、部件层和线路原理层。网络层描述各部件之间的逻辑连接方式，如总线系统、传统连接、电源供应和地线连接，这些连接将在随后的线路原理层进行进一步的细化；部件层描述每个部件内部构成及其对外接口的详细信息；线路原理层描述网络层中逻辑连接的具体实现情况，如具体的导线、线缆连接方式、保险继电器盒的内部结构等。

（4）线束层设计

逻辑和原理性的连接关系在线束层中进行物理实现。该层中可以将线路原理层的连接关系在电线和电缆两方面进一步细化，将线束特定的属性添加到模型中。在该层中每段电线（或电缆）及相应的接插件都具有其物理属性（包括单位长度重量、成本、过电流能力等信息）。线束元素将来可以在拓扑结构中形成具体的电线和电缆布局（包括结合点和对接插头的布局等）。

（5）拓扑层设计

该层描述了电子电气系统的实际布置情况。设计人员需要根据实际情况，确定各个部件以及线束的最终安装位置，需要设定不同安装位置之间的“线路段”的具体长度。之后便可以得出电子电气系统中的整个线束的统计长度。

### 2.1.3 汽车电子电气架构发展趋势

#### 1. 电动化

随着汽车电子电气架构的发展，全电力和数据网络冗余将变得至关重要。对可靠性要求较高的安全类关键应用，将利用整个冗余圈来完成所有对安全行驶至关重要的工作，如数据传输和电力供应等。电动汽车、中央计算机和高耗能分散式计算网络都需要具备冗余性的新型能源管理网络。线控转向和其他自动驾驶功能所需的高容错性，同样需要冗余系统设计。这一切尚难以在目前的故障保护监控应用架构上完成，仍有待进一步突破。

电动汽车属于新能源范畴，得到了各国政府的大力支持。一方面，电动汽车可以很好地解决各国政府所焦虑的能源结构多元化的问题；另一方面，电动汽车可以解决城市里汽车尾气污染问题。因此，电动汽车行业便成了各国优先扶持和发展的朝阳产业。通常，一个行业的发展需要技术、政策和市场三方面的支持，而在电动汽车行业发展中，政策明显走在了市场需求前面。图 2-8 所示为各国禁售燃油车时间表，挪威和荷兰宣布将于 2025 年禁售传统燃油车。法国则称最迟 2040 年禁售燃油车。印度称要在 2030 年禁售传统燃油车。而向来保守的汽车强国——德国，在2016年11月通过联邦内阁决议，宣布在2030年禁售传统燃油车，这在整个汽车市场和汽车行业引起了极大的轰动。

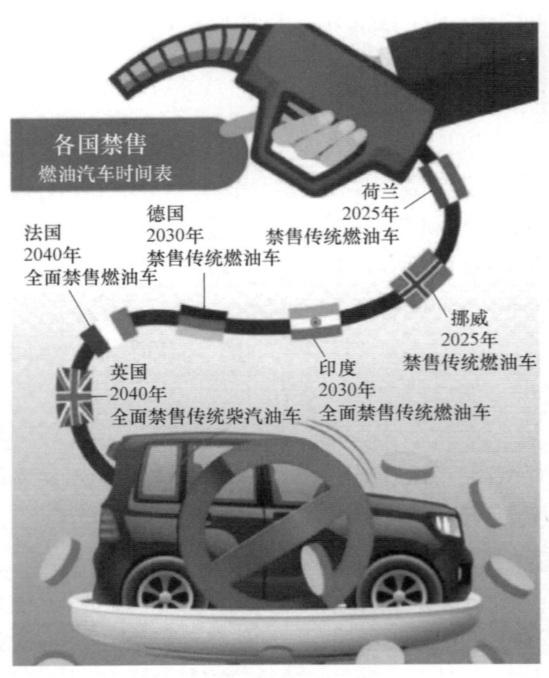


图 2-8　各国禁售燃油车时间表

2. 智能化

（1）ECU 从分布式控制到集中式处理，域控制器成为主流

随着自动驾驶的发展，软件功能复杂化和硬件系统冗余化的进一步提升，对处理时延会有更严格的要求，因此域控制器作为高性能集中式处理中心的方式更加合理。从系统时间同步、软硬件解耦合、系统通信速率等方面考虑，集中式处理具有明显优势。

智能网联需求持续推动汽车电子电气架构变革。随着汽车智能化、网联化发展，汽车电子底层硬件不再是由实现单一功能的单一芯片提供简单的逻辑计算，而是要具备可移植、可迭代和可拓展等特性。智能化与网联化共同推动了汽车电子电气架构的变革，一方面是车内网络拓扑的优化和实时、高速网络的启用，另一方面是 ECU 的功能进一步集成到域控制器。

图 2-9 所示为汽车电子电气架构发展趋势，从图中可以看到随着汽车海量数据处理需求的快速增长，ECU 逐步从分布式向集中式架构演进，从车端向云端过渡，以满足不断增长的运算需求。

域控制器（Domain Control Unit，DCU）的概念最早由以博世、大陆、德尔福为首

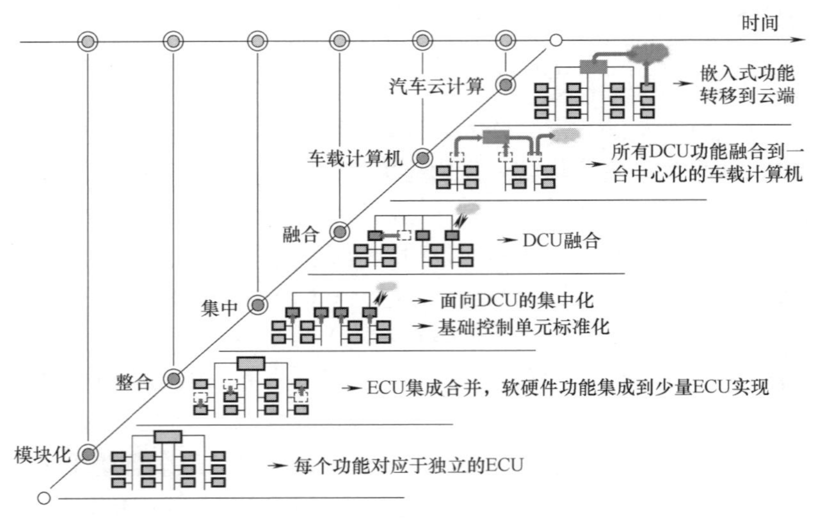


图 2-9　汽车电子电气架构发展趋势（来源：博世）

的Tier1（一级供应商）提出，是为了解决信息安全和ECU瓶颈的问题。根据汽车电子部件功能将整车划分为动力总成、车辆安全、车身电子、智能座舱和智能驾驶等几个域，利用处理能力更强的多核CPU（Central Processing Unit）或者其他高性能AI（人工智能）芯片相对集中地去控制每个域，以取代目前的分布式汽车电子电气架构。

一个好的域控制器架构，可以带来未来硬件和软件的复用，将大大降低车辆的维护成本和提升用户体验。这在部分量产车上已经有非常成熟的应用。

而从设计角度来讲，多域控制器架构一是能够将传感与处理分开，传感器与ECU不再是一一对应的关系，尤其对于原始设备制造商（Original Equipment Manufacture，OEM）来说，可以随意更换传感器的供货商（在标准协议的基础上）；二是平台本身的可扩展性，能够对接的传感器类型与数目并不固定，可以根据OEM的需求对应开发。

自动驾驶域控制器注重的是灵活可用，满足端客户需求，因此在具体的实现方案上会有多种选择。域控制器在业内已经形成共识，无论是主机厂还是Tier1，都在加大研发力度。在下一代的车型中，域控制器将会成为主流。

（2）车载传感器数量将飞速增加且智能化和融合度越来越高

在今后两到三代汽车产品上，整车企业将安装多个具备相似功能的传感器，以确保车辆具有充足的安全冗余。长期看来，行业将开发更完善的传感器解决方案来减少传感器数量和成本。未来的高级算法与机器学习可增强传感器性能和可靠程度，再辅之更加强大的传感器技术，传感器冗余将有望减少。集成化的智能传感器将被用来管理自动驾驶所需的大量数据。传感器融合和3D定位等高级功能将在中心化运算平台上进行，预处理、筛选和快速反应则很可能直接在传感器内完成。据估算，一辆自动驾驶汽车每小时产生的数据量将达4TB，因此传感器将需要完成部分传统由ECU完成的工作。为确保正确运转，新一代传感器清洁系统，如除冰除尘等，将尤为必要。

图2-10所示为自动驾驶传感器功能评级，每种传感器都有自己最适合的工况，每种传感器都有自己无法克服的缺陷，因此“量”无法解决“质”的问题。真正的解决之道是综合不同传感器采集到的信息。举例来说，CMOS（互补金属氧化物半导体）摄像头在雨雾环境下就会“失明”，强光和弱光环境它也不能处理。现在的雷达技术在分辨率上也有些不合格，因此可以说每种传感器都有自己的软肋。

想做到完美的传感器融合，就要接受不同传感器的输入，并利用综合信息更准确地感知周边环境，其得出的结果比不同传感器各自为战要好得多，因此传感器融合才是未来的大趋势。

值得一提的是，将不同传感器进行融合还能换来一定程度的冗余，即使某个传感器出了问题（自然原因或人为）也不会影响车辆的安全。在驾驶人依然手握转向盘的阶段，这种冗余看似用处不大，但到了全自动驾驶的时代，一定程度的冗余就能给驾驶人换来自救的时间窗口。

不同等级的自动驾驶具有不同的方案，也需要不同的传感器。而按照NHTSA（美国国家公路交通安全管理局）和SAE（国际自动机工程师学会）对自动驾驶的划分，目前市场上在售的诸多具备车身稳定系统、防抱死制动系统、自动紧急制动系统、牵引力控制系统等功能的汽车已经达到了L1等级的自动驾驶，而人们熟悉的谷歌自动驾驶汽车，到目前为止也未能达到 L4 等级的自动驾驶。目前业界讨论的自动驾驶，更多的是 L3 和 L4 等级。

传感器功能的评级　　● 优　■ 一般　▲ 差

| | 摄像头 | 雷达 | 激光雷达 | 超声波 | 雷达+激光雷达 | 激光雷达+摄像头 | 雷达+摄像头 |
|---|---|---|---|---|---|---|---|
| 物体探测 | ■ | ● | ● | ● | ● | ● | ● |
| 物体分类 | ● | ▲ | ■ | ▲ | ■ | ● | ● |
| 测距 | ■ | ● | ● | ● | ● | ● | ● |
| 物体边缘精度 | ● | ▲ | ● | ● | ● | ● | ● |
| 车道跟踪 | ● | ▲ | ▲ | ▲ | ▲ | ● | ● |
| 可视范围 | ■ | ● | ■ | ▲ | ● | ■ | ● |
| 抗恶劣气象条件干扰 | ▲ | ● | ■ | ● | ● | ■ | ● |
| 抗不良照明条件干扰 | ■ | ● | ● | ● | ● | ● | ● |
| 成本 | ● | ● | ▲ | ● | ▲ | ▲ | ● |
| 技术成熟度 | ● | ● | ▲ | ● | ▲ | ▲ | ● |

“雷达+摄像头”是今后5～8年内最有可能的技术组合；但从长期看，“固态雷达+摄像头”可能具有更大的潜力

图 2-10　自动驾驶传感器功能评级

图 2-11 所示为自动驾驶传感器市场预测，预计 2022 年激光雷达市场营收将达到 16 亿美元，雷达市场营收将达到 0.44 亿美元，摄像头市场营收将达到 6 亿美元，惯性测量单元市场营收将达到 9 亿美元，全球导航卫星系统市场营收将达到 1 亿美元。更长远地看，预计 2032 年传感器硬件的总体营收将达到 770 亿美元，而计算硬件约为 520 亿美元。

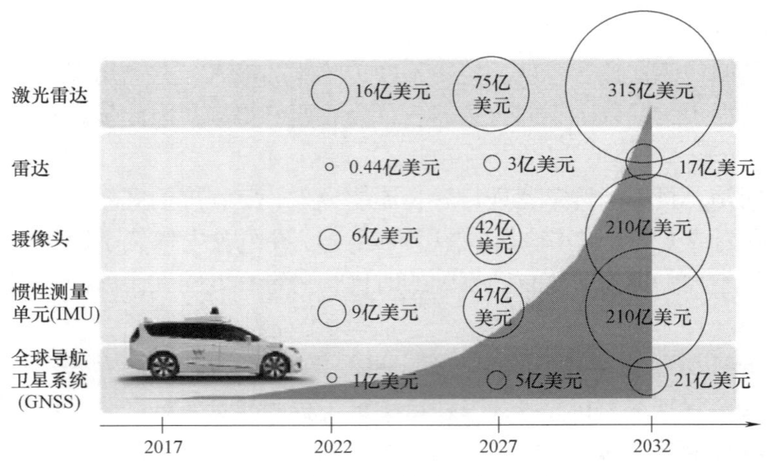


图 2-11　自动驾驶传感器市场预测

### 3. 网联化

（1）车载高性能网络快速发展

数据量的提升、自动驾驶的冗余要求、互联环境下的安全保障，以及跨行业标准协议的需求很有可能催生汽车以太网，并使其成为冗余中央数据总线的关键助推因素。以太网解决方案可以实现跨域通信，并通过添加以太网扩展，如 AVB（音 - 视频桥接）和 TSN（时间敏感网络）等，来满足实时性要求。

本地互联网络、控制器局域网络等传统网络将继续在车辆上运用，但仅用于封闭式的低级网络，如传感器和执行器等。FlexRay 和面向媒体的系统传输（Media Oriented System Transport，MOST）等技术有可能被汽车以太网及其扩展（如 AVB、TSN 等）取代。整车企业会严控与功能安全及自动驾驶相关的数据互联，但将为第三方访问数据开放接口。发送与接收安全关键数据的中央互联网关将始终直接且仅连接到整车企业的后台，第三方会被允许进行数据访问（被监管法规排除的场景除外）。然而，在车辆 APP 化的推动下，资讯娱乐系统的新兴开放接口将允许内容和应用程序供应商加载内容，而整车企业将尽可能严格地保持各自的标准。

图 2-12 所示为域级车载以太网架构，以太网为车载网络骨干，集成动力总成、底盘、车身、多媒体、辅助驾驶，真正形成一个域级别的汽车网络。这种网络架构引入了一个新问题：如何组织 ECU 和网络管理者之间的通信，不可否认的是，这种分层式的架构会造成控制器通过以太网骨干网和交换机通信时所需的软件内容增加。有研究预计，以太网有望在 2020 年成为主要的汽车网络技术，预计到 2025 年可能替换所有其他的车载网络。

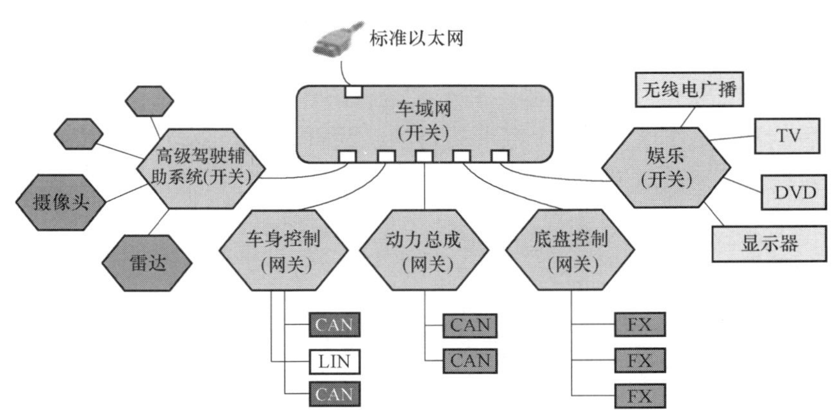


图 2-12　域级车载以太网架构

（2）汽车将在云端结合车内及车外信息以及 OTA（Over-The-Air）更新

虽然非车企以外的企业参与程度仍取决于监管法规，非敏感数据（即非隐私或安全相关数据）仍然有望更多地在云端进行处理。随着数据量的增长，大数据分析将被越来越多地应用于数据处理，并将基于数据处理结果制定相应的行动方案。

基于数据的自动驾驶的应用及其他各项数字化创新将依赖于不同企业之间的数据共享。当然现在仍然不清楚不同企业间的数据共享将如何实现、由谁实现，但主要的传统供应商和技术企业已经开始建立有能力处理这种海量数据的集成化平台。通过车载测试系统，汽车可以实现自动检查功能和集成更新，从而推动生命周期管理，以及增强或解锁产品的售后功能。所有 ECU 都会与传感器和执行器交换数据，并检索数据包来支持创新性用例，如基于车辆参数的路线计算。

OTA 更新是自动驾驶的前提条件，它还将有助于开发新功能、确保网络安全，并使车企得以更快部署功能与软件。车辆将在全生命周期内获取功能性及安全性升级。监管部门可能强制要求软件维护，以确保车辆设计的安全完整性。更新和维护软件的责任将在车辆维护与运行领域催生新业务模式。

OTA 更新的基本流程如下：

1）管理和生成相关的文件：云端服务器是负责监测整个 OTA 更新过程的主要单元，它不仅要确定更新哪些车辆，是否与车辆建立可靠的连接（生成一个可靠的可信通道）并实时掌握消息，还要把固件包或者更新包从软件库里面提取出来，确定分发包的更新顺序，管理整个进程，并在完成后校验。

2）分发和检查：服务器端负责加密渠道分发，车端控制器负责接收服务器指令，并对更新包进行下载、验证和解密。针对每次更新，服务器与车端配合对过程进行监控。车端控制器必须具备足够的存储空间及计算能力。与服务器相对应的也有作业管理器负责报告当前状态和错误信息，每个更新作业都有一个用于跟踪使用情况的作业 ID（身份识别码）。

3）更新和刷新安装：这里一定有读者会提问，车辆如果像手机一样刷死机了怎么办？通常整车企业在决定 FOTA 前需要做完备的考虑。以特斯拉为例，图 2-13 所示为特斯拉 OTA 架构，通过使用运算的联网模块（如仪表盘、中控台等）实现对整个进程的监控。将更新文件刷入 ECU，对于仪表盘来说，每一步操作都会监控整个机制是否完整，并且保证能随时停止和重新写入，只要对应的 ECU 存在可以运行的导引程序，那么就保证了车辆和服务器对整个过程的控制，并把刷死机的风险降到最低。

完成最后的准备工作后，ECU 将重新启动，代理和服务器之间将持续连接，服务器可以获得当前更新状态的最新信息。

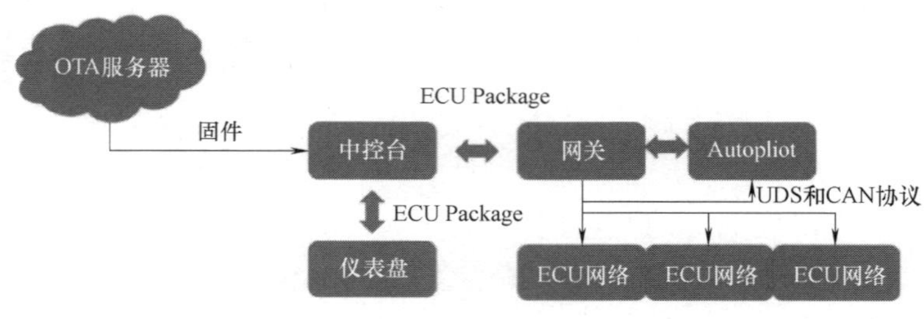


图 2-13　特斯拉 OTA 架构

# 2.2　计算平台硬件系统

## 2.2.1　智能网联汽车计算平台概述

图 2-14 所示为智能网联汽车计算平台架构，包括软件系统和硬件系统两大部分，按

照分层设计的思路，其中软件系统分为应用层、支持软件层和操作系统层三个层次；硬件系统分为异构分布硬件架构层和硬件接口层两个主要层次。软件系统主要负责软件环境的支撑，硬件系统主要负责硬件算力环境的搭建。

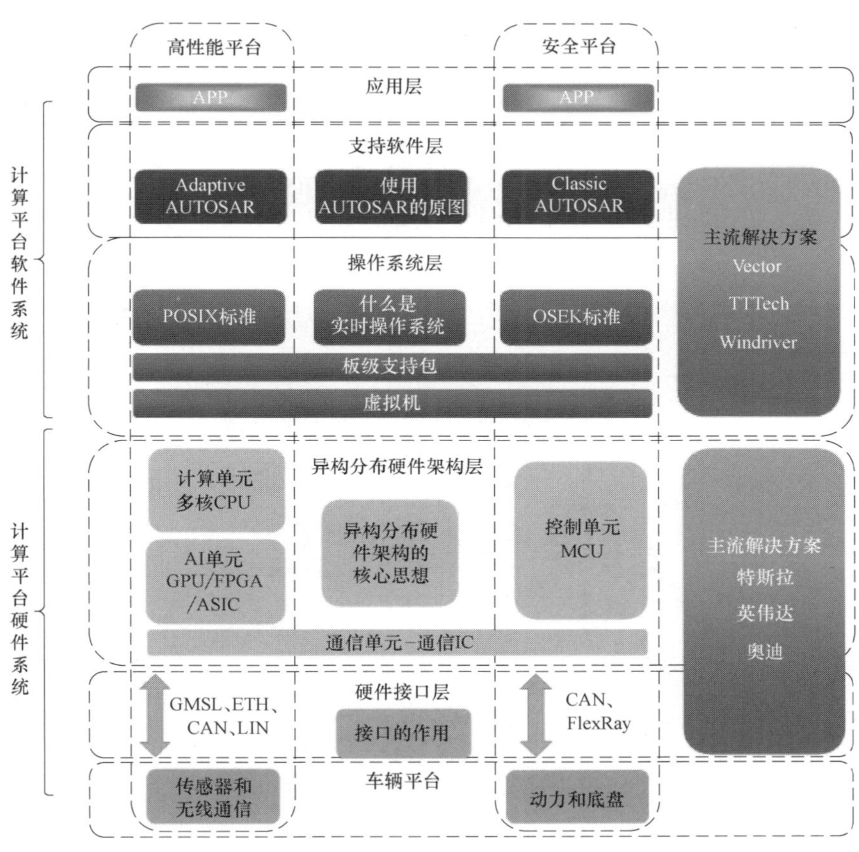


图 2-14 智能网联汽车计算平台架构

## 2.2.2 计算平台硬件简介

自动驾驶控制器和传统的汽车电子控制器相比，除了对高稳定性、高可靠性、长生命周期的要求外，自动驾驶控制器更复杂，稳定性和可靠性要求更高，容错和安全机制更复杂。针对庞大的传感器信息流，需要考虑从传感器信息接入、信息融合的多信息接入技术；针对大数据处理，高速率计算的终端边缘计算，需要考虑合理评估计算资源分配和匹配的处理能力提升技术；针对汽车安全为第一目标的要求，需要考虑多维度安全设计的基于安全的多域控制器技术；针对无人驾驶快速发展变化的设计要求，需要考虑体系化的高质高效开发模式。对于自动驾驶这样的复杂任务，在设计软件的同时，还必须考虑与之匹配的硬件效能，这里包括性能、功耗和功能安全。为了保证自动驾驶的实时性要求，需要保证软件响应的最大延迟在可接受的范围内，因此对计算资源的要求也变得极高。目前，自动驾驶软件的计算量已达到了 10 个 TOPs（每秒万亿次操作）的级别，这使得人们不得不重新思考对应的计算架构。

图 2-15 所示为汽车计算平台硬件系统演进趋势，在智能网联汽车发展的前期，大部分公司都采用工控机 + 显卡的解决方案来应对自动驾驶对运算能力的要求。随着智能网联汽车的快速发展，车规级计算平台发展非常迅速，目前的方案分为三类，包括基于传统 X86 架构的 CPU、以 ARM（Advanced RISC Machine）为 CPU 核心的 SoC（System on Chip）、基于特定运算的 ASIC（Application Specific Integrated Circuit）。其中，以 ARM 为 CPU 核心的 SoC 方案成为主流，而这种 SoC 方案都会搭载对应的高性能协处理单元，如 GPU（Graphics Processing Unit）、FPGA（Field-Programmable Gate Array）、DSP（Digital Signal Processor）等，基于特定运算的 ASIC 会逐渐成为协处理的主力。



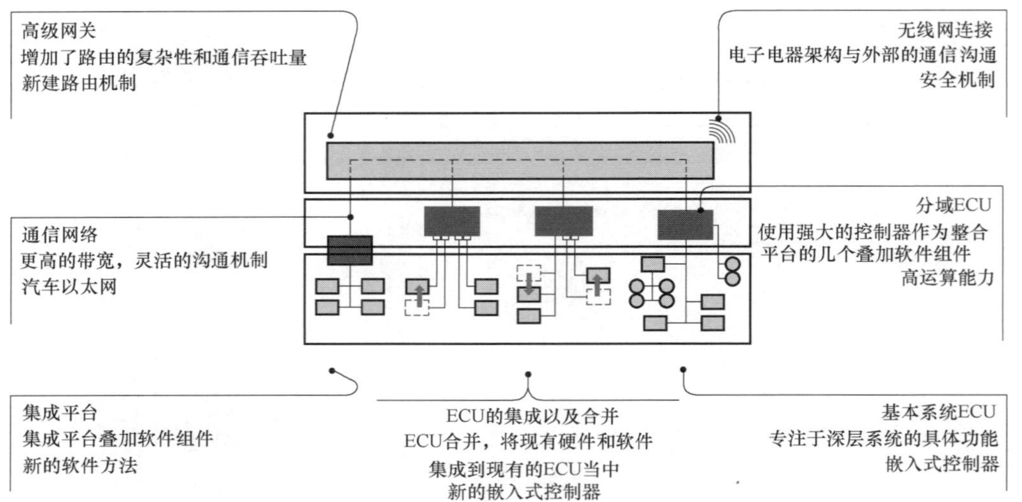


图 2-15 汽车计算平台硬件系统演进趋势

目前智能网联汽车计算平台硬件架构以 SoC 为主处理器，协处理器采用 SoC、FPGA、GPU 等，控制器采用传统高可靠性的 MCU（Microcontroller Unit），主、协处理器间通过高速总线进行数据交互，主处理器、协处理器、控制器之间通过低速总线进行控制指令传递、诊断信息共享、功能冗余。同时，协处理器预留丰富的传感器外设接口，确保足够的传感器输入资源。系统通过无线通信系统（4G/5G/V2X）和云端、路端、车端等进行交互，构成一个完整的计算平台硬件系统。ASIC 以其绝对优势的能效比和性价比将成为未来的主流协处理器，对不同的计算单元进行定制或 IP 核（Intellectual Property Core）导入也将会成为更有效的方式。综上，硬件异构作为可以灵活变更的主处理器，硬件分布作为定制的高速处理模块，异构分布将是后续计算平台硬件系统的主流。

## 2.2.3 计算平台硬件架构

### 1. 异构分布硬件架构核心思想

异构：面向 L3 及以上等级的自动驾驶车辆，车载硬件平台需要兼容多类型多数量传感器，并具备高安全性和高性能。现有单一芯片无法满足诸多接口和算力需求，需采用异构芯片的硬件方案。异构可以体现在单板卡集成多种架构芯片，如奥迪的 zFAS 集成 MCU、FPGA、CPU 等；也可以体现在功能强大的单芯片，同时集成多个架构单元，如英伟达的 Xavier 集成 GPU 和 CPU 两个异构单元。

现有的车载计算平台产品如奥迪 zFAS、特斯拉 FSD、英伟达 Xavier 等硬件均主要由通用计算单元、AI 计算单元、控制单元和通信单元四个部分组成，每个部分完成自己特定的功能。



分布弹性：车载计算平台当前需采用分布式硬件方案。当前汽车电子电气架构由众多单功能芯片逐渐集中于各域控制器，L3 及以上等级的自动驾驶功能要求车载智能硬件计算平台具备系统冗余、平滑扩展等特点。一方面，考虑到异构架构和系统冗余，利用多板卡实现系统的解耦合备份；另一方面，采用多板卡分布扩展的方式满足 L3 及以上等级自动驾驶算力和接口要求。整体系统在一个自动驾驶操作系统的统一管理适配下，协同实现自动驾驶功能，通过变更硬件驱动、通信服务等进行不同芯片的适配。

车载硬件计算平台需要具有弹性扩展性以满足不同等级的自动驾驶需求。针对 L3 及以上等级的自动驾驶汽车，随着自动驾驶等级提升，车载硬件计算平台算力、接口等需求都会增加。除提高单芯片算力外，硬件单元也可复制堆叠，使自动驾驶操作系统弹性适配硬件单元进行平滑拓展，达到整体系统提升算力、增加接口、完善功能的目的。

### 2. 通用计算单元

通用计算单元通常由多核 CPU 组成，计算单元采用车规级多核 CPU 芯片，单核主频高、计算能力强、延时低、数据带宽高、满足功能安全要求，装载 Hypervisor、Linux 等内核系统管理软硬件资源，完成任务调度、数据管理，用于执行自动驾驶相关大部分核心算法，同时整合多源数据完成路径规划、决策控制等功能。

图 2-16 所示为 ARM Cortex-A76AE 汽车增强型架构，作为 ARM 首款集成功能安全的自动驾驶级处理器 Cortex-A76AE，该处理器有多达 16 个 Cortex-A76 内核，具备 ARM v8.2 微体系结构的所有功能特性，包括可靠性、可用性和可维护性，并采用了分核 - 锁步（Split-Lock）模式来确保可靠性。

实际上，基于 Cortex-A76AE 的 SoC 可扩展至最多 64 核。除了含有通用计算核外，ARM 的自主计算复合体还集成了 Mali-G76 GPU、ARM 的 ML 处理器和其他必要的 IP。此外，所有复合体支持 ARM 的内存虚拟化和保护技术，可以完美实现 ML 和 NN 加速器的运行。

根据 ARM 的官方表述，采用台积电 7nm 工艺技术制造的 30W 16 核 Cortex-A76AE SoC 具有超过 250 KDMIPS 的计算性能，足以满足当今应用需求。如果用户想要更高的性能，则可以构建更多内核，甚至多个 SoC。

对于自动驾驶车辆而言，性能指标非常重要，现在 L3 级自动驾驶汽车一般可以同时运行多个程序。ARM L5 级自动驾驶汽车的软件将包含 10 亿行代码，相比之下，用于波音 787 梦想飞机的软件才包含 1400 万行代码。

Cortex-A76AE 采用了分核 - 锁步关键技术，该技术能让 SoC 开发人员采用两种模式使用内核：在分核模式下，群集中的两个（或四个）独立 CPU 可用于各种任务和应用程序，实现更高性能；在锁步模式下，CPU 将处于锁步状态，在群集中创建一对（或两对）

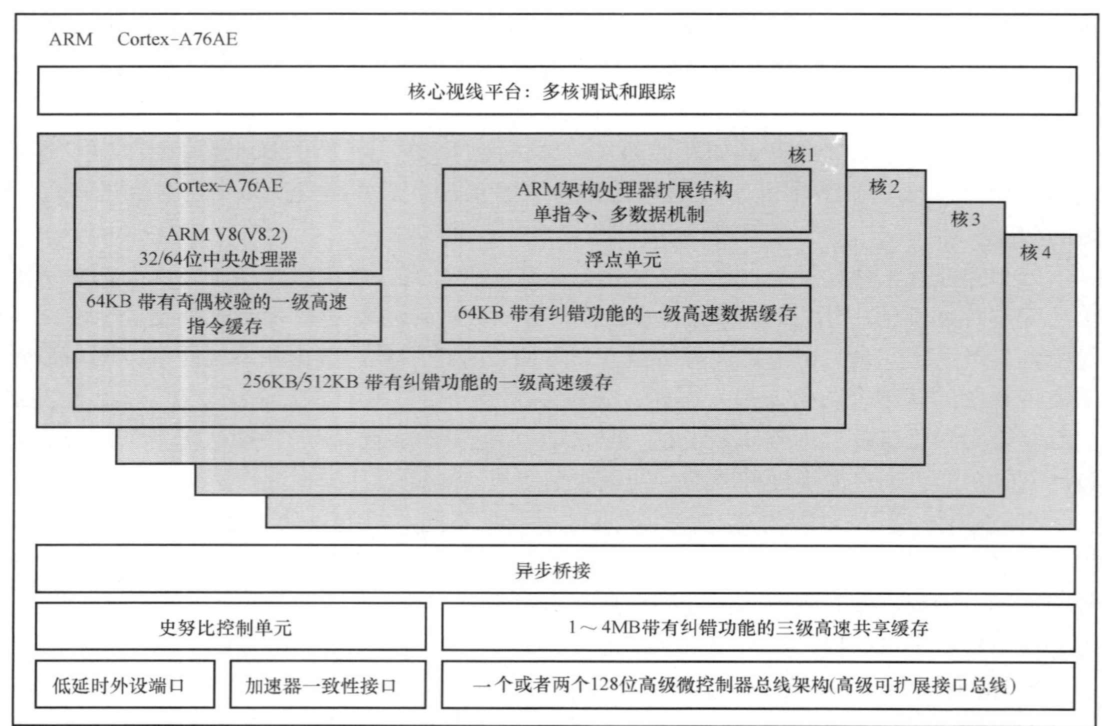


图 2-16　ARM Cortex-A76AE 汽车增强型架构

锁步 CPU 运行相同的代码，若监控到异常，会向系统报错并让故障恢复机制接管（或至少会通知驱动程序），以实现更高的汽车安全。

ARM 锁步模式在某种程度上类似于惠普的 NonStop 容错系统，但关键区别在于 ARM 的解决方案完全依赖于硬件，因此可以兼容任何软件，像 AutoWare、Deepscale、Linaro、Linux、QNX 等软件都能获得支持。

为满足汽车安全最高等级 ASIL-D 应用，ARM 采用了锁步群集，这对安全至关重要。相比之下，分核群集适用于信息娱乐等 ASIL-B 应用。鉴于 ARM 在硬件方面的灵活性，任何汽车制造商都可以使用分核 - 锁步模式来运行几乎所有软件，同时确保高性能和零差错。

### 3. AI 计算单元

AI 计算单元采用并行计算架构 AI 芯片，并使用多核 CPU 配置 AI 芯片和必要处理器。AI 芯片可选用 GPU、FPGA、DSP、ASIC 等。当前完成硬件加速功能的芯片通常依赖内核系统（多用 Linux）进行加速引擎及其他芯片资源的分配、调度。通过加速引擎来实现对多传感器的数据高效处理与融合，获取用于规划及决策的关键信息。AI 计算单元作为参考架构中算力需求最大的部分，需要突破成本、功耗和性能的瓶颈达到产业化需求。

图 2-17 所示为 Mobileye EyeQ4 架构框图，EyeQ4 芯片采用了四个 CPU 处理器内核，每个内核又拥有四个硬件线程，性能超过 EyeQ2 和 EyeQ3 使用的创新型向量微码六核处

理器（VMP）。EyeQ4 芯片还将引入新颖的加速器类别：两个多线程处理集群（MPC）内核，两个可编程宏阵列（PMA）内核。多线程处理集群内核比图像处理单元（GPU）和其他 OpenCL 加速器功能更丰富，而且工作效能也要高出其他中央处理器。可编程宏阵列内核的计算密集度基本接近功能固定的硬件加速器，而且其功能是传统数字信号处理器（DSP）在不牺牲可编程条件下所无法实现的。所有内核都是完全可编程的，并支持不同类型的算法。



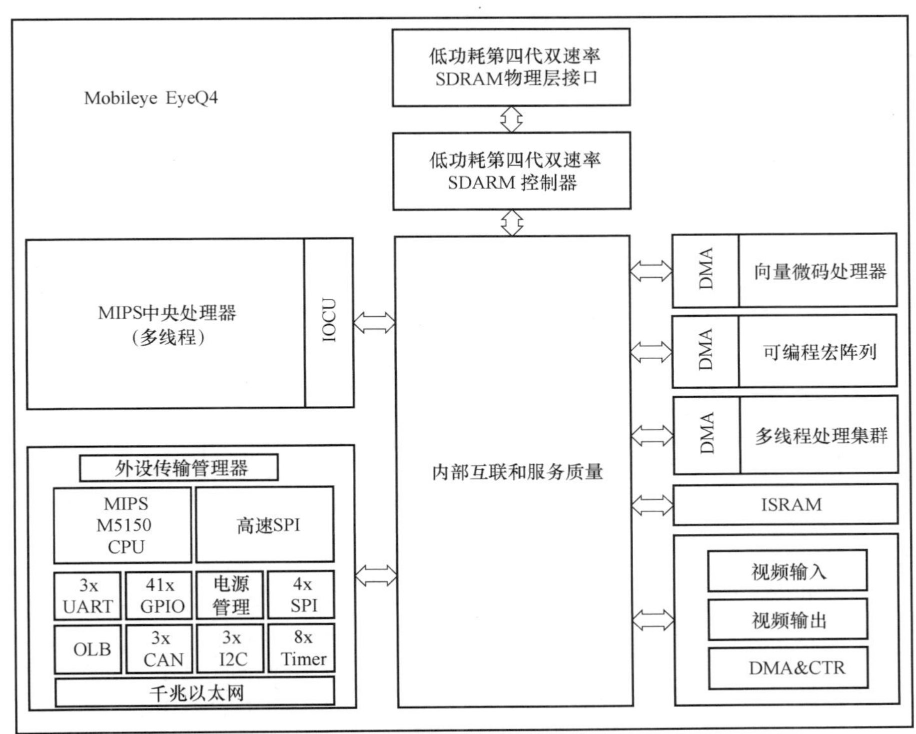


图 2-17　Mobileye EyeQ4 架构框图

使用合适的处理器来完成适合的任务，可以同时节约计算时间和能量，这是产品性能的重要体现。EyeQ4 芯片需要满足每秒超过 2.5 万亿次浮点运算的超高强度要求，还要符合车用系统芯片 3W 左右的低能量消耗标准。提升的运算性能保证基于 EyeQ4 芯片的高级驾驶人辅助系统可以选用更先进的计算机视觉处理算法，如深度层次化网络和图像模型，从而实现以 36 帧 /s 的速度，同时处理 8 个摄像头的影像信息。

EyeQ4 芯片设计参考了 ISO 26262 标准，将提供 ASIL-B 的安全等级。EyeQ4 芯片需要接收来自前置三焦距摄像头、车身侧面广角摄像头、后置长距摄像头以及雷达传感器和束射激光扫描仪的信息数据，集中处理这些信息后，评定出车辆周边的安全区域，促进自动驾驶技术的实现。除了 EyeQ4 高性能版产品之外，Mobileye 公司还计划发布 EyeQ4M 中级性能产品。EyeQ4M 芯片由 EyeQ4 计算内核的部分组成，有选择性地实现一些功能。利用完整代码和引脚接口的兼容性，汽车制造厂商们可以往 EyeQ4 芯片添加可扩展硬件解决方案，因此降低了审定成本，并且以最具竞争力的价格，向最终用户提供更丰富的功能体验。

4. 控制单元

控制单元基于传统车载 MCU。控制单元加载 Classic AUTOSAR 平台基础软件，MCU 通过通信接口与 ECU 相连，实现车辆动力学横纵向控制并满足功能安全 ASIL-D 等级要求。当前 Classic AUTOSAR 平台基础软件产品化较为成熟，可通过预留通信接口与自动驾驶操作系统集成。

AURIX 是英飞凌推出的满足未来几代车辆的车用多核单片机系列，其多核架构包含多达 3 个独立的 32 位 TriCore 处理核，可满足业界最高功能安全标准 ASIL-D。AURIX 家族为了满足不同的应用和性能需要，同样提供了不同数量的核和不同外设，如在高端的芯片中有直接用于 RDC 的 DSADC 模块，但在低端芯片中就没有。AURIX TM 系列单片机具有丰富的硬件资源接口和外设，强大的计算能力和全面的安全诊断推动着汽车电子产业的发展。



图 2-18 所示为英飞凌 AURIX TC2xx 系统功能框图，TC2xx 是 300MHz 工作频率的三核 TriCore 架构，TriCore 内置 DSP 功能，所有内核均支持浮点运算与定点运算，专用的 FFT（Fast Fourier Transformation）硬件加速单元，容量高至 8MB、带纠错编码（Error Correction Code，ECC）保护的闪存，384KB EEPROM（Electrically Erasable Programmable Read-Only Memory），支持 125k 个读写周期，容量高达 728KB+2MB、带 ECC 保护的 RAM（Random Access Memory），用于存储雷达信息和摄像头的图像信息，4 个 12 位逐次逼近 A-D 转换器，100Mbit 以太网，FlexRay、CAN（Controller Area Network）、CAN FD

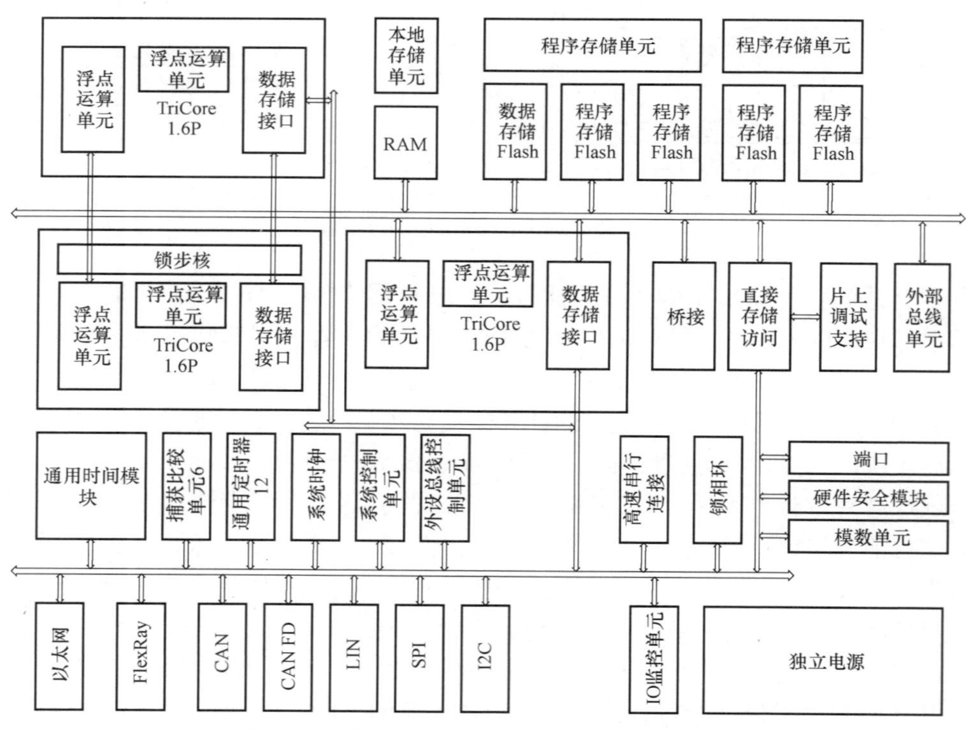


图 2-18　英飞凌 AURIX TC2xx 系统功能框图

(CAN with Flexible Data-Rate)、LIN (Local Interconnect Network)、SPI (Serial Peripheral Interface),配备多个不同类型的定时器模块(GTM、CCU6、GPT12)和可编程硬件安全模块(HSM)。

**5. 通信单元**

通信单元分为传感器数据通信、无线通信和控制系统通信三个主要通信模块。传感器数据通信模块主要用于接收海量的传感器数据,并对数据进行简单的收发串并转化,这类通信接口主要包括 GMSL、车载以太网等车规级高速通信总线。无线通信模块主要用于车端平台和云端以及其他车辆进行交互,这类通信接口主要包括 4G、5G、V2X。控制系统通信模块主要用于对车辆底层进行控制。

V2X 是未来智能交通运输系统的关键技术。图 2-19 所示为 V2X 家族成员框图。V2X 使得车与车、车与基站、基站与基站之间能够通信,从而获得实时路况、道路信息、行人信息等一系列交通信息,以提高驾驶安全性、减少拥堵、提高交通效率等。

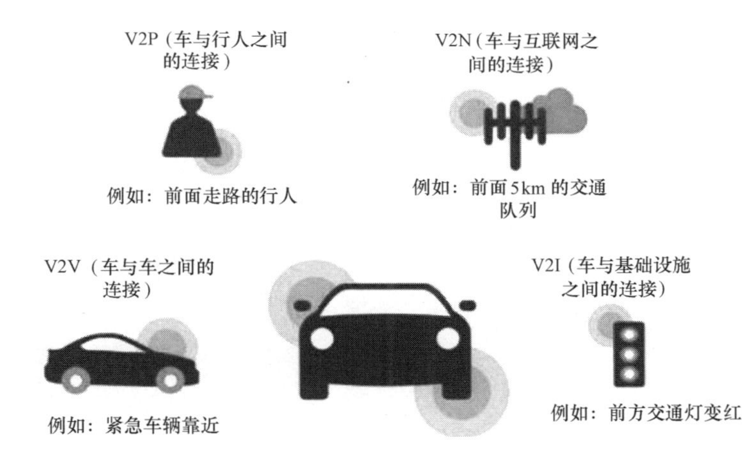


图 2-19 V2X 家族成员框图

V2N 意为车与互联网的连接,是目前应用最广泛的一种连接。常见的应用方式是车机系统通过手机热点连接到互联网,从而获得实时的导航信息或者播放网络音乐。现在也有很多车机系统提供了插卡口,可以直接插入流量卡来实现与互联网的连接。

V2V 意为车与车之间的连接。其目的是通过车与车之间的信息交换来实现碰撞预警和躲避拥堵等功能。例如过盘山公路的时候,有经验的驾驶人都会在入弯前按几声喇叭,以提醒盲区中的车辆注意避让。而使用了 V2V 技术后,驾驶人间的交流可以不用靠喇叭了,而且类似速度、方向等信息都可以互相传递。

V2I 意为车与基础设施之间的连接。基础设施包括交通信号灯、指示牌甚至是路障。这种连接似乎对驾驶人而言是比较没有价值的功能,但是在自动驾驶领域,V2I 的作用还是非常明显的,其重要性在于车自身就能发现前面有障碍物。

V2P 意为车与行人之间的连接。这项技术的主要目的类似于 V2V,通过信息的交互来预防碰撞。但是与 V2V 相比,V2P 更难实现的地方在于,不是每个人出门都会带着能够与车辆通信的电子设备。

## 2.2.4 计算平台硬件系统主流解决方案

### 1. 特斯拉 FSD

长期以来，特斯拉的自动驾驶方案一直是基于 NVIDIA Tegra/DGX 硬件平台，不过 2019 年 6 月，特斯拉突然抛出重磅炸弹，发布了自主研发设计的芯片——特斯拉 FSD。特斯拉 FSD 是一款 FPGA 芯片，采用三星 14nm FinFET 工艺制造，核心面积为 260mm$^2$，集成了 60 亿个晶体管和 2.5 亿个逻辑门，32MB SRAM 缓存，96 × 96 乘加阵列。每个处理器内部有多达 12 个 ARM A72 CPU 核心，主频 2.2GHz。GPU 部分未公布具体型号，频率为 1GHz，支持 FP16、FP32 浮点运算，性能 600GFlops。此外还有专门独立的安全模块，只运行加密的特斯拉软件。

图 2-20 所示为特斯拉 FSD 自动驾驶主板，一块典型的自动驾驶电路板会集成两个特斯拉 FSD 芯片，执行双神经网络处理器冗余模式，两个处理器相互独立，即便一个出现问题，另一个也能照常运行。整块主板最明显的部分就是两个银色处理器，其不是为了增强性能，而是为了图像处理的安全性和准确性。特斯拉 FSD 实际上只允许一个处理器工作，另一个是为了冗余和相互对照处理结果。

图 2-20 特斯拉 FSD 自动驾驶主板

处理器封装的左下角是用于储存操作系统的闪存颗粒，考虑到这是一个承载着深度学习模型的、可升级到自动驾驶能力的硬件，闪存颗粒的容量应该不会小。处理器封装的两旁是各自 4 片、一共 8 片的 LPDDR4 运行内存颗粒。虽然 FSD 硬件采用三星的 14nm 工艺制造，但是运行内存颗粒上面很明显地打着镁光的 LOGO。采用镁光内存颗粒的原因可能是镁光颗粒的频率相对更高，而三星颗粒的频率更低一点。LPDDR4 是一种运行内存规范，是 DDR4 规范的分支，主要应用于功耗更低的移动设备，如手机等。LPDDR4 的速度比 DDR4 略慢，但还是比硬件 2.X 的 DDR3 运行内存速度快很多。

在 FSD 封装里面包含三种不同的处理单元：负责图形处理的 GPU、负责深度学习和预测的神经处理单元 NPU、负责通用数据处理的中央处理器 CPU。特斯拉官方表示，图像数据处理的流程首先从摄像头的高速数据传输开始——高速指的是 25 亿像素 /s，大概是往 21 块 1080P 的全高清屏幕塞 60 帧画面的程度。这个数据传输速度比特斯拉车型现有的 8 颗摄像头可以产生的数据量多了不止一个维度。如此高的传输速度现在还用不上，因为 FSD 芯片内置的图像处理器 ISP 最高只能处理 10 亿像素的数据量，也就是 8 块 1080P 屏幕 60 帧 /s 的程度，这已经追上现在世界上最快的消费级图像传输标准 DisplayPort 1.4 了，而车载芯片传统上是要落后消费级起码一个时代的。图像处理器 ISP 的作用主要是将摄像头产生的原始 RGB 三原色数据转化成复杂的图像信息，这些信息的下一站是神经处理单元（NPU），NPU 会根据深度学习模型对图像数据做出处理，但在此之前，这些数据将会存储在 SRAM 内。

SRAM 一般被应用在处理芯片的 1 ~ 3 级缓存上，可以简单地将它理解为比运行内存速度快很多，同时成本也高很多的存储芯片。有多快？特斯拉芯片总工程师 Pete Bannon 表示，处理全自动驾驶的缓存带宽至少要达到 1TB/s，而 FSD 芯片的 SRAM 实际上能提供 2TB/s 的带宽。

NPU 是 FSD 芯片里面的真正大杀器。但总有一些其他方面的数据处理是 NPU 无法完成的，这时候就需要 CPU 和 GPU 共同参与。

FSD 芯片内置了主频为 1GHz 的 GPU，拥有 600TOPS 的运算能力。特斯拉的表述是 GPU 主要负责一些后处理的任务，如描绘人类能看得懂的界面和图形，也就是说 2.X 时代特斯拉自动驾驶硬件的 AB 面设计将会大概率被取消。总的来说，按照特斯拉在发布会上对 GPU 的描述，以后的 FSD 芯片里面，GPU 的地位将会被继续削弱。特斯拉的 FSD 芯片非常复杂，本应该是主处理器的 CPU，在 FSD 体系下都沦为了协处理器。特斯拉成功打造了一套在自动驾驶场景下非常高效的硬件，但在完成其他驾驶相关任务的时候却未必。

#### 2. 英伟达 PX Pegasus

2015 年，英伟达推出了自动驾驶汽车的原始构架。这个名为 Drive PX 的超级计算机平台，可以处理来自汽车摄像头和传感器的所有数据。该平台使用基于人工智能算法的操作系统以及基于云的高清 3D 地图，可以帮助汽车感知周围的环境和位置信息，并预测驾驶时潜在的危险。该系统的软件更新类似于智能手机的操作系统升级，都可以在云端完成，从而让汽车在短时间内变得更加智能。

2016 年，英伟达推出了新一代系统 Drive PX 2，旨在推动加速自动驾驶汽车的部署。同年，英伟达推出了一款完整的系统芯片处理器 Xavier，它实际上充当了自动驾驶汽车 AI 大脑的角色。英伟达表示，Pegasus 包含了两个 Xavier 单元，以及两个独立的下一代 GPU。

图 2-21 所示为 NVIDIA Drive PX Pegasus，它搭载了 NVIDIA 两款最新的 Xavier 系统级芯片处理器，包括基于 NVIDIA Volta 架构的嵌入式 GPU，具备两个新一代独立 GPU 以及为加快深度学习和计算机视觉算法而创造的硬件。该系统将通过一个车牌大小的计算机，为完全自动驾驶汽车提供强大的计算能力，大幅降低能耗和成本。Pegasus 平台也是依据业界最高安全级别 ASIL-D 认证要求而设计的，配备汽车输

图 2-21 NVIDIA Drive PX Pegasus

入 / 输出，包括 CAN、FlexRay、用于摄像机、雷达、激光雷达和超声波的 16 个专用高速传感器输入以及多个 10Gbit 以太网络连接器。其组合内存带宽超过 1 TB/s。

作为全球首个自动驾驶处理器，Xavier 包含 512 CUDA 核的 Volta GPU，8 核心的 NVIDIA 定制 ARM64 CPU 以及新的计算机视觉加速器。该处理器提供 20 TOPS 的高性能，而功耗仅为 20W。也就是说，其能量效率达到了 1TOPS/W。相比之下，ST 最顶尖的深度学习专用 ASIC 也仅仅实现了 2.9TOPS/W。ST 的深度学习加速器是专为深度学习开发的，一般而言只能做深度学习计算；而 Xavier 是一款通用的计算平台，1TOPS/W 的性能除了可以做深度学习外还可以做其他计算，因此通用性远好于 ASIC。充当自动驾驶汽车大脑的 Xavier 在设计上符合 ISO 26262《道路车辆功能安全》等汽车标准的规定。单个 Xavier 人工智能处理器包含 70 亿个晶体管，采用最前沿的 16nm FinFET 加工技术进行制造，能够取代目前配置了两个移动 SoC 和两个独立 GPU 的 Drive PX 2，而功耗仅仅是它的一小部分。Xavier 的 GMSL（千兆多媒体串行链路）高速 IO 将其与迄今为止最大阵列的激光雷达、雷达和摄像头传感器连接起来。

该系统级芯片内置六种处理器：ISP（图像信号处理器）、VPU（视频处理单元）、PVA（可编程视觉加速器）、DLA（深度学习加速器）、CUDA GPU 和 CPU，每秒可进行近 40 万亿次运算，仅深度学习就高达 30 万亿次。这一处理水平比上一代 Drive PX 2 参考设计要强大 10 倍。

为什么 NVIDIA 会在这个复杂的芯片上放这么多不同类型的处理器和加速器呢？因为目前自动驾驶所需的软件和数据集仍在开发中，基于 Xavier，NVIDIA 已经建立了一个通用的和可扩展的架构，以适应快速发展的市场。

#### 3. 奥迪 zFAS

图 2-22 所示为奥迪 zFAS 自动驾驶计算平台。zFAS 有 4 个核心元件，包括 Mobileye 的 EyeQ3，负责交通信号识别、行人检测、碰撞报警、光线探测和车道线识别；英伟达的 TK1，负责驾驶人状态检测和 360° 全景检测；英特尔（Altera）的 Cyclone V，负责目标识别融合、地图融合、自动泊车、预制动、激光雷达传感器数据处理；英飞凌的 Aurix TC297T，负责监测系统运行状态，使整个系统达到 ASIL-D 的标准，同时还负责矩阵大灯。

Altera SoC 使用宽带干线互联，HPS 和 FPGA 架构之间的大吞吐量数据通路实现了双芯片解决方案无法提供的互联性能。架构的紧密集成支持 100Gbit/s 的峰值带宽，实现了数据的一致性。处理器和 FPGA 之间没有了外部 I/O 通路，大幅度降低了系统功耗。在 FPGA 架构中集成了基于 ARM 的硬核处理器系统，包括处理器、外设和存储器接口。它同时实现了硬核的性能和低功耗特性，以及可编程逻辑的灵活性。FPGA 支持的总线并非普通意义的以太网或者说车载以太网，而是由瑞萨、TTTech 主导的 deterministic 以太网（又称实时以太网或时间触发以太网），也就是下一代车载总线网络标准 TSN 的雏形。TSN 源自航空业的需求，由 AFDX 升级而来，随着无人驾驶的来临，汽车工业对车内总线的需求变得与飞机越来越接近，要求高度可靠，能够容忍系统延迟、抖动、容错。1Gbit/s 的带宽，可以容纳数百甚至上千个传感器。TTTech 最早主要为飞机开发电子架构系统，进而延伸至汽车领域。zFAS 中的 deterministic 以太网包含了三种标准，即 SAE AS6802，也就是 TSN 的雏形，用在大型飞机上，还有传统的 IEEE802.3 标准和 IEEE802.1QAVB 标准，兼顾了高可靠性与低成本。

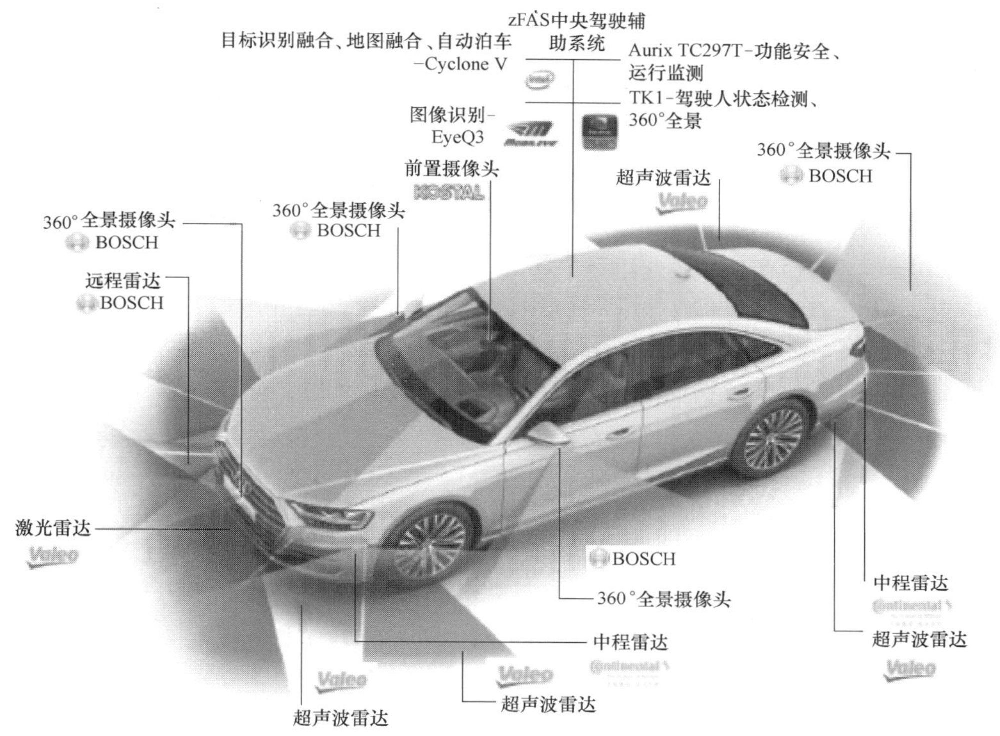


图 2-22　奥迪 zFAS 自动驾驶计算平台

TK1 包括 NVIDIA Kepler GPU、192 个 CUDA 核心、NVIDIA 4-Plus-1 四核 ARM Cortex-A15 CPU。在 CUDA 的帮助下，TK1 GPU 可以像 PC 平台那样用通用计算能力来执行各种多样化的任务或者实现丰富的基于计算的功能，这其中就包括了车辆自动驾驶及驾驶人辅助系统所需要的图像比对及处理能力。因此在基于 TK1 的 zFAS 中，系统可以将绝大部分传感器收集到的信息图形化，然后交给 TK1 来完成图像的比对及分析处理，用画面中透露的信息与预设好的规则进行对比，然后再根据对比的结果做出决策。得益于改进自 Kepler GPU 架构这一要素，TK1 天生就具备了强大的并行处理能力，这种源自 GPU 通用计算的并行处理能力给了 TK1 同时处理多个复杂任务的并行度和总处理能力。通过不断深入的优化，基于 TK1 的 zFAS 从最初的高速赛道行驶到高速公路长途转场，再进化到今天的通过实际城市道路通勤时段，其强大的并行处理能力已经让车辆自动驾驶技术发展到了接近成熟量产的关键节点。zFAS 系统能够走到今天，来自桌面 GPU 架构的设计是功不可没的。

TC297 包括三个独立的 TriCore 32 位内核，一个主核，两个校验核，三个即可工作在 Lockstep 状态。Lockstep 是在计算机和云计算领域大量使用的技术，简单地说，Lockstep 技术使用相同的、冗余的硬件组件在同一时间内处理相同的指令。Lockstep 技术可以保持多个 CPU、内存精确地同步，在正确的相同时钟周期内执行相同的指令。该技术保证能够发现任何错误，即使短暂的错误，系统也能在不间断处理和不损失数据的情况下恢复正常运行。

## 2.3 计算平台软件系统

### 2.3.1 概述

随着信息技术与汽车制造技术的深度融合与快速发展，自动驾驶领域关键技术层出不穷，拓展了算法能力边界的同时也带来了软件复杂度的极大提升。为了应对这一发展趋势，涵盖实时操作系统、支撑软件、自动驾驶软件在内的多层软件架构设计逐渐成为主流。

智能网联汽车计算平台软件系统是指适用于异构计算平台、能够实现自动驾驶系统功能，并保证其运行安全性、实时性、可靠性、可扩展性的软件集合。从计算平台来看，智能网联汽车计算平台软件系统可以分为高性能计算平台和安全计算平台两个子系统；从软件层次来看，其包含操作系统层、支持软件层和应用层，如图 2-14 所示。其中，操作系统层主要包括实时操作系统、虚拟机和板级支持包等；支持软件层主要包括 AUTOSAR 设计初衷、Classic AUTOSAR 和 Adaptive AUTOSAR 架构等。从软件架构来看，上层功能主要通过下层提供的接口实现。支持软件层支持 AUTOSAR 架构。

为了统一标准，全球汽车制造商、部件供应商及其他电子、半导体和软件系统公司联合成立联盟，致力于为汽车工业开发一个开放的、标准化的软件架构，名为汽车开放系统架构（Automotive Open System Architecture，AUTOSAR）。AUTOSAR 针对操作系统层、支持软件层、应用层等各个功能组件的定义、分层架构、组件接口等进行定义。当前，AUTOSAR 已经成为智能网联汽车行业广泛接受的标准，全球超过 100 家各类型主流厂商采用该框架开发软件系统。AUTOSAR 标准有效地降低了系统集成和调试的复杂度，为未来自动驾驶软硬件系统的货架式采购奠定了基础。

功能安全是车载计算平台软件系统的重要基础。为了满足功能安全，国际标准化组织提出了 ISO 26262《道路车辆功能安全》，它是主要针对普通乘用车中与安全相关的电子电气系统制定的功能安全标准。2017 年，中国国家标准化管理委员会颁布了针对道路车辆功能安全的国家标准 GB/T 34590《道路车辆　功能安全》，规范了全生命周期（设计、开发、生产、运行、服务、报废）内的功能安全要求和流程管控要求，对于从设计开发源头提升车辆安全技术水平具有重要的指导意义，它与 ISO 26262 一脉相承。

### 2.3.2 汽车开放系统架构（AUTOSAR）

随着安全性、经济环保性、舒适性、便捷性等要素逐渐渗透到汽车设计、制造的所有环节，汽车电子系统的复杂度快速增加，越来越多的数据在整车电子系统中被处理与被传递。如何让汽车电子系统开发更灵活、更有效率，成为汽车从业者需要解决的重要问题。2003 年，汽车产业与汽车电子产业巨头（包括 BMW、Bosch、Continental、Daimler

Chrysler、Volkswagen、Siemens VDO）联合建立了 AUTOSAR 联盟，并建立了一套开放的汽车电子电气架构——AUTOSAR。随着多年的发展，越来越多的行业内的公司加入到了 AUTOSAR 联盟中，这其中有汽车整车厂、汽车零部件供应商、芯片制造商以及工具制造商，AUTOSAR 也成了汽车电子化 / 电气化设计的发展方向。

### 1. 为什么要用 AUTOSAR

（1）设计标准化、模块化，易于集成

AUTOSAR 通过多个抽象层设计将硬件、不同层软件进行封装，大大降低了系统集成的复杂度和成本。软硬件提供商设计产品时，只需要考虑 AUTOSAR 模块设计原则，即可实现与其他产品的兼容性。

（2）组件可配置化

用户可以根据不同的应用对软硬件组件进行灵活配置。

（3）针对运行环境（Run Time Environ ment，RTE）进行标准化设计

RTE 是 AUTOSAR 架构的重要组成部分，其主要规范了软件组件、操作系统及基础服务组件之间的关系与接口。对上层软件组件，RTE 提供标准的通信、调度管理、服务接口；对系统服务，RTE 支持 POSIX 标准的操作系统；对服务组件，RTE 支持标准的服务虚拟化层接口。用户需要针对 ECU 控制器的特点进行配置并生成 RTE。

（4）具有标准的测试规范

AUTOSAR 针对功能和通信总线制定了标准的测试规范，测试规范包括对于 AUTOSAR 的应用兼容性（如 RTE 的需求、软件服务行为需求和库等）和总线兼容性（总线处理行为和总线协议等）。标准的测试规范大大降低了基于 AUTOSAR 的软硬件系统的测试与集成成本。

### 2. Classic AUTOSAR

早期 AUTOSAR 主要针对确定性较强的软件系统，又被称为 Classic AUTOSAR，如图 2-23 所示。

Classic AUTOSAR 的分层式设计主要是为了实现各软件和硬件模块的独立性。

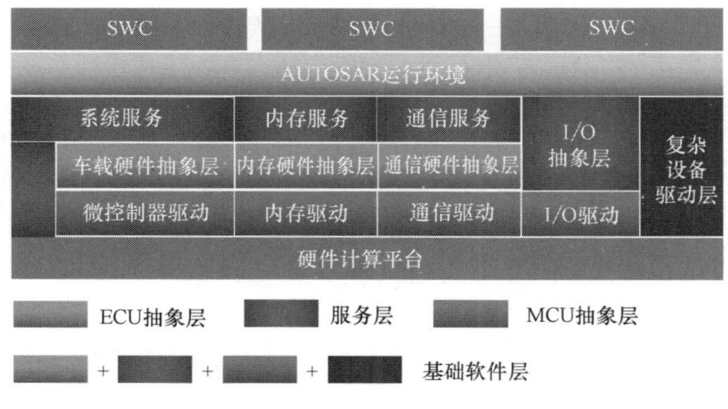


图 2-23 Classic AUTOSAR（见彩插）

1）AUTOSAR 运行环境隔离了上层的应用软件层（SWC）和下层的基础软件层，摆脱了以往 ECU 软件开发与验证时对硬件系统的依赖。

2）应用软件层通过 RTE 提供的标准接口实现调用与通信。RTE 作为虚拟功能总线（VFB），实现了底层基础软件与网络拓扑结构（软件组件通信关系）的抽象。当系统进行配置时，软件组件就会被映射到指定的 ECU 上，而同时组件间的虚拟连接也被映射到了 CAN、FlexRay、MOST 等总线上。软件组件利用预先定义好的端口，通过 VFB 来实现通信。RTE 依赖下层提供的 API 实现功能。

3）服务层、ECU 抽象层、MCU 抽象层及复杂设备驱动层又被称为基础软件层。

① 服务层主要包括通信服务、内存服务及系统服务。通信服务（Communication Services）指针对软件系统所有通信实体进行了统一封装和通信调度。通信实体包括 ECU 内部或跨 ECU 的软件组件、通信接口（CAN、LIN、FlexRay）等。通信服务对上（应用软件层）隐藏了协议、报文属性，任何实体可以通过统一接口进行通信、网络管理及诊断。内存服务（Memory Services）主要指对控制器各类型存储器进行封装，隐藏了内存地址等细节，为数据的保存、加载、校验保护、验证以及安全存储提供了统一的接口。系统服务（System Services）主要包括中断管理、资源管理、任务管理等内容。

② ECU 抽象层主要包括 4 部分内容：I/O 硬件抽象层（I/O Hardware Abstraction Layer）、通信硬件抽象层（Communication Hardware Abstraction Layer）、内存硬件抽象层（Memory Hardware Abstraction Layer）、车载硬件抽象层（On-board Hardware Abstraction Layer）。I/O 硬件抽象层将不同 I/O 设备通道进行封装并向服务层提供统一接口。通信硬件抽象层在通信信道的层次进行了抽象，将 CAN、FlexRay、LIN、MOST 等信道封装为统一接口。内存硬件抽象层对片内、板上的内存资源进行统一封装，如将片内的 EEPROM 和片外的 EEPROM 进行处理并提供统一访问接口。车载硬件抽象层对 ECU 上特殊的一些外设进行封装，如看门狗、时钟等。经过 ECU 抽象层的处理，上层软件的开发与 ECU 硬件解耦合。

③ MCU 抽象层包括 4 部分内容：I/O 驱动（I/O Drivers）、通信驱动（Communication Drivers）、内存驱动（Memory Drivers）、微处理器驱动（Microcontroller Drivers）。I/O 驱动用于对接模拟及数字 I/O 信号，如 ADC、PWM 等。通信驱动用于对接 SPI、CAN 等通信芯片。内存驱动用于对接 Flash、EEPROM 及外部映射设备（外置 Flash）等。微控制器抽象层向上提供统一接口，上层软件的开发与具体微控制器解耦合。

④ 复杂抽象层接口设计虽然有利于设计解耦合，但是会引入额外处理延迟。复杂设备驱动（Complex Device Drivers）层用于对接对实时性方面具有严苛要求的设备 / 子系统，通过跨层设计模式在底层驱动部署实时性保障等机制，以降低由于多层软件调用而产生的延迟。复杂设备驱动层可以用于看门狗（WatchDog）、时钟模块（Clock Unit）等。

### 3. Adaptive AUTOSAR

Classic AUTOSAR 要求用户对 ECU、MCU 上运行的软件具有深刻的理解，并在构建系统时提出严格的约束，如每个任务的计算时间、任务数量与类型等。随着软硬件系统与算法复杂度的快速增加，尤其是多核系统的使用导致用户无法对软件系统提出严格约束。因此，AUTOSAR 委员会针对 Classic AUTOSAR 标准中 RTE 层进行扩展，如图 2-24 所示。其中，ARA 为 AUTOSAR Runtime for Adaptive Applications 的缩写。

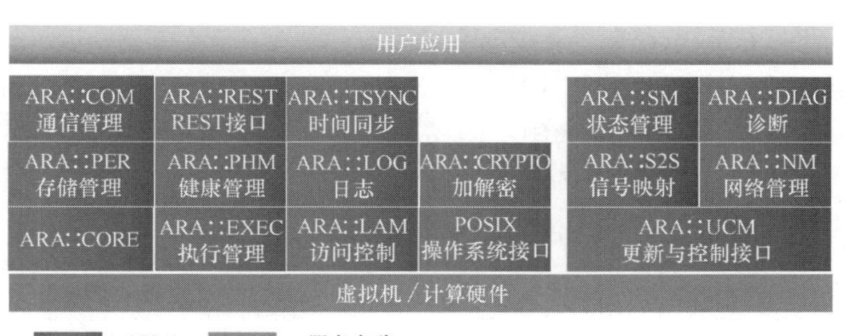


图 2-24 Adaptive AUTOSAR 软件架构（见彩插）

Classic AUTOSAR 主要用于传统汽车域控制器，它将固定的软件功能、计算复杂度与硬件计算平台进行深层次耦合；Adaptive AUTOSAR 主要用于持续进化的自动驾驶领域，它在保证软件架构灵活性的同时，提供有效的通信手段和足够的处理能力。换句话说，Adaptive AUTOSAR 不是 Classic AUTOSAR 的替代，而是为了实现软件设计灵活性而提出的另一个方案。

具体来说，Classic AUTOSAR 与 Adaptive AUTOSAR 的核心区别如下：

1）针对内存地址管理，从统一地址空间管理更新为针对每个应用设置独立的虚拟地址空间进行管理，增加了访存的安全性。

2）基于静态连接关系和具有周期性的通信机制，更新为面向服务、通信关系动态可配置的方式。

3）基于 OSEK 操作系统更新为支持任何 POSIX 标准的操作系统。

4）执行代码由直接在 ROM 执行更新为代码在内存中执行，执行前需要从非易失存储器加载到内存的方式。

5）任务调度方法由静态定义执行顺序更新为支持多种动态调度策略。

## 2.3.3 操作系统层

### 1. 实时操作系统

操作系统是管理计算机硬件与软件资源的程序，其主要功能包括管理与配置内存、决定系统资源供需的优先次序、控制输入设备与输出设备、操作网络与管理文件系统等。通用操作系统的设计目标为充分利用计算能力、完成任务越多越好。然而，在工业生产等应用领域，任务完成时间的确定性至关重要。为了满足这类应用的需求，实时操作系统应运而生。实时操作系统是指在一定时间约束内完成任务的操作系统。需要强调的是，实时操作系统注重计算时间的稳定，而非计算快。实时操作系统分为硬实时和软实时，分别指任务执行时间抖动在毫秒和微秒级别。两种实时操作系统的选择取决于应用的需要。例如：汽车安全气囊的控制必须要在固定时间内完成，否则可能导致安全问题；视频流处理虽然也有计算时间的约束，但是丢帧只是会导致视频不流畅而不会导致安全问题。

为了保证任务实时性，产业界主要通过优化操作系统内核等方式达到设计目的。内核作为操作系统的核心软件组件，是连接应用程序和硬件的一座桥梁。内核直接操作硬件，并以系统调用的形式向应用程序提供必要的服务。

实时操作系统主要分为微内核（Micro Kernel）和宏内核（Macro Kernel）两类，其基本结构如图 2-25 所示。微内核架构中，内核只实现了基本的调度、内存管理和通信服务；其他操作系统必需的服务，如设备驱动、文件系统、应用进程通信等，在用户态进程实现。宏内核则将所有基本服务都在内核中实现。

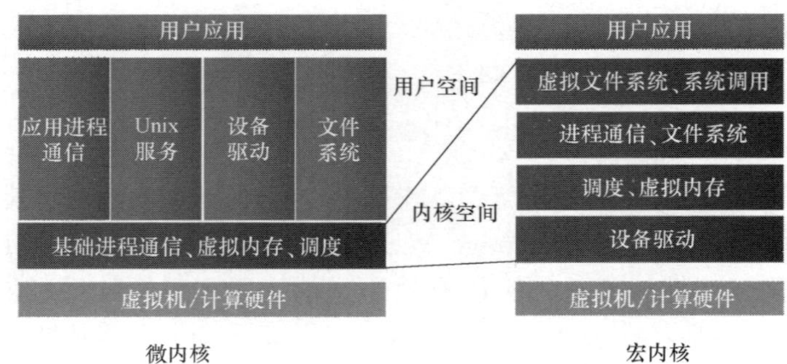


图 2-25　微内核与宏内核的基本结构（见彩插）

微内核与宏内核的主要区别见表 2-1。

表 2-1　微内核与宏内核的主要区别

| 比较项 | 微内核 | 宏内核 |
|---|---|---|
| 基本概念 | 用户应用和内核服务运行在不同地址空间 | 用户应用和内核服务运行在相同地址空间 |
| 用户应用效率 | 低 | 高 |
| 内核运行效率 | 高 | 低 |
| 可扩展性 | 容易扩展 | 不容易扩展 |
| 稳定性 | 内核态服务较少，稳定性高 | 内核态服务多，稳定性相对低 |
| 典型应用 | QNX、VxWorks | Ubuntu、OpenBSD |

微内核的主要特点在于其稳定性，这点在工业控制与自动驾驶等应用领域中至关重要。因此，目前主流的商用实时操作系统都采用了微内核设计。然而，微内核仅包含基本功能，用户应用运行时会频繁在用户态和内核态之间切换，导致基于微内核的实时操作系统效率不如宏内核高。为了解决这一问题，风河等主流实时操作系统提供商采用特殊标志位来记录当前系统是否在内核态运行，大大降低了用户态与内核态之间的切换成本。

一般情况，用户通过实时操作系统提供的任务调度算法对应用程序的执行顺序与时间进行约束。调度算法决定当前等待被执行的任务中哪个应当优先被执行。主流实时操作系统提供如下基础调度算法：

（1）SCHED_FIFO

SCHED_FIFO 优先处理高优先级任务，相同优先级任务则实行先进先出策略。具体来说，任务执行时，高优先级任务会抢占低优先级任务；低优先级任务只能等到高优先级主动退出才能够执行；对于同等优先级任务调度，先运行的任务一直占据 CPU，直到完成计算后，其他同等优先级任务才能得到时间片。该策略主要用于实时任务的调度。

（2）SCHED_RR

SCHED_RR 基于 CPU 时间片对任务进行调度。针对不同优先级任务调度时，SCHED_RR 优先将 CPU 时间片分配给高优先级任务；同等优先级任务调度时，SCHED_RR 按照队列先后顺序为每个任务分配一个 CPU 时间片，时间片结束后仍未完成计算的任务需要重新进入就绪队列末尾（时间片用完）或等待队列（因等待资源而放弃 CPU）中。该策略主要用于实时任务的调度。

（3）SCHED_OTHER

SCHED_OTHER 为分时调度策略。进行调度时，SCHED_OTHER 为就绪队列中所有任务进行动态优先级计算，并选择优先级最高的任务执行。当这个时间片使用完或主动放弃 CPU 时，该任务重新进入就绪队列末尾（时间片用完）或等待队列（因等待资源而放弃 CPU）中。SCHED_OTHER 属于非实时调度策略。

用户在任务创建时可以通过设置优先级决定哪些线程需要优先处理；通过设置任务 nice 值决定该任务每次获得时间片的大小，nice 值越小，时间片越大。目前，学术界和产业界提出一些拓展调度策略，将任务截止日期、任务等待时间等作为计算优先级的重要因素。

**2. 板级支持包**

智能网联汽车计算系统由硬件计算平台、系统软件和应用组成。硬件计算平台是系统软件和应用程序运行的硬件基础，目前主流方案基于多种类型的核心计算芯片。如何适配基于不同类型芯片的硬件平台是系统软件需要解决的重要问题。板级支持包（Board Support Package，BSP）是操作系统与不同硬件平台的媒介，其一方面适配了底层硬件的多样性，另一方面向操作系统提供了统一的接口。

不同的操作系统有不同定义形式的 BSP，要求 BSP 所实现的功能也有所不同。在嵌入式 Linux 系统中，主要是初始化底层硬件并引导操作系统；同时，BSP 又是和硬件相关的，还要考虑对硬件的初始化操作。BSP 与处理器的指令集架构、硬件板卡的配置等相关。同一个嵌入式操作系统，针对不同的 CPU 需要不同的 BSP 支持；即使同一种 CPU，也可能由于外设不同需要相应的修改（如外部扩展 DRAM 的大小、类型改变）。具体来说，其主要作用包括：

1）初始化底层硬件，为操作系统提供底层硬件信息。

2）初始化相关硬件设备，主要是存储设备、通信设备。

3）检测系统硬件是否正常。

4）加载操作系统并启动系统运行。

系统加电时，BSP 从位于 0 地址的非易失存储器 FLASH 中执行，从串口或网卡的数据寄存器中读取数据，把核心和文件系统下载到内存中指定的位置。下载完成后，BSP 程序将 CPU 中的程序计数器 PC 置为内核在内存中的起始地址并启动内核（操作系统）。

**3. 虚拟机**

虚拟机（Hypervisor）是一种运行在物理服务器和操作系统之间的中间软件层，可允许多个操作系统和应用共享一套基础物理硬件，如图 2-26 所示。每个虚拟机具有一套独立于实际硬件的虚拟硬件环境（包括处理器、内存、I/O 设备）。各个虚拟机共享物理计算资源，通过虚拟机监视器（Virtual Machine Monitor，VMM）进行管理。VMM 是一层位于操作系统和计算机硬件之间的代码，用来将硬件平台分割成多个虚拟机。VMM 运行在特权模式，主要作用是隔离并且管理上层运行的多个虚拟机，仲裁它们对底层硬件的访问，并为每个客户操作系统虚拟一套独立于实际硬件的虚拟硬件环境（包括处理器、内存、I/O 设备）。VMM 采用某种调度算法在各个虚拟机之间共享 CPU，如采用时间片轮转调度算法。

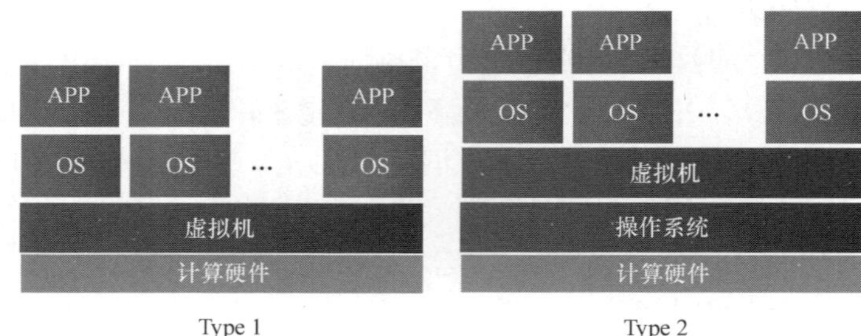


图 2-26　虚拟机示意图

虚拟机主要分为两种：Type 1 直接从硬件芯片启动引导，可以提供最佳的性能；Type 2 则是在基础操作系统（如 Linux）引导之后才启动，在功能性和可管理性方面比较占优势。目前，主流实时操作系统均支持以上两个类型的虚拟化技术。

在电动汽车电子电气系统中，虚拟机可以提供如下功能。

1）虚拟机可以将软件系统划分为多个独立子系统，每个子系统的运行环境、软件架构互不影响。这一功能有利于系统集成，每个供应商都可以拥有逻辑上独立的运行空间。

2）对底层来说，虚拟机将若干线程 / 任务进行打包，有利于硬件计算资源的高效分配与调度。虚拟机将真实环境与虚拟环境相隔离，为信息安全防护提供了一层缓冲，增加了信息安全性。

3）目前，AUTOSAR 组织将虚拟机列为 Adaptive AUTOSAR 框架的重要组成部分。

#### 4. OSEK

OSEK 是 Classic AUTOSAR 架构推荐采用的操作系统标准，它主要针对汽车电子开放式系统及其接口进行规范。OSEK 主要由四部分组成：操作系统规范（OSEK Operating System，OSEK OS）、通信规范（OSEK Communication，OSEK COM）、网络管理规范（OSEK Net Management，OSEK NM）和 OSEK 实现语言（OSEK Implementation Language，OIL）。此后，各软件生产厂商都相继推出了符合 OSEK 规范的产品，比较典型的有 WINDRIVER 公司的 OSEKWorks、ETAS 公司的 ERCOSEK、MOTOROLA 公司的 OSEKturbo 和美国密西根大学的 EMERALDS-OSEK 等。随着该规范应用的不断深入，其结构和功能不断完善和优化，版本也不断升级和扩展。OSEK 主要有以下特点：

（1）实时性

由于越来越多的微处理器被应用到汽车控制领域，如汽车的防抱死制动系统、动力设备的安全控制系统等，这些系统直接关系着人的生命安全，即使出现丝毫的差错也会导致危及生命安全的严重后果，因此要求操作系统具有严格的实时性。OSEK 操作系统通过静态的系统配置、占先式调度策略、提供警报机制和优化系统运行机制，以提高中断响应速度等方法来满足用户的实时需求。

（2）可移植性

OSEK 规范详细规定了操作系统运行的各种机制，并在这些机制的基础上制定了标准的应用程序编程接口，使那些独立编写的代码能够很容易地整合起来，增强了应用程序的可移植性。OSEK 还制定了标准的 OIL，用户只需更改 OIL 配置文件中与硬件相关部分，便可实现不同微处理器之间的应用程序移植。通过这些方法，减少了用于维护应用程序软件和提高它的可移植性的费用，降低了应用程序的开发成本。

（3）可扩展性

为了适用于广泛的目标处理器，支持运行在广泛硬件基础上的实时程序，OSEK 操作系统具备高度模块化和可灵活配置的特性。它定义了不同的符合级别（Conformance Classes），并采用对不同应用程序有可靠接收能力的体系结构，从而增强了系统的可扩展性。OSEK 操作系统可以在很少的硬件资源（RAM、ROM、CPC 时间）环境下运行，即便在 8 位微处理器上也是如此。

OSEK 操作系统标准为汽车电子软件系统的稳定性和可靠性奠定了重要基础，在 Classic AUTOSAR 架构中占有不可或缺的地位。然而，随着以多核处理器、虚拟化、软件交互复杂化等为典型特征的计算系统快速发展，OSEK 平台的适用性逐渐降低。在 Adaptive AUTOSAR 中，POSIX 替代了 OSEK 成为操作系统推荐的标准。

5. POSIX

POSIX 指可移植操作系统接口（Portable Operating System Interface of UNIX，缩写为 POSIX），是 IEEE 协会为保证兼容性而提出的一个针对操作系统的规范，其正式标准为 IEEE 1003，对应国际标准 ISO/IEC 9945。

POSIX 标准涵盖了以下内容：

1）针对必要的概念和术语进行了标准化，如绝对路径、存取模式、地址空间、适当权限、定时器、异步 I/O 操作、后台进程、后台进程组、块文件、阻塞进程等。

2）针对基本的类型进行了定义，如 dev_t 用于设备号、gid_t 用于进程标志符、ino_t 用于文件序列号、inode_t 用于一些文件参数、link_t 用于连接内容、off_t 用于文件大小、pid_t 用于进程或进程组标志符等。

3）规范了进程与信号的控制与使用，如进程的创建、执行与终止等，以及进程收到信号的处理、进程挂起与延迟等。

4）对进程运行环境的规范，如进程标识符及相关操作、用户与用户组及相关操作、获取环境变量方法等内容。

5）规范了文件与目录的操作，如获得路径、打开文件、连接文件、创建目录、文件属性等。

6）针对输入与输出进行规范，如管道的使用，文件的读写操作，文件同步、异步输入与输出等。

7）定义了设备驱动和分类函数，如终端的定义与使用等。

8）针对 C 语言提供基本的支持，如基础时间函数、输入输出规范（包括文件操作）、非局部跳转、时间域设置等。

9）针对系统数据库进行了规范，其中主要涉及组数据库和用户数据库。组数据库主要包括组名、组 ID 和属于该组的用户列表。用户数据库包括用户名、用户 ID、初始化目录、初始化用户程序等。

10）规范了数据交换形式，主要包括 tar 格式、cpio 格式、字节流等。

11）线程同步操作的定义，主要涉及信号量的使用等。

12）定义了基础内存管理服务，包括进程内存的使用、内存映像函数、共享内存工具等。

13）任务调度的基本规范，包括调度参数、主要的调度策略、设置和获取调度参数的方法等。

14）系统时钟和定时器的定义，如时间的格式、操作时间的函数、定时器的使用、休眠函数的使用等。

15）规范了进程消息传递机制，如队列的定义和使用等。

任何 POSIX 规范的操作系统都符合上述描述并提供相应接口。同时，应用开发采用 POSIX 提供的接口可以获得更好的移植性。与 OSEK 标准操作系统相比，POSIX 系统的系统镜像较大（通常在 MB），需要加载到内存运行，启动时间较长（通常在几秒到几十秒之间）。然而，POSIX 操作系统由于支持的计算平台种类多、兼容性好、代码重用率高等，逐渐成为电动汽车电子电气系统的主流操作系统。

目前，最新的 Adaptive AUTOSAR（2019 年 3 月发布）支持 POSIX PSE51 版本接口。相关 POSIX 版本号及其主要特点见表 2-2。需要注意的是，虽然 Adaptive AUTOSAR 推荐的架构不包含内存管理单元、文件系统等，但是方案提供商依然可以提供相应特性。

表 2-2　相关 POSIX 版本号及其主要特点

| 版本号 | 主要特点 |
|---|---|
| PSE51 | 包括 287 个 API，面向小嵌入式硬件平台，不支持内存映射单元（Memory Management Unit，MMU）和文件系统（File System） |
| PSE52 | 包括 626 个 API，面向专用控制器，支持内存映射单元，不支持简单文件系统 |
| PSE53 | 包括 754 个 API，面向大型嵌入式计算平台，支持内存映射单元、文件系统 |
| PSE54 | 包括 912 个 API，面向大型实时系统，支持主流操作系统特性 |

与 Classic AUTOSAR 不同，Adaptive AUTOSAR 标准仍处于快速迭代阶段，每年更新两个版本。

### 2.3.4　主流解决方案

安全性、实时性、计算能力和可扩展性是汽车电子电气软件系统需要保障的重要特性。然而，目前没有任何单一解决方案可以满足上述要求。基于 Classic AUTOSAR、Adaptive AUTOSAR 及普通架构的软件系统特点（图 2-27），为了满足汽车电子电气软件系统要求，主要汽车电子厂商推出了基于 AUTOSAR 的异构系统软件解决方案。

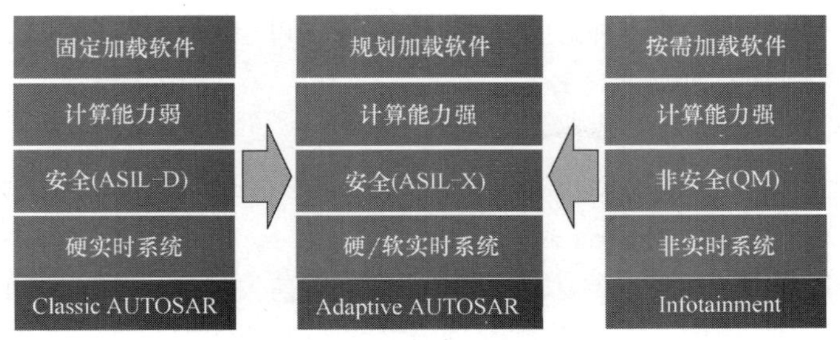


图 2-27　软件架构主要特点示意图

1. Vector

Vector 是总线开发工具、网络节点测试验证工具和嵌入式软件组件供应商，为汽车总线网络的设计、建模、仿真、分析、测试以及 ECU 的开发、测试、标定和诊断等领域提供了一系列强有力的软硬件工具和源代码。

MICROSAR 是 Vector 的 Classic AUTOSAR 方案，它支持安全域与非安全域的混合架构，如图 2-28 所示。MICROSAR 方案包括实时操作系统、基础支撑软件、看门狗、安全通信机制、运行环境等内容。MICROSAR 的主要特点如下：

| Application | | | | | | |
|---|---|---|---|---|---|---|
| RTE | | | | | | |
| OS(OS+vLHyp) | SYS | DIAG | MEM | COM | IO | LIBS |
| | CYRPTO | AMD | OTA | CAN/LIN/FR/ETH/IPC | CHARGE | V2X |
| | HSM | XCP | EXT | MCAL | AVB | Complex Driver |
| 计算硬件 | | | | | | |

图 2-28　Vector MICROSAR 方案

（1）MICROSAR.OS

MICROSAR.OS 是 Vector 推出的实时操作系统，其开发严格按照 ASIL-D 规范，符合 OSEK 架构。该 OS 支持单核或多核架构，针对每个计算核心的任务可以检测实际执行时间是否超过预算。针对野指针、栈溢出、访问越界、上下文切换访存成本高等问题，Vector 通过优化栈指针，程序计数器和内存保护单元（Memory Protection Unit，MPU）配置等方法对内存使用不合法行为进行检测，同时保证了上下文切换的安全性。

MICROSAR.OS 支持 Classic AUTOSAR4.3 新增的安全特征，即用户模式对外设寄存器的读写及中断源控制接口。

（2）MICROSAR.RTE

Vector 在标准 Classic AUTOSAR 的基础上进行了拓展，形成 MICROSAR.RTE。其部分新特性如下：① MICROSAR.RTE 自动生成包括所有 RTE API 的 SWC 模板，方便用户开发；②提供额外的内存保护机制；③基于 AUTOSAR 提出的“Mode-Dependent Runnables”概念，可以对初始化程序进行配置；④支持以 HTML 等形式向用户报告当前 RTE 资源使用情况；⑤支持多核。

（3）MICROSAR.COM

MICROSAR.COM 主要实现了 AUTOSAR 的通信服务，它可以支持任意数目的通信信道，用户应用不需要关心数据是否发送到 / 接收自本地还是其他控制器。该模块需要针对特定协议的总线模块和 MCAL 支持。MICROSAR 支持 CAN、ETH、LIN、FR、IPC 等协议与通信方式。与标准 AUTOSAR 不同，MICROSAR.COM 可以作为网关对通信声明进行配置，提供了针对通信拓扑的灵活性。此外，它可以将CAN、LIN、Flex Ray等数据转发到以太网，以便于用户调试与分析。

（4）MICROSAR.MEM

针对内存管理，MICROSAR.MEM可以对Flash、EEPROM等类型存储器进行管理、错误检查、信息恢复等。其中，Ea是EEPROM的接口，Fee为Flash的抽象接口，Memif在Ea和Fee上层提供统一的抽象接口，Nvm作为非易失存储器管理向Ea、Fee设备的存储信息管理与读写，同时将一些关键数据进行冗余存储以提高数据保护能力。

（5）MICROSAR.SYS

该模块提供ECU状态管理、跨ECU时间同步、通信信道与网络的控制、监控上层SWC是否正常工作、看门狗等功能。看门狗是MICROSAR.SYS的基础，它支持对用户应用和基础软件的监控，而且在必要的时候可以对ECU进行重置。MICROSAR.SYS可以与硬件看门狗配合使用，通过SPI总线向硬件看门狗报告状态。通过软硬件结合的方式，看门狗具有较高的可靠性。

（6）MCAL与MICROSAR.EXT

MCAL为AUTOSAR驱动软件，MICROSAR.EXT为针对特定外部设备的驱动。Vector针对主流传感器与执行器提供设备驱动，缩短用户开发时间。

（7）MICROSAR.AMD

为了能够监控实际系统中各个软件组件的运行情况并方便调试，Vector开发了MICROSAR.AMD组件。它主要负责报告包括应用与基础支持软件在运行中发生的事件与错误信息，同时监控系统CPU负载与软件执行事件。调试信息通过通用校准协议（Universal Calibration Protocol，XCP）将内部变量进行追溯，并通过CANape或CANoe.AMD在PC端使用图形界面查看。

目前来看，Vector提供的方案可以涵盖Classic AUTOSAR系统及开发的各个方面，是广泛被认可的Classic AUTOSAR方案提供商。

考虑到相关标准处于快速迭代阶段，Vector Adaptive AUTOSAR方案仍在快速更新阶段。Vector的Adaptive AUTOSAR称为Adaptive MICROSAR，它主要包括ARA及一套高效开发与集成环境。Adaptive MICROSAR用于适配高性能计算平台，整个方案支持ASILD标准（ARA、虚拟机与POSIX操作系统）。此外，Adaptive MICROSAR支持多个版本POSIX及安全的C++ STL库。Adaptive MICROSAR各个模块及其支持标准如图2-29所示。

Adaptive MICROSAR支持较为完整的SOME/IP绑定（通信层），且在跨硬件平台通信时还可以与进程通信机制相结合以达到更高的性能；支持针对TCP链接进行生命周期管理；支持网络通信优先级设定；提供静态服务发现机制以加速系统启动；提供基于XCP的调试机制；保持与Adaptive AUTOSAR同步演进；提供单元和集成测试工具。

在开发配套软件方面，Vector提供包括系统设计到产品验证的整套工具链，开发过程及每个阶段对应的工具如图2-30所示。其中：

1）DaVinci Configurator Pro用于定义MICROSAR基本软件组件及RTE，基本组件可能来源于Vector或第三方。

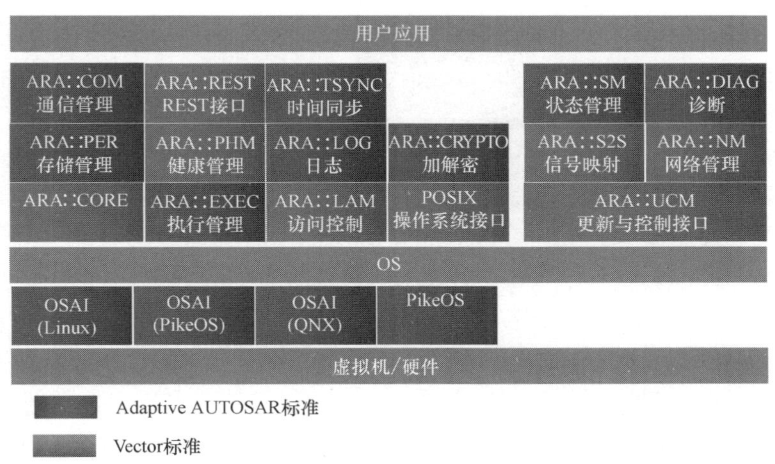


图 2-29　Adaptive MICROSAR 各个模块及其支持标准（见彩插）

2）PREEvision 是一个基于模型的车载电子电气系统设计软件，它用于定义需求、设计功能分布、定义组件及数据通信关系等。

3）vVIRTUALTarget Pro 用于仿真 RTE 中仿真验证软件组件。

4）CANdelaStudio 用于设计诊断功能。

5）vVIRTUALTarget Basic 用于仿真 ECU 等硬件平台验证软件组件。

6）TA Tool Suite 用于设计、仿真、优化和验证嵌入式单核 / 多核实时系统。

7）CANape 用于测量和校准内部数据。

8）CANoe 用于开发、测试和分析硬件平台及网络。

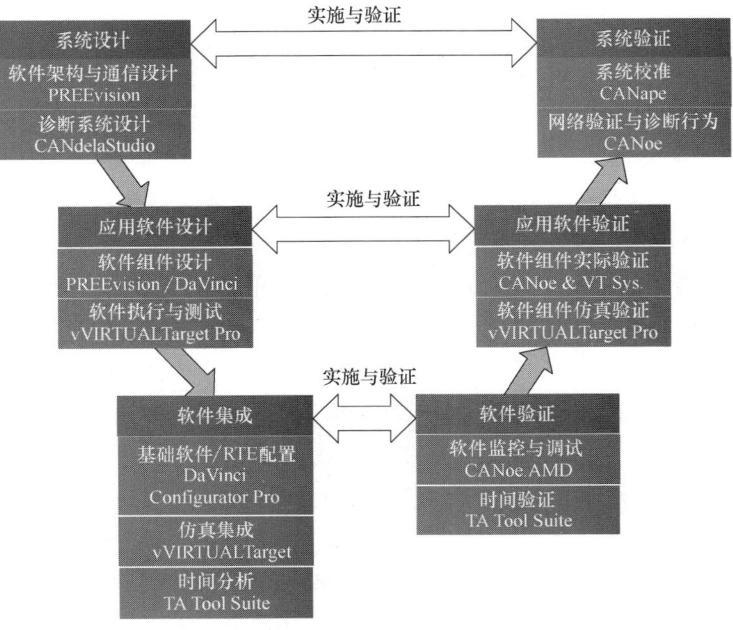


图 2-30　Vector MICROSAR 实施阶段与工具链示意图

## 2. TTTech

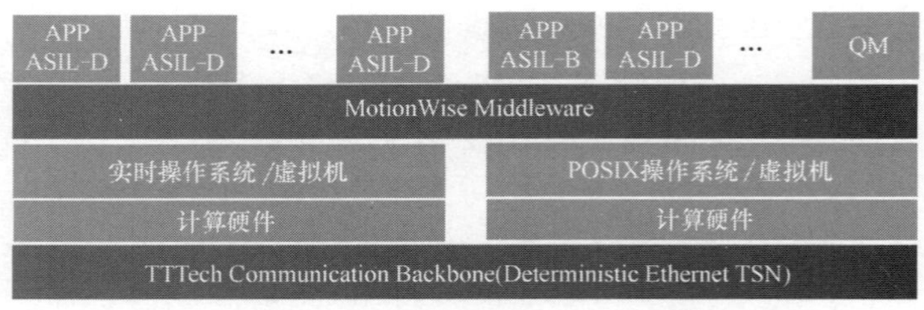


图 2-31 TTTech 方案（红色为 TTTech 提供）(见彩插)

TTTech 针对 AUTOSAR 提出了包括 MotionWise 中间件及确定以太网的解决方案，它同时支持 Classic AUTOSAR 及 Adaptive AUTOSAR，如图 2-31 所示。用户开发时，可以选择使用 AUTOSAR 标准接口或者 TTTech 标准接口；后者既可以在 Classic AUTOSAR 平台也可以在 Adaptive AUTOSAR 平台运行。MotionWise 支持 ASIL-D 安全标准。

与 Vector 不同，TTTech 不提供操作系统及虚拟机。用户可以选择任何支持 POSIX 标准的操作系统及相应的虚拟机实现系统。与 Adaptive AUTOSAR 相比，MotionWise 具有以下特点：

1）MotionWise 可以在不同硬件平台进行部署，在各个平台提供统一的运行环境，用户程序可以在运行 Classic AUTOSAR、Adaptive AUTOSAR 和 POSIX 的软件系统之间切换。

2）提供基于时间帧的任务调度方法，用户可以指定每个处理核心的任务执行时间，进而保证整个软件系统的实时性。任务排布时间精度达到毫秒级。

3）基于 MotionWise 标准开发的软件应用，可以在任何运行 MotionWise 中间件的硬件平台之间无缝切换。

4）MotionWise 支持对单个计算任务、一系列顺序执行计算任务（分布在多个组件）的实时性进行保证，保证若干顺序执行的任务延迟稳定。此外，MotionWise 可以在异构硬件平台进行部署，保证跨平台任务执行的实时性和确定性。

5）传统软件开发流程中，软件设计者针对需求进行拆解，并对各个子系统的功能和性能进行设计。软件开发人员按照设计文档进行实施，并交由软件设计者进行集成。一般情况下，软件设计者通过 CPU 计算时长描述子系统性能需求。然而，这些子系统在进行集成时可能由于关键计算资源竞争等原因造成资源冲突。MotionWise 提供基于时间帧的调度方式，软件设计者在设计子系统时可以明确每个子系统的 CPU 时间片长度，保证后期系统集成时各个子系统不会恶性竞争 CPU 资源。

相比其他 AUTOSAR 方案，MotionWise 由于采用了确定调度（deterministic scheduling）具有更强的系统确定性和实时性。无论当前 CPU 负载有多高，MotionWise 都可以做到强实时性。确定调度是指将 CPU 处理核的时间片与任务线程进行绑定，在每个时间周期的固定时刻运行该线程。通过编排 CPU 时间片，MotionWise 可以精心设计各个任务的执行顺序与时间，避免了通用调度策略由于抢占造成的不确定性，以及线程频繁切换带来的资源浪费。然而，越来越复杂的软件系统为 CPU 时间片的高效分配带来极大的挑战，要求开发人员对软件系统具有深刻的了解。

需要强调的是，MotionWise 提供端到端的延迟保证服务。具体来说，用户在进行软件系统设计时可以配置任务软件在各个处理核的精确运行时间（任务执行时间排布表），并根据任务执行时间排布表中该任务的计算结束时间估计其数据交互时间，进而通过配置以太网交换机进一步降低两个任务之间的通信延迟。

如图 2-32 所示，TTTech 提出时间确定以太网方案，名为 TTEthernet，它支持以下三种网络数据交换机制：

1）时间触发传输。即在交换芯片上实施确定性调度，将固定时间片分配给固定数据流或者端口。

2）限制流量传输。即限定数据流或端口之间的数据流量带宽。

3）尽力服务。交换机对该类型采用尽力而为的交换策略，不保证任务之间数据报文的传输延迟。

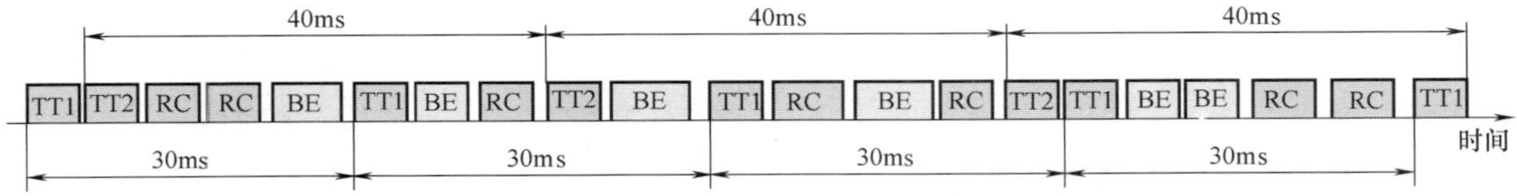


图 2-32　TTEthernet 传输机制示意图

TT—时间触发传输　RC—限制流量传输　BE—尽力服务

目前，奥迪（zFAS 系统）、Renesas、宝马、英飞凌、保时捷等主流汽车、汽车电子厂商都采用了 MotionWise 系统。此外，该系统在多款 L2、L3 级别的自动驾驶系统中进行了部署。

### 3. Windriver

Windriver 是世界主要的软件系统提供商之一，它具有超过 17 年安全系统设计经验，产品覆盖航空、航天等传统功能安全领域。2019 年，Windriver 基于 Adaptive AUTOSAR 推出了汽车软件系统解决方案，该方案主要包括实时操作系统、板级支持包、虚拟机、Adaptive AUTOSAR 服务与 API 等，如图 2-33 所示。Windriver 提倡针对安全需求进行拆解，尽量减少需要进行安全认证的代码数量。因此，Windriver 方案允许用户在同一硬件平台灵活部署不同安全等级应用，从而降低用户开发与认证成本。

Apps | Apps
Adaptive AUTOSAR | Adaptive AUTOSAR
VxWorks | VxWorks, WRLinux / HVP
硬件计算平台 | 硬件计算平台

图 2-33　Windriver Adaptive AUTOSAR

Windriver 实时操作系统称为 VxWorks，它支持 ASIL-D 安全标准，是业界最成熟的实时操作系统方案。VxWorks 允许用户根据需求设计基于时间和空间的任务调度策略，并提供经过安全认证的软件开发平台。VxWorks 支持时间触发以太网标准，可以通过标准规范为数据流设定转发时间片。主机与交换机之间可以达到高精度时间同步。WRLinux 是 Windriver 推出的非实时操作系统，它基于 Yocto 框架，支持 POSIX 标准。WRLinux 是非实时系统域的重要基础。

Helix Virtualization Platform（HVP）是 Type 1 型虚拟机，可以支持实时软件系统域与非实时软件系统域同时部署。由于采用了硬件虚拟化指令集，HVP 部署不会带来硬件性能的显著下降。HVP 支持软件栈的时域与空间域的隔离，保证用户软件运行环境隔离，提高安全性。HVP 运用处理器中的硬件虚拟加速器，可以实现高性能计算周期和低成本 I/O 访问。此外，其占用空间极小，同时可以达到高吞吐量和低延迟的进程间通信（IPC）。

Windriver 提供 Adaptive AUTOSAR 中间件。其方案在设计时就以功能安全为目标，相关产品在设计时综合考虑了功能安全因素，尤其在防止软件失效方面具有较高的检测与恢复能力。

与其他方案相比，Windriver 方案具有以下特点：

1）安全的网络协议栈。为了保证网络通信的实时性，Windriver 提供从驱动到网络协议栈的高效部署与设计，如图 2-34 所示。具体来说，它既支持将网络协议栈部署在操作系统内核，又可以部署在容器内（将针对协议栈的攻击隔离在容器内）；既可以部署单个协议栈，又可以部署多个网络协议栈（使用户程序在协议栈层实现隔离）。

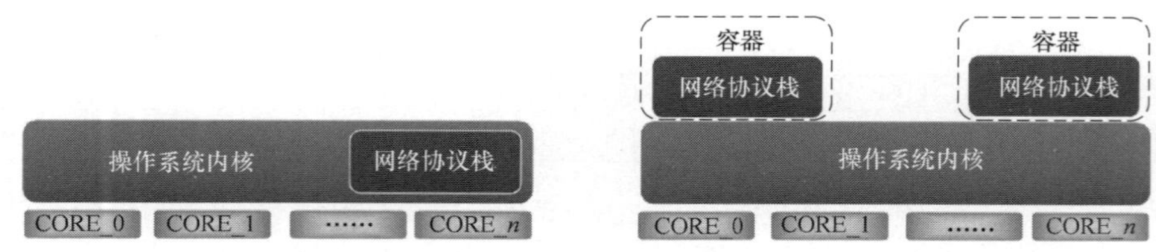


图 2-34　安全网络协议栈

2）高灵活性 Edge Sync 机制。Windriver Edge Sync 支持传统 ECU 设备升级协议，并允许用户采用增量更新方式通过以太网进行升级。

3）提供高效的任务调度方法。Windriver 帮助用户对应用的最长执行时间进行测量和计算，并提供针对截止时间的任务调度方法。

4）提供计算资源隔离机制。Windriver 支持针对应用的权限控制，如是否允许某些应用调用 open（　）函数、信号量、消息队列、数据区等。此外，该机制还允许系统管理员设置每个应用的最大内存使用量等。

5）降低应用开发和部署成本。HVP 支持基于标准的开放式设备虚拟化框架，可有效支持第三方操作系统，无需仿真成本，从而实现跨产品线的高可移植性。具体来说，它支持 ARINC 653、APEX API、POSIX 和 FACETM 等平台，支持独立构建、链接和加载（IBLL），允许根据 RTCA DO-297 集成模块化航空电子设备（IMA）标准进行软件应用程序的独立异步开发、测试和交付。

6）提供较高的灵活性。HVP 支持开发和部署运行机器学习与分析等应用程序的静态或动态配置系统，还可使不同安全级别的系统满足安全认证和通用应用要求。HVP 允许这些应用程序在同一平台共同运行，不仅可确保各应用的独立域，还支持各应用间相互协作与高效通信。

7）WRLinux 是 Windriver 针对嵌入式的开源 Linux 解决方案（非实时）。Windriver 维护 WRLinux 并向用户提供安全漏洞检测、评估、通知与补救业务，并提供开源软件合规文档等，以方便用户使用。最新的 WRLinux 基于 Yacto2.6 框架与 Linux 内核 4.18，支持 GCC8.2、GDB8.2、Glibc 2.28、Binutils 2.31。

Windriver 自动驾驶软件系统方案尚未发布（截至 2019 年 6 月）。

# 第3章 车辆状态及环境感知技术

## 3.1 车辆行驶状态传感器

车辆行驶状态传感器是用来感知车辆速度、转向、加速、减速等运动状态的传感器，如加速度传感器、车轮转速传感器等。

### 3.1.1 传感器基本理论

#### 1. 定义及分类

传感器是能感受被测量，并按一定的规律将被测量转换成输出信号的器件或装置。它通常由敏感元件和转换元件组成。有时也将信号调节与信号处理电路及信号处理软件系统作为传感器的组成部分。

传感器的分类方式汇总见表 3-1。

#### 2. 传感器测量的基本原理

以下按传感器的工作原理分类介绍其基本原理。

（1）变阻器式传感器

变阻器式传感器利用金属导线电阻或薄膜电阻的长度与电阻值的正比对应关系实现对位置的测量，这是典型的结构型传感器，主要用于测量位移，在汽车上常见的应用为加速踏板和制动踏板电位计、节气门位置传感器等。变阻器式传感器示意图如图 3-1 所示。位移计算公式为

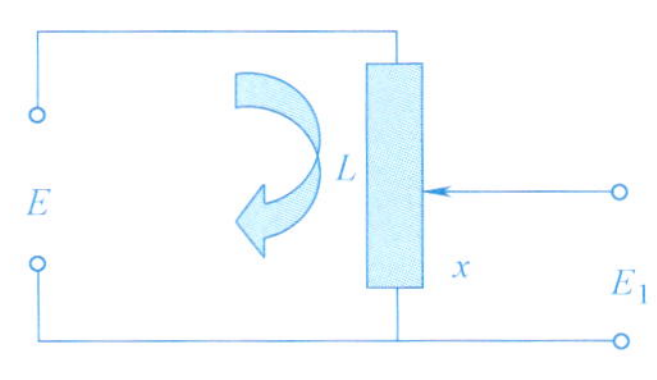

图 3-1 变阻器式传感器示意图[1]

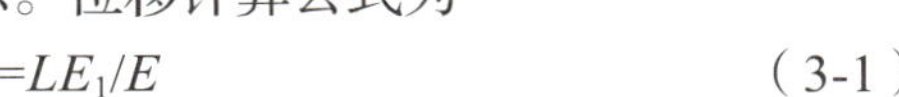

$$x=LE_1/E \qquad (3\text{-}1)$$

式中 $E$ ——电路总电压；

$L$ ——电路中电阻的总长度；

$E_1$ ——测量电路中的电压；

$x$ ——接入测量电路的电阻长度，即测量位移。

表 3-1 传感器的分类方式汇总[1]

| 分类方式 | 型式 | 说 明 |
|---|---|---|
| 按构成原理分类 | 结构型 | 以转换元件结构参数变化实现信号转换 |
| | 物性型 | 以转换元件物理特性变化实现信号转换 |
| 按能量关系分类 | 能量转换型 | 传感器输出量直接由被测量能量转换而来 |
| | 能量控制型 | 传感器输出量能量由外部能源提供，但受输入量控制 |
| 按工作原理分类 | 电阻式 | 利用电阻参数变化实现信号转换 |
| | 电容式 | 利用电容参数变化实现信号转换 |
| | 电感式 | 利用电感参数变化实现信号转换 |
| | 压电式 | 利用压电效应实现信号转换 |
| | 磁电式 | 利用电磁感应原理实现信号转换 |
| | 热电式 | 利用热电效应实现信号转换 |
| | 光电式 | 利用光电效应实现信号转换 |
| | 光纤式 | 利用光纤特性参数变化实现信号转换 |
| 按被测量分类 | 长度、角度、振动、位移、压力、温度、流量、距离、速度等 | 以被测量命名（即按用途分类） |
| 按输出量分类 | 模拟式 | 输出量为模拟信号（电压、电流……） |
| | 数字式 | 输出量为数字信号（脉冲、编码……） |

（2）电容式传感器

电容式传感器是将被测量的变化转换为电容量变化，主要用于位移的测量。电容式传感器原理示意图如图 3-2 所示。电容量计算公式为

$$C=\frac{\varepsilon_0\varepsilon A}{\delta} \tag{3-2}$$

式中 $C$ ——测量传感器电容量；

$A$ ——电容极板正对面积；

$\delta$ ——电容极板之间的间距；

$\varepsilon_0$ ——真空的介电常数；

$\varepsilon$ ——极板间介质的介电常数。

（3）电磁感应式传感器

电磁感应式传感器是把被测量的物理量转换为感应电动势的一种转换器。它所利用的就是法拉第电磁感应现象，即变化磁通量产生感应电动势的现象。

电磁感应式传感器的结构分类如图 3-3 所示。

（4）光电式传感器

光电式传感器通常是指能感应到由紫外线到红外线光的光能量，并能将光能转换成电信号的器件。其工作原理是基于一些物质的光电效应。

1）外光电效应：在电磁波的照射下，某些物质内部的电子会被光子激发向外发射而

形成电流。光电池原理示意图如图 3-4 所示。

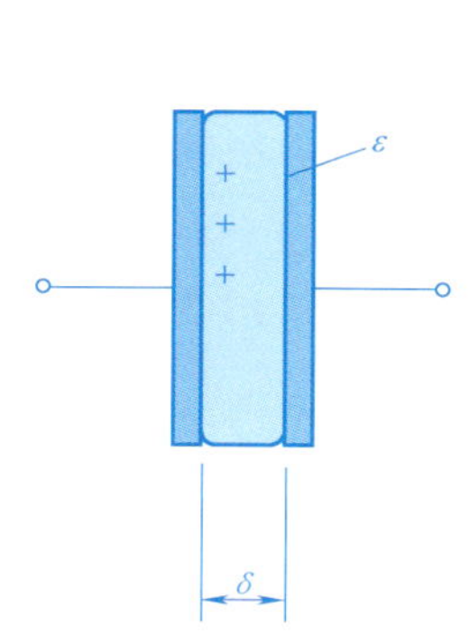

图 3-2　电容式传感器原理示意图[1]

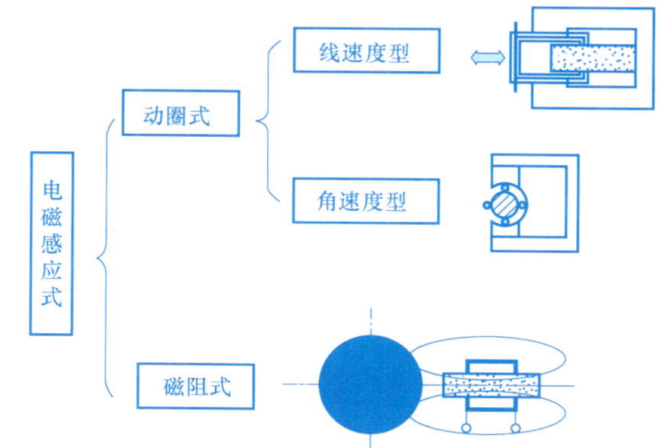

图 3-3　电磁感应式传感器的结构分类[1]

2）内光电效应：半导体材料受到光照时会产生电子 - 空穴对，使其导电性能增强，光线越强，阻值越低，这种光照后电阻率发生变化的现象称为内光电效应，如光敏电阻。光敏电阻原理示意图如图 3-5 所示。

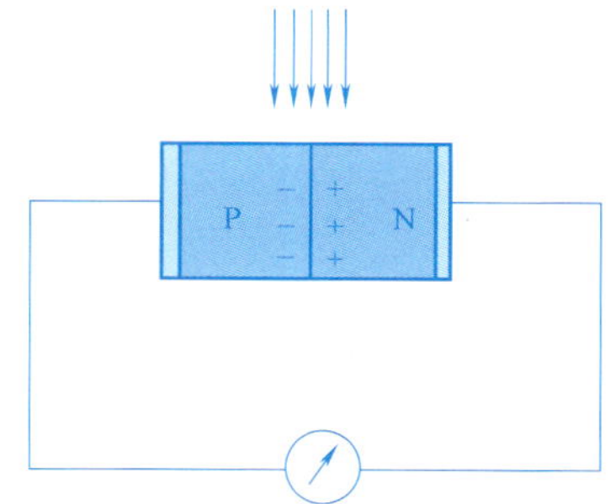

图 3-4　光电池原理示意图[1]

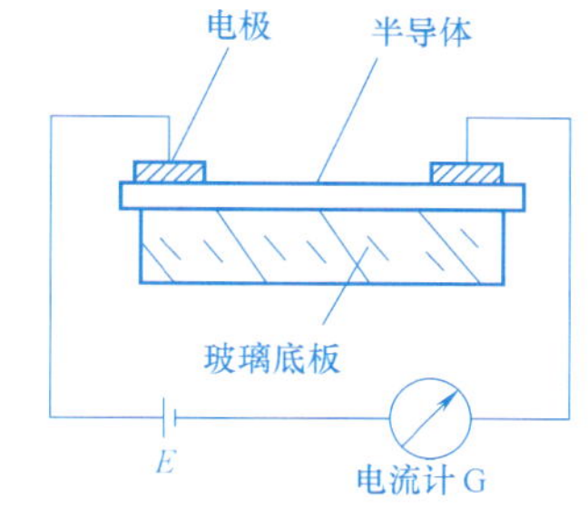

图 3-5　光敏电阻原理示意图[1]

（5）霍尔传感器

霍尔传感器是利用霍尔效应原理制成的一种传感器。如图 3-6 所示，当电流垂直于外磁场通过导体时，载流子发生偏转，在垂直于电流和磁场的方向会产生一附加电场，从而在导体的两端产生电势差，这一现象称为霍尔效应，这个电势差称为霍尔电压。其计算公式为

$$U_H=K_H IB\sin\alpha \tag{3-3}$$

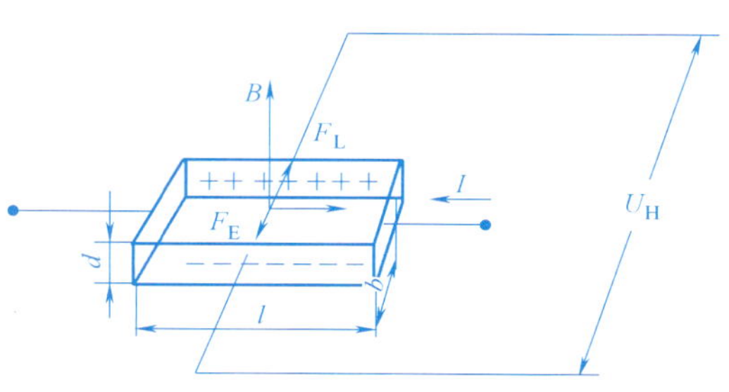

图 3-6　霍尔效应原理[1]

式中　$U_H$——霍尔电压；

$K_H$——霍尔系数；

$I$——流入霍尔元件的电流；

$B$——穿过霍尔元件的磁感应强度；

$\alpha$ ——电流和磁感应强度之间的夹角。

（6）热式空气流量计

热式空气流量计的主要元件是热线电阻，可分为热线式和热膜式两种类型。空气质量流量传感器是一种采用合金薄膜和绝热微桥结构的桥式结构传感器，它可对膜片上方的空气或其他气流的流速变化做出灵敏快速的反应。

热线风速仪的基本原理是将一根细的金属丝放在流体中，通电流加热金属丝，使其温度高于流体的温度，因此将金属丝称为“热线”。当流体沿垂直方向流过金属丝时，将带走金属丝的一部分热量，使金属丝温度下降。

热式空气流量计的结构与原理如图 3-7 所示。热线电阻 $R_H$ 以铂丝制成，$R_H$ 和冷线电阻 $R_K$ 均置于空气通道中的取气管内，与 $R_A$、$R_B$ 共同构成桥式电路。$R_H$、$R_K$ 阻值均随温度变化。当空气流经 $R_H$ 时，使热线温度发生变化，电阻减小或增大，电桥将失去平衡。若要保持电桥平衡，就必须使流经热线电阻的电流改变，以恢复其温度与阻值，精密电阻 $R_C$ 两端的电压也相应变化，并且该电压信号作为热式空气流量计输出的电压信号送往 ECU。

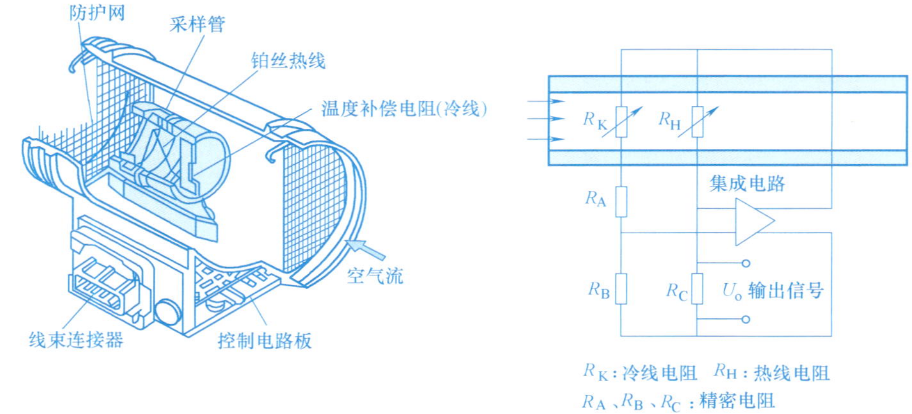


图 3-7　热式空气流量计的结构与原理[1]

（7）光纤式陀螺仪

现代光纤式陀螺仪是一种能够精确地确定运动物体方位的仪器，是现代航空、航海、航天和国防工业中广泛使用的一种惯性导航仪器。光纤式陀螺仪原理图如图 3-8 所示。

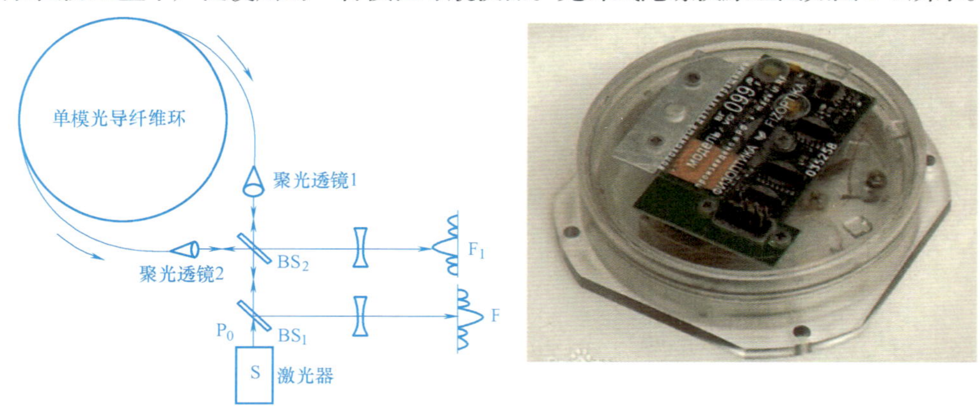


图 3-8　光纤式陀螺仪原理图[1]

光纤式陀螺仪的实现主要基于塞格尼克理论：当光束在一个环形的通道中行进时，若环形通道本身具有一个转动速度，那么光线沿着通道转动方向行进所需要的时间要比沿着与该通道转动相反的方向行进所需要的时间多。也就是说，当光学环路转动时，在不同的行进方向上，光学环路的光程相对于环路在静止时的光程都会产生变化。利用光程这种变化，检测出两条光路的相位差或干涉条纹的变化，就可以测出光路旋转角速度，这便是光纤式陀螺仪的工作原理。



### 3. MEMS 传感器

MEMS 即微机电系统（Micro-Electro-Mechanical Systems），是在微电子技术基础上发展起来的，融合了光刻、腐蚀、薄膜、LIGA（光刻、电铸和注射）、硅微加工、非硅微加工和精密机械加工等技术制作的高科技电子机械器件。经过四十多年的发展，已成为世界瞩目的重大科技领域之一。它涉及电子、机械、材料、物理学、化学、生物学、医学等多种学科与技术，具有广阔的应用前景。

MEMS 传感器是采用微机械加工技术制造的新型传感器，是 MEMS 器件的一个重要分支。依赖于 MEMS 技术的传感器主要有以下技术特点：

（1）微型化

体积微小是 MEMS 器件最为明显的特征，其芯片的尺度基本为纳米或微米级别，而微米量级的特征尺寸使得它可以完成某些传统机械传感器所不能实现的功能。

（2）多样化

MEMS 的多样化主要表现在其工艺、应用领域及材料等方面。

（3）集成化

通过 MEMS 工艺，可以实现对不同功能或感应方向的多个传感器的集成，形成微传感器阵列或微系统。

（4）尺度相应现象

因 MEMS 芯片尺度的缩小，给原有理论基础带来了较大影响，如力的尺寸效应、微摩擦学、微构造学、微热力学等，都需要更深入的研究。

（5）批量化

MEMS 器件与微电子芯片相似，可进行大批量生产且生产成本不高，有利于 MEMS 产品工业化规模经济的实现。

常见 MEMS 传感器包括 MEMS 加速度传感器、MEMS 光学传感器、MEMS 压力传感器、MEMS 陀螺仪、MEMS 湿度传感器、MEMS 气体传感器以及它们的集成产品。MEMS 传感器系列产品如图 3-9 所示。

由于 MEMS 器件和系统具有体积小、重量轻、功耗小、成本低、可靠性高、性能优异、功能强大、可以大批量生产等传统传感器无法比拟的优点，因此在航空、航天、汽车、生物医学、环境监测、军事以及几乎人们接触到的所有领域中都有着十分广阔的应用前景。MEMS 传感器的典型应用见表 3-2。

图 3-9　MEMS 传感器系列产品[2]

表 3-2　MEMS 传感器的典型应用[2]

| 应用领域 | 产品或系统 | 所用 MEMS 传感器示例 |
|---|---|---|
| 消费电子 | 手机、手环、智能手表、VR 应用、无人机、便携式计算机等 | 加速度传感器、陀螺仪及惯性测量组合（IMU）等 |
| 汽车工业 | 汽车安全系统、防抱死制动系统（ABS）、发动机系统和动力系统等 | 压力与加速度传感器、微陀螺仪、化学传感器、温度传感器、气体传感器、位移传感器、轮速传感器等 |
| 航空航天、空间应用 | 微型惯导系统、空间姿态测定系统、动力和推进系统、控制和监视系统 | 加速度传感器、陀螺仪、压力传感器、惯性测量组合（IMU）、磁强计 |
| 生物医疗保健 | 临床化验系统、诊断和健康检测系统 | 生物传感器、压力传感器、加速度与微流体传感器 |
| 机器人 | 机器人姿态控制系统 | 加速度传感器、陀螺仪、IMU |
| 传感网 | 基于 MEMS 的环境检测系统 | 压力、温度、湿度、生物、腐蚀、气体和气体流速等多种传感器 |

汽车电子产业被认为是 MEMS 传感器的第一波低价格大规模量产应用高潮的推动者，其应用方向和市场需求包括车辆的防抱死制动系统（ABS）、电子稳定程序（ESP）、电控悬架（ECS）、电子驻车制动（EPB）、上坡辅助（HAC）、胎压监测系统（TPMS）、发动机防抖和车辆倾角检测等。

过去几年，智能手机的快速增长极大地带动了 MEMS 市场进一步向低价格化与微型化发展，但随着智能手机市场走向饱和，下一波 MEMS 产业浪潮将会在智能工业、自动驾驶以及物联网领域展开。

## 3.1.2　加速度传感器

### 1. 应用

加速度传感器在车辆上的应用主要有以下几点：

1）点燃式发动机的爆燃控制。

2）触发乘员保护系统（安全气囊与安全拉紧器）。

3）为 ABS 或 ESP 等系统检测汽车加速度。

4）为汽车底盘闭环控制系统测定汽车车身的加速度。

### 2. 结构和工作原理

加速度传感器通过测量施加在惯性质量 $m$ 上的力 $F$，从而确定加速度 $a$。它们之间的关系为

$$F=ma \tag{3-4}$$

根据力的测量方式，可以分为位移测量式加速度传感器和压电式（机械应力式）加速度传感器两种。

（1）位移测量式加速度传感器

在偏转式测量系统（图 3-10）中，惯性质量 $m$ 与支承体弹性连接，在传感器进行加减速运动时，加速力与系统的弹簧恢复力相平衡。

以 $x$ 表示系统偏转量，$c$ 表示弹性系数，则

$$F_M=ma=cx \tag{3-5}$$

通过测量与偏转量 $x$ 相关联的电量 $U_A$，计算出施加在惯性质量 $m$ 上的力 $F_M$，便可确定加速度信息。

位置闭环控制测量系统（图 3-11）采用补偿原理，与加速度有关的系统偏转可通过等效的恢复力控制。传感器元件是闭环控制回路中的一个组件，恢复力或产生恢复力的参量可作为衡量加速度的一个尺度。通过闭环控制，系统可以非常接近偏转的零点（相当于电流输出量 $I_A=0$），并获得比较高的线性度。

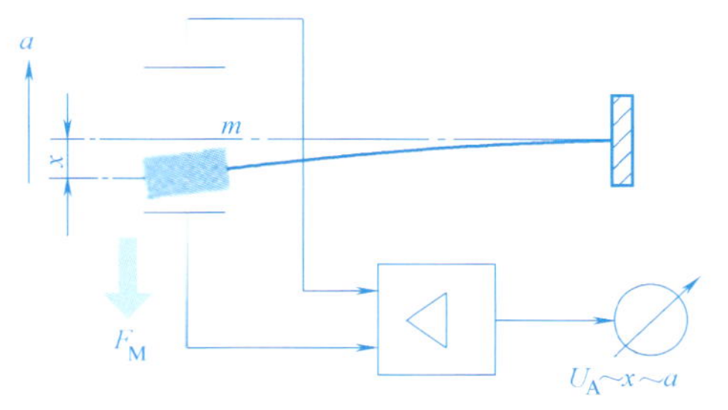


图 3-10　偏转式测量系统[2]

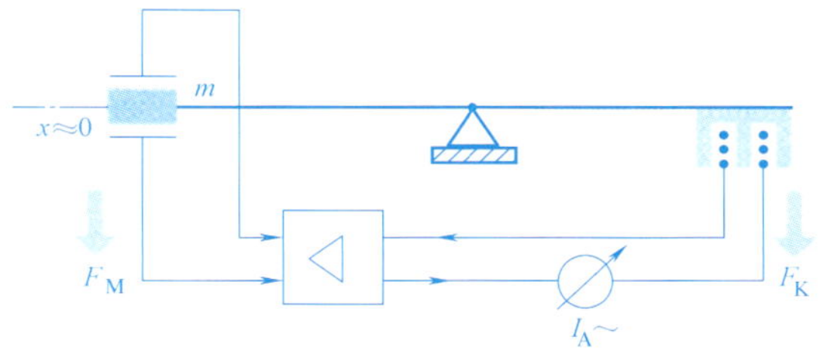


图 3-11　位置闭环控制测量系统[2]

加速度传感器是最早广泛应用的 MEMS 传感器之一。它通过设计使一个质量块（proof mass）的部件（橙色部件）相对底座（substrate）产生位移。质量块通过锚（anchor）、铰链（hinge）或弹簧（spring）与底座连接。MEMS 加速度传感器示意图如图 3-12 所示。

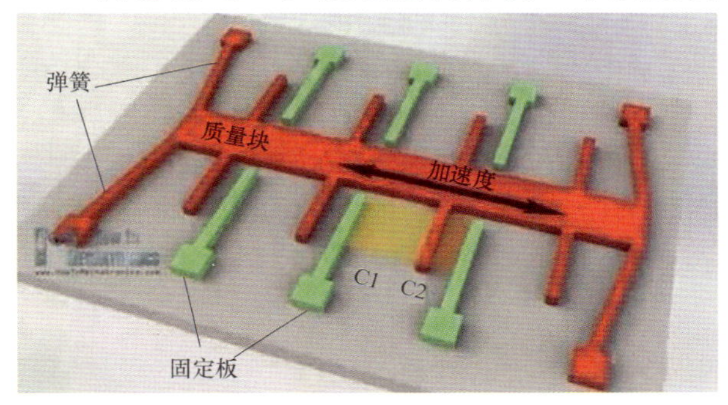


图 3-12　MEMS 加速度传感器示意图[2]

固定板（绿色部分）固定在底座上。当感应到加速度时，质量块相对底座产生位移。通过一些换能技术可以将位移能转换为电能。若采用电容式传感结构，电容大小的变化可以产生电流信号供其信号处理单元采样。通过梳齿结构可以极大地扩大传感面积，提高测量精度，降低信号处理难度。MEMS 加速度传感器实物图如图 3-13 所示。

（2）压电式加速度传感器

压电式加速度传感器利用压电效应原理，在力 $F$ 的作用下，在装有电极的压电材料表面产生电荷 $Q$，其大小与作用力产生的机械应力成正比。横向和切向压电效应是伴随着纵向压电效应出现的。作用在压电材料上的机械应力和产生的电荷间的相互关系可以用张量方程式表示。

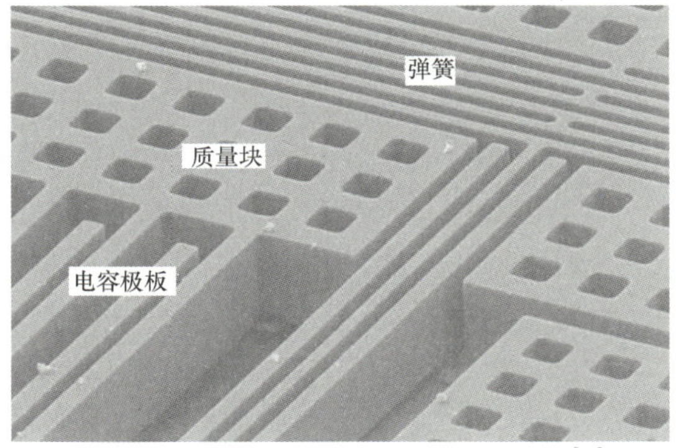


图 3-13　MEMS 加速度传感器实物图[2]
（比例尺为 1 ∶ 50000）

如图 3-14 所示，由两个相反极化的压电陶瓷组成的双压电晶片就是利用横向压电效应测量弯曲量的。在弯曲时，两层复合的压电陶瓷片一片拉伸、一片挤压。两者的分电压 $U_1$ 和 $U_2$ 相加，合成总电压为 $U$。

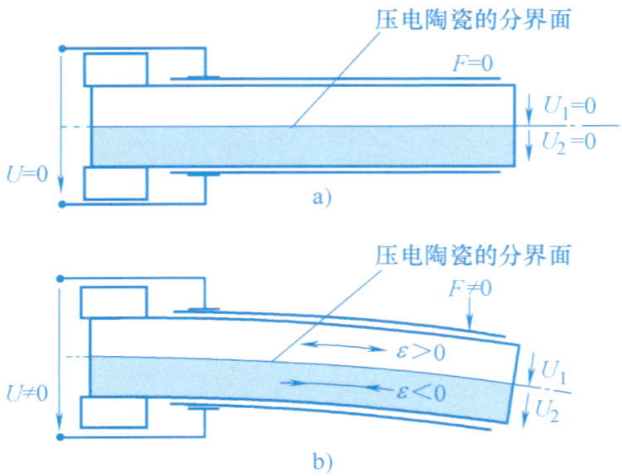

## 3.1.3 横摆角速度传感器

### 1. 应用

横摆角速度传感器在车辆上的应用范围主要有以下三点：

1）用于测量装备有电子稳定程序（ESP）系统的汽车在弯道行驶时或是加速时绕其垂直轴的转动，以对其行驶动态进行调节。

2）用于车辆导航部件中，检测弯道行驶时汽车绕垂直轴的转动，并确定行驶方向，用于推算出车辆当前的位置。

3）用于安全气囊电控单元中的汽车翻滚识别。

压电陶瓷的分界面
F=0
$U_1$=0
$U_2$=0
U=0
a)
压电陶瓷的分界面
F≠0
ε>0
ε<0
$U_1$
$U_2$
U≠0
b)

图 3-14 压电材料[2]

a）零加速度状态 b）非零加速度状态

### 2. 结构和工作原理

横摆角速度传感器一般选用振动式陀螺测速仪，这种陀螺仪利用弹性振动来达到测量的目的，即利用物体在旋转运动和振动时出现的科氏加速度来测量其转动角速度。科氏加速度示意图如图 3-15 所示。

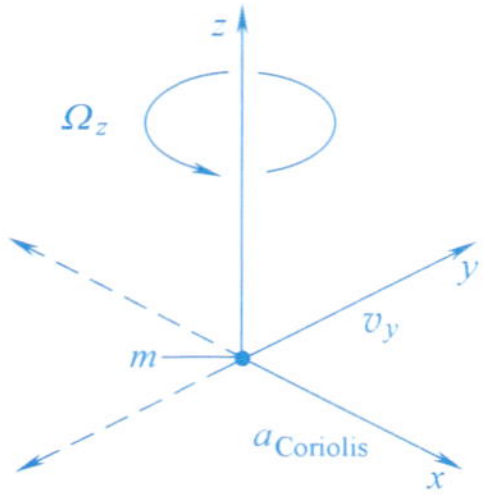

如图 3-15 所示，在绕固定轴旋转的非惯性系中，运动的物体存在科氏加速度。参考系相对于惯性系的旋转速度为 $\boldsymbol{\Omega}_z$，物体在该旋转参考系中的速度为 $\boldsymbol{v}$，则科氏加速度 $\boldsymbol{a}_{\text{Coriolis}}$ 为

$$\boldsymbol{a}_{\text{Coriolis}}=2\boldsymbol{\Omega}_z \cdot \boldsymbol{v} \quad (3\text{-}6)$$

振动式陀螺仪通过激振可以周期性地改变振动质量块的振动速度 $\boldsymbol{v}$，并使其按照正弦的规律变化：

$$\boldsymbol{v} = \hat{\boldsymbol{v}} \cdot \sin \omega t \quad (3\text{-}7)$$

z
$\Omega_z$
y
$v_y$
m
$a_{\text{Coriolis}}$
x

图 3-15 科氏（Coriolis）加速度示意图[2]

当旋转速度 $\boldsymbol{\Omega}_z$ 不变时，可以得到相同频率的科氏加速度。

横摆角速度传感器根据具体结构主要分为微机械转动角速度传感器和压电式音叉转动角速度传感器两种。

（1）微机械转动角速度传感器

微机械转动角速度传感器由激振系统和信号处理系统组成。一个在中心放置的扭振器被梳状结构件静电驱动而产生扭振，利用均匀的电容抽头，可以调节电容使得扭振振幅不变。当传感器芯片绕着汽车垂直轴转动时，产生的科氏加速度会迫使扭振器俯仰，其幅值与转动角速度成正比，放置在扭振器下方的电极就可以检测出俯仰运动时的电容变化，并将其以电信号的形式输出。

在信号处理系统中，由于科氏加速度具有和激振函数相同的频率，因此可以将激振信号与科氏加速度信号相乘，随后再取其均值得到转动角速度这一有用信号。根据锁定放大原理滤除其他频率的干扰信号，同时对有用信号取均值可以消除激振频率对该信号的影响，最终可以得到一个与转动角速度成正比的输出电压：

$$U-\text{const}\cdot\hat{a}_{\text{Coriolis}}=\text{const}\cdot\Omega_z \tag{3-8}$$

微机械转动角速度传感器结构示意图如图 3-16 所示。

（2）压电式音叉转动角速度传感器

如图 3-17 所示，压电式音叉转动角速度传感器由带 4 个压电元件（上下各两个）的音叉状钢体和传感器电路组成。音叉长约 15mm。在接通电路时，音叉的下部两个压电元件开始振动，并激励音叉上部范围，包括上部的两个压电元件反向振动，振动频率约为 2kHz。



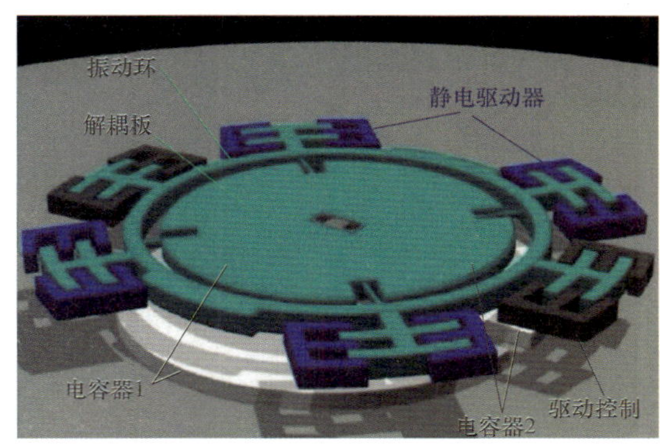


图 3-16　微机械转动角速度传感器结构示意图[2]

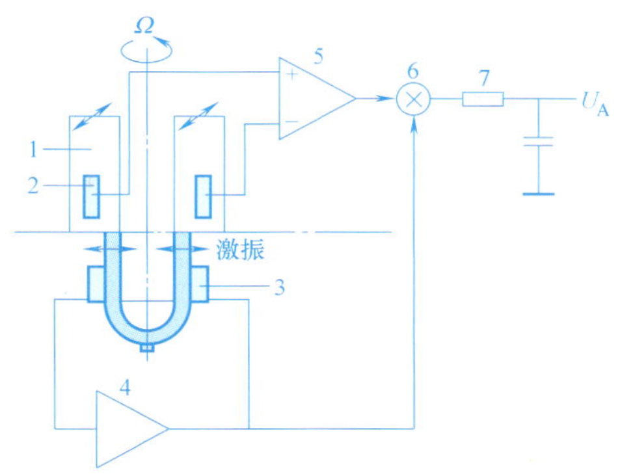


图 3-17　压电式音叉转动角速度传感器[2]

1—振动体　2—加速度传感器　3—激振用的压电元件　4—等振幅激振控制器　5—电荷放大器　6—倍频器　7—低频滤波器

汽车直线行驶时，在音叉上没有科氏加速度，因为音叉上的压电元件是反向振动，且只与振动方向垂直，所以上部压电元件不产生电压。

弯道行驶时，汽车绕垂直轴的转动引起音叉上部范围偏离振动平面，由此在音叉上部的压电元件产生一个交变电压，并通过传感器外体中的电路到达导航计算机。交变电压幅值不但与转动速度有关，而且与振动速度有关；交变电压的符号与弯道方向有关。

## 3.1.4　车轮转速传感器

### 1. 应用

车轮转速传感器用于测定汽车车轮转速。通过线束将车轮转速信号传输至汽车上的 ABS 电控单元、ASR 电控单元或 ESP 电控单元。电控单元分别控制车轮制动压力。控制回路可防止车轮抱死（配备 ABS）或防止车轮空转（配备 ASR 或 ESP），并保证汽车的行驶稳定性和可操控性。导航系统同样需要车轮转速信号，以计算汽车行驶路程（如在隧道中或没有卫星信号时）。

## 2. 结构与工作原理

车轮转速传感器利用固定在轮毂上的钢质脉冲轮（用于无源转速传感器）或多极磁环（用于有源转速传感器）产生转速信号。脉冲轮或多极磁环的转速与车轮转速一致，并在车轮转速传感器头部的灵敏部位无接触地转动。根据测量原理，可以分为无源车轮转速传感器和有源车轮转速传感器两类。典型的车轮转速传感器的实物图如图 3-18 所示。

（1）无源（感应式）车轮转速传感器

如图 3-19 所示，无源（感应式）车轮转速传感器由永久磁铁 1、与永久磁铁相耦合的软磁极柱 3 和有几千线匝的绕组 2 组成。软磁极柱 3 插在绕组 2 中，从而在传感器周围形成一个均匀的磁场。

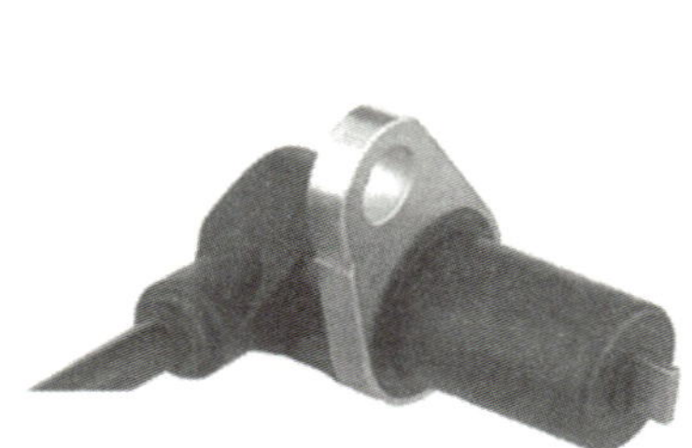

图 3-18　典型的车轮转速传感器实物图[2]

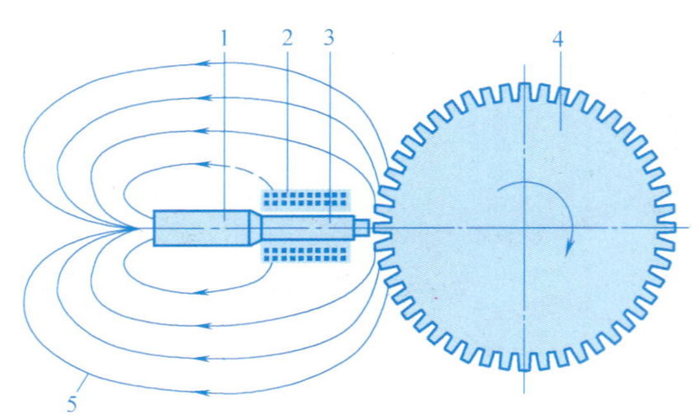


图 3-19　无源车轮转速传感器原理
1—永久磁铁　2—绕组　3—软磁极柱　4—钢质脉冲轮　5—磁力线

软磁极柱直接位于固定在轮毂上的钢质脉冲轮 4 对面。当钢质脉冲轮（即车轮）转动时，传感器周围的均匀磁场不断受到钢质脉冲轮的齿和齿隙交替更迭的“干扰”，改变了通过极柱的磁通密度，从而也改变了绕组的磁通密度。磁通密度的变化在绕组中感应出一个交变电压，并从绕组两端输出。无论是交变电压的频率，还是交变电压的幅值，都与车轮转速成正比。车轮在静止状态时，感应电压为零。无源车轮转速传感器输出信号电压如图 3-20 所示。

（2）有源车轮转速传感器

有源车轮转速传感器的传感元件是霍尔芯片，脉冲轮是一个多极磁环，它是环形的放在非磁性金属支架上的磁极交替塑料元件，如图 3-21 所示，北极 N 和南极 S 充当脉冲轮的齿和齿隙。转速传感器芯片感受磁环上不断交替的磁场变化。在车轮转动，即多极磁环转动时，传感器芯片上的磁通密度不断变化。

也可用钢质脉冲轮替代多极磁环，此时产生均匀磁场的磁铁被放在霍尔芯片上。脉冲轮转动时，传感器周围的均匀磁场受到脉冲轮上齿和齿隙不断更迭的“干扰”。

有源车轮转速传感器的典型特征是将霍尔测量元件、信号放大器和信号处理电路集成在一个芯片上，如图 3-21 所示。转速信号是以矩形脉冲的形式记忆电流传输的，如图 3-22 所示。电流脉冲频率与车轮转速成正比，并可检测出几乎到静止状态的车轮转速（如 0.1km/h）。

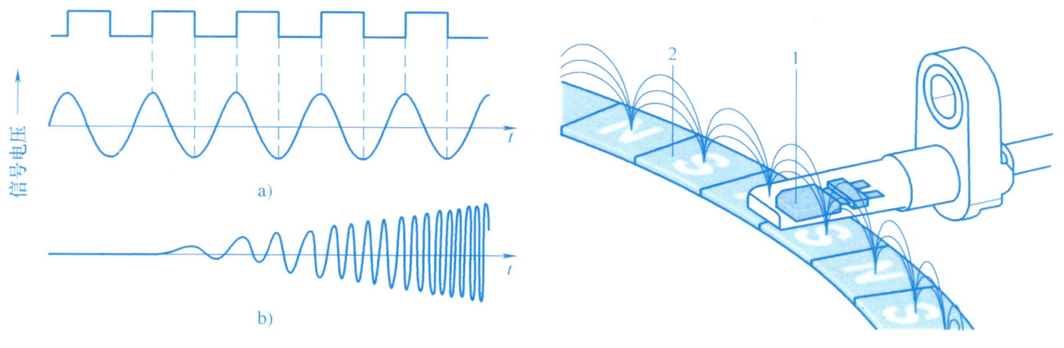


图 3-20　无源车轮转速传感器输出信号电压[2]

a）车轮转速不变时传感器信号　b）车轮转速增加时传感器信号

图 3-21　有源车轮转速传感器剖视图[2]

1—传感元件　2—南北磁极更迭的多极磁环

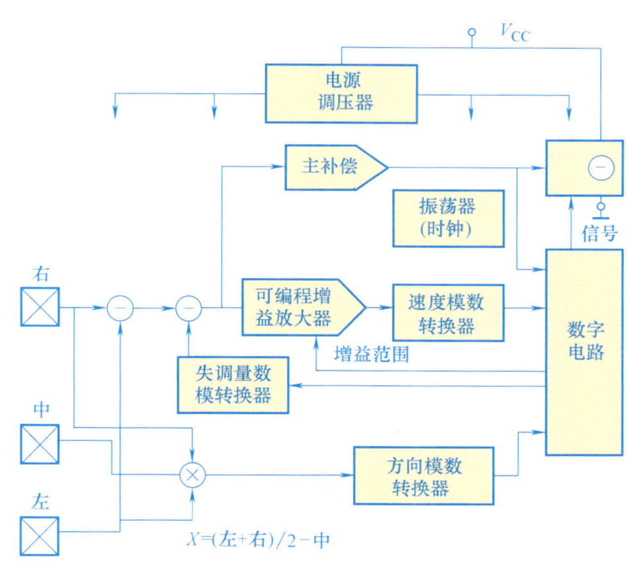


图 3-22　霍尔芯片框图[2]

有源车轮转速传感器以数字信号方式传输，与无源（感应式）车轮转速传感器的模拟信号传输相比，不受感应干扰电压的影响。霍尔芯片中的信号处理如图 3-23 所示。

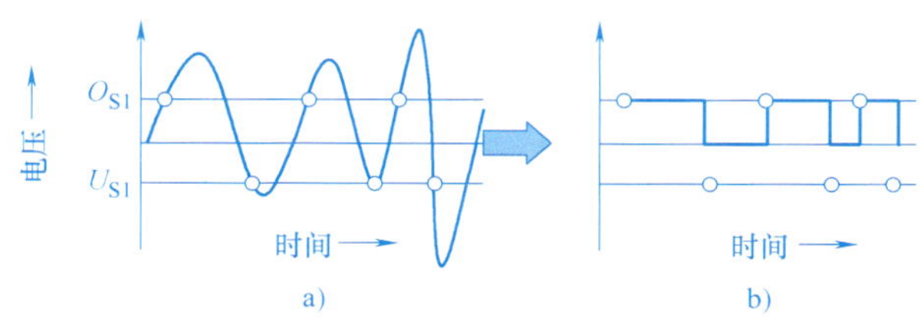


图 3-23　霍尔芯片中的信号处理[2]

a）原始信号　b）输出信号

## 3.1.5 转向盘转角传感器

### 1. 应用

转向盘转角传感器位于转向盘下面，主要用来检测转向盘的中间位置、转动方向、转动角度和转动速度等，并把信号输送给悬架 ECU，ECU 根据该信号和车速信号判断汽车转向时侧向力的大小和方向，从而控制车身的侧倾。

### 2. 结构和工作原理

较为常见的转向盘转角传感器有光电式和磁阻式两类。

（1）光电式转角位置传感器

如图 3-24 所示，光电式转角位置传感器的核心是光电耦合器。当转向盘转动时，转向轴带动信号盘旋转，光电耦合器中的发光二极管和光电二极管之间的光束将产生通 / 断交替的变化，光电二极管进而进行 ON/OFF 转换，形成与转向轴的转角相对应的数字脉冲信号，ECU 根据此信号的变化来判断转向盘的转角与转速。同时，传感器上采用了两组光电耦合器，可根据它们检测到的脉冲信号的相位差（判断哪个光电耦合器首先转变为“ON”状态）来判断转向盘的偏转方向。因为两个遮光器在安装上使它们的 ON/OFF 变换的相位错开 90°，通过判断哪个遮光器首先变为“ON”状态，即可检测出转向轴的偏转方向。例如：转向盘向左转时，左侧光电耦合器总是先于右侧光电耦合器达到“ON”状态；转向盘向右转时，右侧光电耦合器总是先于左侧光电耦合器达到“ON”状态。

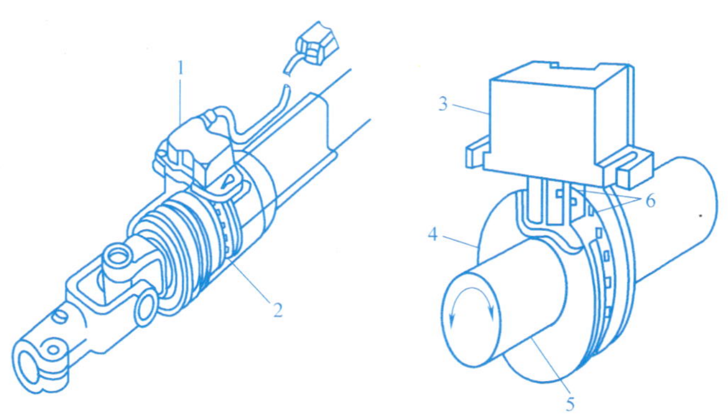


图 3-24 光电式转角位置传感器安装位置及结构

1、3—转角位置传感器 2—光电耦合器 4—传感器圆盘 5—转向轴 6—光电元件

（2）磁阻式转向盘角度传感器

磁阻式转向盘角度传感器采用各向异性磁阻（Anisotropic Magnetic Resistance，AMR）传感器。例如，30 ~ 50nm 的 NiFe 薄膜具有各向异性，即薄膜的电阻在磁场作用下会发生改变，这种形式的电阻结构被称为各向异性磁阻（AMR）元件，如图 3-25 所示。其电阻值随磁化矢量转角 $\theta$ 的变化近似呈余弦型，满足：

$$R=R_0(1+\beta\cos^2\theta)$$

式中 $\beta$——电阻的最大可能的变化，变化值约为 3%。

磁阻式转向盘角度传感器的具体测量原理如图 3-26 所示，通过两个磁阻式传感器可以测量转动部分的多次旋转。传感器的转动部分通过大速比的齿轮变速器使两个相应的永久磁铁转动。两个齿轮是由转向轴上的一个齿轮驱动的，并且两个齿轮相差一个齿。由于两个偏置在齿轮周围的小齿轮不同，这样，从两个齿轮的一对角度值就可知道转向盘的每个可能的位置。系统的设计是在转向轴的整个 4 圈转动中，相位差不超过 360°，从而可以保证测量的单值性。

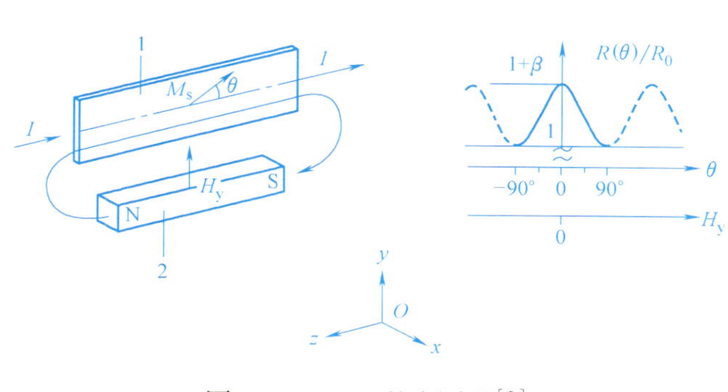


图 3-25　AMR 基本原理[2]

1—AMR 元件　2—磁铁

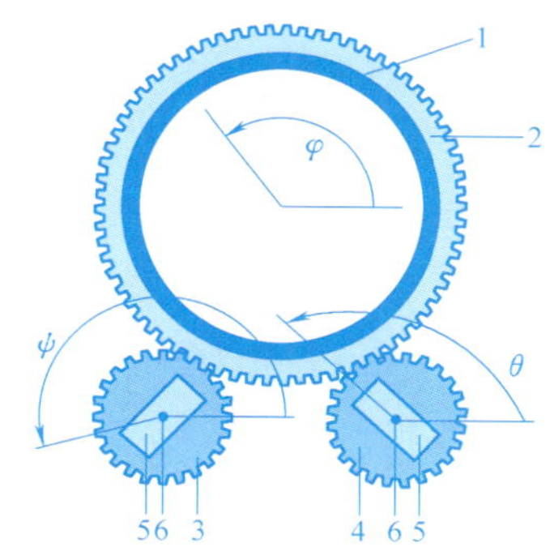


图 3-26　磁阻式转向盘角度传感器的具体测量原理[2]

1—转向轴　2—有 $n$ 个齿的齿轮　3—有 $m$ 个齿的齿轮　4—有 $m+1$ 个齿的齿轮　5—磁铁　6—测量元件

# 3.2　环境感知技术与传感器

## 3.2.1　视觉传感器

### 1. 摄像头原理

（1）基本原理

摄像头（Camera）是一种视频输入设备，主要分为数字摄像头和模拟摄像头两种。模拟摄像头可以直接通过视频接口（通常为 S 端子或 AV 端子）连接显示设备完成摄像功能，其特点是模拟影像清晰而连贯，不受分辨率影响，模拟摄像头以中低价位黑白摄像头为主。而数字摄像头可以直接捕捉影像并转换为数字信号存储在计算机中，其信号传输接口由早期的串口、并口发展到如今的 USB 和 IEEE 1394 相线接口。车载摄像头主要为数字摄像头。

摄像头的基本工作原理是，被摄物体所反射的光线通过镜头，将生成的光学图像投射到传感器上，传感器将光学图像转换成电信号，电信号再经过模数转换变为数字信号，数字信号经过数字信号处理（Digital Signal Processing，DSP）芯片加工处理后还原为色彩空间信息，最后被输出到相应的显示或存储设备形成人们看到的图像。

（2）色彩空间

“色彩空间”一词源于西方的“Color Space”，又称作“色域”。在色彩学中，人们建立了多种色彩模型，色彩模型是描述使用一组值（通常使用三个、四个值或者颜色成分）表示颜色方法的抽象数学模型。例如，三原色光模式（RGB）和印刷四分色模式（CMYK）都是色彩模型。以一维、二维、三维甚至四维空间坐标来表示某一色彩，这种坐标系统所能定义的色彩范围即色彩空间。人们经常用到的色彩空间主要有RGB、CMYK、Lab等[3]。

RGB（红绿蓝）是依据人眼识别的颜色定义出的空间，是目前最常用的一种色彩空间，可表示大部分颜色。但在科学研究中一般不采用RGB色彩空间，因为它的细节难以进行数字化的调整。它将色调、亮度、饱和度三个量放在一起表示，很难分开。它是最通用的面向硬件的色彩模型，该模型用于彩色监视器和一大类彩色视频摄像。

CMY是工业印刷采用的色彩空间。它与RGB对应，RGB来源于物体发光，而CMY是依据反射光得到的，由于三原色得不到纯黑色，CMYK颜色空间则是打印时加上黑色。

HSV和HSI两个色彩空间都是为了更好地数字化处理颜色而提出来的。H是色调，S是饱和度，V和I是强度。

Lab色彩空间用于计算机色调调整和彩色校正，它独立于设备的色彩模型实现。这一方法用来把设备映射到模型，体现模型本身的彩色分布质量变化。

（3）图像传感器

图像传感器是摄像头最为关键、最为核心的部件，它是一种半导体芯片，其表面包含有几十万到几百万的光电二极管，光电二极管受到光照射时会产生电荷。摄像头根据图像传感器可以分为电荷耦合器件（Charge Couple Device，CCD）和互补金属氧化物半导体（Complementary Metal Oxide Semiconductor，CMOS）两种。

CCD传感器使用一种高感光度的半导体材料，能将光线转变成电荷，再通过模数转换器芯片转换成电信号。CCD传感器由许多独立的感光单位组成，通常以百万像素为单位。当CCD表面受到光照时，每个感光单位都会将电荷反映在组件上，所有的感光单位产生的信号加在一起，就构成了一幅完整的图像。CCD传感器以日本厂商为主导，全球市场上有90%被日本厂商垄断，如索尼、松下、夏普等。CCD传感器灵敏度高、噪声小、信噪比大，但成本高、复杂度高、功耗高。

CMOS主要是利用硅和锗做成的半导体，使CMOS传感器上共存着带N（-）和P（+）级的半导体，这两个互补效应所产生的电流可以被处理芯片记录并解码成影像。CMOS传感器主要以美国、韩国和中国台湾为主导，主要生产厂家是美国的OmniVision、OnSemi、Micron，中国台湾的锐像、原相、泰视，韩国的三星、现代等。CMOS传感器集成度高、功耗低、成本低，但噪声较大、灵敏度低、对光源要求高。

因为CCD传感器成本高、良品率低，而且速度慢、高感差，故不能适应高速拍摄的需要。因此，随着CMOS工艺的进步，CMOS传感器已经渐渐取代了CCD传感器。

### 2. 车载摄像头的组成

车载摄像头与其他摄像头类似，主要由镜头（Lens）、红外滤光片（IR Filter）、传感器（Sensor）、图像处理芯片（ISP）、数字处理芯片（DSP）、DVP等部分组成，如图3-27所示。

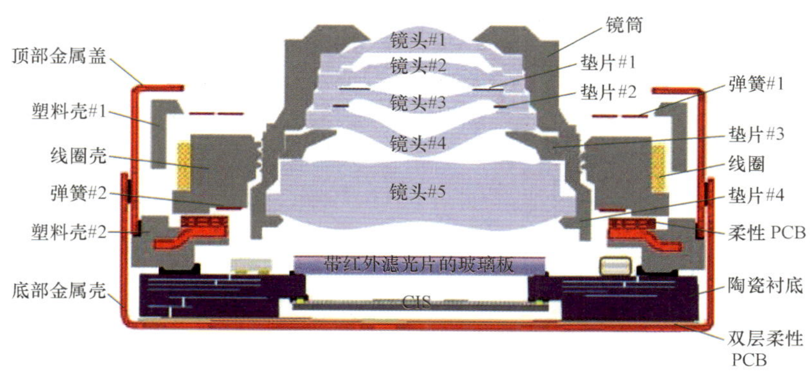


图 3-27　车载摄像头的组成[3]

（1）镜头（Lens）

镜头对成像质量有重要的影响，它的作用相当于人眼中的晶状体，利用透镜的折射原理，使被摄物反射的光线透过镜头在聚焦平面上形成清晰的像，然后通过感光材料 CMOS 或 CCD 记录影像，并通过电路转换为电信号。镜头一般由几片透镜组成透镜结构，按材质可分为塑胶透镜（主要是指树脂镜片）或玻璃透镜，玻璃镜片比树脂镜片成本更高。树脂镜片的透光率和感光性等光学指标比镀膜镜片差。通常摄像头采用的镜头结构有 1P、2P、1G1P、1G2P、2G2P、2G3P、4G、5G 等。透镜越多，成本越高，但相对成像效果会更出色，成像更均匀细致，畸变更小。镜头产业有比较高的技术门槛，国外主要集中在日本、韩国，国内主要是在台湾，业内比较知名的有富士精机、柯尼卡美能达、大力光、Enplas 等。

（2）红外滤光片（IR Filter）

红外滤光片的作用主要是过滤进入镜头的光线中的红外光，因为红外光是人眼不可见的，所以需要将光线中的红外光滤掉，以使图像更加接近人眼看到的效果。

（3）传感器（Sensor）

传感器是摄像头的核心，负责将通过镜头的光信号转换为电信号，再经过内部 A-D 转换为数字信号。每个像素点只能感受红色（R）、绿色（G）、蓝色（B）中的一种，因此每个像素点中存放的数据是单色光，通常所说的 30 万像素或者 130 万像素表示的就是有 30 万或 130 万个感光点，每个感光点只能感应一种光，这些最原始的感光数据被称为 RAW Data。目前常用的传感器有两种，一种是 CCD 传感器，一种是 CMOS 传感器。

（4）图像处理芯片（ISP）

Raw Data 要经过图像处理芯片（Image Sensor Processor，ISP）的处理才能还原出三原色，也就是说，如果一个像素点感应为 R（红色）值，那么 ISP 会根据该感光点周围的 G（绿色）、B（蓝色）值，通过插值和算法处理等，计算出该 R 点的 G、B 值，这样该点的 RGB 就被还原了。在还原色彩空间的同时，ISP 还负责对数据进行算法优化处理，包括 AE（自动曝光）、AF（自动对焦）、AWB（自动白平衡）、去除图像噪声、镜头阴影校正（Lens Shading Correction，LSC）、坏点校正（Bad Pixel Correction，BPC）等。经过处理后把 Raw Data 保存起来，传给 videocodec 或 CV 等。通过 ISP 可以得到更好的图像效果，因此在智能手机特别是在高端手机上对 ISP 的要求很高，已经开始集成双通道甚至三通道的 ISP。在智能手机中，一般来说 ISP 是集成在中央处理器里面，但是随着需求的变化也出现了独立的 ISP，其优点是配置更灵活，同时能够弥补及配合 AP 芯片内 ISP 功能的不足。

（5）数字处理芯片（DSP）

数字处理芯片（DSP）是摄像头模组的重要组成部分，它的作用是将感光芯片获得的数据及时快速地传递并刷新感光芯片，因此 DSP 芯片的性能直接影响画面品质，如色彩饱和度、清晰度、流畅度等。如果传感器没有集成 DSP，也可以通过 DVP 的方式传输到基带芯片中（可以认为是外挂 DSP）。DSP 通常由图像信号处理器（Image Signal Processor，ISP）和 JPEG 图像编码器（JPEG encoder）组成。在一些图像处理应用比较复杂的设备中，DSP 也可设计为执行图像处理应用中的专业图形处理器芯片。

### 3. 车道线检测识别

车道线检测是车辆偏离预警、自主泊车等系统的核心技术。其中，车辆偏离预警系统可以有效减少因车辆偏离正常行驶路线而产生的交通事故；自主泊车可以提高出行效率，改善出行体验，因此车道线检测技术的发展具有较多现实意义。

车道线检测技术的研究从 20 世纪 90 年代起才开始发展，且绝大多数技术都是在通过摄像机获取的路面图片进行检测，但由于车道线的纹理特征比较简单，不像行人、人脸或者指纹的特征那么丰富，因此不易分离与提取，这些特点均为车道线的检测带来了一定的挑战性。到目前为止，关于检测车道线的技术主要分为三类：基于特征、基于模板、基于区域。

基于特征的检测技术主要是通过结合道路底层特征、车道边缘和车道线颜色等定位图像中的车道线。这种技术能够正确检测的车道线必须是颜色变换范围较小或者拥有明显的车道线边缘，否则将会导致检测失败。

基于模板的检测技术只使用几个参数来表示车道线，即假设车道线的形状可以用直线或者曲线来表示，该模板检测技术就是在检测过程中估计出这些模板参数，完成车道线的检测。相对于基于特征的检测技术而言，基于模板的检测技术可以有效地处理噪声或者数据缺失的情况。一般用于估计模板参数的技术方法有最大似然方法、霍夫变换、卡方拟合等。然而，大多数车道线模型只专注于特定形状的道路。

基于区域的检测技术是根据车道线大致的位置，在一个小区域内进行检测。此方法可以有效地去除路面图片中大部分干扰信息，但此方法无法处理路面中部出现车辆、障碍物或者车道线出现在路面中间的情况。

目前车道线检测技术以基于模板的方法为主，并结合一些基于特征、区域的方法，主要的步骤是图像预处理、车道线检测、车道线跟踪。

车道线检测目前使用最广泛的方法是基于模板的霍夫变换[5]。在数字图像领域中，霍夫变换是一种重要的形状物体提取技术，尤其对于直线、椭圆等具有良好的提取效果。该变换利用变换空间中的投票原则，得到特定形状下的最佳图像的相关参数值。霍夫变换的中心思想：将一定形状物体从一种空间转换到另一种空间，从某一空间中特定的形状特性转变为另一空间内另一种更为方便计算的特性，然后利用投票原则，检测出任意形状的物体的相关参数值。

在对车道线检测之前，需要对采集到的图像进行预处理。图像预处理的作用是得到边缘图像。在数字图像领域，边缘指的是图像中灰度值或颜色值发生突变的区域，是图像中显著不连续的部分。常见的边缘检测算法有[5]：利用差分算子、Reborts 检测算子、Laplace 检测算子、高斯型的 Laplace 算子、Prewitt 检测算子、Sobel 检测算子、Krisch 检测算子及 Canny 检测算子等。其中较经典的 Reborts 检测算子是利用边缘差分法进行边缘检测，它对水平和竖直方向的边缘具有良好的检测效果，但是对于有一定倾斜角度的边缘则不具有良好的检测效果，会存在大量的漏检。Canny 检测算子是在边缘检测中首先利用其他检测算子得到边缘，然后根据一定的判定准则，判定边缘的置信值，最后检测出精确边缘位置所在。该算法抗噪效果较好，在复杂图像中可以减少重复边缘的出现率。在图像预处理过程中，也会使用到图像增强算法来得到更加清晰明显的边缘图像。图像增强算法按照某种特定需求突出图像中的一部分信息，同时又能去除或是减弱无用信息。增强算法有两大类：频域增强与空间增强。频域增强是将数字图像作为二维离散信号，利用频域滤波得到频域增强后的图像，是一种间接增强算法。空间增强则是针对原有数字图像某一像素点或是某一临域的增强，是对图像直接的增强方法。其中针对像素点的增强方法包括直方图均衡化、灰度变换等，针对临域的增强方法包括平滑滤波与锐化滤波等。

车道线检测范例如图 3-28 所示。

a)

b)

c)

图 3-28　车道线检测范例[6]

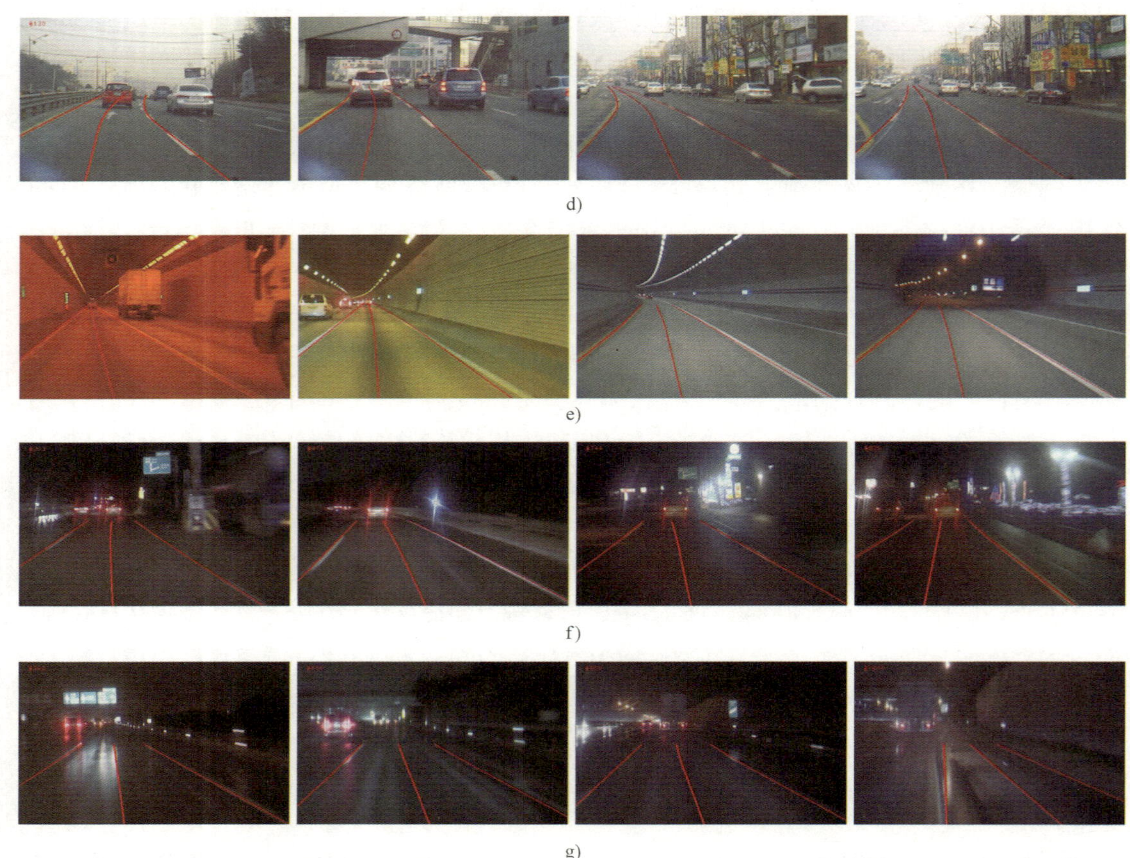

d)

e)

f)

g)

图 3-28　车道线检测范例[6](续)

### 4. 路面检测识别

在缺少车道线信息的非结构化道路或是车道线破损严重的道路场景下，为了保证车辆仍然能够沿当前道路行驶，需要对路面可行驶区域、路面边界进行检测。可行驶路面的检测，是要在复杂的室外条件下规避各种未知形状和类型的障碍物，然后准确有效地检测出属于路面的区域。

路面检测主要利用路面的纹理、颜色信息。相比于车道线检测，可行驶路面检测技术研究较少，且方法各异。利用路面纹理、颜色信息构建的路面特征模型种类很多，利用对称性、消失点、感兴趣区域等路面结构特征的方法也有很多。

第一种方案路面区域检测包含两种模块，一个是目标边缘提取模块，一个是路面区域提取模块，此外预设了一些不同的道路模板。在目标边缘提取模块中，与车道线检测类似，先在预处理过程中对输入图像进行逆透视变换，然后进行边界检测，将边界信息与预设的几个不同的道路模板进行匹配，取置信度最高的三个模板。用输入图像的像素点对三个模板进行投票，按投票结果得到预测的路面区域边界，在边界内对像素颜色信息进行分析，最终运用消失点模型结合路面区域边界得到路面可行驶区域。第二种方案是使用 Gabor 滤波器，它可以描述图像中所有像素的纹理方向并计算出对应的置信度。

使用所有像素的纹理方向对当前路面的消失点位置进行投票，通过投票数量获得当前路面的消失点。之后按照消失点的位置和离散点的纹理方向，连接形成数条直线对图像进行分割，使用纹理方向和颜色信息按照置信度模型合并分割后的区域，在分割和合并区域的同时按照纹理方向更新消失点，最终使用合并后的区域作为路面区域。第三种方案使用光照不变图像，通过熵分析的方法提取输入图像像素特征，由此得到受光照影响很小的图像特征，称为光照不变图像，对光照不变图像做分布直方图分析，然后利用相似度分析判断路面成分。第四种方案使用一簇水平线分割图像，对水平线上像素的颜色信息进行分析并判断路面范围。



路面检测范例如图 3-29 ~图 3-32 所示。

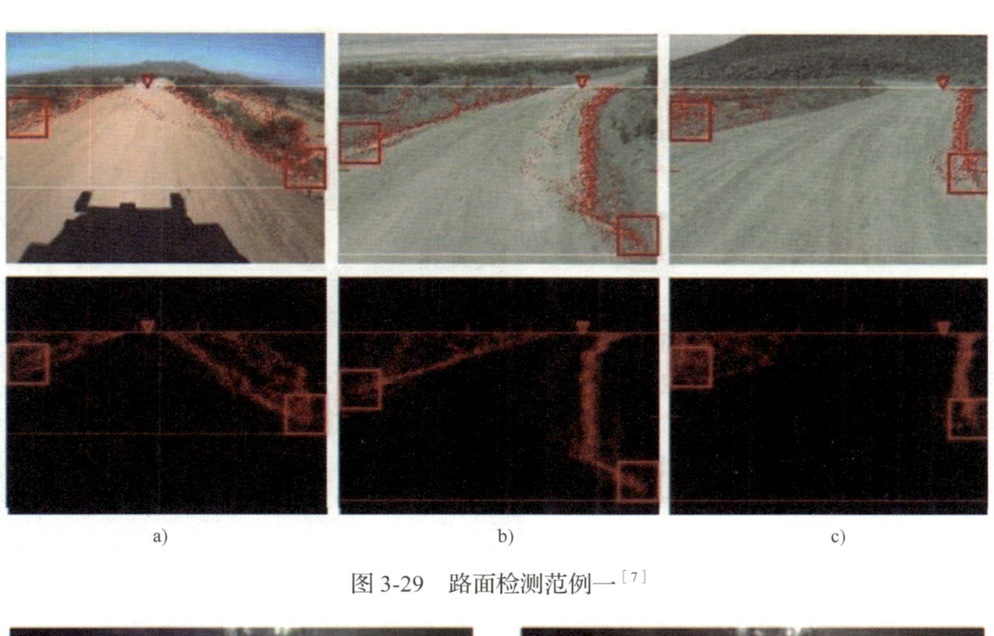

a) b) c)

图 3-29　路面检测范例一[7]

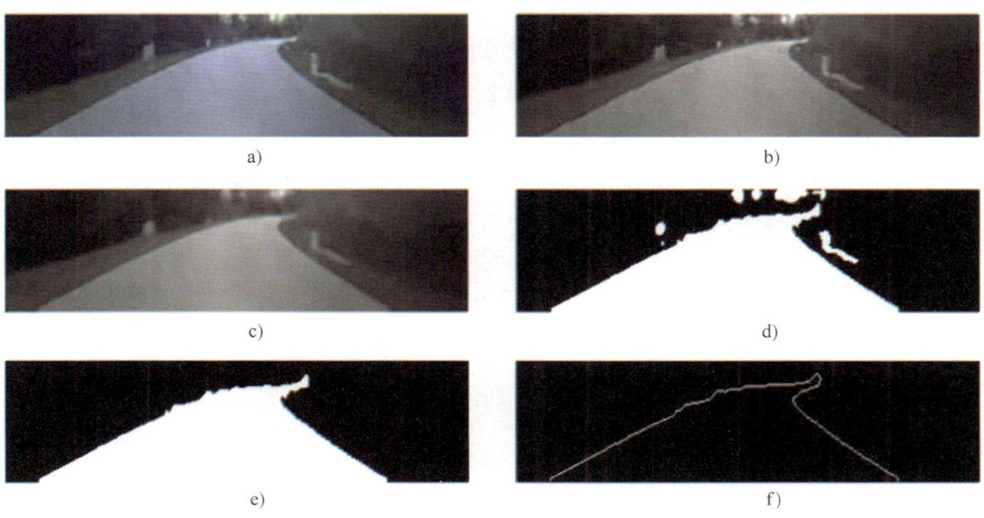

a) b) c) d) e) f)

图 3-30　路面检测范例二[8]

图 3-31 路面检测范例三[9]

## 5. 基于机器学习的障碍物检测识别

图 3-32 路面检测范例四[10]

随着人们使用交通工具的频次不断增长，交通事故频频发生，对人身安全和财产安全造成了极大损害，目前迫切需要解决交通事故的新方法。另外，汽车的智能化是未来的发展趋势，智能车辆在道路上行驶离不开对车辆状态及行驶环境的感知，车辆感知技术是智能车技术发展中的关键问题，其感知能力的进步将促进车辆智能化技术的飞跃。

视觉感知容易受到环境的影响，在能见度较低时效果不理想，其测距精度也不如雷达和激光扫描仪，但它成本较低，能够提供最丰富的信息，具有识别对象类别和形态的巨大潜力。作为外部环境感知技术手段，视觉感知是智能驾驶环境感知领域不可或缺的重要组成部分。目前，在智能驾驶领域中，常采用单目、双目或夜视相机，从不同角度全方位拍摄车外环境，再通过图像识别技术识别车辆、行人和交通标志等。随着机器视觉技术的迅速发展，视觉传感器在环境感知领域的潜力也愈发彰显，在未来必将成为智能驾驶技术发展的重要助推力。

在传统图像处理算法中，对障碍物的检测就是用车载相机获取行驶中的汽车所处的周围环境的图像，利用图像处理算法得到含有障碍物和背景特征的数据信息，通过模式识别算法实时并且准确地判断该车四周是否有障碍物。因此，车辆检测算法主要包括特征提取算法和模式识别算法。

智能驾驶中视觉感知需要识别的障碍物主要有车辆、行人、交通标志、交通信号灯等。其中，车辆和行人在外观上有很大的可变性，在形状、尺寸和颜色上各有不同，并且车辆和行人在图像中的显示也依赖于它所处的位置，容易被复杂的外部环境所影响，如光照、视角的变换、外物的遮挡等都会给识别增加难度，因此单独使用光学传感器可靠地检

测车辆和行人还是一个很大的挑战。另外，由于在车辆行驶过程中环境变化速度较快，因此车载系统比其他应用系统需要更高的处理速度。但是基于机器学习的车辆检测与多数对象检测一样，具有计算量大、检测缓慢等问题，使得它目前还不能成为一个实用程序。如何提高检测算法的速度，实现实时的高可靠性检测是目前研究的一个难点。为了提高检测算法的运行速度，有时会在特征提取算法之前增加划定感兴趣区域的步骤。例如，在车辆检测时，将车底的阴影特征作为假设车辆图像，得到感兴趣区域，也有人先基于相机透视变换理论的先验知识选出粗略的感兴趣区域，在该区域进行物体轮廓对称性分析，再将具有对称性的区域作为感兴趣区域进行特征提取。在特征提取算法前引入感兴趣区域，可以缩小需要提取特征的图像范围，缩短算法运行时间。



目前最常用的图像特征有 SIFT 特征、HOG 特征、LBP 特征、Haar-like 特征等[11]。其中，SIFT 即尺度不变特征变换，由 David Lowe 在 1999 年提出，于 2004 年加以完善，SIFT 主要提取对旋转、尺度和亮度变化具有稳定性的兴趣点，由于其优秀的鲁棒性和匹配的准确性，SIFT 特征是应用最广泛的图像特征之一；Dalal N 和 Triggs B 在 2005 年提出了 HOG 特征，该特征对物体边界轮廓特征有较好的描述能力，最早被用于行人检测并取得了当时最好的检测效果，此外 HOG 特征也能用于对车辆等轮廓特征较明显的目标进行检测；LBP（局部二值模式）是一种用来描述图像局部纹理特征的算子，它具有旋转不变性和灰度不变性等显著的优点，它首先由 T.Ojala、M.Pietikäinen 和 D.Harwood 在 1994 年提出，用于图像局部纹理特征的提取，目前被用于纹理分类和人脸分析等；Haar-like 特征最早由 Papageorgiou 等应用于人脸表示，而后 Viola 和 Jones 在此基础上进一步扩展了 Haar-like 特征的类型和形式，它可以描述边缘特征、线性特征、中心特征和对角线特征，组合成特征模板，被广泛应用于人脸识别等领域。需要注意的是，传统图像特征的种类非常丰富，各自有不同的应用领域，并且仍然在不断发展，如对 SIFT 特征改进补充得到的 SURF、ORB 特征，由 HOG 特征发展来的 DPM 特征等。在对车辆、行人的检测中，HOG 特征更具优势，应用更加广泛。

从图像中提取出的特征，将通过机器学习进行模式识别。机器学习中模式识别的方法是分类器，比较常用的分类器算法有 SVM、Adaboost、随机森林、GDBT 等[12]。其基本原理是通过输入带标签的训练样本特征，使分类器按照算法设计调整参数，实现对训练样本的拟合，在该基础上将测试样本的拟合值作为预测值完成分类。以常用的 SVM（支持向量机）为例，其主要思想是将多维特征向量映射到高维空间中，寻找能够分开正负两类样本并且具有最大分类间隔的最优分类超平面，因此 SVM 分类器能够较好地兼顾训练误差和测试误差的最小化，避免过度拟合和局部极致的问题，被认为是效果最好的现成可用的分类算法之一。下文以 HOG + SVM 为例，详细介绍对车辆的检测过程。

方向梯度直方图（Histograms of Oriented Gradients，HOG）特征是基于局部区域的特征描述符，通过计算图像局部区域的梯度信息来表征物体的边缘轮廓特征，因为物体的梯度信息主要存在于该物体的边缘部分。这种特征与尺度不变特征变换（SIFT）算法很类似，不过 HOG 的不同之处在于该描述符建立在已经进行区域划分的图像上的计算，划分原则是用密集网格在整个图像上形成大小统一的小区域，这些小区域无间隔地连接在一起，称之为单元（Cell），同时为了降低光照等带来干扰，几个单元可以组成相互间部分重叠的块（Block），块内进行归一化。通过这种算法，最后得到的是一个鲁棒的特征集，能够应对较差的光照和杂乱的背景。

HOG特征由于具有对光照、纹理、尺寸不敏感的优点被广泛应用于目标检测。它借助对边缘梯度方向特征的提取，采用了密集的网格划分，可以很好地描述目标的形状轮廓，同时具有较好的鲁棒性，使用简单可靠的分类算法就能实现对目标较为快速和准确的识别，因而在车辆检测中也被大量使用，目前已成为摄像头实时目标检测的主流方法之一。

HOG特征描述子的重要思想：在一副图像中，目标物体呈现出来的边缘轮廓特征可以用梯度方向的分布来描述。具体的做法就是先计算所有像素点的梯度，然后将图像分成大小统一的连通区域，即单元（Cell），单元是该算法的最小结构体，单元的大小直接影响了块的大小以及检测窗口的滑动步长。之后使用该细胞单元内的每一个像素点对接下来需要构建的方向直方图进行加权投票，投票的权值可以取梯度大小。此外为了进一步提高鲁棒性，可以取一个比单元更大的区域范围——块，把各个直方图在这个较大范围内的密度计算出来，根据该密度对每个单元做归一化。将归一化后的直方图作为特征，把所有的特征统计后形成该图像的特征向量，该特征向量包含有检测目标的信息，可以作为学习算法的输入。

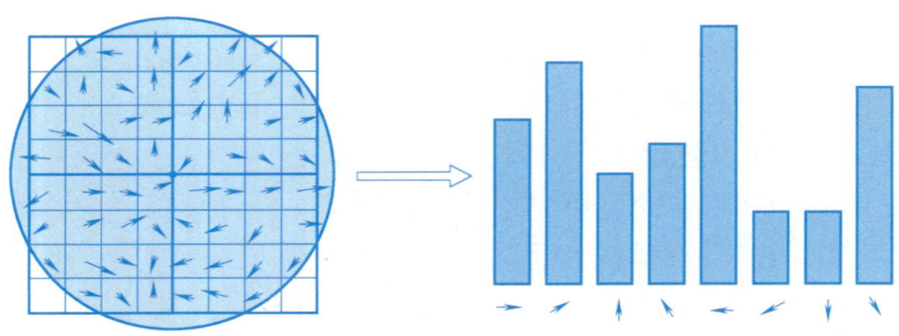

图3-33　形成方向梯度直方图的过程示意图

计算出单元内像素梯度大小和方向后，形成方向梯度直方图的过程示意图如图3-33所示，通常直接对直方图的每一列值按序排列后得到特征向量。

像素、单元（Cell）和块（Block）的相对关系及块重叠机制的示意图如图3-34所示。

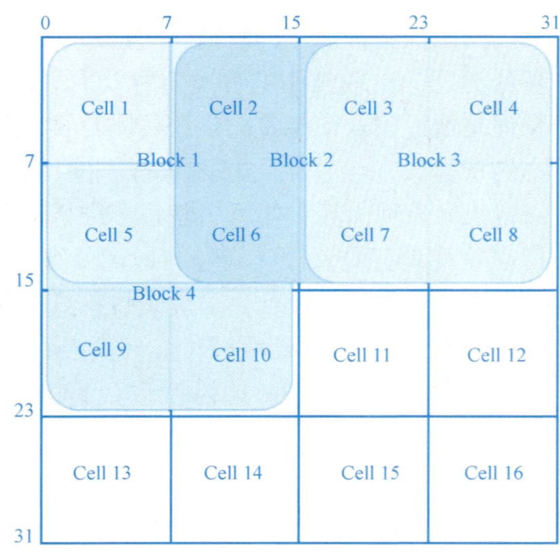


图3-34　像素、单元和块的相对关系及块重叠机制的示意图

对车辆提取HOG特征后，将特征用不同长度线段表示的示意图如图3-35所示。从图中可以看出，HOG特征可以较好地描述目标的轮廓信息。

支持向量机（Support Vector Machine，SVM）是在统计学习理论的基础上发展起来的机器学习算法，通过将输入向量映射到一个高维的特征空间，并在该空间中构造最优分类面，实现两类或多类的分类问题。车辆检测的假设验证本质上是二分类问题，即通过对从图像中提取出的特征进行分类，将对象分为车辆和背景两种类别。支持向量机由于它具有的良好分类能力，被认为是效果最好的现成可用的分类算法之一，目前已经广泛应用于文本分类、手写识别、图像分类、生物信息学等领域中。

图 3-35　车辆提取 HOG 特征

如果用一个线性函数（如二维空间中的直线、三维空间中的平面以及更高维数空间中的超平面）可以将两类样本分开，则称这些样本是线性可分的。反之，如果找不到一个线性函数能够将两类样本分开，则称这些样本是非线性可分的。当样本数据线性可分时，SVM 的目标就是寻找最优分割超平面，即根据训练样本确定最大分类间隔的分割超平面，当样本数据非线性可分时，需要将实际样本非线性变换到高维的特征空间，在新的特征空间中构造线性判别函数来实现分类。

在使用 HOG 特征 + SVM 分类器进行车辆识别时，首先需要准备大量的正负样本，如图 3-36 所示。之后对所有样本进行 HOG 特征的提取，将得到的特征向量和相应正负标签输入 SVM 分类器中进行训练，训练完成后 SVM 分类器会形成正负样本间的分类平面，此时分类器就具备了区分车辆目标与非车辆目标特征向量的能力。

图 3-36　车辆训练样本

在对图像进行车辆识别时，还需要设计不同大小的滑动检测窗口，对窗口内图像提取 HOG 特征，使用训练好的 SVM 分类器对窗口内容进行预测，将预测为车辆的窗口进行亮显，以作为该车辆的标识框，当不同大小的检测窗口遍历所有感兴趣区域后，即完成了对图像的车辆识别。为了改善显示效果，还需要对标识框进行去重、优化操作。车辆检测结果如图 3-37 所示。

图 3-37　车辆检测结果

基于传统方法的目标识别与检测也有明显的缺陷，一方面手工设计的图像特征对目标的描述能力有限，识别准确率一般；另一方面，传统图像特征提取过程运算量较大，滑动窗口的检测方式效率很低，在实时性要求高的场景下难以满足需求，如自动驾驶中的视觉感知等；此外，传统图像特征往往针对特定检测目标的特点来进行选择和设计，当需要识别多种目标时（如同时识别人、车），单一特征的识别率有限，同时分类器也将更加复杂，使检测速度进一步下降，而如果同时使用多种特征，特征提取过程的耗时将会增加，目标检测将不具备实时性。

对交通标志的识别除了上述方法外，也可以使用较为简单的模板匹配法，因为交通标志有比较固定的特征。

### 6. 基于深度学习的视觉感知技术

（1）深度神经网络概述

传统图像处理方法进行的目标检测需要设计特征并选择合适的分类器，但是这种方法运算量较大，而且识别目标种类有限，如 SVM 分类器只能进行正负样本的分类，如果要同时识别车辆和行人两种目标，必须使用两个分类器，这样增加了算法运算量，难以满足算法实时性。另外，手工设计的传统图像特征在 HOG 特征和 DPM 特征之后发展相对停滞，一直不能在准确率上取得进一步的突破，直到卷积神经网络的提出。

2012 年有学者首次在目标识别领域应用深度卷积神经网络，这一具有突破意义的实践将 ImageNet 数据集中分类准确率纪录提高了大约 10%。他们将卷积神经网络进一步加深加宽，以实现更复杂的目标识别，此外开创性地应用了 ReLU 激活函数、最大值池化方法，并设计了 Dropout 训练方法、LRN 层使参数传递更加迅速有效，这些方法的应用使对更深更宽的网络的训练得以实现，证明了深度学习的潜力和优势。

在神经网络中，每个单元的结构如图 3-38 所示，其对应的公式为

$$h_{W,b}(x)=f(W^{\mathrm{T}}x)=f\left(\sum_{i=1}^{n}W_i x_i+b\right) \tag{3-9}$$

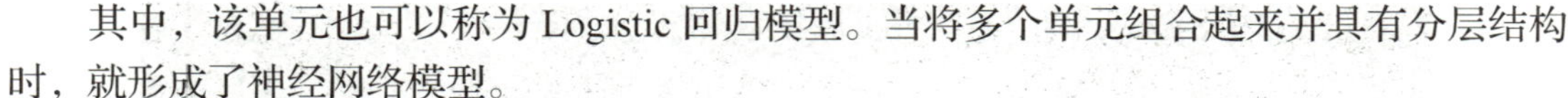




其中，该单元也可以称为 Logistic 回归模型。当将多个单元组合起来并具有分层结构时，就形成了神经网络模型。

图 3-39 展示了一个具有一个隐含层的神经网络。

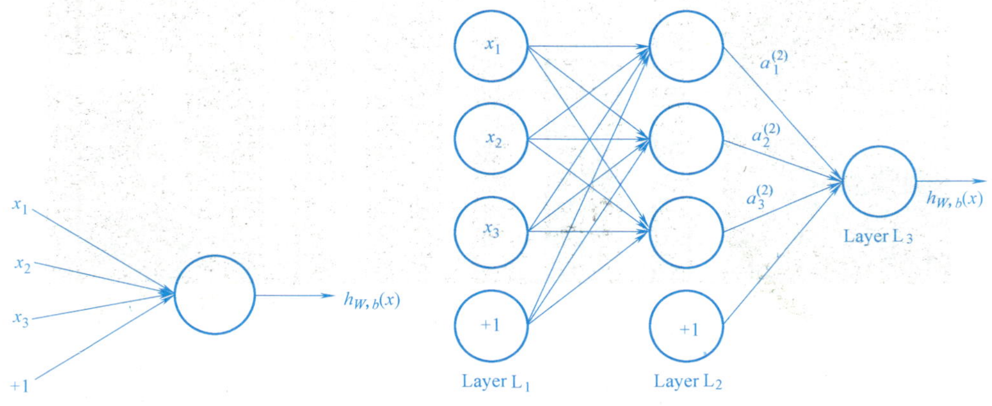


图 3-38　神经元模型　　　　图 3-39　简单多层神经网络模型

其对应的公式为

$$a_1^{(2)} = f(W_{11}^{(1)}x_1 + W_{12}^{(1)}x_2 + W_{13}^{(3)}x_3 + b_1^{(1)})$$

$$a_2^{(2)} = f(W_{21}^{(1)}x_1 + W_{22}^{(1)}x_2 + W_{23}^{(3)}x_3 + b_2^{(1)})$$

$$a_3^{(2)} = f(W_{31}^{(1)}x_1 + W_{32}^{(1)}x_2 + W_{33}^{(3)}x_3 + b_3^{(1)})$$

$$h_{W,b}(x) = a_1^{(3)} = f(W_{11}^{(2)}a_1^{(2)} + W_{12}^{(2)}a_2^{(2)} + W_{13}^{(2)}a_3^{(2)} + b_1^{(2)}) \tag{3-10}$$

比较类似的，可以扩展到有 2、3、4、5、…个隐含层，每层所含的神经元个数也可以扩展。

神经网络的训练方法与 Logistic 类似，不过由于其多层性，还需要利用链式求导法则对隐含层的节点进行求导，即梯度下降 + 链式求导法则，又称为反向传播。

卷积神经网络与普通神经网络的区别在于，卷积神经网络包含了一个由卷积层和子采样层构成的特征抽取器。在卷积神经网络的卷积层中，一个神经元只与部分邻层神经元连接。在网络的一个卷积层中，通常包含若干个特征平面（feature map），每个特征平面由一些矩形排列的神经元组成，同一特征平面的神经元共享权值，这里共享的权值就是卷积核。卷积核一般以随机小数矩阵的形式初始化，在网络的训练过程中卷积核将学习得到合理的权值。共享权值（卷积核）带来的直接好处是减少网络各层之间的连接，同时又降低了过拟合的风险。子采样也称为池化（pooling），通常有均值子采样（mean pooling）和最大值子采样（max pooling）两种形式。子采样可以看作一种特殊的卷积过程。卷积和子采样大大简化了模型复杂度，减少了模型的参数。卷积神经网络由三部分构成：第一部分是输入层，第二部分由 $n$ 个卷积层和池化层的组合组成，第三部分由一个全连接的多层感知机分类器构成。卷积神经网络推断过程如图 3-40 所示。

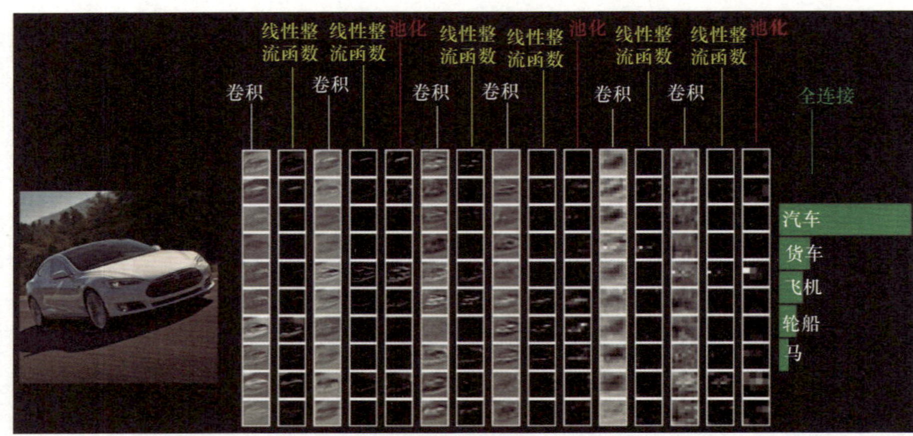


图 3-40　卷积神经网络推断过程

为了降低多层网络的参数数目，卷积神经网络采用了两种方法，第一种方法是局部感知法。一般认为人对外界的认知是从局部到全局的，而图像的空间联系也是局部的像素联系较为紧密，而距离较远的像素相关性则较弱。因而，每个神经元其实没有必要对全局图像进行感知，只需要对局部进行感知，然后在更高层将局部的信息综合起来就得到了全局的信息。网络部分连通的思想，也是受启发于生物学里面的视觉系统结构。视觉皮层的神经元就是局部接收信息的，即这些神经元只响应某些特定区域的刺激。全连接和局部连接神经网络如图 3-41 所示。

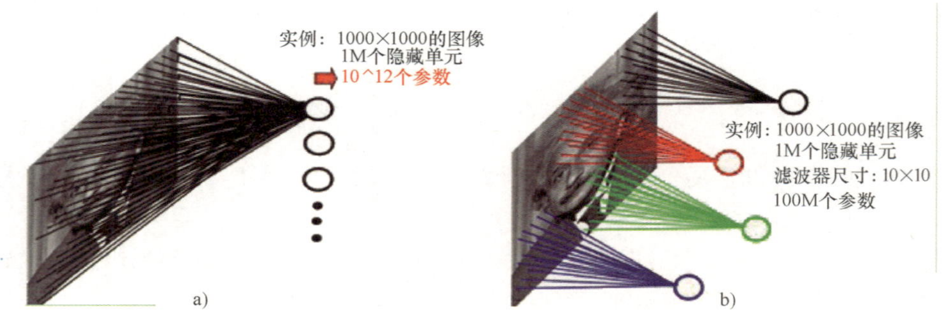


图 3-41　全连接和局部连接神经网络

a）全连接神经网络　b）局部连接神经网络

第二种方法是权值共享。权值共享是指对于同一次卷积操作，不同位置的神经元共享同一组参数，其思想是如果把卷积操作看成是提取特征的方式，那么该方式与位置无关。即图像的一部分的统计特性与其他部分是一样的。这也意味着网络在这一部分学习的特征也能用在另一部分上，因此对于该图像上的所有位置都能使用同样的学习特征。图 3-42 所示为一个 3 × 3 的卷积核对 5 × 5 的图像进行卷积后的结果，该过程中每个卷积结果都来源于同一组卷积参数。

上面所述的只是一次卷积过程，显然这样的特征提取是不充分的，在卷积神经网络中可以添加多个卷积核，如 32 个卷积核，可以学习 32 种特征。在有多个卷积核时，最大池化过程如图 3-43 所示。

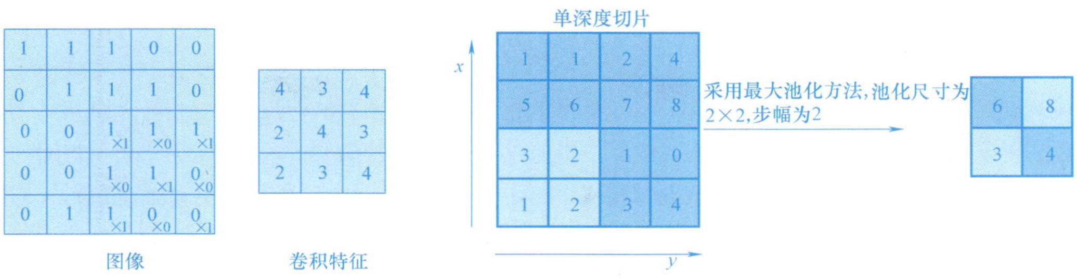


图 3-42　卷积操作过程　　　　图 3-43　最大池化过程

由于在一个图像区域有用的特征极有可能在另一个区域同样适用，为了描述大的图像，需要降低输出维度对不同位置的特征进行聚合统计，如可以计算图像一个区域上的某个特定特征的平均值（或最大值）。这些概要的统计特征不仅具有相比提取到的特征低得多的维度，同时还会提高结果的鲁棒性，避免过拟合。这种聚合的操作称为池化（pooling），有时也称为平均池化或者最大池化（取决于计算池化的方法）。

相比于传统图像处理方法，卷积神经网络能够识别的特征更为丰富、准确率更高并且能简单地实现多种目标的同时识别，在被提出后得到了广泛关注并不断地迅速发展。

（2）经典深度神经网络简介

1）R-CNN、Fast R-CNN 和 Faster R-CNN。由于卷积神经网络（CNN）只能实现对输入目标的分类，在对整张图像进行目标检测时，仍然要使用传统的滑动检测窗口，使得检测速度非常缓慢。于 2013 年提出的 Region CNN（R-CNN）就可以解决这个问题，利用 Selective Search 的方法来预先生成可能的候选窗口，以此来代替传统目标检测的滑动窗口法。Selective Search 是使用一种过分割方法，将图像分割成小区域，通过比较小区域的相似性，对相似性高的区域进行合并，以此获得大量不同层次的区域，并假定这些区域是可能存在目标的区域集合。这些区域集合被归一化成同样的大小后输入 CNN 中提取特征。将得到的特征向量输入 SVM 分类器中进行预测，此外还设计了对框的大小和位置进行调整的回归网络。R-CNN 的结构如图 3-44 所示。

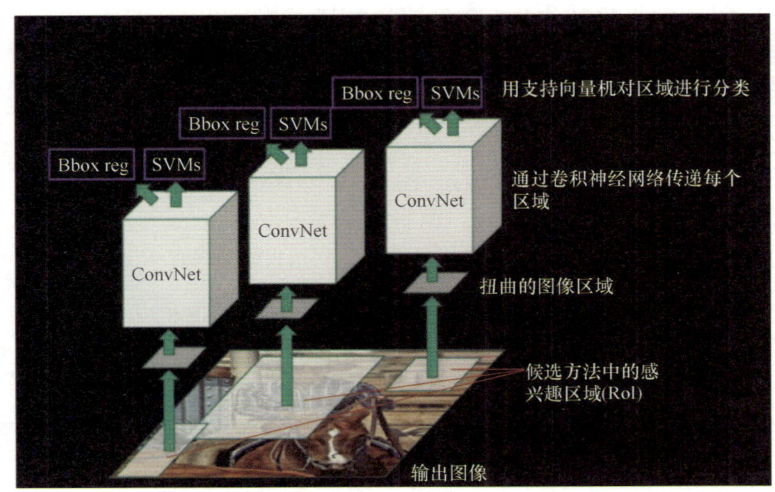


图 3-44　R-CNN 的结构

但是通过 Selective Search 得到的区域有数千个，仍然不能有效减少算法的运算量。2015 年，SPP 层的方法提供了解决思路，SPP 层一般用于全连接层前，由于全连接层要求输入的维数相同，SPP 层能够将不同大小的区域提取出的特征归一化到同一维度。引入 SPP 方法避免了对区域缩放引入的扭曲，也省去了缩放操作，缩短了检测时间。同年，有学者在 SPP 方法之上提出了 Fast R-CNN，Fast R-CNN 不再将数千个区域全部输入 CNN 提取特征，取而代之的是将原图像完整地输入卷积网络，再按照卷积的定位对应特点将候选区域映射到 CNN 输出的卷积特征图中，将映射后的特征图区域输入 SPP 层，预测结果输出也不再采用 SVM 分类器，而是将 SPP 层与两个全连接层相连，一个实现分类，一个用来对分类框大小和位置进行调整，从而使运算量、运行时间、运行所需内存都大幅减少。Fast R-CNN 的结构如图 3-45 所示。

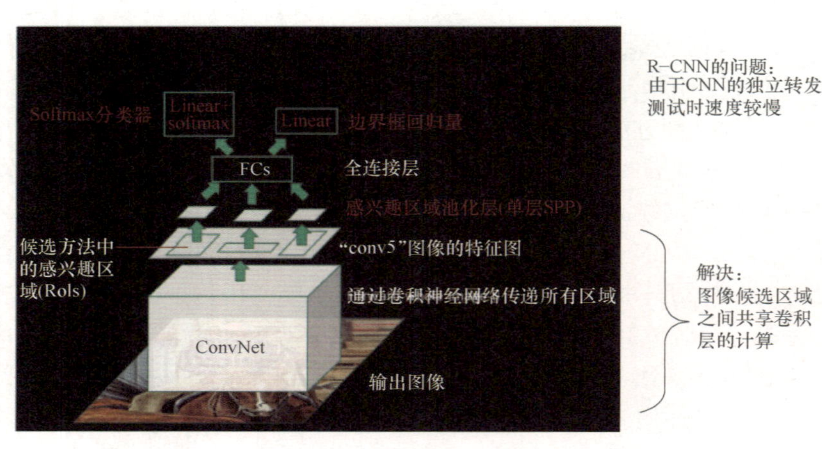


图 3-45　Fast R-CNN 的结构[14]

Fast R-CNN 省去了将数千个候选区域全部通过卷积网络的操作，由传统图像处理方法 Selective Search 实现的生成数千个候选区域成为最耗时的步骤。紧接着出现的 Faster R-CNN 改变了这一点。Faster R-CNN 提出了 Region Proposal Networks 方法，该方法对卷积层输出的特征图用一组不同宽高比例、不同大小的窗口进行滑动遍历，将这些窗口作为候选区域进行分类和检测框大小、位置的调整。将 Region Proposal Networks 的输出结果作为候选区域输入 Fast R-CNN 中，由此来代替 Selective Search。在 Faster R-CNN 中，Region Proposal Networks 与 Fast R-CNN 共享卷积网络提取的特征，在 Region Proposal Networks 之后连接的就是 SPP 层。图 3-46 所示为 Faster R-CNN 的结构。

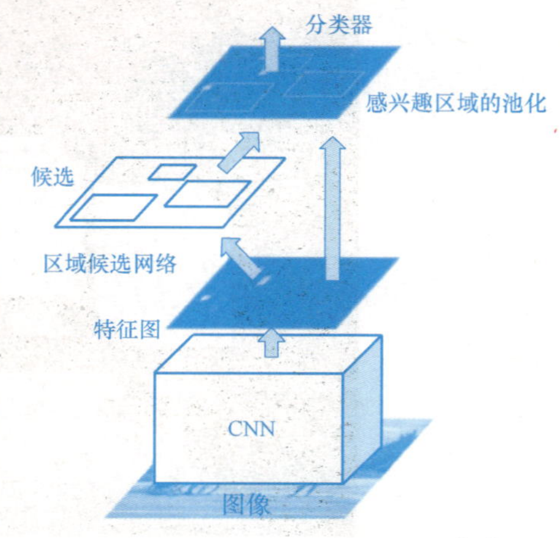


图 3-46　Faster R-CNN 的结构[15]

2）YOLO 和 SSD。在 Faster R-CNN 之后，又出现了运行速度更快的 YOLO[16]。YOLO 的主要

思想是将整张图像分成许多网格，如果有目标的中心位于某个网格中，那么该网格就用来对该目标分类，在输出层调整回归目标的类别和检测框的位置。YOLO 最大的优点就是运行速度已经完全满足检测的实时性需求。YOLO 之后又出现了 SSD[15]，SSD 很好地均衡了较快的检测速度和很高的准确率，实现了目标检测算法性能的突破。SSD 对多种目标的识别效果如图 3-47 所示。

图 3-47 SSD 对多种目标的识别效果[17]

3）DeepLab、Refine Net 和 PSPNet。随着卷积神经网络广泛应用于目标的识别和检测，计算机视觉的另一个任务——语义分割也开始使用深度学习的尝试，于 2014 年提出的全卷积神经网络（FCN）是第一个使用深度卷积神经网络的方法来实现像素级分割的方案，达到了当时最高的分割准确率。为了实现输出分割图像，需要网络输出二维结果，FCN 放弃了卷积神经网络的全连接层，将其全部用卷积层替换，实现每一层的输出均为二维的特征图。将卷积神经网络输出的特征图向上插值到输入图片尺寸就能分割结果。

在 FCN 之后，用于语义分割的卷积神经网络不断发展。2014 年，谷歌的研究人员提出了 DeepLab，DeepLab 使用了卷积神经网络加条件随机场（CRF）的结构，并提出了空洞卷积方法。空洞卷积能够在不改变每个卷积层上神经元感受野的情况下，获得更大更密集的特征图。条件随机场是一种统计方法，用概率模型实现目标边界处更精细的分割效果。为了进一步改进 DeepLab，使 CRF 可以被端到端地训练，之后也有研究将 CRF 分成几个步骤后近似地用 RNN 网络实现。2016 年，有人提出了 DeconvNet，该方法是与前向传递过程相反的逆过程，引入了反卷积和反池化层，使特征图经过镜像过程后还原到原图大小并实现分割效果。2016 年，谷歌的研究人员提出了 DeepLab V2，在 V1 的基础上提出了 ASPP 结构，再不同尺度上池化原始特征图，再将各个尺度的结果相融合以实现更好的分割效果。

2016 年，深度残差网络的诞生大大提升了深度网络中梯度传递的有效性，构建了深度超过百层的神经网络，并在图像识别任务中取得了最好的成绩。语义分割任务也引入了这种结构。2016 年，研究人员提出了 RefineNet，它包含链式残差网络结构、多尺度融合复杂网络结构。在 2016 年提出的 PSPNet 使用了带空洞卷积的残差网络，同样采用了不同尺度的卷积过程，之后将各尺度结果相融合，并在训练时增加了一个 loss，以使训练更加有效。2017 年提出的大卷积核法从另一个角度分析了语义分割任务的难点，其提出者认为图像分割问题中包括分类与定位两个任务，其中分类任务需要结果对物体位置变换具有不变性，而这一点和定位任务相矛盾，并提出扩大感受野面积可以增加位置敏感性，从而解决两者矛盾的方案，在此基础上提出了大卷积核的方案，为了减少大卷积核带来的高计算量，使用 $N*1$ 和 $1*N$ 卷积来近似 $N*N$ 卷积的效果。2017 年提出的 DeepLab V3 将 V2 中的 ASPP 结构进一步优化，并引入了串联的多尺度空洞卷积，同时使用了 Batch Normalization 方法，进一步提高了分割准确率，是当时性能最好的图像语义分割方法。DeepLab V3 的图像语义分割效果如图 3-48 所示。

图 3-48　DeepLab V3 的图像语义分割效果[18]

4）RNN 和 LSTM。循环神经网络（Recurrent Neural Network，RNN）和 CNN 不同，它能处理序列问题。常见的序列有一段连续的语音、一段连续的手写文字和一条句子等。这些序列长短不一，又比较难拆分成一个个独立的样本来训练。RNN 假设样本是基于序

列的。例如，给定一个从索引 0 到 $T$ 的序列，对于该序列中任意索引号 $t$，其对应的输入都是样本 $x$ 中的第 $t$ 个元素 $x(t)$。模型在序列索引号 $t$ 位置的隐藏状态 $h(t)$ 是由 $x(t)$ 和在 $t-1$ 位置的隐藏状态 $h(t-1)$ 共同决定的，而模型在 $t$ 时刻的输出 $o(t)$ 是由 $h(t)$ 通过非线性转换得到的。

RNN 典型结构如图 3-49 所示。图 3-49a 是 RNN 模型没有按时间展开的图，如果按时间序列展开，则为图 3-49b。图 3-49 描述了在序列索引号 $t$ 附近的 RNN 模型。其中：

① $x(t)$ 代表在序列索引号 $t$ 时训练样本的输入。同样的，$x(t-1)$ 和 $x(t+1)$ 代表在序列索引号 $t-1$ 和 $t+1$ 时训练样本的输入。

② $h(t)$ 代表在序列索引号 $t$ 时模型的隐藏状态。$h(t)$ 由 $x(t)$ 和 $h(t-1)$ 共同决定。

③ $o(t)$ 代表在序列索引号 $t$ 时模型的输出。$o(t)$ 只由模型当前的隐藏状态 $h(t)$ 决定。

④ $L(t)$ 代表在序列索引号 $t$ 时模型的损失函数，模型整体的损失函数是所有的 $L(t)$ 相加和。

⑤ $y(t)$ 代表在序列索引号 $t$ 时训练样本序列的真实输出。

⑥ $\boldsymbol{U}$、$\boldsymbol{W}$、$\boldsymbol{V}$ 三个矩阵是 RNN 模型的线性关系参数，它们在整个 RNN 网络中是共享的。也正因为是共享的，才体现了 RNN 模型的循环思想。

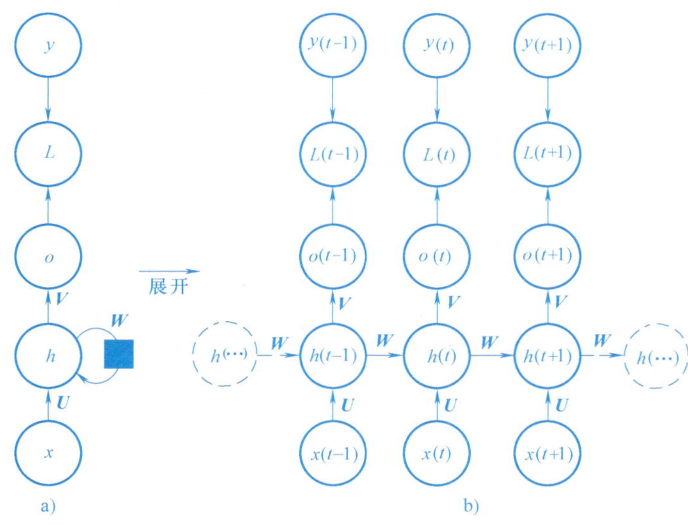


图 3-49　RNN 典型结构

长短时记忆（Long Short Term Memory，LSTM）网络是 RNN 的一种特殊类型，可以学习长期依赖信息[19]。LSTM 通过刻意的设计来避免长期的依赖问题。

所有 RNN 都具有一种重复神经网络模块的链式的形式。在标准的 RNN 中，该重复模块只有一个非常简单的结构，如图 3-50 所示。

LSTM 同样是这样的结构（图 3-51），但是重复模块的结构更加复杂。不同于单一神经网络层，整体上除了 $h$ 在随时间流动外，细胞状态 $c$ 也在随时间流动。细胞状态 $c$ 就代表着长期记忆，而状态 $h$ 代表了短期记忆。

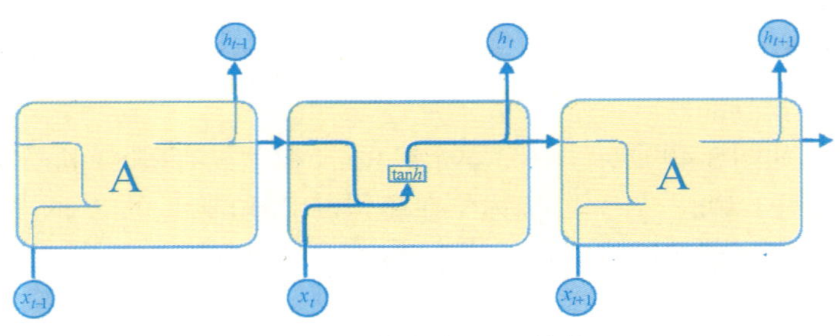


图 3-50　简化的 RNN 结构

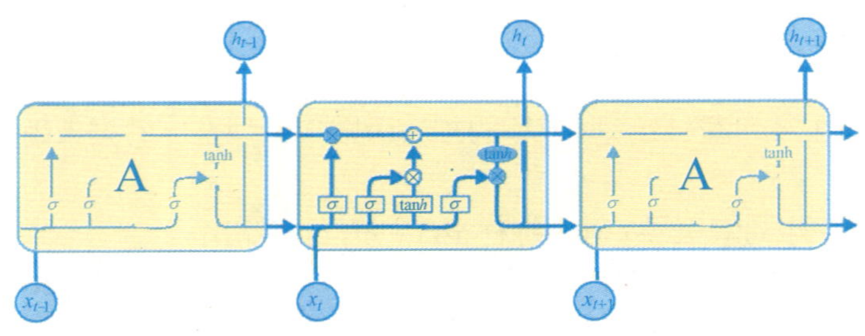

图 3-51　LSTM 的典型结构

从图 3-51 中可以看出，在每个序列索引位置 $t$ 时刻向前传播时，除了和 RNN 一样的隐藏状态 $ht$ 外，还多了另一个隐藏状态，如图 3-52 中上面的长横线。一般将该隐藏状态称为细胞状态（Cell State），记为 $C_t$。

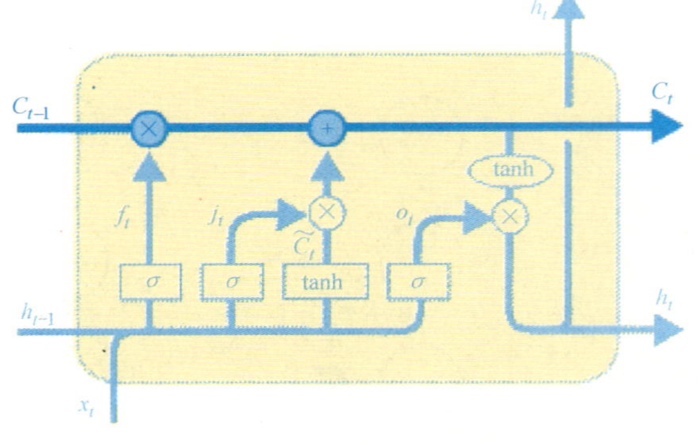


图 3-52　LSTM 中的细胞状态

细胞状态类似于传送带。直接在整个链上运行，只有一些少量的线性交互。信息在上面流传保持不变会很容易。LSTM 有通过精心设计的称为"门"的结构来去除或者增加信息到细胞状态的能力。LSTM 在每个序列索引位置 $t$ 的门一般包括遗忘门、输入门和输出门三种。

遗忘门（Forget Gate）顾名思义，是控制是否遗忘的，在 LSTM 中即以一定的概率控制是否遗忘上一层的隐藏细胞状态。遗忘门子结构如图 3-53 所示。

图 3-53 中，$h_{t-1}$ 表示历史信息，$x_t$ 表示当前流入细胞中新的信息。

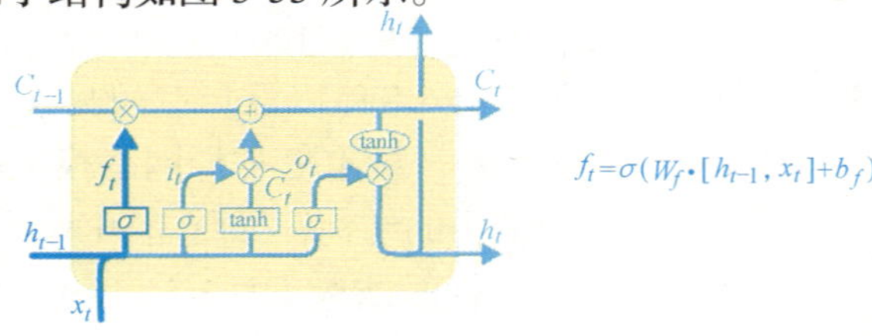


图 3-53　遗忘门子结构

输入门（Input Gate）负责处理当前序列位置的输入，确定什么样的新信息被存放在细胞状态中。它包含两部分：第一，sigmoid 层称"输入门层"，决定什么值将要更新；第二，tan$h$层创建一个新的候选值向量$\widetilde{C}_t$，将被加入细胞状态中。输入门子结构如图 3-54 所示。

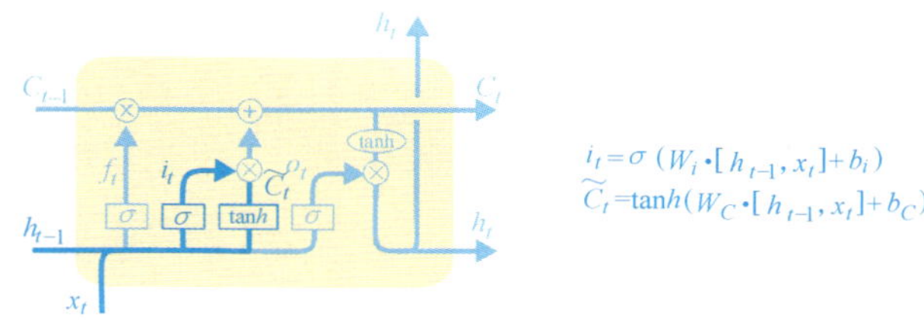


图 3-54　输入门子结构

在语言模型的例子中，可以增加新的主语的性别到细胞状态中，来替代旧的需要忘记的主语。因此，在更新细胞状态时，主要做的两件事就是决定哪些历史信息应该流入当前细胞中（遗忘门控制），哪些新的信息应该流入细胞中（输入门控制）。



在获得了输入门和遗忘门系数之后就可以更新当前的细胞状态，将 $C_{t-1}$ 更新为 $C_t$，如图 3-55 所示。

输出门，在得到了新的隐藏细胞状态 $C_t$ 后，即可开始输出结果。输出门子结构如图 3-56 所示。

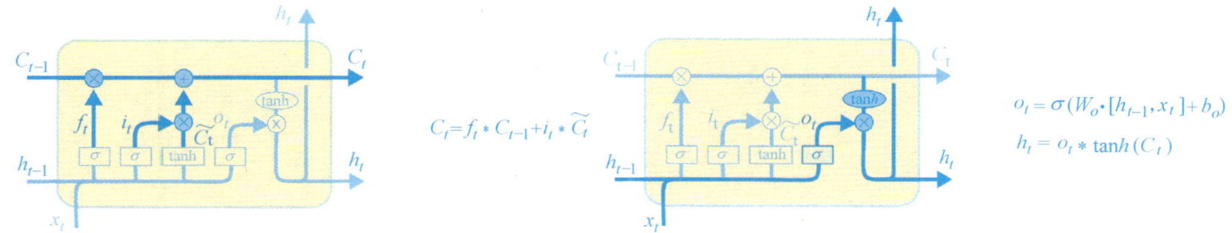


图 3-55　LSTM 中的细胞状态更新过程

图 3-56　输出门子结构

从图 3-56 中可以看出，隐藏状态 $h_t$ 的更新由两部分组成，输出门是由历史信息 $h_{t-1}$ 和新的信息 $x_t$ 决定的。

RNN、LSTM 因为综合考虑了动态目标连续时序信息，对目标连续状态检测具有优越的性能，常用于目标跟踪。而近些年，对于目标跟踪也提出了一些优秀的网络模型，以 Siamese 孪生网络结构为代表的家族系列，主要有 SiamRPN[20]、SiamRPN＋＋[21]、SiamMask[22]。

5）SiamRPN、SiamRPN＋＋和 SiamMask。许多基于深度学习的跟踪器在多个跟踪基准上已经取得了优越的性能。但是大多数性能优越的跟踪器很难有实时速度，孪生候选区域生成网络（Siamese Region Proposal Network，SiamRPN）能够利用大尺度的图像对离线端到端训练。具体来讲，该结构包含用于特征提取的孪生子网络（Siamese Subnetwork）和候选区域生成网络（Region Proposal Network），其中候选区域生成网络包含分类和回归两条支路。图 3-57 所示为 SiamRPN 的网络结构。

在跟踪阶段，SiamRPN 被构造成单样本检测任务（One-shot Detection Task），通过预先计算孪生子网络中的模板支路，也就是第一帧，并且将它构造成一个检测支路中区域提取网络里面的一个卷积层，用于在线跟踪。得益于这些改良，传统的多尺度测试和在线微调可以被舍弃，这样做也大大提高了速度。图 3-58 所示为 SiamRPN 中的跟踪过程框架。

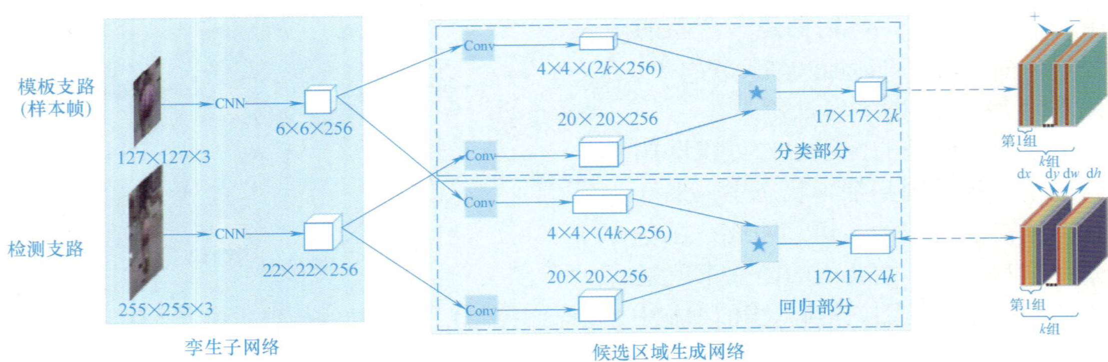


图 3-57　SiamRPN 的网络结构

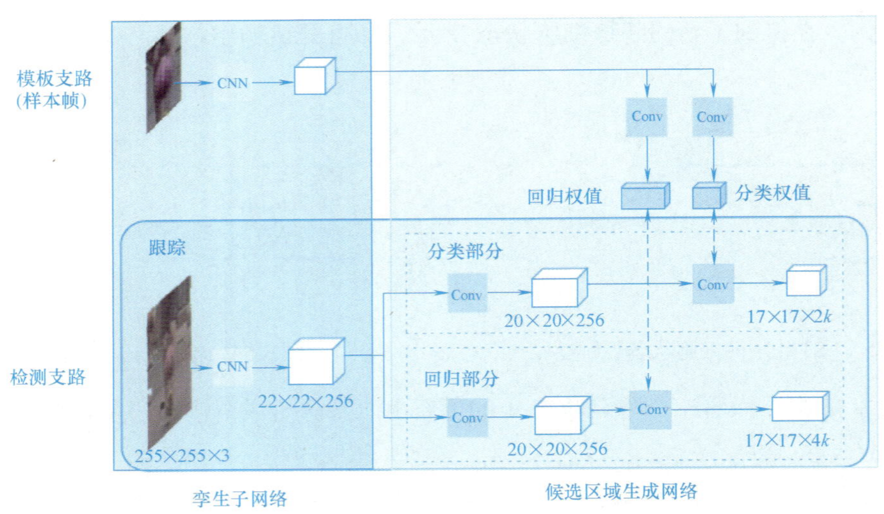


图 3-58　SiamRPN 中的跟踪过程框架

SiamRPN ＋＋在 SiamRPN 的基础上进行了改进优化，其中通过改变样本中正样本的分布情况，使得网络学习到的特征分布更广，对应到图中就是响应的范围变得更大，颜色也更加多样化，如图 3-59 所示。

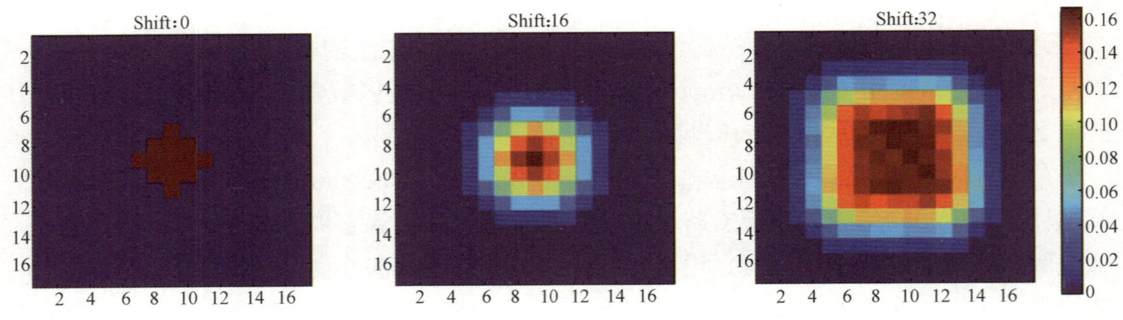


图 3-59　SiamRPN ＋＋正样本分布的先验概率可视化

SiamRPN + + 使用了深层网络 ResNet-50，并且把 ResNet 中最后两个 block 的 stride 去掉了，同时增加了空洞卷积（Dilated Convolution），一是为了增加感受野，二是为了能利用上预训练参数。SiamRPN + + 的网络框架如图 3-60 所示。

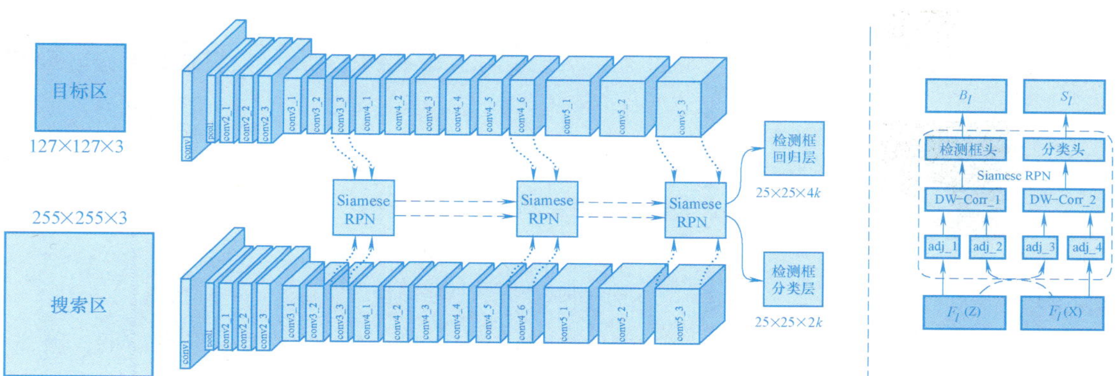


图 3-60 SiamRPN + + 的网络框架

图 3-61 所示为 SiamMask 的网络框架，同样是基于孪生子网络，但是和 SiamRPN 不同的是，这里的⋆d 是 depth-wise 的交叉相关操作，是对逐通道进行相关性计算，因此得到的响应保持了通道数不变，该响应称为 RoW（Response of candidate Window），而后在 RoW 的基础上分出了三个分支，分别进行分割、回归和分类。然而，由图 3-61 可以看到，每个 RoW 对应生成的 mask 是一个 1*1*（63*63）的向量，将其展平得到的 mask 图像是非常粗糙的，而且尺寸也小于原图。因此，还需一个上采样和调整的过程，如图 3-62 所示。

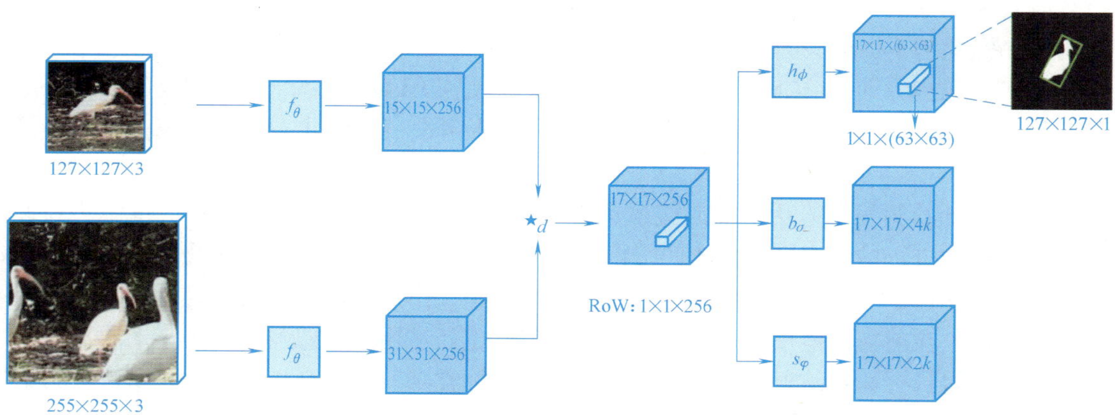


图 3-61 SiamMask 的网络框架

### 7. 视觉传感器应用系统

在自动驾驶领域的环境感知技术中，视觉传感器扮演着重要的角色，在已经得到应用的驾驶辅助系统中，很多都用到了摄像头等视觉传感器，如 LKA、LDW、FCW 等。

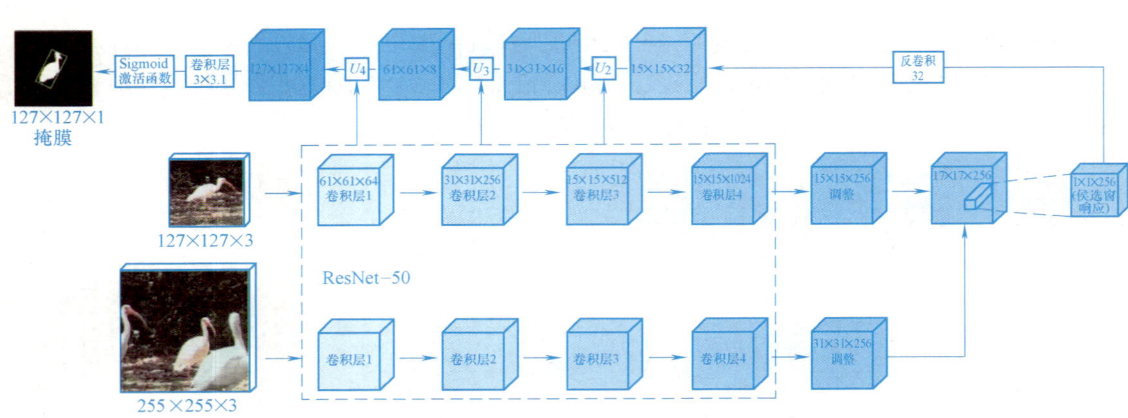


图 3-62　SiamMask 上采样网络结构

作为无人驾驶的重要一部分，车道保持辅助（LKA）系统往往放置于开发前期，首先通过 LKA 实现驾驶人辅助，并通过逐步完善向无人驾驶迈进。LKA 可大致分为车道保持（LK）和车道中心保持（LC）两类，区别在于控制系统控制目标和控制系统干预程度，车道偏离保持系统的控制目标为以较少的干预将车辆保持在车道内，车道中心保持策略的控制目标为车道中心线附近，相较于车道保持系统干预较多。

在 LKA 中，摄像头采集图像信息并将车辆相对车道线信息发送给 LKA 控制器，LKA 控制器结合驾驶人设置计算目标控制量，通过电子助力转向系统实现被控车辆转向修正，进而实现偏离修正和中心线保持。

摄像头通过成像原理和对应的标定操作可以获得检测到的车道线和自身车辆间的距离，另外也能获得车道线与车辆行驶方向的夹角，从而估算出预计偏离车道的时间，按照控制策略的不同，距离或预计时间是 LKA 控制系统决策的依据。准确地检测车道线和距离或预计时间的计算是 LKA 技术的前提和难点，由于车道线的特殊性，通常由摄像头进行检测，因此基于摄像头的车道线检测是 LKA 技术的主流方案。

与车道保持辅助（LKA）系统相似的车道偏离预警（LDW）系统也是主要采用基于摄像头的车道线检测技术，与 LKA 主动干预车辆控制不同，LDW 主要进行车道偏离的报警信息。

视觉感知的另一个应用是前向碰撞预警（FCW）系统。在 FCW 系统中，摄像头负责对前向障碍物进行检测识别，并依照摄像头成像原理对障碍物与自身车辆间的距离进行判断，由距离和自身车辆行驶速度计算出预计碰撞时间，由预计碰撞时间作为是否发出预警的判断依据。在前向碰撞预警系统中，毫米波雷达也是常用的传感器，由于毫米波雷达能更准确地获得目标速度信息，而摄像头能够判断目标类别，因此毫米波雷达和摄像头的信息融合是目前前向碰撞预警系统的主流解决方案。

与前向碰撞预警系统类似的自动紧急制动（AEB）系统也需要对前向障碍物进行检测。AEB 系统通过摄像头或雷达检测和识别前方车辆，在有碰撞可能的情况下先用声音和警告灯提醒驾驶人进行制动操作回避碰撞。若驾驶人仍无制动操作，系统判断已无法避免追尾碰撞时，就会采取自动制动措施来减轻或避免碰撞。同时，AEB 系统还包括动态制动支持，当驾驶人踩下制动踏板的力量不足以避免即将到来的碰撞时时，就会为其补充

制动力。

## 3.2.2 毫米波雷达

### 1. 雷达的简介

雷达是用于检测和定位反射物体，如飞机、船舰、车辆和自然环境的一种电磁系统。它通过发射电磁波对目标进行照射并接收其回波，由此获得目标至电磁波发射点的距离、距离变化率（径向速度）、方位、高度等信息。



雷达检测的基本原理如图 3-63 所示。发射机发射电磁信号，由天线辐射到空中。发射信号的一部分被目标拦截并向多个方向再次辐射，然后辐射回到雷达的信号被雷达接收天线采集，并送到接收机。在接收机中，该信号被处理以检测目标的存在并确定其位置。一般雷达由以下五个部分组成：发射机、发射天线、接收机、接收天线和显示器。此外，还有电源设备、抗干扰设备等辅助设备，并根据需求的不同进行进一步细分。

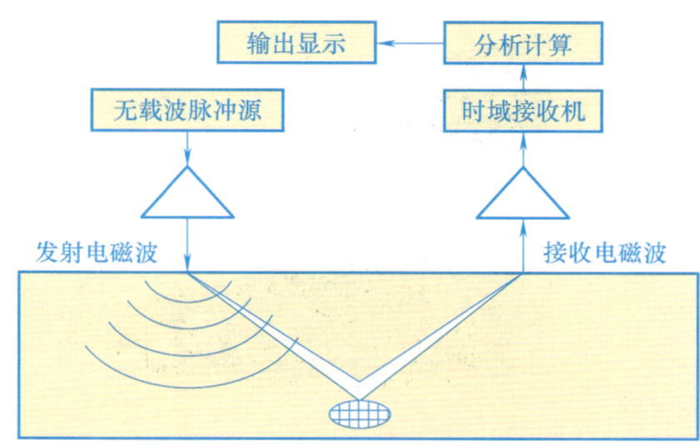


图 3-63　雷达检测的基本原理[23]

雷达的简单测距是根据雷达信号到目标并返回的时间 $T$ 确定的。电磁波在空间内以光速传播，即 $c=3\times10^8\text{m/s}$。因此，雷达信号传播到距离 $R$ 的目标并返回雷达的时间为 $2R/c$。于是，到目标的距离为

$$R=\frac{cT}{2} \tag{3-11}$$

雷达测距原理如图 3-64 所示。

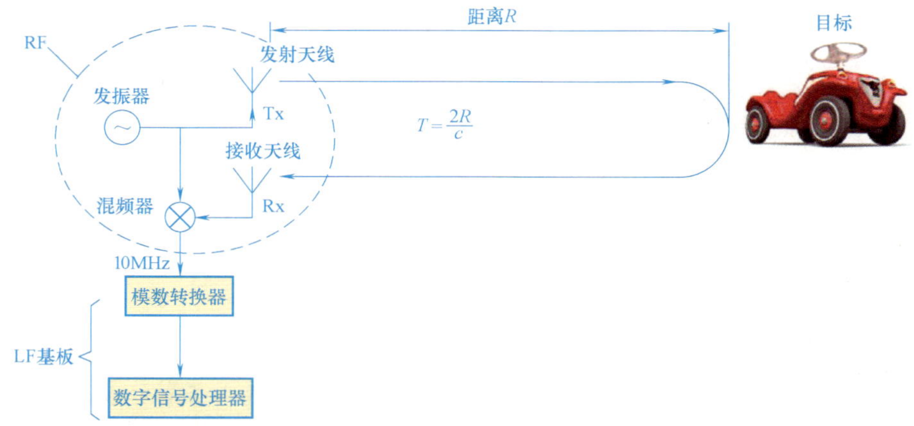


图 3-64　雷达测距原理

雷达测速是基于多普勒效应（Doppler Effect）原理 。所谓多普勒效应，就是当声音、

光和无线电波等振动源与观测者以相对速度 $v$ 运动时，观测者所收到的振动频率与振动源所发出的频率不同。也就是说，当发射的电磁波与被探测目标有相对移动时，回波的频率会和发射波的频率不同。当目标向雷达天线靠近时，反射信号频率将高于发射信号频率；反之，当目标远离天线而去时，反射信号频率将低于发射信号频率，如图 3-65 所示。由多普勒效应所形成的频率变化称为多普勒频移，它与相对速度 $v$ 成正比，与振动的频率成反比。因此，通过检测这个频率差，可以测得目标相对于雷达的移动速度，也就是目标与雷达的相对速度。

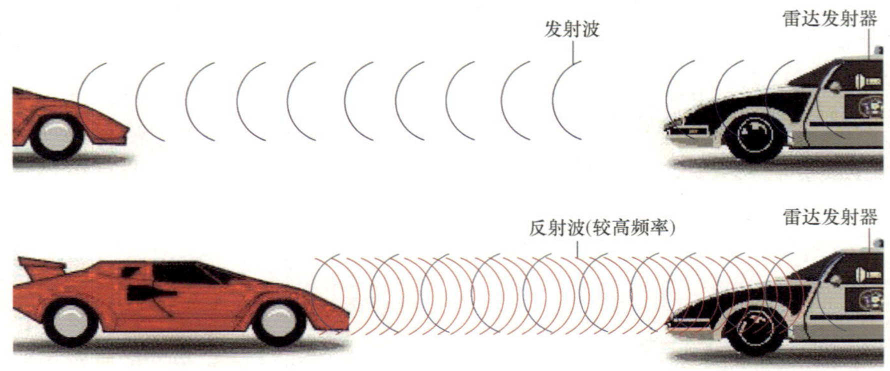


图 3-65　雷达测速的多普勒原理

雷达方程将雷达作用的距离与雷达系统以及目标的特性联系起来。它可以用于确定雷达能够探测到目标的最大作用距离，并且可以用来了解影响雷达性能的因素。

雷达方程为[23]

$$R_{\max}=\left[\frac{P_{t}GA_{e}\sigma}{(4\pi)^{2}S_{\min}}\right]^{\frac{1}{4}} \tag{3-12}$$

式中　$R_{\max}$ ——雷达的最大作用距离（m）；

$P_{t}$ ——发射机的功率（W）；

$G$ ——天线的最大增益；

$A_{e}$ ——接收天线的有效孔径面积（$m^2$）；

$\sigma$ ——雷达的截面面积（$m^2$）；

$S_{\min}$ ——最小可检测的信号（W）。

除了目标的雷达截面面积之外，该简单形式的雷达方程的参数均受到雷达设计师的控制。

## 2. 车载毫米波雷达系统

（1）毫米波的特性

毫米波雷达使用毫米波（Millimeter Wave）。通常毫米波是指 30 ~ 300GHz 频域（波长为 1 ~ 10mm）的电磁波，其波长介于厘米波和光波之间。毫米波位于微波与远红外波相交叠的波长范围，因此毫米波兼有这两种波谱的优点。电磁波图谱如图 3-66 所示。

毫米波雷达的主要特点：

1）与微波相比，其波长更短，元件尺寸小，使得系统紧凑，体积小，重量轻，容易

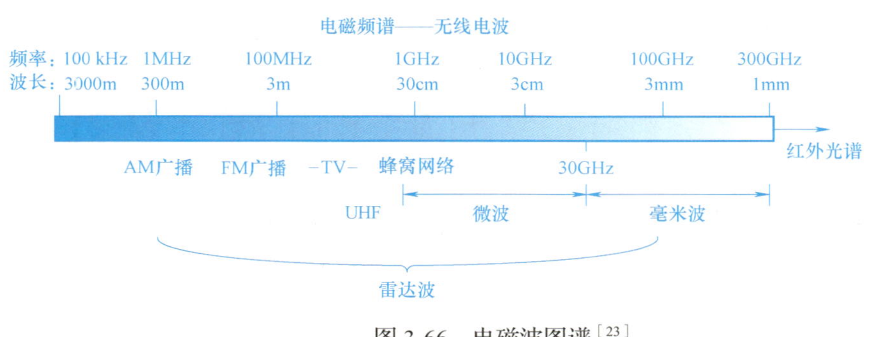


图 3-66　电磁波图谱[23]



安装在其他装备上，雷达设备的体积和天线口径得以减小。防撞雷达安装在汽车上，要求整机体积一定要小巧紧凑，而天线口径的尺寸是影响雷达整机体积的最大因素。

2）毫米波具有更窄的波束，可提供更高的测角精度，抗干扰性强；具有更大的多普勒频移，可提供更高的测速精度。

3）毫米波雷达信号频带宽。信号高带宽可以提供更高的距离分辨率，满足精密跟踪和目标识别的需求；高带宽可以提供宽带扩频能力，避免相互干扰，降低多径效应和杂波干扰。

4）与红外、激光、图像等传感器相比，毫米波雷达穿透雾、烟、灰尘的能力强，具有全天候（大雨天除外）全天时的特点。

（2）毫米波雷达的发展

雷达系统的概念最早出现在 20 世纪早期，专门满足监视和武器制导的军事需求。毫米波汽车防撞雷达的研究始于 20 世纪 60 年代，研究主要在以德国、美国和日本为代表的一些发达国家内展开。至今为止，从时间上大致可分为以下两个阶段。

第一阶段从 20 世纪 60 年代至 80 年代末期，这一阶段的特点是微波理论及其器件集成水平低，系统硬件成本高，对于毫米波防撞雷达系统的性能要求没有客观的标准，因而各国研制出的防撞雷达样机的应用效果差。

第二阶段从 20 世纪 90 年代中期至今，在这一阶段，随着微波技术理论及其器件集成技术的高速发展，以及嵌入式处理器性价比的突飞猛进，使得研制出低成本、高性能的汽车防撞雷达成为可能，同时伴随着各国的智能交通系统计划全面启动，对于汽车防撞雷达系统的性能要求也大致达成了共识。

近年来，随着信号处理和毫米波技术突飞猛进的发展，雷达产品逐渐在民用市场特别是车载领域得到推广。各国的车载雷达频段主要集中在 24GHz、60GHz 和 77GHz 这 3 个频段，主要国家车载雷达频率划分情况见表 3-3。其中，24GHz 的波长是 1.25cm（虽然 24GHz 的波长是 1.25cm，但是目前业界也依然将其称之为毫米波），60GHz 的波长是 5mm，77GHz 的波长则更短，只有 3.9mm。因此，频率越高波长越短，分辨率、精准度就越高。长期来看，远距离车载毫米波雷达最终将会统一于 77/79GHz（76 ~ 81GHz）频段，该频段带宽更大、功率水平更高、探测距离更远；相比于 24GHz，77/79GHz 雷达物体分辨准确度提高 2 ~ 4 倍，测速和测距精确度提高 3 ~ 5 倍，能检测行人和自行车；且设备体积更小，更便于在车辆上安装和部署。不过目前尽管精度更高的 77/79GHz 雷达正努力成为汽车领域的主流传感器，但价格更低的 24GHz 仍将在未来车载雷达中应用。

车载毫米波雷达的发展如图 3-67 所示。苏州豪米波技术有限公司的 24GHz 和 77GHz 毫米波雷达是在此基础上进一步研发的车载雷达，在研发与生产技术上与国外同步。

表 3-3 主要国家车载雷达频率划分情况

| 国家 | 24GHz | 60GHz | 77GHz |
|---|---|---|---|
| 美国 | 允许 | | 允许 |
| 欧盟 | 允许 | | 允许 |
| 日本 | 允许 | 允许 | 允许 |
| 中国 | 允许 | 允许 | 允许 |

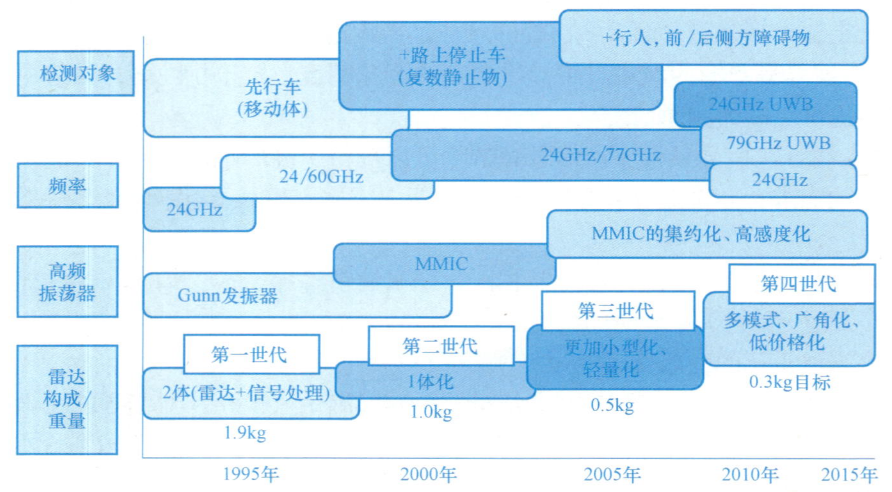


图 3-67 车载毫米波雷达的发展

（3）毫米波雷达的工作体制

雷达系统主动发射电磁波信号，该信号遇到物体后形成反射回波。利用反射回波的信息，雷达可以实现对目标的检测和坐标测量。根据雷达工作体制的不同，可以分为脉冲体制雷达和连续波体制雷达。脉冲体制雷达间断地发射电磁波，利用发射波形的间歇期雷达接收目标回波；而连续波体制雷达则是持续不断地发射电磁波，在电磁波发射的同时雷达接收目标回波。

雷达的工作体制如图 3-68 所示。

1）脉冲体制雷达。脉冲体制雷达周期性地发射波形，波形发射周期称为脉冲重复周期（Pulse Reception Interval，PRI）。在一个脉冲重复周期内，电磁波信号发射时间占脉冲重复周期的比值称为占空比。对于脉冲体制雷达，受到实际器件水平的限制，占空比通常小于 20%。PRI 的大小决定了脉冲体制雷达的无模糊测距范围，PRI 越大，无模糊测距距离也越大。

在发射波形的时间内脉冲体制雷达不接收回波，而是在发射间歇期内接收回波并进行处理。因此，脉冲体制雷达发射天线和接收天线是共用的。由于雷达在发射波形期间无法接收信号，存在一定的盲距，因此难以实现对极近距离目标的探测。脉冲体制雷达利用一

个 PRI 内发射波形和接收波形之间的时间差进行测距处理。距离分辨率和发射脉冲宽度有关，距离分辨率越高，要求发射脉冲宽度越窄。

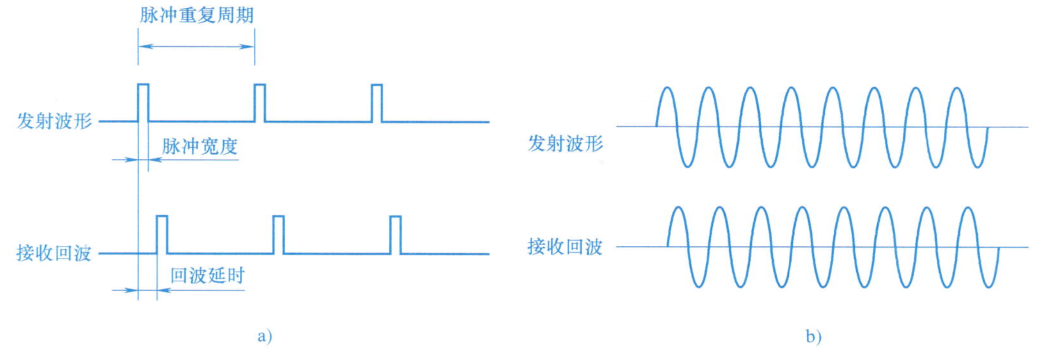


图 3-68 雷达的工作体制[23]

a）脉冲体制雷达 b）连续波体制雷达

为了提高脉冲体制雷达的距离分辨率，通常采用线性调频（Linear Frequency Modulation，LFM）信号以及脉冲压缩处理。雷达发射宽带 LFM 信号，在接收端进行脉冲压缩处理。LFM 信号及脉冲压缩处理可以有效地解决雷达距离分辨率、发射脉冲宽度、发射功率之间的矛盾。

对于脉冲体制雷达，为了实现对目标速度的估计需要周期性地发射多个脉冲，且需要各个 PRI 之间的发射脉冲相位保持相参性。脉冲体制雷达的测速分辨率和脉冲积累时间有关。为了达到较高的测速分辨率，需要较多的脉冲积累数，因而需要较长的积累时间。PRI 的大小决定了无模糊测速范围，PRI 越小，无模糊测速范围越大。

2）连续波体制雷达。常见的连续波体制雷达包括恒频率连续波（Continuous Wave，CW）雷达、调频连续波（Frequency Modulated Continuous Wave，FMCW）雷达、频移键控（Frequency Shift Keying，FSK）雷达和相移键控（Phase Shift Keying，PSK）雷达等。

CW 体制只能利用目标回波的多普勒频移进行速度测量，而无法实现测距。FSK 体制可以利用同时接收到的两个回波的相位差进行距离测量，也可以利用多普勒频移进行速度测量，但其缺点是难以测量多个目标且存在严重的距离模糊。PSK 体制一般利用伪随机二相位码或者四相位码调制载波测量距离和速度；其信号的模糊函数呈图钉形，具有良好的目标鉴别能力，可以同时探测多个目标。FMCW 体制具备测距和测速能力，通过发射特定的波形可以实现多目标测量，信号处理复杂度低、成本低廉、技术成熟。但是，具有高准确度的 FMCW 雷达波形的线性调频不易获得，极易影响距离分辨率。

（4）毫米波雷达的工作波形

典型的连续波体制雷达工作波形包括频率调制波形和相位调制波形。

1）频率调制波形。最常见的连续波波形为单频信号，即雷达向空中发射频率为 $f_0$ 的连续电磁波，数学表达式为

$$s(t)=a(t)\exp(\mathrm{j}2\pi f_0 t) \tag{3-13}$$

式中 $a(t)$——幅度调制函数，通常 $a(t)$ 为常数。

当电磁波经过目标反射，且目标存在一定的运动速度时，目标的反射回波信号和雷达的发射波形相比会产生多普勒频率（假设波形的幅度不变）。多普勒频率 $f_d$ 可以表示为

$$f_d = \frac{2v}{\lambda} \tag{3-14}$$

式中 $\lambda$ ——雷达工作波长；

$v$ ——目标运动速度。

假设目标的距离为 $R$，目标的反射回波信号和雷达的发射波形相比会产生相位的变化，表示为

$$\varphi = \frac{4\pi R}{\lambda} \tag{3-15}$$

利用相位的变化可以估计目标的距离，但由于相位以 $2\pi$ 为周期变化，利用式（3-15）估计目标距离会存在严重的距离模糊，因此，利用单频连续波无法估计目标的距离，只能估计目标的速度。

为了估计目标的距离，可以利用调频连续波。调频连续波表示为

$$s(t) = a(t)\exp(\mathrm{j}2\pi f_0 t + \mathrm{j}\pi k t^2) \tag{3-16}$$

式中 $k$——调频连续波的调频斜率。

假设目标的距离为 $R$，当发射波形为调频连续波时，目标的反射回波信号相对于发射信号存在频率差 $f_R$，表示为

$$f_R = \frac{2R}{c}k \tag{3-17}$$

当目标存在运动速度时，反射回波信号相对于发射信号的频率差 $f_{dR}$ 为

$$f_{dR} = \frac{2v}{\lambda} + \frac{2R}{c}k \tag{3-18}$$

调频连续波的回波频率中包含了目标距离和速度信息，但是两者是耦合在一起的。对于运动目标，利用调频连续波波形无法获知其距离和速度信息。

两种调频连续波对比见表 3-4。

对于调频连续波，利用发射激励波形和接收回波进行混频处理，得到差频信号。对差频信号进行目标检测，速度和距离估计。

频率调制工作原理框图如图 3-69 所示。

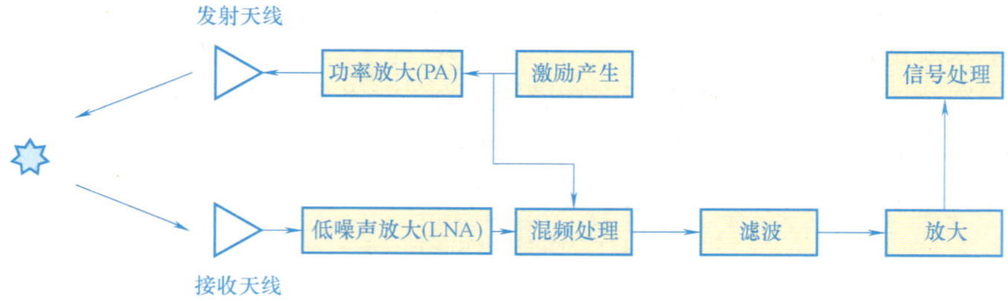


图 3-69 频率调制工作原理框图

表 3-4　两种调频连续波对比

| 对比项目 | 频移键控（FCW） | 调频连续波（FMCW） |
| --- | --- | --- |
| 方式 | 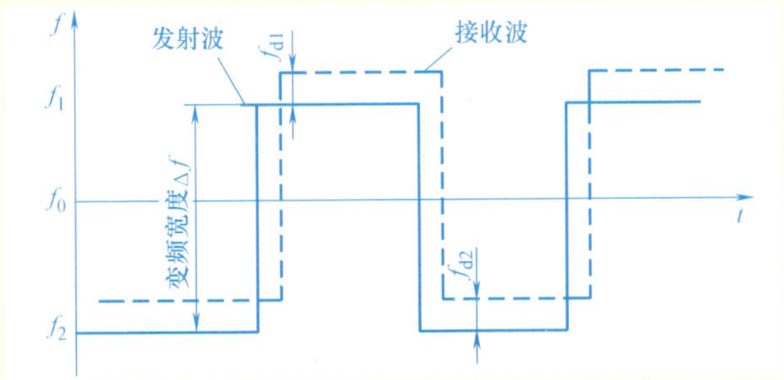 | 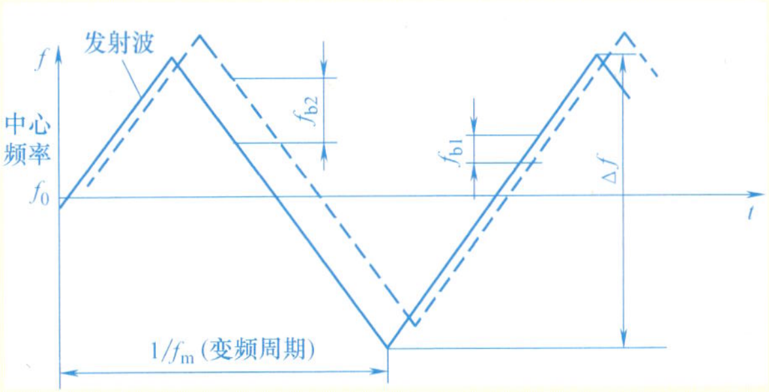 |
| 距离 $d$ | $c\phi/4\pi\Delta f$ | $c(f_{b1}+f_{b2})/8\Delta f f_m$ |
| 相对速度 $v$ | $cf_{d1}/2f_1$ | $c(f_{b2}-f_{b1})/4f_0$ |
| 性能稳定性 | 1）可不需要确保频变的线性<br>2）雷达信号源的温度漂移影响小 | 1）三角形波的线性化较难<br>2）雷达信号源的温度漂移影响大 |
| 抗干扰性 | $\Delta f$≈250kHz，频带范围窄，抗干扰能力强 | 1）$\Delta f$≈1000MHz（相当于 2CW 的 400 倍），广带域变频<br>2）在接收机方还需要更宽带域 |
| 其他 | 1）相对速度为 0 时不可测，但 0.2km/h 以上都可以测<br>2）多静止物的分离比较困难（完全等距离），有待开发新的算法 | 1）相对速度为 0 时也可测<br>2）距离值完全相同的两目标分离比较困难 |

利用三角波线性调频连续波估计目标的距离和速度。三角波调频连续波包含上扫频和下扫频两部分，表示为

$$S_t(t)=\begin{cases}A_0\exp(\mathrm{j}2\pi f_0 t+\mathrm{j}\pi kt^2) & t\in\left[0,\dfrac{T}{2}\right)\\ A_0\exp[\mathrm{j}2\pi(f_0+B)t-\mathrm{j}\pi kt^2] & t\in\left[\dfrac{T}{2},T\right]\end{cases} \tag{3-19}$$

式中 $T$ ——调制周期；

$B$ ——信号带宽，$B=kT/2$。

将回波信号与发射信号进行混频处理，可以分别得到上扫频和下扫频部分差频信号，表示为

$$\left.\begin{aligned}f^+&=\frac{2R}{c}\frac{2B}{T}-\frac{2v}{\lambda}\\ f^-&=\frac{2R}{c}\frac{2B}{T}+\frac{2v}{\lambda}\end{aligned}\right\} \tag{3-20}$$

式中 $f^+$ ——上扫频部分的差频信号；

$f^-$ ——下扫频部分的差频信号。

利用式（3-20）可以得到目标的距离和速度，计算如下：

$$\left.\begin{aligned}R&=\frac{cT(f^++f^-)}{4B}\\ v&=\frac{\lambda(f^--f^+)}{4}\end{aligned}\right\} \tag{3-21}$$

2）相位调制波形。相位调制连续波体制采用相位编码波形，利用脉冲压缩技术估计目标的距离，能够有效估计多个目标的距离。

脉冲压缩技术是发射宽脉冲，利用匹配滤波器对接收信号进行处理，以获得较窄的脉冲。在获得较高距离分辨率的同时，避免了较高的峰值功率。匹配滤波处理前的脉冲宽度与匹配滤波处理后的脉冲宽度之比称为脉冲压缩比。脉冲压缩体制如图 3-70 所示。

脉冲压缩处理可以表示为

$$y(\tau)=\int S_r(\tau-t)S^*(t)\mathrm{d}t \tag{3-22}$$

式中 $S_r(t)$ ——雷达接收到的回波信号；

$S^*(t)$ ——雷达发射波形的复共轭，称为脉冲压缩匹配滤波器；

$y(\tau)$ ——匹配滤波器的输出。

式（3-22）中表示的是连续时间信号，对于相位编码波形，常采用离散时间信号的形式表示，脉冲压缩处理写作

$$y(m)=\sum_{n=0}^{N-1}S(m-n)S^*(n) \tag{3-23}$$

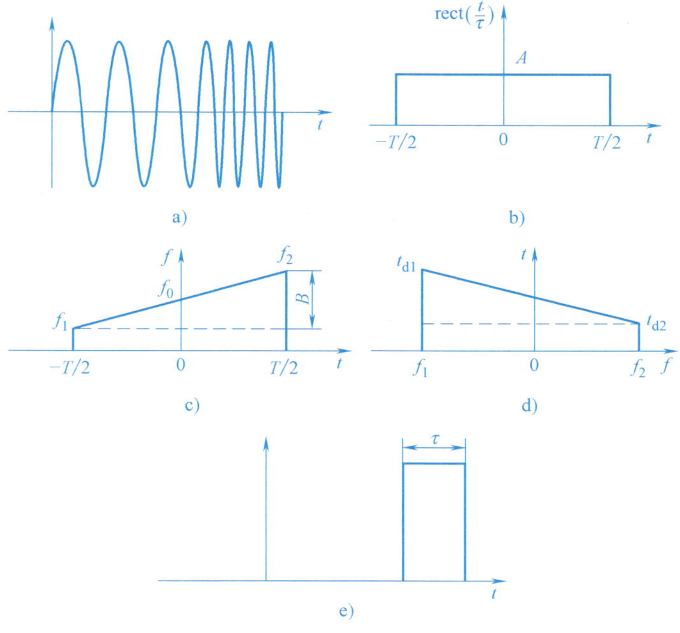


图 3-70　脉冲压缩体制

a）输入信号波形　b）输入信号包络　c）输入信号载频调制特性

d）压缩滤波器的延时频率特性　e）压缩滤波器输出信号的包络

对于相位编码波形，采用脉冲压缩处理。当存在目标时，脉冲压缩的结果会出现峰值，峰值的位置和目标的距离相关。

相位调制连续波波形工作原理框图如图 3-71 所示。

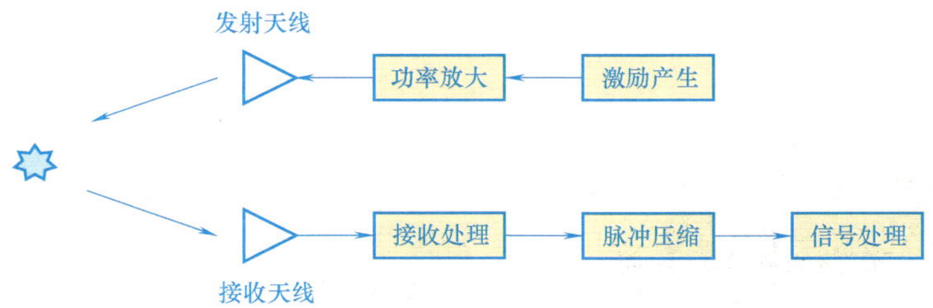


图 3-71　相位调制连续波波形工作原理框图

常见的相位编码波形包括二相编码波形、四相编码波形、多相编码波形、Costas 编码波形等。以典型的二相编码波形为例，采用具有一定编码长度的 0、π 相位波形编码，如码长为 13 的一种二相编码波形的相位为 [ 0 0 0 0 0 π π 0 0 π 0 π 0 ]。

（5）车载毫米波雷达的组成

目前，车载毫米波雷达系统的波形调制方式主要为 FMCW 体制。该雷达系统主要包含以下几部分：收发天线、射频前端、调制信号以及信号处理模块等。通过发射信号和接收信号的相关处理实现对目标的距离探测、定位和测距。

FMCW 毫米波雷达探测系统如图 3-72 所示。

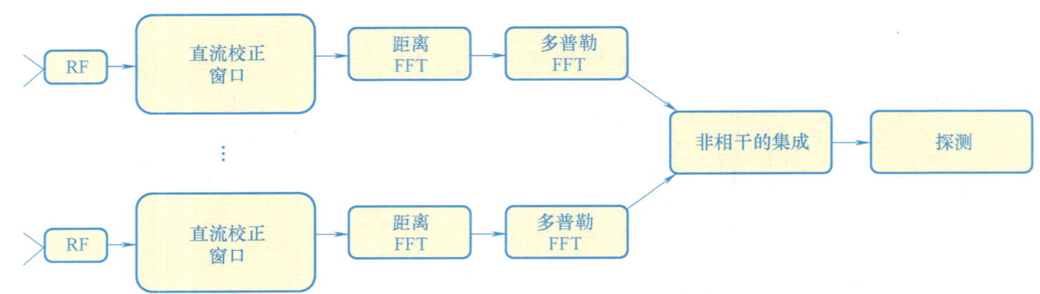


图 3-72　FMCW 毫米波雷达探测系统



### 3. 车载毫米波雷达硬件结构

毫米波雷达系统的核心部件是单片微波集成电路（Monolithic Microwave Integrated Circuit，MMIC）芯片和天线印制电路板（Printed Circuit Board，PCB）。

（1）MMIC 简介

单个 MMIC 芯片包含了多种功能的电路，如低噪声放大器、功率放大器、混频器、压控振荡器、移相器等，它具有电路损耗小、噪声低、频带宽、动态范围大、功率大、附加效率高、抗电磁辐射能力强等特点。

随着集成电路技术的不断进步，微波雷达电路芯片也经历了由最初多个单一器件的高频电路到单一功能的高频电路集成，再到如今的多功能单一芯片的大规模集成。MMIC 的芯片材料的制作工艺主要有高电子迁移率晶体管（High Electron Mobility Transistor，HEMT）工艺，如 GaAs 基 HEMT、InP 基 HEMT；双极型（Bipolar）工艺，如 SiGe 基 Bipolar；CMOS 工艺，如 Si 基 CMOS。近几年发展起来的 BiCMOS（Bipolar CMOS）工艺将 CMOS 器件作为主要单元电路，在要求驱动大电容负载之处加入双极器件或电路，这样 BiCMOS 电路既具有 CMOS 电路高集成度、低功耗的优点，又获得了双极电路高速、强电流驱动能力的优势。未来的 MMIC 技术是更高集成度的 RF-CMOS 工艺。

MMIC 原件材料对比如图 3-73 所示。

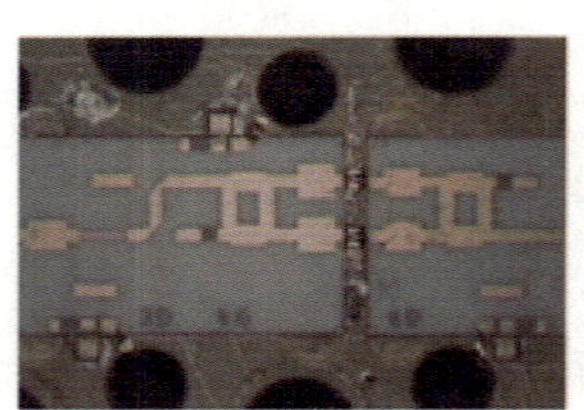

单一器件的高频电路

单一功能的高频电路集成

多功能单一芯片的大规模集成

MMIC材料与成本

| 元器件 | | GaAs HEMT | SiGe Bipolar | CMOS |
|---|---|---|---|---|
| 成本 | 少量时 | ○ | △ | × |
| | 大量时 | ○ | ◎ | ◎ |
| 成品率 | | ◎ | ◎ | ◎ |
| 功率 | | ◎ | ◎ | ○ |
| 噪声 | | ◎ | ○ | ○ |
| 相位噪声 | | ○ | ◎ | ○ |
| 数字电路 | | × | △ | ◎ |

×：差
△：中
○：良
◎：优

图 3-73　MMIC 原件材料对比

（2）PCB 简介

毫米波雷达 PCB（图 3-74）的主流方案是微带阵列，即将高频 PCB 集成在普通的 PCB 基板上实现天线的功能，需要在较小的集成空间中保持天线足够的增益和旁瓣比。77GHz 汽车高分辨率雷达需要更高规格的高频 PCB，77GHz 雷达的大范围运用将带来相应高频 PCB 的巨大需求。

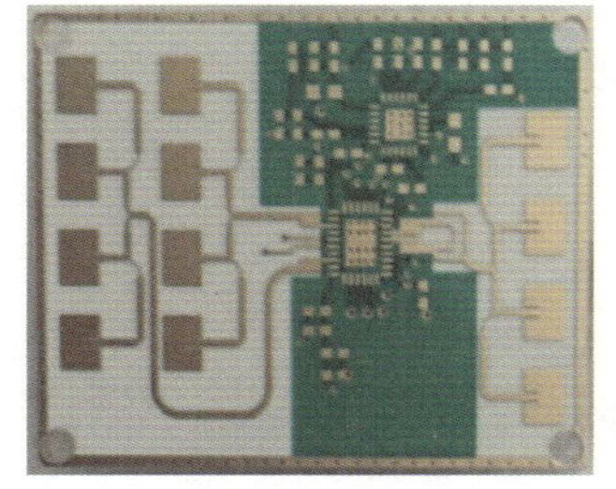

图 3-74　苏州豪米波技术有限公司的毫米波雷达 PCB

（3）雷达天线

雷达天线可以将雷达发射的电磁波聚成波束，定向地发射和接收电磁波。雷达天线的类型很多，按其结构形式划分主要有反射面天线和阵列天线两大类；按天线波束的扫描方式划分主要有机械扫描天线、电扫描天线和机电扫描结合的天线。目前，市场上的毫米波雷达天线有机械扫描天线、电扫描天线、单脉冲雷达天线，如图 3-75 所示。

1）机械扫描天线。通过机械的方法驱动天线转动，实现天线波束在方位和仰角二维的扫描，扫描的速度较慢。

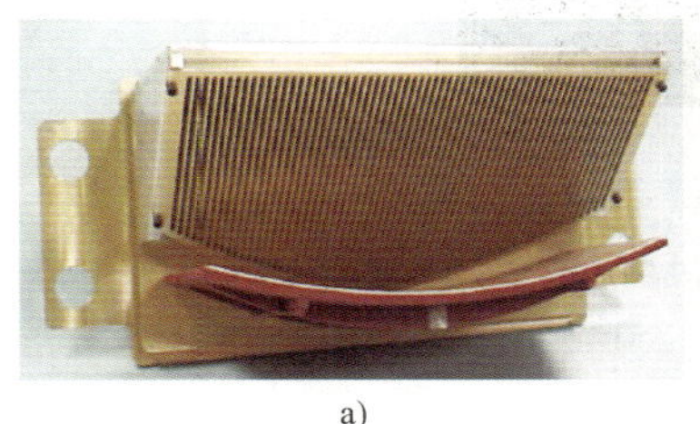

a)

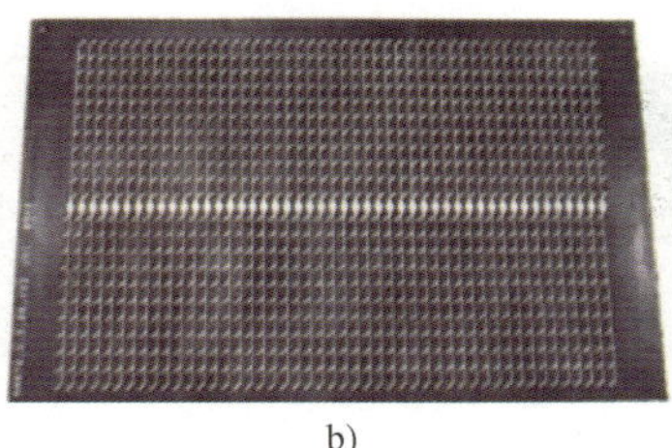

b)

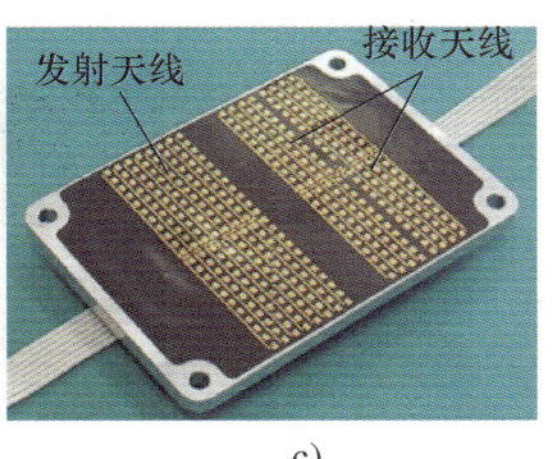


c)

图 3-75　车载毫米波雷达天线

a）机械扫描天线　b）电扫描天线　c）单脉冲雷达天线

2）电扫描天线。天线固定不动，波束在方位和仰角二维的扫描，都是用电子技术控制阵列天线上各辐射单元的馈电相位或工作频率来实现的，波束扫描的速度很快。

3）单脉冲雷达天线。用多个形状相同、指向不同、部分重叠的锐波束同时接收目标回波信号，能够根据单次发射收到的回波信号判别目标偏离瞄准轴的方向与大小，从而获得目标的全部角坐标信息。

雷达天线性能对比见表 3-5。

表 3-5　雷达天线性能对比

| 项目<br>方式 | 价格 | 可靠性 | 大小 |
|---|---|---|---|
| 机械扫描天线 | 价格高 | 可靠性低 | 1）由机械部引起体积大<br>2）波束窄小<br>3）天线体积大 |
| 电扫描天线<br>（+波束切换天线） | 价格高 | 可靠性中 | 1）波束窄小<br>2）天线大型化 |
| 单脉冲雷达天线 | 价格低 | 可靠性高 | 1）无机械部<br>2）波束广角化<br>3）天线部小型化 |

### 4. 车载毫米波雷达的信号处理

为了完成雷达目标检测、分类与跟踪，需要对雷达的回波信号进行处理。该回波信号是包含了目标、杂波、噪声和干扰等几个分量的叠加信号。雷达信号处理的目的就是从复合信号中提取有用信息，包括目标检测以及目标位置估计等。

（1）中频信号预处理

一般车载雷达采用的调制波形多为线性调频连续波雷达（LM-FMCW）。雷达从接收天线接收到回波信号，由于其频率过高并不能直接对其进行处理，将回波信号和发射信号通过混合器进行混频，得到中频（Intermediate Frequency，IF）信号，如图 3-76 所示。

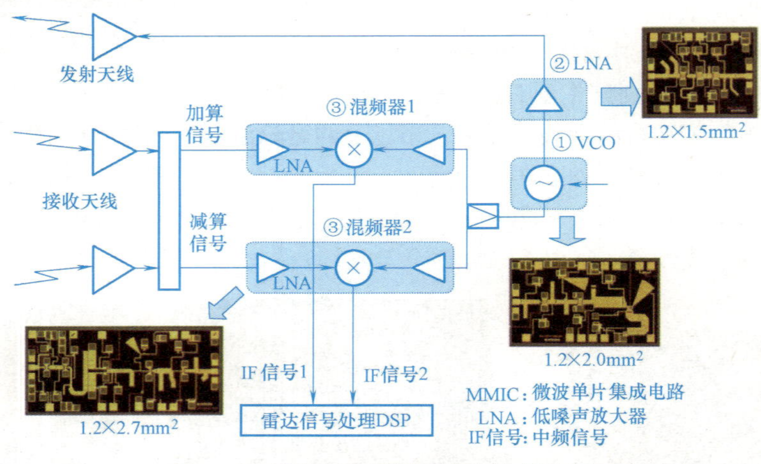


图 3-76 日立 FSK 雷达的中频信号处理

在苏州豪米波技术有限公司雷达的中频信号处理过程中，对中频信号进行两次快速傅里叶变换（Fast Fourier Transform，FFT），在快时间维和慢时间维进行采样得到距离 - 多普勒矩阵（Rang- Doppler Matrix，RDM），如图 3-77 所示。

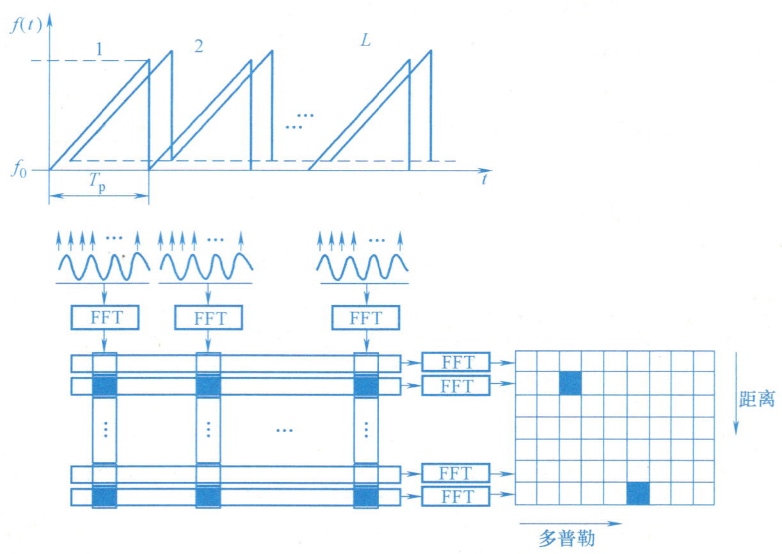


图 3-77 苏州豪米波技术有限公司的雷达信号处理与距离 - 多普勒矩阵

（2）雷达目标检测

雷达目标检测就是在含有杂波和噪声的回波信号中提取出目标信息。在噪声中检测雷达信号是一个选择 - 判断的问题。雷达回波信号在任意时刻均有两种可能情况：一种是仅有噪声的情况，另一种是既有噪声又有目标信号的情况。用 $P(H_0)$ 和 $P(H_1)$ 分别表示无目标信号和有目标信号的先验概率。一般常用贝叶斯准则进行检测判决。首先定义似然比函数 $L(x)$

$$L(x)=\frac{P(x/H_1)}{P(x/H_0)} \tag{3-24}$$

假设 $U_0$ 为判决门限，检测法则可以表示为

$$\left.\begin{aligned} L(x)\geqslant U_0，\text{检测} \\ L(x)<U_0，\text{虚警} \end{aligned}\right\} \tag{3-25}$$

对于噪声中的雷达目标信号检测来说，通常要求在一定的虚警概率 $P_t$ 的条件下，目标检测概率 $P_d$ 的值越大越好，这种检测准则称为聂曼 - 皮尔逊准则。

标准雷达的检测判决门限 $U_0$ 假设为定值，如果门限设高了，则虚警率低，可能会发生大量的漏警；如果门限设低了，则检测概率增大，但是噪声、杂波和干扰会引起大量虚警。现在常常采用恒虚警率方法来保证雷达信号具有确定的虚警率（Constant False-Alarm Rate，CFAR）。

一维 CFAR 检测器如图 3-78 所示，用待检测单元的周围参考单元的回波信号来估计检测门限。由于参考单元的滑窗随着待检测单元的变化而变化，检测门限也随着自适应变化，因此 CFAR 检测器是自适应检测器。

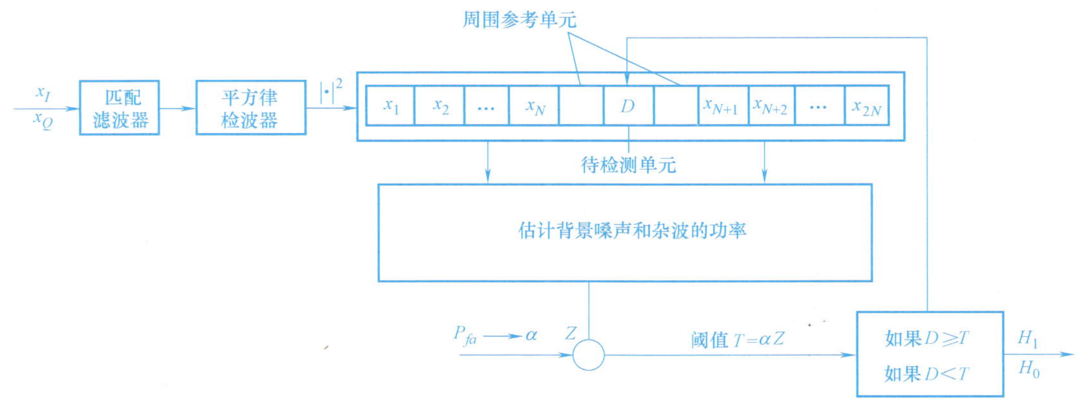


图 3-78　一维 CFAR 检测器

常用的一维 CFAR 检测器有单元平均恒虚警率检测器（CA -CFAR）和有序恒虚警率检测器（OS-CFAR）。CA-CFAR 检测器的基本原理是将参考滑窗的均值作为杂波和背景噪声的估计值，其优点是在均匀杂波环境中具有很好的检测效果，缺点是在多目标检测和杂波边缘存在掩蔽效应。OS-CFAR 检测器的基本原理是将参考滑窗的值进行排序，选取第

$k$ 个值作为杂波和背景噪声的估计值，其优点是在多目标环境中具有很好的检测效果，缺点是排序算法的复杂度过高，特别是参考滑窗数量过多的情况。

### 5. 车载毫米波雷达的数据处理

雷达数据处理就是对信号处理系统获取的点迹结果进行跟踪、滤波处理，得到目标的航迹（轨迹）特征。目标的点迹反映了某个给定时刻目标的位置信息，而目标的航迹则反映一段时间内目标的运动特征信息。雷达系统面向的目标对象主要为运动在道路上的机动车、自行车、行人等，不同类型的目标具有不同的运动规律。在复杂背景下准确地获取目标的运动状态和及时地跟踪机动目标，是雷达数据处理研究的重点。毫米波雷达跟踪系统用于观测目标的距离、方位角、速度等参数，利用这些参数并保持对这些测量参数的跟踪能够实现未来时刻目标参数值的预测。

毫米波雷达的数据处理如图 3-79 所示。

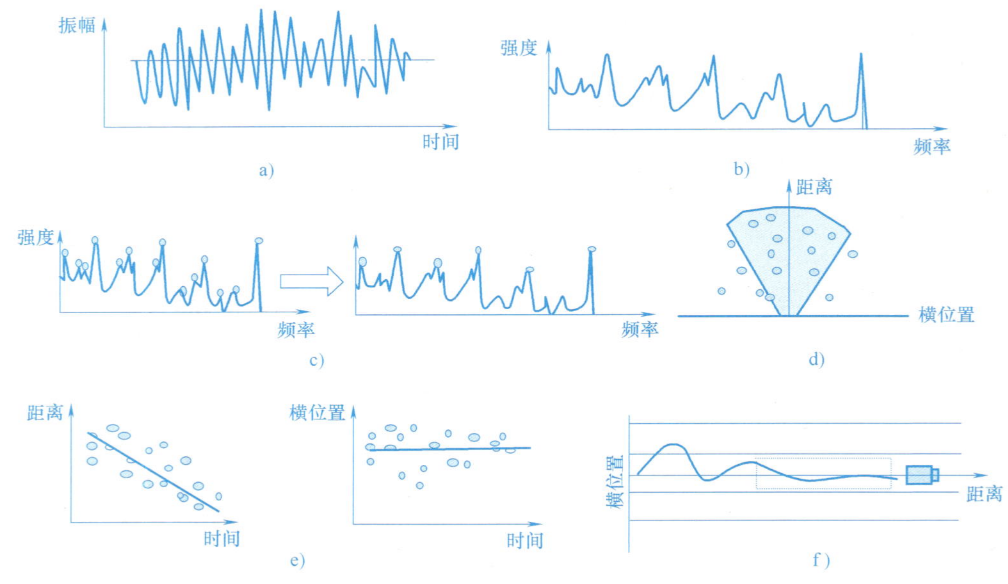


图 3-79　毫米波雷达的数据处理

a）A-D 输入　b）FFT 解析　c）峰值检出　d）物理量变换
e）目标识别跟踪　f）前方危险目标判定

（1）目标运动模型

利用状态参量，目标的运动方程可以表示为

$$\boldsymbol{X}(k+1)=\boldsymbol{\Phi}(k|k-1)\ \boldsymbol{X}(k)+\boldsymbol{\Gamma}\boldsymbol{W}(k) \tag{3-26}$$

式中　$\boldsymbol{X}(k)$ ——$k$ 时刻的系统状态矢量；

$\boldsymbol{\Phi}$ ——目标运动模型所对应的状态转移矩阵；

$\boldsymbol{\Gamma}$ ——运动模型所对应的系统控制矢量；

$\boldsymbol{W}(k)$ ——过程噪声，为零均值、协方差矩阵为 $\boldsymbol{Q}(k)$ 的白噪声序列。

对于雷达系统的跟踪处理，目标运动模型的建立是基础，运动模型必须能反映目标的真实运动规律，从而得到较高的跟踪精度。常见的目标运动模型有常速（Constant

Velocity，CV）模型、常加速（Constant Acceleration，CA）模型、Singer 模型、“当前”统计模型、Jerk 模型等。

（2）目标跟踪坐标系

在雷达跟踪坐标系（图 3-80）中，若坐标系选择不同，则数据处理中系统状态模型和观测模型也不同。

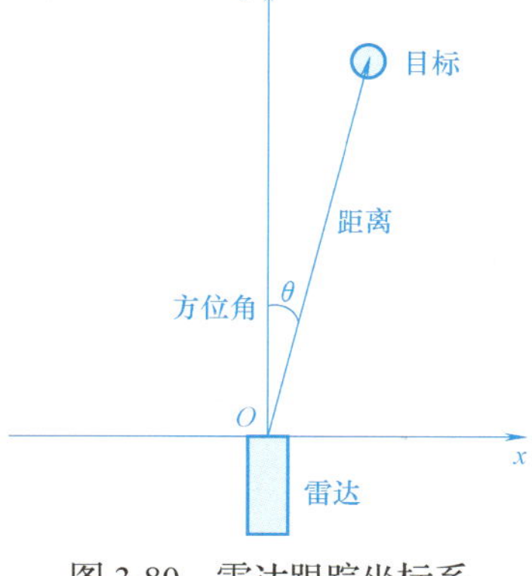


图 3-80　雷达跟踪坐标系

直角坐标系是使用最普遍的坐标系，在目标跟踪处理时，采用直角坐标系的最大特点是可以利用线性方程对目标运动特性进行建模描述和跟踪外推处理。例如，在给定目标速度和加速度的条件下，目标跟踪处理的位置预测方程为线性方程。

而对于极坐标系，雷达的点迹获取一般是在极坐标系下，典型的参数为距离、方位（对于三坐标雷达为距离、方位和俯仰）。如果在极坐标系下进行跟踪滤波处理，则可以避免坐标转换之间引入的误差；如果在直角坐标系下进行跟踪滤波处理，则需要将观测结果从极坐标系转化到直角坐标系下。

在汽车主动安全领域中，目标的典型运动模型为匀速直线运动和加速直线运动，且目标距离雷达较近。假设雷达安装于汽车的前部，以汽车运动的方向为 $y$ 轴、汽车运动方向的垂直方向为 $x$ 轴建立直角坐标系，进行目标跟踪处理。

（3）目标跟踪系统

估计理论是雷达目标跟踪的基础理论，要求建立系统模型来描述目标的运动状态特性和测量传感器。这种系统模型把某一时刻的状态变量表示为前一时刻状态变量的函数，此方法的系统输入 / 输出关系是用状态转移模型和观测模型在时域内加以描述的。雷达目标跟踪的基本系统主要是线性离散时间系统，目标动态特性和测量传感器可以用以下方程描述：

$$\boldsymbol{s}_{k+1}=\boldsymbol{\Phi}_k\boldsymbol{s}_k+\boldsymbol{B}_k\boldsymbol{u}_k+\boldsymbol{G}_k\boldsymbol{v}_k \tag{3-27}$$

$$\boldsymbol{z}_{k+1}=\boldsymbol{H}_{k+1}\boldsymbol{s}_{k+1}+\boldsymbol{L}_{k+1}\boldsymbol{w}_{k+1} \tag{3-28}$$

式中　$\boldsymbol{\Phi}_k$、$\boldsymbol{B}_k$、$\boldsymbol{G}_k$、$\boldsymbol{H}_{k+1}$、$\boldsymbol{L}_{k+1}$——$n\times n$、$n\times p$、$n\times q$、$m\times n$、$m\times r$ 维实值矩阵；

$k$，$k+1$——离散时间的瞬间；

$\boldsymbol{s}_k$——$k$ 时刻系统状态的 $n$ 维向量；

$\boldsymbol{u}_k$——确定输入的 $p$ 维向量；

$\boldsymbol{v}_k$——随机输入扰动的 $q$ 维随机向量；

$\boldsymbol{w}_{k+1}$——观测噪声的 $r$ 维随机向量；

$\boldsymbol{z}_{k+1}$——观测值的 $m$ 维向量。

雷达跟踪离散时间系统如图 3-81 所示。

在汽车主动安全领域中，车载雷达传感器需要对周围所有可能引起交通事故的物体进行探测和定位。尤其是在高速公路上，需要对本车前方和后方的汽车目标进行快速准确地发现和稳定地跟踪，利用雷达传感器所采集到的目标回波数据，可以实时得到目标的运动轨迹。雷达对目标跟踪的过程也就是滤波的过程。一般在工程上常用的跟踪滤波器有最小二乘滤波器、α-β 滤波器、卡尔曼滤波器和扩展卡尔曼滤波器等。

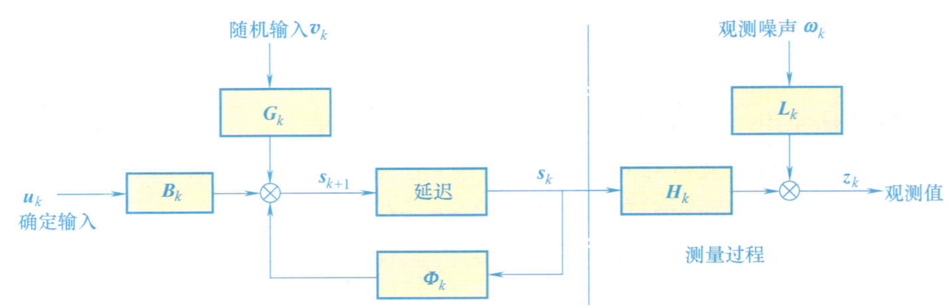


图 3-81　雷达跟踪离散时间系统

传统的雷达处理方法是先进行检测处理，然后做跟踪处理，称为跟踪前检测。而检测前跟踪（Track-Before-Detect，TBD）方法是在检测前即进行跟踪处理。TBD 方法的基本思路是沿着目标运动轨迹进行能量积累。TBD 算法在各帧数据间对假设路径包含的能量做非相干积累，在目标的航迹被估计出来后，同时得到检测结果与目标航迹。

毫米波雷达的多目标跟踪数据处理如图 3-82 所示。

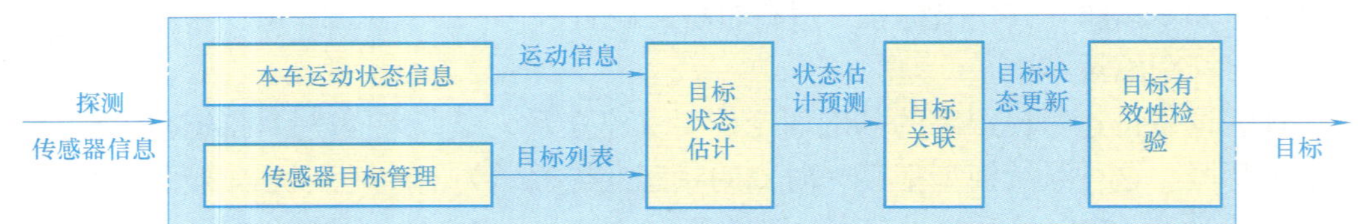


图 3-82　毫米波雷达的多目标跟踪数据处理

6. 车载毫米波雷达应用系统

汽车毫米波雷达传感器主要应用在高级驾驶辅助系统（ADAS）上，可以遍布车身四周，如车辆正前后方、车辆两侧以及车身四角等，如图 3-83 所示。不同安装部位的毫米波雷达具有不能的功能，主要分为自适应巡航（ACC）系统、前 / 后方碰撞预警（F/RCW）系统、盲点探测（BSD）系统与变道辅助（LCA）系统等，根据具体安装位置的不同还可分为停车辅助系统（PAS）、交叉交通辅助（RCTA）系统、侧向防碰撞（SCD）系统等。

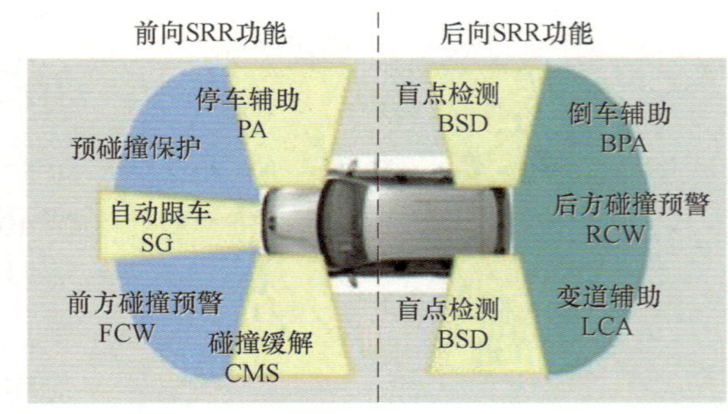


图 3-83　车载毫米波雷达的布置与功能实现

（1）自适应巡航系统

自适应巡航系统一般安装在车辆的正前方，如图 3-84 所示。其作用距离比较长，属于长距离毫米波雷达，探测距离为 100 ～ 300m，甚至更远，但雷达视域窄，主要根据车

辆正前方物体（一般为本车道前方车辆）与汽车本身相对距离与速度调整自身车身，从而保证车辆的行驶安全性。必要时，该系统可以做出紧急制动，防止碰撞，从而达到安全自动巡航的目的。

图 3-84　自适应巡航系统

（2）自动紧急制动系统

车载毫米波雷达主要应用在汽车的防撞系统上，如图 3-85 所示。车载毫米波雷达利用电磁波发射后遇到障碍物反射的回波对其不断检测，计算出与前方或后方障碍物的相对速度和距离。当车辆行进中时，发射机产生的雷达窄波束向前发射调频连续波（FMCW）信号，当发射信号遇到目标时被反射回来，并为接收天线接收，经混频放大处理后，可用其差频信号频率来表示雷达与目标的距离，再根据差频信号相差与相对速度关系，计算出目标对雷达的相对速度及危险时间，从而通过防撞系统对车辆做出预判警告。

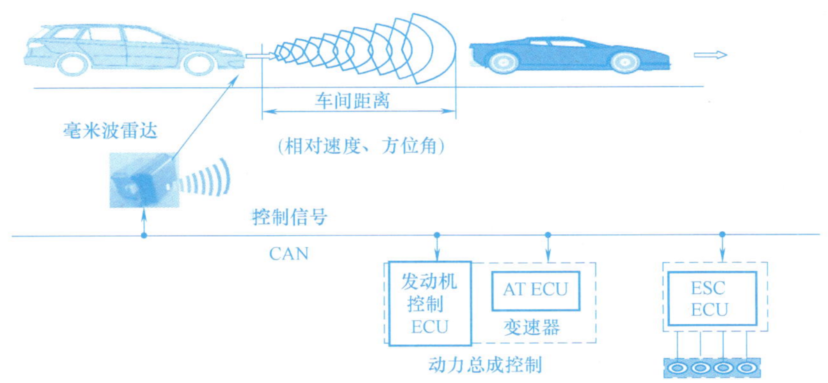


图 3-85　车载毫米波雷达在汽车防撞系统中的应用

（3）盲点探测系统与并道辅助系统

盲点探测系统（图 3-86）与并道辅助系统一般安装于车身四角盲点区域，属于短距离毫米波汽车雷达。并道辅助系统的作用距离一般在 30m 左右，而盲点探测系统的作用距离更近，一般在 10m 以内。除了作用距离有所不同外，这两个系统的安装位置以及功能基本一致，都是为了给驾驶人提供盲区内的信息，帮助驾驶人安全驾车。

### 7. 面向自动驾驶的毫米波雷达所面临的挑战

图 3-86　盲点探测系统

（1）毫米波雷达面临的雷达间干扰问题

毫米波雷达的全天候工作特质使其成为辅助驾驶和自动驾驶的重要且必要传感器。不断扩展的辅助驾驶和自动驾驶应用对毫米波雷达的距离 / 角度 / 速度分辨率及精度提出了越来越高的要求，使其带宽和天线阵列规模也都不断提升。同时，随着车载雷达渗透率的提升，汽车雷达之间的相互干扰变得不可忽视。由于雷达对目标的探测是基于回波信号的，而干扰雷达信号可以单程直达被干扰雷达，干扰信号强度甚至可以比同样距离处的自身雷达目标回波信号强度高几十分贝。因此，来自其他雷达的干扰会降低自身雷达检测概率或提升虚警概率，对安全性或舒适性造成负面影响。另外，来自路边站干扰以及一些恶意干扰也会影响雷达性能进而危及安全性。

在自动驾驶即将在我国大规模部署之前，毫米波雷达的设计还要考虑如何适应我国复杂的路况和高密度的车流，尤其是一线城市的市区路口、典型环线和高架桥等高密度场景下。以中关村一桥的平面交通典型状况为例，它为 4 方向路口，单向 4 条主路、4 条辅路，假设按驾驶人反应时间 2.5s 和车辆长度 6m 设置安全车距，且假设典型场景下，平均车速 50km/h、30km/h、15km/h 和 5km/h 分别占 30%、20%、30% 和 20%，则方圆 $100m^2$ 内平均车辆数大约 172（= 80×30% + 116×20% + 200×30% + 320×20%）辆，见表 3-6。

表 3-6　方圆 $100m^2$ 内车辆情况

| 车速 /（km/h） | 车辆数目 / 辆 | 占比 |
|---|---|---|
| 50 | 80 | 30% |
| 30 | 116 | 20% |
| 15 | 200 | 30% |
| 5 | 320 | 20% |
| 平均车辆数 | 172 | |

市区路口行人和各种非机动车混杂，目标检测的难度本来就大，而高密度场景下多车之间的雷达干扰又进一步对复杂环境下的目标检测提出了更具挑战的要求。

（2）雷达间干扰问题的研究和产业现状

欧盟基金会于 2010—2012 年针对车载毫米波雷达干扰成立研究项目 MOSARIM（MOre Safety for All by Radar Interference Mitigation），其主要成员包括 Bosch、Daimler、Continental、Valeo、KIT、Volvo、Hella 等主流 OEM 和毫米波雷达 Tier1 公司。

MOSARIM 选择了 8 种典型应用，定义了其主要的干扰场景，进行了仿真、实验室测试和路测。

1）ACC：Adaptive Cruise Control　自适应巡航控制。

2）CWS：Collision Warning System　碰撞预警系统。

3）CMS：Collision Mitigation System　碰撞缓解系统。

4）VUD：Vulnerable roadUser Detection　弱势交通参与者检测（行人检测）。

5）BSD：Blind Spot Detection　盲点检测。

6）LCA：Lane Change Assist　变道辅助。

7）RCA：Rear Cross-traffic Alert　后方穿行碰撞预警。

8）BPA：Back-up Parking Assist　后向泊车辅助。



研究指出，汽车雷达的无干扰运行是高安全要求应用的先决条件，即使对于安全要求较低的告警或舒适功能，也应该采用技术手段来确保足够的服务质量。随着雷达渗透率的提高，干扰的发生率会进一步增加，其中最可能的干扰效应是被干扰接收机的底噪抬升，从而带来雷达探测的漏警和虚警问题。在没有采用任何干扰消除技术的情况下，干扰功率可以超过噪声水平 20 ~ 50dB。对于具有较高 EIRP 的现有设备，该值甚至可以达到 70dB 或更高。研究还给出了各种干扰消除技术的解决思路，包括雷达波形在时域、频域和空域的协调、天线极化、波形编码等。值得注意的是，由于实现复杂度和技术本身的特点决定，并非所有干扰消除技术都适用于现有和未来的车载雷达功能。此外，该研究是基于欧洲地区的情况进行的，对于其他地区存在的差异，如典型道路情景的差异（如亚洲特大城市的高密度交通或美国的长期并行驾驶）、现有频谱应用的差异、无线电监管的差异等，需要进一步更新、扩展和开发。

目前还有一些车载雷达项目在进行雷达间干扰研究，如由德国政府资助的 IMIKO 项目，其主要目的是依据测量技术和测试环境来寻求有效的协同解决方案，从而最小化车载雷达之间的干扰。

目前已有车载毫米波雷达厂商采用了部分干扰抑制的设计，其思路主要是从增强自身波形的抗干扰能力出发的。随着车载毫米波雷达的大规模部署，雷达间的干扰问题会越发突出。同时自动驾驶对毫米波雷达精度和分辨率的要求也进一步提升，现有的干扰抑制方法及其带来的复杂度是否能面对这些挑战，车载雷达是独自抗击干扰还是多车雷达能在时频、空域进行协同从而避免干扰，这些都需要进一步的分析并积极寻求解决方案。

## 3.2.3　激光雷达

### 1. 车载激光雷达的简介

（1）车载激光雷达的发展

世界上第一台激光器诞生于 1960 年，此后应用激光进行测量的研究便逐渐开展起来，最早激光雷达应用于测绘领域，搭载于机载平台完成海底探测、地貌测绘和航空测量。随着光学和电子学技术的发展与成熟，尤其是激光技术的发展，激光雷达的性能不断提升，应用范围也日益广泛。

激光雷达应用于无人车避障与导航的研究早在 20 世纪 90 年代后期就已经开展，早期的研究奠定了激光雷达应用的基本架构，但对车载激光雷达研究起到巨大推动作用的是开始于2004年的DARPA（美国国防部高级研究计划局）无人驾驶车挑战赛。2005年冠军车——斯坦福大学的Stanley使用了五个SICK的1线激光雷达，同年参赛的Velodyne赛车队，虽然没有跑完全程，但使用的64线激光雷达引起了广泛关注。此后激光雷达在无人车环境感知上的重要作用得到了重视。2007年时，无人驾驶车挑战赛六支完成比赛的队伍中，五家采用了Velodyne的激光雷达（图3-87）。Velodyne也在此后的十多年间成了车载激光雷达行业的先行军。

图3-87　2007年DARPA挑战赛参赛车采用了Velodyne的64线激光雷达（图片来源：Wikipedia）

谷歌在2009年开始投入自动驾驶研究，其技术精英大多来自DARPA挑战赛。谷歌自动驾驶团队自成立之后一直是行业内的领头军，并在2016年独立出了自动驾驶子公司Waymo。谷歌初代测试车上使用了Velodyne的64线激光雷达，但由于其居高不下的成本和漫长的供货周期，后期开始自己研发激光雷达。

随着自动驾驶浪潮的到来，越来越多的公司和机构投入高性能车载激光雷达的研究，Velodyne一枝独秀的时代早已被打破。此外，早期激光雷达的测试和使用者越来越不满足于体积大、价格高昂、可靠性尚待提升的初代机械式激光雷达，因而众多激光雷达公司一方面针对机械式激光雷达不断进行技术升级和架构优化，另一方面也着手开发固态式激光雷达。固态式激光雷达的概念自2016年逐渐火爆起来，其结构中取消了电机的机械运动，描绘了一个集成度更高、价格更低、应用广泛的美好前景。

如今汽车行业正在面临着巨大的变革，电动化、网联化、智能化、共享化是未来的发展方向，无论是传统整车厂、Tier1公司，还是新兴的自动驾驶公司都在投入大量人力、物力用于自动驾驶技术的开发。激光雷达作为一种具有突出应用优势的传感器，高级别自动驾驶车辆上必须搭载激光雷达已经成为行业的广泛共识。作为一项新兴应用，国内外关于激光雷达技术的研究基本属于同一梯队，不管是国外的Velodyne、Quanergy、IBEO、Blackmore、Innoviz、Ouster等公司，还是国内的禾赛科技、速腾聚创、镭神智能、北科天绘等公司都在加紧开发更加符合自动驾驶需求的解决方案。

（2）激光雷达的特点

激光雷达作为一种主动测距方式，应用激光作为测量媒介。激光光束的发散角小、能量集中、方向性好，因此激光雷达具有高灵敏度和高分辨率的突出优点。此外，激光雷达反应速度快、能够获得巨大的信息量，每秒钟可以获得百万个空间点的距离、角度、强度等信息，图3-88所示为激光雷达实测点云图。激光雷达用于智能车辆时，能够对周边环境进行精准的3D重建，因而被业界称为最有效的环境感知方案，是高级别自动驾驶实现的关键感知部件之一，被形象地描述为自动驾驶车辆的“眼睛”。

（3）激光雷达与其他车载传感器的比较

虽然激光雷达在环境重建上具有突出的优势，但各类车载传感器在不同方面存在着各

自的优点和问题。表 3-7 比较了毫米波雷达、激光雷达、超声波雷达和视觉传感器（摄像头）的优缺点。

图 3-88　激光雷达实时点云图

表 3-7　不同车载传感器的优缺点比较

| 参数 | 毫米波雷达 | 激光雷达 | 超声波雷达 | 摄像头 |
| --- | --- | --- | --- | --- |
| 测量范围 | 优 | 优 | 一般 | 优 |
| 测量精度 | 良 | 优 | 一般 | 良 |
| 角分辨率 | 良 | 优 | 一般 | 优 |
| 视场角 | 一般 | 优 | 一般 | 良 |
| 主动 / 被动 | 主动 | 主动 | 主动 | 被动 |
| 时间精度 | 优 | 优 | 一般 | 良 |
| 夜间探测 | 优 | 优 | 优 | 一般 |
| 不良天气 | 优 | 良 | 良 | 一般 |
| 温度适应性 | 优 | 良 | 良 | 优 |
| 车速测量能力 | 有 | FMCW 有 | 无 | 无 |
| 成本 | 中 | 高 | 低 | 低 |

激光雷达的优点不再赘述，下面讨论激光雷达目前存在的问题：

1）激光雷达的天气适应性有待提高，目前在大雨大雪等恶劣天气中使用效果会受到一定的影响。信号处理及过滤算法的开发可能是解决这一问题的方向。

2）激光雷达的温度适应性及可靠性有待提高，作为一种新兴的传感器，激光雷达技术还需要一定的沉淀和积累。激光雷达系统的改进，可靠性低零部件的替换，失效安全预防措施的增加等都在研究之中。

3）相比其他智能汽车环境感知传感器，激光雷达目前价格较昂贵，这限制了其大规模应用，生产规模扩大带来的分摊成本的降低以及低成本方案的开发会是解决这一问题的出路。

4）当多台同一波段的激光雷达在同一空间工作时可能出现相互干扰的问题。目前主要的解决途径有应用窄带滤波片、信号匹配等方案。另外，FMCW 激光雷达将进一步减少相互干扰的问题。

通过以上分析不难看出，目前各类车载传感器在不同方面具有各自的优点和问题，通过多传感器融合实现一个可靠性更高、探测能力更强的系统是目前公认的高级别自动驾驶所需的解决方案。对于激光雷达而言，因其具有其他传感器不可比拟的优势，故它是高级别自动驾驶中不可替代的核心传感器。

### 2. 激光雷达的原理

这里主要从不同层次介绍激光雷达的工作原理，主要内容包括激光产生原理、激光雷达的系统架构、激光雷达方程和激光雷达的测距原理。

（1）激光产生原理

激光（Light Amplification by Stimulated Emission of Radiation，Laser）指的是光受激辐射放大，其英文全名也简单指出了激光的基本原理。下面简单介绍激光产生原理。

电子的运动状态可以分为不同的能级，电子从高能级向低能级跃迁时，会释放出相应能量的电磁波（所谓自发辐射）。一般的发光体中，这些电子释放光子的动作是随机的，所释放出的光子也没有相同的特性，如钨丝灯发出的光。

当外加能量以电场、光子、化学等方式注入一个能级系统并为之吸收时，会导致电子从低能级向高能级跃迁，当自发辐射产生的光子碰到这些因外加能量而跃上高能级的电子时，这些高能级的电子会因受诱导而跃迁到低能级并释放出光子（所谓受激辐射），受激辐射的所有光学特性与原来的自发辐射包括频率、相位、前进方向等会是一样的，这些受激辐射的光子碰到其他因外加能量而跃迁至高能级的电子时，又会再产生更多同样的光子，最后光的强度越来越大（即光线能量被放大了）。与一般的光不同的是，所有的光子都有相同的频率、相位（同调性）和前进方向。这种在受激辐射过程中产生并被放大的光就是激光。

一般激光产生器有三个基本要素：

1）激发来源：又称“泵浦源”，把能量供给低能级的电子，激发使其成为高能级电子，能量供给的方式有电荷放电、光子、化学作用等。

2）增益介质：被激发、释放光子的电子所在的物质，其物理特性会影响所产生激光的波长等特性。

3）谐振腔：是两面互相平行的镜子，一面全反射，一面半反射。作用是把光线在反射镜间来回反射，目的是使被激发的光多次经过增益介质以得到足够的放大，当放大到可以穿透半反射镜时，激光便从半反射镜发射出去。因此，此半反射镜也被称为输出耦合镜（Output Coupler）。两镜面之间的距离也对输出的激光波长有着选择作用，只有在两镜间距下能产生共振的波长才能产生激光。图 3-89 所示为激光器的主要部件。

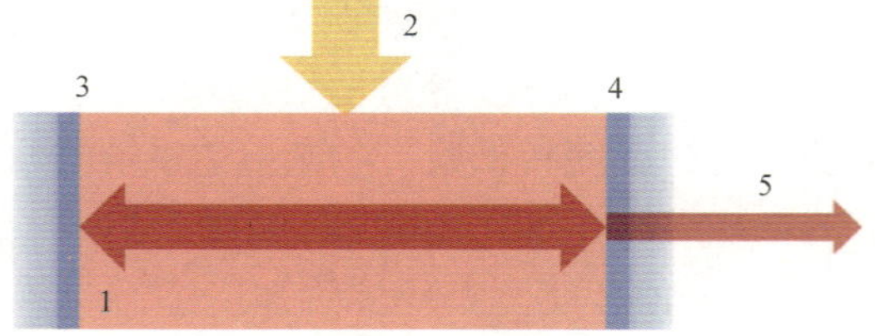


图 3-89 激光器的主要部件

1—增益介质 2—泵浦光 3—全反射镜 4—半反射镜 5—激光光束

激光的发射原理及产生过程的特殊性决定了激光具有普通光所不具有的四个特点：

1）方向性强。激光束的发散角很小，可达 $10^{-4}$rad 量级，而普通光源发出的光向各个方向传播。

2）单色性好。光源发射光的光谱范围越窄，光的单色性就越好。

3）亮度高。激光器能产生宽度极窄的光脉冲，由于能量被集中在极短的时间内释放出来，因此光功率极高。

4）相干性好。光的相干性是指两束光相遇时，在相遇区域内发出的波相叠加，并能形成较清晰的干涉图样或能接收到稳定的拍频信号。



（2）激光雷达的系统架构

激光技术与雷达技术相结合便是激光雷达。激光雷达通过发射激光束并探测回波信号，探测目标的位置、速度等特征量。激光雷达技术作为一种在微波雷达技术的基础上发展起来的探测技术，两者在组成和工作原理上都有很多相似点。激光雷达的组成模块如图 3-90 所示，主要由发射模块、接收模块、扫描模块和控制模块等子系统组成。激光器发射出的光束，打到地面的树木、道路、桥梁和建筑物等障碍物上，反射的部分光波会被激光雷达的接收器接收，根据激光测距原理计算，得到从激光雷达到目标点的距离，扫描模块不断将激光束偏转至空间不同位置，从而实现对空间目标不同位置的测量获得三维点云信息，继而得以实现对周围环境的精确重建。

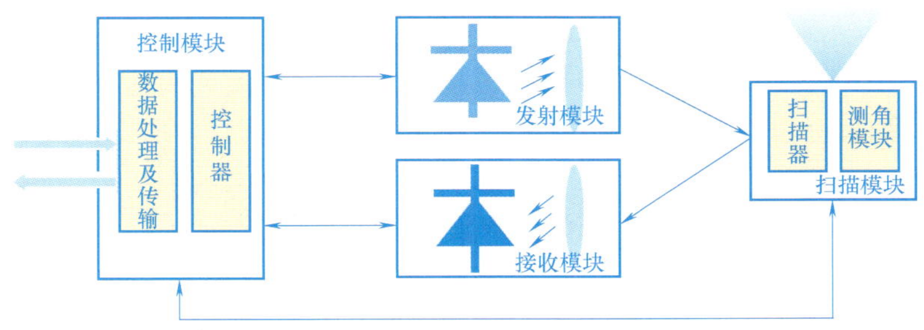


图 3-90　激光雷达的组成模块

图 3-90 列出的是激光雷达通常的系统组成结构，但各个子系统具有多种可能的实现形式。发射模块可为独立激光器或者激光阵列，车载激光雷达多工作在近红外波段，具体可以由半导体激光器、光纤激光器或者垂直腔面发射激光器（Vertical Cavity Surface Emitting Laser，VCSEL）等构成。接收模块可为单点探测器或者探测器阵列，具体可选择响应激光器对应波长的光电二极管（Photodiode，PD），或者灵敏度更高的雪崩光电二极管（Avalanche Photodiode，APD）、单光子雪崩探测器（Single-Photo Avalanche Diode，SPAD）等。扫描模块负责改变激光束的空间投射方向，具体可由电机、微型谐振镜、光学相控阵（Optical Phase Array，OPA）等形式实现，另外 Flash 方案中不包含扫描模块。激光雷达通常会依据扫描模块的实现形式进行分类。控制模块完成对激光发射模块、接收模块和扫描模块的控制，以及激光雷达数据的处理和与外界系统的数据传输。

（3）激光雷达方程

激光雷达方程是激光雷达探测的基本数学模型，表示激光雷达的功率、口径等参数与外部工作条件、系统作用距离之间的关系，通过激光雷达方程可以指导激光雷达系统的设计，并对激光雷达的性能做出评估。

根据微波雷达方程和几何光学原理，可以推导出激光雷达方程的一般形式：

$$P_r=\frac{\eta_0 \rho T_a^2 A_r A_i}{\pi R^2 A_b}P_t \tag{3-29}$$

式中 $P_r$——激光雷达接收到的激光功率；

$P_t$——激光雷达发射的激光功率；

$\eta_0$——光学系统的效率；

$\rho$——目标的表面反射率；

$T_a$——单程大气透过率；

$A_r$——光学系统的有效接收面积；

$R$——目标与激光雷达的距离；

$A_i$——垂直于光束的目标被照射面积；

$A_b$——目标处截面面积，$A_b=R^2\Omega_t$，其中 $\Omega_t$ 是激光发射立体角。

式（3-29）适用于发射、接收位于同一处的激光雷达的各种应用情况。但是，受到实际条件影响，激光雷达在不同的应用场合下有着不同的形式，主要有面目标形式、点目标形式和线目标形式。

1）激光雷达方程的面目标形式。当激光雷达探测的目标的截面面积远大于激光光束截面面积时，可以把目标当作一种被扩展的“面目标”。在激光雷达实际应用中，由于激光波束窄，多数目标可以被当成面目标。当目标为面目标时，在式（3-29）中可以认为 $\frac{A_i}{A_b}=1$。激光雷达方程可以改写为

$$P_r=\frac{\eta_0 \rho T_a^2 A_r}{\pi R^2}P_t \tag{3-30}$$

2）激光雷达方程的点目标形式。当目标截面面积小于激光光束截面面积时，激光光束中的能量只有部分被目标散射回来，这种情况下，目标可以看成“点目标”。此时 $A_i$ 是一个固定值，不随 $R$ 的变化而变化。激光雷达方程可以改写为

$$P_r=\frac{\eta_0 \rho T_a^2 A_r A_i}{\pi \Omega_t R^4}P_t \tag{3-31}$$

3）激光雷达方程的线目标形式。当目标截面面积在某一维度上大于激光光束，另一维度上远小于激光光束时，如电线、管道、桥梁等目标，此处的目标可以看成“线目标”。在线目标条件下，可以认为

$$A_i=\Omega_t^{\frac{1}{2}}R\omega \tag{3-32}$$

式中 $\omega$——线目标的宽度。

激光雷达方程可以改写为

$$P_{\mathrm{r}}=\frac{\eta_0 \rho T_{\mathrm{a}}^2 A_{\mathrm{r}} \omega}{\pi \Omega_{\mathrm{t}}^{\frac{1}{2}} R^3} P_{\mathrm{t}} \tag{3-33}$$

一般情况下，被探测的目标的截面面积通常等于激光光斑截面面积，因此激光雷达的面目标形式最常用。



（4）激光雷达的测距原理

1）直接飞行时间（Time of Flight，ToF）。ToF 是指激光雷达在发出一束窄激光脉冲时开始计时，在收到这束激光脉冲的回波信号时停止计时，直接得到激光脉冲发射与接收之间的时间差。这是最简单也是最直接的测距方式，大多数激光雷达公司采用的也是这种测距原理。由于光速非常快，3.3ns 的时间就已经走过 1m 的距离，因而在实现过程中需要控制脉冲质量、信号处理速度、脉冲计时精度、A-D 转换效率等，目前基于该测距原理的激光雷达测距精度一般在厘米量级。

激光测距公式为

$$R=\frac{c\Delta t}{2n} \tag{3-34}$$

式中　$R$——所测距离；

$\Delta t$——激光脉冲的飞行时间；

$c$——光在真空中的速度；

$n$——传输介质的折射率。

ToF 的优点在于：①系统结构相对简单，容易实现；②测量速度快，数据采样率高；③随着技术和器件的成熟，测量精确度也比较高。但是 ToF 也存在以下问题：①激光安全限制了激光阈值，回波脉冲往往比较弱，测距能力的提升受到限制；②对于环境干扰信号的抵抗能力相对较低；③阈值触发有可能会产生测量误差。

2）FMCW。FMCW 激光雷达技术源于微波雷达中的调频连续波技术，它本质上是一种激光相干探测技术，该技术通过对连续波激光进行频率调制来获得距离信息。FMCW 激光雷达的发射激光的光频率受到激光器谐振腔或声光调制器等调制，光频率随时间线性变化，调制后的大部分激光经过准直和扩束后发射出去，小部分激光作为本征光。激光束打在探测目标上后，返回的光和本征光相干产生拍频信号，根据拍频信号解算出被测物体的距离及速度。

FMCW 激光雷达经常采用三角波调频连续波，如图 3-91 所示，实线为发射信号，虚线为接收信号，扫频周期为 $2T$，扫频带宽为 $B$，发射信号经过目标发射，回波信号会有延时，可以在三角波的上升沿与下降沿进行测量。如果激光雷达与目标之间存在相对运动，多普勒频率 $f_{\mathrm{D}}$ 会耦合在拍频信号中，通过测量得到拍频频率 $f_{\mathrm{B1}}$ 及 $f_{\mathrm{B2}}$，代入式（3-35）与式（3-36），即可得到距离 $R$ 及速度 $v_{\mathrm{r}}$ 的值。

$$f_{\mathrm{B1}}=\frac{2BR}{cT}-\frac{2v_{\mathrm{r}}}{\lambda_0} \tag{3-35}$$

$$f_{B2}=-\frac{2BR}{cT}-\frac{2v_r}{\lambda_0} \tag{3-36}$$

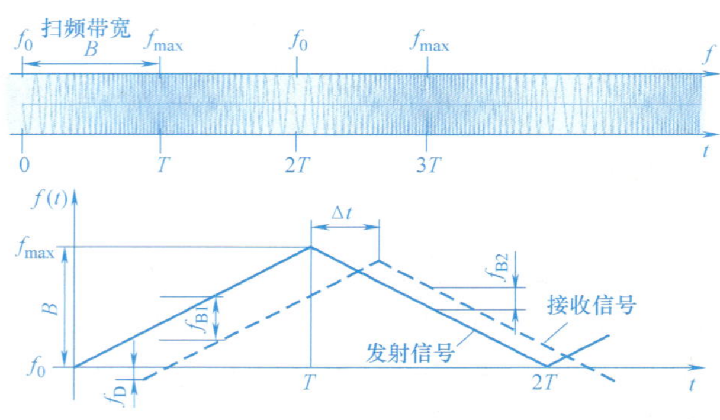


图 3-91　FMCW 测距原理图

FMCW LiDAR 的优点在于：①抗太阳光和其他激光干扰的能力比较强；②探测灵敏度更高且动态范围更宽；③可以同时实现目标物距离和速度的测量。但问题在于：①测距精度对激光光源要求高，频率调制的线性度要求高，该类激光器成本高昂；②测量速度相对较慢，导致数据采样率低；③系统结构更加复杂，增加了开发难度及成本。

### 3. 车载激光雷达的分类

（1）激光雷达分类概述

通常按照激光雷达的整体架构，将其分为机械式激光雷达和固态式激光雷达，其判断的依据为是否包含电机结构。由电机带动光机结构整体或者转镜做机械运动的方案为机械式激光雷达，与之对应，没有采用电机结构的微型谐振镜方案、光学相控阵（OPA）方案、Flash 方案为固态式激光雷达。目前占据市场主流位置的还是机械式激光雷达，固态式激光雷达还存在着各种各样需要解决的问题，随着工艺的进步和技术的成熟，固态式激光雷达也将大规模走向市场。表 3-8 列出了不同激光雷达方案的比较。

表 3-8　不同激光雷达方案的比较

| 比较 | 机械式 | | 固态式 | | |
|---|---|---|---|---|---|
| | 转镜 | 整体旋转 | 微型谐振镜 | OPA | Flash |
| 优势 | 1）结构清晰且发展相对成熟，性能得到充分验证<br>2）视场范围比较大 | | 1）工艺成熟，现成模块缩短开发时间<br>2）系统架构清晰，实现难度相对较低<br>3）微型谐振镜成本低 | 1）无旋转部件，集成度高，成本低<br>2）扫描速度快，其取决于材料电子学特性<br>3）可控性好 | 1）完全没有机械运动，集成度高<br>2）探测速度高，刷新频率高 |
| 问题 | 1）车规级可靠性需要更多测试及验证<br>2）装调复杂，目前成本较高 | | 1）视场范围有限<br>2）口径有限，限制了测远性能的提升 | 1）视场范围有限<br>2）旁瓣问题<br>3）加工制造工艺难度高 | 1）视场范围有限<br>2）动态范围有限<br>3）探测器面阵工艺需要提高 |

（2）机械式激光雷达

1）转镜方案。转镜方案中由电机带动反光装置在一定角度范围内摆动，或者 360° 转动，反光装置的机械运动将激光束投射到空间不同位置，与此同时完成高速测量。早期的激光雷达较多地采用这种方案，如图 3-92 所示的 SICK 的 1 线激光雷达。

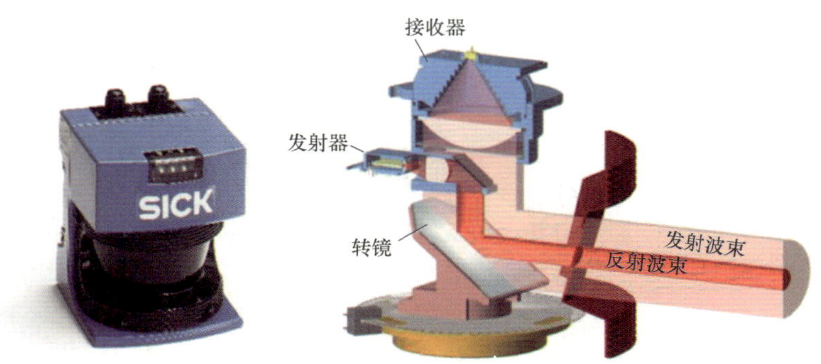


图 3-92 SICK 的 1 线激光雷达结构示意图（图片来源：SICK）

2017 年 7 月发布的 Audi A8 是世界上第一款达到 L3 自动驾驶级别的量产车，同时也是世界上第一款搭载了激光雷达的量产车，其搭载的量产级别的激光雷达是法雷奥（VALEO）与 IBEO 共同开发的 SCALA，该产品也采用了转镜方案，如图 3-93 所示。

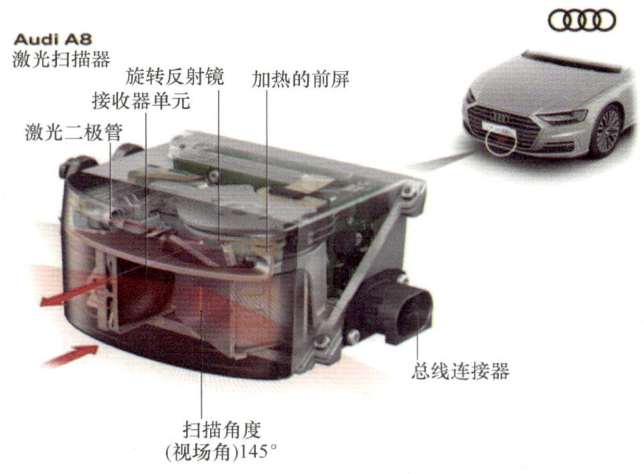


图 3-93 搭载于 Audi A8 的 SCALA 结构示意图（图片来源：Audi）

2）整体旋转方案。整体旋转方案的激光雷达通常包含一个由多组激光收发对组成的光机结构，由电机带动整个光机结构进行 360° 整体旋转。激光收发对通常在垂直方向按照一定的角度分布进行排布，这决定了激光雷达的线数，以及垂直视场角和垂直角分辨率。DARPA 中使用的 Velodyne 64 线激光雷达就是该架构的代表。随着多年的发展，目前的整体旋转方案的高线数激光雷达往往具有更紧凑的结构和更优越的性能。图 3-94 列出了目前整体旋转方案的主要公司和产品。

对于机械式激光雷达，不管是机械转镜还是光机结构整体旋转的方案都相对成熟，系统性能已经得到充分验证，而且机械转动能够带来固态式激光雷达难以实现的大视场。虽

图 3-94　整体旋转激光雷达公司及产品

然机械式激光雷达在集成度、可靠性和成本方面还有提高的空间，但随着方案的优化和改进、核心控制模块芯片化的发展，机械式激光雷达仍将在一定时间内占据市场的主流。

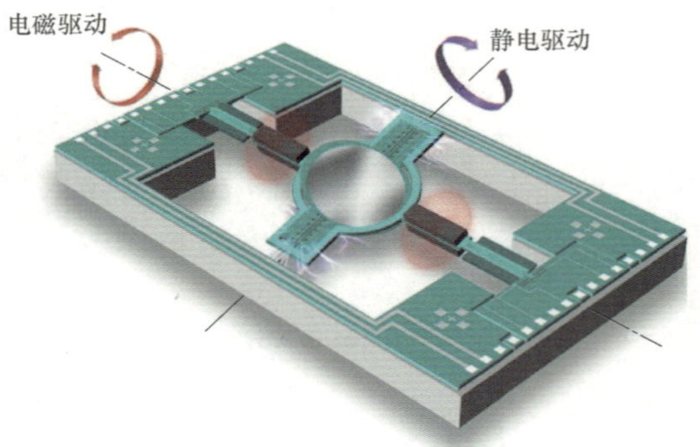


图 3-95　二维微型谐振镜示意图（图片来源：Maradin）

（3）固态式激光雷达

1）微型谐振镜方案。微型谐振镜可以看成尺寸较小的反射镜，通过自身的摆动将入射光转向空间中不同的方向，如图 3-95 所示。相比于电机驱动的转镜，微型谐振镜并不是由电机驱动的，它依据具体驱动方式可分为静电式微振镜、电磁式微振镜、压电式微振镜和电热式微振镜等。相比于传统的机械振镜，微型谐振镜在体积、质量、功耗和扫描频率上具有明显的优势，因无电机运动从而增加了系统的可靠性。

微型谐振镜技术相对已经比较成熟，能够找到已经市场化的微型谐振镜模块。受益于微型谐振镜原有的技术积累，以及基于微型谐振镜模块的激光雷达系统结构相对容易实现，尽管微型谐振镜模块还需要针对激光雷达应用进行优化和改进，但微型谐振镜方案的激光雷达应该会成为最先落地的固态式激光雷达方案。

2）OPA 方案。光是一种电磁波，存在相干叠加现象，相干光叠加的结果就是波矢量合成。著名的双缝干涉实验（图 3-96）就说明了这一物理现象，两条缝相当于两个相干光源，其相干叠加的效果就是明暗相间的条纹。

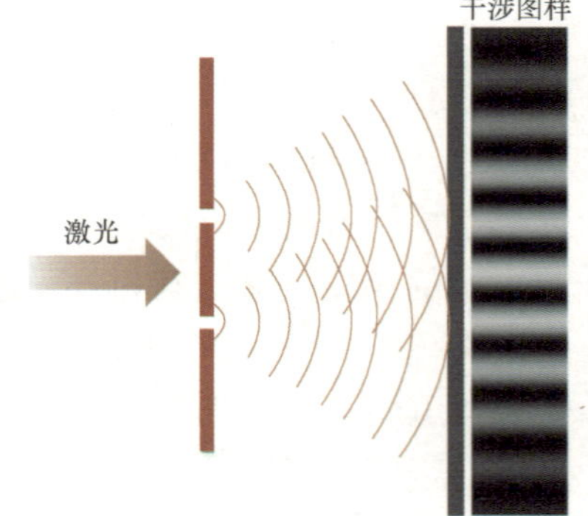


图 3-96　双缝干涉实验示意图

当相干光源是一个复杂的光源阵列时，即光学相位阵列（简称相控阵），相控阵发射器由若干发射接收单元组成阵列，通过改变加载在不同单元的电压，进而改变不同单元发射光波特性（如光强、相位），实现对每个单元光波的独立控制，类似于在微波雷达中早已经大规模使用的相控阵雷达。通常是调节从每个相控单元辐射出的光波之间的相位关系，在设定方向上产生互相加强的干涉从而实现高强度光束，而其他方向上从各个单元射出的光波彼此干涉相消，因此辐射强度接近于零。组成相控阵的各相控单元在程序的控制下，可使一束或多束高强度光束按照程序设定实现空间上的扫描。

相控阵原理示意图如图 3-97 所示。

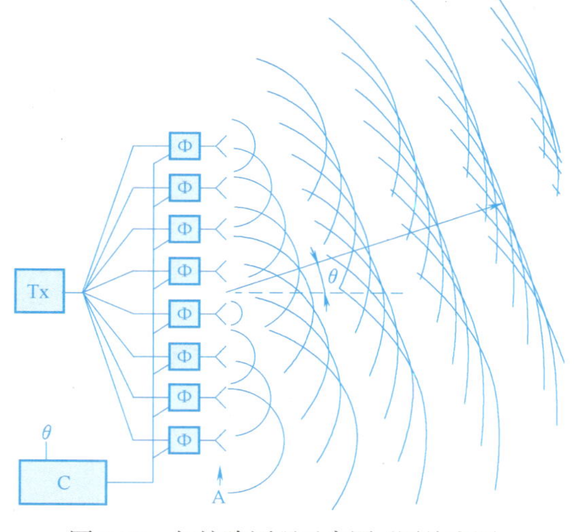


图 3-97　相控阵原理示意图（图片来源：Wikipedia）

Tx—发射天线　Φ—相位　A—幅值　C—相位控制器

相控阵并不是一个全新的概念，这项技术在微波雷达领域已经得到了大范围的应用，只是从微波过渡到光，波长相差好几个数量级，因此光学相控阵在器件加工方面面临的困难要大得多。此外，材料的研究和选择也是非常关键的因素。目前采用较多的是硅光，其优势在于硅光子学发展相对成熟，加工工艺易与 CMOS 工艺整合。主动（调制器等）与被动（波导等）器件设计已经探索多年，可选方案较多。但其缺点在于损耗大和耦合效率低，若要提高芯片输出功率，则需要解决硅材料的非线性问题。

Quanergy 相控阵方案示意图如图 3-98 所示。

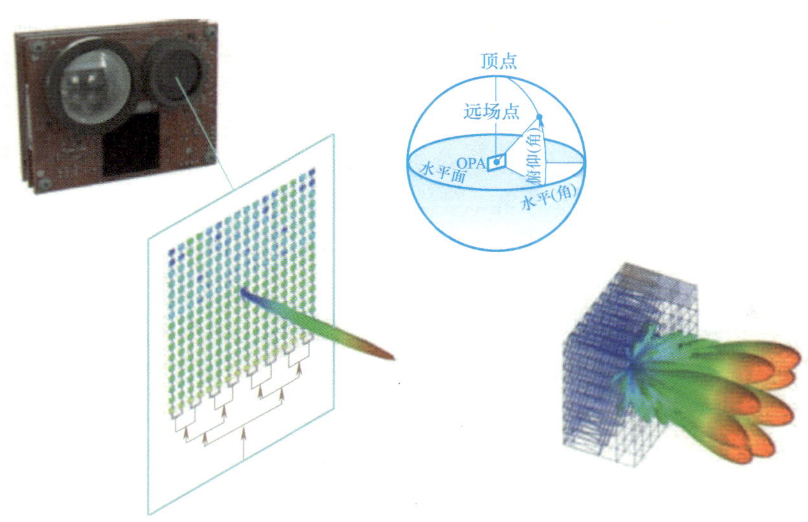


图 3-98　Quanergy 相控阵方案示意图（图片来源：Quanergy）

相控阵方案目前还没出现突破性的产品或样机，主要是受到工艺和材料的限制，而材料和工艺的进步不是一个短期内能够解决的问题。虽然相控阵激光雷达的前景很美好，符合人们对未来固态式激光雷达的期待，但是相控阵激光雷达走向成熟至真正落地可能还需要相对久一点的时间。

3）Flash 方案。Flash 激光雷达可以与相机进行类比，具有成行成列的像素点，每次测量时，同时获取每个像素点的信息，与相机不同的是，得到的信息包含了与障碍物的距离，所形成的图像不再是二维的，而是包含了深度信息的三维图像。相比于逐点扫描式的激光雷达，Flash 激光雷达通过一次测量即可获得整个视场的三维图像，因此成像速度快，像素分辨率和刷新帧频可以做到比较高。Flash 激光雷达示意图如图 3-99 所示。

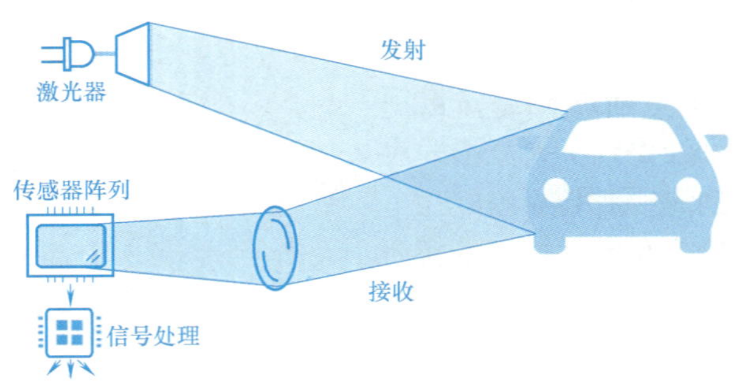


图 3-99　Flash 激光雷达示意图（图片来源：Fraunhofer Microelectronics）

Flash 方案的代表公司有美国的 ASC（Advanced Scientific Concepts），其线性 APD 固态式激光雷达起源于 NASA 火星探测计划，利用三维成像雷达系统为飞行器选择合适的着陆点，保证飞行器在火星表面安全着陆。ASC 在和 NASA 的合作中积累了丰厚的技术资源。ASC 使用 1550nm 激光器，将 InGaAs APD 阵列与 CMOS 电路通过金属凸点键合（bump bonding）的方式进行封装。ASC 的车载应用部门在 2016 年被 Continental 收购，其激光雷达事业部人员被编入了 Continental 的底盘与安全事业部下的 ADAS 业务单元中。另外一家研究高灵敏度面阵传感器方案的是 Princeton Lightwave，于 2000 年成立，此前的主营业务是航空 3D 测绘，最近几年开始瞄准自动驾驶市场。2017 年 10 月，被自动驾驶公司 Argo.ai（由福特投资）收购。Princeton Lightwave 的技术主要沿袭了 MIT Lincoln Lab 的 GM-APD 研究成果。其使用 1550nm 激光器，将 InP/InGaAsP GM-APD 阵列与 CMOS 电路通过倒装式接合（flip-chip bonding）的方式进行封装，但其系统的高昂成本和集成度问题将是商用的最大阻碍。

Flash 激光雷达从系统结构上来讲，无须将光束转向空间不同方向，是最符合固态概念的激光雷达方案。但激光发射功率受限于人眼安全阈值，而且 Flash 方案中的激光光束通常比较发散、能量衰减迅速，导致光束回波信号弱，探测器难以响应；另外，大功率高重频的激光器目前还没有彻底商业化，成本远高于现在所用的激光器，因此 Flash 激光雷达目前主要的应用场景都是近距离的。Flash 激光雷达方案中开发高灵敏度的传感器阵列方向未来前景广阔，但是目前由于工艺的限制还存在着较多的问题，同相控阵方案类似，Flash 激光雷达虽然短期落地困难，但是最有可能受益于半导体工艺技术的进步。

### 4. 车载激光雷达的数据处理

（1）车载激光雷达数据的输出形式

激光雷达接收模块在接收到回波信号后，会对信号进行一系列的放大和滤波处理。在

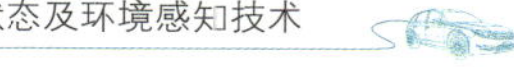



完成目标点距离测算和空间位置的内部换算后，激光雷达会将这些数据打包然后传输给外界系统。激光雷达通常以用户数据报协议（UDP）形式打包点云，然后通过以太网或者车载以太网进行传输。

图 3-100 给出了 $N$ 线激光雷达点云的数据结构，主要包含时间戳数据和 $N$ 线点云数据。

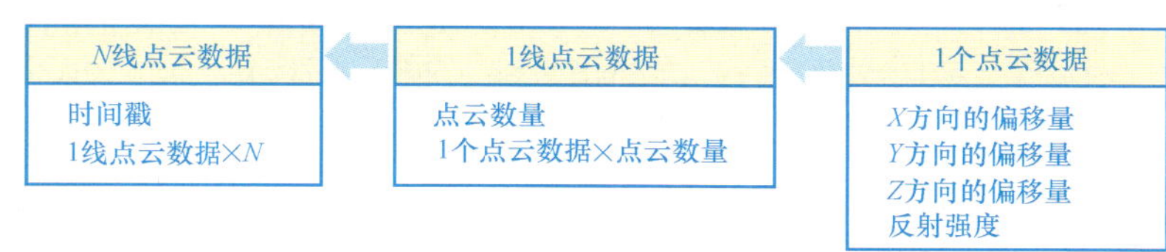


图 3-100　激光雷达点云数据结构示例

最底层的是单个点云的数据结构，它包含了距离信息、空间位置信息和回波强度信息。测量点的坐标既可以使用（$\theta$，$r$）的极坐标表示，也可以使用（$X$，$Y$，$Z$）的三维坐标表示。激光雷达输出的位置信息是以激光雷达的零点为原点的，在应用于无人车系统时，需要将坐标转化到车体坐标系。

（2）基于车载激光雷达的目标识别

1）激光雷达目标特征提取。在获得激光雷达点云数据包之后，可以从中提取稳定的典型特征，包括几何特征、形状特征和矩特征等。目标边缘轮廓含有非常丰富的信息量，是目标的显著特征，可以根据目标边缘轮廓图像提取目标的几何特征，主要包括目标的长度、宽度、高度、周长和面积等。形状特征，主要包括矩形度、圆形度、形状描述子（微分链码、傅里叶描述子）等。矩特征反映了目标距离像和强度像相对于质心的统计分布情况，主要包括中心矩、几何不变矩、线矩、Zernike 矩、谱矩等。

2）激光雷达目标分类识别。为了达到高可靠性的分类识别，需要采用现代模式识别理论和方法对激光雷达目标进行分类。可以采用的模式分类方法包括模糊模式匹配分类方法、基于统计的模式分类方法、基于神经网络的模式分类方法、基于支持向量机的模式分类方法、基于模型的模式分类方法和基于知识库的模式分类方法等。

3）激光雷达自动目标识别性能评估。可以从识别的正确性、识别的稳健性和识别的代价三个方面来构建激光雷达自动目标识别性能指标体系。可以采用结合主、客观赋权法的组合赋权法来确定激光雷达自动目标识别性能指标体系的权重，实现主、客观赋权方法的优势互补。可以采用加权平均评估模型和距离综合评估模型对激光雷达自动目标识别算法和系统进行评估。通过确定典型影响因素的范围，可以建立基于典型影响因素的性能评估环境，对不同的激光雷达自动目标识别算法和系统进行评估。

### 5. 车载激光雷达系统的应用

（1）高级驾驶辅助系统（Advanced Driving Assistance Systems，ADAS）

高级驾驶辅助系统是利用各种车载传感器，在汽车行驶过程中随时感应周围的环境，收集数据，进行静态、动态物体的辨识、侦测与追踪，并结合导航仪地图数据，进行系统的运算与分析，从而预先让驾驶人察觉到可能发生的危险，有效增加汽车驾驶的舒适性和安全性。激光雷达作为一种高效传感器，可以应用在以下 ADAS 中：

1）自适应巡航控制（Adaptive Cruise Control，ACC）系统。

2）自动紧急制动（Autonomous Emergency Braking，AEB）系统。

3）行人检测系统（Pedestrian Detection System，PDS）系统。

（2）无人驾驶技术

激光雷达作为无人车的“眼睛”，具有精准的测距、空间定位与描述、可靠的障碍物检测等能力。它通过提供精确的 3D 环境信息，帮助无人车决策。高级别的自动驾驶技术必须搭载激光雷达已经成为行业内的广泛共识。激光雷达在无人驾驶的两个核心包括 3D 建模进行环境感知和 SLAM 加强定位。

1）3D 建模进行环境感知。激光雷达空间分辨率高、测距精度高，无人驾驶技术中经常应用激光雷达对空间环境进行精确测量，基于激光雷达数据可以识别测试场景中的道路、车辆、行人、障碍物及交通基础设施等信息。激光雷达路测实时点云如图 3-101 所示。

a）

b）

图 3-101　激光雷达路测实时点云

a）Pandar64　b）PandarGT

另外，激光雷达数据可以与其他传感器数据进行融合，充分利用不同传感器的优势，实现传感器互补及冗余，提高自动驾驶的安全性。图 3-102 所示为激光雷达点云与摄像头数据融合示例，激光雷达精度高能够直接获取距离信息，摄像头分辨率高能够识别色彩信息，利用这两种传感器的融合数据进行识别，为自动驾驶汽车提供了一个更强大的环境感知工具。

2）即时定位与地图构建（Simultaneous Localization and Mapping，SLAM）。激光雷达在无人驾驶中的另一大用途是即时定位与地图构建，即 SLAM。SLAM 最早在机器人领域提出，是指从未知环境的未知地点出发，在运动过程中通过重复观测到的环境特征定位自身位置和姿态，再根据自身位置构建周围环境的增量式地图，从而达到即时定位和地图构建的目的。

图 3-102　激光雷达点云与摄像头数据融合示例（Pandora）

SLAM 按照传感器种类可以分为激光 SLAM 和视觉 SLAM。激光 SLAM 使用激光雷达数据，该方案研究比较成熟，误差模型及算法相对简单，而且计算性能需求较低，图 3-103 所示为基于激光雷达的 SLAM 数据图。

图 3-103　基于激光雷达的 SLAM 数据图（Pandar64）

## 3.2.4 超声波雷达

### 1. 超声波雷达的原理

超声波雷达是利用超声波的特性研制而成的雷达。超声波是一种振动频率高于声波的机械波，是由换能晶片在电压的激励下发生振动产生的，具有频率高、波长短、绕射现象小，特别是方向性好、能够成为射线而定向传播等特点。超声波对液体、固体的穿透能力很强，尤其是在阳光不透明的固体中，它可穿透几十米的深度。超声波碰到杂质或分界面会产生显著反射，形成反射回波，碰到活动物体能产生多普勒效应。因此，超声波检测广泛应用在工业、国防、生物医学等方面。以超声波作为检测手段，必须产生超声波和接收超声波，完成这种功能的装置就是超声波雷达，习惯上称为超声换能器或者超声探头。超声波雷达包括发送雷达和接收雷达，通常发送雷达工作于输出最大的串联谐振频率，而接收雷达工作于接收灵敏度最高的并联谐振频率；通过试验发现，发送雷达的串联谐振频率与接收雷达的并联谐振频率几乎一致。因此，超声波雷达在实际应用时，都是在谐振频率附近使用。超声波接收头必须采用与发射头对应的型号，关键是谐振频率要一致，否则将因无法产生共振而影响接收效果，甚至无法接收。另外，超声波雷达具有高阻特性，驱动电流小，要求驱动电压较高，是电压驱动型雷达。

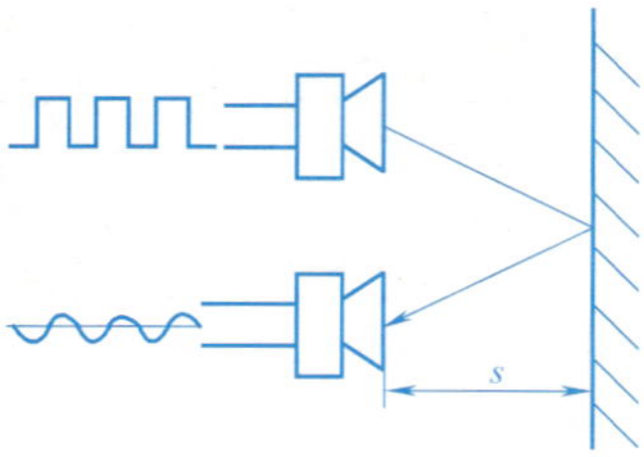

图 3-104 超声波测距原理

超声波测距的原理一般采用飞行时间法 ToF，也可以称为回波探测法，如图 3-104 所示。超声波发射器向某一方向发射超声波，从发射时刻开始计时，超声波在介质中传播，途中碰到障碍物就立即返回来，超声波接收器收到反射波就立即停止计时。根据传声介质的不同，可分为液介式、气介式和固介式三种。根据所用探头的工作方式，又可分为自发自收单探头方式和多发多收多探头方式。

超声波雷达的主要性能指标包括：

（1）工作频率

工作频率就是压电晶片的共振频率。当加到压电晶片两端的交流电压的频率和晶片的共振频率相等时，输出的能量最大，灵敏度也最高。

（2）工作温度

由于压电材料的居里点一般比较高，特别是诊断用超声探头使用功率较小，因此工作温度比较低，可以长时间地工作而不失效。医疗用超声探头的温度比较高，需要单独的制冷设备。

（3）灵敏度

灵敏度主要取决于制造晶片本身。机电耦合系数大，灵敏度高；反之，灵敏度低。

### 2. 超声波雷达的分类

通用型超声波雷达的带宽一般为几千赫兹，并有选频特性。MA40A3S（发送雷达）与MA40A3R（接收雷达）的频率特性如图 3-105 所示。

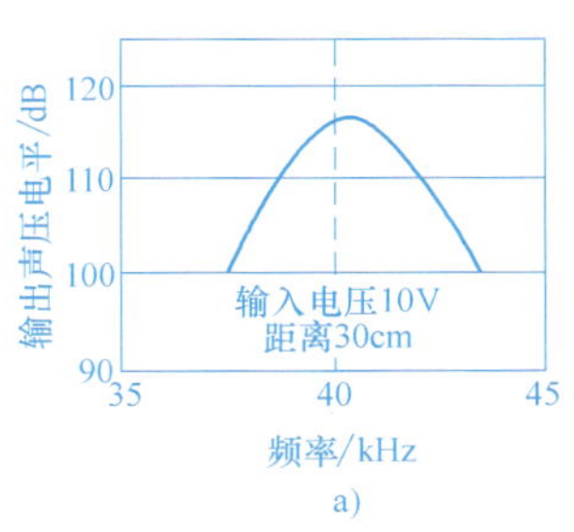


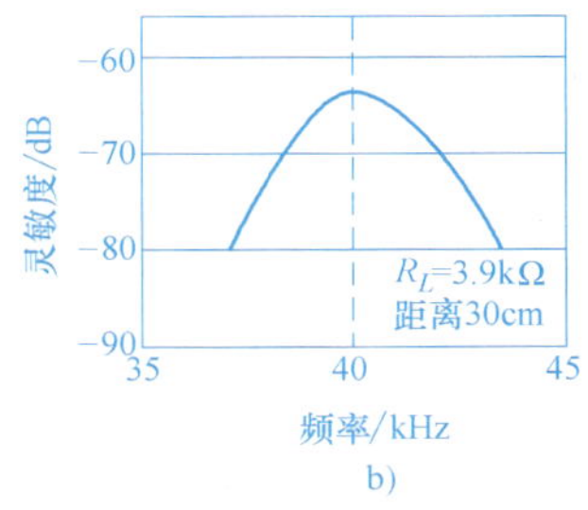


图 3-105　MA40A3S 与 MA40A3R 的频率特性

a）MA40A3S 的频率特性　b）MA40A3R 的频率特性



开路时，雷达输出电压较高，但阻抗也高，易受噪声的影响，通常要接入几千欧姆到几十万欧姆的电阻 $R_L$。通用型超声波雷达的频带窄，但灵敏度较高，抗干扰性强。它的接收雷达与发送传雷达是分开使用的。

（1）宽带型超声波雷达

在多通道中使用时，采用宽频带雷达较为方便，宽带型超声波雷达在工作带宽内具有两个谐振频率，其频率特性就相当于两种雷达的组合。因此，在很宽的频带范围内，具有较高的灵敏度。因为宽带型超声波雷达具有两个谐振点，所以一个雷达可兼作接收雷达与发送雷达。

（2）密封型超声波雷达

密封型超声波雷达对环境的适应性较强，可应用于汽车后方检测物体的装置及待时计算器等。

（3）高频型超声波雷达

高频型超声波雷达的反射角较小，检测范围在 20 ~ 100cm，其中心频率可达 200kHz，可以进行较高分辨率的检测。

### 3. 车载超声波雷达的应用

车载超声波雷达一般安装在汽车的前后保险杠上方，隐藏在保险杠的某个位置，如图 3-106 所示。

图 3-106　超声波雷达位置

（1）泊车盲区监测

驾驶人将变速杆换到倒车位后，倒车雷达自动启动，倒车雷达探头向后发射超声波信号。经障碍物反射，由倒车雷达探头收集，进行放大和比较，再由单片机将此信号送入显示模块，同时触发语音电路，发出同步语音提示，当汽车与障碍物的距离小于所设定的安全距离时，便通过语音集成电路发出不同的报警声，提醒驾驶人减速或停车，防止汽车的碰撞或擦伤，具有很强的实用性。倒车雷达系统占盲区范围示意图如图 3-107 所示。

（2）自动泊车系统

目前，泊车辅助系统常用的车载测距方法主要包括红外测距、激光测距、毫米波测

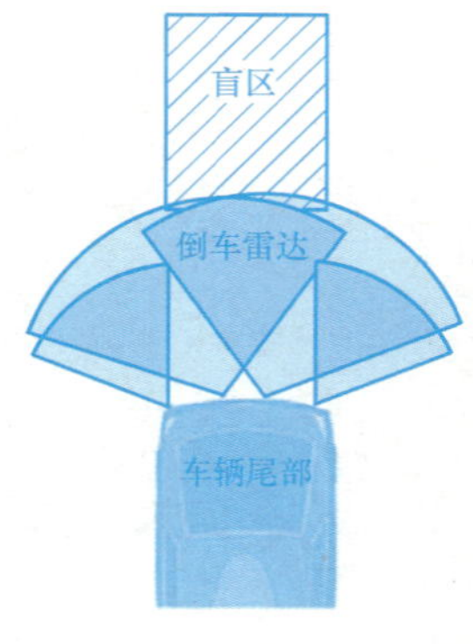

图 3-107 倒车雷达系统占盲区范围示意图

距、机器视觉测距、超声波测距等。相比于其他方法，超声波具有穿透力强、衰减小、反射能力强，对光照、色彩、电磁场不敏感，不易受恶劣天气影响等特点，而且超声波测距原理简单、成本低。自动平行泊车示意图如图 3-108 所示。

自动泊车系统可以使汽车自动地以正确的停靠位泊车，该系统包括环境数据采集系统、中央处理器和车辆策略控制系统。环境数据采集系统包括图像采集系统和车载超声波距离探测系统，可采集图像数据及周围物体与车身的距离数据，并通过数据线传输给中央处理器；再将采集到的数据分析处理后，得出汽车的当前位置、目标位置以及周围的环境参数，依据上述参数做出自动泊车策略，并将其转换成控制指令信号；车辆控制策略系统接收控制指令信号后，依据指令做出汽车的自动转向、制动、驱动等方面的操控，使车辆安全平稳地自动泊车入位。在近几年，越来越多的高档进口车都将该配置列为标配，甚至已出现在了国产车上。

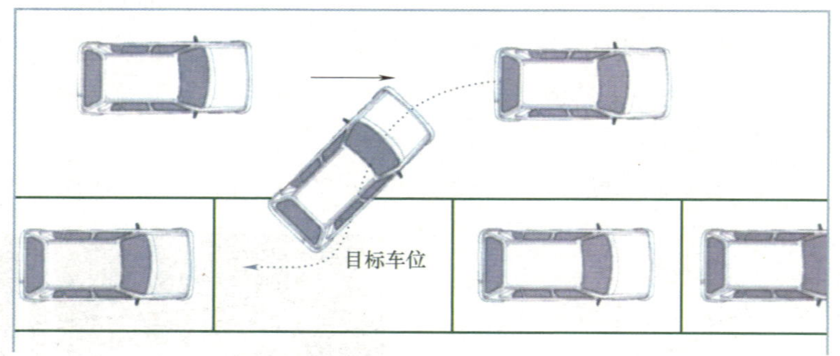

图 3-108 自动平行泊车示意图

清华大学苏州汽车研究院发明了一种基于超声波雷达的泊车辅助系统（CN105242276A）。该系统解除驾驶人泊车和起动车辆时前后左右探视所带来的困扰，帮助驾驶人扫除视野死角和视线模糊的缺陷，提高了驾驶的安全性、智能性，且更具人性化特点。该系统采用的技术方案：超声波雷达模块为在汽车的前、后保险杠处各安装的若干超声波雷达，用以实时获取车辆前后的障碍物信息，并发送到电路模块；ECU 电路模块控制超声波雷达模块的超声波的发射和接收，将超声波雷达模块接收的脉冲信号转换为最终的障碍物距离数据信息，并根据障碍物距离数据信息控制蜂鸣器报警输出模块和显示屏模块工作；根据障碍物距离的远近，由电路模块控制蜂鸣器的音量和鸣叫方式；显示屏模块利用泊车辅助系统的显示屏幕，实时显示车辆参数信息、车辆周围的障碍物信息数据及画面，并以不同的颜色区域来标记不同的距离范围。

## 3.2.5 V2X

### 1.V2X 概述

为了提升交通系统的安全性和智能化，智能交通系统的概念正逐渐兴起。智能交通

可以利用新一代的通信网络和数据处理能力，提高现有交通系统的整体效率，降低能量损耗，增加运输的安全和便捷程度。

近年来智能交通系统的开发将主要集中在智能公路交通系统领域，也就是俗称的车联网。其中V2X技术借助车与车、车与路侧基础设施、车与路人之间的无线通信，实时感知车辆周边状况进行及时预警成为当前世界各国解决道路安全问题的一个研究热点。据报道，V2X技术可帮助预防80%各类交通事故的发生。智能公路交通系统如图3-109所示。

图3-109　智能公路交通系统

按照我国汽车工业协会对搭载V2X功能汽车的定义来看，它是搭载先进的车载传感器、控制器、执行器等装置，并融合现代通信与网络技术，实现车与X（人、车、路、后台等）智能信息的交换共享，具备复杂的环境感知、智能决策、协同控制和执行等功能，可实现安全、舒适、节能、高效行驶，并最终可替代人来操作的新一代汽车。

与自动驾驶技术中常用的摄像头或激光雷达相比，V2X拥有更广的使用范围，具有突破视觉死角和跨越遮挡物的信息获取能力，同时可以和其他车辆及设施共享实时驾驶状态信息，还可以通过研判算法产生预测信息。另外，V2X是不受天气状况影响的车用传感技术，无论雨、雾或强光照射都不会影响其正常工作。

此外，在传统智能汽车信息交换共享和环境感知的功能之外，V2X还强调了“智能决策”“协同控制和执行”功能，以强大的后台数据分析、决策、调度服务系统为基础。而且要实现自动驾驶，车辆必须具备感知系统，像人一样能够观察周围的环境，因此，除了传感器，V2X技术也属于自动驾驶的一个感知手段。

V2X环境感知如图3-110所示。

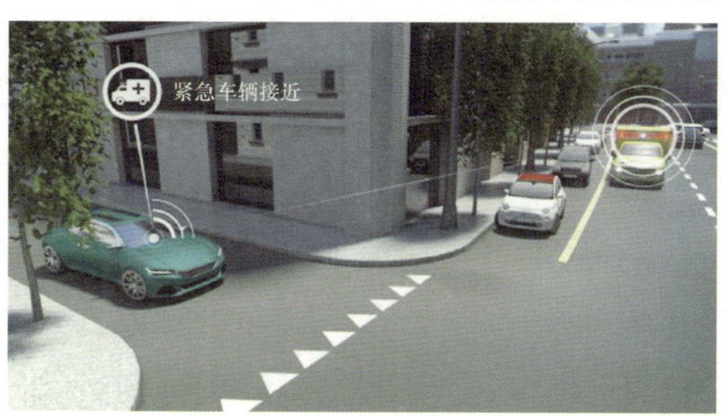


图3-110　V2X环境感知

作为物联网面向应用的一个概念延伸，V2X车联网是对D2D（Device to Device）技术的深入研究过程。它指的是车辆之间，或者汽车与行人、骑行者及基础设施之间的通信系统。利用装载在车辆上的无线射频识别技术、传感器、摄像头获取车辆行驶情况、系统运行状态及周边道路环境信息，同时借助GPS定位获得车辆位置信息，并通过D2D技术将这些信息进行端对端的传输，继而实现在整个车联网系统中信息的共享。通过对这些信息的分析处理，及时向驾驶人进行路况汇报与警告，有效避开拥堵路段，并选择最佳行驶线路。

V2X车联网通信主要分为三大类：V2V、V2I和V2P。运输实体，如车辆、路侧基础设施和行人，可以收集处理当地环境的信息（如从其他车辆或传感器设备接收到的信息），以提供更多的智能服务，如碰撞警告或自主驾驶。

### 2. V2X技术与动态

V2X通信技术目前有DSRC与LTE V2X两大路线。DSRC发展较早，目前已经非常成熟，不过随着LTE技术的应用推广，未来在汽车联网领域也将有广阔的市场空间。

（1）率先出击的DSRC

车用环境无线存取（WAVE）、专用短程通信（DSRC）是IEEE 802.11p底层通信协议与IEEE 1609系列标准所构成的技术，采用5.9GHz频段，并具备低传输延迟特性，以提供车用环境中短距离通信服务。IEEE 802.11p解决在高速移动环境中数据的可靠低时延传输问题，IEEE 1609系列标准对V2X通信的系统架构、资源管理、安全机制等进行阐释。

DSRC是联结车辆与车辆（V2V）、车辆与路侧装置间的RF通用射频通信技术，在车用环境中提供公共安全和中短距离通信服务。各个国家分配的DSRC使用频段各不相同。1999年，美国联邦通信委员会（FCC）决定将5.9GHz（5.850 ~ 5.925GHz）频段分配给汽车通信使用。主要目标是使公共安全应用能够挽救生命并改善交通流量。FCC还允许在本领域提供私人服务来降低部署成本，并鼓励快速开发和采用DSRC技术和应用。美国DSRC频谱和频道如图3-111所示。

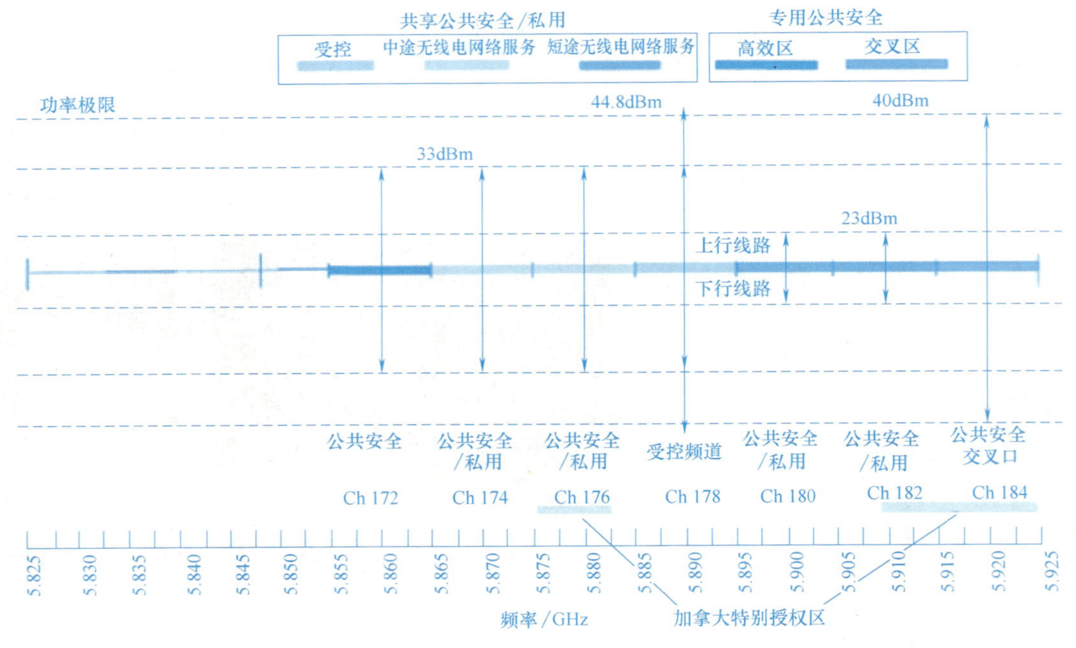


图3-111 美国DSRC频谱和频道

美国5.9GHz DSRC的频段规划，以10MHz频宽为单位，将75MHz频宽划分成七个频道，并由低频至高频分别给予172、174、176、178、180、182与184频道编号。如图3-112所示，频道178为控制频道（CCH），剩余的六个频道为服务频道（SCH），其包

含两个公共安全专用服务频道（频道 172 为车辆与车辆间公共安全专用服务频道，频道 184 为交叉路口公共安全专用服务频道）、两个中距离公共安全 / 私用共享服务频道（频道 174 与 176），以及两个短距离公共安全 / 私用共享服务频道（频道 180 与 182）。

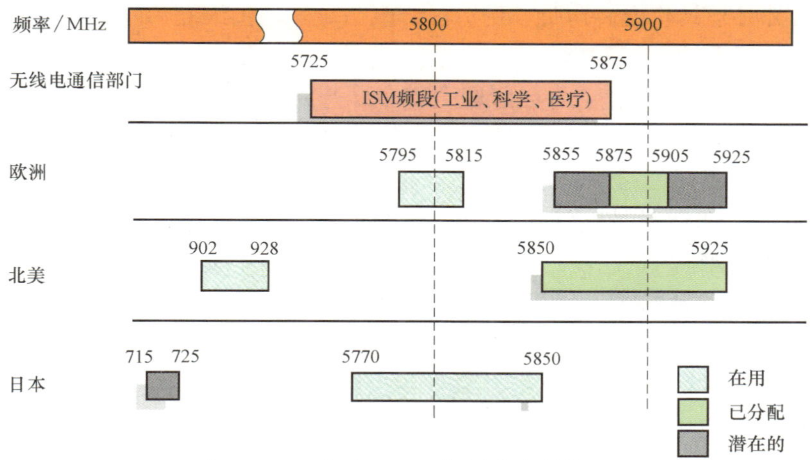


图 3-112　全球 DSRC 的频谱分配情况

WAVE/DSRC 所表示的即是 IEEE 802.11p 与 IEEE 1609 系列标准所构成的 DSRC 技术。与其他 DSRC 技术相比，WAVE/DSRC 具有低传输延迟（0.0002s）、高传输距离（1000m）与高传输速度（27Mbit/s）等特性。在车辆行驶过程中，驾驶人需要对周围环境的变化做出快速判断，为了提高驾驶安全性，减少交通事故的发生，车辆间的通信时延显得尤为重要。

WAVE/DSRC 技术底层采用 IEEE 802.11p 标准，上层则采用 IEEE 1609 系列标准。对应至开放系统互联参考模型（OSI Reference Model），IEEE 802.11p 标准制定实体层（PHY）与资料链接层中的媒介存取控制层（MAC）的通信协定，而媒介存取控制层中的多频道运作（Multi-Channel Operation）至应用层的通信协定则由 IEEE 1609 各个子标准所规范制定。WAVE/DSRC 系统的标准架构如图 3-113 所示。

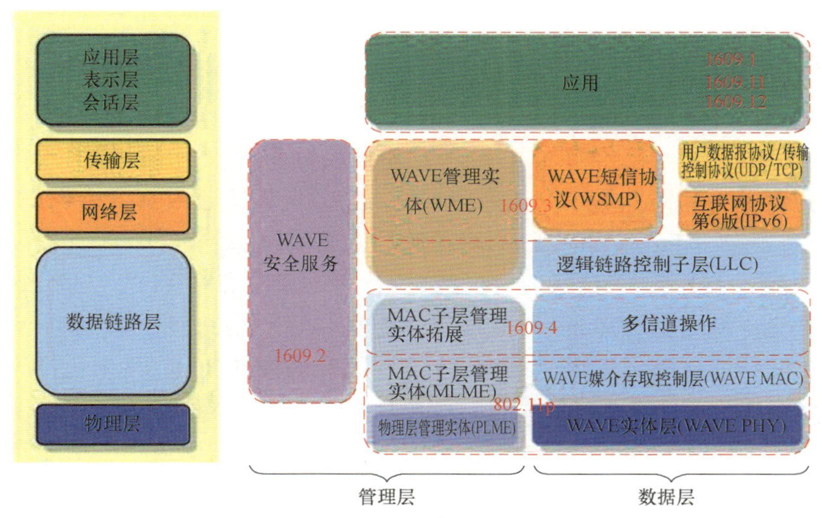


图 3-113　WAVE/DSRC 系统的标准架构

这里需要指出的是，IEEE 1609.2 标准规范 WAVE/DSRC 系统中所使用的安全信息格式和处理程序，包括安全 WAVE 管理信息机制与安全应用信息机制，同时也描述支援核心安全所需的管理功能。WAVE/DSRC 应用中的安全问题往往是最值得关注的，这些应用所提供的服务都必须具有抵御窃听、伪造、修改与重送攻击的能力。

（2）后来者居上的 LTE V2X

早在 3G 时代，国际通信业界已经联合整车厂开展了基于移动通信网络的 V2V/V2I 试验项目。启动于 2006 年的 CoCar 项目，参与公司包括爱立信、沃达丰、MAN Trucks、大众等，演示了在高速行驶的车辆之间通过沃达丰的 3G 蜂窝网络传送关键安全告警消息的应用，当时做到了端到端时延低于 500ms。之后爱立信、沃达丰、宝马、福特又启动了 CoCarX 基于 LTE 网络的紧急消息应用性能评估，端到端系统时延在 100ms 以下。欧盟于 2012 年资助了 LTEBE-IT 项目，开展 LTE 演进协议在 ITS 中的应用研究。

LTE V2X 针对车辆应用定义了两种通信方式：集中式（LTE-V-Cell）和分布式（LTE-V-Direct）。集中式也称为蜂窝式，需要基站作为控制中心，集中式定义车辆与路侧通信单元及基站设备的通信方式；分布式也称为直通式，无需基站作为支撑，在一些文献中也表示为 LTE-Direct（LTE-D）及 LTE D2D，分布式定义车辆之间的通信方式。LTE-V 车联网解决方案如图 3-114 所示。

相比 DSRC 技术，LTE V2X 可以解决前者在离路覆盖、盈利模式、容量及安全等各方面存在的问题。它的部署相对容易，频谱带宽分配灵活，传输可靠，覆盖广且随着 3GPP 持续演进，可支持未来 ITS 业务需求。然而，LTE V2X 的缺点也同样突出：标准尚在制定过程中，技术成熟度较低，面向车 - 车主动安全与智能驾驶的服务性能还需要充分的测试验证。

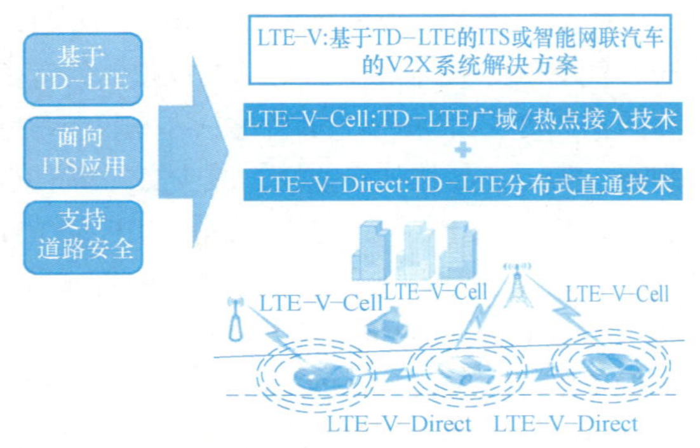

图 3-114　LTE-V 车联网解决方案

2015 年 2 月和 6 月，3GPP 的 SA1 和 RAN1 工作组分别设立了专题“LTE 对 V2X 服务支持的研究”和“基于 LTE 网络技术的 V2X 可行性服务研究”，标志着 LTE V2X 技术标准化研究的正式启动。

3GPP 在 2016 年 9 月已经完成了对其首份蜂窝车联网技术标准的制定工作，并在 3GPP RAN 会议上将其纳入 LTE Release 14 中。它主要聚焦于 V2V（车到车通信），是基于 LTE Release 12 及 LTE Release 13 所规范的邻近通信技术中的 D2D（终端设备间直接通信），但是引入了一种新的 D2D 接口——PC5。作为 3GPP V2V WI 的一部分，PC5 接口主要用于解决高速（最高为 250km/h）及高节点密度（成千上万个节点）环境下的蜂窝车联网通信问题。最新消息是，3GPP 关于所有 LTE V2X 的标准 R14，其中包括应用层、网络层、接入层所有的标准体系都已经完备，现在只等国内标准的落地。

早在 2012—2013 年期间，大唐电信集团提出了 LTE-V 解决方案的概念并在其中积极扮演着推手的作用。华为、乐金电子（LGE）与大唐电信集团共同主导了 3GPP 研究，中国通信标准化协会已经针对 LTE V2X 推出了工作项目。

2016 年 11 月，工业和信息化部无线电管理委员会批复 5905 ~ 5925MHz 总共 20MHz 用于 LTE-V 直连技术试验验证。批复明确指出，这 20MHz 频谱作为试验频谱仅用于 LTE V2X 直连技术的试验验证，其中包括功能性测试和不同无线电应用间兼容性试验研究。在第二阶段试验中，工业和信息化部先后明确了 3.5GHz、4.9GHz 频段中的各 200MHz 频率，属于 5G 技术研发试验。

2017 年 9 月中旬，中国智能网联汽车产业创新联盟正式发布《合作式智能交通系统　车用通信系统应用层及应用数据交互标准》。该标准属于中国汽车工程学会的团体标准，是国内第一个针对 V2X 应用层的团体标准，为国内各车企及后装 V2X 产品提供了一个独立于底层通信技术的、面向 V2X 应用的数据交换标准及接口，以便在统一的规范下进行 V2X 应用的开发、测试，对 V2X 大规模路试和产业化具有良好的推动效应。



根据中国汽车工程学会标准，车用通信系统通常可以分为系统应用、应用层、传输层、网络层、数据链路层和物理层，该 V2X 标准主要关注应用层及应用层与上下相邻两层的数据交互接口。该标准从应用定义、主要场景、系统基本原理、通信方式、基本性能要求和数据交互需求六个方面，已经制定出了 17 个应用的具体要求，包括通信频率、类型、最大时延、通信距离和定位精度等，详见表 3-9。

表 3-9　V2X 标准定义的 17 项应用

| 分类 | 应用 | 通信类型 | 频率/Hz | 最大时延/ms | 定位精度/m | 通信范围/m | 适用通信技术 |
|---|---|---|---|---|---|---|---|
| 低时延、高频率 | 前向碰撞预警 | V2V | 10 | 100 | 1.5 | 300 | LTE-V/DSRC/5G |
| | 盲区预警 / 变道辅助 | V2V | 10 | 100 | 1.5 | 150 | |
| | 紧急制动预警 | V2V | 10 | 100 | 1.5 | 150 | |
| | 逆向超车碰撞预警 | V2V | 10 | 100 | 1.5 | 300 | |
| | 闯红灯预警 | I2V | 10 | 100 | 1.5 | 150 | |
| | 交叉路口碰撞预警 | V2V/I2V | 10 | 100 | 5 | 150 | |
| | 左转辅助 | V2V/I2V | 10 | 100 | 5 | 150 | |
| | 高优先级车辆让行 / 紧急车辆信号优先权 | V2V/V2I | 10 | 100 | 5 | 300 | |
| | 弱势交通参与者预警 | V2P/I2V | 10 | 100 | 5 | 150 | |
| | 车辆失控预警 | V2V | 10 | 100 | 5 | 300 | |
| | 异常车辆提醒 | V2V | 10 | 100 | 5 | 150 | |
| | 道路危险状况提示 | I2V | 10 | 100 | 5 | 300 | |
| 高时延、低频率 | 基于信号灯的车速引导 | I2V | 2 | 200 | 1.5 | 150 | 4G/LTE-V/DSRC/5G |
| | 限速预警 | I2V | 1 | 500 | 5 | 300 | |
| | 车内标牌 | I2V | 1 | 500 | 5 | 150 | |
| | 前方拥堵提醒 | I2V | 1 | 500 | 5 | 150 | |
| | 智能汽车近场支付 | V2I | 1 | 500 | 5 | 150 | |

从表 3-9 中可以看出，目前的一期应用主要是提供预警功能，相当于是将此前 ADAS 的预警范围利用 V2X 的方式进行了扩大。因为目前国内在通信技术上没有规定，国际标准中也针对不同通信技术各有要求，所以标准支持 LTE V2X、DSRC、5G 三种通信技术，针对高时延低频率类应用，还额外支持 4G 通信。

目前上海汽车城已按照该标准对国家智能网联（上海）试点示范区封闭测试区和科普

体验区的 V2X 系统进行了软件升级。现已在覆盖封闭测试区的 8 套 V2X 路测系统和覆盖科普体验区的 10 套 V2X 路测系统以及 10 辆试验车上部署了支持该标准的 V2X 应用软件，传输数据内容包括 BSM、MAP、SPAT、RSI 和 RSM 五类消息，实现了前向碰撞预警、交叉路口碰撞预警、紧急制动预警、异常车辆提醒、限速预警、弱势交通参与者预警、车内标牌、绿波车速引导、信号灯优先控制等 20 余类 V2X 应用。

除上海汽车城之外，工业和信息化部又先后推动在杭州、北京、重庆成立“智能汽车与智慧交通产业创新示范区”，基于 LTE-V/5G 的通信环境建设，支撑开展智能驾驶、智慧交通相关示范应用。目前国内通信设备厂商已有基于 LTE-V 架构的原型样机，可进行车路协同实景演示。

3GPP-LTE-V 标准研究进展图如图 3-115 所示。国际国内标准同步推进如图 3-116 所示。

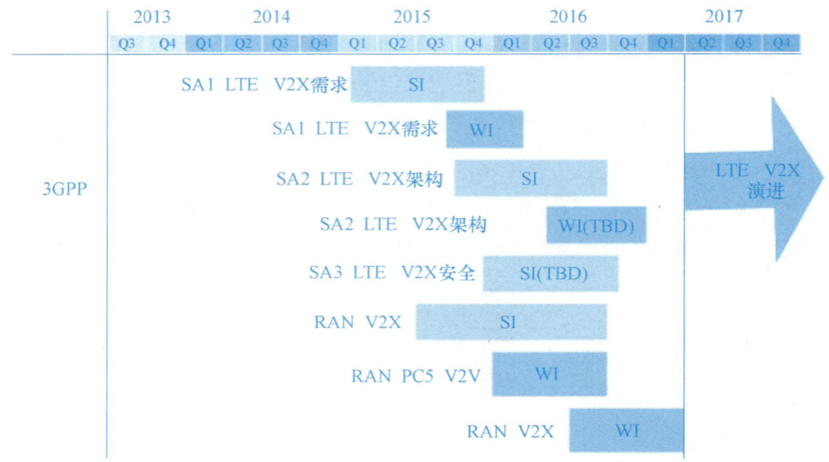


图 3-115 3GPP-LTE-V 标准研究进展图

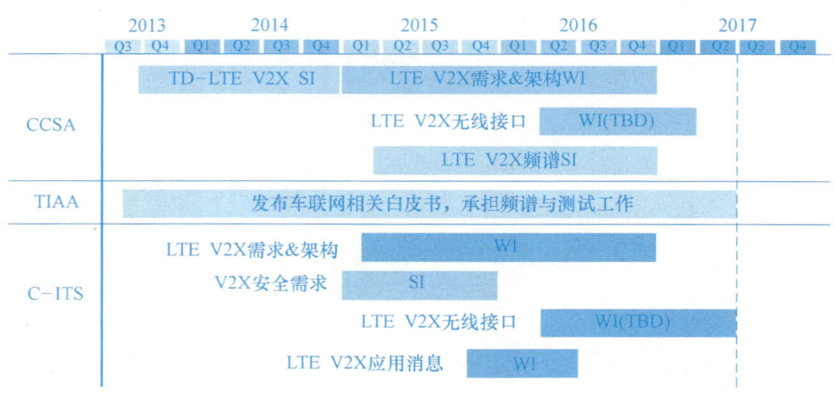


图 3-116 国际国内标准同步推进

（3）DSRC 与 LTE V2X 对比

DSRC 相比 V2X 已经有成熟的标准和良好的网络稳定性，但 LTE V2X 作为后起之

秀，正有逐步取代并超越 DSRC 的趋势。在可用性方面，DSRC 具有不依赖网络基础设施（如安全性管理和互联网接入等功能）和自组网的良好特性，因此基于 DSRC 标准的 V2X 网络稳定性强，不会由于传输瓶颈和单点故障的原因导致整个系统无法工作。

而在不包含 ProSe 功能的 LTE 版本中，LTE V2X 需要依赖基础网络设施，在 R12 以后的版本中，由于 LTE 加入了 ProSe 功能后，LTE V2X 功能支持在线和离线两种模式，互联网联接不再是必备选项了。另外，由于 DSRC 使用的是不经过协调的信道接入策略，这种策略无法满足未来 V2X 对确定性时延的需求，同时 DSRC 的可靠性和容量比 LTE V2X 也要差一些。未来随着无人驾驶和互联网汽车的出现，汽车与互联网相连将成为一种常态。由于 LTE-V 是基于运营商网络建设的，因此 LTE V2X 后续的发展潜力很大。



# 3.3　多源信息融合技术

## 3.3.1　多传感器信息融合原理

### 1. 多传感器信息融合层次

多传感器信息融合层次分为三层：数据层、特征层和决策层。

（1）数据层融合

数据层融合结构如图 3-117 所示。在这种融合结构中，对多传感器获取的原始数据进行融合，并对融合后的数据进行特征提取和属性判决。数据级的信息融合要求传感器必须是同类型的（如若干个红外图像传感器）或是相同量级的（如红外和可见光图像传感器）。通过对原始观测数据进行关联，来确定用于融合的观测数据是否与同一目标或实体有关。融合后的数据可以按照单传感器的模式进行相应的数据处理。数据层融合需要的计算量十分巨大，不易实现。

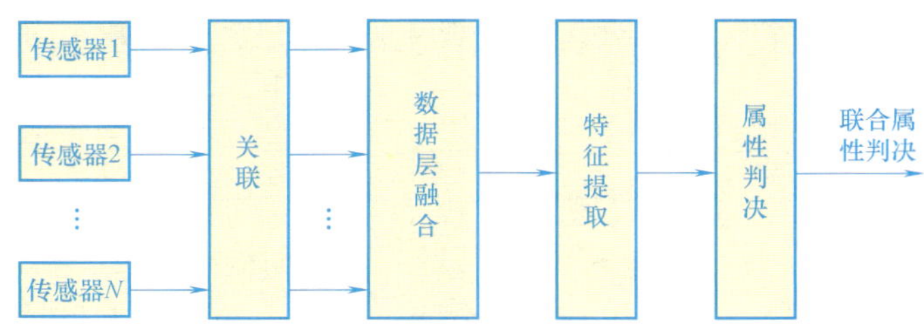

图 3-117　数据层融合结构

（2）特征层融合

特征层融合结构如图 3-118 所示。在这种融合结构中，每个传感器单独观测目标并完成特征提取（特征可以是目标、速度、方向等），将提取出的特征信息进行相应的融合处理，实现目标的身份估计过程。相比数据层融合，特征层融合计算量适中，较易实现。因此，在多数情况下特征层融合的应用范围更加广泛。

（3）决策层融合

决策层融合结构如图 3-119 所示。决策层融合首先通过多个同类或异类传感器对目标

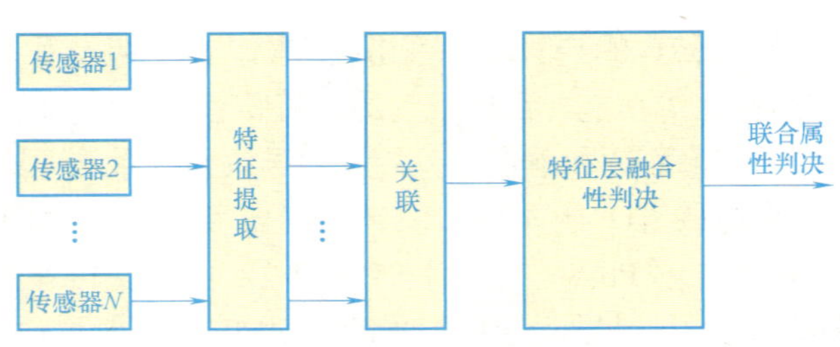


图 3-118　特征层融合结构

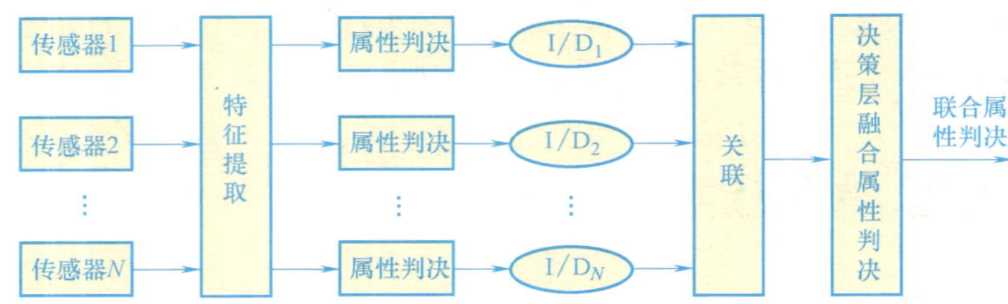


图 3-119　决策层融合结构[34]



进行初步判决，在这个过程中，每个传感器独立对数据进行采样、预处理、特征提取、判决等步骤。在将数据送到融合中心之前，通过关联将各个传感器获得的判决信息进行关联处理，这样能够进一步地提高目标的判别精度，在融合中心完成判决过程，获得各个传感器的最终融合结果。决策层信息融合是所有融合过程中最重要的环节。

通常情况下，处理越靠近信源的数据，应该获得相对来说更加精确的精度。因此，在上述三种层次中，数据层融合的处理精度要高于特征级融合的处理精度，特征层融合的处理精度要高于决策层融合的处理精度。此外，信息融合层次的选择与所用传感器的类型、传感器所进行的预处理及系统的实现都有关系。上述三种信息融合层次的对比见表 3-10。

表 3-10　三种信息融合层次的对比

| 融合模型 | 计算量 | 容错性 | 信息损失 | 精度 | 抗干扰性 | 难度 | 实时性 | 融合水平 |
|---|---|---|---|---|---|---|---|---|
| 数据层 | 大 | 差 | 小 | 高 | 差 | 难 | 差 | 低 |
| 特征层 | 中 | 中 | 中 | 中 | 中 | 中 | 中 | 中 |
| 决策层 | 小 | 好 | 大 | 低 | 好 | 易 | 好 | 高 |

除了上述的三种信息融合层次，如果从信息的输入和输出角度上划分，则又可以分为数据—特征—决策模型（Data—Feature—Decision，DFD）。该模型又可以细化为以下五种模式。

1）数据输入 - 数据输出融合（DAI-DAO）。

2）数据输入 - 特征输出融合（DAI-FEO）。

3）特征输入 - 特征输出融合（FEI-FEO）。

4）特征输入 - 决策输出融合（FEI-DEO）。

5）决策输入 - 决策输出融合（DEI-DEO）。

无论何种融合层次的模型，首先要考虑在融合系统中选择传感器的种类、传感器采用的组合形式，以及系统的输入输出形式的设定；其次考虑对需要处理的信息结构和形式进行筛选，确保通过融合系统后信息的准确度有所提高；最后考虑合理地对融合系统进行设计，以降低系统计算量，提高系统的运算速度和反应时间。确保融合系统实现以上三个方面的基本要求后，还需要多方面考虑实际应用中会涉及的问题，以确保系统的有效性和可靠性。

### 2. 多传感器信息融合结构



多传感器信息融合可以提高拥有多个传感器智能检测系统的性能，减少全体或单个传感器检测信息的损失。从传感器和融合中心信息流的关系来看，多传感器信息融合的结构主要有串联型结构、并联型结构和混联型结构。

串联型结构如图 3-120 所示。$N$ 个传感器分别接收各自的检测信息后，首先由传感器 1 做出局部判决 1，然后将它通信到传感器 2，而传感器 2 则将它自身的检测与局部判决 1 融合形成局部判决 2，信息继续向下传递直到传到传感器 $N$。最后，由传感器 $N$ 将它自身的检测与局部判决 $N-1$ 融合做出全局判决。这种结构的最大优点是信息损失最小，但数据互联较困难，而且要求系统必须具备大容量的能力，计算负担重，系统的生存能力也较差。

并联型结构如图 3-121 所示。$N$ 个传感器在收到未经过处理的原始数据之后，在 $N$ 个局部融合中分别做出判决，然后在融合中心通过融合得到全局判决。这种结构在分布式检测系统中的应用较为普遍，其最大优点是计算负担小，系统的生存能力较强，但是信息损失较大。

混联型结构如图 3-122 所示。它是串联型和并联型两种信息融合结构的结合，有多种形式。例如：总体是并联的，局部是串联的；或者总体是串联的，局部是并联的；或者串并联交叉等。混联型结构保留了串联型结构和并联型结构的优点。

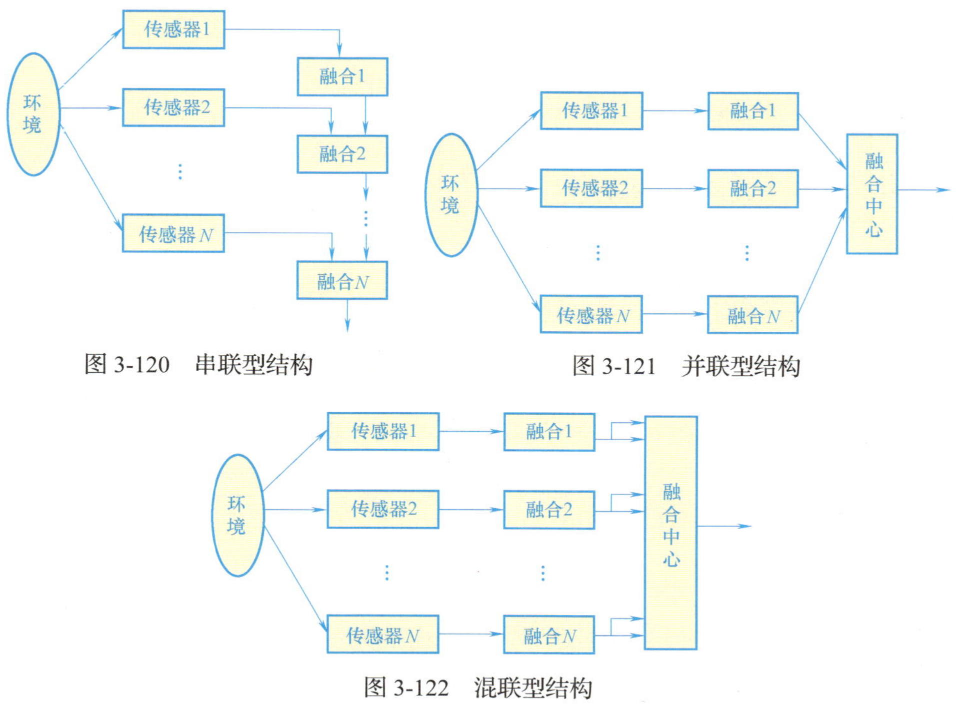


图 3-120　串联型结构

图 3-121　并联型结构

图 3-122　混联型结构

## 3.3.2 多传感器信息融合的方法

多传感器信息融合作为一种数据综合处理技术，实际上是许多传统学科和新技术的集成和应用。从信息融合的功能模型可以看到，融合的基本功能是相关、估计和识别，重点是估计和识别。相关处理要求对多传感器或多源测量信息的相关性进行定量分析，按照一定的判别原则，将信息分为不同的集合，每个集合的信息都与同一信源关联。解决相关问题的技术和算法有最邻近法则、最大似然法、最优差别、统计关联和联合统计观念等。常用的估计方法有卡尔曼滤波法、最大似然法和最小均方估计法等。由于信息源带有不确定性和随机性，因此目标识别技术涉及众多的不确定性处理方法。

### 1. 卡尔曼滤波法

卡尔曼滤波法的理论是建立在概率论的基础上的，应用最多的是随机变量及其分布、条件均值和条件方差。最优估计理论以众所周知的最小方差估计、最大后验估计、极大似然估计和最小二乘估计为基础。在推导卡尔曼滤波最优估计的递推公式时，通常采用最小方差估计，或者利用正交投影确定最优估计值。除了卡尔曼滤波公式（离散型和连续型）的推导外，还要研究滤波的渐近性质、误差分析和克服发散的方法，这是保证滤波方法达到预期效果的重要步骤，这两部分概括了卡尔曼滤波法的基本内容。

卡尔曼滤波属于变增益滤波，它是一种最优估计的递推滤波算法，具有实时性好和精度高的特点。它的具体计算过程如下：

离散卡尔曼滤波系统方程[35]：

状态方程

$$\boldsymbol{X}(k+1)=\boldsymbol{\Phi}(k+1|k)\boldsymbol{X}(k)+\boldsymbol{G}(k)\boldsymbol{w}(k) \tag{3-37}$$

量测方程

$$\boldsymbol{Z}(k)=\boldsymbol{H}(k)\boldsymbol{X}(k)+\boldsymbol{v}(k) \tag{3-38}$$

式中 $\boldsymbol{X}(k+1)$——$k+1$ 时刻系统的状态估计向量；

$\boldsymbol{\Phi}$——系统的状态转移矩阵；

$\boldsymbol{G}(k)$——状态噪声加权矩阵；

$\boldsymbol{w}(k)$——系统的噪声向量；

$\boldsymbol{Z}(k)$——$k$ 时刻的量测向量；

$\boldsymbol{H}(k)$——量测转移矩阵；

$\boldsymbol{v}(k)$——$k$ 时刻的量测噪声向量。

卡尔曼滤波要求 $\boldsymbol{w}(k)$ 和 $\boldsymbol{v}(k)$ 为互不相关的零均值高斯白噪声序列，且满足

$$\left.\begin{aligned}E[\boldsymbol{w}(k)\boldsymbol{w}^{\mathrm{T}}(i)]&=\boldsymbol{Q}(k)\delta_{ki}\\E[\boldsymbol{v}(k)\boldsymbol{v}^{\mathrm{T}}(i)]&=\boldsymbol{R}(k)\delta_{ki}\\E[\boldsymbol{w}(k)\boldsymbol{v}(i)]&=0\end{aligned}\right\} \tag{3-39}$$

式中 $\boldsymbol{Q}(k)$、$\boldsymbol{R}(k)$——$k$ 时刻的状态噪声矩阵和量测噪声矩阵；

$\delta_{ki}$——Kronecker 函数，具有 $\delta_{ki}=0(k\neq i)$、$\delta_{ki}=1(k=i)$ 的性质。

卡尔曼滤波是一种最优化自回归数据处理算法，该算法的流程图如图 3-123 所示。

离散卡尔曼滤波主要分为时间更新和量测更新两部分。

一步状态预测方程为

$$\hat{\boldsymbol{X}}(k \mid k-1)=\boldsymbol{\Phi}(k \mid k-1)\hat{\boldsymbol{X}}(k-1 \mid k-1) \tag{3-40}$$

一步协方差预测方程为

$$\boldsymbol{P}(k+1 \mid k)=\boldsymbol{\Phi}(k+1 \mid k)\boldsymbol{P}(k \mid k)\boldsymbol{\Phi}^{\mathrm{T}}(k+1 \mid k)+\boldsymbol{G}(k)\boldsymbol{Q}(k)\boldsymbol{G}^{\mathrm{T}}(k) \tag{3-41}$$

滤波增益更新方程为

$$\hat{\boldsymbol{X}}(k+1 \mid k+1)=\hat{\boldsymbol{X}}(k+1 \mid k)+\boldsymbol{K}(k+1)[\boldsymbol{Z}(k+1)-\boldsymbol{H}(k+1)\hat{\boldsymbol{X}}(k+1 \mid k)] \tag{3-42}$$

协方差更新方程为

$$\boldsymbol{P}(k+1 \mid k+1)=[\boldsymbol{I}-\boldsymbol{K}(k+1)\times\boldsymbol{H}(k+1)]\boldsymbol{P}(k+1 \mid k) \tag{3-43}$$

算法通过预测值与量测值进行比较，并结合协方差的变化对状态估计值进行加权修正。卡尔曼滤波算法可以归纳为预测、量测和修正的递推循环过程。

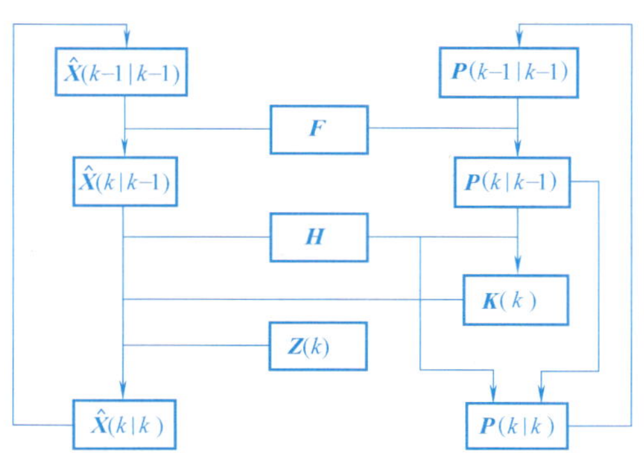


图 3-123　卡尔曼滤波算法的流程图

### 2. 贝叶斯估计理论

贝叶斯估计为数据融合提供了一种手段，是融合静态环境中多传感器高层信息的常用方法。它使传感器信息依据概率原则进行组合，测量不确定性以条件概率表示，当传感器组的观测坐标一致时，可以直接对传感器的数据进行融合，但大多数情况下，传感器测量数据要以间接方式采用贝叶斯估计进行数据融合。多贝叶斯估计将每一个传感器作为一个贝叶斯估计，将各个单独物体的关联概率分布合成一个联合的后验的概率分布函数，通过使用联合分布函数的似然函数为最小，提供多传感器信息的最终融合值，融合信息与环境的一个先验模型提供整个环境的一个特征描述。

贝叶斯滤波的步骤如下[39]：

1）假定在 $k-1$ 时刻已经获得了 $P(x_{k-1}|Z^{k-1})$，那么状态一步预测的概率密度函数为

$$p(x_k|Z^{k-1})=\int_{R^n} p(x_k|x_{k-1})p(x_{k-1}|Z^{k-1})\mathrm{d}x_{x-1},\ k\in N \tag{3-44}$$

其中

$$p(x_k|x_{k-1})=\int_{R^n}\delta[x_k-f_{k-1}(x_{k-1})]\rho(x_k)\mathrm{d}x_k=\rho[x_k-f_{k-1}(x_{k-1})] \tag{3-45}$$

而 $\delta(\cdot)$ 是 Dirac delta 函数。

2）在已获得 $p(x_k|Z^{k-1})$ 的基础上，计算得到量测一步预测的概率密度函数为

$$p(x_k \mid Z^{k-1})=\int_{R^n} p(z_k \mid x_k)p(z_k \mid x_k)\mathrm{d}x_k,\ k\in N \tag{3-46}$$

$$p(z_k \mid x_k) = \int_{R^n} \delta[z_k - h_k(x_{k-1})] v(z_k) \mathrm{d}z_k = v[z_k - h_k(x_k)] \quad (3\text{-}47)$$

而 $\delta$(·)是 Dirac delta 函数。

3）在 $k$ 时刻，已经获得新的量测数据 $z_k$，可以利用贝叶斯公式计算得到后验概率密度函数为

$$p(x_k \mid Z^k) = p(x_k k \mid Z^{k-1}, z_k) = \frac{p(x_k, z_k \mid Z^{k-1})}{p(x_k \mid Z^{k-1})} = \frac{p(z_k \mid x_k, Z^{k-1})}{p(z_k \mid Z^{k-1})} = \frac{v[z_k - h_k(x_k)] p(x_k \mid Z^{k-1})}{p(z_k \mid Z^{k-1})} \quad (3\text{-}48)$$

这就完成了滤波计算。但是，这种方法的困难在于概率密度函数的计算，即使在噪声为高斯分布的假设下，计算其他变量的分布也都是非常复杂的。

### 3.DS 证据理论

证据推理是贝叶斯推理的扩充，它有 3 个基本要点：基本概率赋值函数、信任函数和似然函数。DS 方法的推理结构是自上而下的，分三级：

1）第 1 级为目标合成，其作用是把来自独立传感器的观测结果合成为一个总的输出结果。

2）第 2 级为推断，其作用是获得传感器的观测结果并进行推断，将传感器观测结果扩展成目标报告。这种推理的基础是，一定的传感器报告以某种可信度在逻辑上会产生可信的某些目标报告。

3）第 3 级为更新，各种传感器一般都存在随机误差，因此在时间上充分独立地来自同一传感器的一组连续报告比任何单一报告更可靠。因此，在推理和多传感器合成之前，要先组合（更新）传感器的观测数据。

（1）证据理论的基本概念

设 $U$ 表示 $X$ 所有可能取值的一个论域集合，且所有 $U$ 内的元素间是互不相容的，则称 $U$ 为 $X$ 的识别框架。

#### 定义 1

设 $U$ 为一识别框架，则函数 $m$：$2^U \to [0, 1]$ 在满足下列条件：

1）$m(\Phi)=0$

2）$\sum_{A \in U} m(A) = 1$

时，称 $m(A)$ 为 $A$ 在识别框架 $U$ 上的基本概率赋值，$\Phi$ 为空集。$m(A)$ 表示对命题 $A$ 的精确信任程度，表示了对 $A$ 的直接支持。

#### 定义 2

设 $U$ 为一识别框架，$m$：$2^U \to [0, 1]$ 是 $U$ 上的基本概率赋值，定义函数 $BEL$：$2^U \to [0, 1]$

$$BEL(A) = \sum_{B \in A} m(B) \quad (\forall A \in U) \quad (3\text{-}49)$$

称该函数是 $U$ 上的信任函数。$BEL(A) = \sum_{B \in A} m(B)$ 表示 $A$ 的所有可能性度量之和，即表示

为对 $A$ 的总信任，从而可知 $BEL(\Phi)=0$，$BEL(U)=1$。

**定义 3**

若识别框架 $U$ 的一子集 $A$，具有 $m(A)>0$，则称 $A$ 为信任函数 $BEL$ 的焦元，所有的焦元并称为核。对于 $A$ 的不知道的信息可以用 $\overline{A}$ 的信任度来度量。

**定义 4**

设 $U$ 为一识别框架，定义 $PL$：$2^U\to[0, 1]$ 为

$$PL(A)=1-BEL(A)=\sum_{B\cap A\neq\Phi}m(B) \tag{3-50}$$

$PL$ 称为似真度函数。

$PL(A)$ 表示不否定 $A$ 的信任度，是所有与 $A$ 相交的集合的基本概率赋值之和，且有 $BEL(A)\leqslant PL(A)$，并以 $PL(A)-BEL(A)$ 表示对 $A$ 不知道的信息，规定的信任区间 $(BEL(A), PL(A))$ 描述 $A$ 的不确定性。

（2）证据理论的组合规则

证据理论中的组合规则提供了组合两个证据的规则。设 $m_1$ 和 $m_2$ 是 $2^U$ 的两个相互独立的基本概率赋值，现在的问题是如何确定组合后的基本概率赋值：$m=m_1\oplus m_2$。

**定义 5**

设 $BEL_1$ 和 $BEL_2$ 是同一识别框架 $U$ 上的两个信任函数，$m_1$ 和 $m_2$ 分别是其对应的基本概率赋值，焦元分别为 $A_1$，$A_2$，$A_3$，…，$A_k$ 和 $B_1$，…，$B_r$，同时假设

$$m(A)=\sum_{B\in A}(-1)^{|A-B|}BEL(B)\quad(\forall A\in U) \tag{3-51}$$

则

$$M(C)=\begin{cases}\sum\limits_{i,j}m_1(A_i)m_2(B_j) & \\ 1-K_1 & \forall C\subset U, C\neq\Phi \\ 0 & C=\Phi\end{cases} \tag{3-52}$$

其中，若 $K_1\neq 1$，则 $m$ 确定一个基本概率赋值；若 $K=1$，则认为 $m_1$、$m_2$ 存在矛盾，不能对基本概率赋值进行组合。

对于多个证据的组合可以采用定义 5 给出的 Dempster 证据组合规则进行两两组合。

设 $A$、$B\in U$，$A$、$B$ 的证据间隔分别为

$$\begin{aligned}EI_1(A)&=[BLE_1(A), PL_1(A)]\\ EI_2(B)&=[BLE_2(B), PL_2(B)]\end{aligned} \tag{3-53}$$

则组合后的证据间隔为

$$EI_1(A)\oplus EI_2(B)=[1-K_2(1-BEL_1(A))(1-BEL_2(B)), K_2PL_1(A)PL_2(B)] \tag{3-54}$$

$$K_2=\{1-[BEL_1(A)BEL_2(\overline{B})BEL_1(\overline{A})BEL_2(B)]\}^{-1} \tag{3-55}$$

### 4. 神经网络

神经网络具有很强的容错性以及自学习、自组织和自适应能力，能够模拟复杂的非线性映射。神经网络的这些特性和强大的非线性处理能力，恰好满足了多传感器信息融合技术处理的要求。在多传感器系统中，各信息源所提供的环境信息都具有一定程度的不确定性，对这些不确定信息的融合过程实际上是一个不确定性推理过程。神经网络根据当前系统所接收的样本相似性确定分类标准，这种确定方法主要表现在网络的权值分布上，同时，可以采用神经网络特定的学习算法来获取知识，得到不确定性推理机制。利用神经网络的信号处理能力和自动推理功能，即实现了多传感器信息融合。

### 5. 小结

目前，多传感器数据决策技术被国内外学者所重视，出现了大量的关于数据决策方面的理论和算法，但是由于受数据的属性和数据的类型等方面的制约，对于多传感器数据决策问题还没有形成统一的理论框架和唯一的算法分类。在多传感器数据决策领域，主流的决策方法有统计法、经典推理法、贝叶斯推理法、模板法、表决法、自适应神经网络和 DS 证据理论等。



## 参考文献


[1] 贺桂芳 . 汽车与工程机械用传感器 [ M ] . 北京：人民交通出版社，2002.

[2] 康拉德 . 莱夫 .BOSCH 汽车电气与电子 [ M ] . 孙泽昌，等译 .2 版 . 北京：北京理工大学出版社，2014.

[3] 冈萨雷斯，伍兹 . 数字图像处理 [ M ] . 阮秋琦，阮宇智，等译 .3 版 . 北京：电子工业出版社，2017.

[4] 米本和也 .CCD/CMOS 图像传感器基础与应用 [ M ] . 陈榕庭，彭美柱，译 . 北京：科学出版社，2006.

[5] FERNANDES L A F，OLIVEIRA M M.Real-time Line Detection Through an Improved Hough Transform Voting Scheme [ J ] .Pattern Recognition，2008，41（1）：299-314.

[6] YOO H，YANG U，SOHN K.Gradient-Enhancing Conversion for Illumination-Robust Lane Detection [ J ] .IEEE Transactions on Intelligent Transportation Systems，2013，14（3）：1083-1094.

[7] BROGGI A，CATTANI S.An Agent Based Evolutionary Approach to Path Detection for Off-road Vehicle Guidance [ J ] .Pattern Recognition Letters，2006，27（11）：1164-1173.

[8] AHMED K，MUNIR M S，SHIHAVUDDIN A S M，et al.Towards Autonomous Robot Operation：Path Map Generation of an Unknown Area by a New Trapezoidal Approximation Method Using a Self Guided Vehicle and Shortest Path Calculation by a Proposed SRS Algorithm [ C ] // Pacific Rim International Conference on Artificial Intelligence.Heidelberg：Springer，2008：593-602.

[9] XIA S，ZHANG J，LU K，et al.Road Detection via Unsupervised Feature Learning [ C ] // International Conference on Image and Vision Computing New Zealand.IEEE，2016：1-6.

[10] JIA B，CHEN J，ZHANG K.Recursive Drivable Road Detection with Shadows Based on Two-

camera Systems［J］.Machine Vision & Applications，2017，28（5-6）：509-523.

［11］VEGA-RODRIGUEZ M A.Review：Feature Extraction and Image Processing［J］.The Computer Journal，2004，47（2）：271-272.

［12］李航.统计学习方法［M］.北京：清华大学出版社，2012.

［13］GIRSHICK R，DONAHUE J，DARRELL T，et al.Rich Feature Hierarchies for Object Detection and Semantic Segmentation［C］//Proceedings of the IEEE Conference on Computer Vision and Pattern Recognition，2014.

［14］GIRSHICK R.Fast R-CNN［J］.Computer Science，2015：1440-1448.

［15］REN S，HE K，GIRSHICK R，et al.Faster R-CNN：Towards Real-Time Object Detection with Region Proposal Networks［J］.IEEE Transactions on Pattern Analysis & Machine Intelligence，2015，39(6)：1137-1149.

［16］REDMON J，DIVVALA S，GIRSHICK R，et al.You only Look Once：Unified，Real-time Object Detection［C］//Proceedings of the IEEE Conference on Computer Vision and Pattern Recognition，2016：779-788.

［17］LIU W，ANGUELOV D，ERHAN D，et al.SSD：Single Shot MultiBox Detector［C］//European Conference on Computer Vision.Springer，Cham，2016：21-37.

［18］CHEN L C，PAPANDREOU G，KOKKINOS I，et al.Deeplab：Semantic Image Segmentation with Deep Convolutional Nets，Atrous Convolution，and Fully Connected CRFs［J］.IEEE Tansactions on Pattern Analysis and Machine Intelligence，2016，40（4）：834-848.

［19］HOCHREITER S，SCHMIDHUBER J.Long Short-term Memory［J］.Neural Computation，1997，9（8）：1735-1780.

［20］LI B，YAN J，WU W，et al.High Performance Visual Tracking with Siamese Region Proposal Network［C］//Proceedings of the IEEE Conference on Computer Vision and Pattern Recognition，2018：8971-8980.

［21］LI B，WU W，WANG Q，et al.SiamRPN++：Evolution of Siamese Visual Tracking with Very Deep Networks［C］//Proceedings of the IEEE Conference on Computer Vision and Pattern Recognition，2019：4282-4291.

［22］WANG Q，ZHANG L，BERTINETTOL，et al.Fast Online Object Tracking and Segmentation：A Unifying Approach［C］//Proceedings of the IEEE Conference on Computer Vision and Pattern Recognition，2019：1328-1338.

［23］SKOLNIK M.雷达系统导论［M］.左群声，徐国良，马林，等译.3版.北京：电子工业出版社，2007.

［24］吴顺君，梅晓春，等.雷达信号处理和数据处理技术［M］.北京：电子工业出版社，2008.

［25］何友，关键，孟祥伟，等.雷达目标检测与恒虚警处理［M］.2版.北京：清华大学出版社，2011.

［26］吴礼.近程毫米波LFMCW雷达多目标信号分析与处理方法研究［D］.南京：南京理工大学，2008.

[27] 高增敏，王首勇，郑作虎，等 . 一种适用于机动目标跟踪的改进卡尔曼滤波算法［J］. 空军预警学院学报 .2011，25（5）：339-342.

[28] 戴永江 . 激光雷达原理［M］. 北京：国防工业出版社，2002.

[29] 陈晓清，马君国，赵宏钟，等 . 激光成像雷达自动目标识别技术综述［J］. 现代防御技术，2009，37（06）：114-117，140.

[30] SPALANZANI A，RIOSMARTINEZ J，LAUGIER C，et al.Handbook of Intelligent Vehicles［M］.London：Springer London，2012.

[31] 黄丽萍，和军平，倪龙，等 . 汽车可视倒车雷达预警系统的设计与实现［J］. 计算机测量与控制，2010，18（1）：150-152.

[32] 崔晓川，邹博维，孙明，等 . 倒车雷达探测范围测量方法及准确度分析［J］. 中国测试，2016，42（5）：42-45.

[33] 黄文，邵丽青 . 自动泊车系统的智能化发展［J］. 汽车与配件，2012（32）：32-34.

[34] 何友，王国宏，陆大淦，等 . 多传感器信息融合及应用［M］. 北京：电子工业出版社，2007.

[35] 梁百川 . 多传感器信息融合决策研究［J］. 航天电子对抗，1994（3）：9-18.

[36] 张明路，戈新良，唐智强，等 . 多传感器信息融合技术研究现状和发展趋势［J］. 河北工业大学学报，2003，32（2）：30-35.

[37] 游林儒，张晋格，王炎 . 一种多源信息融合方法及其应用［J］. 哈尔滨工业大学学报，2000，32（4）：101.

[38] 王力 . 基于 DS 证据理论的多传感器数据融合算法研究与应用［D］. 太原：太原理工大学，2015.

[39] 彭力 . 信息融合关键技术及其应用［M］. 北京：冶金工业出版社，2010.

[40] 倪明，单渊达 . 证据理论及其应用［J］. 电力系统自动化 .1996，20（3）：76-80.

# 第 4 章 导航与定位技术

## 4.1 电子地图技术

地图是依据一定的绘制法则，使用制图方法，通过制图综合在一定的载体上，为表达地球（或其他天体）上各种事物的空间分布、联系及时间中的发展变化状态而绘制的图形。

电子地图是存储于计算机可识别的介质上，具有确定坐标和属性特征，按特殊数学法则构成的地理现象离散数据的有序组合，并可通过可视化在屏幕上显示的地图种类。

电子地图产品主要包括导航电子地图、辅助驾驶地图、高精度电子地图、动态高精度地图、高精度特征地图几类，主要针对不同级别的智能汽车。其中，导航电子地图和辅助驾驶地图产品形态较为成熟，而高精度电子地图和动态高精度地图的产品形态仍在探索。

### 4.1.1 导航电子地图

#### 1. 数据概况

导航电子地图是由道路、背景、注记和兴趣点组成的矢量地图，用于实现导航软件定位、索引、路径规划和引导功能。

导航电子地图以人类用户作为服务对象，除了上述的矢量数据外，也有辅助驾驶人进行判断的一些附加数据，如路口实景放大图、三维建筑物、引导语音等。

导航电子地图产品形态如图 4-1 所示。

#### 2. 基本参数

导航电子地图的主要参数指标如下：

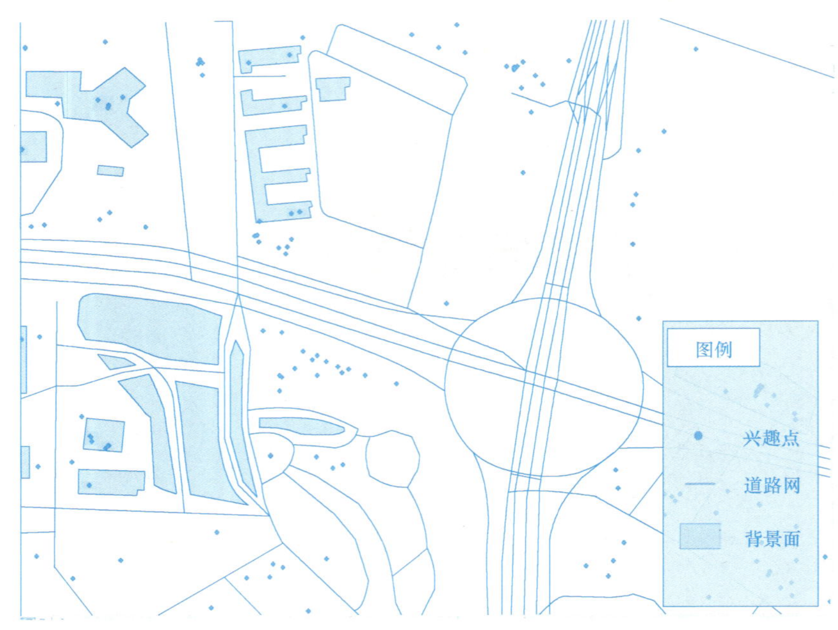


图 4-1　导航电子地图产品形态

1）数据精度：10m。

2）源数据：GPS（全球定位系统）轨迹。

3）主要数据内容：道路网数据、兴趣点数据、背景数据、引导数据。

4）适用智能车级别：L0。

### 3. 主要数据内容

（1）道路网数据

道路网由道路序列（Link）和节点（Node）构成，用于描述道路属性并表达道路之间的连接关系，是支持导航系统端路径计算功能的基础数据。

1）Link。Link 主要用来描述道路。现实中的道路按照一定的规则抽象成一段或多段矢量线状对象，通过 Link 对道路的形状、属性等信息在地图上进行表达，如图 4-2 所示。

2）Node。Node 用于表达道路间的连接关系，多用于路径计算。导航软件中路径规划经典的迪杰斯特拉（Dijkstra）算法主要是基于节点的运算。导航电子地图基本路网如图 4-3 所示。

导航电子地图中没有对路口实体进行描述，路口是通过道路 Link 相交而成的节点构成的。一个路口可能由一个 Node 点或一个 Node 点集构成，如图 4-4 所示。

3）交通规制。交通规制数据主要用于干预路径计算和指导驾驶人行为。根据应用场景不同，交通规制主要包含以下四类信息：

① 禁止通行：禁止车辆从一条 Link 驶入另一条 Link。

图 4-2　导航电子地图道路 Link

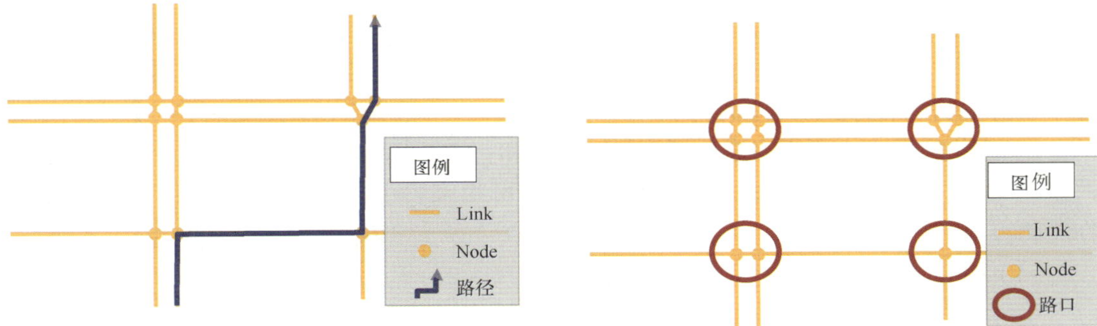


图 4-3　导航电子地图基本路网　　图 4-4　导航电子地图中的路口

② 有条件通行：在满足一定条件的情况下允许通行，常用于小区大门等有门禁的场所。

③ 引导通行：可以正常通行，但路况特殊，需要语音指引，如分歧合流路口、道路分叉路口处，配合语音引导数据使用。

④ 驾驶行为提示：用于提示驾驶人行为，如限速、上下坡等。

（2）兴趣点数据

兴趣点（Point of Interest，POI），是指一些酒店、商场等人们经常出入的目的地。可以通过导航软件的搜索功能在地图上进行定位显示，并通常被设置为导航的起止点。

在导航数据中，一个独立的 POI 通常用一个点来表示。而大型的 POI，如商场、机场、地铁站等，也会对出入口进行独立描述。对于用多个点来表示的大型 POI 来说，有一个主点可用于显示，出入口点可用作检索。

导航电子地图 POI 的表达如图 4-5 所示。

（3）背景数据

背景数据主要用于引擎端的地图显示功能，由于导航软件的用户群体是驾驶人（即人类），所以对导航数据产品的显示效果有美观的要求。

图 4-5　导航电子地图 POI 的表达



从数据的几何特点上分，背景数据可以分为三类：点状数据、线状数据和面状数据。

1）点状数据：主要指注记数据，用来表示一些重要地理要素的名称，如省会名称、道路名称、水系名称、POI 名称等。

2）线状数据：主要用来表达低等级的水系和行政区划线。

3）面状数据：背景数据的主要表现形式，可用来表示行政区域、水系、绿地、建筑物轮廓等。

（4）引导数据

引导数据主要用于导航功能中，在道路分歧口等容易给驾驶人带来困扰的地方，给驾驶人更直观的引导指令，通常为路口模式图或路口实景图。

导航电子地图中常见的路口模式图如图 4-6 所示。

图 4-6　导航电子地图中常见的路口模式图

## 4.1.2 辅助驾驶地图

### 1. 数据概况

辅助驾驶地图是导航电子地图到高精度电子地图之间的过渡产品。其数据精度和粒度介于两者之间，主要服务于 L3 级别以下的辅助驾驶系统。

辅助驾驶地图作为导航电子地图内容的补充，在导航电子地图路网数据的基础上，为车辆控制系统提供曲率、坡度、高程、航向等更加丰富的道路构造参数，用于加减速、转向控制等辅助驾驶功能。

### 2. 基本参数

辅助驾驶地图的主要参数指标如下：

1）数据精度：2 ~ 5m。

2）源数据：GPS 轨迹、惯导数据。

3）主要数据内容：曲率、坡度、高程、航向。

4）适用智能车级别：L1、L2。

### 3. 主要数据内容

（1）曲率

曲率取拟合圆弧半径的倒数，通过道路几何或车道几何生成。曲率表示车道形状弯曲的尺度，曲率越大，表示车道形状的弯曲程度越大。曲率点在直线段的密度很小，随着曲率增加，密度逐渐增大。

曲率示意图如图 4-7 所示，曲率 =1/$R$。

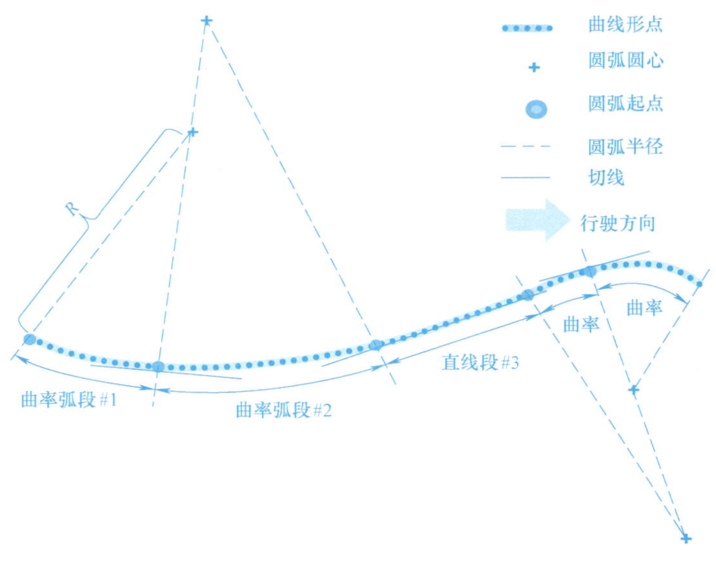


图 4-7　曲率示意图

（2）坡度

坡度分为纵坡和横坡。纵坡指路面的陡缓程度，横坡指路面的横向倾斜度，通常以坡

面的垂直高度 $h$ 和水平宽度 $l$ 之比表示。坡度示意图如图 4-8 所示。

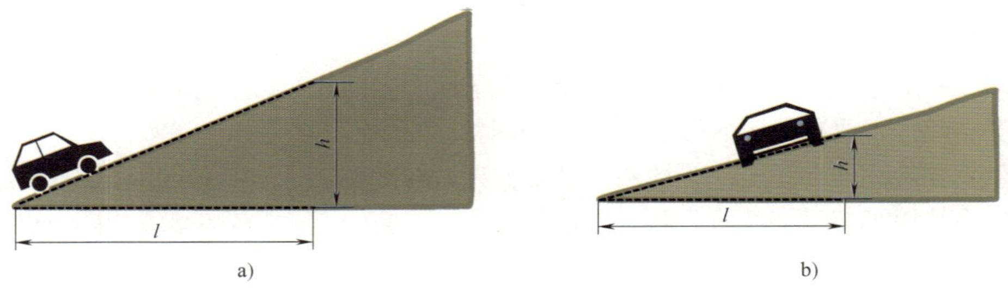


图 4-8　坡度示意图

a）纵坡　b）横坡

（3）高程

某点沿铅垂线方向到绝对基面的距离称为绝对高程，简称高程。导航电子地图是以经纬度表示的二维地图，辅助驾驶地图中以离散的点补充路面的高程数据，一般以真实值或者区间范围分档进行表示。

任意地面点 $P$ 的高程为 $H_P$，高程示意图如图 4-9 所示。

（4）航向

一般用航向角来表达当前车道的航向，取值为正北方向与形状点处（拟合曲率圆）切线顺时针方向的夹角。

航向示意图如图 4-10 所示，航向角为 $\alpha$。

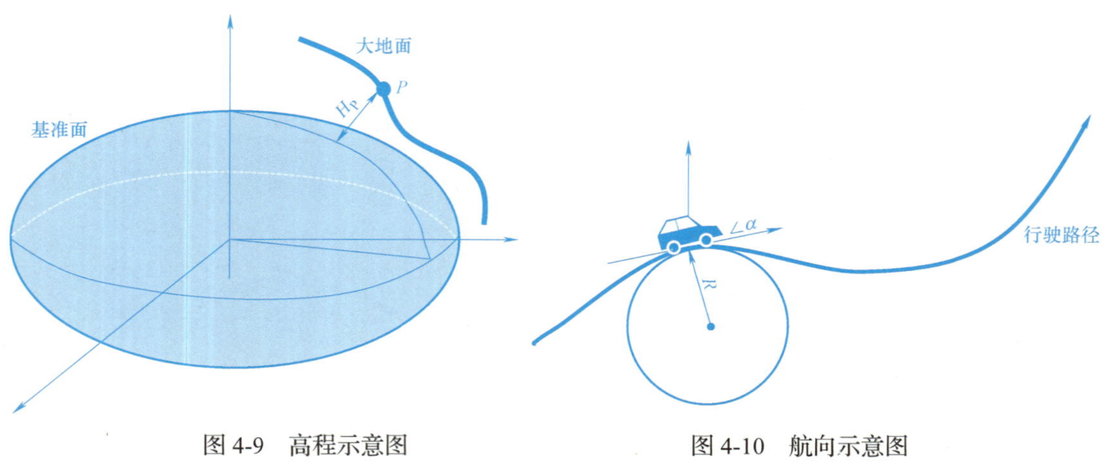


图 4-9　高程示意图　　图 4-10　航向示意图

## 4.1.3　高精度电子地图

### 1. 数据概况

高精度电子地图，也被称为高分辨率地图（High-Definition Map，HD Map）或高度自动驾驶地图（Highly-Automated Driving Map，HAD Map），是面向 L3 及以上级别智

能汽车的电子地图产品。相比于导航电子地图和辅助驾驶地图，高精度电子地图拥有更高的精度和更细的粒度，在感知、决策、规划、控制等各环节为智能汽车提供地图服务。

在高精度电子地图发展的初期，对它的应用主要集中在两个方面：①车道级别的路径规划；②高精度辅助定位。高精度电子地图最初主要是以静态的方式对现实中的车道进行模型化表达，并将路侧地理设施进行矢量化。随着研究的深入，高精度电子地图承担起了更多的功能，作为多源异构数据融合的统一时空基准，高精度电子地图正在向云端化、动态化、平台化的方向演变。

高精度电子地图的基本形态如图 4-11 所示。

图 4-11　高精度电子地图的基本形态

## 2. 基本参数

高精度电子地图的主要参数指标如下：

1）数据精度：10 ~ 30cm。

2）源数据：点云、图像、高精度定位。

3）主要数据内容：车道网、道路地物。

4）适用智能车级别：L3、L4。

## 3. 主要数据内容

（1）车道网

车道网数据由图 4-12 所示的 4 个层次的数据构成，从上到下的数据是依赖关系，上层数据依赖于下层数据。

1）车道区间。车道区间，在欧洲导航地图标准（Navigation Data Standard，NDS）中定义为 Lane Group，在 ISO 智能交通地理数据库标准（Geographic Data Files，GDF）中定义为 Lane Section。

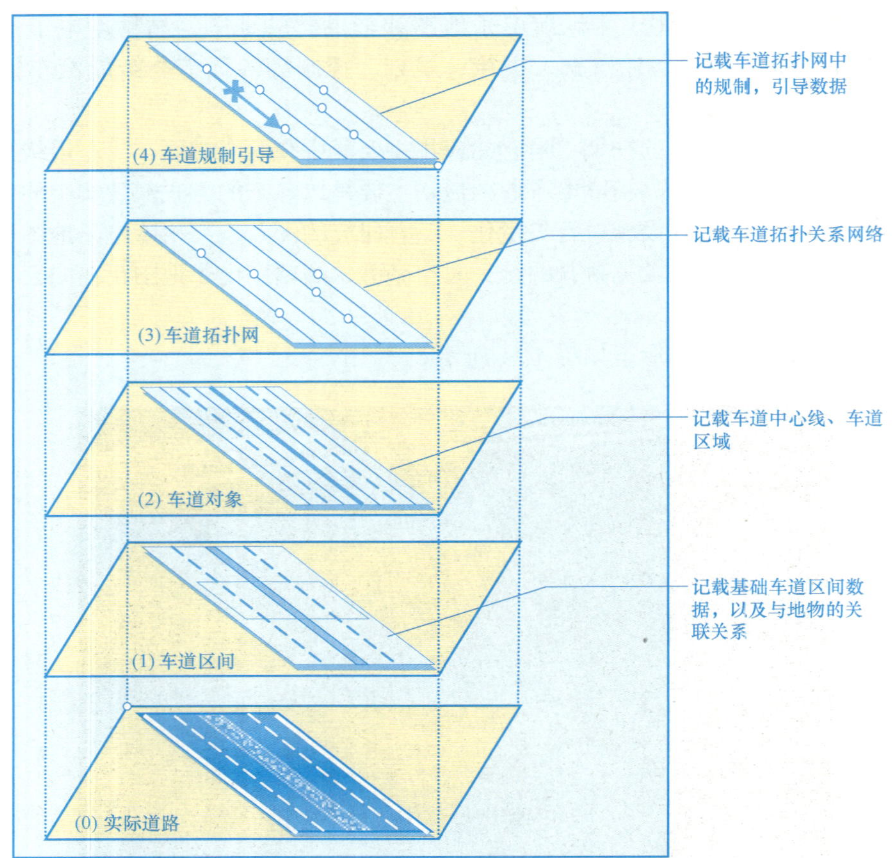


图 4-12　车道网层次图

一条道路由多个连续的车道区间构成，每个车道区间由车道数保持不变的多条平行车道构成。车道区间根据道路的属性变化进行分割，是独立车道 Link 的最小管理单元。车道数发生变化时，必须对道路进行分割，生成新的车道区间；如果名称、种类、限速等其他属性发生变化，则应根据需求灵活处理。

车道区间的分割如图 4-13 所示。

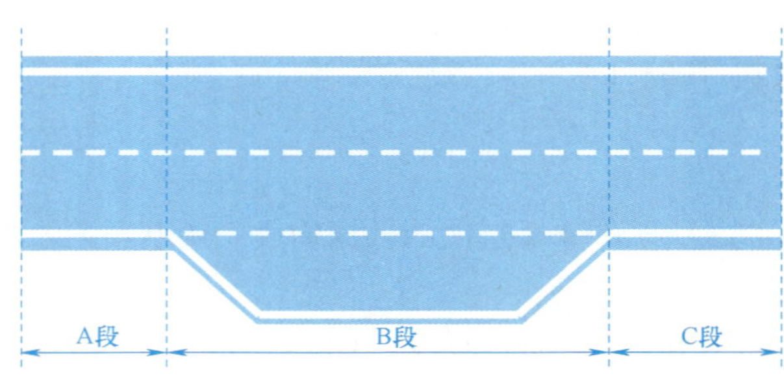


图 4-13　车道区间的分割

2）车道对象。车道对象是自动驾驶和高级辅助驾驶系统中实现车道横向定位并保持车辆在车道中央行驶的重要数据参照。高精度电子地图中对车道的描述主要分为形状描述和属性描述两大类。

形状描述：对车道的物理形状进行精准描绘。形状描述有图4-14所示的三种表达方式：①车道边线描绘；②车道中心线描绘；③车道范围描绘。其中前两种表达方式在导航领域较为常用，对车道范围的描绘主要用于智能交通领域。

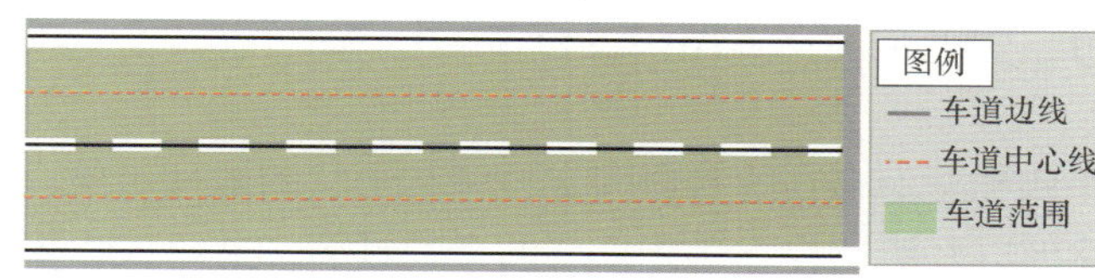


图4-14 车道形状的描述

属性描述：对车道的属性进行表达，包括车道编号、车道类型、曲率坡度等构造参数以及与道路地物的关联关系。

3）车道拓扑网。车道拓扑网与道路拓扑网一致，是由Link和Node构成的，主要描述车道间的连通关系，常用于车道级别的路径计算。

车道拓扑网的生成依赖于车道区间的分割规则，车道区间的打断处产生节点（Node），从而将一条连续的车道根据属性变化分割成若干条序列（Link）。车道Link在形状上表现为一条车道的中心线，在路口无车道处，使用虚拟连接线保证车道拓扑网的连通。

车道拓扑网的表现形式如图4-15所示。

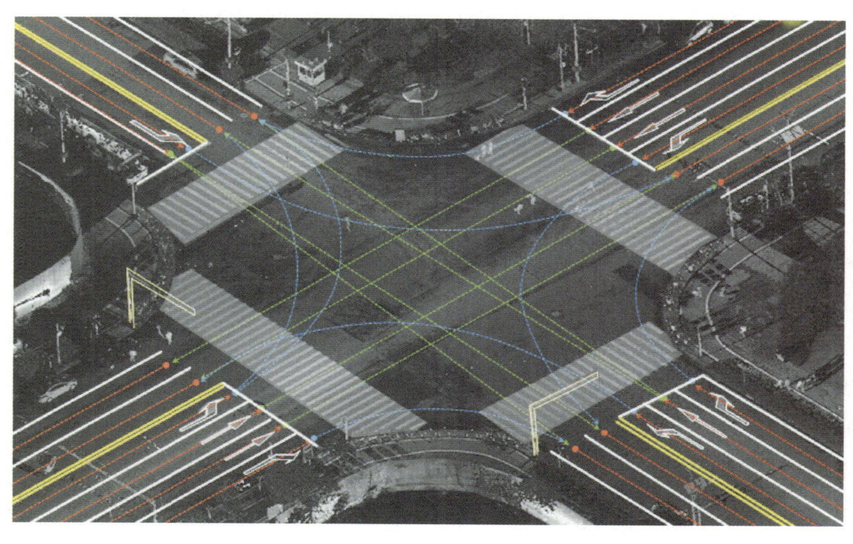

图4-15 车道拓扑网的表现形式

4）车道级规制数据。车道级规制数据主要包括车道自身的限制和车道间移动的限制。

车道自身的限制包括：

① 条件限制：限高、限重、限速、限宽、限轴承等限制要求。

② 车种限制：如公交专用道、快速公交专用道。

③ 方向限制：常用于路口不允许特定方向通行。

车道间移动的限制包括：

① 禁止变道：禁止同向平行车道间的左右移动。

② 禁止借道超车：禁止向对向道路借道超车。

（2）道路地物

道路地物是指路侧和路面存在的具有固定位置和形状的地理对象，可以是路面上印刷形成的道路标线或路面以及路侧存在物理性状的交通设施。道路地物主要用于辅助自动驾驶以及高级辅助驾驶车辆进行高精度定位，其中部分沿道路走向连续的链状安全设施数据可以用于紧急情况下的辅助决策。

1）路面印刷标线。国家标准 GB 5768—2009《道路交通标志和标线》中规定，印刷在路面的指示标线包含禁止标线、指示标线和警告标线，常见的有车道标线、停止线、导流线、人行横道线、紧急停车线、指示箭头、停车位标线等。

2）物理交通设施。物理交通设施是指设置在路侧或路面用于交通指引或安全防护的设施装备。根据其空间特点以及对道路交通的影响可分为以下 5 类：

① 路侧链状设施：如护栏、路缘石、沟渠、隔音屏等。

② 路侧离散装置：如杆、指示牌、信号灯等。

③ 高起跨越结构：如龙门架、隧道顶、天桥、收费站顶等。

④ 路面横跨：如减速带。

⑤ 路面纵向分流：特定区域分流使用，如收费岛、收费岗亭以及闸机。

3）大型道路设施。大型道路设施指路网范围外，车辆可通行的大型区域，如服务区、停车场等。

## 4.1.4 动态高精度地图

### 1. 数据概况

动态高精度地图不同于传统的导航电子地图或者高精度电子地图，它采用以数据作为交付的方式提供给客户进行使用。动态高精度地图在高精度电子地图的基础上结合云计算、大数据等技术为用户提供高精度的地图与交通信息服务，同时通过终端用户的众包数据实现云端高精度地图数据的实时更新。

目前动态高精度地图仍在研究阶段，国内尚无统一的认识与标准，日本已研发出了平台原型。该平台可以通过云端发布高精度电子地图数据与车道级交通信息。日本高精度地图数据平台架构如图 4-16 所示。

日本的动态高精度地图原型如图 4-17 所示。

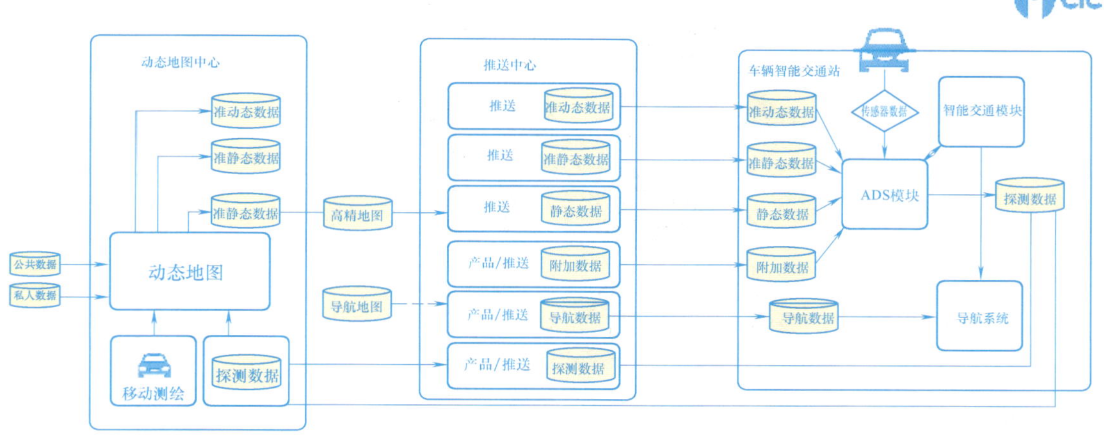


图 4-16 日本高精度地图数据平台架构

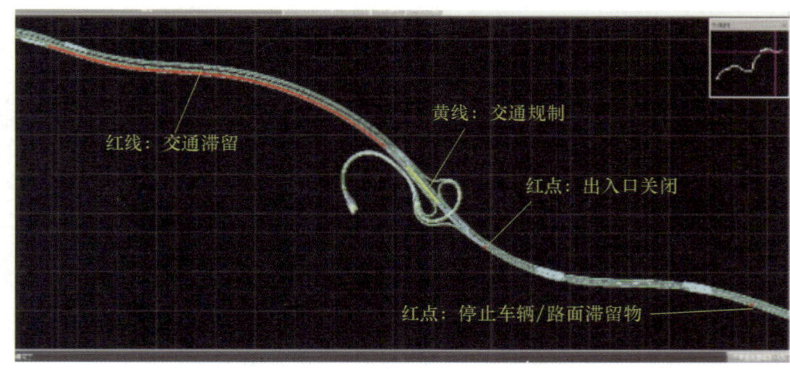


图 4-17 日本的动态高精度地图原型

## 2. 基本参数

动态高精度地图的主要参数指标如下：

1）数据精度：10 ~ 30cm。

2）源数据：点云、图像、高精度定位、终端轨迹。

3）主要数据内容：车道网、道路地物、交通事件、实时传感器数据。

4）适用智能车级别：L5。

## 3. 主要数据内容

（1）数据框架

动态高精度地图数据内容根据更新频率可分为四层：静态层、准静态层、准动态层、动态层。其中动态层位置数据在整个动态高精度地图框架下，但仅应用于 ITS 或 V2X 设备中，数据不会接入云端地图中心。

关于每层数据的内容以及更新频率仍在研讨之中。在现阶段，动态高精度地图数据分层如图 4-18 所示。

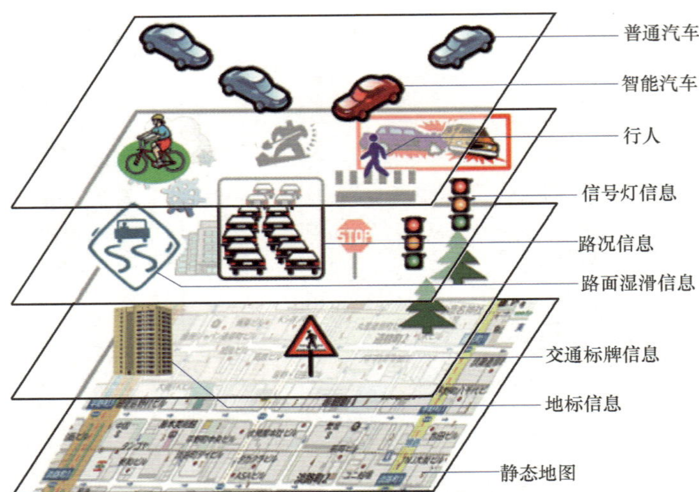


图 4-18　动态高精度地图数据分层

（2）数据分层原则

目前关于动态数据分层以及分层数据中包含的数据内容尚无统一的标准，ISO 正在针对动态数据的层次与内容进行相关的定义。基于当前的研究状态，对每层数据的相关定义如下：

1）静态层：高精度电子地图，更新频率以月或周为单位。

2）准静态层：点状地物以及部分道路属性（管制、禁行等），更新频率以小时为单位。

3）准动态层：交通事件（拥堵、事故等），更新频率以分钟为单位。

4）动态层：交通参与者实时位置，更新频率以秒为单位。

## 4.1.5　高精度特征地图

### 1. 数据概况

通过车辆搭载的传感器提供的数据，进行数据聚合、抽稀、压缩，基于特征定位数据格式，建设特征地图库，为车辆提供辅助定位；研究基于特征地图的动态信息更新技术，实现高精度特征地图的动态更新。基于毫米波雷达的道路特征数据如图 4-19 所示。

### 2. 数据分层原则

根据高精度特征地图应用功能，可分为以下几层：

1）定位层：自动驾驶车辆通过使用定位层确定其在车道上的位置，并通过定位层的反馈信息将周围传感器接收到的物体信息进行比较。以这种方式，车辆就能确认其与物体的相对位置。

2）规划层：用来计算自动驾驶过程中的各种操作（轨迹规划），包含道路路线、交通指示、最高车速、弯路和坡度等信息。例如，自动驾驶车辆可使用规划层确定何时应该变道。

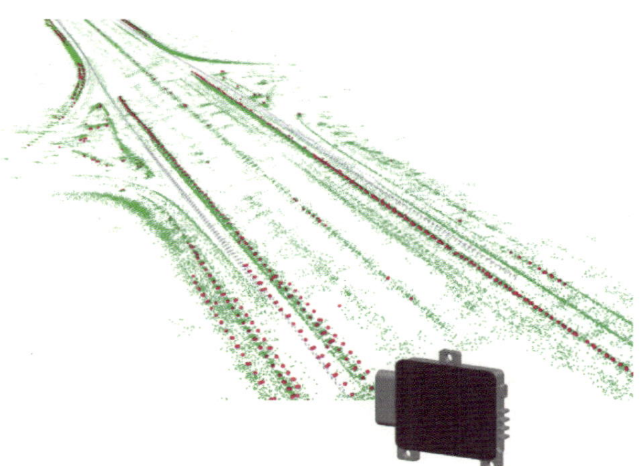

图 4-19　基于毫米波雷达的道路特征数据



3）动态层：实时变化的交通信息，如交通堵塞、施工作业和路障，或者空余停车位等都保存在动态层中。

### 3. 服务框架

构建高精度特征地图，可为智能网联汽车提供辅助定位。在城市峡谷、树荫遮挡、高架立交、隧道等卫星信号不可靠或者完全被遮挡的情况下，智能网联车辆系统中的车载终端无法通过卫星信号获取准确的位置信息，导致智能网联车辆系统中基于位置的安全驾驶方案不能适用于上述场景。而高精度特征地图服务将会解决上述场景下的车辆位置辅助定位问题，在恶劣天气、偏僻地区等情况下都能可靠稳定地定位。

通过车端搭载的数据收集引擎，将道路特征和车道几何特征数据上传到云平台端。云平台端在经过数据脱敏后生成及更新高精度特征地图，当车辆发送定位请求后将高精度特征地图下发到车端，对车辆提供辅助定位，同时对高精度特征地图进行更新。高精度特征地图服务框架如图 4-20 所示。

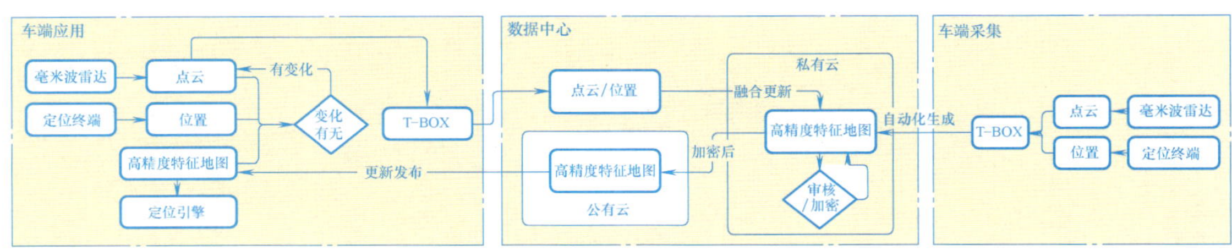


图 4-20　高精度特征地图服务框架

## 4.2　即时定位与地图创建（SLAM）技术

同时定位与地图创建（Simultaneous Localization and Mapping，SLM；或 Concurrent Mapping and Localization，CML），是指运动物体根据传感器的信息，一边计算自身位

置，一边建造增量式地图的过程。SLAM 技术源于机器人领域与人工智能领域的结合，问题可以描述为：将一个机器人放入未知环境中的未知位置，是否有办法让机器人一边移动一边逐步描绘出此环境完整的地图，从而不受障碍影响行进到房间可进入的每个角落。

按传感器来分，SLAM 主要分为激光和视觉两大类。其中，激光 SLAM 研究较早，理论和工程应用均比较成熟。视觉 SLAM（VSLAM）目前尚处于实验室研究阶段，较少看到实际产品应用。



## 4.2.1　SLAM 系统原理

对机器人的位置估计及环境中地标（环境特征）进行连续追踪，当机器人产生位移导致测距信息改变时，将新的距离信息在算法中更新，并提取新位置下的地标；对于已经观测过的地标，机器人将这些特征与之前更新的特征进行关联，并利用对地标的重观测来更新自己的位置；对于没有观测过的地标将标记为新的地标，用于之后的数据关联和重观测。

机器人在任何一个环节，都会有一个对当前位置的观测。SLAM 处理流程如图 4-21 所示。

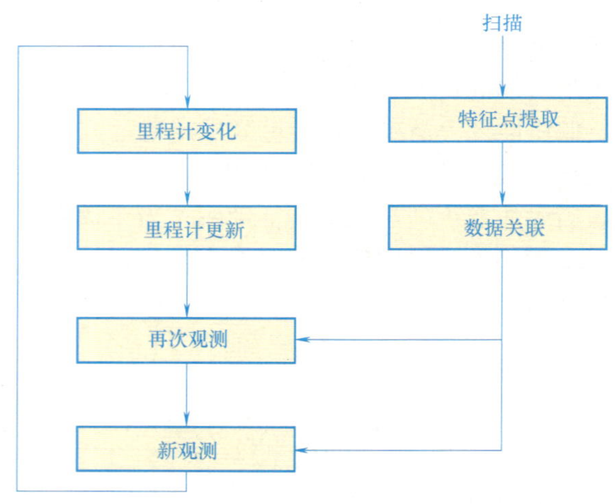


图 4-21　SLAM 处理流程

## 4.2.2　SLAM 系统构成

在系统实现上，SLAM 系统可以分为前端和后端两大类。前端的功能是根据相邻时刻的点云或图像数据进行匹配与比对，对机器人或者无人车进行定位；后端的功能主要是利用滤波理论或者优化理论对前端给出的结果进行优化，最终得到最优的位姿估计。

一个典型的视觉 SLAM 系统架构如图 4-22 所示。

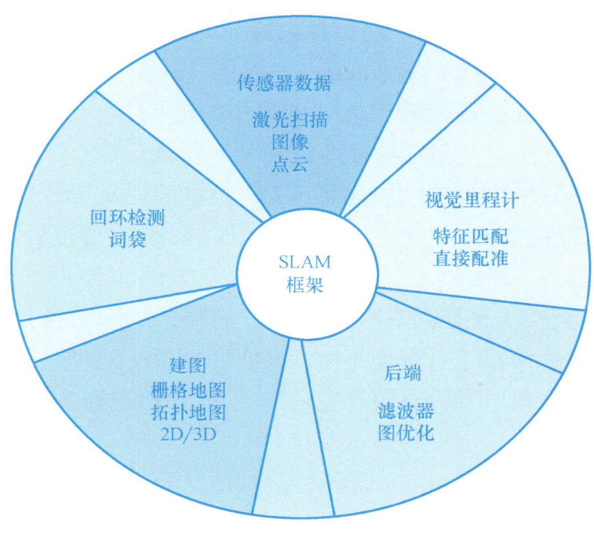


图 4-22　视觉 SLAM 系统架构

## 4.2.3　SLAM 前端技术

### 1. 基于摄像头的感知技术

（1）传感器的选择

常见的 SLAM 前端包括单目视觉、双目视觉、激光雷达、深度摄像机。由于需要构建地图，所以无法形成高密度点云的毫米波雷达、超声波雷达一般仅作为避障使用，或者是类似于惯性测量单元（IMU）、里程计等用于辅助确定位置。

1）主流方案。基于视觉的 SLAM 方案目前主要有两种实现路径：一种是基于深度摄像机；还有一种就是基于单目、双目或者鱼眼摄像头的。

基于深度摄像机的 VSLAM 方案，与激光 SLAM 类似，通过收集到的点云数据，能直接计算障碍物距离；基于单目、双目或鱼眼摄像头的 VSLAM 方案，利用多帧图像来估计自身的位姿变化，再通过累计位姿变化来计算与物体之间的距离，并进行定位与地图构建。

2）优劣比对。

① 单目摄像头：只用一支摄像头就可以完成 SLAM，传感器简单、成本低，但无法确切得到深度信息。

② 双目摄像头：通过多个摄像头之间的基线，估计空间点的位置，可以在运动和静止时估计深度，但标定过程较为复杂。

③ 深度摄像机：提供更丰富的信息，也不必像单目或双目摄像头那样费时费力地计算深度，但存在测量范围窄、噪声大、视野小等诸多问题。

（2）视觉里程计

视觉传感器很难直接获得相对于环境的直接距离信息，必须通过两帧或多帧图像来估计自身的位姿变化，再通过累计位姿变化计算当前位置。这种方法更类似于直接用里程计进行定位，即视觉里程计（Visual Odometry）。里程计的测量积分后才相当于激光传感器直接获得的定位信息，这就是图优化 SLAM 框架中的前提。

视觉里程计的计算方法主要包括特征匹配法和直接表征法。

1）特征匹配法。特征匹配法也称稀疏方法，是目前视觉里程计的主流实现方式。对于两幅图像，首先提取图像中的特征，然后根据两幅图的特征匹配，计算相机的变换矩阵。

2）直接表征法。直接表征法也称稠密方法，省略了提取特征点的步骤。它构建一个优化问题，直接根据像素信息（通常是亮度）来估计相机的运动。这种方法省去了提取特征的时间，然而代价是，利用了所有信息之后，使得优化问题规模远远大于使用特征点的规模。

视觉 SLAM 的地图构建如图 4-23 所示。

图 4-23　视觉 SLAM 的地图构建

## 2. 基于激光的感知技术

（1）传感器的选择

1）激光雷达的工作原理。激光雷达是以发射激光束探测目标的位置、速度等特征量的雷达系统。从工作原理上讲，激光雷达与微波雷达没有根本的区别：向目标发射探测信号（激光束），然后将接收到的从目标反射回来的信号（目标回波）与发射信号进行比较，做适当处理后，就可获得目标的有关信息，如目标距离、方位、高度、速度、姿态甚至形状等参数，从而对飞机、导弹等目标进行探测、跟踪和识别。

2）传感器的分类。激光雷达按照产生的数据维度可分为二维激光和三维激光。

2D SLAM：仅用单线激光传感器，在激光传感器扫描的平面上进行二维定位，获取精密的二维定位后，在此基础上解算三维激光点云，成为一个完整的空间三维数据。

3D SLAM：用三维激光传感器获取三维数据，通过三维数据的特征点匹配进行定位，然后在三维定位的基础上来解算和匹配完整的三维数据。

目前在自动驾驶领域方案中使用较广泛的是 Velodyne 的多线雷达，其探测距离在 300m 左右。

（2）点云匹配融合

点云数据经过处理后可以直接获取定位信息，主要处理流程包含去噪、匹配和融合。

1）去噪。对激光雷达原始数据进行优化，剔除一些有问题的数据，或者进行滤波。

2）匹配。两帧或者多帧点云数据之间的匹配，因为激光扫描光束受物体的遮挡，不可能通过一次扫描完成对整个物体的三维点云的获取，所以需要从不同的位置和角度对物体进行扫描。三维匹配的目的就是把相邻扫描的点云数据拼接在一起。常用的算法有最近点迭代算法（Iterative Closest Point，ICP）和各种全局匹配算法。整个过程的质量直接影响 SLAM 构建地图的精度。

3）融合。将重复采集的同一位置的激光雷达的新数据拼接到原始地图中，最终完成地图的更新。该过程永远伴随 SLAM 过程。由于传感器描绘的世界存在一定的误差，或者在新的时间环境下有了变化，所以需要用很多概率算法，并采用滤波的方式进行融合。

经过匹配、融合处理后的点云数据就是人们看到的栅格地图。以谷歌为例，激光 SLAM 地图构建如图 4-24 所示。

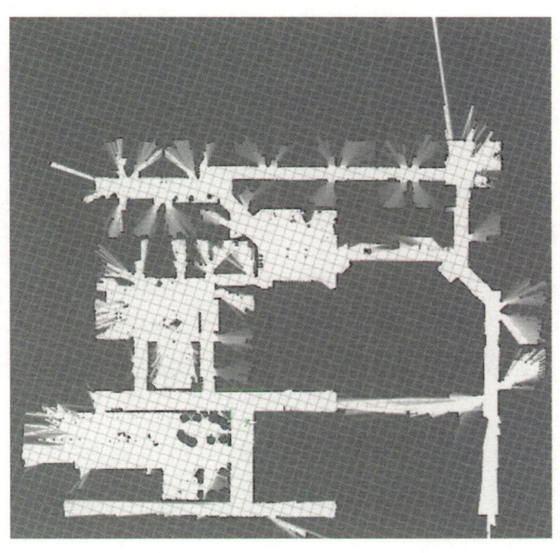

图 4-24　激光 SLAM 地图构建

## 4.2.4　SLAM 后端技术

在后端算法的选择上，早期 SLAM 研究侧重于使用滤波器理论，最小化运动体位姿和地图的路标点的噪声。21 世纪之后，学者们开始借鉴运动中恢复结构（Structure from

Motion，SfM）的方式，以优化理论为基础求解 SLAM 问题。这种方式取得了一定的成就，并且在视觉 SLAM 领域中取得了主导地位。

#### 1. 基于滤波器理论

滤波器理论的核心是利用环境来更新机器人的位置。机器人的测距误差往往比较大，因此不能直接依靠测距信息来估计自己的位置，需要提取环境特征，并当机器人再次出现在近似位置时对其重新观测（闭环）。扩展卡尔曼滤波（Extended Kalman Filter，EKF）是该算法的核心。

（1）卡尔曼滤波

卡尔曼滤波是一种高效率的递归滤波器（自回归滤波器），它能够从一系列的不完全包含噪声的测量中估计动态系统的状态。

（2）扩展卡尔曼滤波

扩展卡尔曼滤波（EKF）是一种次优滤波，是将只适用于线性系统的卡尔曼滤波理论进一步应用到非线性领域，其基本思想是先将非线性系统线性化，然后进行卡尔曼滤波。

#### 2. 基于优化理论

视觉 SLAM 中大量使用了 SfM 的方法，把捆集优化（Bundle Adjustment）引入 SLAM 中。其优化方法和滤波器方法有根本上的不同：它并不是一个迭代的过程，而是考虑过去所有帧中的信息。通过优化，把误差平均分到每一次观测当中。在 SLAM 中的捆集优化常常以图的形式给出，因此研究者也称之为图优化（Graph Optimization）方法。图优化可以直观地表示优化问题，可利用稀疏代数进行快速的求解，因而成为现今视觉 SLAM 中主流的优化方法。

### 4.2.5 SLAM 制图技术

根据不同的定位策略，常见的 SLAM 地图主要分为 4 种：栅格地图、特征点地图、直接表征地图和拓扑地图。

#### 1. 栅格地图

栅格地图（Occupancy Grid Map）是把环境划分成一系列栅格，其中每一栅格给定一个可能值，表示该栅格被占据的概率，是机器人领域内最常见的环境地图的描述方式。

采用激光雷达、深度摄像头、超声波传感器等可以直接测量距离数据的传感器进行 SLAM 时，可以使用该地图。这种地图也可以通过距离测量传感器、激光雷达绘制出来。

#### 2. 特征点地图

特征点地图是用有关的几何特征（如点、直线、面）表示环境，常见于视觉 SLAM 技术中。

相比栅格地图，特征点地图看起来不够直观。它一般通过如 GPS、UWB 以及摄像头配合稀疏方式的 VSLAM 算法产生，优点是相对数据存储量和运算量比较小，多见于最早的 SLAM 算法中。

#### 3. 直接表征地图

采用直接表征地图则省去了特征点或栅格表示这一中间环节，直接用传感器读取的数

据来构造机器人的位姿空间。

这种方法就像卫星地图一样，直接将传感器原始数据经过简单处理拼接形成地图，相对来说更加直观。

4. 拓扑地图

拓扑地图是一种相对更加抽象的地图形式，它把室内环境表示为带节点和相关连接线的拓扑结构图，其中节点表示环境中的重要位置点（如拐角、门、电梯、楼梯等），边表示节点间的连接关系，如走廊等。这种方法只记录所在环境的拓扑连接关系，一般是由前几类地图通过相关算法提取得到的。

在需要路径规划与导航的机器人移动场景下就会构建拓扑地图，如扫地机器人要进行房间清扫的时候。



### 4.2.6 SLAM 回环检测技术

回环检测又称闭环检测（Loop Closure Detection，LCD），是指机器人识别曾到达场景的能力。如果检测成功，则可以显著地减小累积误差。回环检测实质上是一种检测观测数据相似性的算法，方法包括基于里程计的几何关系和基于外观。

1. 基于里程计的几何关系

当发现当前相机运动到了之前的某个位置附近时，检测它们有没有回环关系。但是由于误差积累的存在，往往没办法正确发现“运动到了之前的某个位置附近”这个事实。

2. 基于外观（主流做法）

它和前端、后端的估计都无关，仅根据两幅图像的相似性确定回环检测关系，这种做法摆脱了积累误差，使回环检测模块成为 SLAM 一个相对独立的模块。

回环检测的难点在于，错误的检测结果可能使地图变得很糟糕。这些错误分为两类：①假阳性（False Positive），又称感知偏差（Perceptual Aliasing），指事实上不同的场景被当成了同一个；②假阴性（False Negative），又称感知变异（Perceptual Variability），指事实上同一个场景被当成了两个。感知偏差会严重地影响成图的结果。

## 4.3 高精度导航技术

高精度导航是高精度电子地图的主要应用场景，是自动驾驶或高级辅助驾驶汽车在车道中精准行走的核心和关键技术，让车可以自主按照内部预定的地图信息，以及传感器获取外部环境数据进行相应的引导，从而规划出一条在当前环境中行走的路径车道。

实现高精度导航系统主要的关键技术包括车道级地图匹配、高精度路径规划和高精度导航。

### 4.3.1 车道级地图匹配

地图匹配（Map Matching）是在不同条件下获取的同一物景的地图之间的配准，包括同一传感器在不同时间，或不同类型传感器在同一时间，或不同类型传感器在不同时间所获取的两幅地图中的同一地面点所对应像素之间的配准。

地图匹配技术在车载导航中主要用于消除导航电子地图与定位设备之间的相对误差，其基本思想是将车辆定位轨迹与数字地图中的道路网信息联系起来，并由此相对于地图确定车辆的位置。准确的地图数据是实现地图匹配的前置条件，以精度更高的地图数据为基准，对比车辆定位数据和运行轨迹，从而筛选出车辆最为匹配行驶的路径以及在该路径上最有可能的位置。

车道级地图匹配对横向定位要求更高、数据处理量更大。在车道级导航过程中，又常常会发生定位数据无效或误差较大、车辆随机运动、低速滑行或停止、抽象后的电子地图与实际道路之间存在差异等情况，准确地进行车道级高精度地图匹配是研究的一大难题。

基于北斗地基增强系统的高精度车载定位技术以及深耦合惯导的匹配技术是高精度车道级导航的定位匹配基础技术，可以满足绝大多数应用。但为了在车道识别上达到极高的鲁棒性，还需要其他技术方案做有效的补充，较为常用的主要是基于车载相机的计算机视觉技术。

车道级地图匹配示意图如图 4-25 所示。

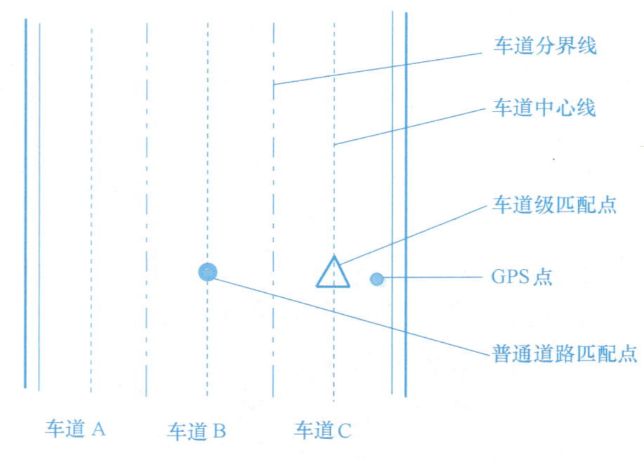


图 4-25　车道级地图匹配示意图

## 1. 基于高精度定位的匹配

首先把车辆原始定位点匹配至正确的道路路段上得到传统道路级导航的匹配结果，定位采用传统深耦合惯导的方式进行，利用单频高精度定位的经纬度、当前速率、航向角等位置信息加上角速度陀螺仪信号和里程计信号进行定位。匹配过程将利用模式识别技术、电子地图技术、车载导航技术等，通过模式识别方法对导航电子地图进行特征路段的识别和分类，并设计分类器；依据分类结果，实现与特征路段分类相对应的导航处理方法。通过引入电子地图特征的识别方法，将现实世界中大量复杂和特殊的路段进行了归类和对应处理，降低了匹配算法的难度与复杂度，并提升了匹配的准确性和可靠性。

根据高精度地图中的车道空间信息，进行车道筛选及最优位置估计。全球卫星导航系统（Global Navigation Satellite System，GNSS）定位点位于道路中的某一处，传统的道路级匹配会将匹配点定位在道路的中心线上，而高精度地图匹配则定位到该点所属的车道中心线上。

基于高精度定位的车道级地图匹配如图 4-26 所示。

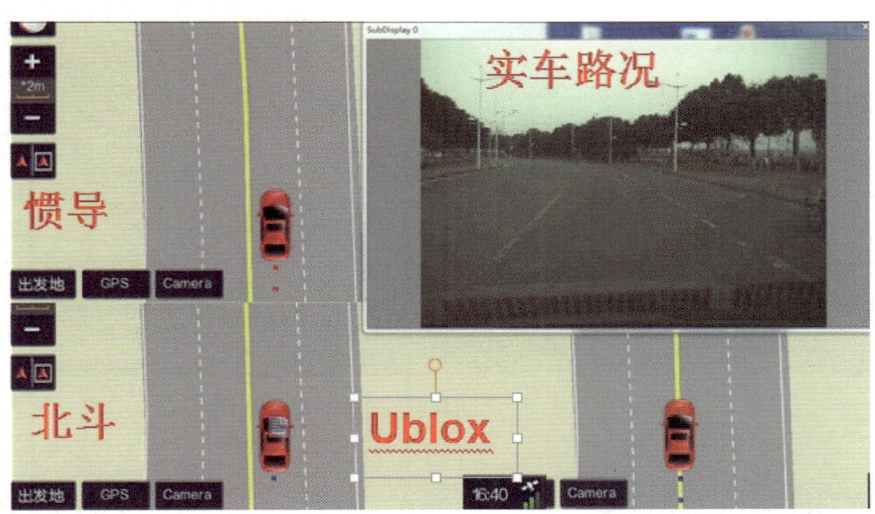


图 4-26　基于高精度定位的车道级地图匹配

### 2. 基于计算机视觉的匹配

利用单目或双目摄像头应用方法进行计算机视觉的定位方案，主要实现功能有：①车道检测；②车道数及所在车道检测；③车道间距测量；④交通标志识别；⑤交通标志方位测算；⑥定位。

基于计算机视觉匹配的主要流程如下：

1）利用 GPS 或其他传感器的初始地图匹配。

2）通过对摄像头图像进行处理，识别道路中车道数量，以及车辆在车道中的相对位置，实现车辆位置的横向定位。同时通过从车身获取的车速信息进行纵向位置的推算。

3）由于纵向推算会有累积误差产生，所以使用摄像头识别到的道路地物在高精度地图中的绝对位置来纠正车辆的位置，以消除累积误差。

基于计算机视觉的车道级地图匹配如图 4-27 所示。

## 4.3.2　高精度路径规划

在传统导航地图领域，路径规划的基本单元为道路，而在自动驾驶领域所采用的路径规划的基本单元为车道。高精度路径规划在传统道路级路径规划的基础上，结合高精度定位系统，在道路分歧处前，依据道路内的车道拓扑连接关系给驾驶人提供最优的行车路径，帮助驾驶人顺利驶入下一条道路。

高精度路径规划效果如图 4-28 所示。

图 4-27　基于计算机视觉的车道级地图匹配

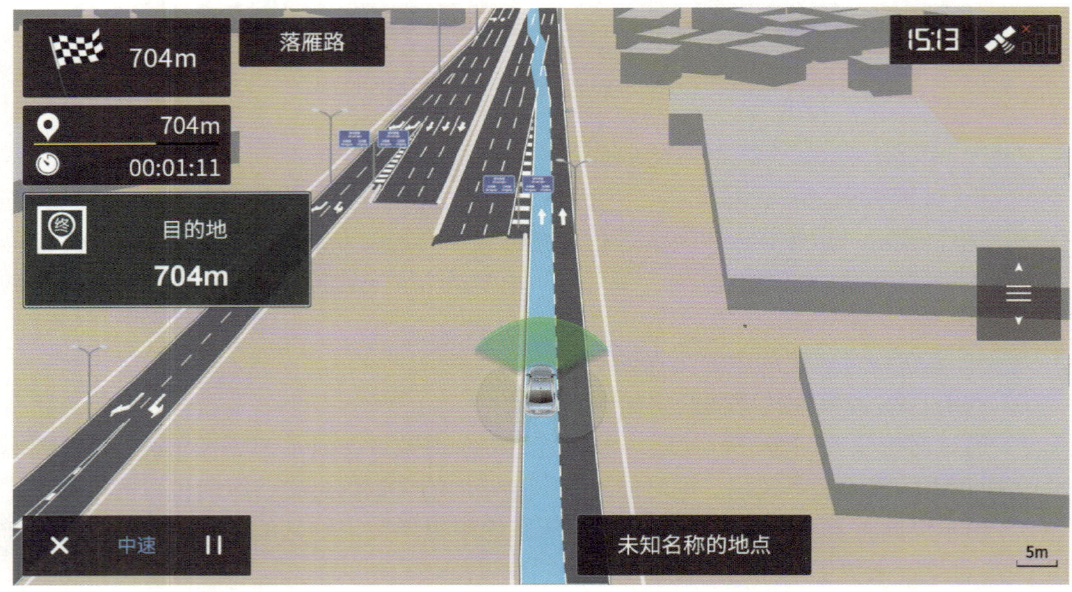


图 4-28　高精度路径规划效果

## 1. 道路级路径规划

在道路级路径规划中，道路 Link 和路口 Node 是路径规划的核心。基于节点（Node）运算分析每条道路 Link 上通过记载的通行成本（如拥挤程度、限速、路面情况等）来选择最优的路径，最终计算出一条最优的道路 Link 拓扑路径。

道路级路径规划是车载导航系统的基础功能，主要针对传统导航地图中的道路拓扑网络进行计算。道路级路径规划如图 4-29 所示。

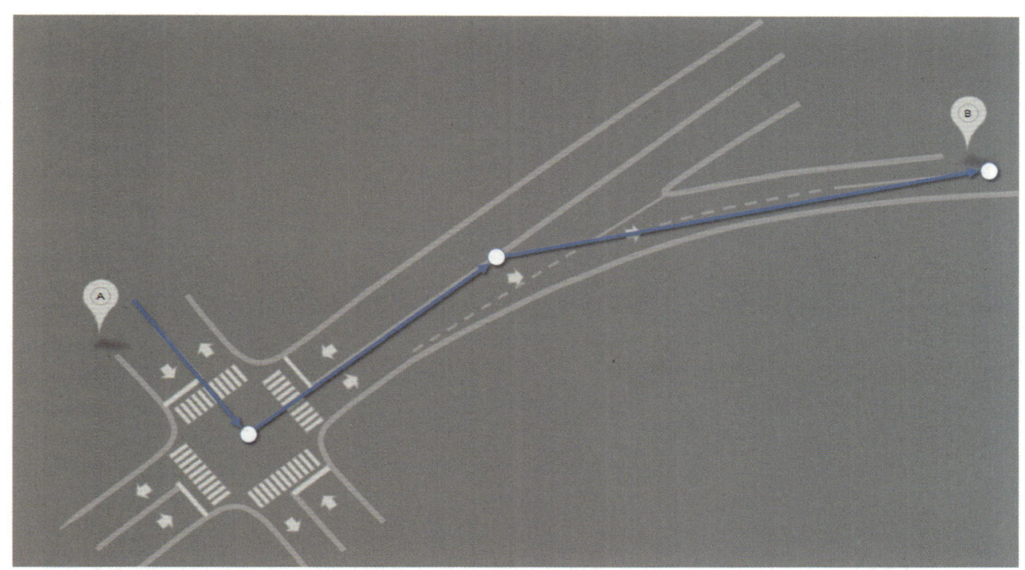


图 4-29 道路级路径规划

### 2. 车道区间路径规划

相对于道路，车道级别上的通行成本是不稳定的，如拥挤程度，以及车道上的随机变化如出现施工道路等，因此基于车道通行成本所规划的最优路径是不能信赖的。而且车辆在一条道路上行驶时，会因为前方拥堵或其他各种路况，产生安全变道行为。这些变道行为往往是合理的，但导航系统会依据最优的车道拓扑路径总是企图将车辆“拉”回到已经规划的路径上或重新进行路径规划，这就产生了冗余的变道，加大了系统计算负担。

因此，车道区间路径规划并不是进行真正的拓扑关系计算，而是将整个道路划分为对变道行为有不同约束的通行区间，主要包括自由变道区间和变道控制区间。在自由变道区间内，车辆可以根据实际路况进行变道；在变道控制区间内，在不同的车道上结合与实际路口的距离设定变道控制点。

车道区间路径规划如图 4-30 所示。

变道控制区间中的变道控制点表示了车辆在本车道向正确车道进行变道时机的结束。车辆一旦驶离了该控制点，就意味着放弃了该控制点之前的变道机会，需要在下一个变道控制点之前完成变道。如果车辆驶离了所有的变道控制点，那么车辆将不允许变道，将驶向路径重规划控制点，完成路径的再次规划。控制点可以依据强制变道区间的长度、车速来设定。

### 3. 路口内车道级路径规划

传统车道级路径规划将一个路口退化为一个或若干个节点，通过节点简单构建起道路的连接关系，无法精细到车道级别的连接关系。高精度的车道级路径规划，利用高精度地图提供的路口内车道级拓扑网，可以将路口间不同驶向道路的车道之间的连接关系明确地探索出来。

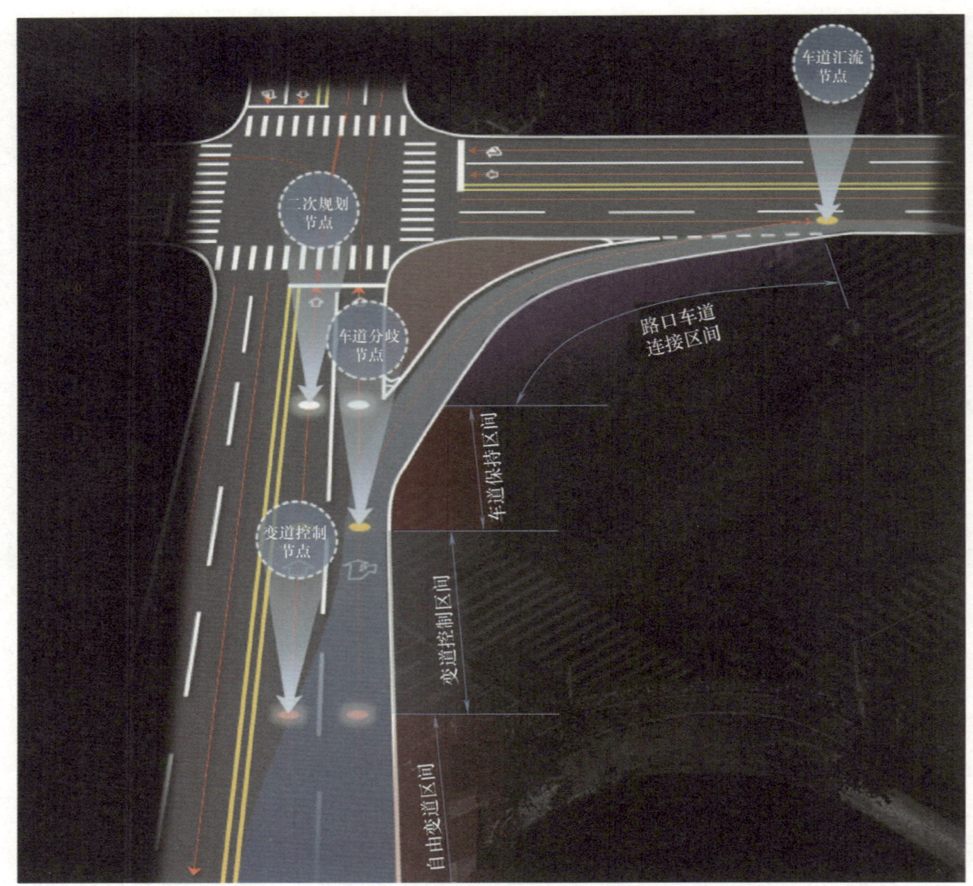


图 4-30　车道区间路径规划

路口内车道级路径规划如图 4-31 所示。

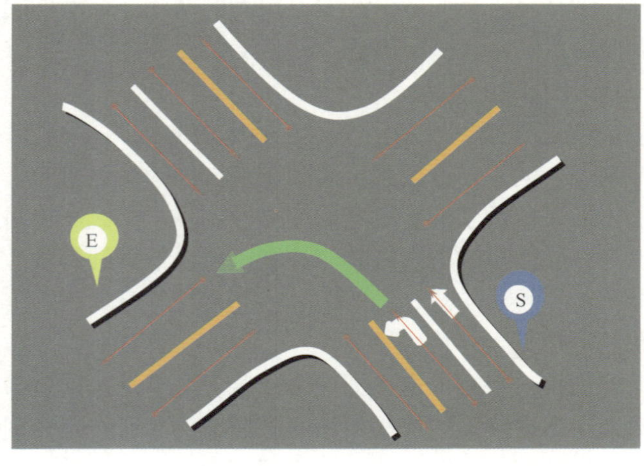


图 4-31　路口内车道级路径规划

## 4.3.3 高精度导航

高精度导航是车道级地图匹配与高精度路径规划技术的应用场景。

目前的车载导航系统主要关注如何帮助人们方便、快捷地进行空间迁移。高精度导航技术不仅能够进行更加精准的导航，还能够帮助人们更加智能地出行：在抵达路口前，除了能够告知行驶方向，还能够提前提示车辆进入正确的导向车道；在接近高速、快速路分流、会合点时，能够提前对正在外侧车道行驶的车辆进行提示；当发现车辆有逆行、占用应急车道等违法行为时，能够进行及时提醒和警告；当前方有车道因道路施工或者事故被临时占用时，能够提前对相关车道上的车辆进行提示；当导航系统与车载 ECU 系统对接后，前方即将驶入坡度较大的上、下坡时，能够提前改变发动机喷油提前角，以减少油耗和发动机磨损，增加舒适性。



高精度导航主要包括地图显示和车道级导航等功能，也可以与高级驾驶辅助系统（Advanced Driving Assistant System，ADAS）功能相结合，最终通过统一的 ADASIS 协议将地图数据输出。高精度导航应用实例如图 4-32 所示。

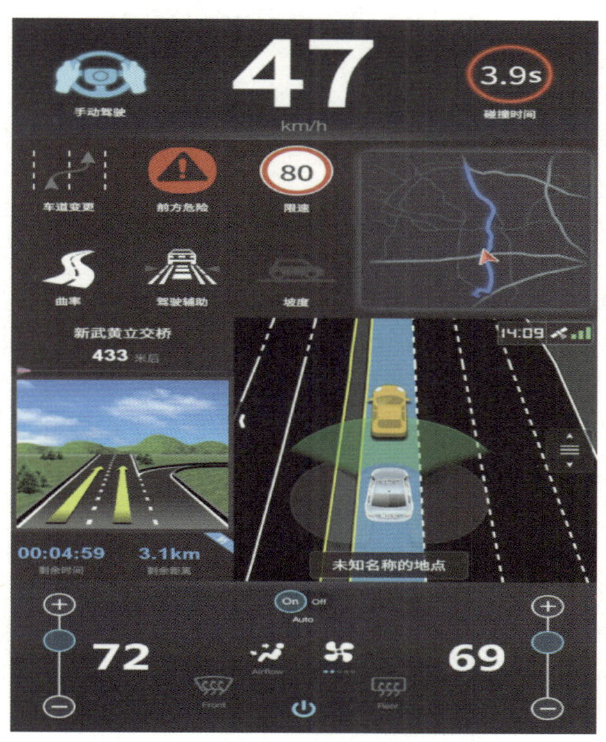


图 4-32　高精度导航应用实例

### 1. 地图显示

使用高精度地图数据进行描画，包含道路背景、车道线、人行横道、绿化带、危险区域、规划路线等，以及基于高精度地图的放大、缩小、移动等基本操作。

高精度地图的显示效果如图 4-33 所示。

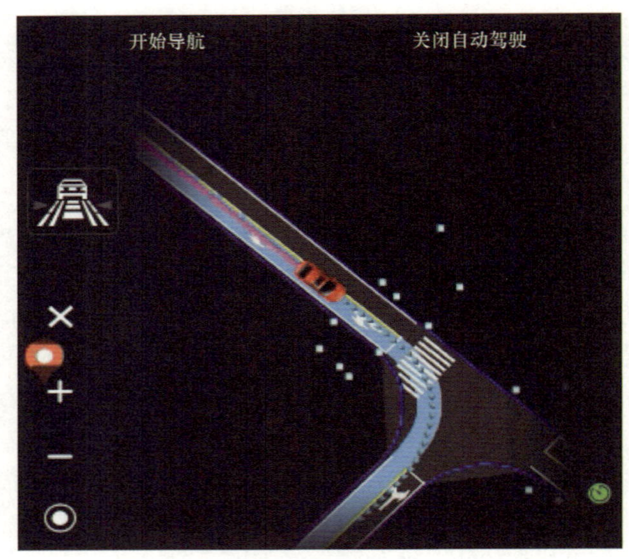


图 4-33　高精度地图的显示效果

### 2. 车道级导航

基于车道级路径规划的计算结果，在合适的地点给予用户相应的引导提示，其主要功能包括：

1）距离引导：实时计算车身当前位置和引导点之间的距离，进行语音播报，并以文字形式显示出来。

2）方向引导：根据推荐路线在引导点的退出方向和进入方向的角度差来确定行驶方向，引导信息中给出与方向相关的提示，如左转、右转、直行等。

3）车道变更引导：根据推荐路线在引导点的所在车道和当前车身所在车道的偏移来确定引导方向，引导信息中计算给出与车道偏移相关的提示，如请向左（右）移动（× 个）车道等。

4）特定区域引导：包括分歧路口、合流路口、危险区等特定区域的引导。

5）驾驶模式：在非真实驾驶的场景下，可以使用模拟驾驶功能体验车道级引导。

### 3. ADAS 与车道导航的结合

通过 ADAS，利用车辆上安装的各类传感器，搜集车内外环境数据，结合高精度数据，进行车辆基于安全驾驶的提醒。其主要功能包括：

1）弯道提醒：根据曲率计算出最大过弯速度，可提示驾驶人安全行驶速度。

2）速度提示：根据地图数据中已有的限速牌信息，使用摄像头识别真实环境中的限速牌，和地图数据中的比对，以校正数据更新。

3）事故多发地警示功能：根据地图数据中危险地段信息，对驾驶人进行提示，结合 ADAS 方式发送到车辆上的其他控制单元，进行预警，以提示驾驶人减速慢行。

4）道路提醒：隧道、人行横道、学校区域、上下坡危险提醒。

5）车道偏离提示 / 车道保持提示：通过摄像头识别车道线，以保持车辆正常行

驶在车道中，防止事故发生。当车道偏离时，及时进行提醒，最大程度降低事故发生率。

4. ADASIS 输出

使用统一的 ADASIS 或其他相关协议为自动驾驶系统传输地图信息，支持 CAN 传输或其他网络传输方式。使用 ADASIS 协议传输的地图数据可以弥补车端传感器感知能力和感知范围的不足，为其他传感器提供高精度的参考基准。业内将这样的地图产品称为地图传感器。地图传感器的主要功能包括：

1）提供车辆前方的路网信息，含关键的道路属性，如曲率、坡度、限速、是否可变道等。

2）提供当前车辆的高精度位置信息。

3）提供车辆行驶路线（车道级行驶路线）。



# 4.4 高精度定位技术

## 4.4.1 全球卫星定位系统

目前全球卫星导航系统（GNSS）市场基本形成“1+3”格局，即美国的全球定位系统（GPS）、俄罗斯的格洛纳斯卫星导航系统（GLONASS）、欧洲的伽利略（GALILEO）系统和我国的北斗卫星导航系统（BDS）。

全球定位系统的空间卫星星座由 24 颗卫星组成，其中包括 3 颗备用卫星。工作卫星分布在 6 个轨道面内，每个轨道面上有 4 颗卫星。卫星轨道面相对地球赤道面的倾角为 55°，各轨道平面升交点的赤经相差 60°。在相邻轨道上，卫星的升交距角相差 30°。轨道平均高度约为 20200km，卫星运行周期为 718min。GPS 定位的基础原理是，地面接收机可以在任何地点、任何位置、任何气象条件下进行连续观测，并且在时钟的控制下，测出卫星信息到达接收机的时间差，进而确定卫星与接收机之间的距离。因此当它接收到 3 颗及以上卫星信号时，可以通过空间距离后方交会法计算出地面接收机的位置。

GALILEO 系统是欧洲自主的、独立的全球多模式卫星定位导航系统，可以提供高精度、高可靠性的定位服务，同时可以实现完全非军方控制、管理。GALILEO 系统可与美国的 GPS 和俄罗斯的 GLONASS 兼容，但比后两者更安全、更准确。该系统由 30 颗卫星组成，其中 27 颗工作星，3 颗备份星。卫星分布在 3 个中地球轨道（MEO）上，轨道高度为 23616km，轨道倾角为 56°。每个轨道上部署 9 颗工作星和 1 颗备份星。

北斗卫星导航系统（BDS）的具体介绍见 4.4.2 节。

除了上述提到的 4 大全球系统外，还有区域系统和增强系统，其中区域系统有日本的 QZSS 和印度的 IRNSS，增强系统有美国的 WAAS、日本的 MSAS、欧盟的 EGNOS、印度的 GAGAN 和尼日利亚的 NIG-GOMSAT-1 等。

## 4.4.2 北斗卫星导航系统

北斗卫星导航系统（BeiDou Navigation Satellite System，BDS）是我国自行研制的全球卫星导航系统，是继美国的全球定位系统（GPS）、俄罗斯的格洛纳斯卫星导航系统（GLONASS）之后第三个成熟的卫星导航系统。北斗卫星导航系统（BDS）和美国的GPS、俄罗斯的GLONASS、欧盟的GALILEO系统一样，经联合国卫星导航委员会所认定。

北斗卫星导航系统由空间段、地面段和用户段三部分组成。空间段由若干地球静止轨道卫星、倾斜地球同步轨道卫星和中圆地球轨道卫星三种轨道卫星组成混合导航星座。地面段包括主控站、时间同步/注入站和监测站等若干地面站。用户段包括北斗兼容其他卫星导航系统的芯片、模块、天线等基础产品，以及终端产品、应用系统与应用服务等。

北斗一号系统于2000年年底建成，为我国提供服务；北斗二号系统于2012年年底建成，为亚太地区提供服务；北斗全球系统计划在2020年前后建成，为全球提供服务。

北斗地基增强系统（也称北斗CORS系统），是我国利用多基站网络RTK技术建立的连续运行卫星定位服务参考站（CORS）系统。

CORS系统是卫星定位技术、计算机网络技术、数字通信技术等高新科技多方位、深度结晶的产物。CORS系统由基准站网、数据处理中心、数据传输系统、定位导航数据播发系统和用户应用系统五个部分组成。该系统在地面按一定距离建立的若干固定北斗基准站接收北斗导航卫星发射的导航信号，经通信网络传输至数据综合处理系统；数据经处理后产生北斗导航卫星的精密轨道和钟差、电离层修正数、后处理数据产品等信息，通过卫星、数字广播、移动通信方式等实时播发；同时通过互联网提供后处理数据产品的下载服务，满足北斗卫星导航系统服务范围内广域米级和分米级、区域厘米级的实时定位和导航需求，以及后处理毫米级定位服务需求。

### 1. N-RTK技术

普通的多星（GPS、北斗、伽利略）定位的定位精度为1 ~ 2m，不能满足L3+级别无人驾驶厘米级定位的要求。为了达到更好的定位精度，目前无人驾驶普遍采用实时动态（Real-time Kinematic，RTK）的卫星定位技术。RTK定位的优点是全球可达、全天候全天时可用、定位精度高、使用简便等，在空旷无遮挡的区域能够实现对车辆的厘米级定位。但是也存在一些问题，如基站布设成本高，易受电磁环境干扰、环境遮挡、信号多径效应、4G/5G/Wi-Fi网络环境差的影响等，从而影响定位精度和定位系统的可用性。

网络RTK（Network RTK，N-RTK）技术的产生使得人们完全可以在一个较大的范围内均匀布设参考站，利用载波相位动态实时差分方法，尽可能地消除系统误差的影响，获得厘米级实时定位结果。N-RTK的工作原理如图4-34所示。

N-RTK技术的优势在于用户与参考站的距离可以扩大到50 ~ 70km，同时减少了误差源，使改正信息的可靠性和精度大幅改善，且精度分布均匀。

N-RTK技术对于海域、沙漠、山区等无法建站地域，以及通信网络未覆盖区域，无法进行高精定位，因此N-RTK技术有其局限性。

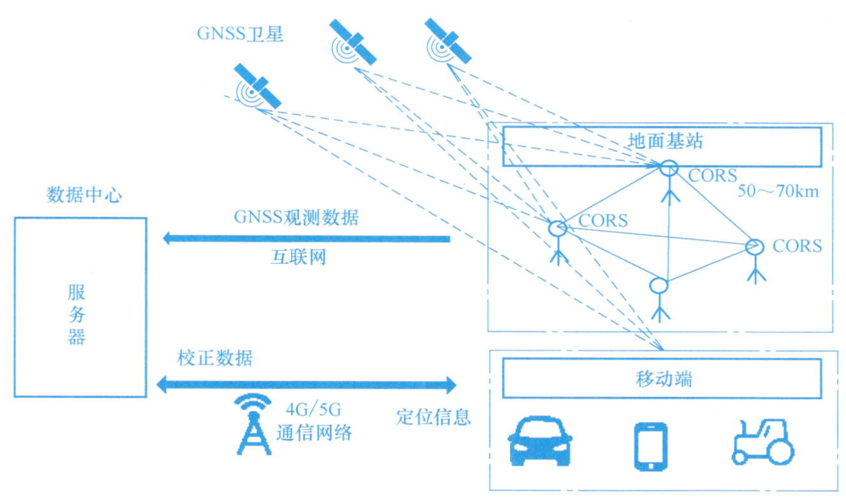


图 4-34　N-RTK 的工作原理

## 2. PPP 技术

精密单点定位（Precise Point Positioning，PPP）技术属于单点定位，也称为绝对定位，是利用载波相位观测值以及由 IGS 等组织提供的高精度的卫星星历及卫星钟差来进行高精度单点定位的方法。IGS（International GPS Servic）是国际大地测量协会（IAG）为支持大地测量和地球动力学研究组建的一个国际协作组织。

PPP 技术要晚于 RTK 技术出现，其优势在于改变了以往只能使用差分定位模式才能实现高精度定位的局面，为全球高精度 GNSS 定位提供了一种有效的新方法。

PPP 技术无法应用到需要实时定位的车辆 OEM 市场和智能手机市场，主要原因如下：

1）收敛时间约需 45min，用户无法等待。

2）IGS 参考站无法控制，无法形成有效的应用生态闭环。

PPP 的工作原理如图 4-35 所示。

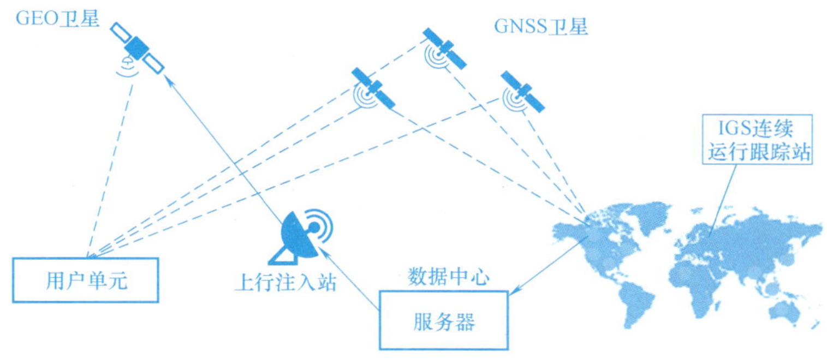


图 4-35　PPP 的工作原理

### 3. RTK-PPP 技术

RTK-PPP 技术可以将定位收敛时间提高到 60s 内且定位精度达到 2~ 4cm。RTK-PPP 技术会对卫星钟差、卫星轨道误差、相位偏离、电离层误差、对流层误差以及多路径效应等误差在内的各种主要系统误差源进行优化分析，建立整网的电离层延迟、对流层延迟等误差模型，并将优化后的空间误差发送给移动终端。

RTK-PPP 技术的优势为单向传输模式，可以通过 4G/5G 或卫星广播方式发送校正数据，无用户并发限制，不完全依靠通信网络，高精定位服务可覆盖海域、沙漠、山区等无法建站区域。

RTK-PPP 的工作原理如图 4-36 所示。

1）采用 RTK-PPP 模式可按照用户数和基站数及基站分布状况，自定义网格划分。

2）与通信运营商合作，RTK-PPP 校正数据发送给通信基站，经由通信基站确保用户只收取网格区域内的校正数据。

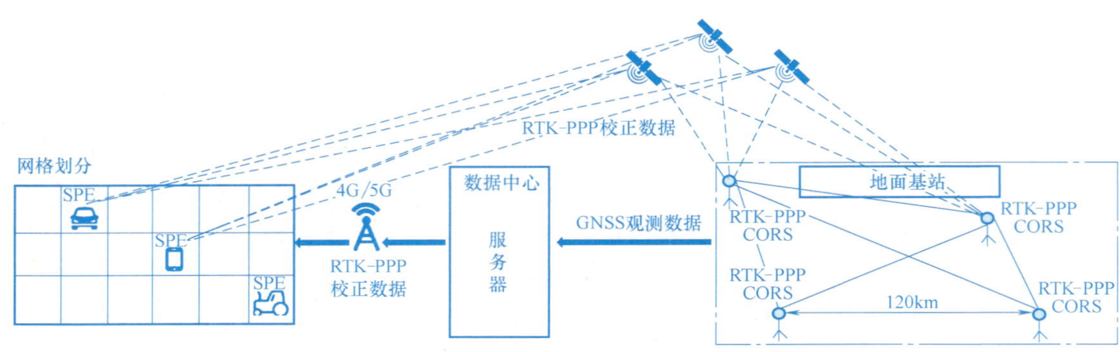


图 4-36　RTK-PPP 的工作原理

N-RTK、PPP、RTK-PPP 技术对比见表 4-1。

表 4-1　N-RTK、PPP、RTK-PPP 技术对比

| 对比项目 | 三种不同技术的指标 | | |
|---|---|---|---|
| | N-RTK | PPP | RTK-PPP（4G/5G） |
| 定位原理 | 相对定位 | 绝对定位 | 相对定位 |
| 通信方式 | 网络、双向传输 | 卫星、单向传输 | 网络 / 卫星、单向传输 |
| 覆盖范围 | 局域 | 全球 | 全国 |
| 冷起动时间 | <20s | <45min | <60s |
| 热起动时间 | — | — | — |
| 实时精度 | 1 ~ 2cm | 8 ~ 10cm | 2 ~ 4cm |
| 处理后精度 | 1 ~ 2mm | 1 ~ 2mm | 1 ~ 2mm |
| 参考站数量 | >2000 | <50 | 1200 ~ 1300 |
| 握手频率 | — | — | — |
| 用户数量 | 有限制 | 无限制 | 无限制 |
| 网络依赖 | 需稳定网络传输 | 无依赖 | 需稳定网络传输 |

### 4.4.3 惯性导航与航迹推算技术

惯性导航系统（Intertial Navigation System，INS，以下简称惯导）是一种不依赖于外部信息也不向外部辐射能量的自主式导航系统。其工作环境不仅包括空中、地面，还可以在水下。惯导的基本工作原理是以牛顿力学定律为基础，通过测量载体在惯性参考系的加速度，将它对时间进行积分，然后把它变换到导航坐标系中，就能够得到在导航坐标系中的速度、偏航角和位置等信息。

惯性导航系统属于推算导航方式，即从一已知点的位置根据连续测得的运动体航向角和速度推算出其下一点的位置，从而可连续测出运动体的当前位置。惯性导航系统中的陀螺仪用来形成一个导航坐标系，使加速度计的测量轴稳定在该坐标系中，并给出航向和姿态角；加速度计用来测量运动体的加速度，经过对时间的一次积分得到速度，速度再经过对时间的一次积分即可得到位移。



#### 1. 惯性导航系统的优点

1）由于它不依赖于任何外部信息，也不向外部辐射能量，故隐蔽性好，不受外界电磁干扰的影响。

2）可全天候、全时间地工作于空中、地球表面乃至水下。

3）能提供位置、速度、航向和姿态角数据，所产生的导航信息连续性好，而且噪声小。

4）数据更新率高，短期精度和稳定性好。

#### 2. 惯性导航系统的缺点

1）由于导航信息经过积分而产生，定位误差随时间而增大，长期精度差。

2）每次使用之前需要较长的初始对准时间。

3）设备的价格较昂贵。

4）不能给出时间信息。

惯导有固定的漂移率，会造成物体运动的误差，因此射程远的武器通常会采用指令、GPS等对惯导进行定时修正，以获取持续准确的位置参数。惯导目前已经发展出挠性惯导、光纤惯导、激光惯导等多种方式。陀螺仪由传统的绕线陀螺发展到静电陀螺、激光陀螺、光纤陀螺、微机械陀螺等。激光陀螺测量动态范围宽，线性度好，性能稳定，具有良好的温度稳定性和重复性，在高精度的应用领域中一直占据着主导位置。随着科技进步，成本较低的光纤陀螺和微机械陀螺的精度越来越高，是未来陀螺技术发展的方向。

航位推算（Dead Reckoning）是通过测量运动主体移动的距离和方位，与原位置叠加，从而推算出当前位置的方法。在其他定位方式定位精度降低或不可用的情况下，如当车辆在无法接收GPS/GNSS信号的区域（隧道或地下通道）或发生非常强烈的多径传播（被高层玻璃覆盖的建筑物环绕的区域）中移动时，通过各种传感器（陀螺仪、加速度计等）提供的信息来计算当前位置。

惯性测量单元（Inertial Measurement Unit，IMU）是常用的航迹推算系统，其优势在于没有外部依赖，可以提供短时高精度的定位结果；缺点是在连续的位置和方向测量中误差会不断累积，导致位置和姿态的测量结果偏离实际位置，因而无法做长时间的高精度定位。航位推算解决方案广泛应用于汽车导航系统。基于 IMU 的航位推算系统如图 4-37 所示。

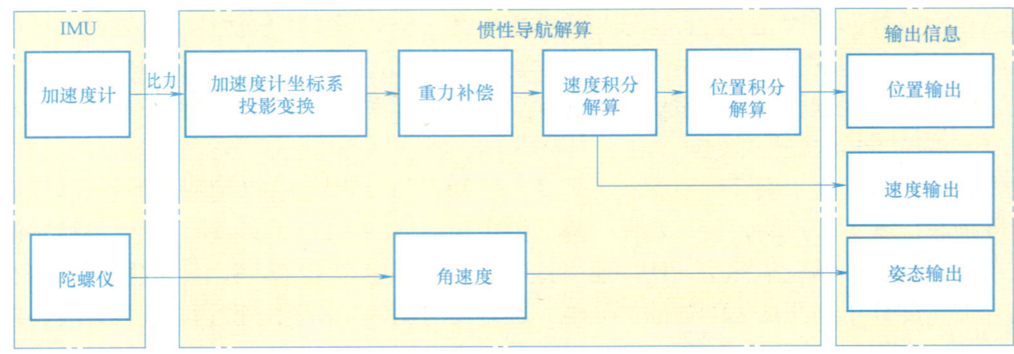


图 4-37 基于 IMU 的航位推算系统



## 4.4.4 蜂窝无线电定位技术

利用移动蜂窝网络对移动台定位的方法主要有三类：基于电波场强的定位技术；基于电波到达入射角（AOA）的定位技术；基于电波到达时间（TOA）或到达时间差（TDOA）的定位技术。

### 1. 电波场强定位技术

电波场强定位技术根据移动台接收的信号强度与移动台至基站的距离成反比关系，通过测量接收信号的场强值和已知信道衰落模型及发射信号的场强值可以估算出收发信机之间的距离，由多个距离测量值（至少三个）可以估算移动台的位置。这一技术的关键在于如何建立一个能够准确地反映服务传播范围内的无线电波传播模型，这在实际应用中很难实现。除此之外，小区基站的扇形特性、天线有可能倾斜、无线系统的不断调整以及地理环境、车辆等因素都会对定位精度产生影响。移动通信环境中电波传播的复杂性，决定了这一技术在定位精度上的局限性。但是由于该技术比较简单易行，在对精度要求不是很高的情况下仍被采用。为了改善其性能，人们开始研究利用电波传播中的射线跟踪方法来进一步提高定位的精度。

### 2. 电波到达入射角的定位技术

电波到达入射角的定位技术利用基站的阵列天线测出移动台来波信号的入射角，构成从基站到移动台的径向连线，即测位线。这两条连线的交点即为目标移动台的位置。由于两条直线只能相交于一点，所以这种方法不会产生定位模糊性，但是它需要在每个小区基站上放置天线阵。这些天线阵一起工作，从而确定移动台发送信号相对于基站的角度。当有多个基站都发现了该信号源时，它们将分别从基站引出射线，这些射线的交点就是移动台的位置。AOA 定位技术的优点在于它仅需要两个基站参与便可实现移动台定位，同时不存在移动台位置的模糊性问题。但是该技术需要在现有的基站增加天线阵列，由此增加

了大量的建设费用。与此同时，电波到达入射角估计会受到由多径和其他环境因素所引起的无线信号波阵面扭曲的影响。当移动台距离基站较远时，基站定位角度的微小偏差也会导致定位距离的较大误差。

#### 3. 电波到达时间或到达时间差的定位技术

电波到达时间或到达时间差的定位技术是基于蜂窝网络的无线定位系统应用最广泛的一项技术。电波到达时间定位技术通过测量从目标移动台发出的信号以直线到达基站的时间，根据电波在空中的传播速度可以得到移动台与基站之间的距离。移动台位于以基站为圆心、移动台到基站的电波传播距离为半径的圆上。通过多个基站进行上述测量计算，移动台的二维位置坐标可由三个圆的交点确定。电波到达时间定位技术要求接收信号的基站知道移动台发送信号的时间，并要求基站有非常精确的时钟。为了克服这一缺点，人们提出了电波到达时间差的定位技术，通过检测移动台信号到达两个基站的时间差来实现移动台定位，而不是通过检测到达的绝对时间来确定移动台的位置，这就大大降低了对时间同步的要求。很明显，移动台一定位于以两个基站为焦点的双曲线上。因此，通过建立两个以上的双曲线方程，求解双曲线的交点即可得到移动台的二维位置坐标。

以上两种基于时间的定位技术只要求基站能够从接收到的射频信号中准确地提取时延估计值，而无需对现有的网络设备加以大规模的改造就可以实现对移动台的高精度定位，因此成了蜂窝网络无线定位技术的研究重点。

### 4.4.5 其他定位技术

不同于室外定位系统，室内定位系统依然没有形成一个有力的组织来制定统一的技术规范，现行的技术手段都是在各个企业各自定义的私有协议和方案下发展，这也使得各种室内定位技术相映生辉。

#### 1. 红外线技术

红外线室内定位有两种：第一种是被定位目标使用红外线标识作为移动点，发射调制的红外射线，通过安装在室内的光学传感器接收进行定位；第二种是通过多对发射器和接收器织红外线网覆盖待测空间，直接对运动目标进行定位。

红外线技术已经非常成熟，用于室内定位精度相对较高，但是由于红外线只能视距传播，所以穿透性极差（可以参考家里的电视遥控器），当标识被遮挡时就无法正常工作，也极易受灯光、烟雾等环境因素影响。加上红外线的传输距离不长，使其在布局上无论采取哪种方式，都需要在每个遮挡物背后甚至转角处都安装接收端，布局复杂，使得成本提升，而定位效果有限。

红外线室内定位技术比较适用于实验室对简单物体的轨迹精确定位记录以及室内自走机器人的位置定位。

#### 2. 超声波技术

超声波室内定位系统是基于超声波测距系统而开发的，由若干个应答器和主测距器组成。主测距器放置在被测物体上，向位置固定的应答器发射无线电信号；应答器在收到信号后向主测距器发射超声波信号，利用反射式测距法和三角定位等算法确定物体的位置。

超声波室内定位整体精度很高，达到了厘米级，结构相对简单，有一定的穿透性，而且超声波本身具有很强的抗干扰能力。但是超声波在空气中的衰减较大，不适用于大型场合，加上反射测距时受多径效应和非视距传播影响很大，造成需要精确分析计算的底层硬件设施投资，成本太高。

超声波定位技术在数码笔上已经被广泛应用，而海上探矿也用到了此类技术，室内定位主要用于无人车间的物品定位。

#### 3. 射频识别技术

射频识别室内定位技术利用射频方式，固定天线把无线电信号调成电磁场，附着于物品的标签经过磁场后生成感应电流把数据传送出去，多对双向通信交换数据以达到识别和三角定位的目的。

射频识别室内定位技术的作用距离很近，但它可以在几毫秒内得到厘米级定位精度的信息，且由于电磁场非视距等优点，所以传输范围很大。另外标识的体积比较小，因此造价比较低。但它不具有通信能力，抗干扰能力较差，不便于整合到其他系统之中，且用户的安全隐私保障和国际标准化都不够完善。

射频识别室内定位技术已经被仓库、工厂、商场广泛应用在货物、商品流转定位上。

#### 4. 蓝牙技术

蓝牙室内定位技术是利用在室内安装的若干个蓝牙局域网接入点，把网络维持成基于多用户的基础网络连接模式，并保证蓝牙局域网接入点始终是微微网（Piconet）的主设备，然后通过测量信号强度对新加入的盲节点进行三角定位。

蓝牙室内定位技术最大的优点是设备体积小、短距离、低功耗，容易集成在手机等移动设备中。只要设备的蓝牙功能开启，就能够对其进行定位。蓝牙传输不受视距的影响，但对于复杂的空间环境，蓝牙系统的稳定性稍差，受噪声信号干扰大，且蓝牙器件和设备的价格比较昂贵。

蓝牙室内定位技术主要应用于对人的小范围定位，如单层大厅或商店。

#### 5. Wi-Fi 技术

Wi-Fi 定位技术有两种：一种是通过移动设备和三个无线网络接入点的无线信号强度，通过差分算法比较精准地对人和车辆进行三角定位；另一种是事先记录巨量的确定位置点的信号强度，通过用新加入的设备的信号强度对比拥有巨量数据的数据库来确定位置（“指纹”定位）。

Wi-Fi 定位技术可以在广泛的应用领域内实现复杂的大范围定位、监测和追踪任务，总精度比较高，但是用于室内定位的精度只能达到 2m 左右，无法做到精准定位。随着 Wi-Fi 路由器和移动终端的普及，定位系统可以与其他客户共享网络，硬件成本很低，而且 Wi-Fi 的定位系统可以降低射频（RF）干扰的可能性。

Wi-Fi 定位技术适用于对人或者车的定位导航，可以应用于医疗机构、主题公园、工厂、商场等各种需要定位导航的场合。

#### 6. ZigBee 技术

ZigBee 室内定位技术通过若干个待定位的盲节点和一个已知位置的参考节点与网关之间形成组网，每个微小的盲节点之间相互协调通信以实现全部定位。

ZigBee 是一种新兴的短距离、低速率无线网络技术，传感器只需要很少的能量，以接力的方式通过无线电波将数据从一个节点传到另一个节点，作为一个低功耗和低成本的通信系统，ZigBee 的工作效率非常高。但 ZigBee 的信号传输受多径效应和移动的影响都很大，而且定位精度取决于信道物理品质、信号源密度、环境和算法的准确性，造成定位软件的成本较高，其提高空间还很大。

ZigBee 室内定位技术已经被很多大型的工厂和车间作为人员在岗管理系统所采用。

#### 7. 超宽带技术

超宽带定位技术是一种全新的、与传统通信定位技术有极大差异的技术。它利用事先布置好的已知位置的锚节点和桥节点，与新加入的盲节点进行通信，并利用三角定位或者“指纹”定位方式来确定位置。

超宽带通信不需要使用传统通信体制中的载波，而是通过发送和接收具有纳秒或纳秒级以下的极窄脉冲来传输数据，因此具有 GHz 量级的带宽。超宽带定位技术具有穿透力强、抗多径效果好、安全性高、系统复杂度低、能提供精确定位等优点，前景相当广阔。但新加入的盲节点也需要主动通信，使得功耗较高，而且事先也需要布局，使得成本还无法降低。

超宽带室内定位技术可用于各个领域的室内精确定位和导航，包括人和大型物品，如汽车地库停车导航、矿井人员定位、贵重物品仓储等。

### 4.4.6 协作定位技术

协作定位技术是指多种定位方式协作，构成全天候室内外无缝的高精度定位系统，可以为自动驾驶提供高可靠性的位置感知基础。全球卫星导航定位系统 GPS、北斗卫星导航系统、惯性导航系统等之间的协作被称为组合导航。此外，随着自动驾驶技术发展的深入，其搭载的各类传感器也逐渐被用于不同场景下的辅助定位。因此，协作定位技术是组合导航与多源传感器辅助定位的协同与融合。

组合导航是指用无线电导航、天文导航、卫星导航等系统中的一个或几个与惯导组合在一起形成的综合导航系统。大多数组合导航系统以惯导系统为主，其原因主要是惯性导航能够提供比较多的导航参数，还能够提供全姿态信息参数，这是其他导航系统所不能比拟的。组合导航不影响各自性能，仅输出数据组合解算的技术称为浅组合；影响系统工作性能，使其改善性能后输出数据者称为深组合。组合导航可以兼取各系统自身的优点，弥补其缺点，并提高定位精度和数据冗余度，使导航系统具有更高的可靠性和可信度。

信息融合起初称为数据融合（Data Fusion)，起源于 1973 年美国国防部资助开发的声纳信号处理系统。在 20 世纪 90 年代，随着信息技术的广泛发展，具有更广义化概念的“信息融合”被提出来，多传感器数据融合（Multi-sensor Data Fusion，MSDF）技术也应运而生。数据融合的主要优势在于：充分利用不同时间与空间的多传感器数据资源，采用计算机技术按时间序列获得多传感器的观测数据，在一定准则下进行分析、综合、支配和使用，获得对被测对象的一致性解释与描述，进而实现相应的决策和估计，使系统获得比其各组成部分更为充分的信息。自动驾驶多源传感器辅助定位使用的传感器包括激光雷达、毫米波雷达、摄像头以及高精度地图。常用的算法有卡尔曼滤波、贝叶斯统计理论、深度学习等。

车端定位是指依靠车辆搭载的卫星导航定位终端、惯导设备及差分定位服务等进行车辆的实时动态定位。场端定位是指依靠室内超宽带、场端激光雷达等进行场端视野范围内的车辆实时动态定位。

定位不仅应用于车端，也可以应用于场端。区域场端定位服务也是高精度位置服务的一部分。车端与场端定位的对比见表 4-2。



表 4-2　车端与场端定位的对比

| 定位方式 | | | 误差 | 优势 | 劣势 |
|---|---|---|---|---|---|
| 车端定位 | 卫星 | 绝对 | 5 ~ 10m | 提供全天候的定位、速度及授时 | 广播信号受多因素影响，如大气折射、轨道偏差、时钟误差、多路径等 |
| | 惯性导航 | 相对 | 累积误差 | 独立源，不受外界环境影响，如位置、速度、姿态及航向 | 位置误差的累积与运动时间的平方成正比，高精度的传感器价格昂贵 |
| | 激光雷达 | 相对 | 1 ~ 2cm | 稳健性好，分辨率高，抗有源干扰能力强 | 需要重建三维结构，依赖地图匹配 |
| | 摄像头 | 相对 | 2 ~ 10cm | 成本低，获取方便 | 天气及环境有一定影响 |
| | 高精度电子地图 | 绝对 | 5 ~ 20cm | 厘米级定位精度，覆盖范围广 | 全国覆盖成本高、更新频率低 |
| | 5G 基站 | 绝对 | 目标 1m | 开放融合网络架构，可展开通信与卫星网络融合定位 | 无线信号的衰减影响定位精度 |
| 场端定位 | 激光雷达 | 绝对 | 5 ~ 10cm | 减少车辆配备激光雷达，适合室内定位受限环境 | 成本高，根据不同环境布局变化 |
| | 摄像头 | 绝对 | 2 ~ 10cm | VSLAM 定位可获取丰富且直观的信息，体积小、成本低 | 计算量大，受环境影响，如雨、雪、黑夜 |
| | 超宽带 | 绝对 | 20 ~ 30cm | 传输速率高、定位精度相对较好 | 成本偏高，布局较复杂 |

## 4.4.7　高精度特征地图定位技术

环境特征匹配技术通过实时测量提取环境特征，并与预先采集的基准数据进行匹配，从而获取确定自动驾驶车辆的当前位置。在实际应用中，环境特征的定位系统都需要其他定位系统辅助给出初始位置，从而实现在限定区域中匹配环境特征，达到降低计算量、减少特征测量值与预采集基准数据之间可能发生的多重匹配，实现更优的定位结果匹配的目的。

在自动驾驶系统中，常用的环境匹配的定位方案是基于激光点云的定位方案和基于摄像头的视觉定位方案，另外还有多传感融合高精定位技术。

### 1. 基于激光点云的定位方案

基于激光雷达的特征匹配的定位技术的优点在于定位精度很高，可以达到厘米级的定位结果；其缺点是成本高，对于环境变化和地图数据的鲜度相对比较敏感，物理道路环境（道路改造、雨雪天气）的变化会影响定位结果。

激光雷达固定在路侧端，可通过多源融合定位给车辆提供高精度定位信息。激光雷达观测视野范围内的自动驾驶车辆，通过边缘云中处理单元感知、检测、跟踪自动驾驶车辆，并计算其精确的位置、速度和姿态信息；同时通过 4G/5G 的方式将位置信息传输至周边的自动驾驶车辆。激光雷达定位架构如图 4-38 所示。

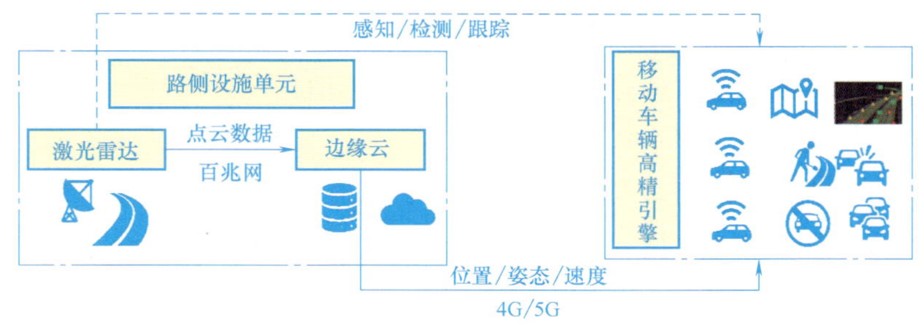


图 4-38 激光雷达定位架构

### 2. 基于摄像头的视觉定位方案

基于摄像头的视觉定位方案的优点在于成本低，精度可用于低级别特定场景下的自动驾驶车辆，是目前 L3 级别以下自动驾驶使用的主流技术方案；其缺点是对地图数据的鲜度比较敏感，同时由于摄像头自身的局限性，在夜晚、逆光场景下存在难以克服的技术瓶颈。基于摄像头的视觉定位方案如图 4-39 所示。

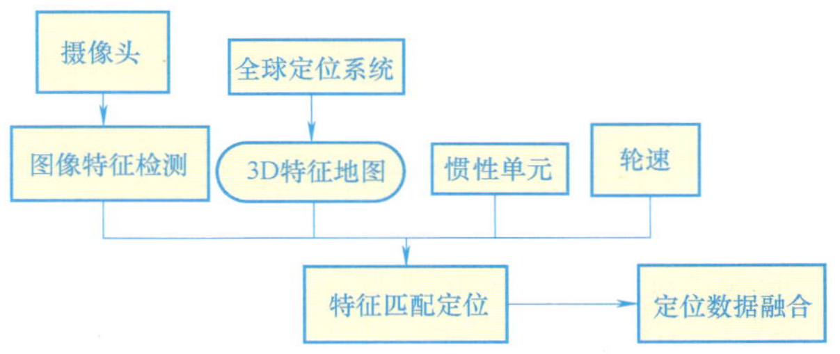


图 4-39 基于摄像头的视觉定位方案

### 3. 多传感器融合高精定位技术

对于自动驾驶技术来说，高精定位不仅依赖于传统的定位方式，而且多传感器融合定位是更重要且更普遍采用的定位方式。多传感器融合定位就是把多种不同的定位技术组合在一起，以达到优势互补、提高稳定性和获取更高精度的定位结果。

在 L3+ 级别的自动驾驶技术方案中，为了最大限度地提升系统的安全性，保证能够覆盖更多的驾驶场景，往往采用多传感器融合定位的方法。各个传感器之间互为冗余、互相校验，即使在部分传感器失效的情况下，也可以保证定位系统的高可用性。

## 4.4.8 车载导航定位系统

车载导航系统是集定位技术、地理信息系统、数据库技术、多媒体技术和现代通信技术于一体的车辆综合信息系统，能为驾驶人提供地图显示、车辆定位、路径规划、兴趣点检索等功能。目前车载导航系统一般使用全球定位系统（GPS）作为主要定位方式，然而随着我国北斗卫星导航系统（BDS）的发展与完善，BDS 将成为 GPS 的有力竞争者。为了提升定位能力，提高定位精度，某些高档汽车还配备了惯性导航器件，与卫星导航形成了组合导航。定位模块完成车体所在地理位置的解算，然后再进行地图匹配，就可以将车辆位置以车标的形式显示在地图上。导航引擎软件使用导航地图数据，就可以以地图显示、声音提示和图片诱导等多种方式引导驾驶人到达目的地。

车载导航系统的结构如图 4-40 所示。

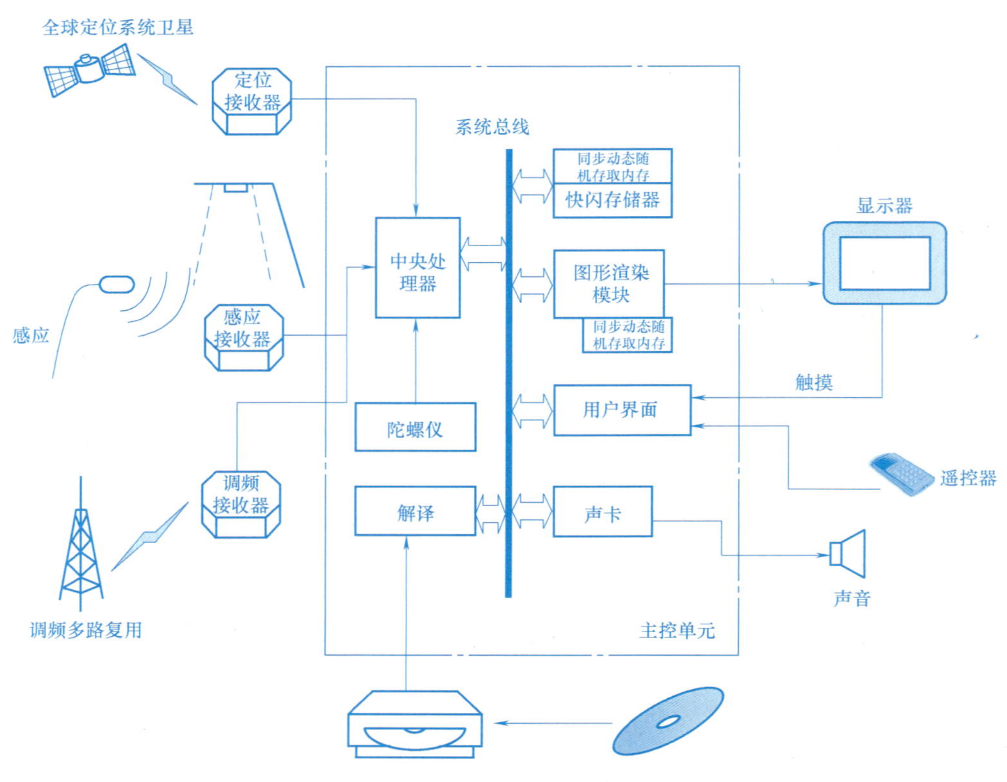


图 4-40　车载导航系统的结构

导航地图作为车载导航系统的重要组成部分之一，仍然具有地图共通的属性。地图是表示地面上地理事物的空间分布、联系及在时间中发展变化状态的图形，将其用于电子介质上就成为电子地图。按用途划分，电子地图可划分为旅游电子地图、导航电子地图、城市电子地图等；按数据类型划分，有栅格电子地图、矢量电子地图、矢栅混合电子地图。

导航地图作为电子地图中的一种应用类别，具备电子地图的基本功能和特点。同时，为了能够支持路径规划、线路诱导、兴趣点检索等导航功能，导航电子地图需要包含对应的数据，如精确位置数据、道路拓扑网络、诱导数据、兴趣点属性数据等。车载导航系统的原理如图 4-41 所示。地图提供商（Map Provider）将真实的地理信息制作成地图显示数据（形状数据）和路径规划数据（道路拓扑网数据），并将其存储为导航地图物理存储格式

（Physical Storage Format，PSF）。该数据通过数据访问层，然后被导航引擎软件所使用，最终实现功能控制。

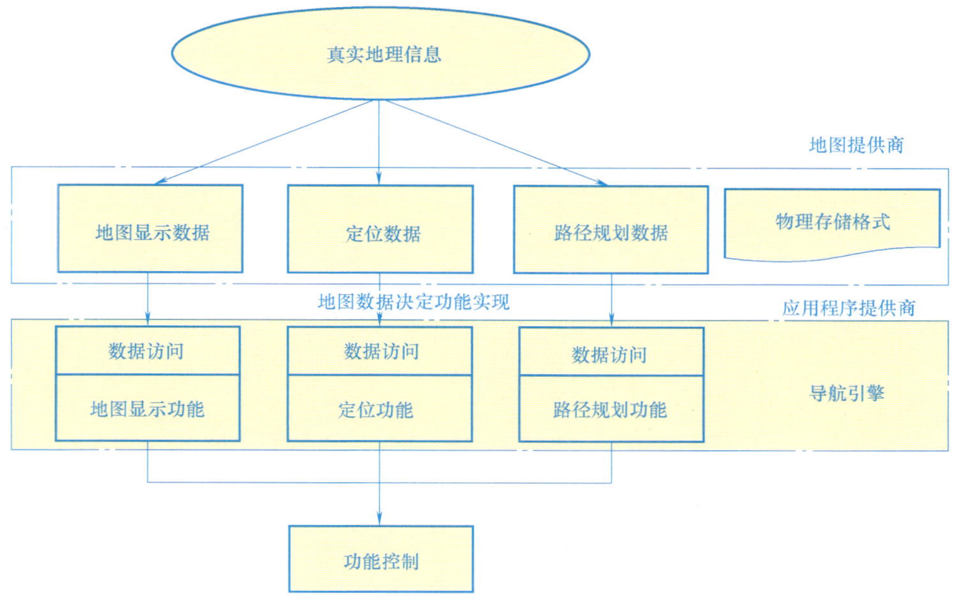


图 4-41　车载导航系统原理

## 参考文献

［1］ PITMAN G R.Inertial Guidance［M］.New York：John Wiley & Sons，Inc.，1962.

［2］ SAVANT C J.Principle of Inertial Navigation［M］.New York：McGraw-Hill，1961.

［3］ LAWRENCE A.Modern Inertial Technology：Navigation，Guidance and Control［J］.Nasa Sti/recon Technical Report A，1993，93（2）：296.

［4］ 曲忠志 . 惯性导航系统［M］. 北京：国防工业出版社，1982.

［5］ 中国汽车工程学会，天津智能网联汽车产业研究院 . 中国智能网联汽车产业发展报告（2018）［R］. 北京：社会科学文献出版社，2018.

# 第 5 章　智能车辆决策规划技术

## 5.1　智能车辆决策规划技术概述

### 5.1.1　智能车辆决策规划技术的主要内容

智能车辆决策一般是指驾驶行为决策，即基于对车辆当前行驶环境的感知与场景的理解，根据任务目标，得到相应的驾驶行为输出，如加减速、紧急制动、换道、转向、保持原运动状态等，并基于这些状态计算决策行为结果，控制车辆行驶轨迹与速度，实现安全、高效、舒适的无人驾驶、自动驾驶或驾驶辅助。智能车辆体系结构如图 5-1 所示。目前也有基于神经网络端到端的决策控制方法，这种方法能直接从环境感知信息进而输出车辆控制结果，但由于目前端到端的决策控制方法还无法得到稳定的输出结果，所以还处于

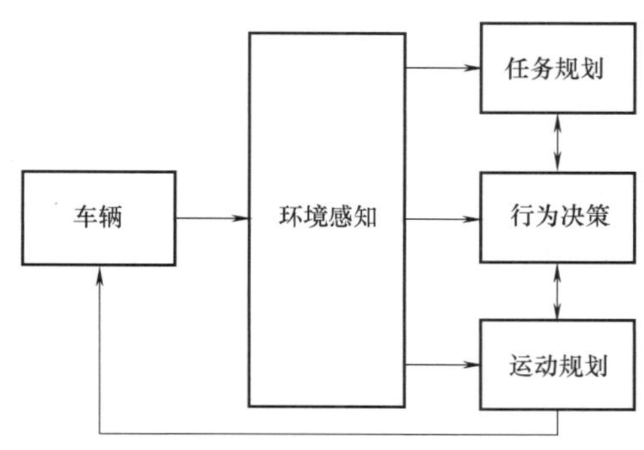


图 5-1　智能车辆体系结构

理论研究阶段。

智能车辆行为决策过程包括驾驶行为识别与预测、基于规则或者机器学习的决策及对决策目标的评价等。基本的驾驶行为决策问题主要包含驾驶行为推理问题（如换道与车道保持行为之间的选择），以及加速、减速等速度决策问题。典型的智能车辆行为决策系统，其行为决策过程主要包含基于规则的方法及基于概率统计机器学习的方法两大类。行为决策框架主要有通用型决策框架和基于场景的决策框架两类。

不管是基于规则还是基于概率统计机器学习，智能车辆行为决策本质上是一种类人驾驶行为，即基于驾驶人模型的行为决策，与人类的知识与经验积累模型相似。一些研究文献提到一种类人驾驶行为决策的最高形式：直觉行为决策。现实世界中存在着大量的有待探索的知识，在知识不完备的情况下，人脑可以相应做出比计算机更加快速、准确的判断，可以综合人类多年的生活经验、专门的驾驶规则与培训方法、驾驶经验与知识，形成一种基于知识与经验积累的直觉决策方法。直觉是在已有知识和经验的基础上对客观事物的本质特征和普遍规律的直接领悟和深刻理解，这种领悟和理解取决于经验的积累，只有当经验积累到能融会贯通并能与驾驶人产生“共鸣”时，直觉的领悟和理解才能发生。

## 5.1.2 通用型决策框架

作为决策模块的输入，智能车辆环境感知信息存在不确定性和不精确性，交通场景中其他参与要素的驾驶行为或交通参与行为也是动态变化的。同时，执行感知结果的规划控制模块也会存在控制误差，因此为了使车辆决策结果稳定可行，决策框架的设计需要考虑以下因素。

1）考虑到不确定性，可以将传感器噪声、环境感知限制加入决策系统中，并采用某种方法（如基于单点马尔科夫过程）得到不同驾驶等级和不同感知确信度的关系，以提高系统的鲁棒性。

2）考虑行驶环境的多样性及决策模块的可扩展性，可以在决策模块中考虑智能车辆对环境状态变化的适应性，以便进行实时决策。在该过程中，复杂的驾驶任务被离散为决策网络中一系列的行为策略，可使用非线性模型预测方法或者神经网络概率统计方法，把智能车辆动力性、经济性、平顺性、安全性、舒适性、法律法规等多种因素作为评价指标，构建合适的评价函数，实现智能车辆最优决策行为。

综合以上因素，通用型智能车辆决策系统框架如图 5-2 所示。

【案例】基于驾驶人模型的智能车辆类人驾驶行为决策。图 5-3 所示为一种易于理解的智能车辆驾驶人模型创建的常用技术路线，通过模仿优秀驾驶人的驾驶行为，智能车辆能够更好地与有人驾驶车辆交互。为了预测与评价交通场景，模型中提出了基于预测—评价函数的方法，以及基于意图辨识的预测—评价函数方法，并考虑了周围其他车辆的交互驾驶行为。上述方法应用于单车道高速公路行驶及匝道路口场景。

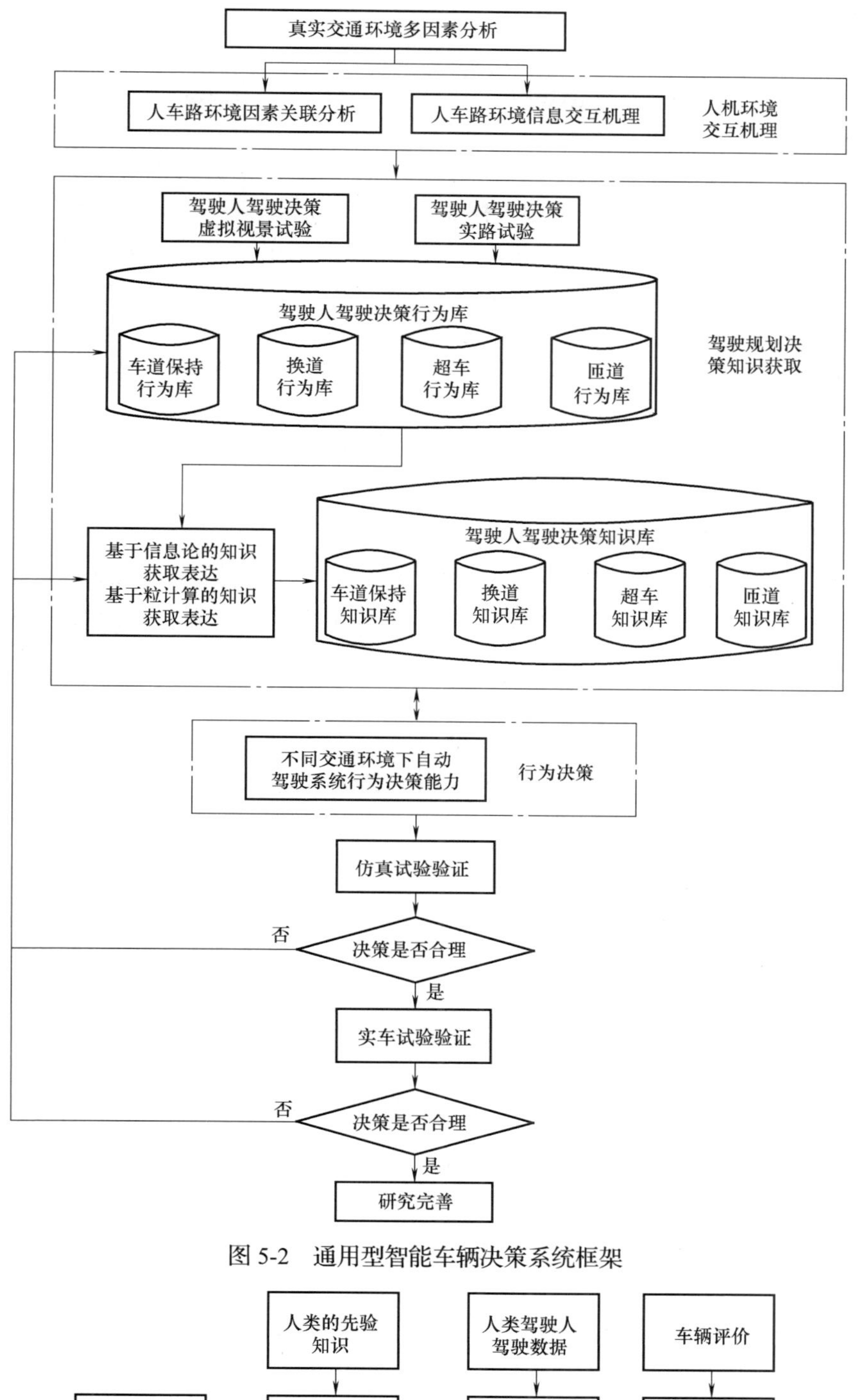


图 5-2 通用型智能车辆决策系统框架



图 5-3 智能车辆驾驶人模型创建的常用技术路线

# 5.2 驾驶行为识别技术

车辆驾驶行为建模与识别是智能车辆行为决策技术的一个关键问题，智能车辆行为决策系统需要识别交通场景中本车及其他车辆的驾驶行为，并预测其驾驶意图。

目前，车辆驾驶行为识别的方法主要有两大类：基于逻辑规则的方法和基于机器学习的方法。基于逻辑规则的方法通过相对简单的专家规则来判断车辆的当前行为，此类方法对输入数据有较高的准确性和完整性要求，因此输出结果误报率比较高；基于机器学习的方法，如隐马尔科夫模型（Hidden Markov Model，HMM）、贝叶斯网络（Bayesian Network，BN）、相关向量机（Relevance Vector Machine，RVM）和支持向量机（Support Vector Machine，SVM）等，一般基于概率统计数据或者概率推理算法，这些数据按照一定的规则分类，用于统计或神经网络学习训练，并将训练结果应用于行为决策系统。

对于智能车辆而言，本车驾驶人的特征，如手脚的操作，可以通过对转向盘转角、加速踏板和制动踏板的行程、车辆纵向 / 横向运动学和动力学参数、车辆的位姿参数进行观测。一般来说，行为特征数据较容易采集。

在没有网联数据的情况下，需要通过本车车载传感器对周围其他车辆进行检测识别与跟踪，获得车辆纵向与横向行为数据，同时估计其位姿状态；而在有网联数据的情况下，则同时可以得到路基数据或者周围车辆的广播数据，共同作为周围车辆行为估计模型的输入信息。针对行为决策模型的需求，建立本车和周围其他车辆合理的驾驶行为识别与预测模型，是提高智能车辆行为决策能力的关键。

一般将驾驶行为识别分为纵向驾驶行为识别和横向驾驶行为识别两类。

## 5.2.1 纵向驾驶行为识别

车辆在某一时刻的纵向驾驶行为，从车辆外在表现可分为三种可能状态：匀速行驶、加速行驶和减速行驶。

因此识别车辆的纵向驾驶行为，一般是判断车辆处于匀速状态、加速状态还是减速状态，并估计其加速度大小。

一般情况下，可以通过毫米波雷达、激光雷达、摄像头等传感器独立工作，或者将多个传感器信息融合得到周围车辆的速度信息，并通过差分的方式直接求得加速度，从而对纵向驾驶行为进行识别。但考虑到测量噪声的存在，且传感器的检测也会存在误差，算法处理的时候也有出错误的可能，这都会对检测结果的准确性带来一定的影响。可以采用卡尔曼滤波等方式对测量数据进行滤波处理，提高检测结果的鲁棒性。

及时识别前车的制动，可避免发生追尾等交通事故，对于保证道路交通安全具有重要意义。据美国国家公路交通安全管理局（National Highway Traffic Safety Administration，NHTSA）统计，在约 196 万起交通事故中，超过 32.4% 的事故是车辆追尾类型的事故。为了预防车辆追尾事故的发生，研究人员开发了各种各样的车辆智能辅助驾驶系统，如前向碰撞预警（Forward Collision Warning，FCW）系统、碰撞预警制动辅助（Precrash Brake Assist，PBA）系统和自动紧急制动（Autonomous Emergency Braking，AEB）系统，如

图 5-4 所示。

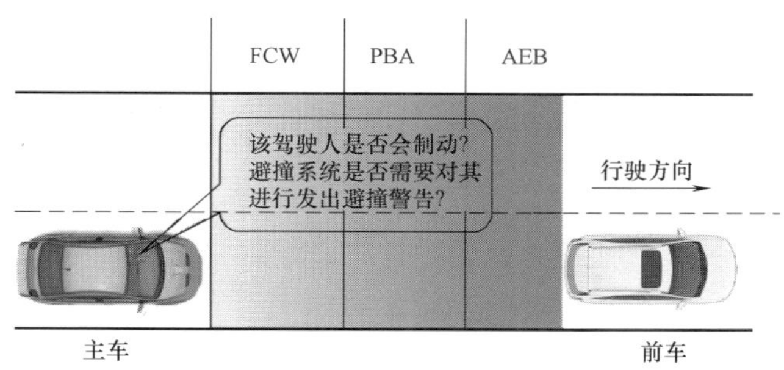


图 5-4　纵向防碰撞系统

FCW 系统和 PBA 系统旨在帮助驾驶人监测潜在的碰撞危险，从而避免事故的发生。其中，FCW 系统仅通过声音、触觉或者视觉等信号提醒驾驶人有潜在的危险出现，并不会直接参与控制车辆的制动系统。而 AEB 系统则会采取主动制动的方式防止车辆追尾。如图 5-4 所示，前车后方的深色区域为关键危险区域，在该区域内需要对车辆进行制动；主车前方的浅色区域表示在该区域内，只需要对驾驶人进行预警即可。



## 5.2.2　横向驾驶行为识别

车辆当前时刻的横向驾驶行为可以简单地分为三类：保持当前车道行驶、向旁边车道换道和进行左右转向。

周围车辆的横向驾驶行为会直接影响本车的行为决策，因此识别周围车辆的横向驾驶行为显得尤为重要。识别车辆的横向驾驶行为可根据行驶场景的不同而分别进行，在路口环境可仅识别车辆是否进行转向，而在非路口环境则仅需识别车辆是否有换道行为。

车辆横向驾驶行为识别的问题可以视为一个分类的问题，即横向驾驶行为分为车道保持和换道或转向两大类。因此可用于分类器的机器学习方法均可以考虑用于车辆的横向驾驶行为识别。常用的用于横向驾驶行为识别的分类器有径向基函数（Radial Basis Function，RBF）神经网络和支持向量机（Support Vector Machine，SVM）。

### 1. 基于 RBF 的车辆横向驾驶行为识别

RBF 是一种多维空间插值方法，由 Powell 提出。由于生物神经元有局部响应的特点，Broomhead 和 Lowe 将 RBF 引入神经网络的设计中。RBF 神经网络的基本思想就是将低维问题投影至高维，即用 RBF 作为隐藏层的“基”，将输入层的内容进行变换，把低维的输入量投影到高维空间中，那么在低维空间不可分的问题就在高维空间中变得可分。RBF 神经网络具有多种优点，它能够逼近任意非线性函数，具有较好的泛化能力，在学习过程中的收敛速度也很快，已在较多的场景中得到应用。图 5-5 所示为 RBF 神经网络结构简图。

RBF 一般需要对三个学习参数进行求解，包括方差、基函数中心，以及隐藏层和输出层之间的权值。由于有多种方法可以用于 RBF 中心的求解，因此 RBF 也有很多种不同的学习方法，如正交最小二乘法、自组织选取法、监督中心选取法、随机中心选取法等。

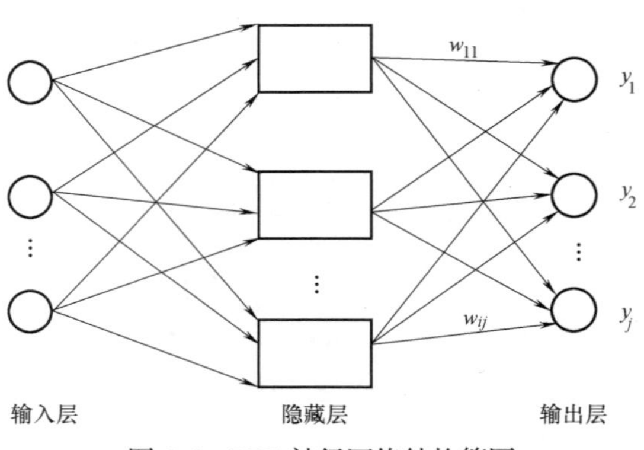


图 5-5　RBF 神经网络结构简图

在利用 RBF 方法对车辆横向驾驶行为进行识别时，需先采集已标定好的车辆行驶数据样本，并将其作为训练集进行离线学习，之后通过学习好的分类器模型对实时驾驶数据进行分类，从而根据检测到的车辆速度与位置信息识别车辆的横向驾驶行为。

**2. 基于 SVM 的车辆横向驾驶行为识别**

SVM 由 Vapnik 最先提出，它和多层感知器网络类似，在回归问题和分类问题上得到了广泛应用，是一类按监督学习方式对数据进行二元分类的广义线性分类器。SVM 的基本思想是获得一个能够使正负样本的隔离边界达到最大化的超平面，以此超平面作为其决策曲面。统计学习理论是 SVM 的理论基础。SVM 有如下优点。

1）通用性：可以在很广泛的各种函数集中构建函数。

2）有效性：在实际问题的解决上，总是最好的方法之一。

3）鲁棒性：不需要进行微调。

4）计算简单：利用简单的优化技术就能实现。

5）理论完善：其框架基于 VC 的推广性理论。

SVM 模型整体流程如图 5-6 所示。

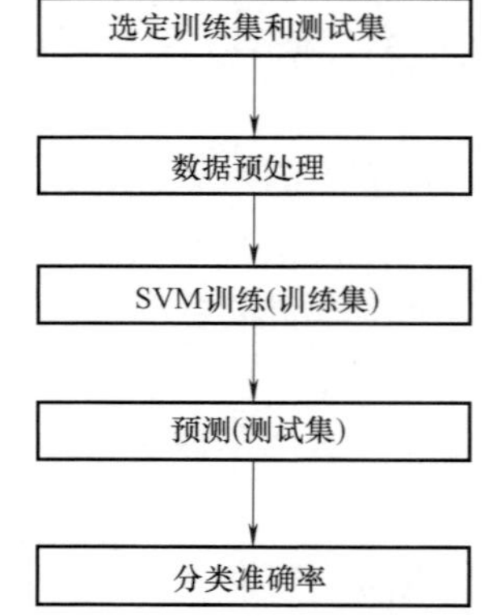


图 5-6　SVM 模型整体流程图

建立 SVM 模型的第一步是从原始数据集中取得训练集和测试集，对取出的数据进行预处理，然后通过 SVM 训练获得训练集，模型训练成功后再用测试集测试模型的分类效果。

## 5.3　行为决策技术

### 5.3.1　基于规则的决策技术

基于规则的决策方法是常用的行为决策方法，是当前应用较广的决策方法，包括基于有限状态机的行为决策、基于层次状态机的行为决策等常用方法。基于状态机的系统常用于对交通场景进行评价，并且在该交通场景体系框架中进行行为决策。利用状态机可以将

驾驶行为离散成若干子行为，以此来降低决策模块的设计难度，使决策模块条理有序。

### 1. 基于有限状态机的行为决策

有限状态机是一种离散输入 / 输出系统的数学模型，由有限个状态组成。在有限状态机中，当前状态接收到事件，并产生相应的动作，从而引起状态的转变。状态、事件、转变、动作是有限状态机法的四个要素。有限状态机法逻辑清晰，实用性强。

图 5-7 所示为一种基于有限状态机的智能车辆加减速、车道保持、换道行为决策系统数据流向图。图中，智能车辆执行了一系列人工定义的决策状态，例如，检查车距以确定车辆能否充分加速，检查路口是否有其他车辆以及本车的行驶优先级以确定如何通过路口，检查换道时的安全距离等。状态估计器与目标选择器共同完成这项功能。状态估计器得到当前车辆在道路模型中的位置，目标选择器根据车辆位置、相应道路模型及任务规划所产生的全局目标轨迹，产生当前的、即将发生的、未来将要发生的运动的目标。该方法模仿了人类推理的过程，是驾驶人经验和知识的简单总结，也是一种初步的类人驾驶决策方法。

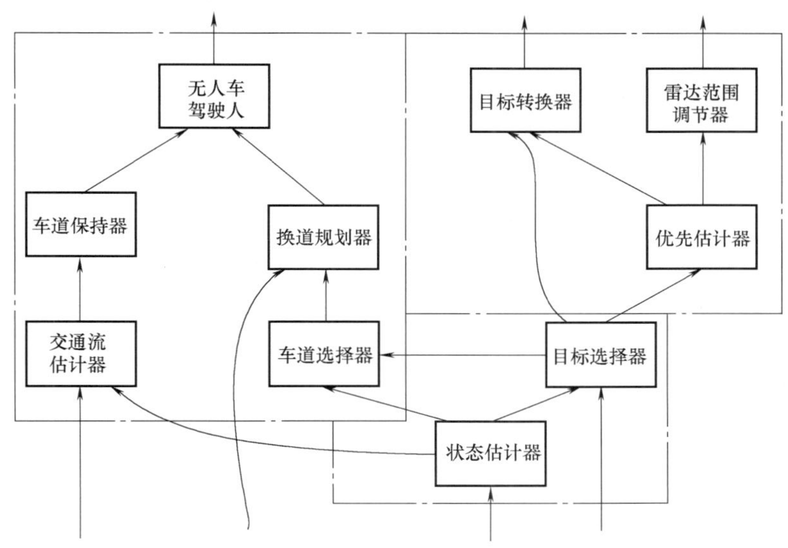


图 5-7　一种基于有限状态机的智能车辆行为决策系统数据流向图

### 2. 基于层次状态机的行为决策

相较于有限状态机，层次状态机的应用范围更广。在层次状态机系统中，每一个状态都对应多个子状态，该机制下的状态便于添加和删除，方便创建和扩展复杂的状态机系统，每一个子状态对应一个特殊的驾驶策略。常用的层次状态机系统大致可分为三层，其中，顶层状态表示车辆状态，中间层状态表示驾驶行为，底层状态表示驾驶行为（换道）的具体动作及转换条件。

尽管层次状态机可以适应大多数场景，但由于真实的交通场景中不可避免地存在不确定性，只靠基于简单规则的决策模型进行决策不能完全保证决策的安全性和准确性，因此需要找到更合适的方法来使自动驾驶车辆在真实的交通道路上做出安全有效的决策。

### 3. 基于模糊逻辑的驾驶风格识别方法

考虑到人类驾驶人的特点，驾驶风格可分为激进型、保守型、普通型等多种类型。不少文献选用基于模糊逻辑的方法判定车辆的驾驶风格，可直接用激进程度值来表征驾驶风格，作为评价驾驶人驾驶意图的因素之一。模糊逻辑规则本质上也是基于人工经验和知识的。智能车辆决策的模糊规则可根据熟练驾驶人的经验进行制定。

这里以纵向驾驶风格识别为例进行说明。为实现基于驾驶人类型划分的模糊逻辑推理，首先将速度、加速度离散为语言变量，然后构建模糊逻辑规则，最后将模糊推理的结果经过解模糊得到驾驶激进程度值。对于加速度，可根据某一区间内的加速时间达到一定值的阶段进行计算。

构建速度隶属度函数，将速度值模糊化为模糊语言变量，这些变量可分为极小（NS）、小（S）、中（M）、大（H）、极大（PH）几个等级。将加速度值模糊化为语言变量，包括低（S）、中（M）、高（H）几个等级。将驾驶激进程度模糊化为保守（C）、普通（N）、激进（A）。各变量的隶属度函数如图 5-8 所示，其中，图 5-8a 所示为速度隶属度函数，图 5-8b 所示为加速度隶属度函数，图 5-8c 所示为驾驶激进程度隶属度函数。

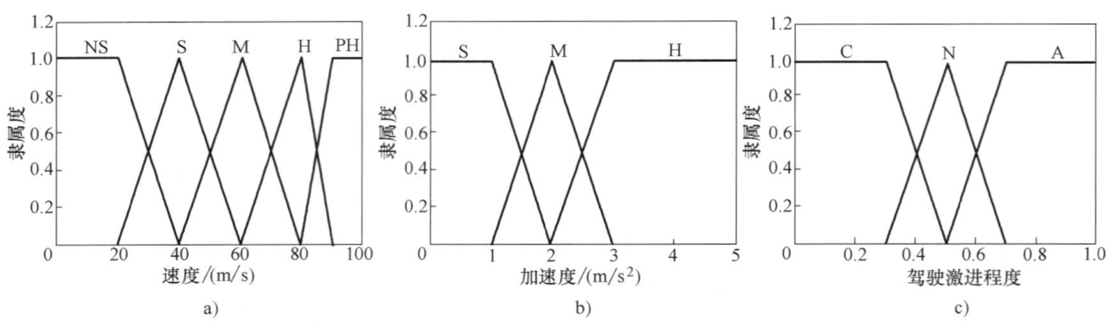


图 5-8　各变量的隶属度函数

a）速度隶属度函数　b）加速度隶属度函数　c）驾驶激进程度隶属度函数

针对语言变量，构建模糊逻辑规则表，见表 5-1。表中第一行表示速度语言变量，第一列表示加速度语言变量，每个速度语言变量、加速度语言变量相交的位置为所对应的驾驶激进程度语言变量。

表 5-1　模糊逻辑规则表

| 语言变量 | PH | H | M | S | NS |
|---|---|---|---|---|---|
| H | A | A | A | N | N |
| M | A | A | N | C | C |
| S | A | A | N | C | C |

该部分模糊推理的模糊蕴含关系采用 Mamdani 法则，输出变量解模糊采用重心法，计算得到不同速度、加速度下的驾驶激进程度输出曲面，如图 5-9 所示。由此，就得到了不同速度、加速度与驾驶激进程度值之间的对应关系。

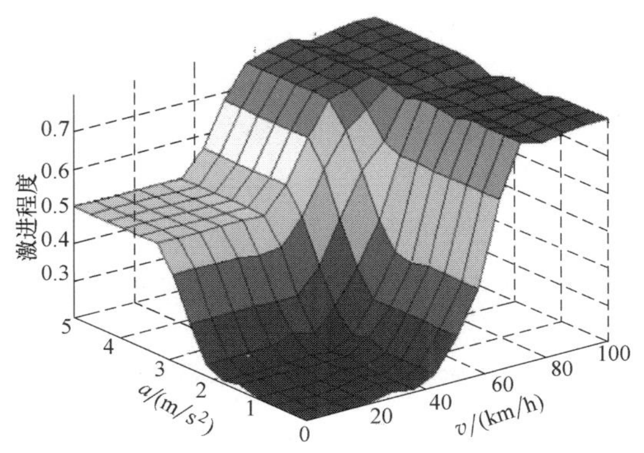


图 5-9　驾驶激进程度输出曲面



不同的驾驶激进程度从一个侧面反映了两车之间的协作行驶关系，较激进的驾驶人相对更难以做出让行的操作，而相对保守的驾驶人则容易让行其他车辆。通过此种判定，面临潜在行驶冲突时，激进程度较低的一方会让行激进程度较高的一方。

下面介绍驾驶激进程度判断方法在无信号灯十字交叉口的应用。应用场景如图 5-10 所示，智能车辆直行通过交叉口，实线圆圈区域代表车辆与基础设施（Vehicle-to-Infrastructure，V2I）的通信距离。在通信距离范围之内，智能车辆可以与基础设施通信并获得其他车辆的速度、加速度、位置等信息。虚线圆圈区域为驾驶意图识别算法生效区域，当其他车辆进入该区域后，智能车辆能够通过基于隐马尔科夫模型或者随机森林的识别方法有效判断其他车辆驾驶意图（左转、右转、直行、停车），并以此判断两车行驶路线是否存在潜在的冲突，进而可以预测两车冲突时智能车辆的决策问题。

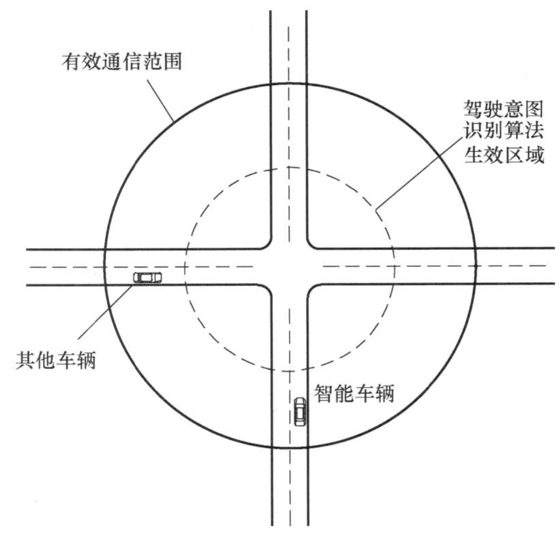


图 5-10　智能车辆通过无信号灯十字交叉口示意图

基于 V2I 技术，智能车辆可以获知其他车辆的位置、速度、加速度等车辆状态信息。基于以上信息、本车状态信息及路口的几何信息，将智能车辆交叉口行为决策问题分解为两个阶段的决策过程：周围其他车辆驾驶人类型判断阶段与智能车辆行为决策阶段。

周围其他车辆驾驶人类型判断阶段为从智能车辆与其他车辆进入有效通信范围（图 5-10 中的实线圆圈区域）到其他车辆进入驾驶意图识别算法生效区域（图 5-10 中的虚线圆圈区域）之间的交互过程。该阶段根据其他车辆的行驶速度与纵向加速度，通过模糊逻辑设计了其他车辆驾驶人激进程度判别方法。

智能车辆行为决策阶段为从其他车辆进入驾驶意图识别算法生效区域到路口交互结束

的整个过程。当智能车辆到达交叉口区域后，通过有限状态机判别其他车辆的行驶方向，对于潜在的冲突区域，基于碰撞时间（Time to Collision，TTC）和驾驶相对激进程度设计了相应的行为决策规则，将加速、减速、匀速行驶的指令发给智能车辆控制系统，控制智能车辆安全、有效地通过十字交叉口。

交叉口冲突区域的选择主要有两种方式：

1）将车辆假设为质点，求得不同车辆行驶曲线的交叉点。

2）在此基础上考虑车辆尺寸的冲突。

由于车辆在车道内的行驶轨迹并不确定，因此所选定的冲突点可能会随时间变化。将车道线约束考虑在内，如图 5-11 所示（假定根据 HMM 与随机森林模型已判断其他车辆要左转通过路口），区域 A 即为两车的潜在冲突区域，而 O 点（十字交叉口中心点）即为潜在冲突的起点，故将 O 点选取为 TTC 计算的参考点。将智能车辆与其他车辆距离参考点 O 的 TTC 的值定义为智能车辆与其他车辆距离参考点 O 的距离除以两者速度的商值。

若两辆车存在潜在冲突，则需要满足两辆车的 TTC 值之差的绝对值小于车辆长度计算时间阈值。

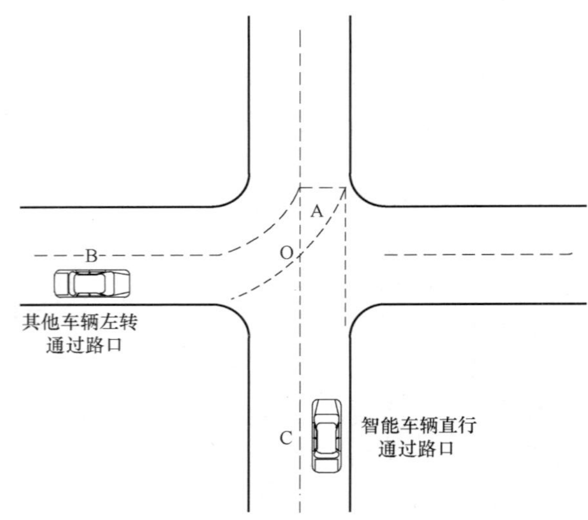


图 5-11　十字交叉口冲突区域

这里需要判定智能车辆与其他车辆是否存在潜在冲突。当存在潜在冲突时，智能车辆的行为决策流程如图 5-12 所示，首先计算其他车辆与智能车辆到达冲突区域的时间，若时间差小于安全阈值，则进一步根据第一阶段的驾驶历史数据计算其他车辆与智能车辆的驾驶激进程度差值。若该值大于安全阈值，则根据行为决策规则表选取当前决策方案，进一步进行智能车辆的速度控制，最终安全通过交叉口。若两者激进程度基本相同，则通过调整智能车辆自身速度改变两者激进程度差，通过行为决策规则表得到适当决策结果，进而控制智能车辆通过交叉口。

智能车辆与其他车辆之间的相对驾驶激进程度是需要考虑的因素，同时为满足驾驶安全性要求，智能车辆需要满足在最大减速度情况下在冲突区域前能够停车这一先验要求。

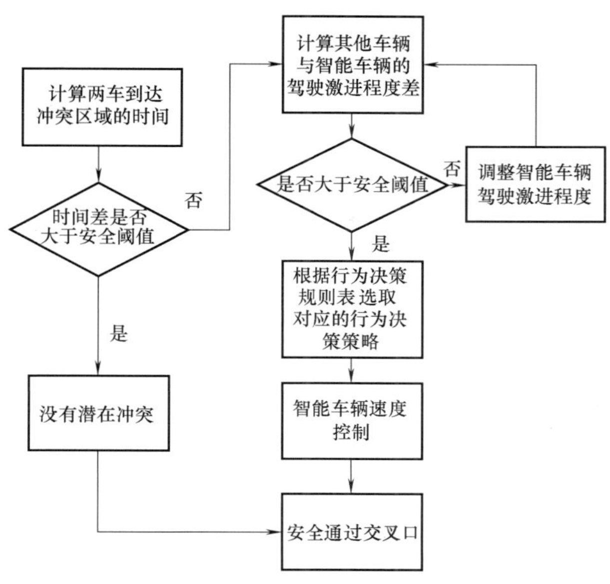


图 5-12　智能车辆行为决策流程

根据模糊逻辑的速度划分情况，求得决策临界值，将参数离散化为几个区间，并以此构建行为决策规则表，得到其他车辆相对本车驾驶人类型为激进和保守的驾驶规则表。在相对冲突区域的不同距离以及不同 TTC 的情况下，智能车辆将分别做出不同的行为决策以与其他车辆进行交互。

## 5.3.2　基于概率统计的决策技术

上述基于规则的行为决策体系没有充分考虑环境的不确定性。在复杂的环境中，智能车辆进行行为决策时必须考虑各种不确定性，其中最重要的就是环境感知中的不确定性。由于传感器的检测不可避免地含有噪声并且大部分环境都被遮挡，因此只能感知当前情形的一小部分，使得许多因素往往不能提前精确建模，这会影响基于规则方法的效率。而基于统计的决策方法在许多驾驶任务中是一种考虑不确定性的决策方法。

马尔科夫（Markov）模型是一个成本预测控制模型，它可以将不确定性考虑进去，因此经常被应用在智能驾驶决策技术中。车辆的驾驶任务可看成一个连续的部分可观察马尔科夫决策过程（Partial Observed Markov Decision Process，POMDP）。以换道决策过程为例，图 5-13 所示的两步算法决策在信号处理网络中考虑相对距离、相对速度和碰撞时间，就是基于成本预测的 POMDP。

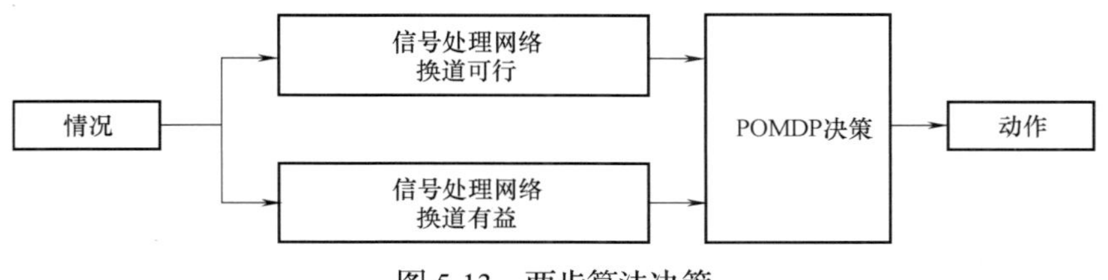


图 5-13　两步算法决策

基于概率统计的决策方法能够降低交通场景中其他交通要素行为不确定性所带来的影响，但与基于规则的方法相比较，其统计方法更为复杂，而且决策架构的设计、交通参与者的行为分析、决策模型求解等问题均面临一定挑战。

## 5.3.3 基于机器学习的类人决策技术

近年来，随着人工智能和数据科学的飞速发展，基于机器学习的驾驶行为建模方法开始得到广泛的关注。机器学习能够很好地实现分类与学习的功能，按照概念标记是否标记以及有无概念样本，机器学习可以分为监督学习、非监督学习和强化学习。

概念标记是指对训练样本集进行了特征标记。在监督学习中，样本中所有训练例的概念标记都是已知的，因此训练样本的歧义程度最低，而非监督学习与之相反，由于没有进行训练例的概念标记，因此训练样本的歧义程度较高。强化学习虽然没有直接对训练例进行概念标记，但其内部存在对正确、错误学习方向的奖惩机制，通过定义相应的价值函数来暗示学习的方向。由于当前时刻学习的奖励或惩罚不能即时获取，而需要在下一时刻的学习过程中获取，因此可以将强化学习看成一种具有延迟性概念标记的学习方法，其训练样本的歧义介于监督学习和非监督学习之间。

下面针对几种典型场景介绍常见的基于机器学习的类人决策技术。

### 1. 基于强化学习的跟车决策与控制

跟车场景是最常见的驾驶场景之一，有经验的驾驶人在跟车的过程中往往既能保证安全，又能保证乘客的舒适性。如何获取这些经验，使智能驾驶系统能够像经验丰富的驾驶人一样做出合理的决策是智能车辆类人驾驶的目标。可采用连续空间强化学习方法（Neural Q Learning，NQL）来实现人类驾驶策略的学习。NQL 结合了人工神经网络和 Q Learning 算法，能够对价值函数进行泛化和逼近，从而克服了传统离散强化学习的“维度灾难”问题，因此更适用于连续的状态和动作空间。

人类驾驶策略学习模块应该具备在线学习人类驾驶策略的能力，强化学习作为一种与环境实时交互的试错型学习方法适用于类人驾驶学习模型的创建。纵向速度规划控制问题是一个状态空间与动作空间均连续的连续化控制问题，因此选用由 Q Learning 与一个人工神经网络组成的 NQL 连续强化学习算法来搭建人类驾驶策略学习模块。强化学习提供了一种直接从人类驾驶人身上学习驾驶经验的方法，并能直接将学习结果转化为智能车辆的决策和控制输入。

强化学习可以用来模仿人类和动物的学习过程，其算法原理是，以最小化累计收益之和为目的来寻找最优状态量和动作量序列，即最优策略。传统的强化学习方法（如 Q Learning 算法）主要针对离散化状态量和动作量的问题。在行车环境中，状态量（如速度与前车相对距离）和动作量（如加速度）均为连续量。求解连续问题时，常对连续量进行离散化处理，但离散化程度不易确定，离散化区间间隔过大会导致算法寻优失败、在最优值附近来回波动等问题，离散化区间间隔过小会导致维度灾难。

一种类人学习系统框架如图 5-14 所示，其表示的是类人学习系统和环境交互的过程。环境信息包括本车信息、旁车信息和人类驾驶信息。这是应用一种连续化的强化学习方法

NQL 算法来解决纵向跟驰决策与控制问题。

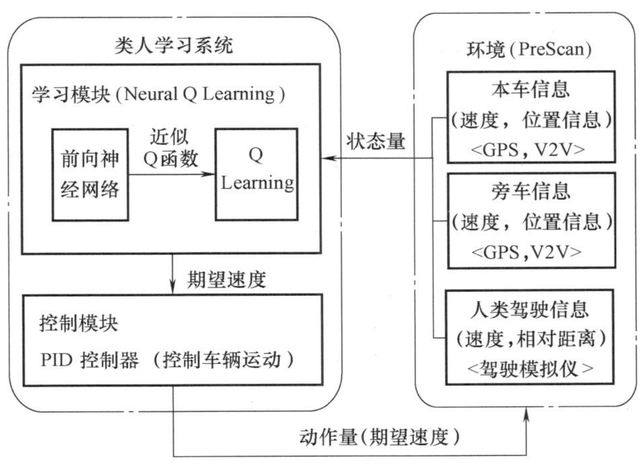


图 5-14 一种类人学习系统框架



本车信息包括本车速度和位置信息，可以由全球定位系统（GPS）采集获得。其他车辆信息在纵向速度规划问题中指的是本车正前方车辆的信息，如速度和位置信息，可以通过前车搭载的 GPS 获得，并由车车通信（Vehicle to Vehicle，V2V）传递给本车。

类人学习系统包括两个部分：学习模块和控制模块。学习模块接收环境信息并将其转化为 NQL 所需的状态量。NQL 根据状态信息和前向神经网络估计出的 Q Learning 的价值函数产生人类驾驶人的期望速度，并将其传递给控制模块。控制模块是一个内嵌在 PreScan 中的传统的 PID 控制器，该模块可以和学习模块连接起来，并将期望速度转换为具体的加速踏板或制动踏板控制量。

### 2. 基于粗糙集神经网络融合算法的换道场景决策

粗糙集神经网络融合算法在充分发挥粗糙集能够较好地直接提取规则的优点的同时，也防止了在进行数据离散化时对隐含信息的破坏，同时保证了离散化数据与原始数据信息的一致性。因此可以使用粗糙集神经网络融合算法对换道数据进行处理及换道规则的提取。

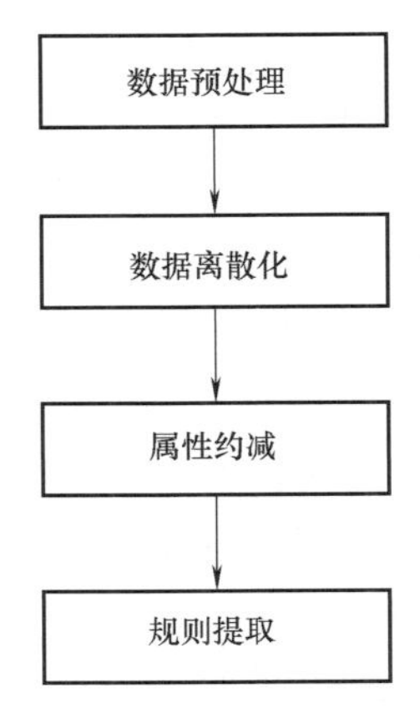


图 5-15 利用粗糙集理论提取规则的一般流程

粗糙集（Rough Set，RS）理论能有效地分析各种不完备的信息，并对数据进行分析和推理，从中发现隐含的知识，揭示潜在规律。利用粗糙集理论提取规则的一般流程如图 5-15 所示，首先进行数据预处理，将连续数据离散化后对属性进行约简，最终提取出规则。

通过粗糙集理论提取换道规则，需要对相关数据进行离散化处理，通过对每个属性中的元素进行分析找到其上近似和下近似。上近似与下近似的差组成此元素的边界域。之后根据离散化的数据，将对决策表达影响不大的冗余属性进行删减，从而达到属性约减的效果。属性约简是对粗糙集理论中重要的部分及最大优点找到最小决策属性集，从而缩短决策表达式，提高决策效率。对属性进行约简后，对最小属性集及其每个属性边界域都相同的表达归纳总结，并得出决策表达式，从而提出规则，根据决策表达式适配的数据可以计算出词条规则的数据覆盖度，根据覆盖度需求可以从中筛选出所需规则。一般地，覆盖度应大于某一合适的阈值。

3. 基于前馈神经网络的超车场景决策

超车场景是决策场景中较为常见的一种场景。对于超车场景，可以采用基于人工神经网络的方式产生超车意图。

由于超车意图产生的考虑因素众多，决策结果与各个因素之间难以建立常规的函数关系。这里利用机器学习的算法解决超车意图产生的分类问题，以逼近特定驾驶人的主观决策，带来良好的驾乘体验。如图 5-16 所示，超车意图的产生主要分为数据采集与预处理、特征选取与模型训练和在线识别三个步骤。

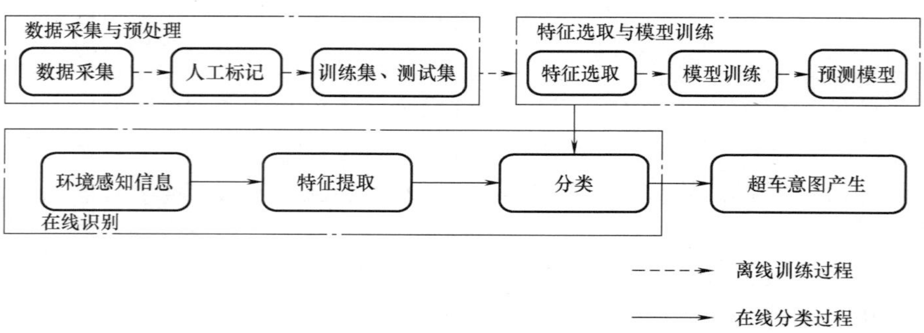


图 5-16　超车意图产生流程图

自动驾驶车辆决策中的超车意图产生实质上是分类问题。常用的机器学习分类算法包括人工神经网络、支持向量机、深度学习等。本例是一种基于径向基函数（RBF）的人工神经网络来解决超车意图产生的分类问题，它已经被证明为通用的逼近器。

RBF 神经网络是一种前馈神经网络，包含一个具有径向基函数的隐藏层和一个具有线性神经元的输出层。图 5-17 所示为 RBF 神经网络的通用结构。其中，输入层单元到隐藏层单元的权值由 $m_{i,j}$ 表示，径向基函数的宽度由 $S_j$ 表示。

RBF 神经网络中的每一个隐藏层单元都实现了一个径向基函数，都是严格正、径向对称的函数。一个径向基函数在其中心 $\boldsymbol{m}_j$ 处取得唯一最大值，并且当输入远离中心时，函数通常迅速趋近于 0。隐藏层单元的输出反映了输入向量 $z_p$ 与基函数中心的接近程度。除了函数的中心外，有些径向基函数还由宽度 $S_j$ 描述，反映了径向基函数的接收域的大小。

RBF 神经网络的输出结果受到基函数的影响：基函数的数目越多，对目标的逼近会越好，但是计算复杂度会增加。中心向量 $\boldsymbol{m}_j$ 定义了函数中心，基函数应当均匀分布并且覆盖整个输入空间。接收域的宽度 $S_j$ 越大，基函数表示的输入空间越大。神经网络的训练就是考虑找出这些参数最佳值的方法，常用的径向基函数是高斯函数。

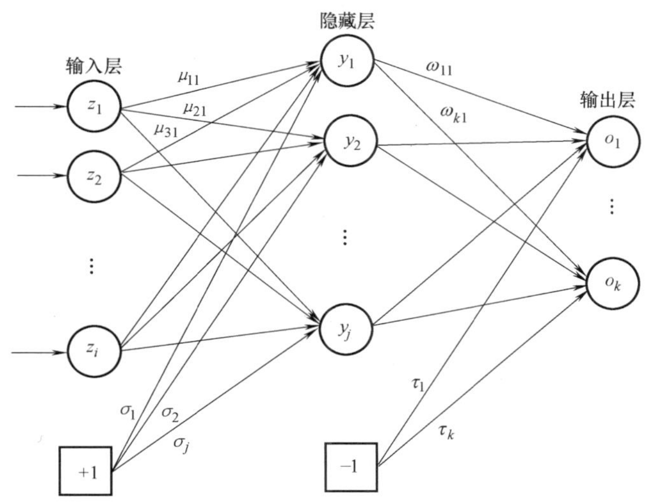


图 5-17 RBF 神经网络的通用结构



### 4. 基于 NQL 算法的城市交叉口穿越行为决策方法

与高速道路及简单城市道路的跟驰、换道和汇入等决策模型相比，城市交叉口穿越行为决策面对的环境更加复杂，动态变化因素更多，状态空间维度更广，车流密度更大。考虑到左转车辆和直行车辆间相对较强的交互影响及由此产生的冲突热点区域根据实际交叉口车辆行驶轨迹获取优秀驾驶人的通行决策兴趣点，推演无人驾驶车辆有效的决策空间，并且利用获取的优秀驾驶人行车规律离线训练强化学习，实现对交叉口穿越通行算法决策的状态空间降维；基于传统强化学习 Q Learning 和 BP 神经网络组合而成的 Neural Q Learning（NQL）进行复杂的连续状态空间和连续动作空间的行为决策建模，从而保证决策的有效性和准确性。

此场景为无信号灯和行人的简单交叉口，研究的对象是交叉口由前向左行驶的转弯车辆和对向直行车辆。研究状态空间集、动作空间集、奖惩函数和决策算法的迭代机理，利用前文介绍的 NQL 算法或 Q Learning 算法解决在交叉口安全、高效地穿越通行的问题。

（1）状态量的设定

在穿行决策过程中，算法在每一时刻都要根据当前环境状态实现决策任务。在设定状态变量之前，需要对试验对象进行横向控制和纵向控制的解耦。对于设定的环境状态量 $S$，主要考虑对试验车辆整个穿越行为有影响的因素，其中包括试验车辆与周围车辆 Car1 间的相对速度 $\Delta v_1$ 和相对距离 $D_{L1}$、试验车辆与周围车辆 Car2 间的相对速度 $\Delta v_2$ 和相对距离 $D_{L2}$，试验车辆与周围车辆 Car3 间的相对速度 $\Delta v_3$ 和相对距离 $D_{L3}$。相对速度 $\Delta v_1$、$\Delta v_2$ 和 $\Delta v_3$ 分别为试验车辆的纵向速度 $v_1$ 与周围车辆 Car1、Car2、Car3 速度间的差值，相对距离 $D_{L1}$、$D_{L2}$ 和 $D_{L3}$ 分别为试验车辆位置纵坐标与周围车辆 Car1、Car2、Car3 位置纵坐标的差值。

其中，$S=\{\Delta v_1, \Delta D_{L1}, \Delta v_2, \Delta D_{L2}, \Delta v_3, \Delta D_{L3}\}$ 可以表征一个交叉口单元穿越行为系统，这样不仅可以描述一般的穿越行为，更能减少状态量的维度，确保决策算法有效和收敛。在策略迭代过程中，通过 NQL 算法实现马尔科夫决策建模并且训练样本数据，从而实现以最优策略进行穿行。环境状态量的设定、试验车辆本身的速度量及加速度量和简单的穿越过程如图 5-18 所示。

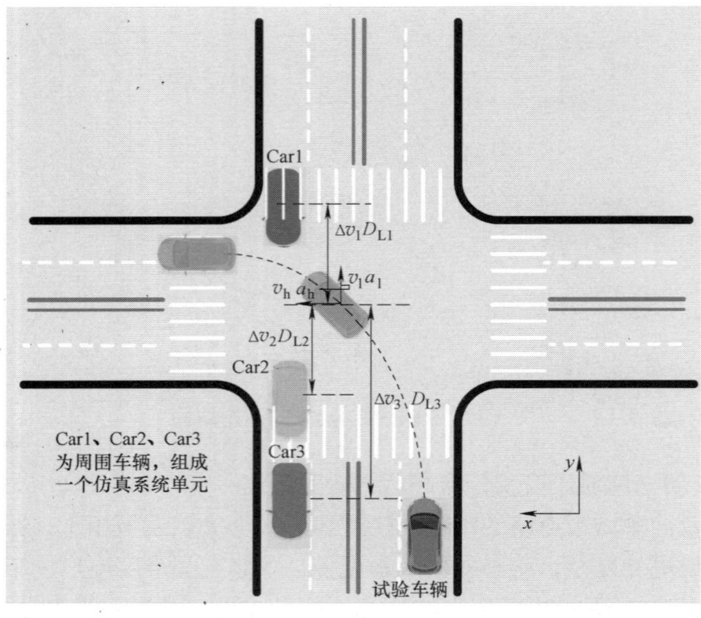


图 5-18 交叉口穿行场景示意图

（2）动作量的设定

由于无人驾驶车辆在交叉口穿越过程中有横向和纵向两个方向上的运动决策，因此需将横向和纵向运动解耦，同时决策动作的选取也应根据学习目的和具体解决的问题而定。考虑到整个穿越过程要在较短时间内和较为安全的前提下完成，算法决策的动作空间设置包括车辆的纵向加速度 $a_1$ 和横向加速度 $a_h$，即 NQL 算法决策动作集 $A=\{a_1, a_h\}$。其中纵向加速度 $a_1$ 受试验车辆和周围车辆之间的相对速度和相对距离的影响，对保持前后车距、控制本车纵向速度 $v_1$ 至关重要；横向加速度 $a_h$ 控制车辆的横向速度 $v_h$，能更好地完成路口穿越行为。

（3）奖励函数的设定

奖励函数将从安全性、通行效率和驾驶舒适性三个方面来考虑。考虑穿越过程中的安全性奖励函数时，要从车辆横向运动和纵向运动两个方面设定。首先，在考虑车辆的纵向运动上，既要避免试验车辆的车头与周围车辆 Car1 的车头相撞，也要避免与周围车辆 Car2 的车尾相撞。这里根据选择碰撞时间 TTC 及其倒数来衡量通过安全性，保证在 TTC 内避免与车辆碰撞。而在其他安全行驶区域没有碰撞发生时，设定的奖励值为零。另外还要考虑车辆在交叉口穿越过程中驾驶人的舒适性。

## 5.4 智能车辆多目标决策评价模型制定

决策问题本身是一个基于评价目标的优化问题，因此，评价函数的合理选取对于整个决策模型都显得尤为关键。本节通过一种多目标评价模型的创建过程来说明评价函数需要考虑的因素及基本架构，其中包括基于安全性、经济性、舒适性、时效性等的评价指标，并使用某一方法（如基于投票的方法）来权衡不同评价指标之间的关系。

## 5.4.1 智能驾驶决策评价模型

在决策过程中，为了进行最优策略的选取，需要对每一条生成的策略进行评价，为每个预测时刻对应的驾驶场景选择最优的决策策略。这一过程可对一个或多个目标进行优化决策。这里将多个评价目标分解到多个层次进行考虑。

1）在智能车辆策略生成的步骤中考虑安全性和舒适性。

2）在场景预测的过程中，考虑其他车辆的行驶安全性和舒适性。

3）评价函数部分进一步对这两方面以及时效性、经济性和法律法规等因素进行评价。

建立基于权重的奖励函数模型，设定每个预测时刻的奖励值为 $R_i$，$N$ 表示预测周期的数量，$i$ 表示第 $i$ 个预测周期，$i$=0，1，2，…，$N$，取值为 0 时代表当前时刻的状态，则 $R_i$ 可由式（5-1）得到：

$$R_i=\mu_1 R_{\text{safety}}+\mu_2 R_{\text{time}}+\mu_3 R_{\text{law}}+\mu_4 R_{\text{comfort}}+\mu_5 R_{\text{economy}}+\mu_6 R_{\text{task}} \tag{5-1}$$

其中，$\mu_i$（$i$=0，1，2，…）是权重系数，其余各项为不同的评价指标，对应式（5-1），分别表示安全性、时效性、法规符合程度、舒适性、经济性、任务完成度。将全部预测周期内的奖励值累加，可以得到当前时刻的累计奖励值 $R_{\text{total}}$，如式（5-2）：

$$R_{\text{total}}=\sum_{i=0}^{N}\gamma^i R_i \tag{5-2}$$

其中，$\gamma\in[0,1]$ 为松弛因子，权衡未来预测时刻与当前时刻奖励值之间的关系。

## 5.4.2 评价函数制定

评价函数主要表达智能车辆车道行驶场景的安全性、舒适性、任务完成度等方面对场景决策的影响。在各种场景中，车辆关注的因素不一样，一般用权重系数来表达某一影响指标的重要程度。如果是可以忽略不计的因素，则其权重系数为零。下面以安全性和舒适性评价指标为例进行说明。

### 1. 安全性评价指标

一般情况下，智能车辆的运动可以分为横向运动和纵向运动，两者具有一定的耦合关系。本例中，在安全性指标的制定过程中，采用基于位置约束划分的方法来评价横向驾驶状态，同时采用基于连续的评价指标方法评判纵向驾驶行为。

以图 5-19 所示的换道行为为例，根据智能车辆 $A_1$ 所处的位置，将换道过程分为如下几种情况讨论。当 $A_1$ 处于任一车道内时，只考虑本车道内的车辆影响；而当 $A_1$ 驶过车道线或者与车道线相交时，则需要考虑两侧车道线内的其他车辆。图 5-19a 中，$A_1$ 只需要考虑本车道内的 $A_2$ 车，以计算安全性指标；对于图 5-19b 所示的过程，需要考虑周围的其他全部车辆；对于换道完成后的场景，如图 5-19c 所示，则只需要考虑 $A_3$ 与 $A_4$ 车。

在建立的智能车辆决策框架中，将场景的预测与评价分为独立的两部分，这种基于车辆相对位置的评价方法能够保证车辆的行驶稳定性，保证评价结果不会受很大的扰动。

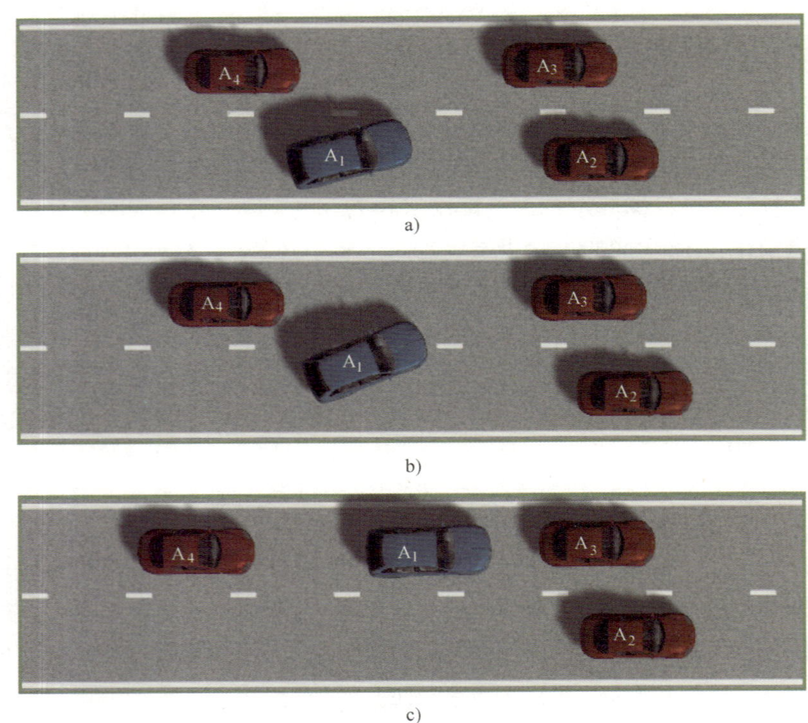


图 5-19　参考换道行为示意图

a）$A_1$ 换道前　b）$A_1$ 换道中　c）$A_1$ 换道后

对于图 5-19a 所示的尚处于本车道内行驶的情形，安全性评价函数只考虑与前车之间的位置关系。安全性评价考虑两个因素：前车的距离碰撞时间（TTC）$t_{TTC}$，定义为两车纵向相对距离除以两车纵向相对速度；到达前车当前位置所需时间（TIV）$t_{TIV}$，定义为两车纵向相对距离除以本车纵向速度。

此外，为避免两车发生碰撞，当两车距离小于最小允许安全距离时，将安全性奖励函数值设为负无穷。

对于图 5-19b 所示的情形，由于智能车辆 $A_1$ 转向角度相对较小，可忽略车辆航向的影响，以纵向速度表示车道线方向的瞬时车速。对于每一特定时刻，$A_1$ 与前车、侧前车、侧后车之间的 TTC、TIV 可由 $t_{TTC}$ 和 $t_{TIV}$ 的定义分别求得。

需要注意的是，任意两车间的相对距离 $\Delta d$ 小于最小安全距离 $d_{safe}$ 时，奖励值设为负无穷，如式（5-3）：

$$R_{safe}=-\infty\ ,\Delta d<d_{safe} \tag{5-3}$$

## 2. 舒适性评价指标

舒适性的评价指标需要从纵向与横向两方面考虑，主要考虑纵横向加速度与冲击度。

由于决策模块不需要进行十分精确的动力学建模，故不考虑左右轮转向角的不同，在车辆转弯时可简化为车辆两轮自行车模型。假设乘客位于车辆前轴位置，可以根据车辆前轴速度与后轴侧纵向加速度之间的关系求得车辆前轴侧纵向加速度与冲击度。

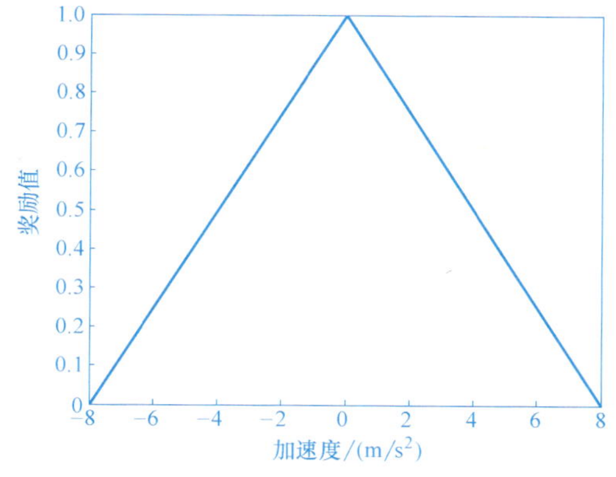

图 5-20　加速度评价指标

冲击度指标可定义为横纵向冲击度的加权和，其值大小为横纵向冲击度乘以各自的加权系数之后的和。

对于加速度指标，可以预先对加速度大小进行约束以保证舒适性的要求，因此一般情况下可使用线性假设建立加速度大小与舒适性评价值 $R_{\text{comfort}}$ 的关系。加速度评价指标如图 5-20 所示。

当加速度超出上下边界时，加速度评价值 $R_{\text{acceleration}}$ 设为负无穷。舒适性评价值 $R_{\text{comfort}}$ 根据 $R_{\text{jerk}}$ 和 $R_{\text{acceleration}}$ 加权得到，即式（5-4）：

$$R_{\text{comfort}}=\mu_{\text{jerk}}R_{\text{jerk}}+\mu_{\text{acceleration}}R_{\text{acceleration}} \tag{5-4}$$

式中　$\mu_{\text{jerk}}$——冲击度指标权重；

$R_{\text{jerk}}$——冲击度；

$\mu_{\text{acceleration}}$——加速度评价值权重。

当冲击度指标和加速度奖励值均为 0 时，取最大奖励值 1。

## 5.4.3　基于学习的多目标优化方法

在确定了多目标对应的评价函数之后，需要确定相应的权重值。传统方法中，评价函数中权重系数的获取，一般依靠测试经验人工选取。这里针对横向决策问题，即换道与车道保持行为选择问题，探索基于人工驾驶数据进行机器学习，优化评价函数权重系数，即通过分析人工驾驶数据调整权重系数，使智能车辆行为决策系统能够学习行车时驾驶人的决策经验与知识，得到与人类驾驶人相似的决策行为。

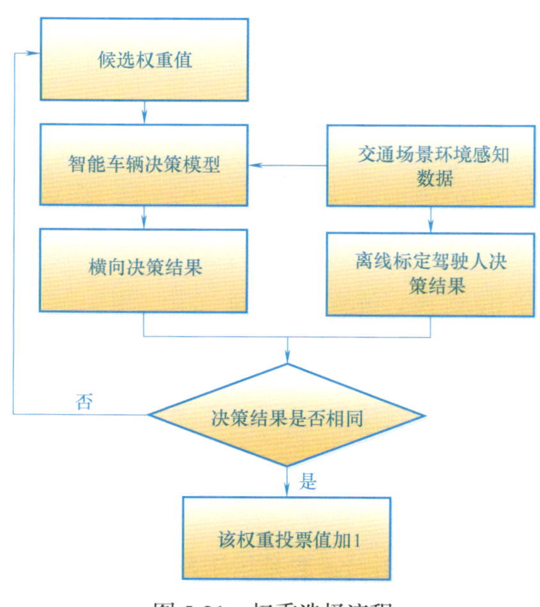

图 5-21　权重选择流程

权重选择流程如图 5-21 所示，首先，对在线采集的驾驶人驾驶数据进行离线标定处理。人工标定出换道与车道保持行为的样本标签，得到不同时刻对应的交通场景下的环境感知数据及对应的驾驶人决策结果。使用此时的环境感知数据与候选权重值，求得智能车辆横向决策结果。若此时的决策结果与驾驶人决策结果相同，则该权重组合的投票值加 1。通过上述方式对全部的标记样本及候选权重组合进行测试，选取投票值最大的权重组合，即为此时与驾驶人决策最接近的决策模型权重系数。

## 5.5 路径规划技术概述

路径规划（Path Planning，PP）技术是智能车辆研究的关键技术之一，是指在一定环境模型的基础上，给定智能车辆起始点与目标点，按照某一性能指标，如路径长度最短或能量消耗最少等，计算出一条无碰撞、安全到达目标点的有效路径。路径规划主要分两个步骤：首先建立包含障碍区域与可行驶区域的环境模型，然后在环境模型中选择某种合适的算法，快速实时地搜索到可行路径。智能车辆路径规划技术的研究方法主要是沿用了移动机器人研究领域关于路径规划方面的研究成果。与移动机器人相比，智能车辆的行驶环境一般为道路环境，因为车辆行驶速度比室内或室外移动机器人要快，而且大部分情形下涉及乘员或公共安全，所以智能车辆规划算法须满足高实时性、高可靠性、高安全性的要求。对于有人乘坐的车辆，还需要满足舒适性等要求。

智能车辆路径规划技术的研究重点主要包括环境建模和路径搜索策略两个子问题。智能车辆路径一般可分为全局路径与局部路径，与之相对应，也有全局路径规划技术与局部路径规划技术。一般把基于大范围电子地图路网级别的路径规划称为全局路径规划；局部路径规划技术一般指小范围栅格地图中的路径选择；在局部地图中，综合考虑车辆的运动学特性、动力学特性约束后，则称为运动规划。

全局路径规划技术可以借用大范围交通路网中的规划技术，在有人驾驶导航地图中得到了广泛应用，这里不做详细介绍，而是重点说明局部路径规划技术。图 5-22 所示为局部路径规划技术的一般架构。

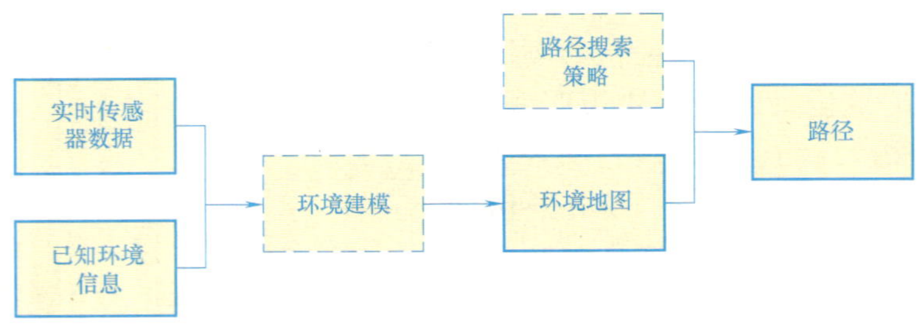


图 5-22　局部路径规划技术的一般架构

### 5.5.1 环境地图表示法

环境地图表示法是用于路径规划的环境模型表示方法，如图 5-23 所示，它可以分为度量地图表示法、拓扑地图表示法和混合地图表示法。

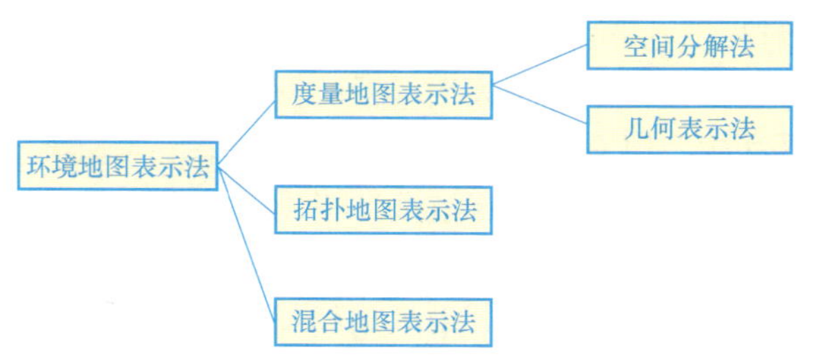


图 5-23 环境地图表示法

（1）度量地图表示法

度量地图表示法采用坐标系中的栅格是否被障碍物占据来描述环境的特征。度量地图表示法可分为空间分解法和几何表示法，它包含环境的几何信息。空间分解法把环境分解为类似于栅格的局部单元，通过判断它们是否被障碍物占据来进行状态描述。如果有障碍物，则认为是障碍栅格，否则为自由栅格。空间分解法常采用基于栅格的均匀分解法与递阶分解法。在均匀分解法中，栅格大小均匀分布，占据栅格利用数值表示。均匀分解法能够快速直观地融合传感器信息，但是它采用相同大小的栅格，会导致存储空间巨大，在大规模环境下路径规划的计算复杂度高。为了克服栅格表示的存储空间问题，递阶分解法把空间分解为大小不一的矩形区域，从而减少环境模型所占用的内存。递阶分解法的典型代表就是四叉树分解法。对同样的环境，可分别用均匀分解法和四叉树分解法表示环境模型。递阶分解法可有效地减少内存的使用量，但不适用于动态环境和未知环境。

几何表示法是利用几何图元来表示环境信息的。几何图元包括点、线、多边形等形状，因而可以用数值来定义其在全局坐标中的位置。几何特征地图更为紧凑，有利于位置估计和目标识别，其缺点是环境几何特征提取困难，如圆形特征，因此这种地图适用于环境已知的室内环境，用于提取一些简单的几何特征。而室外环境下的几何特征提取困难，其应用受到限制。几何地图的几种有代表性的道路图主要是可视图（Visibility Graph，VG）、维诺图（Voronoi Diagram，VD）、概率道路图（Probabilistic Road Map，PRM）和快速扩展随机树（Rapidly-exploring Random Tree，RRT），详细说明可参考相关文献。

（2）拓扑地图表示法

拓扑地图表示法选用节点来表示道路上某个特定的位置，用节点与节点之间的关系来表示道路的联系，因此可以用 $G=(V, E)$ 来描述自由空间的特征，其中 $V$ 表示顶点的集合，$E$ 表示连接顶点的边的集合。这种地图表示法具有结构简单、方便存储、全局连贯性好、规划效率高的特点，适用于大规模环境下的路径规划，但信息量较少，对环境的表述也不完全，需要借助于其他传感器信息来进行路径的跟踪。

（3）混合地图表示法

不同的地图建立方法各有自己的优缺点，在不少应用中，将几种方法综合表达，发挥各自优势，为智能车辆导航控制提供足够的地理信息，这种方法一般称为混合地图表示法。混合地图表示法包含了度量地图表示法与拓扑地图表示法的特点，能够将拓扑结构路径规划的较高效率与度量地图较高的精度结合起来，实现多层次的规划。这种建模方法是当前地图模型的发展趋势。

混合地图模型建立后，在不同层次采用合适的搜索算法，能够最大程度地节约计算资源。例如一种三层规划结构，以全局规划作为最高层，采用人工势场法的局部规划为第二层，最底层用航向角来进行避障，适合于混杂环境中的路径规划。还有一种从局部度量地图中提取全局拓扑结构图的方法，局部地图采用栅格表示，采用类似拓扑结构的边集连接已经存在的多个局部地图，即在路径规划中采用局部与全局的两个层次规划，基于占据栅格的区域规划与基于拓扑连接关系的全局规划。



## 5.5.2 路径搜索算法

一旦获得了表示环境信息的地图，就需要使用路径搜索算法搜索该地图，从而获得最优路径。路径规划技术从最初的仅仅利用静态地图数据计算最优路径的静态路径规划，到现在充分考虑周围环境信息进行的动态路径规划，不断提出新的算法或者对传统算法改进的算法。目前，比较常用的路径搜索算法主要分为两类：基于地图的搜索算法和基于采样的搜索算法。

（1）基于地图的搜索算法

基于地图的搜索算法通常采用单元分解法或者道路图法建立环境模型，它通过搜索表示环境信息的环境地图获得最终路径。在这类搜索算法中，比较有代表性的是深度优先搜索算法（Depth First Search Algorithm，DFSA）、广度优先搜索算法（Breadth First Search Algorithm，BFSA）、迭代加深搜索算法（Iterative Deepening Search Algorithm，IDSA）、等代价搜索算法（Uniform Cost Search Algorithm，UCSA）和启发式搜索算法（Heuristic Search Algorithm，HSA）。

深度优先搜索算法、广度优先搜索算法、迭代加深搜索算法和等代价搜索算法使用了回溯技术实施搜索，它从起始状态出发沿着树的深度遍历树的节点，尽可能深地搜索树的分支，直至要么到达目标状态，要么到达一个“死端”。如果发现了目标状态，就退出搜索并返回解路径；如果到达的是一个“死端”，那么它便回溯到路径上含有未搜索过的节点的临近节点，并沿着这个分支继续搜索下去。因此，这类算法比较适合解决环境中节点数目较少情况下的路径搜索问题。当节点数目比较多时，这类算法搜索速度慢、效率低。

启发式搜索算法在决定节点扩展顺序的评价函数中引入了启发值，即当前节点状态到目标状态之间的估计消耗，从而引导搜索朝向目标状态的方向，避免了搜索的盲目性，有助于提高算法的搜索效率。因而启发式搜索算法越来越广泛地应用于路径规划。目前，比较常用的启发式搜索算法主要包括传统的 A* 算法及基于 A* 算法的改进算法，如 Lifelong Planning A*（LPA*）、D* Lite、Anytime Repairing A*（ARA*）、Anytime Dynamic A*（AD*）等，这类算法的发展流程如图 5-24 所示。

A* 算法是目前应用较广的路径规划搜索算法。A* 搜索算法在搜索过程中使用函数 $f(s)=g(s)+h(s)$ 作为估价函数评估节点的好坏，以此确定节点扩展时的优先顺序。其中，$g(s)$ 表示从起始状态到当前状态的实际消耗，$h(s)$ 表示从当前状态到终点状态的估计消耗（图 5-25），也称为启发值。通常采用曼哈顿距离、对角线距离或者欧几里得距离作为启发值。

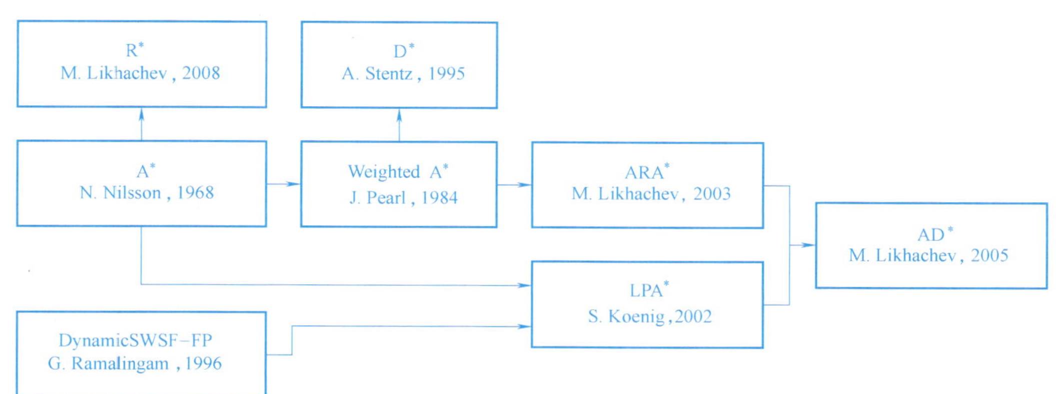


图 5-24 启发式搜索算法的发展流程

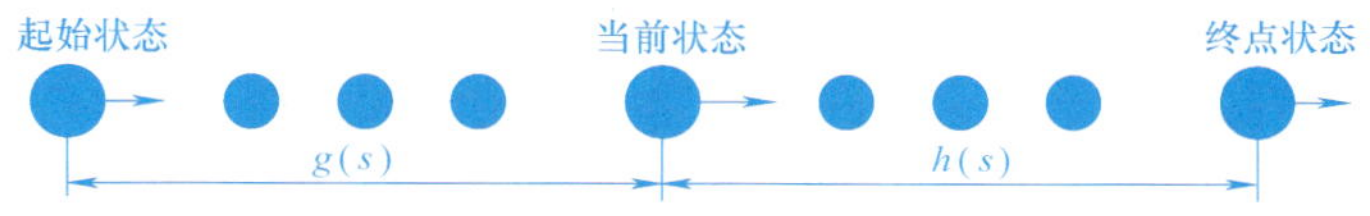


图 5-25 A* 算法节点估价函数

尽管 A* 算法是较有效且实用的路径搜索算法，但是随着状态空间的维数增加，状态空间中的搜索节点数目也随之增加，这时 A* 算法的搜索效率将明显下降。不少学者对 A* 算法进行了改进。A* 算法解决路径规划问题的时间复杂度与状态空间的维数成正比。因此，它比较适合解决状态空间为低维情形下的路径规划问题。

当环境中存在动态障碍物时，新的传感器观测数据的到来使得不断地更新已有的环境模型，从而导致地图的拓扑结构和节点之间的边缘消耗发生变化。在这种情况下，先前使用 A* 算法搜索获得的路径可能就不再是最优路径或可通行路径，这时需要从当前的起始状态到终点状态进行重新规划。在重新规划的过程中将出现一系列不必要的重复搜索，这势必将严重影响算法的搜索效率。因此，A* 算法不适合解决动态、大尺寸环境中的路径规划问题。之后，在 A* 算法的基础上提出了能根据环境中的动态障碍物信息快速地修复已经获得的路径的改进算法。

1）LPA* 算法：主要用于解决环境中由于动态障碍物的出现导致节点之间的边缘消耗改变情形下的路径规划问题。LPA* 算法从起始状态到终点状态使用前向搜索策略，当探测到节点之间的边缘消耗改变后，它可以重新建立这些边缘消耗改变的节点之间的连接关系，从而达到快速修复已经存在的路径的目的，而不必从起始状态重新规划路径，大大节省了规划时间。

2）D* Lite 算法：用于解决状态空间中节点之间的边缘消耗改变情形下的路径规划问题。与 LPA* 算法的不同之处在于，D* Lite 算法从终点状态向起始状态使用后向路径搜索，当前状态即为搜索的终点状态。由于 D* Lite 算法采用后向搜索策略，因此，它保证了在每次规划的过程中各个节点的 $g$ 值保持不变，仅需在起始状态变化时更新节点的 $h$ 值便可进行下一次路径搜索。

3）ARA* 算法：对于有时间约束的路径规划问题，比如分配给每次规划的时间有限，在这有限的规划时间内有时很难获得最优路径，但要求规划算法必须返回一条路径，这就需要解决路径规划的实时性问题。针对这一问题，美国卡内基梅隆大学机器人系的 Maxim Likhachev 博士提出了 ARA* 算法。该算法通过在节点估价函数中引入启发值比例因子 $\in \geqslant 1$ 实施宽松搜索，能保证在有限的时间内快速搜索出一条从起始状态到终点状态的次优路径，然后通过不断减小 $\in$ 值，利用剩余的规划时间逐渐优化已获得的次优路径，直至分配的规划时间耗尽，从而返回在分配的规划时间内搜索获得的最优路径。理论证明，ARA* 算法搜索所得的次优路径的消耗不多于最优路径消耗的 $\in$ 倍。

4）AD* 算法：是基于 ARA* 算法和 LPA* 算法提出的一种实时、增量式的启发式搜索算法。AD* 规划算法兼有 ARA* 算法和 LPA* 算法的优势，既能保证在分配的规划时间内快速地搜索以获得一条次优路径，然后利用剩余的规划时间优化这条次优路径，又能处理状态空间中节点之间的边缘消耗时刻改变情形下的路径规划问题。AD* 算法已经被广泛用于解决结构化道路和非结构化道路下的路径规划问题。在 2007 年美国举办的智能车辆挑战大赛 Urban Challenge 中，AD* 算法用于解决卡内基梅隆大学的无人车 BOSS 在非结构化道路环境下的路径规划问题，如停车场、车道变换、U-turn 等（图 5-26）。由于这些非结构化道路环境仅仅是整个比赛环境的局部区域，因此，采用 AD* 算法在四维状态空间（横坐标、位置、航向、速度）中进行路径搜索时算法搜索的效率并没有受到太大的影响而降低。

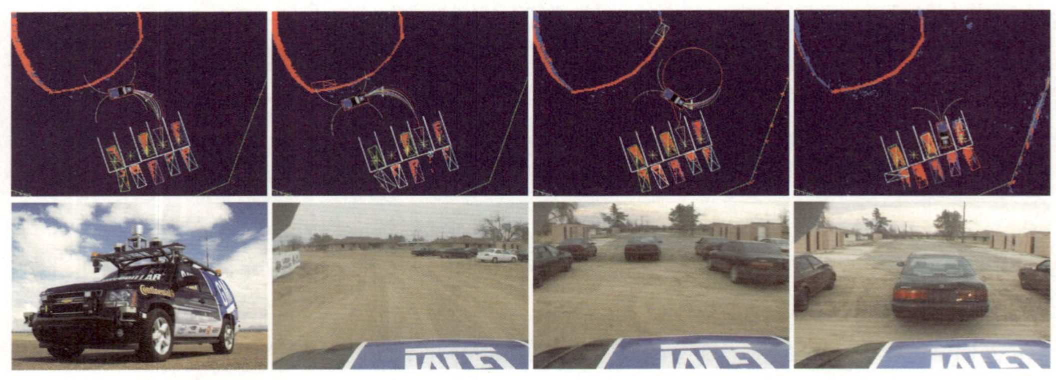

图 5-26　AD* 算法在非结构化道路环境下解决无人车 BOSS 的路径规划问题

（2）基于采样的搜索算法

早在 1990 年，基于采样的搜索算法便开始用于路径规划，比较常见的是概率道路图（Probabilistic Road Map，PRM）算法和快速扩展随机树（Rapidly-exploring Random Tree，RRT）算法。

PRM 算法使用局部规划算法建立随机状态之间的连接关系，从而抽象出概率道路图。当给定规划的起始状态和目标状态后，它只需要快速地搜索概率道路图便可获得路径。然而，这种算法很难在不增加运动空间维数的情形下引入运动约束。

RRT 算法由 LaValle 和 Kuffner 提出，它最初主要用于解决含有运动学约束的路径规划问题。由于 RRT 算法在状态空间通过随机采样确定扩展的节点，不需要预处理，搜索速度快，尤其在高维规划空间中搜索速度优势尤为明显，因此，这种算法作为一种快速的搜索方法在路径规划领域获得了广泛的应用。早期主要采用单棵 RRT 进行搜索，之后，为了进一步提高搜索速度及保证算法的完备性，基于 RRT 算法的改进算法也相继提出，比如，LaValle 和 Kuffner 提出了双向 RRTs 算法和偏向 RRTs 算法。Karaman 和 Frazzoli 最新的研究成果表明 RRT 算法不能搜索获得最优路径，他们基于 RRT 算法提出了 RRT* 算法。与 RRT 算法相比，RRT* 算法能保证获得的路径具有渐近最优性。随后，Alejandro Perez 提出了基于线性二次调节系统（Linear Quadratic Regulation，LQR）的启发值，并将该启发值引入到 RRT* 算法中的估价函数，提出了 LQR-RRT* 算法。LQR-RRT* 算法使用基于 LQR 的估价函数决定采样节点扩展的顺序。研究成果表明，LQR-RRT* 算法能解决动态、复杂环境下的路径规划问题，并能保证所得的路径具有渐近最优性。然而，传统的 RRT 算法不太适用于解决狭窄区域环境下的路径规划问题，如走廊环境，RRT 算法需要进行大量的采样才能获得路径，算法的搜索效率较低。Junghwan Lee 提出了基于收缩法提取的 RRT 算法（Selective Retraction-based RRT，SR-RRT）。SR-RRT 算法主要用于解决狭窄区域环境下的路径规划问题。结果表明，在相同的环境下，SR-RRT 算法的搜索速度至少是 RRT 算法的 21 倍。尽管基于采样的搜索算法难以保证获得最优路径，但是这类算法确实能解决许多规划问题。

我国不少学者对路径规划算法进行了深入的研究，大多采用智能优化方法进行路径规划，如神经网络、遗传算法、蚁群算法和粒子群算法等，但总体来说，都是对上述算法的一些改进。

### 5.5.3 轨迹优化

对于大多数规划器而言，必须进行适当的离散化才能确保实时性能。但是，这影响了规划结果的最优性。为了使智能车辆表现得能像人类驾驶人一样，轨迹最优性评价十分重要，需要进行后期轨迹优化。

一种简单的方法是轨迹路径和速度优化同时进行。 然而，这对于实时应用程序来说是非常耗时的。计算成本要考虑路径的数量和相应的最优速度，计算复杂，并且随着环境的扩大，优化器也很难找到全局最优解。

（1）路径优化

路径离散化限制了路径的最优性。如横向偏移、采样端点的航向和曲率，这些因素是固定的，并与中心线有一些关系。因此，解除这些约束并在新端点之间产生新的路径会改善轨迹的质量。

（2）速度优化

速度离散化和端点加速度的约束也限制了速度曲线的最优性。与路径优化类似，需要对速度剖面节点的参数进行优化。对于生成当前最低成本速度的节点，需要对速度和加速度值进行优化。因此，连接新节点可以使得速度配置文件保持平稳。

## 参考文献


[1] 宋威龙．城区动态环境下智能车辆行为决策研究[D]．北京：北京理工大学，2016.

[2] 徐优志．自动驾驶车辆高速道路环境下超车行为决策研究[D]．北京：北京理工大学，2016.

[3] 袁盛玥．自动驾驶车辆城区道路环境换道行为决策方法研究[D]．北京：北京理工大学，2016.

[4] 王彦须．面向自动驾驶决策的周围车辆行为识别[D]．北京：北京理工大学，2016.

[5] 张浩杰．不确定环境下基于启发式搜索的智能车辆路径规划研究[D]．北京：北京理工大学，2012.

[6] 李波．人在回路的智能车辆启发式全局路径规划算法研究[D]．北京：北京理工大学，2012.

[7] 陈慧岩，熊光明，龚建伟，等．智能车辆理论与应用[M]．北京：北京理工大学出版社，2018.

[8] NELDER J，MEAD R. A simplex method for function minimization[J]. The computer journal，1965，7(4)：308-313.

[9] 陈雪梅，田赓，苗一松，等．城市环境下无人驾驶车辆驾驶规则获取及决策算法[J]．北京理工大学学报，2017，37(5)：491-496.

# 第6章 控制执行技术

## 6.1 关键执行机构

### 6.1.1 电控驱动系统

电动车辆是以驱动电机作为动力源的，按照车辆上驱动电机的数目不同可以将电动车辆的驱动系统分为单电机驱动系统和多电机驱动系统，而多电机驱动系统又可以分为多电机独立驱动系统和多电机耦合驱动系统等。

#### 1. 单电机驱动系统

电动车辆用的驱动电机具有低转速恒转矩、高转速恒功率的特性。因为车辆在起步或爬坡阶段，即在低速时需要大转矩，而在高速时需要足够的功率，并且电机可实现倒转的功能，因此电机可以直接驱动车辆。但是若要单个电机直接驱动车辆，为了使车辆有大的转矩和转速范围，电机必须做得很大，而且电机长时间工作在低效率区，电机功率得不到充分利用。因此，虽然有单电机直接驱动车辆的情况，但是目前采用得较少。

（1）单电机驱动手动机械式变速器

手动机械式变速器（Manual Transmission，MT）是用手拨动变速杆，改变变速器内的齿轮啮合位置，改变传动比，从而达到变速的目的。踩下离合器踏板时，才能拨得动变速杆。

电动汽车采用该结构方案的驱动结构与典型的燃油汽车的动力结构相类似，只是用电机取代了发动机，包含了离合器、变速器、主减速器、差速器和传动轴等。电机联合手动机械式变速器在车辆中的结构如图 6-1 所示。为了能够顺利换档，该设计中一般保留类似发动机飞轮结构的接合盘以方便离合器操作，从而顺利换档。虽然这种布置方式可以提高电动汽车的起动转矩、增加低速时电动汽车的后备功率，但是零部件多、较大的电动汽车总质量和较低的传动效率，很难满足电动汽车的整体设计和使用性能的要求，无法充分发挥电动汽车的优势，并且该结构操作工作量大、换档时机不精确，因此目前在电动汽车上逐步被取代。

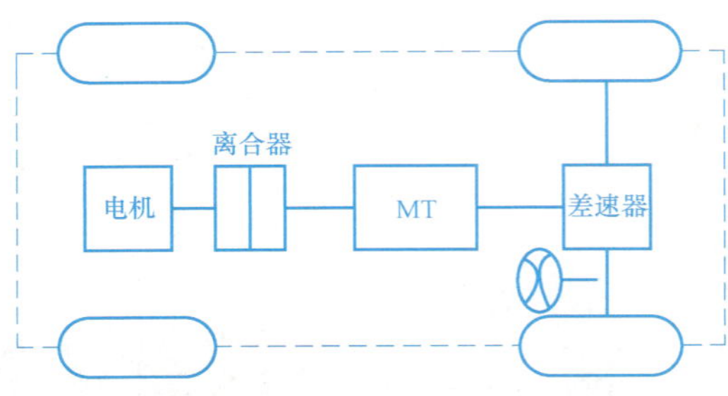

图 6-1 电机联合手动机械式变速器在车辆中的结构

（2）单电机驱动自动机械式变速器

自动机械式变速器（Automatic Mechanical Transmission，AMT）是在原机械变速器结构不变的情况下，通过加装由微处理器控制的自动操纵机构，实现换档过程的自动化。AMT 的基本控制原理是：ECU 根据驾驶人的操纵（对加速踏板、制动踏板、转向盘、档区选择器等的操纵）和车辆的运行状态（车速、发动机转速、节气门开度、离合器位置等）进行综合判断，选择合理的控制规律，发出控制指令，借助于相应的执行机构，对车辆的动力传动系统进行操纵。相对于液力机械式自动变速器（Automatic Transmission，AT）和无级式自动变速器（Continuously Variable Transmission，CVT）而言，AMT 是对现有的机械变速器进行改造而成的，保留了原来绝大部分的总成部件，仅改变其中手动换档操纵部分，加装自动换档执行机构，生产继承性好，改造费用少，通用性好。

MT 的特点是效率高，工作可靠，结构简单，制造和维修成本低。AMT 在此基础上进行了改装，保留了干式离合器与手动变速器的绝大部分总成部件，只将其中的变速杆操纵部分、离合器操纵部分以及节气门操纵部分改为电子控制的自动变速操纵系统（Automatic Shift Control System，ASCS）。图 6-2 所示为 AMT 的结构演化及 ASCS 的组成。

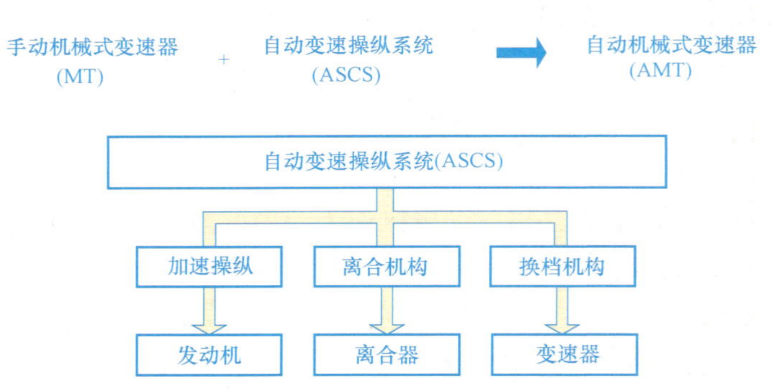

图 6-2 AMT 的结构演化及 ASCS 的组成

电机驱动系统与 AMT 的纯电动客车动力传动系统的工作原理如图 6-3 所示。AMT 控制器根据操纵手柄位置、制动信号、电机转速和加速踏板位置计算合适的档位。当需要进行换档操纵时，AMT 控制器向车辆驱动电机控制器发送换档过程所需的电机工作模式，进而实现换档操纵。换档过程对车辆的平顺性有很大影响，只有换档过程中对电动选换档执行机构和整车驱动电机进行准确控制，才能保证整车的舒适性和平顺性。

通过电机控制系统与传动控制系统的一体化控制技术，在纯电动客车 AMT 动力传动系统中可以省去离合器，牵引驱动电机与变速器直接相连。

其动力传动系统简化模型如图 6-4 所示，图中，$J_1$ 为换算至变速器输入轴（无离合器时等同于电机转子）上的转动惯量；$J_2$ 为换算至变速器输出轴上的转动惯量；$\omega_e$、$\omega_1$ 和

$\omega_2$ 分别为电机、变速器输入轴和变速器输出轴的角速度，$\dot{\omega}_e$ 、$\dot{\omega}_1$ 、$\dot{\omega}_2$ 分别是各个转速的变化率；$M_e$、$M_1$、$M_2$ 分别为电机输出转矩、变速器输入轴转矩及变速器输出轴转矩；$M_s$ 为同步器在滑磨状态时传递的摩擦转矩；$M_d$ 为地面阻力矩；$i_g$ 为变速器传动比；$i_{g0}$ 为变速器原档位传动比；$i_{gn}$ 为变速器目标档位传动比；$i_0$ 为主减速器传动比。如果无离合器，则 $M_e=M_1$，$\omega_e=\omega_1$，$\dot{\omega}_e = \dot{\omega}_1$，换档过程分为如下几个阶段。

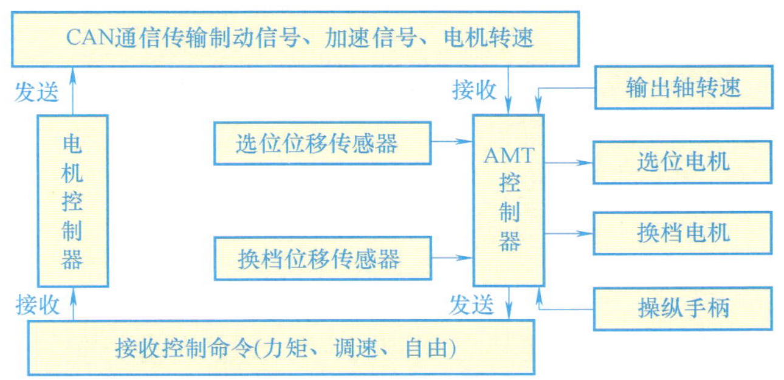


图 6-3　纯电动客车动力传动系统工作原理图

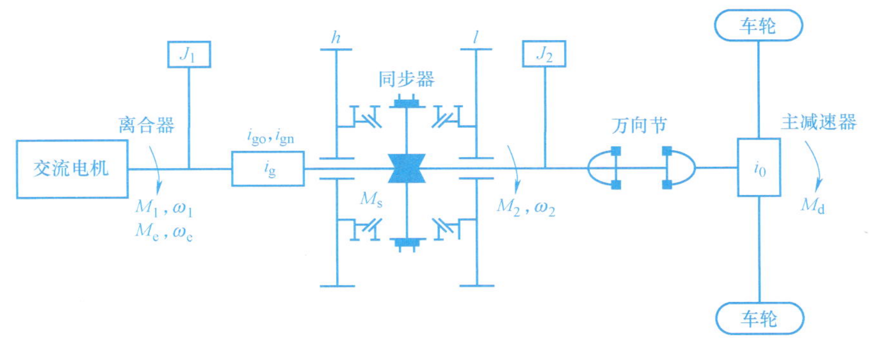


图 6-4　动力传动系统简化模型

1）换档前。此阶段电机动力输出端至车轮间的运动学和动力学关系是确定的，即

$$\begin{cases} J_1\dot{\omega}_1 = M_1 - M_2 / i_{go} \\ J_2\dot{\omega}_2 = M_2 - M_d / i_0 \end{cases} \tag{6-1}$$

2）摘空档。此阶段电机动力输出端至车轮间的运动学和动力学关系仍由式（6-1）表示，但通过主动控制来控制电机输出转矩减小至 0，此时变速器的输入轴力矩较小，输入轴和输出轴齿轮间的啮合力较小，可以实现摘空档操纵。

3）空档。此阶段电机与车辆间的动力传递完全被切断。在此阶段对驱动电机进行调速，调速的目标是使得同步器主 / 被动部分的转速满足新档位传动比的要求，这时才可以进行换档，目标调速值的计算公式为 $\omega_{aim}=\omega_2 i_{gn}$。在空载状态下，驱动电机可实现转速的快速调整，通过电机控制器主动控制 $\omega_1$ 达到期望的 $\omega_{aim}$，即通过电机控制器控制电机转速来实现主动同步，摘空档后还应同时进行选档操纵。此阶段有

$$\begin{aligned} J_1\dot{\omega}_1 &= M_1 \\ J_2\dot{\omega}_2 &= -M_d / i_0 \end{aligned} \tag{6-2}$$

4）换档。当电机转速接近目标调速值后，再次控制电机输出转矩为 0，进行换档操纵。换档阶段可以分为同步器同步阶段和换入目标档阶段。在同步阶段有

$$
\begin{aligned}
J_1\dot{\omega}_1 &= \xi M_s / i_{gn} \\
J_2\dot{\omega}_2 &= -\xi M_s - M_d / i_0
\end{aligned}
\tag{6-3}
$$

式中　$\xi$——符号函数的值，$\xi$=sgn（$i_{gn}-i_{g0}$），sgn（•）为符号函数，升档时 $\xi$=−1，降档时 $\xi$=+1。

显然，如果 $J_1$ 足够小，同步力矩 $M_s$ 就可以实现快速同步；电机调速后达到的转速与目标转速越接近，同步力矩 $M_s$ 也就越小。

当转速完全同步后，可顺利换入目标档位，此时有

$$
\begin{aligned}
J_1\dot{\omega}_1 &= -M_2 / i_{gn} \\
J_2\dot{\omega}_2 &= M_2 - M_d / i_0
\end{aligned}
\tag{6-4}
$$

5）换档后。此阶段与换档前的状态相同，车辆恢复正常行驶状态。通过 AMT 控制器和电机控制器的一体化控制，可以实现无离合器换档，但对电机控制器的控制提出了更高的要求，要有短的调速时间和精准的调速转速，以保证换档速度，减小换档冲击和同步器滑磨。

电动客车换档控制流程如图 6-5 所示。图 6-5 中，$T_s$、$T_g$ 分别为换档位置传感器在空档与换档前的值，$S$ 为选位位置传感器值。

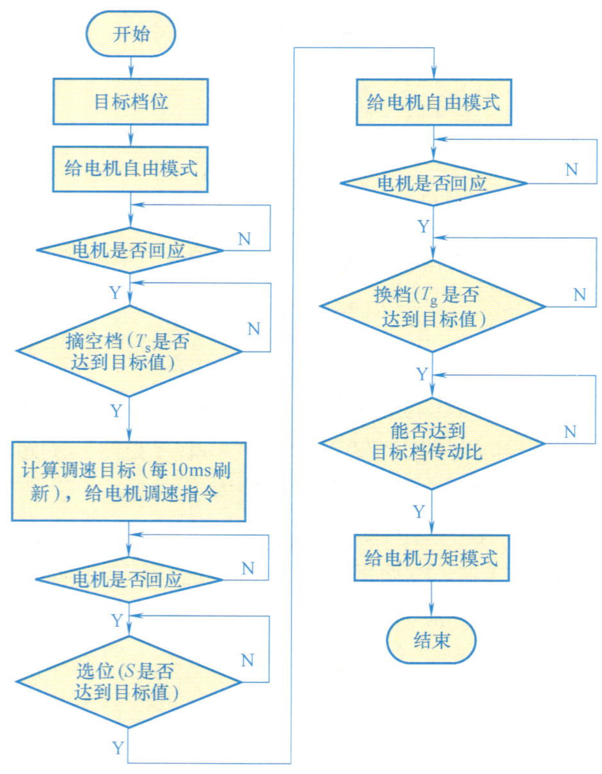


图 6-5　电动客车换档控制流程

在 2008 年北京奥运会、2010 年上海世博会中得到广泛采用的纯电动汽车便采用了一个三档的 AMT 系统，其外形如图 6-6 所示。得益于该系统的优良表现，该类型的电动汽车加速时间较同类型的配置传统变速器的车辆缩短了 18%。

图 6-6 一种电驱动系统的 AMT 系统外形

（3）单电机驱动液力机械式自动变速器

20 世纪 90 年代后，电子技术的大量应用使得液力机械式自动变速器（Automatic Transmission，AT）的综合性能得到了很大的提高。AT 结构发展中有代表性的是带超速档的行星齿轮变速器和带高档位闭锁离合器的变矩器，它们是目前应用较广泛的液力机械式自动变速器。液力机械式自动变速器通过液力传动和行星齿轮组合的方式来实现自动变速，一般由液力变矩器、行星齿轮传动机构、换档执行机构、换档电子控制系统、换档操纵机构等装置组成，如图 6-7 所示。

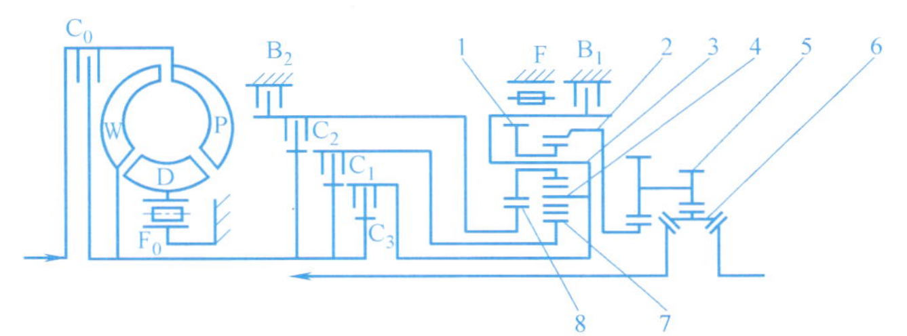


图 6-7 液力机械式自动变速器结构

1—长行星轮 2—齿圈 3—行星架 4—短行星轮 5—主减速器 6—差速器 7—小太阳轮 8—大太阳轮 P—泵轮 W—涡轮 D—导轮 C1—前进档离合器 C2—倒档离合器 C3—直接档离合器 C0—锁止离合器 F0—导轮单向离合器 F—行星架单向离合器 B1—倒档制动器 B2—2、4 档制动器

液力变扭器直接输入动力源动力，泵轮会通过液体带动涡轮旋转，再在泵轮和涡轮之间加上导轮，通过反作用力使泵轮和涡轮之间产生转速差，从而实现变速变矩。当需要换档时，电子控制系统把车速信号和节气门开度信号等转换为换档控制的基本信号，经过 ECU 计算后，向电磁阀发出指令，驱动电磁阀工作，从而改变变速箱油在阀体油道的走向。当作用在多片式离合片上的油压达到制动压力时，多片式离合片接合，促使相应的行星齿轮组输出动力，从而实现换档、锁止、冷却等控制。

电机与变速器的一体化系统是将变速器及其传动机构与驱动电机集成为一体，可以提升整个传动系统的能量传递效率，同时也减少了动力中断和换档过程中能量损耗。但该系统对结构及控制策略的设计难度较高，且对电机性能的要求也较高，增加了研发与使用成本。

（4）单电机驱动无级式自动变速器（CVT）

无级式自动变速器（CVT）采用传动带和工作直径可变的主 / 从动轮相配合来传递动力，可以实现传动比的连续改变，从而得到传动系统与发动机工况的最佳匹配。通过传动比的连续变化，CVT 可以使车辆外界行驶条件和发动机负载实现最佳匹配，使发动机在高效区运转，燃烧完全、排放减少、噪声降低，从而充分发挥发动机的潜力，使车辆有良好的动力性、经济性。另外，CVT 传动比连续变化，没有换档冲击，适应舒适性要求。目前，汽车 CVT 按照作用方式的不同和传动形式的差异，可以分为摩擦式无级变速器、电传动式无级变速器、滑动离合器式无级变速器、静液传动式无级变速器、液力传动式无级变速器。其中，摩擦式无级变速器的应用较多，有锥盘滚轮式、摩擦行星式、金属带式等不同形式。金属带式无级变速器由于结构简单、传动效率高、传递功率大，成为国内外汽车传动研究和推广的重点之一。

金属带式无级变速器基本结构如图 6-8 所示。图中，从动轴上的锥盘向内夹紧，迫使金属带向外滑移，主动轴上的锥盘向外移动，金属带向内滑移，从而改变主动轴和从动轴上金属带的传动半径，由于金属带沿推力方向的线速度不变，所以传动比增大到最大值。同理，主动轴上的主动锥盘内移，从动轴上的从动锥盘外移，传动比减小到最小值。要得到指定大小的传动比，就需要精确控制锥盘的移动位置，从而控制金属带的传动半径。通常不论是在主动轴上还是在从动轴上，都有一个锥盘是可以沿轴向移动的，而另一个则固定在轴上。控制锥盘的移动，实际上就是控制可动锥盘的移动。

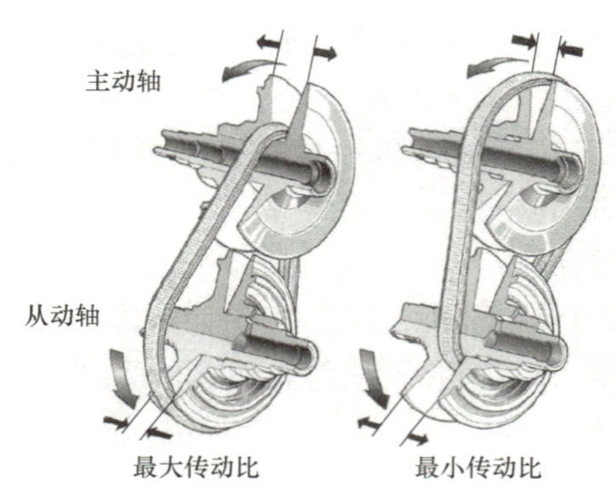

图 6-8　金属带式无级变速器基本结构

机电控制无级自动变速器（Electric Mechanical Continuously Variable Transmission, EM-CVT）采用碟簧加压、电机调速的方式，相对于传统电液控制式无级变速器，传动效率得到了提高，整体机械结构得到了简化。

### 2. 多电机独立驱动系统

所谓独立驱动，是指每个车轮的驱动转矩均可单独控制，各车轮的运动状态也相互独立，之间没有硬性的机械连接装置的一种新型驱动方式。采用独立驱动与采用无法单独控制车轮驱动力矩的集中驱动相比，有以下优点。

1）能够减小单台电机的电流和功率的额定值，均衡电机的尺寸和质量，增大整车布置的灵活性，使轴荷分配更合理；当采用轮毂电机驱动系统时，可将车架承载功能与车身功能分离，实现相同底盘不同车身造型电动汽车产品的多样化和系列化，从而缩短车型的开发周期，降低开发成本。

2）能够取消部分或全部机械传动系统，简化传动路线，并根据行驶工况单独调整各轮的驱动力矩，实现更好的驱动控制，从而获得比集中驱动更高的驱动效率，并且在一定程度上降低了整车制造成本和使用成本。

3）由于电机对控制指令的响应时间比发动机对节气门的响应时间短，并且每个车轮的驱动力矩可以单独控制，能够方便地实现性能更好、成本更低的驱动防滑控制、制动防抱死控制和增强车辆稳定性的直接横摆力矩控制，容易实现汽车底盘系统的电子化和主动化，极大地改善车辆的驱动性能和行驶性能。

4）对独立车轮驱动车辆进行制动能量回收时，与集中驱动相比，可以获得更大的能量回收率，能够有效提高电动汽车的续驶里程。

综上所述，虽然当前集中驱动系统仍占电动汽车驱动系统的主流，但基于独立车轮驱动系统的诸多优点，随着电机调速技术的不断发展及对整车布置空间的进一步要求，该类驱动系统将是未来电动汽车（特别是微型车）的主要发展方向。

现有的独立车轮驱动系统根据构型的不同主要可以分为三种，即电机与减速器组合式驱动系统、轮边电机驱动系统和轮毂电机驱动系统。

（1）电机与减速器组合式驱动系统

电机与减速器组合式驱动系统是采用多台电机通过固定减速器和半轴分别驱动各个车轮的驱动系统，可将电机和减速器安装在车架上，经过半轴驱动车轮，这种构型可以沿用现有车辆的车身结构，以及行驶、制动、转向系统，改型容易，便于推广。

（2）轮边电机驱动系统

轮边电机驱动系统可将驱动电机固定在副车架位置，其输出轴直接或间接驱动车轮。轮边电机与车轮具有相对的独立性，其功率选择范围比轮毂电机更大，而且可以通过改变悬架结构使部分非簧载质量转移至车身，从而减小车轮的惯性，使车辆加速、制动时更加平顺，还可以提高在不平路面上的稳定性。另外，非簧载质量的降低可以有效减小轮胎的磨损。另外，从电机维修方面考虑，轮边电机较集成度高的轮毂电机安装调试更方便，能够在减小车轮部分复杂程度的同时，使驱动系统更适合应用。

近年来，国内外汽车制造商也加大了对于轮边电机驱动系统的开发，轮边电机驱动桥常见于客车或商用车。图 6-9 所示为我国具有自主知识产权的长江轮边电机驱动桥，其结构与 ZF（采埃孚）公司生产的轮边电驱桥类似，均是将两个驱动电动机布置在车桥两侧，动力总成由侧减速器和轮边减速器组成，而制动系统由制动卡钳和制动盘构成。

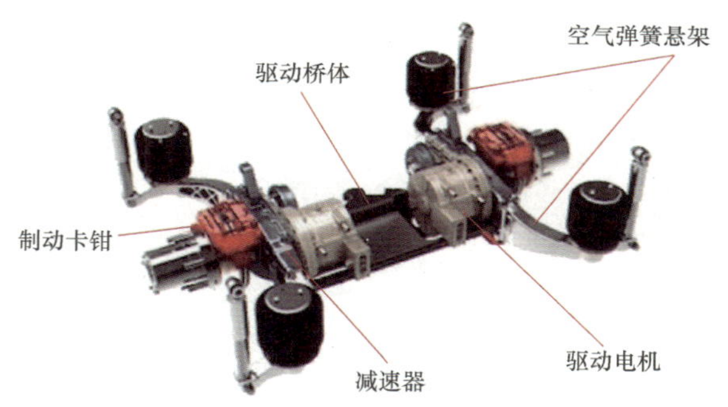

图 6-9 长江汽车轮边电机驱动桥

（3）轮毂电机驱动系统

轮毂电机驱动系统集电机、传动机构、制动器等部件于轮毂内，是一种将驱动电机装在车轮里面的新型驱动系统。典型的轮毂电机驱动系统结构如图 6-10 所示。根据轮毂电动轮驱动动力系统的结构形式及特点，轮毂电机驱动系统主要分为两种结构形式，如图 6-11 所示：基于内转子型电机的轮毂电机驱动系统和基于外转子型电机的轮毂电机驱动系统。目前，基于内转子型电机的轮毂电机驱动系统采用高转速低转矩特性的电机，为了满足车轮实际转速的要求，通常需匹配一个相应的行星齿轮减速机构。基于外转子型电机的轮毂电机驱动系统则采用低转速高转矩特性的电机。由于转速范围符合车轮实际转速要求，通常无须匹配减速机构，由电机外转子直接驱动车轮。

国际知名的轮毂电机驱动系统结构如图 6-12、图 6-13 所示。图 6-12 所示为法国 Michelin 公司研发的电动汽车轮毂电机驱动智能车轮“Active wheel”，主动车轮将轮毂电机、主动悬架、钳式制动盘和卡钳、减振弹簧等系统集成在同一轮毂内，其主动电机可以快速实现车轮的独立驱动、制动功能，垂直安装的主动电机悬架系统能自适应地校正车轮的横摆和颠簸，而且其快速响应时间能达到千分之三秒，可以完美地通过减振来适应路面特性。图 6-13 所示为德国原 Siemens VDO 公司研发的轮毂电机 Siemens e-Corner，其将电机转子、主动悬架、电子转向、楔形线控制动器集成在了轮毂电机系统，其主动悬架能有效降低非簧载质量对车辆舒适性的影响，与其他轮毂电机最突出的不同是将电子转向系统成功集成在轮毂单元中。

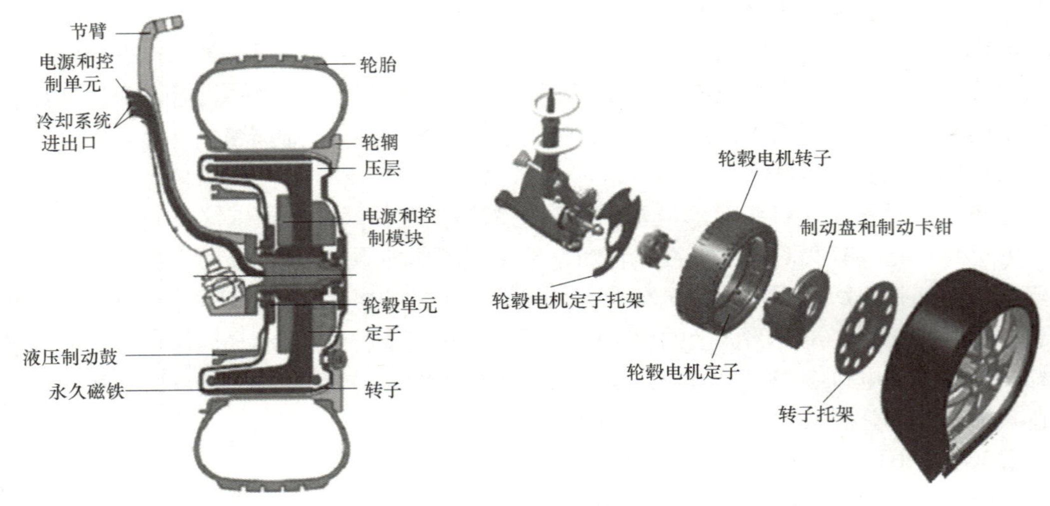


图 6-10　典型的轮毂电机驱动系统结构

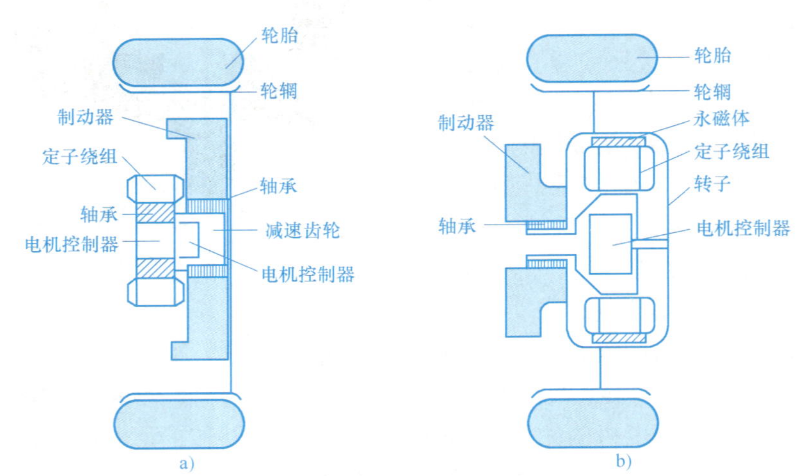


图 6-11　轮毂电机驱动系统的结构形式

a）基于内转子型电机的轮毂电机驱动系统　b）基于外转子型电机的轮毂电机驱动系统

## 3. 多电机耦合驱动系统

目前车载能源有着较大的限制，高功率密度、高效率的大功率动力驱动系统成为电动车必须着重研究的关键技术之一。单台电机加变速器驱动形式要求电机具有较大的转速和转矩，而电机大转矩又要求传动轴较粗，电机高转速使旋转部件线速度大大提高，这样对电机、机械传动的轴承、密封、油封提出新的技术挑战。采用双电机与机械耦合传动形式，降低了单台电机容量，有利于电机和机械传动高转速发展，进一步提高电驱动系统功率密度，有利于实现电动车辆动力驱动系统机电高效集成和高功率密度。

动力耦合的方式主要有固定轴齿轮耦合式及行星齿轮耦合式。固定轴齿轮耦合结构简单，控制难度低，造价低，但是体积大，结合平顺性差；行星齿轮耦合结构紧凑，结合平顺性好，但是控制难度大。目前，国外的动力耦合驱动系统大多采用行星齿轮耦合方式，工作模式多样，变化灵活，功能完备，结构复杂，控制先进。国内不少汽车企业及科研单位开展了动力耦合驱动技术的研发工作，比较成熟的是固定轴式动力耦合装置。国内动力耦合驱动总成技术的发展还处于初级阶段，结构简单，模式单一，效率优化的空间有限。从长远来看，研制动力切换平顺、耦合效率高的行星耦合驱动系统是一种必然趋势。国内外在这方面也进行了很多研究。

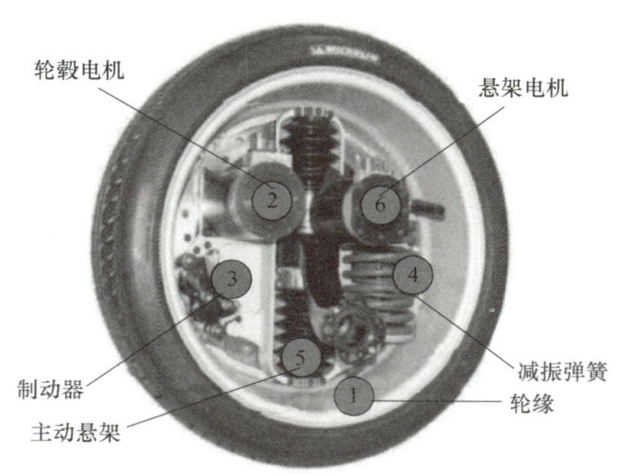


图 6-12　法国 Michelin 公司研发的 Active wheel

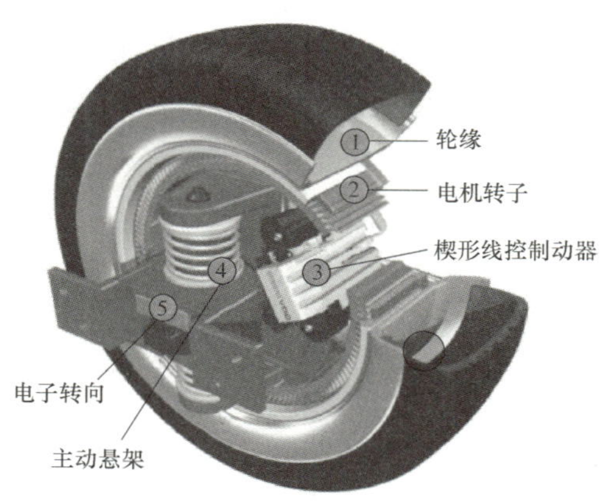


图 6-13　德国原 Siemens VDO 公司研发的 Siemens e-Corner

（1）多动力耦合系统

日本丰田 THS 系统由发动机、发电机、电动机通过行星齿轮机构实现转速与转矩的耦合，发动机转速与车速没有直接联系，在行驶过程中能使发动机始终处于最佳工况，结构如图 6-14 所示。丰田 THS 系统经过十几年的发展，已从注重经济油耗为主的第一代发展为注重高功率和高经济效益的第三代，丰田 Pruis 的成功推向市场表明了混合动力技术已经逐渐成熟。福特公司开发的 FHS 机电耦合传动总成结构相当于丰田 THS 系统并联了一个齿轮啮合机构，实现了电机转速和齿圈转速的匹配，充分利用了电机转速，结构如图 6-15 所示。

通用公司提出的 AHS-2 双排双模式机电耦合传动总成主要由发动机、两台电动机 / 发电机、两个行星排机构、两组离合器（C1、C2）和一个制动器（B1）组成，结构如图 6-16 所示。通过两个离合器和一个制动器协调控制可以有效地扩大输出转速范围，同时对输出转矩和输出功率起到一定调节作用。该结构主要应用于通用公司生产的中型和重型车辆上。

Timken 公司开发的双排行星传动机电耦合传动总成结构与通用 AHS-2 双排双模式机电耦合传动总成结构相近，如图 6-17 所示，其主要通过两个离合器（C1、C2）和两个制动器（Z1、Z2）实现工作模式转换，从而满足车辆实际工作需要。

通用公司研制了一种新型四模——双电机增程式传动系统，结构如图 6-18 所示。该系统由发动机、两个电动机 / 发电机、三个离合器及一个行星齿轮组组成，可以分别工作在纯电动低速单电机模式、纯电动高速双电机模式、增程低速单电机模式、增程高速双电机模式四种模式下。系统中的离合器 C1 用于锁止行星机构的齿圈，离合器 C2 用于接合或脱开齿圈与发电机，离合器 C3 则用于接合或脱开增程发动机与发电机。主驱动电机总是与太阳轮相连，而行星架则用于最终输出动力。

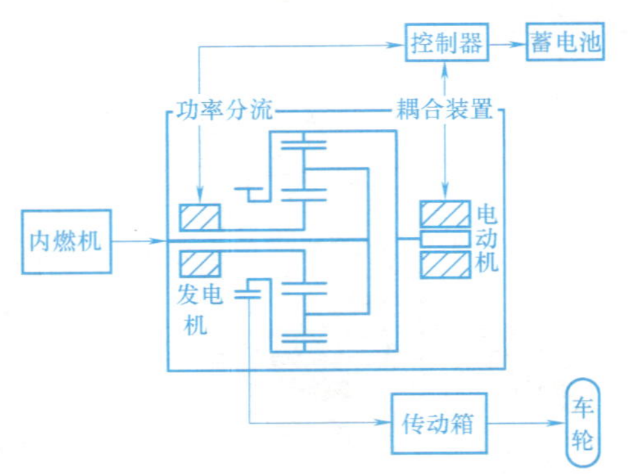


图 6-14 丰田 THS 系统结构图

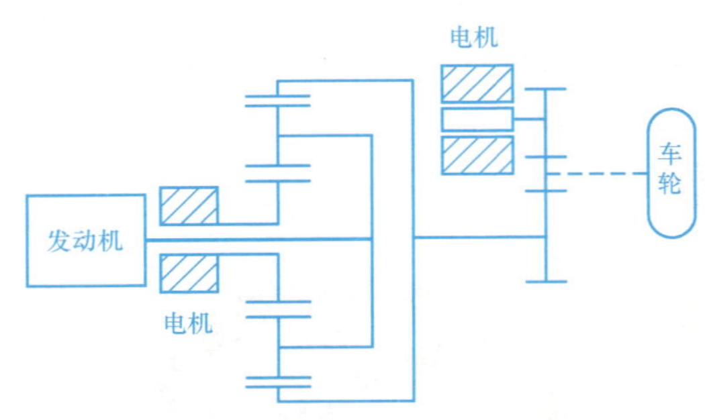


图 6-15 福特 FHS 机电耦合传动总成结构图

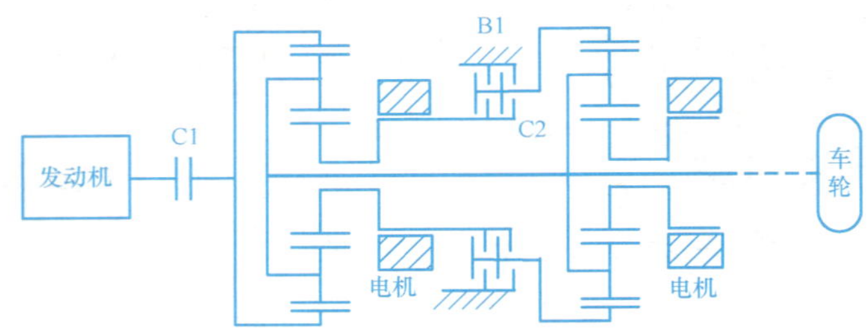


图 6-16 通用 AHS-2 双排双模式机电耦合传动总成结构图

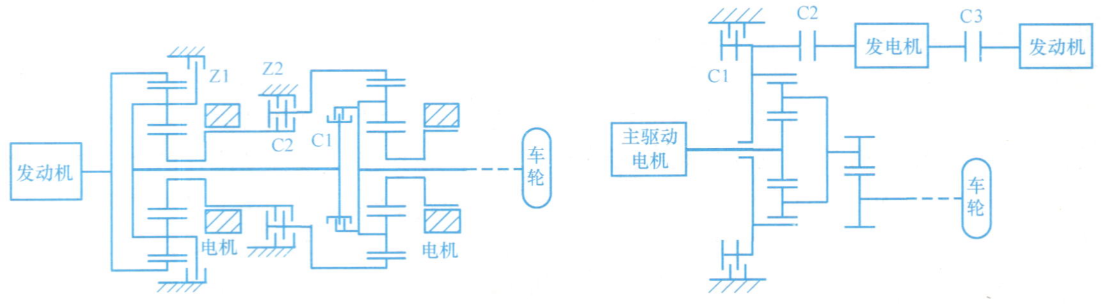


图 6-17 Timken 公司的双排行星传动机电耦合传动总成结构图

图 6-18 四模——双电机增程式传动系统结构图

四模——双电机增程式传动系统的四种工作模式见表 6-1。在纯电动低速单电机模式下，离合器 C1 将齿圈锁止，离合器 C2 与离合器 C3 均处于脱开状态，发电机与发动机都不工作，车辆仅由主驱动电机驱动。随着车速的提高，车辆工作于纯电动高速双电机模式下，离合器 C1 脱开，离合器 C2 接合，离合器 C3 脱开，发电机与齿圈连接，且工作于驱动状态，车辆由主驱动电机和发电机通过行星齿轮组耦合驱动。当电池组达到其设定的能量下限时，将启动增程模式。在增程低速单电机模式下，离合器C2脱开，离合器C1将齿圈锁止，离合器C3接合将发动机与发电机组合成增程模块，主驱动电机从电池组以及增程模块获取能量驱动车辆。在增程高速双电机模式下，离合器C1脱开，离合器C2和离合器C3接合，发电机处于发电状态，同时车辆由主驱动电机与发动机共同驱动。

表6-1 四模——双电机增程式传动系统的四种工作模式

| 模式 | 子模式 | 能量源 | 离合器 |
|---|---|---|---|
| 纯电动模式 | 低速单电机 | 动力电池 | C1锁止，C2/C3脱开 |
| | 高速双电机 | 动力电池 | C2接合，C1/C3脱开 |
| 增程模式 | 低速单电机 | 动力电池（由发电机补充能量） | C1锁止，C2脱开，C3接合 |
| | 高速双电机 | 动力电池（由发电机补充能量），增加的扭矩由发电机/电动机和发动机提供 | C1脱开，C2/C3接合 |

由吉林大学等单位联合开发的双行星机构动力耦合无级变速系统，结构如图6-19所示，系统由发动机、电机、动力耦合器、CVT组成，其中动力耦合器由一组双行星齿轮机构、两组离合器和一组制动器构成。整个系统构成比较复杂，不仅需要协调控制发动机与电机、离合器及制动器的状态，还需要合理地控制CVT的传动比。

由北京理工大学和波兰华沙工业大学合作开发的混合动力汽车行星齿轮耦合装置，利用一组行星齿轮将发动机和电机的动力进行耦合，通过三组离合器和三组制动器的接合/分离控制整车的工作模式和模式切换过程，结构如图6-20所示。

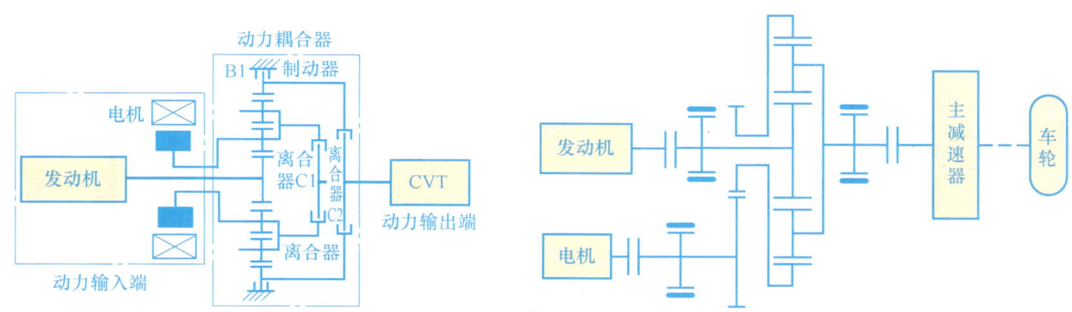


图6-19 双行星机构动力耦合无级变速系统结构图　　图6-20 行星齿轮耦合式混合动力系统结构图

（2）双电机耦合驱动

当前大功率电机驱动系统及其传动系统有着较大的限制，采取单台电机集中式驱动形式要求电机具有较大的功率和转矩，而电机大转矩要求传动轴更粗，电机高转速使得旋转部件线速度大大提高，这样对电机、机械传动的可靠性提出了新的技术挑战。多动力耦合传动技术的出现为大功率动力驱动系统技术的发展提供了新的解决途径，利用多个小功率电机耦合驱动代替单个大功率驱动电机集中式驱动，可以突破当前大功率电机驱动系统及传动系统的限制，扩大小功率驱动电机的应用范围。

电机行星耦合驱动系统由一组简单行星齿轮机构、两台驱动电机、一个制动器组成。图6-21所示为一种双电机行星耦合驱动结构。在低速时，电机1与行星机构太阳轮相连，通过制动器制动齿圈，行星架输出，实现大变比减速后大转矩输出，满足车辆低速爬坡；在高速时，齿圈解锁，电机 2 与行星机构齿圈相连，与电机 1 通过行星机构实现功率耦合，共同驱动车辆。在车辆由低速模式切换到高速模式的过程中，电机 1 一直处于驱动状态，电机 2 通过零速制动可使齿圈静止，方便制动器解除，制动器解除后电机 2 再转为驱动状态，实现高速两台电机功率耦合；在车辆由高速模式切换到低速模式的过程中，电机 2 通过再生制动迅速将齿圈减速至 0，方便制动器将齿圈锁止，齿圈锁止后电机 2 处于关闭状态。在整个模式切换过程中，充分利用了电机 2 零速制动实现了柔性模式切换，制动器与齿圈没有速度差，冲击小。图 6-22 所示为其耦合驱动结构外形图。



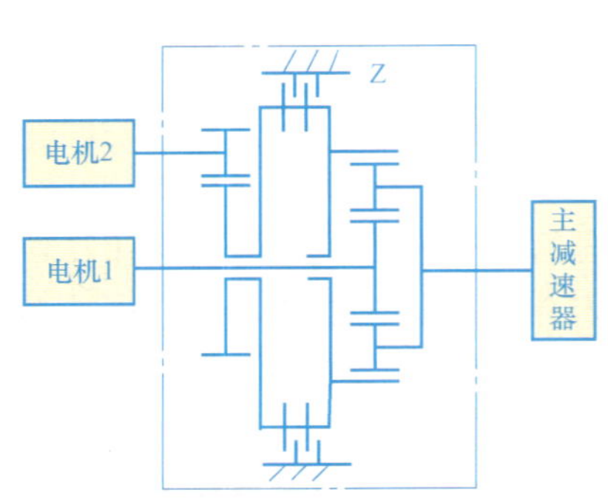


图 6-21　双电机行星耦合驱动结构

图 6-22　双电机行星耦合驱动结构外形图

（3）双机械端口电机

双机械端口电机（图 6-23）有两个机械端口和两个电气端口，其中内转子与内燃机相连，外转子与输出轴相连，通过对电气端口进行控制可以完成行星齿轮混合动力总成的全部功能。双机械端口电机具有结构简单、紧凑的特点，很有希望成为先进深度混合动力系统的另一种形式。

新型电力无级变速系统由一套“背靠背”逆变器、一台内燃机和一台双机械端口电机组成，如图 6-23b 所示。在混合动力汽车应用中，双机械端口电机的内转子与内燃机相连、外转子与输出轴相连。当内燃机工作在燃油高效区 A 点时，内燃机输出的一部分能量（图 6-23b 中的 S1 区域）通过内外转子间电磁场耦合直接传递到输出轴，内燃机的另一部分能量（图 6-23b 中的 S3 区域）通过逆变器 2 给电池充电；同时逆变器 1 从电池吸收电能（图中 6-23b 中的 S2 区域）提供给定子，产生附加助力转矩，从而实现了内燃机工作点不变（在高效区），而输出轴工作点可任意改变的电力无级变速功能。

假定外转子的输出转矩为 $T_1$、转速为 $\omega_1$，内转子的输出转矩为 $T_2$、转速为 $\omega_2$，分析永磁式双机械端口电机的工作模式其实就是分析（$T_1$，$\omega_1$，$T_2$，$\omega_2$）组合代表的量能流向及其在混合动力应用中的意义。内转子、外转子的转速和转矩的关系见表 6-2，表中所述九种工作模式中的 5、6、8、9 分别对应了这种基于双机械端口电机的新型电力变速系统的电力无级变速混合动力的不同工况。其中，工作模式 5 对应了“电动助力”工况，工作模式 9 对应了“内、外电机发电”工况；工作模式 6 对应了“无级减速升矩”工况，工作模式 8 对应了“无级升速减矩”工况。

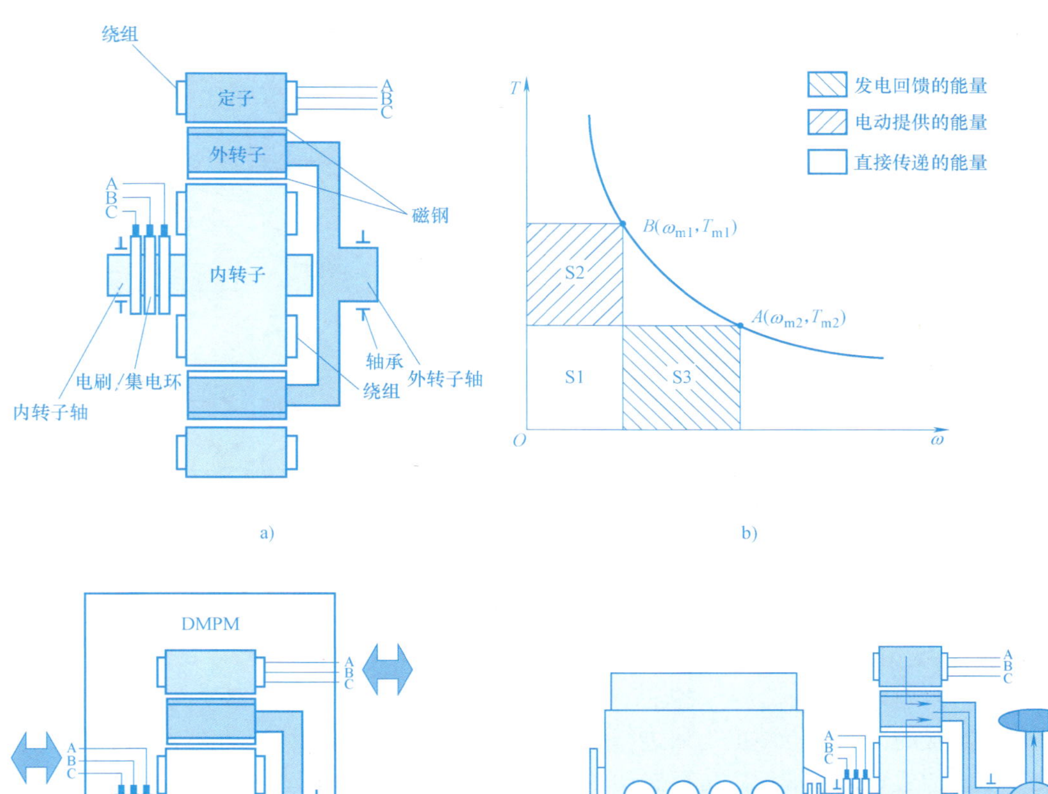




c)

d)

图 6-23 双机械端口电机

a）双机械端口电机基本结构 b）新型电力无级变速系统工作原理图

c）双机械端口电机的能量流动 d）双机械端口电机 DMPM 的系统连接

## 表 6-2 内转子、外转子的转速和转矩的关系

| 序号 | 转矩、转速关系 |
|---|---|
| 1 | $T_1=T_2$，$\omega_1=\omega_2$ |
| 2 | $T_1=T_2$，$\omega_1>\omega_2$ |
| 3 | $T_1=T_2$，$\omega_1<\omega_2$ |
| 4 | $T_1>T_2$，$\omega_1=\omega_2$ |
| 5 | $T_1>T_2$，$\omega_1>\omega_2$ |
| 6 | $T_1>T_2$，$\omega_1<\omega_2$ |
| 7 | $T_1<T_2$，$\omega_1=\omega_2$ |
| 8 | $T_1<T_2$，$\omega_1>\omega_2$ |
| 9 | $T_1<T_2$，$\omega_1<\omega_2$ |



双机械端口工作点关系图

左半平面内电机发电运行，右半平面内电机电动运行；上半平面外电机电动运行，下半平面外电机发电运行

## 6.1.2 电控制动系统

### 1. 电控液压制动系统

汽车制动系统的功能是使行驶中的汽车按照驾驶人的要求进行强制减速甚至停车，或使已停驶的汽车在各种道路条件下（包括在坡道上）稳定驻车，以及使下坡行驶的汽车速度保持稳定。对于乘用车辆，常采用的电控液压制动系统如图 6-24 所示。汽车制动系统结构主要由供能装置、控制装置、传动装置和制动器等部分组成，其中常见的制动器又分鼓式制动器和盘式制动器两种。电控液压汽车制动系统的基本工作原理是，利用液压油将驾驶人肌体的力通过制动踏板转换为液压力，再通过管路传至车轮制动器，其中电子液压阀负责前后车轮的制动压力分配，车轮制动器再将液压力转变为制动蹄张开的机械推力，使制动蹄摩擦片与制动鼓产生摩擦（将机械能转换成热能而消耗），从而产生阻止车轮转动的力矩。当驾驶人踏下制动踏板时，制动踏板的力通过真空助力器进行放大传导来推动制动总泵，推动制动主缸活塞使制动液升压，通过管道将液压力传至制动轮缸。制动轮缸活塞在制动液挤压的作用下将制动蹄摩擦片压紧制动鼓形成制动，根据驾驶人施加于制动踏板力矩的大小，使车轮减速或停车。当驾驶人放开制动踏板，制动蹄和分泵活塞在回位弹簧的作用下回位，制动液压回到总泵，制动解除。

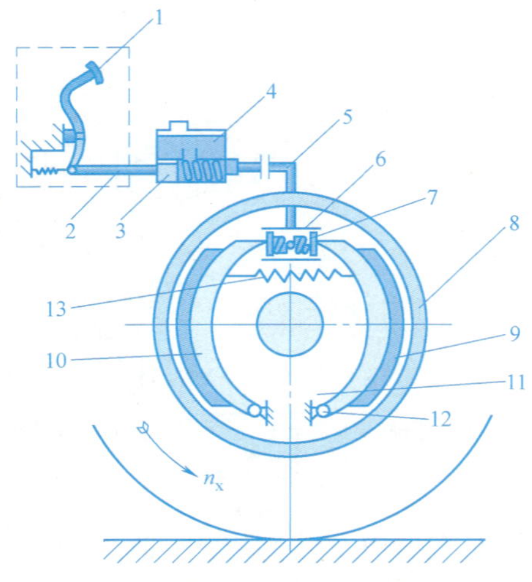


图 6-24 乘用车辆电控液压制动系统

1—制动踏板 2—推杆 3—主缸活塞 4—制动主缸 5—油管 6—制动轮缸 7—轮缸活塞 8—制动鼓 9—摩擦片 10—制动蹄 11—制动底板 12—支承销 13—制动蹄回位弹簧

### 2. 防抱死制动系统

防抱死制动系统（Antilock Brake System，ABS）是在液压制动系统的基础上发展而来的，其结构示意图如图 6-25 所示，主要由 ABS 控制单元、ABS 控制器、车轮转速传感器等部分组成。ABS 的主要功能是在汽车制动时，自动控制制动器制动力大小，使车轮不被抱死，处于边滚边滑（滑移率在 20% 左右）的状态，以保证车轮与地面的附着力在最大值，从而改善车辆的转向操纵性和稳定性。制动力附着系数 - 制动滑转率曲线如图 6-26 所示，其中，制动滑移率的计算公式为

$$\lambda=\left[\left(v_{\mathrm{F}}-v_{\mathrm{R}}\right)/v_{\mathrm{F}}\right]\times 100\% \tag{6-5}$$

式中 $\lambda$——车轮滑移率；

$v_F$、$v_R$——车体速度、车轮速度。

ABS 基本的闭环控制过程如图 6-27 所示。开始制动时，制动压力增加，制动滑转率上升，在制动力附着系数 - 制动滑转率曲线的最高点处达到稳定区与不稳定区的分界点。从此点开始，任何制动力或制动力矩的进一步增加都不会引起汽车制动力的继续增加。在稳定区，制动滑转主要是变形滑转，在非稳定区，滑转不断增大并趋于滑移；过大的制动力矩会使车轮很快锁死（安装 ABS 制动时），表现为车辆减速度的急剧增加。

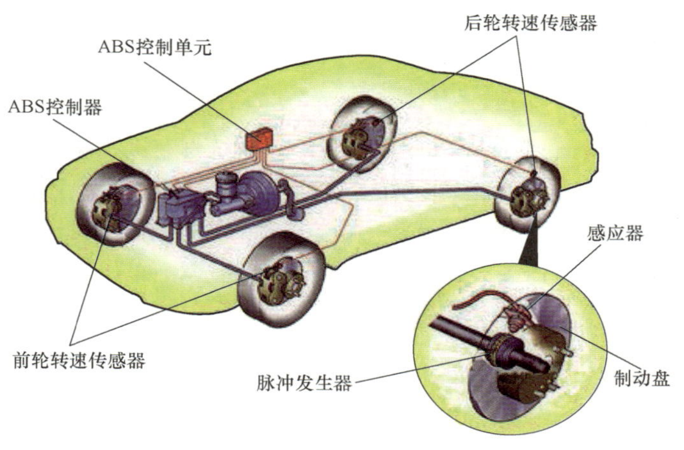


图 6-25　防抱死制动系统（ABS）结构示意图

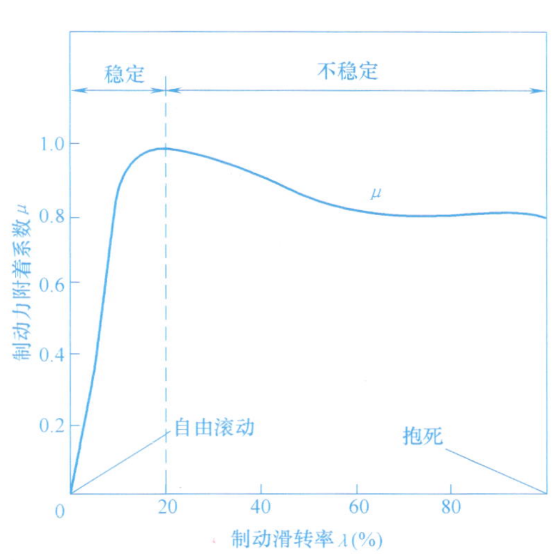


图 6-26　制动力附着系数 - 制动滑转率曲线

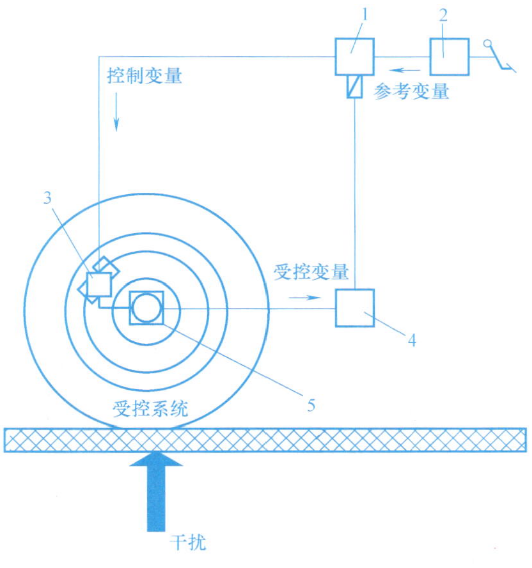


图 6-27　ABS 基本的闭环控制过程

1—电磁阀单元　2—制动总泵　3—制动分泵

4—电子控制单元（ECU）　5—轮速传感器



轮速传感器监测车轮的运动。如果车轮中的某一个有抱死可能，则该轮的减速度增加很快，车轮开始滑转。如果该减速度超过设定的值，ABS 控制器发出指令，让电磁阀停止或减小车轮制动压力，直到抱死的可能消失为止。为防止车轮制动力不足，必须再次增加制动压力，在自动制动控制中，必须连续检测车轮运动是否稳定，通过连续调节制动压力（加压、减压和保压）使车轮保持在制动力最大的滑转范围内。目前常用于车轮制动压力的调整控制策略有单轮控制、低选控制和高选控制。

## 6.1.3 电控转向系统

### 1. 电动助力转向系统

电动助力转向（Electric Power Steering，EPS）系统具有助力特性可设计性好、结构简单、占用空间小、易于布置以及节能环保等优点。EPS 在乘用车上迅速普及，已经成为大多数乘用车以及小型商用车的标配。EPS 系统主要由机械式转向器、转矩传感器、电机、减速机构、电子控制单元（ECU）以及车速传感器等组成，如图 6-28 所示。

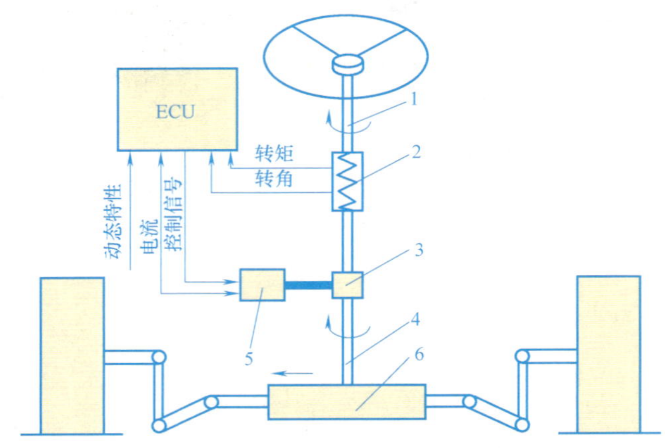


图 6-28 电动助力转向系统结构原理图

1—转向输入轴 2—转矩传感器 3—减速机构 4—转向输出轴 5—电机 6—齿轮齿条式转向器

按照助力电机布置位置的不同，EPS 可以分为以下三种类型：转向轴助力式、齿轮助力式和齿条助力式，如图 6-29 所示。

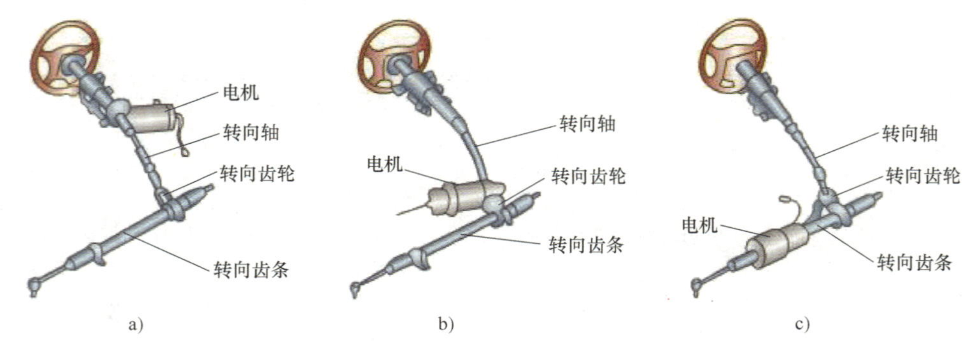


图 6-29 电动助力转向系统的分类

a）转向轴助力式 b）齿轮助力式 c）齿条助力式

当驾驶人操纵转向盘进行转向时，安装在转向轴上的转矩传感器将所检测到的转矩信号输入 ECU。车速传感器也将检测到的信号输入 ECU。ECU 根据传来的各个信号，并结合所检测到的助力电机的电流反馈信号，进行运算处理，确定汽车所处的工况，通过转矩信号进行助力控制，通过车速信号进行路感控制。EPS 可以很好地实现所设计的理想

助力特性，给驾驶人提供良好路感，保证汽车低速时的转向轻便性以及高速时的方向稳定性。

EPS具有助力特性可设计性好、节能环保等特点，然而，由于其结构特点决定了其传动比固定、转向轮角度无法进行主动修正，汽车发生碰撞事故时，转向柱管易对驾驶人造成伤害，以及难以与其他底盘子系统协同控制整车等。

### 2. 电控液压助力转向系统

电控液压助力转向系统是在液压助力转向系统的基础上增加电控装置构成的。与液压助力转向系统相比，系统增加了液压反应装置和液流分配阀，而加设的电控系统则包括动力转向ECU、电磁阀和车速传感器等。电控液压助力转向系统结构如图6-30所示。电控液压助力转向系统利用电控单元，根据车速调节作用在转向盘上的助力，通过控制转向控制阀的开启程度改变液压助力系统辅助力的大小，从而实现辅助转向力随车速而变化的助力特性。低速行驶时助力作用大，驾驶人操纵轻便灵活；高速行驶时助力作用减弱，驾驶人的操纵力增大，具有明显的“路感”，既保证转向操纵的舒适性和灵活性，又提高了高速行驶中转向的稳定性和安全感，使操纵轻便性和稳定性达到合适的平衡状态。

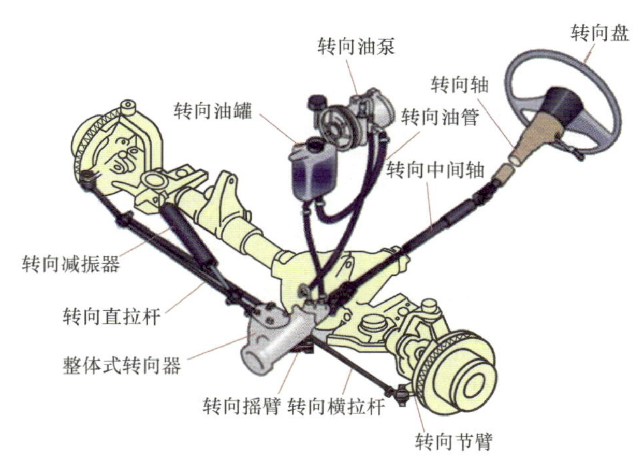


图6-30 电控液压助力转向系统结构图

### 3. 四轮转向系统

在汽车前轮设置转向装置的基础上，后轮也设置转向装置，称为四轮转向系统（Four Wheel Steering，4WS）。其主要功能是根据车辆的运行状况灵活采用相应的控制策略，实时控制后轮转向的方向和幅值。在低速行驶状态下的大转角转向时，采用逆相转向，缩小车辆低速转向时的转弯半径，增加车辆操纵轻便性与机动灵活性；在高速行驶状态下的小转角转向时，则同相转向，能更轻松地辅助驾驶人实现转向意图，明显提高车辆的操纵稳定性与安全性。

典型的四轮转向系统结构如图6-31所示，其工作原理是，在转向时，传感器将前轮转向的信号和车辆运动的信号按一定的控制算法进行分析计算，向后轮转向执行机构输出驱动信号，后轮转向执行机构动作，通过后轮转向传动机构驱动后轮偏转，实现车辆的四轮转向。其在转向时能够基本保持车辆质心侧偏角为零，且能够改善汽车对转向盘输入的动态响应特性，改善了横摆角速度和侧向加速度的瞬态响应性能指标。四轮转向系统分为机械式、液压式、电动式，其从传统机械式逐渐向当今电动式发展。

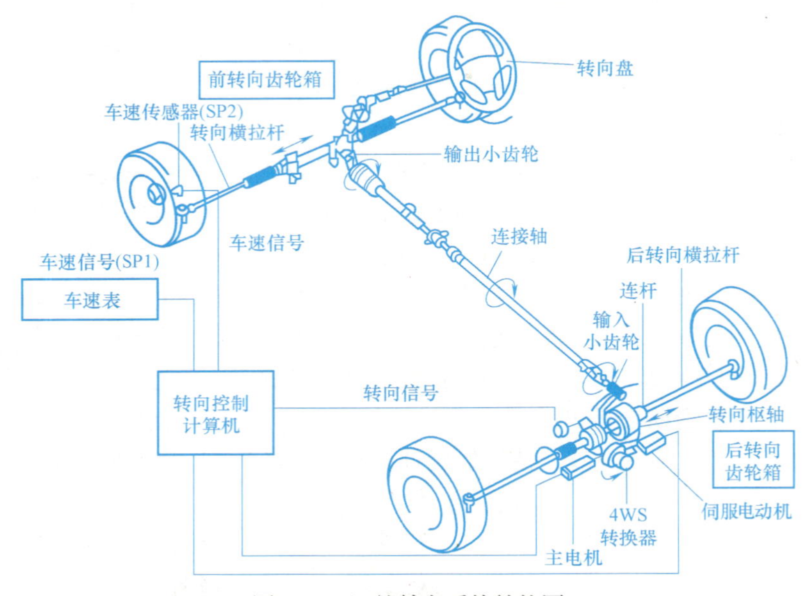


图 6-31　四轮转向系统结构图

## 6.1.4　电控悬架系统

车辆的悬架系统是指连接车身和车轮之间的全部零部件的总称，主要包括弹簧、减振器、导向机构及横向稳定杆。车辆悬架系统有三项功能：①支撑车身重量，固定车轮位置；②车辆行驶时维持车轮与路面的良好接触，并反馈车轮与路面之间的作用力，保持操纵稳定性（安全性）；③车辆行驶时提供缓冲作用，满足舒适性（平顺性）的要求。

按照控制环节的不同，车辆悬架可分为被动悬架、半主动悬架和主动悬架。其中，被动悬架无法进行任何调节与控制，其参数只能在行驶平顺性和操纵稳定性之间进行折中设计；半主动悬架通常配置阻尼可调的减振器甚至刚度和车高可控的空气弹簧或油气弹簧，能够根据车辆行驶工况，以较少的能源消耗，实时调节悬架系统的阻尼、刚度以及车身高度等悬架特性，满足各种工况对车辆行驶平顺性和操纵稳定性的不同需求；主动悬架通常配置能够进行主动力输出控制的作动装置，以较高的能源消耗，实时控制作动器的主动力输出，以使车辆的行驶平顺性和操纵稳定性持续保持最佳。

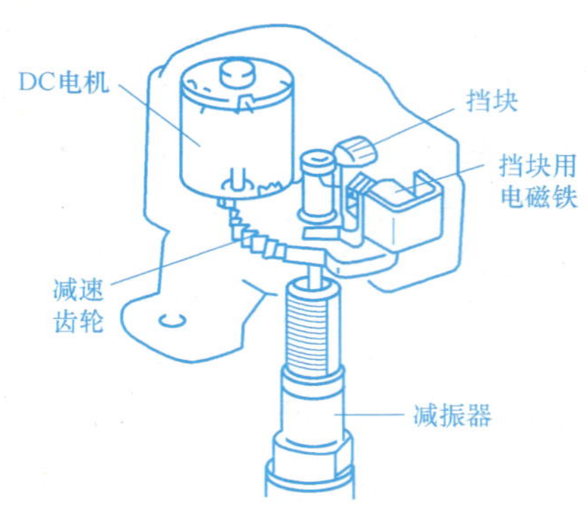


图 6-32　电控机械式减振器执行机构

### 1. 电控半主动悬架

（1）电控机械式阻尼有级调节半主动悬架

有级调节半主动悬架的减振器阻尼可以在有限档位之间进行切换控制，一般为两到三级可调。图 6-32

所示为电控机械式减振器执行机构。其位于减振器的顶部，通过电机及减速机构驱动减振器内部的控制杆旋转，从而改变油液往复流动的流通面积，达到调节阻尼特性的目的。

图 6-33 所示为电控机械式减振器的阻尼调节机构。在执行机构驱动下，控制杆带动滑阀旋转，改变滑阀上通孔与活塞杆上通孔的相对位置，从而调节流通面积，实现不同的阻尼特性。阻尼调节可由驾驶人自主选择或者由 ECU 根据传感器所获得的悬架运动状态来进行实时决策，使流通面积在最大、中等或最小之间进行有级调节。有级可调减振器的结构及其控制系统相对简单，工程应用比较容易。但这种悬架控制技术响应速度慢，在实时决策、档位切换的过程中会引起阻尼力的突变，无法同时满足行驶平顺性和操纵稳定性的要求。

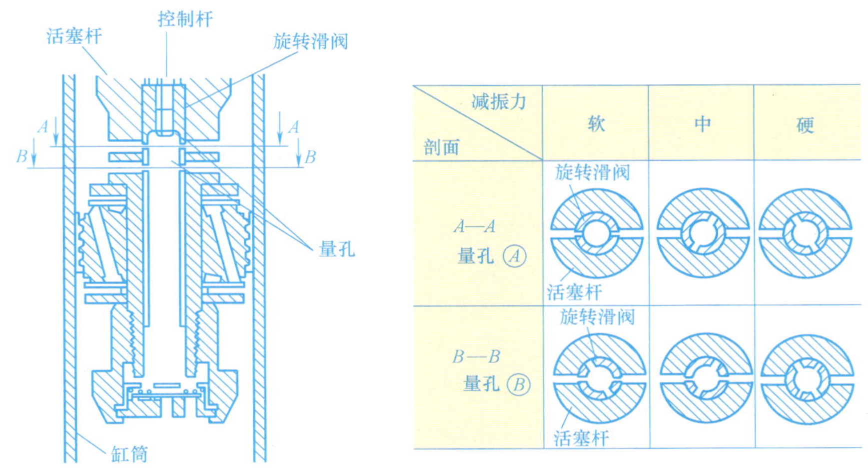


图 6-33　电控机械式减振器阻尼调节机构

（2）电磁阀式阻尼连续调节半主动悬架

电磁阀式阻尼连续调节半主动悬架通过电磁阀改变减振器内节流孔隙开度来连续调节减振器阻尼。动态底盘控制（Dynamic Chassis Control，DCC）系统或连续减振控制（Continuous Damping Control，CDC）系统是电磁阀式阻尼连续调节半主动悬架系统的代表。DCC 系统根据车身加速度传感器、悬架动行程传感器以及车载总线传递的车辆操纵及行驶数据实时监测车辆状态，由 ECU 进行逻辑运算，根据计算结果调节与常通孔阻尼阀并联的卸荷阀背压，从而获得阻尼阀的不同开阀压力来连续控制节流口面积，以提供适应车辆当前状态的阻尼。CDC 理论频率可达 1000 次 /s，但在实际控制中，由于响应滞后而控制频率偏低。

图 6-34 所示为阻尼连续调节减振器原理示意图。相比于普通双筒式减振器，它在储油腔和工作腔之间又增加了一个环形通道，上端连接减振器工作腔上腔，下端连接电磁调节阀进油口，调节阀出油口则连通储油腔。通过活塞阀门和底部阀门的单向阀流通方向设置，使得减振器工作时，无论是压缩行程还是伸张行程，部分油液在减振器内部形成单向流动，必然流经同一个阻尼调节阀，进而实现了一个阻尼调节阀可以同时调节压缩行程和伸张行程阻尼的特性。

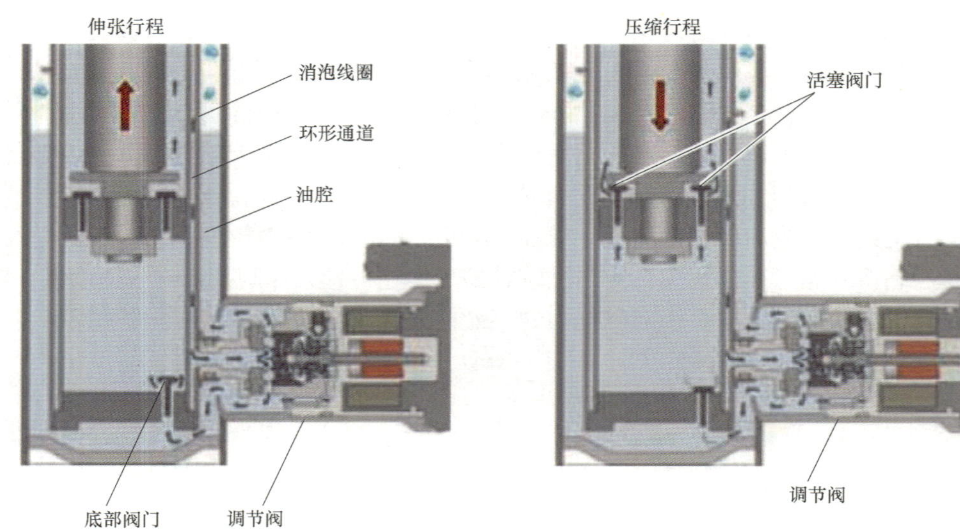


图 6-34　阻尼连续调节减振器原理示意图

图 6-35 所示为电磁阀式阻尼调节机构示意图。其工作原理与液压元件比例溢流阀非常相似。电磁线圈中接入不同的等效电流，将在推杆上产生相应的电磁作用力，推杆在液动力、弹簧推力以及电磁推力的相互平衡作用下，可以沿自身轴向移动，从而改变推杆前部压头与控制盘之间的流通缝隙面积，进而改变主活塞背部腔室内的压力。同样，主活塞在两侧压差以及弹簧力的共同作用下，沿自身轴向移动，进而使主活塞与压盘之间形成的环形节流通道流通面积连续变化，从而连续调节减振器的阻尼特性。

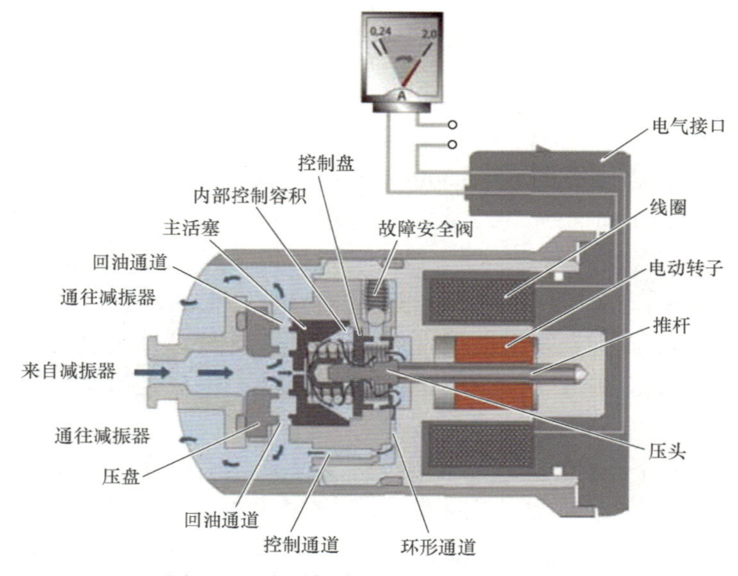


图 6-35　电磁阀式阻尼调节机构示意图

（3）磁流变式阻尼连续调节半主动悬架

磁流变液是磁性软粒悬浮液，属于可控流体。在无外磁场作用时，具有良好的流动性，而在外加磁场作用下，黏度会迅速发生变化，由流体状态转变为黏塑性状态，呈现出类似固体的力学性质，其中的响应时间仅为几毫秒。如图 6-36 所示，磁流变减振器通过控制位于减振器活塞内电磁线圈的通电电流，生成强弱可控的磁场，改变磁流变液的黏度，实现连续调节阻尼。

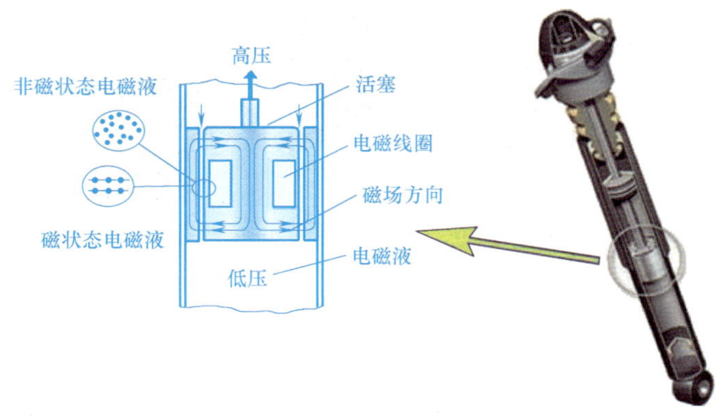


图 6-36 磁流变式阻尼连续调节原理示意图

（4）电流变式半主动悬架

电流变减振器通过改变电流变液的电场强度来改变液体抗剪应力和黏度，从而改变阻尼力，其工作原理与磁流变减振器类似。筒式电流变减振器结构图如图 6-37 所示。该减振器有内外两个筒，内外筒之间有间隙，高压电源的正极与内筒相接，负极与外筒相接，在间隙中形成电场。当活塞杆上下运动时，通过改变内外筒间的电场强度来控制间隙中电流变液的黏度，从而改变阻尼力。

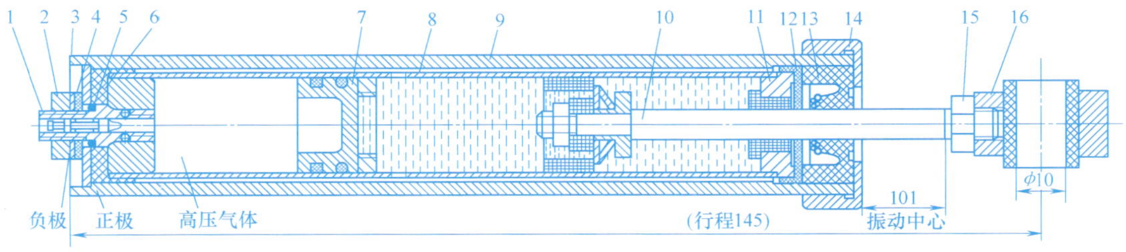


图 6-37 筒式电流变减振器结构图

1—气门组合 2—下锁紧螺母 3—电极 4—密封垫圈 5—O 形圈 6—下绝缘套 7—浮动活塞 8—内筒 9—外筒 10—活塞及活塞杆组件 11—导向座组件 12—上绝缘套 13—油封 14—上锁紧螺母 15—螺母 16—上连接环

（5）电控空气悬架

电控空气悬架主要由装有压缩空气的空气弹簧、电子控制单元、传感器、空气压缩机和一系列控制阀等组成，一些系统还有阻尼可变的减振器，如图 6-38 所示。电控空气悬架系统以空气弹簧作为弹性元件，控制单元根据各种传感器采集的汽车状态，包括行驶车速、车身加速度、汽车俯仰角及侧倾角等行驶状态，以及驾驶人的选择，通过调节空气弹簧的充放气控制阀，实现空气弹簧的充放气，既可以对刚度进行调节和控制，获得理想的悬架特性曲线，又可以根据驾驶人意图或者不同的驾驶工况来改变工作长度，达到调节车身高度的目的。

电控空气悬架的刚度具有可调的非线性特性，使车辆固有频率保持在最佳工作范围内，从而获得更好的行驶平顺性。其车身高度可调，在起伏路面升高，改变车辆底盘离地间隙，可以提高车辆通过能力；在平坦路面降低车身高度，获得更好的操纵稳定性。其单位质量储存的能量较高，与钢板弹簧、螺旋弹簧相比，可用相对较小的质量获得较大的能量，降低车辆自身的质量。但电控空气悬架的结构复杂、成本高，只能承受垂直方向的载荷，需要设置相应的导向机构；空气弹簧尺寸比较大，布置困难；密封要求高，维护成本较高。

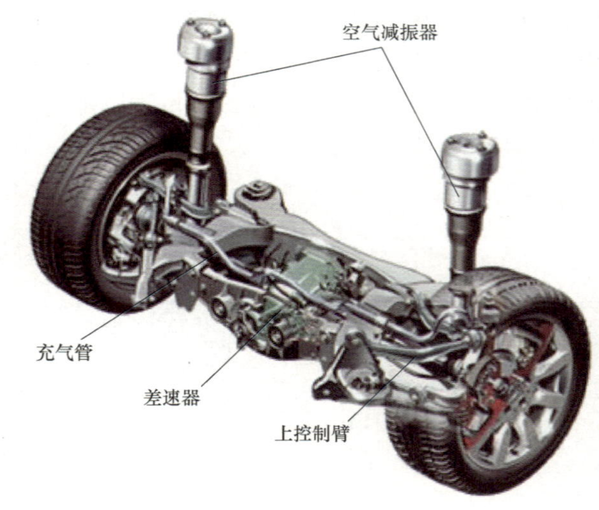


图 6-38　电控空气悬架

（6）电控油气悬架

图 6-39 所示为单气室油气分离式油气弹簧。油气弹簧采用惰性气体作为弹性介质，油液作为承压介质和阻尼介质，将弹性储能功能和阻尼耗能功能集成于一体，结构紧凑，便于安装。油气弹簧的单位质量储能比远高于钢板弹簧，可以减轻非簧载质量，尤其应用于重型车辆时会更加明显。

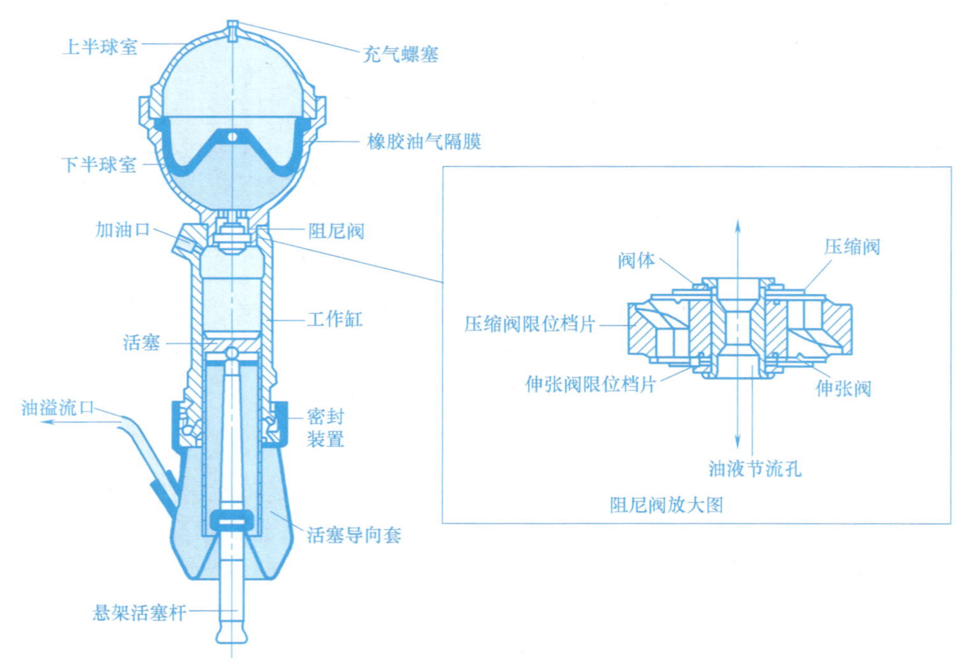


图 6-39　单气室油气分离式油气弹簧

油气弹簧具有非线性渐变刚度的特点，能够有效地改善车辆的行驶平顺性和操纵稳定性。通过分别对各个油气弹簧进行泵油或排油控制，可以实现车辆的车高、侧倾以及俯仰等姿态的主动调整。通过对油气悬架前后或左右油气弹簧的上下腔交叉连通或平行连通的主动控制，实现抗侧倾、抗俯仰或平衡悬架的功能。在特殊应用场合下，油气悬架可以通过切断蓄能器与油缸之间的连通油路，实现刚度闭锁功能。

2. 电控主动悬架

主动悬架系统一般由测量单元、控制单元、作动器及动力源四个部分组成。测量单元包括各种传感器，如加速度传感器、速度传感器、位移传感器、力传感器等。控制单元的作用是处理传感器采集的数据并发出各种控制指令。作动器通常是力发生器或扭矩发生器，可以是液压缸、气缸、电机等。作动器根据控制单元的相应控制指令产生主动作动力。动力源负责提供能量输入。上述各部分构成一个闭环控制系统，传感器检测出系统的工作状态，将信号反馈给控制单元，经过数据处理后，依照控制逻辑及算法控制作动器的输出，对车体的振动和姿态进行主动控制，同时改善车辆的乘坐舒适性和操纵稳定性。但主动悬架系统结构复杂、技术性高、能耗大、成本高，限制了其大范围推广应用。

按照作动器与悬架系统部分架构关系的不同，主动悬架系统也可以分为三类：独立式主动悬架、串联式主动悬架和并联式主动悬架，如图6-40所示。$M_b$、$M_u$分别表示簧载质量与非簧载质量，$K_a$、$K_t$分别表示悬架刚度和轮胎刚度，$C_a$表示悬架阻尼系数。

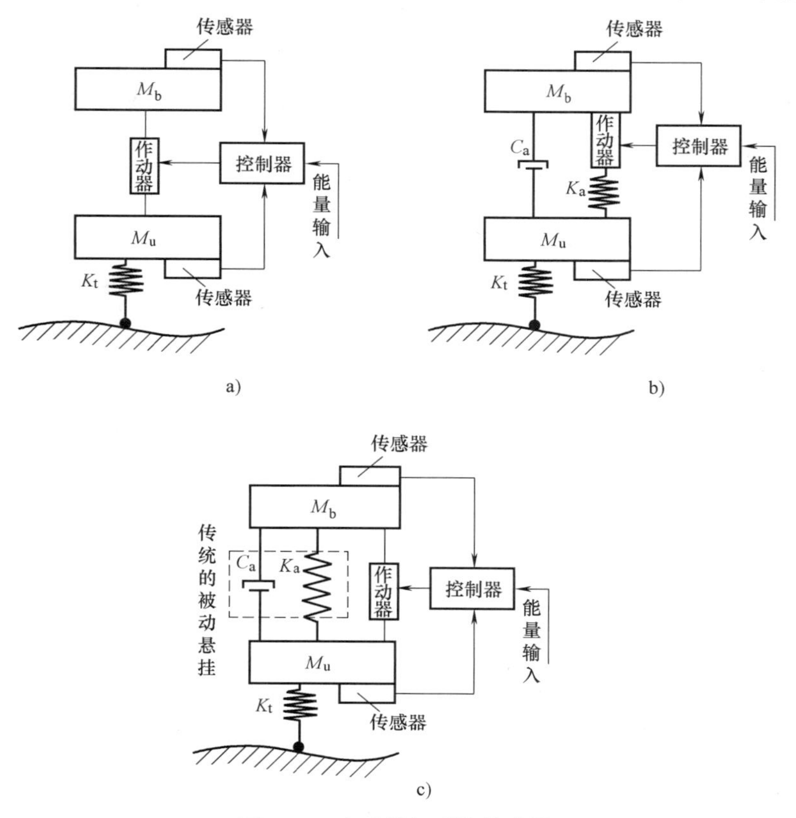


图6-40 主动悬架系统的分类

a）独立式主动悬架 b）串联式主动悬架 c）并联式主动悬架

（1）独立式主动悬架

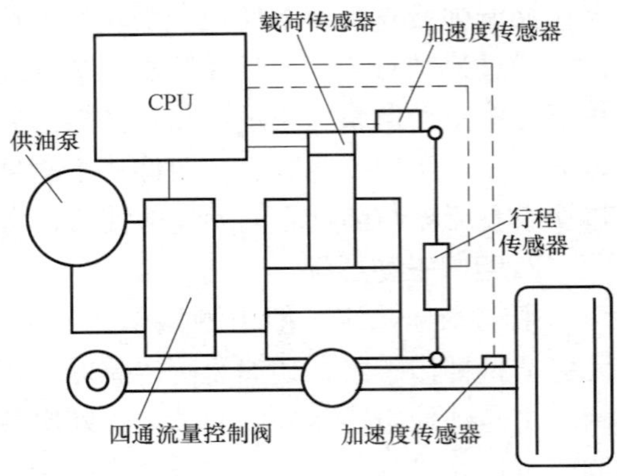

图 6-41　以液压缸为作动器的独立式主动悬架

独立式主动悬架也称为全主动悬架。作动器完全代替被动悬架中的弹簧和阻尼元件，簧载质量及动态载荷完全由作动器承载，作动器吸收和补充全部能量，工况适应性强，能够很好地满足各种行驶工况对悬架系统性能的不同需求。图 6-41 所示为 Lotus 公司开发的以液压缸为作动器的独立式主动悬架，作动机构主要由三位四通流量控制阀和双作用液压缸等构成。独立式主动悬架对作动器的响应速度要求高，能量消耗大，传感器需求量多，系统成本及技术复杂度更高。一旦出现故障，车辆无法行驶，因此限制了其进一步推广应用。

（2）串联式主动悬架

串联式主动悬架也称为有限带宽主动悬架，特点是作动器与弹性元件串联，并保留了阻尼元件。图 6-42 所示为奔驰 Magic Body Control 串联式主动悬架系统的作动器机构，液压作动缸串联于车身与螺旋弹簧之间，再与减振器并联。

随机路面的高频激励可以由弹簧和半主动减振器来缓冲吸收，液压作动器主要负责控制由起伏路面或驾驶操纵引起的车身姿态低频响应，从而保证良好的行驶平顺性和操纵稳定性。因此，对作动器的响应频率要求较低（0 ～ 6Hz），能源消耗相对较少，并且弹性元件可以支撑载荷，在系统失效的情况下，车辆仍可以继续行驶。

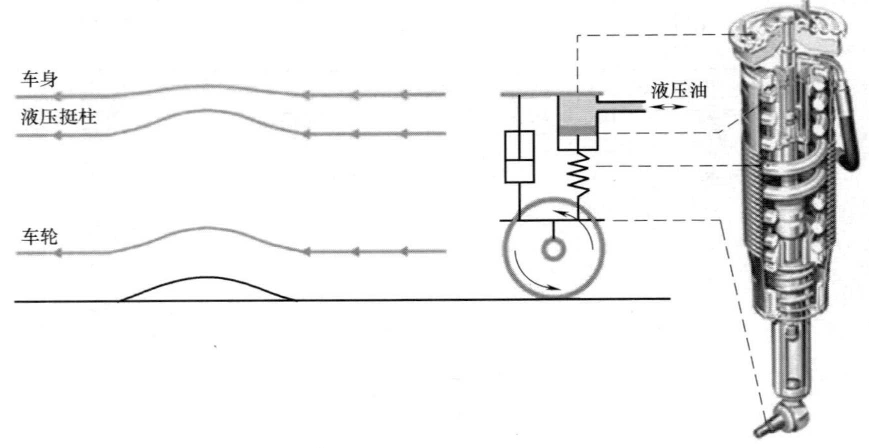

图 6-42　奔驰 Magic Body Control 串联式主动悬架系统的作动器机构

（3）并联式主动悬架

并联式主动悬架的作动器与弹性元件和阻尼元件具有并联关系，它不需要承担车辆的簧上质量静态载荷，因此，对作动器的功率需求相对较小，总体能源消耗也相对较小。图 6-43 所示为瑞典 SKF 开发的以圆筒型永磁同步直线电机为作动器的并联式主动悬架，外筒为永磁体动子，内筒为三相开槽定子，内筒定子与车身连接，外筒动子与车轮连接，仍然由螺旋弹簧支持簧上质量。以直线电机或旋转电机作为主动悬架系统作动器，优点包括输出力较大，响应快，效率高，具有回收电能的可行性；缺点包括成本高，体积较大，供电系统电压要求较高。

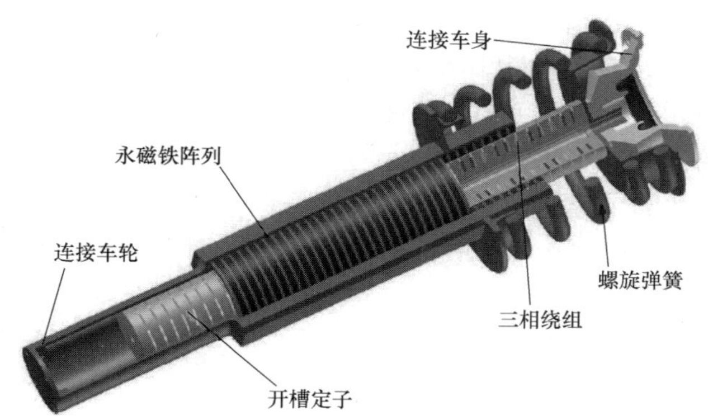


图 6-43 瑞典 SKF 开发的并联式主动悬架

## 6.1.5 线控系统

线控系统（X-By-Wire）采用柔性连接代替原来的机械、液压连接，由传感器、控制器、执行器、通信总线等组成，其是将驾驶人的操纵动作经过传感器变成电信号，通过电缆直接传输到执行机构的一种系统。目前的线控系统主要包括线控转向系统、线控制动系统和线控加速系统等。

### 1. 线控转向系统

线控转向系统由转向盘模块、车轮转向模块、电子控制单元（ECU）、故障诊断与容错控制模块、电源等组成。

目前，汽车正朝着智能化方向发展，线控转向是转向系统智能化的主要解决方案。传统意义的线控转向系统起源于 20 世纪 70 年代美国航空航天局在宇宙飞船应用的 Fly-By-Wire 系统，目前，Fly-By-Wire 系统已广泛应用在喷气式战斗机、部分民用飞机，以及船舶的操控系统中。

传统意义的线控转向系统取消了转向盘和转向轮之间的机械连接，主要由转向盘模块、转向机构模块和 ECU 三个主要部分，以及自动防故障系统、电源等辅助模块组成，其系统结构如图 6-44 所示。

转向盘模块的主要功能是将驾驶人的转向意图（通过测量转向盘转角）转换成数字信号并传递给主控制器，同时接收 ECU 送来的信号，控制路感模拟电机产生

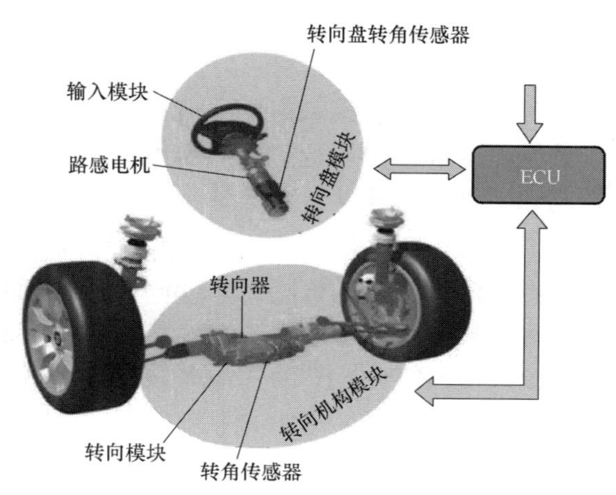


图 6-44 线控转向系统结构

相应的转向盘回正力矩以提供给驾驶人相应的路感信号。转向机构模块包括前轮转角传感器、转向执行电机和前轮转向组件等。转向机构模块的功能是接收ECU的命令，控制转向执行电机实现要求的前轮转角，实现驾驶人的转向意图。ECU对采集的信号进行分析处理，判别汽车的运动状态，向转向盘回正力电机和转向电机发送命令，控制两个电机的工作。

为了保证可靠性，在系统设计中大量引入了“冗余设计”的理念，如传感器的冗余、电机的冗余、车载电源系统的冗余等，这使得系统复杂，成本较高。并且，由于交通法规要求在道路上行驶的汽车的转向系统必须保留机械连接，因此，传统的线控转向只能停留在实验室里。



近年，英菲尼迪将线控技术应用到了车上，Nissan在英菲尼迪上Q50安装了线控主动转向系统。这套线控转向系统的结构与传统转向系统的结构类似，该系统由转向执行电机、ECU、转向执行机构等组成，如图6-45所示。该系统在正常运转时，与传统的线控转向功能完全一样，如可实现变传动比转向功能、驾驶人路感可控功能。

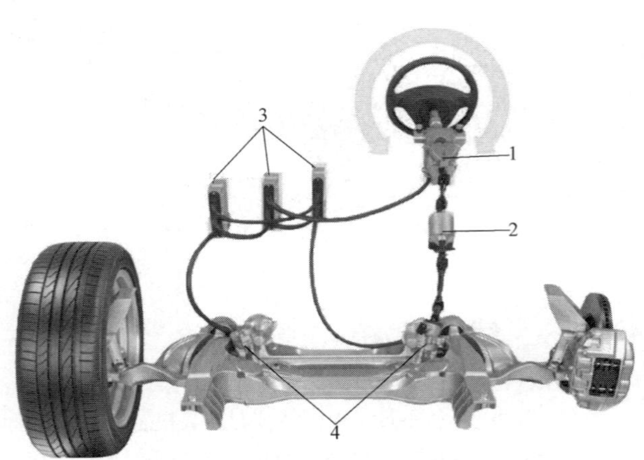

图 6-45　英菲尼迪的线控转向系统

1—离合器　2—转向执行电机　3—ECU　4—转向执行机构

## 2. 线控制动系统

线控制动系统主要由接收单元、制动控制器和执行单元组成，主要分为电液线控制动系统和电子机械线控制动系统。

电液线控制动（Electronic Hydraulic Brake，EHB）系统是从传统的液压制动系统发展而来的，但与传统制动方式有很大的不同。EHB系统以电子元件替代了原有的部分机械元件，是一个先进的机电一体化系统，它将电子系统和液压系统相结合。EHB系统主要由电子踏板、ECU、液压执行机构组成。电子踏板是由制动踏板和踏板传感器（踏板位移传感器）组成的。踏板传感器用于检测踏板行程，然后将位移信号转换成电信号传给ECU，实现踏板行程和制动力按比例进行调控。如图6-46所示，正常工作时，制动踏板与制动器之间的液压连接断开，备用阀处于关闭状态。电子踏板配有踏板感觉模拟器和电子传感器，ECU可以通过传感器信号判断驾驶人的制动意图，并通过电机驱动液压泵进行制动。电子系统发生故障时，备用阀打开，EHB系统变成传统的液压系统。备用系统增加了制动系统的安全性，使车辆在线控制动系统失效时还可以进行制动。

电子机械线控制动（Electronic Mechanical Brake，EMB）系统与常规的液压制动系统有很大不同，EMB系统以电能为能量来源，通过电机驱动制动模块，由电线传递能量，由数据线传递信号。EMB系统是线控制动系统的一种。EMB系统的基本原理是，当驾驶人踩下制动踏板后，EMB踏板传感器检测出制动动作，经车载网络传给ECU。结合其他传感器信号，ECU计算出最佳制动力，输出到四个车轮上的独立制动模块EMB，通过它提供适当的控制量给电机执行器，使其完成必要的扭矩响应，从而控制制动块实现制动。

如图 6-47 所示，在 EMB 系统中，所有的液压装置，包括主缸、液压管路、助力装置等均被电子机械系统代替，液压盘和鼓式制动器的调节器也被电机驱动装置取代。整个系统中没有连接制动管路，结构简单，体积小，信号通过电传播，反应灵敏，制动响应时间缩短，制动距离减小，工作稳定，维护简单，没有液压油管路，不存在液压油泄漏问题，且通过 ECU 直接控制，易于实现 ABS、ESP、ACC（Adaptive Cruise Control，自适应巡航控制）等功能集成，但线控制动系统需要完善其容错功能。

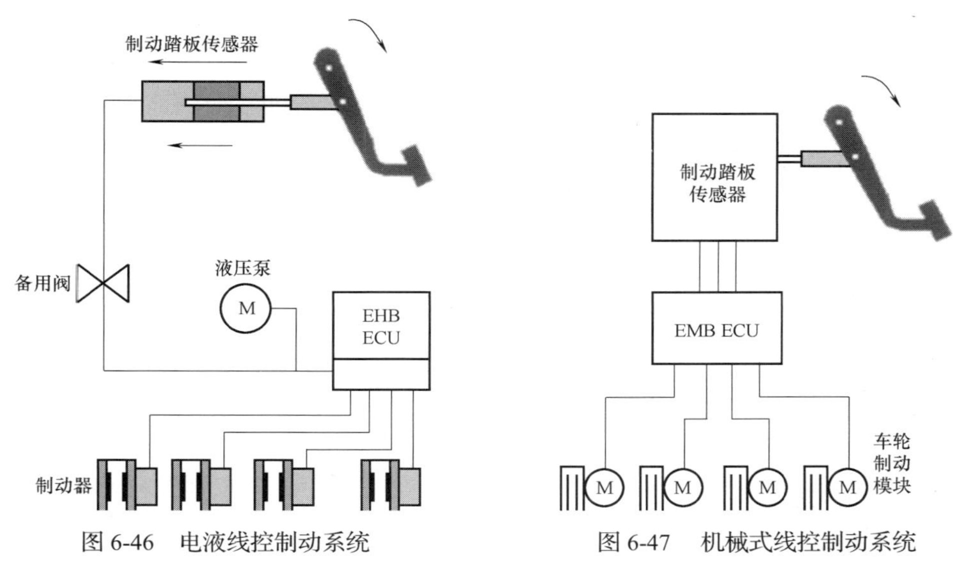


图 6-46 电液线控制动系统　　图 6-47 机械式线控制动系统

### 3. 线控加速系统

线控加速系统主要由加速踏板、踏板位移传感器、ECU、数据总线、伺服电机和加速执行机构组成。踏板位移传感器安装在加速踏板内部，随时监测加速踏板的位置。当监测到加速踏板高度变化时，会瞬间将此信息传递到 ECU，ECU 对该信息和其他系统传来的数据信息进行运算处理，计算出一个控制信号，通过线路送到伺服电机继电器，伺服电机驱动加速执行机构，实现节气门控制。

# 6.2 车辆纵向控制技术

纵向运动控制是智能电动汽车实现其功能的基础和保障，其作用是按照一定的控制策略调节车辆的纵向运动状态，实现车辆自动加减速或纵向距离保持的功能。

## 6.2.1 车辆纵向动力学

在进行智能电动汽车纵向运动控制设计时，首先需建立车辆纵向动力学系统模型，考虑到车辆纵向运动控制系统的特点，做如下假设：

1）仅考虑车辆纵向运动，忽略横向和垂向运动。

2）车辆左右完全对称，忽略由于加速度引起的车辆载荷转移、轮胎滑移，以及传动轴、半轴的弹性变形，采用两轮模型描述车辆纵向运动特性。

3）将电机和制动系统的动态特性近似为带纯延时的一阶惯性环节。

根据假设，不考虑道路坡度时，整车纵向力平衡行驶方程为

$$F_{xf}+F_{xr}-F_{w}-F_{f}=m\dot{v}_{x} \tag{6-6}$$

式中 $F_{xf}$、$F_{xr}$——前后轮轮胎纵向力；

$F_{w}$——空气阻力；

$F_{f}$——滚动阻力；

$m$——车辆质量；

$v_{x}$——车辆纵向速度。

忽略风速对空气阻力的影响，作用在车辆上的空气阻力表达式为

$$F_{w}=\frac{1}{2}\rho C_{D}Av_{x}^{2} \tag{6-7}$$

式中 $\rho$——空气密度；

$C_{D}$——空气阻力系数；

$A$——车辆迎风面积。

滚动阻力近似正比于轮胎上法向载荷，其表达式为

$$F_{f}=mgf \tag{6-8}$$

式中 $g$——重力加速度；

$f$——滚动阻力系数。

基于前轮驱动的车辆车轮运动动力学方程为：

$$\begin{cases}J_{wf}\dot{\omega}_{w}=T_{s}-r_{eff}F_{xf}-T_{bf}\\J_{wr}\dot{\omega}_{w}=-r_{eff}F_{xr}-T_{br}\end{cases} \tag{6-9}$$

式中 $J_{wf}$、$J_{wr}$——前后车轮转动惯量；

$\omega_{w}$——车轮转速；

$T_{s}$——作用于车轮的驱动力矩；

$T_{bf}$、$T_{br}$——作用于前后车轮的制动力矩；

$r_{eff}$——车轮有效半径。

为简化模型，忽略车轮与地面间的相对滑移，则车辆速度与车轮转速间的关系可以表示为

$$v_{x}=\omega_{w}r_{eff} \tag{6-10}$$

智能电动汽车在纵向行驶时，一般不存在同时驱动和制动的情况，假设前后车轮转动惯量相等，结合式（6-6）～式（6-10），则车辆纵向动力学模型可表示为

$$M_{e}\dot{v}_{x}=T_{wheel}-\left(mgf+\frac{1}{2}\rho C_{D}Av_{x}^{2}\right)r_{eff} \tag{6-11}$$

式中 $M_{e}$——等效质量，$M_{e}=\left(mr_{eff}+\frac{J_{w}}{r_{eff}}\right)$，$J_{w}=J_{wf}=J_{wr}$，$J_{w}$ 表示车轮转动惯量；

$T_{wheel}$——作用在车轮上的控制力矩，其值为正时表示电机驱动力矩，为负时表示制动力矩。

## 6.2.2 驱动系统

电机输出力矩 $T_m$ 为

$$T_m = T_{t\_des} - J_m \dot{\omega}_m \tag{6-12}$$

式中 $T_{t\_des}$——期望电机驱动力矩；

$J_m$——电机转动惯量；

$\omega_m$——电机转动角速度。

为准确描述车辆的动力学特性，考虑到实际中电机的力矩输出响应具有一定的延迟，可以将其动态响应描述为一阶惯性环节，即电机实际输出到传动系统的力矩 $T_{ma}$ 与 $T_m$ 之间的关系式为

$$T_{ma} = \frac{1}{\tau_m s + 1} T_m \tag{6-13}$$

式中 $\tau_m$——电机一阶惯性环节时间常数；

$s$——复变量。

驱动系统输出模型为

$$T_d = \eta R T_{ma} \tag{6-14}$$

式中 $T_d$——传递到车轮的驱动力矩；

$\eta$——传动效率；

$R$——总传动比。



## 6.2.3 制动系统

电机制动力外特性以电机基速 $n_b$ 为转折点可分为恒转矩运行和恒功率运行，即

$$T_b = \begin{cases} T_e & n < n_b \\ \dfrac{9550 P_e}{n} & n \geqslant n_b \end{cases} \tag{6-15}$$

式中 $n$——电机转速；

$T_e$——电机最大制动力；

$P_e$——电机额定功率。

忽略电动汽车制动器的非线性特性，考虑制动过程的响应滞后问题，则液压制动系统模型可以表示为

$$T_b = \frac{1}{\tau_b s + 1} k_b P_b \tag{6-16}$$

式中 $T_b$——车轮制动力矩；

$\tau_b$——一阶制动系统惯性环节时间常数；

$s$——复变量；

$k_b$——比例系数，其数值与制动器效能因数、制动力作用半径等因素有关；

$P_b$——制动器压力。

## 6.2.4 车辆跟随系统

如图 6-48 所示，前车为跟随目标车辆，某时刻取其位置为 $x_l$，后车为自适应巡航车辆，位置为 $x_f$，则两车实际距离 $s_a$ 为

$$s_a=x_l-x_f-l \tag{6-17}$$

式中 $l$——前车车身长度。

图 6-48 中，$s_d$ 为期望车距，在期望车距控制策略中，车间时距车距模型得到了广泛应用，可分为固定时距（Constant Time Gap，CTG）控制策略与可变时距（Variable Time Gap，VTG）控制策略。控制本车与前车的距离，准确跟踪期望车距，有利于车辆行驶的安全性以及道路交通利用率的提高。采用固定时距控制策略作为车距控制策略，车辆间的期望间距表达式为

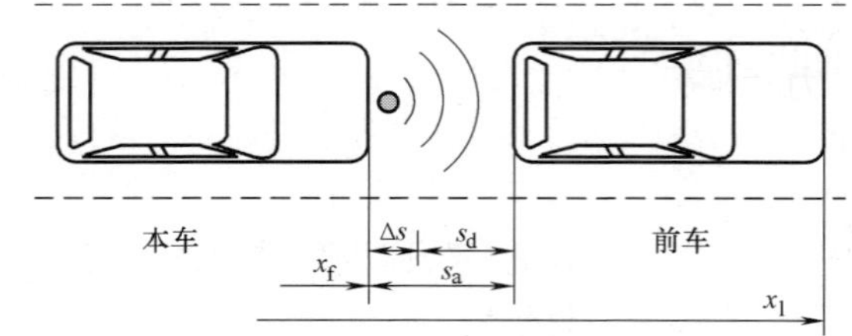


图 6-48 纵向车间动力学模型

$$s_d=\tau_h v_f+s_0 \tag{6-18}$$

式中 $\tau_h$——车间时距；

$v_f$——后车速度；

$s_0$——设定的最小安全距离。

定义本车跟随前车的距离误差为

$$\Delta s=s_a-s_d \tag{6-19}$$

前后车的相对速度表达式为

$$v_r=v_l-v_f \tag{6-20}$$

式中 $v_l$——前车纵向速度。

取状态向量 $\boldsymbol{x}=[\Delta s,\ v_r]^T$，车间纵向动力学模型可用二阶状态方程描述为

$$\dot{\boldsymbol{x}}=\boldsymbol{\Pi}\,\boldsymbol{x}+\boldsymbol{\Lambda}u+\boldsymbol{\Gamma}v \tag{6-21}$$

式中 $\Pi$、$\Lambda$、$\Gamma$——$\Pi=\begin{bmatrix}0&1\\0&0\end{bmatrix}$，$\Lambda=\begin{bmatrix}0\\-1\end{bmatrix}$，$\Gamma=\begin{bmatrix}-\tau_h\\1\end{bmatrix}$；

$u$——系统控制输入，即本车期望加速度 $a_{fdes}$；

$v$——前车加速度 $a_l$，视其为系统外部干扰。

## 6.2.5 纵向控制原理

对于智能电动汽车跟车控制过程来说，纵向控制系统根据本车与前车的相对行驶状态

信息，按照一定算法协调驱动电机或制动系统传递到车轮的控制力矩，控制本车纵向运动状态，使本车根据期望的距离安全、平稳地跟随前车行驶。

如图 6-49 所示，基于分层控制方式的智能电动汽车纵向控制系统，包括上层控制器设计和下层控制器设计两部分。上层控制器根据距离误差、相对速度等信息，利用基于指数趋近律的滑模控制方法计算本车期望加速度，并利用自适应模糊系统逼近滑模切换项；下层控制器根据驱动 / 制动模式切换策略决定驱动或制动控制方式，由车辆逆纵向动力学模型计算车轮期望控制力矩，从而实现本车加速度跟踪期望值。纵向控制系统需满足以下几方面的要求：

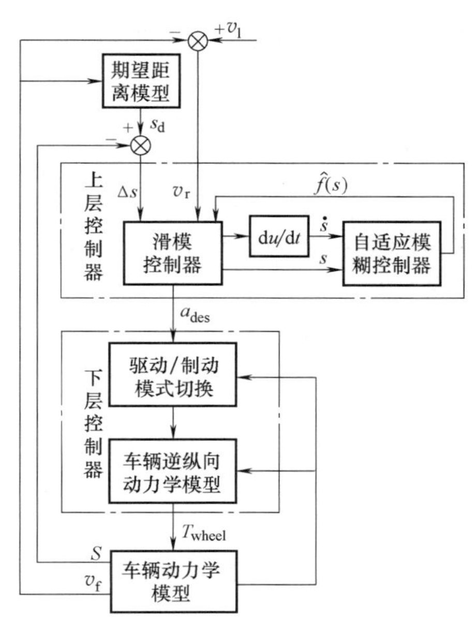


图 6-49 基于分层控制方式的智能电动车纵向控制系统结构图

1）控制系统具有响应速度快、控制精度高的性能。

2）控制系统具有良好的稳态性能。

3）控制系统具有较强的鲁棒性，即对车辆纵向动力学系统存在的非线性特性、建模过程中存在的模型不确定性和系统的时滞性具有良好的适应能力。

## 6.2.6 上层控制器设计

取跟随车距误差 $\Delta s$ 和两车相对速度 $v_r$，定义滑模切换函数 $S$，其表达式为

$$S=c\Delta s+v_r \tag{6-22}$$

式中 $c$——大于零的实数。

为使系统得到快速的响应，采用指数趋近律，即

$$\dot{S}=-ks-\varepsilon\,\mathrm{sgn}(s) \tag{6-23}$$

式中 $k$、$\varepsilon$——大于零的常数。

结合式（6-21），期望加速度滑模控制律可设计为

$$u=cv_r-c\tau_h\dot{v}_f+ks+\varepsilon\,\mathrm{sgn}(s)+\dot{v}_l \tag{6-24}$$

滑模变结构控制对系统参数摄动及外部干扰具有鲁棒性，得到了广泛的应用，但是在滑动面附近会出现高频抖振现象。滑模变结构控制的切换控制增益采用固定值，导致系统在较大的范围内运行时无法得到良好的控制性能。模糊系统具有万能逼近特性，能够有效地利用模糊语言的能力。

为减小抖振和提高控制器性能，可结合滑模控制与模糊控制的优点，用模糊系统逼近滑模控制器中的变增益项 $\varepsilon\mathrm{sgn}(s)$ 进行在线调节，对控制器进行优化。

### 6.2.7 下层控制器设计

（1）驱动 / 制动控制切换逻辑

车辆运行在自适应巡航模式时，系统控制器应能够根据上层控制器输出的期望加 / 减速度值选择执行驱动或制动控制，而驱动与制动的判定需要建立切换标准。为使汽车在行驶过程中不出现驱动力矩和控制力矩同时存在的情况，以及考虑到车辆行驶的舒适性，制定的切换策略如下。

当电机和制动系统不输出控制力矩时，即 $T_{\text{wheel}}=0$，此时的加速度大小为

$$a_{\text{c}} = -\frac{\left(mgf + \frac{1}{2}\rho C_{\text{D}} A v_{\text{x}}^2\right) r_{\text{eff}}^2}{m r_{\text{eff}}^2 + J_{\text{w}}} \tag{6-25}$$

式中　$a_{\text{c}}$——临界加速度值。

基于式（6-25）可得到不同车速下的加速度大小，因此，当期望加速度 $a_{\text{fdes}}$ 大于当前速度下的临界加速度 $a_{\text{c}}$ 时采用驱动控制；当 $a_{\text{fdes}}$ 小于 $a_{\text{c}}$ 时采用制动控制。为避免在驱动控制与制动控制之间频繁切换而影响舒适性，引入一个小的缓冲层 $\Delta h$。因此，切换策略可以描述为

$$\begin{cases} a_{\text{fdes}} \geqslant a_{\text{c}} + \Delta h & \text{驱动控制} \\ a_{\text{fdes}} < a_{\text{c}} - \Delta h & \text{制动控制} \end{cases}$$

其中，取 $\Delta h = 0.05\text{m/s}^2$。

（2）逆控制器设计

系统根据期望加速度判定驱动 / 制动控制之后，需要计算出相应的控制力矩。若为驱动控制，则可求得期望车轮驱动力矩为

$$T_{\text{t\_des}} = M_{\text{e}} a_{\text{fdes}} + \left(mgf + \frac{1}{2}\rho C_{\text{D}} A v_{\text{x}}^2\right) r_{\text{eff}} \tag{6-26}$$

若为制动控制，可计算出期望车轮制动力矩为

$$T_{\text{b\_des}} = -M_{\text{e}} a_{\text{fdes}} - \left(mgf + \frac{1}{2}\rho C_{\text{D}} A v_{\text{x}}^2\right) r_{\text{eff}} \tag{6-27}$$

## 6.3 车辆横向控制技术

智能电动汽车的横向控制主要研究车辆的路径跟踪能力，即通过自动转向控制使车辆沿着期望路径行驶，同时保持车辆的行驶安全性、稳定性与乘坐舒适性。

根据环境感知传感系统的不同，智能汽车横向控制可分为非前瞻式参考系统和前瞻式参考系统。非前瞻式参考系统通过计算车辆附近的期望道路与车辆之间的横向位置偏差来控制车辆实现道路跟踪，如安装在道路中间的电缆或磁道钉参考系统。前瞻式参考系统通过测量车辆前方的期望道路与车辆之间的横向位置偏差来控制车辆实现自动转向，类似于

驾驶人开车行为，例如基于雷达或机器视觉的参考系统。

### 6.3.1 稳态转向

评价车辆自身的转向特性常用到不足转向梯度这一稳态性能指标，下面分别讨论低速转向特性和高速转向特性及其差异。

（1）低速转向

低速转向时，轮胎不需要产生侧向力，这种情况下，轮胎滚动时没有侧偏角，车辆必须如图 6-50 所示进行转向。如果后轮没有侧偏角，则转向中心一定在后轴的延长线上，同样，垂直于每个前轮的直线也须通过同一点（转向中心）。如果不通过同一点，则转向时两个前轮胎会彼此干涉，导致它们轻微刮磨。前轮的理想转向角可依据图 6-50 中的几何关系和对转向时给定的转向角来确定。

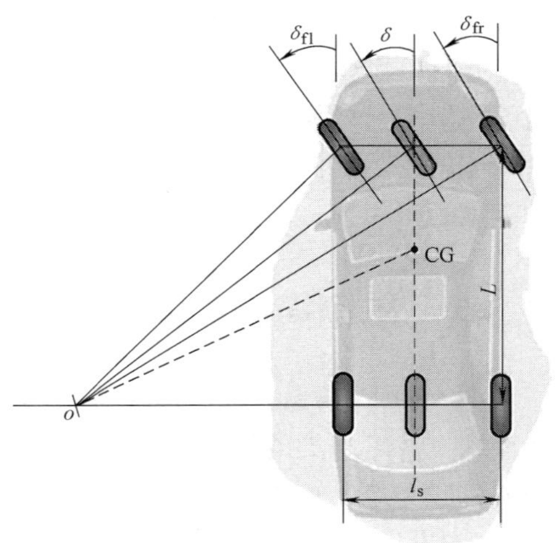


图 6-50 车辆转向时的几何关系

通过三角关系分析，可以很容易看出，修正的阿克曼几何关系需要满足的关系式为

$$\delta_{fr}=\arctan\frac{L}{R+l_s/2}\approx\frac{L}{R+l_s/2} \tag{6-28}$$

$$\delta_{fl}=\arctan\frac{L}{R-l_s/2}\approx\frac{L}{R-l_s/2} \tag{6-29}$$

式中 $\delta_{fl}$——前左轮转角；

$\delta_{fr}$——前右轮转角；

$L$——轴距；

$l_s$——轮距；

$R$——转弯半径。

前轮的平均角度（假定小转向角）定义为阿克曼转角，即

$$\delta=\frac{\delta_{fl}+\delta_{fr}}{2}\approx\frac{L}{R} \tag{6-30}$$

（2）高速转向

高速转向时，侧向加速度的出现使得转向方程与低速转向时不一样。为平衡侧向加速度的影响，各轮胎必然产生侧向力，且每个车轮产生侧偏角，转向角不再等于阿克曼转角，需要考虑轮胎的侧偏角，应满足的关系式为

$$\delta=57.3\frac{L}{R}+K\frac{v^2}{gR} \tag{6-31}$$

式中　$v$——车速；

$K$——不足转向梯度（deg/$g$）；

$g$——重力加速度。

当 $K$=0 时，车辆为中性转向，在等半径下转向，转向角不随车速的变化而改变。当 $K>0$ 时，车辆为不足转向，在等半径下转向，转向角随车速的增大而增加。当 $K<0$ 时，车辆为过多转向，在等半径下转向，转向角随车速的增大而减小。

车辆不足转向系数是轮胎、车辆和转向系统等诸多参数的综合结果，其他影响转向角的因素有牵引力、回正力矩、侧倾转向，以及外倾角、横向轴荷转移等。



## 6.3.2　车辆横向动力学

图 6-51 所示为二自由度车辆模型，假设：忽略转向系统的影响，直接以前轮转角作为输入；忽略悬架的作用，车厢只做平行于地面的平面运动，汽车沿 $z$ 轴的位移、绕 $y$ 轴的俯仰角与绕 $x$ 轴的侧倾角为 0，汽车沿 $x$ 轴的前进速度视为不变；汽车侧向加速度限定在 0.4$g$ 以下，没有空气动力学的作用，忽略左右车轮轮胎由于载荷变化而引起的轮胎特性变化。根据以上假设推导出车辆侧向和横摆运动的动力学方程为

$$\begin{cases} m\dot{v}_{\mathrm{y}} = F_{\mathrm{yf}} + F_{\mathrm{yr}} \\ I_{\mathrm{z}}\ddot{\psi} = l_{\mathrm{f}}F_{\mathrm{yf}} - l_{\mathrm{r}}F_{\mathrm{yr}} \end{cases} \tag{6-32}$$

式中　$\dot{v}_{\mathrm{y}}$——车辆横向加速度；

$\psi$——横摆角；

$m$——车辆质量；

$I_{\mathrm{z}}$——车辆沿 $z$ 轴的转动惯量；

$l_{\mathrm{f}}$、$l_{\mathrm{r}}$——前后轮间轴距、质心到前后轮的距离；

$F_{\mathrm{yf}}$、$F_{\mathrm{yr}}$——前后轮胎的侧向力。

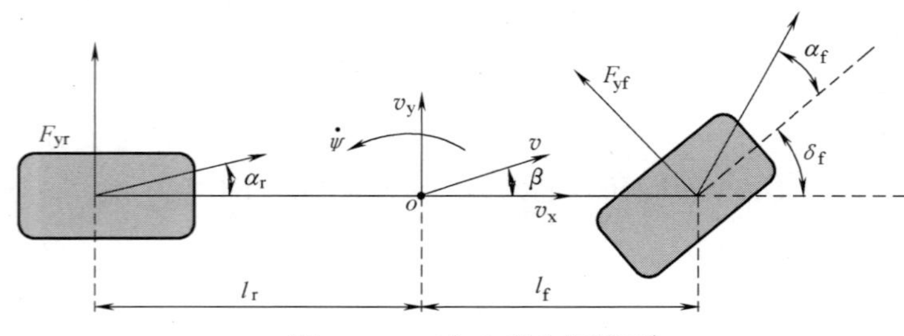


图 6-51　二自由度车辆模型

根据小角度假设，前后轮的侧偏角为

$$\begin{cases} \alpha_{\mathrm{f}} = \delta_{\mathrm{f}} - \dfrac{v_{\mathrm{y}} + l_{\mathrm{f}}\dot{\psi}}{v_{\mathrm{x}}} \\ \alpha_{\mathrm{r}} = -\dfrac{v_{\mathrm{y}} - l_{\mathrm{r}}\dot{\psi}}{v_{\mathrm{x}}} \end{cases} \tag{6-33}$$

式中 $\alpha_f$——前轮侧偏角；

$\alpha_r$——后轮侧偏角；

$\delta_f$——前轮转角；

$\dot{\psi}$——横摆角速度；

$v_x$、$v_y$——为车辆纵横向速度。

假设侧偏角较小，使用线性轮胎模型的前后轮侧向力为

$$F_{yf}=2C_f\alpha_f=2C_f\left(\delta_f-\frac{v_y+l_f\dot{\psi}}{v_x}\right) \tag{6-34}$$

$$F_{yr}=2C_r\alpha_r=2C_r\left(\frac{l_r\dot{\psi}-v_y}{v_x}\right) \tag{6-35}$$

式中 $C_f$、$C_r$——前后轮胎的侧偏刚度。

将式（6-33）～式（6-35）代入式（6-32），可得车辆的二自由度动力学模型为

$$\begin{bmatrix}\dot{v}_y\\ \ddot{\psi}\end{bmatrix}=\begin{bmatrix}-\dfrac{C_r+C_f}{mv_x} & \dfrac{C_rl_r-C_fl_f}{mv_x}-v_x\\ \dfrac{-l_fC_f+l_rC_r}{I_zv_x} & -\dfrac{l_f^2C_f+l_r^2C_r}{I_zv_x}\end{bmatrix}\begin{bmatrix}v_y\\ \dot{\psi}\end{bmatrix}+\begin{bmatrix}\dfrac{C_f}{m}\\ \dfrac{l_fC_f}{I_z}\end{bmatrix}\delta_f \tag{6-36}$$



## 6.3.3 车辆预瞄运动学

图6-52所示为预瞄运动学模型，$e_L$表示横向偏差，为视觉预瞄点处车辆中心线与路径的横向距离；$e_a$表示方位偏差，为视觉预瞄点处车辆中心线与路径切线的夹角；$K_L$代表曲率，$D_L$代表预瞄距离。智能汽车预瞄运动学模型可表示为

$$\begin{aligned}\dot{e}_L&=v_xe_a-v_y-\dot{\psi}D_L\\ \dot{e}_a&=v_xK_L-\dot{\psi}\end{aligned} \tag{6-37}$$

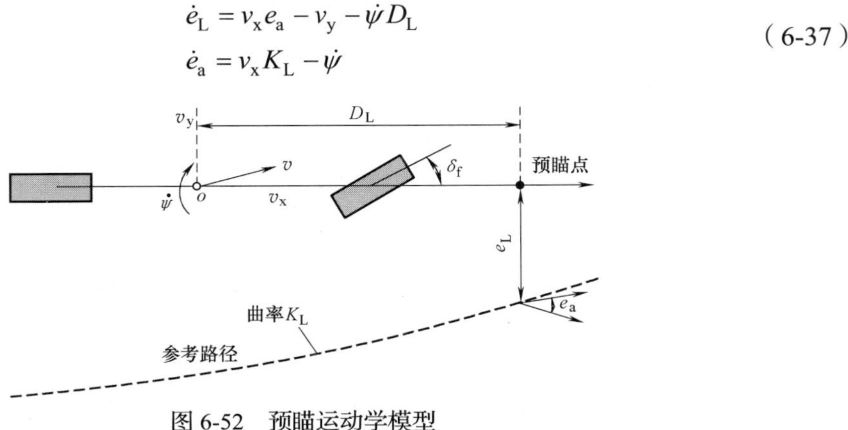


图6-52 预瞄运动学模型

## 6.3.4 车辆横向控制状态方程

将车辆横向二自由度动力学模型式（6-36）与预瞄运动学模型式（6-37）相结合，得

智能汽车横向控制状态方程为

$$\begin{aligned}\dot{\boldsymbol{X}} &= \boldsymbol{AX} + \boldsymbol{Bu} + \boldsymbol{E}\omega \\ \boldsymbol{Y} &= \boldsymbol{CX}\end{aligned} \tag{6-38}$$

式中 $\boldsymbol{X}$——状态向量，$\boldsymbol{X}=(v_y \quad \dot{\psi} \quad e_L \quad e_a)^T$；

$\boldsymbol{Y}$——输出向量，$\boldsymbol{Y}=(e_L \quad e_a)^T$；

$\boldsymbol{u}$——输入向量，$\boldsymbol{u}=(\delta_f)^T$；

$\boldsymbol{\omega}$——干扰向量，$\boldsymbol{\omega}=(K_L)^T$。

$$\boldsymbol{A}=\begin{bmatrix} -\dfrac{C_r+C_f}{mv_x} & \dfrac{C_r l_r - C_f l_f}{mv_x}-v_x & 0 & 0 \\ \dfrac{-l_f C_f + l_r C_r}{Iv_x} & -\dfrac{l_f^2 C_f + l_r^2 C_r}{Iv_x} & 0 & 0 \\ -1 & -D_L & 0 & v_x \\ 0 & -1 & 0 & 0 \end{bmatrix} \quad \boldsymbol{B}=\begin{bmatrix} \dfrac{C_f}{m} \\ \dfrac{l_f C_f}{I} \\ 0 \\ 0 \end{bmatrix} \quad \boldsymbol{E}=\begin{bmatrix} 0 \\ 0 \\ 0 \\ v_x \end{bmatrix} \quad \boldsymbol{C}=\begin{bmatrix} 0 & 0 & 1 & 0 \\ 0 & 0 & 0 & 1 \end{bmatrix}$$



## 6.3.5 预瞄距离选取原理

通过拉普拉斯（Laplace）变换，将控制状态方程式（6-38）转换为图 6-53 所示的控制系统，该控制系统的输入量为前轮转角 $\delta_f$，输出量为横向偏差 $e_L$。当干扰向量 $\boldsymbol{g}_o(X, U)=\boldsymbol{0}$ 时，系统的传递函数可表示为

$$V(s)=\frac{e_L(s)}{\delta_f(s)}=\frac{N(s)}{P(s)} \tag{6-39}$$

其中，$N(s)$ 和 $P(s)$ 的表达式为

$$\begin{aligned} N(s) = {} & s^2 v_x^2 C_f I_z + s v_x C_r C_f (l_f l_r + l_r^2) + C_r C_f v_x^2 (l_f + l_r) + \\ & D_L[s^2 m v_x^2 C_f l_f + s v_x C_r C_f (l_f + l_r)] \end{aligned} \tag{6-40}$$

$$\begin{aligned} P(s) = {} & s^2\{s^2 m v_x^2 I_z + s v_x [I_z(C_f + C_r) + m(C_f l_f^2 + C_r l_r^2)] + \\ & m v_x^2 (C_r l_r - C_f l_f) + C_f C_r (l_f + l_r)^2\} \end{aligned} \tag{6-41}$$

由式（6-40）和式（6-41）可知，传递函数含两个零点和四个极点，其中两个极点位于坐标原点，系统的动态性能主要受另外两个不为零的极点和零点影响。

图 6-54a 所示为预瞄距离 $D_L$=10m，纵向速度 $v_x$ 分别为 2m/s、5m/s、10m/s、15m/s、20m/s 时，传递函数 $V(s)$ 的根轨迹。图 6-54a 表明，当预瞄距离固定时，随着纵向速度 $v_x$ 的增加，闭环系统的极点和零点向虚轴方向移动，系统的响应变慢，阻尼减小，超调量增大，稳定性减小。图 6-54b 所示为预瞄距离分别为 $D_L$=2m、5m、7m、10m，纵向速度 $v_x$=10m/s 时，传递函数 $V(s)$ 的根轨迹。图 6-54b 表明，当纵向速度固定时，随着预瞄距离 $D_L$ 的增加，闭环系统的零点向实轴移动，系统的超调量减少，阻尼增大。

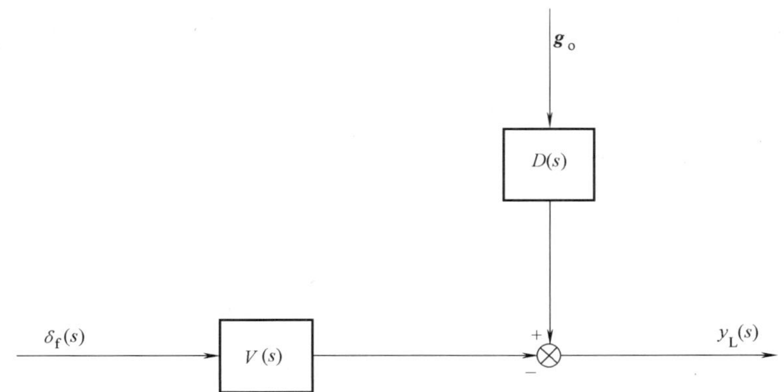


图 6-53 开环横向控制系统结构图

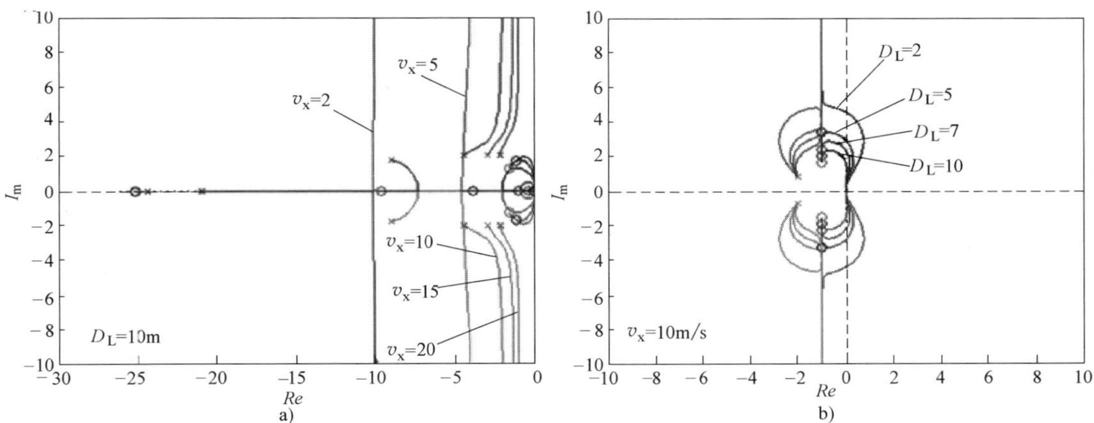


图 6-54 参数变化时传递函数 $V(s)$ 的根轨迹图

a）速度变化 b）预瞄距离变化

综上所述，预瞄距离和速度之间的相互作用影响着系统的动态性能。为提高系统的动态性能，预瞄距离应随着速度的变化而改变。当纵向速度变小时，预瞄距离应取较小值；当纵向速度变大时，预瞄距离应取较大的值。但是，预瞄距离 $D_L$ 的取值需小于视觉系统的最大可视距离。通过试验调试，本文提出的预瞄距离 $D_L$ 是速度的一次函数，如图 6-55 所示，其计算公式为

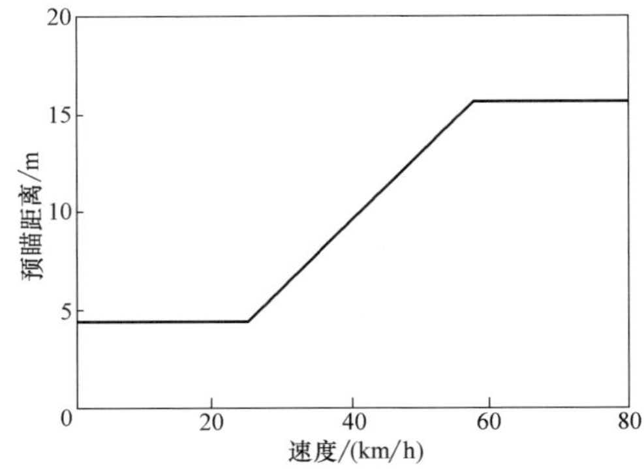


图 6-55 预瞄距离与速度的关系图

$$D_L=\begin{cases} D_{L\min} & v_x < v_{x\min} \\ a_1 v + a_2 & v_{x\min} \leqslant v_x \leqslant v_{x\max} \\ D_{L\max} & v_x > v_{x\max} \end{cases} \tag{6-42}$$

式中，$a_1$=1.233s，$a_2$=−4.131m，$D_{L\min}$=4.5m，$D_{L\max}$=15.6m，$v_{x\min}$=25.2km/h，$v_{x\max}$=57.6km/h。

## 6.3.6 横向控制器设计

智能电动汽车的横向控制器由前馈控制器和反馈控制器组成，结构如图 6-56 所示。

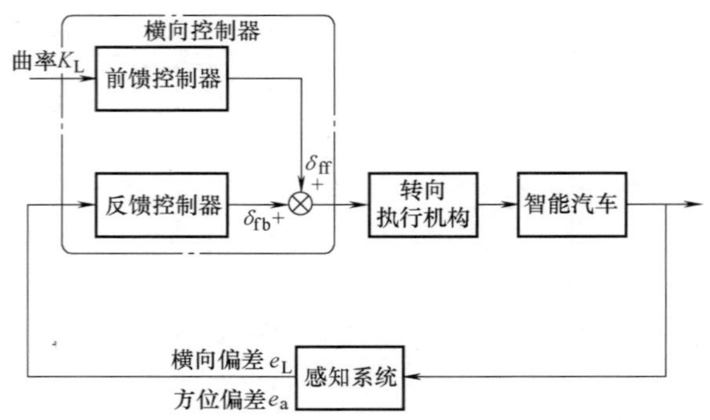


图 6-56 横向控制器结构图

（1）前馈控制器

当汽车等速行驶时，如果给予稳定的控制量，并保持稳定的前轮转角，汽车将做等速圆周运动，横摆角速度与前轮转角之间的比例关系称为稳态横摆角速度增益，可表示为

$$G=\frac{(l_f+l_r)v_x}{(l_r+l_f)^2+m\left(\frac{l_r}{C_f}-\frac{l_f}{C_r}\right)v_x^2} \tag{6-43}$$

当车速 $v_x$ 恒定，汽车以 $R$ 为半径做等速圆周运动时，其横摆角速度为

$$\dot{\psi}=\frac{v_x}{R} \tag{6-44}$$

则前馈控制律为

$$\delta_{ff}=K_L\left(1-\frac{(l_fC_f-l_rC_r)v_x^2m}{C_rC_fl}\right) \tag{6-45}$$

其中，$l$ 表示汽车的轴距。

前馈控制律对无人驾驶车前方参考路径曲率的干扰做了补偿，使跟踪误差减小。前馈控制律的实效性取决于曲率 $K_L$ 的测量。

（2）反馈控制器

由式（6-38）表示的状态方程可知，系统是可控、可观的，设计性能指标泛函为

$$\begin{aligned}J=&\frac{1}{2}[\boldsymbol{Y}_r(t_f)-\boldsymbol{Y}(t_f)]^T\boldsymbol{S}[\boldsymbol{Y}_r(t_f)-\boldsymbol{Y}(t_f)]+\\&\frac{1}{2}\int_{t_0}^{t_f}[(\boldsymbol{Y}_r(t)-\boldsymbol{Y}(t))^T\boldsymbol{Q}(\boldsymbol{Y}_r(t)-\boldsymbol{Y}(t))+\boldsymbol{u}^T(t)\boldsymbol{R}\boldsymbol{u}(t)]\mathrm{d}t\end{aligned} \tag{6-46}$$

式中 $t_0$、$t_f$——起始时间和终点时间；

$\boldsymbol{Y}_r(t)$ ——期望输出值；

$\boldsymbol{u}(t)$ ——控制量；

$\boldsymbol{S}$、$\boldsymbol{Q}$ ——对称正半定矩阵；

$\boldsymbol{R}$ ——正定对称矩阵。

横向控制模型的理想输出为（$y_L$，$\varepsilon_L$）=（0，0），引入伴随量 $\boldsymbol{\lambda}(t)$，得 Hamilton 函数为

$$\frac{1}{2}[\boldsymbol{X}^{T}(t)\boldsymbol{C}^{T}\boldsymbol{QCX}(t)+\boldsymbol{u}^{T}(t)\boldsymbol{Ru}(t)]+\lambda^{T}[\boldsymbol{AX}(t)+\boldsymbol{B}u(t)] \tag{6-47}$$

反馈控制律设计为

$$\delta_{fb}(t)=-\boldsymbol{R}^{-1}\boldsymbol{B}^{T}\boldsymbol{PX}(t) \tag{6-48}$$

其中，$\boldsymbol{P}$ 为满足 Riccati 矩阵代数方程的正定解，即

$$-\boldsymbol{PA}-\boldsymbol{A}^{T}\boldsymbol{P}+\boldsymbol{PBR}^{-1}\boldsymbol{B}^{T}\boldsymbol{P}-\boldsymbol{C}^{T}\boldsymbol{QC}=0 \tag{6-49}$$

因此，智能电动汽车横向控制所需的前轮转角为

$$\delta_f(t)=\delta_{ff}(t)+\delta_{fb}(t) \tag{6-50}$$

# 6.4 车辆纵横向综合控制技术

智能电动汽车系统具有系统结构的多层次性、目标的多重性、相互关联的复杂性、子系统模型的多样性等特点。其控制输入量为电机转矩和前轮转角，控制输出量为纵向速度、横向速度、横摆角速度等车辆运动状态量，为典型的多输入、多输出、强耦合的复杂系统。设计纵横向控制系统可提高智能电动汽车的整体行驶性能。

## 6.4.1 纵横向耦合机理

纵横向动力学系统之间的耦合效应主要包括轮胎力耦合、载荷转移耦合、横纵向动力学耦合。

（1）轮胎力耦合

当轮胎附着力未达到附着极限时，$\sqrt{F_x^2+F_y^2}=\mu_h F_z$，$F_x$ 表示轮胎纵向力，$F_y$ 表示轮胎横向力，$F_z$ 表示轮胎载荷，$\mu_h$ 表示摩擦因数。在纯滑移条件下，如图 6-57a 所示，给定一固定轮胎横向力，当轮胎侧偏角增加时轮胎滑移率变大，进而可引起轮胎纵向力发生改变；同理，在纯侧偏条件下，如图 6-57b 所示，给定一固定轮胎纵向力，当轮胎滑移率增大时轮胎侧偏角变化，进而可导致轮胎横向力发生改变。当轮胎附着力达到饱和时，最大可用横向力是纵向力的函数，反之亦然。

当轮胎附着力达到附着极限时，处于饱和状态，等式 $\sqrt{F_x^2+F_y^2}=\mu_h F_z$ 成立，此时，轮胎力纵横向相互耦合关联的特征体现得尤其明显，这时需通过减小一个方向的作用力来增加另一个方向上的作用力。如图 6-58 所示，当轮胎纵向力由 $F_{y2}$ 增加到 $F_{y1}$ 时，相应的轮胎横向力由 $F_{x2}$ 减小到 $F_{x1}$。同理，当轮胎横向力由 $F_{x1}$ 增加到 $F_{x2}$ 时，相应的轮胎纵向力由 $F_{y1}$ 减小到 $F_{y2}$。

图 6-59 所示为不同侧偏角条件在联合工况下轮胎纵向力与侧向力的耦合特性。由图

可知，在侧偏角为定值的条件下，起初，随轮胎纵向力增加，轮胎侧向力开始增大，但轮胎力很快达到附着极限，即轮胎侧向力和纵向力之和处于饱和状态，之后，轮胎纵向力和侧向力之和满足 Kamm 摩擦圆，轮胎纵向力随着轮胎侧向力增大而变小。当侧偏角较小时，随着侧偏角的增加，轮胎可达到的最大侧向力开始增大，当侧偏角增大到某一值时，轮胎侧向力达到峰值，之后随着轮胎侧偏角增大，轮胎最大侧向力开始减小。此外，轮胎最大纵向力随着侧偏角的增大而减小。因此，在车辆行驶过程中，轮胎与路面接触产生的轮胎纵向力与侧向力相互关联，存在强耦合关系。

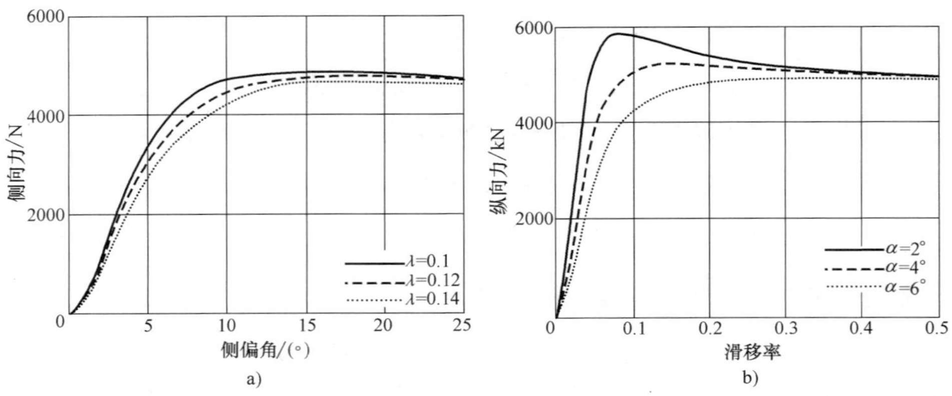


图 6-57　未达到附着极限时的轮胎横纵向力耦合特性图

a）轮胎横向力的耦合特性图　b）轮胎纵向力的耦合特性图

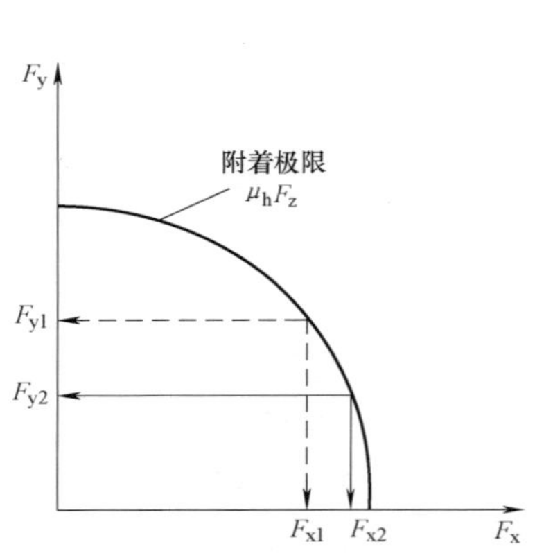


图 6-58　达到附着极限时的轮胎横纵向力耦合力特性图

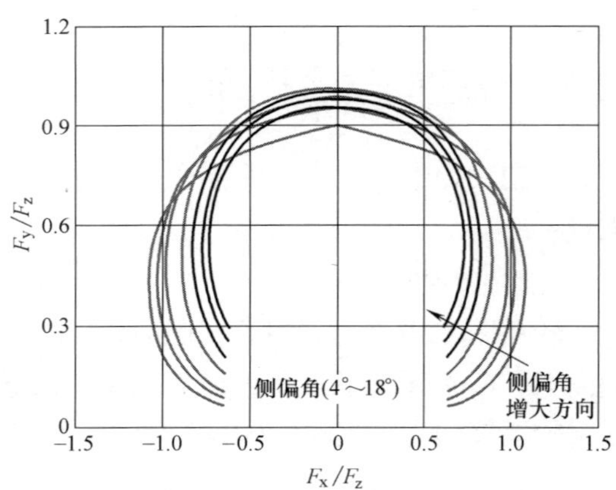


图 6-59　联合工况下轮胎纵向力与侧向力的耦合特性图

图 6-60a 所示为联合工况下纵向滑移率为参变量时轮胎纵向力和侧向力随侧偏角的变化关系。由图 6-60a 可知，在轮胎纵向滑移率相同的条件下，对于轮胎纵向力，侧偏角较小时对应的轮胎纵向力较大；对于轮胎侧向力，侧偏角较大时对应的轮胎侧向力较大。图 6-60b 所示为联合工况下车轮侧偏角为参变量时轮胎纵向力和侧向力随纵向滑移率的变化关系。由图 6-60b 可知，在侧偏角相同的条件下，对于轮胎侧向力，滑移率较小时对应的轮胎侧向力较大，滑移率较大时对应的轮胎侧向力较小；对于轮胎纵向力，当侧偏角较小

时，较小的滑移率对应的轮胎纵向力较大；当侧偏角较大时，较大的滑移率对应的轮胎纵向力较大。

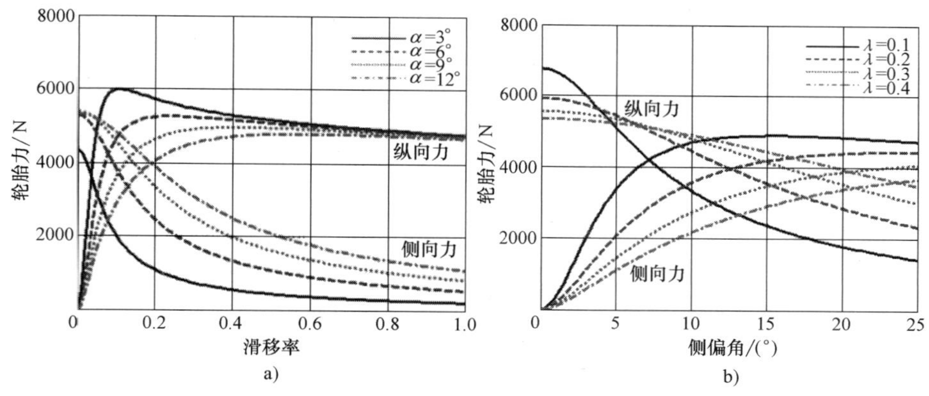


图 6-60 联合工况下轮胎纵侧向力响应图

a）滑移率为参变量时 b）侧偏角为参变量时

（2）载荷转移耦合

引起车辆纵横向动力学耦合特性的另一原因是垂直载荷转移。垂直载荷转移可直接导致轮胎法向力的变化。由轮胎模型可知，轮胎纵向力是轮胎纵向滑移率和轮胎法向力的函数，轮胎侧向力是轮胎侧偏角和轮胎法向力的函数，因此，垂直载荷转移引起的轮胎法向力动态分配将会引起轮胎纵侧向力的变化。垂直载荷转移引起的耦合特征主要体现在，纵横向加速度及侧倾角的变化可导致垂直载荷动态转移，引起轮胎法向力变化，从而对轮胎纵侧向力产生一定影响。车轮的垂直载荷是纵横向加速度及侧倾角的函数，纵横向加速度及侧倾角可决定前后左右车轮垂直载荷的动态分配，进而影响轮胎的纵侧向力。

图 6-61 所示为垂直载荷为 4kN 、5kN、6kN、7kN 条件下轮胎侧向力和纵向力的响应特性曲线图。由图 6-61 可知，不同的垂直载荷分布对轮胎侧向力和纵向力会产生不同的影响。当侧偏角取值相同时，轮胎侧向力随着车轮垂直载荷的增大而增大；当滑移率取值相同时，轮胎纵向力随着车轮垂直载荷的变化而改变。

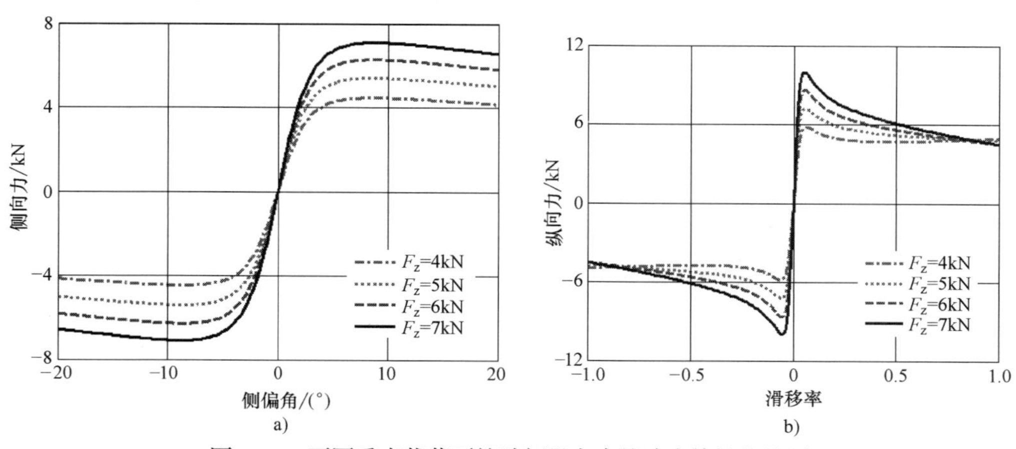


图 6-61 不同垂直载荷下轮胎侧纵向力的响应特性曲线图

a）轮胎侧向力的响应特性曲线图 b）轮胎纵向力的响应特性曲线图

（3）横纵向动力学耦合

驾驶人通过操纵转向盘、制动踏板和加速踏板的执行机构为汽车提供运动行驶的动力源，并使汽车产生横向、纵向运动等形式的平移运动，以及横摆运动等形式的旋转运动。车辆纵横向动力学中的横向运动、纵向运动及横摆运动之间相互耦合，紧密联系，共同决定着车辆的纵横向运动状态。车辆的横向运动、纵向运动及横摆运动之间时耦合关系如图 6-62 所示。

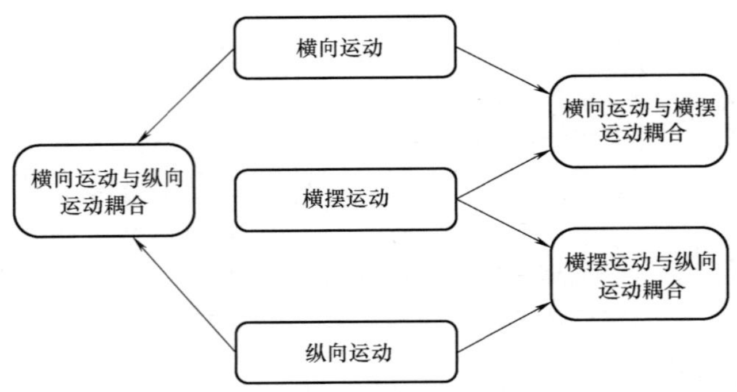


图 6-62　车辆纵横向运动及横摆运动之间的耦合关系示意图

前轮转角设定为 0.05rad，车轮纵向力分别为 650N、750N、850N 时的纵向速度、横向速度和横摆角速度的响应特性曲线如图 6-63 所示。图 6-63 表明当前轮转角固定时，输

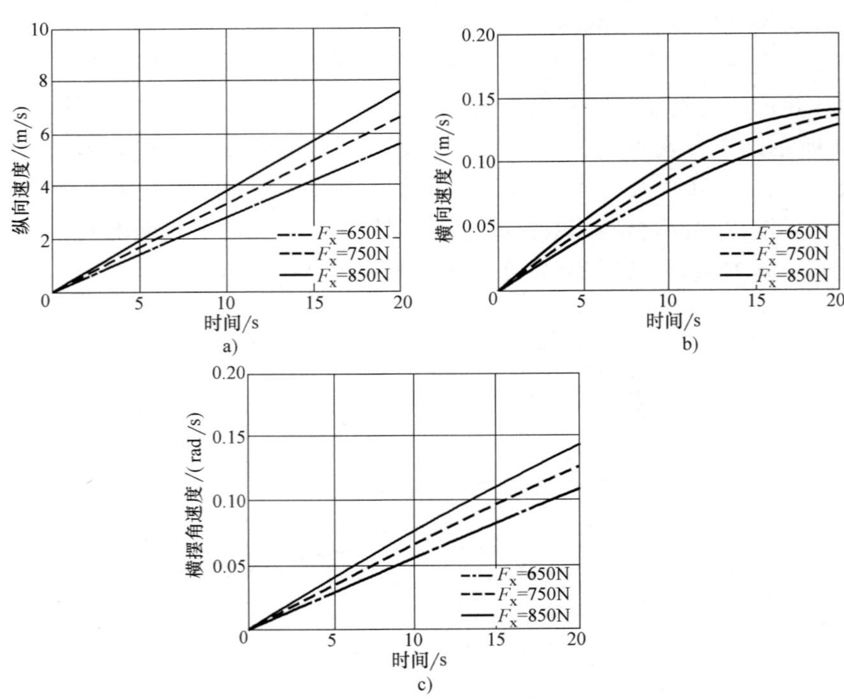


图 6-63　前轮转角固定，不同纵向力工况下的响应特性曲线

a）纵向速度响应特性曲性　b）横向速度响应特性曲线　c）横摆角速度响应特性曲线

入不同的纵向力不但可改变纵向速度响应特性，而且可使横向速度和横摆角速度的响应特性发生改变。将轮胎纵向力设定为750N，前轮转角分别为0.04rad、0.05rad、0.06rad时的纵向速度、横向速度和横摆角速度的响应特性曲线如图6-64所示。图6-64表明当轮胎纵向力固定时，输入不同的前轮转角不但可改变横向速度响应特性，而且可使纵向速度和横摆角速度的响应特性发生改变。因此，由图6-63和图6-64可知车辆纵向运动、横向运动和横摆运动是互相关联、相互耦合的。

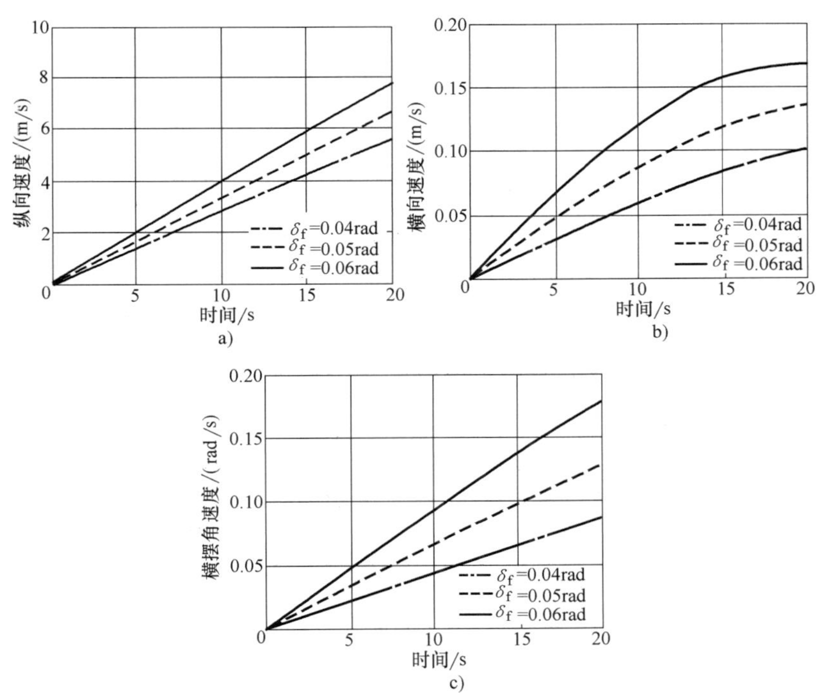


图6-64 纵向力固定，不同前轮转角工况下的响应特性曲线

a）纵向速度响应特性曲性 b）横向速度响应特性曲线 c）横摆角速度响应特性曲线

## 6.4.2 车辆纵横向耦合动力学

如图6-65所示，对系统做如下简化：

1）忽略车辆侧倾、俯仰及垂向运动。

2）忽略车辆悬架系统的作用。

根据Newton定理，推导可描述车辆横向、纵向及横摆特性的运动状态方程如下。

$$\dot{v}_x = v_y r - \frac{c_a}{m} v_x^2 + \frac{1}{m} F_X + \varDelta_x \tag{6-51}$$

$$\dot{v}_y = -v_x r + \frac{1}{m} F_Y + \varDelta_y \tag{6-52}$$

$$\dot{r} = \frac{1}{I_z} M_Z + \varDelta_r \tag{6-53}$$

$$F_X = \sum_{i=1}^{2} F_{xi}\cos\delta_i + \sum_{i=3}^{4} F_{xi} - \sum_{i=1}^{2} F_{yi}\sin\delta_i \tag{6-54}$$

$$F_Y = \sum_{i=1}^{2} F_{xi}\sin\delta_i + \sum_{i=1}^{2} F_{yi}\cos\delta_i + \sum_{i=3}^{4} F_{yi} \tag{6-55}$$

$$M_Z = \sum_{i=1}^{2} l_f F_{xi}\sin\delta_i + \sum_{i=1}^{2} l_f F_{yi}\cos\delta_i - \sum_{i=3}^{4} l_r F_{yi} + \sum_{i=1}^{2} (-1)^i \frac{l_s}{2} F_{xi}\cos\delta_i - \sum_{i=3}^{4} (-1)^i \frac{l_s}{2} F_{xi} + \sum_{i=1}^{2} (-1)^i \frac{l_s}{2} F_{yi}\sin\delta_i \tag{6-56}$$

式中 $I_z$——车辆转动惯量；

$m$——车辆质量；

$r$——横摆角速度；

$c_a$——纵向空气阻力系数，名义值为 0.35；

$M_Z$——广义横摆力矩；

$F_X$、$F_Y$——广义纵横向力；

$v_x$、$v_y$——车辆纵横向速度；

$l_f$、$l_r$——质心到前后轮的距离；

$l_s$——轮距；

$F_{xi}$、$F_{yi}$——各轮胎纵横向力；

$\delta_i$——前轮转角（rad）；

$\varDelta_x$、$\varDelta_y$、$\varDelta_r$——参数不确定性。

车轮动力学模型可表示为

$$J_w\dot{\omega}_i = T_{wi} - F_{xi}R_w, \quad i = 1,2,3,4 \tag{6-57}$$

式中 $J_w$——车轮转动惯量；

$\omega_i$——车轮旋转角速度；

$T_{wi}$——驱动 / 制动力矩；

$R_w$——滚动半径。

车轮滑移率描述车轮相对于纯滚动（或纯滑动）状态的偏离程度，可表示为

$$s_{xi} = \frac{R_w\omega_i - v_i\cos\alpha_i}{\max(R_w\omega_i, v_i\cos\alpha_i)}, \quad i = 1,2,3,4 \tag{6-58}$$

式中 $s_{xi}$——滑移率；

$v_i$——车轮速度；

$\alpha_i$——车轮侧偏角。

采用 Dugoff 模型来描述轮胎与地面之间接触的力学特性。轮胎纵横向力可表示为

$$F_{xi} = C_{si}\frac{s_{xi}}{1+s_{xi}} f(\varDelta_i), \quad i = 1,2,3,4 \tag{6-59}$$

$$F_{yi} = C_{\alpha i}\frac{\tan(\alpha_i)}{1+s_{xi}} f(\varDelta_i), \quad i = 1,2,3,4 \tag{6-60}$$

$$\Delta_i = \frac{\mu F_{zi}(1+s_{xi})}{2\sqrt{(C_{si}s_{xi})^2+[C_{\alpha i}\tan(\alpha_i)]^2}}, \quad i=1,2,3,4 \tag{6-61}$$

$$f(\Delta_i)=\begin{cases}(2-\lambda_i)\Delta_i & \Delta_i<1\\ 1 & \Delta_i\geqslant 1\end{cases} \tag{6-62}$$

式中 $C_{si}$、$C_{\alpha i}$——轮胎纵横向刚度；

$\mu$——路面附着系数；

$\Delta_i$——可描述轮胎工作点的区域；

$\Delta_i\geqslant 1$——工作点在线性区域。

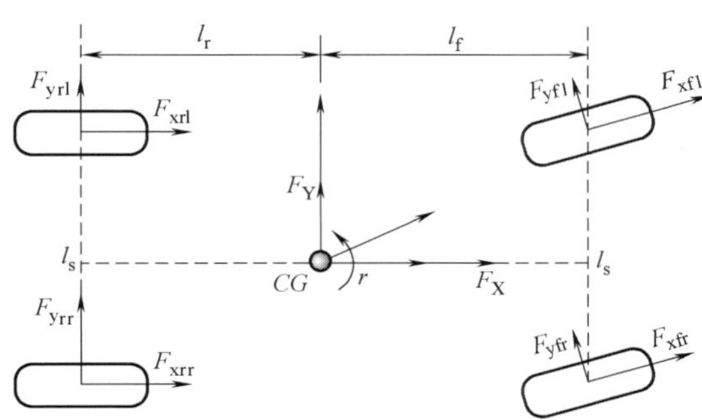


图 6-65 车辆三自由度模型

## 6.4.3 车辆耦合运动学模型

通常基于视觉的方法来获取其预瞄点处车辆相对于期望行驶道路的位置信息，车辆与期望行驶路径的相对位置及车 - 车纵向安全距离模型如图 6-66 所示。建立描述智能电动车辆运动耦合行为规律的动力学模型为

$$\begin{aligned}\ddot{e}_y &= \dot{v}_x e_a + v_x\dot{e}_a - \dot{v}_y - \dot{r}D_L\\ &= \left(v_y r - \frac{c_a}{m}v_x^2 + \frac{1}{m}F_X\right)e_a + v_x\dot{e}_a - \left(-v_x r + \frac{1}{m}F_Y\right) - \frac{D_L}{I_z}M_Z\end{aligned} \tag{6-63}$$

$$\begin{aligned}\ddot{e}_a &= \dot{v}_x K_L - \dot{r}\\ &= \left(v_y r - \frac{c_a}{m}v_x^2 + \frac{1}{m}F_X\right)K_L - \frac{1}{I_z}M_Z\end{aligned} \tag{6-64}$$

$$\begin{aligned}\ddot{e}_x &= \dot{v}_p - \dot{v}_x - \tau_h\ddot{v}_p\\ &= \dot{v}_p - (v_y r - \frac{c_a}{m}v_x^2 + \frac{1}{m}F_X) - \tau_h\ddot{v}_p\end{aligned} \tag{6-65}$$

式中 $e_y$——预瞄点处车辆中心线与参考路径的横向偏差；

$e_a$——预瞄点处车辆中心线与参考路径切线的夹角；

$D_L$——预瞄距离；

$K_L$——路径曲率；

$e_x$——车 - 车纵向距离偏差；

$v_p$——前引车辆速度；

$\tau_h$——车间时距。

式（6-63）～式（6-65）构成的系统为二阶多输入多输出非线性系统，其中，状态变量 $e_x$、$e_y$、$e_a \in \mathbf{R}$，控制输入变量 $F_X$、$F_Y$、$M_Z \in \mathbf{R}$。

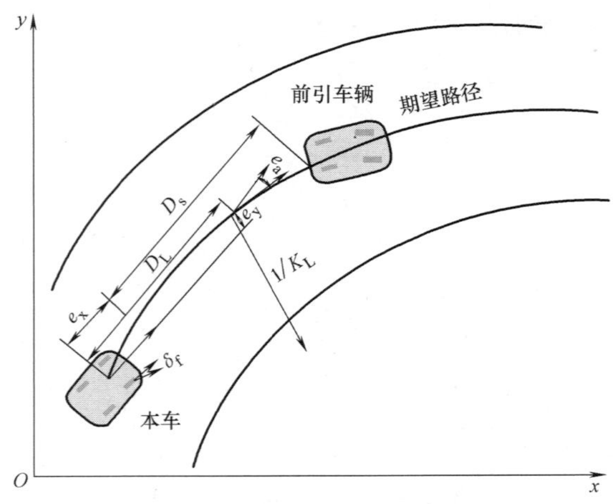


图 6-66　车辆与期望行驶路径的相对位置及车 - 车纵向安全距离模型

## 6.4.4　智能电动汽车纵横向综合控制系统设计

智能电动汽车纵横向综合控制系统由全局控制层、控制分配层和伺服执行层组成。全局控制层可生成期望总轮胎力和力矩；控制分配层实现总控制力 / 力矩的优化分配；伺服执行层完成对期望各轮胎力的跟踪控制，从而完成智能电动汽车纵横向一体化控制。

### 1. 上层全局控制器

为了有效利用整车动力学系统中的动态耦合特性，通过非奇异终端滑模控制方法建立用于同时调节位置偏差和车辆运动状态的全局控制器，实现车辆行驶状态的全局调节。

采用非奇异终端滑模控制方法设计协调控制律，首先定义非奇异终端滑模切换面：

$$s_1 = e_y + \frac{1}{\beta_1}\dot{e}_y^{p_1/q_1} \tag{6-66}$$

$$s_2 = e_a + \frac{1}{\beta_2}\dot{e}_a^{p_2/q_2} \tag{6-67}$$

$$s_3 = e_x + \frac{1}{\beta_3}\dot{e}_x^{p_3/q_3} \tag{6-68}$$

其中，$\beta_{i\,(i=1,\ 2,\ 3)} \in \mathbf{R}^+$，$p_{i\,(i=1,\ 2,\ 3)} \in \mathbf{N}^+$ 和 $q_{i\,(i=1,\ 2,\ 3)} \in \mathbf{N}^+$，满足 $1 < p_1/q_1 < 2$、$1 < p_2/q_2 < 2$ 和 $1 < p_3/q_3 < 2$。

基于非线性控制理论，建立智能电动汽车横纵向控制的上层协调控制律：

$$\begin{bmatrix} F_{\mathrm{Xd}} \\ F_{\mathrm{Yd}} \\ M_{\mathrm{Zd}} \end{bmatrix} = \boldsymbol{B}^{-1} \begin{bmatrix} a \\ b \\ c \end{bmatrix} \tag{6-69}$$

式中 $F_{\mathrm{Xd}}$——期望的广义纵向力；

$F_{\mathrm{Yd}}$——期望的广义横向力；

$M_{\mathrm{Zd}}$——期望的广义横摆力距。

$$\boldsymbol{B} = \begin{bmatrix} \dfrac{e_{\mathrm{a}}}{m} & -\dfrac{1}{m} & -\dfrac{D_{\mathrm{L}}}{I_{\mathrm{z}}} \\ \dfrac{K_{\mathrm{L}}}{m} & 0 & -\dfrac{1}{I_{\mathrm{z}}} \\ \dfrac{1}{m} & 0 & 0 \end{bmatrix} \tag{6-70}$$

$$a = -v_{\mathrm{y}} r e_{\mathrm{a}} + \frac{c_{\mathrm{a}}}{m} v_{\mathrm{x}}^2 e_{\mathrm{a}} - v_{\mathrm{x}} \dot{e}_{\mathrm{a}} - v_{\mathrm{x}} r - \frac{\beta_1 q_1}{p_1} \dot{e}_{\mathrm{y}}^{2-p_1/q_1} - \frac{\beta_1 q_1}{p_1} (k_1 s_1 + r_1 s_1^{m_1/n_1}) \tag{6-71}$$

$$b = -v_{\mathrm{y}} r K_{\mathrm{L}} + \frac{c_{\mathrm{a}}}{m} v_{\mathrm{x}}^2 K_{\mathrm{L}} - \frac{\beta_2 q_2}{p_2} \dot{e}_{\mathrm{a}}^{2-p_2/q_2} - \frac{\beta_2 q_2}{p_2} (k_2 s_2 + r_2 s_2^{m_2/n_2}) \tag{6-72}$$

$$c = v_{\mathrm{p}} - v_{\mathrm{y}} r + \frac{c_{\mathrm{a}}}{m} v_{\mathrm{x}}^2 - \tau_{\mathrm{h}} \ddot{v}_{\mathrm{p}} + \frac{\beta_3 q_3}{p_3} \dot{e}_{\mathrm{x}}^{2-p_3/q_3} + \frac{\beta_3 q_3}{p_3} (k_3 s_3 + r_3 s_3^{m_3/n_3}) \tag{6-73}$$

在式（6-71）～式（6-73）中，$m_1$、$n_1$、$m_2$、$n_2$、$m_3$、$n_3$ 表示控制系数，满足 $0 < m_1 < n_1 < 1$，$0 < m_2 < n_2 < 1$，$0 < m_3 < n_3 < 1$。

### 2. 控制分配器

（1）优化分配

由上层协调控制律输出的期望总纵向外力 $F_{\mathrm{X}}$、期望总横向外力 $F_{\mathrm{Y}}$、总横摆力矩 $M_{\mathrm{Z}}$ 无法直接作为控制指令发送至执行层，因此需要设计高效、合理的控制分配策略将期望总外力 / 力矩分解映射至各个执行机构。在不同行驶工况下，车辆的各轮胎与地面间的横纵向力的耦合程度不同，如何实现各轮胎横纵向力的协同优化工作是控制分配的难点。

由图 6-65 所示，车辆总纵向外力 $F_{\mathrm{X}}$、总横向外力 $F_{\mathrm{Y}}$、总横摆力矩 $M_{\mathrm{Z}}$ 与各轮胎的横向力 $F_{\mathrm{X}i}$、纵向力 $F_{\mathrm{Y}i}$ 之间的映射关系可表示为

$$\boldsymbol{F} = \begin{bmatrix} F_{\mathrm{X}} & F_{\mathrm{Y}} & M_{\mathrm{Z}} \end{bmatrix}^{\mathrm{T}} = \boldsymbol{M}_{\mathrm{f}} \boldsymbol{U} \tag{6-74}$$

其中

$$\boldsymbol{M}_{\mathrm{f}} = \begin{bmatrix} 1 & 0 & 1 & 0 & 1 & 0 & 1 & 0 \\ 0 & 1 & 0 & 1 & 0 & 1 & 0 & 1 \\ \dfrac{d_{\mathrm{f}}}{2} & l_{\mathrm{f}} & -\dfrac{d_{\mathrm{f}}}{2} & l_{\mathrm{f}} & -\dfrac{d_{\mathrm{r}}}{2} & -l_{\mathrm{r}} & \dfrac{d_{\mathrm{r}}}{2} & -l_{\mathrm{r}} \end{bmatrix} \tag{6-75}$$

$$\boldsymbol{U}=\left[F_{X1} \quad F_{Y1} \quad F_{X2} \quad F_{Y2} \quad F_{X3} \quad F_{Y3} \quad F_{X4} \quad F_{Y4}\right]^{T} \tag{6-76}$$

式中 $d_f$——前轴轮距；

$d_r$——后轴轮距，通常 $d_r=d_f$。

控制分配问题描述为：在分配约束条件下，对于期望的控制合力 $\boldsymbol{F}_d$，寻找最优控制力分配向量 $\boldsymbol{U}$，使车辆在此控制力向量作用下所受的合力逼近期望值 $\boldsymbol{F}_d$。为了达到控制输入量消耗能量最少和控制分配误差最小的分配目标，轮胎横纵向力的控制分配可以转化为如下二次规划问题。

$$\begin{gathered} J_{cost}(\boldsymbol{U})=\frac{1}{2}\boldsymbol{U}^{T}\boldsymbol{W}_{u}\boldsymbol{U}+\frac{1}{2}(\boldsymbol{F}_{d}-\boldsymbol{M}_{f}\boldsymbol{U})^{T}\boldsymbol{W}_{e}(\boldsymbol{F}_{d}-\boldsymbol{M}_{f}\boldsymbol{U}) \\ g_{i}(\boldsymbol{U})=\sqrt{F_{Xi}^{2}+F_{Yi}^{2}}-\mu F_{Zi}\leqslant 0,\quad (i=1,2,3,4) \end{gathered} \tag{6-77}$$

式中 $\boldsymbol{W}_u$、$\boldsymbol{W}_e$——控制分配输入和控制分配偏差的权重矩阵；

$\mu$——当前路面附着系数；

$\boldsymbol{F}_d$——$\boldsymbol{F}_d$=［$F_{Xd}$，$F_{Yd}$，$M_{Zd}$］$^T$；

$F_{Zi}$——各轮胎的垂直载荷。

（2）逆动力学映射

由控制分配层规划分配的轮胎横向力和纵向力不能直接由执行器调节控制，因此需将其转换为期望滑移率 $\lambda_{des,i}$ 和期望侧偏角 $\alpha_{des,i}$。为了充分利用轮胎横纵向力之间存在的较强耦合性，建立轮胎逆动力学模型，如图 6-67 所示，将横向力和纵向力映射为轮胎的期望滑移率和期望侧偏角。

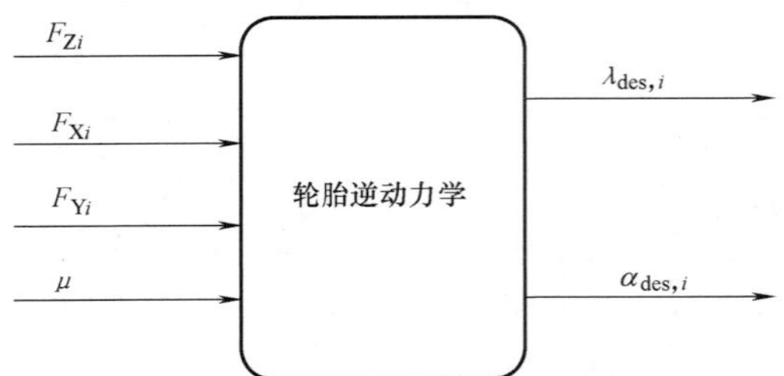


图 6-67 轮胎逆动力学模型

### 3. 伺服执行控制器

（1）侧偏角调节

由于前轮转角可表示为侧偏角的函数，即

$$\delta_f=\alpha_f+\varepsilon_f \tag{6-78}$$

其中，$-\delta_{f,max}\leqslant\delta_f\leqslant\delta_{f,max}$，$\varepsilon_f$ 为与车辆运动状态有关的量。因此，通过调节前轮转角便可达到对期望侧偏角的跟踪。

这里采用 PID 控制算法来实现期望侧偏角的跟踪控制。设由轮胎逆动力学模型求得的期望侧偏角为 $\alpha_{des,i}$，车轮实际侧偏角为 $\alpha_i$，则期望前轮转角输入为

$$\delta_{des,i}(k)=K_{\delta P,i}[\alpha_{des,i}(k)-\alpha_{i}(k)]+K_{\delta I,i}\sum_{j=1}^{k}[\alpha_{des,i}(k)-\alpha_{i}(k)],\ i=1,2 \tag{6-79}$$

式中 $K_{\delta P,i}$——比例调节系数；

$K_{\delta I,i}$——积分调节系数。

考虑到前轮转角的约束限制，期望前轮转角输入可写为

$$\delta_{des,i}=\begin{cases}\delta_{des,i} & \left|\delta_{des,i}\right|\leqslant\delta_{max} \\ sgn(\delta_{des,i})\delta_{max} & \left|\delta_{des,i}\right|>\delta_{max}\end{cases}\quad (i=1,2) \tag{6-80}$$

（2）滑移率调节

不同的轮胎参数和路面特性会影响附着系数 - 滑移率曲线，但在条件相同的工况下，附着系数 - 滑移率曲线具有一定的形态。当滑移率由零开始增加时，附着系数随滑移率的增大而增大。采用 PI 反馈控制策略来实现对轮胎目标滑移率的跟踪。设由轮胎逆动力学模型求出的期望滑移率为 $\lambda_{des}$，车轮实际滑移率为 $\lambda_i$，则期望车轮控制力矩控制律为

$$T_{des,i}(k)=F_{x,i}(k)r_{eff}+K_{TP,i}[\lambda_{des,i}(k)-\lambda_i(k)]+K_{TI,i}\sum_{j=1}^{k}[\lambda_{des,i}(k)-\lambda_i(k)],\ i=1,2,3,4 \quad (6\text{-}81)$$

式中 $K_{TP,i}$——比例调节系数；

$K_{TI,i}$——积分调节系数。

由于控制力矩的约束限制为 $-T_{max}\leqslant T_i\leqslant T_{max}$，期望控制力矩输入可写为

$$T_{des,i}=\begin{cases}T_{des,i} & |T_{des,i}|\leqslant T_{max}\\ \mathrm{sgn}(T_{des,i})T_{max} & |T_{des,i}|>T_{max}\end{cases}\quad (i=1,\ 2) \quad (6\text{-}82)$$

# 6.5 多车协同控制技术

## 6.5.1 多车协同换道控制

换道车的换道过程及其与周围车辆之间的相对位置关系如图 6-68 所示，对换道车 M 造成影响的主要是目标车道前车 $L_d$、目标车道后车 $F_d$、原始车道前车（$L_o$）和原始车道后车（$F_o$），以换道车辆在换道初始时刻的质心为坐标原点建立地面坐标系，其前进纵向方向为 $x$ 轴方向，前进横向方向为 $y$ 轴方向。

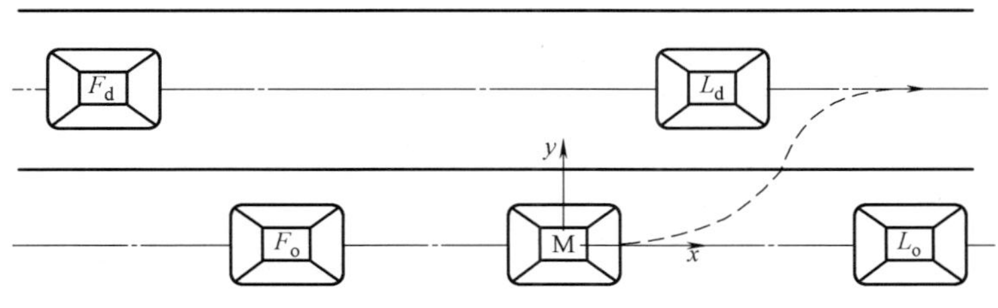

图 6-68 多车协同换道相对位置关系图

### 1. 换道轨迹规划

通过车载数据采集器获得车辆位姿及路况信息，根据本车辆的位姿和前方车辆的位姿等信息进行换道轨迹的规划。设建立智能电动汽车换道轨迹规划的多项式函数为 $f(x, y, t)$，将其分解成 $x$、$y$ 两个方向上的五次多项式为

$$\begin{cases}f(x,t)=\sum_{n=0}^{n=5}a_n t^n\\ f(y,t)=\sum_{n=0}^{n=5}b_n t^n\end{cases} \quad (6\text{-}83)$$

其中，$a_0 \sim a_5$ 和 $b_0 \sim b_5$ 表示拟合系数。

针对前方无障碍车辆换道工况，设定智能电动汽车的位置、速度和加速度为状态变量，给出初始状态量 $\boldsymbol{S}_{\text{ini}}=[x_{\text{ini}}, \dot{x}_{\text{ini}}, \ddot{x}_{\text{ini}}, y_{\text{ini}}, \dot{y}_{\text{ini}}, \ddot{y}_{\text{ini}}]$ 和目标状态量 $\boldsymbol{S}_{\text{fin}}=[x_{\text{fin}}, \dot{x}_{\text{fin}}, \ddot{x}_{\text{fin}}, y_{\text{fin}}, \dot{y}_{\text{fin}}, \ddot{y}_{\text{fin}}]$。基于五次多项式构建求解矩阵来求解待定系数 $\boldsymbol{A}=[a_5, a_4, a_3, a_2, a_1, a_0]$ 和 $\boldsymbol{B}=[b_5, b_4, b_3, b_2, b_1, b_0]$，即

$$\begin{bmatrix} x_{\text{ini}} \\ \dot{x}_{\text{ini}} \\ \ddot{x}_{\text{ini}} \\ x_{\text{fin}} \\ \dot{x}_{\text{fin}} \\ \ddot{x}_{\text{fin}} \end{bmatrix} = \begin{bmatrix} t_{\text{ini}}^5 & t_{\text{ini}}^4 & t_{\text{ini}}^3 & t_{\text{ini}}^2 & t_{\text{ini}} & 1 \\ 5t_{\text{ini}}^4 & 4t_{\text{ini}}^3 & 3t_{\text{ini}}^2 & 2t_{\text{ini}} & 1 & 0 \\ 20t_{\text{ini}}^3 & 12t_{\text{ini}}^2 & 6t_{\text{ini}} & 2 & 0 & 0 \\ t_{\text{fin}}^5 & t_{\text{fin}}^4 & t_{\text{fin}}^3 & t_{\text{fin}}^2 & t_{\text{fin}} & 1 \\ 5t_{\text{fin}}^4 & 4t_{\text{fin}}^3 & 3t_{\text{fin}}^2 & 2t_{\text{fin}} & 1 & 0 \\ 20t_{\text{fin}}^3 & 12t_{\text{fin}}^2 & 6t_{\text{fin}} & 2 & 0 & 0 \end{bmatrix} \begin{bmatrix} a_5 \\ a_4 \\ a_3 \\ a_2 \\ a_1 \\ a_0 \end{bmatrix} \tag{6-84}$$

$$\begin{bmatrix} y_{\text{ini}} \\ \dot{y}_{\text{ini}} \\ \ddot{y}_{\text{ini}} \\ y_{\text{fin}} \\ \dot{y}_{\text{fin}} \\ \ddot{y}_{\text{fin}} \end{bmatrix} = \begin{bmatrix} t_{\text{ini}}^5 & t_{\text{ini}}^4 & t_{\text{ini}}^3 & t_{\text{ini}}^2 & t_{\text{ini}} & 1 \\ 5t_{\text{ini}}^4 & 4t_{\text{ini}}^3 & 3t_{\text{ini}}^2 & 2t_{\text{ini}} & 1 & 0 \\ 20t_{\text{ini}}^3 & 12t_{\text{ini}}^2 & 6t_{\text{ini}} & 2 & 0 & 0 \\ t_{\text{fin}}^5 & t_{\text{fin}}^4 & t_{\text{fin}}^3 & t_{\text{fin}}^2 & t_{\text{fin}} & 1 \\ 5t_{\text{fin}}^4 & 4t_{\text{fin}}^3 & 3t_{\text{fin}}^2 & 2t_{\text{fin}} & 1 & 0 \\ 20t_{\text{fin}}^3 & 12t_{\text{fin}}^2 & 6t_{\text{fin}} & 2 & 0 & 0 \end{bmatrix} \begin{bmatrix} b_5 \\ b_4 \\ b_3 \\ b_2 \\ b_1 \\ b_0 \end{bmatrix} \tag{6-85}$$

式中　$x_{\text{ini}}$、$\dot{x}_{\text{ini}}$、$\ddot{x}_{\text{ini}}$——智能电动汽车换道初始时刻 $x$ 方向的位置、速度和加速度；
$x_{\text{fin}}$、$\dot{x}_{\text{fin}}$、$\ddot{x}_{\text{fin}}$——智能电动汽车换道结束时刻 $x$ 方向的位置、速度和加速度；
$y_{\text{ini}}$、$\dot{y}_{\text{ini}}$、$\ddot{y}_{\text{ini}}$——智能电动汽车换道初始时刻 $y$ 方向的位置、速度和加速度；
$y_{\text{fin}}$、$\dot{y}_{\text{fin}}$、$\ddot{y}_{\text{fin}}$——智能电动汽车换道结束时刻 $y$ 方向的位置、速度和加速度；
$t_{\text{ini}}$、$t_{\text{fin}}$——初始时刻和结束时刻。

针对前方有障碍车辆的换道工况，设定当前车道上的障碍车辆与控制车辆的间距 $L_1$、换道最小安全事件 $t_c$ 和障碍车辆车速 $v_s$，给出换道初始状态量 $\boldsymbol{S}_{\text{ini}}=[x_{\text{ini}}, \dot{x}_{\text{ini}}, \ddot{x}_{\text{ini}}, y_{\text{ini}}, \dot{y}_{\text{ini}}, \ddot{y}_{\text{ini}}]$ 和目标状态量 $\boldsymbol{S}_{\text{fin}}=[x_{\text{fin}}, \dot{x}_{\text{fin}}, \ddot{x}_{\text{fin}}, y_{\text{fin}}, \dot{y}_{\text{fin}}, \ddot{y}_{\text{fin}}]$，基于障碍车辆信息来进行轨迹规划，即

$$\begin{bmatrix} x_{\text{ini}} \\ \dot{x}_{\text{ini}} \\ \ddot{x}_{\text{ini}} \\ x_{\text{fin}} \\ \dot{x}_{\text{fin}} \\ \ddot{x}_{\text{fin}} \end{bmatrix} = \begin{bmatrix} t_{\text{ini}}^6 & t_{\text{ini}}^5 & t_{\text{ini}}^4 & t_{\text{ini}}^3 & t_{\text{ini}}^2 & t_{\text{ini}} & 1 \\ 6t_{\text{ini}}^5 & 5t_{\text{ini}}^4 & 4t_{\text{ini}}^3 & 3t_{\text{ini}}^2 & 2t_{\text{ini}} & 1 & 0 \\ 30t_{\text{ini}}^4 & 20t_{\text{ini}}^3 & 12t_{\text{ini}}^2 & 6t_{\text{ini}} & 2 & 0 & 0 \\ t_{\text{fin}}^6 & t_{\text{fin}}^5 & t_{\text{fin}}^4 & t_{\text{fin}}^3 & t_{\text{fin}}^2 & t_{\text{fin}} & 1 \\ 6t_{\text{fin}}^5 & 5t_{\text{fin}}^4 & 4t_{\text{fin}}^3 & 3t_{\text{fin}}^2 & 2t_{\text{fin}} & 1 & 0 \\ 30t_{\text{fin}}^4 & 20t_{\text{fin}}^3 & 12t_{\text{fin}}^2 & 6t_{\text{fin}} & 2 & 0 & 0 \end{bmatrix} \begin{bmatrix} a_6 \\ a_5 \\ a_4 \\ a_3 \\ a_2 \\ a_1 \\ a_0 \end{bmatrix} \tag{6-86}$$

$$\begin{bmatrix} x_{\text{ini}} \\ \dot{x}_{\text{ini}} \\ \ddot{x}_{\text{ini}} \\ x_{\text{fin}} \\ \dot{x}_{\text{fin}} \\ \ddot{x}_{\text{fin}} \\ x_{\text{ini}}+L_1+v_s t_c \end{bmatrix} = \begin{bmatrix} t_{\text{ini}}^6 & t_{\text{ini}}^5 & t_{\text{ini}}^4 & t_{\text{ini}}^3 & t_{\text{ini}}^2 & t_{\text{ini}} & 1 \\ 6t_{\text{ini}}^5 & 5t_{\text{ini}}^4 & 4t_{\text{ini}}^3 & 3t_{\text{ini}}^2 & 2t_{\text{ini}} & 1 & 0 \\ 30t_{\text{ini}}^4 & 20t_{\text{ini}}^3 & 12t_{\text{ini}}^2 & 6t_{\text{ini}} & 2 & 0 & 0 \\ t_{\text{fin}}^6 & t_{\text{fin}}^5 & t_{\text{fin}}^4 & t_{\text{fin}}^3 & t_{\text{fin}}^2 & t_{\text{fin}} & 1 \\ 6t_{\text{fin}}^5 & 5t_{\text{fin}}^4 & 4t_{\text{fin}}^3 & 3t_{\text{fin}}^2 & 2t_{\text{fin}} & 1 & 0 \\ 30t_{\text{fin}}^4 & 20t_{\text{fin}}^3 & 12t_{\text{fin}}^2 & 6t_{\text{fin}} & 2 & 0 & 0 \\ t_c^{\ 6} & t_c^{\ 5} & t_c^{\ 4} & t_c^{\ 3} & t_c^{\ 2} & t_c^{\ 1} & 1 \end{bmatrix} \begin{bmatrix} a_6 \\ a_5 \\ a_4 \\ a_3 \\ a_2 \\ a_1 \\ a_0 \end{bmatrix} \tag{6-87}$$

### 2. 换道轨迹跟踪控制系统设计

在完成换道轨迹规划后，需要设计换道轨迹跟踪控制系统，包括上层控制器和下层控制器两个部分，如图 6-69 所示。其中，上层控制器通过传感器测得的位姿信息计算得到期望速度和期望横摆角速度，并输入到下层控制器中；下层控制器通过计算得到电机转矩和期望转角直接控制车辆运动。

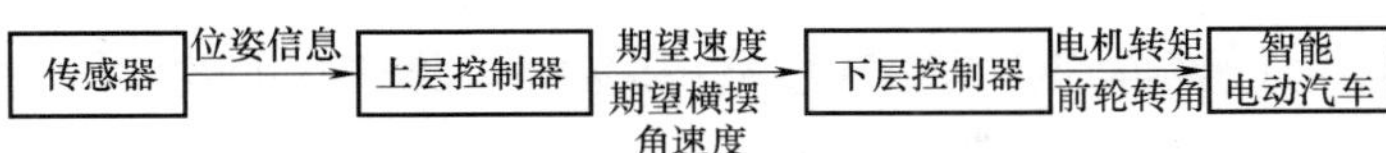


图 6-69 换道轨迹跟踪控制系统

通过数据采集器实时采集智能电动汽车的位姿，并与已规划好的换道轨迹所需的期望位姿进行对比，实时计算汽车与换道轨迹的偏差（$x_e$，$y_e$，$\theta_e$），如图 6-70 所示。其中，（$x_c$，$y_c$，$\theta_c$）分别为车辆当前的纵向位移、横向位移和航向角，（$x_r$，$y_r$，$\theta_r$）表示车辆参考位姿的纵向位移、横向位移和航向角。建立描述智能电动汽车自动换道偏差特征的运动学模型，即

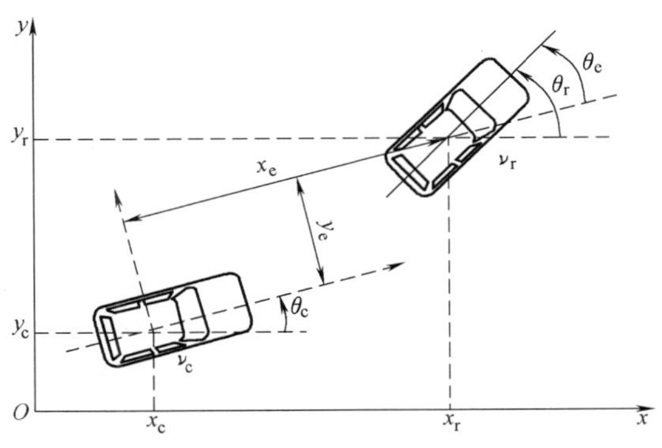


图 6-70 换道实际姿态与期望姿态示意图

$$\begin{bmatrix} \dot{x}_e \\ \dot{y}_e \\ \dot{\theta}_e \end{bmatrix} = \begin{bmatrix} y_e\omega_c - v_c + v_r\cos\theta_e \\ -x_e\omega_c + v_r\sin\theta_e \\ \omega_r - \omega_c \end{bmatrix} \tag{6-88}$$

式中 $x_e$——智能电动汽车换道纵向位置偏差；

$y_e$——智能电动汽车换道横向位置偏差；

$\theta_e$——智能电动汽车换道方位偏差；

$v_c$、$\omega_c$——车辆当前速度和当前横摆角速度；

$v_r$、$\omega_r$——车辆在参考位姿的速度和横摆角速度。

基于反演法设计滑模控制器的切换函数

$$\boldsymbol{s}=\begin{bmatrix}s_1\\s_2\end{bmatrix}=\begin{bmatrix}x_{\mathrm{e}}\\\theta_{\mathrm{e}}+\arctan(v_{\mathrm{r}}y_{\mathrm{e}})\end{bmatrix} \tag{6-89}$$

为达到滑动模态的条件$s\dot{s}<0$，设计上层控制器

$$\begin{bmatrix}v_{\mathrm{cd}}\\\omega_{\mathrm{cd}}\end{bmatrix}=\begin{bmatrix}y_{\mathrm{e}}+v_{\mathrm{r}}\cos\theta_{\mathrm{e}}+k_1\dfrac{s_1}{|s_1|+\Delta_1}\\\omega_{\mathrm{r}}+\dfrac{\partial\vartheta}{\partial v_{\mathrm{r}}}\dot{v}_{\mathrm{r}}+\dfrac{\partial\vartheta}{\partial y_{\mathrm{e}}}(v_{\mathrm{r}}\sin\theta_{\mathrm{e}})+k_2\dfrac{s_2}{|s_2|+\Delta_2}\end{bmatrix} \tag{6-90}$$

式中　$k_1$、$k_2$——控制增益系数；

$\Delta_1$、$\Delta_2$——调节变量；

$v_{\mathrm{cd}}$、$\omega_{\mathrm{cd}}$——车辆的期望速度和期望横摆角速度。

此时有下式成立。

$$\vartheta=\arctan(v_{\mathrm{r}}y_{\mathrm{e}});\quad \frac{\partial\vartheta}{\partial v_{\mathrm{r}}}=\frac{y_{\mathrm{e}}}{1+(v_{\mathrm{r}}y_{\mathrm{e}})^2};\quad \frac{\partial\vartheta}{\partial y_{\mathrm{e}}}=\frac{v_{\mathrm{r}}}{1+(v_{\mathrm{r}}y_{\mathrm{e}})^2} \tag{6-91}$$

根据上层控制器计算得到的期望速度$v_{\mathrm{cd}}$和数据采集器获取的实际速度$v_{\mathrm{c}}$，求出速度偏差$e$，设计自适应模糊PID下层控制器来实现智能电动汽车对期望速度的精确跟踪控制，求出智能电动汽车车轮的电机转矩。下层控制器设计如下

$$\begin{gathered}T(t)=k_{\mathrm{p}}e(t)+k_{\mathrm{i}}\sum_{j=1}^{t}e(j)+k_{\mathrm{d}}(e(t)-e(t-1))\\k_{\mathrm{p}}(t)=k_{\mathrm{p}}(t-1)+\Delta k_{\mathrm{p}}\\k_{\mathrm{i}}(t)=k_{\mathrm{i}}(t-1)+\Delta k_{\mathrm{i}}\\k_{\mathrm{d}}(t)=k_{\mathrm{d}}(t-1)+\Delta k_{\mathrm{d}}\end{gathered} \tag{6-92}$$

式中　$T(t)$——车轮电机转矩；

$k_{\mathrm{p}}(t)$、$k_{\mathrm{i}}(t)$、$k_{\mathrm{d}}(t)$——比例、积分和微分系数；

$\Delta k_{\mathrm{p}}$、$\Delta k_{\mathrm{i}}$、$\Delta k_{\mathrm{d}}$——比例系数$k_{\mathrm{p}}(t)$、积分系数$k_{\mathrm{i}}(t)$和微分系数$k_{\mathrm{d}}(t)$的修正值，该修正值通过模糊逻辑获取。通常以速度偏差和速度偏差变化率为模糊逻辑输入量，$\Delta k_{\mathrm{p}}$、$\Delta k_{\mathrm{i}}$、$\Delta k_{\mathrm{d}}$为模糊逻辑输出量，经过模糊推理在线实时获取$\Delta k_{\mathrm{p}}$、$\Delta k_{\mathrm{i}}$、$\Delta k_{\mathrm{d}}$的值，从而实现$k_{\mathrm{p}}$、$k_{\mathrm{i}}$、$k_{\mathrm{d}}$的自适应调节。

实现期望横摆角度所需的前轮转角控制输入量为

$$\delta_{\mathrm{f}}=\frac{1+\dfrac{m}{l^2}\left(\dfrac{l_{\mathrm{f}}C_{\mathrm{f}}-l_{\mathrm{r}}C_{\mathrm{r}}}{C_{\mathrm{r}}C_{\mathrm{f}}}\right)v_{\mathrm{cd}}^2}{v_{\mathrm{cd}}/l}\omega_{\mathrm{cd}} \tag{6-93}$$

针对智能电动汽车多车协同换道问题，建立一种基于五次多项式拟合的换道轨迹模块，能够避免换道过程中与障碍车辆发生碰撞。针对智能电动汽车自动换道运动学模型，

设计了基于反演滑模的上层控制器和基于自适应模糊 PID 的下层控制器组成的轨迹跟踪控制器，采用模糊逻辑对下层控制的速度 PID 控制器进行自适应在线调节。该控制系统及方法具有计算简单，实时性好，应用灵活的优点。

## 6.5.2 多车协同编队控制

电动汽车协同编队行驶需要遵守的两个重要准则是单个车辆的稳定行驶和车队的稳定行驶。如图 6-71 所示，第 $i$ 个车辆的车距误差定义为

$$\varepsilon_i = x_i - x_{i-1} + D_i \tag{6-94}$$

式中 $D_i$——期望车距，包含前方车辆长度 $l_{i-1}$。期望车距 $D_i$ 可作为车辆速度 $x_i$ 等变量的函数。

单个车辆的稳定行驶条件为

$$\ddot{x}_{i-1} \to 0 \Rightarrow \varepsilon_i \to 0 \tag{6-95}$$

车队稳定行驶的条件为

$$\left\| \frac{\varepsilon_i}{\varepsilon_{i-1}} \right\|_\infty \leqslant 1 \tag{6-96}$$



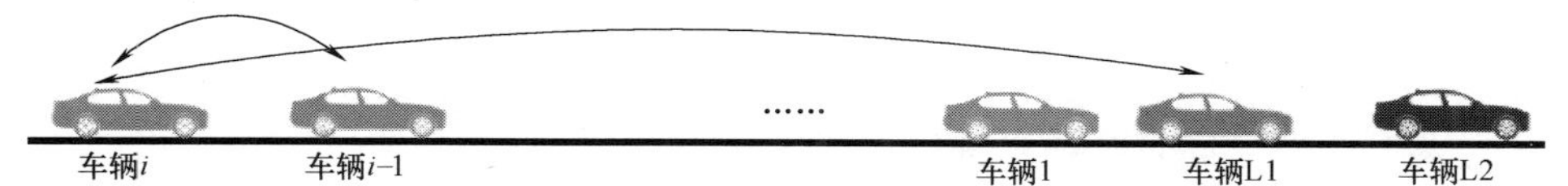


图 6-71 车队结构图

在智能电动汽车协同编队控制中，需要建立车队控制优化问题的优化指标与约束条件。在优化目标与约束条件的设计过程中，既需要考虑系统中的各个性能需求，又要考虑电动汽车和驱动电机的约束限制。利用车车通信技术获知车队前方多辆车的运动信息，对车队前方紧邻前车的运动行为建模并进行运动预测，在保证车队间各辆车的相对距离在合理范围内，并满足驾驶人在纵向舒适性的需求的基础上，降低电动车队的总体能量消耗。

智能电动汽车协同编队的优化指标通常包含经济性指标、跟踪性指标和舒适性指标。

1）经济性指标：智能电动车队的目标之一是降低电动车队行驶过程中的能量消耗。由于电动车队在行驶过程中的能量消耗主要是电机能耗，因此采用车队中所有电动车辆的电机能量消耗的和来表征该性能指标。

2）跟踪性指标：智能电动车队行驶过程中，需要保证车辆 $i$ 与其前车车辆 $i-1$ 之间的相对距离在合理的范围内，并且降低车辆的速度跟随误差。

3）舒适性指标：智能电动车队性能指标还需要考虑驾驶人的乘坐舒适性，在满足上述节能行驶以及安全跟车的性能指标的同时，还需要避免车辆频繁地进行大加速和大减速运动，造成驾驶人乘坐舒适感变差。

# 6.6 人机协同驾驶技术

智能网联汽车能够融合现代通信与网络技术，实现车辆 V 与 X（人、车、路、控制中心等）智能信息交换共享，具备复杂的环境感知、智能决策、协同控制和执行等功能。人机协同驾驶技术是智能网联汽车关键技术中的重要组成部分。同时，从手动驾驶到智能驾驶、从辅助驾驶到半自动和高度自动化驾驶，并最终实现全自动驾驶，在这很长的一段时间内，人机协同驾驶都会存在。驾驶人和机器共同驾驶车辆，车辆控制以驾驶人为主，机器辅助驾驶人，降低驾驶负担，驾驶人需要传递驾驶意图给机器，机器则发出提示和预警，在驾驶人驾驶的情况下，机器可能会做出监管与干预等，如图 6-72 所示。

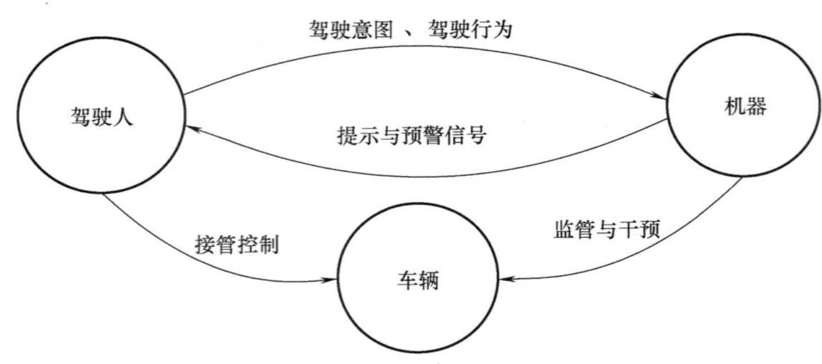


图 6-72 人机协同驾驶技术示意图

人机协同驾驶技术主要包括人机交互界面（HMI）技术、人机共驾技术和遥控驾驶技术等。本节将对人机协同驾驶技术进行详细的介绍。

## 6.6.1 人机交互界面（HMI）技术

### 1. 人机交互界面

人机交互界面（Human Machine Interface，HMI），是指人与机器在信息交换和功能上接触或互相影响的界面，并进行人与机器的交互。人机交互界面是人与机器之间传递、交换信息的媒介和对话接口，是系统和用户之间进行交互和信息交换的媒介。它实现信息的内部形式与人类可以接受形式之间的转换。人机交互是对人 - 机 - 环境作用关系 / 状况的一种描述。人机界面是人 - 机 - 环境发生交互关系的具体表达形式。交互是实现信息传达的情境刻画，而界面是实现交互的手段。智能网联技术与车联网技术的应用，使得车与车、车与基站、基站与基站之间能够通信，从而获得实时路况、道路信息、行人信息等一系列交通信息，最终可提高驾驶安全性，减少拥堵，提高交通效率，提供车载娱乐信息等。

车联网是以车内网、车载移动互联网和车际网为基础的，依据特定的通信协议和数据传输标准，实现车与一切事物（V2X）之间信息交换的系统网络。就车辆本身而言，车联网能提供的功能有：

1）信息服务和管理，主要体现在车载语音导航、出行规划和联网娱乐上。

2）车载传感与感知，提高车辆环境传感和感知能力，为汽车的自主规划和决策控制提供更丰富的外在资源和参考（如交通信息、地理位置信息、车与外界的信息交互（V2X）、大数据、云计算等），使得汽车更安全、更智能和更舒适。

3）其他社会性功能，如智能终端、紧急救援等社会性功能。

车联网功能示意图如图 6-73 所示。

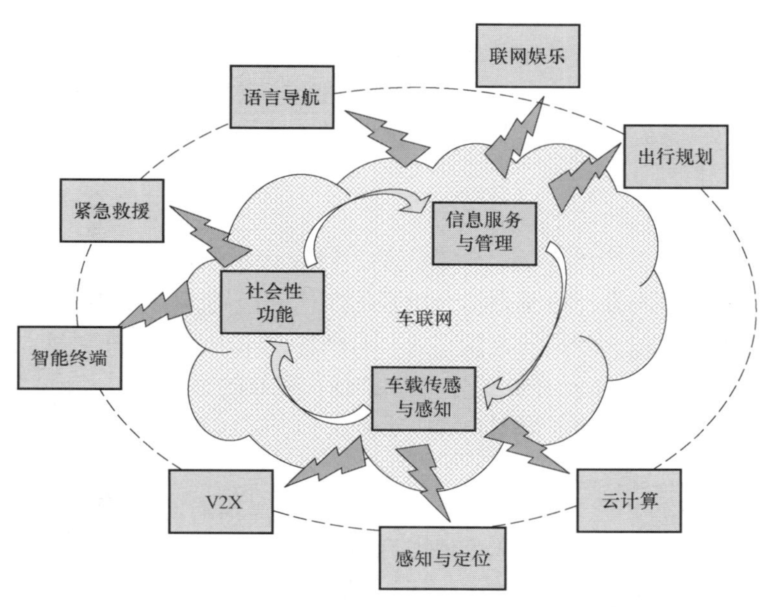


图 6-73 车联网功能示意图

汽车的人机交互界面实现人与组合仪表和多媒体显示屏之间、组合仪表与多媒体显示屏之间，以及移动设备与汽车之间的信息交互，主要可分为主驾驶界面、辅助驾驶界面、信息交互与娱乐界面、移动设备与汽车整合界面，如图 6-74 所示。

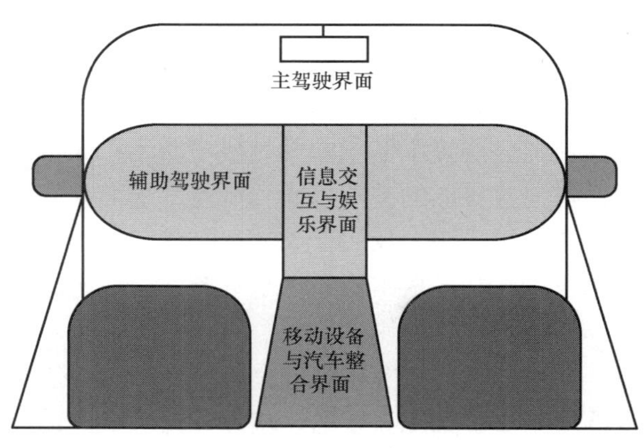


图 6-74 汽车人机交互界面

主驾驶界面显示的内容主要包含路况信息，其交互控制的内容涉及转向盘、加速踏板、制动踏板、离合器等驾驶基本操作。

辅助驾驶界面显示的内容主要包括各类辅助驾驶信息，如仪表板信息、自适应巡航信息、自动泊车信息等，在帮助保持车道、维持稳定速度的同时又与前车保持安全距离，警告各种潜在危险等。其交互控制的内容涉及刮水器、灯光控制、车道保持、定速巡航等。

信息交互与娱乐界面显示的内容主要包括音乐、导航、电话、调频、设置等。用户可以获得汽车当前状态的信息、汽车传感器获得的信息及通过网络整合的信息。不断发展的智能交通系统以及“车对车”交流技术，使有关汽车所在环境的可用信息增加。

移动设备与汽车整合是指与汽车相连接的移动设备在车内使用，主要是指手机、平板电脑等设备，能够实现多媒体系统的深度集成，而且还能够与驾驶人进行车内诊断和控制系统的深度集成，在连接互联网的同时提供API接口，可以自定义应用程序，独立开发者可提供定制服务等。

2. 人机交互界面设计原则

良好的人机交互界面应当是在满足汽车驾驶最基本的功能要求下增加可提高汽车驾驶乐趣方面的功能，同时要针对不同用户人群拥有不同的主题风格、界面风格、色彩风格。因此，设计出安全、友好、智能化及个性化的人机交互界面，必须以用户体验为目标，并考虑以下原则。

（1）以“人”为中心的基本原则

人机交互是以“人”为中心的，在系统的设计过程中，设计人员要抓住用户的特征，发现用户的需求。系统的设计决策要结合用户的工作和应用环境，必须理解用户对系统的要求。对于智能网联汽车，涉及的直接“人”有两种，车内人员与车外人员。车内人员主要以驾驶人为中心，车外人员主要以行人为中心。最好的方法就是让真实的用户参与开发，这样开发人员才能正确地了解用户的需求和目标，系统就会更加成功。

（2）易用性原则

触摸屏、液晶显示屏是用户与汽车交互的纽带，操作的便利性是至关重要的。便捷的操作能够减少用户的操作时间，大大地提高用户在驾驶时的安全性。交互界面的易用性主要体现在用户驾驶操作的方便性方面，用户可以很快地完成对显示屏的操作和对功能的学习。

（3）功能原则

按照对象应用环境及不同场合的具体使用功能要求，以及各种子系统控制类型、不同管理对象的同一界面并行处理要求和多项对话交互的同时性要求等，设计分功能区、分多级菜单、分层提示信息和具有多项对话栏的窗口等的人机交互界面，从而使用户易于分辨并掌握交互界面的使用规律和特点，提高其友好性和易操作性。人机交互界面必须以满足功能为前提，组合仪表作为汽车行驶状态的重要显示区域涉及很多驾驶安全信息，而安全作为汽车驾驶最根本的条件是不能做出任何让步和妥协的。

（4）人性化原则

用户是人，计算机系统是人完成任务的工具，应该使计算机和人组成的人机系统很好地匹配工作；如果有矛盾，应该让计算机去适应人，而不是人去适应计算机。以用户驾驶情境为切入点，观察用户在不同情境下的操作，分析情境对用户任务的影响，在情境信息和功能设计之间建立相关联系，遵循情境感知汽车人机交互界面的自适应推理规则，实现情境感知汽车人机交互的设计。在交互设计方面坚持人性化，通过人工智能去提供更人性化的硬件配置；在共享性方面，通过共享降低成本；在时间上的释放和无歧视化方面提升用户体验。

随着智能网联技术的发展和应用，汽车人机交互界面中的信息变得越来越复杂，从而对汽车人机交互设计提出了新的问题与挑战单。良好的人机交互有助于提升驾驶体验，并且加速智能网联汽车市场化的进程。

### 3. 典型的人机交互方式

（1）车内人员与车的典型交互方式

车内人员与车的典型交互方式有物理按键或触屏交互、语音交互、手势交互及增强现实（Augmented Reality，AR）等。

1）物理按键或触屏交互是最常见的交互方式。物理按键中控台和仪表要以快速扫视的方式完成信息获取，时间较短，比较仓促。为了缩短驾驶人离开行车道路视野的时间，在设计上需要考虑驾驶人能快速识别并做出相应反应。触屏不需要机械的按键或滑条，显示屏就是人机接口，通过采用先进的计算机技术，运用文字、图像、音乐、解说、动画、录像等多种形式，直观、形象地把各种信息介绍给人们，给人们带来极大的方便。但触屏交互在控制器的识别和再反馈方式上，没有物理按键那么简明易操作。对于注意力需要高度集中的驾驶人来说，触屏没有物理按键效率高，操作界面存在误点击等安全隐患。

2）语音交互最基本的作用是辅助行车安全，在保障安全性的基础上被用于提升车内的体验乐趣，使得人车交互更加便捷、自然。语音交互分为将语音系统置入智能手机或将语音系统配置在车载终端上两种方式。语音系统搭载车载终端，主要的功能以拨打电话、导航、下达娱乐系统命令等为主。语音交互的主要优势就是让用户可以用更加自然的形式，特别是与平视显示器（Head Up Display，HUD）相结合，避免行车过程中产生更多的安全性隐患。

语音交互存在的主要问题有：

① 交互的自然性低，现阶段的语音命令主要以固定的搭配为主，可以接收的命令有限，而且受到地方口音与专有名词及特殊语义的限制，大大降低了语音系统的识别性。

② 灵活性不够，系统对驾驶人发出的命令不能做出灵活性的修正，在驾驶人口误的情况下，即使提高了识别的准确率，也无法获得正确的交互。

③ 抗干扰性弱，部分情况下车内不是只有驾驶人，还有乘客，语音交互系统如何在有乘客交流的情况下正确区分驾驶人的命令也是要解决的问题。

3）手势交互是汽车人机交互的研究热点。与语音控制和触屏相比，手势交互的技术门槛更高，交互形式更复杂。现阶段，手势交互只能完成一些简单的交互，如打电话、调节音量等操作。此外，从技术角度来看，ToF（Time of Flight）技术、结构光技术、毫米波雷达技术为汽车领域手势识别的主要技术。ToF 技术利用光线传播的时间来识别手的位置及手的姿势；结构光技术采用点、线、面的光获得图像，并利用三角原理得到手的位置及姿势；毫米波雷达技术利用雷达波收发的时间差确定手的位置及手势。

手势交互存在的主要问题有：

① 手势识别技术的成熟度不够，功能单一，缺乏统一的规划，人与车的自然交互匮乏，难以高质量地完成手势控制。

② 手势可表达的内容有限，与语音交互相比较，手势交互难以表达清楚具体的任务内容，但在表达任务的执行对象上比语音交互更有优势。

③ 不同手势之间的相似性以及手势范围的模糊性造成系统的误判。

4）增强现实将屏幕上的虚拟信息和现实世界信息进行嵌套，将计算机生成的虚拟场景或提示信息迭加到真实场景中，并以此为基础进行交互。增强现实通常与平视显示器（HUD）相结合，将信息直接投影到风窗玻璃上，将数据信息与现实行车场景结合，尽量减小驾驶人注意力的分散，可有效提高舒适性和安全性。在手动驾驶模式下，增强现实显示主要用于辅助驾驶，用于驾驶人视觉增强系统以及导航系统，在不利于出行的恶劣天气及环境下，拓宽驾驶人的视野，保证出行安全。导航时的信息显示还可以配合声音提示，有效指示路线，辅助驾驶人安全驾驶。在自动驾驶模式下，人们从驾驶任务中脱离出来，用户的行为模式也由驾驶转换为出行，可以提供给用户的信息急速增加，增强现实技术可创造全新的驾乘体验。但如何整理车辆信息、车辆间信息、车辆和其他信息载体交互的信息在内的复杂信息体系，并有效呈现给使用者，满足使用者的心理需求，尚需进一步探讨及研究。

（2）车外人员与车的典型交互方式

车外人员，主要包括行人及其他道路使用者。车外人员与车的典型交互方式有视觉交互和听觉交互。

1）视觉交互除了要考虑各情况下展示的信息内容外，还应考虑车速对行人视觉的影响，可以通过在车外（如车顶）安装显示屏，利用文字、声音、图像等向行人和其他车辆传达信息。行人过马路的安全感往往来自与驾驶人的眼神交流或挥手动作，人为驾驶时，很容易实现与车外行人的交流，而当路面上自动驾驶的比例上升时，驾驶人与行人的交流就显得尤为困难。自动驾驶阶段，驾驶人对路面的注意力不那么高，为保障行人安全，驾驶人与行人的交互转换为车与行人的交互是一种必然趋势。目前，自动驾驶汽车与行人的交互处于概念性的研发阶段，并没有大规模实际应用。

2）听觉交互除了考虑发出的信息内容外，声音的大小以及不同道路环境的干扰也是需要解决的关键问题。未来自动驾驶或许会出现更先进的与行人交互的方式，汽车所发出的信息要确保能为行人所识别及理解。车与行人自然地交互是未来自动驾驶必须要解决的问题，要考虑驾驶人的需求，同时考虑道路上的所有人员包括行人、交警的需求也是十分有必要的。

## 6.6.2 人机共驾技术

智能驾驶包含的范围比较大，既包括无人智能驾驶，也包括有人智能驾驶。在完全无人智能驾驶还没有达到产业化应用之前，人机共驾智能驾驶应该是从有人智能驾驶到无人智能驾驶的有效途径之一，它们之间的关系如图6-75所示。

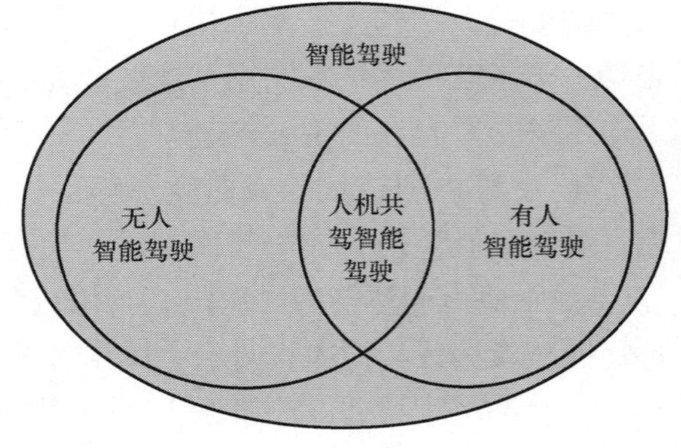

图 6-75　有人智能驾驶与无人智能驾驶的关系

在人机共驾智能驾驶系统中，驾驶人的感官通过对环境的感知（视觉、听觉）等，通过视觉、触觉和体感等的反馈构成一个闭环控制系统，包括大脑决策与判断，这是有人智能驾驶。机器人通过系统发出提示或者警示信息，或者主动干预，构成人机共驾系统。在人机共驾系统中，人是系统的核心要素，以人为中心是人机系统相互协调工作的本质需求。无论是人机交互设计，还是人机协同控制，人的驾驶过程的复杂性、随机性和时变性都是需要考虑的重要因素。如何更好地发挥人类驾驶人和智能汽车驾驶人各自的优势特点，如何理解驾驶人的意图进而在紧急时刻采取措施弥补驾驶人的不足，保证汽车具有最优的行驶性能，并且能够被车内的驾乘人员所接受，这是智能网联汽车需要解决的关键技术之一。

考虑驾驶环境 - 车 - 驾驶人的人机共驾系统包括路径规划模块、驾驶人状态监测模块、驾驶环境和车辆状态感知模块等，根据人机共驾系统每个模块的状态，自动切换到无人驾驶、人机共驾或驾驶人独自控制等运行模式，如图 6-76 所示。图中点画线框内部分为下层人机共驾系统，是实现与转向系统交互的底层人机共驾模块，基于施加于转向系统的转矩信号实现驾驶人和辅助控制器之间的通信，驾驶人能够感知辅助控制器的动作并及时领会该动作是否适合当前工况。上层人机共驾系统可以看成是导航控制层，通过处理来自路径规划模块、驾驶人状态监测模块、驾驶环境和车辆状态感知模块的信息，来确定系统的控制决策输出，如全自动驾驶、人机共驾或者手动驾驶等。

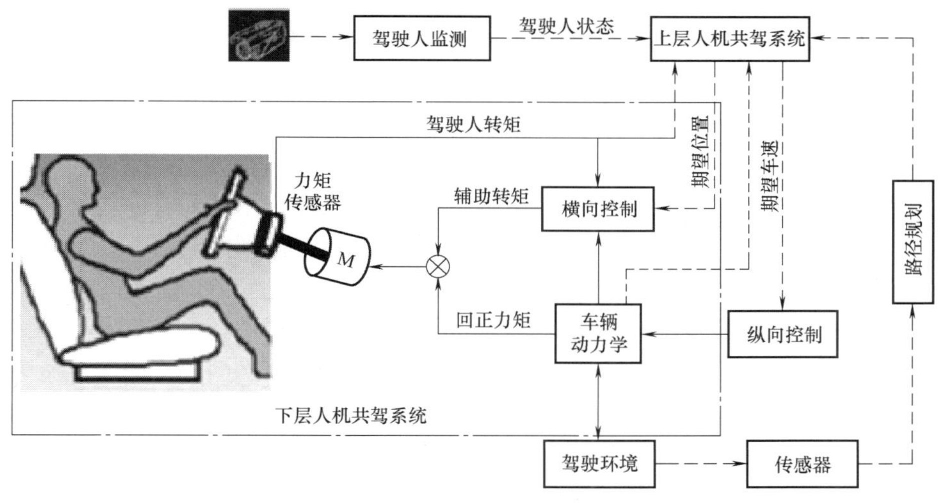


图 6-76 典型人机共驾系统

人机共驾技术包含驾驶人意图识别、驾驶状态监测、驾驶行为辨识（驾驶习性和驾驶技能等）以及友好、直观的人机界面和人机交互体验等。驾驶行为可分为感知、决策、控制，除了驾驶人的一些精神上的负荷和产生的体力负荷，其操作技能、驾驶习性都会影响驾驶的效果。如何能够客观准确地测试分析并且建模驾驶人自然操作的行为，数字化地表述驾驶人的意图，包括手、脚、眼的操作习性，这对人机共驾技术研究具有重要的意义。人机共驾时驾驶人和智能系统同时在环，分享车辆控制权，人机一体化协同完成驾驶任务。人机共驾工作模式有托管、纠偏、补偿、协同等。图 6-77 所示为人机共驾模式。

针对智能网联汽车的人机共驾技术，其核心就是执行从人工驾驶切换至自动驾驶，或从自动驾驶切换至人工驾驶的驾驶模式决策。而要实现人机共驾技术，需要解决以下主要关键技术和难点：人机相互作用、人因研究、智能决策及功能分配等。

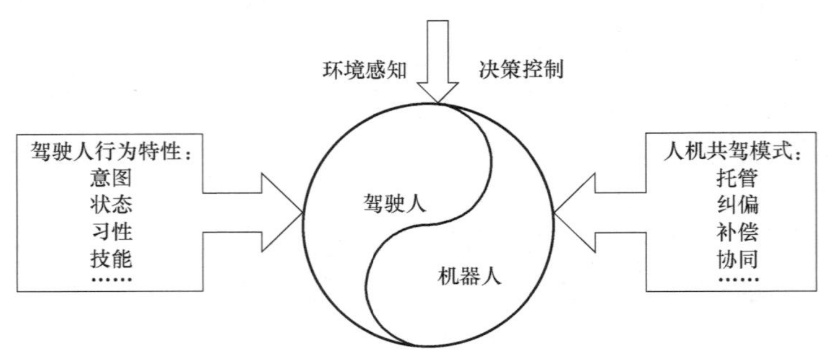


图 6-77　人机共驾模式



### 1. 人机相互作用

在“驾驶人 - 汽车”的人机系统及其必要的相互作用中，首先要考察驾驶人在驾驶汽车时的基本任务，然后在“驾驶人 - 汽车”相互作用的潜力下考察“驾驶人 - 汽车 - 环境”系统。驾驶汽车的基本任务可分三个核心任务：导航、纵向引导和横向引导。

在导航情况下，从起始点到目的地的行驶要解决一些重要任务。其中主要是选择推荐的、到达目的地的规划路径任务。在纵向引导汽车时，除了如速度控制的主要任务外，还要观察交通流中与前面汽车的距离。在横向引导汽车时，特别要注意车道保持和车道变换问题。纵向引导和横向引导汽车的组合行驶方式可以稳定汽车行驶。同时，为可靠驾驶汽车，必须保证相应的次要任务。除接通照明、操纵风窗玻璃刮水器和转向灯外，还经常要解决其他一些任务，如空调、通风、系统故障监控或听收音机、打电话等。

在实现汽车辅助系统，或在自动或部分自动干预时，要保证驾驶人适当参与。重要的是要实现驾驶人期盼的系统性能，在所有的活动和系统反应中要保证驾驶人处于系统的闭环中。为此，可将人机共驾系统想象为工程系统和驾驶人之间的动态分配。按当时驾驶人耦合的紧密程度，可以做出分层次的反应。困难在于，在危急情况下与驾驶人的耦合要快，而且要正确及相适应。在考察驾驶人及其与汽车互动时要了解驾驶人模型，需要掌握驾驶人、汽车和环境的相互作用。由驾驶人、汽车、道路以及环境构成的人机环境闭环系统中，驾驶人对行车安全起着主导作用，是保证道路交通系统安全的关键。驾驶人接收到外界多种类型的信息，并根据其驾驶技能、应急处理等能力做出判断和决策，继而控制操纵车辆，从而改变其运行状态以适应道路交通状态并保障安全驾驶。图 6-78 所示为人 - 车 - 路 - 环境道路交通系统相互作用关系。

根据道路和环境变化可能会对驾驶人和车辆性能造成的影响，通过对不同道路、环境下的行车数据进行分析，可以掌握与分析道路条件、交通流状态及天气条件等对本车动力学参数和行驶特性的影响，从而揭示车 - 路 - 环境之间的作用机理。通过分析在不同道路环境和车辆性能下车辆加速度、转向角、换道时长等驾驶行为的特性参数，可以研究驾驶人个体微观行为及其差异对行车安全状态的作用机理。利用多元统计分析方法揭示驾驶人的行为特性及对本车性能的影响，从而可以建立汽车运动状态下驾驶人的行为动力学模型，得到人 - 车 - 路 - 环境协同作用机理。

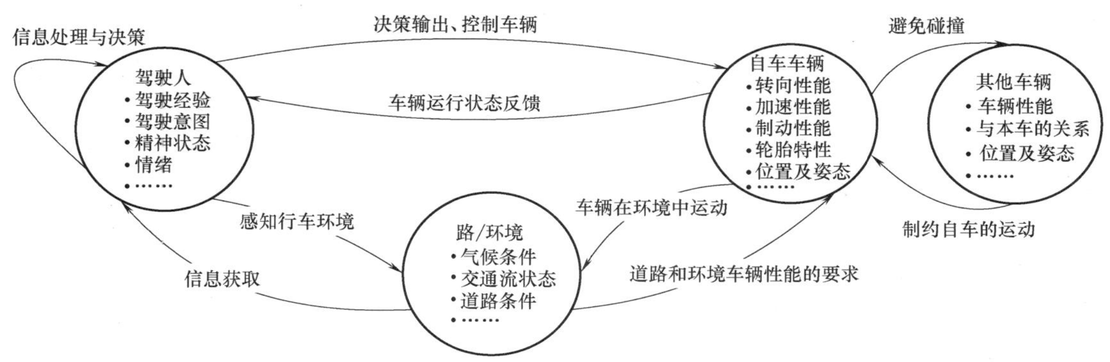


图 6-78 人 - 车 - 路 - 环境道路交通系统相互作用关系

### 2. 人机协同共驾的人因研究

自动驾驶级别越高，驾驶人集中在环境监视和系统操作上的注意力就越少，从而导致驾驶人接管驾驶的能力变差。自动系统在减轻人类操作负荷、提高操作精度的同时，也在人因方面带来了新的安全隐患，如自满、技能退化、脑力负荷不足、脑力负荷过大、情景认知降低等。也有学者指出，更危险的不是最高级别的自动驾驶，反而是需要驾驶人监视自动系统运行的中间级别，因为人无法在足够长的时间内保持警惕。因此，人机协同共驾的人因问题在受到广泛关注的同时，也成为实现控制权安全、平稳切换的重要指导依据。

（1）驾驶模式切换的影响因素

随着汽车自动化程度的提高和自主决策权限的扩大，车的意图和人的意图必然出现耦合与制约关系。对影响驾驶模式的“人 - 车 - 环境”因素进行定量分析与提取，是实现人机切换决策的依据。驾驶模式的影响因素主要包括交通环境、驾驶人行为、行车状态等。在自动驾驶模式下，驾驶人可以执行其他非驾驶任务，如果驾驶人在接管汽车时出现注意力不集中，则会导致接管质量下降，增加事故风险。相比于从人工驾驶到半自动驾驶阶段，从半自动驾驶到全自动驾驶阶段的非驾驶任务所占的比重更高。

随着汽车自动化驾驶技术的发展，汽车与驾驶人之间形成了一种动态交互关系，驾驶人和机器意图必然出现耦合与制约。与机器的精确感知、控制能力相比，人具有模糊、退化、个性化等特点。而人相对机器而言，在学习能力和处理未知工况能力方面具有明显优势。因此，人机共驾存在两个层面：第一是驾驶人与机器控制的驾驶权切换；第二是驾驶人与机器控制的驾驶权融合。

从自动驾驶切换到人工驾驶的接管时间，是评价驾驶人接管能力的重要指标，例如，驾驶人接管时间的影响因素包括交通流密度、非驾驶任务等，但对于建立这些影响因素与接管时间之间的关系，还须进一步深入研究。“人 - 车 - 环境”因素的特征提取人机切换事件往往涉及复杂的驾驶场景，例如，自动驾驶系统因无法胜任某些交通环境需要驾驶人接管，以及人工驾驶的驾驶人因出现驾驶能力下降，需要自动驾驶系统接替等。

从驾驶权切换的角度来讲，切换的时机、切换对驾驶人的影响是需要解决的关键问题。在切换控制时机方面，可以通过判断驾驶人对转向盘的握紧程度进行控制权刚性交接。在切换控制对驾驶人影响方面，对非驾驶任务的参与会导致驾驶人感知和情景重构能力的降低。而从驾驶权融合的角度进行分析，需要着重考虑人 - 机交互与驾驶权分配问题、人机共驾策略及测试评价方法等关键问题。

除了驾驶人主动进行驾驶模式切换之外，驾驶模式切换事件往往出现在比较危险的驾驶场景，如自动驾驶系统无法胜任当前驾驶任务，或人工驾驶阶段的驾驶人出现驾驶疲劳、注意力不集中等不良驾驶行为，而难点在于如何提出有效的方法来全面地挖掘这些危险驾驶场景，并提取准确的特征指标。因此，目前主要采用驾驶模拟试验、自然驾驶等手段，获取与驾驶模式切换场景相关的“人 - 车 - 环境”信息，对驾驶场景进行认知和重构，并结合主成分分析等方法提取特征指标。

（2）驾驶人的认知特性和负荷特性

认识和理解当前所处的交通环境是驾驶人实现安全驾驶的先决条件，情境认知也被认为是实现驾驶安全的最重要的人因之一。驾驶人的情境认知可分为获取信息、理解情境、预判未来三个阶段。获取信息是对驾驶环境中的多种对象的状态进行感知，包括大小、颜色、位置和速度等，它是认知的前提，直接关系到任务的绩效，并且需要一定的时间和空间；理解情境是根据前一阶段获取的信息理解其中的意义和内在联系；预判未来则是在前两个阶段的基础上对未来环境的状态和条件进行预测。

人机共驾环境下，驾驶人的认知特性主要表现为注意力水平偏低、注视缺乏，并且在控制权切换之前没有充足的时间，驾驶人的信息获取有限，并导致情景理解速度滞后。与传统驾驶相比，人机共驾增加了一个全新的驾驶任务，即配置、维护和监视自动系统的运行。这要求驾驶人不仅要理解系统的功能、运行边界，还要关注系统状态、导航、周围车辆运动状态等信息。驾驶人经常处于双任务或多任务的工况下，使其承受的信息处理负荷增加，其注意力可能从环境感知、汽车操纵等与驾驶任务直接相关的任务中脱离。许多先进的汽车自动化技术及驾驶人辅助技术，如自适应巡航，虽然能够释放或部分释放驾驶人的操纵行为，在很大程度上减轻驾驶负担，但由于驾驶人长期处在低负荷水平的状态，极容易脱离控制环路而导致无法对紧急情况迅速做出反应。因此，人机共驾环境下的认知特性与传统驾驶环境相比较，还是存在一定差异的，需要研究驾驶人认知变化规律，使人机共驾的切换控制更加符合驾驶人的驾驶行为。

人机共驾环境下的驾驶人负荷特性与手动驾驶相比也存在较大的差异，主要表现为负荷不足和负荷过大两种情况。自动驾驶状态下，驾驶人允许不对车外环境进行实时监测，脑力和认知负荷处在较低水平；而在突发或复杂情况下，当驾驶人突然被要求接管车辆控制时，其脑力和认知负荷需求激增，这种特性对切换过程的安全性有直接影响。驾驶人负荷特性变化与驾驶人的任务变化密切相关。人机共驾环境下，当驾驶人不再需要承担驾驶和监控任务时，他们更愿意从事其他的任务，如果可能的话，甚至会推迟对车辆的接管，从而产生一定的危险。当需要人接管时，人的注意力资源已不能满足任务需求，从而使接管绩效变差。

研究表明，非驾驶相关任务、驾驶场景的复杂度和紧迫度、接管请求的形式以及强度等因素都是影响驾驶人接管时间和接管质量的重要因素。人们希望借助非驾驶相关任务的负荷需求提升驾驶人的可支配注意力资源，从而改善接管绩效。与手动驾驶相比，从事次任务可能使驾驶人的情境认知能力减弱，从而降低驾驶绩效。同时，次任务能使驾驶人保持一定的用脑负荷，在改善接管绩效方面有着积极的影响。

（3）驾驶人驾驶能力的在线评估

驾驶人模型可细分为状态监测、状态分析、状态评估、行动选择和行动执行。在状态监测和状态分析方面主要监测汽车环境状态，可由技术上的传感装置或驾驶人完成。利用相应传感装置的感知或驾驶人的感知，在理想情况可形成合适的状态意识。状态评估和由此得到的状态反应可以由工程系统（如预碰撞识别、碰撞减轻）完成，也可直接由驾驶人完成。行动执行可以是自动地或部分自动地完成，也可以是助力地（如伺服转向）完成。

在自动驾驶阶段，驾驶人须时刻注意交通环境并具备随时接管汽车的能力。而在人工驾驶阶段，自动驾驶系统也必须在线监测驾驶人的操控能力，并在发现驾驶人操控能力下降时，给驾驶人以安全警示。可见，人机共驾智能汽车的自动驾驶系统需要在全工况下监测驾驶人行为状态，并评估其驾驶能力。

针对自动驾驶阶段的驾驶人驾驶能力评估，当前出现了利用计算机视觉获取驾驶人注意力、位姿等信息的在线识别方法，并结合多传感器融合技术，评估驾驶人在自动驾驶阶段对智能汽车的接管能力。在人工驾驶阶段，则主要利用多传感器融合的方法，采集驾驶人操作信息、汽车运动状态和道路环境信息，综合评估驾驶疲劳、注意力不集中等操控能力下降的趋势，并及时给予安全预警提示。

驾驶人的反应力是控制权切换时驾驶能力评估的重要指标。驾驶人的反应力指驾驶人在接到系统发出的接管请求后，能及时恢复注视前方，并对车辆进行操作的能力。反应力主要通过反应时间和接管时间来衡量。驾驶人的反应力与认知能力息息相关，较低的认知水平意味着较长的反应时间和接管时间。驾驶人的反应力特性目前还没有统一的标准，因为其影响因素是多样化的，不仅和接管事件类型有关，还与驾驶人所处的环境和驾驶人状态相关。

无论是在传统的人工驾驶阶段，还是在自动驾驶阶段，驾驶人的驾驶行为分析始终都是保证行车安全的关键因素。一般地，驾驶行为主要分宏观和微观两类，宏观驾驶行为主要从宏观交通系统的角度，研究驾驶人生理和心理与车辆、道路环境之间的内在交互作用机理，如疲劳、注意力不集中、超速等行为；微观驾驶行为主要从人机工程学的角度研究驾驶人通过操纵车辆运动，以适应动态交通环境的客观规律，如跟驰、换道、超车等行为。

随着汽车智能化、信息化程度的不断提高，越来越多的驾驶行为参数易于获取，在大量丰富的驾驶行为数据导引下，驾驶行为的大数据分析研究成了一个重要的发展趋势。对于汽车 OBD/CAN、北斗 /GPS、高精度地图、视频图像等结构化或非结构化信息，未来将结合大数据技术，实现对驾驶行为的智能分析。

### 3. 人机协同共驾的智能决策

与一般的驾驶辅助系统相比，共驾型智能汽车由于人机同为控制实体，双方的受控对象交联耦合，状态转移相互制约，具有双环并行的控制结构，因此要求系统具备更高的智能化水平。系统不仅可以识别驾驶人的意图，实现行车决策的步调一致，而且能够增强驾驶人的操纵能力，减轻其操作负荷。

人机切换决策是智能汽车具备人机共驾能力的核心。驾驶模式之间的切换决策，从简单的开关切换，发展到基于多源信息融合的智能切换。智能决策系统是由人和智能驾驶系统组成的智能系统。从人机工程学观点看，这个智能系统的主体应该是人，智能驾驶系统与人在解决决策问题的过程中相互配合、协调，使决策系统达到最佳状态。因此，人机协同共驾智能决策系统应该由人、智能驾驶系统、环境等组成，需要从系统总体角度分别研究人、智能系统以及环境之间的相互关系，综合考虑系统的整体性。

人机协同共驾过程中易受大量随机因素的影响，面对的环境、态势和目标等方面的信息会实时变化，需要解决变化环境、多目标的决策问题。智能决策系统需要建立环境数据库、动态数据库、模型数据库、驾驶人数据库以及动作指令数据库。环境数据库包括各种环境组成要素的数据信息和图像信息（交通标识、路面材质、路侧环境、特殊障碍等）；动态数据库包括车辆在行驶过程中通过传感器实时感知的、经融合的动态数据信息，还包括信息融合方法、态势评估方法、特征提取方法、图像处理方法，以及故障诊断、预测和处理方法等；模型数据库包括自主性评价模型、各种环境模型、行驶轨迹评测模型等；驾驶人数据库包括驾驶人认知能力、负荷特性以及反应能力、精神状态等体现驾驶人状态和接管能力的信息；动作指令数据库可发出决策指令、分配控制权，并及时得到驾驶人或智能驾驶系统的反馈。所有数据库中的信息都可以随着研究的进展不断进行改进和完善。

汽车的行驶工况多变，驾驶场景复杂，使得人机共驾智能汽车在人工驾驶与自动驾驶之间进行切换时需要全面地考虑驾驶人驾驶行为、行车状态、交通环境等多源信息，通过对“人 - 车 - 环境”因素进行提取与融合，制定可靠的人机切换逻辑规则。为此，需要针对人机切换的特征指标，进行大量涉及人机切换的驾驶场景训练，分析人工驾驶与自动驾驶之间的切换事件及切换时机，获取两种驾驶模式对应特征指标之间的关联关系。

在实际过程中，驾驶场景涉及较多的随机因素，如驾驶人的驾驶行为、天气条件等。因此，随机过程中的方法是未来解决人机切换决策建模的有效手段，如贝叶斯网络、可靠性方法等，都能够用于描述交通环境的复杂性和实时动态性，从而建立可靠的人机切换决策规则。

#### 4. 人机协同共驾的功能分配

人机功能分配主要考虑人机共驾系统的效能、安全性和成本，既要最大程度地发挥人和机器的特长，又不可对人和汽车强加不适当的要求。这就需要在功能分析和人机特性比较的基础上，根据驾驶人的能力、自动化发展水平、可行性、费用等因素，进行人机功能分配，从而把功能分配给最适合于完成它的人机系统构成要素，使得车辆系统达到高效、安全、舒适和经济的目的。

控制权分配可分为输入修正式和触觉交互式协同控制。输入修正式是指系统不直接参与执行机构的控制，只对驾驶人的操控输入与控制器的输入进行叠加或者修正，并将结果传递至系统，其难点在于如何准确判断失稳边界或预测碰撞危险。输入修正式不会干扰驾驶人的操作，而是选择通过中间控制器来补充其输入，有助于减少在触觉共享控制中驾驶人的不适。在非常紧急的情况下，控制器可以轻松地覆盖驾驶人的转向输入，有助于控制器在避障任务中自动规避。触觉交互式协同控制是指系统与驾驶人共同对车辆执行机构施加作用力来实现对车辆的控制，驾驶人通过触觉交互与系统进行持续反馈。触觉交互式下，人的在环程度更高，紧急情况下，驾驶人还可以实现对车辆的完全接管，保留了驾驶人对车辆的最终控制权，其难点在于如何确定适应驾驶人特性的期望辅助力矩。但是，触觉交互式可能会导致驾驶人发生身体冲突和不适等情况。为提升人机协同共驾情况下驾驶人的安全性和舒适性，有必要对驾驶人的驾驶行为和意图进行系统深入的研究，掌握自动驾驶系统的适用范围和驾驶人交互接管控制能力，协调人类驾驶人和智能系统这两个“驾驶人”，让其进行优势互补，研究满足个性化需求的人机协同控制方法。近年来，博弈论也开始在人机共驾控制权分配上得到应用。

人机协同共驾控制可分为动态协同控制与切换控制。动态协同控制与切换控制都以安全性为前提，进而提高车辆行驶性能，提高舒适性，降低驾驶人操作强度，并且能改善极限工况下的稳定性、避撞等。但是，两者的侧重点不同。在提高舒适性方面，动态协同控制主要体现在降低人机冲突方面，切换控制主要体现在控制权的平顺转移方面。

智能驾驶汽车人机功能分配的趋势是驾驶人将继续承担信息收集和处理、决策、管理、操纵四位一体的智能工作。但是，分工正在发生变化，表现在信息收集和操纵职能弱化、决策和管理职能增强方面。在信息收集和处理方面，随着传感器、雷达、模式识别等技术的进步，机器在复杂模式的识别和细微变化的快速探测方面已经取得巨大进步，成本也正在下降。车辆将逐步取代传统驾驶人的信息收集和处理功能。在实施操纵方面，自动驾驶系统在速度、精度、抗疲劳性、可靠性等方面均比人优越。因此，在未来的驾驶中，驾驶人直接用手、脚操纵车辆装置的工作量将大量减少，只有在处置特殊情况时，才有可能需要。在决策和管理方面，因为汽车各子系统自动化功能将逐渐达到完全替代人工操作的程度，所以未来的智能汽车驾驶中，驾驶人的主要职能是管理和监控汽车各子系统的正常运行，必要时接管汽车的操控。同时，需要对系统功能、系统设计、实际操作等约束条件进行分析和优化，寻求满足各方面需求的最佳分配方案。

此外，人机共驾技术还需要通过探索具有共性特征的驾驶人驾驶机理，理解人机驾驶的本质差异，并揭示两者的冲突机理，通过研究反映驾驶人驾驶行为模式的个性化物理表征，形成基于驾驶权分配机制的人机共驾交互理论。

### 6.6.3 遥控驾驶技术

为了持续地保持交通的安全行驶，需要采用新的信息技术、通信技术和引导技术。为提高交通效率和运输效率，提高安全性和旅游舒适性，交通遥控将采用先进技术。移动通信领域的飞速发展可以安全、实时、低成本传输大量数据，使遥控技术以 C2X 形式在车与车和汽车与基础设施通信领域达到新的规模。

#### 1. 遥控技术与原理

交通遥控的重要任务是在各个方面以减轻交通的负面作用为目标，利用信息、通信、开环控制、闭环控制和监控技术对汽车施加作用。图 6-79 所示是利用遥控技术可实现的服务。

在汽车不断使用地面的和卫星支持的移动通信系统以及 Internet 技术时，汽车的行驶环境、推荐的行驶路径等数据可以被传输到汽车物流或调度公司。在运筹方法和模拟方法中，信息技术部件处理接收到的交通信息或物资调度数据。输出数据可用于企业内部或提供给增值服务（如车队管理）部门。

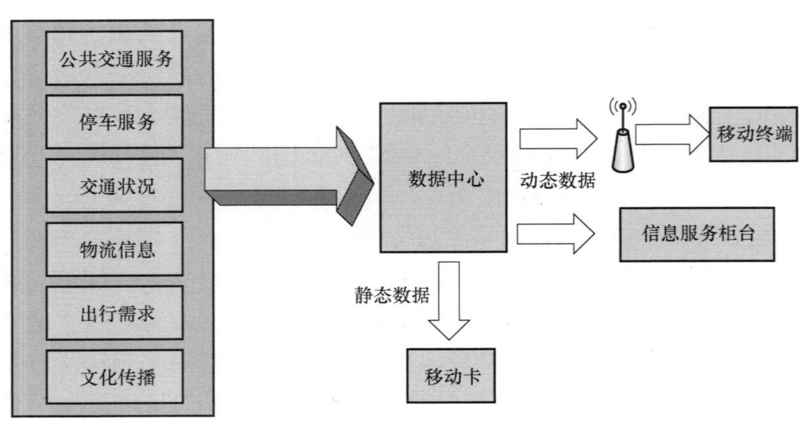


图 6-79 利用遥控技术可实现的服务

确定移动物体位置是交通遥控的重要方面。交通遥控可通过跟踪汽车和通过汽车运行轨迹数据构成一幅交通状况情景。目前还提供单一的或组合的电子地图匹配、合成导航和卫星导航（GPS/DGP/Galo），以及利用移动无线电系统定位。

除技术层面外，交通遥控通过信息技术和通信技术也研究交通控制的社会的、经济的、生态的影响。其中包括交通对环境的负面影响，通过优化现有的运输和交通基础设施的容量负荷率改变社会内部的人员、货物的移动状况，改进人员和货物运输的经济性。

为保护环境而应用的交通遥控的优点可以归纳为：

1）通过避免交通拥堵节省能量和充分利用公共交通工具。

2）通过缩短走走停停的交通和避免绕道减少有害气体排放。

3）通过可靠和吸引人的公共交通工具大量减少乘用车行驶。

4）进一步缩减公路建设，减少土地资源消耗。

交通遥控服务可改善交通流向和在个人交通和公共交通中帮助人员的流动，作用如下：

1）通过将行车时刻表查询系统和可靠的交通衔接，减少近程客运公共交通（PNV）等待时间。

2）优化公共交通工具和私人交通工具组合。

3）通过企业导航系统加速公共汽车、轨道交通、火车的发展。

4）通过自动的动态目标跟踪系统和停车系统减少在不熟悉城市的乱行驶。

5）快速到达急救服务中心。

由于采用交通遥控服务而可取得以下效果：

1）货运管理和车队管理减少空程行驶。

2）较好的装载配额减少汽车保有量。

3）独立的目标跟踪系统，绕开拥堵地段可节省每千米行驶里程费用。

4）较好地调整不同交通工具间的衔接。

5）快速完成通关手续。

6）较低的仓储费（准时供货）。

与汽车有关的交通遥控新技术可提供系列加件以改善交通安全性，如防止驶上主路发生交通事故的距离保持电子报警系统，基于网联技术的辅助系统如图 6-80 所示。在转弯和变换车道时帮驾驶人（光的、声的），以及在弯道行驶，在拥堵前通过汽车与汽车通信报警。当前，遥控技术的另外一种应用场合就是载货汽车车队的队列控制。该技术不需要驾驶人的操作，能自动控制汽车速度并自动保持一定的安全距离。这些技术方案涉及不少法律问题，必须在政策与法律范围内与工业部门及时交换意见，以最佳地利用遥控技术，并避免错误发生。

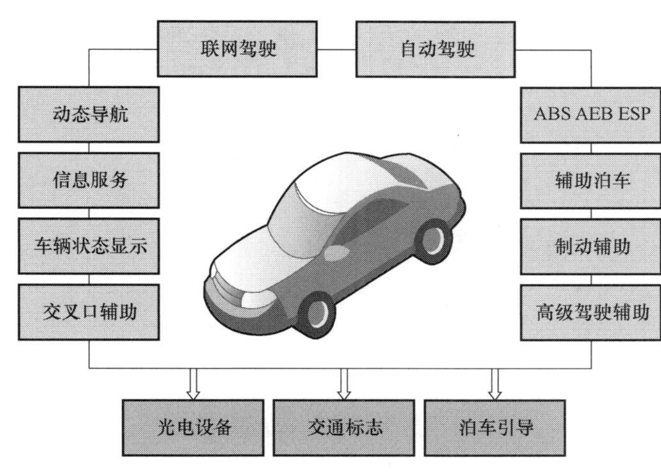


图 6-80　基于网联技术的辅助系统

### 2. 网联自动驾驶技术

网联自动驾驶是自动驾驶与车联网技术融合的产物。通过引入现代通信技术与网络技术，网联自动驾驶汽车可以与其他通信终端（包括路侧设施、车辆、行人和其他道路使用者等）和云端进行实时通信，实现整个交通系统的信息交换与共享，从而有效地拓展车辆的感知、决策和控制能力，提升车辆和交通系统的性能。图 6-81 所示为典型车路和车车通信概况。

在车路通信系统中，行驶中的车辆可以通过设置在路边的雷达等传感器检测出无法确认地点的其他故障车辆的信息。路边传感器检测出的信息储存在路边的设施中，该信息通过 DSRC 技术，根据故障车辆的位置信息和本车位置信息，计算出相对距离，从而通过本车的 HMI 向驾驶人提供车辆故障位置信息。

在车车通信系统中，实现了往来于道路上的车辆之间的直接通信，如因交通堵塞，驾驶人感觉会被后方车辆撞到时，系统会将提示数据信息用播报方式传递给后方车辆的驾驶人，接收到提示信息的车辆会根据其与周围车辆的距离信息及时调整状态，必要时会将该信息传递给其他车辆。

网联自动驾驶可根据计算单元的布置方式，细分为基于车端的与基于云端的两类。基于车端的网联自动驾驶，主要基于群体智能、分布式系统等相关理论，对典型的多车网联系统进行研究，如一维的车辆队列控制和二维的交叉口协同等。基于云端的网联自动驾驶，方案如图 6-82 所示，其主要利用丰富的云端计算资源实现全局的决策与控制优化协同，其难点在于决策优化问题的设计和在线实时求解。对于危险工况，一种有效的决策方案是最小化全局的车间相对动能，从而减轻碰撞伤害甚至避免碰撞；对于常规工况，一种有效的优化方法是采用交叉乘子法进行耦合目标函数和约束条件的迭代求解，从而降低计算的复杂度。

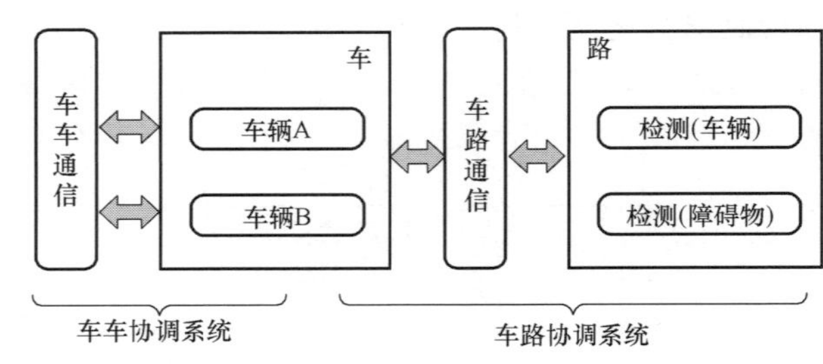


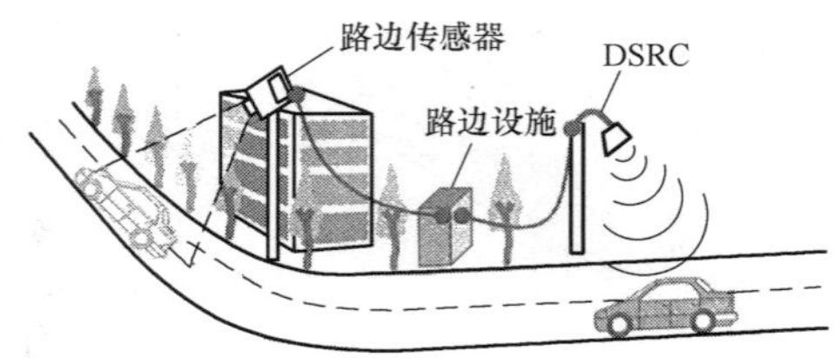


图 6-81　典型车路和车车通信概况

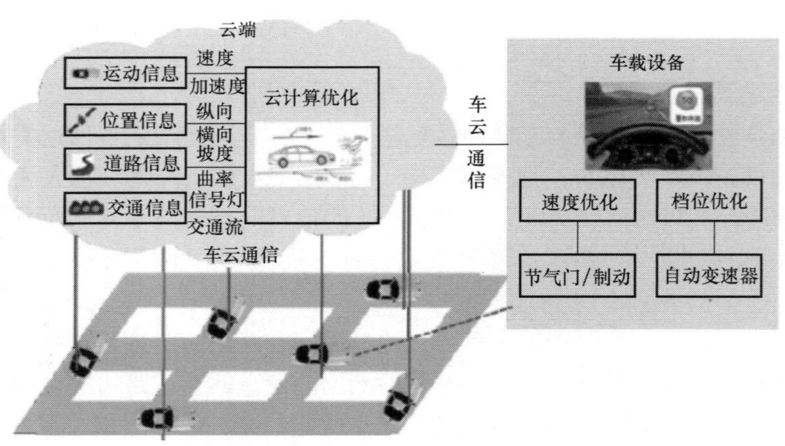


图 6-82　基于云端的网联自动驾驶方案

5G 网络具有超大带宽、超低时延和超高可靠等特性，可以帮助汽车更快地处理路况、实现车对车的无延迟通信，提高自动驾驶的可靠性，也为远程遥控驾驶技术提供关键技术支撑及提供更加广阔的发展机遇。使用 5G 网络可以远程控制一定距离外的车辆，实现起动、加速、减速、转向等驾驶操作，此外，也能实现车辆与云端之间远程监控数据的传输，网络时延保持在毫秒级。

### 3. 遥控操作控制结构

遥控操作早期应用于控制各种机器人系统，操作者对本地主机器人用手进行操作，远地从机器人跟踪主机器人的运动，从而完成远程复杂或危险环境下的任务。它由操作者、主机器人、通信环节、从机器人和环境构成。操作者的位置指令通过主机器人、通信环节和从机器人作用于环境，而从机器人状态经过上述环节返回给主机器人。

遥控操作控制移动机器人可采用多种控制结构。直接控制或者人工控制是极端的控制方法，通常是操控者直接或不借助任何自动控制设备来控制机器人的行为。直接控制表明系统不具备智能和自治，因而用户可通过主接口直接控制机器人的运动。另一种极端的控制方法是监督控制，系统高层处理操作者指令以及反馈信息，并对机器人的智能或自治性有一定的要求。介于这两个极端之间的是共享控制结构，这种控制结构的机器人具有某种程度的自治性，或操作者可利用自动控制设备辅助控制。

在监督控制结构中，监督者向机器人发出高层指令，并接收来自机器人的综合信息。操作者监督遥控操作机器人系统并做出决策。监督控制的一个特殊实现方式就是使用远程传感器编程（TSP)，它是一个共享自治的概念，人与机器共享智能。假设传感系统能为实时任务环境提供足够的信息，机器层便可独立执行部分任务。任务规划层的配置和决策则由操作者完成。局部传感反馈信息可供机器人系统利用，而全局任务层必须与操作者交互控制。

共享控制结构可以保证远程遥控操作者以及任务的安全，基于遥控操作机器人站点的局部传感反馈回路，操作者所有的指令被自动提取，并且遥控操作机器人具有一定的智能感知能力。操作者通过运动反馈设备等发出总路径规划指令，然后随时进行微调。在具有大时延的应用环境下，共享自治概念则是指操作者和远程机器人都具有一定的智能，操作者和遥控操作机器人共同控制任务的执行，将总任务分解成许多子任务。虚拟固定装置是共享控制的一个特殊应用，充分利用机器人系统的准确性与操作者共享控制权，操作更加安全、迅速。



遥控操作机器人系统的研究目的就是使系统在存在时变或时不变时延的前提下设计控制方法，使得系统稳定，并能获得良好的操作性能，从而使从机器人跟踪主机器人的运动，完成远程复杂或危险环境下的任务。网络通信技术、人机交互技术、计算机控制技术等的发展和应用，以及汽车智能化程度的提高，为汽车遥控驾驶操作提供了广阔的应用空间，尤其是一些特殊用途和应用场合的车辆。

汽车的遥控控制可以通过手机端、TSP后台服务器端以及目标车辆端的互动来实现。图6-83所示为一个典型的遥控操作车辆控制框图。远程操纵车辆时，先执行客户端程序，向汽车进行控制信号的发送，构建一个远程服务，再利用该远程服务中的各类控制功能，成功地将操纵指令发送出去，指挥汽车中所有应用程序的运行。此方式即建立在远程服务基础上的远程控制，利用远程控制软件在计算机间构建了一条有序的数据、信息交换通道，控制端通过此通道可以向汽车发送控制指令，操纵汽车完成所有工作。控制端会对远程被控制端的执行结果进行显示，程序运行所需资源都由被控计算机提供。

智能网联技术提供与车辆安全相关的远程控制服务、远程车辆定位服务、车况查询服务等，是重点关注的服务类型。同时，将智能手机应用到车联网服务中，成为一种发展趋势。远程控制服务使车辆变得更加智能，同时为用户带来安全、便捷的驾车体验。目前，远程控制系统架构主要有C/S（Client/Server）架构和B/S（Browser/Server）架构。其中，

C/S 架构是指客户端向用户提供操作界面，接收用户的输入信息请求，然后向服务器端发送数据，并将服务器响应的结果反馈给用户。

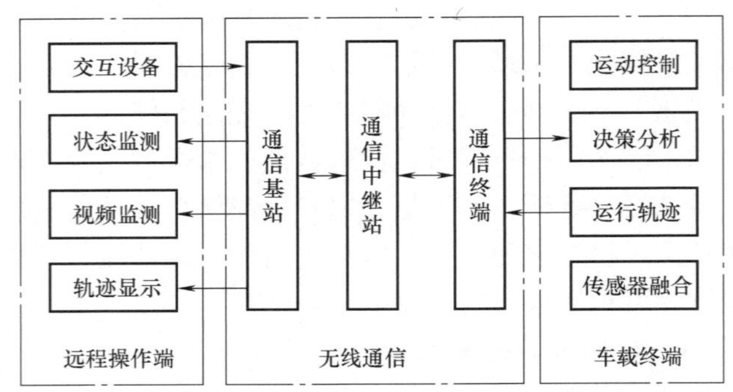


图 6-83　典型的遥控操作车辆控制框图

采用 C/S 架构，可以实现远程控制机器人，但需专门开发客户端软件，使客户端类型受限，扩展性不强；采用 C/S 架构，通过 PC 端，采用 PPP 远程控制和监控飞艇，PPP 只针对点对点通信，协议兼容性不强，也需开发客户端软件。相比于 C/S 架构，B/S 架构的客户端简化成一个 Web 浏览器，相应的逻辑被集中起来，置于远程服务器上，减少了维护成本，这样系统更稳定。

B/S 架构的应用主要有：设计了 B/S 架构，使用简单的网络管理协议远程控制和监控实验室的计算机和通信设备，虽然客户端软件不需开发，但协议对于查询以及返回的数据包等格式没有明确定义，不标准；采用 B/S 架构，用户通过控制台发出控制命令，经控制中心转发给被控设备，执行控制命令，系统架构针对特定需求而设计，不开放。

智能网联汽车的特殊性使其具备高可达性、高脆弱性和数据的高价值性这样的三高特性。高可达性是指智能网联汽车所用的系统是开放的，包括 V2X、内部和外部的接扩等，使得整个系统很容易被非法接入；高脆弱性则体现在智能网联汽车的系统复杂度很高，传统的协议有一些非安全的机制以及承载这些信息的物理系统，使得系统有危及功能安全的可能；而自动驾驶汽车的控制数据、相关的知识产权以及在使用过程中所产生的隐私数据都是非常有价值的，一旦泄露将对企业和个人造成极为严重的后果。

智能网联汽车中存在一定的信息安全漏洞。黑客一旦通过漏洞攻击，将会对用户造成巨大的人身、财产损失，这已经受到了电信行业、汽车行业、汽车电子设备行业及互联网服务商的重视。目前的车辆由许多互联的、基于软件的 IT 部件组成，为了避免出现安全问题，需要进行严格测试，通过共享漏洞信息，提高汽车网络安全领域的总体安全能力。

## 6.7　车路协同控制技术

车路协同系统是采用先进的无线通信和新一代互联网等技术，全方位实施车车、车路动态实时信息交互，并在全时空动态交通信息采集与融合的基础上开展车辆主动安全控制和道路协同管理，充分实现人、车、路的有效协同，保证交通安全，提高通行效率，从而形成的安全、高效和环保的道路交通系统。

## 6.7.1 车路协同系统关键技术

车路协同系统可分为智能车载、智能路侧、交通监控中心等子系统。智能车载系统主要由车载信息获取、车载通信、车载警示与控制子系统组成；智能路侧系统由路侧信息获取、路侧通信、信号及信息发布子系统等组成；交通监控中心由数据处理、分析、决策等子系统组成。车车通信、车路通信技术是车路协同系统的核心。车路协同控制的关键技术主要涉及智能车载系统关键技术、智能路侧系统关键技术、车路 / 车车通信技术、智能信息处理及车车 / 车路控制技术等。

### 1. 智能车载系统关键技术

智能车载系统主要是将各类传感器获得的车辆行驶状态信息、周围的环境信息及车辆本身的信息等，经过车载单元的分析和处理向驾驶人提供信息服务。智能车载系统还能通过与路侧系统之间的通信，接收控制中心发送的信息和指令。智能车载系统技术可划分为车辆精确定位技术、车辆行驶安全状态及环境感知技术和车载一体化系统集成技术。

（1）车辆精确定位技术

在车路协同系统中，车辆的位置信息是最重要的一环。只有知道车辆对象所处的位置，才能进一步实现车辆监控、辅助驾驶、在线调度和路径优化等相关功能。目前对车辆定位技术的研究较多，但是如何对车辆进行精确定位，尤其是在复杂的城市环境下进行定位仍是难点。城市高楼大厦林立的地方，由于多路径效应导致卫星导航信号质量下降，定位精度降低，无法满足车辆精确定位需求，因此研究基于多种卫星定位的导航系统、惯性传感器、通信网络等多种手段的环境感知技术，以及高精度多模式车载组合定位、惯性导航和航迹推算、高精度地图及其匹配等技术，实现车辆的无缝全天候高可信精准定位，将是车辆精准定位技术发展的主流方向。

车辆在运动过程中，常伴有跟随、换道等行为。车路协同系统应用中重要的一项为辅助驾驶乃至自动驾驶。辅助驾驶需要获得车辆在车道内的位置、与前后车的相对距离、与邻近车道内同向行驶车辆的相对位置、与对向车辆的相对位置等，对位置信息的精度要求很高。而由于卫星定位信息精度不够，仅靠绝对定位不能满足辅助驾驶的需求，因此需采用车载传感器来进行相对定位。用来进行相对定位的传感器常见的有两种，一种是以激光雷达、毫米波雷达为代表的距离传感器，另一种是视觉传感器。激光雷达和毫米波雷达这类距离传感器的原理都是依靠发射信息来进行测距的，因此可以测量车与车之间的距离、车与障碍物之间的距离，但对于车辆在车道上的位置识别却无能为力。视觉传感器可用来进行位置识别，通过对车道线进行识别以获取车辆在车道中的横向位置信息，甚至可以测量与周边车辆的相对位置信息。

（2）车辆行驶安全状态及环境感知技术

车辆行驶安全状态及环境感知是发展智能车辆的基础，也是基于多传感器感知的车路协同系统的车辆辅助安全驾驶的核心问题。涉及的主要技术有：车辆制动、转向、侧倾等自身运行安全状态参数的实时获取和传输技术，驾驶人危险行为的在线监测技术，基于多传感器的行驶环境（他车信息、障碍物检测等）检测技术。综合以上技术，实时监测、获取与感知复杂路况下车辆的危险状态信息、驾驶行为和行驶环境状态，从而更有效地评估潜在危险，并优化智能车载信息终端的功能。

（3）车载一体化系统集成技术

车载一体化系统集成技术包括行车安全预警与控制、基于智能交通信息服务的安全控制等相关技术。在车路协同系统应用中，车辆将自身感知到的信息、车车之间通信交互得到的信息和车路通信时路侧设备采集到的信息进行处理，进而提供对危险状况预警、对车辆运动状况进行辅助控制、动态交通诱导、停车诱导等相关服务。对危险状况进行预警是最基础的安全保障方法，通过对各个来源的信息进行分析，对危险状况进行量化并分级，根据不同的级别提供不同的预警信息，并给出解决建议。车辆状态辅助控制则是更高一级的安全保障措施。在对车辆运动状况进行辅助控制的过程中，既要考虑对车辆的运动状态进行调整以达到紧急避险的效果，还要确保在调整的过程中车辆状态的改变对驾驶人和乘客的影响尽可能小。基于智能交通信息服务的安全控制则在综合本车传感器获得的车辆运行状态、周边环境信息，以及接收的周边车辆和交通信息后，控制车辆的运行状态，以保证车辆的行驶安全。



2. 智能路侧系统关键技术

多通道交通状态信息辨识与采集是智能路侧系统的核心技术。智能路侧系统利用道路设置的各种监测系统，获取道路状况、路面状况、交通堵塞状态、旅行时间信息等，多通道交通状态信息辨识与采集可分为多通道交通信息采集技术、多通道路面状态信息采集技术、路侧设备一体化集成技术等。

（1）多通道交通信息采集技术

实时、准确的交通信息采集是实现车路协同系统主要应用的前提和关键。在车路协同中，交通信息采集最关注的是动态交通信息中的交通流信息，如车流量、平均车速、车辆定位、行程时间等。目前，交通信息采集方式主要有感应线圈检测、微波检测、红外线检测、视频检测，以及使用基于 GPS 定位的采集技术、基于蜂窝网络的采集技术、基于 RFID 的采集技术等。但每种采集技术都有它的优势和不足，应用时应根据需求，结合各种采集技术的优点，对多种信息采集技术进行融合，提高路网交通状态实时检测精度。

（2）多通道路面状态信息采集技术

路面状态良好是保证车辆安全运行的基础条件之一，路面状态需要采集的信息主要包括道路路面状况（积水、结冰、积雪等）、道路几何状况（车道宽度、曲率、坡度等）、道路异常事件信息（违章车辆、碰撞事故、非法占有车道的障碍物）等。单一的传感器无法满足多路面状态信息实时采集的要求，因此，必须融合多传感器信息，如雷达、超声波、计算机视觉以及无线传感器网络等，在车辆间、车路间进行信息交换，才能实现道路路面状况信息的实时采集。

（3）路侧设备一体化集成技术

智能道路基础设施涉及路况信息感知装置、道路标识电子化装置、基于道路的各种车路协调装置、信息传送终端等。为了满足车路协同系统的需求，需要集成多种信息采集技术，实现路侧设备无线通信和数据管理一体化功能。

3. 车路 / 车车通信技术

车与车、车与路侧基础设施间的无线通信是实现车路协同系统的各种具体应用的基础，由于车辆移动速度快，导致的隐藏点问题、信道捕获问题会更严重，要求车车 / 车路之间的通信具有高可靠性和可扩展性；同时由于车辆高速移动，导致网络拓扑结构变化快，因此，车路 / 车车通信技术应能适应通信时延要求低、提供快速信道接入与对等通信的要求，以满足道路安全应用的短时数据交换的需求，以及避免对通信基础设施的依赖性。

目前，国际上主流的通信技术有 DSRC（Dedicated Short-Range Communications，专用短程通信）和 C-V2X 技术（Cellular Vehicle to Everything，即以蜂窝通信技术为基础的 V2X 技术）。DSRC 本质上是 Wi-Fi 技术的分支。在这类通信中，PHY（物理层）和 MAC（媒体接入控制层）由无线局域网标准 IEEE 802.11p 来定义。DSRC 技术的倡导者是包括丰田、本田和通用在内的汽车公司，是由汽车技术供应商花费十年以上的时间逐步形成的基于低移动性场景的 Wi-Fi 技术。美国于 2011 年提出了 Safety Pilot 项目，将 DSRC 在实际交通环境中的部署应用进行了测试。测试结果表明：DSRC 确实可以把事故尤其是致死事故率降低到原来的 1/7。但基于 Wi-Fi 技术的 DSRC 性能存在局限性——Wi-Fi 难以支持高速移动场景，移动速度一旦提高，DSRC 信号强度就开始骤降，可靠性差，时延抖动较大，所以很长一段时间内 DSRC 的性能不稳定，一直处于测试阶段。C-V2X 是基于 4G-LTE 蜂窝技术而建立的，是 LTE-Advanced 标准侧链模式的 D2D 通信协议的一部分。C-V2X 支持低时延直接通信，无须依赖网络协助，允许每个设备直接检测到附近的其他设备，同时 C-V2X 能够支持高速汽车应用场景。随着 5G 蜂窝网络的逐步应用，C-V2X 和 DRSC 之间的技术优势差距也将会扩大。C-V2X 还具有低成本效益的优势。在网络部署方面，由于 C-V2X 的基础设施是在蜂窝技术上发展起来的，仅通过改造现有的基站就可以将 C-V2X 基础设施集成进去；在终端部署方面，可以延用 LTE 和 5G 的生态系统，在一个通信设备中可以集成 LTE、V2X，形成一个统一的连接性的解决方案，部署成本最优。C-V2X 具有非常明确的技术演进路线是其另一个重要的优势。2017 年，3GPP 发布的 Rel-14 版本明确了 C-V2X 的技术规范，并且在 2018 年 6 月通过的 Rel-16 新立项中，将继续研究在 5G 框架下如何支持 V2X 演进到 5G 新空口 C-V2X。

车路协同系统的通信安全也是车路 / 车车通信技术重点要考虑的方面，通信安全技术和公匙基础设施是车路协同系统保护用户隐私数据和防止通信攻击的必要手段。车车 / 车路网络具有无中心、自组织等特点，传统有线网络中成熟的安全保障机制无法得到直接应用，使得车车 / 车路网络更容易受到来自恶意节点的安全威胁。为了保证车车 / 车路网络的安全，需要考虑合法用户认证、合法公共安全车辆身份认证，防止消息截获、消息加密等。同时系统还需要具有一定的鲁棒性，保证系统在存在攻击的情况下仍然可以正常工作，以及对个人隐私进行保护。

#### 4. 智能信息处理及车车 / 车路控制技术

车路协同系统不仅涉及众多的节点，而且可能存在各种各样的业务并发运行，因此车路协同系统需要考虑云计算或并行处理以提高运算能力。车路协同系统所收集到的交通信息量将非常巨大，如果不对这些数据进行有效处理和利用，就会迅速被信息所湮没。因此需要采用数据挖掘、人工智能等方式提取有效信息，同时过滤无用信息。考虑到车辆行驶过程中需要依赖的信息具有很大的时间和空间关联性，因此有些信息的处理需要非常及时。另外，很多车路协同系统的应用与车辆行驶的速度和当前的位置有密切的关系，因此如何基于速度和位置做移动预测，并建立业务自适应的触发机制显得非常必要。

车车 / 车路控制技术能够利用全时空交通信息进行交通系统的协同控制，为交通管控提供新的技术方法，主要分为面向安全和面向效率的控制技术。面向安全的控制技术包括弯道侧滑 / 侧翻事故预警、智能车速预警与控制、无分隔带弯道安全会车、车间距离预警与控制、临时性障碍预警等技术。面向效率的控制技术包括基于车路协同信息的交叉口智能控制技术、基于车路协同信息的集群诱导技术、交通控制与交通诱导协同优化技术、动态协同专用车道技术、精确停车控制技术等。



## 6.7.2 车路协同控制的典型应用

车路协同系统通过实现人、车、路三者之间的信息共享、协同与交互，可为车路协同控制、主动交通安全、智能公交、车辆联网系统等提供技术支撑。车路协同系统的应用主要体现在三个方面：一是车辆协同安全，包括人车主动避撞、车车主动避撞、危险路段预警与控制；二是交通协调控制，包括交通信号协调控制、实时路径诱导、公交优先控制；三是综合信息服务，包括交通需求管理、实时交通信息查询。下面针对典型应用场景列举车路协同系统向车辆用户和交通管理部门提供的服务。

### 1. 交叉口车路协同技术应用

图 6-84 所示为道路交叉口车路协同技术应用场景，基于车路协同系统可提供以下应用。

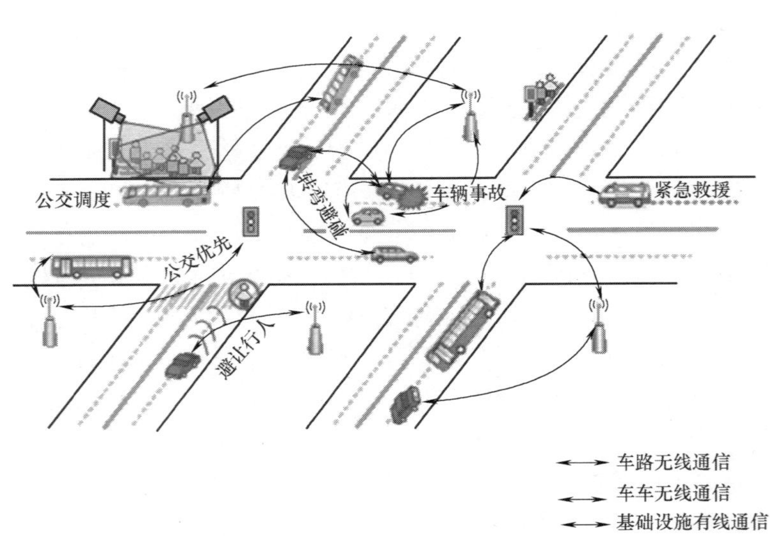


图 6-84　道路交叉口车路协同技术应用场景

（1）交通信号信息发布

通过车路通信，向接近交叉口的车辆发布信号相位和配时信息，判断车辆在剩余绿灯时间内是否能安全通过交叉口，提醒驾驶人不要危险驾驶（如闯红灯），并协助驾驶人做出正确判断，避免车辆陷入交叉口的“两难区”，防止信号交叉口的直角碰撞事故。另外，通过车路协同技术还可实现公交优先信号控制。

（2）盲点区域信息预警

通过车路通信，向交叉口准备转弯或者准备在停止标志前停车的车辆提供盲点区域的其他车辆、行人的信息，防止由转弯车辆视距不足而引起的事故和无信号交叉口的直角碰撞事故。

（3）过街行人检测

通过车路通信，向接近交叉口的车辆发布人行道及其周围的行人、自行车的位置信息，防止机动车和非机动车之间的事故。

（4）交叉口通行车辆起停信息传输

在交叉口，通过车路通信，前车把起动信息及时传递给后车，减少后车起步等待时间，从而提升交叉口通行能力；在同向行驶中，前车把紧急制动信息快速传递给后车，避免追尾事故的发生。

（5）先进的紧急救援

在车辆发生故障或发生交通事故时，会自动向急救中心及管理机构发出有关事故地点、性质和严重程度等的求助信息，并通过车路通信调度信号灯优先控制，让急救车辆先行，及时救援受伤人员。



### 2. 危险路段车路协同技术应用

图 6-85 所示为危险路段车路协同技术应用场景。车路协同系统在危险路段可为车辆用户提供以下信息服务。

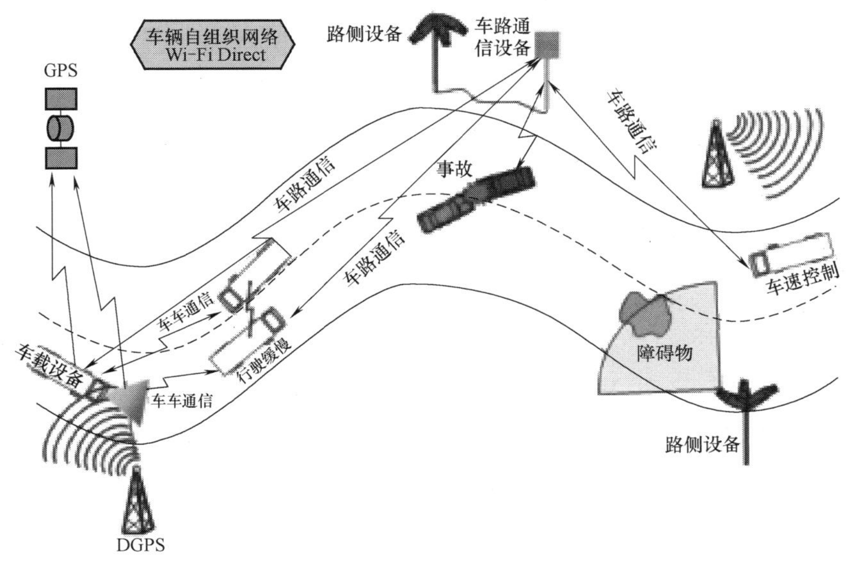


图 6-85　危险路段车路协同技术应用场景

（1）车辆安全辅助驾驶信息发布

路侧设置的多传感器检测前方道路转弯处或线死角区域是否发生交通阻塞、突发事件或存在路面障碍物等，并通过车路通信系统向驾驶人提供实时道路信息。

（2）路面信息发布

向接近转弯路段的车辆发布路面信息（如是否冰冻、积水、积雪），提醒驾驶人注意减速，防止追尾事故。

（3）最优路径导航

路侧设备检测到前方道路拥堵严重，通过车路 / 车车通信系统以及车载终端显示设备，提醒驾驶人避开拥挤道路，并为其选择以最短时间到达目的地的最佳路线。

（4）前方障碍物碰撞预防

通过车路、车车通信，向车辆传递危险信息（如障碍物的绝对位置、速度、行驶方向等），帮助避免发生车辆之间或车辆与其他障碍物之间的前撞、侧撞或后撞等，并能够避免与相邻车道上变更车道的车辆发生横向侧碰等。

（5）弯道自适应车速控制

向车辆传递前方弯路的相对距离、形状（曲率半径、车线等）等信息，车辆会结合自身的运动状态信息，给予驾驶人最优车速提醒，避免车辆在转弯时发生侧滑或侧翻。

## 6.7.3 基于车路协同的车辆通过信号交叉口控制技术

交叉口是城市道路环境的重要组成部分，是引发城市交通拥堵的主要瓶颈。基于车路协同技术，将交叉口的信号灯配时信息向道路上的车辆发布，车辆根据接收到的信息及本车状态做出决策，合理控制车速，实现不停车通过交叉口或平稳减速停车，以减少交通拥堵，提高车辆通行的燃油经济性。基于车路协同的单车通过信号交叉口的控制策略如下。

首先计算车辆通过交叉口的参考速度，即车辆以该速度行驶能够在红绿灯状态转换时恰好通过前方路口停止线处，即

$$v_{light}=d_{light}/t_{light} \tag{6-97}$$

式中 $d_{light}$——车辆当前时刻到路口停止线之间的距离；

$t_{light}$——红绿灯当前时刻的剩余时间。

当黄灯亮时，已经越过停止线的车辆可以继续通行。为防止闯红灯现象的发生，在通行策略的制定中将黄灯视为红灯进行处理，当前状态为黄灯时，其剩余时间等于黄灯剩余时间加上红灯总时长。

（1）如果当前红绿灯状态为红灯或者黄灯

情况①：$v \leqslant v_{light}$。在这种情况下，说明当前车速较慢或者红灯剩余时间较短，车辆以当前车速匀速行驶至路口停止线时，已经变成绿灯。

此情况输出的期望加速度 $a_d$ 为 $a_d=0$。

如果车辆当前的速度 $v$ 大于参考速度 $v_{light}$，说明当前车速较快或者红灯剩余时间较长，车辆需要减速行驶。

设车辆减速过程为匀减速运动，则期望减速度 $a_{dec}$ 的计算过程为：设红灯结束时刻车

辆的速度为 $v_x$，车辆以恒定的减速度 $a_{dec}$ 匀减速行驶 $d_{light}$ 所消耗的时间恰好为红灯的剩余时间 $t_{light}$。根据匀减速运动公式可知，应满足

$$(v_x^2-v^2)/(2a_{dec})=d_{light} \tag{6-98}$$

$$(v_x-v)/a_{dec}=t_{light} \tag{6-99}$$

联立式（6-98）和式（6-99）可以解出 $v_x$ 和 $a_{dec}$，即

$$v_x=(2d_{light}-vt_{light})/t_{light} \tag{6-100}$$

$$a_{dec}=2(d_{light}-vt_{light})/t_{light}^2 \tag{6-101}$$

若 $v_x<0$，即 $v>2v_{light}$、$a<-2d_{light}/t_{light}^2$，说明当前车速较快，所需减速度较大，车辆无法实现减速不停车通过交叉口。这时需要求出匀减速至停车时所需的停车减速度 $a_{stop}$，应满足

$$-v^2/2a_{stop}=d_{light} \tag{6-102}$$

解出

$$a_{stop}=-(v^2/2d_{light}) \tag{6-103}$$

根据上述分析，将减速情况分为以下情况②和情况③分别讨论。

情况②：$v>v_{light}$ 且 $v\leqslant 2v_{light}$。

这种情况下，车辆可以实现减速不停车通过交叉口，车辆到停止线时已经变为绿灯。

此情况输出的期望加速度 $a_d$ 为

$$a_d=a_{dec}=2(d_{light}-vt_{light})/t_{light}^2 \tag{6-104}$$

情况③：$v>2v_{light}$。这种情况下，车辆需要减速停车至停止线处，等待红灯结束。

此情况输出的期望加速度 $a_d$ 为 $a_d=a_{stop}$。

（2）如果当前信号灯状态为绿灯

为了尽可能地缩短通行时间，在绿灯时希望车辆能够加速至最大速度行驶。因此需要计算出车辆当前能否在绿灯剩余时间内以最大加速度加速通过交叉口。如果能够加速通过，则以最大速度或某一车速通过交叉口，否则保持匀速行驶。

设车辆加速过程为匀加速运动，首先计算出以最大加速度加速至道路限速 $v_{max}$ 所需的加速距离 $s_{acc}$ 和加速时间 $t_{acc}$，即

$$t_{acc}=(v_{max}-v)/a_{max} \tag{6-105}$$

$$s_{acc}=vt_{acc}+0.5a_{max}t_{acc}^2 \tag{6-106}$$

如果 $t_{acc}>t_{light}$，即 $v<v_{max}-a_{max}t_{light}$，说明车辆在剩余时间内无法加速至道路限速，则剩余时间内的加速距离 $s_a=s_{acc1}$，有

$$s_{acc1}=vt_{light}+0.5a_{max}t_{light}^2 \tag{6-107}$$

如果 $t_{acc}\leqslant t_{light}$，即 $v\geqslant v_{max}-a_{max}t_{light}$，则车辆加速至道路限速后匀速行驶至剩余时间结束时的距离 $s_y$ 为 $s_y=v_{max}(t_{light}-t_{acc})$，则在剩余时间内的加速距离 $s_a$ 为

$$s_a=s_{acc}+s_y=vt_{acc}+0.5a_{max}t_{acc}^2+v_{max}(t_{light}-t_{acc}) \tag{6-108}$$

第6章

根据上述分析，将绿灯状态分为以下情况④、情况⑤、情况⑥分别讨论。

情况④：如果 $s_a=s_{acc1} \geqslant d_{light}$。这种情况下，车辆在剩余时间内以最大加速度加速通过交叉口，车辆尚未加速到道路限速时已经通过交叉口。

此情况输出的期望加速度 $a_d$ 为 $a_d=a_{max}$。

情况⑤：如果 $s_a=s_{acc}+s_y \geqslant d_{light}$。这种情况下，车辆在剩余时间内先以最大加速度加速至道路允许的最大限速，然后以道路限速匀速行驶通过交叉口。

此情况输出的期望加速度 $a_d$ 为 $a_d=a_{max}$。

情况⑥：$s_a=s_{acc} < d_{light}$ 或者 $s_a=s_{acc}+s_y < d_{light}$。这种情况下，车辆无法在剩余时间内加速通过交叉口，此时匀速行驶。

此情况输出的期望加速度 $a_d$ 为 $a_d=0$。

## 参考文献


［1］ 王庆年，曾小华，等. 新能源汽车关键技术［M］. 北京：化学工业出版社，2016.

［2］ 金贤建. 分布式驱动电动汽车状态参数估计与侧向稳定性鲁棒控制研究［D］. 南京：东南大学，2017.

［3］ 朱敏，陈慧岩，熊光明. 无人驾驶轮式车辆电控气压制动技术研究［J］. 兵工学报，2015，36（11）：2017-2023.

［4］ 王建强，杨波，李升波，等. 基于高速开关阀的气压电控辅助制动装置［J］. 交通运输工程学报，2011，11（4）：61-67.

［5］ 陈德玲. 主动前轮转向系统的控制研究［D］. 上海：上海交通大学，2008.

［6］ 殷国栋 . 四轮转向车辆操纵鲁棒控制及其快速开发试验平台研究［D］. 南京：东南大学，2007.

［7］ 赵云堂，陈思忠，冯占宗，等. 磁流变半主动悬架的天棚控制方法研究［J］. 汽车工程学报，2011，01（3）：127-133.

［8］ 刘震. 车辆液压主动悬挂系统建模与控制［D］. 长沙：国防科学技术大学，2007.

［9］ 周云山，钟勇 . 汽车电子控制技术［M］. 北京：机械工业出版社，2004.

［10］ 于蕾艳. 汽车线控技术［M］. 东营：中国石油大学出版社，2013.

［11］ GAO F，LI K Q. Hierarchical Switching Control of Longitudinal Acceleration with Large Uncertainties［J］. Int'l J Auto Tech，2007，8（4）：351-359.

［12］ 郭景华，胡平，李琳辉，等 . 基于模糊逻辑的无人驾驶车纵向多滑模控制［J］. 中国公路学报，2013，26（1）：170-176.

［13］ 罗禹贡，陈涛，周磊，等. 奔腾智能混合动力电动轿车自适应巡航控制系统［J］. 机械工程学报，2010，46（6）：2-7.

［14］ 李文昌，郭景华，王进 . 分层架构下智能电动汽车纵向运动自适应模糊滑模控制［J］. 厦门大学学报，2019，3：422-428.

［15］ NOUVELIERE L，MAMMAR S. Experimental vehicle longitudinal control using a second order sliding mode technique［J］. Control Engineering Practice，2007，15（8）：943-954.

[16] HAKKA K，DONGWOOK K，INSOO S，et al. Time-varying parameter adaptive vehicle speed control[J]. IEEE Transactions on Vehicular Technology，2015，65（2）：581-588.

[17] JULLIERME E，GUILHERME A，REINALDO M. Longitudinal model identification and velocity control of an autonomous car[J]. IEEE Transactions on Intelligent Transportation Systems，2015，16（2）：777-786.

[18] LI S N，LI K Q，Rajamani R，et al. Model Predictive Multi-Objective Vehicular Adaptive Cruise Control[J]. IEEE Transactions on Control Systems Technology，2011，19（3）：556-566.

[19] GUO J H，LUO Y G，LI K Q. Adaptive neural-network sliding mode cascade architecture of longitudinal tracking control for unmanned vehicles[J].Nonlinear Dynamics，2017，87（4）：2497- 2510.

[20] NOUVELIERE L，MAMMAR S. Experimental vehicle longitudinal control using a second order sliding mode technique[J]. Control Engineering Practice，2007，15（8）：943-954.

[21] GERDES J C，HEDRICK J K. Vehicle Speed and Spacing Control via Coordinated Throttle and Braking Actuation[J]. Control Engineering Practice，1997，5（11）：1607-1614.

[22] 赵熙俊，陈慧岩.智能车辆路径跟踪横向控制方法的研究[J]. 汽车工程，2011，33（5）：383-387.

[23] 王荣本，马雷，施树明，等. 高速智能车辆变结构转向控制器切换超平面选取方法[J]. 机械工程学报，2004，40（10）：83-86.

[24] HUANG J，TOMIZUKA M. LTV controller design for vehicle lateral control under fault lnrear sensors[J]. IEEE/ASME Trans Mechatronics，2005，10（1）：1-7.

[25] RAJAMANI R，ZHU C，ALEXANDER L. Lateral control of a backward driven front-steering vehicle[J]. Control Engineering Practice，2003，11（5）：531-540.

[26] 郭景华，李克强，罗禹贡. 智能车辆运动控制研究综述[J]. 汽车安全与节能学报，2016，7（2）：151-159.

[27] GILLESPIE T D. Fundamentals of Vehicle Dynamics[M]. Warrendale：Society of Automotive Engineers，1992.

[28] 郭景华，胡平，王荣本，等. 基于遗传优化的无人车横向模糊控制研究[J]. 机械工程学报，2012，48（6）：76-82.

[29] GUO J H，HU P，WANG R B. Nonlinear Coordinated Steering and Braking Control of Vision-Based Autonomous Vehicles in Emergency Obstacle Avoidance[J]. IEEE Transactions on Intelligent Transportation Systems，2016，17（11）：3230-3240.

[30] WU S，CHIANG H，PERNG J，et al. The Heterogeneous Systems Integration Design and Implementation for Lane Keeping on a Vehicle[J]. IEEE Transactions on Intelligent Transportation Systems，2008，9（2）：246-263.

[31] 郭景华，胡平，李琳辉，等. 基于视觉的无人驾驶车导航控制器设计[J]. 大连理工大学

学报，2012，52（2）：437-442.

[32] GUO J H，HU P，LI L H，et al. Design of automatic steering controller for trajectory tracking of unmanned vehicles using genetic algorithms[J]. IEEE Transactions on Vehicular Technology，2012，61（7）：2912-2924.

[33] BROGGI A，BERTOZZI M，FASCIOLI A，et al. The ARGO autonomous vehicle 's vision and control systems [J]. International Journal of Intelligent Control and Systems，1999，3（4）：409-441.

[34] 郭景华，罗禹贡，李克强. 智能电动车辆横纵向协调与重构控制[J]. 控制理论与应用，2014，31（9）：1238-1244.

[35] 冀杰，李以农，郑玲，等. 车辆自动驾驶系统纵向和横向运动综合控制[J]. 中国公路学报，2010，23（5）：120-126.

[36] GUO J H，LI K Q，LUO Y G. Coordinated Control of Autonomous Four Wheel Drive Electric Vehicles for Platooning and Trajectory Tracking Using a Hierarchical Architecture[J]. ASME Journal of Dynamic System，Measurement and Control，2015，137（10）：1-18.

[37] LEE H. TOMIZUKA M. Coordinated longitudinal and lateral motion control of vehicles for IVHS[J]. ASME Journal of Dynamic Systems，Measurement，and Control，2001，123（3）：535-543.

[38] SISIL K，TSU T L. Neuradaptive combined lateral and longitudinal control of highway using RBF networks[J]. IEEE Trans Intell Transp Syst，2006，7（4）：500-511.

[39] GUO J H，LUO Y G，LI K Q. Adaptive Fuzzy Sliding Mode Control for Coordinated Longitudinal and Lateral Motions of Multiple Autonomous Vehicles in a Platoon[J]. Science China-Technological Sciences，2017，60(4)：576-586.

[40] 向勇，罗禹贡，曹坤，等. 基于车 - 车通信的自动换道控制[J]. 公路交通科技，2016，33（3）：121-126.

[41] LI S B，DENG K，LI K Q，et al. Terminal sliding mode control of automated car-following system without reliance on longitudinal acceleration information [J]. Mechatronics，2015，30：327-337.

[42] LI S B，ZHENG Y，LI K Q，et al. Dynamical modeling and distributed control of connected and automated vehicles：challenges and opportunities [J]. IEEE Intelligent Transportation Systems Magazine，2017，9（3）：46-58.

[43] 张书玮. 网联电动车辆的出行规划与智能节能控制[D]. 北京：清华大学，2017.

[44] 李克强，戴一凡，李升波，等. 智能网联汽车（ICV）技术的发展现状及趋势[J]. 汽车安全与节能学报，2017，8（1）：1-14.

[45] 王飞跃，曹东璞，李升波，等. 自动驾驶技术的挑战与展望[J]. 人工智能，2018（7）：85-93.

[46] 胡云峰，曲婷，刘俊，等. 智能汽车人机协同控制的研究现状与展望[J]. 自动化学报，

2019，45（7）：1261-1280.

［47］达文波特，柯尔比. 人机共生：智能时代人类胜出的 5 大策略［M］. 李盼，译. 杭州：浙江人民出版社，2018.

［48］谭浩，赵江洪，王巍. 汽车人机交互界面设计研究［J］. 汽车工程学报，2012，2（5）：315-321.

［49］谭浩，谭纪宇，景春晖，等. 汽车人机交互界面设计［M］. 北京：电子工业出版社，2015.

［50］徐昕，李焱，姜博瀚，等. 智能汽车人机交互与人机协同技术［J］. 中国人工智能学会通讯，2016（2）：1-6.

［51］杜广龙，张平. 机器人自然交互理论与方法［M］. 广州：华南理工大学出版社，2017.

［52］汪选要. 横向辅助驾驶及人机共驾控制策略的研究［D］. 合肥：合肥工业大学，2017.

［53］王建强，吴剑，李洋. 基于人 - 车 - 路协同的行车风险场概念、原理及建模［J］. 中国公路学报，2016，29（1）：105-114.

［54］BUENO M，DOGAN E，SELEM F H，et al. How different mental workload levels affect the take-over control after automated driving［C］. In：Proceedings of 19th International Conference on Intelligent Transportation Systems.Rio de Janeiro，Brazil：IEEE，2016. 2040–2045.

［55］WADA T，SONODA K，TADA S. Simultaneous Achievement of Supporting Human Drivers and Improving Driving Skills by Shared and Cooperative Control［J］. IFAC-PapersOnLine，2016，49（19）：90-95.

［56］谈东奎，陈无畏，王家恩，等. 基于人机共享和分层控制的车道偏离辅助系统［J］. 机械工程学报，2015，51（22）：98-110.

［57］SALEH L，CHEVREL P，CLAVEAU F，et al. Shared steering control between a driver and an automation：stability in the presence of driver behavior uncertainty［J］. IEEE Transactions on Intelligent Transportation Systems，2013，14（2）：974-983.

［58］MERAH A，HARTANI K，Draou A. A new shared control for lane keeping and road departure prevention［J］. Vehicle System Dynamics，2016，54（1）：86-101.

［59］吴超仲，吴浩然，吕能超. 人机共驾智能汽车的控制权切换与安全性综述［J］. 交通运输工程学报，2018，18（6）：131-141.

［60］严利鑫，黄珍，吴超仲，等. 基于危险态势识别的智能车驾驶模式选择［J］. 华南理工大学学报（自然科学版），2016，44（8）：139-146.

［61］李静，唐振民，谭业发，等. 基于人机协同的无人地面车辆智能决策支持系统构建与优化［C］//Proceedings of 2016 International Conference on Electrical Engineering，Mechanical Engineering and Automation，2016：14-19.

［62］李克强. 智能电动汽车的感知、决策与控制关键基础问题及对策研究［J］. 科技导报，2017，35（14）：85-88.

［63］沈圣智，宋怀利. 智能驾驶汽车的人机功能分配方法研究［J］. 现代制造技术与装备，2017（1）：40-41.

[64] 日本自动车技术会.汽车工程手册[M].中国汽车工程学会，译. 北京：北京理工大学出版社，2014.

[65] BRUNO S，OUSSAMA K. 机器人手册[M].《机器人手册》翻译委员会，译. 北京：机械工业出版社，2016.

[66] 布雷斯. H，赛福尔特. U. 汽车工程手册：德国版[M].魏春源，译. 北京：机械工业出版社，2012.

[67] 黄昌映，岑明，杨凡弟，等. 开放式车辆远程控制架构研究及应用[J]. 计算机测量与控制，2014，22（5）：1430-1432.

[68] 王志福，张承宁. 电动汽车电驱动理论与设计[M]. 2版. 北京：机械工业出版社，2017.

# 第7章 测试与评价技术

智能网联汽车由于其跨传统汽车电子、信息通信、人工智能等多领域，集成端 - 管 - 云多系统，耦合人 - 车 - 交通多维度，带来了功能与信息安全性、环境适应性、人机相容性等新问题。传统汽车的测试方法不能满足智能网联汽车开发和认证的需求，需要建立完整的智能网联汽车测试与评价方法体系及支撑工具平台。

## 7.1 测试与评价方法

### 7.1.1 智能网联汽车测试与评价内容及目的

在汽车行业，所有技术在研发完成后向量产的过程中，都需要经过复杂的验证环节以保证其技术的安全性。在一般情况下，验证主要包含三个方面的内容：企业标准验证、行业标准验证及国家标准或法律法规的验证。在传统汽车的验证过程中，测试评价的对象是人 - 车二元独立系统，科研机构及相关企业已经开展了大量的研究工作，通过各式手段来保障其应用功能及性能的稳定性、鲁棒性、可靠性。对于智能网联汽车来说，其验证的测试评价对象变为了人 - 车 - 环境 - 任务强耦合系统，应用于传统汽车的测试方法、测试工具、测试手段等已不能满足智能网联汽车的测试需要，其测试与验证过程变得具有极强的挑战性。

根据测试的流程，智能网联汽车的测试内容可以分为模型在环测试、软件在环测试、硬件在环测试、驾驶模拟器测试、车辆在环测试、封闭试验场测试和开放道路测试。随着测试过程的不断深入，测试结果的真实性和可靠性也在不断增大。在开放道路所进行的测试过程与智能网联汽车量产之后的实际运行环境一致，可真实地还原智能网联汽车的实际运行情况。智能网联汽车的测试与评价内容如图 7-1 所示。

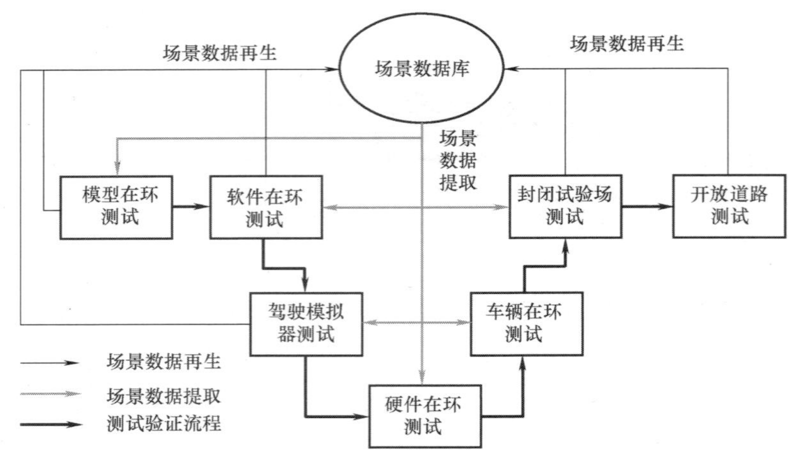


图 7-1　智能网联汽车的测试与评价内容

通过上述测试内容，可以在智能网联汽车量产之前及早发现其设计缺陷，完善系统功能，优化系统结构；可获得丰富的智能网联车辆测试数据，搭建测试数据库，为其他车辆的测试提供数据来源；可通过不同测试内容的组合加速智能网联汽车测试过程，提高智能网联汽车的测试效率；可总结不同等级的智能网联汽车的测试经验，明确测试内容，形成统一的测试与评价规程。

## 7.1.2　基于功能的智能网联汽车测试与评价方法

在智能网联汽车发展的初期，其功能多以单一节点实现，如主动紧急制动（Autonomous Emergency Braking，AEB）、自适应巡航控制（Adaptive Cruise Control，ACC）、车道偏离预警（Lane Departure Waring，LDW）等。由于测试功能单一，测试时可以针对不同的自动驾驶功能，选择其合适的测试场景配置，此时的测试与评价方法多为基于功能的测试与评价，其大多属于矩阵测试的范畴。

针对不同的自动驾驶功能，测试方案也存在很大差异。以前方碰撞预警（Forward Collision Waring，FCW）为例，其通过雷达系统时刻监测前方车辆，判断本车与前车之间的距离、方位及相对速度，当存在潜在碰撞危险时对驾驶人进行警告，其本身不会采取任何制动措施去避免碰撞或控制车辆。根据功能范围，针对 FCW 功能的测试方案包括前方车辆静止、前方车辆减速、前方车辆低速、单车道多车、前侧存在车辆、弯道车辆、车辆前上方存在物体、车辆前下方存在物体及路侧目标测试等。下面对前方车辆静止方案和前侧存在车辆的测试方案进行具体解释。

前方车辆静止的一种测试方案如图 7-2 所示，前车停在车道中心，纵轴方向与道路边缘平行，并且前车与自车朝向一致，自车向前车尾部接近。自车从距离前车 150m 处出发，以额定速度 20m/s 在车道中心朝前车行驶，系统应能够在 TTC 最小为 2.1s 时发出报警。

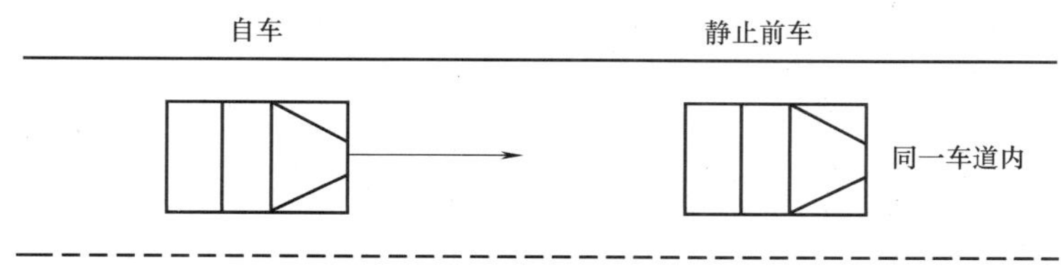


图 7-2　前方车辆静止的一种测试方案

前侧存在车辆的一种测试方案如图 7-3 所示。自车和目标车辆以相同的速度 20m/s 行驶，并且车间距离不会触发报警。一辆前车以相同速度在目标车辆相邻车道行驶，前车与目标车辆的纵轴间距为（3.5 ± 0.25）m，车宽应为 1.4 ~ 2m。自车纵轴相对于目标车辆纵轴横向位移应小于 0.5m。几秒种后，相邻车道的前车减速至明显低于自车与目标车辆的速度，在自车超过相邻车道前车时系统不应发出报警。然后目标车辆减速至系统能发出预备碰撞预警的程度，自车开始报警则测试通过。

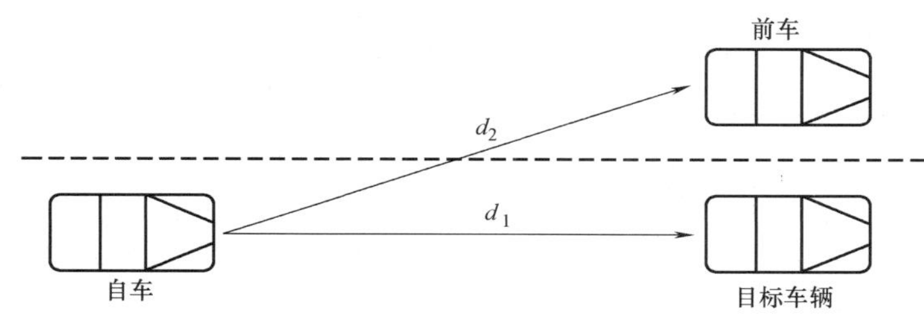


图 7-3　前侧存在车辆的一种测试方案

目前，各国已出台针对不同自动驾驶功能的测试法规，对其测试方案进行设置，常见的测试法规包括 ISO、Euro-NCAP、NHTSA 等，不同的测试法规所对应的自动驾驶功能见表 7-1。

### 7.1.3　基于场景的智能网联汽车测试与评价方法

#### 1. 测试场景的定义与要素

（1）测试场景相关名词定义

1）测试场景（Testing Scenario）。测试场景指智能网联汽车与其行驶环境各组成要素在一段时间内的总体动态描述，这些要素的组成由所期望检验的自动驾驶汽车的功能决定，一般情况下包括道路设施、天气环境、其他交通参与者等。

2）静态要素（Statical Element）。静态要素指在测试场景内，其自身状态不会随时间的推移而发生改变的场景要素，如道路、交通标志、速度不变的其他交通参与者等。

3）动态要素（Dynamical Element）。动态要素指在测试场景内，其自身状态会随时间的推移而发生改变的场景要素，如交通灯、阳光、速度发生变化的其他交通参与者等。

表 7-1 不同的测试法规所对应的自动驾驶功能

| 标准规范 | ACC（Adaptive Cruise Control） | FCW（Forward Collision Waring） | BSD（Blind Spot Detection） | LKA（Lane Keeping Assist） | LDW（Lane Departure Waring） | AEB（Autonomous Emergency Braking）（car） | AEB（Autonomous Emergency Braking）（pedestrian） |
|---|---|---|---|---|---|---|---|
| ISO 15622：2010 | √ | | | | | | |
| ISO 22179：2009 | √ | | | | | | |
| GB/T 20608—2006 | √ | | | | | | |
| ISO 17361：2007 | | | | | √ | | |
| ISO/DIS 15623：2013 | | √ | | | | | |
| ISO/DIS 17387：2008 | | | √ | √ | | | |
| ISO/DIS 22178：2009 | √ | | | | | | |
| SAE J2399 | √ | | | | | | |
| SAE J2400 | | √ | | | | | |
| SAE J2478 | | | | √ | | | |
| FMCSA-MCRR-05-005 | | | | | √ | | |
| FMCSA-MCRR-05-007 | √ | √ | | | | | |
| Euro-NCAP | | √ | | | | √ | √ |
| IIHS | | | | | | √ | |
| NHTSA | | | √ | | √ | √ | |

注：√表示左侧法规对于上方的自动驾驶功能有具体的测试描述。

4）测试车辆（Test Vehicle）。测试车辆指为验证其功能而参与测试的主要测试对象，其具备汽车的基本性能并满足一定的智能网联功能，如ACC、AEB、LDW等。

5）驾驶任务（Drive Task）。驾驶任务指测试车辆在进行测试验证时，驾驶系统根据周围环境制定出的在单个测试场景内的测试目标，如跟车、超车、换道等。

6）功能场景（Functional Scenario）。功能场景指通过自然语言进行描述的场景，包括场景内的要素内容之间的关系。

7）逻辑场景（Logical Scenario）。逻辑场景指以状态空间的方式描述功能场景内的场景要素及之间的关系，给定了场景要素及其之间关系的参数范围。

8）具体场景（Concrete Scenario）。具体场景从逻辑场景中的状态空间中选择特定的参数描述场景要素及其之间的关系。

（2）测试场景要素

根据测试场景的定义，测试场景的要素可以分为测试车辆基础信息与交通环境要素两大类。

1）测试车辆基础信息。智能网联汽车在测试过程中，测试车辆本身会对周围场景要素尤其是其他交通参与者产生明显的影响。测试车辆和周围驾驶环境之间相互作用形成闭环，因此测试车辆基础信息是测试场景要素中不可或缺的部分，其主要包括固有状态、目标信息、驾驶行为。

测试车辆的固有状态会对自动驾驶系统的行为决策起到关键作用，如测试车辆的几何特征、性能特征、驾驶系统等。测试车辆的几何特征会决定其安全空间，几何尺寸越大，其所需的安全空间也就越大；测试车辆的性能特征会决定其行驶策略，以加速性能为例，不同的加速性能会使驾驶系统进行不同的行驶测试，如跟随或是超车；测试车辆的驾驶系统会决定驾驶人是否可实时参与车辆驾驶行为之中，一旦发生意外情况，是由驾驶人进行接管还是由驾驶系统进行保守型操作。

测试车辆的目标信息即为测试车辆的驾驶任务，其会影响测试场景的覆盖范围及测试场景的持续时间。以图7-4中的蓝色车辆为例，当其驾驶任务为通过十字路口时，其右边想要通过路口的橙色行人虽然距离车辆很近，但是却不是测试车辆制定决策所必须的场景要素；反之，当蓝色车辆需要进行右转时，橙色行人便需要作为自动驾驶系统所必须考虑的要素，参与到整个蓝色车辆的规划之中。

测试车辆的驾驶行为指测试车辆当前的运动状态，如当前的纵向速度、侧向速度等。明确测试车辆当前的驾驶状态是进行下一步路径规划的基础。

2）交通环境要素。交通环境要素主要包含天气光照要素、静态道路信息、动态道路信息、交通参与者信息。

天气光照要素会影响智能网联汽车的感知系统，如逆光或顺光、光照的不同亮度、雾霭、雪等，都会对雷达或者相机等产生影响。静态道路信息是场景要素的基础，从广义上来说，智能网联汽车都在道路上行驶。在行驶的过程中，智能网联汽车还需要遵循一定的交通规则。动态道路信息会极大地提升行驶场景的复杂程度，增加智能网联汽车决策的困难。其他交通参与者信息包括行人信息、非机动车信息和机动车信息。在真实的行驶环境中，其他交通参与者具有很大的不确定性，其下一时刻的运动状态与其驾驶人息息相关，根据其当前状态合理预估其下一步状态，是决策系统的重要任务。

交通环境要素和测试车辆基础信息的具体要素内容如图 7-5 所示。

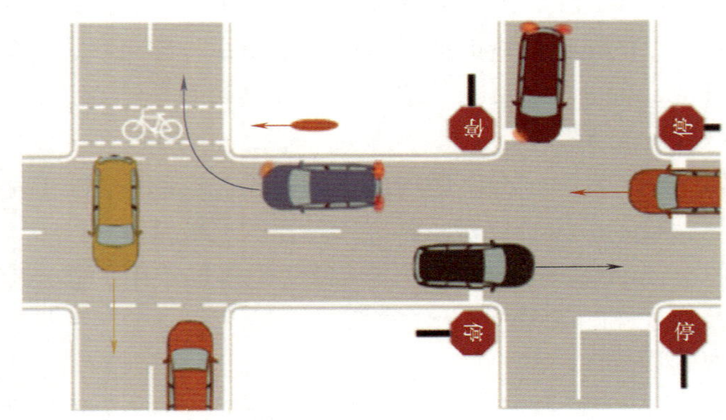


图 7-4　测试车辆目标信息

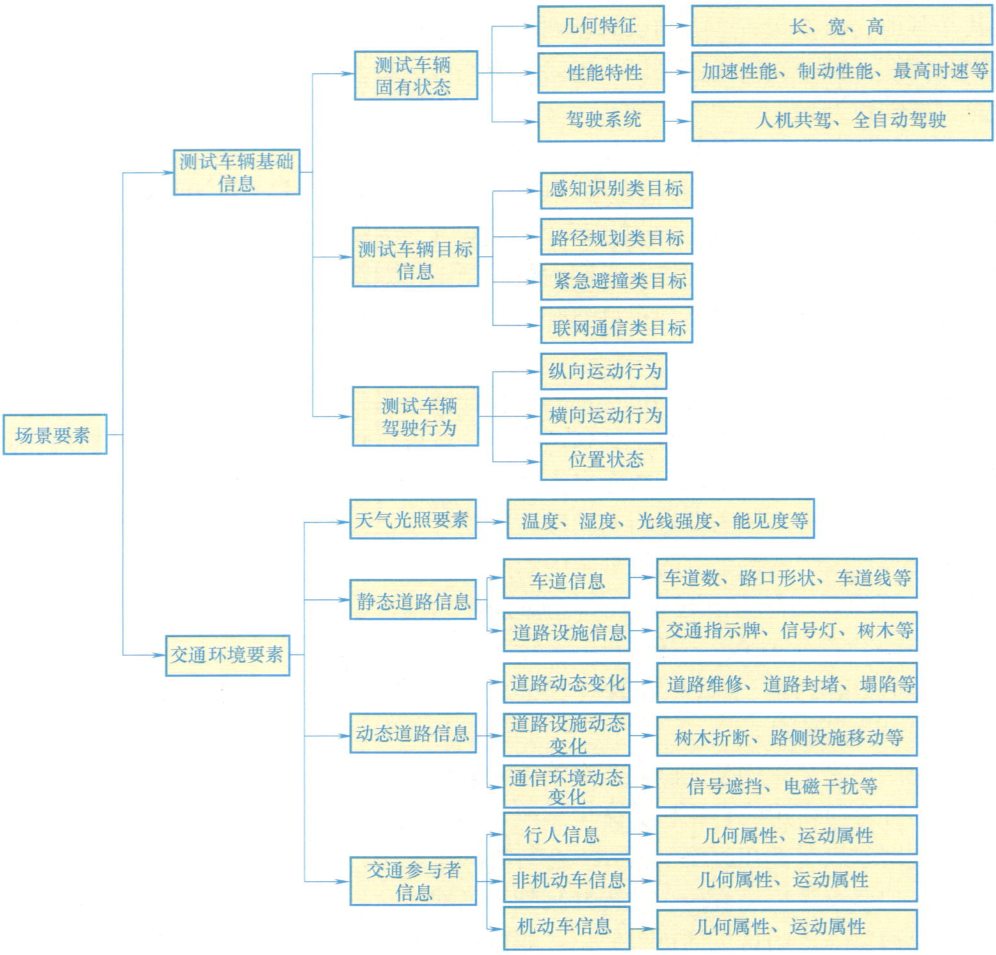

- 场景要素
  - 测试车辆基础信息
    - 测试车辆固有状态
      - 几何特征 → 长、宽、高
      - 性能特性 → 加速性能、制动性能、最高时速等
      - 驾驶系统 → 人机共驾、全自动驾驶
    - 测试车辆目标信息
      - 感知识别类目标
      - 路径规划类目标
      - 紧急避撞类目标
      - 联网通信类目标
    - 测试车辆驾驶行为
      - 纵向运动行为
      - 横向运动行为
      - 位置状态
  - 交通环境要素
    - 天气光照要素 → 温度、湿度、光线强度、能见度等
    - 静态道路信息
      - 车道信息 → 车道数、路口形状、车道线等
      - 道路设施信息 → 交通指示牌、信号灯、树木等
    - 动态道路信息
      - 道路动态变化 → 道路维修、道路封堵、塌陷等
      - 道路设施动态变化 → 树木折断、路侧设施移动等
      - 通信环境动态变化 → 信号遮挡、电磁干扰等
    - 交通参与者信息
      - 行人信息 → 几何属性、运动属性
      - 非机动车信息 → 几何属性、运动属性
      - 机动车信息 → 几何属性、运动属性

图 7-5　测试场景要素分类

## 2. 测试场景库构建方法

（1）场景数据采集

为保证自动驾驶汽车测试时的场景类型足够丰富，需要收集大量的典型场景数据并建立测试场景库。

场景的数据主要包括真实数据、模拟数据和专家经验数据三个部分。

1）真实数据。真实数据主要为数据采集车持续地行驶采集，通过加装不同类型的传感器可以采集不同类型的场景数据。典型的场景数据采集车辆如图 7-6 所示，其在传统车辆上加装了雷达、摄像头、高精度惯导等多传感器采集平台，在车辆正常行驶的过程中采集场景要素数据。其他真实数据还包括事故数据、路侧单元监测数据、驾驶人考试数据、封闭试验场数据。事故数据是利用现有的道路交通事故大数据，分析提炼出的适用于自动驾驶测试的特征要素。为了分析事故成因、提高道路交通安全，很多国家和组织都建立了交通事故数据库，如我国的 CIDAS 数据库、德国的 GIDAS 数据、美国 NHTSA 的 GES 数据库、欧盟的 Assess 数据库等。路侧单元监测数据是利用交警、路政等管理机构在交叉口、事故多发路段等地建立的路侧监测设备采集到的场景要素数据，可以为自动驾驶测试提供丰富的场景数据源。驾驶人考试场景数据是利用机动车驾驶人考试管理系统采集到的人 - 车 - 环境多维度场景要素信息。进行自动驾驶测试时，可以充分借鉴机动车驾驶人考试管理制度，以及考试项目、方法和要求等，从安全驾驶技能、安全驾驶意识等维度构建测试场景。智能汽车封闭试验场数据是在专门的封闭试验场内进行不同智能化水平等级的智能汽车系统测试得到的场景要素数据。

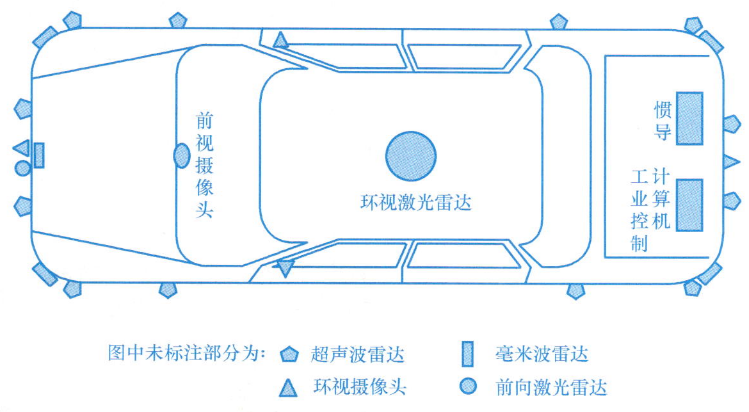


图 7-6　典型的场景数据采集车辆

2）模拟数据。模拟数据主要包括驾驶模拟器数据和仿真数据。驾驶模拟器数据是利用驾驶模拟器进行测试得到的场景要素信息。驾驶模拟器是集车辆运动模拟系统、实时监控系统、声光系统、视景系统、数据采集与传输系统于一体的虚拟仿真测试设备，其视景可以来源于真实场景导入或虚拟生成。相比道路测试，驾驶模拟器测试安全、高效、可重复性好，可以进行大范围的测试，以及危险和极限工况的驾驶人在环测试。仿真数据是指自动驾驶汽车在仿真环境中虚拟运行得到的测试数据，目前主流的仿真工具包括 VTD、PreScan、PanoSim、CARLA、CarMaker 等。这些仿真软件可以生成道路交通场景、交通参与者及天气环境等其他场景要素，并且测试速度快，测试成本低，可以在较短的时间内获得大量的场景测试数据。

3）专家经验数据。专家经验数据是指通过以往测试的经验知识总结得到的场景要素信息，标准法规测试场景数据是典型的专家经验场景数据来源。

（2）场景数据处理

对于场景数据采集车辆所采集到的数据来说，由于不同的传感器具有不同的工作频率，因此对不同传感器的数据首先需要进行时间同步处理。目前多使用 GPS、COMPASS、GLONASS 或 GALILEO 等统一时钟源设备实现传感器数据之间的纳秒级同步。对于不同频率的传感器数据，可采用中值采样、样条差值采样等方法实现时间同步。空间同步需要对不同传感器的坐标系进行统一，从而保证不同传感器数据在空间维度上的匹配。之后，还需要进行一系列的数据处理步骤，才能形成有用的测试场景数据。

典型的场景数据处理方式如图 7-7 所示。



第一步，将所收集到的场景数据进行清洗，主要包括清除冗余、删除缺失数据、数据修复等。其中，数据修复可以进行关键信息的人工补全或者按照数据的统计学规律进行修复。在数据清洗过程中，应满足以下要求：保持数据的完整性约束；制定合适的数据清洗规则，满足用户需求；在满足所有数据质量需求的前提下，清洗代价最小。

第二步，将清洗过后的数据进行整理，形成可用的场景数据集。

第三步，计算场景关键附加信息。对于不能通过传感器直接得到的关键信息，需要进行计算，包括碰撞时间（Time to Collision）、车头时距（Time Headway）、制动时间（Time to Brake）等。

第四步，对场景要素中的关键信息进行标注。常用的标注方式包括基于语义分析的方式、基于半监督学习的方式、基于贝叶斯学习的方式等。

第五步，定义场景分类规则。分析场景要素特征参数的分布规律，根据被测的自动驾驶功能需求建立场景分类规则。如前车切入危险场景中的

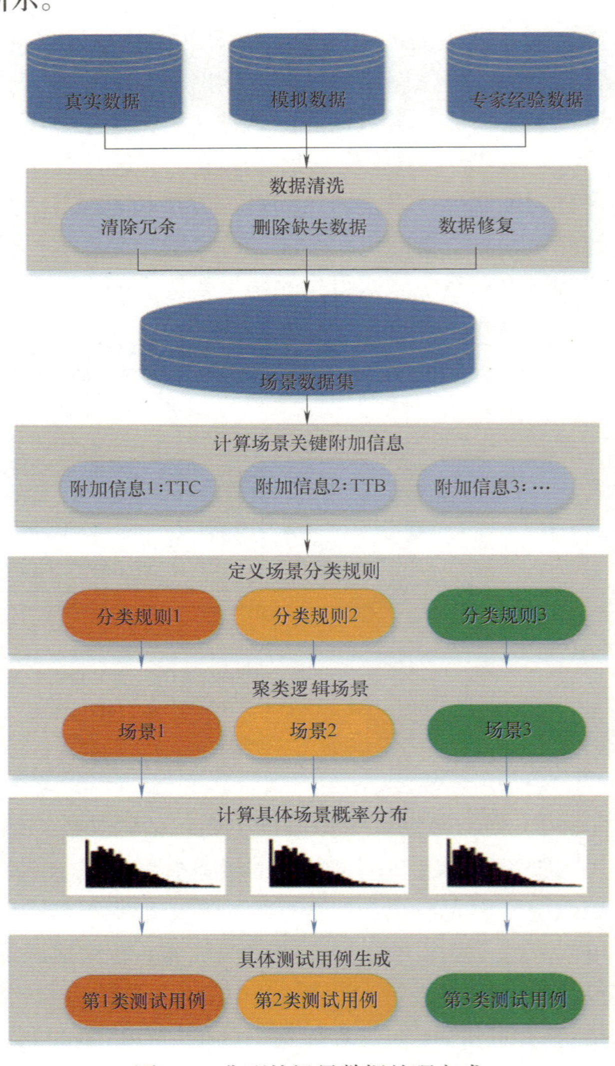


图 7-7　典型的场景数据处理方式

本车速度、切入车辆速度、切入位置等。

第六步，聚类逻辑场景。将符合分类规则的场景聚类为相应的逻辑场景，并明确场景要素的参数空间。常用的聚类算法主要有 K-Means 聚类、层次聚类、混合高斯模型等。Li S 等人针对自动测试汽车测试场景的聚类，提出了在 K-Means 的基础上利用深度学习实现交通基础场景自动聚类的方法。

第七步，计算具体场景概率分布。根据上述场景数据计算逻辑场景的核密度函数，以便于后续具体场景的随机生成。

第八步，根据具体场景概率分布进行测试用例的随机生成。

（3）场景数据存储与传输

构建场景数据之后，需要对场景数据进行存储。根据存储的方式不同，场景数据的传输方式也不同。

场景数据的存储主要包含两种：本地存储、云端存储。本地存储通过建立本地服务器对数据进行存储，云端存储将场景数据通过网络通信的方式上传至网络云端进行存储。本地存储一般采用 SAN（Storage Area Network）的方式进行存储，其支撑技术为光纤通道（Fiber Channel，FC），其存储带宽较高，传输速率高达 1062.5Mbit/s，具有优秀的存储性能。SAN 主要包含三部分：存储和备份设备、光纤通道网络连接部件、应用和管理软件。云端存储需要搭建云端系统，其各层结构为存储层、基础管理层、应用接口层、访问层。其中，基础管理层为最核心的内容，通过集群、分布式文件系统和网格计算等技术，实现不同存储设备之间的协同工作。为了保证数据的安全性，防止数据被破坏或丢失，还需要对存储的数据加密及备份。

场景数据的传输方式主要包括在线传输和离线传输。在线传输是指数据采集过程中，通过高速传输设备将采集到的数据实时传输到云端；离线传输是指采集过程结束后，将采集到的数据传输到服务器中。在传输过程中，为了确保数据传输的可靠性、高效性，需要选择合适的传输协议。常用的数据传输协议主要包括二进制数据传输协议和 JSON 数据传输协议。二进制数据传输协议体积小，传输性能好、效率高；JSON 数据传输协议可读性强，并且能实现跨语言的封包和解包。

#### 3. 测试场景的解构与重构

由于场景具有无限丰富、极其复杂、不可穷尽的特点，虽然经过场景数据的收集可采集大量的场景数据，但仍无法保证遇见所有可能的场景。场景的解构与重构技术可以最大程度地丰富场景类型，使场景数据库内的场景数据无限接近于所有可能的场景。

场景的解构与重构关键在于明确场景的要素种类与场景要素之间的内在逻辑。目前存在多种方式进行场景要素的识别与提取，如基于语义分割的方式、基于图模型的方式、基于层次分析的方式等。然而，分析场景要素之间的内在逻辑仍处于研究阶段，目前仍未出现成熟的算法。解决测试场景的解构与重构问题是进行智能网联汽车测试验证的研究热点。

### 7.1.4 智能网联汽车加速测试方法

目前的加速测试方法主要是基于蒙特卡洛的测试方法，其过程可以归结为三个步骤：构造或描述概率过程、实现从已知概率分布抽样、建立各种估计量。目前的测试方法为使用从自然场地测试中提取到的大数据建立随机模型，然后运行蒙特卡洛模拟来测试自动驾驶汽车。由于蒙特卡洛模拟通过使用 N-FTOs 的数据库来运行，因此所有的测试场景和测试模型都是从真实的驾驶记录中提取出来的，可以反映真实的驾驶场景。由于直接使用的是自然驾驶场景，因此模拟过程中的安全事件占据很大一部分，模拟效率不高。

在测试自动驾驶汽车时，需要考虑的问题有 3 个：自动驾驶车个体不同，即在应对危险或者意外时，会采取不同的规避方式；如何尽可能地模拟所有可能场景，考虑不同的道路与驾驶环境、天气；在自动驾驶车的早期，将会是自动驾驶人与人类驾驶人混行的状态，因而自动驾驶车与人类驾驶的车辆之间的交互必须考虑。

测试方法的核心思想是将真实驾驶环境分解成不同的场景，这些被分解的场景易于进行模拟和重复测试，在每一个特定的场景中，按照一定的方法进行加速测试。为了研究加速测试的方式，可对驾驶数据进行六步分析：

1）大量收集实际行驶过程中的数据。

2）对数据进行过滤，保留包含自动驾驶车与人类驾驶车辆的有价值的交互数据。

3）对人类驾驶行为进行建模，以此作为对自动驾驶车产生主要威胁，并且是概率分布的随机变量。

4）减少日常驾驶中没有发生事故的数据，然后用发生了危险事故的数据进行取代。

5）在加速场景下使用蒙特卡洛的算法，从而能够在人类驾驶人与自动驾驶车之间产生高频率、高密度的相互作用。

6）使用统计分析的方式，根据测试的结果去反推实际情况中自动驾驶车的表现情况。

## 7.2 测试技术

### 7.2.1 智能网联汽车测试体系架构

在对智能网联汽车进行测试验证时，需要考虑的内容主要包括 6 个部分：数据获取、数据感知、数据传输、行为决策、车辆控制和执行机构。为了满足上述内容的测试，目前的测试体系架构主要包括模型在环测试、软件在环测试、硬件在环测试、驾驶模拟器测试、车辆在环测试、封闭试验场测试和开放道路测试。

### 7.2.2 智能网联汽车模型在环测试技术

如图 7-8 所示，如果在 Simulink 模型中，将控制模型和被控对象模型连起来形成闭环，就是常说的模型在环（MIL）测试。顾名思义，其就是在模型层面上实现闭环测试。这种测试通常发生在两种场景之下：一种是系统工程师为了验证算法，使用控制算法模型控制被控对象模型；另一种是软件工程师做模型级别的集成测试。当然，MIL 测试的前提是要有被控对象模型，搭建被控对象模型或者采购现成的被控对象模型都可以。

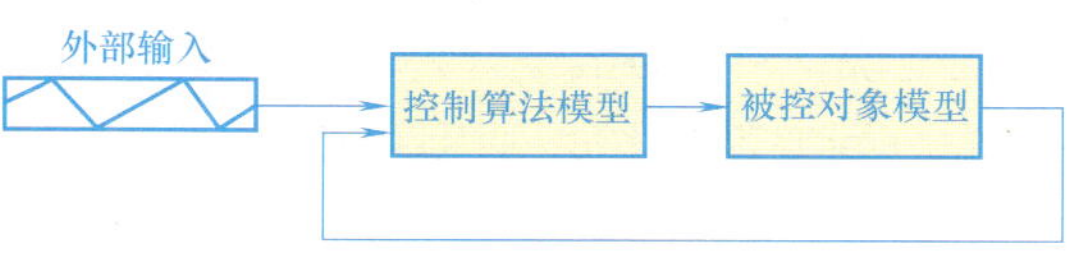


图 7-8 模型在环（MIL）测试示意图

模型在环测试与“静态”的书面设计不同，可在仿真过程中评估可执行规范。通常，通过改变一组模型参数或输入信号，或通过查看输出结果或模型的响应来完成这一操作。依据模型执行的仿真顺序也称为模型在环测试。

模型在环测试的测试数据可来自测试矢量数据库，或来自实际系统的模型。在后一种情况下，我们讨论闭环控制系统。可执行规范通常不仅包括功能设计模型和软件逻辑，还包括设备和环境模型、高层需求的链接及其他文件。另外，通常还包括用于自动化仿真结果评估的验证数据。模型在环测试的结果可用于验证软件行为是否正确，并确认开发流程的初始需求。通过仿真收集的信息会成为代码验证的基准。

### 7.2.3 智能网联汽车软件在环测试技术

如果使用先前提到的小型现场测试，或测试轨道对特定功能的测试工作量太高，或测试不可行，则还可以使用软件在环（SIL）测试进行评估。

这里介绍在虚拟环境中进行测试的顺序。首先分析系统描述，并根据测试中的系统/功能调整假设，然后选择测试软件。各种工具，如 PreScan、CarMaker、Virtual Test Drive 及其他产品在市场上都有售。这里不讨论不同工具的优缺点。选择测试软件后，将开始准备虚拟测试。这包括测试用例的设置，不同仿真模型（如驱动程序、环境）的参数化，以及各个功能系统的集成。

在虚拟环境中进行测试之前，需要验证模拟工具。为此，需要在专用测试用例中进行现实世界和虚拟环境的测试并进行比较。只有在成功验证模拟环境的情况下，才能在模拟中进行测试。可以用类似于测试轨道上的测试和小型现场测试来计算测试工作量。最后，为了评估测试，计算先前定义的指标并测试假设。

在许多情况下，在目标环境中部署软件之前，确保所设计系统的软件组件能够按预期运行，这一点非常重要。软件算法的测试（在主机上的联合仿真中评估生成的函数或手写的代码）称为“软件在环”。与模型在环测试类似，输入测试矢量可来自于测试数据库或设备模型，并且可与 MIL 测试共享。

当软件组件包含需要在目标平台上执行的生成代码（如更新控制器逻辑以满足新要求）和手写代码（如现有驱动程序和数据适配器）的组合时，此类验证尤其有用。

通常利用软件在环测试来验证图形化模型中现有算法的重新实现，可能很难或需要花费较多成本来维护一些旧的但是正确的代码，这对建模环境中的重新实现及验证而言意义重大。在这种情况下，仿真成为比较新模型实现和旧代码中已有算法的输出环境。

软件在环（SIL）测试中的“软件”是指控制策略模型转换成的 C 代码编译之后的软件。SIL 测试的目的就是验证自动生成的代码和用于代码生成的模型在行为上是一致的。

也就是说，SIL 测试是一种等效性测试，既然是等效性测试，那么可以用图 7-9 所示的模型来实现。

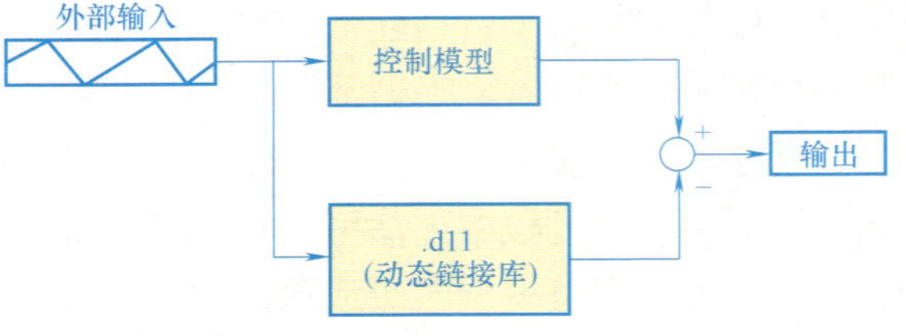

图 7-9 软件在环测试（SIL）示意图

Simulink 提供了 SIL 仿真模式，所以可以用更方便的方式实现 SIL 测试，可使用 set_param（model_name，‘SimulationMode’，‘Software-in-the-loop（SIL）’）设置算法模型的仿真模式为 SIL，然后对比 Normal 模式下的输出结果即可，并且这样做有助于过程自动化，如图 7-10 所示。

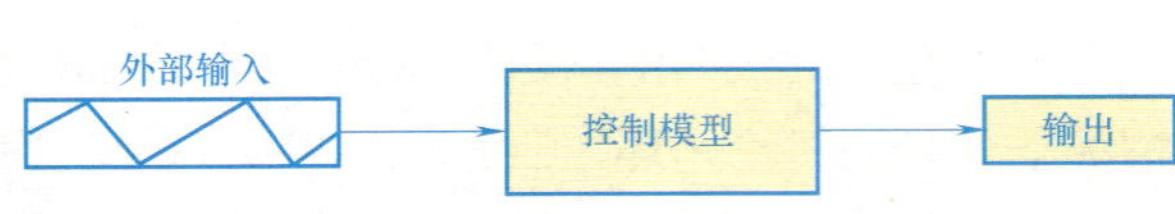

图 7-10 选择 SIL 仿真模拟测试

## 7.2.4 智能网联汽车硬件在环测试技术

### 1. 环境感知系统在环测试技术

环境感知系统在环测试主要包括雷达系统在环测试、相机系统在环测试、V2X 系统在环测试及多源传感融合系统在环测试等。

（1）雷达系统在环测试技术

雷达系统在环试验能够实现雷达传感器参数（如 EIRP、噪声、波束宽度和频率等）和雷达目标检测性能（如目标识别准确度、检测概率、距离精度、角度精度和速度精度等）的测试验证。由于目标可模拟，因此可以重复进行雷达测试。

常见的毫米波雷达硬件在环测试方案如图 7-11 所示。方案一中，雷达目标模拟与车辆动力学模拟联合仿真，基于车辆动力学软件产生虚拟场景环境，雷达目标模拟器利用虚拟场景信息产生雷达回波，回波中包含目标的速度、距离和角度信息，雷达接收模拟回波信号经过数据识别处理得到目标结果，再通过 CAN 总线发送给虚拟车辆模型以用于决策控制；方案二中，用人工真实场景代替了虚拟场景，用真实车辆代替虚拟车辆模型来完成雷达的闭环验证。在两种方案中均可预先设置好目标的距离、速度和角度等信息，将其与雷达识别结果对比分析可测试雷达的识别准确度、检测概率、距离精度、角度精度和速度精度等性能。

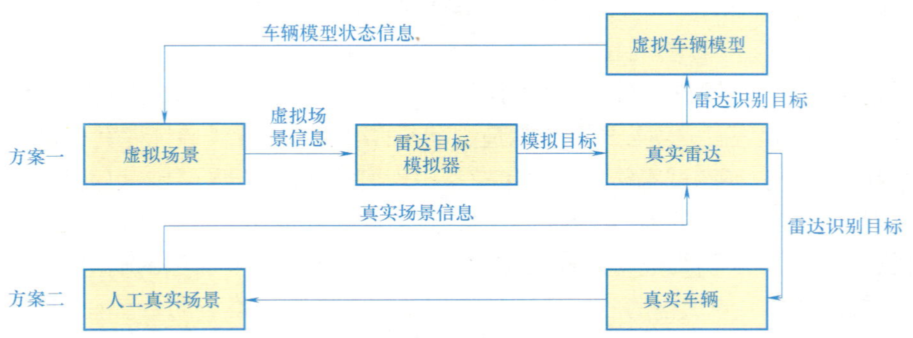

图 7-11 毫米波雷达硬件在环测试方案

（2）相机系统在环测试技术

相机系统在环测试的基本原理是基于车载摄像头采集到的图像信号预留 ADAS 控制策略研究算法的处理器集成接口，通过独立的信号处理单元导入用户算法以进行车辆自动加速、减速及相关 ADAS 集成功能的测试研究。在相机和驾驶模拟器系统之间定义 CAN 总线连接协议，将车载相机模块集成到整个驾驶模拟器中，进行摄像头的安装与标定。

常见的相机系统在环测试共有 3 种方案，如图 7-12 所示。方案一中，系统提供的车载摄像头识别环视显示器后，会输出必要信号并预留接口给系统以进行车辆的自动加速和减速，从而实现 ADAS 功能。摄像头和驾驶模拟器系统通过 CAN 总线连接，将摄像头模块集成到整个驾驶模拟器系统中，并完成调试。为避免由于显示器屏幕反光对于读取图像的影响，方案二和方案一的不同之处在于图像不是通过相机的镜头读取的，而是将计算机模拟的虚拟数据通过专门的处理单元给相机的图像处理单元，跳过镜头和成像单元。方案三可以利用真实数据实现实验室相机在环的方式，使用真实相机采集的数据会通过数据处理单元输入相机的图像处理单元。

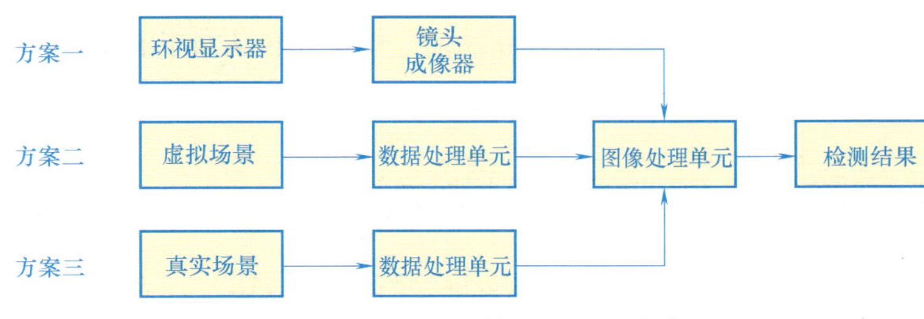

图 7-12　相机系统在环测试方案

（3）V2X 系统在环测试技术

面向通信性能的测试拟构建 V2X 通信系统硬件在环的场景测试平台，以弥补室外电磁环境时信号变性造成的测试有效性降低的缺点。该系统可检测 V2X 正确发送、接收和解释信号，以及与路边单元和其他车辆的交互能力，并通过 OBU、RSU 的重复测试提升测试的有效性和可信度。

V2X 在环通信性能测试平台的构建采用虚拟信道模拟和真实信道场景两种不同方案，如图 7-13 所示。方案一中，V2X 通信目标模拟与车辆动力学模拟联合仿真，基于车辆动力学软件产生虚拟场景环境，DSRC 引擎根据虚拟场景中的周边车辆和基站环境产生模拟 BSM 信息。模拟 BSM 信息包含了目标的速度和位置等信息，信道模拟器接收模拟 BSM

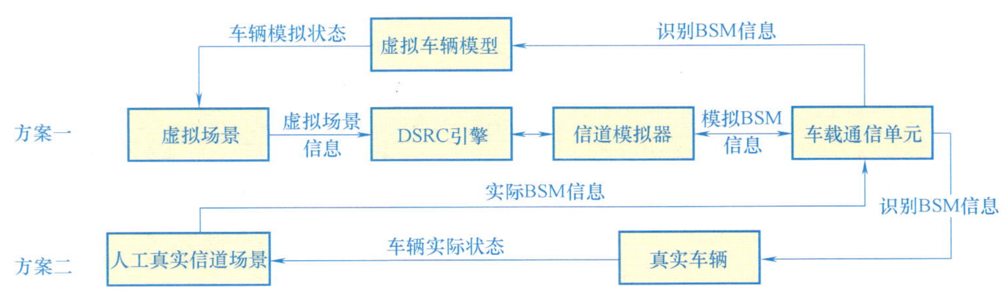

图 7-13　面向通信性能的 V2X 系统在环测试方案

信息并附加 V2X 通信交互过程中的信息衰减动态，再将虚拟的 BSM 传输给车载通信单元（OBU/RSU），经过数据识别处理得到目标结果，再通过 CAN 总线发送给虚拟车辆模型以用于决策控制。方案二中，用人工真实信道场景代替了虚拟场景，使用真实的信道传递实际 BSM 信息，以及使用真实车辆代替虚拟车辆模型来完成 V2X 的闭环通信测试。

在两种方案中均可预先设置好目标的速度和位置等信息，将其与识别结果对比分析可测试 V2X 通信的准确度、传输延迟等性能。

#### 2. 决策规划系统在环测试技术

决策规划系统在环是指将真实的车辆控制器放入虚拟的整车环境中，通过仿真模型来模拟受控对象的状态，并通过 CAN 接口、I/O 接口等将车辆控制器与仿真模型进行连接。由于自动驾驶汽车功能具有复杂性，因此对决策规划系统进行硬件在环测试是验证自动驾驶安全性过程中非常重要的一环。

#### 3. 控制执行系统在环测试技术

控制执行系统在环测试主要包括制动系统在环测试、转向系统在环测试、驱动系统在环测试等，其执行器（制动器、转向器等）通过实际的 I/O 接口与快速控制原型进行连接，缩短所测试系统的研发周期。由于控制执行系统与传统车辆大体相同，因此该部分的测试发展较早且较为成熟。



## 7.2.5 智能网联汽车驾驶模拟器测试技术

驾驶模拟器分为开发型驾驶模拟器和训练型驾驶模拟器。训练型驾驶模拟器主要用于驾驶人培训工作。开发型驾驶模拟器可应用于汽车新技术及驾驶人特性研究，在保留驾驶人操作特点的同时，完成相关的人车交互试验。使用驾驶模拟器测试技术研究汽车智能技术的常见做法是把相关硬件嵌入驾驶模拟器中，实现硬件 - 驾驶人在环验证，进行驾驶人主观评价及算法验证。此外，可以把诸如眼动仪、驾驶人检测设备等安装在驾驶模拟器中，用于研究智能技术条件下的驾驶人反应特性。

与上述提到的模型在环测试、软件在环测试等相比，驾驶模拟器在环测试可以将驾驶人嵌入测试环境中，形成算法 - 环境 - 驾驶人的闭环测试，真实反映驾驶人的驾驶情况，同时还可用于进行驾驶人疲劳监控及警告等内容。

## 7.2.6 智能网联汽车车辆在环测试技术

车辆在环测试是将整车嵌入虚拟测试环境中进行测试，通过模拟场景测试整车的性能，主要包括转毂平台车辆在环测试和封闭场地车辆在环平行测试，其关键在于将车辆信息传递给模拟环境，以及将模拟环境中产生的传感器信息传递给车辆控制器。典型的车辆在环测试方案如图 7-14 所示。

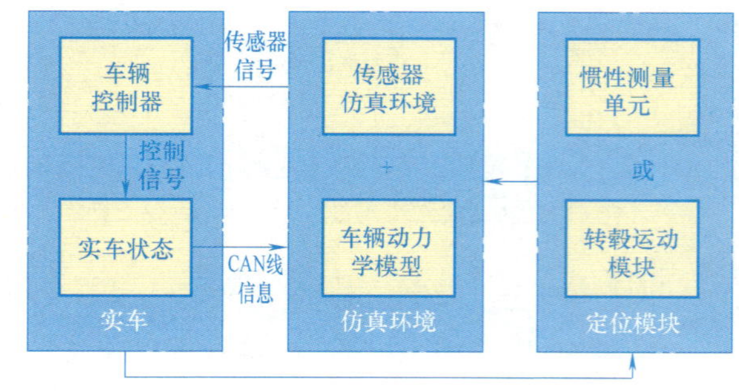


图 7-14　典型车辆在环测试方案

### 1. 转毂平台车辆在环测试技术

对智能网联车辆进行整车测试评估时，需要将测试车辆置于真实的交通场景下进行测试。转毂平台车辆在环测试技术可以模拟车辆行驶时的周围环境，通过虚假信息注入的方式模拟整车行驶环境，测试车辆的自动驾驶性能。在测试的过程中，测试车辆放置于底盘测功机上，通过先进的车辆固定系统确保汽车进行逼真的运动（加速、制动）。在目前的技术条件下，转毂平台可模拟的最大速度为250km/h，并可模拟相应的真实制动减速度。

整车转毂平台测试实验室可被视为智能汽车系统设计和开发中不可缺少的一环，该实验室可处理多种组合的系统硬件和模拟模块，以生成组合的现实和虚拟系统或交通环境。转毂平台在环测试可连接至 MADYMO 或 PreScan 等模拟工具，以对乘员受伤情况、预碰撞测试、先进的智能车辆系统设计和评估、先进驾驶辅助系统（ADAS）开发和验证进行模拟。测试设备还可模拟现实的交通场景，例如，使用轮式移动机器人来表示道路环境中的其他交通参与者，这种机器人又称移动基座（MB）。MB 可添加假人进行扩展，类似真正乘用车的雷达、激光雷达和视觉系统。将转毂平台和 MB 连接至“环路”，可为很多智能驾驶系统解决方案提供优质、详细和有效的测试。

### 2. 封闭场地车辆在环平行测试技术

除了转毂平台车辆在环测试技术外，封闭场地车辆在环平行测试技术也是解决智能网联汽车测试验证的重要手段。进行封闭场地车辆在环平行测试的过程中，车辆行驶在真实的道路上，通过信息注入的方式模拟车辆周围的其他交通参与者、静止障碍物等。由于使用真实的车辆代替的车辆模型，在测试的过程中可以在很大程度上提高测试精度。同时，由于周围的环境信息通过虚拟的方式进行生成，因此可以在封闭场地内进行重复测试和随机测试，丰富测试数据。一些不易出现的场景可以通过虚拟生成的方式进行设计，提高测试场景的丰富程度。



## 7.2.7 智能网联汽车封闭试验场测试技术

汽车封闭试验场一般包括高速路段、转向盘、交叉口、坡道、多用途测试路段、特殊测试路段、V2X 测试路段、噪声或电磁波干扰路段、控制中心。国外的很多机构都已经开始了封闭试验场测试，如美国密歇根大学的 M-city、日本的 J-town、瑞典的 AstaZero、英国的 Mira city、韩国的 K-city 等。

## 7.2.8 智能网联汽车开放道路测试技术

为了验证智能网联汽车的安全性，多家车企都进行了开放道路上的测试。开放道路测试是指在为智能网联汽车配备安全员的情况下，在开放道路的环境中进行行驶，记录智能网联汽车的行驶状态。

当前情况下，并不是所有的开放道路区域都允许智能网联汽车进行测试，仅部分区域可供其进行测试。在进行开放道路测试之前，需要进行一定的智能网联汽车功能的测试，才能获得上路测试的条件。2018 年 4 月，我国工业和信息化部、公安部、交通运输部联合发布《智能网联汽车道路测试管理规范（试行）》，该规范涉及 14 个方面的测试内容、34 个测试场景，包括交通标志和标线的识别及响应、交通信号灯的识别及响应、前方车辆（含对向车辆）行驶状态的识别及响应、障碍物的识别及响应、行人和非机动车的识别及响应、跟车行驶（包括停车和起步）、靠路边停车、超车、并道行驶、交叉口通行、环形路口通行、自动紧急制动、人工操作接管、联网通信。

我国关于智能网联汽车开放道路测试区域的相关法规及政策见表 7-2。

表 7-2 我国关于智能网联汽车开放道路测试区域的相关法规及政策

| 时间 | 法规及政策 |
| --- | --- |
| 2016 | 《智能网联汽车公共道路适应性验证管理规范》 |
| 2016.8 | 《推进“互联网 +”便捷交通　促进智能交通发展的实施方案》 |
| 2017.4 | 《汽车产业中长期发展规划》 |
| 2017.12 | 《国家车联网产业标准体系建设指南（智能网联汽车）》 |
| 2017.12 | 《北京市自动驾驶车辆道路测试管理实施细则（试行）》 |
| 2018.1 | 《智能汽车创新发展战略（征求意见稿）》 |
| 2018.3 | 《上海市智能网联汽车道路测试管理办法（试行）》 |
| 2018.3 | 《重庆市自动驾驶道路测试管理实施细则（试行）》 |
| 2018.3 | 《平潭综合实验区无人驾驶汽车道路测试管理办法（试行）》 |
| 2018.4 | 《智能网联汽车道路测试管理规范（试行）》 |
| 2018.8 | 《杭州市智能网联车辆道路测试管理实施细则（试行）》 |
| 2018.10 | 《深圳市智能网联汽车道路测试开放道路技术要求（试行）》 |
| 2018.12 | 《广州市关于智能网联汽车道路测试有关工作的指导意见》 |

# 7.3 评价体系与能力评估

## 7.3.1 智能网联汽车评价体系

### 1. 智能网联汽车评价模型

智能网联汽车评价模型整体框架如图 7-15 所示。基于模型进行智能网联汽车评价的主要步骤具体可描述为：首先，从实验室 / 示范基地、科技赛事、消费市场中获取智能网联汽车评价参数，并对参数进行数据预处理；其次，根据构建的智能网联汽车评价指标体系，从中选取重要指标参数数据；再次，利用层次分析法 - 熵权法的综合确权法对指标体系中的指标权重进行设定，不同的评价方法也决定着综合评价模型的差异性；最后，基于智能网联汽车评价指标分数及指标权重，依次计算第三级、第二级与第一级指标的评价分数，并以评价分数的最终结果确定智能网联汽车等级。

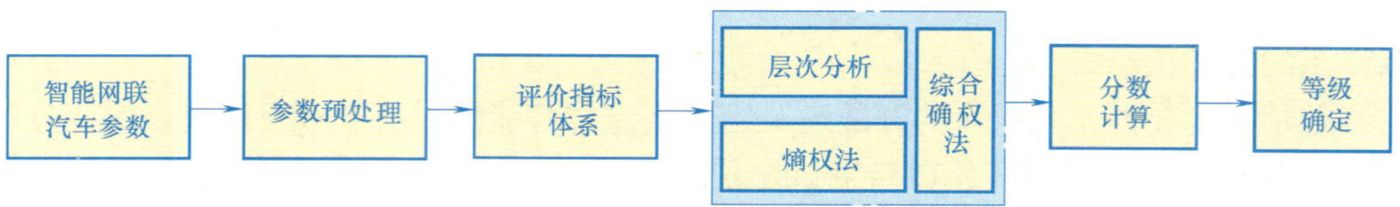


图 7-15　智能网联汽车评价模型整体框架

在上述智能网联汽车评价模型中，其核心部分在于评价指标权重确定方法的选择，其对于综合评价结果的客观性和准确性具有重要影响，指标权重确定方法的不同往往也是不同综合评价模型的差异所在。确定指标权重的方法大致可分为两大类：一类是主观赋权法；另一类是客观赋权法。其中，层次分析法属于主观赋权法，它主要是考虑专家的意见，汲取了专家们的知识和经验，一般具有较好的合理性，但仍无法克服存在主观随意性这一较大的缺陷；熵权法属于客观赋权法，它能够充分挖掘原始数据本身蕴涵的信息价值，相对层次分析法而言结果比较客观，但却不能反映专家的知识和经验以及决策者的意见，可能会导致得到的权重与实际重要程度不相符。因此，综合上述两种方法的优缺点，这里选取层次分析法和熵权法相结合的综合确权方法，对智能网联汽车评价指标权重进行确定。

关于层次分析法，其确定权重的主要步骤可简要描述如下：

1）建立系统的递阶层次结构。一般建立指标层 $X$、准则层 $V$、目标层 $U$ 三级递阶层次结构模型。

2）构造判断矩阵。通过专家评估或历史数据，对同一层次的各元素关于上一层次中某一准则的重要性进行两两比较，根据 1-9 标度法对不同情况的评比给出数量标度，构成判断矩阵。

3）层次单排序及一致性检验。其中，层次单排序是指根据判断矩阵计算对于上一层某因素而言，本层次与之有联系的因素的重要性次序的权值。对于判断矩阵 $\boldsymbol{A}$，计算满足的特征值和特征向量。$\lambda_{\max}$ 为矩阵 $\boldsymbol{A}$ 的最大特征值，$\boldsymbol{W}$ 为对应于 $\lambda_{\max}$ 的正规化特征向量，$\boldsymbol{W}$ 的分量即是相应因素单排序的权值。此外，为避免出现前后判断不一致的情况，需要进行一致性检验，可通过计算一致性比例 CR 进行一致性检验，CR 的计算公式为

$$\mathrm{CR}=\mathrm{CI}/\mathrm{RI} \tag{7-1}$$

式中 CI——一致性指标，$\mathrm{CI}=(\lambda_{\max}-n)/(n-1)$；

RI——随机一致性指标。

当 $\mathrm{CR}<0.10$ 时，便认为判断矩阵具有满意的一致性；否则，就需要调整判断矩阵，使之满足式（7-1），从而达到满意的一致性。

4）层次总排序及一致性检验。层次总排序是指计算同一层次所有因素对于总目标相对重要性的排序权值的过程，下一层次各因素的权重既要考虑本层次的相互关系，还要考虑上一层次的权因子。通过从最高级到最低级逐层计算求出组合权重，再进行一致性检验。

关于熵权法，其确定权重的主要步骤可简要描述如下：

1）假设专家 $N_j$ 对评价指标 $V_{ijk}$ 的打分结果为 $\mu_{ji}$，则指标的信息熵为

$$e_i=-\frac{1}{\ln n}\sum_{i=1}^{n}\mu_A(\mu_{ji})\ln\mu_A(\mu_{ji}) \tag{7-2}$$

式中 $\mu_A(\mu_{ji})=\mu_{ji}/\sum_{j=1}^{n}\mu_{ji}$；

$n$——参与打分的专家总人数。

2）定义第 $i$ 个指标的 $\mu_A(\mu_{ji})$ 差异因素：

$$g_i=1-e_i \tag{7-3}$$

3）计算第 $i$ 个指标的权重：

$$w_i = g_i / \sum_{i=1}^{n} g_i \tag{7-4}$$

因此，得到指标体系的权重向量：

$$\boldsymbol{W}=(w_1, w_2, \cdots, w_n) \tag{7-5}$$

4）假设通过层次分析法和熵权法确定的第 $i$ 项指标权重分别为 $\alpha_i$ 和 $\beta_i$，设定折中系数为 $\varepsilon$，将求得的指标再次进行权重分配，即

$$w_i=\varepsilon\alpha_i+(1-\varepsilon)\beta_i \tag{7-6}$$

其中，$\varepsilon$ 越大，则代表熵权法确定的数值对综合权重的影响越大；反之，层次分析法确定的数值对综合权重影响更大。大多数情况下取 $\varepsilon$=0.5，即重要性对等。这种方法能适应不同环境需求，但对于折中系数的确定依然带有强烈的主观性。

### 2. 智能网联汽车评价体系和指标

为保证智能网联汽车评价的全面性、客观性与实用性，要建立以专业测评（实验室测评、虚拟场景测评、封闭场景测评）、实践工况测评（开放道路测评、科技赛事测评）、市场评价（品牌指标、满意度指标）为基础的“三位一体”智能网联汽车评价体系，如图 7-16 所示。它充分利用实验室 / 示范基地等虚拟与实际测试场景进行智能网联汽车的专业性测评，并结合我国现有智能网联汽车相关权威性科技赛事进行智能网联汽车的年度实践性测评，同时兼顾市场中消费者对于智能网联汽车场景需求与实际功能匹配程度的满意度分析，科学、严谨、全面地为智能网联汽车评价提供参考与支撑。

图 7-16　智能网联汽车评价体系

首先，智能网联汽车专业测评具体包括实验室测评、虚拟场景测评以及封闭场景测评等部分。目前，我国各地积极部署了智能网联汽车测试与示范区建设工作，首个智能网联汽车试点示范区在上海开始规划与建设，之后北京、河北、重庆、浙江、吉林、湖北、湖南、江苏、四川、广东等省市也开展智能网联汽车试点示范区建设和运营，初步形成了“5+2+1”的智能网联汽车测试基地全国分布格局。已建成的测试基地主要通过搭建封闭测试区、开放测试区等测试场景与环境，对智能网联汽车相关的自动驾驶技术及网联技术进行更为专业化的测试与评价，但尚未达到完善的系统级测试评价水平。

其次，智能网联汽车实践工况测评具体包括开放道路测评和科技赛事测评等部分。开放道路测评将在已经允许进行公共道路测试的省市（如北京、上海、湖南等）进行真实道路场景下的实践性测评。在科技赛事测评方面，我国已成功举办世界智能驾驶挑战赛、中国智能车未来挑战赛等多项赛事。世界智能驾驶挑战赛作为我国权威的智能网联汽车测评

平台和智能网联汽车发展的风向标，连续几年的成功举办使其充分发挥了行业高端交流平台和技术实践测评标尺的作用。该赛事每年度会召集来自全国各地的智能网联汽车开展同台竞技，通过专业化场景与组别设置、权威性规则仲裁，为智能网联汽车水平提供实践验证性评价，赛事结果实时且全面地反馈了我国智能网联汽车的最新发展进程与水准。

最后，智能网联汽车市场评价具体包括品牌指标、满意度指标等部分。品牌指标主要根据市场的品牌认可度来进行核算，满意度指标根据国家相关机构做的汽车满意度调查指标进行核算。目前，我国量产智能网联汽车水平基本处于 Level 1、Level 2 并向 Level 3 过渡的阶段，主要实现了较为基本的先进驾驶辅助功能，基于上述现状可从消费市场应用角度出发，通过对不同品牌代表性产品的智能化程度开展消费者满意度调查，并充分结合大数据分析方法，为智能网联汽车等级评价提供源于市场的参考依据。

以上述“三位一体”智能网联汽车评价体系为方向引导，为进一步加强智能网联汽车评价的理论深度及实践操作，这里初步构建了当前 Level 2 阶段的智能网联汽车评价指标体系，如图 7-17 所示。该评价指标体系按照树形结构进行划分，可分为一级指标、二级指标以及三级指标，且各级指标相互联系、逐层细化。

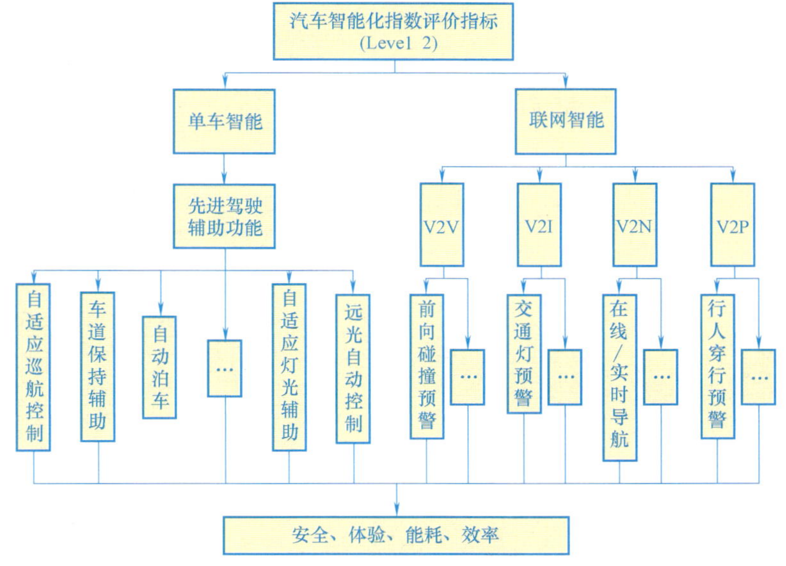


图 7-17 Level 2 阶段智能网联汽车评价指标体系

智能网联汽车评价指标体系的一级指标是指汽车单车智能以及联网智能评价指标，代表了衡量智能网联汽车等级的最终评价指标，其下又具体细分为二级指标和三级指标等。关于智能网联汽车评价指标体系的二级指标：一方面，对于单车智能评价主要侧重先进驾驶辅助功能评价指标，对智能网联汽车在行驶过程中的自主行为表现及能力进行评价；另一方面，对于联网智能评价则重点涵盖车与车（V2V）、车与路（V2I）、车与网（V2N）以及车与人（V2P）这 4 方面评价指标，对智能网联汽车在行驶过程中同周围环境之间完成通信的功能及性能进行评价。关于智能网联汽车评价指示体系的三级指标，则是在二级指标的基础上进一步细化，具体到能够反映智能网联汽车水平的功能及性能指标，通过判断各项指标的功能有无与性能好坏，实现智能网联汽车水平的有效评价。

关于智能网联汽车评价的核心环节，可根据前文所确立的智能化评价指标，并利用前述的指标权重确定方法，初步形成表 7-3 列出的智能网联汽车等级划分。

表 7-3　智能网联汽车等级划分

| 一级指标 | | | 二级指标 | | | 三级指标 | | |
|---|---|---|---|---|---|---|---|---|
| 序号 | 项目 | 权重 | 序号 | 项目 | 权重 | 序号 | 项目 | 权重 |
| 1 | 单车智能 | 50% | 1 | 先进驾驶辅助系统（ADAS） | 50% | 1 | 自动紧急制动（AEB） | |
| | | | | | | 2 | 车道保持辅助（LKA） | |
| | | | | | | 3 | 车道居中控制（LCC） | |
| | | | | | | 4 | 自适应巡航控制（ACC） | |
| | | | | | | 5 | 全速自适应巡航控制（FSRA） | |
| | | | | | | 6 | 盲区监测辅助（BSD） | |
| | | | | | | 7 | 倒车辅助系统（APS） | |
| | | | | | | 8 | 后方横向交通告警（RCTA） | |
| | | | | | | 9 | 车道偏离预警（LDW） | |
| | | | | | | 10 | 变道辅助（LCA） | |
| | | | | | | 11 | 前方碰撞预警（FCW） | |
| | | | | | | 12 | 车距检测及警告（HMW） | |
| | | | | | | 13 | 弯道速度预警系统（CSWS） | |
| | | | | | | 14 | 行人检测（PED） | |
| | | | | | | 15 | 疲劳驾驶监测（DFM） | |
| | | | | | | 16 | 夜视系统（NV） | |
| | | | | | | 17 | 自动泊车（AP） | |
| | | | | | | 18 | 全景影像监测（SVM） | |
| | | | | | | 19 | 自适应照明系统（AFS） | |
| | | | | | | 20 | 远近光灯辅助（HBA） | |
| | | | | | | 21 | 抬头显示系统（HUD） | |
| | | | | | | 22 | 实时交通系统（TMC） | |
| | | | | | | 23 | 智能限速提醒系统（ISA） | |
| | | | | | | 24 | 交通拥堵辅助控制系统（TCCS） | |
| | | | | | | 25 | 交通标志识别（TSR） | |
| | | | | | | 26 | 交通信号灯识别（TLR） | |
| | | | 2 | 高度自动驾驶（HAD） | — | 1 | — | |
| 2 | 联网智能 | 50% | 1 | V2V | 15% | 1 | 前向碰撞预警 | |
| | | | | | | 2 | 紧急制动预警 | |
| | | | | | | 3 | 车辆失控预警 | |
| | | | | | | 4 | 异常车辆提醒 | |
| | | | | | | 5 | 车辆靠近提醒 | |
| | | | | | | 6 | 盲区预警 | |
| | | | | | | 7 | 前车透视 | |
| | | | | | | 8 | 变道辅助 | |
| | | | | | | 9 | 左转辅助 | |
| | | | | | | 10 | 逆向超车碰撞预警 | |
| | | | | | | 11 | 交叉路口碰撞预警 | |

（续）

| 一级指标 | | | 二级指标 | | | 三级指标 | | |
|---|---|---|---|---|---|---|---|---|
| 序号 | 项目 | 权重 | 序号 | 项目 | 权重 | 序号 | 项目 | 权重 |
| 2 | 联网智能 | 50% | 1 | V2V | 15% | 12 | 高优先级车辆让行 | |
| | | | | | | 13 | 固定作业车辆警示 | |
| | | | | | | 14 | 车队间视频传输 | |
| | | | 2 | V2I | 15% | 1 | 交通灯预警 | |
| | | | | | | 2 | 红绿灯车速引导 | |
| | | | | | | 3 | 绿灯车速引导 | |
| | | | | | | 4 | 交叉路口碰撞预警 | |
| | | | | | | 5 | 左转辅助 | |
| | | | | | | 6 | 高优先级车辆让行 | |
| | | | | | | 7 | 弱势交通参与者预警 | |
| | | | | | | 8 | 道路危险状况提示 | |
| | | | | | | 9 | 路面湿滑预警 | |
| | | | | | | 10 | 限速限高标志预警 | |
| | | | | | | 11 | 前方道路施工预警 | |
| | | | | | | 12 | 前方拥堵提醒 | |
| | | | | | | 13 | 智能网联汽车近场支付 | |
| | | | 3 | V2N | 15% | 1 | 在线 / 实时导航 | |
| | | | | | | 2 | 动态路径规划 | |
| | | | | | | 3 | 防盗报警 | |
| | | | | | | 4 | 紧急救援 | |
| | | | | | | 5 | 远程监控 | |
| | | | | | | 6 | 远程遥控驾驶 | |
| | | | | | | 7 | 车辆编队调度 | |
| | | | | | | 8 | 倒车影像 / 雷达 | |
| | | | | | | 9 | 触摸交互 | |
| | | | | | | 10 | 语音 / 手势识别 | |
| | | | | | | 11 | 眼球追踪 | |
| | | | | | | 12 | 手机操控 | |
| | | | | | | 13 | 在线娱乐资讯 | |
| | | | | | | 14 | 车内办公环境 | |
| | | | 4 | V2P | 5% | 1 | 行人穿行道路预警 | |
| | | | | | | 2 | 弱势交通参与者预警 | |
| | | | | | | 3 | 行人 / 非机动车避让 | |

注：由于目前高度自动驾驶能力是通过综合权重和场景能力来评价的，但目前场景暂时是不成熟不完整的，因此高度自动驾驶（HAD）项在自动驾驶场景成熟后再增加。

### 3. 智能网联汽车评价计算方法

智能网联汽车评价结果包括总分以及两项一级指标得分，其中，总分根据一级指标得分及权重计算得出（保留小数点后一位）。具体计算公式为

$$S=\sum_{i=1}^{n}S_i\times a_i \tag{7-7}$$

式中　$S$——智能网联汽车评价总分；

$i$——一级指标序号；

$S_i$、$a_i$——第 $i$ 项一级指标的得分与权重。

一级指标得分根据二级指标得分及权重计算得出（保留小数点后一位）。具体计算公式为

$$S_i=\sum_{j=1}^{n_i}Q_{ij}\times\frac{b_{ij}}{a_i} \tag{7-8}$$

式中　$j$——二级指标序号；

$n_i$——第 $i$ 项一级指标所包含的二级指标总数；

$Q_{ij}$、$b_{ij}$——第 $i$ 项一级指标中第 $j$ 项二级指标的得分与权重。

对于二级指标得分则根据三级指标的得分及权重计算得出（保留小数点后一位）。具体计算公式为

$$Q_{ij}=\sum_{k=1}^{n_{ij}}P_{ijk}\times\frac{c_{ijk}}{b_{ij}} \tag{7-9}$$

式中　$k$——三级指标序号；

$n_{ij}$——第 $i$ 项一级指标中第 $j$ 项二级指标所包含的三级指标总数；

$Q_{ij}$、$b_{ij}$——第 $i$ 项一级指标中第 $j$ 项二级指标的得分与权重；

$P_{ijk}$、$c_{ijk}$——第 $i$ 项一级指标中第 $j$ 项二级指标中第 $k$ 项三级指标的得分与权重。

### 4. 智能网联汽车评价等级核定

高级智能辅助驾驶功能：根据汽车当前所处 Level 1、Level 2 阶段智能化评价结果，将其得分进行归一化处理，得到被评价车辆位于 [20，40）区间的最终分数。为提升汽车智能化评价结果的可读性与影响力，可依据评价总分得出与其对应的星级评价结果，具体对应方法见表 7-4。

表 7-4　高级智能辅助驾驶功能车辆等级划分

| 总分 | 星级 |
| --- | --- |
| ＞36 ~ 40 | ☆☆☆☆☆ |
| ＞32 ~ 36 | ☆☆☆☆ |
| ＞28 ~ 32 | ☆☆☆ |
| ＞24 ~ 28 | ☆☆ |
| ≥20 ~ 24 | ☆ |

高度自动驾驶功能：根据智能网联汽车当前所处 Level 3、Level 4 阶段智能化评价结果，将其得分进行归一化处理，得到被评价车辆位于 [40，80）区间的最终分数。为提升汽车智能化评价结果的可读性与影响力，可依据评价总分得出与其对应的星级评价结果，具体对应方法见表 7-5。

### 5. 小结

智能网联汽车评价对于国家相关政策制定、汽车企业升级、社会消费认知等方面都具有重要的参考意义与应用价值。它不仅有利于国家相关部门制定智能网联汽车产业发展政

表 7-5 自动驾驶功能车辆等级划分

| 总分 | 星级 |
| --- | --- |
| ＞72 ~ 80 | ☆☆☆☆☆ |
| ＞64 ~ 72 | ☆☆☆☆ |
| ＞56 ~ 64 | ☆☆☆ |
| ＞48 ~ 56 | ☆☆ |
| ≥40 ~ 48 | ☆ |

策，不断完善智能网联汽车测试与评价技术，加强跨部门、跨领域测试评价机构协同配合，建立并健全智能网联汽车测试评价体系架构及测试基础数据库，推动智能网联汽车测试与评价相关标准法规的建设与完善；还有利于整车及零部件企业加快产业转型升级，为智能网联汽车技术突破以及产品制造提供“详细定位、精准对标”的指导作用，促进智能网联汽车工业设计、生产和销售的良性循环，促使汽车制造商提高智能化生产水平，推动其不断探寻更高的智能化技术和产品；更有利于增强消费者对智能网联汽车的认知水平，为消费者购车提供权威可信赖的参考依据，从而提高智能网联汽车的消费体验，并带动市场不断推出优良产品，形成良好效应。因此，对智能网联汽车评价的研究十分重要，而智能网联汽车又面临着技术的不断革新和迭代，智能网联汽车评价也需要保持与时俱进的研究，以符合产业发展、技术升级、产品迭代的需要。

## 7.3.2 智能网联汽车能力评估内容与方法



智能网联汽车测试技术是推动自动驾驶关键技术发展的重要手段，目前国内外对智能网联汽车的测试内容和测试方法没有统一的规范和标准，因此智能网联汽车测试标准体系的构建成为自动驾驶技术发展的关键问题之一。本节主要以中关村智通智能交通产业联盟发布的国内首个关于自动驾驶车辆及自动驾驶系统能力的团体标准 T/CMAX 116-01—2018《自动驾驶车辆道路测试能力评估内容与方法》为参考依据，对智能网联汽车能力评估内容、评估操作要求和评估评判标准进行探讨和研究。

### 1. 智能网联汽车能力评估内容

智能网联汽车的感知、决策、控制和执行等模块在一定程度上决定了智能网联汽车在未知环境中的适应能力和应对能力。智能网联汽车的智能水平是逐步发展的，其能力也是分为不同等级的，这就要求需要对智能网联汽车的能力按照一定的标准来划分。按照当前自动驾驶技术的水平，可将智能网联汽车的评估内容分为几个部分：认知与交通法规遵守能力评估、执行能力评估、应急处置与人工介入能力评估、综合驾驶能力评估、网联驾驶能力评估 5 个方面，涵盖 40 项评估专项内容。其中，认知与交通法规遵守能力 4 项，执行能力 6 项，应急处置与人工介入能力 3 项，综合驾驶能力 27 项。

（1）认知与交通法规遵守能力

认知与交通法规遵守能力是指智能网联汽车对道路、标志标线及附属设施的认知能力以及对交通法规的遵守能力，包括但不限于对交通标志、交通标线、交通信号灯和交通指挥手势等的认知与遵守能力。

（2）执行能力

执行能力是指智能网联汽车准确控制车辆运动空间位置的能力，包括但不限于曲线行驶、直角转弯、起伏路行驶、过限宽门、窄路掉头以及坡道停车和起步等执行能力。

（3）应急处置与人工介入能力

应急处置与人工介入能力是指智能网联汽车应对突发事件的处理能力，驾驶人随时随地介入并接管智能网联汽车自动驾驶行为的能力，以及智能网联汽车在人工介入后车辆系统正常工作等能力。

（4）综合驾驶能力

综合驾驶能力是指智能网联汽车在指定行驶场景下，执行指定动态驾驶任务时，能自觉遵守交通法规，有效处置动态交通状况，正确操纵车辆的能力。这些能力包含但不限于自动行驶功能、自动变速功能、自动制动功能、自动监视周围环境功能、自动变道功能、自动转向功能、自动信号提醒功能等。

（5）网联驾驶能力

网联驾驶能力是指智能网联汽车与其他具备网联通信功能的车辆、人、道路基础设施等交通参与要素进行连接和信息交互，支持实现自动驾驶的能力。

依据评估内容的难易程度、道路测试的场景复杂程度，将智能网联汽车能力评估内容分成 1 ～ 5 级，编号为 T$n$，$n$ 的取值范围为 1 ～ 5，其中取值高的包含取值低的评估内容。需特别指出的是，TX 表示智能网联汽车具备网联驾驶能力。评估内容分为认知与交通法规遵守能力评估、执行能力评估、应急处置与人工介入能力评估、综合驾驶能力评估、网联驾驶能力评估 5 个方面。评估内容与评估分级的对应关系见表 7-6。

表 7-6　评估内容与评估分级的对应关系

| 评估内容 | | | 评估分级 | | | | |
|---|---|---|---|---|---|---|---|
| 大项 | 专项及编号 | | 1 级（T1） | 2 级（T2） | 3 级（T3） | 4 级（T4） | 5 级（T5） |
| 认知与交通法规遵守能力 | 交通标志 | RZ01 | √ | √ | √ | √ | √ |
| | 交通标线 | RZ02 | √ | √ | √ | √ | √ |
| | 交通信号灯 | RZ03 | √ | √ | √ | √ | √ |
| | 交通指挥手势 | RZ04 | | | | | √ |
| 执行能力 | 曲线行驶 | ZX01 | | √ | √ | √ | √ |
| | 直角转弯 | ZX02 | | √ | √ | √ | √ |
| | 双凸路行驶 | ZX03 | | | √ | √ | √ |
| | 限宽路段行驶 | ZX04 | | | | | √ |
| | 窄路掉头 | ZX05 | | | | | √ |
| | 坡道停车和起步 | ZX06 | | | | √ | √ |
| 应急处置与人工介入能力 | 紧急情况处置 | HMI01 | √ | √ | √ | √ | √ |
| | 人工介入后的可操作性 | HMI02 | √ | √ | √ | √ | √ |
| | 紧急停车 | HMI03 | √ | √ | √ | √ | √ |
| 综合驾驶能力 | 起步 | ZH01 | √ | √ | √ | √ | √ |
| | 跟车 | ZH02 | √ | √ | √ | √ | √ |
| | 变更车道 | ZH03 | √ | √ | √ | √ | √ |
| | 直行通过路口 | ZH04 | √ | √ | √ | √ | √ |

（续）

| 评估内容 | | | 评估分级 | | | | |
|---|---|---|---|---|---|---|---|
| 大项 | 专项及编号 | | 1 级（T1） | 2 级（T2） | 3 级（T3） | 4 级（T4） | 5 级（T5） |
| 综合驾驶能力 | 通过人行横道线 | ZH05 | √ | √ | √ | √ | √ |
| | 路口左转弯 | ZH06 | | √ | √ | √ | √ |
| | 路口右转弯 | ZH07 | | √ | √ | √ | √ |
| | 路口掉头 | ZH08 | | | √ | √ | √ |
| | 靠边停车 | ZH09 | | | √ | √ | √ |
| | 通过公共汽车站 | ZH10 | | √ | √ | √ | √ |
| | 会车 | ZH11 | | | √ | √ | √ |
| | 通过环岛 | ZH12 | | | √ | √ | √ |
| | 主辅路行驶 | ZH13 | | | √ | √ | √ |
| | 通过模拟苜蓿叶式立交 | ZH14 | | | √ | √ | √ |
| | 通过学校区域 | ZH15 | | | | √ | √ |
| | 通过隧道 | ZH16 | | | | √ | √ |
| | 超车 | ZH17 | | | | √ | √ |
| | 停车入库 | ZH18 | | | | √ | √ |
| | 侧方停车 | ZH19 | | | | √ | √ |
| | 通过雨区道路 | ZH20 | | | | | √ |
| | 通过雾区道路 | ZH21 | | | | | √ |
| | 通过湿滑路面 | ZH22 | | | | | √ |
| | 通过遗撒路面 | ZH23 | | | | | √ |
| | 避让应急车辆 | ZH24 | | | | | √ |
| | 夜间行驶 | ZH25 | | | | | √ |
| | 可变导向车道 | ZH26 | | | | √ | √ |
| | 待转区 | ZH27 | | | | √ | √ |
| 网联驾驶能力 | 长直路段车车通信 | WL01 | TX | | | | |
| | 长直路段车路通信 | WL02 | TX | | | | |
| | 十字交叉口车车通信 | WL03 | TX | | | | |
| | 编队行驶测试（选测） | WL04 | TX | | | | |

注：“√”表示该评估专项必须覆盖于对应评估分级中。

### 2. 智能网联汽车能力评估操作要求

（1）一般规定

① 申请能力评估前提。评估车辆在申请能力评估前应满足以下要求：

a. 评估车辆需在封闭测试场内，在自动驾驶状态下完成不少于规定里程的测试。规定里程是指相同自动驾驶车辆累计的自动驾驶里程。

b. 依据申请的评估车型与评估分级级别，评估车辆需在封闭测试场内完成规定场景的测试。规定场景需覆盖但不限于申请评估分级下所有测试场景，见表 7-7 。

c. 评估车辆在封闭测试场应进行空载、半载及满载不同载荷工况的测试。

d. 采用网联通信技术实现自动驾驶的评估车辆应在封闭测试场完成表 7-7 和表 7-8 中测试场景的测试。

表 7-7 测试场景

| 大项 | 专项及编号 | | 测试场景及编号 | | 评估分级 |
|---|---|---|---|---|---|
| 认知与交通法规遵守能力 | 交通标志 | RZ01 | 限速标志识别及响应 | RZ0101 | T1 |
| | | | 减速让行标志识别及响应 | RZ0102 | T1 |
| | | | 停车让行标志识别及响应 | RZ0103 | T1 |
| | | | 潮汐车道标志识别及响应 | RZ0104 | T4 |
| | | | 禁止通行标志识别及响应 | RZ0105 | T1 |
| | 交通标线 | RZ02 | 车道线识别及响应 | RZ0201 | T1 |
| | | | 人行横道线识别及响应 | RZ0202 | T1 |
| | | | 停止线识别及响应 | RZ0203 | T1 |
| | | | 潮汐车道标线识别及响应 | RZ0204 | T4 |
| | | | 网状线识别及响应 | RZ0205 | T1 |
| | 交通信号灯 | RZ03 | 机动车信号灯识别及响应 | RZ0301 | T1 |
| | | | 闪光警告信号灯识别及响应 | RZ0302 | T3 |
| | | | 方向指示信号灯识别及响应 | RZ0303 | T1 |
| | | | 车道信号灯识别及响应 | RZ0304 | T4 |
| | | | 信号灯故障识别及响应 | RZ0305 | T1 |
| | | | 移动式交通信号灯识别及响应 | RZ0306 | T3 |
| | 交通指挥手势 | RZ04 | 停止信号手势识别及响应 | RZ0401 | T5 |
| | | | 直行信号手势识别及响应 | RZ0402 | T5 |
| | | | 右转弯信号手势识别及响应 | RZ0403 | T5 |
| | | | 左转弯信号手势识别及响应 | RZ0404 | T5 |
| 执行能力 | 曲线行驶 | ZX01 | 曲线行驶 | ZX0101 | T2 |
| | 直角弯道行驶 | ZX02 | 直角弯道行驶 | ZX0201 | T2 |
| | 双凸路行驶 | ZX03 | 双凸路行驶 | ZX0301 | T3 |
| | 限宽路段行驶 | ZX04 | 限宽路段行驶 | ZX0401 | T5 |
| | 窄路掉头 | ZX05 | 窄路掉头 | ZX0501 | T5 |
| | 坡道停车和起步 | ZX06 | 坡道停车和起步 | ZX0601 | T4 |
| 应急处置与人工介入能力 | 紧急情况处置 | HMI01 | 车辆或系统故障 | HMI0101 | T1 |
| | | | 系统无法处置的场景 | HMI0102 | T1 |
| | | | 自动紧急避让 | HMI0103 | T1 |
| | 人工介入后的可操作性 | HMI02 | 制动踏板介入 | HMI0201 | T1 |
| | | | 方向盘介入 | HMI0202 | T1 |
| | | | 硬或软开关介入 | HMI0203 | T1 |
| | 紧急停车 | HMI03 | 紧急停车 | HMI0301 | T1 |
| 综合驾驶能力 | 起步 | ZH01 | 路侧停车起步 | ZH0101 | T1 |
| | | | 左侧行人通行起步 | ZH0102 | T1 |
| | | | 左侧非机动车通行起步 | ZH0103 | T1 |
| | | | 左侧车辆通行起步 | ZH0104 | T1 |
| | | | 车门未完全关闭起步 | ZH0105 | T1 |
| | | | 前方障碍物起步 | ZH0106 | T1 |

（续）

| 大项 | 专项及编号 | | 测试场景及编号 | | 评估分级 |
|---|---|---|---|---|---|
| 综合驾驶能力 | 跟车 | ZH02 | 稳定跟车 | ZH0201 | T1 |
| | | | 下坡 - 上坡路跟车 | ZH0202 | T1 |
| | | | 上坡 - 下坡路跟车 | ZH0203 | T1 |
| | | | 弯道内跟车 | ZH0204 | T2 |
| | | | 跟车时前车切出 | ZH0205 | T1 |
| | | | 跟车时邻车道车辆切入 | ZH0206 | T1 |
| | | | 停 - 走功能 | ZH0207 | T1 |
| | 变更车道 | ZH03 | 避让障碍物变道 | ZH0301 | T1 |
| | | | 避让静止车辆变道 | ZH0302 | T1 |
| | | | 避让故障车辆变道 | ZH0303 | T1 |
| | | | 避让事故车辆变道 | ZH0304 | T1 |
| | | | 避让低速行驶车辆变道 | ZH0305 | T1 |
| | | | 避让施工路段变道 | ZH0306 | T1 |
| | | | 邻近车道有车变道 | ZH0307 | T1 |
| | | | 前方车道减少变道 | ZH0308 | T1 |
| | 直行通过路口 | ZH04 | 无信号灯路口行人冲突通行 | ZH0401 | T1 |
| | | | 无信号灯路口非机动车冲突通行 | ZH0402 | T1 |
| | | | 无信号灯路口车辆冲突通行 | ZH0403 | T1 |
| | | | 路口车辆冲突通行 | ZH0404 | T1 |
| | | | 拥堵路口通行 | ZH0405 | T1 |
| | 通过人行横道线 | ZH05 | 单一行人通行 | ZH0501 | T1 |
| | | | 群体行人通行 | ZH0502 | T1 |
| | | | 单一非机动车通行 | ZH0503 | T1 |
| | | | 群体非机动车通行 | ZH0504 | T1 |
| | | | 行人和非机动车通行 | ZH0505 | T1 |
| | | | 行人折返通行 | ZH0506 | T1 |
| | | | 行人违章通行 | ZH0507 | T1 |
| | | | 非机动车违章通行 | ZH0508 | T1 |
| | 路口左转弯 | ZH06 | 路口行人冲突通行 | ZH0601 | T2 |
| | | | 路口非机动车冲突通行 | ZH0602 | T2 |
| | | | 路口车辆冲突通行 | ZH0603 | T2 |
| | 路口右转弯 | ZH07 | 路口行人冲突通行 | ZH0701 | T2 |
| | | | 路口非机动车冲突通行 | ZH0702 | T2 |
| | | | 路口车辆冲突通行 | ZH0703 | T2 |
| | 路口掉头 | ZH08 | 路口掉头 | ZH0801 | T3 |
| | | | 直行车辆冲突通行 | ZH0802 | T3 |
| | 靠边停车 | ZH09 | 靠路边应急停车 | ZH0901 | T3 |
| | | | 最右车道内靠边停车 | ZH0902 | T3 |
| | | | 路边行人站立 | ZH0903 | T3 |
| | | | 路边行人通行 | ZH0904 | T3 |
| | | | 路边非机动车静止 | ZH0905 | T3 |
| | | | 路边非机动车通行 | ZH0906 | T3 |

（续）

| 大项 | 专项及编号 | | 测试场景及编号 | | 评估分级 |
|---|---|---|---|---|---|
| 综合驾驶能力 | 通过公共汽车站 | ZH10 | 通过公共汽车站 | ZH1001 | T2 |
| | | | 公交车前部行人穿行 | ZH1002 | T2 |
| | 会车 | ZH11 | 对向车辆借道通行会车 | ZH1101 | T3 |
| | | | 下坡 - 上坡路会车 | ZH1102 | T3 |
| | | | 上坡 - 下坡路会车 | ZH1103 | T3 |
| | | | 无交通标线道路会车 | ZH1104 | T3 |
| | 通过环岛 | ZH12 | 环岛绕行 | ZH1201 | T3 |
| | | | 入环岛时绕环岛车辆通行 | ZH1202 | T3 |
| | | | 绕环岛时出环岛车辆通行 | ZH1203 | T3 |
| | 主辅路行驶 | ZH13 | 入辅路时车辆冲突通行 | ZH1301 | T3 |
| | | | 出辅路时车辆冲突通行 | ZH1302 | T3 |
| | 通过模拟苜蓿叶式立交 | ZH14 | 通过模拟苜蓿叶式立交 | ZH1401 | T3 |
| | 通过学校区域 | ZH15 | 学校区域通行 | ZH1501 | T4 |
| | | | 儿童穿行 | ZH1502 | T4 |
| | 通过隧道 | ZH16 | 通过隧道 | ZH1601 | T4 |
| | | | 隧道内行人违章通行 | ZH1602 | T4 |
| | | | 隧道内行人沿道路行走 | ZH1603 | T4 |
| | | | 隧道内施工路段绕行 | ZH1604 | T4 |
| | 超车 | ZH17 | 超车 | ZH1701 | T4 |
| | | | 超车过程中前车变道 | ZH1702 | T4 |
| | 停车入库 | ZH18 | 停车入库 | ZH1801 | T4 |
| | | | 库内放置障碍物 | ZH1802 | T4 |
| | 侧方停车 | ZH19 | 侧方停车 | ZH1901 | T4 |
| | | | 停车位内地锁撑起 | ZH1902 | T4 |
| | 通过雨区道路 | ZH20 | 通过雨区道路 | ZH2001 | T5 |
| | | | 雨区行人冲突通行 | ZH2002 | T5 |
| | | | 雨区非机动车冲突通行 | ZH2003 | T5 |
| | | | 雨区机动车冲突通行 | ZH2004 | T5 |
| | 通过雾区道路 | ZH21 | 通过雾区道路 | ZH2101 | T5 |
| | | | 雾区行人冲突通行 | ZH2102 | T5 |
| | | | 雾区非机动车冲突通行 | ZH2103 | T5 |
| | | | 雾区机动车冲突通行 | ZH2104 | T5 |
| | 通过湿滑路面 | ZH22 | 通过湿滑路面 | ZH2201 | T5 |
| | | | 湿滑路面行人冲突通行 | ZH2202 | T5 |
| | | | 湿滑路面非机动车冲突通行 | ZH2203 | T5 |
| | | | 湿滑路面机动车冲突通行 | ZH2204 | T5 |
| | 通过遗撒路面 | ZH23 | 通过遗撒路面 | ZH2301 | T5 |
| | 避让应急车辆 | ZH24 | 避让应急车辆 | ZH2401 | T5 |
| | 夜间行驶 | ZH25 | 夜间行驶 | ZH2501 | T5 |
| | 可变导向车道 | ZH26 | 潮汐车道行驶 | ZH2601 | T4 |
| | | | 可变导向车道行驶 | ZH2602 | T4 |
| | 待转区 | ZH27 | 路口左转待转区通行 | ZH2701 | T4 |

表 7-8 测试场景（网联通信部分）

| 大项 | 专项及编号 | | 测试场景及编号 | | 评估分级 |
|---|---|---|---|---|---|
| 网联驾驶能力 | 长直路段车车通信 | WL01 | 长直路段车车通信 | WL0101 | TX |
| | 长直路段车车通信 | WL02 | 长直路段车车通信 | WL0201 | TX |
| | 十字交叉口车车通信 | WL03 | 十字交叉口车车通信 | WL0301 | TX |
| | 编队行驶测试（选测） | WL04 | 编队加速 | WL0401 | TX |
| | | | 编队减速 | WL0402 | TX |
| | | | 编队换道 | WL0403 | TX |
| | | | 自适应编队 | WL0404 | TX |

② 评估操作过程。评估车辆应在具备评估其车型和评估分级级别能力的封闭测试场地进行评估。评估车辆（含测试驾驶人）在评估人员的现场监督下，按照对应评估内容的操作要求及评估人员指令，除标明在测试驾驶人协助下完成驾驶的评估内容外，均需由评估车辆在自动驾驶状态下完成测试。

③ 评估操作要求。封闭测试场依据评估车型与评估分级级别所对应的专项评估内容布置场景与组织评估。场景布置应形成一条完整的评估线路，且覆盖所对应的所有专项评估内容。此外，还应根据不同评估分级级别布置不同难度的测试场景，每专项评估内容，评估次数不低于一次。评估车辆应一次性完成所对应的所有专项评估内容的测试，评估人员依据评判规则，发现任一专项评估内容为不通过时，可终止评估。

申请 T5 级的评估车辆应进行白天和夜间环境下的所对应的所有专项评估内容的测试。

④ 评估记录工具。记录能力评估过程的工具包含但不限于具有摄像、车辆状态信息记录、数据存储和传输等功能的设备以及评估人员记录的信息文件。

能力评估时需要记录评估车辆通过所有测试场景的操作过程，记录的数据包括但不限于：

a. 车辆控制模式数据，包括自动驾驶状态、人工介入状态、自动驾驶系统脱离状态等。

b. 车辆状态数据，包括车辆位置、速度、行驶方向、灯光、制动、转向、喇叭等。

c. 车辆内部测试驾驶人、车辆外部环境以及人机交互等视频监控数据。

d. 评估车辆对外界环境及场景的感知信息数据，包含动、静态目标的空间位置等。

能力评估记录工具的安装位置包含但不限于：

a. 搭载在评估车辆上的。

b. 安装在封闭测试场地内路侧的。

c. 跟随评估车辆的。

以上工具记录能力评估的过程和内容，作为能力评估与复查的依据。

⑤ 场景布置规定。场景布置的一般要求如下：

a. 自然环境：晴天，白天，能见度 500m 以上，干燥路面。

b. 交通流：通过模拟机动车、模拟行人、模拟自行车等设备模拟动态交通流。

c. 道路：按照评估内容专项要求，选择封闭试验场地内对应的能力评估场地，合理动态布设。

d. 速度：按照城市道路一般交通流速度，自动驾驶车辆速度限制在 60km/h 以下。

此外，若评估内容中包含雨天、雾天、夜间等自然环境，需布置对应的雨天、雾天与夜间自然环境。对网联驾驶能力评估时，需在场地内布置安装具备网联通信能力的车辆、人和道路基础设施等。

（2）专项操作要求

① 交通标志。交通标志认知与交通法规遵守能力评估应按照以下方式进行操作：

a. 依据封闭测试场地道路的实际情况，合理、动态布置交通标志及辅助隔离设施，安排测试路线，引导自动驾驶车辆对标志做出反应。

b. 自动驾驶车辆按照标志的文字或符号传递的引导、限制、警告或指示信息行驶。

c. 评估标志不少于 5 种，包括但不限于禁令、警告、指示标志等。

d. T4 级及以上应能够识别交通标志的变更和变动。

② 交通标线。交通标线认知与交通法规遵守能力评估应按照以下方式进行操作：

a. 依据封闭测试场地道路的实际标线情况，合理布置辅助隔离设施，安排测试路线，引导自动驾驶车辆对标线做出反应。

b. 自动驾驶车辆按照路面上的各种线条、箭头、文字、立面标记、突起路标和轮廓标等传递的信息行驶。

c. 评估标线不能少于 5 种，包括但不限于禁止、警告、指示标线等。

③ 交通信号灯。交通信号灯认知与交通法规遵守能力评估应按照以下方式进行操作：

a. 依据封闭测试场地交通信号灯布置的实际情况，安排测试路线。

b. 依据自动驾驶车辆的行驶速度与行驶位置，动态操控交通信号灯的切换时间。

c. 自动驾驶车辆依据测试路线按照交通信号灯的信号行驶。

d. 至少完成交通信号灯红绿 2 种通行状态的行驶测试。

④ 交通指挥手势。交通指挥手势认知与交通法规遵守能力评估应按照以下方式进行操作：

a. 在封闭测试场地交叉口，设置道路交通指挥人员，安排测试路线。

b. 依据自动驾驶车辆的行驶速度与行驶位置，道路交通指挥人员动态做出交通指挥手势。

c. 自动驾驶车辆需依据道路交通指挥人员交通指挥手势行驶。

⑤ 曲线行驶。自动驾驶车辆从弯道的一端驶入，从另一端驶出，行驶中转向、速度应平稳，要求一次性通过，中途不得停车，车轮不得触轧车道边线、隔离设施，时间不得超过 1min。

⑥ 直角转弯行驶。自动驾驶车辆由左向右或由右向左通过直角转弯道路，要求一次性通过，中途不得停车，车轮不得触轧车道边线、隔离设施，转弯前应开启转向灯，完成转弯后，关闭转向灯，时间不得超过 1min。

⑦ 双凸路行驶。自动驾驶车辆行驶至双凸路前减速，缓慢通过双凸路，中途不得停车，一次性通过车辆不得出现明显跳跃，时间不得超过 1min。

⑧ 过限宽门行驶。过限宽门车辆行驶路线如图 7-18 所示。自动驾驶测试车辆以不低于 10km/h 的速度从三门之间穿过，且不得碰擦限宽设施。

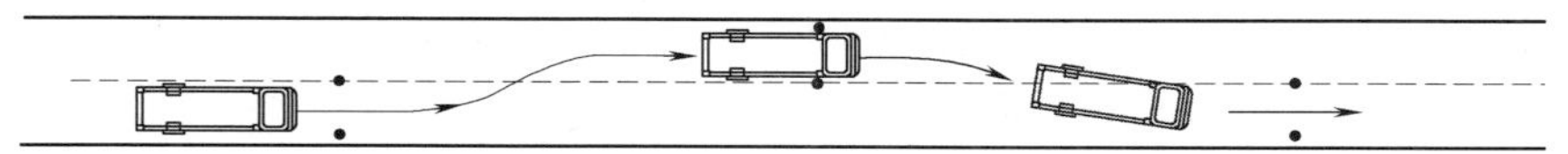

图 7-18 过限宽门车辆行驶路线图

⑨ 窄路掉头。窄路掉头车辆行驶路线如图 7-19 所示。自动驾驶车辆行驶至掉头路段靠右停车，不超过三进二退将车辆掉头，运行时间不得超过 5min。

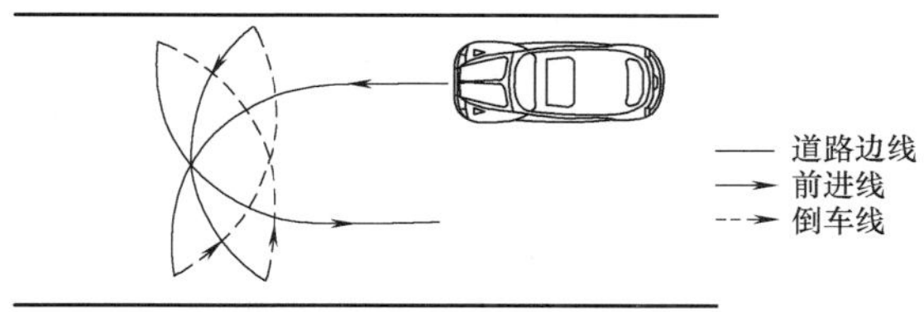


图 7-19 窄路掉头车辆行驶路线图

⑩ 坡道停车和起步。自动驾驶车辆在坡道上准确停车（不驻车），平稳起步，车辆不得后溜，起步时间不得超过 30s。

⑪ 紧急情况处置。自动驾驶车辆在遇到故障或不能处理的场景时，应立即以人可感知的方式提醒测试驾驶人，如需要停车时，自动驾驶系统还应自动开启危险报警闪光灯；评估车辆遇到突发事件时，应能够自动紧急制动或正确判断后方跟车情况，合理减速，自动或借助测试驾驶员介入将车辆平稳停于应急车道或路边安全区域。在条件允许的情况下，T4 级及以上自动驾驶车辆应能自动完成上述动作。人可感知的方式应至少包括声音、视觉或震动提醒中的一种，提醒内容及形式应足够吸引测试驾驶人的注意力。

⑫ 人工介入后的可操作性。自动驾驶车辆在自动驾驶状态下，测试驾驶人按照评估人员的指令，接管车辆并操控车辆，在人工介入后，自动驾驶系统应实时退出。人工介入过程中应至少测试车辆的加速、制动、转向和灯光的功能状态。人工介入的方式应至少包含操纵制动踏板接管和操纵方向盘接管。

⑬ 紧急停车。自动驾驶车辆在自动驾驶状态下，且车速不超过 40km/h 时，测试驾驶人按照评估人员的指令，接管车辆并实现停车。从评估人员指令下发到车辆实现停车不得超过 2s。

⑭ 起步。自动驾驶车辆自动或借助测试驾驶人介入检查车辆状态，将档位换到前进位，开启转向灯。自动驾驶车辆在无测试驾驶人介入下平稳起步、无后溜、不熄火。

⑮ 跟车。自动驾驶车辆根据所在车道、路况和前车车速，合理加 / 减速，速度变化及时、平顺。

⑯ 变更车道。自动驾驶车辆变更车道前，正确开启转向灯，依据后方道路交通情况，确认安全后变更车道，变更车道完毕关闭转向灯；变更车道时，判断车辆安全距离，控制行驶速度，不得妨碍其他车辆正常行驶。

⑰ 直行通过路口。自动驾驶车辆依据所通行路口的交通情况，减速或停车，采取正确的操作方法，安全通过路口。

⑱ 通过人行横道线。通过人行横道线时，自动驾驶车辆应减速，依据两侧交通情况

确认安全后，合理控制车速通过，遇行人停车让行。

⑲ 路口左转弯。自动驾驶车辆依据所通行路口的交通情况，减速或停车，根据行驶方向选择相关车道，正确使用转向灯；根据不同路口采取正确的操作方法，安全通过路口。T4 级及以上，需测试异形复杂路口。

⑳ 路口右转弯。自动驾驶车辆依据所通行路口的交通情况，减速或停车；根据行驶方向选择相关车道，正确使用转向灯；根据不同路口采取正确的操作方法，安全通过路口。T4 级及以上，需测试异形复杂路口。

㉑ 路口掉头。自动驾驶车辆依据所通行路口的交通情况，减速或停车，正确选择掉头地点和时机，发出掉头信号后掉头；掉头时不妨碍其他车辆和行人的正常通行。T4 级及以上，需测试异形复杂路口。

㉒ 靠边停车。自动驾驶车辆开启右转向灯，依据后方和右侧交通情况，减速，向右转向靠边，平稳停车；关闭转向灯，自动或借助测试驾驶人介入熄火并起动驻车制动器。停车后，车身距离道路右侧边缘线或人行道边缘 30cm 以内。

㉓ 通过公共汽车站。自动驾驶车辆提前减速，依据公交车进、出站动态和乘客上、下车动态，着重注意同向公交车前方或对向公交车后方有无行人横穿道路。

㉔ 会车。自动驾驶车辆正确判断会车地点，会车有危险时，控制车速，提前避让，调整会车地点，会车时与对方车辆保持安全间距。

㉕ 通过环岛。自动驾驶车辆按照环岛道路曲线安全驶入和驶出环岛。

㉖ 主辅路行驶。自动驾驶车辆依据主辅路交通情况，自动减速或停车，正确使用转向灯完成主辅路变更。

㉗ 通过模拟苜蓿叶式立交。自动驾驶车辆根据模拟苜蓿叶式立交行驶方向正确选择出入匝道，减速行驶，开启转向灯，安全通过立交。

㉘ 通过学校区域。自动驾驶车辆提前减速至 30km/h 以下，依据周围情况，文明礼让，确保安全通过，遇有行人横过马路时应停车让行。

㉙ 通过隧道。自动驾驶车辆行驶至隧道前，依据隧道处道路交通标志，按标志要求操作；驶抵隧道时先减速，开启前照灯，鸣喇叭；驶抵隧道出口时，鸣喇叭，关闭前照灯；禁止鸣喇叭区域不得鸣喇叭。

㉚ 超车。自动驾驶车辆超车前，保持与被超越车辆的安全跟车距离；依据左侧交通情况，全开启左转向灯，选择合理时机，鸣喇叭或交替使用远近光灯，从被超越车辆的左侧超越；超车时，依据被超越车辆的动态，保持横向安全距离；超越后，在不影响被超越车辆正常行驶的情况下，开启右转向灯，逐渐驶回原车道，关闭右转向灯。

㉛ 倒车入库。倒车入库车辆行驶路线如图 7-20 所示。评估过程中，自动驾驶车辆从道路一端控制线（车身压控制线）倒入（驶入）车库停车，车轮不触轧车道边线，车身不触碰库位边线；车辆停稳后再驶出（倒出）车库，出库过程中车轮不触轧车道边线，车身不触碰库位边线。完成时间不超过 2min。

㉜ 侧方停车。侧方停车车辆行驶路线如图 7-21 所示。自动驾驶车辆在库前方一次倒车入库，中途不得停车，车轮不触轧车道边线，车身不触碰库位边线；再前进向左前方出库，出库前应开启左转向灯，出库过程中车轮不触轧车道边线，车身不触碰库位边线，出库后关闭左转向灯。完成时间不得超过 1.5min。

㉝ 通过雨区道路。自动驾驶车辆感知周边环境，视雨量情况，或减速或保持车速，并开启前照灯、危险报警闪光灯，安全通行。需测试交通信号灯路口。

㉞ 通过雾区道路。自动驾驶车辆感知周边环境，视水平能见度情况，或减速或保持车速，并开启雾灯、示廓灯、前照灯、危险报警闪光灯，安全通行。需测试交通信号灯路口。

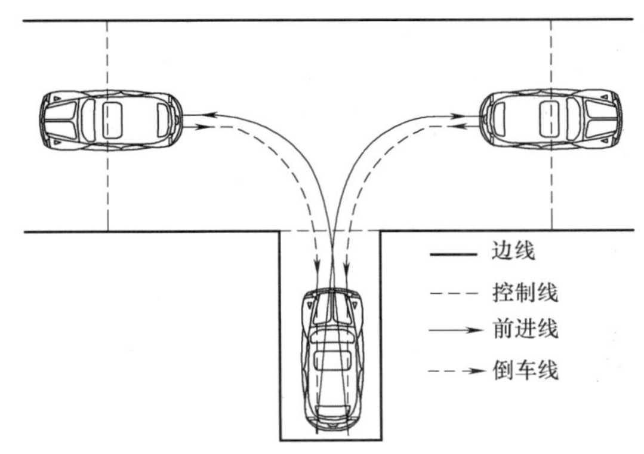


图 7-20 倒车入库车辆行驶路线图

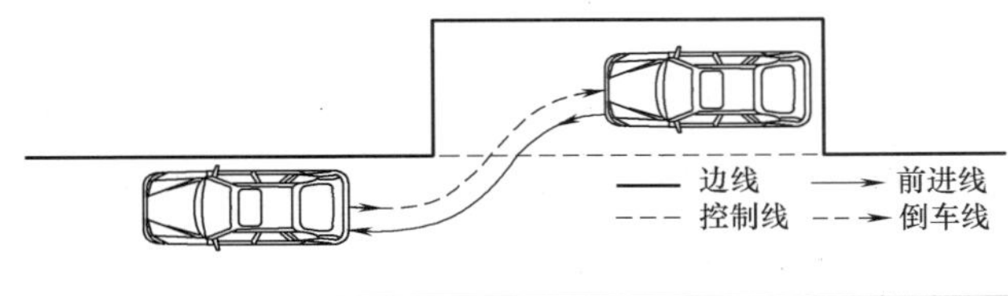


图 7-21 侧方停车车辆行驶路线图

㉟ 通过湿滑路面。自动驾驶车辆驶入湿滑路段前，减速行驶，驶入湿滑路段后，使用低速档匀速行驶，平稳控制车辆方向通过。

㊱ 通过遗撒路面。自动驾驶车辆依据路面遗撒物体情况，减速，规划好路线，避让遗撒障碍物，安全通行。

㊲ 避让应急车辆。自动驾驶车辆感知周边环境，依据应急车辆所在位置和车道，做出避让动作，保证应急车辆快速通行。

㊳ 夜间行驶。自动驾驶车辆起步前开启前照灯，行驶中正确使用灯光。无照明、照明不良的道路使用远光灯；照明良好的道路、会车、路口转弯、近距离跟车等情况，使用近光灯；超车、通过急弯、坡路、拱桥、人行横道或没有交通信号灯控制的路口时，应交替使用远近光灯示意。

㊴ 可变导向车道。评估车辆应根据可变导向车道的行驶规则通行。

㊵ 待转区。评估车辆应依据交通信号灯的行驶规则要求，适时进入车辆待转区，并持续开启转向灯，待允许待转区内车辆通行时，车辆应及时按照交通规则通行。

㊶ 网联驾驶。在进行网联驾驶能力评估前，评估车辆的车载网联通信设备应在实验室环境下，对网联通信性能、功能、安全、协议一致性等要求进行测试评估。车载网联通

信设备技术指标应满足如下标准：

GB/T 31024.3—2019《合作式智能运输系统　专用短程通信　第3部分：网络层及应用层规范》；

T/CSAE 53—2017《合作式智能运输系统　车用通信系统　应用层及应用数据交互标准》；

YD/T 3340—2018《基于LTE的车联网无线通信技术　空中接口技术要求》；

YD/T 3400—2018《基于LTE的车联网无线通信技术　总体技术要求》；

T/ITS 0068—2017《基于公众电信网的联网汽车信息安全技术要求》。

可选满足如下标准：

T/ITS 0024—2015《基于公众电信网　汽车网关技术要求》；

在实验室内进行测试评估时，可依据的测试规范包括：

IMT-2020(5G)推进组C-V2X工作组规范《LTE V2X性能测试规范（实验室）》；

IMT-2020(5G)推进组C-V2X工作组规范《LTE V2X终端功能测试规范（实验室）》。

### 3. 智能网联汽车能力评估评判标准

（1）一般规定

智能网联汽车通过某评估分级内的全部评估内容专项，则对应等级自动驾驶能力评估为通过。T1 ~ T5每个评估分级满分为100分，采用扣分制，成绩达到80分及以上的为通过。

任何专项评估内容出现违规，则按该文件规定处置，相同场景相同违规不重复处置。评估车辆由评估机构在空载、半载和满载状态下随机选取一种配载状态下进行能力评估。

（2）通用评判

① 不通过情形。评估时出现下列情形之一的，评判为不通过：

a. 遮挡、关闭车内外音、视频监控设备的。

b. 不按评估人员指令驾驶的。

c. 起步时车辆后溜距离大于30cm的。

d. 发生交通事故的。

e. 评估人员未要求，实施人工介入的。

f. 车辆发生故障，未发出人可感知的警告提醒的。

g. 评估过程中因不明或不当原因停车的。

h. 车辆行驶方向控制不准确，方向晃动，车辆偏离正确行驶方向的。

i. 违反交通安全法律、法规，影响交通安全的。

j. 不按交通标志、标线、交通信号灯行驶的。

k. 不按规定速度行驶的。

l. 车辆行驶中骑轧车道中心实线或车道边缘实线的。

m. 直线行驶、变更车道或借道行驶骑轧车道分界线超过5s的。

n. 对可能出现危险的情形未采取安全应急措施的。

o. 因观察、判断或操作不当出现危险情况的。

p. 行驶中不能保持安全距离和安全车速的。

q. 绿灯亮起后，前方无其他车辆、行人等影响通行时，2s 内未完成起步的。

r. 不能根据交通情况合理选择行驶车道、速度的。

s. 遇行人通过人行横道不停车让行，不主动避让优先通行的车辆、行人、非机动车的。

t. 将车辆停在人行横道、网状线内等禁止停车区域的。

u. 通过积水路面遇行人、非机动车时，有不减速等不文明驾驶行为的。

v. 争道抢行，妨碍其他车辆正常行驶的。

w. 连续变更两条或两条以上车道的。

x. 评估车辆未按照预约评估时间参加评估的。

y. 评估过程中自动驾驶状态下最高行驶速度低于 30km/h 的。

② 扣 10 分的情形。评估时出现下列情形之一的，扣 10 分：

a. 起步时车辆后溜，但后溜距离小于 30cm 的。

b. 不能根据交通情况合理使用喇叭的。

c. 行驶、制动不平顺的。

d. 遇后车发出超车信号时，不按规定让行的。

e. 不能正确使用转向灯光的。

f. 条件允许的情况下，起步、转向、变更车道、超车、靠边停车前，转向灯开启少于 3s 的。

g. 评估过程中自动驾驶状态下最高行驶速度大于等于 30km/h 且小于 40km/h 的。

（3）专项评判

① 交通标志评估按下列规定评判：

a. 未按交通标志要求正确执行操作的，不通过。

b.T4 级及以上未识别交通标志发生变更或变动的，不通过。

② 交通标线评估按下列规定评判：未按交通标线要求正确执行操作的，不通过。

③ 交通信号灯评估按下列规定评判：

a. 未按交通信号灯要求正确执行操作的，不通过。

b. 绿灯亮起时，车辆 2s 内未起步的，不通过。

c. 条件允许的情况下，车辆等红灯停车后，车头距离停止线最近距离大于 1m 的，不通过。

d. 条件允许的情况下，车辆等红灯停车后，车头距离停止线最近距离大于 0.5m 且小于等于 1m 的，扣 5 分。

④ 交通指挥手势评估按下列规定评判：未按交通指挥手势正确执行操作的，不通过。

⑤ 曲线行驶按下列规定评判：

a. 车轮轧道路边缘线的，不通过。

b. 中途停车的，不通过。

c. 超过规定时间的，不通过。

⑥ 直角转弯按下列规定评判：

a. 车轮轧道路边缘线的，不通过。

b. 超过规定时间的，不通过。

c. 转弯时不使用或错误使用转向灯，转弯后不关闭转向灯的，扣 10 分。

d. 中途停车的，每次扣 5 分。

⑦ 双凸路行驶按下列规定评判：

a. 车速控制不当，车辆严重跳跃的，不通过。

b. 中途停车的，不通过。

c. 通过双凸路面前不减速的，扣 10 分。

⑧ 通过限宽门按下列规定评判：

a. 不按规定路线、顺序行驶的，不通过。

b. 碰擦限宽设施的，不通过。

c. 中途停车的，不通过。

d. 车辆行驶速度低于 10km/h 的，扣 10 分。

⑨ 窄路掉头按下列规定评判：

a. 三进二退未完成掉头的，不通过。

b. 车轮触轧路边缘线的，不通过。

c. 项目完成时间超过规定时间的，不通过。

⑩ 坡道停车和起步按下列规定评判：

a. 起步时间超过规定时间的，不通过。

b. 车辆停止后，出现溜车现象的，不通过。

c. 车辆停止后，车身距离道路右侧边缘线大于 50cm 的，不通过。

d. 车辆停止后，车身距离道路右侧边缘线大于 30cm，且小于等于 50cm 的，扣 10 分。

⑪ 紧急情况处置按下列规定评判：

a. 未有人可感知的提醒的或感知内容或形式不够吸引驾驶员注意力的，不通过。

b. 停车后未开启危险报警闪光灯的，不通过。

c. 遇到突发事件未采取紧急制动或转向措施避让的，不通过。

d. T4 级及以上，车辆未自动停靠于路边安全区域的，不通过。

⑫ 人工介入后的可操控性按下列规定评判：

a. 人工介入后车辆不能按照评估人员指令行驶的，不通过。

b. 人工介入后，车辆动力、制动、转向和灯光等系统出现异常的，不通过。

c. 人工介入后的行驶过程中，出现闯红灯、逆行、超速等严重违章行为的，不通过。

d. 人工介入后的行驶过程中，出现压线、未正确使用转向灯等轻微违章行为的，每次扣 5 分。

⑬ 紧急停车按下列规定评判：超过规定时间未停车的，不通过。

⑭ 起步按下列规定评判：

a. 车门未完全关闭就起步的，不通过。

b. 制动气压不足起步的，不通过。

c. 道路交通情况复杂时起步且不能合理使用喇叭的，扣 5 分。

d. 起步时车辆发生闯动的，扣 5 分。

⑮ 跟车按下列规定评判：

a. 跟车距离小于安全距离的，不通过。

b. 方向控制不稳，不能保持车辆在车道内行驶的，不通过。

c. 遇前车制动时不及时采取减速措施的，不通过。

d. 在安全距离内，车辆行驶速度低于最高限速 50% 的，扣 10 分。

⑯ 变更车道按下列规定评判：

a. 变更车道时，判断车辆安全距离不合理，妨碍其他车辆正常行驶的，不通过。

b. 变更车道时，控制行驶速度不合理，妨碍其他车辆正常行驶的，不通过。

⑰ 直行通过路口按下列规定评判：

a. 不按规定减速或停车的，不通过。

b. 遇有路口交通阻塞时进入路口，将车辆停在路口内等候的，不通过。

c. 不主动避让优先通行的车辆、非机动车、行人的，不通过。

⑱ 通过人行横道线按下列规定评判：

a. 不按规定减速慢行的，不通过。

b. 未停车礼让行人的，不通过。

⑲ 路口左转弯按下列规定评判：

a. 不按规定减速或停车的，不通过。

b. 遇有路口交通阻塞时进入路口，将车辆停在路口内等候的，不通过。

c. 不主动避让优先通行的车辆、非机动车、行人的，不通过。

d. 左转通过路口时，未靠路口中心点左侧转弯的，扣 10 分。

⑳ 路口右转弯按下列规定评判：

a. 不按规定减速或停车的，不通过。

b. 遇有路口交通阻塞时进入路口，将车辆停在路口内等候的，不通过。

c. 不主动避让优先通行的车辆、非机动车、行人的，不通过。

㉑ 路口掉头按下列规定评判：

a. 掉头地点选择不当的，不通过。

b. 掉头前未发出掉头信号的，不通过。

c. 掉头时妨碍正常行驶的其他车辆和行人通行的，扣 10 分。

㉒ 靠边停车按下列规定评判：

a. 停车后，车身超过道路右侧边缘线或人行道边缘的，不通过。

b. 停车后，车身距离道路右侧边缘线或人行道边缘大于 50cm 的，不通过。

c. 停车后，车身距离道路右侧边缘线或人行道边缘大于 30cm 且小于等于 50cm 的，扣 10 分。

㉓ 通过公共汽车站按下列规定评判：

a. 不按规定减速慢行的，不通过。

b. 未停车礼让行人的，不通过。

㉔ 会车按下列规定评判：

a. 在没有中心隔离设施或中心线的道路上会车时，不减速靠右行驶，或未与其他车辆、行人、非机动车保持安全距离的，不通过。

b. 会车困难时不让行的，不通过。

c. 横向安全间距判断差，紧急转向避让对方来车的，不通过。

㉕ 通过环岛按下列规定评判：

a. 驶入环岛后，阻碍其他车辆行驶的，不通过。

b. 驶入环岛未打开转向灯的，扣 10 分。

c. 驶离环岛未打开转向灯的，扣 10 分。

㉖ 主辅路行驶按下列规定评判：

a. 不按规定减速或停车的，不通过。

b. 不按路权规则行驶的，不通过。

c. 出入主辅路时未正确使用转向灯的，扣 10 分。

㉗ 通过模拟苜蓿叶式立交按下列规定评判：

a. 中途停车的，不通过。

b. 进入立交后，阻碍其他车辆行驶的，不通过。

c. 行驶速度低于 5km/h 的，扣 5 分。

㉘ 通过学校区域按下列规定评判：

a. 未按规定减速慢行的，不通过。

b. 未停车礼让行人的，不通过。

c. 鸣喇叭的，扣 10 分。

㉙ 通过模拟隧道行驶按下列规定评判：

a. 驶抵隧道时未减速或未开启前照灯的，不通过。

b. 驶入隧道后不按规定车道行驶、不通过。

c. 驶抵隧道入（出）口时未鸣喇叭的，扣 10 分。

d. 驶出隧道后未关闭前照灯的，扣 10 分。

㉚ 超车按下列规定评判：

a. 超车时机选择不合理，影响其他车辆正常行驶的，不通过。

b. 超车时未与被超越车辆保持安全距离的，不通过。

c. 超车后急转向驶回原车道，妨碍被超越车辆正常行驶的，不通过。

d. 在没有中心线或同方向只有一条行车道的道路上从右侧超车的，不通过。

e. 后车发出超车信号时，具备让车条件但不减速靠右让行的，扣 10 分。

㉛ 倒车入库按下列规定评判：

a. 车身出线的，不通过。

b. 超过规定时间的，不通过。

c. 行驶中轮胎触轧车道边线的，每次扣 10 分。

d. 行驶中车身碰库位边线的，每次扣 10 分。

㉜ 侧方停车按下列规定评判：

a. 车身出线的，不通过。

b. 车辆入库停止后，车身出线的，不通过。

c. 超过规定时间的，不通过。

d. 行驶中轮胎触轧车道边线的，每次扣 10 分。

e. 行驶中车身触碰库位边线的，每次扣 10 分。

f. 出库时不使用或错误使用转向灯的，扣 10 分。

㉝ 模拟雨天行驶按下列规定评判：

a. 未开启或未正确使用刮水器的，不通过。

b. 根据雨量情况，未开启雾灯、示廓灯、前照灯、危险报警闪光灯的，扣 10 分。

㉞ 模拟雾天行驶按下列规定评判：

a. 强浓雾及特强浓雾天气未开启雾灯、示廓灯、前照灯、危险报警闪光灯的，不通过。

b. 开启远光灯行驶的，扣 10 分。

㉟ 通过湿滑路面按下列规定评判：

a. 进入湿滑路面前未减速的，不通过。

b. 通过时急加速、急制动的，不通过。

c. 中途停车的，不通过。

㊱ 通过遗撒路面按下列规定评判：

a. 未能减速避让遗撒物通行的，不通过。

b. 与硬性遗撒物发生接触的，不通过。

c. 通过时急加速、急制动的，不通过。

㊲ 避让应急车辆按下列规定评判：

a. 未避让应急车辆的，不通过。

b. 避让应急车辆而变道时未打转向灯的，扣 10 分。

㊳ 夜间行驶按下列规定评判：

a. 不能正确开启灯光的，不通过。

b. 同方向近距离跟车行驶时，使用远光灯的，不通过。

c. 通过急弯、坡路、拱桥、人行横道或没有交通信号灯控制的路口时，未交替使用远近光灯示意的，不通过。

d. 会车时不按规定使用近光灯的，不通过。

e. 通过路口时使用远光灯的，不通过。

f. 在有路灯、照明良好的道路上行驶时，使用远光灯的，不通过。

g. 在路边临时停车不关闭前照灯或不开启示廓灯的，不通过。

h. 进入无照明或照明不良的道路行驶时不使用远光灯的，扣 5 分。

㊴ 可变导向车道按下列规定评判：

未按照车道规定方向行驶的，不通过。

㊵ 待转区。待转区按下列规定评判：

a. 车辆停车位置超出待转区域的，不通过。

b. 信号灯指示应驶入或驶出待转区时，车辆 2s 内未起步的，不通过。

c. 条件允许的情况下，车辆在待转区停车后，车头离待转区停止线最近距离大于 1m 的，不通过。

d. 条件允许的情况下，车辆在待转区停车后，车头离待转区停止线最近距离大于 0.5m 且小于等于 1m 的，扣 5 分。

㊶ 网联驾驶应在通过实验室网络测试的基础上，在依据网联要求搭建的评估专项场景下进行测试。通过与否，依据专项分级评估要求而定。

## 7.4 测试场地

### 7.4.1 智能网联汽车封闭测试场地技术要求

近年来，随着智能网联汽车的不断发展，汽车逐步从独立的机械单元发展成为智能化、网联化的集合体。相较于传统汽车，智能网联汽车装备了各种传感器、控制器、执行器，并且融合了现代通信与网络技术。为了保障智能网联汽车的安全性、舒适性、智能性和经济性，一系列涉及整车功能和性能的测试是必须开展的。随着相关智能网联汽车路测管理规定的出台，对智能网联汽车在走向开放道路测试之前，进行足够的封闭场地测试已经达成了共识。从 2018 年起，有关部门纷纷出台相关的政策法规，用以规范和引导智能网联汽车测试的进行。在此背景下，规范建设智能网联汽车封闭测试场地也势在必行。同时，由于自动驾驶技术尚不能完全替代人类操控，在车辆发生故障导致事故时，会危及人身及财产安全，因此在保证测试过程符合相关规范的前提下，保证驾驶人、乘员以及相关测试设备和设施的安全也是非常有必要的。

单车智能驾驶技术和 V2X 网联通信技术是当前智能网联汽车技术发展的两个主要方向，因此，智能网联封闭测试场地在建设过程中，应在有限的空间内尽可能多地满足单车智能驾驶技术（以 ADAS 为代表）测试和 V2X 测试。其中，ADAS 系统在多个国家和地区已经有相关的测试标准，封闭测试场地应满足标准测试工况的要求。对于 V2X 系统，由于其本身涉及车与周围交通元素和网络的协同和交互，测试场地应涵盖人、车、路和环境组成的完整闭环系统。进一步的完全自动驾驶系统测试，测试评价会更加复杂，不仅需要更多场景、更长时间及相应配套封闭测试场的建设，还需更多理论研究的支撑。在这方面，我国已经开展了一定的工作，2018 年中关村智通智能交通产业联盟发布了国内首个关于智能网联汽车测试封闭测试场地建设的团体标准 T/CMAX 116-02—2018《自动驾驶车辆封闭试验场地技术要求》。本章节以此标准为依据，从场地设置一般要求、测试环境及测试线路、交通场景及网联环境的搭建要求、配套办公及服务设施场地和场地基础设施等方面对封闭测试场地的建设技术要求进行介绍。

1. 场地设置一般要求

1）场地规划布局应统筹考虑交通组织、测试路线及出入口、路网结构、道路种类、建筑布置、竖向设计、绿化及空间环境等因素，合理布局。

2）场地规划布局、设施与设施设置应具备当地地理区域交通特征。

3）应设置配套办公及服务设施等功能性场所，注意公共卫生设施的配套。场地应按人车分离的原则布置隔离、导流等设施，合理组织人流、车流，确保安全。

4）场地建筑布置与设计应符合相应的建筑设计规范。

5）场地道路设计应参照 JTG D80—2006《高速公路交通工程及沿线设施设计通用规范》、JTG D81—2017《公路交通安全设施设计规范》、CJJ 37—2016《城市道路工程设计规范》。路面设计轴载：标准轴载 BZZ-100。除测试路段外，积雪或冰冻地区的主路最大纵坡不应大于 3.5%，其他地区主路最大纵坡不应大于 6%。除按要求设计的积水路面外，道路排水应顺畅，不应有积水。

6）场地道路路面两侧与路外场地落差超过 0.5m，且坡度超过 4% 时，应在道路边缘设置防护设施。场地通道与道路衔接出入口处应满足行车视距的要求。

7）采用路缘石作为道路边缘线的，路缘石结构与强度应能承受测试评估车辆碾压，不应错位、倾倒。

8）绿化布置应符合道路建筑限界要求并不应妨碍行车视距。

9）场地竖向规划设计应包括地形、地貌的合理利用、确定道路控制高程和地面排水规划。当自然地形坡度大于 8% 时，场地应采用台式布置，台地之间应用挡土墙或护坡连接。

**2. 测试环境及测试线路**

由于智能网联封闭测试场的空间和占地面积受限，为了在有限的空间内尽可能地模拟真实道路环境，一般要求场地需覆盖典型的测试场景，并规划合理的测试路线。

智能网联封闭测试场地的测试环境应包括高速道路、城市道路、乡村道路及其附属设施，以上测试环境除限速要求外，还需充分结合各类测试环境具备的相应特点。例如，高速道路应具备同向不低于 2 车道的高速公路主路、快速路主路、出入口、匝道、收费站、隔离带、护栏、应急车道、服务区、加油站等；城市道路应具备城市主干路、次干路、支路、多交叉路口、环岛、多交通设施设备、交通标志和交通标线、视线遮挡环境（街景建筑、植被等）；乡村道路应具备等外公路、多弯道、坡道、凹凸路面等。道路设计应符合国内道路建设规范，建筑布置与设计应符合相应的建筑设计规范。有条件的试验场还可以设置自由测试区和独立测试区，如动态广场、智能停车场等。

在满足以上道路环境的基础上，还应对道路进行合理的组合形成闭环的测试路线，应将高速道路、城市道路和乡村道路进行合理的衔接。下面是对一种测试路线的举例：

高速道路：收费站→匝道→高速主路→变道→匝道→收费站→水泥路。

城市道路：停车场→城市支路→无信号灯路口（左转 / 右转）→城市次干道→连续信号灯路口（右转 / 直行）→城市主干道→环岛→城市街景→曲线行驶→隧道、雨雾模拟区→主辅路出入口→高速公路收费站。

乡村道路：水泥路→弯道→坡道→环岛→等外公路→主辅路出入口。

具体的道路主体、车道类型、道路特征、交叉口类型、交通标志标线等要求可参照 T/CMAX 116-02—2018《自动驾驶车辆封闭试验场地技术要求》。

（1）道路主体

① 道路等级、建设长度、设计行车速度和设计可通行车辆类型。场地内道路等级、

道路建设长度、设计行车速度与设计可通行车辆类型要求见表 7-9。

表 7-9 道路等级与建设长度、设计行车速度与设计可通行车辆类型要求

| 道路等级 | 建设长度 /m | 设计行车速度 /(km/h) | 设计可通行车辆类型 |
|---|---|---|---|
| 高速公路主路 | ≥ 500 | ≥ 100 | 小型客车、中型客车、大型客车、城市公交车、小型货车、中型货车、大型货车 |
| 高速公路出入口、匝道及其他 | — | ≥ 40 | |
| 快速路主路 | ≥ 500 | ≥ 80 | |
| 快速路出入口及其他 | — | ≥ 40 | |
| 城市主干路 | ≥ 500 | ≥ 60 | |
| 城市次干路 | ≥ 500 | ≥ 50 | |
| 城市支路 | ≥ 500 | ≥ 40 | |
| 城市其他道路 | — | ≥ 40 | 小型客车、中型客车、小型货车、中型货车 |
| 四级公路 | ≥ 300 | ≥ 40 | |
| 等外公路 | ≥ 300 | ≥ 40 | |

注：以上依据 JTG D80、JTG D81、CJJ 37 设计。

② 车道类型。场地内各类各级道路车道类型要求见表 7-10。

表 7-10 车道类型要求

| 道路等级 | 车道类型具体要求 |
|---|---|
| 高速公路主路 | 应急车道，行车道不少于 3 条，含超车道 |
| 高速公路出入口、匝道及其他 | 应急车道，行车道 |
| 快速路主路 | 行车道不少于 3 条 |
| 快速路出入口及其他 | 行车道不少于 1 条 |
| 城市主干路<br>城市次干路<br>城市支路<br>城市其他道路 | 潮汐车道，右转专用道，待转区 |
| | 公交专用道，主辅路，非机动车道，机非混行道 |
| | 双向 4 车道及以上 |
| | 单向 2 车道及以上 |
| 四级公路<br>等外公路 | 双向 2 车道及以上 |

注：以上依据 JTG D80、JTG D81、CJJ 37 设计。

③ 交叉口。场地内各类各级道路交叉口类型要求见表 7-11。

表 7-11 交叉口类型要求

| 交叉口类型 | 具体要求 |
|---|---|
| 高速公路 / 快速路与高速公路 / 快速路交叉口 | 有条件可设计高速公路 / 快速路与高速公路 / 快速路交叉口 |
| 高速公路与普通公路 / 道路出、入口 | 高速公路与普通公路 / 道路出、入口 |
| 快速路与城市道路的出、入口 | 快速路与城市道路的出、入口 |
| 异形交叉路口 | 含有信号灯的 5 方向以上异形交叉路口 |
| 铁路道口 | 铁路与城市道路 / 普通公路交叉口 |
| 主辅路出入口 | 主路与辅路出入口 |
| 立交 | 可做平面交叉模拟四分之一及以上苜蓿叶立交 |
| 环岛 | 5 出入口以上双车道环岛 |

（续）

| 交叉口类型 | 具体要求 |
| --- | --- |
| Y 字形交叉口、T 字形交叉口、十字形交叉口、X 字形交叉口 | 含待转区的路口或渠化路口 |
| | 含信号灯双向 4 车道及以上道路与双向 2 车道及以上道路交叉口；无信号灯控交叉口 |
| | 含信号灯双向 2 车道道路与双向 2 车道道路交叉口；含信号灯双向 2 车道道路与单向 1 ～ 2 车道道路交叉口 |
| 行人通行路口 | 含信号灯道路中间行人通行路口 |

注：以上交叉口，需要考虑不同等级道路之间的交叉，并依据 JTG D80、JTG D81、CJJ 37 设计。

④ 道路特征。场地内道路特征要求见表 7-12。

表 7-12　道路特征要求

| 道路特征 | 具体要求 |
| --- | --- |
| 覆盖特征 | 需设计积水路面，水深不小于 20cm，宽度不小于 30m，覆盖车道不小于 1 条 |
| 形态特征 | 需设计弯道、连续弯道、急转弯道。弯道曲率半径范围应为 15 ～ 40m |
| | 需设计坡道。坡道的坡度范围为 2% ～ 10%，有条件的可以设计 12% 以上的坡道 |
| 遮挡特征 | 需设计隧道。隧道长度不小于 100m |
| | 需设计林荫道，建筑物附近道路。林荫道长度不小于 50m，建筑物附近道路不小于 100m。有条件的可以模拟立交桥、高架路等桥下道路 |
| 材质特征 | 需设计沥青路面、水泥路面、砂石路面等路面，道路长度均不小于 100m。需设计含雨篦子、电缆井盖及铁板等路面，其中雨篦子宽度不小于 30cm，铁板宽度不小于 2m，覆盖车道均不少于 1 条 |

注：以上依据 JTG D80、JTG D81、CJJ 37 设计。

（2）交通标志、交通标线与交通信号灯等道路附属设施

场地内交通标志、交通标线与交通信号灯要求见表 7-13。

表 7-13　交通标志、交通标线与交通信号灯要求

| 交通标志、交通标线与交通信号灯 | | 具体要求 |
| --- | --- | --- |
| 交通标志 | 指示标志 | 应设计包含 GB 5768.2 中的直行、向左转弯、向右转弯、直行和向左转弯、直行和向右转弯、向左和向右转弯、靠右侧道路行驶、靠左侧道路行驶、单行路、最低限速、右转车道、直行和右转合用车道、人行横道、公交专用道等标志 |
| | 警告标志 | 应设计包含 GB 5768.2 中的注意儿童、注意行人等标志 |
| | 禁令标志 | 应设计包含 GB 5768.2 中的禁止通行、禁止驶入、禁止左转、禁止右转、禁止直行、禁止掉头、限制速度、停车让行、减速让行、会车让行等标志 |
| | 指路标志 | 不做要求。依据实际道路情况，按照 GB 5768.2 要求设置 |
| | 道路施工安全标志 | 应设计包含 GB 5768.2 中的所有道路施工安全标志 |
| | 辅助标志 | 应设计包含 GB 5768.2 中的学校、时间范围等标志 |
| 交通标线 | 指示标线 | 应施划 GB 5768.3 中包含的双向 2 车道路面中心线、车行道分界线、车行道边缘线、左转弯待转区线、左转弯待导向线、人行横道线、停车位标线等 |
| | 禁止标线 | 应施划 GB 5768.3 中包含的禁止超车线、停止线、停车让行线、减速让行线、导流线、网状线、专用车道线等 |
| | 警告标线 | 不做要求。依据实际道路情况，按照 GB 5768.3 要求设置 |

（续）

| 交通标志、交通标线与交通信号灯 | 具体要求 |
|---|---|
| 交通信号灯 | 应设置 GB14887 中包含的铁路道口信号灯，有条件的可实现车道信号灯、方向指示信号灯、闪光警告信号灯 |
| | 应设置 GB14887 中包含的非机动车信号灯、移动式交通信号灯 |
| | 应设置 GB14887 中包含的机动车信号灯、人行横道信号灯 |

注：1. 交通标志应依据实际道路情况，按照 GB 5768.2 要求设置。
2. 交通标线应依据实际道路情况，按照 GB 5768.3 要求施划。
3. 交通信号灯应依据实际道路情况，按照 GB 14886 要求设置，可以以路口为单位安装不同款式的交通信号灯。



### 3. 交通场景及网联环境的搭建要求

工业和信息化部、公安部、交通运输部 2018 年发布的《智能网联汽车道路测试管理规范（试行）》中设置了 14 项自动驾驶功能检测项目，包含了 ADAS 和 V2X 测试场景；搭建具有安全性和可重复性的 ADAS 和 V2X 测试场景需要用到的模拟目标物、测试设备、交通模拟设施、网联设施等设备。《合作式智能运输系统　车用通信系统应用层及应用数据交互标准》中定义了 40 个典型应用场景，以 V2V、V2I 和 V2P 为主，可充分利用已有的测试道路尽可能多地搭建以下应用场景，见表 7-14。

表 7-14　V2X 应用场景

| 序号 | 类别 | V2X 应用场景 | 通信类型 | 适用通信技术 |
|---|---|---|---|---|
| 1 | 安全 | 交叉路口碰撞预警 | V2V/V2I | LTE-V/DSRC/5G |
| 2 | | 左转辅助 | V2V/V2I | |
| 3 | | 紧急制动预警 | V2V-Event | |
| 4 | | 逆向超车碰撞预警 | V2V | |
| 5 | | 逆向行驶告警 | V2I | |
| 6 | | 盲区预警 / 变道辅助 | V2V | |
| 7 | | 前方静止 / 慢速车辆告警 | V2V | |
| 8 | | 异常车辆预警 | V2V-Event | |
| 9 | | 车辆失控预警 | V2V-Event | |
| 10 | | 弱势交通参与者碰撞预警 | V2P/ V2I | |
| 11 | | 摩托车预警 | V2P | |
| 12 | | 道路危险状况提示 | V2I | |
| 13 | | 限速预警 | V2I | |
| 14 | | 闯红灯预警 | V2I | |
| 15 | | 路口设施辅助紧急车辆预警 | V2I | |
| 16 | | 基于环境物体感知的安全驾驶辅助提示 | V2I | |
| 17 | | 前向碰撞预警 | V2V | |
| 18 | | 侧向碰撞预警 | V2V | |
| 19 | | 后方碰撞预警 | V2V | |
| 20 | 效率 | 基于信号灯的车速引导（绿灯通行） | V2I | 4G/LTE-V/DSRC/5G |
| 21 | | 交通灯控制动态规则 | V2I | |
| 22 | | 紧急车辆信号优先权 | V2I/ V2V | |
| 23 | | 高优先级车辆让行 | V2I/ V2V | |
| 24 | | 协作式车队 | V2I/ V2V | |

（续）

| 序号 | 类别 | V2X 应用场景 | 通信类型 | 适用通信技术 |
|---|---|---|---|---|
| 25 | 效率 | 协作式自动巡航控制 | V2I/ V2V | 4G/LTE-V/DSRC/5G |
| 26 | | 车内标牌 | V2I | |
| 27 | | 前方拥堵提醒 | V2I | |
| 28 | | 增强的路线指引和导航 | V2I | |
| 29 | | 专用道路管理 | V2I | |
| 30 | | 限行管理 | V2I | |
| 31 | | 动态潮汐车道行驶 | V2I | |
| 32 | 信息服务 | 服务信息公告 | V2I | |
| 33 | | 车辆诊断 | V2I | |
| 34 | | 商用及货用车在一定范围内的传输信息 | V2I | |
| 35 | | V2V 数据传输 | V2I | |
| 36 | | 调查数据收集 | V2I | |
| 37 | | 本地电子支付 | V2I | |
| 38 | | 智能汽车近场支付 | V2I | |
| 39 | | 智能汽车远程支付 | V2I | |
| 40 | | 智能汽车收集互联支付 | V2I | |

下面列举搭建以上典型应用场景需要用到的设施。

（1）模拟交通流目标物及其他模拟设施

模拟交通流目标物及其他模拟设施要求见表 7-15。

表 7-15　模拟交通流目标物及其他模拟设施要求

| 设备类型 | | 设备要求 |
|---|---|---|
| 模拟机动车 | | 应提供小型客车模拟设备不少于 1 套，有条件的可提供公交车、小型货车、三轮车、摩托车模拟设备 |
| 模拟非机动车 | | 应提供自行车模拟设备不少于 1 套，有条件的可提供电动自行车模拟设备 |
| 模拟行人及动物 | | 应提供成人、儿童、老人模拟设备不少于 1 套，有条件的可提供动物模拟设备 |
| 其他临时限制模拟设施及物品 | 施工区 | 应能提供施工区域模拟设施 |
| | 障碍物 | 应能提供不少于 5 种道路模拟障碍物 |
| | 交通管控与交通事故 | 应能提供移动式交通管控的模拟设施 |

1）模拟道路弱势群体。道路弱势群体包含行人、骑行人、非机动车。为了保证测试的有效性，要求模拟物能够与真实物之间具备广泛的相似性；为了保证测试的安全性，要求即使系统未能有效作用，若发生碰撞，也不会对测试车辆和人员造成伤害；为了保证测试的可重复性和经济性，要求模拟物具备耐用性，即在长时间户外使用过程中，可以保持性能的稳定。下面举例说明几种常见的道路弱势群体模拟物。

① 静态行人。静态假人目标物在尺寸和外形方面接近真实行人的特性，可以被单面或立体视觉摄像系统识别，也可被雷达和红外系统识别，且从不同角度采集的雷达反射截面的平均分布符合真实人类雷达反射截面的平均分布。图 7-22 所示为 4activeSystems 公司的静态假人。

② 关节可活动行人。关节可活动的假人目标比静态假人目标更加接近真实的人类行

走特征，其双腿可以活动，可模仿真实人类行走时的步姿、速度和加速度。图 7-23 和图 7-24 所示为 4activeSystems 公司的关节可活动假人。

图 7-22　静态假人

图 7-23　关节可活动成人

图 7-24　关节可活动儿童



③ 骑行人。自行车骑行人目标物与实际自行车骑行人的形状、尺寸一致，可被雷达、视觉摄像系统、红外系统识别，在测试过程中可承受各个方向的碰撞。图 7-25 所示为 4activeSystems 公司的自行车骑行人模拟物。

④ 模拟踏板车 / 摩托车。踏板车 / 摩托车骑行人和摩托车目标物高度模拟真实踏板车 / 摩托车及骑行人的形状和尺寸，同样可被雷达、视觉摄像系统、红外系统识别，在测试过程中可承受各个方向的碰撞。图 7-26 所示为 4activeSystems 公司的摩托车骑行人模拟物。

图 7-25　自行车骑行人模拟物

图 7-26　摩托车骑行人模拟物

2）模拟假车。模拟假车包括 2D 假车目标物和 3D 全尺寸假车。模拟假车在封闭测试场地内可用于搭建安全测试场景中的目标车辆和背景车辆。

2D 目标假车可模拟车辆尾部的视觉特征和雷达反射特征，可用于搭建车对车追尾测试场景。图 7-27 所示为 MESSRING 公司的 2D 目标假车。

3D 全尺寸假车具有和真实轿车一样的雷达反射和视觉特征，可以全方位地模拟真实车辆。图 7-28 所示为 4activeSystems 公司的 3D 全尺寸假车。

图 7-27　2D 目标假车

图 7-28　3D 全尺寸假车

3）移动控制设备。移动控制设备包括皮带式牵引设备和自主移动平台，可控制目标物按照设定的轨迹运动，可结合测试场地搭建多种测试场景。

① 皮带式牵引设备可搭载假人、骑行人、低速踏板车等模拟目标物，可模拟行人和自行车横向穿行和弱势群体最易碰撞等测试场景。图 7-29 所示为 4activeSystems 公司开发的 4activeSB 皮带式牵引设备。

② 自主移动平台使用车载电池和电机驱动行驶，并搭载控制系统，可以根据 DGPS 控制平台按照设定轨迹运动，平台低矮且使用特殊材料，雷达反射界面很小，可承受重载且不会对测试车辆造成伤害，可搭载假人、自行车、踏板 / 摩托车、3D 全尺寸假车等模拟目标物模拟各种测试场景。图 7-30 所示为 AB Dynamics 公司开发的 GST（Guided Soft Target）移动平台。



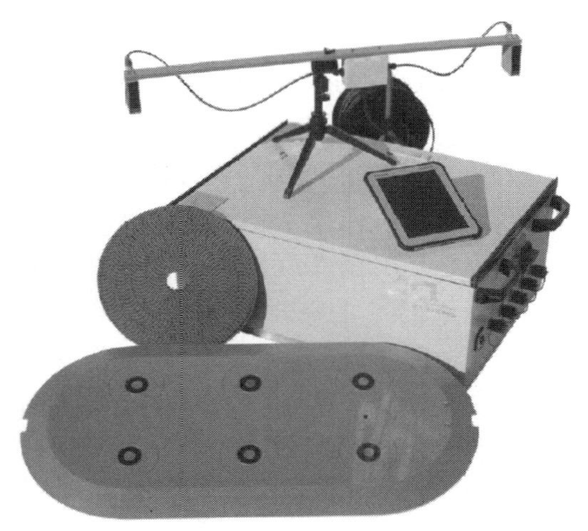

图 7-29　皮带式牵引设备

图 7-30　自主移动平台

（2）交通模拟设施

场地内交通模拟设施主要包含模拟雨 / 雾天设施、模拟光照设施以及其他建筑模拟设施。交通模拟设施要求见表 7-16。

表 7-16　交通模拟设施要求

| 设施类型 | 具体要求 |
| --- | --- |
| 模拟湿滑路面设施 | 应建设湿滑路面，附着系数不大于 0.3，长度不小于 50m，用于通过湿滑路面测试训练与能力评估 |
| 模拟雨天设施 | 应建设模拟雨天设施，长度不小于 100m，应能模拟（24 小时降雨量，mm）：中雨（10 ~ 25），大雨（25 ~ 50），有条件可以模拟暴雨（50 ~ 100）。用于通过雨区道路测试训练与能力评估 |
| 模拟雾天设施 | 应建设模拟雾天设施，长度不小于 100m，应能模拟（能见度，m）大雾（500 ~ 1000），用于通过雾区道路测试训练与能力评估 |
| 模拟夜间路灯设施 | 应在部分城市道路上建设路灯系统，设计依据 CJJ 45，包括黄色、白色两种灯光，用于夜间行驶测试训练与能力评估 |
| 模拟光照设施 | 有条件的可建设模拟光照设施，应能模拟弱光 200 ~ 1600lx、强光 20 ~ 30000lx 范围阳光直射 |
| 模拟收费站 | 应建设不少于 1 处模拟收费站设施，应包含双向不少于 2 个收费口，包含 ETC 收费口、人工收费口。设计依据 JTG D80 及 JTG D81 |
| 模拟加油站 | 应建设不少于 1 处模拟加油站设施，不少于 2 个车道，不少于 1 处加油位置，尺寸设计可参考 GB 50156 |
| 模拟充电站 | 应建设不少于 1 处模拟充电设施，不少于 1 个停车位 |
| 模拟高速服务区 | 应建设不少于 1 个模拟高速服务区，应包括加油站、充电站、停车场等 |
| 模拟街景设施 | 应建设模拟街景设施，长度不小于 100m，高度不低于 8m。用于网联通信、视距遮挡测试 |
| 模拟停车场 | 应在城市道路路侧施设不少于 4 个以上路侧停车位。有条件的可建设独立停车场 |
| 模拟限高设施 | 应建设不少于 1 处模拟限高设施 |
| 模拟限宽设施 | 应建设不少于 1 处模拟限宽设施 |
| 模拟公共汽电车站台 | 应建设不少于 1 处模拟公共汽电车站台设施。设计建设依据 DB11/T 650 |
| 道路隔离设施与安全设施 | 应依据道路实际情况，设置护栏、隔离墩、绿化隔离带等多种多处软硬隔离设施<br>高速公路应包含反光标志、防眩设施 |
| 减速带 | 应建设不少于 1 处减速设施 |

注：以上设施中，交通标志应依据实际情况，按照 GB 5768.2 要求设置，交通标线应依据实际情况，按照 GB 5768.3 要求施划。

（3）网联通信设施

① 网联通信路侧设备技术要求。场地内网联通信路侧设备网联通信协议、性能和安全、互联互通和互操作要求需符合：

a. 中国标准体系：国家标准《合作式智能运输系统　专用短程通信　第 3 部分：网络层和应用层规范》；CCSA 行业标准《基于 LTE 的车联网无线通信技术总体技术要求》《基于 LTE 的车联网无线通信技术空中接口技术要求》《基于 LTE 的车联网通信安全技术要求》《基于公众电信网的联网汽车信息安全技术要求》《基于 LTE 的车联网无线通信技术路侧设备技术要求》《基于 LTE 的车联网无线通信技术基站设备技术要求》；团体标准《合作式智能运输系统　车用通信系统　应用层及应用数据交互标准》IMT-2020（5G）推进组 C-V2X 工作组发布的 LTE-V2X　终端功能、性能和终端互操作测试规范等。

b. 美国标准体系：SAE J2735、SAE J2945、IEEE 1609.3、IEEE 1609.4、IEEE 1609.2、IEEE 802.11p 等标准。

② 网联通信路侧设备部署。网联通信路侧设备应依据场地内道路实际情况及自动驾驶评估内容专项要求合理部署。

（4）高精度定位增强设施

1）高精度定位差分信号。场地内需能提供高精度定位差分信号，差分信号需满足：

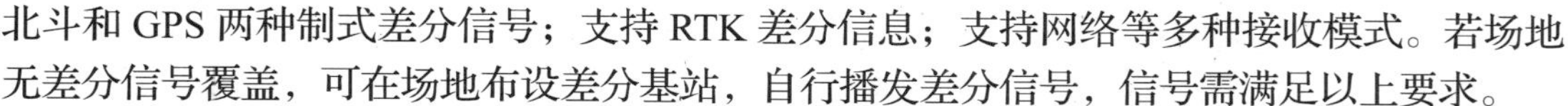

北斗和GPS两种制式差分信号；支持RTK差分信息；支持网络等多种接收模式。若场地无差分信号覆盖，可在场地布设差分基站，自行播发差分信号，信号需满足以上要求。

2）差分基站的部署。差分基站的选择与部署应选取：地质条件良好，点位稳定；视野开阔，周围无高度角超过10° 的障碍物；周围无信号反射物；能方便地播发或传送差分改正信号的地方。

**4. 配套办公及服务设施场地**

（1）场地设置要素

1）场地内容要素

场地应提供面向厂商的办公场地，如车辆调试车间，办公环境等，有条件的可提供休息室；场地自身需要的办公场地，如接待中心、监控中心、办公室、会议室与休息室、机房等。

2）车辆调试车间应配置举升机、工具箱等。

（2）场地布置与平面设计

1）场地平面布置应按场地接待厂商数量、场地运行车辆容量及自身办公人员数量的需求布设。

2）场地内应部署监控设备，能够观察各运行测试车辆和场地的整体情况。

3）隔离场地与外界应采用物理隔离，出入口需设置卡口设施。

**5. 场地基础设施**

（1）消防

场地应配备消防设备，有条件的场地可配备紧急救护药品和设备以及相应安全监控设备。设施设置应符合GB 50016的要求。

（2）给排水

场地建设应有完整的给排水设计。给水设施应满足场地设施办公、生活、绿地和消防的需要。排水设施应保证场地设施正常使用和路基、路面不因积水而损毁。按照操作规范定期维护给排水设施。

（3）电源及供电

1）供电电源就近引自附近的变配电所，宜按三级负荷进行供电。电源应选用交流电压220V或380V，三相四线制系统。对配套办公及服务设施场地内机房应当设置不间断备用电源。总配电装置应设置在专门的配电室内。

2）一般负荷宜采用树干式配电，集中负荷或重要负荷宜采用放射式配电。供电电源点至配电装置的供电线路宜采用电缆敷设。至室外各用电设备的线路宜采用电缆埋地敷设。

3）系统应采用TN-S接地故障保护。至室外灯具的线路需设置PE线。穿线用的保护金属管及灯具金属部分应与PE线连接。PE线应与相线等截面。总配电装置处应设总等电位装置。

4）场地内建筑物、构筑物防雷设计应符合GB 50057要求。高杆灯应设避雷针进行保护，并利用金属灯杆作为引下线。每盏高杆灯处应设置独立的接地装置，穿线用的金属保护管应与该装置连接。

5）照明设施按场地使用需求设置。测试场地内道路照明按 CJJ 45 中Ⅲ级执行，其他道路及场所照明按 GB 50034 有关条款执行。

（4）场地智能信息系统

1）通信网络系统

① 通信网络系统应能为场地的拥有者（管理者）及场地内的各个使用者提供有效的信息接收、存储、处理、交换、传输等信息服务。

② 场地内根据需要和相关规定，可分别设置场地安全监控系统、场地交通控制系统、场地出入口管理系统、场地综合管控系统。

2）弱电防雷系统。场地应结合建筑物防雷要求设置弱电防雷系统，系统设计应符合 GB 50343 的要求。

3）综合布线系统。场地应采用综合布线系统，并能满足场地内语音、数据、图像、监控等系统中信号传输的要求，系统设计应符合 GB 50311 的要求。

通过对道路环境、自然环境、测试设备以及网络环境的有机组合，可以实现对智能网联汽车高强度、可重复的综合测试。随着当前创新技术的不断出现以及网络环境的不断升级，相应的封闭测试环境也需要跟随新技术的出现而不断升级。目前，国内外已经有很多已投入使用和建设中的封闭测试场，下一小节将介绍国内外智能网联汽车测试示范区的现状。

## 7.4.2 智能网联汽车测试示范区规划与建设

智能网联汽车测试示范区是智能网联汽车开发研究的重要一环。示范区通过模拟多种道路和场景，为智能网联汽车提供运行和测试环境。在示范区中，智能网联汽车在可控的真实环境下，进行大量的、可重复的、不同层次的测试试验，完成实际部署前的开发验证工作并保障公共交通安全。目前，自动驾驶汽车的运行安全测试在国内外均还处于探索阶段，标准和体系都在制定过程中，尽管有国外学者提出了针对各驾驶辅助系统的测试方法，也有一些针对智能交通系统和高级驾驶辅助系统的测试标准，但是整体上对智能网联汽车，尤其是高等级自动驾驶汽车的测试还没有一套完整、成熟的测试评价体系。目前全球主要智能网联汽车测试场分布情况见表 7-17。

表 7-17 全球主要智能网联汽车测试场分布情况

| 序号 | 所在国家 | 测试场 |
|---|---|---|
| 1 | 西班牙 | DEKRA 测试场 |
| 2 | 英国 | Mira 测试场 |
| 3 | 挪威 & 芬兰 | Borealis 智能交通测试场 |
| 4 | 韩国 | K-City 测试场 |
| 5 | 日本 | J-town 测试场 |
| 6 | 中国 | 国家智能网联汽车（上海）试点示范区封闭测试区<br>国家智能交通综合测试基地（无锡）<br>国家智能汽车与智慧交通（京冀）示范区<br>国家智能网联汽车应用（北方）示范区<br>国家智能网联汽车（长沙）测试区<br>智能汽车集成系统试验区（i-VISTA） |

（续）

| 序号 | 所在国家 | 测试场 |
|---|---|---|
| 7 | 瑞典 | AstaZero 测试场 |
| 8 | 美国 | MCity 测试场<br>GoMentum Station 测试场<br>ACM 测试场<br>阿伯丁测试中心 |

### 1. 美国智能网联汽车测试示范区

美国智能网联汽车发展的较早，其测试试验场和示范区的建设在全球有一定的代表性。目前，美国交通部指定的 10 个智能网联汽车测试示范区分别位于美国的东北部、东部、东南部、北部、中西部、南部、西部、西南部。各试验场差异化的气候条件和地貌特征使智能网联汽车测试可以在丰富的条件下开展。

1）Mcity 是全球首个专门用于智能网联汽车测试的封闭试验场，占地 32 英亩（约 0.129km$^2$），由密歇根大学和密歇根州交通部共同出资建设。

Mcity 场地建设为一座模拟小镇，主要由模拟高速公路环境的高速测试区域和用于模拟市区及近郊的低速测试区组成。试验道路全长 6.8km，包含多车道、弯道、环岛、交叉口等真实道路，以及隧道、地下停车场、市区建筑等模拟交通场景。试验场配备有引导、限速、指示等标志物及交通信号灯、路灯等基础交通设施。

Mcity 中包含碎石路段、林荫路段、乡村路段、高速路段、金属架桥、地下隧道等多种道路环境。场内树木的间隙、路灯的高度、停车位的位置都有严格的规划。Mcity 可以为自动驾驶、车联网技术和电动安全系统的研究开发、测试评价等提供测试服务。Mcity 测试场平面图如图 7-31 所示。

2）GoMentum Station 位于旧金山湾区，占地 4942 英亩（约 20km$^2$），是目前美国最大的智能网联汽车测试场。

GoMentum Station 场地改建自一座废弃的海军基地。利用原有的大量基础设施和天然条件，GoMentum Station 可以提供接近真实的测试场景。测试场道路呈城镇式的网格化分布，硬化路面的路况优质。GoMentum Station 内试验道路超过 32km，包含长隧道、立交桥、铁路、地下通道、复杂弯道、大型停车场、建筑物等丰富的模拟交通场景，以及各式标志物、路灯系统等测试资源。

GoMentum Station 有丘陵、坡道等各种道路环境。测试场空间宽阔、场景丰富，可以为商业化用途的车联网设备和自动驾驶汽车技术提供各类型的测试服务。GoMentum Station 测试场俯瞰图如图 7-32 所示。

3）在建中的中佛罗里达州无人驾驶汽车合作伙伴（CFAP）下属的 SUNTRAX 是全美目前建成和在建中投资最大的封闭测试场。SUNTRAX 占地 400 英亩（约 1.62km$^2$）。

SUNTRAX 工程共分为三期：一期工程为椭圆形高速快车道（图 7-33 中标注⑤），全长 3.6km，配套 4 座模拟收费站；二期工程规划为复杂城市中心、郊区环境模拟测试区，包括复杂坡道、模拟城市、交通枢纽、车站接送等测试场景（图 7-33 中标注③、⑥、⑦）；三期工程规划有环境测试舱（图 7-33 中标注⑧），可以模拟降雨、风、雾、尘土、照明等环境条件。此外，测试场还建有直线性能路、制动路、动态测试广场（图 7-33 中标注④、

⑨、⑩）等专项功能的测试场地。

SUNTRAX 场地规划合理紧凑，可以为智能网联汽车提供多功能、多环境的测试服务。SUNTRAX 测试场设计规划效果图如图 7-33 所示。

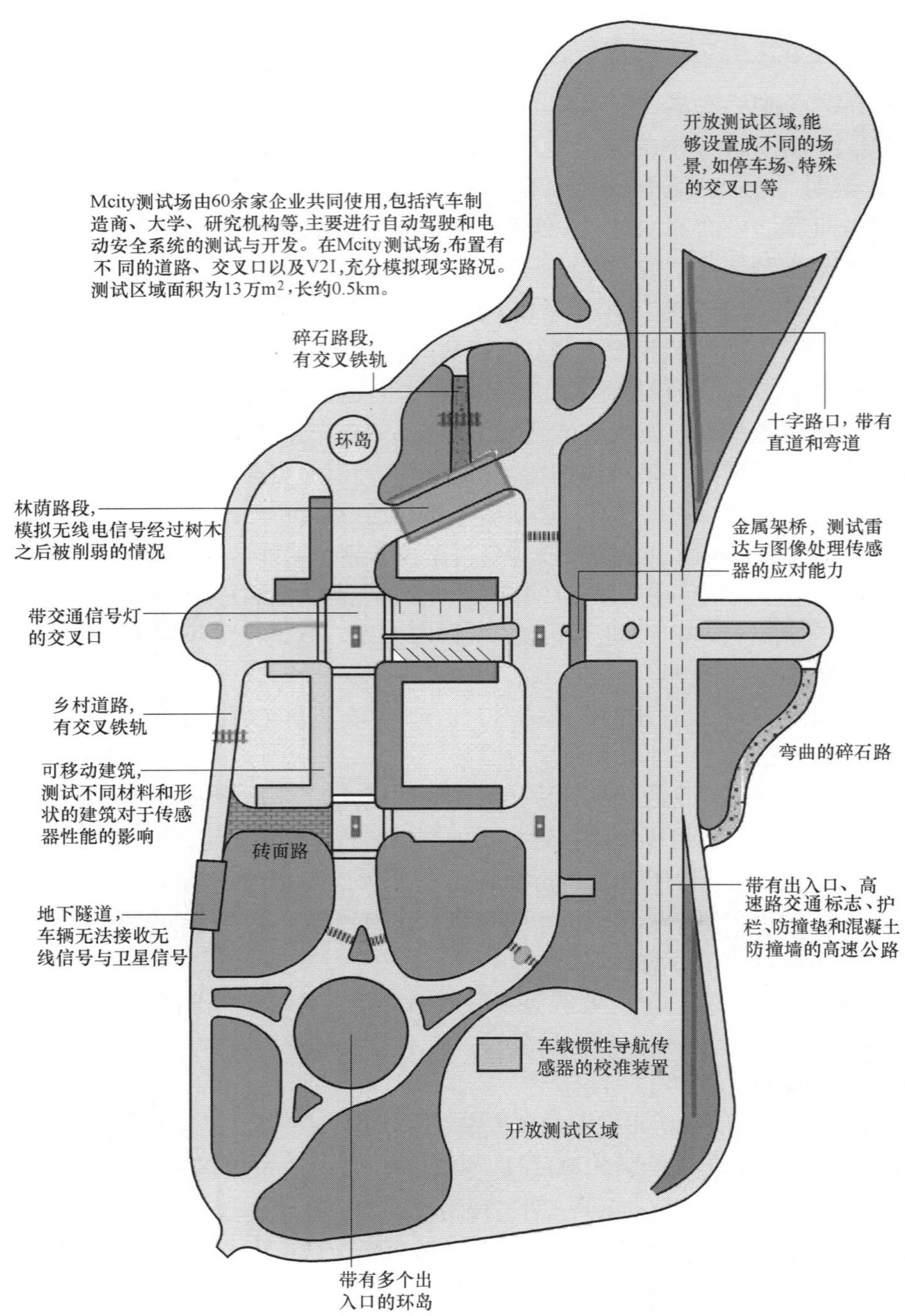


图 7-31　Mcity 测试场平面图

图 7-32　GoMentum Station 测试场俯瞰图

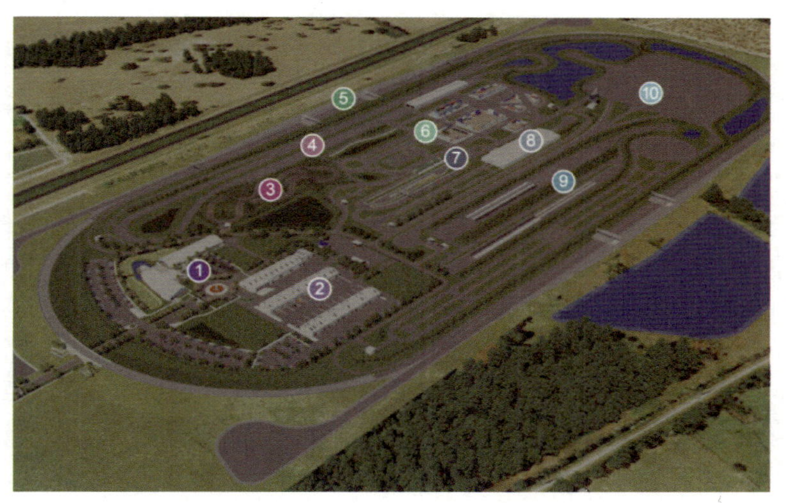


图 7-33　SUNTRAX 测试场设计规划效果图

4）在美国的私有智能网联汽车试验场中，加利福尼亚 Castle 空军基地具有一定代表性。它由原有的道路设施改建为智能网联汽车测试场。2014 年，谷歌租用该基地来测试无人驾驶汽车（Self-Driving-Cars，SDC）并培训无人驾驶汽车驾驶人。试验场占地 60 英亩（约 0.24km$^2$），被谷歌员工称为"城堡"。

"城堡"内部分为模拟郊区和城市街区等测试区域，街道、支路和公路将各区域相互联系起来。同时还有模拟工作的交通信号灯、停止符和交通环岛，甚至还有雨天模拟器。自谷歌宣布其无人驾驶汽车上路行驶以来，其公共道路和封闭测试区的总行驶里程已达数百万千米，积累了大量的行驶数据。

"城堡"的特点在于它的测试场景由真实的道路、街区改建而来，在保留原有建筑设施的同时，加入了配合智能网联测试的通信、交通系统。由于"城堡"属于谷歌私有的测试场，因此在试验安排和场地管理上更加灵活，可以自由搭建场景或对单一场景进行大量重复测试。Castle 空军基地示意图如图 7-34 所示。

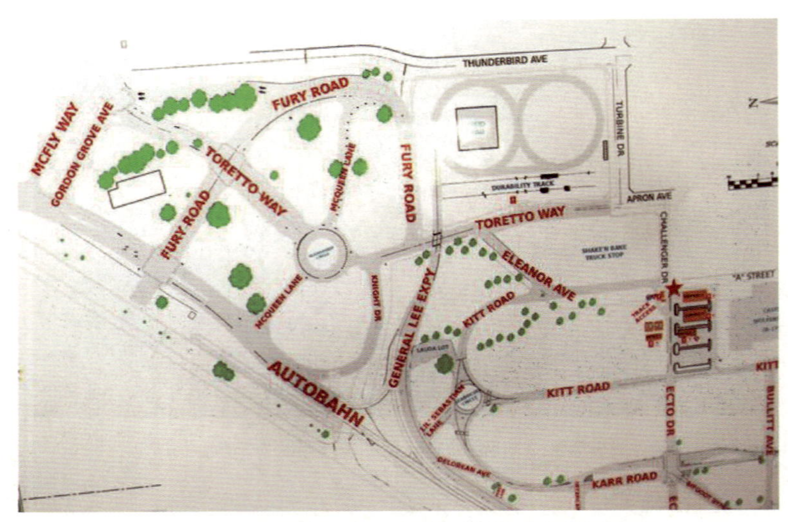


图 7-34 Castle 空军基地示意图

此外，阿伯丁测试中心位于马里兰州的丘陵地区，具有大量自然陡坡、急转弯以及越野测试车道。德克萨斯州自动驾驶测试场拥有海港、码头等丰富的测试场景。美国移动中心测试场可进行货车队列行驶、冰雪天气等场景的测试。

美国智能网联汽车测试示范区的建设规划大多以城市、郊区和高速路 3 个场景为基础。除此之外，各测试场还有不同地貌环境、不同交通路况的测试场景。测试场有用于 Level 2 级别自动驾驶测试的试验场地和用于 Level 3 ~ Level 5 级别测试的复杂场地。

美国的智能网联汽车测试示范区分布较为均匀，可以为美国东北部、东部、东南部、北部、中西部、南部、西部、西南部的智能网联汽车测试提供有力的支持，实现了各地区的平衡发展。同时，分布在各地的测试场具有气候差异、地貌特征差异等特点，可以满足不同的测试需求。

### 2. 欧洲智能网联汽车测试示范区

智能网联虚拟仿真是智能网联汽车测试和试验的基础关键技术，然而真实物理测试也对应用落实至关重要，随着其他国家加快推进智能网联汽车产业化进程，欧洲各国也将智能网联汽车测试示范区的建设提上日程。

瑞典是智能网联汽车测试的代表国家之一。位于布罗斯的 AstaZero 道路安全测试区域是瑞典的大型智能网联汽车封闭测试场。AstaZero 采用政府和社会合作模式，由政府、行业学会及企业共同出资建设，由瑞典 SP 技术研究院和查尔姆斯理工大学共同所有，而沃尔沃公司是 AstaZero 的主要投资和使用方。

AstaZero 主要研究如何通过主动安全技术来避免事故，在测试区域内能够基于实际交通场景进行多种类的模拟测试，测试重点为自动驾驶技术和制动技术，并对驾驶人注意力分散情况进行研究。

AstaZero 规划分两个阶段进行建设，第一阶段已于 2014 年 8 月完成并开放使用，第二阶段将增加隧道、造雾机、雨水发生器、喷水、干燥设备等测试环境和设施。

AstaZero 包含乡村路段、城市区、高速区、多车道路段 4 种测试环境，可针对不同场景系统化地进行测试。乡村路段环绕整个测试区域，总长 5.6km，车道两侧生长的落叶树木会对视野形成遮挡，用于模拟意外因素等路况。城市区位于测试区域南部，与乡村路段有两个交汇点，主要用于测试汽车与周围环境的交互能力。高速区位于测试区域中心，包含 1 个圆形区域和 2 个水滴形的加速路段区域。多车道路段总长 700m，4 条车道，与高速区相连，包含 1 条加速路段。

AstaZero 包含多车道、环岛、丁字形路、多功能广场等真实道路，市中心、公交车站、临时停车处等模拟交通场景。路侧设施方面，AstaZero 全路段均部署有电力、通信、控制线缆，每隔 150m 设置有数据读取点设施，经地下线缆通过 V2V 和 V2I 技术与远端相连。

英国政府计划投资 1 亿英镑用于建设网联与自动驾驶汽车测试设施，2017 年 3 月 30 日，英国宣布启动第一阶段投资竞标。该计划的目标是沿伯明翰和伦敦之间的 M40 走廊建设网联与自动驾驶汽车先进技术集群，同时将基于英国现有的部分网联与自动驾驶汽车测试中心，在英国汽车产业核心区域（包括西米德兰兹郡的考文垂、伯明翰、米尔顿凯恩斯以及牛津和伦敦）集中建设测试设施集群。

英国 Horiba Mira 汽车工程与开发咨询公司和考文垂大学联合成立网联与自动驾驶汽车技术研究中心，研究和测试新的研究成果。研究中心位于 Mira 科技园的核心区域。试验场鸟瞰图如图 7-35 所示。

图 7-35 Mira 科技园

研究中心的核心目标是构建模拟、测试与评估网联和自动驾驶汽车安全性环境，开展研究工作，以推动网联和自动驾驶领域的新产品、新服务开发，为该领域发展输送人才。研究中心内部设施将网联与自动驾驶汽车的真实和虚拟研究环境相结合，能够基于一系列模拟器实现真实 - 虚拟环境交互。

随着智能网联汽车在全球范围内掀起热潮，欧洲的智能网联汽车测试示范区也在不断地建设和发展。法国、德国等国家也相继对测试道路以及示范区做出了规划。随着各地测试示范区的不断增加，欧洲自动驾驶汽车运行安全测试评价体系建设将迈入新阶段。

### 3. 日本自动驾驶汽车测试示范区

为了在 2020 年东京奥运会之前实现无人自动驾驶交通服务，2016 年 2 月日本经济产业省制造产业局汽车课正式公布无人驾驶评价据点整备项目并征集承接单位，最终该项目落户筑波市茨城县的日本机动车研究所（JARI），并于2016年开始建设。

示范区主要有3片区域，包括恶劣环境测试区域、城市道路测试区域和多目的测试区域。室内设施“恶劣环境试验场”是示范区的特色测试区域，能够在约160000m²的场地再现诸如雨、雾、阳光等环境条件。“V2X市区”可以使用通信，实现模拟建筑物、道路与自动操作系统的信息交互。“多功能城市区域”可以使用标志等再现各种交叉形状。J-town测试场平面图如图7-36所示。



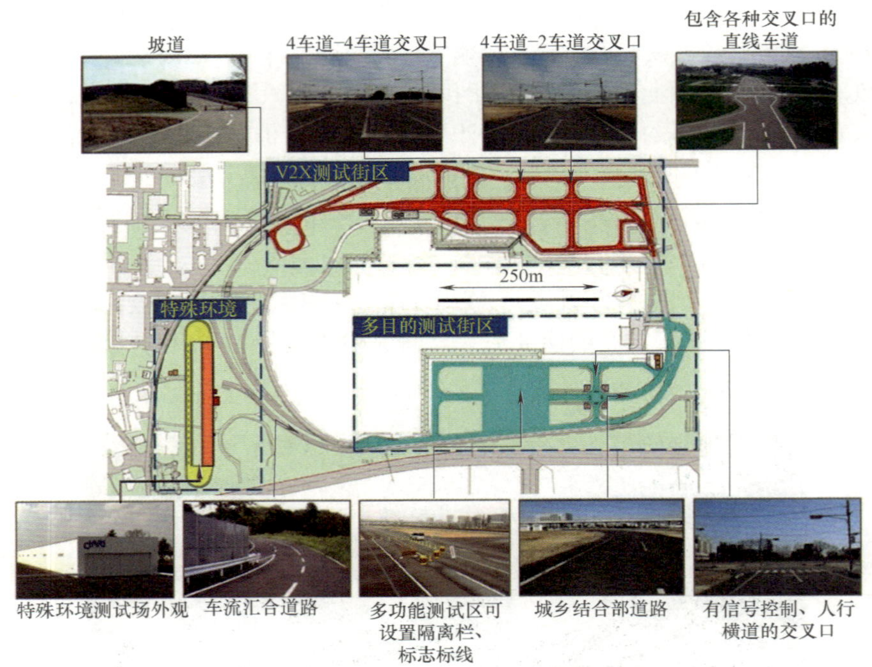


图7-36　日本机动车研究所J-town测试场平面图

### 4. 韩国自动驾驶汽车测试示范区

2016年11月，韩国政府宣布允许自动驾驶汽车上路测试，韩国国土交通部在京畿道华城市汽车安全研究院建设自动驾驶汽车试验场地（K-City），自动驾驶汽车将可以在场地内各种场景和道路环境中重复试验和测试。

K-City覆盖360km²，在传统汽车试验场基础上改造而来，其新改造部分包括公交车道、高速公路和自动停车区，有5个主要的路测环境——高速公路、市区道路、郊区街道、停车场和公共设施，能准确模拟自动驾驶汽车的真实情况。这座耗资650万美元的设施将配备40个建筑立面、十字路口、一个交通圈、一座桥梁、一条隧道、碎石路，以及公交站、公交专线、学校、环岛等大量的场景及障碍；还包括约8km长的道路，有交叉口、交通标志和信号、人行道、长椅、模拟建筑、街灯以及建筑物等交通场景元素。其中，建筑物用于测试外部建筑物对车辆环境感知的影响；交叉口和加速车道用于测试车辆加速进入主干道的能力；主干线用于测试在高速环境下的ADAS功能；道路设施用于测试车辆对道路设施（护栏、中央分隔带等）的识别能力；公交专用道测试车辆能否识别公交专用道以及评估公交影响的能力；公交站用于测试车辆能否处理公交及出租车起停的情况；学校区域测试车辆对学校区域人群的识别决策；自动泊车场地测试车辆垂直、平行以及角度泊车的能力；隧道用于测试车辆在明暗对比情况下的识别能力；环岛测试车辆识别环岛、确定车辆优先权避免碰撞的能力；沥青、混凝土、土路用于测试车辆在不同路面情况下的辨识能力等。

### 5. 中国智能网联汽车测试示范区

智能网联汽车测试示范区是智能网联汽车技术创新、法律法规障碍豁免、应用落地的“软硬件特区”，是推动智能网联汽车产业化的重要摇篮。我国清晰地认识到建设智能网联汽车测试示范区的重要性和紧迫性，由工业和信息化部牵头先后批复建设多个国家级智能网联汽车测试示范区（截至 2019 年 3 月），加快推进智能网联汽车产业化进程。国家级智能网联汽车测试示范区见表 7-18。

表 7-18 国家级智能网联汽车测试示范区

| 序号 | 示范区 | 试验场名称 | 所在城市 |
|---|---|---|---|
| 1 | 国家智能网联汽车（上海）试点示范区 | F-Zone | 上海 |
| 2 | 国家智能汽车与智慧交通（京冀）示范区 | M-Zone | 北京 |
| 3 | 国家智能交通综合测试基地 | 国家智能交通综合测试基地 | 无锡 |
| 4 | 重庆智能汽车与智慧交通应用示范区 | i-VISTA | 重庆 |
| 5 | 浙江智能汽车与智慧交通应用示范区 | 云栖小镇 | 杭州 |
| 6 | 国家智能网联汽车应用（北方）示范区 | 北方示范区封闭试验场 | 长春 |
| 7 | 武汉智能网联汽车示范区 | 武汉示范区封闭试验场 | 武汉 |
| 8 | 国家智能网联汽车（长沙）测试区 | — | 长沙 |
| 9 | 广州智能网联汽车与智慧、交通应用示范区 | — | 广州 |
| 10 | 车联网（智能网联汽车）先导区（在建） | — | 天津 |

（1）国家智能网联汽车（上海）试点示范区

2015 年 6 月，国家智能网联汽车（上海）试点示范区获工业和信息化部批准建设，2016 年 6 月正式开园。示范区的 F-Zone 试验场拥有测试道路 3.6km，包含了 T 字路口、十字路口等多种交通道路类型的封闭试验场。同时场地内还建有模拟隧道、模拟林荫道、模拟加油站、圆形环岛等道路和设施。

F-Zone 提供了 50 种网联类测试，涵盖安全类、效率类、信息服务类、新能源汽车应用类以及通信能力测试，并可组合成多种自定义场景。试验场内设有 GPS 差分基站、LTE-V2X 通信基站、路侧单元、智能红绿灯以及各类摄像头。场地可实现北斗系统厘米级定位和 Wi-Fi 全覆盖。截至 2018 年，该示范区已完成 200 多种测试场景的搭建，示范区内累计测试里程接近 1 万 km。F-Zone 试验场平面图如图 7-37 所示。

（2）国家智能汽车与智慧交通（京冀）示范区

该示范区拥有 2 个测试基地：海淀基地和亦庄基地。海淀基地是北京市首个自动驾驶车辆封闭测试场地，该测试场地涵盖京津冀地区城市与乡村复杂道路环境，可构建上百种静态与动态典型交通场景，并搭载了网联通信（V2X）设备与系统，支持网联驾驶研发与测试，可为小型客车和小型货车提供 T1 ~ T3 级别自动驾驶研发测试与能力评估服务。M-Zone 海淀基地规划图如图 7-38 所示。

图 7-37　F-Zone 试验场平面图

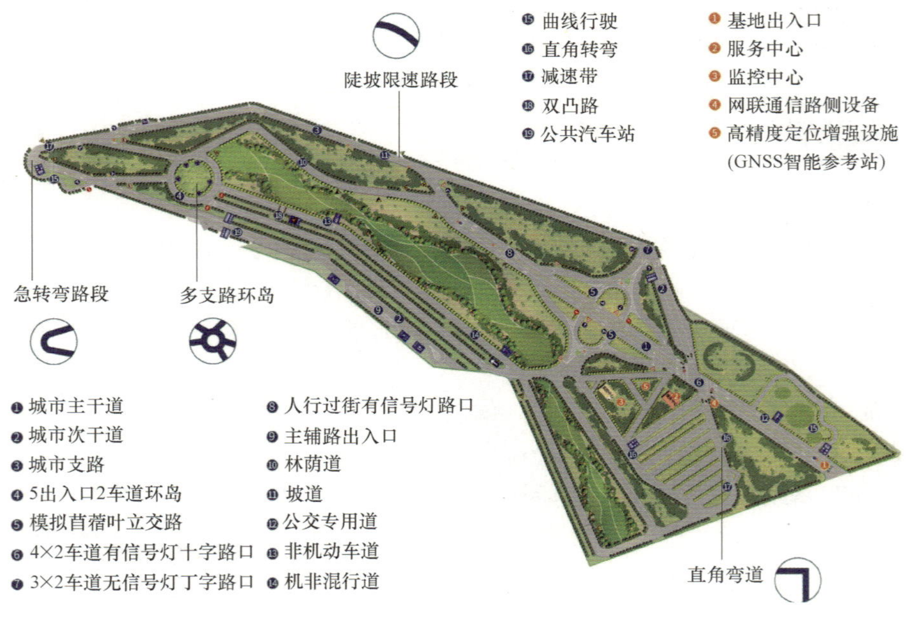


图 7-38　M-Zone 海淀基地规划图

亦庄基地位于北京市大兴区瀛海镇，占地 650 亩（1 亩 ≈666.67m$^2$），可满足 T1 ~ T5 级别的自动驾驶测试需求。该测试场地涵盖高速公路、山路、乡村道路、城市复杂环路、铁路、隧道等多种交通场景。试验场还配备多种路面模拟设备和天气模拟设备。试验场的测试能力还覆盖行人监测预警测试、信号灯协同场景测试、高速公路 V2X 场景测试、施

工 / 危险路段场景测试、危险路段结冰 / 湿滑场景测试、交叉口辅助（MA）场景测试、左转辅助（LTA）场景测试、盲区预警（BSM）场景测试、变换车道预警（LCW）场景测试、车辆合流预警测试等 18 个典型应用场景。亦庄基地可满足 T1 ~ T5 级别自动驾驶测试。M-Zone 亦庄基地规划图如图 7-39 所示。

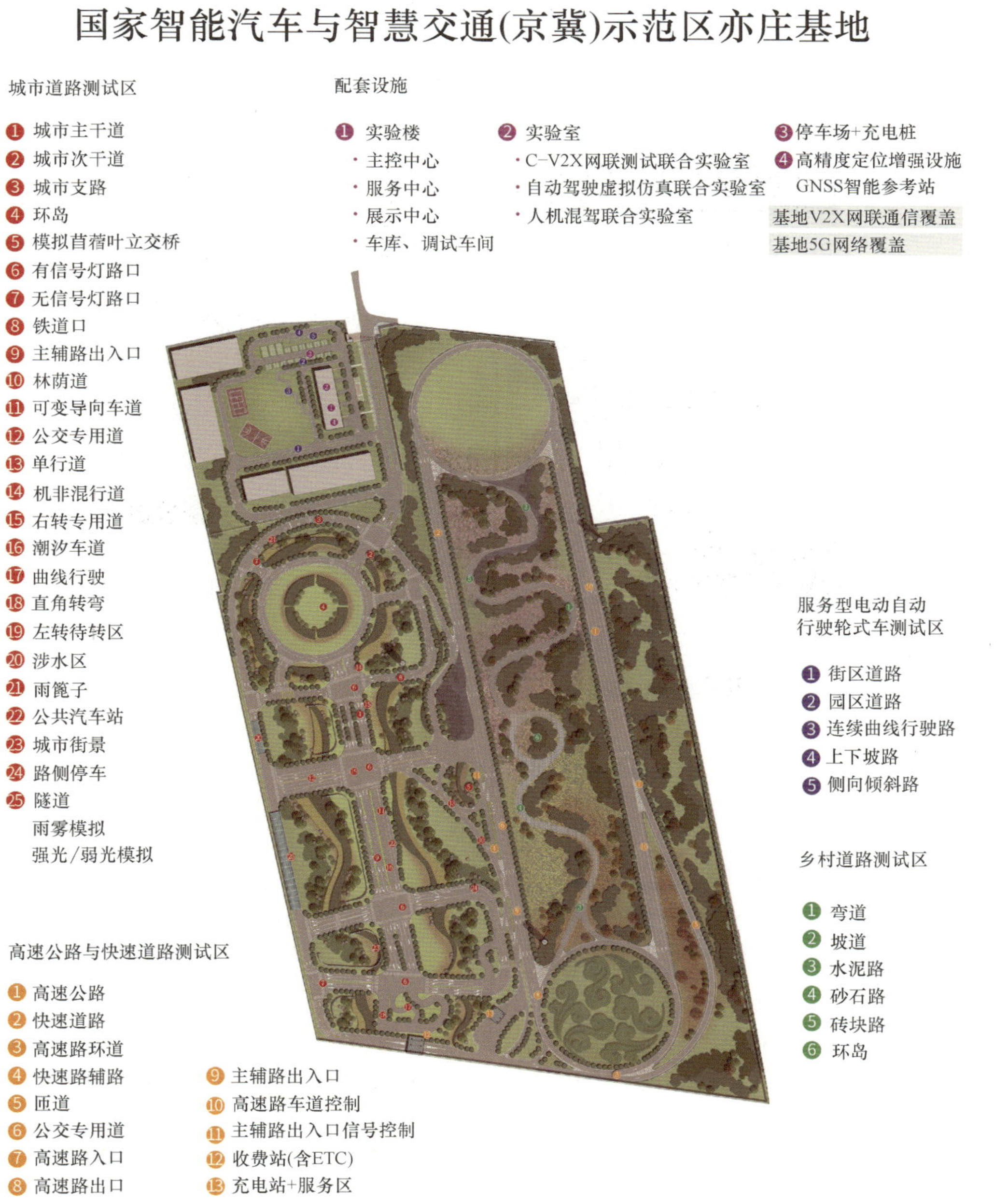

国家智能汽车与智慧交通(京冀)示范区亦庄基地

城市道路测试区

1 城市主干道
2 城市次干道
3 城市支路
4 环岛
5 模拟苜蓿叶立交桥
6 有信号灯路口
7 无信号灯路口
8 铁道口
9 主辅路出入口
10 林荫道
11 可变导向车道
12 公交专用道
13 单行道
14 机非混行道
15 右转专用道
16 潮汐车道
17 曲线行驶
18 直角转弯
19 左转待转区
20 涉水区
21 雨篦子
22 公共汽车站
23 城市街景
24 路侧停车
25 隧道
雨雾模拟
强光/弱光模拟

配套设施

1 实验楼
· 主控中心
· 服务中心
· 展示中心
· 车库、调试车间

2 实验室
· C-V2X网联测试联合实验室
· 自动驾驶虚拟仿真联合实验室
· 人机混驾联合实验室

3 停车场+充电桩
4 高精度定位增强设施
GNSS智能参考站
基地V2X网联通信覆盖
基地5G网络覆盖

服务型电动自动行驶轮式车测试区

1 街区道路
2 园区道路
3 连续曲线行驶路
4 上下坡路
5 侧向倾斜路

乡村道路测试区

1 弯道
2 坡道
3 水泥路
4 砂石路
5 砖块路
6 环岛

高速公路与快速道路测试区

1 高速公路
2 快速道路
3 高速路环道
4 快速路辅路
5 匝道
6 公交专用道
7 高速路入口
8 高速路出口
9 主辅路出入口
10 高速路车道控制
11 主辅路出入口信号控制
12 收费站(含ETC)
13 充电站+服务区

图 7-39 M-Zone 亦庄基地规划图

（3）国家智能交通综合测试基地

2017 年 9 月 10 日，工业和信息化部、公安部和江苏省政府共建的国家智能交通综合测试基地在无锡正式揭牌。2018 年 5 月 16 日，测试基地在无锡山水城正式启动建设，这也是我国首个部级部省共建的自动驾驶安全测试基地。测试基地初期规划总面积为 178 亩，建成后扩建至 208 亩，总投入约 8.7 亿元。

国家智能交通综合测试基地规划封闭测试道路总长 3.53km，包括公路测试区、多功能测试区、城市街区、环道测试区和高速测试区等。测试基地内包括环道、交叉口、多功能测试广场等真实道路，隧道、障碍物路段等模拟交通场景，车道线、交通信号灯、隔离设施、减速设施等交通标志和设施。测试基地可模拟超过 150 个实际道路测试场景。国家智能交通综合测试基地（无锡）规划图如图 7-40 所示。

图 7-40　国家智能交通综合测试基地（无锡）规划图

（4）其他智能网联汽车测试示范区

因智能网联汽车产业已成为投资风口和产业转型的重要抓手，地方政府和企业也在积极布局地方级智能网联汽车测试示范区。

湖南湘江新区智能系统测试区于 2018 年 6 月 12 日正式对外开放，由湖南湘江智能科技创新中心有限公司运营。2018 年 11 月 28 日，测试区获工业和信息化部授牌，成为国家智能网联汽车（长沙）测试区。测试区占地 1232 亩，测试道路里程 12km，建有 5 大功能测试区，有智能网联场景 228 个。国家智能网联汽车（长沙）测试区是全国目前模拟场景最多、5G 覆盖范围最广的智能网联汽车封闭测试试验场。

国家智能网联汽车（长沙）测试区分为高速公路测试区、城市道路测试区、乡村道路测试区、越野测试区、无人机起降测试场 5 大功能分区。高速公路测试区长约 3.6km，双向 6 车道，设计最高时速为 120km/h，主要包含进出服务区、进出收费站、路边紧急停车、道路施工提醒、车道线磨损、协作式车队 6 个测试场景。城市道路测试区道路长度为 6km，包含多车道、环岛、交叉口等真实道路，人行横道、交通信号灯等基础交通标志和设施。乡村道路测试区设有林荫路、落叶路、窄路、铁路道口等具有乡村特征的真实道路。越野测试区设有草地、沙地、泥泞路、斜坡、纵坡、障碍道路等路况。

国家智能网联汽车（长沙）测试区内覆盖有 5G 基站，支持 DSRC（Dedicated Short-Range Communications，专用短程通信）、TLE-V、Wi-Fi 等通信手段，并配套 RFID（Radio Frequency Identification，射频识别）、智能型号交通、视频监控等系统。测试场可以进行多场景的自动驾驶测试，也可以进行盲区监测、前碰撞预警等 V2X 网联辅助测试。国家智能网联汽车（长沙）测试区鸟瞰图如图 7-41 所示。

图 7-41　国家智能网联汽车（长沙）测试区鸟瞰图

天津西青区“车联网（智能网联汽车）先导区”是西青区政府与中国汽车技术研究中心有限公司联合建立的智能网联汽车测试示范区。示范区规划包括封闭 / 半封闭测试场、开放测试场、虚拟测试场等多层次的智能网联汽车测试平台。

封闭试验场共规划 7 个测试分区，包括城市道路测试区、ADAS 直线区、多功能区、快速环道区、高速道路测试区、山路模拟测试区、研发配套区。测试道路总长度超过 10km，可容纳 50 辆车进行封闭测试。试验场场地规划图如图 7-42 所示。

我国的智能网联汽车测试试验场在场景建设方面多采用“城市道路 + 乡村道路 + 高速公路”的建设思路，并搭配专项的 ADAS 功能测试道路。试验场的网络建设方面多集成 4G-LTE、LTE-V、5G、Wi-Fi、.802.11p、EUHT 等多种无线网络覆盖，支持汽车网联的测试。

目前，国内外的智能网联汽车测试试验场主要是原有园区或试验场改建和新建试验场两种。原有园区或试验场改建需要最大限度地利用原有的道路和设施资源，扩展测试场景，达成测试目的。相比起来，新建试验场的规划更加合理，可以专门为智能网联汽车搭建特殊场景，但是需要投入新的场地和道路资源。各试验场在提供试验道路的同时，为了满足智能网联技术的发展要求，还配套相应的无线通信网络、路测设备、道路标识、智能交通系统等设施。同时随着智能网联汽车技术的进步，示范区和试验场的模拟场景和辅助功能也在不断丰富更新，逐步形成智能、多样的多场景测试网络。

图 7-42　天津西青区“车联网（智能网联汽车）先导区”规划图

## 参考文献


[1] 大道易行. 研究周报从 DEKRA 开辟新测试场看全球自动驾驶测试场的建设运营［EB/OL］.（2017-12-8）［2019.8.20］. https://www.d1ev.com/kol/59487.

[2] Anon. Contra Costa County GoMentum Station and AV［EB/OL］.［2019.8.20］. http://www.rapidshift.net/contra-costa-county-gomentum-station-and-av/.

[3] BELANGREJK O. Google's Almere［EB/OL］.（2016-1-22）［2019.8.20］. https://www.debicker.eu/googles-almere/.

[4] Gimmy. Vehicle Dynamics Test Track day @ AstaZERO［EB/OL］.［2019-8-20］. http://blogs.studyinsweden.se/2014/12/17/vehicle-dynamics-test-track-day-astazero/.

[5] https://www.horiba-mira.com.

[6] 佚名. 国外自动驾驶测试示范区现状：欧洲与亚洲［EB/OL］.（2018-1-29）［2019-8-20］. http://news.eeworld.com.cn/qrs/article_2018011643755.html.

[7] JUNG M. World 's Largest Test Bed for Self-driving Cars to Be Opened in Korea［EB/OL］.（2017-5-8）［2019-8-20］. http://www.businesskorea.co.kr/news/articleView.html?idxno=18018.

[8] 智车科技. 中国网联自动驾驶试验场盘点（一）：上海示范区，测试技术、场景的集成与示范

[EB/OL].（2019-5-5）[2019-8-20]. https://zhuanlan.zhihu.com/p/64661798.

[9] 佚名. 国家智能交通综合测试基地亮相，上汽、奥迪抢先持“牌”上岗[EB/OL].（2018-9-17）[2019-8-20]. http://www.sohu.com/a/254281191_100098859.

[10] 长沙智能驾驶研究院. 长沙智能驾驶研究院实现国内首个基于 5G 的人车路云协同 V2X 应用[EB/OL].（2018-10-18）[2019-8-20]. http://www.cidi.ai/index.php/content/67.

[11] 天津西青经济技术开发区管理委员会. 投资推介：中国北方车联网（智能网联汽车）先导区[EB/OL].（2019-5-7）[2019-8-20]. http://xeda.tjxq.gov.cn/news_detail/newsId=3219.html.

# 第8章 标准法规

## 8.1 智能网联汽车标准

### 8.1.1 国际智能网联汽车标准概况

#### 1. ISO

国际标准化组织（International Organization for Standardization，ISO）是负责很多重要领域的标准化工作的非政府性国际组织，成立于1947年，其总部设在瑞士日内瓦。该组织发展至今，下设多个技术委员会。ISO的宗旨是：在全世界范围内促进标准化工作的开展，以便于国际物资交流和服务，并扩大在知识、科学、技术和经济方面的合作。

ISO下属的道路车辆技术委员会（ISO/TC22）和智能运输系统技术委员会（ISO/TC204）针对先进驾驶辅助系统（ADAS）和自动驾驶（AD）相关技术标准的研究和制定积极加强协调。ISO/TC22侧重基于使用车辆自身装置而进行的信息采集、处理、决策和行为的车辆技术领域；ISO/TC204则侧重基于道路交通设施的信息传递以及交通管理信息化方面；关于车辆与道路交通设施的通信及信息共享方面，则由ISO/TC22和ISO/TC204两个技术委员会进行沟通与协调。

国际标准化组织道路车辆技术委员会（ISO/TC22）共有11个分技术委员会（SC），其中有多个分技术委员会分别负责智能网联汽车相关各部分标准的制定工作。SC31是车辆通信分技术委员会，主要负责车辆应用的数据通信标准，现已发布多项网联车辆标准，旨在将传统车辆范围拓展至包括机动车、车外系统、外部接口和机动车与车外系统之间的数据通信，更好地适应智能网联汽车技术发展趋势。同时SC31也关注车内网络技术，正在进行多项车载以太网标准的制定工作，以进一步优化车内通信结构。SC32 负责电子电器和系统，目前已面向道路车辆功能安全开发与测试发布 ISO 26262 标准，覆盖车辆全生命周期，适用于所有提供安全相关功能的电力、电子和软件元素等组成的安全相关系统在车辆整个生命周期内的所有活动，与智能网联汽车技术具有较强相关性。该小组目前也正在制定 ISO 21448 等有关预期功能安全（SOTIF）的标准。同时，ISO 还与 SAE 联合启动了汽车信息安全标准制定工作，该标准内容以风险评估为核心，覆盖了产品的概念设计、产品开发、生产制造、后期维护等整个产品生命周期，对于自动驾驶汽车具有重要意义。SC33 在驾驶辅助与主动安全工作组中已启动自动紧急制动和车道保持辅助测试方法等标准的制定工作，并设立模拟仿真、主动安全测试设备和自动驾驶汽车测试场景等工作组，为自动驾驶测试工作提供专业、标准的统一规范。SC39 负责人机交互方面的标准化工作，目前正在制定可视通信、自然驾驶学习、驾驶行为识别等相关标准。为了更好地统筹安排和协调自动驾驶领域的相关标准项目，为自动驾驶汽车标准的开发制定计划，TC22 还成立了自动驾驶特别工作组（ADAG），其成员为包括中国在内的多个自动驾驶技术应用状态和产业发展较好的国家。

智能运输系统技术委员会（ISO/TC204）也在相关车辆标准方面开展了大量工作，先后发布的标准有：ISO 10711:2012《智能运输系统—交通信号控制器和检测器之间的接口协议和消息集定义》ISO 11067:2015《智能运输系统—弯道速度预警系统（CSWS）—性能要求和试验方法》ISO 11270:2014《智能运输系统—车道保持辅助系统（LKAS）—性能要求和试验方法》ISO 15622:2010《智能运输系统—自适应巡航控制系统—性能要求和试验方法》ISO 15623:2013《智通运输系统—前方车辆碰撞警告系统—性能要求和试验方法》ISO 16787:2017《智能运输系统—自动泊车辅助系统（APS）—性能要求和试验方法》ISO 17361:2017《智能运输系统—车道偏离警告系统—性能要求及试验方法》ISO 17387:2008《智能运输系统—变道决策辅助系统（LCDAS）—性能要求和试验方法》ISO 19237:2017《智能运输系统—行人检测和碰撞缓解系统（PDCMS）—性能要求及试验方法》ISO 19638:2018《智能运输系统—车道偏离预防系统（RBDPS）—性能要求及试验方法》ISO 20035:2019《智能运输系统—协同自适应巡航控制系统（CACC）—性能要求及试验方法》ISO 21717:2018《智能运输系统—部分自动车道驱动系统（PADS）—性能要求及试验方法》ISO 22178:2009《智能运输系统—低速跟车（LSF）系统—性能要求和试验方法》ISO 22179:2009《智能运输系统—全速度范围自适应巡航控制（FSRA）系统—性能要求和试验方法》ISO 22839:2013《智能运输系统—汽车前方碰撞减缓系统—操作、性能和检定要求》ISO 15622:2010《智能运输系统—自适应巡航控制系统—性能要求和试验方法》ISO 22840:2010《智能运输系统—辅助倒车操纵的设备—扩展范围支持辅助系统（ERBA）》和 ISO 26684:2015《智能运输系统（ITS）—合作交叉信号信息和违规预警系统（CIWS）—性能要求和试验方法》等。

国际标准化组织 ISO/TC22/SC32/WG8 功能安全工作组于 2019 年 1 月发布了公共可用规范 ISO/PAS 21448《道路车辆　预期功能安全》（Road Vehicles-Safety of the Intended Functionality），并于 2019 年正式启动国际标准 ISO 21448 的制定工作。该标准面向自动驾驶汽车安全的重要标准，受到全球车企高度关注。自动驾驶车辆的安全风险来源包含系统失效、功能局限性及网络安全等。国际标准 ISO 21448 围绕自动架驶车辆的功能局限性（含设计不足和性能局限），研究解决在复杂环境影响和人员合理误用的情况下，避免或降低车辆潜在的安全风险。我国深入参与该项国际标准制定，并提出多项中国提案。

### 2. SAE

美国机动车工程师学会（SAE International，以下简称 SAE）是一个技术性学会，它在全球范围内拥有超过 145000 名会员，会员均是航空航天、汽车和商用车辆行业的工程师和相关技术专家。SAE 的核心竞争力是终身学习和自愿开发一致性标准。SAE 的慈善机构是 SAE 基金会，该基金会支持着多项计划，包括“运动中的世界”和“学院设计系列赛”。这里的“自动机”是指：通过自身动力运动的任何形式的交通工具，包括航空航天器、汽车、商用车、船舶等。

SAE 作为自动驾驶汽车标准研究制定的先行者，于 2014 年率先发布自动驾驶分级标准（J3016—2014），并分别于 2016 年和 2018 年发布修订版（J3016—2016）和（J3016—2018）。该标准确定车辆驾驶自动化系统分级方案，将自动驾驶技术分为 6 个级别，L0 代表没有自动驾驶介入的传统人类驾驶，L1 ~ L5 则随自动驾驶的成熟程度进行分级，这一分级制度在全球得到了广泛应用。该标准还涉及自动驾驶的相关术语定义。SAE 还于 2016 年发布 SAE J3061《信息物理融合系统网络安全指南》，该标准的目的是帮助相关方制定一个网络安全流程框架，指导标准使用者建设具备信息安全要求的智能网联汽车计算机系统，保障车辆行驶安全。

### 3. 国际电信联盟

国际电信联盟（ITU）是联合国的一个重要机构，主管信息通信技术事务，负责分配和管理全球无线电频谱与卫星轨道资源，制定全球信息通信标准，向发展中国家提供电信援助，促进全球信息通信发展。ITU 的组织结构主要分为电信标准化部门（ITU-T）、无线电通信部门（ITU-R）和电信发展部门（ITU-D）。

ITU-T 是国际电信联盟管理下的专门制定电信标准的分支机构。ITU-T 汇集了来自世界各地的专家来制定国际标准，这些国际标准对全球信息通信基础设施元素定义起重要的参考作用，促进了国际信息通信网络和设备互联互通。

ITU-T 下设 11 个研究组，其中，SG16（多媒体研究组）、SG17（安全研究组）和 SG20（物联网和智慧城市研究组）已经开展了车联网相关的标准研究和制定工作。

目前 ITU-T SG16 车联网相关标准化工作主要聚焦在智能交通系统领域。已经和正在开展的相关标准信息见表 8-1。

表 8-1 ITU-T SG16 标准列表

| ITU–T Recommendation（标准） | |
|---|---|
| 序号 | 标准名称 |
| 1 | H.550：Architecture and functional entities of vehicle gateway platforms<br>（汽车网关平台架构及功能实体） |
| 2 | H.560：Communications interface between external applications and a vehicle gateway platform<br>（外部应用与汽车网关平台的通信接口） |
| 3 | X.1373：Secure software update capability for intelligent transportation system communication devices<br>（智能交通系统通信设备的安全软件更新能力） |
| Technical papers and technical reports（技术文献和技术报告） | |
| 1 | HSTP-CITS-Reqs - Global ITS Communication Requirements（Version 1）<br>（全球智能交通系统通信需求） |

### 4. 第三代合作伙伴计划

第三代合作伙伴计划（3rd Generation Partnership Project，3GPP）是一个成立于1998年12月的标准化机构。目前其成员包括欧洲的ETSI、日本的ARIB和TTC、我国的CCSA、韩国的TTA和北美的ATIS。

图8-1所示为3GPP C-V2X标准研究进展。3GPP已经完成了R14版本LTE-V2X相关标准化工作，主要包括业务需求、系统架构、空口技术和安全4个方面。业务需求方面，目前已经定义了包含车与车、车与路、车与人以及车与云平台的27个用例和LTE-V2X支持的业务要求，并给出了7种典型场景的性能要求。系统架构方面，目前已经确定了在PC5接口的Prose和Uu接口的LTE蜂窝通信的架构基础上增强支持V2X业务，并明确增强架构至少要支持采用PC5传输的V2X业务和采用LTE-Uu的V2X业务。空口技术方面，目前已经明确了PC5接口的信道结构、同步过程、资源分配、同载波和相邻载波间的PC5和Uu接口共存、无线资源控制（Radio Resource Control，RRC）信令和相关的射频指标及性能要求等，并研究了如何通过增强Uu传输与PC5传输来支持基于LTE的V2X业务。安全方面，目前已经完成了支持V2X业务的LTE架构增强的安全方面研究。

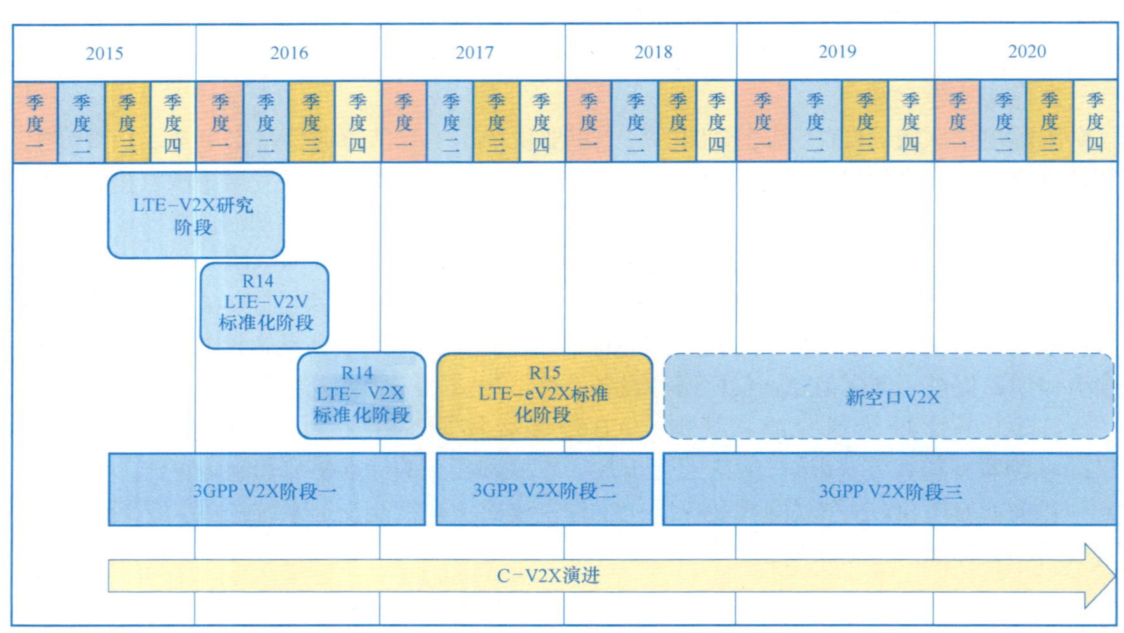


图8-1 3GPP C-V2X标准研究进展

LTE-eV2X是指支持V2X高级业务场景的增强型技术研究阶段（R15）。目标在保持与R14后向兼容性要求下，进一步提升V2X直通模式的可靠性、数据速率和时延性能，以部分满足V2X高级业务需求。标准TS22.886中已经定义了25个用例共计5大类增强的V2X业务需求，包括基本需求、车辆编队行驶、半/全自动驾驶、传感器信息交互和远程驾驶。LTE-eV2X主要包括了载波聚合、发送分集、高阶调制、资源池共享及减少时延、缩短传输间隔（TTI）的可行性及增益等增强技术。

5G-V2X标准是指基于5GNR的技术研究阶段（R16+），用于支持V2X的高级业务场景。5G-V2X 与 LTE-V2X 在业务能力上体现差异化，在 5G-V2X 支持更先进业务能力同时，也结合 LTE 能力，考虑对 LTE-V2X 增强。目前 3GPP 已立项仿真方法研究的研究课题（RP-170837），该立项根据 TR22.886 制定的需求完成 TR38.913 和 TR38.802 中仿真方法的制定，包括仿真场景、性能指标和业务模型，其中包括 6GHz 以上 sidelink 的信道模型研究。

5. 电气和电子工程师协会

电气和电子工程师协会（Institute of Electrical and Electronics Engineers，IEEE）是一个国际性的电子技术与信息科学工程师协会，致力于电气、电子、计算机工程和与科学有关的领域的开发和研究，在太空、计算机、电信、生物医学、电力及消费性电子产品等领域已制定了 900 多个行业标准。

在车联网领域，IEEE 相关组织包括 IEEE 802.11、IEEE 1609 两个工作组。IEEE 相关车联网标准布局如图 8-2 所示。在物理层和 MAC（媒体访问控制）子层上使用了 IEEE 802.11p 协议，该协议利用了 802.11a 的终端之间直接通信机制，并简化了发送数据前的鉴权、关联流程以及数据发送流程，让车辆直接向周边车辆和行人广播相关的安全信息。IEEE 802.11p 协议在 2010 年 7 月发布，并在 2012 年被纳入 IEEE 802.11 协议中成为一个独立的章节。IEEE 1609 车载环境中无线访问（Wireless Access in Vehicular Environments，WAVE）定义了网络架构和安全协议，IEEE 1609.1 车载环境中无线访问（WAVE）—资源管理、IEEE 1609.2 车载环境中无线访问（WAVE）—应用和管理信息的安全服务、IEEE 1609.3 车载环境中无线访问（WAVE）—联网服务、IEEE 1609.4 车载环境中无线访问（WAVE）试用标准—多渠道运行等。

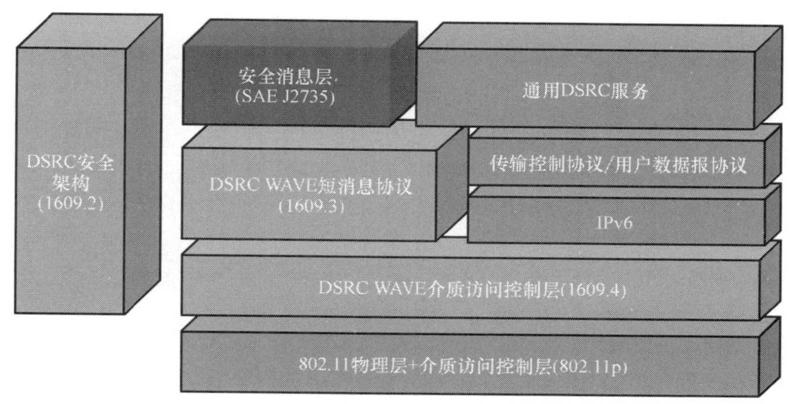


图 8-2　IEEE 相关车联网标准布局

6. 欧洲电信标准化协会

欧洲电信标准化协会（European Telecommunications Standards Institute，ETSI）是在 1988 年批准建立的一个非营利性的电信标准化组织，总部设在法国南部的尼斯。ETSI 的标准化领域主要是电信业，并涉及与其他组织合作的信息及广播技术领域。ETSI 作为一个被 CEN（欧洲标准化协会）和 CEPT（欧洲邮电主管部门会议）认可的电信标准协会，其制定的推荐性标准常被用来作为欧洲法规的技术基础而采用并被要求执行。

ETSI 的成员涉及电信行政管理机构、国家标准化组织、网络运营商、设备制造商、专用网业务提供者、用户研究机构等。ETSI 成员可分为正式成员、候补成员、观察员和顾问 4 类。

ETSI 的标准制定工作是开放式的。标准的立题是由 ETSI 的成员通过技术委员会提出的，经技术大会批准后列入 ETSI 的工作计划，由各技术委员会承担标准的研究工作。技术委员会提出的标准草案经秘书处汇总发往各成员国的标准化组织征询意见，返回意见后，再修改汇总，各成员国进行投票，赞成票超过 70% 以上的可以成为正式的 ETSI 标准，否则可成为临时标准或其他技术文件。

ETSI 各分委会中与车联网相关的是 ITS（智能交通系统）分委会。ETSI TC ITS 于 2008 年底建立，共有 5 个子工作组：第 1 工作组是用户和应用需求工作组，主要研究 V2X 面向自动驾驶应用的通信需求；第 2 工作组是框架和跨层工作组，主要研究 V2X 的参考架构模型；第 3 工作组是传输和网络工作组，主要包含寻址、网络传输、地理信息等方面的研究立项；第 4 工作组是接入技术工作组，是近几次会议中争论最多的工作组，主要在于 C-V2X 技术能否作为接入层技术加入现有架构中；第 5 工作组是安全工作组，主要研究车联网网络安全机制和信息保护。工作组负责有关技术标准的制定，主要决议和未来标准制定方向则由 TC 制定。技术规范由 ETSI 成员投票通过，ETSI 制定的欧洲规范（European Norm）则必须由欧洲成员国的国家标准协会投票通过。在 ETSI，V2X 技术正在从支撑实现预警类应用向自动驾驶应用演进。欧盟 ETSI、3GPP 已经开展面向 V2X 二期自动驾驶相关应用的通信性能需求分析、应用场景设计等工作。



## 8.1.2 中国智能网联汽车标准体系建设

为了加强顶层设计，全面推动车联网产业技术研发和标准制定，推动整个产业的健康可持续发展，工业和信息化部、国家标准化管理委员会联合组织制定《国家车联网产业标准体系建设指南（总体要求）》等系列文件（以下简称《建设指南》）。车联网产业是汽车、电子、信息通信、道路交通运输等行业深度融合的新型产业，是全球创新热点和未来发展制高点。《建设指南》充分发挥标准在车联网产业生态环境构建中的顶层设计和基础引领作用，按照不同行业属性划分为智能网联汽车标准体系、信息通信标准体系、智能交通相关标准体系、车辆智能管理标准体系等若干部分，为打造自主可控、具有核心技术、开放协同的车联网产业提供支撑。车联网产业标准体系建设结构图如图 8-3 所示。

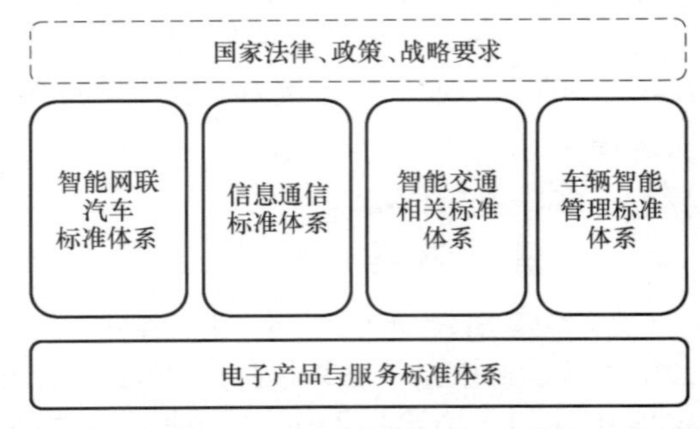


图 8-3　车联网产业标准体系建设结构图

图 8-3 清晰地表明了国家积极引导和直接推动跨领域、跨行业、跨部门合作的战略意图。在国家法律、政策和战略要求的大框架下，充分利用和整合各领域、各部门在车联网产业标准研究领域的基础和成果，调动各个行业通力合作，共同制定具有特色的车联网产业标准体系。

### 1. 智能网联汽车标准体系

2017 年 12 月 27 日，工业和信息化部、国家标准化管理委员会联合发布《国家车联网产业标准体系建设指南（智能网联汽车）》（以下简称《智能网联汽车标准体系建设指南》）。《智能网联汽车标准体系建设指南》是贯彻《中国制造 2025》战略部署、落实《深化标准化工作改革方案》和《装备制造业标准化和质量提升规划》有关精神和要求的重要举措，是我国智能网联汽车技术及产业发展的重要指南。

《智能网联汽车标准体系建设指南》主要针对智能网联汽车通用规范、核心技术与关键产品应用，有目的、有计划、有重点地指导车联网产业智能网联汽车标准化工作，加快构建包括整车及关键系统部件功能安全和信息安全在内的智能网联汽车标准体系，充分发挥智能网联汽车标准在车联网产业关键技术、核心产品和功能应用的基础支撑和引领作用，并逐步形成统一、协调的国家车联网产业标准体系架构。

《智能网联汽车标准体系建设指南》及其编制说明对体系建设目标、体系构建基本思路、体系构建方法和标准体系等内容进行了阐述，摘录如下：

（1）体系建设目标

根据智能网联汽车技术现状、产业应用需要及未来发展趋势，分阶段建立适应我国国情并与国际接轨的智能网联汽车标准体系：

到 2020 年，初步建立能够支撑驾驶辅助及低级别自动驾驶的智能网联汽车标准体系。制定 30 项以上智能网联汽车重点标准，涵盖功能安全、信息安全、人机界面等通用技术以及信息感知与交互、决策预警、辅助控制等核心功能相关的技术要求和试验方法，促进智能化产品的全面普及与网联化技术的逐步应用。

到 2025 年，系统形成能够支撑高级别自动驾驶的智能网联汽车标准体系。制定 100 项以上智能网联汽车标准，涵盖智能化自动控制、网联化协同决策技术以及典型场景下自动驾驶功能与性能相关的技术要求和评价方法，促进智能网联汽车“智能化 + 网联化”融合发展，以及技术和产品的全面推广普及。

通过建立完善的智能网联汽车标准体系，引导和推动我国智能网联汽车技术发展和产品应用，培育我国智能网联汽车技术自主创新环境，提升整体技术水平和国际竞争力，构建安全、高效、健康、智慧运行的未来汽车社会。

（2）体系构建基本思路

1）面向未来技术，避免对技术创新和产业发展的制约。智能网联汽车作为新兴产业集群，融合了汽车、电子、信息、通信等不同行业的新理念、新技术，技术和产业尚处于快速发展中，智能网联汽车的范畴也随着技术发展和应用不断扩展和完善。智能网联汽车标准体系建设考虑未来技术发展和应用的多样性，采取开放、融合的态度，以共性基础、关键技术和较为成熟的产品与技术应用为重点，为未来技术发展预留空间和接口，避免标准体系方案对智能网联汽车技术和产业发展的制约。

2）以智能化为主，同时考虑智能化和网联化两条路径。智能化和网联化代表了智能网联汽车发展的两种不同路径，其发展方向是“智能化 + 网联化”相融合，最终实现替代人类执行全部驾驶任务。智能网联汽车标准体系的构建，在智能化方面前期以先进驾驶辅助系统（ADAS）技术和应用为重点，逐步扩展到自动驾驶（AD）；在网联化方面以车内硬件、软件接口、车内通信协议为重点，考虑车辆与外界进行信息交互的通信协议及界面接口。

3）立足基本国情，适应我国道路交通特点与产业需求。智能网联汽车标准体系建设应调查研究我国道路交通特点、典型驾驶行为、事故形态、用车方式和商业模式等具体情况，充分考虑智能网联汽车相关产业及技术发展现状，对智能网联汽车关键技术、产品的适用性进行研究和对比分析，确定适合我国的技术发展路线和应用场景，提出适用我国国情和产业需求的智能网联汽车标准项目。

4）科学进行分类，合理确定层级、定位和适用范围。智能网联汽车标准体系建设根据其内容和适用性划分为基础、通用规范、产品和技术应用及相关标准，按照特定系统或技术的工作原理、功能等进行归类；根据性质和层级不同，制定国家标准（包括强制性国家标准）、行业标准和团体标准，实现国家标准、行业标准和团体标准的良好配合与衔接；并对电子、通信、互联网及智能交通等相关标准提出需求，为体系间相互协调兼容预留接口。

5）确定工作进度，加快急需标准项目的研究与制定。智能网联汽车标准体系建设聚焦技术和产业发展的方向和目标，以基础共性、关键技术和较为成熟的产品与技术应用标准为重点，研究制定适用不同产品类别和应用领域的标准要求，依据各种不同场景下智能网联汽车相关技术应用前景分析，确定体系建设短、中、长期计划及优先开展项目，有步骤、有计划地协同推进具体标准的制定。

6）强化体系协调，实现与其他相关行业标准的兼容。智能网联汽车标准体系建设应强化与电子、信息、通信等相关领域的技术标准体系相协调，在满足电子、信息、通信方面通用技术要求的基础上，结合汽车独特的使用条件和技术特征制定车载电子、信息、通信装置及系统的整车级技术标准，并加强与道路设施、交通控制信号等的协调，兼容和支撑智能交通及智慧城市标准体系的建设。

7）坚持开放态度，积极参与国际标准法规的制定与协调。智能网联汽车标准体系建设应秉承开放合作的态度，加强与世界主要汽车生产国，以及联合国（UN）、国际标准化组织（ISO）、国际电工委员会（IEC）等国际组织和机构的交流与合作，充分吸收与借鉴国际经验和成果，加大国际标准法规协调力度，积极参与相关国际标准法规的制定，为我国汽车产业“走出去”战略创造有利环境。

（3）体系构建方法

智能网联汽车是指搭载先进的车载传感器、控制器、执行器等装置，并融合现代通信与网络技术，实现车与X（人、车、路、云端等）智能信息交换、共享，具备复杂环境感知、智能决策、协同控制等功能，可实现“安全、高效、舒适、节能”行驶，并最终可实现替代人来操作的新一代汽车。

在充分考虑前面介绍过的体系构建思路的基础上，着重从技术逻辑结构和产品物理结构两个层面进行系统分析，剖析智能网联汽车技术和产品基本特性，构建整个标准体系。

1）技术逻辑结构。智能网联汽车技术逻辑的两条主线是“信息感知”和“决策控制”，其发展的核心是由系统进行信息感知、决策预警和智能控制，逐渐替代驾驶人的驾驶任务，并最终完全自主执行全部驾驶任务（图 8-4）。根据《智能网联汽车技术路线图》，智能网联汽车可分为智能化与网联化两个层面，智能网联汽车通过智能化与网联化两条技术路径协同实现“信息感知”和“决策控制”功能。

在信息感知方面，根据信息对驾驶行为的影响和相互关系，可分为“驾驶相关类信息”和“非驾驶相关类信息”。其中，“驾驶相关类信息”包括传感探测类和决策预警类，“非驾驶相关类信息”主要包括车载娱乐和车载互联网信息。传感探测类又可根据信息获取方式进一步细分为依靠车辆自身传感器直接探测所获取的信息（自身探测）和车辆通过车载通信装置从外部其他节点所接收的信息（信息交互）。“智能化 + 网联化”相融合可以使车辆在自身传感器直接探测的基础上，通过与外部节点的信息交互，实现更加全面的环境感知，从而更好地支持车辆进行决策和控制。

在决策控制方面，根据车辆和驾驶人在车辆控制方面的作用和职责，可分为“辅助控制类”和“自动控制类”，分别对应不同等级的决策控制。其中，辅助控制类主要指车辆利用各类电子技术辅助驾驶人进行车辆控制，如横向控制和纵向控制及其组合，可分为驾驶辅助（DA）和部分自动驾驶（PA）；自动控制类则根据车辆自主控制以及替代人进行驾驶的场景和条件进一步细分为有条件自动驾驶（CA）、高度自动驾驶（HA）和完全自动驾驶（FA）。

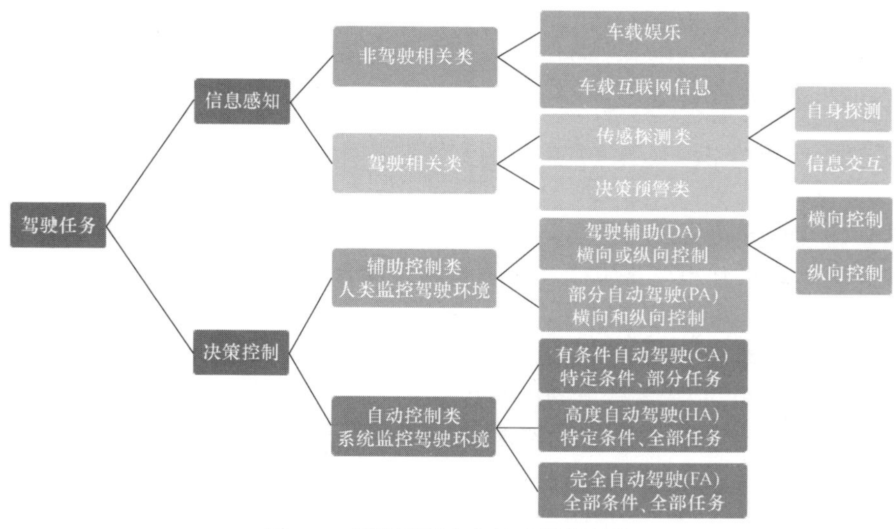


图 8-4 智能网联汽车技术逻辑结构

2）产品物理结构。智能网联汽车的产品物理结构是把技术逻辑结构所涉及的各种“信息感知”与“决策控制”功能落实到物理载体上。车辆控制系统、车载终端、交通设施终端、外接终端等按照不同的用途，通过不同的网络通道、软件或平台对采集或接收到的信息进行传输、处理和执行，从而实现了不同的功能或应用（图 8-5）。

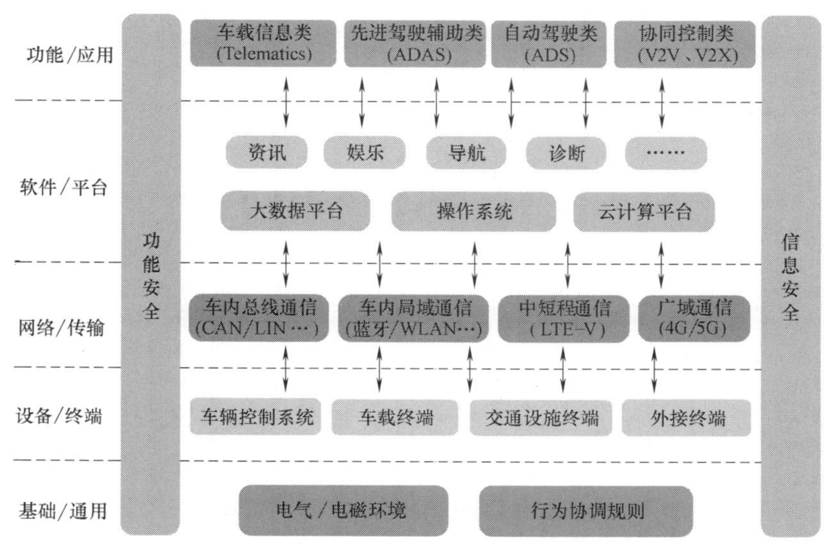


图 8-5 智能网联汽车产品物理结构

功能与应用层根据产品形态、功能类型和应用场景，分为车载信息类、先进驾驶辅助类、自动驾驶类以及协同控制类等，涵盖与智能网联汽车相关各类产品所应具备的基本功能。

软件和平台层主要涵盖大数据平台、操作系统和云计算平台等基础平台产品，以及资讯、娱乐、导航和诊断等应用软件产品，共同为智能网联汽车相关功能的实现提供平台级、系统级和应用级的服务。

网络和传输层根据通信的不同应用范围，分为车内总线通信、车内局域通信、中短程通信和广域通信，是信息传递的“管道”。

设备和终端层按照不同的功能或用途，分为车辆控制系统、车载终端、交通设施终端、外接终端等。各类设备和终端是车辆与外界进行信息交互的载体，同时也作为人机交互界面，成为连接“人”和“系统”的载体。

基础和通用层涵盖电气/电磁环境以及行为协调规则。安装在智能网联汽车上的设备、终端或系统需要利用汽车电源，在满足汽车特有的电气、电磁环境要求下实现其功能；设备、终端或系统间的信息交互和行为协调也应在统一的规则下进行。

此外，产品物理结构中还包括功能安全和信息安全两个重要组成部分。两者作为智能网联汽车各类产品和应用需要普遍满足的基本条件，贯穿于整个产品物理结构之中，是智能网联汽车各类产品和应用实现安全、稳定、有序运行的可靠保障。

（4）标准体系

按照智能网联汽车的技术逻辑结构、产品物理结构相结合的构建方法，综合不同的功能要求、产品和技术类型、各子系统间的信息流，将智能网联汽车标准体系框架定义为“基础”“通用规范”“产品与技术应用”“相关标准”4个部分。同时根据各具体标准在内容范围、技术等级上的共性和区别，对4部分做进一步细分，形成内容完整、结构合理、界限清晰的14个子类，规划提出99项智能网联汽车领域标准项目。智能网联汽车标准体系框架图如图8-6所示。

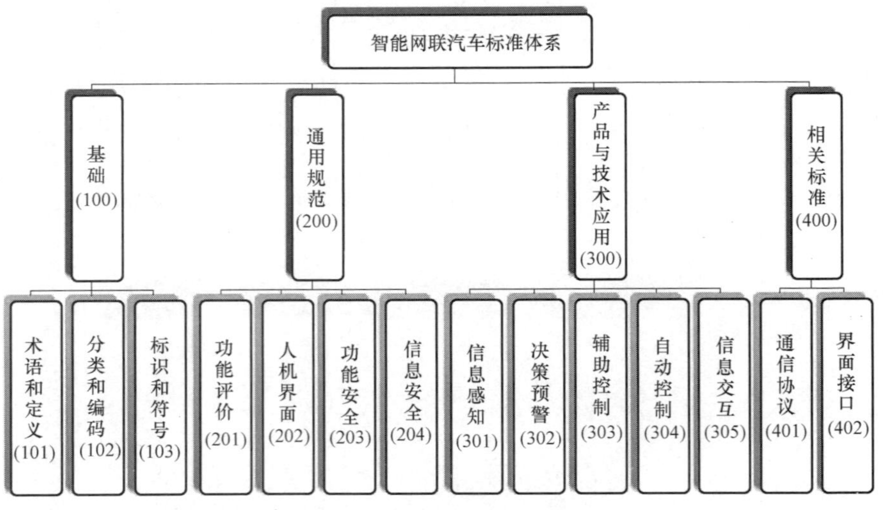


图8-6　智能网联汽车标准体系框架图

1）基础（100）。基础类标准主要包括智能网联汽车术语和定义、分类和编码、标识和符号3类基础标准。

术语和定义标准用于统一智能网联汽车相关的基本概念，为各相关行业协调兼容奠定基础，同时为其他各部分标准的制定提供支撑。

分类和编码标准用于帮助各方统一认识和理解智能网联标准化的对象、边界以及各部分的层级关系和内在联系。

标识和符号标准用于对智能网联汽车中各类产品、技术和功能对象进行标识与解析，为人机界面的统一和简化奠定基础。

2）通用规范（200）。通用规范类标准从整车层面提出全局性的要求和规范，主要包括功能评价、人机界面、功能安全和信息安全几个方面。

功能评价标准主要从整车及系统层面提出智能化、网联化功能评价规范以及相应的测试评价应用场景，在一定程度上反映了对产品和技术应用前景的判断。

人机界面标准主要考虑智能网联汽车产品形态较传统汽车在人机工程、功能信息传递上的差异，同时着重考虑驾驶模式切换等问题，人机界面的优劣与驾驶安全密切相关，同时也会影响驾乘体验和对产品的接受度。

功能安全标准侧重于规范智能网联汽车各主要功能节点及其下属系统在安全性保障能力方面的要求，其主要目的是确保智能网联汽车整体及子系统功能运行的可靠性，并在系统部分或全部发生失效后仍能最大限度地保证车辆安全运行。

信息安全标准在遵从信息安全通用要求的基础上，以保障车辆安全、稳定、可靠运行为核心，主要针对车辆及车载系统通信、数据、软硬件安全，从整车、系统、关键节点以及车辆与外界接口等方面提出风险评估、安全防护与测试评价要求，防范对车辆的攻击、侵入、干扰、破坏和非法使用以及意外事故。

3）产品与技术应用（300）。产品与技术应用类标准主要涵盖信息感知、决策预警、辅助控制、自动控制和信息交互等智能网联汽车核心技术和应用的功能、性能要求及试验方法，但不限定具体的技术方案，以避免对未来技术创新发展和应用产生制约或障碍。

信息感知是指车辆利用自身搭载的传感器，探测和监控车辆驾乘人员、车辆自身运行情况及周围环境（包括道路、交通设施、其他车辆、行人等交通参与者）等与驾驶相关的信息，覆盖人员状态监测系统、车身传感探测系统，驾驶人视野拓展系统，以及传感器、雷达、摄像头等关键部件的功能、性能要求及试验方法。

决策预警是指车辆按照某种逻辑规则对探测和监控的车辆运行情况、周围环境信息等进行处理、分析和决策，判定车辆在发生危险倾向、处于危险状态或达到其他（如可能危及其他交通参与者）需要提醒驾驶人注意或采取措施时，通过光学、声学及其他易于识别的方式发出报警信号，覆盖车辆前后向行驶、转向等不同行驶工况下的提醒和报警系统及其关键部件的功能、性能要求及试验方法。

智能控制主要指车辆行驶过程中横向（方向）控制和纵向（速度）控制及其组合对车辆行驶状态的调整和控制，涉及发动机、变速器、制动、底盘等多个系统。根据车辆智能控制的复杂程度、自动化水平和适应工况不同，又可分为辅助控制和自动控制两类。其中：

① 辅助控制类标准覆盖车辆静止状态下的动力传动系统控制，车辆行驶状态下的横

向（方向）控制和纵向（速度）控制，以及整车和系统层面的功能、性能要求和试验方法。

② 自动控制类标准则以城市道路、公路等不同道路条件以及交通拥堵、事故避让、倒车等不同工况下的应用场景为基础，提出车辆功能要求以及相应的评价方法和指标。

信息交互主要指具备网联功能的车辆可在车辆自身传感器探测的基础上，通过车载通信装置与外部节点进行信息交换，为车辆提供更加全面的环境信息，可视为一种特殊的环境感知传感器；未来能够在信息交互的基础上进行网联化协同决策与控制，实现车辆安全、有序、高效、节能运行。该类标准不局限于车辆自身范畴，还涉及交叉口通行支持、违规警告、事故救援等功能和服务，也包括车载通信装置、通信协议及对应的界面接口。

4）相关标准（400）。相关标准主要包括车辆信息通信的基础——通信协议，主要涵盖实现车与 X（人、车、路、云端等）智能信息交互的中 / 短程通信、广域通信等方面的协议规范；在各种物理层和不同的应用层之间，还包含软、硬件界面接口的标准规范。

智能网联汽车标准体系包含的标准项目、类型、性质、目前状态及其采用的国际标准情况见表 8-2。

表 8-2　智能网联汽车标准体系表

| 标准项目及分类 | | | 标准类型 | 标准性质 | 状态 | 采用的或相应的国际标准号 |
|---|---|---|---|---|---|---|
| 基础（100） | 术语和定义（101） | | | | | |
| | 101-1 | 智能网联汽车术语和定义 | 国标 | 推荐 | 已申请立项 | |
| | 101-2 | 先进驾驶辅助系统（ADAS）术语和定义 | 国标 | 推荐 | 已立项<br>20171038-T-339 | |
| | 101-3 | 汽车信息安全术语和定义 | 国标 | 推荐 | 预研中 | |
| | 分类和编码（102） | | | | | |
| | 102-1 | 汽车智能化、网联化信息分类与代码 | 国标 | 推荐 | 预研中 | |
| | 102-2 | 汽车智能化、网联化数据结构及传输格式 | 国标 | 推荐 | 预研中 | |
| | 102-3 | 汽车驾驶自动化分级 | 国标 | 推荐 | 已公开征求意见 | |
| | 102-4 | 汽车网联化等级划分 | 国标 | 推荐 | 预研中 | |
| | 102-5 | 汽车信息安全风险分类与等级划分 | 国标 | 推荐 | 预研中 | |
| | 102-6 | 汽车信息安全域及防护层级化定义 | 国标 | 推荐 | 预研中 | |
| | 标识和符号（103） | | | | | |
| | 103-1 | 智能网联汽车信号图形和标识 | 国标 | 推荐 | 已申请立项 | |
| | 103-2 | 智能网联汽车报警信号 | 国标 | 推荐 | 已申请立项 | |
| 通用规范（200） | 功能评价（201） | | | | | |
| | 201-1 | 汽车智能化功能及性能评价通用规范 | 国标 | 推荐 | 预研中 | |
| | 201-2 | 汽车网联化功能及性能评价通用规范 | 国标 | 推荐 | 预研中 | |
| | 201-3 | 汽车智能化应用工况 | 国标 | 推荐 | 预研中 | |
| | 201-4 | 汽车网联化应用工况 | 国标 | 推荐 | 预研中 | |
| | 201-5 | 汽车软件升级技术条件及功能评价规范 | 国标 | 推荐 | 已申请立项 | |

（续）

| 标准项目及分类 | | | 标准类型 | 标准性质 | 状态 | 采用的或相应的国际标准号 |
|---|---|---|---|---|---|---|
| 通用规范（200） | 人机界面（202） | | | | | |
| | 202-1 | 汽车人机交互界面系统评价方法 | 国标 | 推荐 | 预研中 | |
| | 202-2 | 汽车报警信号优先度规范 | 国标 | 推荐 | 已申请立项 | |
| | 202-3 | 汽车报警信号通用规范 | 国标 | 强制 | 预研中 | |
| | 202-4 | 汽车人机控制转换系统性能要求及试验方法 | 国标 | 强制 | 预研中 | |
| | 功能安全（203） | | | | | |
| | 203-1 | 道路车辆功能安全（1-10 部分） | 国标 | 推荐 | 已发布<br>GB/T 34590—2017<br>（1 ~ 10 部分） | ISO 26262 |
| | 203-2 | 智能网联汽车人机交互系统失效保护要求及评价方法 | 国标 | 强制 | 预研中 | |
| | 203-3 | 汽车交互接口功能安全要求 | 国标 | 推荐 | 预研中 | |
| | 203-4 | 汽车信息感知系统功能安全要求 | 国标 | 推荐 | 预研中 | |
| | 203-5 | 汽车决策预警系统功能安全要求 | 国标 | 推荐 | 预研中 | |
| | 203-6 | 汽车辅助控制系统功能安全要求 | 国标 | 推荐 | 预研中 | |
| | 信息安全（204） | | | | | |
| | 204-1 | 汽车信息安全通用技术要求 | 国标 | 推荐 | 已申请立项 | |
| | 204-2 | 汽车信息安全风险评估指南 | 国标 | 推荐 | 预研中 | |
| | 204-3 | 汽车数据保护安全和隐私保护通用要求 | 国标 | 推荐 | 预研中 | |
| | 204-4 | 车载操作系统及应用软件安全防护要求 | 国标 | 推荐 | 预研中 | |
| | 204-5 | 汽车信息安全通用测试与评价方法 | 国标 | 推荐 | 预研中 | |
| | 204-6 | 汽车信息感知设备安全技术要求 | 国标 | 推荐 | 预研中 | |
| | 204-7 | 车载 ECU 信息安全技术要求 | 国标 | 推荐 | 预研中 | |
| | 204-8 | 车载总线系统信息安全技术要求 | 国标 | 推荐 | 预研中 | |
| | 204-9 | 汽车网关信息安全技术要求 | 国标 | 推荐 | 已申请立项 | |
| | 204-10 | 车载信息交互系统（TBOX）信息安全技术要求 | 国标 | 推荐 | 已申请立项 | |
| | 204-11 | 车载诊断接口（OBD）信息安全技术要求 | 国标 | 推荐 | 预研中 | |
| | 204-12 | 驾驶员身份认证系统技术要求 | 国标 | 推荐 | 预研中 | |
| | 204-13 | 汽车软件升级信息安全防护规范 | 国标 | 推荐 | 预研中 | |
| | 204-14 | 电动汽车远程信息服务与管理系统信息安全技术要求 | 国标 | 推荐 | 已申请立项 | |
| | 204-15 | 电动汽车充电系统信息安全技术要求 | 国标 | 推荐 | 已申请立项 | |
| | 204-16 | 汽车信息安全漏洞应急响应指南 | 国标 | 推荐 | 预研中 | |
| 产品与技术应用（300） | 信息感知（301） | | | | | |
| | 301-1 | 汽车倒车视野辅助性能要求及试验方法 | 国标 | 推荐 | 预研中 | |
| | 301-2 | 自适应前照明系统性能要求及试验方法 | 国标 | 推荐 | 已发布<br>GB/T 30036—2013 | |

（续）

| | 标准项目及分类 | | 标准类型 | 标准性质 | 状态 | 采用的或相应的国际标准号 |
|---|---|---|---|---|---|---|
| 产品与技术应用（300） | 信息感知（301） | | | | | |
| | 301-3 | 汽车全景影像监测系统性能要求及试验方法 | 国标 | 推荐 | 已申请立项 | |
| | 301-4 | 汽车夜视系统性能要求及试验方法 | 国标 | 推荐 | 已申请立项 | |
| | 301-5 | 车距监测系统性能要求及试验方法 | 国标 | 推荐 | 预研中 | |
| | 301-6 | 抬头数字显示（HUD）系统性能要求及试验方法 | 国标 | 推荐 | 预研中 | |
| | 301-7 | 车载卫星定位系统信号接收装置性能要求及试验方法 | 国标 | 推荐 | 预研中 | |
| | 决策预警（302） | | | | | |
| | 302-1 | 道路车辆 3.5 吨以上的商用车报警系统 | 国标 | 推荐 | 已发布<br>GB/T 26776—2011 | |
| | 302-2 | 汽车盲区监测系统性能要求及试验方法 | 国标 | 推荐 | 已报批<br>20171039-T-339 | |
| | 302-3 | 行人监测系统性能要求及试验方法 | 国标 | 推荐 | 预研中 | |
| | 302-4 | 酒精闭锁检测系统性能要求及试验方法 | 国标 | 推荐 | 预研中 | |
| | 302-5 | 汽车前撞预警系统（FCW）性能要求及试验方法 | 国标 | 推荐 | 已报批 | ISO 15623—2013、ECER 131 |
| | 302-6 | 车道偏离预警系统（LDW）性能要求及试验方法 | 国标 | 推荐 | 已发布<br>GB/T 26773—20017 | ISO 17361—2007、ECER 130 |
| | 302-7 | 车门开启盲区监测系统性能要求及试验方法 | 国标 | 推荐 | 已申请立项 | |
| | 302-8 | 汽车后方交通穿行提示系统性能要求及试验方法 | 国标 | 推荐 | 已申请立项 | |
| | 302-9 | 智能限速控制系统性能要求及试验方法 | 国标 | 推荐 | 已申请立项 | |
| | 302-10 | 预碰撞安全系统性能要求及试验方法 | 国标 | 推荐 | 预研中 | |
| | 302-11 | 汽车泊车测距警示装置性能要求及试验方法 | 国标 | 推荐 | 已发布<br>GB/T 21436—2008 | |
| | 302-12 | 低速行驶操控辅助性能要求及试验方法 | 国标 | 推荐 | 预研中 | ISO 17386 |
| | 302-13 | 扩大范围的倒车辅助系统性能要求及试验方法 | 国标 | 推荐 | 预研中 | ISO 22840—2010 |
| | 302-14 | 弯道车速预警系统性能要求及试验方法 | 国标 | 推荐 | 预研中 | ISO 11067 |
| | 302-15 | 驾驶员注意力监测系统性能要求及试验方法 | 国标 | 推荐 | 已立项<br>20193389-T-339 | |
| | 辅助控制（303） | | | | | |
| | 303-1 | 低速跟车系统性能要求及试验方法 | 国标 | 推荐 | 预研中 | ISO 22178—2009 |
| | 303-2 | 自适应巡航控制系统（ACC）性能要求及试验方法 | 国标 | 推荐 | 已发布<br>GB/T 20608—2006 | ISO 15622—2010 |
| | 303-3 | 全速范围自适应巡航控制性能要求及试验方法 | 国标 | 推荐 | 已申请立项 | |
| | 303-4 | 乘用车自动紧急制动系统（AEB）性能要求及试验方法 | 国标 | 推荐 | 已报批<br>20151489-T-339 | |

（续）

| 标准项目及分类 | | | 标准类型 | 标准性质 | 状态 | 采用的或相应的国际标准号 |
|---|---|---|---|---|---|---|
| 产品与技术应用（300） | 辅助控制（303） | | | | | |
| | 303-5 | 商用车辆自动紧急制动系统（AEB）性能要求及试验方法 | 国标 | 推荐 | 已发布<br>GB/T 38186—2019 | ECER131 |
| | 303-6 | 乘用车车道保持辅助系统（LKA）性能要求及试验方法 | 国标 | 推荐 | 已报批<br>20171040-T-339 | |
| | 303-7 | 商用车辆车道保持辅助系统（LKA）性能要求及试验方法 | 国标 | 推荐 | 已立项<br>20193390-T-339 | |
| | 303-8 | 正向碰撞缓解系统性能要求及试验方法 | 国标 | 推荐 | 预研中 | ISO 22839 |
| | 303-9 | 汽车紧急转向辅助系统性能要求及试验方法 | 国标 | 推荐 | 预研中 | |
| | 303-10 | 车辆横向和纵向组合控制系统性能要求及试验方法 | 国标 | 推荐 | 预研中 | |
| | 303-11 | 泊车辅助控制系统性能要求及试验方法 | 国标 | 推荐 | 已立项<br>20192315-T-339 | |
| | 303-12 | 汽车驾驶远程控制辅助系统 | 国标 | 推荐 | 预研中 | |
| | 303-13 | 交叉路口避撞辅助系统技术要求及试验方法 | 国标 | 推荐 | 预研中 | |
| | 自动控制（304） | | | | | |
| | 304-1 | 自动泊车系统功能、性能要求及评价方法 | 国标 | 推荐 | 预研中 | |
| | 304-2 | 城市工况自动驾驶系统功能、性能要求及评价方法 | 国标 | 推荐 | 已申请立项 | |
| | 304-3 | 高速公路自动驾驶系统功能、性能要求及评价方法 | 国标 | 推荐 | 预研中 | |
| | 304-4 | 车辆列队跟驰自动驾驶系统功能、性能要求及评价方法 | 国标 | 推荐 | 已申请立项 | |
| | 304-5 | 有条件自动驾驶系统（CA）功能、性能要求及评价方法 | 国标 | 推荐 | 预研中 | |
| | 304-6 | 高度自动驾驶系统（HA）功能、性能要求及评价方法 | 国标 | 推荐 | 预研中 | |
| | 304-7 | 完全自动驾驶（FA）功能、性能要求及评价方法 | 国标 | 推荐 | 预研中 | |
| | 信息交互（305） | | | | | |
| | 305-1 | 汽车事件数据记录系统 | 国标 | 强制 | 已立项<br>20171835-Q-339 | |
| | 305-2 | 自动驾驶记录装置要求及评价方法 | 国标 | 强制 | 预研中 | |
| | 305-3 | 车载信息交互系统（TBOX）技术要求 | 国标 | 推荐 | 预研中 | |
| | 305-4 | 交叉口信号信息与违规警告系统性能要求及评价方法 | 国标 | 推荐 | 预研中 | ISO 26684—2015 |
| | 305-5 | 碰撞事故自动报警系统性能要求及评价方法 | 国标 | 推荐 | 预研中 | ISO 24978—2009 |
| | 305-6 | 危险通报系统性能要求及评价方法 | 国标 | 推荐 | 预研中 | |
| | 305-7 | 特殊驾驶环境预警系统性能要求及评价方法 | 国标 | 推荐 | 预研中 | |

（续）

| 标准项目及分类 | | | 标准类型 | 标准性质 | 状态 | 采用的或相应的国际标准号 |
|---|---|---|---|---|---|---|
| 相关标准（400） | 通信协议（401） | | | | | |
| | 401-1 | 基于 LTE-V 的中短程通信协议 | 国标 | 推荐 | 预研中 | |
| | 401-2 | 基于 5G 的广域通信协议 | 国标 | 推荐 | 预研中 | |
| | 界面接口（402） | | | | | |
| | 402-1 | 基于 LTE-V 的中短程通信接口 | 国标 | 推荐 | 预研中 | |
| | 402-2 | 基于 5G 的广域通信接口 | 国标 | 推荐 | 预研中 | |
| | 402-3 | 汽车安全类通信专用短程通信接口 | 国标 | 推荐 | 预研中 | |
| | 402-4 | 车载定位及导航系统接口技术要求 | 国标 | 推荐 | 预研中 | |
| | 402-5 | 车辆与外部终端物理接口技术要求 | 国标 | 推荐 | 预研中 | |
| | 402-6 | 车辆与外部终端软件接口技术要求 | 国标 | 推荐 | 预研中 | |

### 2. 标准路线图研究

根据上述标准体系建设的基本原则，综合考虑我国汽车智能化、网联化发展应用趋势和产业基础，拟优先开展基础、通用规范标准，以及技术成熟、应用广泛、与国家战略相关的产品与技术标准的研究制定。目前，我国的先进驾驶辅助系统产品已实现量产和批量装车，是智能网联汽车标准体系建设的重点项目。

为科学筹划、系统开展先进驾驶辅助系统（ADAS）的标准研究与制定工作，推动 ADAS 技术发展和产品应用，提高车辆的安全性和舒适性，中国汽车技术研究中心有限公司以中国交通事故深入研究（CIDAS）数据库为基础，分析我国乘用车道路交通事故特征与类型，借鉴国际经验和分析方法，对交通事故数据进行梳理和归纳，获得与 ADAS 各功能特点相符合的事故数量和伤亡人数，并根据各系统符合率、危险探测率、安全动作率等，通过计算将各系统的安全效果数字化，作为判断 ADAS 技术安全有效性的合理依据。

结合专家问卷和行业调研的方式，从技术成熟度、成本、消费者接受度及产品量产计划的角度形成各项 ADAS 功能的技术应用状态排名，并根据各项排名，形成技术应用综合评分结果，作为技术应用状态评判的指标。

以基础通用、行业急需、安全效果、应用状态和政府推动 5 个方面综合评价 ADAS 标准制定优先级顺序。基础通用和行业急需项目主要来自于《国家车联网产业标准体系建设指南（智能网联汽车）》中规划的基础和通用规范类标准和近期计划标准，安全效果和应用状态按照一定的事故结果进行评价，政府推动项目则参考最新发布的国家标准 GB 7258—2017 中对于相应 ADAS 项目的要求进行评价。根据优先级顺序确定标准制定路线图，启动高优先级项目，优先级较低的项目建议根据行业发展需求后续启动。形成的 ADAS 重点标准项目制定优先级见表 8-3。

表 8-3　ADAS 重点标准项目制定优先级

| 序号 | 标准项目 | 基础通用 | 行业急需 | 安全效果 | 应用状态 | 政府推动 | 优先级 |
|---|---|---|---|---|---|---|---|
| 1 | ADAS 术语和定义 | √ | √ | | | | 高 |
| 2 | 驾驶自动化分级 | √ | √ | | | | 高 |

（续）

| 序号 | 标准项目 | 基础通用 | 行业急需 | 安全效果 | 应用状态 | 政府推动 | 优先级 |
|---|---|---|---|---|---|---|---|
| 3 | 驾驶人疲劳提示系统 | | | √ | | | 中 |
| 4 | 自适应远光灯系统 | | | | √ | | 中 |
| 5 | 自适应前照灯系统 | | | | √ | | 已有（GB/T 30036—2013） |
| 6 | 夜视系统 | | | √ | | | 中 |
| 7 | 全景影像监测系统 | | | | √ | | 中 |
| 8 | 交通标志识别系统 | | | | | | 低 |
| 9 | 抬头显示系统 | | | | | | 低 |
| 10 | 前方交通穿行提示系统 | | | | | | 低 |
| 11 | 后方交通穿行提示系统 | | | | √ | | 中 |
| 12 | 倒车环境辅助系统 | | | | √ | | 已有（GB/T 21436—2008） |
| 13 | 智能限速控制系统 | | | | | | 低 |
| 14 | 智能限速提醒系统 | | | | | | 低 |
| 15 | 弯道速度预警系统 | | | √ | | | 中 |
| 16 | 车距提示系统 | | √ | √ | √ | | 高 |
| 17 | 前向碰撞预警系统 | | √ | √ | √ | | 高 |
| 18 | 自动紧急制动系统 | | √ | √ | √ | √ | 高 |
| 19 | 自适应巡航控制系统 | | | | √ | | 已有（GB/T 20608—2006） |
| 20 | 全速自适应巡航控制系统 | | | | √ | | 中 |
| 21 | 车道偏离预警系统 | | √ | √ | √ | | 高 |
| 22 | 车道保持辅助系统 | | √ | √ | √ | √ | 高 |
| 23 | 车道居中控制系统 | | | √ | √ | | 高 |
| 24 | 紧急转向辅助系统 | | | √ | | | 中 |
| 25 | 自动紧急转向系统 | | | | | | 低 |
| 26 | 侧面盲区监测系统 | | √ | √ | √ | | 高 |
| 27 | 转向盲区监测系统 | | | | | | 低 |
| 28 | 变道碰撞预警系统 | | | √ | | | 中 |
| 29 | 智能泊车辅助系统 | | √ | | √ | | 高 |
| 30 | 加速踏板误踩抑制系统 | | | | | | 低 |
| 31 | 交通拥堵辅助控制系统 | | | | | | 低 |
| 32 | 低速行车环境辅助系统 | | | | | | 低 |

### 3. 体系建设保障措施

（1）组织建设

为全面推动智能网联汽车标准体系的建设，全国汽车标准化技术委员会于 2016 年向国家标准化管理委员会提出了成立智能网联汽车分技术委员会的申请，分委会的职责范围主要涵盖汽车驾驶环境感知与预警、驾驶辅助、自动驾驶以及与汽车驾驶直接相关的车载信息服务等。2017 年 6 月 13 日，国家标准化管理委员会办公室复函批准筹建智能网联汽车分技术委员会。根据复函内容要求并按照技术委员会筹建有关要求和工作程序，以汽车行业为主体，信息、通信、交通等行业参加为主要原则，择优形成了分技术委员会组建方案，并最终于 2017 年 12 月 26 日由主管部门批复成立。

分技术委员会的建立将构建以汽车产业为主、相关产业协同的标准协调工作机制，确保智能网联汽车标准体系建设工作“顶层设计科学、层次结构清晰、职责范围明确、合作协调顺畅”。全国汽车标准化技术委员会（SAC/TC114）（可简称汽标委）智能网联汽车分技术委员会（SC34）(可简称 ICV 分标委）组织框架如图 8-7 所示。

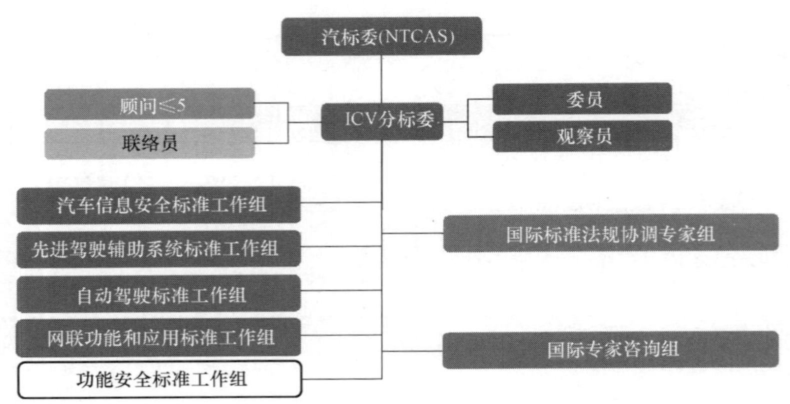


图 8-7 智能网联汽车分技术委员会组织框架

标准制定工作分为汽车信息安全（CS）、先进驾驶辅助系统（ADAS）、自动驾驶（AD）、网联功能和应用（CAF）、功能安全 5 个细分领域并分别成立标准工作组负责相关标准制定工作。截至 2018 年 12 月，汽车信息安全标准工作组共启动标准 9 项，提交立项申请 5 项；先进驾驶辅助系统标准工作组启动标准 22 项、标准研究项目 1 项，其中已报批 3 项、已送审 3 项、已提交立项 11 项；自动驾驶标准工作组启动标准 4 项、标准研究项目 3 项；网联功能和应用标准工作组启动标准 2 项，并均已提交立项；功能安全标准工作组发布 GB/T 34590—2017《道路车辆　功能安全》系列标准，启动有关转向系统等功能安全评价与测试等标准的制定工作。

（2）国际标准法规协调

为了保障智能网联汽车标准体系建设工作的完成，我国国际标准化对口协调机构全面参与了联合国智能网联汽车相关研究、规划及法规协调，前期已实质参与智能交通与自动驾驶（ITS/AD）非正式工作组的相关技术研究及议题讨论。2018 年 6 月，随着智能网联汽车自动驾驶技术在世界范围内的逐步实施和应用，其法规制定的需求和必要性越来越突出，为了更好地组织相关法规的研究和制定，联合国做出了对原制动及底盘工作组（GRRF）进行改组的决定，重新将 GRRF 下属业务进行了划分，并整合原 ITS/AD 非正式工作组相关业务，成立自动驾驶和网联工作组（GRVA），专门负责自动驾驶及网联技术的标准法规制定工作，如图 8-8 所示。在 GRVA 第二次会议上，中国提出竞选工作组副主席职务并成功当选，成为了我国参与国际标准法规工作的里程碑。未来，我国将依托“智能网联汽车国际标准法规协调专家组”，组织国内骨干企业代表和优秀专家资源，积极承担 GRVA 工作组副主席国责任，全面参与联合国有关自动驾驶和网联法规的研究工作，并将以“自动驾驶评价和测试方法”“功能要求”“信息安全”等法规制定为工作重点，结合国内技术和产业发展，在项目规划和研究方面明确提出中国的立场和观点。

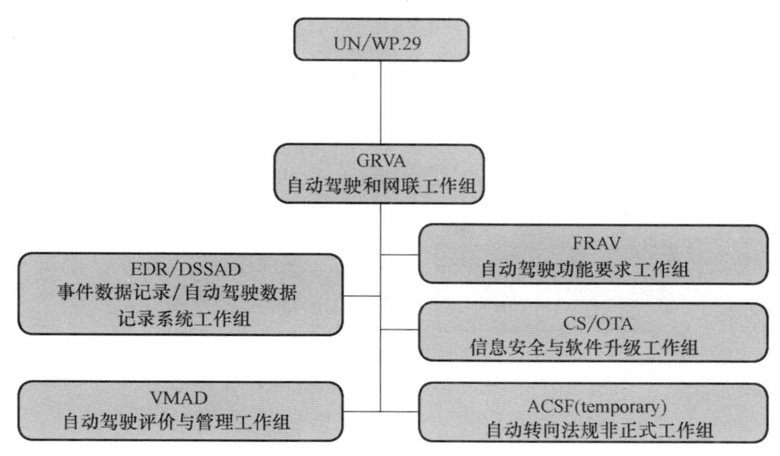


图 8-8　GRVA 的组成

在 ISO 标准化工作层面，我国还系统跟踪 ISO/TC22 及下属工作组动态，有选择地重点参与并寻求在特定领域发挥牵头作用。我国加入了 ISO/TC22 自动驾驶特别工作组（ADAG WG），结合国内已有工作基础，积极参与 ISO/TC22 智能网联汽车相关标准规划。同时，密切关注 SC31（数据通信分标委）、SC32（电子电器系统与部件分标委）、SC33（车辆动力学及底盘分标委）、SC35（照明系统及可视性）、SC39（人机交互）等智能网联汽车相关分委会的工作动态。以 SC31 下属 WG3（车内网络）、WG5（测试设备 / 数据格式）、WG6（网联车辆 / 远程诊断）、WG8（车辆领域—数据收集系统）、WG9（用于自动驾驶功能的传感器数据接口）、WG10（车外数据通信），SC32 下属 WG8（功能安全）和 WG11（信息安全），SC33 下属 WG3（驾驶辅助与主动安全）、WG11（模拟）和 WG16（主动安全试验设备）为重点，全面参与 ISO 标准协调。我国跟踪和参与 ISO/TC22 相关标准制定情况如图 8-9 所示。

在 2018 年 4 月的国际标准化组织道路车辆委员会车辆动力学分委会（ISO/TC22/SC33）全体会议上，中国代表团向 SC33 秘书处提交了自动驾驶测试场景国际标准提案并建议组建新工作组负责测试场景相关标准的制定。中国代表团向 SC33 全体成员国介绍了该标准提案的目的、内容和范畴，并对中国已开展的智能网联汽车和自动驾驶测试场景建设相关情况进行了介绍。SC33 秘书处及全体成员国代表均表示支持中国的该项提案，经集体研究决定，组建自动驾驶汽车测试场景标准工作组（WG9），推选中国汽车技术研究中心有限公司标准化研究所总工程师王兆为该国际标准工作组召集人，并建议由中国作为下一届 SC33 全体会议的举办国。这是我国在 ISO/TC22 范畴内首次承担国际标准工作组召集人职务，是我国在汽车国际标准化方面迈出的重要一步。

截至 2018 年 12 月，中国作为 ISO 自动驾驶汽车测试场景工作组召集人，已先后召集召开两次工作组会议，对测试场景的相关术语和定义、要素、标准分类等议题进行了研究和讨论，确定了未来两年的工作计划，积极开展了相关标准的研究和制定工作，为国际标准工作贡献了力量。

在参与国际标准工作的同时，我国将选择具有相对优势的项目开展国家标准的制定，并同步提出国际标准法规立项，将我国国家标准研究成果转化为国际标准法规。在对我国

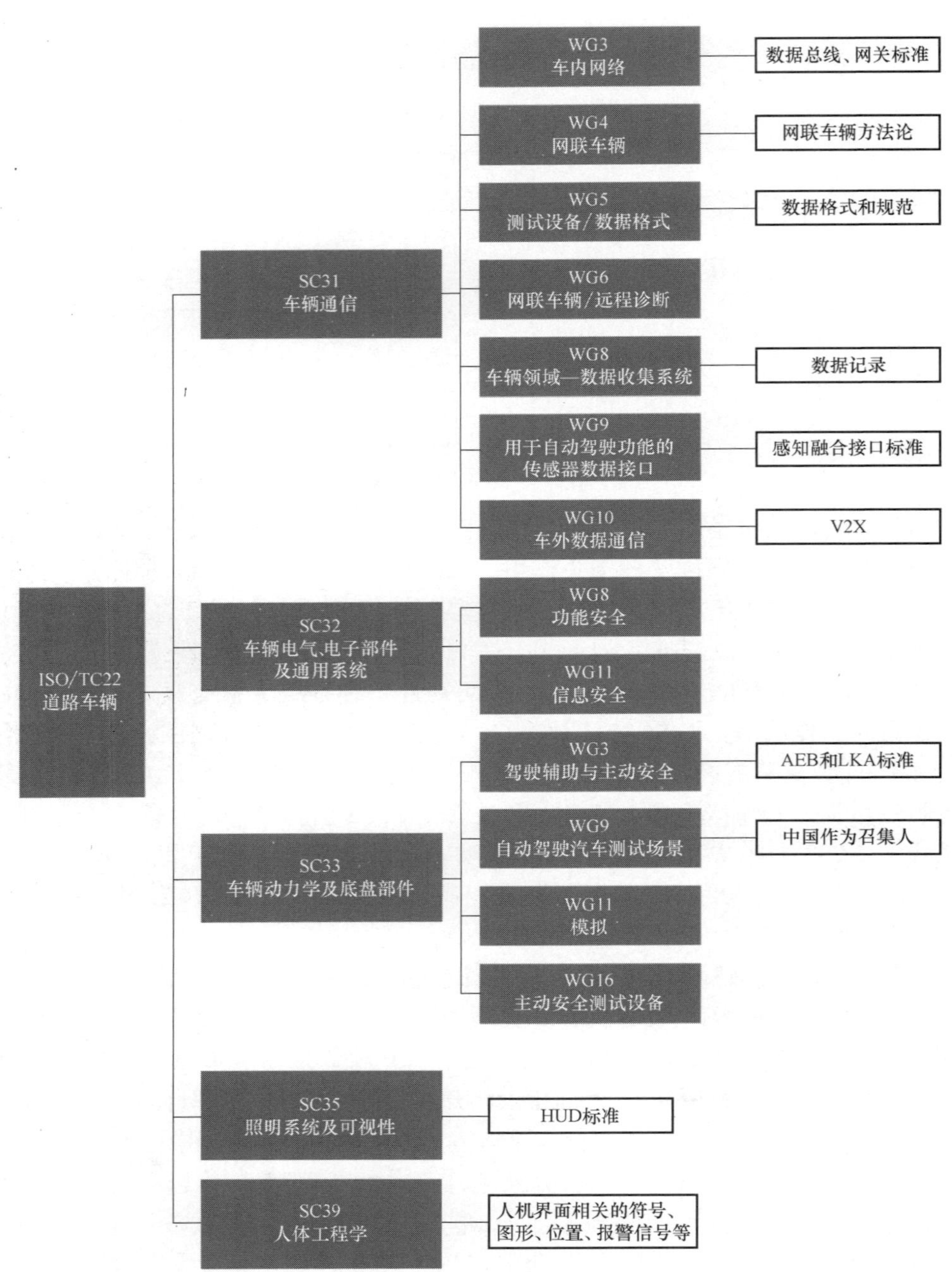


图 8-9 我国跟踪参与 ISO/TC 22 相关标准制定情况

具有重大利益关系的国际标准法规项目启动时，同步组织开展国家标准的研究与制定工作，使我国国家标准能够与国际标准相衔接。

4. 标准体系建设进度及重点标准解读

（1）标准体系建设进度

自智能网联汽车标准体系于 2017 年 12 月发布以来，全国汽车标准化技术委员会智能网联汽车分技术委员会已启动标准 37 项，项目列表见表 8-4（截至 2018 年 12 月）。

表 8-4　制定过程中的智能网联汽车标准项目列表

| 序号 | 标准项目 | 体系编号 | 工作组 |
| --- | --- | --- | --- |
| 1 | 乘用车自动紧急制动系统（AEB）性能要求及试验方法 | 303-4 | ADAS |
| 2 | 商用车辆自动紧急制动系统（AEB）性能要求及试验方法 | 303-5 | ADAS |
| 3 | 道路车辆　盲区监视系统（BSD）性能要求及试验方法 | 302-2 | ADAS |
| 4 | 道路车辆车道保持辅助系统（LKA）性能要求及试验方法 | 303-6 | ADAS |
| 5 | 商用车辆　电子稳定控制系统性能要求及试验方法 | 基础标准 | ADAS |
| 6 | 道路车辆先进驾驶辅助系统（ADAS）术语及定义 | 101-2 | ADAS |
| 7 | 汽车信息安全通用技术要求 | 204-1 | CS |
| 8 | 电动汽车远程信息系统信息安全技术要求 | 204-14 | CS |
| 9 | 车载信息交互系统信息安全技术要求 | 204-10 | CS |
| 10 | 电动汽车充电系统信息安全技术要求 | 204-15 | CS |
| 11 | 汽车网关信息安全技术要求 | 204-9 | CS |
| 12 | 汽车驾驶自动化分级 | 102-3 | ADAS |
| 13 | 智能泊车辅助系统性能要求及试验方法 | 302-11 | ADAS |
| 14 | 商用车辆车道保持辅助系统性能要求及试验方法 | 303-7 | ADAS |
| 15 | 驾驶人注意力监测系统性能要求及试验方法 | 302-15 | ADAS |
| 16 | 乘用车后部交通穿行提示系统性能要求与试验方法 | 302-8 | ADAS |
| 17 | 乘用车车门开启预警系统性能要求及试验方法 | 302-7 | ADAS |
| 18 | 乘用车夜视系统性能要求与试验方法 | 301-4 | ADAS |
| 19 | 汽车智能限速系统性能要求及试验方法 | 302-9 | ADAS |
| 20 | 智能网联汽车自动驾驶功能测试方法及要求第 1 部分通用功能 | 304-5 | AD |
| 21 | 智能网联汽车自动驾驶功能测试方法及要求第 2 部分城区行驶功能 | 304-2 | AD |
| 22 | 智能网联汽车自动驾驶功能测试方法及要求第 3 部分列队跟驰功能 | 304-4 | AD |
| 23 | 汽车报警信号优先度规范 | 202-2 | ADAS |
| 24 | 道路车辆—扩展车辆（ExVe）方法　第 1 部分：通用信息 | ISO 20077-1 | CAF |
| 25 | 道路车辆—扩展车辆（ExVe）方法　第 2 部分：扩展车辆设计方法 | ISO 20077-2 | CAF |
| 26 | 汽车全景影像监测系统性能要求及试验方法 | 301-3 | ADAS |
| 27 | 汽车软件升级技术要求 | 204-13 | CS |
| 28 | 交通拥堵辅助控制系统（TJA）性能要求及试验方法 | 303-1 | ADAS |
| 29 | 乘用车紧急转向辅助系统性能要求及试验方法 | 303-9 | ADAS |
| 30 | 商用车辆紧急转向辅助系统性能要求及试验方法 | 303-9 | ADAS |
| 31 | 横向纵向组合控制指南 | 303-10 | ADAS |
| 32 | 智能网联汽车术语与定义 | 101-1 | AD |
| 33 | 全速自适应巡航控制系统性能要求及试验方法 | 303-3 | ADAS |
| 34 | 智能网联汽车操纵件、指示器及信号装置的标志 | 103-1 | ADAS |
| 35 | 汽车诊断接口（OBD）接口信息安全技术要求 | 204-11 | CS |
| 36 | 汽车信息安全应急响应管理指南 | 204-16 | CS |
| 37 | 整车级信息安全风险评估规范 | 204-2 | CS |

（2）重点标准项目解读

1）通用类标准：

① 汽车驾驶自动化分级（DAL）。

适用范围：M 类、N 类汽车，其他类型汽车可参照执行。

功能定义：规定了驾驶自动化分级原则、驾驶自动化等级划分要素 、驾驶自动化各等级定义、驾驶自动化各等级技术要求、驾驶自动化等级划分流程及判定方法。

② 道路车辆先进驾驶辅助系统（ADAS）术语及定义。

适用范围：M 类和 N 类车辆。

功能定义：规定了道路车辆先进驾驶辅助系统相关的术语和定义。

2）功能类标准：

① 乘用车自动紧急制动系统（AEB）性能要求及试验方法。

适用范围：安装有自动紧急制动系统（AEB）的 $M_1$ 类车辆。

功能定义：实时监测车辆前方行驶环境，并在可能发生碰撞危险时自动起动车辆制动系统使车辆减速，以避免碰撞或减轻碰撞的系统。

验证试验：静止目标条件下的预警和起动试验；移动目标条件下的预警和起动试验；制动目标条件下的报警和起动试验；系统失效后的警告信号检测试验；驾驶人干预性能试验；相邻车道车辆误响应试验；车道内铁板误响应试验。

② 乘用车车道保持辅助系统（LKA）性能要求及试验方法。

适用范围：安装有车道保持辅助系统（LKA）的 $M_1$ 类汽车，其他类型汽车可参照执行。

功能定义：实时监测车辆与车道边线的相对位置，辅助驾驶人将车辆保持在原车道内行驶。

验证试验：直道车道偏离抑制试验；弯道车道偏离抑制试验；车道居中控制试验。

③ 道路车辆盲区监视系统（BSD）性能要求及试验方法。

适用范围：安装有盲区监测系统的 M 和 N 类车辆，但不适用于汽车列车、铰接式客车和专用作业车。

功能定义：实时监测驾驶人视野盲区，并在规定盲区内出现其他道路使用者时发出警告信息的系统。

验证试验：目标车辆（摩托车）识别试验；直线道路并道试验；直线道路目标车超越试验车辆试验；目标车变道超越试验车辆试验；直线道路双目标车辆超越试验车辆试验；$M_2$、$M_3$、$N_2$、$N_3$ 类车辆右转的试验。

### 8.1.3 中国智能网联汽车相关标准现状及标准化组织

#### 1. 全国通信标准化技术委员会

全国通信标准化技术委员会于 2009 年 5 月 15 日由国家标准化管理委员会正式批准成立，主要负责通信网络、系统和设备的性能要求、通信基本协议和相关测试方法等领域的国家标准制修订工作。全国通信标准化技术委员会由国家标准化管理委员会主管，工业和信息化部作为业务指导单位，中国通信标准化协会（CCSA）作为秘书处承担单位。

中国通信标准化协会主要包含标准技术工作委员会和特设任务组，见表 8-5。其中与车联网紧密相关的是 TC5、TC8、TC10、TC11、ST3 和 ST9。

表 8-5 CCSA 标准技术工作委员会及特设任组列表

| 工作组 |
|---|
| TC1：互联网与应用 |
| TC3：网络与业务能力 |
| TC4：通信电源与通信局站工作环境 |
| TC5：无线通信 |
| TC6：传送网与接入网 |
| TC7：网络管理与运营支撑 |
| TC8：网络与信息安全 |
| TC9：电磁环境与安全防护 |
| TC10：物联网 |
| TC11：移动互联网应用和终端 |
| TC12：航天通信技术 |
| 特设任务组 |
| ST2：通信设备节能与综合利用 |
| ST3：应急通信 |
| ST7：量子通信与信息技术特设任务组 |
| ST8：工业互联网 |
| ST9：导航与位置服务 |

### 2. 全国智能运输系统标准化技术委员会

2003 年 9 月，经国家标准化管理委员会批准成立“全国智能运输系统标准化技术委员会”（以下简称 ITS 标委会），对口国际标准化组织智能运输系统技术委员会（ISO/TC204），ITS 标委会秘书处设在交通运输部公路科学研究院。

ITS 标委会从事全国性智能运输系统标准化的技术组织工作，负责智能运输系统领域的标准化技术归口工作。其主要工作范围定为：地面交通和运输领域的先进交通管理系统、先进交通信息服务系统、先进公共运输系统、电子收费与支付系统、货运车辆和车队管理系统、智能公路及先进的车辆控制系统、双向和多模式的交通短程通信和信息交换，以及交通基础设施管理信息系统中的技术和设备标准化。

ITS 标委会现有 3 个工作组，分别是联网电子收费工作组、交通信息工作组、先进的交通管理工作组。ITS 重点领域标准包含基础类、交通专用短程通信类、电子收费类、交通信息服务类、交通与紧急事件管理类、综合运输及运输管理类、车辆辅助驾驶与自动公路类。ITS 重点领域标准见表 8-6。

表 8-6 ITS 重点领域标准

| 类别 | 序号 | 标准名称 |
|---|---|---|
| 基础类 | 1 | 智能运输系统 数据字典要求 |
| | 2 | 智能运输系统 体系结构 服务 |
| | 3 | 智能运输系统 中央数据登记簿 数据管理机制要求 |
| | 4 | 智能运输系统 通用术语 |
| | 5 | 交通管理信息属性分类与编码 城市道路 |

（续）

| 类别 | 序号 | 标准名称 |
| --- | --- | --- |
| 基础类 | 6 | 交通管理地理信息实体标识编码规则　城市道路 |
| | 7 | 道路交通信息服务　信息分类与编码 |
| | 8 | 道路、水路货物运输地理信息基础数据元 |
| | 9 | 道路、水路货物运输基础数据元 |
| | 10 | 道路交通运输　地理信息系统　数据字典要求 |
| | 11 | 道路交通管理数据字典　交通检测器 |
| | 12 | 道路交通管理数据字典　交通事件数据 |
| | 13 | 道路交通管理数据字典　交通网络 |
| | 14 | 道路交通管理数据字典　交通信号控制 |
| | 15 | 智能运输系统　消息集模板 |
| | 16 | 交通运输　物联网标识规则 |
| | 17 | 交通运输　物联网标识应用分类及编码 |
| | 18 | 智能交通　数据安全服务 |
| | 19 | 智能交通　数字证书应用接口规范 |
| | 20 | 交通运输　数字证书格式 |
| | 21 | 交通运输　信息安全规范 |
| 交通专用短程通信类 | 1 | 电子收费　专用短程通信　第 1 部分：物理层 |
| | 2 | 电子收费　专用短程通信　第 2 部分：数据链路层 |
| | 3 | 电子收费　专用短程通信　第 3 部分：应用层 |
| | 4 | 电子收费　专用短程通信　第 4 部分：设备应用 |
| | 5 | 电子收费　专用短程通信　第 5 部分：物理层主要参数测试方法 |
| | 6 | 合作式智能运输系统　专用短程通信　第 1 部分：总体技术要求 |
| | 7 | 合作式智能运输系统　专用短程通信　第 2 部分：媒体访问控制层和物理层规范 |
| | 8 | 合作式智能运输系统　专用短程通信　第 3 部分：网络层和应用层规范 |
| | 9 | 合作式智能运输系统　专用短程通信　第 4 部分：设备应用规范 |
| 电子收费类 | 1 | 智能运输系统　电子收费　系统框架模型 |
| | 2 | 道路运输与交通信息技术　电子收费（EFC）参与方之间　信息交互接口的规范 |
| | 3 | 电子收费　OBE-SAM 数据格式和技术要求 |
| | 4 | 电子收费　基于专用短程通信的电子收费交易 |
| | 5 | 电子收费　关键信息编码 |
| | 6 | 电子收费　路侧单元与车道控制器接口 |
| | 7 | 电子收费　车道系统技术要求 |
| | 8 | 电子收费　车道配套设施技术要求 |
| | 9 | 电子收费　车载单元初始化设备 |
| | 10 | 电子收费　集成电路（IC）卡读写器技术要求 |
| | 11 | 电子收费　CPU 卡数据格式和技术要求 |
| | 12 | 停车场电子收费　第 1 部分：CPU 卡数据格式和技术要求 |
| | 13 | 停车场电子收费　第 2 部分：终端设备技术要求 |
| | 14 | 停车场电子收费　第 3 部分：交易流程 |
| | 15 | 停车场电子收费　第 4 部分：关键设备检测技术要求 |
| | 16 | 出租汽车 ETC 支付接口规范 |
| | 17 | 道路内电子泊车　第 1 部分：系统及设备技术要求 |
| 交通信息服务类 | 1 | 交通及出行者信息（TTI）经交通报文编码的 TTI 报文　第 1 部分：使用 ALERT-C 的广播数据系统 - 交通报文频道（RDS-TMC）编码协议 |

（续）

| 类别 | 序号 | 标准名称 |
|---|---|---|
| 交通信息服务类 | 2 | 交通及出行者信息（TTI） 经交通报文编码的 TTI 报文　第 2 部分：广播数据系统 - 交通报文频道（RDS-TMC）的事件和信息编码 |
| | 3 | 交通及出行者信息（TTI） 经交通报文编码的 TTI 报文　第 3 部分：ALERT-C 的定位参考 |
| | 4 | 道路交通信息服务　系列标准 |
| | 5 | 实时交通信息服务数据结构 |
| | 6 | 跨区域交通出行服务信息交换 |
| | 7 | 面向个人移动便携终端智能交通运输信息服务应用数据交换协议 |
| | 8 | 基于手机信令的路网运行状态监测数据采集及交换服务 |
| | 9 | 交通数据广播通信技术要求 |
| 交通与紧急事件管理类 | 1 | 道路交通信息采集系列标准 |
| | 2 | 机动车号牌自动识别系统 |
| | 3 | 公路地理信息数据采集与质量控制 |
| | 4 | 视频交通事件检测器 |
| | 5 | 道路交通气象环境系列标准 |
| | 6 | 路面损坏视频检测方法 |
| | 7 | 停车诱导信息集 |
| | 8 | 微波交通流检测器的设置 |
| | 9 | 公路网图像信息管理系统　平台互联技术规范 |
| | 10 | 交通电视监控系统设备用图形符号及图例 |
| | 11 | 公共停车场（库）信息联网通用技术要求 |
| | 12 | 路面管理系统技术要求 |
| | 13 | 交通信号控制机与上位机间的数据通信协议 |
| | 14 | 匝道控制系统设置要求 |
| | 15 | 智能运输系统　供配电系统节能技术要求 |
| | 16 | 智能运输系统　长距离单相供配电系统技术要求 |
| | 17 | 违法占用公交车专用车道车载抓拍装备技术规范 |
| 综合运输及运输管理类 | 1 | 基于 XML 的道路客运结算数据交换 |
| | 2 | 城市公共交通调度车载信息终端 |
| | 3 | 城市公共交通调度车载信息终端与调度中心间数据通信协议 |
| | 4 | 快速公交（BRT）智能系统系列标准 |
| | 5 | 综合客运枢纽智能化系统建设总体技术要求 |
| | 6 | 交通运输物流信息交换系列标准 |
| | 7 | 运输与仓储业务数据交换应用规范 |
| | 8 | 城市公共汽电车车载终端数据总线接口通信规范 |
| | 9 | 综合客运枢纽智能化系统信息交换技术规范 |
| | 10 | 交通运输物流信息交换　第 4 部分：信用应用服务 |
| | 11 | 内河船舶 2.45GHz 射频识别系统技术规范 |
| 车辆辅助驾驶与自动公路类 | 1 | 智能运输系统　自适应巡航控制系统　性能要求与检测方法 |
| | 2 | 运输信息及控制系统　车载导航系统　通信信息集要求 |
| | 3 | 智能运输系统　车道偏离报警系统　性能要求与检测方法 |
| | 4 | 智能运输系统　车辆前向碰撞预警系统　性能要求和测试规程 |
| | 5 | 智能运输系统　扩展型倒车辅助系统　性能要求与检测方法 |
| | 6 | 智能运输系统　换道决策辅助系统　性能要求与检测方法 |
| | 7 | 公路资产管理系统技术要求 |

（续）

| 类别 | 序号 | 标准名称 |
|---|---|---|
| 车辆辅助驾驶与自动公路类 | 8 | 营运车辆自动驾驶分类和分级 |
| | 9 | 营运车辆自动紧急制动系统性能要求和测试规程 |
| | 10 | 营运车辆弯道速度预警系统性能要求和测试规程 |
| | 11 | 营运车辆服务　车路交互信息集 |

### 3. IMT-2020（5G）推进组蜂窝车联（C-V2X）工作组

IMT-2020 于 2013 年 2 月由我国工业和信息化部、国家发展和改革委员会、科学技术部联合推动成立，是聚合移动通信领域产学研用力量、推动第 5 代移动通信技术研究、开展国际交流与合作的基础工作平台。IMT-2020（5G）推进组蜂窝车联（C-V2X）工作组成立于 2017 年 6 月，它是跨行业的融合创新平台，全面负责组织开展 LTE-V2X 和 5G-V2X 的技术研究、试验验证和产业与应用推广等工作，形成了“产、学、研、用”协同、“汽车、信息通信、交通”等多行业合作的成员联盟。

C-V2X 工作组于 2017 年积极组织开展 LTE-V2X 测试评估、组网与部署方案、商业模式和业务需求演进等工作，编制完成《LTE-V2X 终端功能测试规范（实验室）》《LTE-V2X 性能测试规范（实验室）》《LTE-V2X 互操作测试规范（实验室）》和《LTE-V2X 终端网络层和应用层协议一致性测试规范》等测试规范和《C-V2X 白皮书》《LTE-V2X 部署与组网方案》《C-V2X 业务需求及优先级调研分析报告》等研究报告，并组织对不同厂家的 LTE-V2X 设备应用功能、性能、互操作和协议一致性进行测试。2018 年，C-V2X 工作组立项组织开展“LTE-V2X 频谱需求、规划分配方案及管理模式研究”“C-V2X 测试评估体系”“LTE-V2X 大规模试验和应用示范”“LTE-V2X 安全认证机制”“C-V2X 与边缘计算融合创新研究”“深化 C-V2X 应用推广和商业模式研究”“高精度定位增强技术研究及其在车联网中的应用”7 个课题的研究工作。

### 4. 中国智能网联汽车产业创新联盟（CAICV）

中国智能网联汽车产业创新联盟（China Industry Innovation Alliance for the Intelligent and Connected Vehicles，CAICV）是由工业和信息化部指导，中国汽车工程学会、中国汽车工业协会联合汽车、通信、交通、互联网等领域的企业、高校、研究机构发起成立。CAICV 旨在贯彻落实《中国制造 2025》战略部署，跨行业整合资源，促进两化深度融合，推动产业协同创新，加强国际交流合作。目前，CAICV 已经成为国内推动智能网联汽车发展的重要平台。CAICV 受工业和信息化部委托，组织汽车及相关产业 40 余家单位、近百位专家，编制完成《智能网联汽车技术路线图》，对我国智能网联汽车技术和产业的发展起到了重要的引导作用。

目前，CAICV 的 V2X 工作组、汽车信息安全工作组、基础数据平台工作组、商用车工作组已经开展相关标准化工作，包括 V2X 相关应用层及应用数据交互标准、信息安全标准体系框架、汽车信息安全相关车载终端技术要求与测试方法、基础数据平台数据规范和协议标准、中国智能网联商用车标准体系框架等。已经开展的标准和报告研制工作情况见表 8-7。

### 5. 中国汽车工程学会

中国汽车工程学会（SAE-China）成立于 1963 年，是由中国汽车科技工作者自愿组成

表 8-7 CAICV 已开展的标准和报告研制工作

| 类别 | 序号 | 名　称 |
|---|---|---|
| 标准 | 1 | 《智能网联汽车车载端信息安全技术要求》 |
| | 2 | 《合作式智能运输系统　车用通信系统应用层及应用数据交互标准》 |
| 白皮书和研究报告 | 1 | 《智能网联汽车信息安全白皮书》 |
| | 2 | 《汽车网联化产业推进路径研究报告》 |

的全国性、学术性法人团体；是中国科学技术协会的组成部分，非营利性社会组织；是国际汽车工程学会联合会（FISITA）常务理事；是亚太汽车工程年会（APAC）发起国之一。中国汽车工程学会经过 50 余年的发展，已经成为推动汽车产业健康、持续发展不可缺少的重要力量，得到了国内外汽车行业、社会各界、政府部门和广大科技人员的认可。中国汽车工程学会目前下设 39 个分支 / 代表机构，并与各个省级汽车工程学会建立了业务指导关系。目前拥有个人会员数万人，团体会员数千家。中国汽车工程学会是中国汽车工业传播新思想、交流新技术、宣传新观念的重要力量和增进国际汽车行业交流的重要桥梁。

中国汽车工程学会依托“中国智能网联汽车产业创新联盟”行业平台，积极推动智能网联汽车标准研制工作，目前中国汽车工程学会已在 V2X 应用、汽车信息安全、车载终端、基础数据平台等方面开展了标准体系架构设计、团体标准制定等多项重点工作。

#### 6. 车载信息服务产业应用联盟

车载信息服务产业应用联盟（Telematics Industry Application Alliance，TIAA）成立于 2010 年 2 月 4 日，是一家在中国民政部门注册，致力于将先进电子信息技术应用于汽车、交通等领域的非政府组织。TIAA 现有来自汽车、电子、软件、通信、互联网、信息服务 6 个领域的 600 多家成员单位，他们来自 12 个国家和地区。TIAA 设立了市场、技术、标准、知识产权（法务）等 10 个委员会，智慧停车和充换电分联盟等 3 个二级组织，俄罗斯等 6 个国家代表处。TIAA 承担了国际电联智能交通全球频率统一等 40 多项中国政府部门委托任务，发布、立项、在研 54 项标准，成果应用于 62 个品牌，数百万辆整车。

TIAA 围绕产品开发、服务应用、标准制定并行的工作主线。在标准方面，侧重于制定基于蜂窝网络的车载终端与服务中心通信协议、实时数据传输标准、互联通信标准、IPv6 应用标准、智能交通系统接口标准、人机交互界面标准和车载信息服务标准等。

## 8.2　智能网联汽车法规

### 8.2.1　国际法规现状

#### 1. 美国联邦及各州法规

为指导各州开展自动驾驶汽车上路测试，美国国家公路交通安全管理局于 2016 年 9 月发布《美国自动驾驶汽车政策指南》，2017 年 9 月发布《自动驾驶系统 2.0：安全愿景》，旨在为自动驾驶汽车发展建立政策性框架，其将专注于 SAE 自动驾驶分级 L3 ～ L5 自动驾驶系统，即有条件的自动驾驶、高度自动驾驶和完全自动驾驶系统。该指南明确美国联邦政府和州政府将在未来自动驾驶系统发展中各自扮演的角色；澄清监管流程，明确企业无须等待，可以立即开始自动驾驶系统的测试与部署。该指南列出了代表整个行业共识的自动驾驶系统的 12 个安全要素，其中测试方法要求在公路测试前，企业应对相应功能进行仿真和试车场测试，测试可由企业自己或委托第三方进行。2018 年 10 月再次更新该指南，发布《自动驾驶汽车 3.0：准备迎接未来交通》，旨在提供新的多元化的自动驾驶安全指南，澄清自动驾驶关键政策和角色，描述随着自动驾驶技术的发展 NHTSA 与美国交通部开展合作的方式，再次明确美国交通部的各运营管理局对安全的一致性承诺，并提出以下 6 项自动驾驶原则：①安全作为优先考虑；②保持技术中立；③使规则现代化；④鼓励始终如一的监管和操作环境；⑤积极为自动驾驶做准备；⑥保护并提升美国人所青睐的自由。美国于 2017 年 7 月 27 日通过《自动驾驶法案》（Self Drive Act），首次对自动驾驶汽车的生产、测试和发布进行管理，为自动驾驶汽车上路提供了法律豁免。

从 2011 年开始，内华达州就率先开始就自动驾驶汽车使用公共道路进行测试立法。随后，佛罗里达、加利福尼亚等多个州制定了法律或行政命令，允许自动驾驶汽车上路测试。

以美国第一个通过自动驾驶法规的内华达州为例。2011 年 3 月 18 日，美国内华达州通过第 511 号法规修正案。修正案明确在内华达修正法规库（Nevada Revised Statutes，NRS）第 483 章新增一个条款，设立自动驾驶车辆在高速公路行驶的替代驾照，该驾照专门针对自动驾驶车辆的驾驶人。其次，该修正案对自动驾驶汽车在高速公路行驶时的驾照进行了一定程度的豁免。2016 年 1 月发放首批自动驾驶标准生产汽车牌照，牌照获取首先需要向州政府提交申请材料，后经相关官员搭乘自动驾驶汽车实地考核评估。加州机动车辆管理局于 2018 年 2 月 26 日通过无人驾驶测试法规修正，允许自动驾驶车辆在内部无驾驶人员情况下进行道路测试，在发生危急情况时远程接管车辆控制权。

### 2. 德国法规

德国于 2015 年发布《自动和联网驾驶战略》（Strategie automatisiertes und vernetztes Fahren）。文件指出，保持在自动驾驶领域的领先地位是“国家持续发展和繁荣的基础”，通过立法为其发展创造条件是战略的行动重点之一。文件明确了德国应保持其“自动和联网汽车的领先市场”的战略定位，同时，德国应提供相关领域内一流的供应商。该文件从基础设施、法律、创新、网络、IT 安全和数据保护以及社会沟通 6 个行动领域启动自动和网联驾驶的相关工作；以提高道路安全和效率，减少相关的排放，作为德国创新的突破点；加大网络化基础设施建设，将高速公路作为第一实际应用场景用于自动和网联驾驶功能；2020 年后还将对其他道路的网联化基础设施提出具体要求；政府推动基础研究到应用研究的解决方案，旨在获得自动化和网络化的交通系统的技能拓展，各部门提供经费支持，但在研究和创新阶段的投入将逐年减少；保障网络安全和数据安全是技术应用的重要基础，应覆盖车辆从研发到报废的整个周期；提升社会认知度，将智能网联汽车与 ITS 相结合，建立伦理委员会，制定伦理道德准则；建立社会对话机制，将技术融入城市及乡村区域；同时，增加在欧洲和国际层面的协调活动。

德国于 2017 年 5 月 12 日通过德国首部关于自动驾驶汽车的法律，根据该法律规定，当汽车的高度自动或完全自动驾驶系统运作时，驾驶人可把对转向盘和制动的控制交给汽车，自己进行浏览网页、查看邮件等行为，但驾驶人必须坐在转向盘后，如果自动驾驶系统出现意外，驾驶人要能及时介入并切换到人工驾驶模式。同时，该法律还明确规定，配有自动驾驶系统的汽车内要安装类似“黑匣子”的装置，记录系统运作、要求介入和人工驾驶等不同阶段的具体情况，以明确交通事故责任。如果事故发生在人工驾驶阶段，则由驾驶人承担责任；如果事故发生在系统运作阶段，或由于系统失灵酿成事故，则由汽车制造商承担责任。

3. 日本法规

日本道路交通政策管理体系由法律、技术法规等构成，其中《道路交通法》和《道路运输车辆法》是规范日本交通安全的重要法律，《保安基准》是技术法规。在《道路交通法》和《道路运输车辆法》里有很多内容限制了自动驾驶汽车上路行驶。为了保证自动驾驶汽车在2020年上路的目标，目前日本正着手修订《道路交通法》和《道路运输车辆法》等相关法律法规，并启动有关自动驾驶事故赔偿机制的讨论。2015年6月，日本发布“世界最先进IT国家创造宣言”，宣言中提出《2015官民ITS构想及路线图》，推动安全驾驶辅助及自动驾驶系统的开发、量产及交通数据有效利用等。2016年5月，日本发布《关于自动行驶系统的公道实证实验的方针》，用于指导自动驾驶汽车公共道路测试。日本政府于2016年6月发布《日本复兴战略2016》，该文件作为2014年制定的《日本复兴战略》的后续，包含日本产业复兴计划、培育战略市场计划和国际化战略3部分。其中，日本产业复兴计划提出关于推进自动驾驶技术发展的相关内容，包括以下两个方面：

1）无压力的下一代城市交通系统。通过活用自动驾驶技术，实现不需轮椅等工具即可实现上下车的公交车停车精准控制；连接市中心与临海副中心的公交线路。

2）确保老年人等行动不便者的移动方式，实现列队行驶。在连接最近的车站与目的地的“最后一公里”，活用自动驾驶技术，提供行动不便者也可以使用的交通工具；在2020年东京奥运会通过无人自动行驶可以进行移动服务；推进高速路等货车队列行驶技术等，实现城市间货车运输工作的队列行驶。

2017年5月30日推出第3次修订的《2017官民ITS构想及路线图》，聚焦于自动驾驶车辆市场化的制度完善与技术水平的进一步强化，见表8-8。

表8-8 日本《2017官民ITS构想及路线图》自动驾驶发展规划

| 类别 | | 级别 | 预计能实现的技术（例） | 市场化的预计时期 |
|---|---|---|---|---|
| 自动驾驶技术的高度化 | 私用 | SAE 2级 | 部分自动驾驶 | 到2020年 |
| | | SAE 3级 | 自动驾驶 | 目标是2020年 |
| | | SAE 4级 | 高速路上的完全自动驾驶 | 目标是2025年 |
| | 物流服务 | SAE 2级以上 | 高速路上的货车队列行驶 | 2022年以后 |
| | | SAE 4级 | 高速路上的货车完全自动驾驶 | 2025年以后 |
| | 移动服务 | SAE 4级 | 限定区域内的无人驾驶自动移动服务 | 到2020年 |
| 驾驶辅助技术的高度化 | 私用 | — | 高度安全驾驶辅助系统（暂定名称） | 取决于以后的讨论内容 |

日本于2018年4月发布的《自动驾驶相关制度的完善大纲》中提到，自动驾驶车导入初期阶段的2020年到2025年左右，在公共道路上，自动驾驶车与普通车辆混在，且自

动驾驶车的比例少。

日本还发布了《关于自动行驶系统实际路测的指导方针》，该文件指出，在日本国内的道路上，使用自动行驶系统进行汽车行驶的实际测试时，对于交通安全与谋求顺利的观点、显示必须留意的事项等（旨在提供有用的信息，支援道路试验）基本的制度、实施主体的基本义务等内容做出了具体要求。

日本同样发布了《应对远程自动驾驶系统实际道路测试相关的道路使用许可申请的基准》，对于自动驾驶使用许可的申请做出了要求，该文件提出，远离汽车的驾驶人员使用电子通信技术可以对该车辆进行驾驶操作，使用这一自动驾驶技术让该车在道路上进行实际路测试验。



4. 联合国技术法规

在联合国（UN）框架范围内，世界车辆法规协调论坛（WP29）作为开展全球汽车技术法规协调和统一工作的国际性组织。WP29 内针对不同的协定书分别成立不同的管理委员会，作为 WP29 工作的领导层面。WP29 下设一般安全性工作组（GRSG)、被动安全性工作组（GRSP)、污染与能源工作组（GRPE)、灯光及光信号工作组（GRE)、噪声工作组（GRB)、自动驾驶与网联车辆工作组（GRVA）制动及底盘工作组（GRRF）等，分别负责有关汽车安全、环保、节能、防盗、自动驾驶等领域内的全球统一汽车技术法规和 ECE 汽车技术法规的制修订工作。

WP29 设立 ITS/AD 非正式工作组，统筹智能交通系统及自动驾驶技术的共性问题和法规协调，并开展制定汽车信息安全技术法规工作。制动及底盘工作组（GRRF）着手修订相关转向法规（UNR79）中关于“禁止使用全动力转向系统”和“禁止 10km/h 以上车速使用自动控制转向系统”等限制条款，为先进驾驶辅助系统（ADAS）及自动驾驶技术应用消除法规障碍。同时组织制定 ECE R130《关于汽车车道偏离系统的统一型式认证要求》、ECE R123《关于批准机动车辆自适应前照明系统（AFS）的统一规定》，ECE R131《关于汽车自主紧急制动系统的统一型式认证要求》等适用于智能网联汽车的技术法规。

2018 年，随着智能网联汽车自动驾驶技术在世界范围内的逐步实施和应用，其法规制定的需求性和必要性愈发突出，为了更好地组织相关法规的研究和制定工作，联合国启动了成立以来最大力度的改革，做出了对原 GRRF 工作组进行改组的决定，重新将 GRRF 下属业务进行了划分，并整合原 ITS/AD 非正式工作组相关业务，成立新的自动驾驶与网联车辆工作组（GRVA)，加快推进功能要求、测试方法、信息安全等相关法规的制定与协调，专门负责自动驾驶及联网技术的法规制定工作。目前在 GRVA 工作组范畴内的法规制定工作有：自动控制转向功能（ACSF)，自动紧急制动与道路偏离预警系统（AEB/LDWS)，信息安全与软件升级（TFCS/OTA)，模块化车辆（MVC)，自动驾驶汽车测试任务组（VMAD)。

近期 ACSF 工作组对于车辆自动驾驶的接管要求进行了讨论，从接管时间限制、横向或纵向单向接管以及误接管 3 个角度探讨车辆是否应该依据驾驶人的不同输入方式（包括驾驶人对加速踏板、制动踏板、转向盘和转换按钮的输入）以及信息输入时驾驶人的状态做出不同的接管反应，分层次交出车辆控制权限，总结主要矛盾，并交至 GRVA 层面继续与各国代表展开讨论。多次会议的讨论过程体现出自动驾驶领域的未知性，尤其在此工作组内，讨论范围已延续至三级及以上的自动驾驶任务，问题不仅涉及技术层面，还涉及伦理层面。

针对自动驾驶汽车和传统汽车在行为模式上的差异，GRVA 保留了自动驾驶汽车测试任务组（VMAD），以建立一套新的测试法来对自动驾驶汽车进行认证。该工作组内有专家提出以“三支柱法”为核心的测试方法框架，如图 8-10 所示。三支柱法包括审核和认证、实车认证测试和真实世界驾驶测试，该测试方法也是对当前国际上普遍认可的测试方法进行的归纳与总结。但该方法还面临众多实际应用中的问题有待解决，其具体应用方式仍在进一步研究之中。

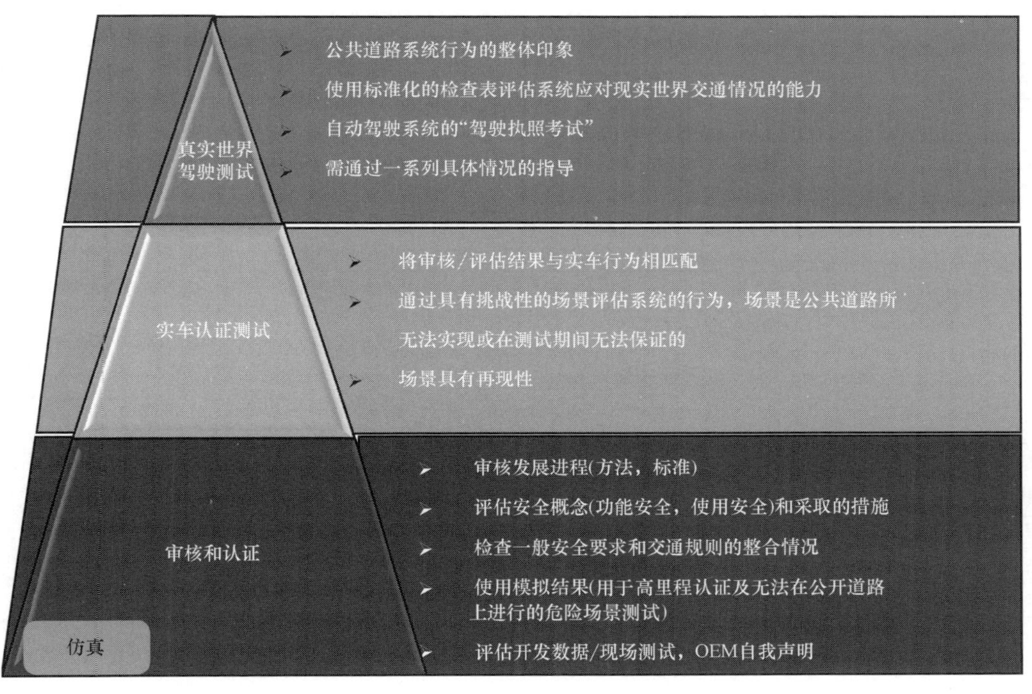


图 8-10 自动驾驶测试“三支柱法”框架

## 8.2.2 我国智能网联汽车相关法律法规

### 1. 相关法律法规概述

智能网联汽车作为汽车与信息通信产业交融的产物，涉及电子、信息、通信、交通、地理测绘等多个领域。从智能网联汽车自身技术而言，需要满足汽车、电子信息、通信等领域产品制造的法律法规要求；从行驶环境而言，必须要符合国家道路交通安全方面的法律法规规定；从管理角度而言，也同样要满足政府行政管理的相关法律法规要求。因此，与其相关的法律法规和规章制度涉及的范围广、跨度大、各政府机构职责交叉多。

经过梳理，智能网联汽车的发展涉及25部法律、行政法规及部门规章，见表8-9。

表8-9 智能网联汽车相关法律法规及主要负责部门

| 序号 | 领域 | 法律层级 | 法律法规名称 | 主要负责部门 |
|---|---|---|---|---|
| 1 | 信息 | 法律 | 《网络安全法》 | 工业和信息化部 |
| 2 | 通信 | 行政法规 | 《电信条例》 | 工业和信息化部 |
| 3 | | 行政法规 | 《无线电管理条例》 | |
| 4 | | 行政法规 | 《无线电管制规定》 | |
| 5 | | 部门规章 | 《互联网信息服务管理办法》 | |
| 6 | 交通管理 | 法律 | 《道路交通安全法》 | 公安部 |
| 7 | | 行政法规 | 《道路交通安全法实施条例》 | |
| 8 | | 部门规章 | 《道路交通事故处理程序规定》 | |
| 9 | 交通运输 | 法律 | 《公路法》 | 交通运输部 |
| 10 | | 行政法规 | 《公路安全保护条例》 | |
| 11 | | 行政法规 | 《道路运输条例》 | |
| 12 | | 行政法规 | 《公路管理条例》 | |
| 13 | | 部门规章 | 《公路管理条例实施细则》 | |
| 14 | | 部门规章 | 《道路运输车辆动态监督管理办法》 | |
| 15 | 质检标准化 | 法律 | 《产品质量法》 | 国家市场监督管理总局 |
| 16 | | 行政法规 | 《缺陷汽车产品召回管理条例》 | 认证认可监督管理委员会 |
| 17 | | 法律 | 《标准化法》 | 国家标准化管理委员会 |
| 18 | | 行政法规 | 《标准化法实施条例》 | |
| 19 | 测绘 | 法律 | 《测绘法》 | 自然资源部 |
| 20 | | 行政法规 | 《基础测绘条例》 | |
| 21 | | 行政法规 | 《测绘成果管理条例》 | |
| 22 | | 行政法规 | 《地图管理条例》 | |
| 23 | | 部门规章 | 《外国的组织或者个人来华测绘管理暂行办法》 | |
| 24 | 其他 | 法律 | 《城乡规划法》 | 住房和城乡建设部 |
| 25 | | 法律 | 《行政处罚法》 | 公安部 |

### 2. 法律法规对智能网联汽车发展的影响

智能网联汽车测试、生产、进口、销售和使用受《道路交通安全法》《标准化法》《测绘法》及其相关法律法规不同程度的制约或被其禁止。

《道路交通安全法》以人为核心立法，其中“驾驶机动车，应当依法取得机动车驾驶证”及其《实施条例》机动车驾驶证申领对象为“符合国务院公安部门规定的驾驶许可条件的人”这一条款，将车辆驾驶负责对象限定为人，实际上禁止了由人类以外的其他对象（如系统）驾驶车辆，即禁止车辆自动驾驶。

智能网联汽车由于部分结构和功能不符合现有强制性标准要求，在生产、销售和进口方面受《标准化法》“不符合强制性标准的产品禁止生产、销售和进口”这一条款的制约，在使用环节受《道路交通安全法》“不得驾驶安全设施不全或者机件不符合技术标准等具有安全隐患的机动车”这一条款制约。

除此以外，《道路交通安全法》有关“机动车在高速公路上行驶”“不得试车或学习驾驶机动车”的规定，则对当前尚处于测试、验证阶段的智能网联汽车测试构成重大的制约。

由于智能网联汽车研发、制造企业和使用者并未取得测绘和地图绘制资质，而智能网联汽车所需要的摄像头等信息采集、高精度定位以及高精度地图等在一定程度上涉及或本身属于测绘范畴，因此受《测绘法》及相关法规、规章的约束。

网联化车辆及相关设施的生产、运营、服务、维护等均属于《网络安全法》，并且属于“关键信息基础设施”，应遵循相应个人信息保护及重要数据境内存储要求。而对网联化服务管理在国外的部分制造商，需要在中国境内单独建立或开设网联化数据服务业务。

《电信条例》与《无线电管理条例》有关电信包括无线电资源“统一规划、集中管理、合理分配”和设备生产及使用的准入许可或备案管理制度，并不会对智能网联及自动驾驶产生制约，但汽车网联化所急需的电信及无线电频段等需要尽快确定。

### 3. 自动驾驶测试相关法规

智能网联汽车自动驾驶公共道路测试是各国政府为适应智能网联汽车技术及产业发展而采取的普遍做法。美国、欧洲和日本等国家和地区已相继出台道路测试相关规定，通过修改现行法律或采取豁免措施允许智能网联汽车使用公共道路进行测试，德国、英国等已经明确智能网联汽车可在包括高速公路在内的各类道路上进行测试。

为满足相关企业的研发需求，我国政府主管部门以及各地政府已先后出台相应的管理规范。工业和信息化部、交通运输部和公安部及各地方政府主管部门于 2018 年发布了《智能网联汽车道路测试管理规范（试行）》；北京市已于 2017 年 12 月发布《北京市自动驾驶车辆道路测试管理实施细则（试行）》及相关文件，确定 33 条、共计 105km 开放道路用于测试，已发放首批试验用临时号牌；上海市 2018 年 3 月 1 日发布《上海市智能网联汽车道路测试管理办法（试行）》，划定第一阶段 5.6km 开放测试道路，并发放第一批测试号牌；重庆、保定、深圳等地也相继发布相应的道路测试管理细则或征求意见，支持智能网联汽车开展公共道路测试。自动驾驶测试管理规范发布情况见表 8-10。



表 8-10 自动驾驶测试管理规范发布情况

| 文件发布时间 | 文件名称 |
|---|---|
| 2018.4.12 | 《智能网联汽车道路测试管理规范（试行）》 |
| 2017.12.18 | 《北京市关于加快推进自动驾驶车辆道路测试有关工作的指导意见（试行）》<br>《北京市自动驾驶车辆道路测试管理实施细则（试行）》 |
| 2018.1.11 | 《保定市人民政府关于做好自动驾驶车辆道路测试工作的指导意见》 |
| 2018.2.2 | 《北京市自动驾驶车辆道路测试能力评估内容与方法（试行）》<br>《北京市自动驾驶车辆封闭测试场地技术要求（试行）》 |
| 2018.3.1 | 《上海市智能网联汽车道路测试管理办法（试行）》 |
| 2018.3.14 | 《重庆市自动驾驶道路测试管理实施细则（试行）》 |
| 2018.3.30 | 《平潭综合实验区无人驾驶汽车道路测试管理办法（试行）》 |
| 2018.4.16 | 《长春市智能网联汽车道路测试管理办法（试行）》 |
| 2018.4.17 | 《长沙市智能网联汽车道路测试管理实施细则（试行）》 |
| 2018.4.25 | 《广州市南沙区关于推进智能网联汽车道路测试有关工作的指导意见（试行）》 |
| 2018.5.17 | 《智能网联汽车道路测试管理规范（试行）》 |
| 2018.5.22 | 《深圳市关于贯彻落实〈智能网联汽车道路测试管理规范（试行）〉的实施意见》 |
| 2018.6.21 | 《天津市智能网联汽车道路测试管理办法（试行）》 |
| 2018.10.26 | 《深圳市智能网联汽车道路测试开放道路技术要求（试行）》 |

（续）

| 文件发布时间 | 文件名称 |
|---|---|
| 2018.7.25 | 《济南市智能网联汽车道路测试管理办法（试行）》 |
| 2018.9.11 | 《江苏省智能网联汽车道路测试管理细则》 |
| 2018.11.6 | 《河南省智能网联汽车道路测试管理办法（试行）》 |
| 2018.12.3 | 《广东省智能网联汽车道路测试管理规范实施细则（试行）》 |

为加快制造强国、科技强国、网络强国、交通强国建设，推动汽车智能化、网联化技术发展和产业应用，推进交通运输转型升级创新发展，规范智能网联汽车道路测试管理，依据《道路交通安全法》《公路法》等法律法规制定，2018 年 4 月由工业和信息化部、公安部、交通运输部联合发布《智能网联汽车道路测试管理规范（试行）》（以下简称《管理规范》）。按照《管理规范》规定，测试车辆应在封闭道路、场地等特定区域进行充分的实车测试，由国家或省市认可的从事汽车相关业务的第三方检测机构对其自动驾驶功能进行检测验证、确认其具备进行道路测试的条件，方可申请进行自动驾驶道路测试。《管理规范》还提出了 14 项智能网联汽车自动驾驶功能检测项目。《管理规范》主要对于测试活动的 4 个方面提出了要求：

1）对测试主体、测试驾驶人和测试车辆提出基本要求。

2）规定了测试申请及审核程序。

3）对测试管理提出基本要求。

4）明确了交通违法和事故处理的依据。

为配合和支撑工业和信息化部、公安部、交通运输部联合发布的《管理规范》所列自动驾驶功能检测项目的规范开展，中国智能网联汽车产业创新联盟、全国汽车标准化技术委员会智能网联汽车分技术委员会，组织中国汽车技术研究中心有限公司、中国汽车工程研究院股份有限公司、中国汽车工程学会、中国汽车工业协会、中国信息通信研究院等相关行业组织、机构和骨干企业，积极加强与公安、交通等行业研究机构的沟通交流，共同编制了《智能网联汽车自动驾驶功能测试规程（试行）》（以下简称《测试规程》）。《测试规程》坚持以保障自动驾驶道路测试安全为底线，兼顾不同技术路线、车辆类型，确保测试场景的典型性、代表性和操作规程的可行性、合理性，提出各检测项目对应测试场景、测试规程及通过条件。

《测试规程》附件中列出智能网联汽车自动驾驶功能检测项目，包括必测项目 9 项和选测项目 5 项，依据各项目特点，并遵循编制主要思路与基本原则，拟定必测场景 20 个，选测场景 14 个，见表 8-11。

表 8-11 《智能网联汽车自动驾驶功能测试规程（试行）》规定的相关测试项目和测试场景

| 序号 | 测试项目 | 测试场景 |
|---|---|---|
| 1 | 交通标志和标线的识别及响应 | 限速标志识别及响应 |
| | | 停车让行标志标线识别及响应 |
| | | 车道线识别及响应 |
| | | 人行横道线识别及响应 |
| 2 | 交通信号灯识别及响应 * | 机动车信号灯识别及响应 |
| | | 方向指示信号灯识别及响应 |

（续）

| 序号 | 测试项目 | 测试场景 |
|---|---|---|
| 3 | 前方车辆行驶状态识别及响应 | 车辆驶入识别及响应 |
| | | 对向车辆借道本车车道行驶识别及响应 |
| 4 | 障碍物识别及响应 | 障碍物测试 |
| | | 误作用测试 |
| 5 | 行人和非机动车识别及避让 * | 行人横穿马路 |
| | | 行人沿道路行走 |
| | | 两轮车横穿马路 |
| | | 两轮车沿道路骑行 |
| 6 | 跟车行驶 | 稳定跟车行驶 |
| | | 停 - 走功能 |
| 7 | 靠路边停车 | 靠路边应急停车 |
| | | 最右车道内靠边停车 |
| 8 | 超车 | 超车 |
| 9 | 并道 | 邻近车道无车并道 |
| | | 邻近车道有车并道 |
| | | 前方车道减少 |
| 10 | 交叉路口通行 * | 直行车辆冲突通行 |
| | | 右转车辆冲突通行 |
| | | 左转车辆冲突通行 |
| 11 | 环形路口通行 * | 环形路口通行 |
| 12 | 自动紧急制动 | 前车静止 |
| | | 前车制动 |
| | | 行人横穿 |
| 13 | 人工操作接管 | 人工操作接管 |
| 14 | 联网通信 * | 长直路段车车通信 |
| | | 长直路段车路通信 |
| | | 十字交叉口车车通信 |
| | | 编队行驶测试 |

注：* 号代表选测项目。

2018 年 5 月，交通运输部发布《自动驾驶封闭场地建设技术指南（暂行）》，旨在指导自动驾驶封闭测试场地建设，推动自动驾驶测试工作，促进自动驾驶技术发展。该指南为自动驾驶封闭测试场所规定了场地、通信、供电及其他基本要求。

（1）场地要求

1）测试场地要统筹兼顾交通组织、道路以及附属设施情况，合理布局。

2）测试场地应充分考虑绿化和环境保护要求。

3）测试场地应与公共道路物理隔离并有门禁系统。

4）封闭测试场地应至少含有支线路段、弯道路段、道路出入口、坡道路段等测试道路。

5）封闭测试场地应至少设有人行横道、减速丘、道路限速、道路施工、停车让行、减速让行和锥形交通路标等交通控制设施，满足安全测试要求。

6）测试场地应至少含有一处双向十字交叉口或双向丁字路口、一处环岛，平面交叉口测试场地信号灯应具备通信功能并符合标准规定。

7）封闭测试场地应能提供车辆、假人、模拟隧道、惯性导航、车载定位设备、摄像头等测试工具以及非机动车隔离栏等设施。

（2）通信要求

1）测试场地应含有具备全覆盖、低延时的道路侧通信设备，无线通信设备与有线通信设备应能满足测试要求。

2）测试场地的高精度北斗或 GPS 卫星定位信号覆盖良好。

3）测试场地通信网络应能通过有线或者无线连接通信设备，实现场地管理者与测试人员的信息交流。

4）测试场地应有无线通信设备，保证测试人员的实时沟通。

（3）供电要求

1）供电电源应选用 220V 或者 380V 交流电。

2）一般宜采用树干式配电。

3）其他设计符合国家标准。

此外，还对于测试场地的消防、监控、缓冲区、给排水、照明能力等方面也做出了要求。

目前在世界范围内，智能网联汽车自动驾驶道路测试在管理和技术方面普遍存在各类待解决的难题，并无成熟经验可循，这也为我国开展智能网联汽车道路测试提出了挑战。我国制定相应管理规范旨在保障道路交通安全的前提下为技术发展营造良好的创新环境，为实现我国经济、社会跨越式发展创造有利条件。

## 参考文献


[1] 工业和信息化部，国家标准化管理委员会. 国家车联网产业标准体系建设指南（总体要求）[Z]. 2018.

[2] 工业和信息化部，国家标准化管理委员会. 国家车联网产业标准体系建设指南（智能网联汽车）[Z]. 2017.

[3] 德国交通部（BMVI）. 自动和联网驾驶战略 [Z]. 2015.

[4] 日本内阁 . 日本复兴战略 2016 [Z]. 2016.

[5] 全国汽车标准化技术委员会. 智能网联汽车法律法规适用性分析 [EB/OL].（2018-06-27）[2019-8-20]. http://www.catarc.org.cn/work/detail/1124.html.

# 网联技术

# 第3篇

# 第9章 车载网络及通信技术

## 9.1 基础知识

### 9.1.1 OSI 模型

开放式系统互联通信参考模型（Open System Interconnection Reference Model，OSI/RM），简称为 OSI 模型（OSI model），是由国际标准化组织（ISO）提出的一种概念模型。它试图使包括车辆电子控制单元（ECU）在内的各种计算机在世界范围内互联为网络的标准框架，相对应的标准是 ISO/IEC 7498-1。

在制定计算机网络标准方面，起着重大作用的两大国际组织是国际电报电话咨询委员会（CCITT）和国际标准化组织（ISO），虽然它们的工作领域不同，但随着科学技术的发展，通信与信息处理之间的界限开始变得比较模糊，这也成了 CCITT 和 ISO 共同关心的领域。1983 年，ISO 发布了著名的 ISO/IEC 7498 标准，它定义了网络互联的 7 层框架，也就是开放式系统互联通信参考模型。

OSI 模型采用了分层的结构化技术，定义了一组层次和每层所需要完成的服务。层次的划分从逻辑上将功能分组，其层数应该足够多，以使每一层小到易于管理，但也不能太多以至于汇集各层的处理开销太大。

OSI 模型共有 7 层，由低层到高层分别为物理层、数据链路层、网络层、传输层、会话层、表示层和应用层。

第 1 层——物理层（Physical Layer），其主要功能如下：

1）提供为建立、维护和解除物理链路所需要的机械的、电气的、功能的和规程的特性。

2）有关在物理链路上传输非结构的位流以及故障检测指示。

第 2 层——数据链路层（Data Link Layer），其中又细分为两个子层：逻辑链路控制（Logic Link Control，LLC）子层和介质访问控制（Media Access Control，MAC）子层。数据链路层的主要功能如下：

1）在网络层实体间实现数据发送和接收的功能与过程。

2）提供数据链路的流量控制。

第 3 层——网络层（Network Layer），其主要功能如下：

1）控制分组传送系统的操作、路由选择、交通控制、网络互联等，使具体的物理传送对高层透明。

2）根据传输层的要求来选择服务技术。

3）向传输层报告未恢复的差错。

第 4 层——传输层（Transport Layer），其主要功能如下：

1）提供建立、维护和解除传送连接。

2）选择最合适的网络层服务。

3）在系统之间提供可靠透明的数据传输，提供端到端的错误恢复和流量控制。

第 5 层——会话层（Session Layer），其主要功能如下：

1）提供两个进程之间的建立、维护和结束会话连接。

2）提供交互会话的管理功能。

第 6 层——表示层（Presentation Layer），其主要功能如下：

1）代表应用进程协商数据表示。

2）完成数据转换、格式化和文本压缩，把数据转换为能与接收者的系统格式兼容并适合传输的格式。

第 7 层——应用层（Application Layer），其主要功能如下：

1）提供各种用户服务。

2）提供为应用软件而设的界面，以设定与另一应用软件之间的通信。

## 9.1.2 车载网络基本指标和术语

汽车车载网络系统中沿用了许多计算机专用术语，常用术语及其基本含义如下：

### 1. 网络

为了实现信息共享而将多条数据总线连在一起，或将数据总线和模块连接为一个系统，称为网络。车内通信网络是在协议控制下，由若干个电子控制单元组成，来完成特定的数据交流的系统集合。控制器局域网（CAN）是目前国际上应用最广泛的汽车总线之一，可实现车载电控单元之间的信息交换，发动机电控单元、自动变速器电控单元、仪表装备等均可嵌入 CAN 控制装置。

### 2. 网络拓扑结构

拓扑是研究与大小、形状无关的线和面的特性的方法。将网络单元抽象为节点，将网络中的通信线路抽象为线，从而抽象出网络的拓扑结构。常见的局域网拓扑结构有总线型、星形和环形等。

（1）总线型拓扑结构

将各个节点和一根总线相连，网络结构简单、灵活，可扩充性好，可靠性高，资源共享能力强。但由于同环形结构一样采用共享信道，因此需解决多站争用总线的问题。CAN 总线采用这种结构。

（2）环形拓扑结构

网络中各节点通过一条首尾相连的通信链路连接成一个闭合环形结构网，数据在环上单向流动。由于各节点共享环路，因此需要采取措施（如令牌控制）来协调、控制各节点的发送。其优点是无信道选择问题；缺点是不便于扩充，系统响应慢。

（3）星形拓扑结构

网络中每个节点均以一条单独信道与中心节点相连，中心节点是通信控制中心。其优点是建网容易，控制简单；缺点是网络共享能力差，可靠性低，若中心节点出现故障，会导致全网瘫痪。

3. 网络互联

网络互联是指处于同一区域或不同区域的同类型或不同类型网络之间通过中间设备的互联，以实现网络资源共享。ISO 将其定义为中继系统。根据中继系统工作在 ISO/OSI 的 7 层模型的层次不同，将互联划分为 4 层，即物理层、数据链路层、网络层和传输层及传输层以上，与之对应的网络互联设备分别是中继器（ Repeater）、网桥（ Bridge）、路由器（Router）和网关（Gateway）。

（1）中继器

中继器又称为转发器，在两个节点的物理层上按位传递信息，完成信息的复制、调整和放大，以此延长网络的长度。

（2）网桥

网桥又称为桥接器，它在数据链路层上对帧进行存储转发。网桥接收一个整帧，并将其向上传送到数据链路层检测校验，再向下传送到物理层，通过传输介质送到另一个子网或网段。

（3）路由器

路由器可在网络层上实现多个网络互联，对分组信息进行存储转发。路由器比网桥更复杂，管理功能更强，但更具灵活性。经过路由器的每个数据分组，按某种路由策略选择一条最佳路由，并将该数据分组转发出去。网络中的路由器能定时更新或动态更新，以保持路由信息有效。

（4）网关

由于车辆上有很多总线和网络，必须用一种有特殊功能的电控单元实现信息共享和不产生协议间冲突的功能，实现无差错数据传输，这种电控单元称为网关。网关是连接异构网络的接口装置，它综合了桥接器和路由器的功能。汽车网关主要是在 OSI 模型的物理层、数据链路层和应用层上对双方不同的协议进行翻译和解释。网关的主要作用如下：

1）将 CAN 的数据转变成可识别的 OBD- Ⅱ诊断数据语言，以便于诊断。

2）使低速的 CAN 和高速的 CAN 信息共享。

3）接收和发送信息。

4）激活和监控 CAN 网络工作状态。

5）实现车辆数据的同步性。

#### 4. 架构

网络特定的通信协议称为架构，架构在其输入和输出端规定能进和能出的信息。

#### 5. 通信协议

要实现汽车内各电控单元之间的通信，必须制定规则以保证通信双方能相互配合，其通信方法、通信时间、通信内容是通信双方同样能遵守、可接受的一组规定和规则，即通信协议。通信协议是通信实体双方控制信息交换规则的集合，数据总线的通信协议采用优先权的处理机制。

#### 6. 数据总线

数据总线是电控单元之间传递数据的通道。数据总线可以实现在一条数据线上传递的信息能被多个系统（电控单元）共享，从而最大限度地提高系统的整体效率，充分利用有限的资源。如果系统可以发送和接收数据，则该数据总线称为双向数据总线。

各汽车制造商一直在设计各自的数据总线，如果不兼容，就称为专用数据总线；如果是按照某种国际标准设计的，则为非专用数据总线。为使不同厂家生产的零部件能在同一辆汽车上协调工作，必须制定标准，如由国际标准化组织（ISO）所颁布的 ISO 11898 高速 CAN 总线标准。

#### 7. 数据传输

（1）串行传输与并行传输

串行传输的数据是一位一位在设备间进行传输的，在发送站需将并行数据位流变成串行数据位流，然后发送到传输信道上；在接收站要将从传输信道接收到的数据位流变换成并行数据位流。并行传输时，多位数据在设备间同时传输。串行传输的速度比并行传输要慢，但设备费用低，通常传输距离较远的数字通信系统多采用串行传输。并行传输的速度快，设备费用也高，适用于近距离传输。

（2）同步传输与异步传输

同步传输方式各字符没有起始位和结束位，采用按位同步的原则。位同步即接收端接收的每一位数据信息都要和发送端准确地保持同步。异步传输方式是在位同步基础上的同步，要求发送端与接收端必须保持一个群内的同步。异步传输方式实现简单，但传输效率低。同步传输方式对发送端和接收端的要求较高，由于取消了每个字符的起始位和结束位，其传输效率高于异步传输方式，适用于高速数据通信。

（3）多路传输

多路传输是指在同一条通信线路上实现同时传送多路信号。事实上数据是依次传输的，但传输速度非常快，近似于同时传输。多路传输系统是完成某一特定功能的电路或装置。运用多路传输技术可以使车辆省去许多连接接头，减小质量，节省空间，并改善可靠性。

车辆多路传输系统可分为时分多路复用、频分多路复用和波分多路复用 3 种类型。

1）时分多路复用（TDM）是在传输时将时间分成小的时间段，每一时间段由复用的一路信号占用，各路信号在微观上串行传送，宏观上并行传送。汽车上采用的是单线或双线制时分多路传输系统。

2）频分多路复用（FDM）是将多路信号分别调制到互不交叠的频段进行传输，各路信号在微观上并行传送。其缺点是各路信号之间易互相干扰，多用于模拟通信。

3）波分多路复用（WDM）是在光波频率范围内，将不同波长的光波按一定间隔排列在一根光纤中传送。

### 8. 链路（数据传输介质）

链路指网络数据传输的介质，是在通信的发送方和接收方之间传输电信号的物理介质。其性能影响数据传输速率、通信距离、数据传输的可靠性，以及成本和安装维护的难易程度等。传输介质有双绞线、同轴电缆、光纤、微波、红外线、卫星等。车辆中最常用的是双绞线，其通信和娱乐系统中也有用到同轴电缆和光纤等介质。

### 9. 报文及帧

若要在车辆网络内有效、快速地传输信息，需将信息转化成适合该总线传输的格式。在 CAN 网络内，信息也被称为报文（Messages），而适合 CAN 总线传输的格式称为报文格式。

总线的信息以不同的固定报文格式发送，但长度受限。为了可靠地传输数据，通常将原始数据分割成一定长度的数据单元，该数据单元称为帧。一帧内应包括同步信号（如帧起始和帧结束）、错误控制（各类检错码或纠错码，大多数采用检错重发的控制方式）、流量控制（协调发送方与接收方的速率）、控制信息、数据信息、寻址等。

### 10. 传输仲裁

当数个使用者同时申请利用总线发送信息时，会发生数据传输冲突，好比同时有两个或多个人想过独木桥一样。传输仲裁是为了避免数据传输冲突，保证信息按其重要程度发送。

### 11. 模块 / 节点

模块即完成某些特定功能的电子装置。在多传输系统中一些简单的模块被称为节点。

### 12. 集线器（Hub）

集线器相当于一个有多个端口的中继器，随机选出某一端口，并独占全部带宽，与集线器的上连设备（如交换机、路由器或服务器）进行通信。集线器分为无源集线器、有源集线器、智能集线器和交换式集线器。

### 13. 主总线

主总线是指总线中两个终端电路间的线束。

### 14. 分总线

分总线是指从主总线分出至电子控制单元或传感器的线束。

### 15. 终端电路

终端电路是将 CAN 通信电流转换成总线电压而设置的电路，由电阻器和电容器组成。在一条总线上需要两个终端电路。

## 9.1.3 车载网络分类

目前各个国家和公司存在多种汽车网络标准。美国汽车工程师学会（SAE）按照汽车上网络系统的性能由高到低，将汽车传输网络划分为不同的等级标准，即A类、B类、C类、D类和E类，见表9-1。

表9-1 SAE车载网络分类

| 网络分类 | 位传输速率 | 应用范围 | 主流协议 |
|---|---|---|---|
| A类 | < 20kbit/s | 刮水器、后视镜以及其他智能传感器 | LIN、TTP/A |
| B类 | 20~125kbit/s | 车灯、车窗等信号多、实时性要求低的控制单元 | 低速CAN |
| C类 | 0.125~25Mbit/s | 发动机、ABS等实时性要求高的控制单元 | FlexRay、TTP/C、高速CAN |
| D类 | 25~150Mbit/s | 导航、多媒体系统 | IDB-1394、MOST |
| E类 | 10Mbit/s | 气囊等面向乘员的被动安全系统 | Byteflight |

A类网络为面向执行器、传感器的低速网络，位传输速率小于20kbit/s，主要用于价格低、数据传输速度、实用性及可靠性要求较低的情况，如灯光照明、车身门窗行李舱系统，以及电动座椅的调节等。典型的该类网络为LIN。

B类网络是面向独立模块间数据共享的中速网络，位传输速率为20 ~ 125kbit/s，主要用于车身电子舒适性模块、仪表显示灯系统。典型的该类网络为低速CAN。

C类网络是面向高速、实时闭环控制的多路传输网，位传输速率为0.125 ~ 25Mbit/s，主要用于发动机控制、牵引力控制、悬架控制、ABS控制等。典型的该类网络为高速CAN/CAN FD以及FlexRay。

D类网络也称为智能数据总线（IDB），主要面向导航、多媒体系统等。该类网络协议的传输速率为25 ~ 150Mbit/s，主要使用在信息多媒体系统中，如采用D2B、MOST光纤传输和IDB-Wireless通信技术，用于实时的音频和视频通信。典型的该类网络为MOST。

E类网络是面向乘员的安全系统网络，主要用于车辆被动安全性领域。典型的该类网络为气囊应用中的Byteflight。

# 9.2 CAN（控制器局域网）

## 9.2.1 概述

1. 特点

控制器局域网（Controller Area Network，CAN）是一种功能丰富且最常用的车辆总线，它是德国博世公司（Bosch）为解决现代汽车中众多的控制以及与测试仪器之间的数据交换，在20世纪80年代初开始开发并在汽车行业广泛使用的一种串行数据通信协议，它是一种多主总线，即不需要通过主机就允许网络上各个节点相互通信。

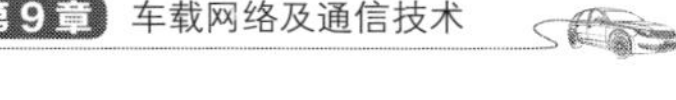

CAN 建立在基于信息导向传输协定的广播机制上。它根据信息的内容，利用其唯一确定的信息标识符来定义内容和消息的优先顺序进行传递，而并非指派特定站点位址的方式，这也使网络内的节点数在理论上不受限制。因此，CAN 拥有了良好的弹性调整能力，可以在现有网络中增加节点而不用在软、硬件上做出调整。除此之外，消息的传递不基于特殊种类的节点，增加了升级网络的便利性。

CAN 不仅简化了电子控制单元的设计和安装，还减轻了布线重量和降低了对空间的要求。自从引入 CAN 以来，汽车中的复杂线束已经大大减少。

2. 标准

（1）博世 CAN 2.0A 和 CAN 2.0B 规范

博世公司前后发表了关于 CAN 规范的几个版本，最近的 CAN 2.0 于 1991 年发布。该规范分为两部分：A 部分适用于使用 11 位标识符的标准报文格式；B 部分适用于 11 位标识符的同时也适用于使用 29 位标识符的扩展格式。使用 11 位标识符的 CAN 总线一般被称作 CAN 2.0A 规范总线，而能同时使用 11 位和 29 位标识符的 CAN 总线通常称为 CAN 2.0B 规范总线。

（2）ISO 11898

ISO 11898 系列国际标准规定了用于道路车辆的 CAN 串行通信技术的物理层和数据链路层，即 ISO/OSI 模型的第 1 和第 2 层。最初的标准于 1993 年公布，后来被重新编译分成两个部分：ISO 11898-1 和 ISO 11898-2。在接下来的二十多年中，又有更多的标准被陆续公布：

1）ISO 11898-1 规定了 CAN 的数据链路层和物理层。其中，数据链路层中又包含了 MAC（介质访问控制）和 LLC（逻辑链路控制）两个子层；物理层主要是指物理信号指令。

2）ISO 11898-2 规定了高速（传输速率高达 1Mbit/s）介质访问单元（MAU）和一些介质相关接口（MDI）的特性，共同组成了控制局域网的物理层。

3）ISO 11898-3 涵盖了低速 CAN 总线的物理层和 CAN 总线容错规范，规定了在道路车辆电子控制单元之间建立的低速、容错、依赖介质的接口的数字信息交换设置，其传输速率为 40 ~ 125kbit/s。

4）ISO 11898-4 规定了在 CAN 中的时间触发通信，是数据链路层的扩展，它为基于 CAN 的网络增加了时间触发通信选项。

5）ISO 11898-5 则进一步规定了道路车辆内传输速率高达 1 Mbit/s 的 CAN 网络物理层，是 ISO 11898-2 的扩展，针对没有主动主线通信但是要求低功耗特性的系统。

6）ISO 11898-6 也同样规定了道路车辆内传输速率高达 1Mbit/s 的 CAN 网络物理层，是 ISO 11898-2 和 ISO 11898-5 的进一步扩展，描述了一种可选的和利用可配置的 CAN 网络帧的选择性唤醒机制。

但需要注意的是，除了 ISO 11898-1 以外的标准并不包含在博世 CAN 2.0 规范中。

（3）其他有关标准

1）ISO 16845-1 提供了用于检查 CAN 是否符合 ISO 11898-1 规定所必需的方法和简要测试套件。ISO 16845-2：2014 设立测试案例和测试要求，验证具有选择性唤醒功能的 CAN 收发器是否符合指定的功能，它定义的测试类型称为一致性测试。

2）CiA DS-102 建议使用非常特定的连接器（SUB-D9）以及对该连接器引脚分配的定义。物理层的 MDI（介质相关接口）子层没有标准。

3.CAN FD（灵活数据速率 CAN）

在 CAN2.0 规范以后，博世公司仍然积极地拓展 CAN 标准。2012 年，博世公布发布了 CAN FD 1.0（或称作灵活数据速率 CAN），用来增加数据传输速率和带宽。这个规范允许在仲裁之后，切换至更快的传输速率，并且可以传输每帧最多达 64 个字节长度的数据。CAN FD 兼容现有的 CAN2.0 网络，所以新的 CAN FD 装置能够与现有 CAN 装置共存于同一控制网络。2015 年底，ISO 11898-1 的第二个版本（或 ISO 11898-1：2015）公布了，它是同时规范了 CAN FD 和传统 CAN 的协议，也使得芯片制造商可以以此标准来设计和生产出支持该协议的芯片。CAN FD 有望在今后几年内在各类应用中逐渐代替传统的 CAN 2.0。

4. Full CAN 和 Basic CAN

CAN 根据报文控制方面的差异有两种不同的类型：一种是所谓的 Full CAN，带有较多的信息报文缓冲器并占用较少的 CPU 载荷；另一种是 Basic CAN，通常不带信息报文缓冲器并占用较多的 CPU 载荷，其好处是芯片成本较低。

5. 高速 CAN 物理层和低速 CAN 物理层

ISO 11898-2 和 ISO 11898-3 分别描述了两个不同的 CAN 物理层：高速 CAN 物理层和低速 CAN 物理层，其主要区别在于对电压和数据传输速率的定义。ISO 11898-3 允许的最高数据传输速率为 125 kbit/s，主要用于车身控制等对实时性要求不很高的应用；ISO 11898-2 允许的数据传输速率可高达 1Mbit/s，主要用于汽车的动力总成和底盘控制等对实时性要求比较高的应用。

6. CAN 标准及实施的各环节

图 9-1 所示为在 ISO/OSI 的网络模型中，CAN 标准及实施的各环节之间的关系。

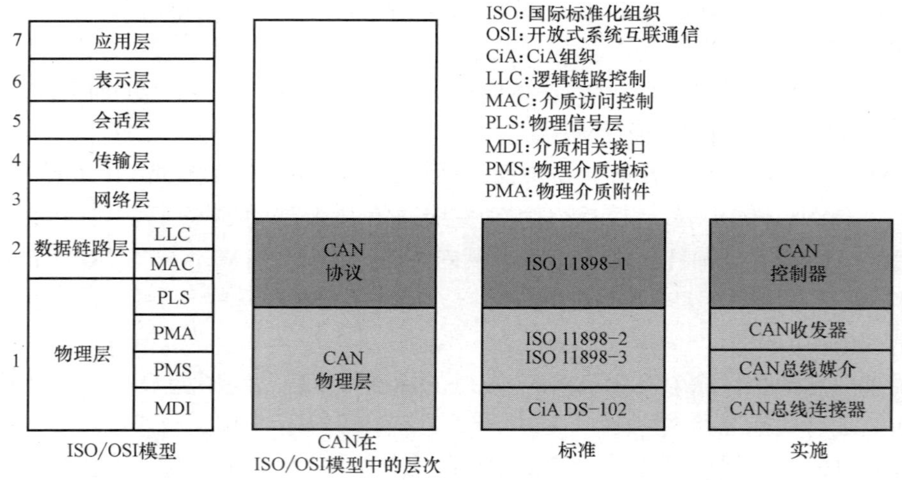


图 9-1　CAN 标准及实施的各环节之间的关系

## 9.2.2 CAN 通信中的基本概念以及组成部分

### 1. CAN 网络

在 CAN 网络中执行特定任务的 ECU 称为 CAN 节点。CAN 网络由多个通过物理传输介质（即 CAN 总线）连接的 CAN 节点所组成，通常基于总线型拓扑结构，总线上连接了许多 ECU，它们通过各自的 CAN 接口相互通信。另一种替代方案是基于无源星形拓扑结构。

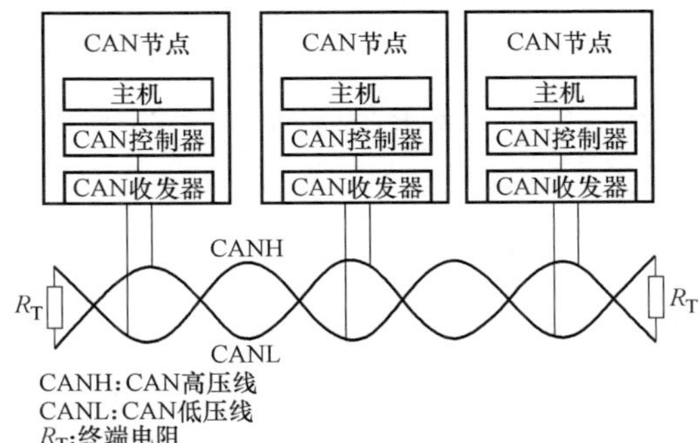

图 9-2 CAN 网络的基本结构

非屏蔽双绞线是应用中最常用的物理传输介质，以对称信号的方式进行传输。导线的横截面面积通常为 0.34 ~ 0.6mm²，而且线路电阻应小于 60mΩ。

数据最大的传输速率为 1Mbit/s，所允许的最大网络长度约为 40m。CAN 网络的基本结构如图 9-2 所示，在网络末端的总线终端电阻有助于防止反射这种瞬态现象。ISO 11898 将 CAN 节点的最大数目指定为 32。

### 2. CAN 控制器

CAN 网络上的 ECU 通过 CAN 接口进行通信，CAN 接口包括 CAN 控制器和 CAN 收发器。

CAN 控制器实现 CAN 协议规定的通信功能，从而减轻了主 CPU 的负担。在 CAN 网络的发展初期，CAN 控制器曾作为独立的芯片被使用，但目前 CAN 控制器已经基本作为一个模块被集成在 ECU 的微控制器（MCU）里了，这样系统成本更低，可靠性更高。

### 3. CAN 收发器

CAN 收发器将 CAN 控制器连接到物理传输介质（即总线）上，它有两个连接总线的引脚：CAN 高压线（CANH）和 CAN 低压线（CANL），这是为了实现更好的电磁兼容性。CAN 网络中的物理信号传输是对称式的；另外，CAN 网络中的传输介质是由两条线组成的。

根据最大传输速率的不同，CAN 收发器又分为高速 CAN 收发器和低速 CAN 收发器。高速 CAN 收发器支持 1Mbit/s 的数据传输速率。低速 CAN 收发器仅支持 125kbit/s 的数据传输速率。然而，低速 CAN 收发器确保了总线接口的容错能力，如两条通信线路之一的故障不会导致整个总线的通信失败。

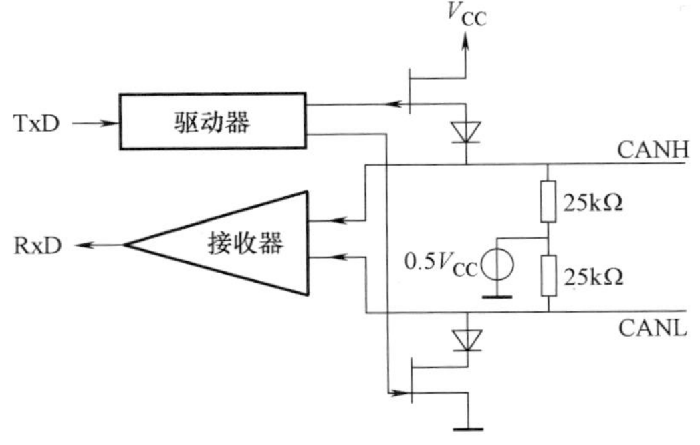

图 9-3 高速 CAN 收发器的基本构造

图 9-3 所示为高速 CAN 收发器的基本构造。当两个输出晶体管都关断时，两条 CAN 线有相同的电位：$0.5V_{CC}$，其差分电压为零。一旦两个输出晶体管都开通，就会在两条线路之间产生差分电压，根据 ISO 11898-2，该差分电压应该是 2V，并因此会产生大约

35mA 的电流。

通常，CAN 收发器的电磁辐射非常低，并且具有很宽的共模工作范围以实现高抗噪性。此外，目前 CAN 收发器能有高达 8kV 的静电释放（ESD）保护能力。另外，尽管收发器具备高共模抑制能力，但通常仍在输出管引脚处加入共模扼流圈（CMC），以进一步减少辐射。

ISO 11898 中规定的 CAN 节点的最大数量为 32，但实际上最大的 CAN 节点数量在很大程度上取决于所使用的 CAN 收发器的性能，以及它是高速 CAN 网络还是低速 CAN 网络。例如，使用某些高速 CAN 收发器的高速 CAN 网络中，可以有多达 110 个 CAN 节点。



#### 4. CAN 总线

CAN 网络中的物理信号是基于差分电压的传输，这样有效地消除了干扰电压的负面影响。双绞线因其对磁场的抗干扰特性通常被用作物理传输介质，由于信号传输速率有限，瞬态现象（反射）的影响随着数据传输速率的增加和总线扩展而增加，使用总线终端电阻可以防止高速 CAN 网络中的反射。

总线终端电阻的关键参数是所谓的电路的特性阻抗。在 ISO 11898-2 中，该值是 120Ω；而在 ISO 11898-3 中，由于最高传输速率仅为 125kbit/s，因此没有指定任何总线终端电阻值。

#### 5. CAN 总线电平

CAN 网络中的物理信号传输是基于差分信号传输的，具体的差分电压取决于所使用的总线接口的情况，高速 CAN 总线接口和低速 CAN 总线接口就存在着很大的差别。

在 ISO 11898-2 高速 CAN 标准中，通常 0V 的差分电压对应于逻辑“1”，2V 的差分电压对应于逻辑“0”。高速 CAN 收发器将超过 0.9V 的差分电压解释为共模工作范围内的“显性电平”，其绝对值通常不超过 12V，而当差分电压小于 0.5V 时，则被会被解释为“隐性电平”。

在 ISO 11898-3 低速 CAN 标准中，通常 5V 的差分电压对应于逻辑“1”，2V 的差分电压对应于逻辑“0”。

图 9-4 和图 9-5 所示分别为高速和低速 CAN 总线上的不同电压与逻辑电平的关系。

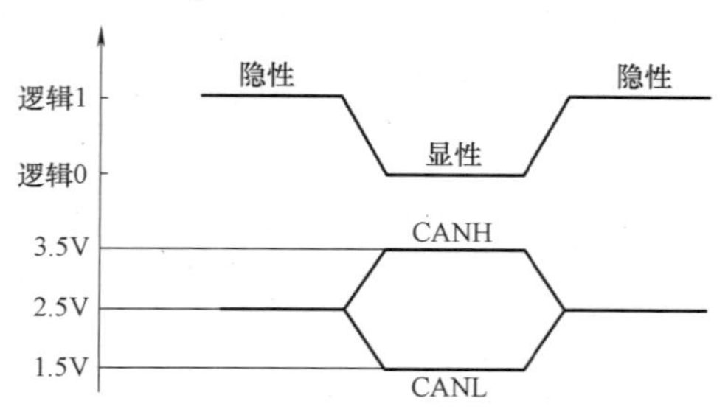

图 9-4　高速 CAN 总线上的不同电压与逻辑电平的关系（ISO 11898-2）

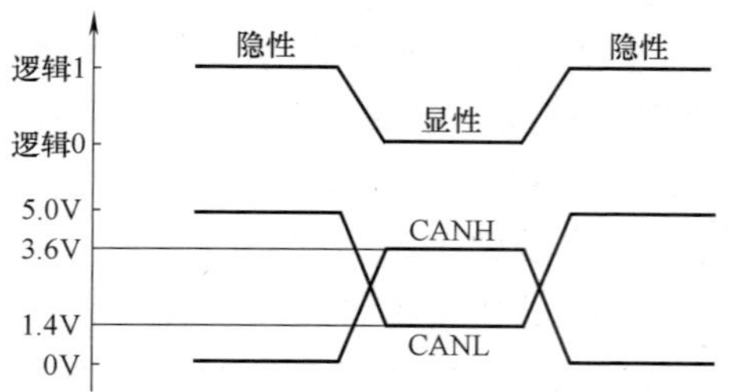

图 9-5　低速 CAN 总线上的不同电压与逻辑电平的关系（ISO 11898-3）

#### 6. CAN 总线逻辑

要确保 CAN 网络中通信的顺利进行，就需要在总线访问、故障指示和应答时能够明确区分显性电平和隐性电平。显性电平对应于逻辑“0”，而隐性电平对应于逻辑“1”。

当不同的CAN节点同时发送显性位和隐性位时，CAN总线上会出现显性电平状态。只有当所有CAN节点都发送隐性位时，CAN总线才会出现隐性电平状态。

7. CAN通信的基本原则

（1）去中心化

车辆系统中许多与动力总成和安全有关的应用都有很高的可靠性要求，把总线分配的责任分配给某单个总线节点去执行的做法会导致系统可靠性的降低，解决方案就是采用去中心化的分散总线访问方式，以便每个总线节点都有权访问总线。

（2）由事件驱动

CAN网络结构是多主架构和总线型拓扑的组合，基本上每个CAN节点都可以在总线上收发信息，而且CAN报文信息的传输不遵循任何预定的时间顺序，而是由事件驱动的。只有当实际需要传输新信息时，通信信道才会被占用，这时允许非常快速的总线访问。

（3）接收器选择性寻址

在CAN网络中，使用接收器选择性寻址的方法实现了总线节点的配置灵活性，每个CAN报文信息都通过广播的方式被其他任何一个CAN节点来接收，做到这一点的前提条件是必须能够通过报文标识符（ID）和特定于节点的过滤来识别每个CAN消息。虽然这增加了成本，但它允许在不需要修改CAN网络的情况下加入更多的CAN节点。

## 9.2.3 CAN协议中的帧

1. 帧类型

在CAN网络中所传输的消息是以“帧（Frame)”作为基本单位来进行的。实际应用时可以有两种不同的“帧”格式：

1）标准或基本帧格式（在CAN 2.0 A和CAN 2.0 B中有描述)，所支持的标识符长度为11位。

2）扩展帧格式（仅在CAN 2.0 B中有描述)，所支持的标识符长度为29位，由11位标识符（基本标识符）和一个18位扩展（标识符扩展）组成。

CAN基本帧格式和CAN扩展帧格式之间是通过使用标识符扩展（IDE）位进行区分的，该位在传输显性时为基本帧，而在传输隐性时为扩展帧。支持扩展帧格式消息的CAN控制器也能够发送和接收CAN基本帧格式的信息。所有的帧都以帧起始（SOF）位作为信息传输的起始。

CAN有以下4种帧类型：

1）数据帧：包含用于传输的节点数据的帧。

2）远程帧：请求传输具有特定标识符的数据帧。

3）错误帧：由任何检测到错误的节点发送的帧。

4）过载帧：在数据帧或远程帧之间插入延迟的帧。

（1）数据帧

数据帧是唯一用于实际数据传输的帧，最多可以传输8个字节的有效载荷，其结构如

图 9-6 所示。

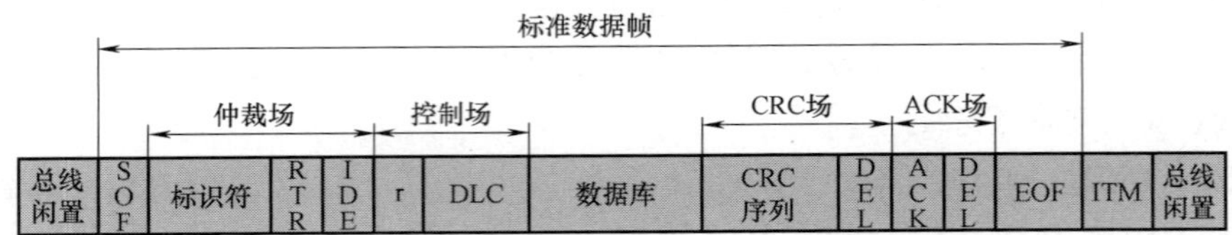


图 9-6　数据帧的结构

数据帧在 CAN 网络中占主导地位，用于传输用户数据，并由许多不同的位场组成，每个位场在传输过程中执行特定的任务，如启动和维护通信节点之间的同步、建立通信矩阵中定义的通信关系以及传输和保护用户数据。其中的位场按传送顺序分别为帧起始（SOF）、标识符（ID）、远程传输请求（RTR）、标识符扩展（IDE）、数据长度代码（DLC）、循环冗余校验（CRC）、确认（ACK）以及 帧结束（EOF）。

（2）远程帧

目标节点也可以通过发送远程帧来从信息源请求数据发送。数据帧和远程帧之间有两个区别：首先远程传输请求（RTR）位在数据帧中作为显性位传输，其次在远程帧中没有数据段。数据长度代码（DLC）字段表示所请求的消息的数据长度，而不是发送的数据长度。图 9-7 所示为远程帧的结构。

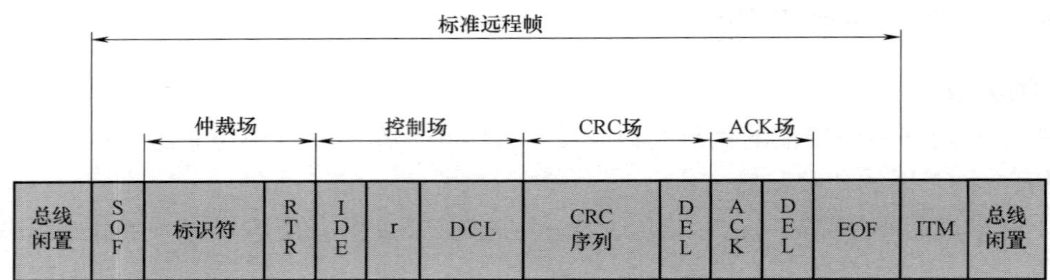


图 9-7　远程帧的结构

（3）错误帧

错误帧可用于指示通信期间检测到的错误，终止正在进行的错误数据传输并发出错误帧。错误帧只包含图 9-8 所示的两部分：错误标志和错误界定符。

图 9-8　错误帧的结构

（4）过载帧

过载帧包含两个位字段：过载标志（Overload Flag）和过载界定符（Overload Delimiter）。过载标志由 6 个显性位组成，过载界定符由 8 个隐性位组成。

2. 消息寻址

CAN 网络中的通信基于与内容相关的寻址，CAN 节点本身不具有标识符，标识符（ID）包含在数据帧和远程帧中。因此，每个 CAN 节点都可以接收所有 CAN 消息，接收器独立负责选择 CAN 消息。这种接收器选择性寻址的方法非常灵活，但它要求每个接收器具有过滤接收 CAN 消息的能力。

用户可以选择两种消息格式：标准格式和扩展格式。这两种格式的标识符长度不同：在标准格式中，ID 具有 11 位；在扩展格式中，ID 具有 29 位。

3. 位填充

正确传输数据的基本先决条件是通信伙伴间的同步。起始位的显性到隐性信号变化的边沿用于产生 CAN 消息的同步，然后使用再同步机制来保持同步直到消息传输结束。

再同步机制是基于对隐性到显性信号变化边沿的情况，并通过所谓的位填充机制来确保的。ISO 11898-1 规定发送方必须在发送 5 个相同位信号之后必须发送一个互补位信号，即使 5 个相同位信号后跟着的是它们的互补位信号，也必须添加一个填充位。

## 9.2.4 CAN 总线的访问

1. 总线访问原理

ISO 11898-1 中定义了一种多主机的架构，以确保高可靠性和由事件驱动的数据传输。CAN 网络中的每个节点都有权在不需要许可的情况下访问 CAN 总线，也无须事先与其他 CAN 节点协调。尽管基于事件驱动方法的总线访问能够快速响应事件，但是存在多个 CAN 节点可能同时访问 CAN 总线的风险，这将导致 CAN 总线上的数据出现不希望的重叠。

为了保持通信系统的实时能力，ISO 11898-1 提供了一种保证非破坏性数据传输的总线访问，即使用所谓的 CSMA/CA（具有冲突避免的载波侦听多路访问）方法。CSMA/CA 方法可以确保希望发送数据的 CAN 节点在总线可用之前不访问 CAN 总线。

在同时发生总线访问的情况下，基于按位总线仲裁的 CSMA/CA 方法确保 CAN 节点中的最高优先级 CAN 报文可以先被发送，在系统设计不佳的情况下，低优先级 CAN 消息甚至存在永远不能被发送的风险。

2. 优先级和标识符

CAN 报文的优先级对于获得 CAN 网络中的总线访问具有决定性作用。它们通过标识符进行编码，该标识符从最高有效位按位传输到最低有效位。

线与总线逻辑和仲裁逻辑确保 CAN 消息的优先级随着标识符值的减小而增加，即标识符值越小，CAN 消息的优先级越高。

如果总线负载不太高，这种随机的、非破坏性和优先级控制的总线访问可以提供公平和非常快速的总线访问。然而，必须考虑总线负载的增加会导致低优先级 CAN 报文传输延迟的增加，这可能会影响 CAN 通信系统的实时性能。因此，在设计系统时，CAN 报文的优先级应该取决于其传输信号的紧迫性。

### 9.2.5 CAN 总线的数据保护

1. 数据保护原则

可靠的数据传输是汽车电子系统的安全性和可靠性的先决条件。因此，CAN 不仅要满足严格的实时要求，而且必须始终提供可靠且完整的数据传输。

评估数据完整性的根本是环境，它会对数据传输产生干扰，以及影响串行总线系统防御干扰的能力。因此，保证可靠的数据传输应从物理系统布局开始，其中电磁兼容性（EMC）起着重要作用。

尽管在设计中考虑了电磁兼容方面的因素和物理数据保护，但电传导、电感和电容耦合仍可能使信号衰减和失真。另外，各种采样时间点、切换阈值的差异和通信伙伴之间的频率偏差也可能使得数据传输出现错误。

总的来说，CAN 数据传输的可靠性和完整性依赖两个方面的措施：一是在网络的布置方法上充分考虑电磁兼容因素；二是通过 CAN 总线自有的有效的逻辑错误检测和逻辑错误处理能力来检测并纠正错误的数据。

2. NRZ 位编码

在 CAN 通信中采取了非归零（Non Return to Zero，NRZ）的位编码方式，这意味着要传输的二进制信号中的逻辑“1”代表高电平，逻辑“0”代表低电平，相同极性的连续位之间没有电平的变化。这样做的好处是系统对噪声辐射的抗干扰能力比较强，同时也具有很高的传输速率。

然而，NRZ 位编码不是自动计时的，没有任何同步属性。如果在较长的时间段内没有电平变化，则接收器会失去同步，这就是为什么使用 NRZ 位编码需要引入一个位填充同步的机制，也就是在发出五个相同的位之后，在数据位流中会插入一个互补位，当然，这样做的后果是会降低一些传输效率。

3. 双绞线

CAN 网络中基本使用双绞线作为物理介质进行通信，其中一条线中传输的是 CAN-High（CANH）信号，另一条线中传输的是 CAN-Low（CANL）信号。这种对称信号的传输方式，使得外部噪声和磁场的作用在两条线上均等地起作用，这样形成的差分信号可以在传输有效信号的同时降低噪声干扰。另外，双绞线可以使得磁场在其每个子段中呈现相反的方向，从而导致任何感应电压或电感效应的相互抵消。

4. CAN 总线的终端

随着数据传输速率的增加，由于有限的信号传播，在 CAN 总线上会以反射形式产生瞬态现象，这就是为什么高速 CAN 网络中的总线末端必须加上阻抗一般为 120Ω 的电阻。在有些系统中也会采用分离总线终端来终止 CAN 总线，其由两个相同的 60Ω 的电阻和一个通常为 4.7nF 的电容组成，就像一个低通滤波器，高频信号被分流到地而不影响直流电压，从而使整个系统的抗噪能力得以提高。

### 5. 逻辑错误检测

为了检测错误的信号，CAN 协议定义了 5 种机制：位监视（Bit Monitoring）、报文的格式监视（Form Check）、填充位监视（Stuff Check）、应答校验（ACK Check）和循环冗余校验（CRC）。其中，位监视和应答校验的错误检测机制由发送方执行，而接收方执行报文的格式监视、填充位监视和循环冗余校验。

CRC 用来检查位流。CAN 协议规定发送方必须在 5 个相同位之后发送一个互补位，以实现同步。如果接收到超过五个相同位，则存在填充错误。

### 6. 逻辑错误处理

由于整个网络范围的数据是一致的，CAN 协议规定，如果一个 CAN 节点检测到由于局部原因产生的错误信息，它必须通知连接到该 CAN 网络的所有节点。为了实现这一目的，它必须发送错误信号和标志，该错误信号由 6 个显性位组成，这样做会违反位填充规则，并产生一个位填充错误。

错误标志的传输确保所有其他 CAN 节点也将发送错误标志（次级错误标志），从而也像主错误标志的发送者一样终止常规数据传输。根据情况，主错误标志和次要错误标志可能重叠。

错误标志的传输总是由 8 个隐性位组成的错误界定符（Error Delimiter）终止，错误界定符替换了常规消息传输的 ACK 界定符和 EOF，从而与 CAN 总线上的强制传输暂停（Intermission，ITM）一起产生 11 个隐性位（总线空闲标识符）。

错误处理由被中断的 CAN 报文的发送方来完成。在 ITM 位之后，它会尝试再次发送中断的 CAN 报文。

### 7. 错误跟踪

CAN 网络中的每个节点都可以终止任何被解释为错误 CAN 报文的传输，其中也包含那些错误地将正确的 CAN 报文解释成错误的 CAN 节点。为了防止对传输介质的干扰，CAN 协议中指定了错误跟踪功能，允许 CAN 节点区分偶尔发生的错误和持久的错误。

每个 CAN 节点的控制器都有两个错误计数器：TEC（发送错误计数器）和 REC（接收错误计数器）。在成功传输数据或远程帧的情况下，相关的错误计数器递减，即 TEC=TEC−1，REC=REC−1。检测到并随后发送错误标志则使相关的错误计数器根据以下的规则而递增：

1）对于发送节点：TEC = TEC + 8。

2）检测到错误的接收节点最初将 REC 加 1，即 REC = REC + 1。

3）对于导致错误的接收节点则将 REC 加 8，即 REC = REC + 8。

错误标志也有两种：

1）主动错误（Error Active）标志：6 个显性位——由网络上错误状态为“主动错误”的出错的 CAN 节点控制器传送。

2）被动错误（Error Passive）标志：6 个隐性位——由网络上错误状态为“被动错误”的出错的 CAN 节点控制器传送。

当发送错误计数器 TEC 或接收错误计数器 REC 大于 127 且小于 255 时，节点将在总线上发送被动错误帧。

当发送错误计数器 TEC 与接收错误计数器 REC 小于 128 时，节点将在总线上发送主动错误帧。

当发送错误计数器 TEC 或接收错误计数器 REC 大于 255 时，节点进入“脱离总线（Bus Off）”状态，不会发送任何帧。

CAN 节点各错误状态的转换关系如图 9-9 所示。

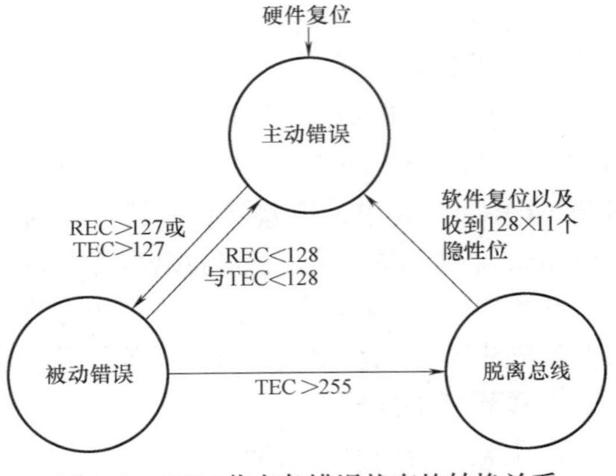


图 9-9　CAN 节点各错误状态的转换关系



## 9.2.6　CAN FD

### 1. CAN FD 产生的背景以及与传统 CAN 相比所具有的优势

自 CAN 总线问世以来，汽车嵌入式系统的结构发生了深刻的变化，数据流量的增加导致 CAN 总线上的总线负载越来越高。除了对带宽需求的增加之外，对确定性系统行为需求的不断增长也促进了新总线的发展，从而产生了 CAN FD（Flexible Data-Rate），它可以增加数据传输速率和带宽，允许在仲裁之后，切换至更快的传输速率，并且可以传输每帧最多达 64 个字节长度的数据，并且向下兼容现有的 CAN 2.0 网络。CAN FD 如今已经在许多新车型中被大量使用，并有望在今后几年内在各类应用中得到更广泛的运用。

与传统 CAN 相比，CAN FD 的主要优势大致可以归纳为以下几点：

1）有效载荷的快速传输减少了其传输时间，即减轻了总线负载。

2）由于每帧的有效载荷增加许多，数据传输效率更高，数据也被分割得较少。

3）有效载荷在每帧数据中的比例更高。

4）CAN FD 所用的 CRC 算法性能更高，减少了未被发现的错误的可能性。

5）CAN FD 的控制器是向下兼容的，即它可以支持传统的 CAN 2.0 总线标准。

6）与 CAN 相比，CAN FD 的设施成本增加很有限。

7）CAN FD 不涉及全新的总线技术，以前使用 CAN 所积累的知识和经验可以高效地帮助新项目的开发。

### 2. CAN FD 的帧结构

与传统 CAN 一样，CAN FD 也有两种类型的数据帧格式：具有 11 位标识符的标准帧和具有 29 位标识符的扩展帧。

CAN FD 没有为远程帧定义单独的格式，这是因为远程帧没有数据字段，这使得传输速率增加没有意义，但 CAN FD 协议允许以传统的 CAN 2.0 的远程帧来请求 CAN FD 进行数据发送。由于没有远程帧，因此 RTR 位是不需要的，取而代之的是一个总是呈显性的 RRS，即远程请求替代位。

传统CAN帧的保留位r现在成为CAN FD格式的开关位FDF。如果它为显性值0，则表示该帧为传统的CAN帧；如果它为隐性值1，则表示该帧为CAN FD帧。

在CAN FD的保留位r之后是波特率开关（BRS）位，在BRS位和CRC界定符（DEL）之间的数据传送波特率2可以与帧其余部分的波特率1不一样，从波特率1到波特率2的转换发生在BRS的采样点处，然后在CRC界定符的采样点处又从波特率2转换回波特率1。但当BRS为显性值0时，波特率2等于波特率1，因此不会发生数据的加速传输。在目前的设计中，正常行驶车辆的CAN FD总线中，最高波特率2为5Mbit/s。

在波特率开关（BSR）位之后有一个称为错误状态指示符（ESI）的位，如果ECU处于主动错误（Error Active）状态时，它为显性值0；而如果它是隐性值1，则表示ECU处于被动错误（Error Passive）状态。

传统CAN数据长度代码（DLC）已经由4位组成，但只规定了9个可能的合法长度，即0 ~ 8个字节，在CAN FD中，DLC的剩余7个值，即9 ~ 15将也可以被用来定义更高的波特率。

另外，帧起始（SOF）位、标识符和标识符扩展（IDE）位保持不变。同样在CAN FD帧的结尾处，确认（ACK）位、相应的界定符（DEL）、帧结束（EOF）位以及暂停（ITM）位与传统CAN帧一样。

图9-10所示为CAN FD帧与传统CAN帧结构的比较。

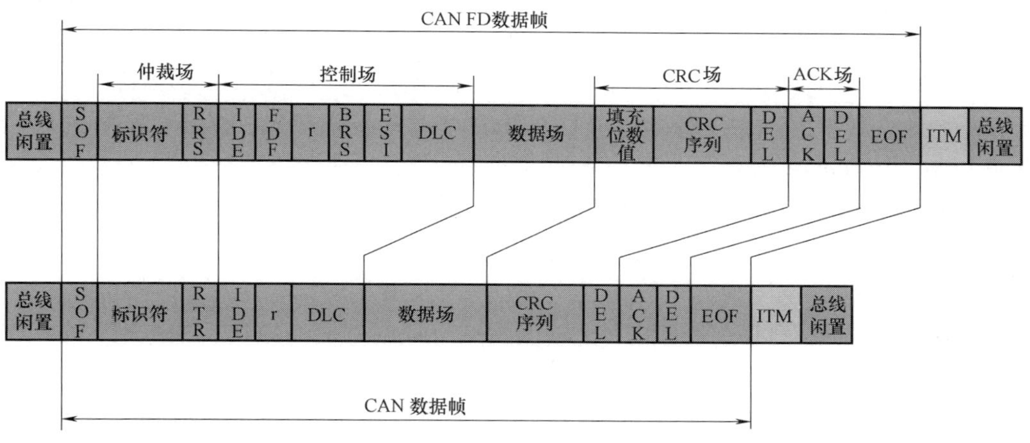


图9-10 CAN FD帧与传统CAN帧结构的比较

# 9.3 LIN（局部连接网络）

## 9.3.1 简介

### 1. 概述

局部连接网络（Local Interconnect Network，LIN）是一种低成本的串行通信网络，用于实现汽车中的分布式电子系统控制。LIN 的目标是为诸如 CAN 总线等其他汽车网络提供辅助功能，是一种辅助的总线网络。与 CAN 的复杂性相比，LIN 是一个简单并且低成本的总线系统，在不需要 CAN 总线的带宽和多功能的场合，如智能传感器和制动装置之间的通信，使用 LIN 总线可大大节省成本。

LIN 技术规范中除定义了基本协议和物理层外还定义了开发工具和应用软件接口。其通信是基于串行通信接口（通用异步收发传输器）[ SCI（UART）] 数据格式，采用单主控制器 / 多从设备的模式。仅使用一根 12V 信号总线和一个无固定时间基准的节点同步时钟线。这种低成本的串行通信模式和相应的开发环境已经由 LIN 联盟制定成标准。LIN 的标准化将为汽车制造商和供应商在研发应用操作系统时降低成本。



2. 标准和规范

LIN 的规范由 LIN 联盟颁布。该联盟于 1999 年成立，最初的成员包括奥迪、宝马、克莱斯勒、大众和沃尔沃五家汽车制造商，加上提供技术支持的摩托罗拉公司和明导公司（Mentor Graphics）。该联盟陆续发布的规范如下：

1）1999 年推出第一个规范，而且在 2000 年底特律的 SAE 大会上推出了 LIN 1.1 版。

2）2000 年 11 月推出 LIN 规范的 LIN 1.2 版。

3）2002 年 11 月颁布了第一个可全面实施的 LIN 1.3 版。

4）2003 年 9 月颁布了具有额外诊断功能的 LIN 2.0 版，进一步扩展了 LIN 总线的能力。

5）2006 年 11 月颁布了 LIN 2.1 版，与 LIN 2.0 版相比，差别主要体现在加入了事件触发帧的竞争处理、完善了节点配置功能和进行了诊断分级三个方面。

6）2010 年 12 月颁布了 LIN 2.2 版，它进一步纠正了前一版的一些小错误。

此外，SAE（美国汽车工程师协会）于 2004 年首次颁布了 J2602 标准并在 2012 年推出了修订版，该标准是基于 LIN2.0 版本的，由三个部分组成。

与此同时，ISO（国际标准化组织）也颁布了 ISO 17987 系列标准，将 LIN 通信系统以及与其相关的一致性测试规范加以标准化。该标准由八个部分组成。

3. 主要应用领域

LIN 的主要应用领域是速度要求比较低的车身控制方面的应用，如车窗、车门、车镜、车椅、天窗、空调和照明等，也可作为低速传感器和车内电机信号的传输总线。与传统点对点的布线相比，LIN 总线上的所有传感器和执行器都配备了总线接口，并通过总线连接到 ECU 上。

## 9.3.2 网络架构

1. 基本布局

LIN 是通过物理传输介质互连的节点组成的广播式串行网络，最多可以包含 16 个节点，其中有 1 个能控制总线访问的主节点和多达 15 个可以发送和接收信息的从节点。

通信控制器集成在单片机内，通信协议的实施由单片机的软件来完成，这样可以使系统硬件成本更低。单片机通过串行接口连接到 LIN 收发器，该串行接口称为“串行通信接口（SCI）”，与普通的通用异步收发传输器（UART）接口在硬件上是相同的，现在还有增强型 SCI（ESCI）或 LIN SCI 的单片机。LIN 网络的基本结构如图 9-11 所示。

LIN 收发器是将总线连接到网络的接口电路，可以是独立的器件，也可以集成在所谓的“系统基础芯片（System Basis Chip，SBC）”中。该芯片可实现将逻辑位序列转换为可传输的总线电平以及相反的转换，它具有 Tx 部分和 Rx 部分。Tx 部分用于在总线上产生电压，Rx 部分能够对接收电平进行评估。此外，收发器具有通过总线唤醒节点的功能。

为了节约硬件成本，通信所需的时钟信号可以来自单片机内部的时钟或者 RC 振荡器，而不是外部的石英晶体或陶瓷振荡器。一个 LIN 帧内的波特率稳定性可以通过使用报文头内的 SYNC 字段来确保。

LIN 总线上物理信号的传输仅需要一根导线。为了减少电磁辐射，LIN 的传输速率被限制在 20kbit/s 之内。

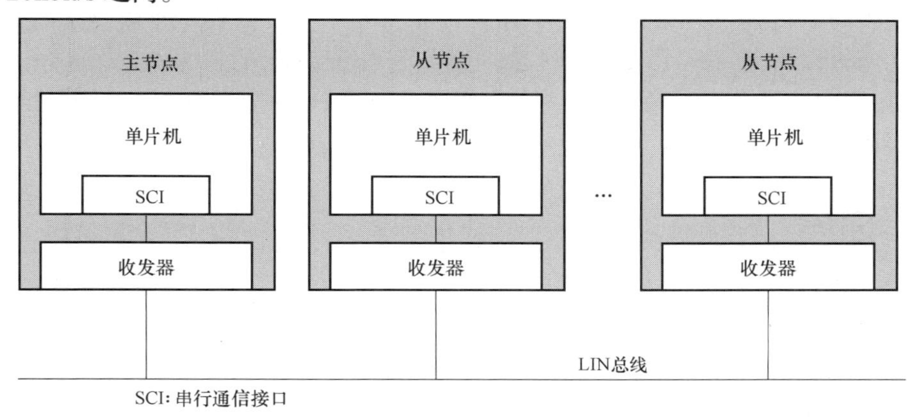


图 9-11　LIN 网络的基本结构

### 2. 数据传输

通信中串行数据的传输是以字节为单位的。SCI 接口首先发送每个字节的最低有效位（LSB），加上起始位和停止位共 10 位数据组成一个 SCI 帧，LIN 报文由多个 SCI 帧组成，如图 9-12 所示。

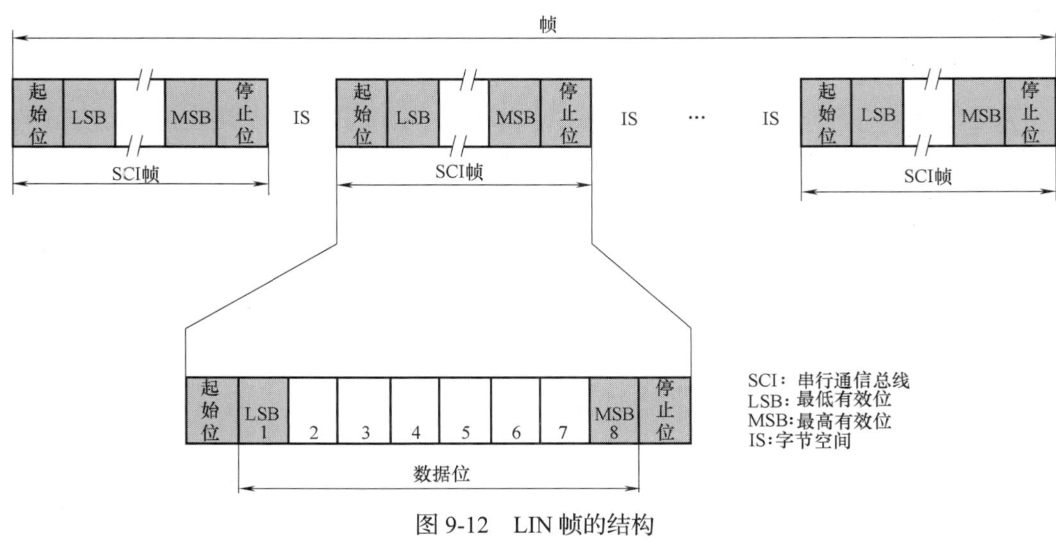


图 9-12　LIN 帧的结构

每个帧都以一个显性启动位开始，这会产生一个使所有接收器进行重新同步的下降沿。节点可能会延迟 SCI 帧的传输，这可能会导致传输暂停，这些停顿被称为字节空间。

3. 信号传输

LIN 总线采用单线线路，用电平电压的高和低来定义逻辑 1 和逻辑 0。

为了保证足够的抗噪声能力，ECU 的电源电压和车辆的地信号被用作总线电平的参考电位。接收器把低于电源电压 40% 的电平解释为逻辑 0，高于电源电压 60% 的电平解释为逻辑 1；发送器会将低于电源电压 20% 的电平当作逻辑 0，高于电源电压 80% 的电平当作逻辑 1。

在电路方面，一个 LIN 总线对应于一个集电极开路电路，所有节点都通过收发器被动连接到总线上。当所有节点的 Tx 引脚晶体管处于关断状态时，上拉电阻确保总线电平几乎与电源电压（高电平）相当；一旦某个 Tx 晶体管导通，总线电平就会被拉至接近地（低电平）。因此，低电平代表着显性状态，能覆盖代表高电平的隐性状态。

上拉电阻值在从节点上为 30kΩ，在主节点上为 1kΩ。与从机相比，主机上的上拉电阻必须在外部实现。



## 9.3.3 通信

1. 通信原理

LIN 通信是基于主从架构的，也就是总有一个主节点作为主控器来控制各从节点间的所有通信，从节点只有在主节点发出请求，也就是特定的报文头时才会发送信息，然后从节点会发出相应的响应，这种请求和响应的组合就是帧。

这种由主节点负责统筹整个网络每个响应的总线访问方式称为“授权令牌（Delegated Token)”，这是一种确定性的总线访问方式。它的优点在于可以进行几乎无冲突的通信，并能实现可预测的数据传输，这是因为只有主节点请求的响应才能发生，从而可以建立发送进度表。

该方式的缺点：一旦主节点出现问题，整个网络的通信就会失败，因此，LIN 总线不适合用于必须保证功能安全的关键性应用中；它不适合由事件驱动的通信，因为通信必须要由主节点来请求，各个从节点无法自主地访问总线来发送报文。

为了弥补与由事件驱动通信相关的缺点，LIN 用了附加的报文。这些报文发送行为与授权令牌的原则不一致。LIN 总共有四种报文类型，分别为无条件帧、偶发帧、事件触发帧和诊断帧。LIN 的报文头和响应如图 9-13 所示。

2. 通信过程

LIN 通信协议由单片机中的软件来完成，并由特定节点接收和执行通信所需的主任务或从任务。原则上，每个节点都有一个从属任务来用于接收和发送报文信息。主节点具有额外的主任务，该任务分配发送权并控制总线访问，而从任务会对接收的报头做出反应，可能的响应行为是发送、接收或忽略响应。

3. 任务调度

主节点控制群网络的所有通信，主节点具有由系统设计者规划并在 LDF（LIN 描述文件）中描述有固定时间序列的发送方案。

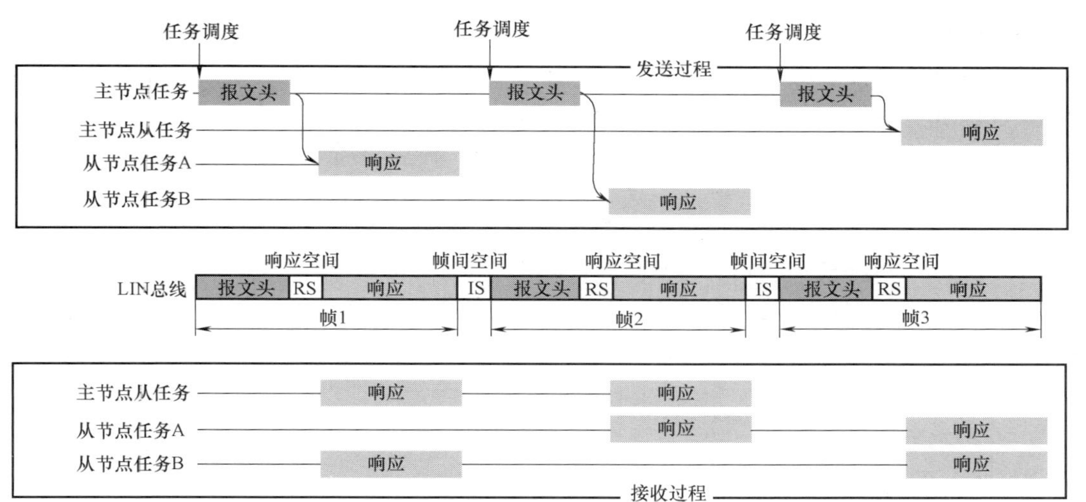


图 9-13　LIN 的报文头和响应

任务调度的时间表由时隙（Slots）所组成，这些时隙用于每个帧的传输，时隙的大小又由小时隙（Minislots）的多少来决定。小时隙是主任务处理任务调度的周期，它的持续时间构成了正在进行的通信的时间基础。

在计算一个时隙的大小时，需增加一个抖动值（Jitter）。抖动值是一个时隙的理论起始点与实际起始点之间的潜在时间差。如果帧没有完全填满时隙，则必须等待剩余的时间段，直到下一个时隙可用为止。

## 9.3.4　报文结构

### 1. 报文帧结构

一个报文帧是由一个主机节点发送的报文头和一个主机或从机节点发送的响应组成的，如图 9-14 所示。

报文帧的报文头包括一个同步间隔场（Synch Break Field）、一个同步场（Synch Field）和一个标识符场（Identifier Field）。

报文帧的响应主要包括 3 ~ 9 个字节场，其中含有 2 个、4 个或 8 个数据场（Data Field）和一个校验和场（Checksum Field）。

字节场由字节间空间分隔，报文帧的报文头和响应由一个帧内响应空间分隔。最小的字节空间和帧内响应空间是 0，这些空间的最大长度为报文帧的最大长度。

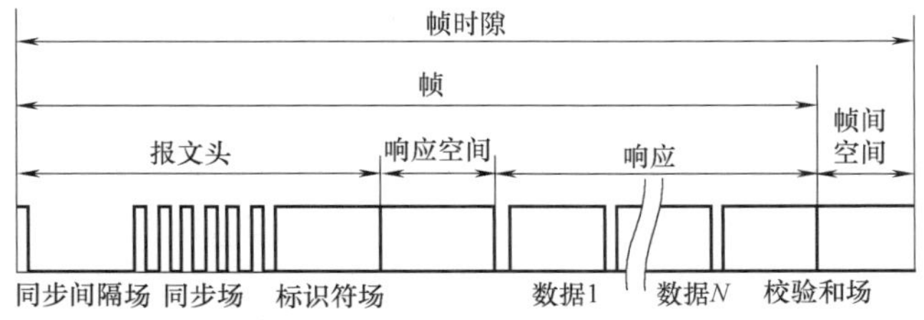


图 9-14　LIN 报文帧的结构

## 2. 字节场（Byte Field）

如图 9-15 所示，每一个字节场的长度由 10 个定时位（Time Bit）定时。其中，起始位（Start Bit）是一个“显性”位，代表着该字节场的开始；接着是 8 个数据位，首先要发送的是最低位；停止位（Stop Bit）是一个“隐性”位，代表着该字节场的结束。

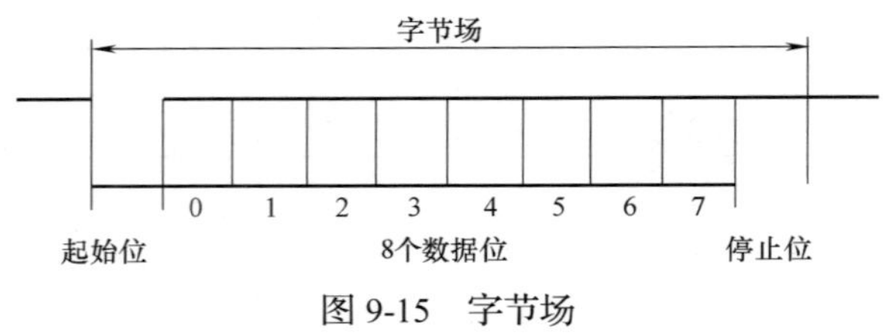


图 9-15　字节场

## 3. 报文头（Header）

报文头包括同步间隔场（Synch Break Field）、同步场（Synch Field）和标识符场（Identifier Field）。

（1）同步间隔场

同步间隔场作为报文帧的第一个场，标志着一个报文帧的开始。同步间隔场由主机任务发送，它使所有的从机任务与总线时钟信号同步，如图 9-16 所示。

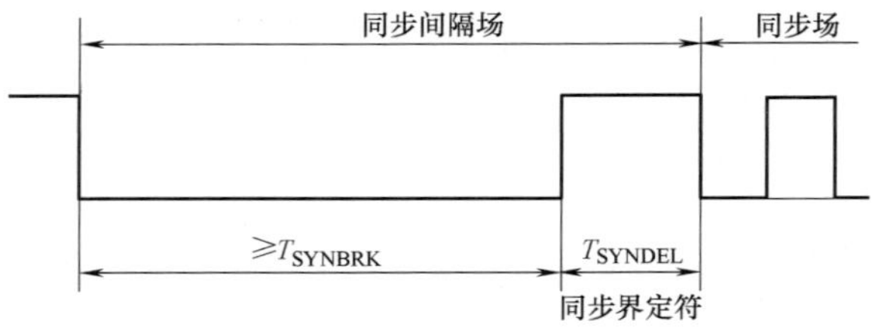


图 9-16　同步间隔场

同步间隔场由两部分组成：第一部分是一个至少持续时间 $T_{SYNBRK}$ 的显性总线电平；第二部分是最少持续时间 $T_{SYNDEL}$ 的隐性电平，作为同步界定符，同时可以允许用来检测下一个同步场的起始位。

（2）同步场

同步场包含了时钟的同步信息，它的格式是“0x55”，表现在 8 个定时位定时中有 5 个下降沿（即“隐性”跳变到“显性”的边沿），如图 9-17 所示。

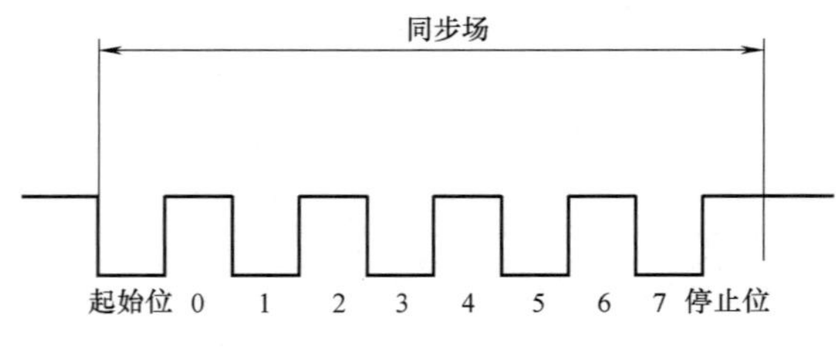


图 9-17　同步场

（3）标识符场

标识符场定义了标识和数据的长度，它由 6 个标识符（Identifier，ID）位和两个奇偶校验位表示，如图 9-18 所示。

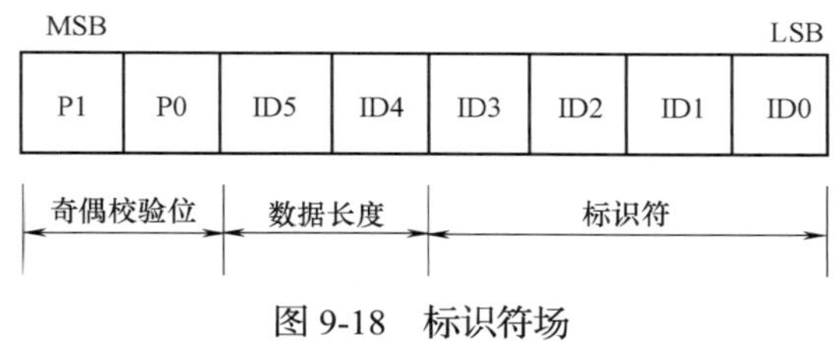


图 9-18　标识符场

4. 响应场

响应场包括数据场及校验和场。

（1）数据场

数据场通过报文帧传输，由多个 8 位数据的字节场组成，传输由 LSB 开始，如图 9-19 所示。

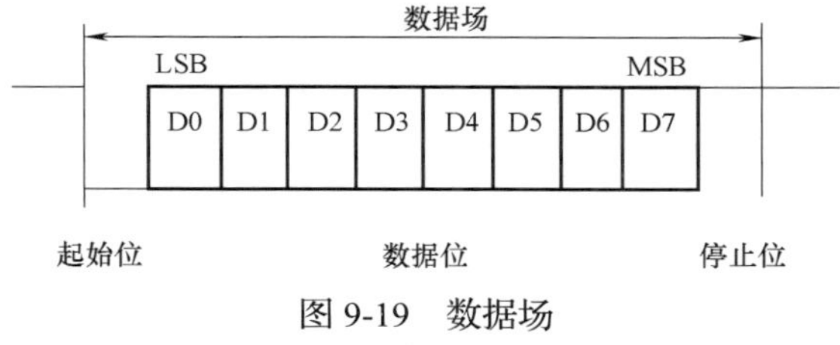


图 9-19　数据场

（2）校验和场

校验和场是数据场所有字节的和的反码，和按“带进位加方式”计算每个进位都被加到本次结果的最低位 LSB，这就保证了数据字节的可靠性。

## 9.3.5　报文类型

1. 无条件帧

无条件帧通常用于传输有用数据，此报文类型对应于标准帧，无需任何附加条件即可使用，而所有其他类型仅用于特殊情况。

2. 事件触发帧

此报文类型用于传输由事件驱动的信息，需要时由某个节点发送。事件触发帧本质上等同于标准化的无条件帧，不同之处在于主节点发送的某个报文头可以引起多个从节点的响应。

3. 偶发帧

主节点使用偶发帧来发送很少使用的信息。偶发帧相当于无条件帧，并和其他无条件帧共享一个时隙。主节点根据需要发送偶发帧，如果不需要发送它们，则相应的时隙为空，偶发帧基本上是主节点的事件触发帧。

4. 诊断帧

LIN 协议定义了两种诊断帧：主请求帧和从属响应帧。主请求帧通常用作诊断请求或配置从节点；从属响应帧用作诊断响应。与无条件帧、事件触发帧和偶发帧一样，两种诊断帧均由报文头和帧响应组成。在主请求帧（诊断请求）的情况下，主节点发送报文头和帧响应，报文头以 ID=0x3C 发送；在从属响应帧（诊断响应）的情况下，主节点发送报文头，所需诊断的从节点发送帧响应。

## 9.3.6 数据保护

数据传输保护是汽车电子系统可靠性的先决条件。尽管采取了实现电磁兼容设计的措施，但在传输过程中仍可能发生位错误。为了提高数据的完整性，LIN 系统必须使用错误检测机制，加上有效的错误处理。

错误检测机制有以下几种：

1）检查传输介质是否短路。

2）检查同步场。

3）通过位监视来检查信号电平。

4）通过检查报文头中发送的奇偶校验位来检测传输错误。

5）通过检查帧响应中传输的校验和，最后检测传输错误。

6）检查报文头之后是否发送了帧响应。

主节点会执行状态管理来检测有缺陷的从节点，以确保在出现有故障的从节点时，通信仍能正常运行，从节点必须在每一个通信周期中告知它们的状态。

每个从节点都有表示它们状态的位，并在每个发送周期用一个无条件帧发送一次来由主节点进行评估。如果从上一次通信周期中检测到错误，则该位是隐性的；如果不存在错误，则将状态位作为显性。

## 9.3.7 网络诊断

ISO 标准中的传输协议定义了帧响应的结构和它所包含的数据的功能。无论是主节点还是从节点的帧响应，其第一个字节总是需要配置或诊断的从节点的正式节点地址（NAD）。

帧响应的第二个字节是“协议控制信息（PCI）”，它提供有关传输模式的信息。ISO 标准中的传输协议定义了“未分段数据”和“分段数据”的传输，并可以使用一个主请求帧和一个从响应帧来执行“未分段数据”传输。用于配置一个节点的诊断请求就可以被当作“未分段数据”来传输。

如果传输的诊断数据超过八个字节，则就需要使用“分段数据”的模式来传输。在这种情况下，数据被分成几段后被分配给多个帧。这个段系列的首帧被称为“第一帧（FF）”，而所有后续的帧都被称作“连续帧（CF）”，整个数据块的大小显示在 FF 中。

主节点使用服务标识符（SID）与从节点进行通信，并确定应该执行哪个诊断服务，在诊断请求中为此提供了第三个字节。在从节点的响应帧中，会用 RSID（响应服务标识符）来代替 SID（服务标识符）。更详细的诊断服务的说明在 LIN 标准中的“节点设置和标识”部分中有描述。

### 9.3.8 网络管理

LIN 协议中定义了单独的网络管理部分。它提供了四种从节点状态：断电、初始化、运行和休眠，还定义了状态转换过程。上电后节点会切换到初始化状态，初始化结束后节点就进入运行状态。

主节点可以通过发送 Go-to-sleep 命令将所有从节点置于休眠状态，该命令是主请求帧，其第一个数据字节的值为 0x00，七个附加数据字节作为 0xFF 传输。

如果 4 ~ 10s 内没有任何总线活动，从节点也会独立进入休眠状态。根据规范，进入该状态并不意味着单片机也必须进入低功率状态而关闭闲置的硬件资源。

除了主节点之外，每个从节点也具有唤醒网络的能力，为了实现这一目的，从节点在总线上会发出一个唤醒信号，该信号是呈显性的脉冲，持续时间最短为 250μs，最长为 5ms。在检测到唤醒信号后，节点会离开休眠状态并进入初始化状态，再过 100ms 后，它们会切换到运行状态。

如果从节点唤醒网络，并且在初始化后没有检测到任何报文头，则该节点会发送另一个唤醒信号。如果此操作和接下来的下一次唤醒尝试均失败，则从节点将停止唤醒过程 1.5s，然后可以再次启动唤醒过程。

## 9.4 FlexRay

### 9.4.1 简介

#### 1. 产生的背景

随着车辆安全性、能源效率、功能和性能方面的要求越来越高，汽车电子控制单元之间传递的数据的带宽、速度和可靠性必须进一步提高，这使得传统的诸如 CAN 和 LIN 总线在某些应用中变得力不从心。在这种背景下，一些汽车制造商、部件供应商、工具供应商等共同开发出了具有确定性、容错性和高速的 FlexRay 通信总线。虽然 FlexRay 解决了车载网络的许多挑战，但因其成本较高、设施复杂等缺点而不会取代其他主要的车载标准。

#### 2. 基本原理和特点

FlexRay 支持高达 10Mbit/s 的数据传输速率，不仅支持星形和合用总线型拓扑结构，而且具有用于容错的两个独立的数据通道，在一个通道不能工作的情况下，通信可以继续在另一个通道以较低的带宽进行。

总线运行以时间周期运行为基本单位，并分为静态段和动态段两部分。静态段被预分配到各个通信类型的片中，提供比 CAN 更强的确定性。动态段的操作更像 CAN，节点可以利用空闲的总线，并允许由事件进行触发。

FlexRay 使用非屏蔽双绞线将节点连接在一起。支持单通道和双通道配置，分别由一对或两对导线组成。每对导线上的差分信号减少了外部噪声对网络的影响，而无需昂贵的屏蔽线束。大多数 FlexRay 节点通常还具有可为收发器和微处理器供电的电源线和地线。

3. FlexRay 联盟和标准

FlexRay 是由 FlexRay 联盟开发的汽车网络通信协议。第一份规范即 2.0 版本是在 2004 年由该联盟出版发行的。该联盟由汽车企业宝马、克莱斯勒、通用、大众，半导体制造商飞思卡尔、飞利浦和一个汽车零部件供应商博世公司组成，第一批配备了 FlexRay 总线的汽车在 2006 年进入市场。

虽然 FlexRay 联盟已于 2009 年解散，但 FlexRay 如今已经在 ISO 17458-1 ~ 5 中得到了规范。

4. 主要应用领域

FlexRay 主要应用在那些对误差容限和时间确定性能要求极高的电子线控（x-by-wire）领域中，如线控驱动、线控转向或线控制动等。

## 9.4.2 通信

1. 通信架构

FlexRay 簇由许多 FlexRay 节点和将这些节点连接起来的物理传输介质（即 FlexRay 总线）所组成。FlexRay 簇可以基于多个物理拓扑中的任何一种，如点对点连接、线型拓扑、无源星形拓扑、有源星形拓扑等，如图 9-20 所示。

为了最大限度地降低故障风险，FlexRay 提供了通信通道的冗余布局。两个通信信道中的每一个可以以高达 10Mbit/s 的数据传输速率操作，但作为替代方案，可以使用该冗余信道将数据传输速率提高到 20Mbit/s。可以针对每个 FlexRay 消息单独地在容错和增加传输速率之间进行选择。

FlexRay 簇是基于时间触发的通信体系结构，其核心属性是分布式系统中静态的、时间定义的动作触发。时间的控制不仅使确定性数据通信成为可能，而且使通信系统具有简单的可组合性，以及实现建立在其上的概念，如通过集成冗余和同步动作触发来实现的容错。

为了实现时间触发控制，FlexRay 使用了 TDMA（时分多址）方法，这意味着其节点不像 CAN 中那样以时间不受控制的方式访问总线。FlexRay 节点必须符合精确定义的通信调度，该调度为每个通信周期中的每个 FlexRay 消息分配特定的时隙，从而规定所有 FlexRay 消息的发送时间。

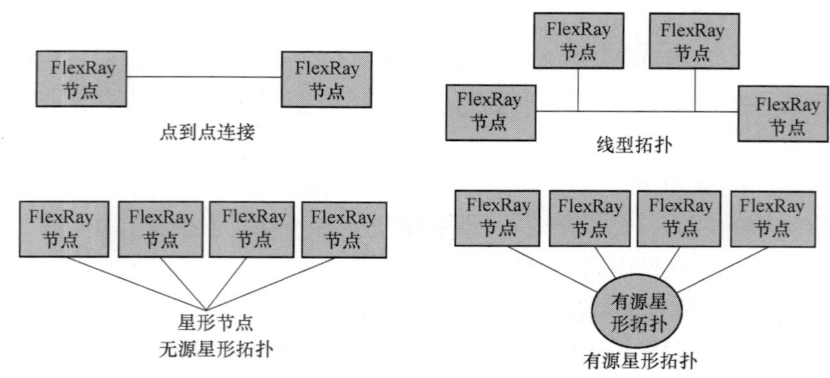


图 9-20　FlexRay 的拓扑结构

2. 无源拓扑

无源拓扑可以是简单的点对点连接、线型拓扑或者星形拓扑，此外，系统设计人员可以选择单通道或双通道通信。

在点对点连接的情况下，两个 FlexRay 节点直接互连。电气物理层规定线路长度不得超过 24m。在三个 FlexRay 节点的情况下，FlexRay 节点通过中央的无源星形节点互连，这种拓扑被称作被动星形拓扑，在这种物理拓扑中，任何两个节点之间的线路长度也不允许超过 24m。此外，根据规范，在无源星形拓扑中连接的节点不能超过 22 个。

如果节点在四个及以上时，系统设计人员可以在无源星形拓扑和线型拓扑之间进行选择。在线型拓扑中，节点通过单独的分支线连接到总线。

如果使用线型拓扑，根据 FlexRay 规范，当通信信道以 10Mbit/s 运行时，任何两个节点之间的最大距离不应超过 24m。当数据传输速率降低时，两个节点之间所允许的最大距离可以更大，此外，连接到一条线路上的节点不应超过 22 个。

与无源星形拓扑结构中的情况一样，线型拓扑结构也受限于分支线的数量和长度，以便在电磁兼容性不佳的情况下，信号的完整性仍能得到保证。

3. 有源拓扑

作为无源连接的替代，FlexRay 节点也可以在有源星形耦合器的帮助下互连：节点在物理上布置成星形的簇，并且无源中心星被有源星形耦合器取代。

有源星形耦合器通过通信分支接收信号，放大它们并将它们分配给所有其他通信分支。除了混合拓扑外，每个分支的末尾都有一个节点。有源星形耦合器与任何节点之间的最大距离不得超过 24m。

有源星形拓扑的优点在于，它通过从有源星形耦合器断开故障通信分支，可以避免错误的传播；另一个优点是由于其较好的总线终端，FlexRay 簇具有更大的扩展能力和更稳定的电气条件。

图 9-20 中的“有源星形拓扑”显示了一个通信信道的有源星形拓扑结构。另外，“具有冗余总线的活动星形拓扑”图显示了具有冗余通信信道的有源星形拓扑。

在有源集群拓扑的设计过程中，必须考虑有源星形耦合器引起的信号传输延迟。由于所谓的星形截断，每个 FlexRay 消息的传输必须以传输开始序列（TSS）作为起始，星形截断是有源星形耦合器需要达到其工作状态的时间。根据 FlexRay 规范，这个时间不得超过 450ns。

通过串联连接两个有源星形耦合器，FlexRay 簇的长度可以延长至 24m，最大可延长至 72m。但是，为了确保信号的完整性，这个理论上可达到的最大网络长度会大大减小，在实际情况下最大网络长度为 36m。

4. 节点

FlexRay 节点是电子控制单元（ECU），通过 FlexRay 接口连接到 FlexRay 总线。

FlexRay 接口由通信控制器和与通道数量相同的一个或两个总线驱动器组成。通信控制器称为 FlexRay 控制器，总线驱动器称为 FlexRay 收发器。

FlexRay 控制器执行规范中定义的通信协议，其主要任务包括成帧、总线访问、错误检测和处理、同步、使 FlexRay 总线进入休眠状态并将其唤醒，以及对发送的消息编码和对接收的消息解码。

FlexRay 控制器可以设计为主单片机的外设模块，称其为集成式 FlexRay 控制器。集成式 FlexRay 控制器的优势在于主机和 FlexRay 控制器之间的通信更简单快捷；但是，这种解决方案缺乏灵活性。因此，也可以用主单片机加上独立的 FlexRay 控制器的方案以实现更大的灵活度。

FlexRay 收发器将 FlexRay 控制器连接到物理传输介质上。该收发器的主要任务是信号转换。一方面，它将控制器接收到的逻辑信号流转换为物理信号流；另一方面，它将接收的物理信号流变换为逻辑信号流。

5. 控制器

FlexRay 控制器可以帮助主单片机完成有关的通信任务，它通过所谓的 CHI（控制器主机接口）连接到主单片机上。在 CHI 上，有着用户可配置的用于 Tx（发送）和 Rx（接收）消息的缓冲区，Rx 消息的缓冲区还配备了接收过滤器，状态和控制寄存器也位于 CHI 中。

控制器的核心是协议引擎，它由几个通信组件组成，其中有用于总线访问的介质访问控制（MAC）组件、对从 MAC 获得的字节进行编码的组件以及对收发器所接收的逻辑位流进行解码的组件。

另外，帧和符号处理（FSP）组件检查簇所基于的通信周期的一致性，并检查 Rx 消息的传输错误。时钟同步过程组件提供了节点的同步，唤醒和启动组件处理唤醒和启动的任务。

FlexRay 控制器可以根据通信进度进入 8 种不同的状态。每个控制器的状态由其特定的通信活动所决定，通信组件协议操作控制（POC）负责控制器状态的转换。

6. 总线

FlexRay 技术是专为高达 10Mbit/s 的数据传输速率而设计的，高传输速率加上非屏蔽线的使用就对电磁兼容性的要求形成了巨大的挑战。因此，其物理层定义了某些机制，用于增强对高频干扰场和静电释放（ESD）的抵抗力，并降低所发射的噪声。

FlexRay 簇中物理信号的传输是基于差分电压的。这种方法使通信不受电机点火单元和开关触点引起的干扰电压影响，所发射的干扰也受限于相对较低的差分电压，即总线电平“Data_1”为 2V，总线电平“Data_0”为 -2V。

由于它为差分信号传输，FlexRay 总线由两条线组成：总线 +（BP）和总线 -（BM）。两条线的扭曲大大减小了磁场，因此在实际情况下通常使用双绞线，而且出于成本考虑它通常是非屏蔽的。

由于信号传播速度有限，瞬态响应（反射）的影响随着数据传输速率的提高和总线长度的增加而增加。通过终端电阻终止通信信道的末端可防止 FlexRay 簇中的反射。

因为 FlexRay 规范规定负载在 40 ~ 55Ω 之间，所以总线端接电阻的值必须在 80 ~ 110Ω 之间，应该使用阻抗介于 80 ~ 110Ω 之间的电缆进行传输。

FlexRay 总线的端子可以采用分路总线端子来终止，而不是向通信信道的每一端提供单独的总线端子电阻。分路总线端子像一个低通滤波器，高频信号被分流到地而不影响直流电压部分。

FlexRay总线的结构如图9-21所示。

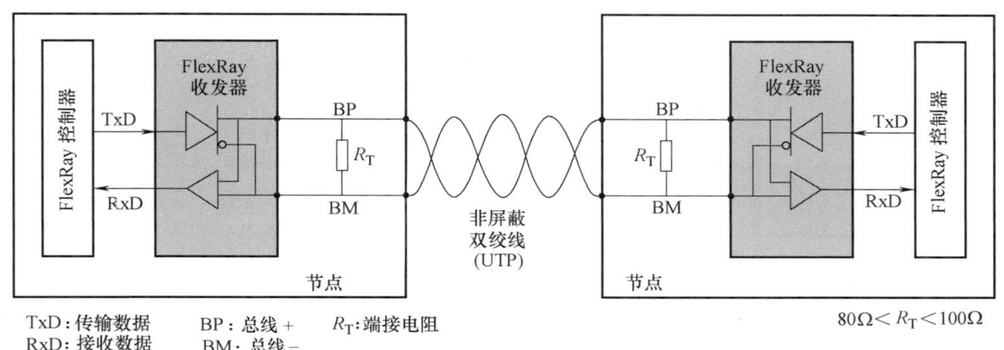


图9-21 FlexRay总线的结构

### 7. 总线电平

FlexRay簇中物理信号是基于电压差（差分信号）传输的，传输介质即总线由Bus+（BP）和Bus-（BM）两条线组成。

电气物理层规范定义了四个总线状态，它们是Idle_LP（空闲低功耗）、Idle（空闲）、Data_1以及Data_0，它们又与隐性总线状态或显性总线状态有关。所谓隐性总线状态的特征是BP和BM的差分电压为0V，而显性总线状态时这个值不等于0V。

空闲总线状态和低功耗总线状态的电平都是隐性的。空闲总线状态的电平特征在于理论上两条线路上的电压都是2.5V，从而产生0V的差分电压。空闲总线状态的电平有效范围为1.8～3.2V。

当所有收发器处于低功耗模式时，FlexRay总线上会出现空闲的低功耗总线状态电平，它的特征在于理论上两条线路都是0V，但其实际电平范围为−0.2～0.2V。

Data_1和Data_0两个总线状态是显性的。在出现Data_1总线状态的电平时，BP总线的对地电压为3.5V，BM总线的对地电压为1.5V，所产生的差分电压为2V，Data_1总线状态代表逻辑1。在出现Data_0总线状态的电平时，BP总线的对地电压为1.5V，BM总线的对地电压为3.5V，所产生的差分电压为−2V，Data_0总线状态代表逻辑0。

图9-22所示为FlexRay的总线状态。

### 8. 总线接口

FlexRay收发器主要通过两条控制线STBN（待机）和EN（启用输入）与主机相连，主机使用这两条控制线来控制收发器，并且使之进入四种不同的状态：正常（Normal）、待机（Standby）、睡眠（Sleep）或只接收（Receive Only），其中最后两个状态是可选的。

收发器的电磁兼容性很强，若使用干扰抑制线圈可以进一步减少辐射，这样可在很大程度上防止对其他电子系统的干扰。

在FlexRay收发器中使用LC抑制电路，具有相对较高的抑制线圈阻抗值，可抑制非对称电路可能产生的任何干扰电流。此外，低通滤波器由分离终端的耦合电容和干扰抑制线圈组成，可将高频干扰分流到地。

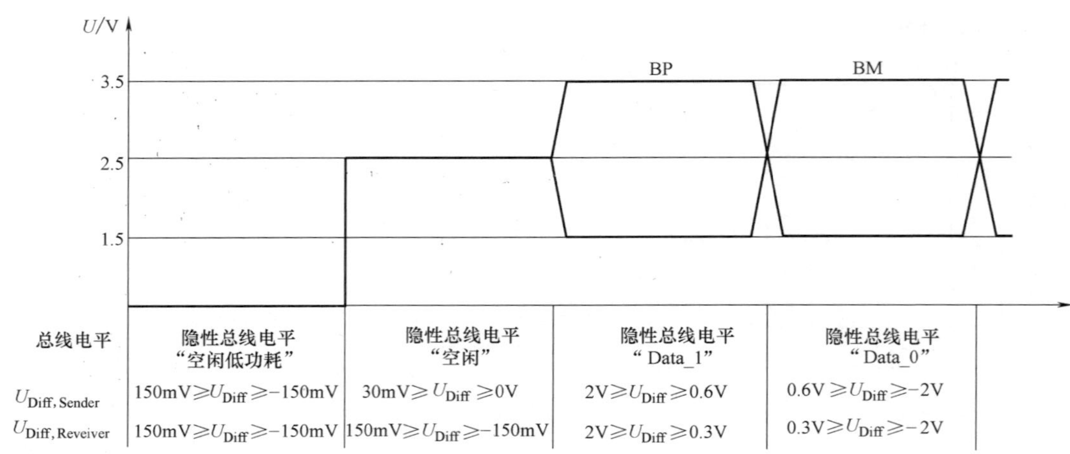


图 9-22　FlexRay 的总线状态

尽管具有较高电感值的线圈有较好的噪声抑制能力，但必须考虑其漏电感对信号完整性的影响。电气物理层规范规定了干扰抑制线圈的以下值：线路电阻小于 2Ω，电感大于 50μH，漏电感小于 1μH。LC 电路的一个小缺点是漏电感和耦合电容的结合会形成振荡电路，该电路与 FlexRay 收发器的开关过程一起能导致总线信号的过冲。

**9. 总线监视器**

FlexRay 主要用于对安全和实时性有着非常严格要求的汽车应用中。将簇中的通信任务组织成许多静态通信周期，并将时隙分配给每个节点，这样就可以提供平滑的确定性通信流。与这种节奏不合拍的节点可能会在未分配给它们的时隙内进行未经允许的传输，防止这种情况发生就是总线监视器的任务。

每个收发器都会有一个总线监护器，它只允许收发器将从控制器中收到的符合通信调度时间表的数据发到总线上去。

数据会被放到位于静态通信段中的保留间隙中，而在动态通信段内，则没有这样的保护机制，因为消息仅在发生事件时由节点通过动态通信段发送。

总线监控器必须知道 FlexRay 簇中的通信调度和时间才能工作，它最好能生成独立的时基，而不是依赖控制器生成本地时基，这样做除了检查时隙本身之外，还可以检测控制器时钟的错误，这是总线监控器可以确保节点只能在其规定时隙中发送的唯一方法。但是，这样做就意味着总线监控器必须配备与控制器几乎相同的功能，使总线监控器变得更复杂，从而导致 FlexRay 通信成本的增加。

### 9.4.3　总线访问

**1. 原理**

在 FlexRay 簇中，FlexRay 节点以两种不同的方式访问通信介质：第一种是 TDMA（时分多址）方法；第二种是 FTDMA（灵活时分多址）方法，其核心也是 TDMA 方法。

TDMA 方法是基于通信调度的，通信过程被划分成相等长度的多个时隙（静态时隙），每个时隙被分配给特定的节点。在通信操作期间，根据该调度而允许特定的节点访问通信介质即总线。

在通信进行期间，所有 FlexRay 节点都是周期性地执行通信调度，结果所有静态消息都以指定周期确定地传输，通信调度只定义了一个通信周期。

对于异步过程或偶发的消息传输，TDMA 方法就不是理想的解决方案。因此，FlexRay 技术提供了通过簇中的消息的动态段来扩展周期的选项，使得消息不仅可以在固定的时间点上传输，而且可以通过由事件驱动的方式来传输。在这种情况下，通信周期就由静态段和动态段组合而成。尽管添加了动态消息传输，但由于动态段的长度是固定的，这不会影响静态段中的数据通信的确定性。

动态段是基于 FTDMA 方法的。FTDMA 和 TDMA 方法的区别在于，FTDMA 的通信调度中定义的动态消息可以根据需要由相关的节点来发送，这意味着消息传输的时间点是不可预测的。因为动态段的长度有限，所以可能会有动态消息在当前周期中不能得到发送的情况出现。

2. 通信周期

FlexRay 簇中的数据通信是定期的和基于进度表的。通信周期由至少两个时间段组成，即静态段和网络空闲时间（NIT）。静态段用于消息的确定性传输，需要 NIT 来同步本地时钟。NIT 期间不会发生数据通信。

通过添加动态段和符号窗口可以扩展通信周期。动态段用于由事件驱动的消息传输，位于静态段之后。符号窗口用于传输符号，冲突避免符号用于指示节点的第一个通信周期的开始，媒体测试符号用于测试总线监控器，而唤醒符号用于唤醒簇。

只有静态段和 NIT 对于一个通信周期是强制性的，因此通信周期类型根据其构成可以分为静态段、动态段、符号窗口和网络空闲时间，如图 9-23 所示。

通信周期由确定数量的宏拍（Macrotick）组成，这些拍被分配到各个段中。宏拍由许多微拍（Microticks）组成，它们是本地时钟的最小时间单位。每个节点晶体振荡器频率的差异会导致微拍的长度略有不同，为了获得同步的宏拍，各节点中构成宏拍的微拍数量可能会不相同。

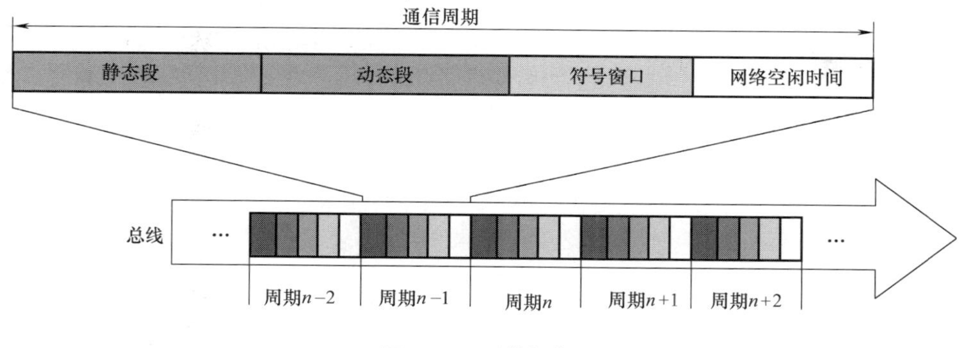


图 9-23　通信周期

3. 静态段

在 FlexRay 的通信周期中，静态段扮演着重要的角色，它是通过 TDMA 方法保证等时距数据传输的关键。

静态段被组织成相等长度的多个静态时隙，分配给静态时隙的特定节点可以在周期性通信操作期间对它发送静态消息，此过程的前提条件是本地计数器的同步，每个计数器在静态时隙的开头递增。计数器值与特定的静态消息和 FlexRay 节点所对应。

图 9-24 所示为两个通道（通道 A 和通道 B）的通信时间表，在两个通道的第一个时隙中发送相同的消息。一个通道的故障不会导致消息不被传输。另外，冗余通道可以用于提高数据传输速率，而不是增加容错能力，可以针对每个单独的消息独立地在容错和增加数据传输速率之间进行选择。

| 时隙 | 节点 | 消息 | 通道 |
|---|---|---|---|
| 1 | 节点A | A1 | A |
| | | A1 | B |
| 2 | 节点B | B1 | A |
| | 节点C | C1 | B |
| 3 | 节点D | D1 | A |
| | | D2 | B |
| 4 | 节点E | E1 | A |
| | 节点A | A2 | B |
| 5 | 节点C | C3 | A |
| | 节点B | B2 | B |

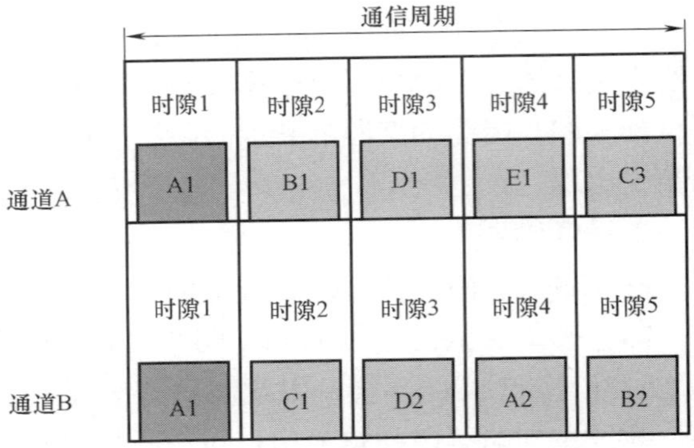

通信周期

| | 时隙1 | 时隙2 | 时隙3 | 时隙4 | 时隙5 |
|---|---|---|---|---|---|
| 通道A | A1 | B1 | D1 | E1 | C3 |
| 通道B | A1 | C1 | D2 | A2 | B2 |

图 9-24　两个通道的通信时间表

最多可以定义的静态时隙为 1023 个。由于生成全局时基至少需要两个 FlexRay 节点，因此静态段必须至少包含两个静态时隙。

### 4. 静态时隙

静态段内确定性消息的传输要求静态时隙足够长，时隙的长度首先由最长的 FlexRay 消息确定，而消息则由标头、有效载荷、尾部和控制符号组成。另外，还必须考虑指示消息结束的信道空闲界定符。

同样影响静态时隙长度的是最大信号延迟 ，该值最大是 2.5μs。还有就是节点间出现的最大可能时间偏差，虽然有同步机制，但这个时间偏差还是会存在。

静态时隙由四个时间段组成，这确保了即使在最大信号延迟和节点的本地时钟出现最大时间偏移的情况下，也可以在给定的静态时隙内接收到消息，每个静态时隙以偏移量开始，即所谓的动作点偏移。动作点偏移之后是动作点和消息传输。在消息传输之后，紧接着的是由 11 个隐性位构成的通道空闲分隔符以及一个暂停（即通道空闲符），其持续时间在逻辑上对应了动作点偏移，这在静态槽的结构中可以看得到。

精度和信号延迟与簇中可达到的最大数据传输速率成反比。随着本地时钟越来越差或信号延迟越来越大，时隙的开始与动作点之间的时间会增大，这将降低可达到的最大数据传输速率。

### 5. 动态段

动态段用于传输由事件驱动的消息，从而支持异步进程。为了避免影响静态段的确定性数据传输，动态段总是具有相同的长度。

动态段基于 FTDMA（灵活时分多址）方法，也基于通信调度，只有在发生需要消息传输的事件时，才在动态段中传输在其中定义的动态消息。

动态段从所有节点递增其本地计数器值，计数器值与特定的动态消息和 FlexRay 节点所对应。如果节点没有发送匹配计数器值的动态消息的请求，则节点会将计数器增加一个最小时隙（Minislot）的长度，在这种情况下，动态时隙正好是一个最小时隙。

另外，如果存在发送请求，则相关 FlexRay 节点发送与计数器值匹配的动态消息。动态槽之后是另一个最小时隙，这会导致 FlexRay 节点增加其计数器值。如果存在对新计数器值的发送请求，则发送与计数器值匹配的动态消息，若没有则增加一个时隙。

以上过程会持续进行，直至动态段不再足够长。在这种情况下，直到动态段结束时才会发生数据传输。实质上，下一个周期可用于尚未传输的动态消息。

分配给动态消息的计数器值与它将被传输的概率之间存在一定关系，计数器值越高，消息传输的可能性就越小。因此，分配给动态段的第一个最小时隙或最低计数器值的消息具有最高优先级，必须确保在没有其他具有更高优先级的需求时，才能传输较低优先级的动态消息，同时，也必须确保能够传输最长的动态消息。

动态段如图 9-25 所示。

| 时隙 | 节点 | 消息 | 事件 |
|---|---|---|---|
| 6 | A | A4 | |
| 7 | C | C4 | ⚡ |
| 8 | D | D3 | |
| 9 | B | B4 | ⚡ |
| 10 | E | E3 | |

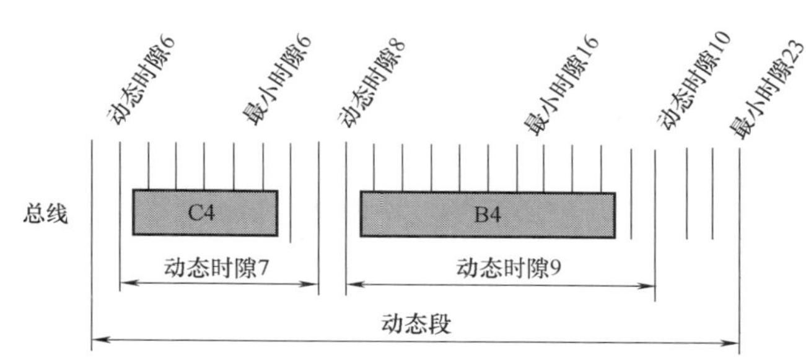


图 9-25 动态段

### 6. 动态时隙

动态时隙具有与静态时隙类似的布局。每个动态时隙从动作点偏移开始，在动作点动态消息开始传输，这个动作点也对应于最小时隙的动作点。动态段由具有不同有效载荷大小的消息构成。消息传输之后是由 11 个位组成的通道空闲界定符。

根据 FlexRay 规范，动态消息必须精确地与下一个可能的动作点一起结束，为了保证这一点，消息传输被所谓的动态跟踪序列所延长。理论上，该序列的长度最多可以是一个最小时隙。

## 9.4.4 帧

FlexRay 簇中使用统一的消息帧来进行数据传输。每条消息由帧头、有效载荷数据段和帧尾三部分组成，如图 9-26 所示。

### 1. 帧头

帧头包括 5 个字节共 40 位，这些字节被划分成 1 位保留位、1 位有效载荷预先指示位、1 位空帧指示位、1 位同步帧指示位、1 位启动帧指示位、11 位帧 ID、7 位有效载荷数据长度、11 位帧头循环冗余校验（CRC）和 6 位周期计数。

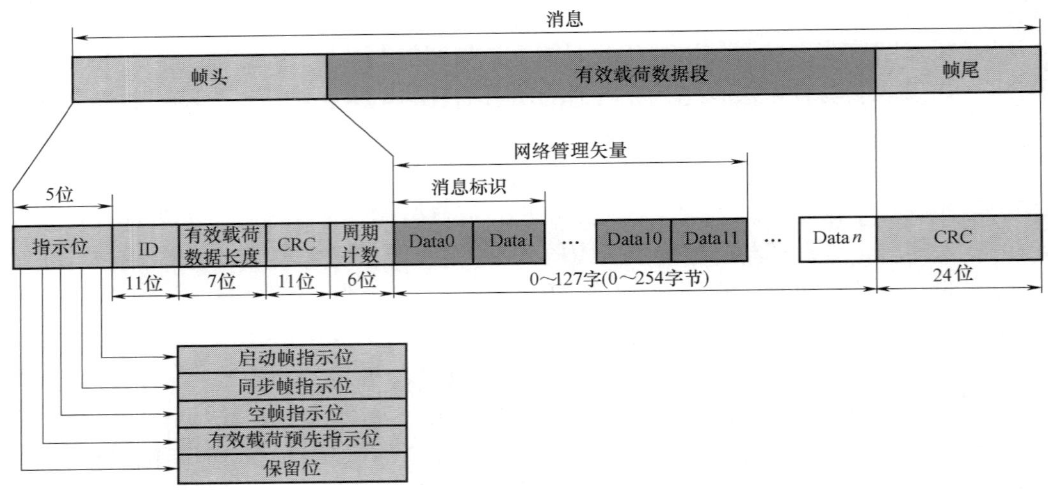


图 9-26　帧的结构

### 2. 有效载荷数据段

FlexRay 有效载载荷数据段可以包含 0 ~ 254 个字节的数据。由于帧头的有效载荷数据长度字段以字为单位表明有效载荷数据段的长度，因此有效载荷数据段中一定包含偶数个数据字节。

有效载荷数据段的第一个字节，即帧头后的第一个自动被标识为“Data0”，有效载荷数据段随后的其他字节，依次被标识为“Data1”“Data2”等。

帧 CRC 的海明距离（两个合法代码对应位上编码不同的位数）为 6，则有效载荷数据段的长度为 248 个字节，如果有效载荷数据段的长度多于 248 个字节，则帧 CRC 的海明距离为 4。

动态帧的有效载荷数据段的头两个字节可配置为消息 ID 字段，这样接收节点可通过该字段数据值过滤和控制数据，帧头的有效载荷预先指示位能够指明该数据帧的有效载荷数据段是否包含消息 ID。

对应静态帧，其有效载荷数据段的字节 0 ~ 12 可以配置作为网络管理矢量。帧头的有效载荷预先指示位能够指明该数据帧的有效载荷数据段是否包含网络管理矢量，该矢量的长度由特定的参数决定。

节点在发送有效载荷数据段的数据时，有效载荷数据段部分“Data0”中最重要的位被先发，其他位按照重要性递减次序依次发送。

### 3. 帧尾

帧尾只有一个数据字段，即 24 位的帧 CRC。帧 CRC 由帧头和有效载荷数据段两个部分的数据通过 CRC 多项式计算得到，该计算针对帧头、有效载荷数据段中的所有字段，并且所有通道的 CRC 计算使用的多项式都相同。

### 4. 编码

消息的物理传输不是从帧头的第一位，而是从所谓的传输开始序列（TSS）开始的。

在有源星形拓扑的 FlexRay 簇中，这用于防止有源星形耦合器无法将消息的第一位从 Rx 分支传输到 Tx 分支。其原因是有源星形耦合器需要一定的时间才能达到其工作状态，这段时间即是所谓的星形截断，在具有有源星形耦合器的 FlexRay 簇中，TSS 为匹配星形截断，必须为其匹配至少为 3 位、最多为 15 位低电平的时间。

TSS 终止于帧起始序列（FSS），在 FSS 之后，就可以发送报文头了。另外，字节起始序列（BSS）需在每个要发送的字节之前发送。接收器使用此序列所产生的信号边沿进行重新同步，而消息的结尾由帧结束序列（FES）作为标记。

在静态时隙和动态时隙中，11 个隐性位的通道空闲界定符表示通信介质可用，根据 FlexRay 规范，动态消息必须精确地结束下一个可能的动作点，因此消息传输由所谓的动态尾随序列来扩展，这确保了每个接收器可以确定动态消息结束的最小时隙。

图 9-27 所示为静态消息的物理传输所需的代码组成部分。图 9-28 所示为动态消息的物理传输所需的代码组成部分。

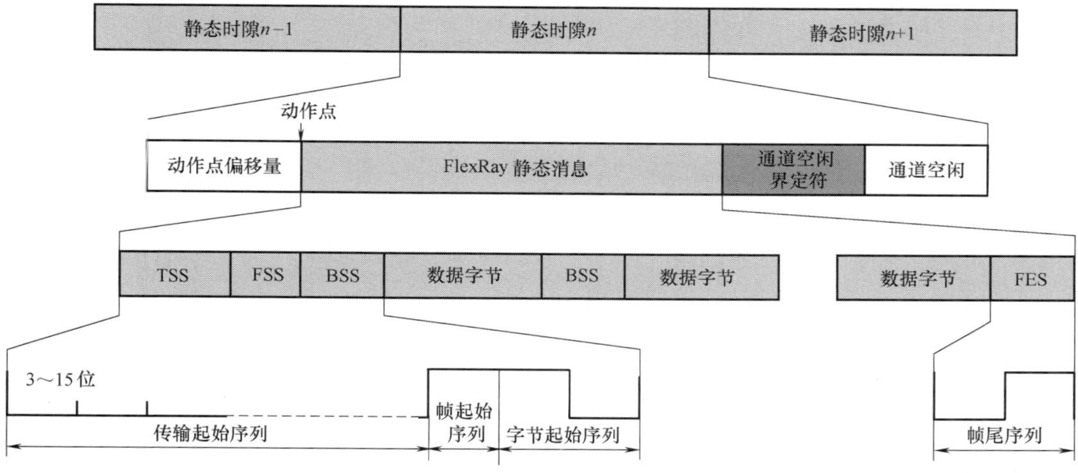


图 9-27　静态消息的物理传输所需的代码组成部分

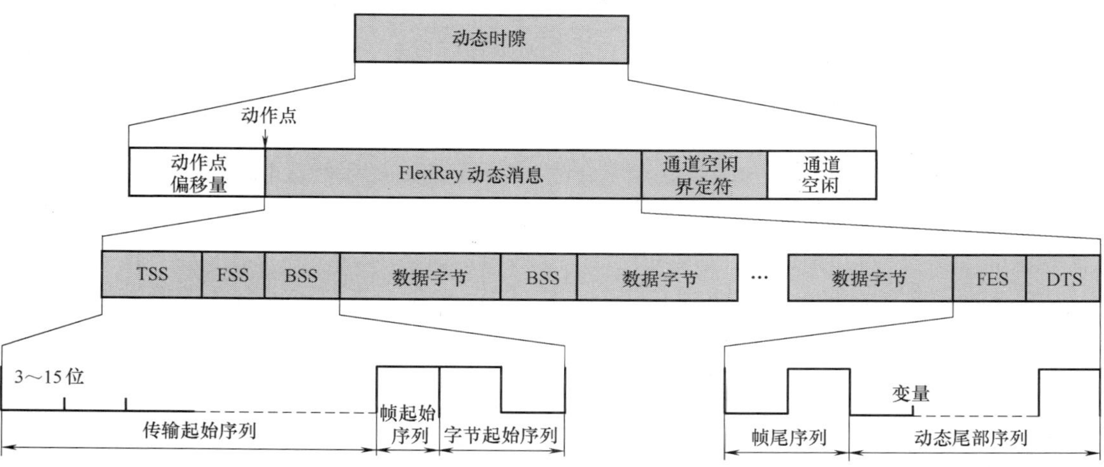


图 9-28　动态消息的物理传输所需的代码组成部分

## 9.4.5 同步

### 1. 同步原理

FlexRay 中数据通信的顺利进行有赖于所有节点共享时间的一致性，因为通信系统的所有活动的触发，都需要在时间序列中达到某些点时才能发生。

在 FlexRay 簇中，从所有 FlexRay 节点的角度来看，必须确保所有通信周期始终始于同一点且长度相等，此外，还必须保证 FlexRay 节点的所有静态时隙总是从周期内的同一点开始，这是全球时间一致性的先决条件。

因为 FlexRay 簇是多主结构的，所需要实现的全局时间一致性只能基于本地时基来协同产生，但因晶体振荡器电路中无源元件的频率公差，以及公差在相同的标称频率下所产生不同的频率和相位而变得很有挑战性。

此外，环境条件的变化和晶体振荡器的老化也会导致频率偏差，这个偏差值在车辆的整个生命周期中高达 $1.5\times10^{-3}$。

这样一来，如果不定期调整本地时基，就不可能建立全网时间基准。FlexRay 节点使用一种特殊的算法来校正它们的本地时钟，使得簇中的所有本地时钟与全局时钟同步运行，直到定义的偏差，其中涉及了两种方法：相位或偏移校正和频率或速率校正。

### 2. 相位和频率校正

相位校正可确保节点的本地时钟具有相同的相位，并且通信周期始终同时开始。如果没有额外的校正机制，系统布局时必须基于本地时钟的最大偏差。

通过频率校正的补充使用，可以实现时间触发通信系统的带宽效率的改进。虽然相位校正仅解决了频率偏差的症状问题，但频率校正解决了频率偏差的本质问题。

但由于晶体振荡器的频率不能直接修改，必须发挥分频器的作用，它将晶体振荡器的频率转换为节点的本地时基，通过修改分频比，可以加快或减慢本地时钟，从而使最终所有节点的通信周期都相同。

借助于频率校正，几乎所有本地时钟都以相同的速度运行，即使有因在多个通信周期内同步消息而产生的瞬时干扰，本地时钟的偏差也可以保持在可确定的范围内。频率校正的使用使得簇中的时钟同步对于瞬态干扰有很强的抵抗性，在多个通信周期内也可以容忍时钟的非同步。

### 3. 同步方法

FlexRay 簇的本地时钟的同步必须基于每个节点都知道所有静态消息的发送和接收时间点这一前提条件，这可确保簇中的所有节点都能更正偏差和速率。在几个周期之后，所有节点都可以在相同的时间点以相同的速率开始每个通信周期。

FlexRay 簇中的同步节点至少有 2 个，最多有 15 个，它们在每个周期确定的静态时隙中发送同步消息。所有节点都将已知的时间点与同步消息实际到达的点进行比较，然后创建一个排序的差异列表，使用容错中点（FTM）算法从中计算其差异校正值。FTM 算法从列表中剔除最大值和最小值，因此即使严重偏离本地时钟也不会导致簇中的通信失步。

将剩余的测量值相加并计算平均值后得到的结果即表示偏移校正值。用于计算速率校正值的方法是相同的，唯一的区别是节点会测量同步消息的周期长度。

偏移校正和速率校正都基于本地时钟执行，其最小单位是微拍（Microtick），偏移量是通过在每个奇数周期结束时在 NIT 中添加或减少一定数量的微拍来调整，这就是 FlexRay 节点如何改变它自己下一个周期的开始，并使其自身适应其他 FlexRay 节点的方式。

为了确保速率校正与偏移校正不同，FlexRay 节点会在下一个偶数和奇数周期内均匀分配速率校正值的微拍数量。因此，每个 FlexRay 节点都能够缩短或延长其周期。

# 9.5 MOST（多媒体定向系统传输）

## 9.5.1 简介

### 1. 概述

多媒体定向系统传输（Media Oriented Systems Transport，MOST）为车辆中使用的一种多媒体应用通信技术。在一个局域网上，最多可连接 64 个节点。其串行的总线使用菊花链拓扑或环形拓扑和同步数据通信，通过塑料光纤（POF）或电导体物理层传输音频、视频、语音和数据信号，并支持“即插即用”方式，在网络上可随时添加和去除设备。目前 MOST 技术已被广泛用于许多汽车品牌和车型。

MOST 规范定义了物理层和数据链路层以及 ISO/OSI 模型的所有 7 层，标准化接口简化了多媒体设备中的 MOST 协议的集成工作。对于系统开发人员，MOST 主要是协议定义，它为用户提供了访问设备功能的标准化接口（API），而通信功能由称为 MOST 网络服务的驱动程序软件提供。MOST 网络服务包括相对于 ISO/OSI 模型的第 3 ~ 5 层的基本层系统服务和相对于第 6 层的应用程序接口服务，它们处理基于物理层的 MOST 网络接口控制器和相对于第 7 层的 API 之间的 MOST 协议。

MOST 在 ISO/OSI 模型中所对应的层次如图 9-29 所示。

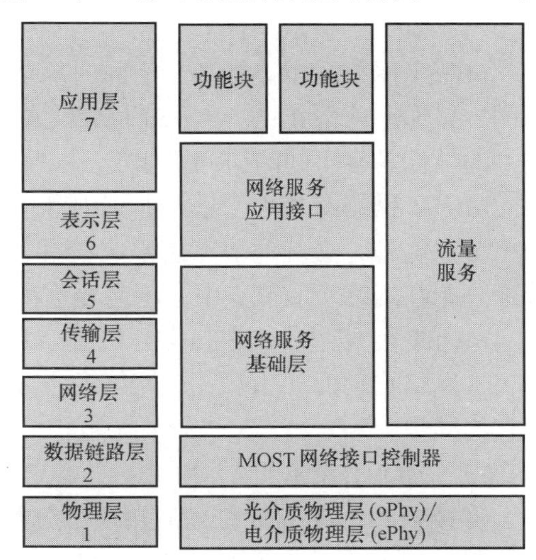

图 9-29　MOST 在 ISO/OSI 模型中所对应的层次

### 2. 网络种类

MOST 网络根据带宽不同分为三种：MOST25、MOST50 和 MOST150。

1）MOST25：网络带宽大约为 23 Mbit/s，可用于同步或者异步数据传输，传输的物理介质为光纤。

2）MOST50：将 MOST25 系统的带宽加倍，并将帧长度增加到 1024 位。尽管 MOST50 的传输介质原则上既可以是光纤又可以是电导体，但实际中使用的基本上都是非屏蔽双绞线。

3）MOST150：带宽大约是 MOST25 带宽的 6 倍。它将帧长度增加到 3072 位，并提供了在汽车中实现以太网的物理层，可以支持包括视频在内的所有形式的信息娱乐数据的有效传输，其传输介质可以是光纤和电导体。

3. 发展历程

MOST 协议是由 MOST Cooperation 组织开发并成为标准的。该组织成立于 1998 年，旨在将 MOST 技术发展成为多媒体网络的全球标准。奥迪、戴姆勒、哈曼（HARMAN）和微芯科技（Microchip Technology）作为核心合作伙伴组成了该组织的指导委员会，并和其他汽车制造商和有关的零部件供应商一起合作，共同定义并采用通用的多媒体网络协议和应用对象模型。



## 9.5.2 数据类型

在 MOST 网络中，传输的信息有同步数据、异步数据和控制数据 3 种类型，分别由一个信息帧的同步数据场、异步数据场和控制数据场传送。

同步数据场用于传送实时数据，数据访问采用分时多路传输（TDM）方式。在一个帧中，异步传输用于传送大块的数据，异步数据以令牌环的方式访问。控制数据场传输媒体控制和其他控制用数据。控制通道的协议采用载波侦听多路访问（CSMA）方式。

## 9.5.3 结构和控制原理

1. MOST 的基本结构

（1）MOST 节点结构

MOST 网络可以连接基于不同内部结构和内部实现技术的节点，其拓扑结构可以是环形网、星形网或菊花链。MOST 网络上的设备分享不同的同步和异步数据传输通道，不同类型的数据具有不同的访问机制。

MOST 网络有集中管理和非集中管理两种模式。集中管理模式的管理功能由网络上的一个节点实施，当其他节点需要这些服务时，必须向该节点申请；非集中管理模式的网络管理分布在网络上的节点中，不需要这种中心管理。

MOST 网络由 MOST 连接机制、MOST 系统服务和 MOST 设备 3 个方面决定。MOST 网络启动时，为每一个网络设备分配一个地址；数据传输时，通过同步位流实现各节点的同步。

（2）MOST 设备

连接到 MOST 上的任何应用层部分都是 MOST 设备。因为 MOST 设备建立在 MOST 系统服务层上，可应用 MOST 网络提供的信息访问功能以及位流传送的同步频道和数据报文异步传送功能，向系统申请用于实时传送 / 接收数据。MOST 网络中的设备可以协同工作，同时传送数据流、控制信息和数据报文。

MOST 设备包括节点应用功能块、网络服务接口、发送器 / 接收器及物理层接口，并可同时有多个功能块。

MOST 总线电控单元结构中的主要组成部分如下：

1）光导纤维、光导插接器。光信号通过光导纤维和光导插接器送入电控单元，或传至下一个总线用户。

2）电气插接器。电气插接器用于供电、自诊断以及输入/输出信号。

3）内部供电装置。来自电气插接器的信号由内部供电装置送到各部件，可单独关闭电控单元内的某一部件，以降低静态电流。

4）收发单元：光导发射器（FOT）。光导发射器由一个光电 LED 和一个发光 LED 构成，光信号由光电 LED 转换成电压信号后传至 MOST 收发机，再经发光 LED 将 MOST 收发机的电压信号转换成光信号。光波波长为 650nm，是可见红光。数据经光波调制后传送，调制后的光波由光导纤维传到下一个电控单元。

5）MOST 收发机。MOST 收发机由发射机和接收机两个部件组成。发射机将要发送的信息作为电压信号传至光导发射器；接收机接收来自光导发射器的电压信号，并将所需的数据传至电控单元内的单片机。

6）单片机。单片机是电控单元的最核心器件。

7）专用部件。专用部件用于某些特殊功能，如 CD 播放机和收音机调谐器。

### 2. MOST 总线工作状态

（1）休眠模式

休眠模式下的 MOST 总线内没有数据交换，所有装置处于待命状态，只能由系统管理器发出的光启动脉冲来激活，静态电流被降至最小值。休眠模式的前提条件如下：

1）总线上的所有电控单元显示为准备进入休眠模式。

2）其他总线系统不经过网关向 MOST 提出要求。

3）诊断不被激活。

（2）备用模式

备用模式下无法为用户提供任何服务，MOST 总线系统在后台运行，但所有的输出介质（如显示器、收音机放大器等）都不工作或不发声。这种模式在启动及系统持续运行时被激活。备用模式的激活条件如下：

1）由其他数据总线经由网关激活，如驾驶座位旁车门打开/关闭时。

2）由总线上的一个电控单元激活，如接听电话时。

（3）通电工作模式

通电工作模式中，电控单元完全接通，MOST 总线上有数据交换，用户可使用所有功能。通电工作模式的前提条件如下：

1）MOST 总线处于备用模式。

2）由其他数据总线激活。

3）激活可通过使用者的功能选择、多媒体的操纵单元实现。

### 3. MOST 控制原理

MOST 总线基本采用环形结构，电控单元通过光导纤维沿环形方向将数据发送到下一个电控单元，该过程持续进行，直至首先发出数据的电控单元又接收到这些数据为止，即形成一个封闭环。MOST 总线通过数据总线自诊断接口和诊断 CAN 对自身进行诊断。

系统管理器与诊断管理器同时进行 MOST 总线内的系统管理。系统管理器用于控制系统状态、发送 MOST 总线信息和管理传输容量。

控制数据和传感器数据与数字音频信号和视频信号数据最大的区别在于数据容量，数字音频信号和视频信号的数据容量非常大（15Mbit/s）。

MOST 目前提供的带宽为 22.5Mbit/s。为了满足数据传输的各种不同要求，每一个 MOST 信息分为控制数据、异步数据和同步数据三部分。

MOST 通道的带宽为 700kbit/s，相当于 2700 条 /s 信息。其中有 60bit/s 可用于传输同步或异步数据，其比例是可变的，如 20bit/s 同步数据和 40bit/s 异步数据。

#### 4. MOST 总线的诊断功能

（1）诊断管理器

除系统管理器外，MOST 总线还有一个诊断管理器，执行环形中断诊断，并将 MOST 总线上的电控单元诊断数据传送给诊断电控单元。

（2）系统故障

若数据传递在 MOST 总线上的某一位置处中断，由于总线是环形结构因而称之为环形中断。发生环形中断的原因如下：

1）光导纤维断路。

2）发射器或接收器电控单元出现供电故障。

3）发射器或接收器电控单元损坏。

（3）环形中断诊断

若 MOST 总线出现环形中断，则无法进行数据传递，其影响如下：

1）音频和视频播放终止。

2）通过多媒体操纵单元无法控制和调整。

3）诊断管理器的故障存储器中存有“光纤数据总线断路”故障。

此时需使用诊断线进行环形中断诊断，以确定环形中断的具体位置。诊断线通过中央集线器与 MOST 总线上的各个电控单元相连。

环形中断诊断开始后，诊断管理器通过诊断线向各电控单元发送一个脉冲，该脉冲使所有电控单元用光导发射器内的发射单元发出光信号。在此过程中，所有电控单元进行自身供电及其内部电子控制，从环形总线上的前一个电控单元接收光信号。

MOST 总线上的电控单元在一定时间内会应答，时间的长短由电控单元软件确定。从环形中断诊断开始到电控单元做出应答有一段时间间隔，诊断管理器根据这段时间的长短即可判断已做出应答的电控单元。

环形中断诊断开始后，MOST 总线上的电控单元发送两种信息：电控单元电气部分正常，即电控单元功能正常，如供电情况；电控单元光学部分正常，即电控单元的光电 LED 接收到环形总线上位于其前面电控单元发出的光信号。诊断管理器通过上述信息可识别系统是否有电气故障及电控单元之间的光导数据传递是否中断。

（4）信号衰减增大的环形中断诊断

环形中断诊断只能用于判定数据传递是否中断。诊断管理器的执行元件诊断还可通过降低光功率进行环形中断诊断，用于识别增大的信号衰减。通过降低光功率进行环形中断诊断，其过程与使用诊断线进行环形中断诊断相同。但电控单元接通光导发射器内的发光

LED 时有 3dB 的衰减，即光功率降低一半。若光导纤维信号衰减增大，则到达接收器的光信号会非常弱，接收器会报告“光学故障”，于是诊断管理器即可识别出故障点，并且在用检测仪查寻故障时会提供相应的帮助信息。

# 9.6 车载以太网（Automotive Ethernet）

## 9.6.1 概述

### 1. 车载以太网的定义

车载以太网是一种物理网络，用于使用有线网络连接汽车内的电子部件。它旨在满足汽车市场的需求，包括满足电气要求［EMI（电磁干扰）/RFI（射频干扰）］、带宽要求、延迟要求、同步要求和网络管理要求。

### 2. 车载以太网的发展推动力

近几十年来，为了让驾驶更安全、更舒适、更环保，越来越多的功能被开发用于机动车辆。这些功能在电子组件的帮助下不断实现，这些电子组件对信息交换的需求也日益增长。这些电子组件不仅包括电子控制单元（ECU），而且包括设计成支持高级辅助驾驶系统（ADAS）甚至是自动驾驶功能的日益强大的传感器和执行器。汽车中复杂的电子设备使得车中的不同控制器和域之间需要更多的通信，这对通信带宽的要求也越来越高，传统的 CAN 等网络已经越来越难以满足汽车行业的通信需求了。

在车辆发展的同时，以太网已经在近几十年中将其自身建立为通信系统中高速、灵活且可扩展的网络技术。它的另一个主要优势是能支持多种不同的物理介质（Physical Media），由于其物理介质是独立于通信协议的，因此其他传输技术也得以轻松开发并适应汽车行业的要求，同时可以预期以太网技术在未来车辆平台中的长期使用。

### 3. 车载以太网的发展和演化过程

车载以太网的应用发展大致经历了以下三个阶段：

第一阶段（2015 年以前）：仅用于车内 ECU 的诊断和程序更新。IEEE 100Base-TX 是物理层上使用的典型标准，而 RJ45 为通常的连接器类型。虽然该标准不符合汽车 EMI 要求，但由于仅用于汽车维护地点而非行驶状态，该标准还是能被接受的。

第二阶段（2015—2020 年）：用于车辆娱乐系统和高级辅助驾驶系统的通信，如用于摄像头和视频图像的传输。所使用的物理层标准是 IEEE 100Base-T1，它可满足汽车 EMI 的要求，并将逐渐取代 MOST 和 LVDS 等其他传统的通信协议。

第三阶段（2020 年及以后）：用于车辆主干网的通信。所使用的物理层标准将是基于一对双绞线的多种以太网物理层标准，如 IEEE 1000Base-T1、IEEE 100Base-T1，甚至是低速的 10Base -T1、高速的 2.5GBase-T1 和 10GBase-T1。以太网有望逐渐取代目前的 CAN 以及 MOST 这类传统网络来实现车辆的各种控制功能。

### 4. 与车载以太网有关的标准组织

（1）IEEE

自 1980 年以来，电气和电子工程师协会（IEEE）一直负责以太网的维护和进一步开发。虽然各个公司都提供专有的以太网解决方案和增强功能，但大多数公司都会将这些解决方案和增强功能传递给 IEEE，以确保更广泛的应用领域而获得商业上的成功。

802 工作组负责以太网，为此所有以太网相关标准都以 802 开头编号，如 IEEE 802.1、IEEE 802.2、IEEE 802.3 等。

（2）OPEN Alliance SIG（OPEN 联盟）

OPEN 联盟是 One-Pair Ether-Net Alliance SIG 的缩写，即“单对以太网联盟”，于 2011 年成立。该联盟由汽车制造商和供应商组成，其目标是促进汽车行业的以太网进一步发展。其下属的不同技术委员会正致力于制定规范，同时观察市场渗透情况并确保组件和测试与分析工具的可用性。

OPEN 联盟与 IEEE 一贯合作紧密，致力于将汽车以太网转换为通用标准。

车载以太网在 ISO/OSI 模型中所对应的层次如图 9-30 所示。

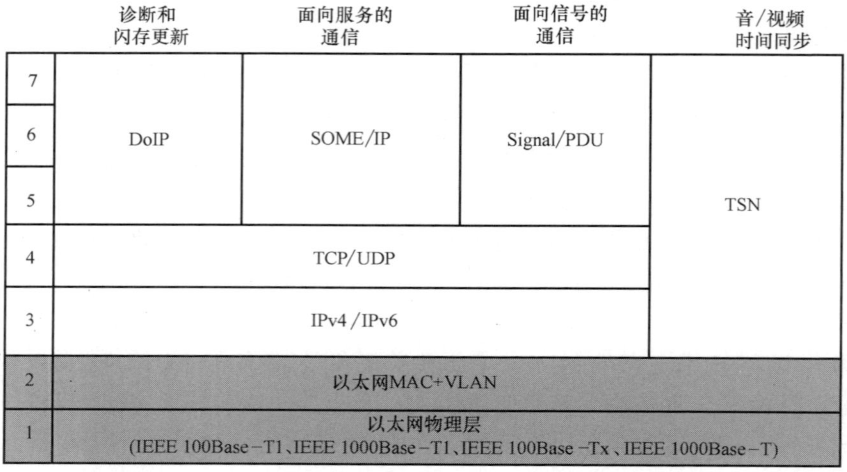

| | 诊断和闪存更新 | 面向服务的通信 | 面向信号的通信 | 音/视频时间同步 |
|---|---|---|---|---|
| 7 | DoIP | SOME/IP | Signal/PDU | TSN |
| 6 | | | | |
| 5 | | | | |
| 4 | TCP/UDP | | | |
| 3 | IPv4 /IPv6 | | | |
| 2 | 以太网MAC+VLAN | | | |
| 1 | 以太网物理层 (IEEE 100Base−T1、IEEE 1000Base−T1、IEEE 100Base −Tx、IEEE 1000Base−T) | | | |

图 9-30　车载以太网在 ISO/OSI 模型中所对应的层次

## 9.6.2　物理层

### 1. IEEE 100Base-T1（旧称 OABR）

OABR（Open Alliance BroadR-Reach）是一种物理传输技术，最初由博通（Broadcom）公司开发，后经 OPEN 联盟转化成 IEEE 100Base-T1 标准，是目前在汽车行业内使用最广泛的物理层标准。

（1）物理连接

带有对称差分电压的双绞线电缆用于物理连接时，发送器将所需发送的位流进行编码并以电压信号表示出来，然后接收器依次将收到的信号解码成位流。

（2）编码和解码

4B3B、3B2T 和 PAM3 方法的组合被用于编码和解码，以及用于产生差分电压。这些方法由 IEEE 100Base-T1 集成在 ECU 中的物理层（PHY）来实现， PHY 也用于建立物理介质和以太网控制器之间的连接。

（3）拓扑结构

因为一根电缆上只有两个节点，所以只涉及点对点的连接拓扑。对于两个以上的节点，可以使用交换机进行连接，它作为第二层耦合元件可以被连接到多个物理连接，并且可以独立地将消息从一个分支转发到另一个分支。

（4）全双工通信

该物理层的信息可以以 100Mbit/s 的速率在线对上双向传输。两个互连的节点可以同时发送和接收（全双工）。发送器节点将自己的差分电压添加到两条线路；而接收器则从施加的总电压中减去自己的电压，减法的结果对应于对方节点发送的电压。该机制是回声消除方法中的一个组成部分，也用于其他以太网系统。

（5）同步

为了差分电压的加减，两个节点必须知道何时开始新符号。这意味着这两个节点必须与符号流同步。这是在主节点和从节点的帮助下完成的。主节点生成一个连续的符号流，而由从节点来同步。一个 PHY 是主节点还是从节点是通过微控制器的基本软件来配置的。

2. IEEE 100Base-TX

（1）物理连接

IEEE 100Base-TX 的物理连接通常需要两个通道，每个通道都有两根双绞线。虽然可以通过一个通道来进行通信，但这种情况在实践中很少发生，因为这样的网络仅支持单工或半双工通信。

（2）编码和解码

表示之前编码符号的对称差分电压通过线对进行传输。发送器将所需发送的位流进行编码，然后接收器依次将收到的信号解码成位流。

与 IEEE 100Base-T1 相比，IEEE 100Base-TX 使用 NRZI、4B5B 和 MLT-3 方法的组合进行编码和解码以及生成差分电压。这些方法由 IEEE 100Base-TX 集成在 ECU 中的 PHY 来实现，PHY 也用于建立物理介质和以太网控制器之间的连接。

（3）线束和连接器

标准的 Cat5 或 Cat5e 电缆通常用于 IEEE 100Base-TX 的通信。在八根可用的导线中，需要四根连接两个通道。线对的分配在 EIA/TIA-568A 和 EIA/TIA-568B 两个标准中规定。这些标准还包含通常使用的 RJ45 插头连接器和插座的引脚分配。

（4）拓扑结构

因为一根电缆上只有两个节点，所以只涉及点对点的连接拓扑。对于两个以上的节点， 可以使用交换机进行连接，它作为第二层耦合元件可以被连接到多个物理连接，并且可以独立地将消息从一个分支转发到另一个分支。

（5）双单工通信（Dual Simplex）

如果 IEEE 100Base-TX 使用两个通道操作，则信息可以以 100Mbit/s 双向传输。为此，节点使用第一个通道进行发送，使用第二个通道进行接收。如果 PHY 仅支持固定信道分配，则必须使用交叉电缆进行两个节点之间的连接。但是，现在大多数 PHY 都有自动协商机制，节点可使用该机制自动检测信道使用情况。自动协商消除了对交叉电缆的需求。

3. IEEE 1000Base-T

（1）物理连接

IEEE 1000Base-T 的物理连接需要四个通道，每个通道由两根双绞线组成，表示之前编码符号的对称差分电压通过线对进行传输。

（2）解码和编码

发送器将所需发送的位流进行编码，然后接收器依次将收到的信号解码成位流。与 IEEE 100Base-T1 和 IEEE 100Base-TX 相比，IEEE 1000Base-T 使用 8B1Q4、Trellis、Viterbi 和 PAM5 方法的组合进行编码和解码以及生成差分电压。这些方法由 IEEE 1000Base-T 集成在 ECU 中的 PHY 来实现，PHY 也用于建立物理介质和以太网控制器之间的连接。

（3）线束和连接器

标准的 Cat5 或 Cat5e 电缆通常用于 IEEE 1000Base-T 的通信。在八根可用的导线中，需要四根连接两个通道。线对的分配在 EIA/TIA-568A 和 EIA/TIA-568B 两个标准中规定。这些标准还包含通常使用的 RJ45 插头连接器和插座的引脚分配。

（4）拓扑结构

因为一根电缆上只有两个节点，所以只涉及点对点的连接拓扑。对于两个以上的节点， 可以使用交换机进行连接，它作为第二层耦合元件可以被连接到多个物理连接，并且可以独立地将消息从一个分支转发到另一个分支。

（5）全双工通信

由于使用了 PAM5，两个互连节点可以在四个通道上同时发送和接收（全双工）。发送器节点将自己的差分电压添加到两条线路；而接收器则从施加的总电压中减去自己的电压，减法的结果对应于对方节点发送的电压。该机制是回声消除方法中的一个组成部分，也用于其他以太网系统。

（6）同步

为了增加或减少差分电压，两个节点必须知道新符号何时开始。这意味着两个节点必须同步到符号流。这是在主节点和从节点的帮助下完成的。主设备生成与从设备同步的连续符号流。与 IEEE 100Base-T1 相比，角色不是固定的，而是使用自动协商机制协商。

## 9.6.3 以太网 MAC 和 VLAN

1. 特性

（1）基本功能

以太网通信的 MAC 为数据传输提供了重要的基本功能，它规定了统一的消息结构、节点的寻址和总线访问方法，所有的基本功能都在以太网控制器中实现，以太网控制器通常是微控制器的一个组成部分。

（2）数据传输

信息位流组装成以太网帧的工作在第二层上被使用，并通常通过媒体独立接口（MII）在以太网 PHY 与以太网控制器之间传输，这是一个经 IEEE 标准化了的接口家族，能支持多种传输速率。

（3）总线访问方式

以太网控制器首先在发送消息之前侦听物理介质（载波侦听），这可以防止在网络中的另一个节点已经发送时覆盖其消息。如果介质是空闲的，以太网控制器则可以开始自己的传输。

由于多个节点可能同时访问总线，因此如果两个节点同时开始发送，则可能在总线上发生冲突。对于这些情况，每个以太网控制器具有用于检测传输的冲突检测功能。为了防止第二次冲突，节点仅在随机时间过期后开始重新发送，每个发送者必须自己来计算时间。

（4）冲突检测

以太网完整的总线访问方式是载波侦听多路访问 / 冲突检测（CSMA/CD）。相关算法在每个以太网控制器中实现。对于汽车行业的物理层，冲突检测起着相当于从属的作用。IEEE 100Base-T1、IEEE 100Base-TX 和 IEEE 1000Base-T 都允许全双工数据传输，因此通常不会在这些物理介质上发生冲突。

### 2. 寻址

（1）节点寻址

节点寻址用于在以太网网络中有针对性地传递消息。为此，每个节点具有至少一个 MAC 地址作为本地网络（LAN）中的唯一标识。传送的消息始终包含源地址和目标地址，以便确定通信节点。

（2）单播

节点使用单播地址唯一地被寻址。汽车厂商指定这些地址，或者供应商可以从他们自己的地址范围中选择，地址范围可以从 IEEE 注册管理机构申请并注册，并且由该公司在全世界范围唯一地被分配。

（3）多播和广播

为了将消息传递到多个节点，除了单播消息之外，还可以使用多播地址，这就允许通过定义节点组以共享的 MAC 地址来接收同一消息。与允许向所有节点发送消息的广播方式不同，多播必须在相应的节点中配置多播地址。

（4）VLAN（虚拟局域网）

作为传统寻址方式的扩展，VLAN 地址经常用于汽车行业。这些地址存在于整个网络内的虚拟网络，并允许通信的划界。通过这种方式，可以为不同的应用来定义只有自己成员才可以进行通信访问的域，这些应用程序区域的成员可以访问那里发生的通信，因为有的 ECU 通常活跃在多个应用域，所以它也可以是多个域或者 VLAN 的成员。

（5）优先级

为了改善实时性能，VLAN 还提供了定义消息优先级的功能，因此可以通过交换机优先传输重要数据的办法来减少等待时间。

### 3. 帧

（1）基本帧和标记帧

IEEE 规范定义了以太网帧的不同格式。汽车行业通常使用以太网Ⅱ帧，也可以包含 VLAN 的信息作为其扩展，于是就分成了基本 MAC 帧（不带 VLAN）和带标记的 MAC 帧（包含 VLAN）。

（2）MAC 地址

以太网Ⅱ帧通常以接收器或目标地址开始，这就指定了哪些网络节点将接收消息。与随后的发送者或源地址相比，除了单播地址之外，还可以使用多播或广播地址。对于以太网帧，只能有一个发送器而可以有多个接收器。

（3）以太类型

基本 MAC 帧和带标记的 MAC 帧因类型字段不同而不同。以太类型通常标识了有效载荷数据区域中包含的分组，并提供了较高层（如 IPv4）中所用的协议信息。如果以太类型的值为 0x8100，则类型字段向后移动四个字节，并在其原始位置插入 VLAN 标记。

（4）VLAN 标签

VLAN 标签由协议标识符（TPID）和控制信息（TCI）组成。TPID 包含原始类型字段的值，TCI 由优先级（PCP）、可丢弃指示或标准格式指示（DEI 或 CFI）和标识符（VID）组成。标识符和优先级主要用于汽车工业，标识符将各个虚拟网络区分为不同的应用领域。优先级允许通过交换机优化运行时间，以便优先转发重要信息。

（5）有效载荷

在类型字段之后，以太网Ⅱ帧包含有效载荷数据区域。如果没有 VLAN 标记，则有效载荷的最小长度为 46 个字节；如果带有 VLAN 标记，则有效载荷的最小长度为 42 个字节，在汽车行业中有效载荷最多可为 1500 个字节。

（6）CRC 校验和

CRC 校验和在以太网Ⅱ帧的末尾发送。校验和中包含的值是使用标准化的算法计算出来的，发送方和接收方中都使用了该算法。计算是基于以太网Ⅱ帧的所有字段进行的，因此可确保整个消息的完整性。

（7）以太网报文分组

对于以太网Ⅱ帧的传输，以太网控制器在开始时插入前导码和起始帧界定符（SFD），用于表示传输的开始。前导码、起始帧界定符和以太网Ⅱ帧的组合称为以太网报文分组。

## 9.6.4 互联网协议（Internet Protocol）—— IPv4/IPv6

1. 特点

（1）益处

互联网协议（IP）使通信扩展到本地局域网（LAN）之外进行，执行数据的实际传输的较低层为此被抽象，因此可以在同一网络中或跨多个网络（如 UMTS、WLAN 等）到达目的地节点，而无须调整所发送的分组。

（2）IP 数据包

IP 数据包使标准化通信得以实现，它有一个带有目标地址和源地址的确定的包头，目标地址也可以在本地网络（LAN）之外，这使得原则上可以在全球范围内对任何节点进行寻址。

（3）路由器

路由器用作耦合器件将各种网络互连在一起，它属于多个网络的节点，因此也具有多个 IP 地址。

为了在错误条件下 IP 数据包不会在互联网上长时间循环，路由器会在将 IP 数据包从网络转发出去时，就对 IP 包头中的某一参数进行递减倒计时，一旦该参数达到零值，下一个路由器就会丢弃该数据包。

2. IPv4——版本 4

（1）地址和种类

32 位 IPv4 地址以字节为单位由小数点分隔的十进制数来表示，如 192.168.10.1。多年前为 IPv4 定义了管理互联网公共区域的地址结构的地址种类。虽然这些种类不再具有太多实际意义，但它们可以使网络地址和主机地址得以基本划分，以便可以推断出节点数。

（2）本地地址

公共 IPv4 地址已分配多年，但仍然有可以自由使用的本地或私人地址范围，如在公司或私人家庭应用中。由于在公共网络中不会找到这些地址，因此路由器不会在不进行更改的情况下将本地地址转发到互联网中。

（3）子网掩码

使用的目标和源节点地址由左对齐网络地址和右对齐主机地址组成，通常使用子网掩码来定义划分 IP 地址的位置。这些可以写为独立地址（如 255.255.255.0），或作为 IP 地址之后的前缀（如 192.168.10.1/24）。虽然所有左对齐的设置位指示网络地址，但是从右对齐的未设置位可以推断出主机地址。

（4）多播和广播

如果要将 IP 数据包发送到多个节点，则可以使用多播地址和广播地址。虽然必须通过互联网组管理协议（IGMP）配置或创建多播地址，但可以使用主机地址来导出广播地址。主机地址范围的最高值始终对应于相关的广播地址（如 192.168.10.255）。

3. IPv6——版本 6

（1）背景

IPv6 主要是为解决 IPv4 地址不足和优化路由过程而开发的。与 IPv4 相比，IPv6 报文头中的字段数量已从 12 个字段减少到 8 个字段。

（2）IPv6 地址的表示法

IPv6 地址通常通过将以冒号分隔的十六进制格式的两个字节分组来表示。四个零通常只写为一个零或完全省略。与 IPv4 不同，IPv6 中没有广播地址。广播是一种特殊的多播案例。

（3）IPv6 中的 IPv4 地址

IPv4 地址也可以在 IPv6 中实现。IPv6 可以使用混合表示法，其中允许使用十六进制和十进制值的组合。

(4)子网掩码

在 IPv6 地址中，除非子网掩码另有定义，64 位用于网络地址，其余 64 位用于主机地址。尽管可以使用子网掩码，但由于地址空间足够大，它很少被使用。

**4. 其他通信协议**

对于辅助和支持任务，存在一系列在后台运行的附加协议，这些目前在汽车行业使用的其他协议如下：

(1)DHCP

动态主机配置协议（DHCP）能够自动为一个或多个节点分配 IP 地址，这使得新 IP 节点可以集成到现有网络中，而无须手动配置。

(2)ICMP

互联网控制消息协议（ICMP）是每个 IP 实现的一部分，并用于控制任务。典型的应用实例是 ICMP 回应请求（Ping），可以使用此命令检查两台计算机之间的 IP 通信。这是通过向所联系的节点发送 ICMP 回应请求来完成的。如果该节点用 ICMP 回应应答（Pong），则请求节点知道所联系的节点可用。

(3)ARP

地址解析协议（ARP）用于确定 IP 和 MAC 地址之间的相关性。如果 IP 节点想要寻址特定目的地但不知道其 MAC 地址，则可以使用 ARP 来进行请求，发送节点为此向网络广播 ARP 请求。收到响应后（ARP 响应），包含的 MAC 地址将被保存在 ARP 缓存中并加以转发。

(4)NDP

在使用 IPv6 时，基于 ICMPv6 的邻居发现协议（NDP）代替了 ARP 协议。该协议的作用如下：

1）发现路由器：识别网络中的现有路由器。

2）发现前缀：确定本地和远程节点的地址前缀（即 IPv6 地址的网络位）。

3）支持在不使用 DHCP 的情况下自动配置网络节点的 IPv6 地址（即生成链路本地地址）。

4）发现参数：设置各种参数，如跳数限制（Hop Limit）参数。

(5)IGMP

IPv4 系统使用互联网组管理协议（IGMP）来将其多播组成员身份转发到多播路由器中，所有想要接收 IP 多播的主机都必须使用这个协议。

## 9.6.5 TCP 和 UDP

**1. 特性**

(1)传输层

OSI 模型的第 4 层（即传输层）中有两种传输协议：TCP 和 UDP。TCP 协议表示面向连接的传输，而 UDP 协议实现无连接传输。两种协议都将要传输的数据分成较小的部分。这些分割的数据在 TCP 中称为段，在 UDP 中称为数据报。

由于传输协议使用面向连接的传输或无连接传输，因此它们适用于不同的用途。根据安全性和传输速度的要求，可以仅使用 TCP 或 UDP，或两种协议的组合。

（2）寻址

为了到达所需目的地节点，数据通过互联网协议（IP）在底层（第3层）传输。允许对函数和应用进行寻址的端口被连接到更高的层，如果端口开放，则可以与关联的函数或应用进行数据交换。

2. UDP：用户数据报协议

（1）无连接的传输协议

UDP 是一种无连接传输协议，可以简单地传输数据报。与 TCP 相反，没有用来保证数据可靠传输的机制，发送方不会被告知数据报的丢失或受干扰，也没有允许重新发送或再次请求数据报的机制，但是如果需要，这些功能可以在更高层的协议中轻松地加以实现。UDP/IP 传输层数据结构如图 9-31 所示。

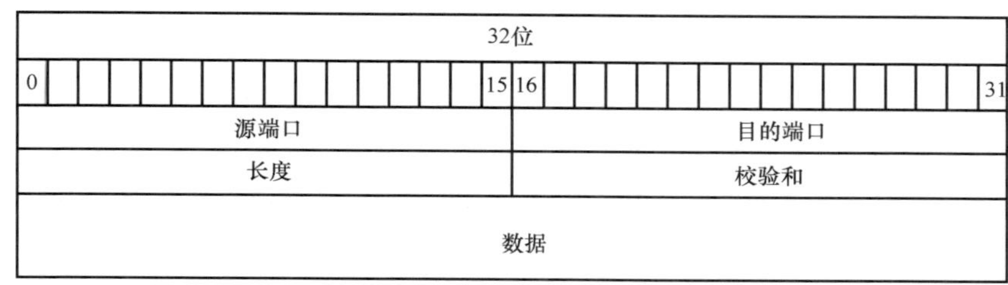


图 9-31　UDP/IP 传输层数据结构

（2）优点

使用 UDP 的优点是低延迟和传输变化小，与 TCP 不同，发送方不必等待来自接收方的反馈，因此不会出现引起发送数据报延迟的额外等待时间。

另一个优点是能够将数据报以多播或广播的形式发送，这意味着可以将 UDP 数据报发送到网络中的多个节点或所有节点。因此，在必须同时向多个接收器发送信息的情况下，UDP 传输减少了总线负载。

（3）UDP 数据报

UDP 数据报封装在 IP 数据包中，并使用互联网协议发送。在这种情况下，IP 数据包的报文头指示所包含的数据是 UDP 数据报。因为 UDP 数据报可以包含比 IP 数据包（1480 个字节）更多的数据（65535 个字节），所以可以使用分段将 UDP 数据报划分为多个 IP 数据包。

（4）分段

当 UDP 数据报被分段时，相应的每个 IP 包都包含用于作为 UDP 数据报的唯一标识的标识符和用于完整 UDP 数据报内的片段位置的标识符。接收器可以使用它将所有数据段重新组合成 UDP 数据报。如果 IP 数据包丢失了，接收器将无法再组装 UDP 数据报。由于发生错误后不再请求数据发送，因此不完整的 UDP 数据报中的所有 IP 数据包将会被丢弃。

3. TCP：传输控制协议

（1）面向连接的传输协议

与 UDP 相反，TCP 代表面向连接的传输。这意味着必须在实际数据传输之前建立两个节点之间的显式连接。这两个节点都使用 IP 地址和端口号来标识。TCP/IP 传输层数据结构如图 9-32 所示。

图 9-32　TCP/IP 传输层数据结构

（2）连接的建立

连接是通过三个步骤建立的。想要建立连接的节点首先要发送包含被置 SYN 标志的段，这表示发送方希望与接收方建立连接。

除了 SYN 标志之外，在第一段中还会传输单独的序列号、窗口字段和可选的附加参数。序列号由随机生成的数字、ISN（初始序列号）和连续数字所组成，附加的连续数指示了当前数据字节在整个数据流中的位置。这样做的结果是，所有段的顺序是已知的，并且数据流可以由接收机重新组装。

窗口字段提供有关节点可用内存的信息，这可确保发送方不会向接收方发送比可用内存更多的数据。由于通信可以是双向的，因此两个节点都将其可用的内存信息传递给对方节点。

在建立连接的第二个步骤中，原始的接收器发送 SYN ACK。该段既有一个 SYN 标志，也有一个 ACK 标志。结果是，该节点向原始发送方发出信号，表明它已经接收到建立连接的请求，并且加以确认，节点还发送自己的序列号。此时两个节点都清楚地知道它们的相对节点，并且所有将来交换的段都可以与相应的发送方相关联。

建立连接的最后一步是原始发件人发送的确认，它使用这个信号来向对方节点表明连接已经成功建立，从现在开始可以在两个节点之间交换数据了。

（3）数据传输

由于 TCP 始终需要两个节点之间的显式连接，因此无法在没有确定接收器的情况下向网络发送广播或多播消息。可靠的数据传输只能通过显式连接进行，各种机制可以确保数据到达接收器并且没有被破坏。

CRC 校验和保护段的数据在传输期间不被破坏，序列号可以确保即使较早的段较后到达接收器，段的顺序也是已知的。

没有检测到错误，接收方就会以 ACK 的值向发送方确认每个段的接收。通过发送具有ACK标志置位的段就表示该段具有有效的确认号，然后发送方解释该段中的ACK号，这就提供了接收得到肯定确认的段的信息。每个段还包含有关窗口字段中可用内存的最新信息，以便通知发送方当前可以向接收方发送多少数据。

如果发送方在规定的时间段内未收到肯定确认，这意味着该段有故障或未到达接收方，则发送方会再次将该段发送，该时间段称为重传定时器，它对每个段都存在并且单独倒计时。收到肯定确认后，则会将该段的相应定时器清零。

（4）连接关闭

当所有数据都已被交换并得到肯定确认后，可以将连接关闭。为此，节点发送一个具有FIN标志置位的段，以表示连接终止。这个FIN段的接收器必须响应确认，以便连接半关闭。如果此节点还想终止连接，它会将带有FIN标志置位的段发送给原始发送方，如果这也得到确认，则连接终止完成，数据再也不能传输了。

### 9.6.6 与应用有关的以太网高层协议

SOME/IP、DoIP以及AVB/TSN是目前在汽车领域中所涉及的最重要的与应用有关的以太网高层协议。

1. SOME/IP

SOME/IP（基于IP的可扩展的面向服务的中间件）是一种可用于控制消息的汽车中间件解决方案，与传统静态带宽的CAN等通信方式相比，它引入了汽车IP网络所需的动态和面向服务的信息传输方式，这种方法的优点在于总线上不会出现过多不必要的数据，从而降低负载，可以实现高效的带宽。SOME/IP同时也是一个影响ECU软件组件的中间件，在AUTOSAR中有一个单独的软件路径，可以连接到应用程序。目前，它的主要应用领域是信息娱乐系统。

图9-33所示为SOME/IP数据在以太网报文中的位置，可以看出SOME/IP其实是构架在传输层之上的应用层通信协议，它的内容虽然可以很多，但本质上也就是定义了SOME/IP包头和数据的内容而已。

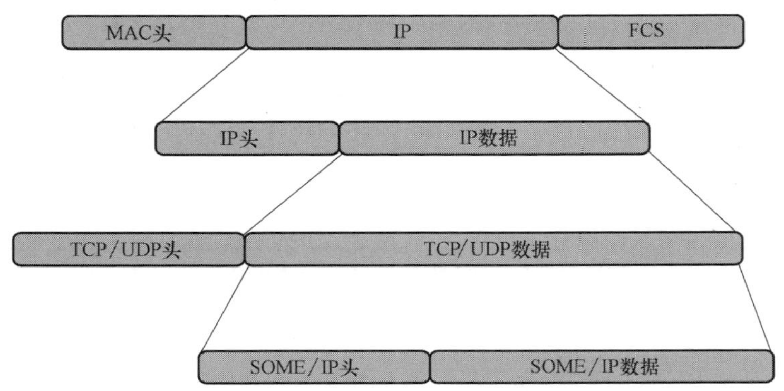


图9-33 SOME/IP数据在以太网报文中的位置

图 9-34 所示为 SOME/IP 数据的格式。

图 9-34　SOME/IP 数据的格式

## 2. DoIP

以太网用于车辆诊断已经有好多年了，DoIP（通过互联网协议进行诊断通信）就是以此为目的应运而生的，比起传统的诸如 CAN 之类的网络总线，DoIP 的优势有以下几点：

1）更快的诊断响应。

2）传输大量数据的时间更短，可以用于高效的软件刷新和参数下载。

3）使得远程的直接诊断成为可能。

DoIP 由 ISO 13400 系列标准定义，作为实现基于以太网的诊断通信的方案。该系列标准的各部分内容如下：

第 1 部分：总览和用例定义

第 2 部分：传输协议和网络层服务

第 3 部分：基于 IEEE 802.3 的有线车辆接口

第 4 部分：以太网诊断连接器

第 5 部分：一致性测试规范

DoIP 数据的基本结构如图 9-35 所示。DoIP 数据结构以及映射到以太网帧中的位置如图 9-36 所示。

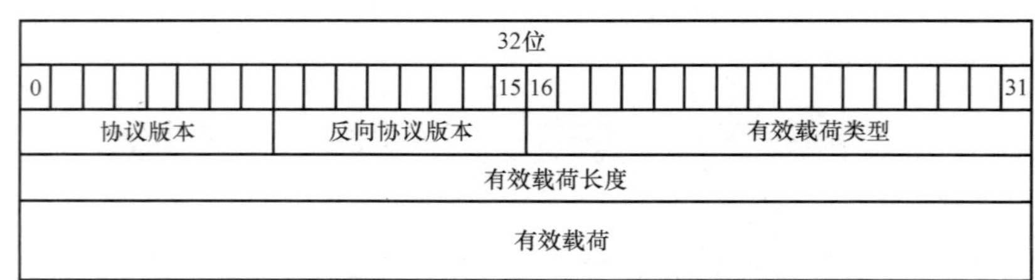


图 9-35　DoIP 数据的基本结构

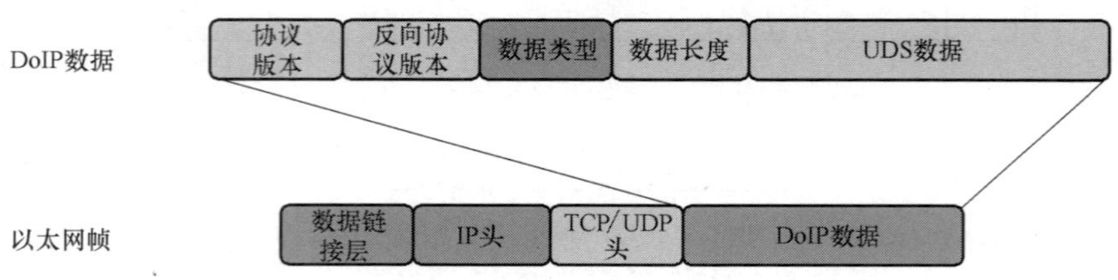


图 9-36　DoIP 数据结构以及映射到以太网帧中的位置

### 3. AVB/TSN

AVB（音视频桥接）是一项较新的以太网标准，由 IEEE 802.1 任务组于 2005 年开始制定，其中包括带宽预留（Bandwidth Reservation）、精准时钟同步（Precision Time）、流量控制（Traffic Shaping）以及连接和控制。该标准于 2012 年正式更名为 TSN（时间敏感网络），主要应用于各种支持低延时及基于时间同步数据传输的以太网协议。目前 TSN 是车载以太网领域中研究和应用最热的课题。

由 IEEE 802.1 指定的不同 TSN 标准文档可以分组为完整实时通信解决方案所需的三个基本关键部分类别。每个标准规范都可以单独使用，尽管只有在协同使用的情况下，TSN 作为通信系统才能充分发挥其潜力。这三个基本组成部分如下：

1）时间同步：所有参与实时通信的设备都需要对时间有共同的理解。

2）调度和流量整形：所有参与实时通信的设备在处理和转发通信数据包时都遵循相同的规则。

3）选择通信路径、路径预留和容错：所有参与实时通信的设备在选择通信路径和保留带宽和时隙时都遵循相同的规则，可利用多个同时存在的路径来实现容错。

# 第10章 车际网络及通信技术

## 10.1 基本概念

### 10.1.1 WAVE

车载环境无线接入（Wireless Access in Vehicular Environment，WAVE）是一种用于车与路、车与车之间的无线通信标准，由802.11p和1609系列标准组成，它为公共安全相关的应用预留了专用信道。

WAVE的前身是专用短距通信（Dedicated Short Range Communication，DSRC）标准。从20世纪90年代开始，美国材料与试验协会（American Society for Testing and Material，ASTM）组建了工作组来制定DSRC相关标准。2004年，DSRC标准的制定工作转到IEEE开展，即IEEE 802.11p标准，其中包含介质访问控制（Media Access Control，MAC）层和物理（Physical，PHY）层相应的规范，是WAVE系统的底层协议。此时，1609工作组的标准化工作也在同步进行，是WAVE系统的高层协议。WAVE系统的协议栈层次模型如图10-1所示。

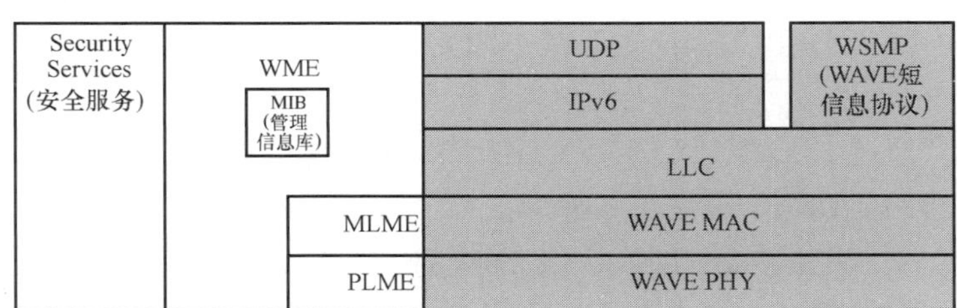


图10-1　WAVE系统的协议栈层次模型

WAVE 系统的协议栈分为管理平面和数据平面，管理平面负责协议栈的参数以及行为控制，数据平面负责传输数据信息。WAVE 协议栈相关标准见表 10-1。

表 10-1　WAVE 协议栈相关标准

| IEEE 标准编号 | 标准内容 |
| --- | --- |
| IEEE 1609.0 | 描述了 WAVE 协议栈的整体架构，定义了车辆环境中用于支持 WAVE 设备多信道通信所必需的服务 |
| IEEE 1609.1 | 描述了资源管理机制，详细说明了 WAVE 资源管理应用中的服务和接口要求。它描述了 WAVE 架构中提供的数据和管理服务、命令信息以及对于相关信息合适的响应信息格式，并给出了架构组件之间通信所需的数据存储格式和状态请求信息格式 |
| IEEE 1609.2 | 描述了应用和管理信息安全服务机制，定义了安全信息格式、信息执行方式和过程以及用于安全信息交换的环境，同时定义了 WAVE 管理信息（Management Message）与应用信息（Application Message）的加密方法等 |
| IEEE 1609.3 | 描述了网络服务策略，定义了为支持 WAVE 数据安全交换所需的网络层和传输层（包含寻址和路由）服务，同时定义了 WAVE 短消息和管理信息库（Management Information Base，MIB） |
| IEEE 1609.4 | 描述了多信道操作机制，使 IEEE 802.11 MAC 支持针对 WAVE 操作的增强功能，具体包括优先级的使用、频道的协作切换等机制。这些机制使得只有一个接收天线的设备能够充分利用物理层控制信道和业务信道，同时能够为高优先级的报文提供更加实时的传输服务 |
| IEEE 1609.11 | 以 WAVE 为基础的电子收费系统标准 |
| IEEE 1609.12 | 记录了提供方业务标识（Provider Service Identifier，PSID）分配相关内容 |
| IEEE 802.11p | 定义了 WAVE 的 PHY 和部分 MAC 标准，该标准是在 IEEE 802.11 的基础上，针对车载通信的特点，对 PHY 和 MAC 层技术进行了相应的修改和增强 |

## 10.1.2　DSRC

DSRC 是针对智能交通系统（Intelligent Transport System，ITS）的需求而开发的技术标准。国际标准化组织智能运输系统委员会 ISO/TC204 负责 DSRC 国际标准的制定工作。国际上参与 DSRC 标准制定工作的主要有美国、欧洲和日本三大阵营。这三大阵营的标准化进程如下：

### 1. 美国

1）1998 年，美国联邦通信委员会将 5.850 ~ 5.925GHz（共计 75MHz）频段分配给运输服务领域的短程通信。

2）2002 年，ASTM 通过 DSRC 标准 E2213-02。

3）2003 年，美国联邦通信委员会将此标准的下一版本 E2213-03 规定为北美的 DSRC 标准。

### 2. 欧洲

1）1994 年，欧洲 DSRC 标准化工作小组 CEN/TC278 第 9 工作组正式启动 DSRC 标准起草工作。

2）1997 年，通过了 ENV12253“5.8 GHz DSRC 物理层”、ENV12795“DSRC 数据链路层”和 ENN12834“DSRC 应用层”标准。

3）2007 年，欧洲电信标准化协会（ETSI）成立智能交通系统技术委员会（Intelligent Transport Systems Technical Committee），下设 5 个工作组，研究应用、架构、传输层、网络层及安全相关内容，并形成标准输出。

3. 日本

1）1997 年，日本 DSRC 标准化工作小组 TC204 委员会完成了 DSRC 标准的制定工作。

2）2001 年，发布了 ARIB STD-T75 标准。

3）2004 年，发布了 ARIB STD-T88 标准，将 DSRC 作为未来的车路通信平台，进行数据传输、信息服务等应用。

## 10.1.3 802.11p

2010 年 7 月，美国正式发布 IEEE 802.11p 标准，该标准是从北美的 DSRC 标准 ASTM E2213-03 修改而来的，是在 IEEE 802.11 标准的基础上针对 ITS 应用进行的扩充延伸，包含了 DSRC 的物理层和 MAC 层标准，可支持高速移动环境中车与车、车与路进行通信，相较于 IEEE 802.11，可提供更高的数据传输速率和更大的传输范围。IEEE 802.11p 物理层仍采用 802.11a 标准使用的正交频分复用（Orthogonal Frequency Division Multiplexing，OFDM）技术，只是针对车载环境下节点移动速度高的特点，为了增强其抵抗多径传播和多普勒效应的能力，其物理层参数在 802.11a 的基础上进行了一些调整，如 OFDM 的参数在时域上翻倍，信号带宽减半，信息传输速率也相应地减半。

## 10.1.4 ITS-G5

ITS-G5 是欧洲电信标准协会（European Telecommunications Standards Institute，ETSI）制定的 V2X 通信协议，与 ISO 智能交通系统定义的通信架构类似，ITS-G5 主要协议架构也包括接入层、网络层与传输层、设备管理层、应用层和安全 5 个部分。与 WAVE 协议相同，ITS-G5 的接入层也采用基于 IEEE 802.11p 的通信技术。但是，在网络层与传输层，ITS-G5 制定了 Geonetworking 协议和基本传输（BTP）协议，其中 Geonetworking 协议可以实现基于地理位置的多跳传输。BTP 协议实现面向无连接的端到端传输服务。此外，在设备层 ITS-G5 定义了协作感知消息（CAM 消息集）和分布式事件触发消息（DENM 消息集）。其中，CAM 消息集周期性发送车辆的位置、速度、朝向等信息；DENM 消息集用于紧急制动等事件类触发消息的发送。ITS-G5 协议的架构如图 10-2 所示。

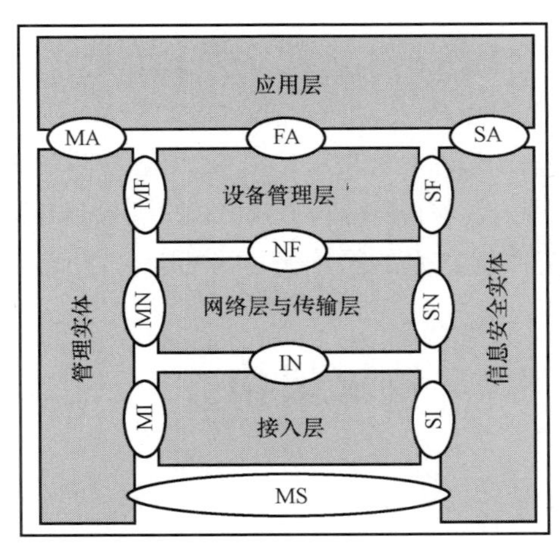


图 10-2 ITS-G5 协议的架构

为了进行拥塞控制，ITS-G5 支持跨层的拥塞控制机制，设备层、网络层和接入层能够基于测量到的信道繁忙率（Channel Busy Ratio，CBR）进行一定的拥塞控制机制，降低了信道的拥塞程度。例如，设备层可以根据信道繁忙率调整生成数据包的频率；接入层可以根据信道繁忙率调整数据包的发送速率、功率等。

### 10.1.5 C-V2X

C-V2X（Cellular V2X）是基于 4G/5G 等蜂窝网络通信技术演进形成的 V2X 无线通信技术总称，包括 LTE-V 和 5G 新空口（New Radio，NR）V2X。C-V2X 包含了两种通信接口：一种是车、人、路之间的短距离直连通信接口（PC5）；另一种是车和网络之间的通信接口（Uu），可实现长距离和更大范围的通信。这两种通信接口可有效结合、互为补充，更好地满足 V2X 的通信需求。

从标准维度来看，C-V2X 的发展主要分为三个阶段：第一阶段，支持 LTE-V2X 的 3GPP Release 14 版本标准于 2017 年 3 月正式完成，能够满足交通安全和效率提升等辅助驾驶应用以及低级别自动驾驶应用的需求；第二阶段，支持 LTE-V2X 增强（LTE-eV2X）的 3GPP Release 15 版本标准于 2018 年 6 月正式完成，其在 Release 14 版本标准的基础上进一步提升了可靠性、峰值速率和时延等性能，以满足车辆编队行驶等部分高级别车联网业务的需求；第三阶段，支持 NR-V2X 的 3GPP Release 16 版本标准于 2018 年 6 月启动研究，NR-V2X 将为联网中的车辆带来新的能力，如可以支持高吞吐量的传感器信息共享，支持车辆间的驾驶意图和行车轨迹共享，支持高精地图的实时下载等。

需要说明的是，现阶段商用考虑的主要是道路辅助安全类的业务，底层技术上采用 3GPP Release 14 版本的 LTE-V2X。相比于 802.11p，LTE-V2X 采用了更先进的技术机制（包括信道编码、导频设计、无线资源管理等），在覆盖距离、抗干扰能力、传输可靠性和系统容量方面具有优势。此外，LTE-V2X 可与 LTE 天然集成，提高 LTE-V2X 终端模块的渗透率，并且借助全球广泛部署的 LTE 网络和庞大的用户基础，在很大程度上降低路侧交通基础设施的投资。

随着业务演进，对于 LTE-V2X 无法承载的更为先进的车联网业务将通过 NR-V2X 承载。NR-V2X 将与 LTE-V2X 形成互补关系并长期共存，在保证互联互通的前提下平滑演进，共同为未来自动驾驶以及各类车路协同业务提供无线通信支撑。

除 3GPP 针对 C-V2X 的底层通信技术做持续增强外，包括 5GAA 和 IMT-2020 C-V2X 工作组在内的国内外的联盟组织也启动了对 C-V2X 的讨论和研究。

## 10.2 协议架构

### 10.2.1 总体架构

如图 10-3 所示，协议的总体架构主要包括三个部分，分别为应用层、网络层与传输层、接入层。各层具有代表性的标准分别为 SAE J2735、DSMP、WSMP、LTE-V2X 和 802.11p。

## 10.2.2 应用层

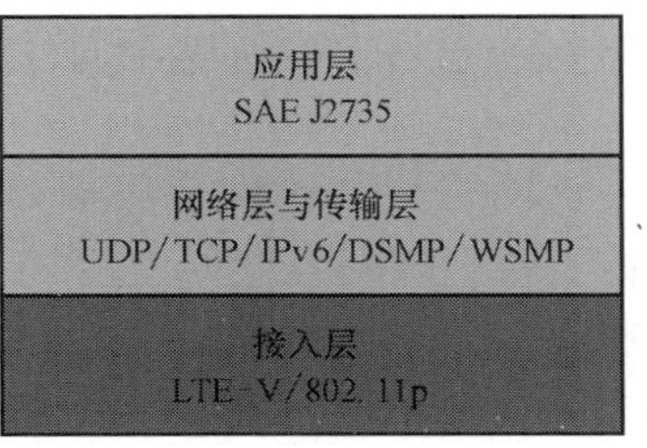

图 10-3 总体架构

应用层主要关注包括何种类型的应用、如何区分不同应用以及为了实现这些应用需要发送什么消息，消息的格式和含义是什么。1609.12 中定义了相关的应用以及应用的标号 PSID。针对车联网中的安全应用场景，美国汽车工程师学会（SAE）定义了安全服务消息集标准 SAE J2735。在我国，CSAE 和 C-ITS 联盟也共同制定了相关的应用层及应用数据交互标准《合作式智能运输系统 车用通信系统应用层及应用数据交互标准》，对应的标准编号为 T/CSAE 53—2017 和 T/ITS 0058—2017。本小节以 SAE J2735 为代表简单介绍车联网的应用层标准。

SAE J2735 是一个 DSRC 消息集字典，最新版本于 2016 年 3 月发布。在该标准中，消息类型是一种通用结构，消息是一种消息类型的一个实例，消息集是消息类型的集合。表 10-2 列出了 SAE J2735 中定义的 17 项消息类型。

表 10-2 SAE J2735 标准消息集

| 消息集 | 目的 |
|---|---|
| 菜单消息 | 一般消息，可以包含灵活的内容 |
| 基本安全消息 | 传递车辆状态信息，这些信息对于支持车辆到车辆的安全应用是必需的 |
| 常规安全要求 | 车辆使用这种消息向另一辆车要求获得具体的状态信息 |
| 紧急车辆警告消息 | 提醒驾驶人一辆紧急车辆正在一个区域运行 |
| 路口碰撞避免 | 提供相对某个十字路口的车辆位置信息 |
| 地图数据 | 路边单元用此来传达十字路口的地理描述 |
| NMEA 修正 | 封装一种类型的 GPS 修正——国家海洋电子协会（National Marine Electronics Association，NMEA）183 类型 |
| 个人安全消息 | 用于广播关于多种类型道路使用者运动状态的安全数据 |
| 调查数据管理 | 路侧单元（RSU）用此来管理从车辆中探测得到的数据集合 |
| 探测车辆数据 | 车辆报告它们在某一特定路段的状况，从而使得 RSU 能够得到道路和交通状况 |
| 路边警告 | RSU 用此来警告过往车辆危险情况 |
| RTCM 修正 | 封装另一种类型的 GPS 修正——RTCM（用于海事服务的无线电技术委员会） |
| 信号相位和定时消息 | 十字路口的 RSU 用此来传达信号相位和定时状态 |
| 信号请求消息 | 车辆用此来请求一个优先信号或者一个信号抢占 |
| 信号状态消息 | RSU 用此来传达信号请求的状态 |
| 旅行者消息 | RSU 用此来向过往车辆传达咨询和路标等类型的信息 |
| 测试消息 | 用于为局部部署提供可扩展消息 |

SAE J2735 消息集字典定义了每种消息类型的结构。消息类型是数据元素和数据帧的数据结构集合，数据元素是最基本的数据结构，数据帧由一个或者多个数据元素或者其他数据帧组成。SAE J2735 定义了每一类数据元素和数据帧的语法和语义。

SAE J2735 中的数据元素、数据帧和消息集是采用抽象语法标记（Abstract Syntax Notation One，ASN.1）定义的，此外还需要使用可辨别编码规则（Distinguished Encoding Rules，DER），将 ASN.1 翻译成在无线网络中传播的位和字节。

## 10.2.3 网络层与传输层

网络层与传输层包括 UDP、TCP、IPv6 以及 non-IP 协议。其中，UDP、TCP 和 IPv6 协议都在国际互联网工程任务组（IETF）进行了详细的标准化，此处不再赘述，本小节主要介绍 non-IP 协议。

在 WAVE 系统中，车联网实现设备间通信采用的是 WAVE 短消息协议（WAVE Short Message Protocol，WSMP），该协议在 1609.3 中定义。WSMP 是针对车辆环境下的点对点通信协议，不支持信息的多跳转发。

ISO 29281-1 中定义了一个快速网络传输层协议（Fast Networking & Transport Layer Protocol，FNTP），它规定了 ITS 的 non-IP 通信。FNTP 最基本的部分是端口映射协议，用于 ITS 站之间的单跳传输；此外，还可以通过对协议扩展支持多跳组播通信等功能。

欧洲电信标准协会（ETSI）在 ETSI EN 302 636 中定义了 Geonetworking 协议，它利用数据包传输时的地理位置，支持 ITS 站之间的单跳通信，也支持在一个地理区域分发数据包。

我国也正在制定相关的网络层与传输层标准，其中的 non-IP 协议是针对合作式智能运输系统专用短程通信制定的专用短程通信短消息协议（DSRC Short Message Protocol，DSMP）。本小节以 DSMP 为代表简要介绍车联网的网络层与传输层标准。

DSMP 协议层负责与不同应用的数据交互。DSMP 实体将应用层感兴趣的短消息数据包传输到应用层，并接收来自应用层的数据包。在 DSMP 中，采用应用标识（Application Indentifier，AID）区分不同的应用层业务。专用短程通信业务公告（DSRC Service Advertisement，DSA）封装在 DSM 的数据部分，并将 DSM 中的 AID 设置为 DSA 对应的 AID 取值。

DSMP 的数据帧格式见表 10-3，位顺序为高位在前。

表 10-3 DSMP 的数据帧格式

| 3bits | 1bit | 4bits | Var | Var | 2octets | Var |
|---|---|---|---|---|---|---|
| DSMP Version | DSMP Option Indicator | Reserved | Extension | AID | Length | Data |

注：1. DSMP 版本（Version），区分不同的 DSMP 版本号（0 ~ 7）。
2. DSMP 可选域指示（DSMP Option Indicator），取值为 1 表示后面的扩展域出现，取值为 0 表示后面的扩展域不出现。
3. 预留域（Reserved），预留位，在第一个版本中全部取 0。
4. 扩展域（Extension），预留可用于其他信息，包含其他信息标识、其他信息长度和其他信息内容三部分。扩展域长度、内容等信息将与标准版本相关联。
5. 应用标识（Application ID，AID），应用服务商的应用标识，区分不同的应用。
6. 数据长度（Length），表示应用层数据实体的字节长度。
7. 数据（Data），是承载的应用层或管理子层数据实体。

## 10.2.4 接入层

接入层有两种典型的代表技术，一种是 LTE-V2X，另一种是 802.11p。

1. LTE-V2X 接入层

如前所述，目前 LTE-V2X 的商用版本主要是 3GPP Release 14 版本，本小节介绍也重点针对该版本。LTE-V 分为两种工作方式，一种是基于 PC5 接口的终端直接通信方式，另一种是基于 Uu 接口的基站中转通信方式。基于 Uu 接口的 LTE-V 主要是在 LTE 的上下行传输上做了一些增强，如下行缩短多媒体广播组播业务（Multimedia Broadcast Multicast Service，MBMS）的周期以降低延迟，上行引入多个半持续调度（Semi-Persistent Scheduling，SPS）进程等。下面以基于 PC5 接口的接入层为例进行介绍。

LTE-V 的接入层分为用户面和控制面，用户面主要负责用户数据传输，控制面主要负责对通信过程和参数进行配置和管理。LTE-V 的用户面包括分组数据汇聚协议（Packet Data Convergence Protocol，PDCP）层、无线链路控制（Radio Link Control，RLC）层、MAC 层和 PHY 层，如图 10-4 所示。接入层的通信参数由 LTE-V 控制面的无线资源控制（Radio Resource Control，RRC）协议进行配置。

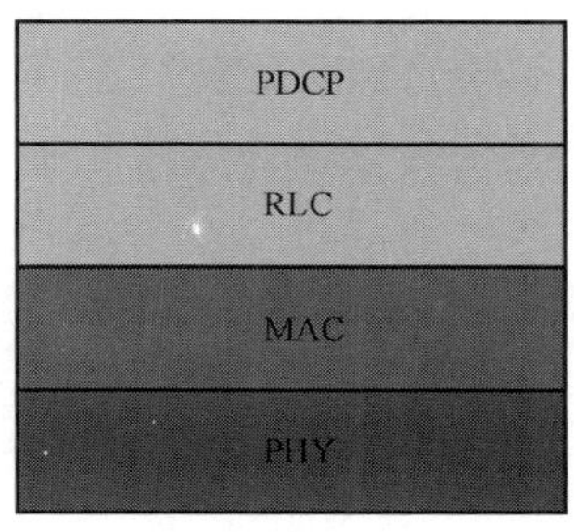


图 10-4 LTE-V 对应的接入层

（1）PDCP 层

在 LTE 协议中，PDCP 层位于 RLC 层之上，用于对用户面和控制面数据提供头压缩、加密、完整性保护等操作，以及对用户设备（UE）提供无损切换的支持。为了提供高可靠低时延服务，在基于 PC5 接口的 LTE-V 协议中，PDCP 功能进行了简化，不支持安全相关的加解密和完整性保护等功能，但保留了头压缩功能，以节约空口资源。头压缩功能只对 IP 数据流有效，通过在发送和接收实体使用鲁棒性包头压缩（RObust Header Compression，ROHC）协议实现，non-IP 数据流不支持头压缩功能。从实际应用来看，目前 PDCP 主要以传输 non-IP 数据流为主。

此外，LTE 的 PDCP 协议还定义了发送端超时丢包机制，即对于定时器超时仍未被调度进行传输的 PDCP 业务数据单元（Service Data Unit，SDU）或者 RLC SDU，发送端将直接丢弃该 SDU 以避免空口资源的浪费。对于 LTE-V，这一机制是否采用则取决于实现。

（2）RLC 层

RLC 层的功能是通过 RLC 实体来实现的。RLC 实体通过一个与 PDCP 之间连接的服务接入点（Service Access Point，SAP）来接收 RLC SDU，并将接收到的 RLC SDU 组成 RLC 协议数据单元（Protocol Data Unit，PDU)，之后通过一条唯一的逻辑信道发往下层。同时 RLC 实体也通过唯一的一条逻辑信道从下层接收 RLC PDU，还原成 RLC SDU 后将其通过与上层的 SAP 连接发往上层。

在 LTE-V 中，进行数据发送的 UE 为直通链路传输信道（Sidelink Traffic Channel，STCH）或直通链路广播控制信道（Sidelink Broadcast Control Channel，SBCCH）建立一个 RLC 实体，与之对应的进行数据接收的每个 UE 为相应的 STCH 或 SBCCH 建立一个对端 RLC 实体。其中，SBCCH 使用 RLC 透明模式（Transparent Mode，TM)，STCH 则使用 RLC 无确认模式（Unacknowledged Mode，UM)，需要实现 LTE 协议中规定的 RLC UM 传输模式相关的功能。

（3）MAC 层

基于 PC5 接口的 LTE-V MAC 层所提供的服务和功能包括无线资源选择、直通链路通信和数据包过滤等。如前所述，用于直通链路用户面数据传输的逻辑信道为 STCH，该信道是点到多点信道，用于从一个 UE 到其他一个或多个 UE 的用户信息传输。

为支持上述 MAC 功能，对以下技术进行了专门设计。

1）SPS 进程。

① 模式 3 支持 eNB（演进型基站）配置最多 8 个不同参数的 SPS 进程，所有 SPS 配置可以同时激活；当配置多个 SPS 时，支持采用 PDCCH（物理下行控制信道）激活 / 释放不同的 SPS 配置；进行 SPS 调度时，如果 UE 没有数据需要发送，不需要发送 PSSCH（直通链路物理共享信道）。

② 模式 4 已确定最多使用 2 个 SPS 进程，这 2 个 SPS 进程间相互独立，仍要满足 SC-FDM 的限制。如果使用 2 个 SPS 进程仍不满足传输需求，可以直接采用一次传输（One Shot）。

2）缓存状态上报（Buffer Status Report，BSR）设计。重用 R12 D2D 的直通链路 BSR 的设计，逻辑信道仍采用 STCH。

3）资源选择。在资源选择过程中，MAC 层主要完成帧级及多个子帧级的处理，并实现 PHY 参数配置、资源选择、资源调度、资源池维护等功能。PHY 层为 MAC 层提供可用的候选资源集合，由 MAC 层根据上层的时延限制随机选择发送资源，MAC 层通过层间原语，将上层的业务属性映射的优先级、周期、包大小等参数传递给 PHY 层，供 PHY 层进行数据传输时使用。

MAC 层在具体资源选择过程的作用总结如下：

① 给 PHY 层配置数据分组优先级（Prose Per-Packet Priority，PPPP）。

② 根据业务属性选择业务周期对应的值。

③ 根据载波特定的资源保持概率 $p$，以 $1-p$ 的概率进行资源重选，并从物理层提供的候选资源集合中，随机选择 1 个可用资源。

④ 如果在 1 个子帧发送传输块（TB），指示物理层使用连续子信道。

⑤ 支持根据地理信息进行资源选择、重选。

（4）PHY 层（物理层）

直通链路的物理层所提供的服务和功能包括物理信道和调制、复用和信道编码、物理层过程以及物理层测量。物理信道和调制包括时隙结构和物理资源、物理共享信道、物理控制信道、物理广播信道、同步信号、解调参考信号等。复用和信道编码包括与物理信道的映射关系以及各信道下的编码、复用和交织。物理层过程包括物理直通链路共享信道相关过程、控制信道相关过程、同步相关过程以及直通链路与 Uu 之间的优先级处理。物理层测量定义了 UE 测量能力及相关的测量量。

1）物理层测量。针对基于 PC5 接口的 V2X 传输，使用如下的 UE 物理层测量：

① 直通链路物理共享信道 - 参考信号接收功率（PSSCH-RSRP）。PSSCH-RSRP 定义为在直通链路物理共享信道（PSCCH）所指示的 PRB 内，发送 PSSCH 解调参考信号的资源单元（Resource Element，RE）上功率（单位为 W）的线性平均。PSSCH-RSRP 的参考

点为UE的天线连接器。如果UE采用接收分集，则报告的测量值不应低于任一分集分支的PSSCH-RSRP测量值。

② 直通链路接收信号强度指示值（S-RSSI）。S-RSSI定义为UE在配置的子信道内多个SC-FDMA符号上UE接收总功率（单位为W）的线性平均值，这些符号包括对应子帧的第一个时隙的1，2，…，6号SC-FDMA符号以及第二个时隙的1，2，…，5号SC-FDMA符号。S-RSSI的参考点为UE的天线连接器。如果UE采用接收分集，则报告的测量值不应低于任一分集分支的S-RSSI测量值。

③ 信道繁忙率（Channel Busy Ratio，CBR）。PSSCH在子帧$n$上的CBR定义为UE在［$n$−100，$n$−1］子帧集合中测量的S-RSSI超过给定阈值的子信道的比例。

PSCCH在子帧$n$上的CBR是针对PSCCH与对应的PSSCH在不相邻的资源块上传输的情况定义的，是指UE在［$n$−100，$n$−1］子帧集合中测量的S-RSSI超过给定阈值的PSCCH资源池中的资源比例，假设PSCCH资源池在频域包含两个连续的PRB。

④ 信道占用率（Channel Occupy Ratio，CR）。CR定义为在子帧$n$上测量的一个比值，分子是节点在子帧集合$[n-a, n-1]$中用于传输的子信道个数与在子帧集合$[n, n+b]$中将要用于传输的子信道个数之和，分母是传输资源池在子帧集合$[n-a, n+b]$中配置的子信道总数。

2）资源选择。在资源选择过程中，PHY层主要完成子帧级的处理，包括功率测量、能量测量、功率相关判断、为MAC层提供可用资源等功能。PHY层在具体资源选择过程的主要功能见表10-4。

表10-4 PHY层在具体资源选择过程的主要功能

| 资源选择过程 | PHY层 |
| --- | --- |
| 步骤1 | 将候选资源置为可用 |
| 步骤2 | ①当SA（调度分配）和Data（数据）同子帧发送时，支持对解码成功的SA对应的Data信道PSSCH的DMRS（解调参考信号）进行测量，定义为RE上的线性平均功率PSSCH-RSRP<br>②对测量获得的PSSCH-RSRP判断是否超出配置的功率门限，如果测量获得的PSSCH-RSRP超过门限，则认为该资源被占用<br>③排除通过测量判断的占用资源，对未占用的剩余资源进行统计。如果剩余资源占资源选择窗中的总资源比例小于20%，需要迭代提高门限3dB，重复步骤②中的功率与门限判断以及统计处理，直到剩余资源占资源选择窗中的总资源比例大于20%<br>④对未占用的子信道，采用测量平均功率的方法测量该子信道的能量测量<br>⑤ SPS的传输特征可能导致部分资源未被检测，应根据所有可用的预留周期，排除可能被未检测资源上传输的信息预留的资源 |
| 步骤3 | ①对排除占用资源的剩余资源，根据接收能量进行功率排序<br>②按照资源选择窗内总资源的20%的个数来设置子集中的可用资源，子集中的候选资源有最低接收总能量 |

### 2. 802.11p接入层

802.11p接入层包括LLC层、MAC层和PHY层，如图10-5所示。802.11p是IEEE基于802.11技术专门为车辆通信而设计的标准，主要是在802.11a的基础上进行修改设计的，这里重点介绍802.11p不同于802.11a的关键技术。

（1）LLC层

LLC 层的作用是将接收到的 MAC 数据包发给对应的网络层，以及将网络层发送的数据报文发送至底层 MAC 实体。

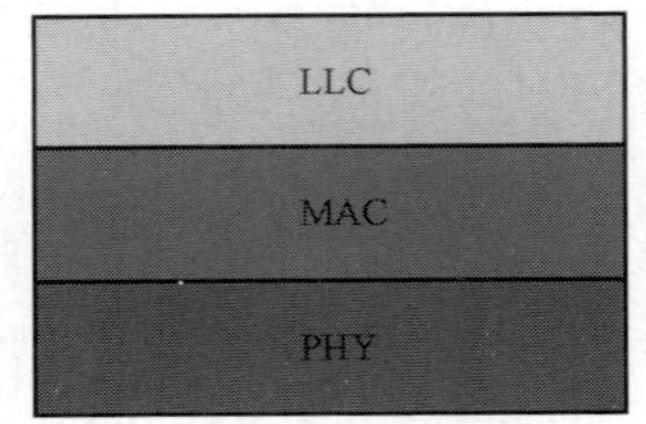


图 10-5　802.11p 对应的接入层

WAVE 协议在数据面提供了两种数据传输协议实体：WSMP 和 IPv6，为了进行区分，LLC 层使用不同的以太帧类型（Ethertype）值来表示不同的网络层协议。Ethertype 位于子网接入 SNAP 协议的头部。当 Ethertype 取值为 0x86DC 时表示网络层协议为 WSMP，当 Ethertype 取值为 0x86DD 时表示网络层协议为 IPv6。当 LLC 接收到一个 MAC 数据包时，它通过检查 SNAP 头部的 EtherType 取值来判断是发送到 WSMP 协议或者 IPv6 协议。同样，当 LLC 层收到网络层发下来的数据报文时，会根据网络层协议设置对应的 Ethertype 并发送给 MAC。



（2）MAC 层

车辆安全性通信需要即时的数据交换能力，但是在传统的 IEEE 802.11 协议中，每个站点在进行通信之前，必须首先执行复杂耗时的身份验证、网络关联等 MAC 操作，通信时的数据保密性服务也会造成很大的时间延迟。

802.11p 的 MAC 层增加了一种 WAVE 模式，无线设备在加入 WAVE 基本服务集（WAVE Basic Service Set，WBSS）的过程中不需要进行认证和建立连接。如果一个 IEEE 802.11 无线设备工作在 WAVE 模式下，那么它收发的所有数据帧中的 BSSID 字段都是通配符 BSSID（Wildcard BSSID），这个无线设备既不是基础设施型 BSS 中的成员，也不是独立型 BSS 中的成员。通配符 BSSID 是一种特殊的 BSSID，它的取值全部都是“1”，表示无线设备工作在 WAVE 模式下。802.11p 的 MAC 管理实体定义了一个新的管理信息库（Management Information Base，MIB）属性，无线设备可以通过设置这个属性的值，在传统模式和 WAVE 模式之间切换。

802.11p 采用了 802.11e 的增强分布式信道接入（EDCA）方式，该机制允许车辆根据紧急情况以不同的优先级发送信息，优先发送紧急安全消息和控制信息。当 MAC 服务数据单元（MSDU）到达 MAC 子层后，MAC 层将它的用户级别（UP）映射到接入类型指数（ACI），不同的接入类型对应不同的 EDCA 参数以体现不同的优先级。

802.11p 采用基于 OFDMA-CSMA 的随机退避策略来解决时延不满足车辆通信需求的问题。

（3）PHY 层

802.11p 采用正交频分复用（Orthogonal Frequency Division Multiplexing，OFDM）技术，主要思想是将信道分成正交的子信道，将高速数据信号转换成并行的低速子数据流，调制到每个子信道上进行传输。在接收端采用相关技术可以分离正交的信号，减少子信道之间的相互干扰。

为了增强信号抗衰减的能力，802.11p 的子载波间隔是 802.11a 的一倍，保护间隔在时域上扩大为两倍，其他参数依据子载波间隔进行了相应的调整。802.11p 采用的信道编码方式为卷积码。

# 10.3 关键技术

本节主要介绍基于 PC5 接口的 LTE-V2X 和 802.11p 的关键技术。

## 10.3.1 LTE-V2X 关键技术

LTE-V2X 的关键技术包括帧结构、信道设计、频偏估计、同步、功率控制、资源分配和拥塞控制。

### 1. 帧结构

帧结构是指无线帧的结构，定义了系统最基本的传输时序，是整个控制接口系统设计的基础，为数据的正确发送和接收提供了时间边界。

基于 PC5 接口的直通链路由长度为 $T_f$ 的无线帧组成，每个无线帧包含 20 个长度为 $T_{slot}$ 的时隙（Slot）。一个直通链路子帧包含两个连续的时隙，并从偶数时隙起始。其中，$T_f=307200T_s=10ms$，$T_{slot}=15360T_s=0.5ms$，$T_s=1/(15000\times2048)$ s。直通链路无线帧的结构如图 10-6 所示。

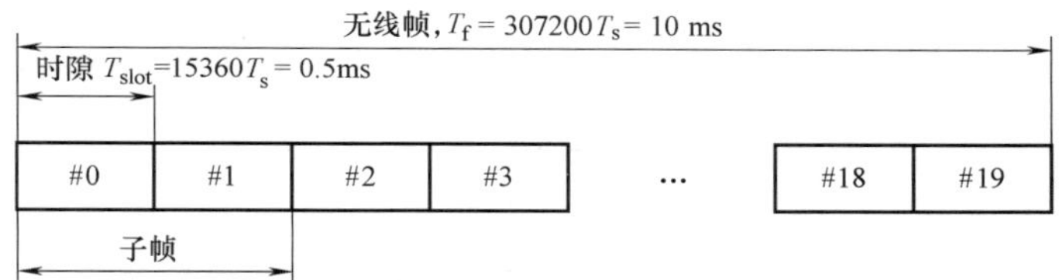


图 10-6 直通链路无线帧的结构

一个子帧包含两个时隙，时间长度为 1ms。子帧的第一个符号用于承载业务数据，接收端在该符号上进行自动增益控制（Automatic Gain Control，AGC）。子帧的最后一个符号用作保护间隔（Guard Period，GP），GP 采用打孔（Puncture）的方法进行资源单元（RE）的映射。

如图 10-7 所示，一个时隙包含 7 个 SC-FDMA 符号，一个子载波的间隔为 15kHz，时域上 7 个连续的 SC-FDMA 符号和频域上 12 个连续的子载波构成了一个资源块（RB），对应着频域上的 180kHz 和时域上的一个时隙。频域上的一个子载波和时域上的一个符号构成一个资源单元，采用索引（$k$，$l$）对进行唯一标识。其中，$k$=0，…，$12N_{RB}^{SL}-1$，表示该资源单元在频域的序号，$N_{RB}^{SL}$ 表示频域上的资源块的个数；$l$=0，…，6，分别表示该资源单元在时域的序号。一个时隙内物理资源块（PRB）的编

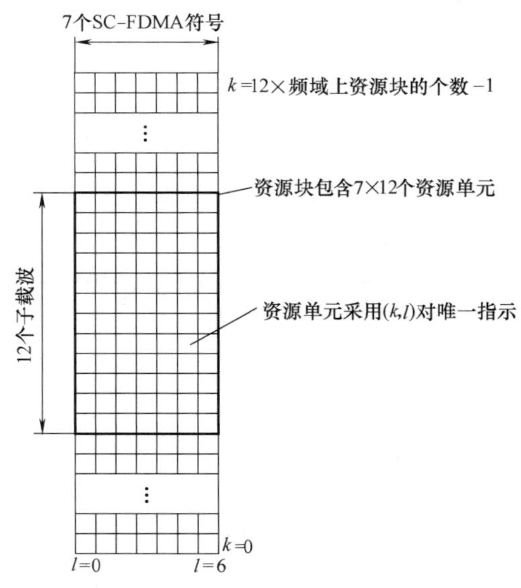


图 10-7 直通链路资源格

号 $n_{PRB}$ 和资源元素（$k$，$l$）的关系为

$$n_{PRB}=\left\lfloor \frac{k}{N_{sc}^{RB}} \right\rfloor$$

当直通链路和蜂窝服务小区共享相同的上行频率资源，并且满足 S 准则时，直通链路与蜂窝上行传输的带宽相同，其他情况下带宽可配置。

2. 信道设计

物理信道是物理层和传输媒介之间的接口，定义了信号的传输方式。不同的物理信道占用不同的物理资源，可通过时域、频域和 / 或码域进行划分。

基于 PC5 接口的直通链路物理信道对应于一组资源，承载来源于高层的信息。直通链路中包含如下的物理信道：

1）直通链路物理共享信道（Physical Sidelink Shared Channel，PSSCH），用于承载数据。

2）直通链路物理控制信道（Physical Sidelink Control Channel，PSCCH），用于承载控制信息。

3）直通链路物理广播信道（Physical Sidelink Broadcast Channel，PSBCH），用于同步控制及调整。

一个直通链路物理信道在一个时隙内包含频域上的 $12N_{RB}^{SL}$ 个子载波和时域上的 7 个 SC-FDMA 符号，其中 $N_{RB}^{SL}$ 表示频域上的 RB 个数。

不同物理信道使用的天线端口和调制方式见表 10-5。

表 10-5　不同物理信道使用的天线端口和调制方式

| 物理信道 | 天线端口 | 调制方式 |
|---|---|---|
| PSSCH | 1000 | QPSK，16QAM |
| PSCCH | 1000 | QPSK |
| PSBCH | 1010 | QPSK |

为支持基于 LTE-V2X 直通链路发送，PC5 接口应支持直通链路广播信道（Sidelink Broadcast Channel，SL-BCH）、直通链路共享信道（Sidelink Shared Channel，SL-SCH）等传输信道以及直通链路控制信息（Sidelink Control Information，SCI）。

直通链路传输信道与物理信道的映射见表 10-6。

表 10-6　直通链路传输信道与物理信道的映射

| 传输信道 | 物理信道 |
|---|---|
| SL-SCH | PSSCH |
| SL-BCH | PSBCH |

直通链路控制信息与物理信道的映射见表 10-7。

表 10-7　直通链路控制信息与物理信道的映射

| 控制信息 | 物理信道 |
|---|---|
| SCI | PSCCH |

由于车联网具有较高的相对移动速度以及高达 6GHz 的工作载波频率，因此接收信号

的相关时间变短，信道的导频时域间隔需要缩短。同时，为了处理在同步过程中引入的额外的频率偏移，PC5 V2X 每个子帧下需要 4 个导频符号。从时域上看，在一个子帧中有 14 个 SC-FDMA 符号，从左到右编号为 0、1、…、13，其中 PSCCH 信道和 PSSCH 信道的 4 个导频符号的编号分别为 2、5、8、11，如图 10-8 所示。

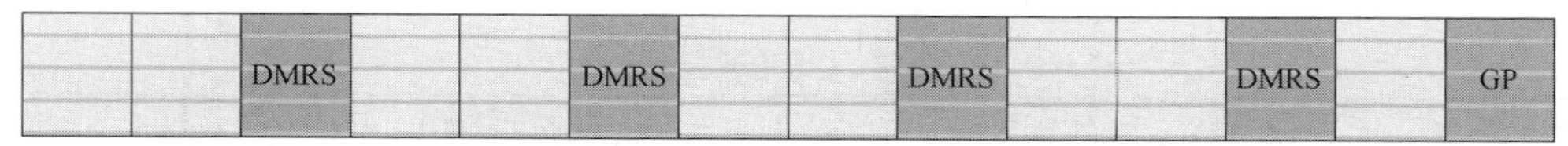


图 10-8　PC5 V2X 的 PSCCH 信道及 PSSCH 信道的子帧结构

PSSCH 采用控制信息 SCI 中的 CRC 位产生 DMRS（解调参考信号）导频序列。PSCCH 的 4 列导频符号都有相同的循环移位，移位参数在 0、3、6、9 中随机选择。接收用户将本地基本序列与接收序列进行相关，确定最大径位置所在的窗口，进而确定导频序列所选择的循环移位。

对于 PSBCH 信道，占用的导频符号个数为 3。从时域上看，在一个子帧中有 14 个 SC-FDMA 符号，从左到右编号为 0、1、…、13，则 PSBCH 信道的 3 个导频符号的编号分别为 4、6、9，如图 10-9 所示。此外，图 10-9 中也给出了主同步信号（Primary Synchronisation Signal，PSS）和辅同步信号（Secondary Synchronisation Signal，SSS）。

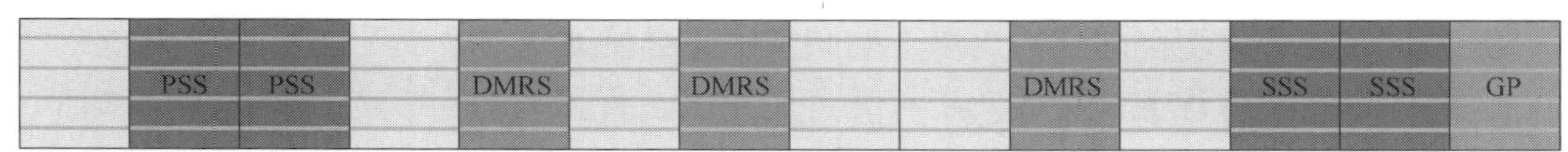


图 10-9　PC5 V2X 的 PSBCH 信道的子帧结构

### 3. 频偏估计

在无线通信系统中，发送和接收设备之间存在频率偏移，影响了数据传输的可靠性。为了保证数据的可靠传输，需要对信号的频率偏移进行补偿，而频偏补偿的一个重要前提就是要准确估计频率偏移。

频偏估计的基本原理如下：

1）估计接收信号的到达时间，并计算与本地基准接收时间的时间差。

2）将接收的频域导频序列变换到时域。

3）将本地存储的时域导频序列进行圆周旋转，旋转量等于步骤 1）计算的时间差，得到序列在时间上与步骤 2）输出的时域是对齐的。

4）将步骤 3）得到的序列与本地存储的时域导频序列对应位共轭相乘，得到了反映信道相位变化的序列 v_k，k=0，1，…，2X−1。

5）用 v_（k+X）*conj（v_k）相位除以半符号长度，即可计算出频率偏移。

### 4. 同步

同步是指发送端和接收端在时间上步调一致，也称为定时，用于保证通信双方在发送和接收数据时具有完全一致的定时关系。

（1）同步类型与同步配置

针对LTE-V，网络中有3种同步类型，分别是基于全球导航卫星系统（Global Navigation Satellite System，GNSS）的同步、基于演进型基站（evolved Node B，eNB）的同步以及自同步。

对UE（用户设备）的同步配置主要从UE是否在蜂窝网络覆盖内和V2X直通链路载波是否与蜂窝共载波两个方面进行区分，具体见表10-8。

表10-8　UE的同步配置

| 网络覆盖状态 | 载波配置 | 同步配置 |
|---|---|---|
| 网络覆盖内 | 共载波 | 由UE的服务小区的eNB指示UE基于GNSS同步还是基于eNB同步，UE根据从服务小区收到的同步配置进行同步 |
| | 不共载波 | UE在V2X直通链路通信的载波上未检测到服务小区，但是可以收到跨载波的V2X直通链路同步配置，UE根据跨载波的同步配置进行同步 |
| 网络覆盖外 | 共载波 | UE没有服务小区，或者UE驻留到服务小区但未收到eNB的同步配置，则UE根据预配置信息进行同步 |
| | 不共载波 | UE在V2X直通链路通信的载波上未检测到服务小区，也无法收到跨载波的V2X直通链路同步配置，则UE根据预配置信息进行同步 |

（2）同步优先级

根据配置或者预配置的同步信息，UE需要根据同步优先级进行处理。同步优先级分为两种情况：基于GNSS的同步优先级和基于eNB的同步优先级。

1）基于GNSS的同步优先级。当配置信息或预配置信息指示基于GNSS的同步比基于eNB的同步优先级更高时，采用以下的同步优先级设计：

总共有四级同步优先级：GNSS为最高优先级，直接与GNSS或与eNB同步的节点为第二优先级，间接与GNSS或与eNB同步的节点为第三优先级，其他剩余的节点为最低优先级。基于GNSS的同步优先级见表10-9。

表10-9　基于GNSS的同步优先级

| 最高优先级 | GNSS |
|---|---|
| 第二优先级 | 直接与GNSS或与eNB同步的节点 |
| 第三优先级 | 间接与GNSS或与eNB同步的节点 |
| 最低优先级 | 其他剩余的节点 |

基于GNSS的同步优先级示例如图10-10所示。

2）基于eNB的同步优先级。当UE被配置基于eNB的同步高于基于GNSS的同步时，采用以下的同步优先级设计：

总共有六级同步优先级：直接与eNB同步的节点为最高优先级，间接与eNB同步的节点为第二优先级，GNSS为第三优先级，直接与GNSS同步的节点为第四优先级，间接与GNSS同步的节点为第五优先级，其他剩余的节点为最低优先级。基于eNB的同步优先级见表10-10。

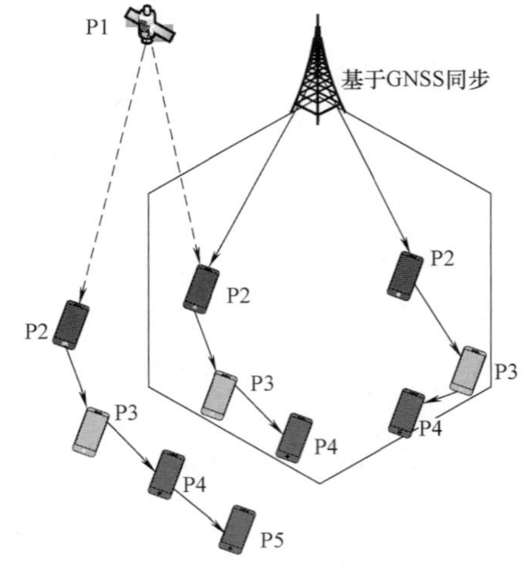


图10-10　基于GNSS的同步优先级示例

表 10-10　基于 eNB 的同步优先级

| 最高优先级 | 直接与 eNB 同步的节点 |
| --- | --- |
| 第二优先级 | 间接与 eNB 同步的节点 |
| 第三优先级 | GNSS |
| 第四优先级 | 直接与 GNSS 同步的节点 |
| 第五优先级 | 间接与 GNSS 同步的节点 |
| 最低优先级 | 其他剩余的节点 |

基于 eNB 的同步优先级示例如图 10-11 所示。

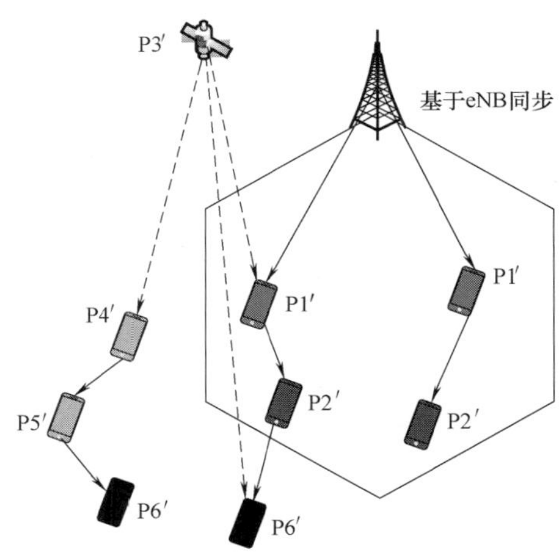

图 10-11　基于 eNB 的同步优先级示例

3）同步周期与同步子帧。在 LTE-V 中，同步周期定为 160ms。在一个同步周期内，同步子帧有两种配置：在网络覆盖内，最多 2 个同步子帧；在网络覆盖外，可预配置 0 个、2 个或 3 个同步子帧。当网络覆盖外的 UE 都和 GNSS 同步时，可以不配置任何同步子帧，节点都和 GNSS 同步。考虑到网络覆盖内外的同步控制内容可能不同，可以配置 3 个同步子帧，其中同步子帧 3 专用于网络覆盖外直接获得 GNSS 的节点发送同步信息。

5. 功率控制

功率控制用于补偿无线信道的衰落影响，使得信号以较为合适的功率到达接收机。功率控制也可以作为拥塞控制的一种方式，通过调整发射功率可解决资源占用率过高的问题。

在 LTE-V 标准中，对 UE 发射功率的控制针对每个信道分别进行，具体描述如下。

（1）PSSCH 功率控制

模式 3 UE PSSCH 信道的发送功率 $P_{\text{PSSCH}}$（dBm）的计算公式为

$$P_{\text{PSSCH}}=10\lg\left(\frac{M_{\text{PSSCH}}}{M_{\text{PSSCH}}+10^{\frac{3}{10}}\times M_{\text{PSCCH}}}\right)+\min\left\{P_{\text{CMAX}},\ 10\lg\left(M_{\text{PSSCH}}+10^{\frac{3}{10}}\times M_{\text{PSCCH}}\right)+P_{\text{O\_PSSCH,3}}+\alpha_{\text{PSSCH,3}}\times PL\right\}$$

式中　$P_{\text{CMAX}}$——UE 配置的最大输出功率；

$M_{\text{PSSCH}}$——由资源块序号表示的 PSSCH 资源分配的带宽，也即 PSSCH 占用的 PRB 个数；

$M_{\text{PSCCH}}$——由资源块序号表示的 PSCCH 资源分配的带宽，也即 PSCCH 占用的 PRB 个数；

$PL$——$PL=PL_{\text{c}}$，$PL_{\text{c}}$ 是服务小区 c 中 UE 计算的下行路径损耗（Pathloss）估计值，单位为 dB，具体取值与高层相关；

$P_{\text{O\_PSSCH,3}}$、$\alpha_{\text{PSSCH,3}}$——由高层参数给出，与对应的 PSSCH 资源配置相关联。

模式 4 UE 在子帧 $n$ 上发送 PSSCH 的发送功率 $P_{\text{PSSCH}}$（dBm）的计算公式为

$$P_{\text{PSSCH}}=10\lg\left(\frac{M_{\text{PSSCH}}}{M_{\text{PSSCH}}+10^{3/10}\times M_{\text{PSCCH}}}\right)+A$$

$A$ 的计算公式为

$$A=\min\left\{P_{\text{CMAX}},P_{\text{MAX\_CBR}},10\lg\left(M_{\text{PSSCH}}+10^{\frac{3}{10}}\times M_{\text{PSCCH}}\right)+P_{\text{O\_PSSCH,4}}+\alpha_{\text{PSSCH,4}}\times PL\right\}$$

或者

$$A=\min\left\{P_{\text{CMAX}},10\lg\left(M_{\text{PSSCH}}+10^{\frac{3}{10}}\times M_{\text{PSCCH}}\right)+P_{\text{O\_PSSCH,4}}+\alpha_{\text{PSSCH,4}}\times PL\right\}$$

式中　$P_{\text{MAX\_CBR}}$——与优先级以及包括在子帧 $n$-4 测量的 CBR（信道繁忙率）值的范围相关联，即发射功率可以根据拥塞控制机制调整。

其他符号意义同前。

（2）PSCCH 功率控制

模式 3 UE PSCCH 信道的发送功率 $P_{\text{PSCCH}}$（dBm）的计算公式为

$$P_{\text{PSCCH}}=10\lg\left(\frac{10^{\frac{3}{10}}\times M_{\text{PSCCH}}}{M_{\text{PSSCH}}+10^{\frac{3}{10}}\times M_{\text{PSCCH}}}\right)+\min\left\{P_{\text{CMAX}},\ 10\lg\left(M_{\text{PSSCH}}+10^{\frac{3}{10}}\times M_{\text{PSCCH}}\right)+P_{\text{O\_PSSCH,3}}+\alpha_{\text{PSSCH,3}}\times PL\right\}$$

式中　$P_{\text{CMAX}}$、$PL$——其定义与 $P_{\text{PSSCH}}$ 相同；

$M_{\text{PSSCH}}$——由资源块序号表示的 PSCCH 资源分配的带宽，也即 PSCCH 占用的 PRB 个数，此处取值为 2；

$P_{\text{O\_PSSCH,3}}$、$\alpha_{\text{PSSCH,3}}$——由高层参数给出，与对应的 PSSCH 资源配置相关联。

模式 4 UE PSCCH 信道的发送功率 $P_{\text{PSCCH}}$（dBm）的计算公式为

$$P_{\text{PSCCH}}=10\lg\left(\frac{10^{\frac{3}{10}}\times M_{\text{PSCCH}}}{M_{\text{PSSCH}}+10^{\frac{3}{10}}\times M_{\text{PSCCH}}}\right)+B$$

B 的计算公式为

$$B=\min\left\{P_{\text{CMAX}},P_{\text{MAX\_CBR}},10\lg\left(M_{\text{PSSCH}}+10^{\frac{3}{10}}\times M_{\text{PSCCH}}\right)+P_{\text{O\_PSSCH,4}}+\alpha_{\text{PSSCH,4}}\times PL\right\}$$

或者

$$B=\min\left\{P_{\text{CMAX}}, 10\lg\left(M_{\text{PSSCH}}+10^{\frac{3}{10}}\times M_{\text{PSCCH}}\right)+P_{\text{O\_PSSCH},4}+\alpha_{\text{PSSCH},4}\times PL\right\}$$

式中各符号意义同前。

除了上述 PSCCH 和 PSSCH 的发射功率需要进行控制以外，物理直通链路主同步信号和辅同步信号的功率也应进行相关控制，与对应直通链路同步信号资源配置关联的高层参数相关。

当 V2X 直通链路发送与 Uu 上行链路（UL）发送重叠时，直通链路和上行链路的功率根据优先级不同采用不同的控制方法。

1）如果 UL 是执行随机接入流程或者发送优先级很高［如 3GPP TS 24.386（Release 14）规定的紧急呼叫］，则 UE 进行 UL 发送（不考虑 PC5 的 MAC PDU 的 PPPP）。

2）如果 PC5 的优先级高于配置的门限，则丢弃 UL 发送而进行 PC5 发送，或者 UE 降低 UL 的发送功率，以保证在任意交叠部分，UE 总的发送功率不超过配置的最大发送功率。

3）如果 PC5 的优先级等于或低于配置的门限，则丢弃 PC5 发送而进行 UL 发送，或者 UE 降低 PC5 的发送功率，以保证在任意交叠部分，UE 总的发送功率不超过配置的最大发送功率。

#### 6. 资源分配

资源分配就是对通信系统中有限的时域、频域无线资源进行合理分配和有效管理，使系统性能和容量达到联合最佳状态。

（1）资源池频域设计

LTE-V 的 UE 采用调度分配（SA）来指示发送数据（Data）的资源位置以及解码所需信息。SA 的资源和它所指示的 Data 资源处于相同的子帧，在频域上有邻带与非邻带两种位置关系。邻带是指 SA 与关联 Data 资源在同一子帧发送，且两者在频域上是相邻的。非邻带是指 SA 与关联 Data 资源在同一子帧发送，但两者在频域上是不相邻的。

资源池的频域配置也分为邻带和非邻带两种方式，具体采用哪种方式通过高层参数进行指示。

1）邻带方式。对于邻带方式，资源池在频域上划分为若干个子信道，每个子信道上最低的 2 个 PRB 可用于 SA 传输。如果一个 Data 需要占用多个子信道，那么在这些子信道中，最低子信道的最低 2 个 PRB 用于 SA 传输，其他子信道上的 SA 传输资源都用于 Data 的传输。在邻带方式下，Data 用于传输的 PRB 个数需要满足“因子只能是 2、3、5”的要求。邻带方式下资源池的配置参数见表 10-11。

表 10-11 邻带方式下资源池的配置参数

| 参数 | 含义 | 取值 |
|---|---|---|
| Subchannel Size | 子信道的大小 | {5，6，10，15，20，25，50，75，100} |
| Number of Subchannels | 子信道的个数 | {1，3，5，8，10，15，20} |
| Starting RB of Subchannels | 子信道起始的 RB 索引 | 0 到 99 之间的整数 |

邻带方式下资源池配置示意图如图 10-12 所示。

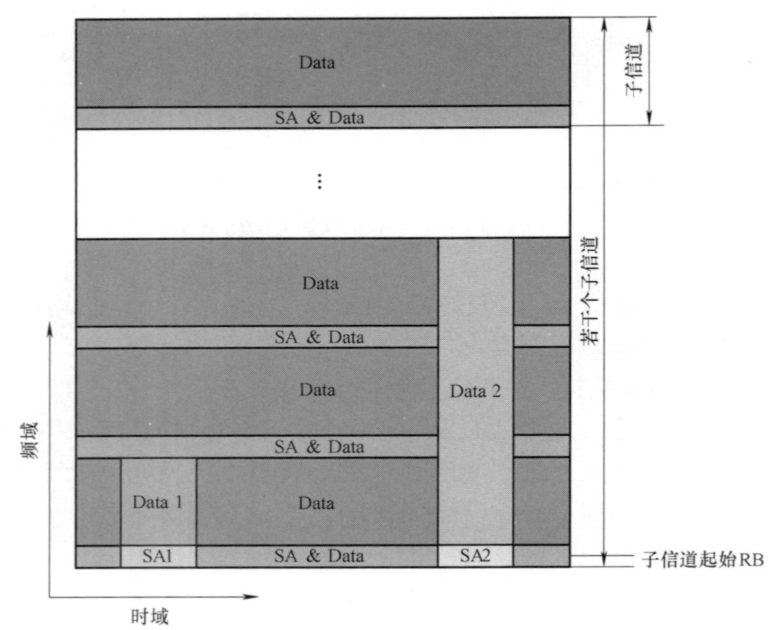


图 10-12　邻带方式下资源池配置示意图

2）非邻带方式。对于非邻带方式，SA 的资源与子信道有着一一对应的关系，相应的 SA 信道的个数与子信道的个数是相同的。如果一个 Data 需要占用多个子信道，那么采用的是与最低子信道关联的 SA 信道的资源。在非邻带方式下，子信道的配置本身就已经可以保证 Data 的 PRB 个数满足“因子只能是 2、3、5”的要求。非邻带方式下资源池的配置参数见表 10-12。

表 10-12　非邻带方式下资源池的配置参数

| 参数 | 含义 | 取值 |
| --- | --- | --- |
| Subchannel Size | 子信道的大小 | {4，5，6，8，9，10，12，15，16，18，20，30，48，72，96} |
| Number of Subchannels | 子信道的个数 | {1，3，5，8，10，15，20} |
| Starting RB of Subchannels | 子信道起始的 RB 索引 | 0 到 99 之间的整数 |
| Starting RB of PSCCH Pool | PSCCH 资源池的起始 RB 索引 | 0 到 99 之间的整数 |

非邻带方式下资源池配置示意图如图 10-13 所示。

（2）资源池时域设计

从时域上看，高层配置的资源池并不是针对物理子帧，因为物理子帧中有一些子帧不能用于 LTE-V 业务传输，如同步子帧，以及当 PC5 和 Uu 共享 LTE 时分双工（TDD）载波时所有的下行子帧和特殊子帧。此外，为了便于处理资源池中用于业务发送的子帧，资源池配置需要用位图（Bitmap）的方式对子帧进行指示，即在 SFN/DFN 周期（10240ms）中，排除同步子帧和当 PC5、Uu 共享 LTE TDD 载波时所有的下行子帧和特殊子帧后，将剩余的子帧按照升序排列，子帧的索引记为（$l_0$，$l_1$，…，$l_{10240-N_{slss}-N_{dssf}-1}$），其中 $N_{slss}$ 为

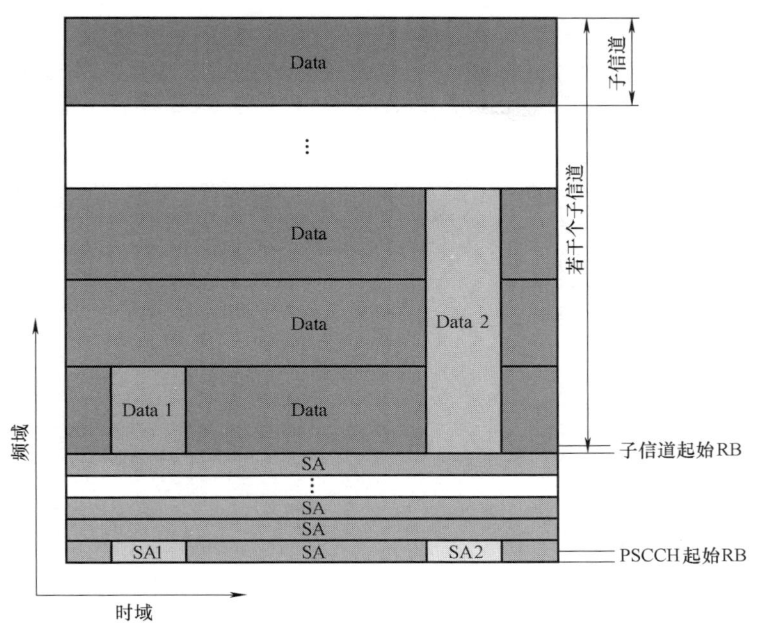


图 10-13 非邻带方式下资源池配置示意图

10240 个子帧中被配置为同步子帧的个数，$N_{dssf}$ 为 10240 个子帧中当直通链路发送发生在一个 TDD 蜂窝小区时的下行链路子帧和特殊子帧总数。为了保证在 SFN/DFN 周期中恰好指示了整数个 Bitmap，如果单频网 / 双频网（SFN/DFN）周期中的剩余子帧不能被 Bitmap 的长度整除，定义整除后剩下的 $N_{reserved}$ 个子帧为预留子帧，还需要进一步排除这些预留子帧。预留子帧的个数 $N_{reserved}$ 通过（$10240-N_{slss}-N_{dssf}$）对 $L_{Bitmap}$ 取模获得，其中 $L_{Bitmap}$ 为高层配置的 Bitmap 长度，协议中规定了 Bitmap 的长度，见表 10-13。将预留子帧均匀分布到 SFN/DFN 周期中的剩余子帧中进行排除，得到的子帧称为逻辑子帧。

表 10-13 LTE-V2X 直通链路子帧 Bitmap 的长度

| LTE 双工方式 | | Bitmap 的长度 |
|---|---|---|
| FDD（频分双工） | | 16、20 或 100 |
| TDD（时分双工） | 配置 0 | 60 |
| | 配置 1 | 40 |
| | 配置 2 | 20 |
| | 配置 3 | 30 |
| | 配置 4 | 20 |
| | 配置 5 | 10 |
| | 配置 6 | 50 |

根据上述分析可知，逻辑子帧是 SFN/DFN 周期中的子帧排除以下子帧获得的：①同步子帧；②当 PC5 和 Uu 共享 LTE TDD 载波时所有的下行子帧和特殊子帧；③预留子帧。资源池配置是针对逻辑子帧的，Bitmap 是在逻辑子帧的基础上周期重复的，1 和 0 分别表示该逻辑子帧对该资源池可用或者不可用。

（3）两种资源分配模式

根据网络对节点的控制方式不同，可将 PC5 接口的资源分配划分为两种模式，其中直通链路发送模式 3（Mode 3）为基站进行资源分配，直通链路发送模式 4（Mode 4）为 UE 自主进行资源选择。E-UTRAN（LTE 中的移动通信无线网络）覆盖外的 UE 自动成为 Mode 4 UE，E-UTRAN 覆盖内的 UE 采取哪种模式进行通信，是根据收到的系统消息和配置信令决定的，如图 10-14 所示。

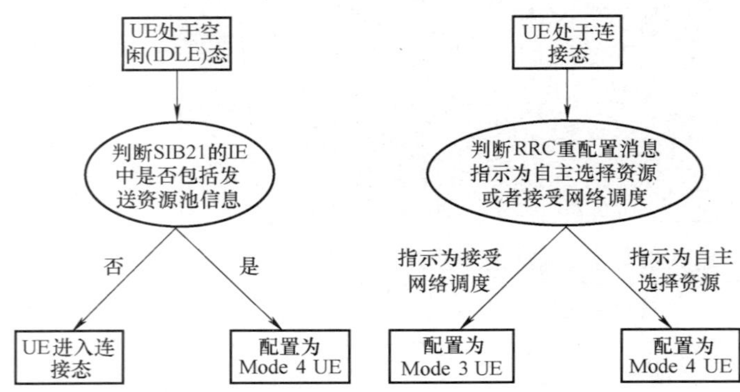


图 10-14　E-UTRAN 覆盖内 UE 的资源分配模式配置过程

1）Mode 3 UE 的资源选择。如果 V2X 通信节点进入 Mode3，UE 可以通过 UE 辅助信息上报消息通知基站以下信息：地理位置信息、业务发送周期、最大数据包大小、业务优先级等。

通过重用 LTE 的直通链路（Sidelink）缓存状态上报（Buffer Status Reports，BSR）机制，RRC 连接态的 V2X 通信节点可以根据本节点的业务情况向基站发出 Sidelink BSR 消息申请用于 PC5 口的专用 Sidelink 资源。

eNB 收到 UE 的上报信息后，可以进行动态调度或者是半持续调度（Semi-Persistent Scheduling，SPS），最多支持 8 个 SPS 进程。每个 SPS 进程可以独立激活和释放。

eNB 收到 Sidelink BSR 请求后，通知 V2X 通信节点 Sidelink 传输控制信息和数据信息所需的资源。

2）Mode 4 UE 的资源选择。

① 资源池获取方式。对于 Mode 4 UE 来说，需要自主进行资源选择，因此首先要明确 Mode 4 的资源池。Mode 4 UE 获取资源池的方式见表 10-14。

表 10-14　Mode 4 UE 获取资源池的方式

| 与网络的关系 | UE 状态 | 资源池获取方式 |
|---|---|---|
| 覆盖内 | IDLE 态 | SIB21 |
| | 连接态 | RRC 重配置消息 |
| 覆盖外 | — | 预配置信息 |

② 资源选择原则。V2X 业务具有周期性，采用预约的半静态资源分配方式，可提高资源利用率和通信可靠性，还可以减少指示资源位置的信令开销。为了提高可靠性，发送资源受到的干扰越小越好，根据这个原则，UE 应当尽量避免选择其他 UE 已经占用和预

约的资源，也即被其他 UE 的 SA 所指示和预约的资源，但实际上占用这些资源的 UE 也可能是距离较远的 UE，因此并不是简单地全部排除，而是在成功解码 SA 的基础上，对于 SA 指示和预约的资源进行参考信号接收功率（RSRP）测量，测量结果高于给定的阈值才进行排除；其次，在剩余的资源中，也要尽量选择受到干扰较小的资源，因此要测量剩余资源的接收信号强度指示值（RSSI）并进行排除，只取其中测量值较低的一部分作为候选资源。

从 UE 的角度来讲，为了选择发送资源，它需要持续感知资源状态并维护资源的测量值，以便在选择发送资源的时刻，尽量把受到干扰最小的资源作为候选资源，再从候选资源集合中等概率选择发送资源。一旦选择了发送资源，UE 会在自己的 SA 中指示自己的发送资源，并指示出自己的预约周期。其他 UE 接收到这个 SA，就能准确获知该 SA 中所指示的资源以及预约占用信息，从而在进行资源选择时可以有效避免资源冲突。

UE 选定发送资源以后，将启动并维护一个资源重选定时器，定时器的取值是在一个给定的范围内等概率随机选择的一个数值。UE 每发送一个业务包，定时器减 1，直到减到 0 为止。在定时器为 1 时，UE 在 [0，1] 之间等概率随机选择一个值，用于在定时器取 0 的时刻判断是否需要重选资源。如果定时器为 1 时，UE 在 [0，1] 之间等概率随机选的值不大于资源保持的概率 $p$，应保持占用该资源，否则重新选择资源。定时器为 0 时重置定时器，定时器的取值与资源选择 UE 发送业务的周期相关，见表 10-15。

表 10-15　定时器重置的条件和取值

| 业务周期 | 定时器取值 |
|---|---|
| ≥ 100ms | [5，15] 之间等概率随机选择整数 |
| 50ms | [10，30] 之间等概率随机选择整数 |
| 20ms | [25，75] 之间等概率随机选择整数 |

Mode 4 UE 资源重选的触发条件见表 10-16。

表 10-16　Mode 4 UE 资源重选的触发条件

| 序号 | 资源重选的触发条件 |
|---|---|
| 1 | 资源重选定时器为 0 且在定时器为 0 时，选择的随机数大于资源保持概率 $p$。参数 $p$ 的取值范围为 [0，0.2，0.4，0.6，0.8] |
| 2 | 在连续 1s 内所有预留资源的发送机会上均未进行业务传输或者重传 |
| 3 | 连续跳过 $N$ 次预留资源的发送机会上均未进行业务传输或者重传。$N$ 为高层配置，取值范围为 [1，2，3，4，5，6，7，8，9] |
| 4 | 不能满足业务时延要求，且 MAC 实体选择不执行单个 MAC PDU 的发送 |
| 5 | 上层对资源池进行了配置或重配 |
| 6 | 当前需要发送数据包，但是没有发送资源 |
| 7 | 即使采用最大的 MCS（调制与编码策略）索引值，目前的发送资源也无法承载要发送的数据包，且不对数据包进行分段 |

③ 具体选择步骤。考虑到 SA 和 Data 为同子帧发送，对于两者为邻带发送和非邻带发送这两种结构，SA 资源和 Data 资源都是一一映射的，即 SA 和 Data 一样都是 SPS，选择资源时只需要对 Data 做 Sensing 选择，SA 资源根据选择的 Data 资源做相应的映射。因此下面只介绍 Data 资源的选择过程。

资源选择过程中主要涉及两个窗口：Sensing 窗口与资源选择窗口，这两个窗口之间的时间关系如图 10-15 所示。

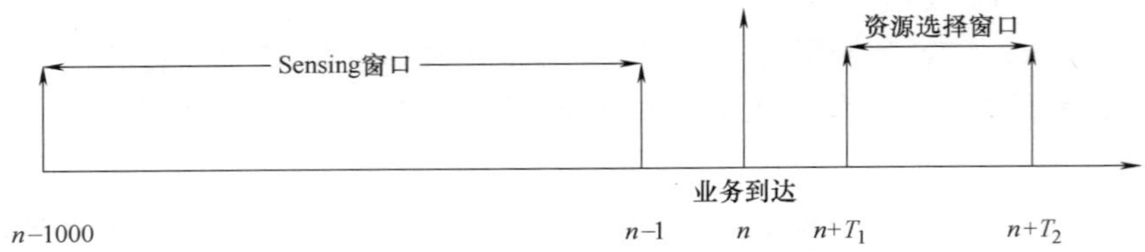


图 10-15　Sensing 窗口与资源选择窗口之间的时间关系



接收节点接收发送节点在各子帧发送的 SA 和 Data，在 Sensing 窗口所有成功解码 SA 对应的 Data 资源都应该考虑计入 Sensing 结果，Sensing 窗口为业务到达时刻之前的 1000 个逻辑子帧。对于资源选择窗口，$T_1 \leqslant 4$，$20 \leqslant T_2 \leqslant 100$，$T_2$ 应满足业务包的时延要求。$T_1$ 与 $T_2$ 的取值取决于 UE 实现。

资源选择过程主要包括 3 个主要的步骤。

步骤 1，对资源选择窗口内的候选资源进行资源排除：

① 排除 Skip 子帧所对应的资源。所谓 Skip 子帧，是指在 Sensing 窗口内因 UE 自身进行了数据发送而无法进行 Sensing 的子帧。

② 排除解码成功的 SA 所指示的 RSRP 测量值超过 RSRP 门限值的预约资源，RSRP 门限值根据业务包发送优先级和接收优先级确定。

③对资源选择窗口的所有候选资源进行排除后，如果当前剩余可选资源占所有可选资源的比例大于或等于 20% 时，资源排除过程结束；否则，将 RSRP 测量阈值提高 3dB，重新进行资源排除。确定可选资源个数的方式：在每一个子帧内遍历，以满足需要大小的子信道或者子信道集合为单位滑动，只有子信道或者子信道集合中不包含任意被扣除的资源的子信道或者子信道集合，才属于有效子信道集合。

步骤 2，确定候选资源集合：

① 对资源选择窗口内所有未被排除的资源，计算其在 Sensing 窗口中 $X$ 个对应资源的 RSSI 测量值的子信道粒度平均值。确定对应资源的具体步骤如下：

a. 确定测量周期：资源选择 UE 发送业务周期大于或等于 100ms，测量周期为 100ms；资源选择 UE 发送业务周期小于 100ms，测量周期与资源选择 UE 发送业务的周期相同。

b. 在 1s 内 Sensing 窗口包含的 1000 个物理子帧中，确定 $X$ 个对应资源，$X$ 等于 1000/测量周期。

② 选出其中 RSSI 测量值的平均值最低的 20% 的资源作为可用候选资源。

步骤 3，在确定的可用候选资源集合中等概率选择发送资源。

①传输次数为 2 时，从候选资源中随机选择 2 个发送资源，保证它们不在同一子帧且间隔小于或等于 15 个子帧。

②传输次数为 1 时，只需要从候选资源中等概率选择 1 个发送资源。

（4）控制信息指示

1）DCI（下行链路控制信息）。对于 Mode3 资源分配模式，需要实现 eNB 对 Mode3

UE 的动态调度和 SPS 调度，采用 DCI 格式 5A 进行指示。

DCI 格式 5A 需要支持跨载波调度，主要的场景是 eNB 通过蜂窝的载波（如 2.6GHz）发送对 V2X 专用载波（如 5.9GHz）的跨载波调度信令。跨载波调度需要指示 V2X 载波索引，索引值与具体的 PC5 V2X 载波的对应关系是提前通过 RRC 配置的。跨载波调度时，还需要指示调度载波上子帧与被调度载波子帧的时间偏移量，这个域仅在 TDD 上下行配置 0 ~ 6 的时候出现，以解决蜂窝下行子帧和特殊子帧不能调度 PC5 载波上全部子帧的问题。

DCI 格式 5A 中对于动态调度和 SPS 调度的区别是，后者需要额外指示具体是 8 个 SPS 配置中的哪一种配置，以及 SPS 占用的资源是处于激活或者释放状态。DCI 格式 5A 中会同时指示 SA 和 Data 的资源。DCI 的内容描述见表 10-17。

表 10-17　DCI 的内容描述

| DCI 的域 | 比特数 | 取值 | 含义 |
| --- | --- | --- | --- |
| 载波索引 | 3 | 系统配置 | 用于指示 V2X 传输的载波的索引。索引值与具体的 PC5 V2X 载波的对应关系是提前通过 RRC 配置的 |
| 分配的最低的子信道编号 | $\log_2(N_{\text{subchannel}}^{\text{SL}})$ | 系统中子信道的编号 | 指示首次传输的最低的子信道的编号，与 SA 的资源一一对应，相当于指示了首次传输的 SA 的频域资源位置，隐含指示了首次传输的 Data 的频域资源起始位置 |
| 频域资源位置 | $\log_2[N_{\text{subchannel}}^{\text{SL}}(N_{\text{subchannel}}^{\text{SL}}+1)/2]$ | 比特串 | 本次传输之外的其他传输的频域资源位置和传输使用的子信道个数的联合编码 |
| 初传与重传之间的时间间隔 | 4 | [0，15] 之间的整数 | 取值为 0 表示本 TB 没有重传。初、重传之间的时间间隔限制在 15ms 之内 |
| SL 编号 | 2 | 0，1，2，3 | 指示调度载波子帧与被调度载波子帧的时间偏移量 |
| SL SPS 配置索引 | 3 | 0 ~ 7 共 8 个整数 | 只在 SPS 调度时出现，用来指示不同的 SPS 配置，最多可以指示 8 个不同的 SL SPS 配置 |
| 激活 / 释放指示 | 1 | 0，1 | 只在 SPS 调度时出现，用来指示 SPS 所占用的资源的状态是已经被激活还是已经被释放 |

注：DCI 格式 5A 的比特长度需要与 DCI 格式 0 的长度一致，如果小于 DCI 格式 0 的长度，需要对剩余比特进行填 0 的处理。

2）SCI（直通链路控制信息）。通过 SCI 格式 1 调度一个传输块（Transport Block，TB）的所有传输，传输次数为 1 次或者 2 次（包括 1 次初传和 1 次重传）。如果 data 只传输 1 次，则 SCI 格式 1 中只指示与该 SCI 格式 1 关联的 Data 传输的资源；如果 Data 传输 2 次（初传 1 次，重传 1 次），则 SCI 格式 1 中指示同一 TB 中另外 1 次 Data 传输的资源。

SA 与关联 Data 同子帧且邻带发送，Data 资源的频域起始位置是确定的，不需要在 SA 中特别指示。SA 中与资源相关的域见表 10-18。

表 10-18　SA 中与资源相关的域

| SA 中的域 | 比特数 | 取值 | 含义 |
| --- | --- | --- | --- |
| 优先级 | 3 | 1 ~ 8 之间的整数 | 使用优先级来区分 PDCP PDU 的优先级级别，1 对应的码点（Codepoint）为最高优先级，8 对应的码点为最低优先级。优先级信息用于资源选择过程中确定数据资源 PSSCH RSRP 测量值的门限 |
| 资源预约 | 4 | 0 ~ 12 之间的整数 | 取值为 0 对应的码点表示不预约这个频域资源；取值为 1 ~ 10 对应的码点分别表示 UE 的预约周期为该取值乘以 100；取值为 11 对应的码点代表 20ms 周期；取值为 12 对应的码点代表 50ms 周期 |
| 初传与重传的频域资源位置 | $\log_2[N_{\text{subchannel}}^{\text{SL}}(N_{\text{subchannel}}^{\text{SL}}+1)/2]$ | 比特串 | 本次传输之外的其他传输的频域资源位置和传输使用的子信道个数的联合编码 |
| 初传与重传之间的时间间隔 | 4 | 0 ~ 15 之间的整数 | 取值为 0 对应的码点表示本 TB 没有重传。初、重传之间的时间间隔限制在 15ms 之内 |
| 调制与编码 | 5 | 0 ~ 31 之间的整数 | 指示 32 种调制与编码策略索引值。基于 PC5 的 V2X 只支持 QPSK 和 16QAM |
| 重传指示 | 1 | 0 或 1 | 0 对应的码点表示当前是初传，1 对应的码点表示当前是重传；如果是初传，则下面的初传与重传之间的时间间隔是向后的子帧数目；如果是重传，则下面的初传与重传之间的时间间隔是向前的子帧数目 |
| 预留比特 | — | — | SCI 格式 1 总长度如果不足 32 位，需要补足预留位，UE 发送的 SCI 中预留位全部取 0。UE 不用这个预留域做虚拟 CRC。也即，如果接收端译码后，CRC 校验通过了，即使预留位并不是按照约定的全部为 0，接收端也认可数据传输的正确性和完整性 |

注：CRC 长度为 16 位，用于产生 PSSCH DMRS 序列和 Data 扰频序列。

### 7. 拥塞控制

为了体现系统中的资源拥塞情况，并根据测量的拥塞情况进行拥塞控制，合理调整发送参数，LTE V2X 系统引入了拥塞控制相关机制，以便提高系统资源利用率，减少系统干扰，提高消息接收的可靠性。

（1）CBR（信道繁忙率）测量

从接收的角度，物理层定义了对发送资源池［包括发送池（Transmission Pool）和例外池（Exceptional Pool）］进行 CBR 测量，以表征接收节点接收感知的每个发送池的资源占用情况。

从发送端角度，通过 1000ms 内对发送池和例外池的信道占比（Channel Occupy Ratio，CR）评估，可获知该节点发送资源占发送池或例外池的比例，基于测量的 CR 判断是否超出配置的 CR_limit，以便对发送参数进行调整。

如果发送 UE 有 TB 在第 $n$+4 子帧需要发送，则需要在第 $n$ 子帧进行 CBR 测量，进行 CBR 测量的时间窗为 [$n$−100，$n$−1]，时长为固定的 100ms。CBR 处理中，各子帧都是物理子帧。

对 PSSCH，可配置 CBR 测量的 S-RSSI 门限，取值范围为［−112，−22］dBm，粒度为 2dB。根据配置的子信道粒度的 S-RSSI 门限，测量 [$n$−100，$n$−1] 时间窗内包括 PSSCH 的发送池的子信道的 S-RSSI，计算超过门限的子信道个数占 100ms 内总的子信道个数的比例，将该比例记为该发送池的 PSSCH 的 CBR 结果。

对 PSCCH 的 CBR 测量，分为两种情况：对于邻带的资源配置方式，因为 SA 和 Data 在频域上紧邻，Data 的拥塞情况可以直接反映 SA 的拥塞情况，因此没有必要对 SA 进行 CBR 测量；对于非邻带的资源配置方式，可采用与 PSSCH 类似的测量方式，根据配置的子信道粒度的 S-RSSI 门限，测量 [ $n$-100，$n$-1 ] 时间窗内用于 PSCCH 传输的发送池的子信道的 S-RSSI，计算超过门限的子信道个数占 100ms 内总的子信道个数的比例，将该比例记为该 PSCCH 发送池的 CBR 结果。

（2）根据 CBR 调整发送参数

为了便于根据测量的 CBR 合理地调整发送参数，同时考虑减少拥塞控制处理的复杂程度，高层根据 CBR 范围和 PPPP 针对每个池定义了查找表（Lookup Table），将离散的 CBR 测量值映射到 16 个 CBR 范围，表示不同资源池中的资源占用比例，而 CBR 范围具体设置取决于实现。8 个 PPPP 优先级反映了业务的优先级及 QoS（服务质量）需求，1 个 PPPP 可能对应 1 个或多个 CBR 范围。拥塞控制可以调整的发送参数如下：

① 最大发射功率。

② 每个 TB 的重传次数的范围 。

③ PSSCH 子信道个数的范围。

④ MCS 的范围。

⑤ CR 的最大限制。

发送参数的调整除了对一般的发送池进行调整，还可以对例外池进行调整。通过以上的定义，确定了 PPPP 和 CBR 范围与可调整的发送参数之间的关系，如图 10-16 所示。

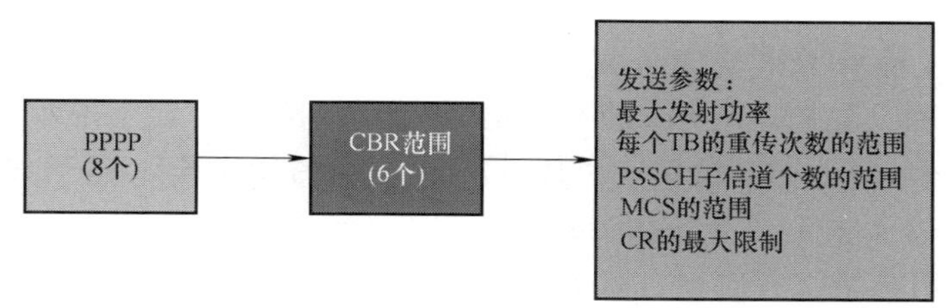


图 10-16　PPPP 和 CBR 范围与可调整的发送参数之间的关系



根据物理层 CBR 测量值对应的 CBR 范围和业务包的 PPPP，可以查找到表中对应的发送参数设置，从而进行参数调整。

1）CBR 上报。处于 IDLE（空闲）态和连接态的 UE 都需要进行 CBR 测量，但是只有处于连接态的 UE 才被配置上报 CBR 测量结果。网络可以配置 UE 需要上报 CBR 的资源池。

为了准确反映 CBR 的情况，定义了周期性上报和事件触发上报两种 CBR 上报方式。其中对于事件触发的 CBR 上报只应用于数据池；定义了两种新的上报事件，分别为测量事件 V1（负荷较重，信道繁忙率超过门限）和测量事件 V2（负荷变轻，信道繁忙率低于门限）。

2）CR 测量和处理。如果 UE 有数据在第 $n$+4 子帧需要发送，则需要在第 $n$ 子帧进行 CR 测量，测量的时间窗为 [ $n$−$a$，$n$+$b$ ]，时长为固定的 1000ms。时间窗分为两部分，其中［ $n-a$，$n-1$ ］对应统计该节点已经发送占用的子信道，［ $n$，$n+b$ ］对应统计该节点将占用的子信道。其中，$a$ 是正整数，$b$ 是 0 或正整数，$a$ 和 $b$ 由 UE 实现确定，且需满足：$a+b+1=1000$，$a \geqslant 500$，$n+b$ 不能超过上次传输机会对本次发送的预约时间。然后计算该节点在这两部分占用的子信道个数占整个时间窗［ $n-a$，$n+b$ ］的子信道总数比例，将该比例记为该发送池的 CR 结果。CR 处理中，各子帧都是物理子帧。

CR 处理可以以 PPPP 为粒度进行测量，测量的 CR 需要满足以下的关系：

$$\sum_{i \leqslant k} \mathrm{CR}_i \leqslant \mathrm{CR} - \lim it_k$$

式中　$k$——当前业务包的 PPPP；

$i$——比当前业务包 PPPP 的 $k$ 值优先级更高的 PPPP（$i$ 取值比 $k$ 更小）。

高层根据 CBR 范围和 PPPP 针对每个资源池定义了对应的 CR-limit。

发送时，如何处理满足 CR-limit 的限制，取决于 UE 实现。例如，为了满足 CR-limit 的限制，可以在发送时进行丢包。

## 10.3.2　802.11p 关键技术

802.11p 是一种主要用于车载网络通信的 WLAN 标准。在高速移动的车联网环境中，车辆间通信的时延要求很高，原有的 802.11 机制无法满足，因此 802.11p 对原有机制定义的规则进行了简化，允许车辆节点之间直接通信。资源分配机制定义了通信节点竞争使用无线资源所需遵守的规则，使得通信节点尽可能公平有效地共享无线资源。

### 1. 帧结构

IEEE 802.11p 是基于正交频分复用（OFDM）的，其所采用的 OFDM 技术是 IEEE 802.11a 标准的扩展。IEEE 802.11a 的 OFDM 有 64 个副载波，每个带宽为 20MHz 的信道由 64 个副载波中的 52 个副载波组成，其中 4 个副载波充当导频，用于监控频率偏置和相位偏置，其余 48 个副载波则用于传输数据。在每个物理层数据包的头文件中都有短序列符和长序列符，用来做信号侦查、频率偏置估计、时间同步和信道判断。802.11p 帧的结构如图 10-17 所示。$t_1$ ~ $t_{10}$ 是短前导码，GI2 是长前导码的循环前缀，$T_1$ 和 $T_2$ 是长前导码，GI 是数据符号的循环前缀。

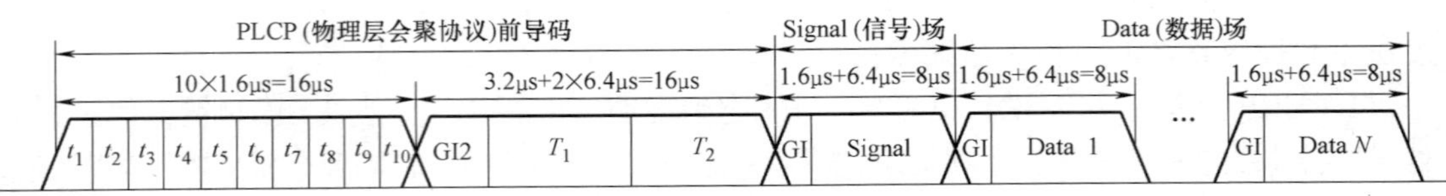


图 10-17　802.11p 帧的结构

PPDU（PLCP 子层协议数据单元）帧的结构如图 10-18 所示。

为了应对衰落信道，在调整到载波之前对信息位采用隔行扫描编码，其物理层对信号的处理借鉴了 IEEE 802.11a，但为了在车载环境下增加对信号多路径传播的承受能力，使用了 10MHz 频率的带宽。使用比较窄的带宽减少了多普勒的散射效应，两倍的保护间隔减少了多路径传输引起的码间干扰。802.11p 与 802.11a 的参数比较见表 10-19。

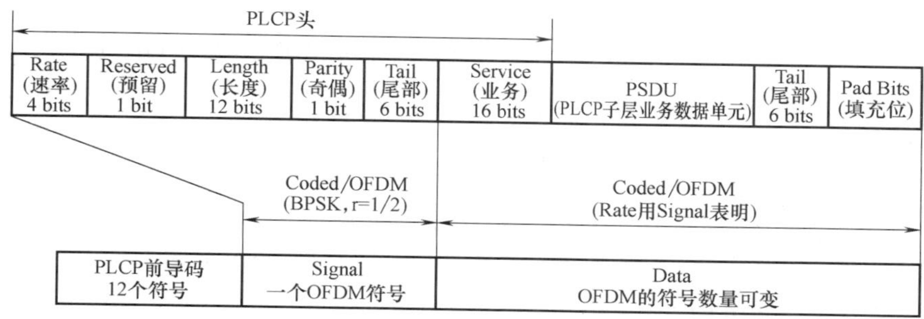


图 10-18 PPDU 帧的结构

表 10-19 802.11p 与 802.11a 的参数比较

| 参数 | IEEE 802.11a | IEEE 802.11p | 改变 |
| --- | --- | --- | --- |
| 传输速率 /(Mbit/s) | 6、9、12、18、24、36、48、54 | 3、4.5、6、9、12、18、24、27 | 减半 |
| 纠错码 | 卷积编码（$K$=7） | 卷积编码（$K$=7） | 无变化 |
| 调制模式 | BPSK、QPSK、16QAM、64QAM | BPSK、QPSK、16QAM、64QAM | 无变化 |
| 码率 | 1/2、2/3、3/4 | 1/2、2/3、3/4 | 无变化 |
| 载波数 | 52 | 52 | 无变化 |
| 符号周期 | 4μs | 8μs | 加倍 |
| 保护间隔 | 0.8μs | 1.6μs | 加倍 |
| FFT（快速傅里叶变换）周期 | 3.2μs | 6.4μs | 加倍 |
| 导频长度 | 16μs | 32μs | 加倍 |
| 子载波间隔 | 0.3125MHz | 0.15625MHz | 减半 |
| 占用带宽 | 16.6MHz | 8.3MHz | 减半 |

## 2. 定时估计

定时估计分为粗定时和细定时。粗定时利用短前导序列进行估计，主要是快速检测到接收信号的大概起始位置，为后面的细定时提供一个搜索窗口。根据细定时的估计范围和处理能力，粗定时的估计误差应该限制在 $16T_s$，最大不能超过 $32T_s$，否则将对细定时的估计性能造成较大的影响。细定时要较为精确地估计出接收信号的位置，考虑到多径的影响以及循环前缀的长度，细定时的估计精度应该达到 $3T_s$，最大不能超过 $9T_s$，否则可能会对后续的解调性能产生较大的影响。其中，$T_s$ 为整个时域 OFDM 符号的长度。

（1）粗定时

一般来说，粗定时有两种估计算法：自相关和互相关。所谓自相关，就是接收信号的前后两段间隔为短码长度的序列共轭相关；所谓互相关，就是接收信号与本地短码序列共轭相关，相关窗口长度为短码长。粗定时利用 IEEE 802.11p 中所定义的多个重复的短前导序列，采用自相关法快速地获得粗时间同步。

（2）细定时

细定时以粗定时确定的定时位置进行细定时估计。细定时利用长导码进行估计，主要的思路是对 3 个长导码分别做信道估计并抑噪，然后利用信道估计相邻频点上的相位差或者寻找时域上的第 1 条超过某门限的多径，得到细定时位置。

细定时的传统办法是滑动相关法和匹配滤波法，用本地存储的长导频码与经过频偏校准的接收序列做相关，在每一个接收的长导码上会获得一个峰值，峰值处即为长前导码的起始时间。

3. 频偏估计

802.11p 中当载波频率大于 3GHz 时，频率容差是 $\pm 20 \times 10^{-6}$，因此在中心频率为 5.8GHz 时，由于晶振稳定度导致的最大频率偏差可能到 232kHz。802.11p 的载波间隔是 156.25kHz，每个短前导序列的长度是 1.6μs，每个长前导序列的长度是 6.4μs。

频偏估计分为粗频偏估计和细频偏估计。粗频偏主要是快速估计出收发频偏的大致范围，使得接收端频偏校正后频偏控制在较小的范围内，从而可以利用后面的细频偏估计进行跟踪。细频偏较为精确地估计收发两端频偏，在细定时确定的长导码位置进行估计。与粗频偏估计原理相同，细频偏也是利用前后相同导码对应点的相位差进行估计的。

粗频偏采用短导码进行估计，在 802.11p 中，粗略的频偏估计范围为（$-156.25 \times 2$，$156.25 \times 2$）kHz，估计的绝对误差量较大。粗频偏估计后，利用该频偏估计值对后续的数据进行相位补偿。最后利用长前导序列进行细频偏估计，估计范围为（$-156.25/2$，$156.25/2$）kHz。

4. 功率设定

802.11p 设备的发射功率见表 10-20。

表 10-20　802.11p 设备的发射功率

| 传输功率类型 | 发射机输出功率 /mW | 等效全向辐射功率 /dBm |
|---|---|---|
| A | 1 | 23 |
| B | 10 | 23 |
| C | 100 | 33 |
| D | 760 | 44.8 |

表 10-20 中，最高的等效全向辐射功率 44.8dBm 是为了最大限度地让汽车处理紧急事件，典型的与安全信息相关的等效全向辐射功率为 33dBm，对应 C 类传输功率类型。

5. 定时公告

如果无线设备工作在普通模式下，那么它们都应当使用定时同步功能（Timer Synchronization Functio，TSF），与一个外部公共时钟（可能由接入点提供）保持同步，并且维护本机内部的 TSF 计时器。

但是，在 WAVE 模式中，由于每个无线设备都是对等的，并不存在公共时钟，因此就不能按照上述方式使用 TSF 计时器实现定时同步功能。有些工作在 WAVE 模式下的无线设备为了使用多项服务，可能需要在信道间隔边界上切换信道。由于没有外部时间标准，因此需要使用 TSF 计时器。TSF 计时器是无线设备的内部时钟，可用于确定服务信道和控制信道的间隔时间，TSF 时间的分配使得无线设备在没有 GPS 的情况下也能够同步信道的切换。

IEEE 802.11p 设备通过定时公告（Timing Advertisement）帧交换各自的定时同步信息，

它可用于站点之间的时序分配与时间对准。发送数据的无线设备会发送这个帧，对外公布自己的时间标准，而接收数据的无线设备会根据这个帧中的定时同步信息，将自己的时间估计校准到与发送数据的无线设备相同。

6. 资源分配

（1）EDCA

802.11p 借鉴了 802.11e 所采用的增强分布式信道接入（Enhanced Distributed Channel Access，EDCA）机制，是分布式协调功能（Distribution Coordination Function，DCF）的增强版本，主要采用的是载波监听多址接入 / 冲突避免（CSMA/CA）机制，解决共享信道上多个节点同时发送时造成资源冲突的问题，并在 CSMA/CA 的基础上引入不同的接入类型，为不同业务类型提供不同的访问优先级。不同的优先级由不同的 EDCA 参数加以区分，EDCA 参数包括仲裁帧间间隔（Arbitration Interframe Space，AIFS）和竞争窗口（Contention Window，CW）。

（2）CSMA/CA

当节点要发送数据时，首先通过侦听信道以确定是否有其他节点正在发送数据。如果信道是空闲的并持续 AIFS 时间，该节点就开始发送。如果信道忙，该节点将持续侦听直到信道空闲一个 AIFS 时间，然后产生一个随机的退避时间，并保存在退避时间计数器中。对随后的每个时隙，如果信道为空闲状态，则退避时间计数器将减 1，直到退避时间计数器减到 0 时，该节点开始发送数据。在退避过程中，如果在某个时隙中信道上有其他节点发送，退避时间计数器将被冻结，退避过程暂时中断，直到信道重新变为空闲状态并持续 AIFS 时间后再次被激活。

（3）仲裁帧间间隔（AIFS）/ 竞争窗口（CW）

802.11 协议中，节点完成数据发送后，需要等待一个帧间间隔再传送后面的数据，帧间间隔的长短由所发送数据的类型决定，高优先级数据的帧间间隔较短，低优先级数据的帧间间隔较长，这样从一定程度上减少了资源冲突，但也带来了公平性的问题。

802.11p 协议使用 AIFS，将不同的数据分为 4 种接入类型，每个类型对应一个队列，每个队列配置相应的 $CW_{min}/CW_{max}$ 和 AIFS。协议中规定的不同接入类型对应的 CW 和 AIFS 见表 10-21，第 $i$ 类接入类型的 AIFS 的取值规则为 AIFS［$i$］=SIFS+a slot time ×AIFS$N$［$i$］。其中，AIFS$N$［$i$］是第 $i$ 类接入类型的 AIFS 中包含的时隙个数。同时，802.11p 中“a slot time（一个时隙）”为 13μs，短帧间间隔（SIFS）为 32μs。

表 10-21　不同接入类型对应的 CW 和 AIFS

| 接入类型 | 接入类型说明 | $CW_{min}$ | $CW_{max}$ | AIFS $N$ |
|---|---|---|---|---|
| AC_BK | 背景流 | $CW_{min}$ | $CW_{max}$ | 9 |
| AC_BE | 尽力而为 | $CW_{min}$ | $CW_{max}$ | 6 |
| AC_VI | 视频 | $(CW_{min}+1)/2-1$ | $CW_{min}$ | 3 |
| AC_VO | 声音 | $(CW_{min}+1)/4-1$ | $(CW_{min}+1)/2-1$ | 2 |

7. 拥塞控制

802.11 标准中定义了 Mesh（无线网格网络）内部的拥塞控制，主要基于以下 3 类机制：

1）本地拥塞监测和发现。

2）拥塞控制信令。

3）本地速率控制。

一个 Mesh 站应当激活一个拥塞控制协议。在一个确定的 Mesh 基本服务集（Mesh Basic Service Sets，MBSS）中，任何给定时刻都只有一个拥塞控制协议是激活的，并通过拥塞控制模式标识域进行指示。这个标准规定拥塞控制信令协议在任何激活了拥塞控制的 MBSS 中都可用。

当激活的拥塞控制模式是拥塞控制信令时，Mesh 站就激活拥塞控制信令协议。拥塞控制信令协议规定了用于 Mesh 内拥塞控制的信令消息。当一个 Mesh 站发现了拥塞后，触发拥塞控制信令协议。发现拥塞的 Mesh 站，以及造成拥塞的业务终点，发送一个拥塞控制通知帧给业务源和其他邻近的 Mesh 站。这个帧包含一个或者多个拥塞通知元素，每一个都规定了造成拥塞的终点以及拥塞 Mesh 站所预测的每个接入类型每个 Mesh 终点所期望的拥塞持续时间。

当收到一个拥塞通知帧后，Mesh 站就针对经过这个 Mesh 站到达拥塞通知元素中列出的终点的业务，或者停止转发，或者降低转发速率。它还可以发送自己的拥塞控制通知帧给发生拥塞的源以及其他邻近的 Mesh 站。为了让所有 Mesh 站针对同一个目的的第一次拥塞报告设置的定时器同时过期，Mesh 站在发送拥塞控制通知帧时，要指示域接收到源拥塞控制指示帧的时间差。如果接收到的拥塞通知元素的目的 MAC 地址域是一个组地址，则理解为在拥塞通知元素规定的时间内，需要中断或者减少与该帧的发送者之间的通信。当拥塞通知元素规定的时间过期，Mesh 站针对经过该 Mesh 站到达拥塞通知元素中列出的终点的业务恢复转发。Mesh 站执行的本地策略 / 机制要能及时发送拥塞控制信令消息，收到拥塞控制通知帧的 Mesh 站可能会选择调整自己与拥塞相关的帧的发送速率。

#### 8. 多信道操作

IEEE 1609.4 协议定义了对多信道操作的支持，是 802.11p MAC 层的扩展。它定义了一种协调和接入机制，在保证设备间相互通信的前提下，使得设备在多个信道之间切换。802.11p 的可用信道见表 10-22。

表 10-22　802.11p 的可用信道

| 信道编号 | 频率 /GHz | 信道类型 |
|---|---|---|
| 172 | 5.860 | 服务信道 |
| 174 | 5.860 | 服务信道 |
| 176 | 5.860 | 服务信道 |
| 178 | 5.860 | 控制信道 |
| 180 | 5.860 | 服务信道 |
| 182 | 5.860 | 服务信道 |
| 184 | 5.860 | 服务信道 |

每个 802.11p 设备都可以在控制信道和服务信道之间来回切换，但是同一时刻不能使用两个不同的信道。该标准定义了同步周期，每个同步周期由一个控制信道间隔和服务信道间隔组成。信道的接入方式包括持续接入控制信道或服务信道、交替接入控制信道和服

务信道、立即接入服务信道和扩展接入服务信道四种类型。802.11p 的信道接入方式见表 10-23。

表 10-23　802.11p 的信道接入方式

| 接入方式 | 具体含义 |
|---|---|
| 持续接入 | 无论当前是控制信道间隔还是服务信道间隔，终端一直在控制信道或者服务信道进行通信 |
| 交替接入 | 当前时刻处于控制信道间隔时，终端在控制信道上进行通信；当前时刻处于服务信道间隔时，终端在服务信道上进行通信 |
| 立即接入 | 即使当前时刻处于控制信道间隔，终端也立即切换到某个服务信道上进行通信 |
| 扩展接入 | 在连续的几个控制信道间隔时间，终端不执行切换仍在服务信道上进行通信 |

# 10.4　应用场景

## 10.4.1　V2V 典型场景

### 1. 前向碰撞预警

前向碰撞预警（Forward Collision Warning，FCW）是指主车（Host Vehicle，HV）在车道上行驶，与在正前方同一车道的远车（Remote Vehicle，RV）存在追尾碰撞危险时，FCW 应用将对 HV 驾驶人进行预警。FCW 应用适用于普通道路或高速公路等车辆追尾碰撞危险的预警。

（1）预期效果

FCW 应用辅助驾驶人避免或减轻前向碰撞，提高道路行驶安全。

（2）主要场景

FCW 包括的主要场景如下：

1）HV 行驶，RV 在 HV 同一车道正前方停止（图 10-19）。

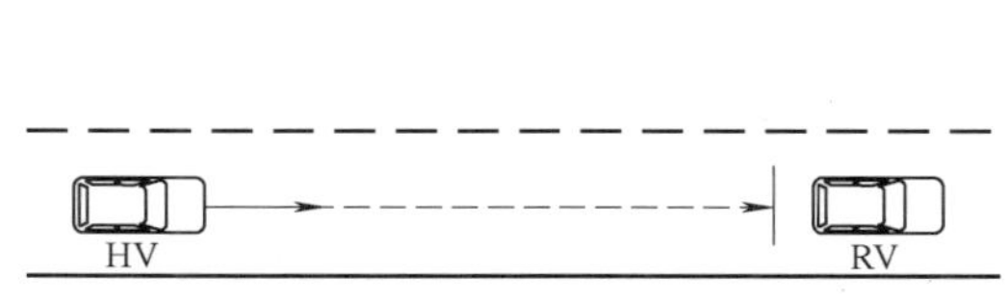


图 10-19　FCW：HV 行驶，RV 在同一车道正前方停止

① HV 正常行驶，RV 在位于 HV 同一车道的正前方停止。

② HV 和 RV 需具备短程无线通信能力。

③ HV 行驶过程中在即将与 RV 发生碰撞时，FCW 应用对 HV 驾驶人发出预警，提醒驾驶人与位于正前方的车辆 RV 存在碰撞危险。

④预警时机需确保 HV 驾驶人收到预警后，能有足够的时间采取措施，避免与 RV 发生追尾碰撞。

2）HV 行驶，RV 在 HV 相邻车道前方停止（图 10-20）。

① HV 正常行驶，RV 在位于 HV 相邻车道的前方停止。

② HV 和 RV 需具备短程无线通信能力。

③ HV 行驶过程中不会与 RV 发生碰撞，HV 驾驶人不会收到 FCW 预警信息。

3）HV 行驶，RV 在 HV 同一车道正前方慢速或减速行驶（图 10-21）。

① HV 正常行驶，RV 在位于 HV 同一车道的正前方慢速或减速行驶。

② HV 和 RV 需具备短程无线通信能力。

③ HV 行驶过程中在即将与 RV 发生碰撞时，FCW 应用对 HV 驾驶人发出预警，提醒驾驶人与位于正前方的车辆 RV 存在碰撞危险。

④ 预警时机需确保 HV 驾驶人收到预警后，能有足够的时间采取措施，避免与 RV 发生追尾碰撞。

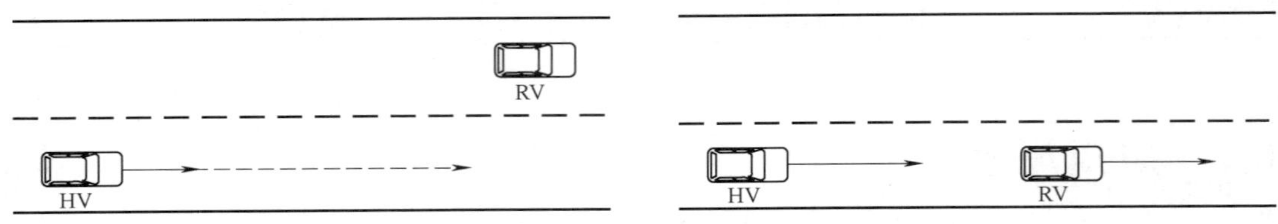


图 10-20　FCW：HV 行驶，RV 在相邻车道前方停止

图 10-21　FCW：HV 行驶，RV 在同一车道正前方慢速或减速行驶

4）HV 行驶，HV 视线受阻，RV-1 在 HV 同一车道正前方停止（图 10-22）。

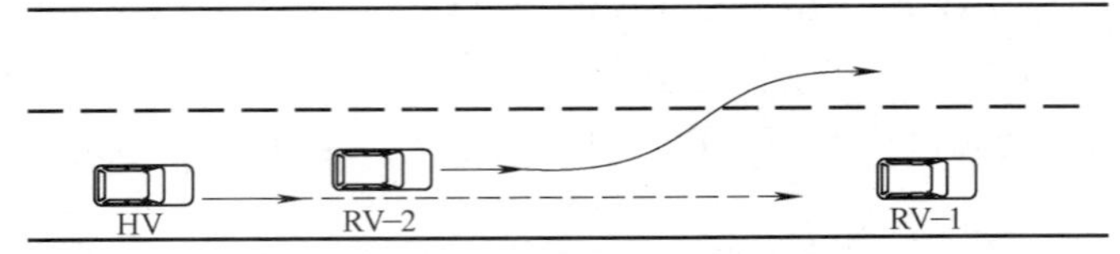


图 10-22　FCW：HV 行驶，HV 视线受阻，RV-1 在同一车道正前方停止

① HV 跟随 RV-2 正常行驶，RV-1 在同一车道上 RV-2 的正前方停止，HV 的视线被 RV-2 所遮挡。

② HV 和 RV-1 需具备短程无线通信能力，RV-2 是否具备短程无线通信能力不影响应用场景的有效性。

③ RV-2 为了避开 RV-1 进行变道行驶。

④ HV 行驶过程中在即将与 RV-1 发生碰撞时，FCW 应用对 HV 驾驶人发出预警，提醒驾驶人与位于正前方的 RV-1 存在碰撞危险。

⑤ 预警时机需确保 HV 驾驶人收到预警后，能有足够的时间采取措施，避免与 RV-1 发生追尾碰撞。

（3）系统基本原理

HV 行驶过程中，若与同一车道前方 RV 存在碰撞危险时，FCW 应用对 HV 驾驶人进行预警。触发 FCW 功能的 HV 和 RV 位置关系如图 10-23 所示，其中 HV 和 RV 在同一车道，RV 在 HV 的前方。该应用在

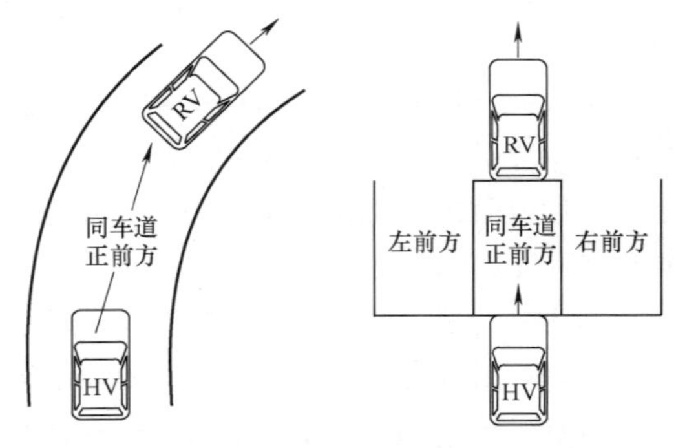


图 10-23　FCW：HV 和 RV 位置关系

直线车道或者弯道车道均有效。

（4）FCW 基本工作原理

① 分析接收到的 RV 消息，筛选出位于同一车道前方（前方同车道）区域的 RV。

② 进一步筛选处于一定距离范围内的 RV 作为潜在威胁车辆。

③ 计算每一个潜在威胁车辆碰撞时间（Time To Collision，TTC）或防撞距离（Collision Avoidance Range），筛选出与 HV 存在碰撞危险的威胁车辆。

④ 若有多个威胁车辆，则筛选出最紧急的威胁车辆。

⑤ 系统通过人机接口对 HV 驾驶人进行相应的碰撞预警。

### 2. 交叉路口碰撞预警

交叉路口碰撞预警（Intersection Collision Warning，ICW）是指主车（HV）驶向交叉路口，与侧向行驶的远车（RV）存在碰撞危险时，ICW 应用将对 HV 驾驶人进行预警。ICW 应用适用于城市及郊区普通道路及公路的交叉路口、环道的入口、高速公路入口等交叉路口的碰撞危险的预警。

（1）预期效果

ICW 应用辅助驾驶人避免或减轻侧向碰撞，提高交叉路口通行安全。

（2）主要场景

ICW 包括的主要场景如下：

1）HV 在路口起步（图 10-24）。

① HV 停止在路口，RV-1 从 HV 左侧或右侧驶向路口，HV 的视线可能被出现在路口的 RV-2 所遮挡。

② HV 和 RV-1 需具备短程无线通信能力，RV-2 是否具备短程无线通信能力不影响应用场景的有效性。

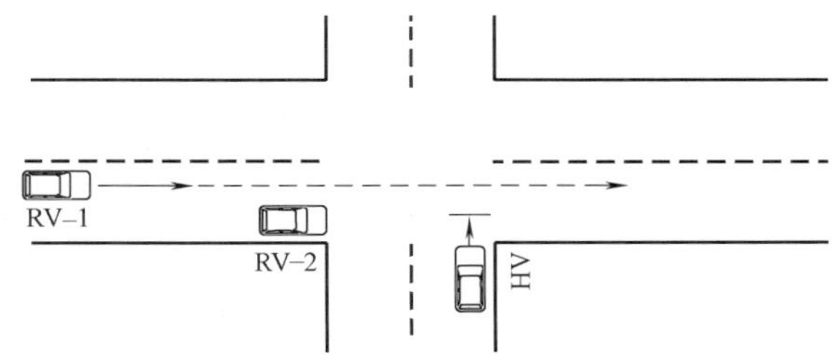


图 10-24　ICW：HV 在路口起步

③ HV 起动并准备进入路口时，ICW 应用对 HV 驾驶人发出预警，提醒驾驶人与侧向来车 RV-1 存在碰撞危险。

④ 预警时机需确保 HV 驾驶人收到预警后，能有足够的时间采取措施，避免与 RV-1 发生碰撞。

2）HV 和 RV 同时驶向路口（图 10-25）。

① HV 驶向路口，同时 RV-1 从 HV 左侧或右侧驶向路口，HV 的视线可能被出现在路口的 RV-2 所遮挡。

② HV 和 RV-1 需具备短程无线通信能力，RV-2 是否具备短程无线通信能力不影响应用场景的有效性。

③ 当 HV 驶近路口时，ICW 应用对 HV 驾驶人发出预警，提醒驾驶人

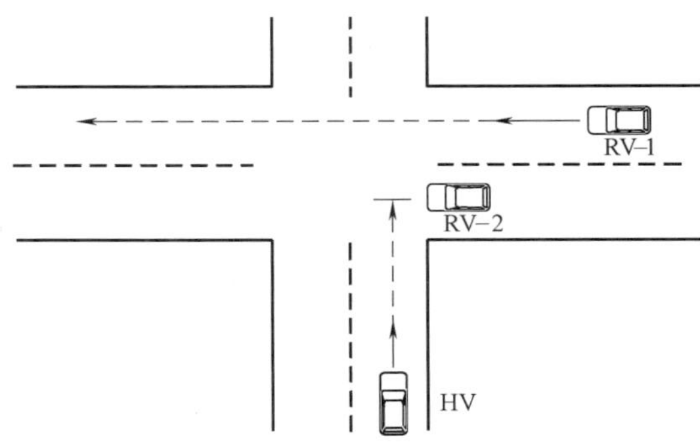


图 10-25　ICW：HV 和 RV 同时驶向路口

与侧向来车 RV-1 存在碰撞危险。

④ 预警时机需确保 HV 驾驶人收到预警后，能有足够的时间采取措施，避免与 RV-1 发生碰撞。

（3）系统基本原理

HV 驶向交叉路口，若与任意一辆驶向同一路口的 RV 存在碰撞危险时，ICW 应用对 HV 驾驶人进行预警。触发 ICW 功能的 HV 和 RV 位置关系如图 10-26 所示，其中 HV 和 RV 行驶方向不限于垂直交叉（90°），可为一定范围内的多角度交叉。

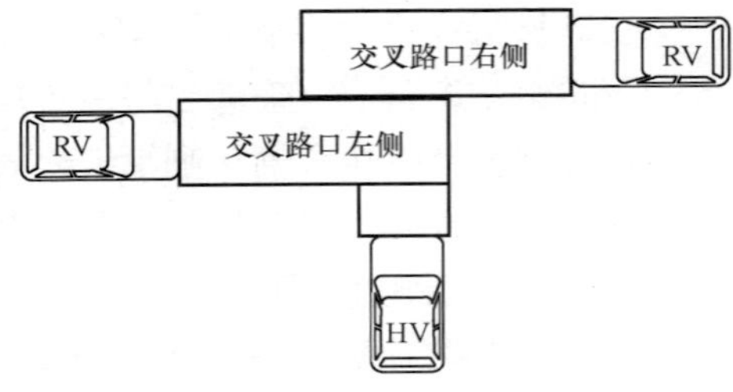


图 10-26　ICW：HV 和 RV 位置关系

（4）ICW 基本工作原理

① 分析接收到的 RV 消息，筛选出位于交叉路口左侧（Intersecting Left）或交叉路口右侧（Intersecting Right）区域的 RV。RV 消息可能由 RV 发出或从路侧单元获取。

② 进一步筛选处于一定距离范围内的 RV 作为潜在威胁车辆。

③ 计算每一个潜在威胁车辆到达路口的时间（Time To Intersection，TTI）和到达路口的距离（Distance To Intersection，DTI)，筛选出与 HV 存在碰撞危险的威胁车辆。

④ 若有多个威胁车辆，则筛选出最紧急的威胁车辆。

⑤ 系统通过人机接口对 HV 驾驶人进行相应的碰撞预警。

3. 紧急车辆提醒

紧急车辆提醒（Emergency Vehicle Warning，EVW）是指主车（HV）行驶中，收到紧急车辆提醒，以对消防车、救护车、警车或其他紧急呼叫车辆等进行让行。

（1）预期效果

EVW 应用使 HV 实现对消防车、救护车、警车或其他紧急呼叫车辆的让行。

（2）主要场景

当紧急车辆接近 HV 时，提示 HV 让行的典型场景如图 10-27 所示。具体描述如下：

① HV 行驶中，紧急车辆 RV 接近 HV。

② HV 和 RV 需具备短程无线通信能力。

③ HV 收到紧急车辆提醒时，对紧急车辆 RV 进行让行。

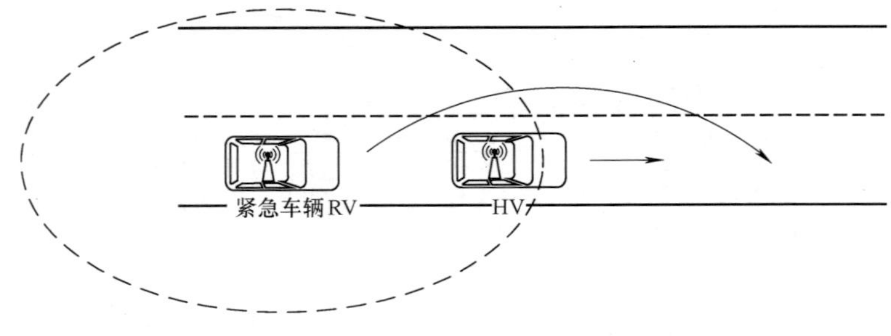


图 10-27　EVW：紧急车辆接近 HV

（3）系统基本原理

HV 直向行驶时，遇到消防车、救护车、警车或其他紧急呼叫车辆时，通过车 - 车（V2V）通信，能有效快速让行，EVW 应用对 HV 驾驶人进行预警。触发 EVW 功能的 HV 和 RV 位置关系如图 10-28 所示。

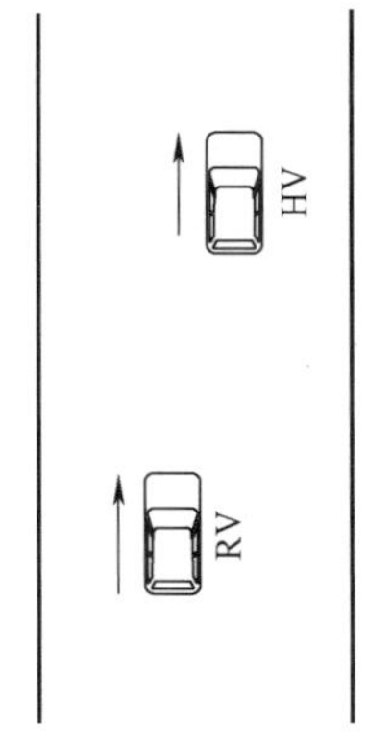


图 10-28　EVW：HV 和 RV 位置关系

（4）EVW 基本工作原理

① 分析接收到的紧急车辆 RV 消息，筛选出位于 HV 受影响区域的紧急车辆 RV。

② 将处于一定范围内的紧急车辆 RV 作为优先让行紧急车辆。

③ 计算优先让行紧急车辆 RV 到达的时间和距离。

### 4. 异常车辆提醒

异常车辆提醒（Abnormal Vehicle Warning，AVW）是指当远车（RV）在行驶中打开故障报警灯时，对外广播消息中显示当前“故障报警灯开启”，主车（HV）根据收到的消息内容，识别出其属于异常车辆；或者 HV 根据 RV 广播的消息，判断 RV 车速为静止或慢速（显著低于周围其他车辆），识别出其属于异常车辆。当识别出的异常车辆可能影响本车行驶路线时，AVW 应用提醒 HV 驾驶人注意。AVW 应用适用于城市及郊区普通道路及公路的交叉路口、环道的入口、高速公路入口等环境中的异常车辆提醒。

（1）预期效果

AVW 应用辅助驾驶人及时发现前方异常车辆，从而避免或减轻碰撞，提高通行安全。

（2）主要场景

AVW 包括的主要场景如下：

1）异常车辆开启故障报警灯（图 10-29）。

① HV 在道路上正常行驶，RV 在 HV 前方相同或相邻车道内。

② HV 和 RV 需具备短程无线通信能力。

③ RV 开启故障报警灯，并在对外广播的消息中携带“故障报警灯开启”信息，AVW 应用对 HV 驾驶人发出预警，提醒驾驶人前方有异常车辆。

④ 预警时机需确保 HV 驾驶人收到预警后，能有足够的时间采取措施，避免与 RV 发生碰撞。

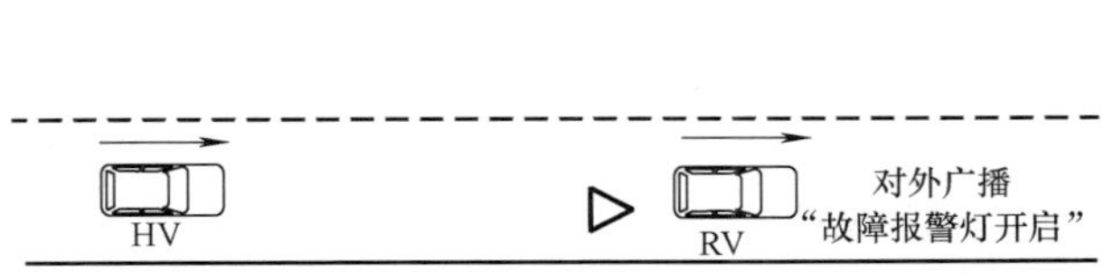


图 10-29　AVW：异常车辆开启故障报警灯

2）异常车辆未开启故障报警灯（图 10-30）。

① HV 在道路上正常行驶，RV 在 HV 前方相同或相邻车道内。

② HV 和 RV 需具备短程无线通信能力。

③ RV 为静止或者慢速车辆，在对外广播的消息中携带自身位置、速度、朝向等信息，HV 根据这些信息判断 RV 为静止车辆或慢速车辆（车速显著低于周围其他车辆）。AVW 应用对 HV 驾驶人发出预警，提醒驾驶人前方有异常车辆行驶。

④ 预警时机需确保 HV 驾驶人收到预警后，能有足够的时间采取措施，避免与 RV 发生碰撞。

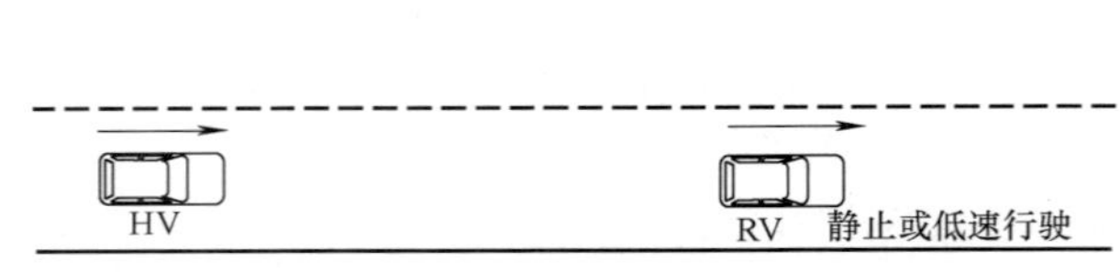


图 10-30　AVW：异常车辆未开启故障报警灯



（3）系统基本原理

HV 在道路上行驶，若收到前方 RV 发出的“故障报警灯开启”信息，或者分析 RV 发送消息中的速度、位置、朝向等信息，并结合其他 RV 车辆的车速信息，识别该 RV 车辆处于静止 / 慢速行驶的异常状态，若判断其与 HV 存在碰撞危险，则及时报警；若有多个威胁车辆，则筛选出最紧急的威胁车辆。触发 AVW 功能的 HV 和 RV 位置关系如图 10-31 所示。

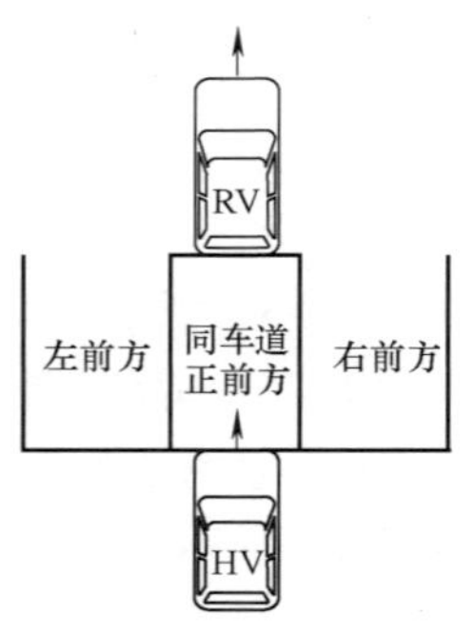


图 10-31　AVW：HV 和 RV 位置关系

## 10.4.2　V2I 典型场景

V2I 典型场景为道路施工预警。

道路危险状况提示（Hazardous Location Warning，HLW）是指主车（HV）行驶到潜在危险状况（如桥下存在较深积水、路面有深坑、道路湿滑、前方急转弯等）路段，存在发生事故风险时，HLW 应用对 HV 驾驶人进行预警。HLW 应用适用于城市道路、郊区道路和高速公路等容易发生危险状况的路段或者临时性存在道路危险状况的路段。

（1）预期效果

HLW 应用将道路危险状况及时通知周围车辆，便于驾驶人提前进行处置，提高车辆对危险路况的感知能力，降低驶入该危险区域的车辆发生事故的风险。

（2）主要场景

当道路存在危险状况时，附近路侧单元（RSU）或临时路侧设备对外广播道路危险状况提示信息，包括位置、危险类型、危险描述等，行经该路段的 HV 根据信息及时采取避让措施，避免发生事故，如图 10-32 所示。

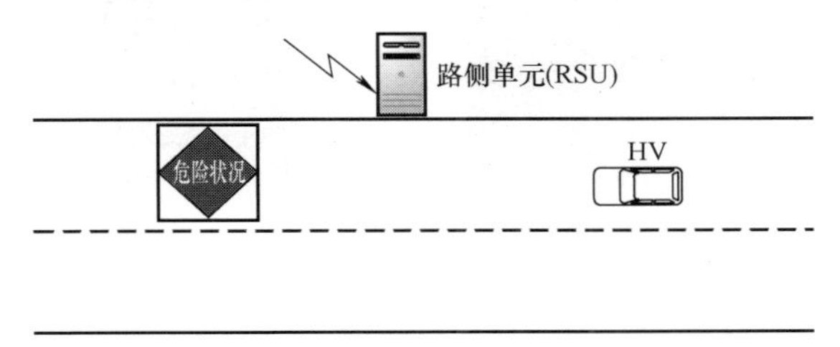


图 10-32 路侧单元（RSU）提示道路危险状况信息

（3）HLW 基本工作原理

① 具备短程无线通信能力的路侧单元（RSU）周期性地对外广播道路危险状况提示信息。

② HV 依据自身位置信息和道路危险状况提示信息，计算与道路危险区域的距离。

③ HV 依据当前速度计算到达道路危险区域的时间。

④ 系统通过人机接口对驾驶人进行及时预警。

## 10.4.3 V2P 典型场景

V2P 典型场景为行人预警。

弱势交通参与者碰撞预警（Vulnerable Road User Collision Warning，VRUCW）是指 HV 在行驶中，与周边行人（Pedestrian，P。其含义拓展为广义上的弱势交通参与者，包括行人、自行车、电动自行车等，以下描述以行人为例）存在碰撞危险时，VRUCW 应用将对车辆驾驶人进行预警，也可对行人进行预警。该应用适用于城市及郊区普通道路及公路的碰撞危险预警。

（1）预期效果

VRUCW 应用辅助驾驶人避免或减轻与侧向行人（P）发生碰撞危险，提高车辆及行人通行安全。

（2）主要场景

VRUCW 包括的主要场景如下：

1）HV 行进时行人（P）从侧前方出现（图 10-33）。

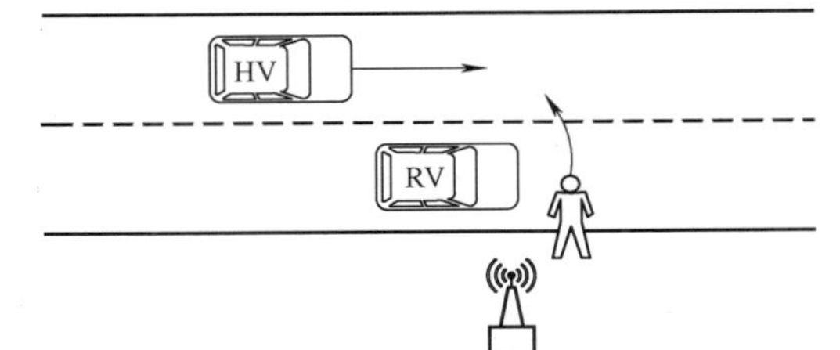


图 10-33 VRUCW：HV 行进时行人（P）从侧前方出现

① HV 在行进时，P 从侧前方出现，HV 的视线可能被出现在路边的 RV 所遮挡。

② HV 和 P 需具备短程无线通信能力，RV 是否具备短程无线通信能力不影响应用场景的有效性。

③ HV 接近 P 时，如果检测到可能发生碰撞的危险，VRUCW 应用对 HV 驾驶人发出预警，同时也可对 P 发出预警，提醒驾驶人与侧向 P 存在碰撞危险。

④ 预警时机需确保 HV 驾驶人收到预警后，能有足够的时间采取措施，避免与 P 发

生碰撞。

2）HV 倒车预警（图 10-34）。

① HV 在倒车时，P 从 HV 侧后方出现，HV 的视线可能被两侧车辆遮挡，也可能由于是盲区等原因，使得 HV 的驾驶人不能及时发现。

② HV 和 P 需具备短程无线通信能力，周边 RV 是否具备短程无线通信能力不影响预警效果。

③ HV 接近 P 时，如果检测到可能存在碰撞的危险，VRUCW 应用对 HV 驾驶人发出预警，同时也可以对 P 发出预警，提醒驾驶人这一危险。

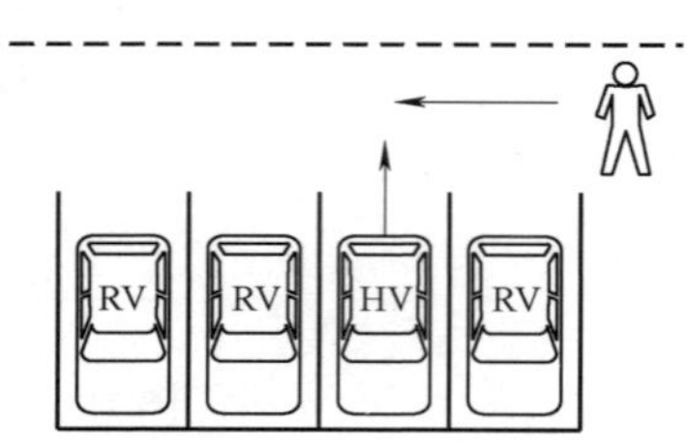


图 10-34　VRUCW：HV 倒车预警

④ 预警时机需确保 HV 驾驶人收到预警后，能有足够的时间采取措施，避免与 P 发生碰撞。

3）通过路侧设备（I）检测行人并对车辆预警。在场景 1）、2）的基础上，如果 P 不具备通信能力，路侧设备（I）可通过摄像头、微波雷达等传感器检测周边行人（P），并广播行人（P）的相关信息，VRUCW 应用对可能发生碰撞的车辆驾驶人发出预警。

（3）基本工作原理

① HV 分析接收到的行人（P）消息，筛选出与车辆行驶方向上可能发生冲突的行人。

② 进一步筛选处于一定距离或者时间范围内的行人作为潜在威胁行人。

③ 计算与每一个（或者成组）行人的碰撞时间 TTC，筛选出存在碰撞威胁的行人。

④ 若存在多个威胁行人（或行人组），则筛选出最紧急的威胁行人（或行人组）。

⑤ 系统对 HV 驾驶人进行相应的碰撞预警。

## 10.4.4　其他应用

### 1. 近场支付

汽车近场支付（Vehicle Near-Field Payment，VNFP）是指，汽车作为支付终端对所消费的商品或服务进行账务支付的一种服务方式。汽车通过 V2X 通信技术与路侧单元（RSU，作为受理终端）发生信息交互，间接向银行金融机构发送支付指令，产生货币支付与资金转移行为，从而实现车载支付功能。其主要应用包括 ETC、拥堵费、充电支付、停车支付、加油支付等汽车使用消费环节的付费需求。

（1）预期效果

汽车将成为金融支付终端，具备车载支付能力，在智能交通各应用场景下，有效加速相关付费过程的效率与执行准确性。在停车支付、ETC 场景，通过收费单元与汽车的有效自动化联动，可以加速车流，提高交通效率；在未来电动车无线充电场景，可以解决根据充电量实时支付费用的问题，并因无须操作充电枪而提升用户体验；在购买车辆保险场景，可以根据本车实时车况数据直接完成汽车保险购买，实现车险个性化定价，提高商业服务质量。

（2）主要场景

VNFP 包括的主要场景如下：

1）车辆在行驶中付费（如 ETC、拥堵费，由有公信力商户主动扣款）(图 10-35)。

① HV 在道路上，驶过收费路侧单元（RSU)。

② 路侧单元（RSU）广播收费站收费能力。

③ HV 接收到收费站广播的收费能力，与路侧单元（RSU）完成 P2P 单播通信会话，并反馈车辆信息，如车辆识别码、车类型、车尺寸、车速及支付账户信息等。

④ 路侧单元（RSU）完成支付扣款，并通知车辆。

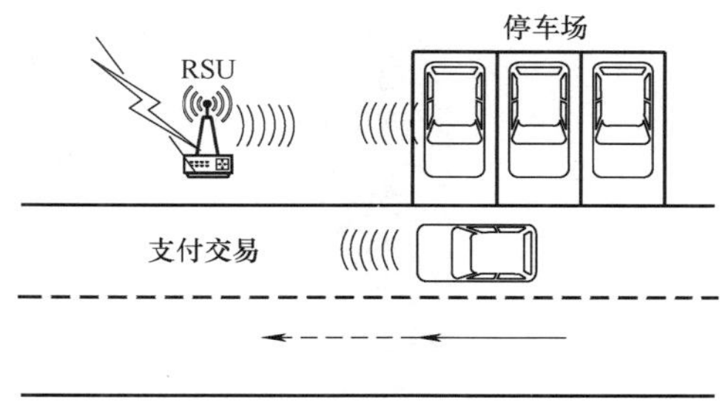


图 10-35　VNFP：车辆在行驶中付费

2）车辆停止时主动发起付费（如停车场支付、充电支付、加油支付）(图 10-36)。

① 车辆停止时，向路侧单元（RSU）发起支付请求，并上送车辆信息，如车辆识别码、车类型、车尺寸及支付账户信息等。

② 路侧单元（RSU）完成支付扣款，并通知车辆。

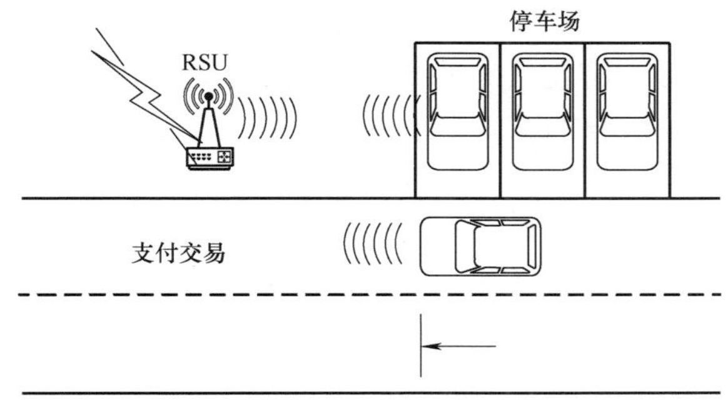


图 10-36　VNFP：车辆停止时主动发起付费

（3）系统基本原理

图 10-37 所示为典型的车辆在行驶中付费的支付流程。首先是路侧单元（RSU）广播“我是收费站”，车载单元（OBU）应答相应汽车信息（包括汽车车辆标识、汽车类型、车速、车辆尺寸等)，并建立起 P2P 通信连接。然后，RSU 立刻发送相应支付请求信息（包括 RSU 标识、RSU 地理位置信息、支付金额等)，OBU 收到 RSU 支付请求后，内部在金融支付计算单元进行处理后，再发出应答支付信息（包括支付账户、支付金额、支付密钥等)。RSU 收到支付应答信息后，进行内部收费处理，其中包括对支付账户的风险性检测，以及实时与后台系统交易确认（可选)，如是否为黑名单账户，是否符合合法交易条件（如是否为 A 品牌车在 B 品牌车 4S 店消费)，最后 RSU 向 OBU 通知扣款（此时可选择传输电子发票等凭据)，OBU 做相应记录并结束通信。

其中，RSU 支付金额由汽车类型与尺寸大小等车辆信息决定，车辆识别码、车辆类

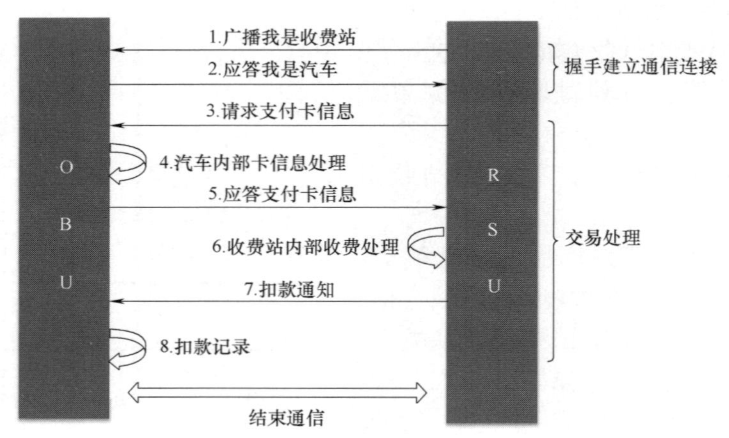


图 10-37　VNFP：车辆在行驶中付费的支付流程



型与尺寸等形成汽车设备指纹，明确支付对象，以便在后续纠纷时明确责任主体。在超速交通罚款场景中，通过车辆上送车速信息，辅助证明超速行为。

通过以上交易逻辑分析，前 7 个交易步骤必须在联网通信时完成，因此假设每个步骤时延为 $T$，最大通信距离为 $D$，最大车速为 $V$，则需满足 $7TV \leqslant D$。参考 ETSI TR 102 638 的参数设定，当 $T$=500ms，$D$=150m，$V$=130km/h 时，满足以上要求。

（4）通信方式

路侧单元（RSU）具备短程无线通信能力，通过 I2V 的方式将支付场景（如 ETC、交通罚款）的支付服务和活动状态进行广播，随后接入服务的 HV 与路侧单元（RSU）建立 P2P 单播会话，完成相应电子支付流程。

HV 需具备短程无线通信能力，通过 V2I 的方式将支付请求发送给接收路侧单元（RSU），随后与路侧单元（RSU）建立 P2P 单播会话，完成相应电子支付流程。

**2. 车辆编队行驶**

车队是指以近距离链接的方式操作一组车，车辆像火车那样移动。为了保持车间距，车队中的车辆之间需要共享状态信息，如车速、车头位置以及一些诸如制动、加速等的行驶意图。通过车队的方式行驶可以缩短车间距，降低二氧化碳的排放，可以需要更少的驾驶人。车队需要支持以下功能：

（1）加入 / 离开

如果要组建车队，车辆需要交互意图，如愿意形成一个车队，愿意成为头车或者成为头车后面的跟随者。如果一辆车到达目的地或者想要离开车队，这些意愿也需要在车队中进行交互。在车队激活状态下随时都可能发生这些意图的交互。

（2）通知 / 警告

当一个车队已经形成并正在运行时，不属于该车队的一辆车需要意识到这是一个车队。否则，这辆车可能会插入车队中，干扰车队的运行。因此，车队内部通信范围之外的其他车辆需要知道车队的存在。

（3）组通信

车队管理需要交互许多消息，如什么时间走哪条路，是否制动或者加速，以及什么时刻制动或者加速等。每秒至少需要发送 30 条消息。此外，头车相比后面的车辆消耗更多的燃料，有时候头车可能会要求后面跟的车做头车。这种通信可以只在两辆车之间进行，其他车辆不用参与。

为了避免潜在的安全威胁，如暴露行车轨迹，这些消息应当加密并且只有车队内的车辆才可以解密。此外，由于消息的私有性，这些消息的通信距离是从头车到车队的最后一辆车，一般是视距传输。即使在移动的过程中，车队内车辆数也是可以变化的，因此需要支持车队内资源率高的消息分发，并可以动态控制消息分发的范围。

### 3. 传感器和高精度地图

传感器和高精度地图的应用场景如图 10-38 所示。

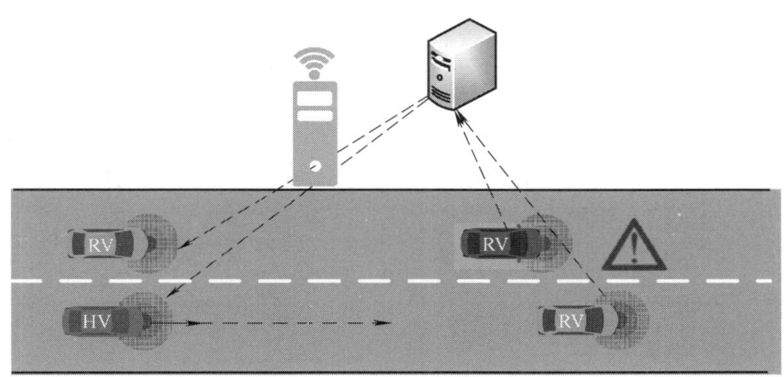


图 10-38 传感器和高精度地图的应用场景

传感器和状态图共享（SSMS）可以共享原始或处理过的传感器数据，以建立集体（Collective）态势感知。该概念是 ETSI 和 ISO 技术报告及标准局部动态地图（Local Dynamic Map）的扩展，主要区别在于通过更高的时空保真度、低延迟能力实现从本地交通链路到网络状态地图的感知。传感器和状态图共享（SSMS）利用高度可靠的传输和系统弹性使能诸如低延迟通信之类的服务能够进行精确定位和控制，实现关键任务应用，如合作驾驶（车辆组队）、交叉路口安全（包括行人和紧急车辆）。

传感器和状态图共享（SSMS）可以基于 V2V 实现，临近车辆相互共享收集到的传感器信息，构建本地高精度实时地图。

但在未来很长一段时间内，并非所有车辆都配备高清传感器（如高清摄像机、激光雷达），并且它们无法自己获得高清晰度地图。即使车辆配备了高清传感器，由于其他物体的遮挡，它们也无法检测到所有的道路状况。另外，有许多关于环境或道路状况的实时信息一直在变化，高清地图供应商不可能及时刷新地图。因此有必要自动收集高精度地图并在短时间内刷新。

配备激光雷达或其他高清传感器的车辆可以检测自身周围的环境，并将信息上传到

V2X 应用服务器。V2X 应用服务器分析环境信息并将它们合并以构建区域高精度地图。其他没有高清传感器的车辆可以从 V2X 应用服务器下载地图并直接使用而无须检测和分析。

# 10.5 性能指标

## 10.5.1 数据包接收率

在 V2X 系统中，数据包接收率（Packet Reception Ratio，PRR）是评估通信性能的主要指标之一。

在 V2V 机制的评估体系中，对于一个发送数据包，采用 $X/Y$ 来计算该数据包的接收率。其中，$Y$ 是指与发送 UE 的距离在（$a$，$b$）范围内的 UE 个数；$X$ 是指在 $Y$ 中能正确接收该数据包的 UE 个数。如图 10-39 所示，$Y$=10，$X$=8，该数据包在与发送 UE 的距离在（$a$，$b$）区域内的 PRR 为 80%。仿真中使用 PRR 的累计分布函数（Cumulative Distribution Function，CDF）和平均 PRR 作为具体的性能指标：

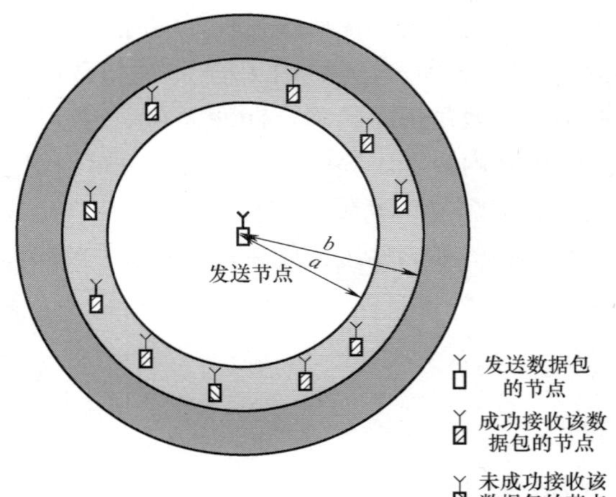


图 10-39 单个数据包 PRR 统计示例

1）PRR 的 CDF：其中 $a$=0；一般情况下，高速场景 $b$=320m，城市场景 $b$=150m，在城市车速为 15km/h 场景中可选 $b$=50m。

2）平均 PRR：按照（$X_1+X_2+X_3+\cdots+X_n$）/（$Y_1+Y_2+Y_3+\cdots+Y_n$）计算，其中 $n$ 表示仿真中产生的消息个数，$a=i\times 20$m，$b=(i+1)\times 20$m，$i$=0，1，…，25。

在 V2I 机制的评估体系中，上述 PRR 评估中的目标通信距离需要减半。

在实际评估中，也可以用 1−PRR 与系统给定的最大容许的数据包丢失率进行比较来评估系统的可靠性。如果在应用允许的最大端到端时延内接收端的应用没有收到数据包，则判定数据包丢失。

## 10.5.2 数据发送频率

在 V2X 系统中，数据发送频率是指应用层 1s 内产生的数据包数量。

根据 3GPP TR 22.185 规定的基础安全类业务，系统需要支持每个 UE 每秒至多发送 10 条消息，这里并不限制应用层提供的消息是周期性产生的或者是由特定事件触发产生的。针对演进类 V2X 业务，3GPP TS 22.186 要求系统可支持的发送频率达到 100 次 /s。

根据底层对发送资源的预约周期也可以对应估算出所支持的上层应用的数据发送

频率。Release 14 版本的 LTE-V2X 底层对发送资源的预约周期为 20ms、50ms、100ms、200ms、300ms、400ms、500ms、600ms、700ms、800ms、900ms、1000ms，其中两个较短的周期 20ms 和 50ms 主要是针对类似预碰撞这样的紧急应用。

### 10.5.3 传输时延

传输时延指端到端时延，也即从应用角度测量的从源端到目的端发送信息所占用的时间，具体而言，是从源端开始发送的时刻到目的端接收到的时刻之间的时间长度。

根据 3GPP TR 22.185 规定，在两个支持 V2V 应用的 UE 之间传输消息，不论是直接传输还是通过 RSU 传输，时延都不能超过 100ms。对于特殊的用例，如预碰撞，时延不能超过 20ms。对于 V2I，在支持 V2I 的 UE 与 RSU 之间传输消息，时延不能超过 100ms。对于 V2N，在都支持 V2N 的 UE 与服务器之间传输消息，时延不能超过 1000ms。而在 3GPP TS 22.186 中，针对演进类 V2X 业务，最短的时延要求将达到 3ms。

### 10.5.4 数据包大小

数据包大小是指消息的载荷。

根据 3GPP TR 22.185 规定，在两个支持 V2X 应用的 UE 之间传输周期性的广播消息，需要支持在 50 ~ 300B 之间可变的消息载荷，不包含信息安全相关的消息部分。在两个支持 V2X 应用的 UE 之间传输事件触发消息，需要支持高达 1200B 的消息载荷，不包含安全相关的消息部分。

3GPP TR 36.885 对数据包大小做了一些简化假设，对于周期性业务，假设每秒传输 5 个消息，一个大小为 300B 的消息后面跟随四个大小为 190B 的消息，并且每个车辆都是随机产生大小为 300B 的消息。对于事件触发业务，事件的到达满足泊松过程，一旦触发，以 100ms 间隔发送 6 个消息，假设事件触发业务的消息大小为 800B。

而针对演进类的 V2X 业务，随着传感器共享等业务的产生，UE 之间的传输数据量将进一步提升，可以达到 1Gbit/s。

### 10.5.5 传输距离

对于 V2X 系统，单独讨论传输距离意义不大，它始终和可靠性相关指标共同定义，一般定义一个源端和目的端之间无线传输的距离，在这个距离内应用可以达到规定的可靠性。

从标准中可以看到两种对传输距离的定义方式，一种是满足可靠性要求的最大距离，一种是满足可靠性要求的最小距离，这两种定义方式在本质上是一致的。从无线传输的特性来看，一般而言，传输距离越远，可靠性越低。所谓最大距离是从可靠性逐步降低的角度来描述的，也就是说，可靠性降低到一定程度就不能再降低了，此时对应的传输距离即最大距离。所谓要求的最小距离是从可靠性逐步提高的角度来描述的，也就是说，可靠性提高到一定程度就可以满足需求，此时对应的传输距离即要求的最小距离。

# 10.6 信息安全

## 10.6.1 安全威胁

### 1. 拒绝服务攻击

拒绝服务（Denial of Service，DoS）攻击通过禁用、降低或破坏车联网设备的通信功能，过度消耗云端服务器的网络能力，或者过度占用车联网设备或云端服务器的计算能力，以达到使目标设备的网络或系统资源耗尽，从而使服务中断或停止。拒绝服务攻击属于难以防止的攻击类别。此类攻击可能导致车联网设备不能够接收、应答、传递、产生和发送交通安全消息，或阻止设备执行正常的功能。在车联网应用环境里，DoS 攻击包括：

1）通过干扰通信信道来阻止信道内的通信。

2）恶意产生大量的虚假信息来阻塞通信信道。

3）注入设备的恶意软件操纵车联网设备的发送或接收能力。

4）通过将被劫持的设备配置成不转发信息而形成信息“黑洞”，造成需要转发的信息不能到达指定的区域。

5）通过阻塞云端服务器的网络通信能力或计算能力，导致无法处理车联网设备的请求，如证书请求等。

### 2. 假冒攻击

在假冒攻击中，攻击者使用虚假的设备标识将自己伪装成另一个车联网设备，目的是欺骗其他设备的用户或管理机构，使他们相信该信息是从合法设备上发出的，从而达到其个人所期望的某种需求。例如，攻击者通过使用其他车辆的证书冒充一辆救护车，以获得优先通行权，或者假冒路侧设备以获取其他车辆上的隐私信息。

在假冒攻击中，攻击者同时伪装成很多车辆。特别地，当数字证书用于支持消息认证时，系统需要为车辆中的不同应用分配不同的证书。另外，为保护用户隐私，车辆可能会同时拥有多个有效的身份证书。这些都为假冒攻击提供了机会。例如，恶意攻击者通过同时使用这些证书，促使其他车辆以为周围存在交通拥堵而选择走别的道路。

### 3. 重放攻击

攻击者监听并记录由合法的车联网设备发送的信息，然后根据其需要重放这些信息。在车联网系统中重放攻击有以下两种形式：

1）在相同的地点，但不同的时间重放信息。例如攻击者记录下救护车发出的合法消息，然后在另一时间重放这些消息，以便获得优先通行权。

2）在不同的地点，不同的时间重放信息。这种攻击又称为“虫洞攻击”。这种攻击能够用来使接收者处于困惑状态，因为其收到的位置信息与其自身的信息不一致，从而诱发接收者为解决此问题而发送其身份信息或其他与隐私相关的信息。

4. 信息篡改

车联网设备若不能验证接收到的消息是否正确，即不能对其所接收到的信息进行完整性验证，则可能会面临如下威胁：

（1）信息泄露

通过假冒攻击或者使用注入设备中的恶意软件访问未经授权的受限制信息，如车联网设备中的敏感信息或与用户相关的隐私信息。

（2）信息丢失

信息丢失可能是因未经授权访问受限制信息而造成的。攻击者可以利用注入设备的恶意软件删除服务信息、安全参数和其他本地数据，或者使设备扣留本应转发的消息，从而造成所谓的“黑洞”攻击。

（3）信息篡改

信息可以在空口、发送设备或接收设备中被篡改。例如，如果发送的消息未经保护，则车联网设备中的恶意软件可在消息发送前对其进行修改或攻击相关协议，使得信息在传输过程中被篡改。

（4）信息损坏

信息可以在空口、发送设备或接收设备中因受到干扰而损坏，若信息的接收方没有相应的检测机制，则不能验证接收信息的正确性。

5. 隐私威胁

车联网设备播发的信息能够被公开接收，若不采取必要的保护措施则会带来以下各种与隐私相关的威胁：

1）通过开放的空口所播发的消息可以被不相关的设备所接收。例如，攻击者通过监听收集与隐私相关的信息，然后将这些信息用于重放攻击或其他需要相关信息的攻击。

2）攻击者通过监听和分析车辆播发的信息，然后将提取的信息用于车辆识别或跟踪。

3）通过观察一个车载设备在什么时间、什么地点使用了哪些服务，攻击者可以勾勒出该设备的功能，并利用这些信息发动某种攻击。

4）攻击者可以通过向车载设备嵌入间谍软件或恶意代码的方式，记录车辆的位置、速度和运动轨迹等信息，并将这些信息发送给攻击者。

## 10.6.2 安全机制

1. 杂凑函数算法

杂凑函数算法，又称散列算法或哈希算法，是一种把任意长输入消息串变化成固定长输出串的一种函数。杂凑函数是一种单向函数，要由散列函数输出的结果回推输入的资料是什么，是非常困难的。散列函数的输出结果，被称为杂凑值或是摘要，也被称为数字指纹。一个安全的杂凑函数应该至少满足以下几个条件：

1）输入长度是任意的。

2）输出长度是固定的，根据目前的计算技术应至少取128bits长，以便抵抗生日攻击（也称平方根攻击）。

3）对每一个给定的输入，计算输出（即杂凑值）是很容易的。

4）给定杂凑函数的描述，找到两个不同的输入消息杂凑到同一个值在计算上是不可行的，或给定杂凑函数的描述和一个随机选择的消息，找到另一个与该消息不同的消息使得它们杂凑到同一个值在计算上是不可行的。

杂凑函数都是伪随机函数，任何杂凑值都是等可能的。输出并不以可辨别的方式依赖于输入；在任何输入串中单个比特的变化，将会导致输出比特串中大约一半的比特发生变化。杂凑函数主要用于完整性校验和提高数字签名的效率。

杂凑函数可用于验证消息的完整性。与指纹一样，散列算法就是一种以较短的信息来保证文件唯一性的标志，这种标志与文件的每一个字节都相关，而且难以找到逆向规律。因此，当原有文件发生改变时，其标志值也会发生改变，从而告诉文件使用者当前的文件已经不是你所需求的文件。例如，可以使用这种文件指纹检验从互联网上下载的文件是否在下载过程中出现错误或被篡改过。

在数字签名中，非对称算法对数据签名的速度较慢，一般会先将消息进行杂凑运算，生成较短的固定长度的摘要值，然后对摘要值进行签名，会大大提高计算效率。

世界上应用较为广泛的杂凑算法有 MD5、SHA-1、SHA-2 和 RIPEMD 等。国产的商用杂凑算法有 SM3。

### 2. 对称密钥算法

对称密钥算法，又称单密钥算法，是指信息的发送方和接收方使用相同的密钥对数据进行加密和解密运算。世界上应用较为广泛的对称密钥算法有 DES、3DES、AES，此外还有 IDEA、RC4、RC6 和 BLOWFISH 等。国产的商用对称密钥算法有 SM1、SM4 以及应用于 4G 移动通信网络中的祖冲之密码算法（ZUC）。

对称密钥算法根据具体实现可分为分组加密和序列加密两种类型。

1）分组加密，也称块加密，是将明文分成多个等长的数据块，然后使用对称密钥对各个数据块进行加密或解密。分组加密的工作模式有电码本模式（ECB）、密码反馈链接模式（CBC）、密码反馈模式（CFB）、输出反馈模式（OFB）等。分组密码使用的是一个不随时间变化的固定变换，具有扩散性好、插入敏感等优点；其缺点是加解密处理速度慢、存在错误传播。为了保证足够的安全强度，分组加密算法的要求是分组足够长、密钥量足够大和密码变换足够复杂。

2）序列加密，也称流加密，首先由主密钥（初始密钥）产生一个密钥序列（密钥流），密钥长度和明文长度相同；然后，利用密钥流加密明文流产生密文流。序列密码是一个随时间变化的加密变换，具有实现简单、便于硬件实施、加解密处理速度快、没有或只有有限的错误传播等特点；其缺点是低扩散（意味着混乱不够）、对插入及修改不敏感。

对称密钥算法的优点是计算量小、加密速度快、加密效率高，适合于对大数据量进行加密；其不足之处是密钥管理与分配困难。因为加解密密钥相同，需要通信的双方必须选择和保存他们共同的密钥，各方还必须信任对方不会将密钥泄露出去，这样才能实现数据的机密性和完整性。例如，对于具有 $n$ 个用户的网络，需要 $n(n-1)/2$ 个密钥，在用户数量不是很大的情况下，对称加密系统是有效的。但是对于大型网络，当用户数量很大、分布很广时，密钥的分配和保存就会成为问题。解决方法之一是使用非对称加密算法的公钥

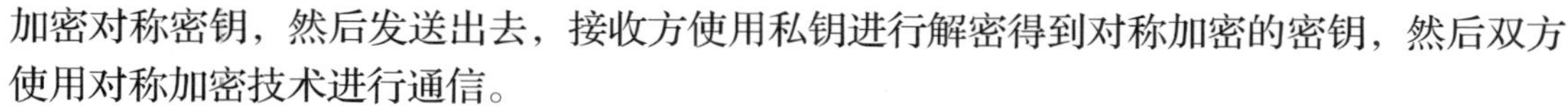

加密对称密钥，然后发送出去，接收方使用私钥进行解密得到对称加密的密钥，然后双方使用对称加密技术进行通信。

### 3. 非对称密钥算法

非对称密钥算法，又称公钥密码算法，是指信息的发送方和接收方使用不同的密钥对数据进行加密和解密运算。依据密钥性质，将其中的一个向外界公开，称为公开密钥（简称公钥）；另一个则自己保留，称为私有密钥（简称私钥）。用私钥可以很容易计算出公钥，反之则非常困难。私钥由密钥对生成的一方保管，不能外泄。公钥可以公开给任何请求方。

两个密钥之间存在着相互依存的关系，即用其中任一个密钥加密的信息只能用另一个密钥进行解密。如果用公开密钥对数据进行加密，只有用对应的私有密钥才能解密；如果用私有密钥对数据进行加密，那么只有用对应的公开密钥才能解密。非对称密钥算法实现机密信息交换的基本过程：甲方生成一对密钥并将其中的公开密钥对外公开，得到该公开密钥的乙方使用该密钥对机密信息进行加密后发送给甲方，甲方使用自己保存的私有密钥对密文进行解密。

世界上应用较为广泛的非对称密钥算法有RSA、DSA、DH、ECC等，此外还有Elgamal和Rabin等。国产的商用非对称密钥算法有SM2。

非对称加密与对称加密相比，其安全性更好。对称加密的通信双方使用相同的密钥，如果一方的密钥遭泄露，那么整个通信就会被破解。而非对称加密使用一对密钥，一个用来加密，另一个用来解密，而且公钥是公开的，私钥是自己保存的，不需要像对称加密那样在通信之前要先同步密钥。非对称加密的缺点是加密和解密开销大、速度慢，只适合对少量数据进行加密。在实际应用中公钥常用于数据加密或签名验证，私钥常用于数据解密或数字签名。

### 4. 数字签名

数字签名，又称公钥数字签名或电子签章，是一种使用了非对称加密技术，用于鉴别数字信息的方法。一套数字签名通常定义了两种互补的运算，一个用于签名，另一个用于验证。

数字签名，就是只有信息的发送者才能产生的别人无法伪造的一段数字串，这段数字串同时也是对信息的发送者发送信息真实性的一个有效证明。数字签名是非对称密钥加密技术与数字摘要技术的应用。发送报文时，发送方用一个杂凑函数从报文文本中生成报文摘要，然后用自己的私有密钥对这个摘要进行加密，这个加密后的摘要将作为报文的数字签名和报文一起发送给接收方，接收方首先用与发送方相同的哈希函数从接收到的原始报文中计算出报文摘要，接着再用发送方的公开密钥来对报文附加的数字签名进行解密，如果这两个摘要相同，那么接收方就能确认该数字签名是由发送方生成的。

数字签名有以下两个作用：

1）确定消息确实是由发送方签名并发出来的，因为别人假冒不了发送方的签名。

2）数字签名能确定消息的完整性。因为数字签名的特点是它代表了文件的特征，如果文件发生改变，数字摘要的值也将发生变化，所以数字签名常用来保证信息传输的完整性、发送者的身份认证和防止交易中的抵赖发生。

常用的数字签名算法有 RSA、DSA 和 ECDSA 等。国产的商用数字签名算法有 SM2。

5. 公钥证书

公钥证书（简称证书），又称数字证书，是一种数字签名的声明，它将公钥的值绑定到持有对应私钥的个人、设备或服务的身份。数字证书则是由证书认证机构（Certificate Authority，CA）对证书申请者真实身份验证之后，用 CA 的根证书对申请人的一些基本信息以及申请人的公钥进行签名后形成的一个数字文件。最简单的证书包含一个公开密钥、名称以及证书授权中心的数字签名。CA 完成签发证书后，会将证书发布在 CA 的证书库（目录服务器）中，任何人都可以查询和下载，因此数字证书和公钥一样是公开的。实际上，数字证书就是经过 CA 认证过的公钥。证书通常用来为实现安全的信息交换建立身份并创建信任。

证书只有在指定的期限内才有效；每个证书都包含有效期的起止日期，它们是有效期的界限。一旦到了证书的有效期，到期证书的主题就必须申请一个新的证书。

某些情况下需要撤销证书中所声明的绑定关系，这时可以由颁发者吊销该证书。每个证书颁发者需要维护一个证书吊销列表，应用程序可以使用该列表检查任意给定证书的有效性。

6. PKI 技术

公钥基础设施（Public Key Infrastructure，PKI）是一个包括硬件、软件、人员、策略和规程的集合，用来实现基于公钥密码体制的密钥和证书的产生、管理、存储、分发和撤销等功能。PKI 体系是计算机软硬件、权威机构及应用系统的结合。PKI 的基础技术包括加密、数字签名、数据完整性机制和数字信封等。其核心元素是数字证书，核心执行者是认证机构（CA）。它为实施电子商务、电子政务、办公自动化等提供了基本的安全服务，从而使那些彼此不认识或距离很远的用户能够通过由 PKI 建立起来的信任链安全地交流。

一个典型的 PKI 系统包括 PKI 安全策略、认证机构（CA）、注册机构（RA，Registration Authority）和证书发布系统。

（1）PKI 安全策略

建立和定义了一个组织信息安全方面的指导方针，同时也定义了密码系统使用的处理方法和原则。它包括一个组织怎样处理密钥和有价值的信息，根据风险的级别定义安全控制的级别。

（2）认证机构（CA）

认证机构是 PKI 的信任基础，它管理公钥的整个生命周期，其作用包括发放证书、规定证书的有效期和通过发布证书撤销列表（Certificate Revocation List，CRL）确保必要时能够撤销证书。

（3）注册机构（RA）

注册机构提供用户和 CA 之间的一个接口，它获取并认证用户的身份，向 CA 提出证书请求。它主要完成收集用户信息和确认用户身份的功能。

（4）证书发布系统

证书发布系统负责证书的发放，如可以通过用户自己或是通过目录服务器发放。目录服务器可以是一个组织中现存的，也可以是 PKI 方案中提供的。

PKI的应用非常广泛，其为网上金融、网上银行、网上证券、电子商务、电子政务等网络中的数据交换提供了完备的安全服务功能。PKI作为安全基础设施，能够提供身份认证、数据完整性、数据保密性、数据公正性、不可抵赖性和时间戳六种安全服务。

## 10.6.3 安全功能

1. 安全认证

车联网的关键应用之一是为车辆提供各种与交通安全相关的信息。在终端直接通信模式下，车联网基本安全应用的消息主要通过广播模式对外发送。车辆只有在确认所接收的消息是真实可信的情况下才能将其中的信息用于辅助告警或行驶决策。因此，车联网安全通信中的核心需求是对广播消息的认证。原则上车联网中所有的消息都需要认证。通常情况下，车联网中的每条消息都要包括位置和时间戳信息，以防止重放攻击和隧道攻击。

为提供消息认证，消息中需要携带必要的认证信息。通过该认证信息，其他车辆能够识别该条消息是否来自于被授权的车辆或路侧设备。验证某条广播信息并不需要识别发出该信息的具体车辆，只需要确定该消息的发出方是具有发送给定类型信息权力的车辆或路侧设备即可。

公钥基础设施（PKI）是广泛应用于车联网广播消息认证的技术手段。出于安全上的考虑，车联网主动安全系统播发的所有消息都要经过数字签名。授权机构将用于对消息进行签名的数字证书颁发给合法车辆。证书中还可能包含有描述车辆类型的信息，如普通车辆、超长车辆、救护车、消防车、警车等。特殊车辆将可以依据消息证书中提供的特殊权限信息对外广播自己的特殊身份并可能行使优先通行权。行驶中，车辆将消息证书随签发的消息一起广播出去，以便消息接收者能够验证收到的消息。消息证书中包含有用于验证消息签名的公钥和发送者的权利描述。消息接收者收到消息后首先验证消息证书的有效性，然后利用收到的证书验证消息的有效性。接收者还可以通过分析消息证书中的权利描述信息确定该车辆是否具有优先通行权；若是，则接收方可以通过显示屏或语音等向驾驶人提供相应信息，以便车辆驾驶人能够决定是否采取相应的避让措施。

2. 隐私保护

车联网环境下的隐私保护，除了传统意义上的隐私保护之外，主要是指偷听者无法将车辆广播消息中的签名关联到发送这个广播消息的单个车辆，从而避免车辆被跟踪或行驶路径被监视。车联网隐私保护功能需要确保安全认证过程和安全操作过程能够保证车辆的匿名性和信息的长期不可关联性。

车辆的匿名性是指不能通过消息签名及相关联的证书关联到特定的车辆。短时间内将多条信息关联到同一台车辆并不会严重伤害用户的隐私，同时这也是车联网支持的安全行驶的必要条件。因为车辆需要确定周围车辆的实时运动轨迹以便评估碰撞风险，所以车联网隐私所关注的是车辆广播消息与车辆的长期不可关联性。

目前被广泛采用的车辆隐私保护技术是匿名证书技术。在匿名证书中，证书所有者的真实标识被加密技术所保护。为实现消息的长期不可关联性，通常采用证书的定期更换，如每 5min 更换一次证书。所更换的证书可以是新的证书，也可以是来自于一个可循环使用的证书池，系统随机地从证书池中挑选下一个使用的证书，以增加偷听者将证书与车辆关联起来的难度。

3. 不当行为检测

车联网应具有识别行为不当车辆的功能，也即检测出被滥用的证书和有不当行为的车辆，并能够及时撤销颁发给行为不当车辆的权限。这是为了防止行为不当车辆继续不断地对交通系统及安全造成损害。车辆的行为异常可能有多种原因，如车辆发生了故障，也可能是传感器被操控，还可能是密钥被提取并被用于伪造消息。行为异常的车辆可能会对其他车辆造成重大伤害，或对交通系统造成严重破坏。基于 PKI 的车联网系统可以通过撤销颁发给行为不当车辆的证书而将其从车联网系统中剔除。在技术成熟的前提下，检测并剔除行为不当车辆应当成为车联网安全机制的组成部分之一。



# 10.7 自组网协议

## 10.7.1 自组网协议面临的挑战

车载自组网作为车联网的底层结构，迅速可靠地将数据包路由至目的节点是保证车载自组网畅通通信的基础，同时也对车联网的各式应用提供可靠通信支持。在路由问题上传统通信网络（如无线局域网）采取移动节点统一接入无线访问点（无线路由器），继而接入互联网的方式（图 10-40），其属于单跳无线自组网路由；蜂窝移动通信系统中移动节点之间的通信建立在以交换机、VLR（拜访者位置寄存器）和 / 或 HLR（归属位置寄存器）等固定基础设施构成的网络结构之上，如图 10-41 所示。

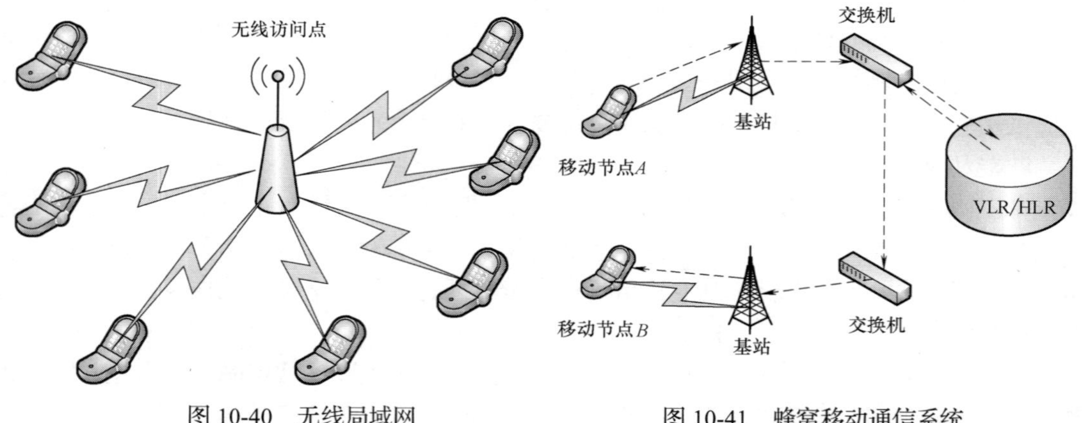


图 10-40　无线局域网

图 10-41　蜂窝移动通信系统

传统通信网络用于指导数据包转发、保证与目的节点间及时可靠地信息交互的路由协议主要有以下两种：

1）基于距离向量的路由协议：每个路由器都维护一张距离向量表，表中记录着本路由器到每个目的地的最佳路由。

2）基于链路状态的路由协议：通过可靠地发布链路状态分组来维护一张完整的网络拓扑结构图，并按照该拓扑结构计算出至目的节点的最短路由。

车载自组网中数据的起讫节点与中转节点皆为车辆（移动节点），各移动节点间互联而成动态自组网，如图 10-42 所示。

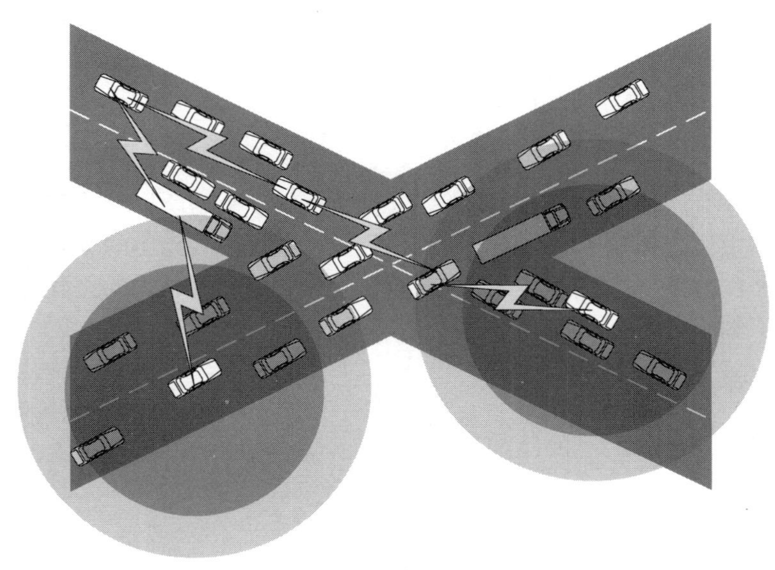

图 10-42　车载自组网

车载自组网具有以下特点：

1）高动态性：车辆的高速移动导致网络拓扑结构频繁变化。

2）非连通性：车辆的高速移动、建筑物的遮挡、路网的不连贯使得网络拓扑会有断裂。

3）不稳定性：车辆的移动导致车 - 车、车 - 路之间的数据连接存活期短。

4）可自定位：路网中车辆通常具备定位系统，因此车辆可方便获取自身地理位置信息。

5）轨迹限制：车辆移动轨迹受路网限制因而具有很强的规律性。

车载自组网与传统通信网络相异的构造使得其对路由协议有特殊的要求。上面传统路由协议并不适应于车载自组网中高度动态的网络环境，维持距离向量表或者持续发布链路状态分组将消耗大量网络资源，并且无法对高度动态变化的拓扑结构做出快速反应。面向车载自组网的高效可靠动态自适应路由协议一直是智能交通领域的一大研究热点，下面介绍几种当前较为成熟的路由协议。

## 10.7.2　自组网单播路由协议

路由按照数据包目的节点数的不同可分为单播路由和组播路由，如图 10-43 所示，单播路由即一对一的数据包传输，多播路由即一对多或多对多的数据包传输。

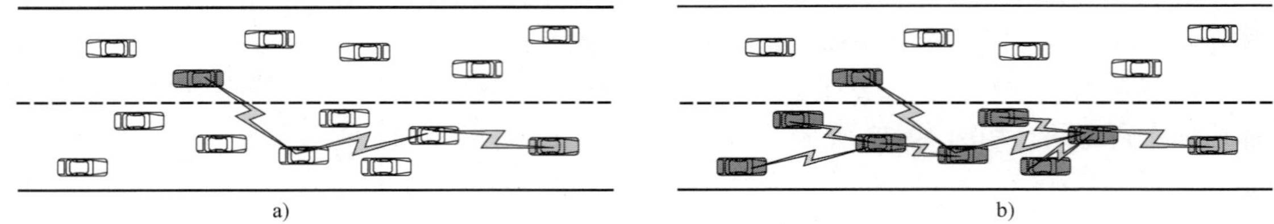


图 10-43 路由按目的节点数分类

a）单播路由 b）多播路由

如图 10-44 所示，对于单播路由而言，根据数据转发策略所依赖的网络信息可将其分为基于拓扑的路由协议和基于地理位置的路由协议；根据发现路由的驱动模式可将其分为基于表驱动的路由协议和按需驱动的路由协议；根据网络拓扑结构的差异可将其分为平面结构的路由协议和分簇路由协议。

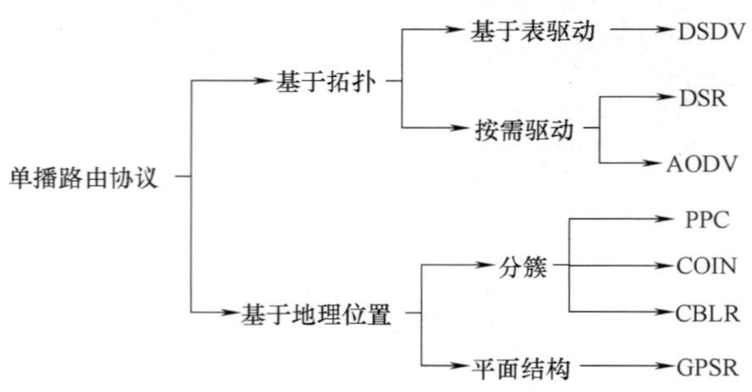


图 10-44 单播路由协议分类

### 1. 基于拓扑的路由协议

基于拓扑的路由协议利用节点之间的链路状态信息转发数据包，并可进一步分为基于表驱动的路由协议和按需驱动的路由协议。

（1）基于表驱动的路由协议

基于表驱动的路由协议又称为主动式（或先验式）路由协议。节点通过周期性地广播路由信息分组，交换路由信息，试图实时维护一张或几张到网络中其他节点的路由信息表。基于表驱动的路由协议类似于传统路由协议，最早的基于表驱动的自组网路由协议——目的地序列距离向量路由（Destination-Sequenced Distance-Vector Routing，DSDV）协议便是在基于距离向量的路由协议的基础上修改而来的。

基于表驱动的路由协议的优点是省去了路由发现等现在常见的按需路由所必须的过程，通信发起时便能与目的节点建立通信，延时相较于其他类自组网路由协议更低；但其实时维持达到网络中其余各节点的路由表会极大地消耗网络资源，减小网络带宽或者容量，而且节点路由表的更新难以对车载自组网中迅速变化的网络拓扑结构做出反应，因此高速适应性低。

（2）按需驱动的路由协议

相对于上面的主动式路由协议，按需驱动的路由协议又称为被动式（或反应式）路由协议。典型的按需驱动路由协议有动态源路由（Dynamic Source Routing，DSR）协议、自组网按需平面距离向量（Ad-hoc On-demand Distance Vector，AODV）路由协议。顾名思义，按需驱动路由协议并不主动维护通往网络中其他节点的路由路径，只在本节点发起通信时寻找通往目的节点的路由路径（图 10-45）。按需驱动的路由协议通常包含路由发现、路由维护、路径修复等过程。

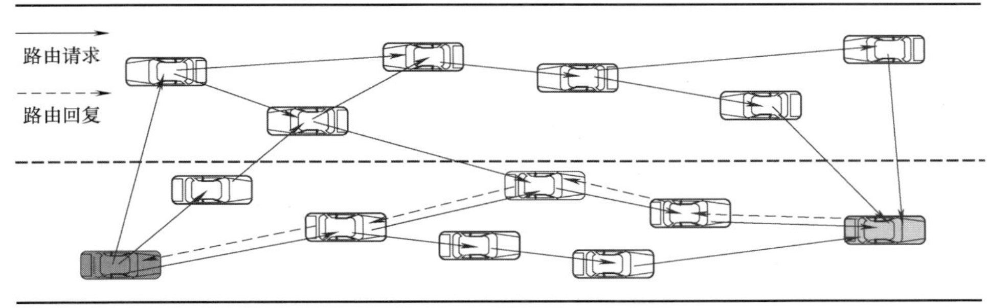


图 10-45　AODV 路由发现

鉴于通信发起时源节点尚未知通往目的节点的路由路径，需要借助路由发现过程探索路由路径，因此节点间多跳通信延时会较高；但好处在于节点无须周期性广播路由分组维持路由表，节省了大量的网络开销，提高了网络容量。

2. 基于地理位置的路由协议

车载自组网中车辆的自定位性为设计路由协议提供了新的思路，车辆根据自身所具备的定位系统（如 GPS）可实时获取自身位置、速度等信息，借助节点间的周期性信标可获知周围节点的位置及速度信息，基于地理位置的路由协议将这些信息用于指导数据包转发。基于地理位置的路由协议根据网络拓扑结构的层数可进一步分为平面结构路由协议与分簇路由协议。

（1）平面结构路由协议

平面结构路由协议中网络拓扑结构仅一层，其认为节点之间组成的网络为一张平面图，节点利用 GPS 等定位系统的指导确定网络平面图的结构并以此最优化决策下一跳路由节点。基于地理位置的平面结构路由协议中最具代表性的便是贪婪周边无状态路由（Greedy Perimeter Stateless Routing，GPSR）协议，其采用贪婪转发的形式将数据包每次转发至离目的节点最近的邻居节点（图 10-46），若邻居节点中没有比当前节点距离目的节点更近的节点就采用右手转发原则绕过此局部最优区域（图 10-47）。

GPSR 具有算法简单、易工程化实现的优点，而且在无建筑物遮挡的环境下能取得不错的性能。然而在真实路网环境下，建筑物对于无线电信号的遮挡作用将显著影响路由协议的性能。现实环境中数据包一般沿道路传递，车载自组网的非连通性很容易导致数据包传至中途被建筑物挡路而陷入无以为继的地步，继而采取右手转发原则解决局部最优问题，以求重新进入贪婪转发阶段。频繁的右手转发使得数据传输的延时增加，数据包到达率下降，GPSR 路由性能大幅下降。

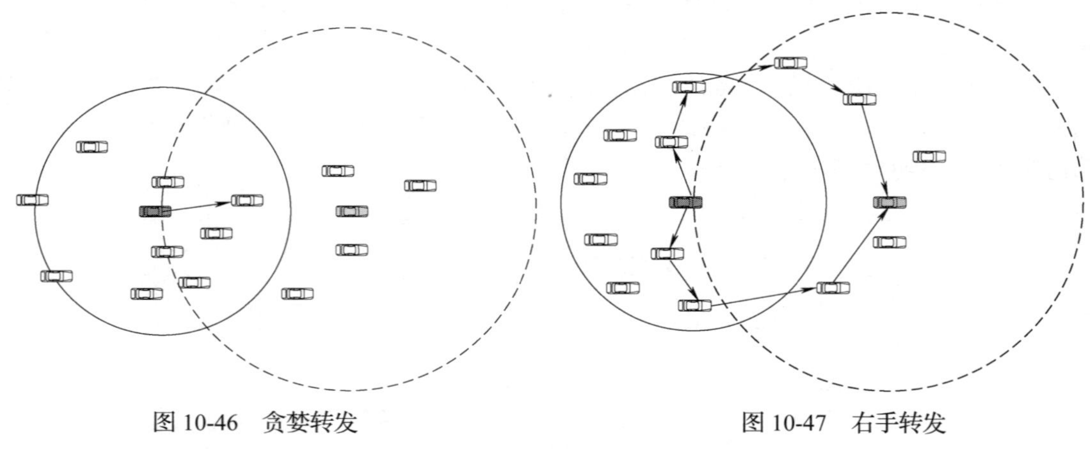

图 10-46　贪婪转发　　　　图 10-47　右手转发

（2）分簇路由协议

分簇路由协议将网络拓扑结构分为多层，如图 10-48 所示，节点按照不同的分簇算法可以构成相应的簇并选出其中一个节点作为簇头，这些簇头构成了更上一层的网络拓扑结构。当然这些簇头也可以像普通移动节点一样组成更上一层的簇。分簇路由协议一般需要设计节点进 / 出簇管理、簇内通信、簇间通信等机制。典型的分簇路由协议有基于位置的优先聚类（Position-based Prioritized Clustering，PPC）、开放式 IVC 网络的聚类（Clustering for Open IVC Network，COIN）、基于群集的位置路由（Cluster-Based Location Routing，CBLR）。

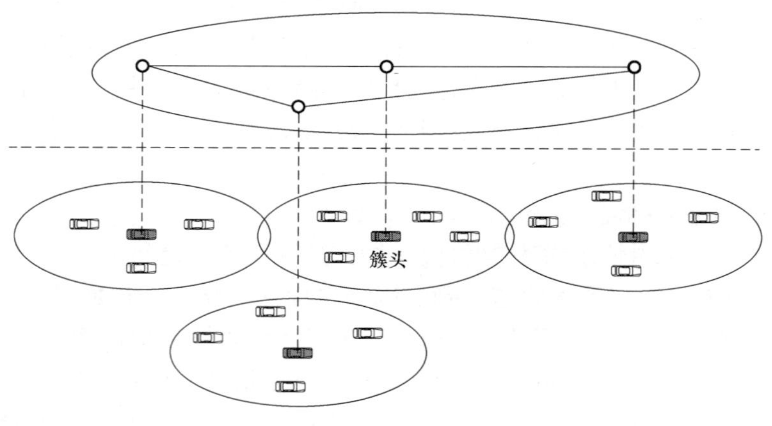


图 10-48　节点分簇

分簇路由协议适用于网络规模较大的情况，但这种路由协议并非全分布式的，簇头既负责簇内节点的通信同时也要为簇间节点的通信提供路由信息，整个系统的性能很大程度上受制于簇头节点的性能，簇头节点出现问题比平面结构路由协议中普通节点出现问题对于网络性能的影响更加巨大。再加之节点的移动，簇的维护与管理使得分簇路由协议相比于平面结构路由协议更加复杂与易错。

## 10.7.3 自组网组播路由协议

车联网内借助车载自组网进行一对一通信的应用场景比较有限，而一对多或者多对多的多方通信模式则应用场景广阔，如路口处的交通诱导便是信号灯向其对应方向来车多播路由相位信息，又或者车辆遇到前路突发事故需要向后方来车多播路由前方事故警示。组播路由协议越来越受到人们的重视。如图 10-49 所示，按照路由的建立可将组播路由协议分为三类：基于树型的组播协议、基于网格网络的组播协议和其他结构的组播协议。

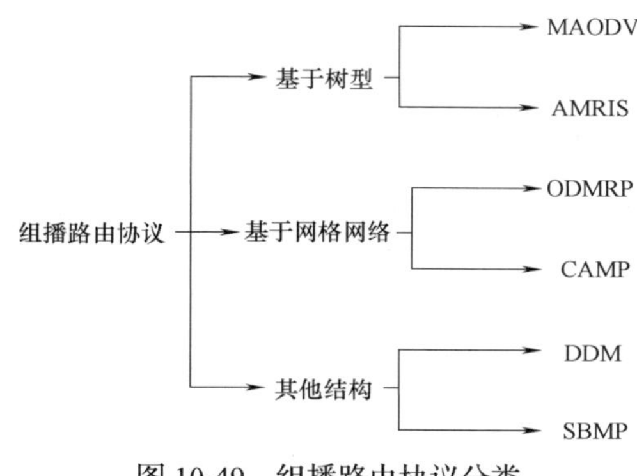


图 10-49 组播路由协议分类

### 1. 基于树型的组播路由协议

通常网络中此类组播路由协议基于有源树或者共享树，鉴于车载自组网中的节点处于持续的移动状态之中，因此面向车联网的此类组播路由协议通常基于共享树。基于树型的组播路由协议主要有组播自组网按需距离向量（Multicast Ad-hoc On-demand Distance Vector，MAODV）路由协议、使用增加 ID 号的自组网组播路由协议（Ad-hoc Multicast Routing Protocol Utilizing Increasing ID-numbers，AMRIS）等。

下面以 MAODV 路由协议为例介绍此类组播路由协议。MAODV 是在 AODV 的基础上面向组播而得的路由协议，因此也属于按需驱动路由协议。如图 10-50 所示，当节点需要加入多播组时将像 AODV 一样发送请求 “Join RREQ (路由请求)”，当多播组中的节点接收到 “Join RREQ” 后即返回 RREP (路由应答)，加入节点接收到 RREP 后选择有最大序列号以及到多播树成员跳数最短的路由，沿所选路径单播激活消息，激活沿途节点多播路由表中相应条目，从而加入多播组。多播路由的维护基于链路状态机制，MAODV 主要依靠以下两种方式判断链路连接状态：

1）Hello 机制：节点定期广播 Hello 包，邻居节点收到后更新其邻居节点状态表。

2）监听机制：监测邻居节点的数据发送从而判断连接是否可用。

Hello 机制使得 MAODV 将需要大量的网络开销用于判断与邻居节点的连通状态。此类基于树型的组播路由协议具有传输效率高、路由决策简单等优点，然而在车联网高速移动场景下树的链路易断，由此导致树的重构频繁，降低了此种协议的鲁棒性。

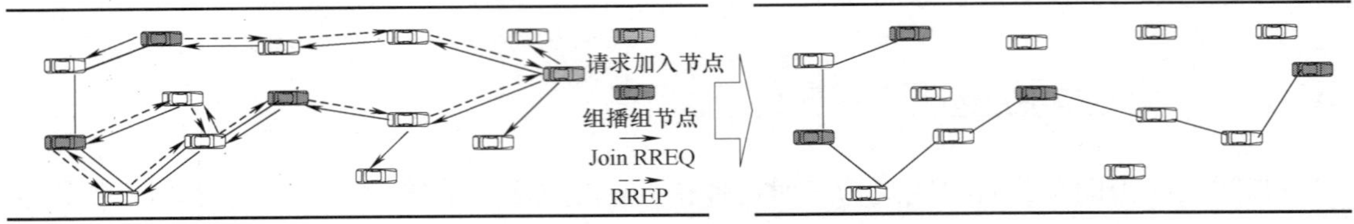


图 10-50　MAODV 节点加入组播树



2. 基于网格网络的组播路由协议

车载自组网高度动态性的特点使得基于树型的组播路由协议的组播树频繁重构，消耗大量网络资源。因此一种新的组播路由算法，即基于网格网络的组播路由协议被提出，其对于网络资源的利用率更高，对于动态网络拓扑结构的适应性更强。基于网格网络的组播路由协议主要有按需组播路由协议（On-Demand Multicasting Routing Protocol，ODMRP）、核心辅助网格协议（Core-Assisted Mesh Protocol，CAMP）等。

下面以 ODMRP 为例介绍此类组播路由协议。ODMRP 也是按需驱动路由协议，只有在有数据传输需求时源节点才进行组播路径查找与维护。ODMRP 的源节点通过泛洪广播路由发现数据分组从而发现到组播接收者的路由路径，如图 10-51 所示，这些相关节点全部加入转发组中，构成的网格网络极大地提高了路由路径的冗余度，增强了协议的鲁棒性。

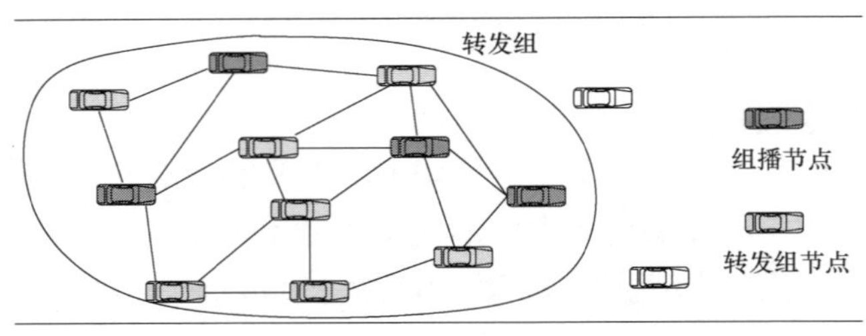


图 10-51　ODMRP 网格网络

3. 其他结构的组播路由协议

以上基于树型和基于网格网络的组播路由协议都需要大量发送控制分组维持组播树或者网格网络，由此带来大量的网络开销。因此，有的路由协议便采取了其他方式进行组播路由，主要有差分目标组播（Differential Destination Multicast，DDM）、简单广播和组播协议（Simple Broadcast and Multicast Protocol，SBMP）等。

下面以 SBMP 为例介绍此类组播路由协议。SBMP 是在 DSR 的基础上面向组播而得的路由协议，因此也属于按需驱动路由协议。其直接采取泛洪广播方式发送数据分组，简单有效，但数据冗余度非常高，仅适用于小型网络，在网络节点数较多的情况下过多的泛洪广播数据容易导致网络瘫痪。

# 参考文献

[1] Technical specification group services and system aspects service requirements for V2X services stage 1:3GPP TS 22.185 [ S/OL ] . [ 2018-07-04 ] . https://www.3gpp.org/ftp/Specs/archive/22_series/22.185/.

[2] Evolved Universal Terrestrial Radio Access ( E-UTRA ) ; User equipment ( UE ) radio transmission and reception :3GPP TS 36.101 [ S/OL ] . [ 2019-01-16 ] . https://www.3gpp.org/ftp/Specs/archive/36_series/36.101/.

[3] Evolved Universal Terrestrial Radio Access ( E-UTRA ) ; Physical channels and modulation: 3GPP TS 36.211 [ S/OL ] . [ 2018-09-27 ] . https://www.3gpp.org/ftp/Specs/archive/36_series/36.211/.

[4] Evolved Universal Terrestrial Radio Access ( E-UTRA ) ; Multiplexing and channel coding: 3GPP TS 36.212 [ S/OL ] . [ 2018-09-27 ] . https://www.3gpp.org/ftp/Specs/archive/36_series/36.212/.

[5] Evolved Universal Terrestrial Radio Access ( E-UTRA ) ; Physical layer procedures: 3GPP TS 36.213 [ S/OL ] . [ 2018-10-01 ] . https://www.3gpp.org/ftp/Specs/archive/36_series/36.213/.

[6] Evolved Universal Terrestrial Radio Access ( E-UTRA ) ; Physical layer-Measurements :3GPP TS 36.214 [ S/OL ] . [ 2018-09-27 ] . https://www.3gpp.org/ftp/Specs/archive/36_series/36.214/.

[7] Evolved Universal Terrestrial Radio Access ( E-UTRA ) ; User Equipment ( UE ) procedures in idle mode :3GPP TS 36.304 [ S/OL ] . [ 2018-09-27 ] . https://www.3gpp.org/ftp/Specs/archive/36_series/36.304/.

[8] Evolved Universal Terrestrial Radio Access ( E-UTRA ) ; Medium Access Control ( MAC ) protocol specification :3GPP TS 36.321 [ S/OL ] . [ 2018-10-01 ] . https://www.3gpp.org/ftp/Specs/archive/36_series/36.321/.

[9] Evolved Universal Terrestrial Radio Access ( E-UTRA ) ; Radio Link Control ( RLC ) protocol specification: 3GPP TS 36.322 [ S/OL ] . [ 2018-07-05 ] . https://www.3gpp.org/ftp/Specs/archive/36_series/36.322/.

[10] Evolved Universal Terrestrial Radio Access ( E-UTRA ) ; Packet Data Convergence Protocol ( PDCP ) Specification: 3GPP TS 36.323 [ S/OL ] . [ 2018-10-01 ] . https://www.3gpp.org/ftp/Specs/archive/36_series/36.323/.

[11] Evolved Universal Terrestrial Radio Access ( E-UTRA ) ; Radio Resource Control ( RRC ) Protocol specification :3GPP TS 36.331 [ S/OL ] . [ 2018-09-27 ] . https://www.3gpp.org/ftp/Specs/archive/36_series/36.331/.

[12] Study on LTE-based V2X Services :3GPP TR 36.885 [ R/OL ] . [ 2016-06 ] . https://www.3gpp.org/ftp/Specs/archive/36_series/36.885/.

[13] Guide for Wireless Access in Vehicular Environments ( WAVE ) —Architecture : IEEE 1609.0—2013 [ S ] .2013.

[14] Standard for Wireless Access in Vehicular Environments ( WAVE ) —Networking Services : IEEE 1609.3—2010 [ S ] .2010.

[15] Standard for Wireless Access in Vehicular Environments ( WAVE ) —Multi-channel Operation :

IEEE 1609.4—2011［S］.2011.

［16］ Wireless Access in Vehicular Environments（WAVE）—Identifier Allocations：IEEE 1609.12—2016［S］.2016.

［17］ Dedicated Short Range communications（DSRC）Message Set Dictionary：SAE J2735—2016［S］.2016.

［18］ 全国智能运输系统标准化技术委员会.合作式智能运输系统　专用短程通信　第3部分：网络层和应用层规范：GB/T 31024.3—2019［S］.北京：中国标准出版社，2019.

［19］ ISO/IEC/IEEE International Standard Information Technology-Telecommunications and Information Exchange Between Systems-Local and Metropolitan Area Networks-Specific Requirements Part 11: Wireless LAN Medium Access Control（MAC）and Physical Layer（PHY）Specifications：ISO/IEC/IEEE 8802.11—2011［S］. 2012.

［20］ NGMN Alliance. Technology evaluation of LTE-V2X and DSRC［R］. 2017.

［21］ HU J，CHEN S，ZHAO L，LI Y，et al. Link level performance comparison between LTE V2X and DSRC［J］. Journal of Communications and Information Networks，2017，2（2）：1-12.

# 第 11 章 车载移动互联网络架构及关键技术

## 11.1 规范及关键技术

2016 年 8 月，国家质量监督检验检疫总局和国家标准化管理委员会发布了 GB/T 32960—2016《电动汽车远程服务与管理系统技术规范》系列标准，其包含三个组成部分：

GB/T 32960.1《电动汽车远程服务与管理系统技术规范　第 1 部分：总则》。

GB/T 32960.2《电动汽车远程服务与管理系统技术规范　第 2 部分：车载终端》。

GB/T 32960.3《电动汽车远程服务与管理系统技术规范　第 3 部分：通信协议及数据格式》。

该系列技术规范，明确了车载终端、企业平台和政府公共平台的数据传输关系和技术要求，为国家新能源汽车行业三层监管体系的建立提供了技术依据，以便更好地督促整车生产企业履行安全监管主体责任。

该系列技术规范未对企业车联网的整体设计进行约束。整车生产企业在满足该规范要求的基础上，可以根据自身车联网的规划和发展诉求，进行个性化的整体设计。

### 11.1.1 基本概念

#### 1. 电动汽车远程服务与管理系统

电动汽车远程服务与管理系统是指对电动汽车信息进行采集、处理和管理，并为联网用户提供信息服务的系统。它由公共平台、企业平台和车载终端组成。

2. 公共平台

公共平台是指国家、地方政府或其指定机构建立的、对管辖范围内电动汽车进行数据采集和统一管理的平台。日常所述的国家平台和地方平台均属于公共平台。

3. 企业平台

企业平台是指整车企业自建或委托第三方技术单位，对服务范围内的电动汽车和用户进行管理，并提供安全运营服务与管理的平台。

4. 车载终端

车载终端是指安装在电动汽车上，采集及保存整车及系统部件的关键状态参数并发送到平台的装置或系统。



## 11.1.2 电动汽车远程服务与管理系统技术架构

电动汽车远程服务与管理系统总体结构如图 11-1 所示。

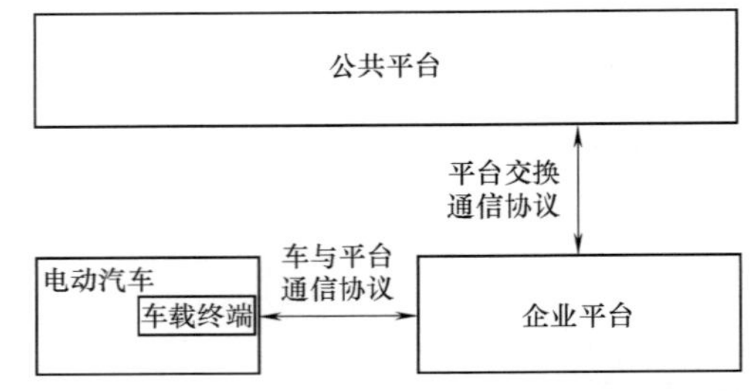


图 11-1　电动汽车远程服务与管理系统总体结构

车与企业平台通信协议：车载终端连接到（车企）企业平台，可以采用企业自定义的通信协议。企业平台采集的数据应该包含公共平台需要的参数。车载终端数据采集频率应不低于公共平台要求的数据发送频率。

平台交换通信协议：企业平台按照平台交换通信协议，将车载终端采集的数据及相关信息传输给公共平台。

## 11.1.3 车载终端

GB/T 32960.2—2016 规定了电动汽车远程服务与管理系统车载终端的技术要求和试验方法。现重点描述其功能要求的要点，具体细节可查阅该技术规范的文档。

1. 时间与日期

车载终端应提供时间和日期。时间应精确到秒，日期应精确到日。

与标准时间相比时间误差 24h 内为 ±5s。

2. 数据采集

车载终端需要按照 GB/T 32960.3—2016 中公共平台需要的实时数据进行采集，实时数据的采集频次不应低于 1 次 /s。为了满足整车生产企业自身车联网的需要，车载终端采集的数据可以多于该系列标准的要求。

3. 数据存储

1）车载终端应按照最大不超过 30s 的时间间隔周期将采集到的实时数据保存在内部存储介质中。当车辆出现 GB/T 32960.3—2016 中的 3 级报警时，车载终端应按照最大不超过 1s 的时间间隔周期将采集到的实时数据保存在内部存储介质中。

2）车载终端内部存储介质容量应满足至少 7d 的实时数据存储。车载终端内部存储介质存储满时，应具备内部存储数据的自动循环覆盖功能。

3）车载终端内部存储的数据应具有可读性。

4）车载终端断电停止工作时，应完整保存断电前保存在内部存储介质中的数据不丢失。

4. 数据传输

1）车载终端应具有将采集到的实时数据发送到企业平台的功能。

2）车载终端上传到企业平台实时数据的传输时间间隔及数据种类应符合 GB/T 32960.3—2016 的相关要求。

5. 数据补发

车载终端通信异常时，车载终端应将采集的实时数据存储到本地存储介质中，等待通信恢复正常后再进行实时数据的补发，补发数据及方式应符合 GB/T 32960.3—2016 的相关要求。

6. 注册和激活

车载终端应具有支持远程方式在企业平台上注册、激活功能。

7. 独立运行

车载终端在外部供电异常断开后，仍可以独立运行，且至少保障外部供电断开前 10min 的数据上传到企业平台。

8. 远程控制

车载终端宜有自检、远程查询、远程参数设置和远程升级等功能。

### 11.1.4 通信协议及数据格式

GB/T 32960.3—2016 中描述了平台交换通信协议，可以用于企业平台和公共平台之间的数据交换，也可以用于公共平台之间的数据交换。

下面对该协议中的重点内容进行描述，以便可以从整体上理解该技术规范。如果需要详细和完整的内容，可以查阅该技术规范的文档。

1. 一般要求

协议结构以 TCP/IP 网络控制协议作为底层通信承载协议，如图 11-2 所示。

2. 通信连接

（1）连接建立

客户端平台向服务端平台发起通信连接请求，当通信链路连接建立后，客户端平台应自动向服务端平台发送登入信息进行身份识别，服务端平台应对接收到的数据进行校验；

校验正确时，服务端平台应返回成功应答；校验错误时，服务端平台应存储错误数据记录并通知客户端平台。平台登入流程如图 11-3 所示。

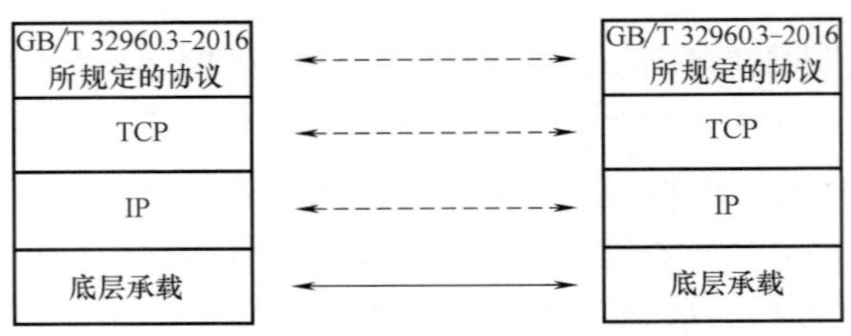


图 11-2　电动汽车远程服务与管理系统通信协议栈

客户端平台应在接收到服务端平台的应答指令后完成本次登入传输；客户端平台在规定时间内未收到应答指令，应每间隔 1min 重新进行登入；若连续重复 3 次登入无应答，应间隔 30min 后，继续重新链接，并把链接成功前存储的未成功发送的数据重新上报，重复登入间隔时间可以设置。

（2）实时信息传输

客户端平台登入成功后，应向服务端平台上报电动汽车的实时信息，实时信息上报流程如图 11-4 所示。

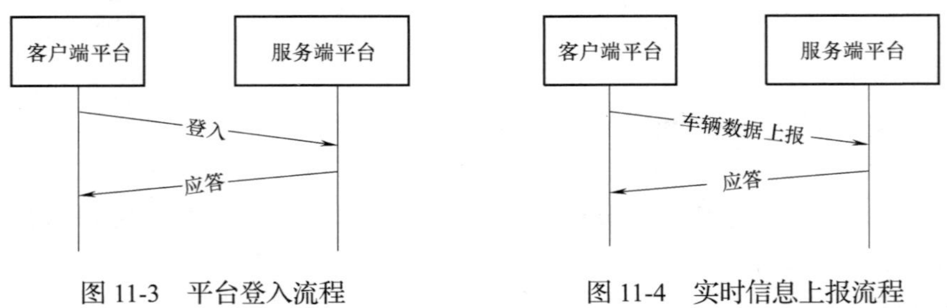


图 11-3　平台登入流程　　图 11-4　实时信息上报流程

客户端平台向服务端平台上报信息时，根据实际情况完成下列数据的拼装和上报：

1）驱动电机数据。

2）整车数据。

3）燃料电池数据。

4）发动机数据。

5）车辆位置数据。

6）极值数据。

7）报警数据。

8）其他所需的自定义数据。

客户端平台向服务端平台上报的时间周期不超过 30s，典型值为 10s。当车辆出现最高级别的报警时，应将传输频率调整为 1s，将故障 / 报警发生时间点前后 30s 的数据发送至服务器平台。

（3）统计信息上报

除了上述的实时数据传输外，统计信息的上报一般以文件传输协议（FTP)、超文本传输协议（HTTP）或超文本传输安全协议（HTTPS）方式传输到服务端平台。

（4）连接断开

1）服务端平台应根据以下情况断开与客户端平台的会话连接：TCP 连接中断。

2）客户端平台应根据以下情况断开与服务端平台的会话连接：

① TCP 连接中断。

② TCP 连接正常，达到重新发送次数后仍未收到应答。

（5）补发机制

当数据通信链路异常时，客户端平台应将实时上报数据进行本地存储。在数据通信链路恢复正常后，在发送实时上报数据的空闲时间完成补发存储的上报数据。补发的上报数据应为 7d 内通信链路异常期间存储的数据，数据格式与实时上报数据相同，并标识为补发信息上报。

### 3. 数据包的结构和定义

一个完整的数据包由起始符、命令单元、识别码、数据加密方式、数据单元长度、数据单元和校验码组成。数据包的结构和定义见表 11-1。

表 11-1　数据包的结构和定义

| 起始字节 | 定义 | | 数据类型 | 描述及要求 |
|---|---|---|---|---|
| 0 | 起始符 | | STRING | 固定为 ASCII 字符“##”，用“0x23，0x23”表示 |
| 2 | 命令单元 | 命令标识 | BYTE | 命令单元的定义见下文 |
| 3 | | 应答标志 | BYTE | |
| 4 | 唯一识别码 | | STRING | 当传输车辆数据时，应使用车辆 VIN，其字码应符合 GB 16735—2004 的规定。若传输其他数据，则使用唯一自定义编码 |
| 21 | 数据单元加密方式 | | BYTE | 0x01：数据不加密；0x02：数据经过 RSA 算法加密；0x03：数据经过 AES128 位算法加密；“0xFE”表示异常，“0xFF”表示无效，其他预留 |
| 22 | 数据单元长度 | | WORD | 数据单元长度是数据单元的总字节数，有效值范围：0 ～ 65531 |
| 24 | 数据单元 | | — | 数据单元格式和定义见下文 |
| 倒数第 1 位 | 校验码 | | BYTE | 采用 BCC（异或校验）法，校验范围从命令单元的第一个字节开始，同后一字节异或，直到校验码前一字节为止，校验码占用一个字节，当数据单元存在加密时，应先加密后校验，先校验后解密 |

注：BYTE—无符号单字节整型（字节，8 位）；WORD—无符号双字节整型（字，16 位）；STRING—ASC Ⅱ字符码，若无数据则放一个 0 终结符，编码表示见 GB/T 1988—1998 所述；含汉字时，采用区位码编码，占用 2 个字节，编码表示见 GB 18030—2005 所述。以下各表中的数据类型同此。

### 4. 命令单元的格式和定义

（1）命令标识

命令标识应是发起方的唯一标识。命令标识的定义见表 11-2。

（2）应答标志

命令的主动发起方应答标志为 0xFE，表示此包为命令包；当应答标志不是 0xFE 时，被动接收方应不应答。当命令的被动接收方应答标志不是 0xFE 时，此包表示为应答包。

当服务端发送应答时，应变更应答标志，保留报文时间，删除其余报文内容，并重新计算校验位。应答标志的定义见表 11-3。

表 11-2 命令标识的定义

| 编码 | 定义 | 方向 |
| --- | --- | --- |
| 0x01 | 车辆登入 | 上行 |
| 0x02 | 实时信息上报 | 上行 |
| 0x03 | 补发信息上报 | 上行 |
| 0x04 | 车辆登出 | 上行 |
| 0x05 | 平台登入 | 上行 |
| 0x06 | 平台登出 | 上行 |
| 0x07 ~ 0x08 | 终端数据预留 | 上行 |
| 0x09 ~ 0x7F | 上行数据系统预留 | 上行 |
| 0x80 ~ 0x82 | 终端数据预留 | 下行 |
| 0x83 ~ 0xBF | 下行数据系统预留 | 下行 |
| 0xC0 ~ 0xFE | 平台交换自定义数据 | 自定义 |

表 11-3 应答标志的定义

| 编码 | 定义 | 说明 |
| --- | --- | --- |
| 0x01 | 成功 | 接收到的信息正确 |
| 0x02 | 错误 | 设置未成功 |
| 0x03 | VIN 重复 | VIN 重复错误 |
| 0xFE | 命令 | 表示数据包为命令包，而非应答包 |

（3）时间

时间均应采用北京（GMT+8）时间。时间的定义见表 11-4。

表 11-4 时间的定义

| 数据表示内容 | 长度 / 字节 | 数据类型 | 有效值范围 |
| --- | --- | --- | --- |
| 年 | 1 | BYTE | 0 ～ 99 |
| 月 | 1 | BYTE | 1 ～ 12 |
| 日 | 1 | BYTE | 1 ～ 31 |
| 小时 | 1 | BYTE | 0 ～ 23 |
| 分钟 | 1 | BYTE | 0 ～ 59 |
| 秒 | 1 | BYTE | 0 ～ 59 |

## 5. 数据单元的格式和定义

（1）车辆登入

车辆登入数据的格式和定义见表 11-5。

表 11-5 车辆登入数据的格式和定义

| 数据表示内容 | 长度 / 字节 | 数据类型 | 描述及要求 |
| --- | --- | --- | --- |
| 数据采集时间 | 6 | BYTE［6］ | 时间定义见表 11-4 |
| 登入流水号 | 2 | WORD | 车载终端每登入一次，登入流水号自动加 1，从 1 开始循环累加，最大值为 65531，循环周期为天 |
| ICCID | 20 | STRING | SIM 卡 ICCID 号（ICCID 应为终端从 SIM 卡获取的值，不应人为填写或修改） |
| 可充电储能子系统数 | 1 | BYTE | 可充电储能子系统数 $n$，有效值范围：0 ～ 250 |
| 可充电储能系统编码长度 | 1 | BYTE | 可充电储能系统编码长度 $m$，有效范围：0 ～ 50，“0”表示不上传该编码 |
| 可充电储能系统编码 | $n \times m$ | STRING | 可充电储能系统编码宜为终端从车辆获取的值 |

注：BYTE［$n$］—$n$ 字节。

(2) 实时信息上报

1) 实时信息上报格式。实时信息上报数据的格式和定义见表 11-6。

表 11-6 实时信息上报数据的格式和定义

| 数据表示内容 | 长度 / 字节 | 数据类型 | 描述及要求 |
| --- | --- | --- | --- |
| 数据采集时间 | 6 | BYTE [6] | 时间的定义见表 11-4 |
| 信息类型标志 (1) | 1 | BYTE | 信息类型标志的定义见表 11-7 |
| 信息体 (1) | — | — | 根据信息类型不同，长度和数据类型不同 |
| … | — | — | … |
| 信息类型标志 ($n$) | 1 | BYTE | 信息类型标志的定义见表 11-7 |
| 信息体 ($n$) | — | — | 根据信息类型不同，长度和数据类型不同 |

2) 信息类型标志。信息类型标志的定义见表 11-7。

表 11-7 信息类型标志的定义

| 类型编码 | 说明 | 备注 |
| --- | --- | --- |
| 0x01 | 整车数据 | 详见 GB/T 32960.3—2016 中 7.2.3.1 |
| 0x02 | 驱动电机数据 | 详见 GB/T 32960.3—2016 中 7.2.3.2，且停车充电过程无须传输该数据 |
| 0x03 | 燃料电池数据 | 详见 GB/T 32960.3—2016 中 7.2.3.3 |
| 0x04 | 发动机数据 | 详见 GB/T 32960.3—2016 中 7.2.3.4，且停车充电过程无须传输该数据 |
| 0x05 | 车辆位置数据 | 详见 GB/T 32960.3—2016 中 7.2.3.5 |
| 0x06 | 极值数据 | 详见 GB/T 32960.3—2016 中 7.2.3.6 |
| 0x07 | 报警数据 | 详见 GB/T 32960.3—2016 中 7.2.3.7 |
| 0x08 ~ 0x09 | 终端数据预留 | — |
| 0x0A ~ 0x2F | 平台交换协议自定义数据 | — |
| 0x30 ~ 0x7F | 预留 | — |
| 0x80 ~ 0xFE | 用户自定义 | 详见 GB/T 32960.3—2016 中 7.2.3.8 |

3) 信息体。GB/T 32960.3—2016 中 7.2.3 详细定义了上述信息类型的详细数据定义。本文中不做赘述。

4) 车辆登出

车辆登出数据的格式和定义见表 11-8。

表 11-8 车辆登出数据的格式和定义

| 数据表示内容 | 长度 / 字节 | 数据类型 | 描述及要求 |
| --- | --- | --- | --- |
| 登出时间 | 6 | BYTE [6] | 时间的定义见表 11-4 |
| 登出流水号 | 2 | WORD | 登出流水号与当次登入流水号一致 |

### 6. 故障和报警分级

故障和报警信息的采集和传输是 GB/T 32960—2016 系列标准的重要组成部分，因此特别列出进行说明。

在 GB/T 32960—2016 系列标准中，将报警所对应的车辆故障分为三个级别：

1) 一级故障：指代不影响车辆正常行驶的故障。

2) 二级故障：指代影响车辆性能，需驾驶人限制行驶的故障。

3）三级故障：指代驾驶人应立即停车处理或请求救援的故障。

其中，三级为最高级别故障，产生该故障对应的报警时，将会需要车载终端以 1s 的时间间隔将数据传输到企业平台，然后由后者按照 GB/T 32960—2016 的要求转发给公共平台。具体等级对应的故障内容由车辆厂商自行定义。

通用的故障包括：

1）温度差异报警。

2）电池高温报警。

3）动力电池包过电压报警。

4）动力电池包欠电压报警。

5）SOC 低报警。

6）单体动力电池过电压报警。

7）单体动力电池欠电压报警。

8）SOC 过高报警。

9）SOC 跳变报警。

10）动力电池包不匹配报警。

11）动力电池单体一致性差报警。

12）绝缘报警。

13）DC-DC 温度报警。

14）制动系统报警。

15）DC-DC 状态报警。

16）驱动电机控制器温度报警。

17）高压互锁状态报警。

18）驱动电机温度报警。

19）动力电池过充。

## 11.2 车云远程数据交互网络技术架构

### 11.2.1 系统要求

车云远程数据交互网络架构的设计，一般需要满足以下的要求：

1. 开放性

系统架构需要具有很好的开放性，车联网系统的建设方可以根据需要，选择行业内不同的优秀供应商参与到系统的建设和完善中。例如 T-BOX 车载终端等设备供应商、应用软件开发商、共享汽车等行业服务商等，都可以通过遵循相关的数据标准，快速和车联网系统对接，进行复杂车联网系统的构建。

2. 安全性

系统需要设计完整的安全方案，从物理层安全、系统层安全、网络层安全、应用层安全、管理层安全等制定安全策略，包括防火墙安全隔离、数据传输用户身份验证、数据传输加密、通信服务安全、本地数据缓存、数据库备份等措施，以及系统的整体技术架构、数据访问机制、数据存储与更新机制、权限管理与控制机制等。

3. 可扩展性

车联网系统是一个持续发展的系统，一方面接入的车辆会不断增加，另一方面车联网的应用会不断涌现。设计的系统架构需要很好的车辆接入扩展方案，并且支持不断增加的新应用软件的正常接入。

4. 稳定性

车联网系统涉及车企、车主、行业用户、政府平台等多方应用系统，系统必须具有非常高的稳定性，否则可能会产生严重影响。

## 11.2.2 系统架构

1. 典型的业务架构

以下介绍两种车云远程数据交互网络技术的业务架构，一种是国内市场有代表性的某企业车联网业务架构方案，另一种是百度的“天工车联网云”架构方案。

（1）典型车联网业务架构方案

典型的车联网系统业务架构如图 11-5 所示。

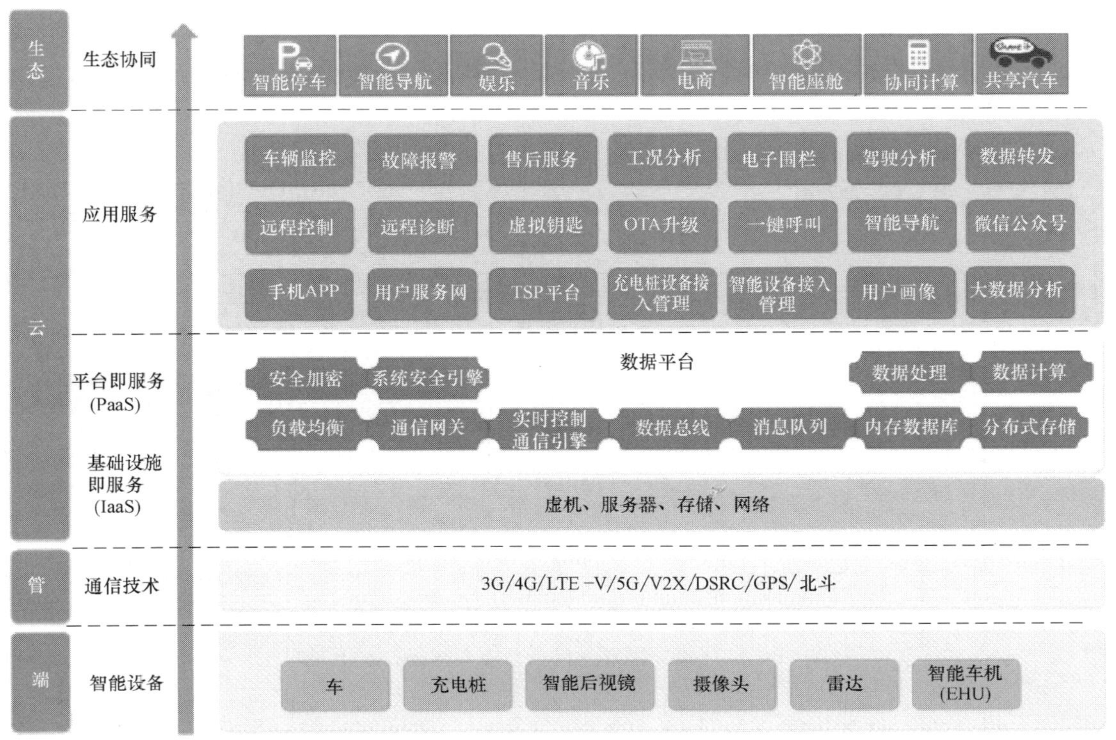


图 11-5 典型的车联网系统业务架构

该系统在整体上可划分为“端 - 管 - 云 + 生态”四层体系：

1）端系统。端系统是汽车的智能传感器和设备，负责采集与获取车辆相关的智能信息，如 T-BOX、智能后视镜、摄像头、雷达、智能车机等，这些智能设备能够感知行车状态与环境，同时具有车内通信、车间通信、车网通信能力。

2）管系统。管系统解决车与车、车与路、车与网、车与人等的互联互通，实现车辆自组网及多种异构网络之间的通信与漫游，在功能和性能上保障实时性、可服务性与网络泛在性，同时它是公网与专网的统一体。

3）云系统。车联网是一个云架构的车辆运行信息平台，它的生态链包含了智慧交通系统（ITS）、汽车租赁、企事业车辆管理、汽车制造商、4S 店、车管、保险、紧急救援、移动互联网等，是多源海量信息的汇聚，因此需要虚拟化、安全认证、实时交互、海量存储等云计算功能，其应用系统也是围绕车辆的数据汇聚、计算、调度、监控、管理与应用的复合体系。

4）应用生态。在开放、可扩展的云架构基础上，系统建设方可整合其他各方面应用资源，以车联网为中心建立生态环境，寻求新的商业模式，布局未来。

（2）百度智能云 • 度行智能车辆云方案架构

如图 11-6 所示，“百度智能云 • 度行智能车辆云”，基于车辆数据的高性能接入及存储，提供车辆管理、地图轨迹管理、车载音视频管理、车载 AI、规则应用以及车联网大数据分析等服务。它旨在帮助主机厂、出行服务企业、物流企业，以及后装车载设备厂商等方向的合作伙伴，高效搭建安全、可靠、高性能的车联网服务平台。

以“云 + 管 + 端 + 智能应用”的智能车联网云服务平台，为车辆以及相关附属设备提供基础服务，为行业用户及领域内系统集成商构建定制化的车联网应用提供支撑。

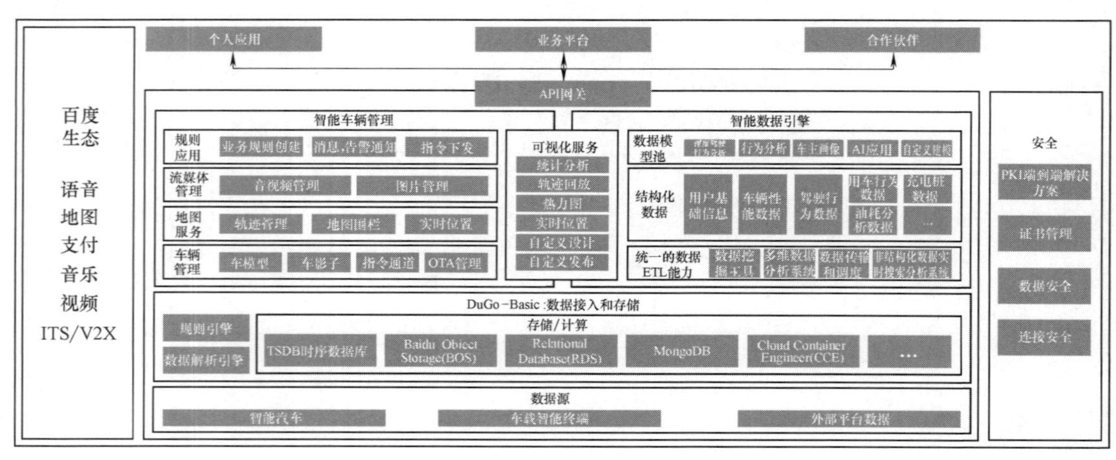


图 11-6 “百度智能云 • 度行智能车辆云”方案架构

1）设备端。百度提供支持预烧录的 DuGo-SDK，方便车辆及辅助设备制造商进行相关开发，主要功能包括：

① 车辆及设备数据的安全接入。

② 车辆及设备数据的双向认证的安全上传。

③ 车辆及设备的管理及数据管理。

2）云端。提供的车联网服务分为三个层次（从下到上）：车联网数据基础服务、智能 PaaS 服务及集成开发框架及定制化应用服务，主要功能包括：

① 车接入：安全接入[ DuGo-SDK，另外也支持 MQTT、HTTP（S）、WebSocket、808、32960 等协议]。

② 车影子及数据存储：基于规则引擎，满足各类数据及文件的存储需求服务（如 TSDB、BOS、MongoDB、RDS、NoSQL 等）。

③ 远程升级 OTA。

④ 地图及相关位置服务。

⑤ 流媒体管理。

⑥ 规则应用及可视化。

⑦ 人工智能、机器学习及各类数据分析服务等。

3）应用端。应用端需基于业务需要，进行定制化开发。应用端基于有效数据和开发框架，行业客户或第三方系统集成商可以按实际业务场景需求、开发出定制化的车联网服务和应用。例如：

① 定制化的服务及管理控制台——车企 TSP 平台。

② 移动端应用。

③ PC 端应用。

### 2. NGTP2.0 系统设计模式

（1）NGTP 的产生

在车联网的发展早期，其服务的主要内容为 Telematics [远程通信的电信（Telecommunications）与信息科学（Informatics）的合成词] 信息服务（车载导航、交通信息、紧急救援、远程诊断、服务信息推送）。为了建立开放、标准化的车联网系统，宝马公司牵头，联合另外两家远程通信服务提供商（Telematics Service Providers，TSPs）（其中一家为 Connexis，另外一家为 WirelessCar）开发而成的一个 Telematics 体系框架（Framework）及开放的技术标准协议（Technology-Neutral Protocol），它为 Telematics 产业应用提供了更大的灵活性及可扩展性。这套体系架构即为下一代 Telematics 协议（Next Generation Telematics Protocol，NGTP），2010 年发布了 NGTP2.0 版本，演变为 Next Telematics Pattern。其重点关注的是为整个 Telematics 产业链提供开放的接口。

NGTP2.0 虽然是多年前的产物，但其标准化的接口设计思路为后续车联网技术的发展提供了参考。目前依然有一些车联网系统是基于 NGTP2.0 框架进行的设计。

（2）NGTP 的设计目标

NGTP 开发者设定了以下 6 个目标：

1）为 Telematics 提供一个技术中立的模式和一致性接口及协议。

2）减少协作和实现的障碍。

3）使新技术出现时能马上被采用。

4）在车辆服务生命周期支持遗留系统的接入。

5）通过一个开发的模式，获取广泛的认可，鼓励革新。

6）提高针对车辆制造商、服务提供商、内容提供商和驾驶人的价值主张。

（3）NGTP 的体系结构

NGTP2.0 的体系结构如图 11-7 所示，其中包括 10 个组件和 9 个标准接口。

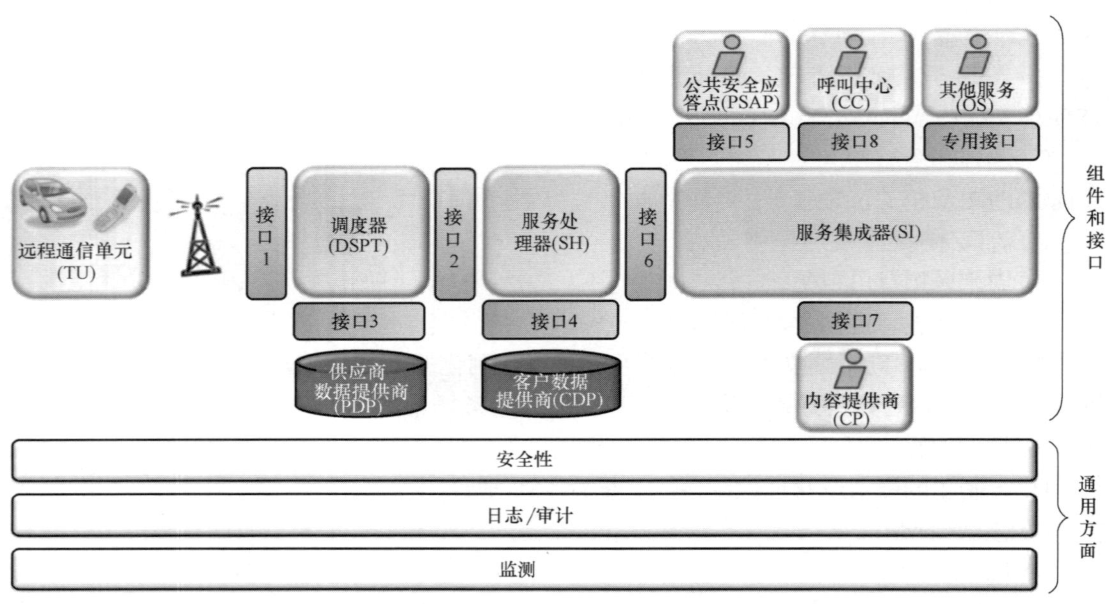


图 11-7　NGTP2.0 的体系结构

（4）NGTP 的组件

1）远程通信单元（TU）。TU 是一个安装在车辆里的控制设备，也可能是导航设备的一部分或一部移动电话。TU 是 NGTP 后端以外的唯一组件。TU 负责建立移动设备和专用调度器（Dispatcher）之间的（安全）通信，并与其他移动设备组件交互。用于通信的传输方式不由 NGTP 决定。一个 TU 也可以同时使用多种传输方式进行通信。有时也把 TU 称为远程通信控制单元（Telematics Control Unit，TCU）。

2）调度器（DSPT）。DSPT 是基于 NGTP 模式的平台内第一个后端设备。它建立了与移动设备 TU 的通信，并负责通信的稳定性。如果通信中断了，DSPT（或 TU）必须尝试重连到 TU（或 DSPT）。需要规定由哪个组件（TU 还是 DSPT）负责尝试重连。通常由通信的发起者负责重连。

3）服务处理器（SH）。SH 通过接收来自 DSPT 的 NGTP 消息，然而 DSPT 只关心过来消息的路由，而 SH 考虑过来消息的内容。解析“NGTP 服务数据”，如果需要利用客户或车辆数据丰富服务数据，大多数情况下，是由服务集成器（SI）来处理消息数据，尤其是用例需要若干合作商的集成时。对于下行的消息（传到 TU），SH 负责把服务数据编码，并推送给 DSPT。

4）服务集成器（SI）。SI是一个将向客户提供特定服务的所有合作方集合到一起的组件。SI通过一致的接口使合作方（呼叫中心、内容提供商等）参与到一次服务过程而不必开发与相关合作方之间的特定接口部件。例如，SI把来自多个内容提供商的内容信息发送到SH或呼叫中心代理（CCA）。

5）公共安全应答点（PSAP）。PSAP代表呼叫中心处理业务中的紧急呼叫。

6）呼叫中心（CC）。与PSAP类似，呼叫中心需建立语音和数据连接。CCA需要通过语音连接传输语音服务到用户，如提供最近的药店信息。数据连接能让CC接收信息，如用户当前位置，CC也能发送可重用信息到TU，如地址或电话号码。CC提供的服务独立于NGTP。

7）其他服务（OS）组件。该组件仅仅是可以连接到NGTP后台来源于任意服务提供商提供的服务的一个占位符，可能是一个酒店通信录服务，将选中酒店的地址作为兴趣点（POI）由NGTP后端发送给车辆。

8）供应商数据提供商（PDP）。为保持DSPT的灵活性和服务独立性，传输信息到TU的规则，或如何在后端传输NGTP消息的规则，不是编码在DSPT内部的。该信息被动态地保存到PDP，可能依赖于各类参数，如请求服务类型、TU当前位置、选择的语言等。PDP根据这些参数查找正确的规则数据并传递给DSPT。

9）客户数据提供商（CDP）。CDP组件存储所有客户及车辆相关数据。通过分离SH与CDP，原始设备制造商（OEM）将SH角色分配给一个外部的合作者成为可能，并仍然将车辆和用户信息保存在OEM内部。

10）内容提供商（CP）。CP为TU或其他服务提供商提供内容。例如，内容可以是特定的POI、天气预报或者所在国家特定的交通规则。

## 11.2.3 车载终端与云平台通信协议

车载终端与云平台通信协议，是指车联网系统中车载终端等智能设备与车联网后台（数据平台）进行通信的协议。车联网的设计者可以选择HTTPS（超文本安全传输协议）、MQTT（消息队列遥测传输协议）、自定义数据报文等基于TCP/IP的通信方式来构建该通信协议。

### 1. 基于TCP的通信协议

车联网系统中，常见的基于TCP制定的通信协议有：

GB/T 32960.3—2016《电动汽车远程服务与管理系统技术规范　第3部分：通信协议及数据格式》。

JT/T 808—2019《道路运输车辆卫星定位系统　终端通信协议及数据格式》。

整车企业在进行通信协议设计时，一般会根据自身发展的需要进行协议的定制。

下面以基于TCP Socket技术制定的通信协议为例，介绍其主要的构成要素。

（1）协议基础

1）通信方式。明确通信协议采用TCP或UDP平台作为服务器，车载终端作为客户端。如果有其他支持的通信方式，也在此部分明确。

2）数据类型。明确协议消息中使用的数据类型名称及字节长度、编码格式，如常见的 BYTE、WORD、DWORD、BYTE［ *n* ］、BCD［ *n* ］、STRING 等。

3）传输规则。约定协议采用大端模式（Big Endian）的网络字节序还是小端模式（Little Endian）。如果有必要，还可以继续约定字节、字（WORD）、双字（DWORD）的位传输顺序。

（2）通信连接

该部分一般会明确如下信息：

1）连接的建立。

2）连接的维持。

3）连接的断开。

（3）消息的组成

1）消息的结构。明确一条完整的通信报文的构成，一般包括标识位、消息头、消息体、校验码等几个部分。通信双方识别标识位以便得到一个完整的消息报文，然后再根据具体协议进行消息的解析。

2）标识位和转义处理。定义一个作为报文（数据包）开始和结束的标识位，可以是一个字节，也可以是多个字节。例如某通信协议中，定义了十六进制“0x7E”作为标识位。但在通信过程中，数据本身也可能会有 0x7E 的字节出现，为了避免错误的完整数据包识别，因此要进行转义。即在消息封装前，先将消息中的 0x7E 换成其他字节的组合（如 0x7d0x02），而且消息中的原 0x7d 都换成 0x7d0x01。在接收端，按照上述的逆过程进行转义处理，即可得到原始的消息。

3）消息头。消息头是消息体的一些字节长度等属性和控制字，包括是否加密、加密算法等信息，以便接收者可以更准确地解析报文中的信息体。

4）消息体。消息体是报文传输的主体信息，具体在数据格式部分进行各个消息体的详细定义。

5）校验码。校验码用来定义校验的起止位置、算法和字节长度，以便通信接收方确认报文是否传输正确。只有校验通过的报文，才会进行后面的数据解析。

（4）数据格式

该部分是通信协议中的核心部分，会详细定义每一个应用场景和功能项的通信数据，一般包括消息 ID（功能码）和消息体数据格式的定义。

### 2. 基于 MQTT 的通信协议

MQTT 是基于二进制消息的发布 / 订阅编程模式的消息协议，最早是由 IBM 提出的，现已成为 OASIS（结构化信息标准促进组织）规范。由于该规范很简单，适合需要低功耗和网络带宽有限的物联网场景。国内的阿里云和百度云服务支持 MQTT 通信协议，有些企业的车联网系统是基于 MQTT 通信协议进行的系统建设。

（1）MQTT 遵循的设计原则

1）精简，不添加可有可无的功能。

2）采用发布 / 订阅（Pub/Sub）模式，方便消息在传感器之间传递。

3）允许用户动态创建主题，零运维成本。

4）把传输量降到最低以提高传输效率。

5）把低带宽、高延迟、不稳定的网络等因素考虑在内。

6）支持连续的会话控制。

7）理解客户端计算能力可能很低。

8）提供服务质量管理。

9）假设数据不可知，不强求传输数据的类型与格式，保持灵活性。

（2）MQTT 的发布 / 订阅模式

发布 / 订阅模式是 MQTT 的核心内容之一，与传统的请求 / 回答同步模式不同，发布 / 订阅模式解耦了发布消息的客户（发布者）与订阅消息的客户（订阅者）之间的关系，这意味着发布者和订阅者之间并不需要直接建立联系。

该模式对开发者来说，有以下的好处：

1）发布者与订阅者不必了解彼此，只要认识同一个消息代理即可。

2）发布者和订阅者不需要交互，发布者无须等待订阅者确认而导致锁定。

3）发布者和订阅者不需要同时在线，可以自由选择时间来消费消息。

（3）MQTT 的服务质量

提供三种不同级别的服务质量（Quality of Service，QoS）是 MQTT 的另外一个核心内容。QoS 为不同通信场景提供消息可靠性：

1）级别 0：最多一次。消息发送者会想尽办法发送消息，但是遇到意外并不会重试。

2）级别 1：至少一次。消息接收者如果没有知会或者知会本身丢失，消息发送者会再次发送以保证消息接收者至少会收到一次，当然可能造成重复消息。

3）级别 2：恰好一次。保证这种语义肯定会减少并发或者增加延时，不过丢失或者重复消息是不可接受的时候，级别 2 是最合适的。

（4）主题

MQTT 是通过主题对消息进行分类的，它是一个 UTF-8 字符串，可以通过反斜杠表示多个层级关系。主题不需要创建，直接使用就可以了。这给设计者带来了很大的灵活性。

主题还可以通过通配符进行过滤。其中“+”可以过滤一个层级，而“#”只能出现在主题最后，表示过滤任意级别的层级。

举例如下：

1）building-b/floor-7：代表 B 楼 7 层的设备。

2）+/floor-7：代表任何一栋楼 7 层的设备。

3）building-b/#：代表 B 楼所有的设备。

需要注意的是，MQTT 允许使用通配符订阅主题，但是并不允许使用通配符广播。

（5）消息类型

MQTT 定义了以下 14 种不同的消息类型：

1）CONNECT：客户端连接到 MQTT 代理。

2）CONNACK：连接确认。

3）PUBLISH：新发布消息。

4）PUBACK：新发布消息确认，是 QoS 1 给 PUBLISH 消息的回复。

5）PUBREC：QoS 2 消息流的第一部分，表示消息发布已记录。

6）PUBREL：QoS 2 消息流的第二部分，表示消息发布已释放。

7）PUBCOMP：QoS 2 消息流的第三部分，表示消息发布完成。

8）SUBSCRIBE：客户端订阅某个主题。

9）SUBACK：对于 SUBSCRIBE 消息的确认。

10）UNSUBSCRIBE：客户端终止订阅的消息。

11）UNSUBACK：对于 UNSUBSCRIBE 消息的确认。

12）PINGREQ：心跳。

13）PINGRESP：确认心跳。

14）DISCONNECT：客户端终止连接前通知 MQTT 代理。



## 11.2.4 数据中心

数据中心是指提供给车联网软件系统运行的一整套复杂的设施和环境，包括服务器计算机系统和其他与之配套的设备（如通信和存储系统），还包括冗余的数据通信连接、环境控制设备、监控设备以及各种安全装置。

常见的车联网数据中心建设方案如下：

1）企业用户自建数据中心。

2）自购设备，托管到 IDC（互联网数据中心）机房。

3）购买云服务商的云服务。

4）和云服务商合作构建混合云（私有云 + 公有云）。

### 1. 建设原则

（1）高安全可靠性

为保证机房能为用户提供连续不间断的 7 × 24h 服务，机房必须具有高可靠性。设计者在设计系统时应注意尽量减少单点故障的存在，对存在单点故障的环节，在设计上必须减少其对整个系统的影响。由市电到机柜及服务器的整个供电系统可用性不得少于 99.9%。

各系统都应留有足够的余量，以保证机房具有较高的可靠性：电力、制冷量供应、不间断电源设备（UPS）系统、气体灭火系统、热能和烟雾探测装置、防雷系统、抗瞬态浪涌抑制和漏水检测系统。

由于该机房内部计算机系统涉及机密信息，其泄密可能严重危害社会秩序，因此需要保证机房的安全性，必须具有安保系统以保证用户的设备和数据不受侵害。实现高安全性的措施包括闭路电视监测、门禁系统、自动安全报警系统等。

（2）可扩展性

鉴于信息网络系统需求的不断发展与变化，技术也在不断提高，故在施工建设时应考虑这些变化对资源需求的改变，以使整个系统具有灵活的可扩展性，特别是精密空调、配电开关及配电柜、UPS 及供电母线等，使整体机房具有良好的灵活性与可扩展性，能够根据今后业务不断深入发展的需要，扩大设备容量，提供技术升级、设备更新的灵活性。

（3）易于管理

由于数据中心机房内设备繁多，具有一定复杂性，随着业务的不断发展，管理的任务必定会日益繁重，因此在设计数据中心机房时，必须建立一套全面、完善的机房管理和监控系统。其所选用的设备应具有智能化、可管理的功能，同时采用先进的管理监控系统设备及软件，实现先进的集中管理监控，实时监控、监测整个机房的运行状况，实时灯光、语音报警，实时事件记录，以迅速确定故障，提高运行性能、可靠性，简化机房管理人员的维护工作，从而为网络中心机房安全、可靠的运行提供最有力的保障。

（4）高性价比

采用先进成熟的技术和设备，使整个系统在一段时期内保持技术的先进性，并具有良好的发展潜力，以适应未来业务的发展和技术升级的需要。机房的材料产品、设备的选型应该以适用为主，合理选择材料与设备，不要造成资源浪费，同时也要保证该机房的高可靠性。应以较高的性价比设计机房，能以较低的成本、较少的人员投入来维持系统运转，从而提供高效能与高效益。

（5）标准化

基于国际标准和国家颁布的有关标准，坚持统一规范的原则，从而为未来的业务发展和设备增容奠定基础。

#### 2. 网络带宽

在车联网应用中，带宽的主要消耗内容为车辆的主动数据上报，通常的估算方法如下：

$$\frac{\text{每秒数据量（Mbit/s）}=\text{同时在线车辆数}\times\text{每次上报数据大小}}{\text{上报周期}\times 1024\times 1024}\times 1.25\text{（带宽损耗）}\times 8$$

举例说明：假设系统规划接入 15 万台车辆，系统所需同时在线的车辆容量估算为 8 万辆（按照平均 53% 的经验在线率），每次上报数据典型值为 1000B，上报周期为 10s，则每秒上行的数据量为 76.29Mbit/s。

#### 3. 存储容量估算

数据存储容量的估算可参考如下的计算公式：

$$\text{数据存储容量}=\frac{\text{平均在线车辆数}\times\text{每次上报数据大小（B）}\times\text{每天在线时长（h）}\times 3600\text{（s）}\times 365\text{（d）}\times\text{存储年限（年）}}{\text{数据上报周期（s）}}$$

在新能源汽车车联网系统中，以 GB/T 32960—2016 要求采集的数据为例，不考虑车辆故障前后 30s 的加速上传，按照车辆平均每天在线 5h，10s 为一次上报周期，则 1 辆车 1d 的上报数据为 1800 条；按照每条数据大小为 1000B，则一辆车 1d 的数据存储容量约为 1.8MB；按照 15 万台车辆规划，则 1 年的数据为 985.5 亿条，数据存储容量约为 98.55TB。

车辆在发生三级故障时，需要加速至 1s 上传前后 30s 的数据，此部分跟车辆的质量有关，可考虑增加 20% 的余量，则需要约 118TB 的数据存储容量。

考虑数据压缩率为 50%、空间冗余为 25%、数据副本数为 3，则存储 1 年的数据需要的磁盘空间约为（118TB × 3/0.75）× 0.5=236TB。若提供 Hbase PaaS 服务，则只需提供 118TB 的存储容量。

## 4. 服务器配置参考

按照上述的假设，满足新能源汽车车联网建设的数据中心资源需求估算见表 11-9。其他的网络设备、软件配置等根据实际情况进行选择。如果选用的是云服务，以下配置可以做云服务资源的配置参考。

表 11-9 数据中心资源需求估算

| 名称 | 配置 | 数量 |
| --- | --- | --- |
| Web 服务器 | 16 核 /64GB 内存 /600GB 硬盘 | 2 |
| 通信服务器 | 16 核 /64GB 内存 /600GB 硬盘 | 4 |
| 接口服务器 | 16 核 /64GB 内存 /600GB 硬盘 | 2 |
| 数据库 | 32 核 /128GB 内存 /2TB 硬盘［20000 IOPS（每秒进行读写操作次数）］ | 2 |
| 管理节点 | 32 核 /256GB 内存 /3TB 硬盘 | 2 |
| 数据节点 | 16 核 /128GB 内存 /72TB 硬盘 | 4 |

## 5. 网络设备拓扑结构

针对自建数据中心，各个角色的服务器之间的典型网络拓扑结构示意图如图 11-8 所示。

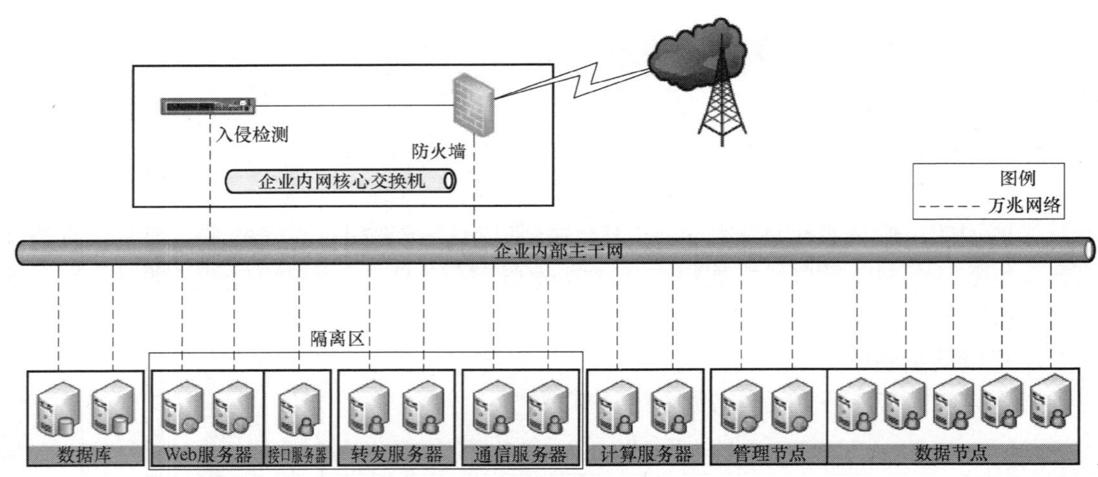


图 11-8 典型网络拓扑结构示意图

## 6. 系统日常维护

车联网系统建设完成后，日常维护主要包括以下内容：

1）服务器等网络设备硬件维护。

2）存储性能和空间使用情况监测。

3）数据库的备份完整性检查。

4）数据库性能监控。

5）检查并分析系统日志及跟踪文件。

6）排查数据库系统错误隐患。

7）系统运行状况监控。

8）配置管理。

9）系统优化更新。

10）故障维护。

## 11.2.5 关键技术和选型

车联网系统的软件涉及环节较多，包括负载均衡、海量数据存储、关系型数据库、消息总线、大数据分析平台等。典型车联网系统的关键技术选型清单见表 11-10。

表 11-10 典型车联网系统的关键技术选型清单

| 技术构建 | 技术选型 |
| --- | --- |
| 负载均衡 | F5/LVS/inCOM.CLB/ 云服务商相关产品 |
| 数据存储 | Hbase/HDFS/Redis（缓存） |
| 消息队列 | Rabbit MQ/Apache Kafka 等 |
| 关系型数据库 | Oracle/MySQL 等 |
| 大数据平台 | Apache Hadoop |
| 大数据分析平台 | Hive/Sqoop/Map-Reduce/Spark |
| 可视化大数据分析平台 | DataView、阿里数加平台 |
| 操作系统 | Linux/Windows Server |
| 开发工具 | Java、C#、C++ 等 |
| 在线地图 | 高德地图、百度地图等 |

### 1. 缓存技术

Redis 是目前业界最为流行的高性能 Key-Value（键值）数据库，它通过提供多种 Key-Value 数据类型来适应不同场景下的存储需求，并提供许多高层级的接口使其可以胜任如缓存、队列系统等不同的角色。在使用上，Redis 支持字符串、链表、集合、有序集合、哈希表等多种数据类型。

### 2. 消息队列技术

消息队列（Message Queue，MQ）是一种应用程序对应用程序的通信方法。应用程序通过读写出入队列的消息（针对应用程序的数据）来通信，而无需专用连接来链接它们。消息传递指的是程序之间通过在消息中发送数据进行通信，而不是通过直接调用彼此来通信，直接调用通常是用于诸如远程过程调用的技术。排队指的是应用程序通过队列来通信。队列的使用除去了接收和发送应用程序同时执行的要求。消息队列技术非常适合使用在通信软件各个内部模块之间的数据交换。

Rabbit MQ 是一个在 AMQP（高级消息队列协议）基础上完成的、可复用的企业消息系统。Rabbit MQ 遵循 Mozilla Public License（开源协议），适合在车联网通信软件中使用。

### 3. 大数据平台

一般选择 Hadoop 大数据平台软件作为大数据平台，如可选用商业化的 Cloudera

(CDH)，必要时可选择购买相关商业服务。

4. 大数据分析平台

基于 Hadoop 大数据环境，用户可以自己开发大数据分析软件和代码，系统支持 Hive/ /Map-Reduce/Spark 等相关工具，完成自定义程度很高的大数据分析任务。

5. 可视化大数据分析平台

阿里数加平台和兴民智通的 DataView 等都是一种可视化的大数据分析软件，可以自行选择数据源 / 集、预处理、数据分析、数据展示的模块，然后自定义完成大数据的分析，得到分析结果。用户也可以进行数据建模、模型验证和模型应用的工作。

6. 操作系统

一般系统采用 Linux 和 Windows Server 操作系统，需要体现系统安全性的服务器上建议采用 Linux 操作系统，需要增强维护便利性的服务器上建议采用 Windows Server 操作系统。

7. 应用软件

一般情况下，应用软件采用 B/S（浏览器 / 服务器）架构，地图采用高德或百度在线地图，交互性强的功能模块采用 HTML5 技术实现。应用软件一般采用 Java 或 C# 进行开发。系统采用微服务架构设计，采用各自服务中心托管及服务独立自治双原则，通过服务分布式部署，完成高可用服务、高吞吐性能等指标要求。

## 11.3 新能源汽车智能车载终端

新能源汽车车载终端是安装在电动汽车上，采集及保存整车及系统部件的关键状态参数，并与车联网后台及其他对象进行通信的装置或系统。

在车联网发展的初期，系统主要是为车主提供远程信息服务（Telematics Service），所以车联网车载终端也被称为 Telematics Box，简称 T-BOX。该简称被行业广泛使用至今。现在的智能车载终端，除了原有的信息服务外，还承担着车辆与外界通信（V2X）的桥梁作用，并具有高精度定位、车云协同计算、整车固件远程升级（Firmware Over-The-Air，FOTA)、车辆控制、故障诊断等功能，用以满足车辆智能化和网联化的应用要求。

目前，行业里的智能车载终端主要有两种产品形态：一种是独立的车载终端；另外一种是将车载终端功能和车机等进行集成设计，成为集成式、一体化车载终端。以下重点介绍第一种产品形态，并按照习惯沿用 T-BOX 的简称。

### 11.3.1 典型外形

智能车载终端外壳一般采用 PC+ABS 的材质。典型的智能车载终端外形如图 11-9 所示。

智能车载终端外部接口一般分为主线束接口、USB 接口、天线接口等。典型的智能车载终端外部接口布局如图 11-10 所示。

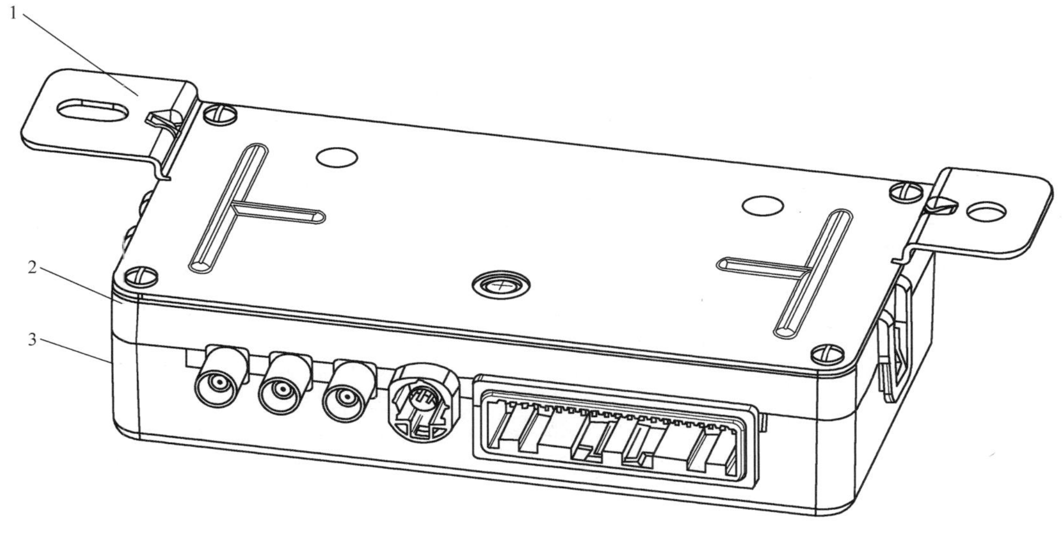


图 11-9 典型的智能车载终端外形

1—安装支架 2—外壳下盖 3—外壳上盖

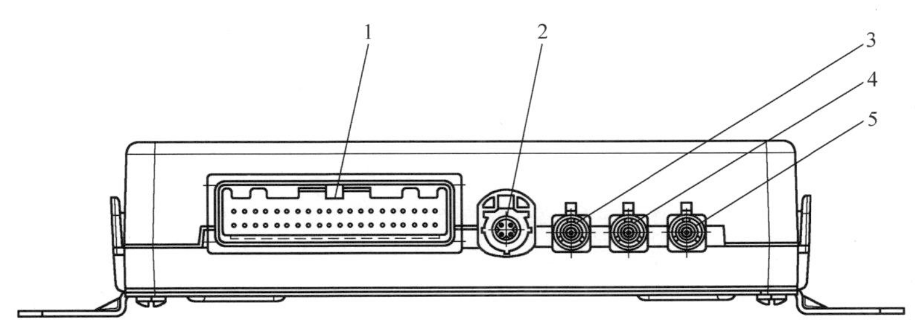


图 11-10 典型的智能车载终端外部接口布局

1—主线束接口 2—USB 接口 3—蜂窝通信天线接口 4—GNSS 定位天线接口 5—Wi-Fi 天线接口

## 11.3.2 硬件设计典型方案

### 1. 原理框图

典型的车联网智能车载终端原理框图如图 11-11 所示。

### 2. 主要组成部分

（1）蜂窝通信模块

蜂窝通信模块的作用是建立与广域网的通信，与车联网后台进行数据交互。车联网用的通信模块还需要具备传统的电话、短信等通信功能。根据支持的通信制式不同，可分成 5G、4G、3G 和 2G 通信模块。目前主流的是全网通的 4G LTE 通信模块，一般要求为车规级或工规级。车规级 4G 模块如图 11-12 所示。

蜂窝通信模块在车联网的应用中，重点关注如下要求：

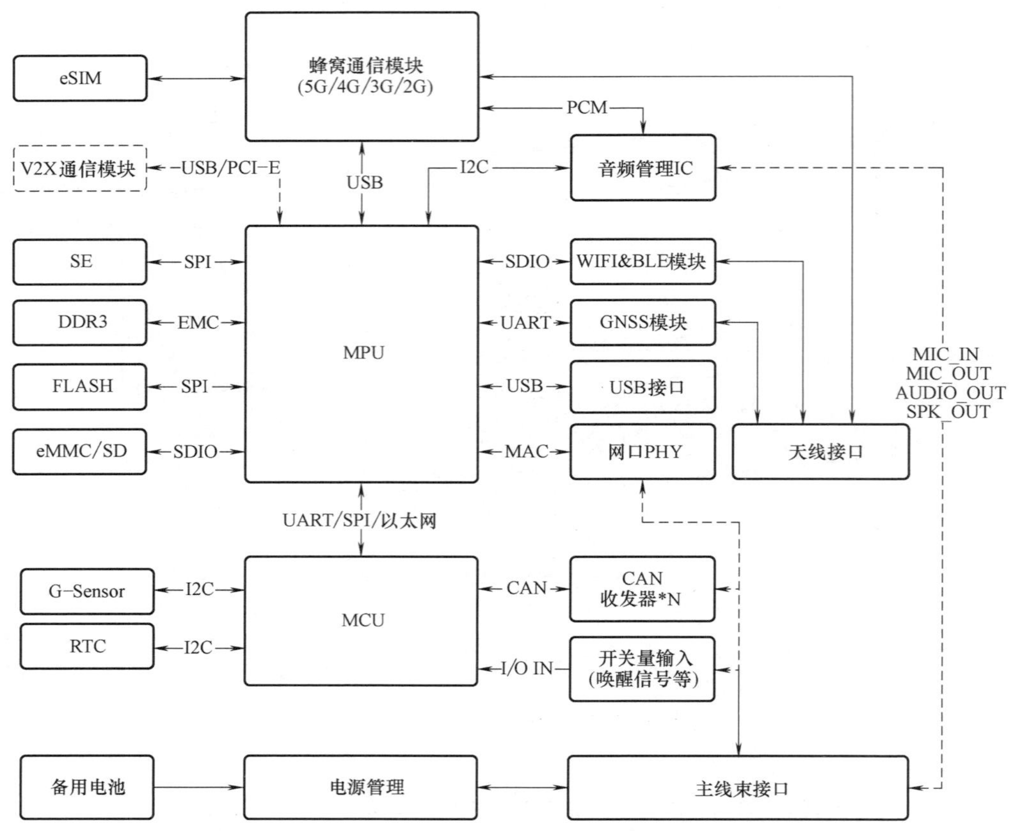


图 11-11　典型的车联网智能车载终端原理框图

图 11-12　车规级 4G 模块

1）通信速率。

2）工作功耗和休眠功耗。

3）是否能支持多接入点名称（Access Point Name，APN）。

4）工作温度范围。

5）语音接口 /UART 接口等。

6）支持的协议栈有 TCP、UDP、PING、FTP、HTTP 等。

7）支持的频段有 LTE FDD、LTE TDD、WCDMA、CDMA、GSM 等。

（2）eSIM 卡

蜂窝通信模块需要配套使用移动通信卡，就像手机的 SIM 卡一样。车载终端一般选择贴片封装形式的 eSIM 卡，焊接在车载终端的印制电路板上。

eSIM 卡的概念就是将传统 SIM 卡直接嵌入设备芯片上，而不是作为独立的可移除零部件加入设备中，用户无须插入物理 SIM 卡，这一做法将允许用户更加灵活地选择运营商套餐，或者在无须解锁设备、购买新设备的前提下随时更换运营商。

（3）微处理器（MPU）

微处理器用来运行智能车载终端的应用层软件，需要具有较高的性能。一般选用车规级 ARM 芯片运行 Linux 等操作系统。在智能车载终端中，通常 MPU 的职责如下：

1）采集车辆及车载终端内部各传感器的数据。

2）将数据进行组包、加密，并通过蜂窝通信模块将数据发给车联网后台。

3）接收车联网后台等途径传输的远程命令，进行解密、拆包并进行数据处理。

4）处理蓝牙、Wi-Fi、车辆总线等途径通信数据。

5）将数据存储到内部存储器，包括 eMMC 或 SD 卡。

6）采集 GNSS 模块的定位数据，必要时需要进行差分包的传输，得到高精度定位数据。

7）提供 USB 接口，与车机通信。

8）提供车载以太网接口，必要时连接车载以太网交换机，实现多路车载以太网通信。

9）与 MCU 通信，获取车辆底层总线数据，并实现相关诊断、控制功能。

在某些低成本、集成度高的车载终端设计方案中，蜂窝通信模组提供 OpenLinux 功能，可以供开发者当成 MPU 使用。

（4）微控制器（MCU）

与 MPU 的高性能要求不同，MCU 主要对接车辆网络，满足高可靠性、高实时性要求。MCU 的主要职责如下：

1）连接 CAN 总线等车辆内部网络，具有不丢帧、低延时的通信能力。

2）采集参数并传输给 MPU，响应车辆控制相关指令。

3）实现 UDS（统一的诊断服务）等诊断协议栈。

4）实现控制器刷写的策略。

5）实现加速度传感器（G-Sensor）等外部唤醒信号采集，并实现车辆下电时异动唤醒管理要求。

6）实现车辆网络对车载终端节点的网络管理要求。

7）实现车载终端内部电源管理要求。

（5）全球导航卫星系统（Global Navigation Satellite System，GNSS）定位模块

GNSS 定位模块用来获取车辆定位数据，包括时间、车速、经度、纬度、航向、海拔高度等数据。目前主流的定位技术为 GPS、北斗、GLONASS 等，国内常见的为 GPS、北斗双模定位模块。在某些低成本、集成度高的车载终端设计方案中，蜂窝通信模组集成了基本的 GNSS 功能。

在高精度定位应用中，通信模块通过网络接收来自基准站或地基设备采集到的差分包（网络差分），然后传输给 GNSS 定位模块，由 GNSS 定位模块进行数据解算，得到高精度的定位数据。差分定位目前主要有以下两种技术：

1）载波相位差分技术：可以达到厘米级定位精度。

2）实时伪距差分技术：可以达到亚米级定位精度。

（6）CAN 收发器

CAN 通信中，CAN 收发器可在控制器局域网（CAN）协议控制器和物理双线式 CAN 总线之间提供接口，因为直接连接车辆总线网络，需要注重与 CAN 网络的匹配性设计，其特性可参看 ISO 11989-2 与 ISO 11909-3，通常在构建车辆网络时，会列出各个节点的收发器可选品牌和型号范围，常见的有 NXP TJA 1043 等。

（7）备用电池

备用电池主要作用于以下三个场景：

1）当车辆出现碰撞等严重事故时，即使车辆的供电已经断开，智能车载终端依然能支持紧急呼叫等相关功能。

2）新能源汽车在车辆供电异常断开后，车载终端仍可独立运行，且至少保障外部供电断开前 10min 的数据上传到企业平台。

3）在一些商用车的车辆租赁应用中，为了防止车载终端被拆除，在车辆电源切断后，车载终端仍可以给车联网后台发送报警信息。

以可充电镍氢电池为例，对备用电池的一般要求如下：

1）容量≥ 450mA・h。

2）选用至少为工规级产品。

3）常见品牌有 VARTA、FDK、松下等。

在某些应用中，也有厂商选择超级电容作为备用电源的解决方案。

（8）存储器

存储器主要用于存储车辆运行状态数据，在进行车载终端及车辆控制器的远程升级时，可用于存储升级文件。

在新能源车辆上，车载终端需按照不超过 30s 的时间间隔将采集到的车辆数据保存在存储介质中，当出现相关报警或故障时，需要按照不大于 1s 的时间间隔存储车辆运行状态的实时数据。存储器的具体要求还有：

1）存储容量应至少满足 7d 的实时数据存储要求，常见的有 4GB、8GB 容量。

2）存储的数据应具有可读性，可以通过车机、Wi-Fi 等方式复制、读取。

3）车载终端断电后，应保证数据不丢失。

4）通常采用 eMMC 或 SD 卡作为存储介质，常见品牌有镁光、三星、东芝等。

（9）安全芯片（SE）

安全芯片是可信任硬件模块，内含安全微处理器芯片，遵照安全需求和指南，承载智能车载终端应用及其数据的机密和加密学功能（如密钥管理机制），为智能车载终端解决安全存储、加解密运算、安全启动等需求。

（10）加速度传感器（G-Sensor）

加速度传感器主要用于惯导定位技术，同时可以测量车辆冲击与振动实现碰撞检测，一般采用三轴加速度传感器，某些应用场景会使用六轴传感器，即三轴加速度传感器与三轴陀螺仪结合。加速度传感器支持各项动态加速度的量程设置，支持休眠及自动唤醒。

（11）USB 接口

安装在汽车里面的车载信息娱乐产品简称为车机，智能车载终端的 USB 接口用于连接车机。车机系统安装相关驱动（CDC-ECM）后，就可以通过车载终端连接到后台网络和外部互联网。除此之外，车机也可以和车载终端进行通信，实现数据交互。

（12）实时时钟（RTC）模块

RTC 模块通常采用 RTC 来提供可靠的系统时间，包括时分秒和年月日等，而且要求在系统处于关机状态下它也能够正常工作（通常采用后备电池或电容供电），并具备设定时间参数实现定时唤醒智能车载终端的功能。

（13）V2X 通信模块

在未来的车辆网联化发展过程中，很多厂商会考虑将 V2X 的通信模块设计到智能车载终端中，使车载终端真正作为车内网、车际网、车与互联网的通信网关。

## 11.3.3 软件设计典型方案

针对上述的典型硬件方案，智能车载终端（T-BOX）软件主要分为 MPU 和 MCU 两个部分，MPU 一般运行 Linux 操作系统，而 MCU 一般选择实时性更高的 RTOS 操作系统。典型的智能车载终端软件架构如图 11-13 所示。

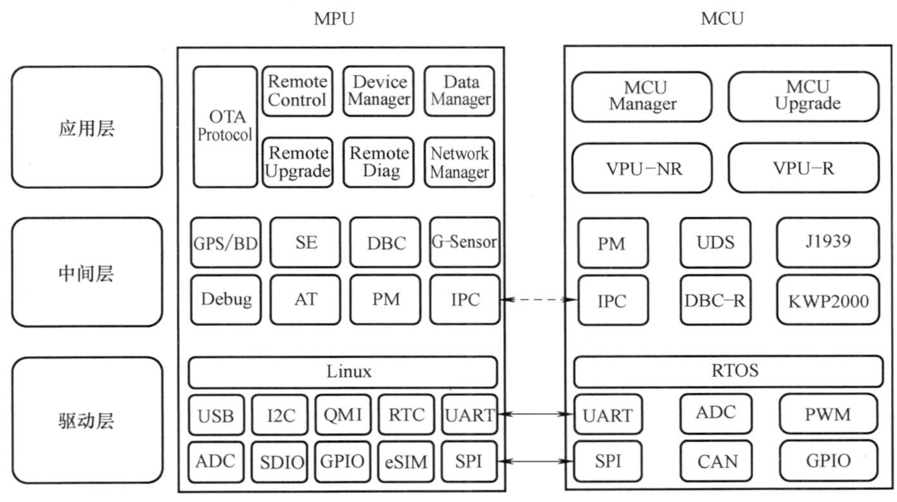


图 11-13 典型的智能车载终端软件架构

### 1. MPU 软件架构

（1）驱动层

MPU 驱动层各软件模块及功能描述如下：

1）USB：用于 T-BOX 与车机进行通信、烧录 4G 通信模块镜像、ADB 调试等。

2）I2C：用于驱动 I2C 总线挂载模块，如音频模块等。

3）QMI：用于 T-BOX 与调制解调器（Modem）进行通信。

4）RTC：4G 模块实时时钟。

5）UART：用于 T-BOX 与 MCU 的通信或者调试 LOG 输出。

6）ADC：用于天线开、断路检测和温度检测。

7）SDIO：用于连接 eMMC 或者 Wi-Fi 模块。

8）GPIO：用于 IO 的输入输出，如车辆钥匙信号检测、唤醒 MCU。

9）eSIM：用于 4G 通信模块与 SIM 卡交互（ISO 7816）。

10）SPI：用于 MPU 与 MCU 的通信。

（2）中间层

MPU 中间层各软件模块及功能描述如下：

1）GPS/BD：定时解析 GPS 或北斗模块输出的报文，获取当前定位信息，提供位置信息服务。

2）SE：安全功能，实现安全算法。

3）DBC：用于定义整车企业对应车型的 CAN 总线协议、波特率等参数。

4）G-Sensor：加速度传感器服务，实现车辆异常移动唤醒、车辆侧翻、异常移动判定。

5）Debug：用于 MPU 的调试和 LOG 分级输出。

6）AT：用于 AT 命令的管理、接收和发送。

7）PM：电源管理，如 T-BOX 的休眠和唤醒。

8）IPC：实现 MCU 与 MPU 之间通过 UART 和 SPI 的数据传输，具备流控功能。

（3）应用层

MPU 应用层各软件模块及功能描述如下：

1）OTAProtocol：实现 T-BOX 与云平台之间的通信协议。

2）RemoteControl：实现车辆远程控制功能。

3）DeviceManager：T-BOX 设备管理，如自诊断、电源管理、参数的配置保存和恢复。

4）DataManager：数据管理和计算模块，包括总线数据解析、数据计算、驾驶行为统计、数据存储等。

5）RemoteUpgrade：远程升级，用于升级 MCU、MPU 及车辆其他控制器。

6）RemoteDiag：车辆远程诊断。

7）Network Manager：网络管理，实现多 APN、USB 上网、Wi-Fi 上网等功能。

**2. MCU 软件架构**

（1）驱动层

MCU 驱动层各软件模块及功能描述如下：

1）UART：实现 MCU 与 MPU 之间的通信。

2）ADC：用于备用电池温度的检测。

3）PWM：用于安全气囊弹出信号检测。

4）SPI：实现 MCU 与 MPU 之间的通信或者 CAN 总线接口扩展。

5）CAN：实现 MCU 与 CAN 总线之间的通信。

6）GPIO：用于 IO 的输入和输出控制。

（2）中间层

MCU 中间层各软件模块及功能描述如下：

1）PM：负责 MCU 侧的电源管理接口实现。

2）IPC：实现 MCU 与 MPU 之间的通信。

3）UDS：UDS 协议栈。

4）J1939：SAE J1939 协议栈。

5）KWP2000：KWP2000 协议栈。

6）DBC-R：实现整车企业自定义协议的解析、组包，用于对实时性有要求的 CAN 报文的发送、接收、解析和组包。

（3）应用层

MCU 应用层各软件模块及功能描述如下：

1）MCU Manager：实现 MCU 电源管理、MPU 故障诊断、DBC-R 等参数的设置。

2）MCU Upgrade：MCU 自身的升级。

3）VPU-NR：Vehicle Process Unit-NonRealtime（非实时车辆业务处理），通过该模块将相关信息转发给 MPU 处理。

4）VPU-R：Vehicle Process Unit-Realtime（实时车辆业务处理），MPU 将相关信息定时同步到 MCU，由 MCU 自身立即完成业务处理，如 MCU 响应诊断仪的诊断请求、快速升级 ECU 等场合。

## 11.3.4 关键技术

### 1. 电源管理

为了使 T-BOX 的功耗与云端的连接性能达到平衡，需要设计合理的电源管理策略。通常是对 T-BOX 进行工作模式的定义，然后在不同车辆工况下进行切换，以降低电源功耗。

（1）T-BOX 的工作模式

一般情况下，可将 T-BOX 的工作模式定义为以下五种：

1）正常模式：是指 T-BOX 各模块均处于正常供电，各项功能均正常工作的模式。例如车辆行驶、充电等工况下，一般均处于该模式。

2）休眠模式：是指 T-BOX 各个主要模块均退出了工作状态，只有本地的唤醒检测电路处于工作状态。当车辆处于长时间下电且不需要远程唤醒时，一般处于该工作模式。

3）待机模式：是指 T-BOX 的远程通信模块处于待机状态，可被远程唤醒，其他模块均处于关机或休眠状态。例如具有远程唤醒功能的车辆，在长时间下电后，T-BOX 一般处于该工作模式。

4）电池模式：是指 T-BOX 的主电源因为异常等情况处于断开状态，T-BOX 切换到电池供电模式。当车辆发生严重碰撞事故时，主电源被异常断开，T-BOX 会进入该工作模式。

5）仓储模式：是指 T-BOX 所有模块均处于关机状态，除非重新上电才能进入正常工作模式。当车辆从生产线下线，在销售到市场前的过程时间较长，T-BOX 可以根据需要进入该工作模式。

（2）工作模式间的切换

T-BOX 可在上述五种典型的工作模式之间进行切换，如图 11-14 所示。

（3）典型技术指标

在上述五种工作模式中，T-BOX 典型的平均电流、工作状态及唤醒时间见表 11-11。其中的平均电流是以 T-BOX 工作在 12V 的车载电源系统情况下为例。

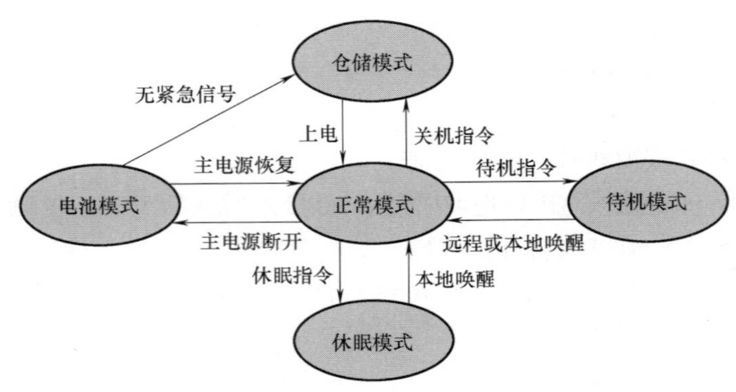


图 11-14　T-BOX 工作模式间的切换

表 11-11　T-BOX 典型的平均电流、工作状态及唤醒时间

| 序号 | 模式 | 平均电流 | 工作状态 | 唤醒时间 |
|---|---|---|---|---|
| 1 | 正常模式 | ＜ 150mA | WAN 打开（空闲）<br>Wi-Fi 打开（空闲） | — |
| 2 | 电池模式 | ＜ 150mA | WAN 打开（空闲）<br>Wi-Fi 打开（空闲） | — |
| 3 | 待机模式 | ＜ 3mA | WAN 休眠（可接收短消息和电话）<br>Wi-Fi 关闭 | ＜ 100ms |
| 4 | 休眠模式 | ＜ 1mA | WAN 关闭<br>Wi-Fi 关闭 | ＜ 200ms |
| 5 | 仓储模式 | 10μA | 关机状态 | ＜ 200ms |

### 2. T-BOX 远程升级

车联网后台系统可以配置 T-BOX 的远程升级，并通过后台将升级文件远程发送给车载终端。T-BOX 得到升级文件后，进行文件解密、解包并确认文件完整，与后台确认后开始升级。升级的内容一般可包括 MPU、MCU 及通信模块的固件组合。

T-BOX 的升级也可以作为车企车联网整车固件远程升级（FOTA）系统的一个部分，把 T-BOX 看成是车辆上的控制器之一，进行整车升级的统一管理。

### 3. 整车固件远程升级

在车企的整车固件远程升级（FOTA）系统中，车辆端可以通过一个主控单元对车辆内部所有的控制器固件进行升级，常见的升级主控单元有 T-BOX、中央网关和车机三种。

如果选择 T-BOX 作为在车辆端的升级主控单元，则在 T-BOX 的内部软件中，需要具有两个专用模块：

1）升级代理模块（Update Agent，UA）：主要完成升级包检测、下载、校验、差分包还原、升级日志记录和上传等。

2）升级控制模块（Update Control，UC）：主要完成升级前置条件的判断、与各 ECU 交互完成升级任务的执行，并通过车机等显示单元和驾驶人完成升级交互。

### 4. 远程故障诊断

（1）远程诊断的价值

车辆远程故障诊断作为车联网系统的核心功能之一，其价值主要体现在：

1）安全监管：新能源车辆的安全主体责任为整车厂家，车企需要实时监控车辆故障，并及时处置，尽可能地避免重大或批量事故发生。

2）研发数据积累：通过采集车辆实际工况的故障数据，为后续研发改进提供数据支持。

3）售后服务：车企服务部门采集到车辆故障，甚至可以通过系统的大数据分析进行故障预测，然后通过手机APP等手段，通知车主及时进行车辆保养或维修，提高服务效率和服务水平。

4）车主用车需要：车主可以通过手机APP等进行车辆自检，得到车辆健康状态信息，并及时、主动地进行车辆维修，提高用车安全和用车体验。

（2）典型故障诊断技术

车辆提供的诊断可能会包含多种服务内容，如读故障码、清除故障码、读取冻结帧等。这里重点介绍读取故障码（DTC）的典型实现方案。目前，新能源车辆的故障诊断一般采取以下几种方式：

1）总线广播故障信息：车企在车辆内部网络协议设计时，将常见的故障信息在CAN总线等通信协议中定义，如将ID报文中的某个字节或位定义为某个故障的标志位，数值为1代表已发生故障，数值为0代表该故障未发生。

2）SAE J1939故障：常见新能源商用车沿用传统商用车SAE J1939的故障诊断机制，可以通过DM1报文进行故障的采集和解析，得到故障码。

3）UDS协议故障诊断：沿用传统车成熟的统一诊断服务（Unified Diagnostic Services，UDS）协议，T-BOX根据诊断协议读取故障码。

4）后台故障判定：后台系统通过T-BOX采集和传输的实时参数，根据判定模型进行故障判断。

### 5. T-BOX与车机连接方案

T-BOX和车机一般通过USB接口连接传输数据和指令。通过USB接口，车机实现的功能如下：

1）网络接入：车机把T-BOX当作调制解调器（Modem）接入外部网络。

2）数据交互：车机获取T-BOX中的数据，显示车辆及T-BOX的相关状态，并将车主的交互操作信息传递给T-BOX，包括车辆远程升级过程等与车主间的交互。

3）数据复制：通过车机软件读取存储在T-BOX中的数据或文件，并可以通过U盘等存储介质进一步复制取出。

除了USB接口之外，T-BOX和车机之间还有音频信号方面的连接，用来实现语音呼叫等相关功能，典型连接方案如图11-15所示。

### 6. T-BOX与车辆总线协议的快速匹配技术

（1）快速匹配技术的价值

在新能源汽车车联网的应用中，一般需要T-BOX根据车辆的总线协议完成采集参数的解析，然后再发送到后台系统。而不同车企、不同车型的总线协议又存在非常大的差异，那么T-BOX与车辆总线协议的快速匹配技术就显得非常重要，主要体现在以下两个方面：

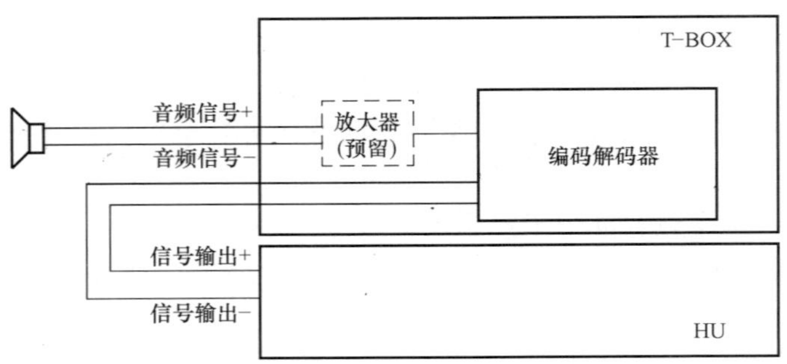


图 11-15 T-BOX 与车机的音频连接方案

T-BOX—车载终端 HU—车机



1）对于车载终端厂家：同一款终端可以匹配不同整车生产企业和不同车型，以提高车载终端的通用性，降低开发和管理成本。

2）对于整车生产厂家：可以将车载终端进行平台化管理，即采用同一个 T-BOX 硬件版本，通过配置文件的形式匹配不同的车型和不同的总线协议，以降低管理成本和提高效率。

（2）典型技术方案

要实现 T-BOX 与车辆总线协议的快速匹配，首先要对总线（如 CAN 总线）的协议进行抽象，然后定义一个协议文件进行协议描述，T-BOX 能动态地导入该描述文件，并动态地用于总线数据解析，就可以实现车辆协议的快速匹配。以 CAN 总线为例，描述整个过程如下：

1）根据车身信息的采集项目，生成车身信息采集的 DBC 文件和配置文件。

2）后台服务器将上述配置文件通过无线网络发送给车载终端（也可以本地配置）。

3）车载终端采集 CAN 总线上的车身信息报文，并按照配置文件解析得到具体参数。

4）车载终端依据与后台的组包协议，将所述车身信息数据进行组包生成数据包。

5）将所述数据包回传到车联网后台服务器，后台解析该数据包，并获得车身信息数据。

## 11.4 信息服务云平台

车联网信息服务云平台的应用和技术在传统车上有多年的发展，包括 TSP（汽车远程服务）等相关信息服务已经较为成熟。下面重点介绍新能源汽车领域特有的或新的车联网应用和相关技术。

车联网信息服务云平台，从逻辑上可以分为数据平台和应用服务平台两个层级。数据平台为车联网系统的数据池，给各个应用系统提供数据服务，而应用服务平台通过数据平台的数据服务接口实现具体的业务需求。

### 11.4.1 数据平台

在新能源汽车的车联网系统中，数据平台的概念得到了行业的普遍认可。一方面数据平台和 T-BOX 等各种智能设备进行通信，采集车辆及相关设备的数据，然后对数据进行存储、预处理和相关分析，形成车联网“数据池”；另一方面，数据平台通过标准的 API（应用程序编程接口）给应用层的各种软件提供数据服务。

在进行数据平台建设时，可以通过以下两个技术标准实现系统的开放性，并使系统具有可持续发展能力。

1）标准的 OTA 通信协议：通过制定企业标准的 OTA 通信协议，作为车辆车载终端和其他智能设备接入数据平台的通信规范。对于系统建设方来说，只要满足该通信协议规范的设备都能接入该系统。

2）标准的数据服务接口：制定数据平台对外数据服务的标准接口，包括应用软件读取数据和进行车辆远程控制的各种数据服务。对于系统建设方来说，应用软件的开发商只需要通过该标准接口，在相关安全设计的基础上，就可以使应用软件实现对车辆的数据读取和远程控制功能。

### 1. 数据平台技术架构

典型的数据平台技术架构如图 11-16 所示。

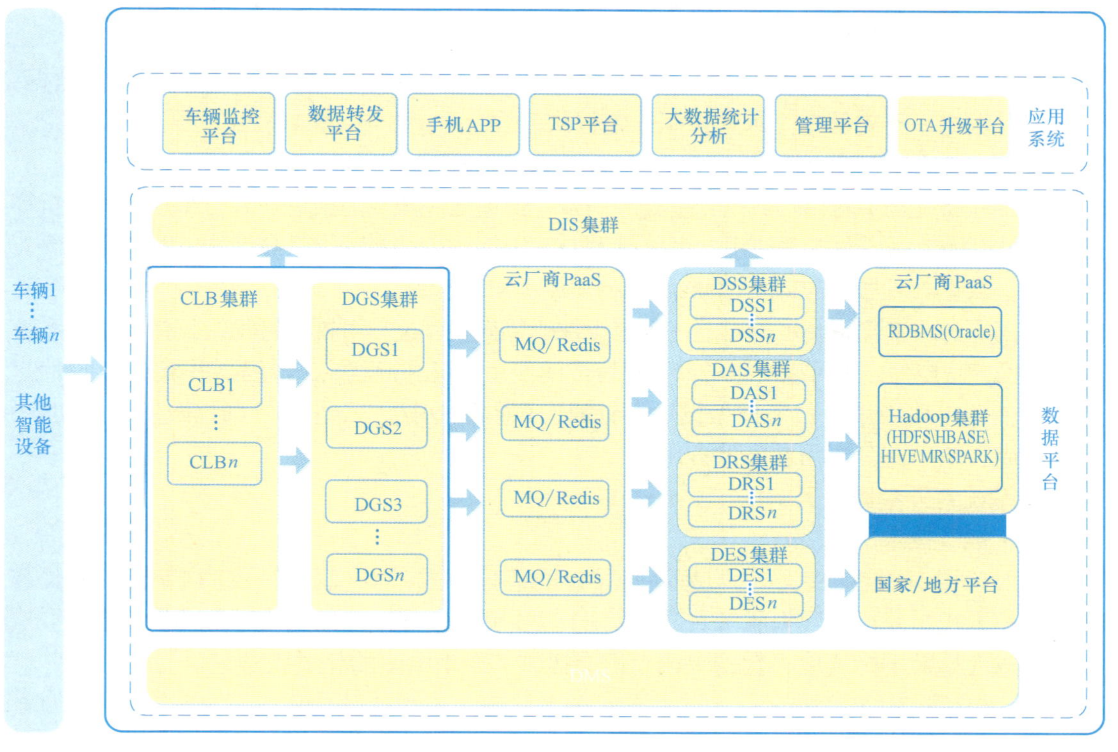


图 11-16 典型的数据平台技术架构

数据平台作为系统的中间件，使系统将数据与应用进行了有效分离，使数据平台成为车联网的“数据池”。数据平台一般采用模块化设计，并且能够实现分布式运行，以应对海量车辆数据接入，提供很好的容错性及解决单点故障问题。数据平台一般包含如下的组件：

（1）高速负载均衡（Communication Load Balance，CLB）组件

该组件能快速分发接入数据的请求，并能够结合实际车联网业务需求场景，将海量的并发请求通过优化算法分摊到 DGS 组件，实现百万级车载终端等智能设备的并发请求快速接入。

（2）数据网关服务（Data Gateway Service，DGS）组件

该组件负责处理由 CLB 组件分发过来的数据包，通过动态协议规则加载，能够应对各种复杂协议的接入并实现快速数据解析、逻辑化处理及水平扩展。

（3）数据分析服务（Data Analysis Service，DAS）组件

该组件能够支持各种数据源的数据读取，并通过规则划分，并发读取数据源，完成海量的报表分析计算，并输出统一的数据分析报表。

（4）数据存储服务（Data Storage Service，DSS）组件

该组件能够兼容各种数据存储系统，并能够高效地完成数据的持久化工作。

（5）数据转发 / 交换服务（Data Exchange Service，DES）组件

该组件通过可视化配置，实现各种外部平台的数据对接和转发，包括国家平台、各个地方公共平台以及其他外部平台。系统通过该组件满足企业数据交互和国家法规要求。

（6）数据接口服务（Data Interface Service，DIS）组件

该组件通过功能丰富覆盖完整的数据服务接口，为系统中的各个应用系统提供数据，包括实时数据、历史数据、远程控制、鉴权认证等。

（7）实时数据服务（Data Real-time Service，DRS）组件

该组件通过基于内存的数据分析处理引擎，快速地完成故障报警、实时车辆数据分析等任务，可以为数据平台内部使用，也可以供 DIS 组件调用，对外提供高性能实时数据服务。

（8）数据管理服务（Data Manage Service，DMS）组件

数据平台的管理系统可以对上述各个组件的工作状态进行可视化管理，包括模块的系统配置、状态监控等，也可以对服务器主机资源的使用情况进行监控，以提高系统的运维效率。

以上各模块采用微服务框架设计，针对车联网数据接入及处理特点，做到动态加载、快速响应，从而充分利用软硬件资源。

### 2. 系统对外数据服务

（1）接口技术

一般采用 HTTP（S）作为数据服务接口的通信方式，也有系统采用 TCP Socket 长连接的通信方式对外提供数据服务。其中，HTTPS 可以较好地确保通信过程的数据安全。

针对大量数据的读取，数据平台一般会提供基于 Hbase 的相关服务接口。

（2）对接过程

1）应用软件开发方获取用户凭证（Api-Id）与密钥（Key）。数据平台通过该用户凭证和密钥识别有效的应用软件。密钥用于生产加密签名（Sign）。

2）验证接口有效性。进入数据平台的接口调试界面，输入用户凭证（Api-Id）与密钥（Key），发送请求，若接入正常，数据平台将返回用户接口开放时间、到期时间等信息，若暂未开通，将返回用户凭证异常等信息。

3）依据接口文档实现业务逻辑的开发。

（3）接口服务内容

数据平台根据车联网应用系统的需求，整理并抽象各个数据服务，然后封装成数据接口，每个接口可以查询单台或多台车辆的数据。

下面列出典型的接口类型，系统设计时可以根据需要进行增减。

1）车辆实时数据。一般包括如下接口（每个接口数据包含时间戳信息）：

① 位置数据及状态数据。

② 整车数据。

③ 空调状态。

④ 充电状态。

⑤ 车门状态。

2）车辆历史数据。应用软件可以根据车辆编号（VIN 码等）、开始时间、结束时间等信息获取车辆的历史数据。封装的接口一般包括：

① 整车历史数据查询。

② 行驶轨迹数据查询。

③ 数据文件下载。

3）车辆故障数据。一般包括如下接口：

① 实时故障上报。

② 历史故障查询。

③ 实时预警信息上报。

④ 历史预警信息查询。

4）车辆远程控制。通过该系列接口实现对车辆的远程控制，包括：

① 控制状态查询。

② 远程锁车。

③ 空调开启 / 关闭。

④ 远程充电控制。

⑤ 远程车门控制。

⑥ 灯光控制。

⑦ 车辆鸣笛控制。

5）数据分析。数据平台针对具体应用进行数据预处理和分析，可以给应用系统提供分析的结果，一般包括的接口有：

① 里程统计查询。

② 能耗统计查询。

③ 驾驶行为数据查询。

④ 行程数据查询。

### 3. 关键技术

（1）负载均衡

一般车联网都需要接入几万、几十万甚至百万台的车辆，系统会采用多台通信服务器对车辆进行数据采集、处理和存储。

为了确保各个通信服务器能持续运行，服务器间需要进行动态的连接负载调配，以达到负载均衡。系统可以根据预算及预估的接入容量，一般可选择 F5、LVS 和企业自研（如 inCOM.CLB）三种技术实现方式。F5 为硬件负载均衡，LVS 和 inCOM.CLB 为软件负载均衡。每种均衡方式均支持多种策略。其中，inCOM.CLB 可以工作在网络第 7 层，结合车联网业务需求，提供更加灵活的负载。

（2）海量数据存储

车联网平台中需要存储大量的车辆运行状态数据，容量可达几十 TB 甚至达到 PB 级别，为了满足海量数据的快速查询和分析，一般采用 HDFS 的分布式数据存储技术。基于 Hadoop 的技术架构，提供 Hbase 的分布式数据库存储和读取功能。

在数据缓存技术上，一般选择 Redis 作为内存缓存数据库。

（3）内部数据通信

平台系统接收到车辆状态数据后，需要进行解析，解析完成后将数据推送给系统内部各个功能模块，包括数据处理集群、计算集群、故障 / 报警处理集群及数据存储 Hadoop 集群等。为了确保数据在内部通信的实时性，可选用 RabbitMQ 作为内部数据总线技术。

（4）关系型数据库

系统中除了分布式数据库、内存数据库，还有一些用户、车型、配置参数等业务数据，为了系统的稳定性及与其他相关系统的兼容性，一般可选择 Oracle、MySQL 作为关系型数据库。

（5）远程唤醒技术

在车辆下电后，车辆的主要控制器均处于休眠状态，以便尽可能地节省电池电量，包括 T-BOX 也将进入休眠状态。但在某些场景下，需要远程唤醒 T-BOX，这些场景包括：

1）需要进行远程车辆控制时，如远程开启空调等。

2）需要进行远程升级。

3）其他需要获取当前车辆状态数据的场景。

远程唤醒的主要技术有：

1）通过短信唤醒 T-BOX。

2）通过电话唤醒 T-BOX。

3）通过数据链路唤醒 T-BOX。

T-BOX 进入休眠状态后，通信模组进入部分休眠状态，然后通过上述事件唤醒通信模组，进而唤醒整个 T-BOX 进入正常的工作状态。

一般的唤醒流程：应用软件通过接口触发数据平台的远程唤醒功能，数据平台给 T-BOX 发送短信、拨打电话或发送数据报文，从而唤醒 T-BOX。从成本、唤醒时间等角度来说，数据唤醒具有相对更好的性价比。

（6）远程控制技术

数据平台一般具有实时远程控制的功能，在车联网系统通信协议中，会定义远程控制的相关命令和应答，以便应用软件调用数据平台的接口，实现对车辆的远程控制。设计人员一般会在数据平台中针对控制命令进行实时性的优化设计，以确保控制命令能及时传输。

当车辆处于正常运行状态时，T-BOX 收到远程控制命令后，会和其他控制器一起判断车辆此时是否具备执行该命令的先决条件，如果不具备则会给数据平台执行失败的应答信息。如果车辆处于休眠状态，在执行如远程空调开启等命令时，数据平台会先唤醒车辆，然后再发送控制命令。

（7）近场控制技术

近场通信又称近距离无线通信，是一种短距离的高频无线通信技术，允许电子设备之间进行非接触式点对点数据传输和交换数据。在车联网系统中通过手机与车端蓝牙模块进行配对连接并进行双向安全认证，实现近场内的车辆开关车门控制及遥控驾驶、遥控泊车等业务，可通过手机替代传统车钥匙，并可通过手机完成车钥匙分享。

（8）远程文件传输技术

车联网系统一般采用两种文件传输方式：如果是体积较小的文件，可以通过通信协议分包的传输方式，这种方式适合单片机系统的 T-BOX 产品；如果文件较大，一般采用 FTP 的传输方式，这种方式具有成熟的断点续传等特性，有利于进行大文件的传输。

#### 4. 内部信息系统交互

针对整车生产企业主导的车联网信息服务云平台，车联网平台需要和企业内部的其他信息系统进行对接，实现必要信息的互联互通。

（1）接口技术

一般可采用 Web Service 技术实现上述系统间的数据对接接口。

1）Web Service 概述。Web Service 也称 XML Web Service。Web Service 是一种可以接收从 Internet（互联网）或者 Intranet（内部网）上的其他系统中传递过来的请求，轻量级的独立的通信技术。Web Service 接口可基于 IIS 服务开发，客户端和服务器使用 SOAP1.2（Simple Object Access Protocol）通过 HTTP 来进行交互，客户端根据 WSDL 描述文档生成 SOAP 请求消息发送到服务端，服务端解析收到的 SOAP 请求，调用 Web Service，然后再生成相应的 SOAP 应答送回到客户端。

Web Service 为整个企业甚至多个组织之间的业务流程的集成提供了一个通用机制。

2）认证机制。在传输过程中 Web Service 会对 Soap Header 进行加密传输，因此本次服务接口基于 Soap Header 实现安全认证，在 Soap Header 中创建消息头（Authorization）并扩展字段用户名（User Name）、密码（Password），每次访问服务接口都需携带双方事先约定的用户名和密码。

（2）客户关系管理（CRM）系统

CRM 系统一般需要从车联网系统获取如下类型的数据：

1）指定车辆的位置信息（经纬度、海拔、车速）。

2）指定车辆的仪表总里程。

（3）呼叫中心（CC）系统

呼叫中心一般需要车联网系统提供如下类型的数据：

1）指定车辆的位置信息。

2）指定车辆的故障信息。

3）车辆安装的 SIM 卡信息。

（4）经销商管理系统（DMS）

车联网数据平台一般需要实时同步获取 DMS 车辆销售相关数据，这些数据包括：

1）车辆 VIN。

2）车牌。

3）经销商编码。

4）经销商名称。

5）车辆配置。

6）客户姓名。

7）客户类型。

8）联系电话。

9）省、市、区。

10）购车日期。

11）购车用途（运营 / 非运营）。

如果经销商管理系统中有售后服务信息，则需为车联网系统提供如下信息：

1）电池更换信息（用于电池追溯管理）。

2）其他主要零部件的维修更换信息。

车联网系统一般也会为 DMS 提供如下必要的相关信息：

1）车辆的实时故障信息。

2）车联网各组成部分的故障排查信息（如 SIM 卡状态等）。

（5）制造企业生产过程执行系统（MES）

车联网系统和 MES 的实时交互接口主要数据有如下类型：

1）MES 向车联网系统传输的数据：

① 车辆的 VIN 码及车型信息。

② T-BOX 绑定关系。

③ T-BOX 重新绑定。

④ SIM 卡信息。

⑤ 电池电机编码（公共平台信息备案需要）。

2）车联网系统向 MES 传输的数据：

① 适合当前车辆的 T-BOX 软件版本及 ROM 程序。

② 适合当前车辆的 T-BOX 配置信息。

## 11.4.2 应用服务平台

车联网的应用服务平台可大体分为政府主导的车联网应用服务平台和整车生产企业（以下简称车企）主导建设的应用服务平台两大类。在车企主导建设的车联网系统中，应用服务平台由面向车企内部的应用、面向车主的应用、面向车企大客户的典型应用等几个部分组成。本小节重点介绍车企主导建设的应用服务平台的主要构成要素。

### 1. 面向车企内部的应用系统

（1）服务部门车联网的应用

1）安全监控。服务部门一般会建立安全监控中心，安排坐席人员通过大屏幕和工作计算机监控所有运行车辆的安全。

从国家法规层面：车企发现车辆发生故障或报警后，需要按照报警等级及时进行处置，并将处置进度、结果上报给车辆所在的地方公共平台，履行车辆安全主体责任的职责。

从车企内部层面：监控中心人员可以宏观性地掌握车辆故障和报警的情况，对可能存在或已经发生的故障及时进行处理，主动服务车主，改善车主的用车体验，增强客户黏性。

2）车辆固件远程升级（FOTA）。车企将车辆售出后，有时难免需要对车辆的某个或多个控制器进行远程升级，升级的目的一般有：

① 解决车辆现有版本的某些控制器软件设计缺陷。

② 为了增加某些车辆功能，改善用户用车体验。

在有了车联网系统后，服务部门可以通过车辆固件远程升级（FOTA）应用子系统对目标车辆进行远程升级，而且可以根据批次或车型等进行批量的升级，大大降低了服务部门的升级成本，提高了工作效率。

3）远程故障诊断。一般情况，在车辆出现故障后，车企的应用系统可以通过以下三个技术途径进行远程的故障诊断。

① 主动上报的故障信息：一般指车企将故障信息设计到车辆总线的广播报文中，一旦出现故障，车辆的 T-BOX 会第一时间采集到故障信息，并报送给数据平台和各个应用系统。

② 自定义规则故障报警：在车联网后台应用系统中，用户编辑一定的数据计算规则，让系统自动实时计算和判断，然后进行故障或报警的报送，协助服务部门的监控。

③ 通过 UDS 诊断协议的深度诊断：在车辆控制器网络中，一般各控制器都支持 UDS 诊断协议。车联网系统可以通过诊断信息描述文件（ODX 等格式），对某车辆的某个控制器进行深度的故障诊断，以便协助服务部门、研发部门进行车辆故障分析。

4）服务派工流程。在车联网应用系统中发现车辆的运行故障后，特别是严重的车辆故障，某些车企可能会设计直接触发服务派工流程，在车主反馈之前主动地提供维修服务。一般有以下的处理方法：

① 设计全新的服务派工流程。通过服务站服务人员的手机 APP 与车联网系统融合，系统可以自动派工。服务人员接受维修任务，并在 APP 上更新维修进度。该方法可实现服务的闭环处理。

② 通过经销商管理系统（DMS）完成服务派工和闭环管理。DMS 和车联网系统通过故障数据接口实时获得车辆及故障信息。

（2）研发部门车联网的应用

研发部门车联网的应用，主要是围绕车联网系统给车辆研发带来以下两个价值点：

1）车联网系统可以实现车辆的研发数据积累。

2）车联网系统为研发工程师提供了一个车辆与应用软件实时的数据通道。

车联网在研发部门的具体应用如下：

1）车辆总线（CAN 等）数据采集。研发人员可以对实际工况下的数据进行实时监控，包括整车数据、位置数据、海拔数据、动力系统数据、充电状态数据等，结合系统存储的历史数据，可为研发工程师进行车辆测试、设计验证、故障分析、改进性设计提供充足的数据来源。

图 11-17 所示为典型车辆数据远程监控界面（图中车辆 VIN 码做了马赛克处理）。

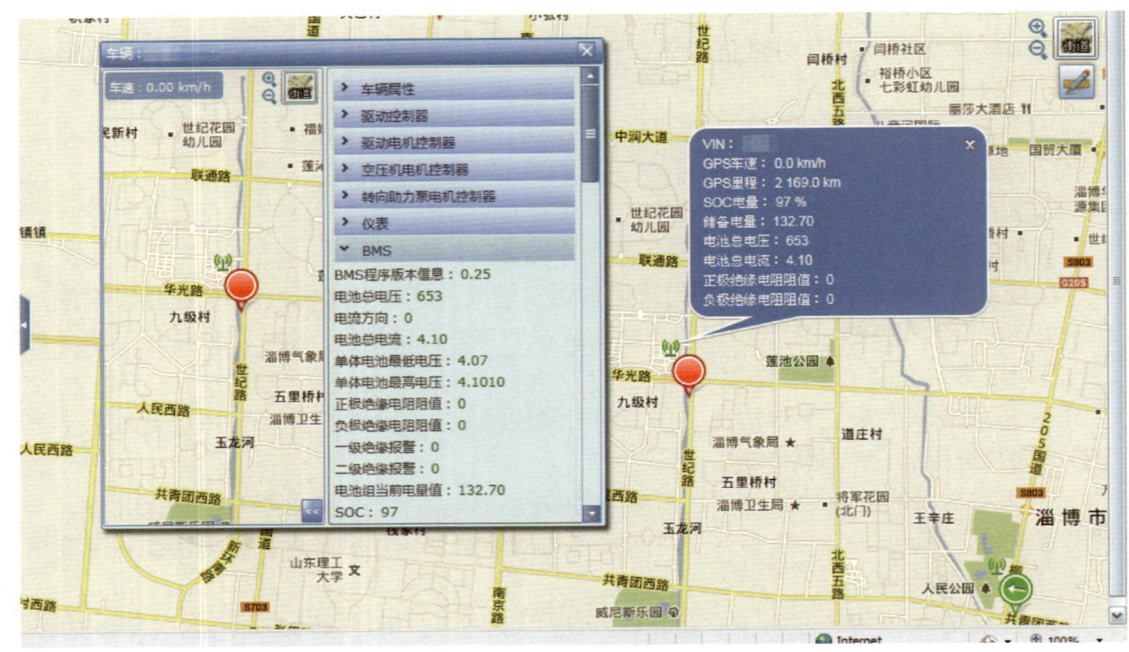

图 11-17　典型车辆数据远程监控界面

2）车辆性能数据管理。车联网应用系统实时记录每辆车实际工况下的能耗、车速、充放电特性等信息，并可以对加速、制动、滑行、充电效率等实际性能工况进行数据分析和管理，便于研发人员进行查询、统计和分析，并可以为选择或设定合适的性能标定数据提供依据。

3）基于大数据的建模和模型验证。研发工程师可以基于车联网的数据池进行大数据分析，建立研发模型并进行验证。例如可以探索续驶里程、电池寿命、故障预测、控制算法、云 + 车辆端的计算协同等方面的建模研究，以便更好地为车辆优化设计服务。

（3）营销部门车联网的应用

车企营销部门利用车联网的应用系统可以实现以下功能：

1）建立微信公众号增强车主的黏性，为车主提供充电状态查询、用车信息咨询、新车信息推送等服务。

2）通过车主手机 APP 收集车主用车习惯，为车主推送贴心的服务或商品。

3）通过车主手机 APP 发起问卷调查或车主活动，采集准确的市场信息。

4）建立大客户（如公交公司、物流公司、分时租赁公司）的应用软件和系统，然后随车低价或免费销售给客户，降低他们的运营门槛，提高车辆的竞争力。

5）基于车主的用车数据，进行大数据分析，实现用户画像，进而进行精准营销。

## 2. 面向车主的应用系统

车联网系统要设法为车主提供相关信息服务，目前典型的有车主手机 APP、呼叫相关服务、导航服务、可联网车机上的信息娱乐服务以及其他 TSP 服务。

（1）车主手机 APP

车主手机 APP 是车联网应用系统的重要组成部分，关系到车主的用车体验。

（2）典型车主手机 APP 功能设计（图 11-18）

1）车辆状态。实时显示车辆的当前状态，具体包括：

① 行驶 / 正在充电 / 充电完成 / 驻车状态。

② 车牌信息。

③ 地理位置文字信息。

④ 续驶里程。

⑤ SOC 值。

⑥ 剩余充电时间、充电电流。

⑦ 总里程。

2）车辆控制。典型的远程控制功能包括：

① 空调控制。

② 充电控制。

③ 车门控制。

④ 车窗控制。

⑤ 座椅通风加热控制。

⑥ 远程起动车辆。

⑦ 寻车控制：鸣笛 / 闪灯。

图 11-18 典型车主手机 APP 车辆状态界面

3）车辆体检。车辆体检即利用车联网的远程故障诊断功能，根据故障的情况和车企制定好的评分规则，给车主提供处理的意见。下面为一个简单的分级及提醒设计：

① 优：车辆无故障，提醒车主可安心用车。

② 良：存在一些不影响车辆使用的故障，提醒车主可在方便的时候到维修站进行排查。

③ 差：存在一些影响车辆使用的故障。如果车辆依然可以行驶，提示车主立即将车辆开往维修店。如果不建议车主继续使用车辆，将提示立即安全停车，然后呼叫服务站进行道路救援，并进行维修。

4）车辆位置服务。可以在电子地图上显示车辆的位置，并计算、显示车辆离车主手机 APP 的实时距离。该功能主要用于寻车等服务。

（3）特斯拉车主手机 APP

1）特斯拉车主手机 APP 首页。其首页如图 11-19 所示，主要功能如下：

① 状态显示：

a. 当前续驶里程，图中为 350km。

b. 车辆状态：已驻车 / 正在充电 / 充电完成 / 行驶。

② 远程控制按钮：

a. 远程开启或关闭空调。

b. 远程起动车辆（无钥匙驾驶）。

c. 远程解锁。

③ 其他五个功能项：

a. 温度设置。

b. 控制。

c. 充电控制。

d. 地点（位置服务）。

e. 召唤。

2）控制界面。控制界面如图 11-20 所示，主要功能如下：

① 解锁与闭锁。

② 闪灯。

③ 鸣笛。

④ 启动。

图 11-19　特斯拉车主手机 APP 首页

图 11-20　控制界面

通过实车测试，各个远程控制功能的响应时间基本在 3s 以内，用户体验较好。因为有手机 APP 的解锁和启动功能，所以在一定程度上可以减轻车主忘带钥匙的焦虑。

3）召唤。召唤功能是指车主可以通过手机 APP 或车钥匙遥控车辆前进或后退，当有障碍物时车辆会自动停止，同时车辆也具有转动转向盘简单避让的功能。目前版本最多只能控制车辆前进或后退 12m，非常适合于狭窄车位的自动控制进出的场景。

随着车辆的不断升级，预计将来可以实现更复杂、更远距离的召唤自动驾驶功能。车辆召唤功能界面如图 11-21 所示。

（4）呼叫服务

车企一般会建立呼叫中心（Call Center），又称客户服务中心（Customer Service Center）。

呼叫中心系统是一套充分利用电信技术与计算机网络技术相结合的、多功能集成化的综合信息服务系统。呼叫中心系统一般会根据车联网服务的要求，为车主提供有效服务。

（5）信息呼叫（I-Call）

信息呼叫的应用流程为，车主通过驾驶室的 I-Call 按键，拨通呼叫中心的电话，和人工坐席进行语音通话实现服务，主要包括一键导航和商旅预订服务。

1）一键导航：如车主前往陌生地段时，按下该键可连接至呼叫中心的人工坐席进行目的地查询。双方确定后，人工坐席会通过后台设定车机上软件的导航路线和目标地址，将车主导航至目的地，省去车主自己查询和设定的麻烦。

2）商旅预订服务：由呼叫中心坐席代替车主进行相关预订，包括餐饮、酒店、机票等。

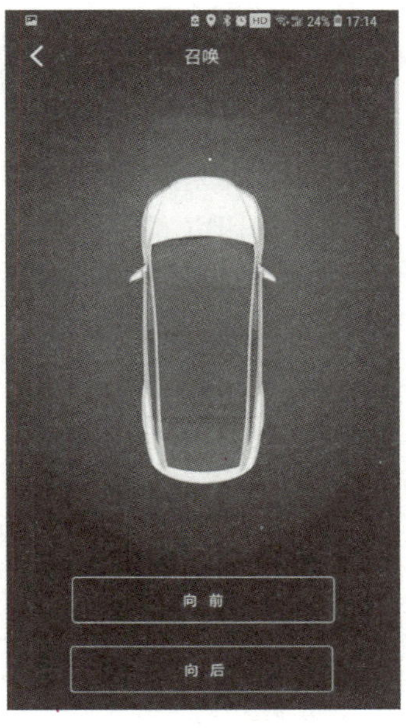

图 11-21　车辆召唤功能界面

（6）紧急呼叫（E-Call）

紧急呼叫，在车辆或驾驶人发生紧急事故或身体不适时，车载系统与等呼叫中心建立语音连接，获取紧急救援。在欧洲，紧急呼叫被命名为 eCall（Pan-Europen In-Vehicle Emergency Call System）。eCall 系统已成为欧洲车辆的标准配置。

在如下条件下，车辆会进行 eCall 的语音呼叫。

1）车主手动按下 eCall 按钮：如果驾驶人感觉身体不适，可以按下车上的 eCall 按钮与呼叫中心开始语音通信，呼叫中心可以合理安排救护车和警车赶赴事故现场展开救援。

2）车辆发生事故后自动触发 eCall：如果车辆遇到事故，安全气囊自动爆出。车辆的 T-BOX 等设备会自动拨通呼叫中心的电话，然后安排救援。

在欧洲的 eCall 系统中，有以下三个重要概念：

1）车载系统（IVS）：指可以采集并发送 eCall 事件的车载系统，如 T-BOX。

2）最小数据集（MSD）：指触发了 eCall 后，车辆的车载系统（IVS）需要给呼叫中心的系统主动发送一个最小数据集，包括时间、地点、行驶方向和车辆描述等事故关键信息，以便准确地进行救援。

3）公共安全应答点（PSAP）：由 eCall 服务运营商承建，可以及时地接收车辆发送的 MSD 并显示出来，坐席人员可以听到车辆内部的声音，还可以与乘客进行语音通话。在确定后，坐席人员将和救护车、消防队、警察等（可认为是第二层的 PSAP）进行沟通，然后由后者做适当处理。

俄罗斯的 ERA-GLONASS 也有类似欧洲 eCall 的系统。在我国，全国汽车标准化技术委员会正在起草车载事故紧急呼叫系统（AECS）。在这之前，各个车企基于自己的呼叫中心处理 E-Call 事件，帮助车主向医院和交警求助。

（7）道路救援呼叫（B-Call）

当车辆发生故障时，按下驾驶室的 B-Call 按键向车企车联网系统发送“道路救援”信号，在呼叫中心的协调下获得拖车等一系列帮助。在 B-Call 触发时，呼叫中心系统依然可以得到 MSD 相关的数据，协助呼叫中心高效地展开道路救援。

（8）基于人工智能的呼叫管理

随着人工智能的发展，将来车辆上的车载交互系统可以直接与驾驶人进行语音对话，一方面可以逐渐代替信息呼叫（I-Call）的功能，另一方面，将紧急呼叫（E-Call）和道路救援呼叫（B-Call）的服务做得更好。这相当于有一个可以对话的智能机器人在车辆上协助驾驶人处理或代替传统的呼叫服务。

（9）防盗车辆追踪服务

当车辆被盗后，车内 T-BOX 可以发送被盗信息给车联网后台系统，呼叫中心和车主可以实时追踪到车辆的具体位置。必要时，车联网后台系统可以对被盗车辆进行远程的限制控制（如限制扭矩或车速等），配合警务人员跟踪被盗车辆。



### 3. 面向车企大客户的典型应用系统

车企在进行车联网系统建设时，会为其大客户进行相关信息系统的建设，以便增强车辆销售的竞争力。这些信息系统一般有新能源汽车公交管理系统和车队管理系统。

（1）新能源汽车公交管理系统

客车企业一般会为其客户建立一套新能源汽车公交管理系统，其功能设计一般包括以下内容：

1）车辆远程监控。包括：

① 车辆实时状态监控。

② 单车线路监控。

③ 报警管理。

④ 历史数据 / 轨迹下载。

⑤ 行驶里程查询。

⑥ 日行驶车辆统计。

2）故障诊断管理。包括：

① 车辆实时故障诊断，读取车辆当前故障信息。

② 历史故障统计。

③ 故障统计报表。

④ 故障及维修建议知识库。

3）能耗统计管理。包括：

① 车辆实时能耗分析。

② 能耗统计（按分公司、车队、线路等多维度）。

③ 能耗分析报告。

4）驾驶行为分析。包括：

① 不安全的驾驶行为统计。

② 高能耗驾驶行为统计。

③ 驻车行为分析。

④ 急加速分析。

⑤ 急制动分析。

⑥ 速度分布。

⑦ 加速踏板开度。

⑧ 车辆运行报告。

（2）车队管理系统

在商用车领域，车企一般也会为其大客户提供简单的车队管理系统，其基本的功能设计如下：

1）从业人员管理。包括：

① 驾驶证信息管理。

② 驾驶人信息（包含进入车队时间、合同开始时间、合同结束时间等）管理。

2）车辆信息管理。包括：

① 车辆维护保养信息管理。

② 车辆保险信息管理。

3）车辆远程监控。包括：

① 车辆实时状态监控。

② 车辆位置信息监控。

③ 实时故障信息查询。

④ 远程锁车（限扭、限速、限启动）。

4）驾驶行为统计与分析。包括：

① 超速统计。

② 急加速。

③ 急减速。

④ 低 SOC 行驶。

5）能耗统计。包括：

① 车辆行驶路线统计。

② 日里程统计。

③ 日能耗统计。

④ 百公里能耗排名。

## 11.5 整车固件远程升级（FOTA）应用

整车固件远程升级（Firmware Over-The-Air，FOTA），是主机厂通过移动通信对车辆进行固件（包括驱动、系统、功能、应用等）升级的系统。

随着技术的不断完善，汽车逐步地从机械产品演变成电子产品。汽车的各个系统，从刮水器到导航，从主动安全到高级驾驶辅助系统（ADAS），无一不是借助各种精密可靠的电子系统得以实现的。此外，车联网技术发展迅速，汽车软件系统不断增加，而软件的不稳定性是不可避免的。据统计数据显示，目前市场上 50% 以上的汽车召回是由软件缺陷造成的，汽车召回的次数因此大大增加。

如果主机厂能够通过 FOTA 解决方案，自行升级和修复软件缺陷，就可以有效降低主机厂的开发风险和召回成本。同时，对于终端消费者而言，FOTA 方案可以保证汽车系统及时更新，导入车辆的新功能，如自动驾驶软件的升级就能够帮助消费者逐步激活车辆的自动驾驶功能，提高车辆自动巡航功能的限制速度、解锁自动车道变换功能、车道偏离等诸多功能，从而提升用户体验。同时，FOTA 可以持续助力人机界面的优化，改进人机交互要求的体验，不断开发出更具个性化的、贴近用户需求的服务。

## 11.5.1 基本原理

典型的 FOTA 方案以固件管理、WEB 管理平台、云端管理平台和设备群为基础组件。图 11-22 所示为 FOTA 运行的基本原理。

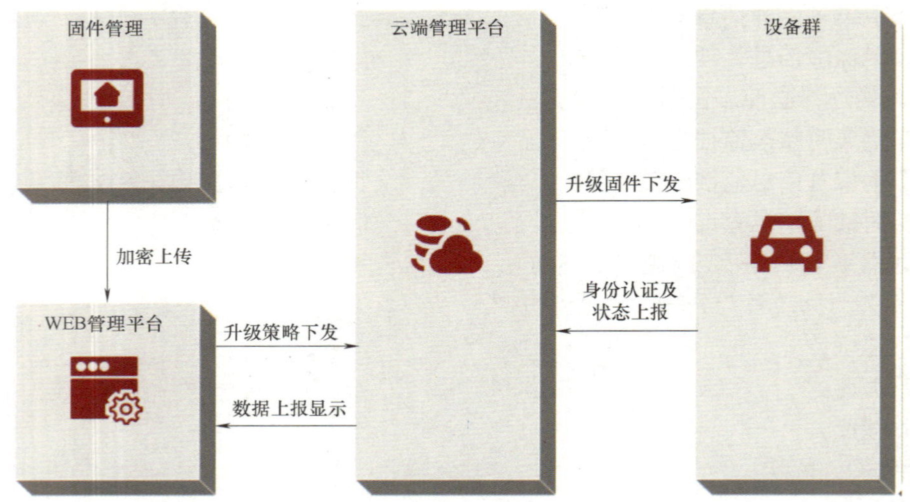


图 11-22 FOTA 运行的基本原理

### 1. 设备群

车辆需安装可承载“车辆端升级组件”的硬件设备（简称其为“设备”，一般为车载终端或车机），设备作为主控通过移动网络连接至云端管理平台，在接收到完整的升级固件并且用户授权后，可执行整车固件升级任务。

### 2. 固件管理

主机厂工程师将需要升级的固件准备完成后，通过加密上传的方式将固件传输至 WEB 管理平台。

### 3. WEB 管理平台

WEB 管理平台提供可视化的管理界面，执行升级包制作、车型管理、车辆管理、升级策略管理、任务配置，并且可以和主机厂指定系统进行数据接口同步数据。WEB 管理平台配置完成升级的必要内容后，将升级策略下发至云端管理平台，并实时接收云端管理平台上报的数据，对升级行为进行统计分析及展示。

### 4. 云端管理平台

设备（车辆）检测到升级任务后，通过移动网络连接至云端管理平台进行身份认证，身份认证通过后，云端管理平台可将定制化的升级固件按照 WEB 管理平台配置的升级策略分发到每一个设备（车辆）。

## 11.5.2 系统架构

典型的 FOTA 系统主要由服务端和车辆端两部分组成。FOTA 服务端独立于现有车联网系统，为用户提供完整的管理界面，包括升级包管理、车辆零部件版本管理、升级任务管理、FOTA 统计服务等功能；同时，服务后台提供升级包制作服务、升级任务控制服务、升级流程控制服务、文件下载服务等多个服务，保证车辆升级的正确性和安全性。

FOTA 服务与车企现有车联网系统使用 API 进行数据和信息的交换，在保证 FOTA 服务独立的同时进行数据交换，可降低各个系统间的耦合度，且保证数据的安全性。

FOTA 服务支持企业 PKI/CA 体系的接口，可方便灵活地按照企业 PKI/CA 体系要求，整合到 FOTA 服务中。

图 11-23 所示为 FOTA 系统架构示意图。

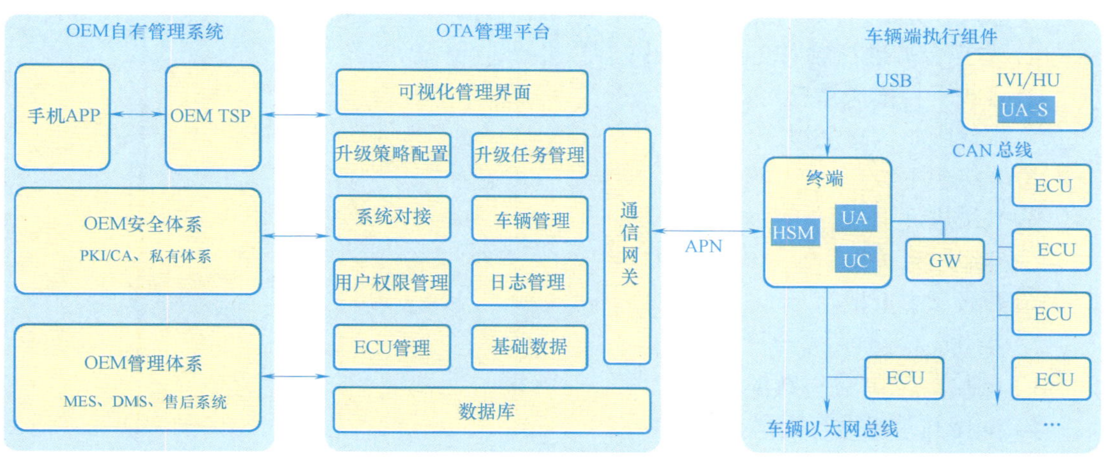


图 11-23 FOTA 系统架构示意图

### 1. 服务端管理系统

1）系统遵循车企现有的安全认证体系，在业务需要时可向 PKI 系统发起加密和签名请求。

2）系统所需的基础数据（如车辆 VIN、车辆生产信息等），通过与车企车联网或者内部其他业务系统（如 DMS 等）对接获取。

3）系统和终端采用单独的 APN，服务端与车辆端通过此条链路通信，减少自有管理系统（如已有的车联网系统）的依赖和风险。

4）系统向车企自有的管理平台提供 API，为自有管理平台提供车辆 ECU 软硬件版本等数据。

5）在升级前需要在 APP 提醒车主时，车主 APP 通过与车联网系统对接实现。

6）负责升级包制作、升级包管理、版本迭代策略制定。

**2. 车辆端管理系统**

1）车辆端组件主要负责与管理平台的交互，升级策略的获取和执行，对升级包的下载、校验、解密、存储管理、分发，升级过程的控制，升级信息统计及上报等各种升级的核心操作，保障车辆的升级流程严格按照车厂定义的体系规范执行。

2）包含升级代理（Update Agent，UA）、升级控制器（Update Controller，UC）、用户接口（User Interface，UI）核心组件，UA、UC可集成至车辆的车载终端或车载导航设备，UI可集成至具备人机交互功能的车载导航设备（IVI/HU）。



## 11.5.3 车辆端的典型方案

针对上述的系统架构，车辆端方案由UA、UC和UI构成。

**1. UA**

UA为产品组件的通信桥梁，负责各个组件之间的通信和安全策略、升级文件安全策略和日志管理。

（1）通信功能

1）与平台端进行数据交互，包括：

① 接收平台推送消息。

② 本地版本信息上报。

③ 升级包下载。

④ 升级进度上报。

⑤ 升级结果上报。

⑥ 升级日志上报。

2）调用UC组件。

3）间接与TSP进行数据交互。

4）间接与手机进行数据交互。

（2）安全策略

1）通信安全，双向认证。

2）升级包解密。

（3）文件管理

1）升级包存储位置。

2）升级包大小、解压后存放空间计算。

3）文件清理。

（4）日志管理。

1）升级日志存放位置。

2）本地可用空间判断，预计使用空间计算。

3）存放所有与升级有关的日志。

4）日志清理。

### 2. UC

UC 负责车辆端升级过程的控制、升级安全策略执行和异常处理策略执行。

1）升级前置条件判断。

2）升级各电子控制单元。

① 版本回读。

② 升级刷写。

③ 失败回滚。

④ 固件差分还原。

3）与 T-BOX 的自升级组件通信。

① 触发启动升级。

② 升级启动参数约定和传递。

③ 升级结果约定。

④ 升级日志约定。

4）掉电异常处理。

### 3. UI

UI 负责处理车辆端升级过程中的人机交互请求，包括以下功能：

1）用户操作界面。

2）升级过程进度显示。

3）升级注意事项提示。

4）用户授权交互界面。

### 4. 升级主控的选择

升级主控服务适用运作于 Micro-processor（SoC）或 Micro-controller（MCU）处理器的终端设备中。升级主控设备需具备以下能力：

1）升级文件存储。

2）网络通信。

3）硬件安全芯片加解密。

4）可集成固件升级所需协议栈。

5）车内总线通信。

通常选择 T-BOX 作为升级主控终端。

### 5. 主要的升级对象及典型方案

车辆电子器件按照对汽车行驶作用的影响划分，可以归纳为电子控制单元（ECU）和车载电子设备。电子控制器设备一般与机械装置配合使用，包括发动机、底盘、车身电子控制，如电子燃油喷射系统、制动防抱死控制、防滑控制、牵引力控制、电子控制悬架、电子控制自动变速器、电子动力转向等。车载电子设备不影响汽车的运行性能，通过提高车载电子设备的智能化、信息化和娱乐化程度来增加汽车附加值，其包括汽车信息系统、导航系统、汽车音响与影视娱乐系统、车载通信系统等。

（1）电子控制单元

典型的电子控制单元需遵循统一的重编程诊断规范 ISO 14229，即统一诊断服务

(UDS)，该标准是诊断服务的规范化标准，提供了诊断服务的基本框架。图 11-24 描述了根据 OSI 模型实现的 UDS 文档参考，主机厂和零部件供应商可以根据实际情况选择实现其中的一部分或是自定义出一些私有化的诊断服务，一般由主机厂根据 ISO 14229 制定符合企业要求的“总线重编程诊断规范”。

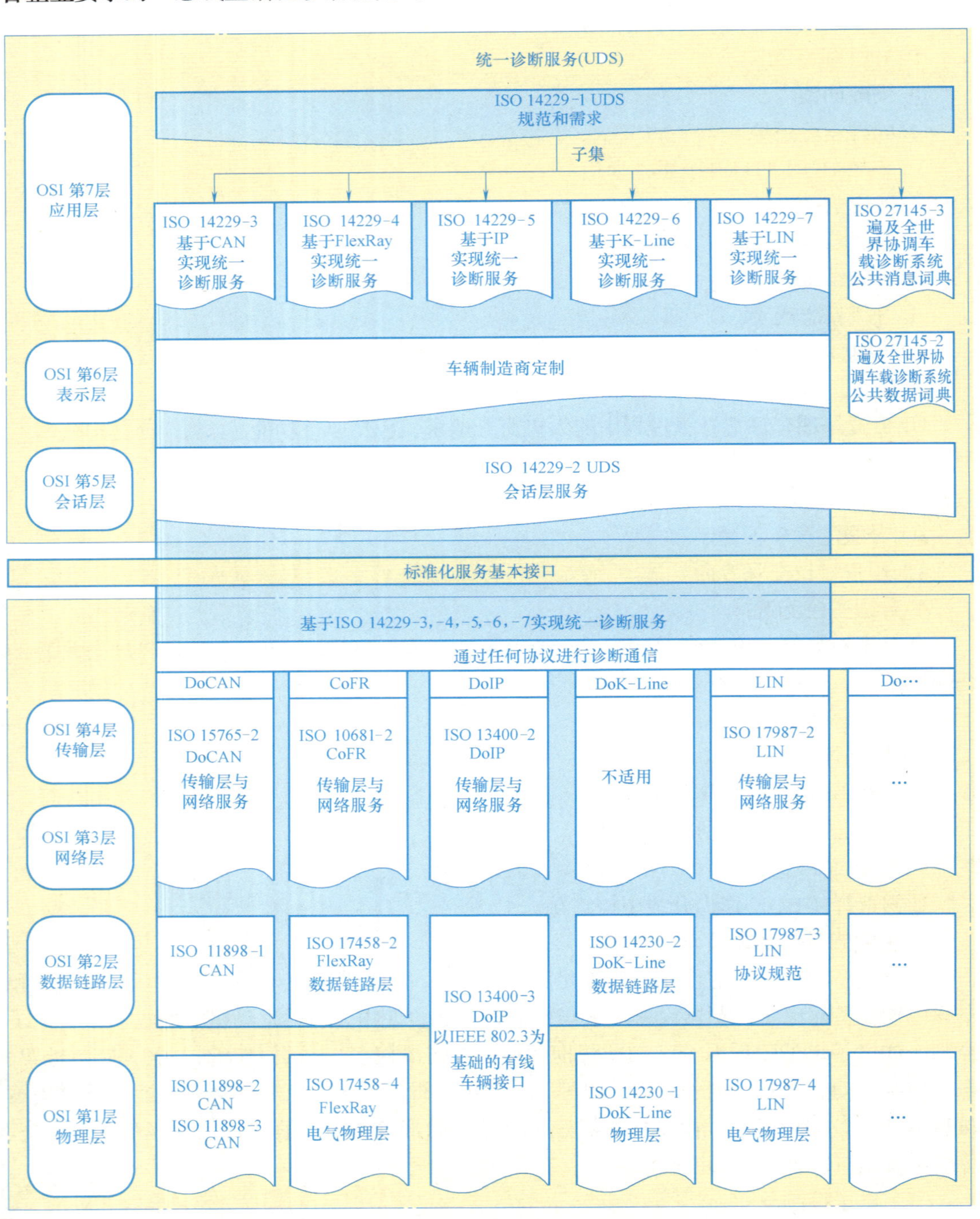


图 11-24　根据 OSI 模型实现的 UDS 文档参考

一个可重编程的 ECU 至少包含 Bootloader（启动装载程序），完整的 ECU 一般由 Bootloader 和应用程序组成，通常情况下，运行的是应用程序，升级主控设备向 ECU 发送特定诊断服务请求或者是系统中应用程序无效时可激活 Bootloader。

典型的可重编程 ECU 的内存映像如图 11-25 所示，应用程序和 Bootloader 占据了 Flash（闪存）的一个指定存储区域。当 ECU 执行 Bootloader 或应用程序时，都能完整使用 RAM 存储区。

Bootloader 使用 UDS 作为下载通信的协议，Bootloader 通信协议栈由总线驱动、传输层和 UDS 协议层构成。

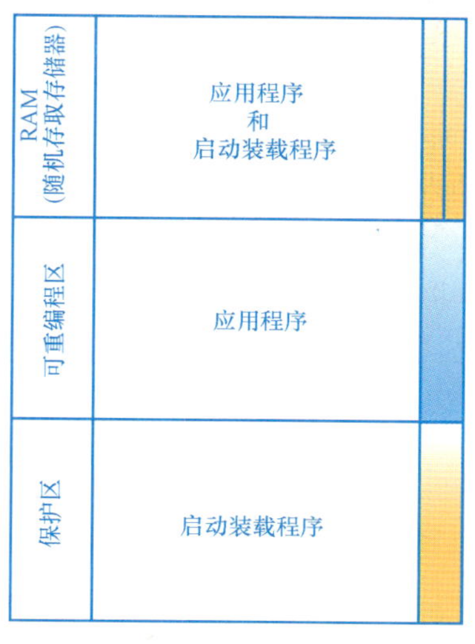

图 11-25　典型的可重编程 ECU 的内存映像

（2）车载电子设备

车载电子设备智能化、信息化和娱乐化的特性决定了其多样性。智能化与娱乐化的设备一般选用 Android 系统，典型代表为车机；信息化设备一般选用 Linux 系统，典型代表为车载终端（T-BOX）；还有一些智能化设备如智能液晶仪表，会根据需求选择 QNX 系统或 Linux 系统。

1）Android 系统。Android 设备可以接收和安装系统及时区规则的固件更新，OTA 更新旨在升级基础操作系统、系统分区上安装的只读应用和 / 或时区规则。这些更新不会影响用户安装的应用。

Android 系统可使用 Google 提供的 OTA 软件包工具，该工具可以构建两种类型的软件包：完整更新软件包和增量更新软件包。

① 完整更新。完整更新是指软件包将对设备的整个最终状态（系统分区、启动分区和恢复分区）进行更新。只要设备能够接收软件包并启动恢复系统，软件包就可以安装所需的版本，而不受设备当前状态的影响。

② 增量更新。增量更新包含一组要应用于设备上的已有数据的二进制补丁程序。以下原因可能会导致此类更新软件包非常小：未更改的文件不需要包含在其中；更改的文件通常与之前的版本非常相似，因此软件包中只需包含针对两个文件之间的不同之处进行的编码。

只有当设备具有构建相应软件包所使用的旧版本或源版本时，才能在设备上安装增量更新软件包。要构建增量更新，需要拥有上一个版本（用户要更新的版本）中的“target_files .zip”以及新版本中的“target_files .zip”（target_files .zip 包含构建 OTA 软件包所需的所有内容）。

Android 系统根据版本的不同还可分为 A/B 系统更新与非 A/B 系统更新。

① A/B 系统更新。A/B 系统更新（也称为无缝更新）的目标是确保在无线下载（OTA）更新期间在磁盘上保留一个可正常启动和使用的系统。采用这种方式可以降低更新之后设

备无法起动的可能性，这意味着用户需要将设备送到维修和保修中心进行更换和刷机的情况将会减少，其他某些商业级操作系统已成功使用了 A/B 更新机制。

② 非 A/B 系统更新。在老款的没有 A/B 分区的 Android 设备上，可以为运行 Android 5.0 的新设备启用基于块的无线下载（OTA）更新。OTA 是原始设备制造商（OEM）用于远程更新设备系统分区的机制。

Android 5.0 及更高版本使用块 OTA 更新，以确保每个设备使用的分区完全相同。块 OTA 不会比较各个文件，也不会分别计算各个二进制补丁程序，而是将整个分区处理为一个文件并计算单个二进制补丁程序，以确保生成的分区刚好包含预期的位数。这样一来，设备系统映像就能够通过快速启动或 OTA 达到相同的状态。

Android 4.4 及更低版本使用文件 OTA 更新，以确保设备包含类似的文件内容、权限和模式，但允许时间戳和底部存储的布局等元数据在各设备之间因更新方法而异。

2）Linux、QNX 系统。针对 Linux、QNX 系统，均采用一致的设计，系统的升级代理依赖于 Recovery（恢复）环境，具备独立于主系统之外的核心（Kernel）与根文件系统（Root File-System），通过 Bootloader 于开机时选择进入，对主系统进行升级、升级前备份与错误还原等维护操作。

除运作于 Recovery 环境中的升级代理，另外使用一个运作于主系统的应用程序，负责连上后台检查是否存在升级、校验升级包、管理升级流程并回报升级状态，在确认升级包后，会将升级操作参数写入开机配置文件中，并重启设备。此开机配置文件建议规划在独立于主系统与 Recovery 环境以外的区段中，以达成跨系统通信的需求。

FOTA 服务能够对支持系统运作的核心与根文件系统提供完整升级或差分升级，完整升级是将新版本的核心与根文件系统直接覆写当前版本的核心与根文件系统；而差分升级则是通过比较当前版本与新版本的档案差异，产生出差分档后，于升级时再将差分加入当前版本中计算出新版本，差分还原技术可输出至文件系统或直接以字节（Byte）方式写入闪存，并计算哈希以确保还原结果与新版本档案一致。

### 11.5.4 云端的典型方案

典型的整车固件升级云端解决方案架构如图 11-26 所示。

Web 应用。Web 应用主要由 API、身份认证功能、制造商管理系统和系统登录界面组成。

制造商管理系统为车厂指定的管理员提供浏览器访问的带用户界面的可视化后台管理系统，该系统可以为管理员提供对车型车辆、升级包、升级任务、统计日志、角色权限审核等功能。

业务服务。业务服务主要提供产品的后台服务功能，其主要包括升级任务执行服务、升级包制作服务、基本信息同步服务、升级信息反馈服务、动态流程管理服务和日志管理服务。

通信和数据服务。通信和数据服务主要包括负载均衡服务、通信服务、数据转换服务、指令支持服务和日志服务。

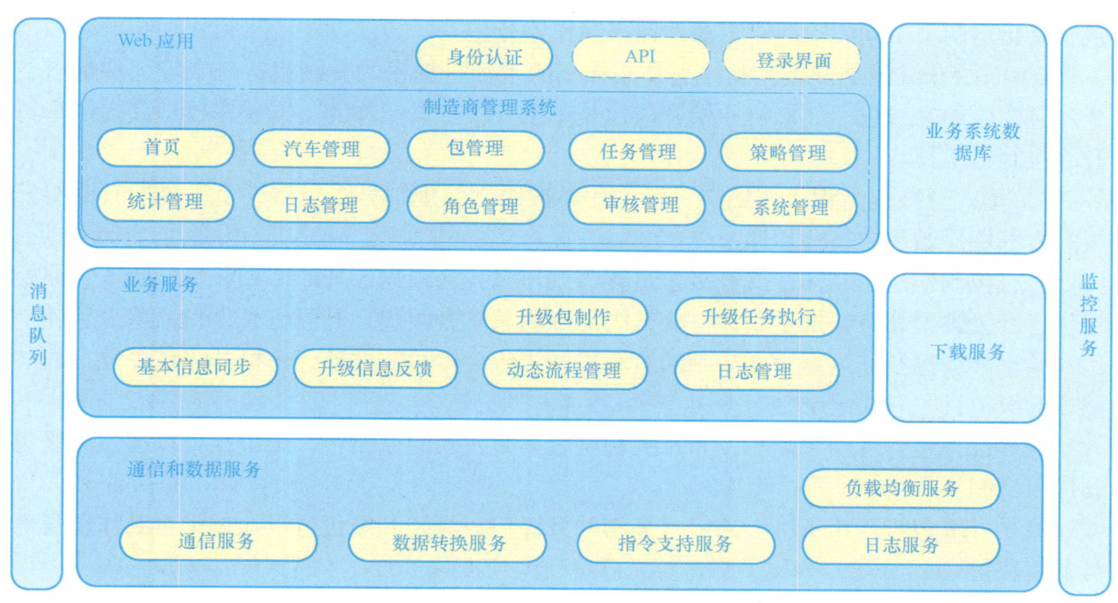


图 11-26　典型的整车固件升级云端方案架构

### 1. 应用系统典型功能

（1）首页

车辆信息总览，主要有以下三类统计功能：

1）授权升级的车辆总数统计和分布、已经升级车辆统计和分布、未升级车辆统计和分布、按照车型发布的版本统计、经销商统计，也可以指定某一区域进行升级等操作。如果发布到市场上的车辆某一个车型的某一个版本存在安全隐患，可以在系统中查看车辆分布地，通过经销商通知车主用户进行升级确认。

2）每个车型车辆数以及占整个车辆总比例。

3）按照时间来统计车辆注册总数、升级总数以及每种车型排行。

（2）汽车管理

汽车管理的主要功能有零部件管理、车型管理、车辆管理和经销商管理。

1）零部件管理用于维护汽车所有的零部件，包括零部件类型、零部件添加、导入、维护等基本功能。

2）车型管理用于车型的来源控制，车型硬件和软件版本发布和维护、车型中各个零部件版本维护等功能。

3）车辆管理用于对具体车辆信息管理，包括 VIN 码、所属车型以及零部件软硬件版本维护等。对于更换过零部件的车辆，可以做特殊或分类处理。

4）经销商管理用于对经销商信息进行维护，可以制定经销商与车型的对应管理。

（3）包管理

包管理的主要功能有升级包制作、原零部件包管理、原始升级包管理和正式升级包管理。以下对其中三种包的功能进行描述：

1）原零部件包是提供升级包制作工具使用的目标包，制作工具可以使用此包制作全包或者指定两个不同版本的原零部件包来制作差分包。

2）原始升级包是升级包制作工具制作出的未经过加密的升级包，每个零部件都有一个对应的原始升级包，如车机原始升级包是车机升级工具制作的，需要车机厂商提供车机升级包制作工具。

3）正式升级包是用于车辆端升级的包，按照制作规则可以包括整个车辆所有需要升级的零部件原始包的组合和加密。

升级包制作用于制作正式升级包过程，制作过程会根据选择的车型、目标版本、原始版本、升级类型和策略批量制作符合升级要求的整车升级包。升级包类型包括差分包和全包。整车升级包制作过程中如果判断有车机升级包会做特殊处理，车机升级包单独存放与整车升级包有关联的记录。

原零部件包管理用于整车发布正式稳定版本时发布的原始包，原始包可以通过升级包制作工具制作升级包。

原始升级包管理用于维护未经过加密的升级包，原始升级包可以通过平台制作和管理员上传获得。

正式升级包管理用于车辆升级的升级包，通过平台制作的整车升级包或者针对特殊车辆制作的升级包。

（4）任务管理

任务管理的主要功能有任务创建、任务执行和任务明细三个模块。按照对车辆升级控制划分，任务可以分为通知升级、强制升级、静默升级和研发模式升级。按照基本类型划分，任务可以分为正式任务和测试任务。

1）任务创建用于添加新任务时使用，制作任务过程中可以指定任务类型、正式任务或测试任务、名称、任务有效时间等基本信息，同时可以指定已有策略，如任务策略、升级包策略、升级顺序策略、升级流程策略等，在任务生成后可以精准地控制某一类车辆或者某一台车辆。

2）任务执行用于所有任务的管理，可以查看所有系统中存在任务的基本状态。

3）任务明细用于查看某一个任务的详细信息，包括任务中包括多少台车辆、每台车辆升级的状态等详细信息。

（5）策略管理

策略管理主要包括升级顺序策略、升级流程策略、分组策略、版本迭代策略和任务关联策略。

1）升级顺序策略用于指定某一个车型零部件在升级包中的升级顺序，按照依赖关系进行顺数生成。

2）升级流程策略用于完成升级流程的控制。

3）分组策略可以把同一车型的某一类相同规则的车辆进行分组管理，按照不同时间创建多个任务指定不同的分组进行升级，实现同一车型分批升级，以减小服务器压力。

4）版本迭代策略用于升级包制作规则制定，尤其是多个低版本在差分升级需求下升级到指定版本或者最新版本时，可作为升级包制作策略的依据，管理员可以按照自己想要的制作规则提前生成策略，在升级包制作模块中进行快速加载，达到批量制作升级包的目的。

5）任务关联策略用于批量制作正式升级包时，自动生成正式升级包与任务的对应关系，以便批量生成任务。

（6）统计管理

统计管理的主要功能包括升级失败原因统计、任务统计、车辆统计、车型升级统计、升级结果统计、升级策略统计、升级次数统计、升级成功统计、测试任务车辆统计。

（7）日志管理

日志管理主要包括管理员操作日志、服务端日志、车载终端日志。

1）管理员操作日志主要记录管理员对系统进行的操作，如创建任务、删除任务、上传原始升级包等具体的操作。

2）服务端日志主要记录服务器后台运行日志，如制作升级包过程、系统对升级包做签名校验等过程日志。

3）车载终端日志主要记录车辆升级过程中全部日志和错误日志，管理员可以分类导出所有日志。

（8）角色管理

角色管理的主要功能包括角色创建、用户创建和权限分配，不同角色的管理员拥有不同的权限。

系统默认设计基本角色，管理员可以按照需要的功能和权限自定义角色。

角色管理员可以创建账户，并赋予账户一个角色，使其拥有指定的权限。

（9）审核管理

审核管理只有审核管理员和高级管理员有权利使用和查看，审核管理员可以通过此模块完成正式任务的发布和关闭。

（10）系统管理

系统管理对系统的功能进行设置，主要包括邮件中心、邮件详情和审核系统。其主要功能是通知或者通过与用户 OA（办公自动化）系统对接，通过 OA 系统完成正式任务的发布和关闭等主要功能。

邮箱中心用于给审核管理员发送邮件，通知审核管理员登录系统进行任务发布和管理等重要操作。

邮件日志用于记录以往发送的邮件详情。



## 11.5.5 关键技术

### 1. 车辆端升级组件

典型的车辆端升级组件以 SDK（软件开发工具包）的方式提供，因为升级主控系统环境的多样性，所以在 SDK 的软件架构上，业务逻辑需要和系统相关资源解耦，以保障 SDK 的可移植性。

车辆内的电子器件类型繁多，不同类型的升级对象对应技术是升级应用的基础，其中包括 ECU 诊断刷写模块、Android 系统升级模块、Linux 系统升级模块、QNX 系统升级模块等。

### 2. 整车固件制作

升级应用系统需支持多种整车固件制作方式：

1）全量包：升级包制作时，仅做签名加密、压缩等基本处理。

2）差分包：为减少升级包的体积，根据新旧包的内容进行差分计算，制作差分升级包。

3）智能包：在针对多 ECU 刷写时，根据车辆实际情况智能生成动态升级包，该升级包的制作可包含前两种升级包处理方式。

从而支持针对不同情况下的不同升级方式：

1）升级包较小时，可直接使用全量包，如 ECU 升级。

2）升级包较大时，可采用差分技术生成差分包。

3）升级多 ECU 时，可采用智能动态包技术，按各 ECU 的实际情况智能生成最小化的升级包。

### 3. 差分升级

如图 11-27 所示，FOTA 升级类型有两种：Increment（增量 / 差分）OTA 和 Full（整包）OTA。

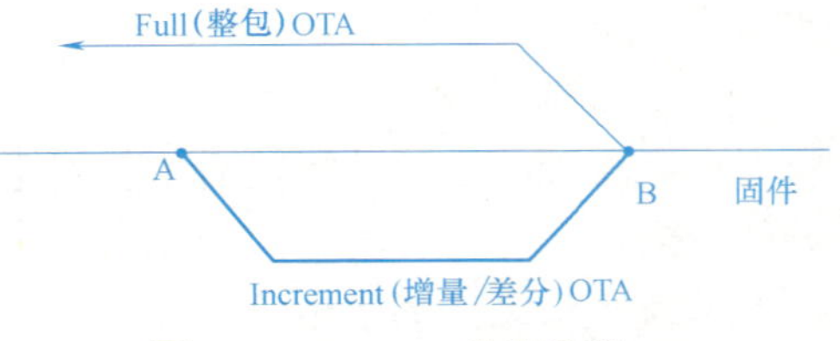


图 11-27　FOTA 升级类型

这两种升级类型最大的区别在于它们的“出发点”。创建整包时不需要原包，可以直接使用基础包进行升级，因此整包一般用来升级整个固件［∞→B］，而差分包一般用于两个特定的版本［A→B］，通过比较新版本和旧版本之间的差异生成，可以称之为差分包。

### 4. 升级条件判断

升级前置条件判断可以确保车辆在安全的情况下升级，典型的条件包括：

1）蓄电池电量。

2）动力电池电量。

3）车速。

4）发动机转速。

5）车辆档位状态。

6）车辆驻车制动状态。

## 11.6　大数据分析及应用

车联网系统实时采集车辆的运行状态数据，长时间积累后将形成企业的海量数据池，车联网系统的建设方会思考如何发挥这些数据的价值，为车主、车企及行业应用提供价值。

## 11.6.1 大数据分析的数据来源

新能源车联网的大数据分析的数据源可包括以下几个方面：

1）GB/T 32960—2016 要求采集的车辆状态数据，包括行驶和充电数据。

2）T-BOX 采集的车辆工况及驾驶行为数据。

3）车辆故障诊断数据。

4）车主手机 APP 使用数据。

5）驾驶行程数据。

6）车主车机娱乐系统使用数据。

7）经销商管理系统（DMS）的用户车辆保养、维修数据。

8）营销公司 CRM（客户关系管理）系统的车主基本信息数据。

9）呼叫中心（Call-Center）的用户咨询和救援等相关数据。

10）天气、路况等第三方或互联网资源数据。

## 11.6.2 大数据分析的价值

（1）为车企的研发服务

通过对整车和各零部件的实际工况数据进行统计和分析，可以为车辆设计、车辆诊断、控制算法优化等提供数据支撑。

（2）为车主用车服务

通过分析车辆行驶和车主驾驶行为数据，进行用户画像，为车主提供更贴心的服务，提高用车体验。

（3）为车辆智能化服务

利用云端的强大计算能力，结合车辆运行大数据，与车辆端进行协同计算，增强车辆的智能化程度，增强通行效率，提高交通安全。

（4）为精准营销服务

对各地区、各种用户类型进行用车习惯的分析，了解地区及类型客户的消费习惯，制定精准营销策略，包括保险、维修保养服务、车辆相关商品等。

（5）为商业模式探索服务

通过大数据分析，建立有价值的模型，探索数据运营的商业模式，包括 UBI（基于使用的保险）、二手车评估、对外的数据服务等。



## 11.6.3 系统架构

可以选择行业内的成熟分析软件进行大数据分析。下面以 DataView 可视化大数据分析软件为例，简单介绍其技术架构和功能构成。

图 11-28 所示为 DataView 可视化大数据分析软件的系统架构。

基于上述架构开发的大数据分析系统，使用户可以在可视化的图形化界面中，通过拖拽的方式自定义数据分析流程，后台的任务调度系统会完成流程解析和数据的自动计算，将结果反馈到用户界面。

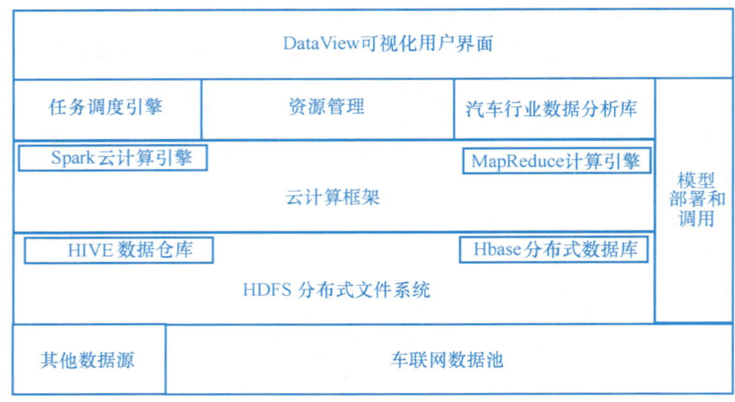


图 11-28　DataView 可视化大数据分析软件的系统架构



## 11.6.4　关键技术

### 1. 基于 Hadoop 的云计算框架

需要构架一套基于 Hadoop 的分布式计算框架，包括 HDFS 分布式文件系统、Hbase 分布式数据库、Spark 云计算引擎和 MapReduce 计算引擎，以实现海量数据的存储和计算。

### 2. 任务调度系统

大数据分析系统需要构建一套任务调度子系统，可以由前台完成数据分析的流程制定，然后由后台调度系统进行数据分析任务的调度和执行，返回执行结果。任务调度系统需要能同时对多个分析任务进行管理。

### 3. 汽车行业数据分析库

将汽车行业常用的分析方法和模型进行封装，然后集成在可视化的操作界面中，以分析模块或模板课题的形式提供给分析人员使用。

### 4. 模型的发布与调用

可视化的分析软件中，需要支持模型的建立、验证和发布，以便供其他的应用系统进行调用，直接使用验证好的数据分析模型。

## 11.6.5　常见功能

### 1. 分析课题管理

用户可以建立课题组，然后建立相关的研究、分析课题。每个研究课题均通过流程图进行定义，运行后将会形成分析任务，任务完成后得到分析结果。

### 2. 可视化配置数据集

在每个分析课题中，数据集的配置往往是第一个步骤。系统可以从文件、数据库和车

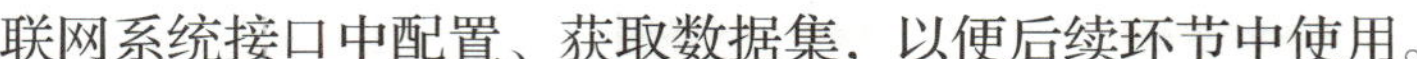

联网系统接口中配置、获取数据集，以便后续环节中使用。

#### 3. 数据预处理和分析组件

1）有了数据集，往往要对数据进行预处理。系统集成了常用的预处理组件，用户只需要将组件拖拽到工作区，连接到数据集，就可以完成基本的预处理配置。

2）数据分析方面，系统需集成专业的数据分析组件，包括统计分析、机器学习、网络分析等组件集。

#### 4. 自定义分析组件

用户可以通过 DataView 提供的二次开发 SDK，能够独立编写适合自己需求的分析组件，完成海量数据分析。系统支持多种主流二次开发语言，如 Java、Python、Scala 等。

#### 5. 埋点数据采集

通过 DataView 基于事件的埋点采集功能，可以对车联网关键应用采集事件数据，并能实现基于事件数据做任意维度的数据分析，快速响应车联网应用的数据分析场景。

#### 6. 数据展现

完成数据分析后，需要支持多种结果展现方式，包括数据表、曲线图、柱状图、散点图、气泡图、饼状图等多种图表形式，另外也需要支持 Word、Excel 等文件导出格式。

图 11-29 所示为 DataView 软件支持的图表展现形式。

#### 7. 数学建模

数学建模需要有一定的数据基础，一般大数据分析软件会提供两种建模实现的方法，以协助用户完成模型建立、训练、验证和发布的整个过程。第一种是建模向导，第二种是自定义建模。图 11-30 所示为典型的建模向导。

### 11.6.6 典型的分析应用

大数据分析的应用场景非常多，下面简单地列举几个有一定代表性的应用。

#### 1. 充电习惯数据分析

定期地进行新能源车辆充电习惯的分析，可以更全面地了解车主的用车习惯，从而为充电桩 / 站的建设、电力系统规划提供数据支撑。

常见的充电习惯分析包括：

1）充电分布图：根据实际的充电次数绘制本地区的充电活跃图。

2）每周充电次数的分布。

3）每周充电时间的分布。

4）每次充电行驶里程的分析。

5）每次充电电量的分布。

#### 2. 电池性能分析

动力电池是新能源汽车中非常重要的组成部分，可以进行以下几个方面的大数据分析：

1）电池健康度（SOH）分析。

2）电池一致性分析。

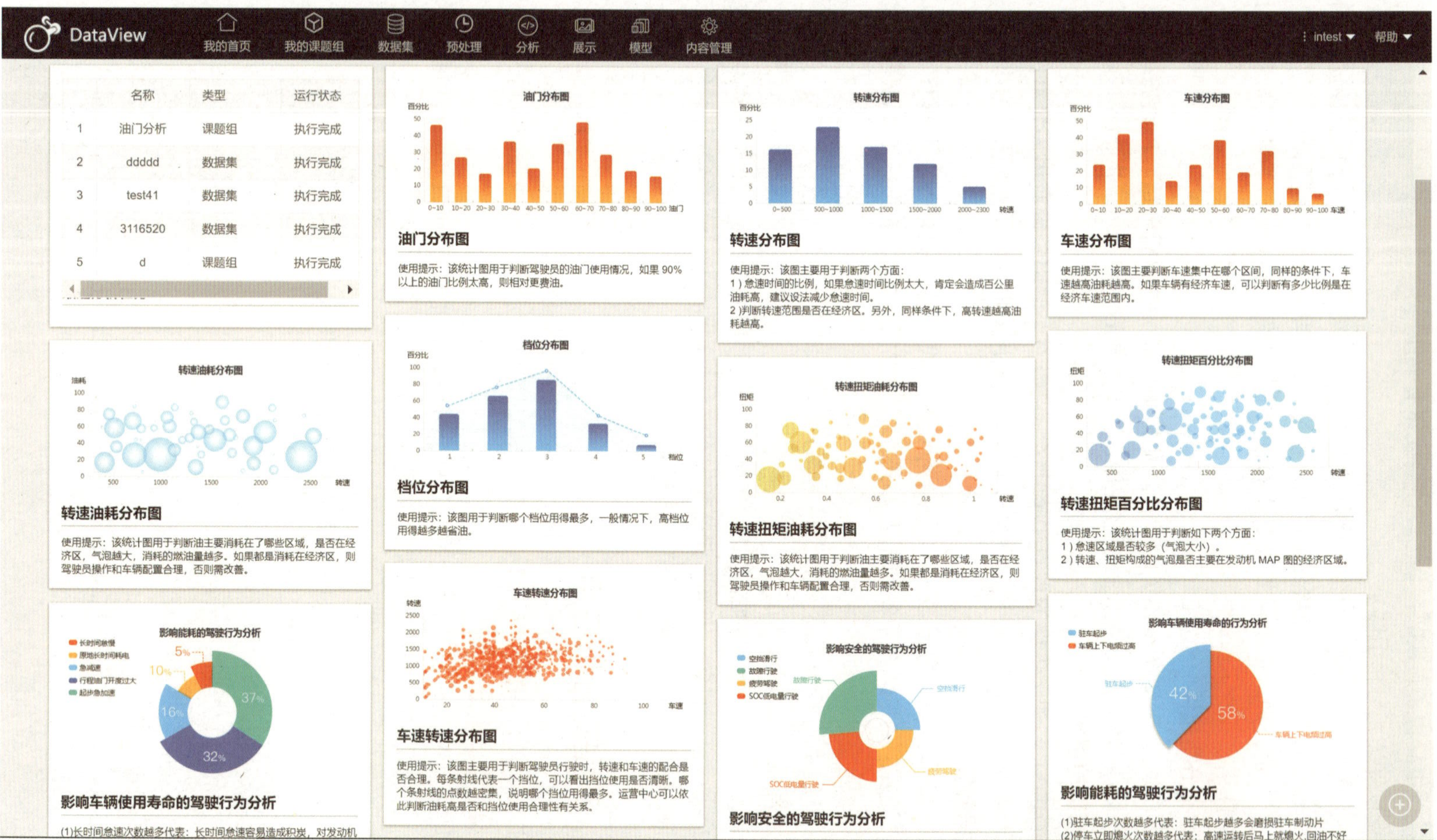


图 11-29 DataView 软件支持的图表展现形式

图 11-30　典型的建模向导

3）续驶里程的估算和优化。

4）SOC 的估算和优化。

其中，电池的健康度分析有非常重要的应用价值，包括新能源车辆的二手车评估、动力电池的梯次利用和整车企业电池服务政策的制定。

### 3. 多维度故障预警建模

目前，新能源车辆的 BMS（电池管理系统）或远程监控系统一般均采用单参数的阈值作为报警的主要依据。但实际工作工况较为复杂，如急加速情况下的 SOC 会突然降低，而这时就不应该发出 SOC 过低报警，又如绝缘电阻低，可能是很多原因造成的，只是根据绝缘电阻的阻值进行报警也会产生很多误报的情况。

通过大数据的分析方法，结合电池理论进行多维度的计算，建立多维度故障预警分析模型，可以提供更准确的故障报警，从而提高售后维护人员的工作效率。如果能将结果反馈到车辆端，也可以更好地提高车主用车体验。

### 4. 车辆与云平台的协同计算

相对于车辆上的控制器，云平台具有非常强的计算能力（包括机器学习），且具有更加完整的数据来源和数据量，在某些场景中，可以将车辆和云平台的优势进行结合，展开两者的协同计算，如 BMS 和云平台的协同计算。BMS 需要相对准确的 SOH 值以便进行 SOC 及其他控制参数的计算，但它通常不具备大量的该电池运行历史数据，因此较难计算准确。但云平台有完整的历史数据，并具有快速的计算能力。可以设计由云平台进行大数据计算得到准确的 SOH 值，然后再通过车联网反馈给车辆端的 BMS 控制器，以此提高车辆控制器相关计算和控制的精度。

随着通信技术的不断发展，协同计算将有利于逐渐提高车辆的智能化程度。

# 11.7 车载移动互联网通信技术

## 11.7.1 移动通信运营商

车辆与后台系统通信，一般使用蜂窝通信的网络，需要移动通信运营商提供通信卡和网络支持。国内的三大移动通信运营商：中国移动通信集团有限公司，简称中国移动；中国联合网络通信股份有限公司，简称中国联通；中国电信集团有限公司，简称中国电信。

对于需要将车辆出口的车企，还需要考虑兼容国际的移动通信运营商，国外的主要运营商如下：

1）美国：Verizon（威利逊）、Sprint（斯普林特）、AT&T（美国电话电报公司）。

2）英国：Vodafone（沃达丰）。

3）日本：NTT DoCoMo（日本排名第一的移动通信公司）。

4）德国：T-Mobile。

5）法国：Orange。

6）新加坡：Singtel。

## 11.7.2 通信卡的选择

SIM 卡是 Subscriber Identity Model（客户识别模块）的缩写，也称用户识别卡。它实际是一张内含集成电路的智能卡，用来登记用户的重要数据和信息。T-BOX 中只有安装 SIM 卡才能接入蜂窝通信的网络。

以下为车联网中使用 SIM 卡的几个基本概念：

1）卡号：就像手机中的手机号码，车联网中一般采用物联网卡，通过该号码可以拨打语音电话和发送短信业务。

2）ICCID：ICCID 是 Integrate Circuit Card Identity（集成电路卡识别码）的缩写，ICCID 固化在 SIM 卡中，为 SIM 卡的唯一识别号码，由 20 位数字组成。

3）IMEI：IMEI 是 International Mobile Equipment Identity（国际移动设备身份码）的缩写，也称国际移动装备辨识码，是由 15 位数字组成的“电子串号”，它与每部手机 / 设备一一对应，而且该码是全世界唯一的。每部手机 / 设备在组装完成后都将被赋予一组全球唯一的号码，这个号码从生产到交付使用都将被制造生产的厂商所记录。

在车辆中使用的 SIM 卡，一般有以下三种形态：

1）插拔式工业级 SIM 卡：外形和普通手机卡类似，工业级 SIM 卡具有更好的温度特性和使用寿命，通常工业级 SIM 卡为黑色。

2）嵌入式 SIM 卡：也称 eSIM 卡，以芯片的形式存在，可以在 T-BOX 进行贴片生产时焊接在设备内部。eSIM 具有更好的可靠性和使用寿命。目前的 eSIM 一般都是在出厂前刷写了运营商和用户信息，不支持运营商的切换。

3）虚拟 SIM 卡：在上述 eSIM 卡的基础上，如果多次擦写 SIM 卡信息，可以承载多个IMSI（用户识别码），意味着可以快速、自主切换所接的运营商，个性化地选择无线网络服务。

目前的车联网应用中，主要以嵌入式SIM卡为主，将来可能会逐渐过渡到虚拟SIM卡的状态。

## 11.7.3 通信网络制式

国内的蜂窝通信网络制式主要包括GSM、CDMA、3G、4G四种。蜂窝通信技术的发展历程如下：

1）1G：第一代移动通信技术，代表为模拟移动网，现已淘汰。

2）2G：第二代移动通信技术，代表为GSM，以数字语音传输技术为核心，通信速率为9.6kbit/s。

3）2.5G：2G和3G之间的过渡技术，代表为GPRS、HSCSD、WAP、EDGE等技术，通信速率有了质的突破，典型通信速率为56kbit/s。

4）3G：第三代移动通信技术。我国主要有三种3G标准，分别是TD-SCDMA、WCDMA和CDMA2000，这三种3G的标准分别由移动、联通和电信来运营。典型的下行峰值理论通信速率为3.6Mbit/s，上行通信速率峰值为384kbit/s。

5）4G：第四代移动通信技术，LTE是英文Long Term Evolution（长期演变）的缩写。国内支持TD-LTE和FDD-LTE。

6）5G：第五代移动通信技术，理论通信速率为10Gbit/s。5G通信标准中，新增了汽车V2X应用所需的技术，并且具备低延时、高速率的特点，满足汽车防碰撞等场景中的通信需要。

目前，国内的运营商使用的通信网络制式如下：

1）中国移动：GSM（2G）/TD-SCDMA（3G）/TD-LTE（4G）/ FDD-LTE（4G）。

2）中国联通：GSM（2G）/WCDMA（3G）/TD-LTE（4G）/FDD-LTE（4G）。

3）中国电信：CDMA1X（2G）/EVDO（3G）/TD-LTE（4G）/FDD-LTE（4G）。

对于国内使用的T-BOX来说，如果支持7模，即GSM/TD-SCDMA/WCDMA/TD-LTE/FDD-LTE/CDMA1X/EVDO，即可称之为全网通机型。出于成本原因，也有T-BOX采用5模的通信模组，即支持GSM/TD-SCDMA/WCDMA/TD-LTE/FDD-LTE五种通信网络制式。



## 11.7.4 通信业务

移动运营商提供的SIM卡功能，需要具备语音、短信、数据三种通信业务。

### 1. 语音通话

车辆端需要具备语音通话功能，T-BOX通过内置的通信模组和SIM卡，可以对外拨打语音电话。在车机的人机交互软件引导下，可实现与呼叫中心、救援中心等外部的语音通话。

## 2. 短信

T-BOX 需要能接收到外部短信，用于唤醒休眠中的 T-BOX。如果 T-BOX 采用的是运营商专网卡，就只需要能接收到专网的短信。运营商提供专网的服务可以降低资费，并提高安全性。

## 3. 数据通信

车辆与外部通信主要是采用运营商的数据通信功能。T-BOX 一般支持两个甚至多个 APN，一个用于 T-BOX 与车企数据平台通信，一个用于车机上的应用，主要传输导航、娱乐方面的数据。两个 APN 可以独立设定流量套餐，各自计费。

在某些 T-BOX 中，也具备数据唤醒 T-BOX 休眠的功能，以此取代短信唤醒的功能。数据唤醒具有低成本、低延时的优点。

# 第12章　车联网信息安全与隐私保护

## 12.1　信息安全的基本要素

### 12.1.1　可用性（Availability）

可用性是指无论何时，只要用户需要，信息系统必须是可用的，也就是说信息系统不能拒绝服务。网络最基本的功能是向用户提供所需的信息和通信服务，而用户的通信要求是随机的、多方面的（话音、数据、文字和图像等），有时还要求时效性。网络必须随时满足用户通信的要求。攻击者通常采用占用资源的手段阻碍授权者的工作。可以使用访问控制机制来阻止非授权用户进入网络，从而保证网络系统的可用性。增强可用性还包括如何有效地避免因各种灾害（战争、地震等）造成的系统失效。

### 12.1.2　可靠性（Reliability）

可靠性是指系统在规定条件下和规定时间内完成规定功能的概率。可靠性是网络安全最基本的要求之一，网络不可靠，事故不断，也就谈不上网络的安全。目前，对于网络可靠性的研究基本上偏重于硬件可靠性方面。研制高可靠性元器件设备，采取合理的冗余备份措施仍是最基本的可靠性对策，然而，有许多故障和事故，则与软件可靠性、人员可靠性和环境可靠性有关。

### 12.1.3 完整性（Integrity）

完整性是指信息不被偶然或蓄意地删除、修改、伪造、乱序、重放、插入等破坏的特性。只有得到允许的人才能修改实体或进程，并且能够判别出实体或进程是否已被篡改。即信息的内容不能被未授权的第三方修改。信息在存储或传输时不被修改、破坏，不出现信息包的丢失、乱序等。

### 12.1.4 保密性（Confidentiality）

保密性是指确保信息不暴露给未授权的实体或进程。即信息的内容不会被未授权的第三方所知。这里所指的信息不但包括国家秘密，而且包括各种社会团体、企业组织的工作秘密及商业秘密，个人的秘密和个人私密（如浏览习惯、购物习惯）。防止信息失窃和泄露的保障技术称为保密技术。



### 12.1.5 不可抵赖性（Non-Repudiation）

不可抵赖性也称作不可否认性。不可抵赖性是面向通信双方（人、实体或进程）信息真实同一的安全要求，它包括收、发双方均不可抵赖。一是源发证明，它提供给信息接收者以证据，这将使发送者谎称未发送过这些信息或者否认它的内容的企图不能得逞；二是交付证明，它提供给信息发送者以证据，这将使接收者谎称未接收过这些信息或者否认它的内容的企图不能得逞。

## 12.2 车联网系统攻击点分析

车联网系统面临的攻击点主要有Wi-Fi、USB、Bluetooth（蓝牙）、车机APP、T-BOX、通信及云平台、人工服务、手机APP、Web访问等入口。下文列出主要入口的常见攻击点，以便车联网安全设计时进行规避。

### 12.2.1 Wi-Fi

1）破解Wi-Fi密码。
2）通过Wi-Fi上运行的应用的弱点攻击内部系统。
3）在车载娱乐系统上通过Wi-Fi植入恶意代码来入侵其他组件。
4）连接恶意的应用程序，让车辆误以为连接了正确的热点。
5）干扰Wi-Fi网络。

### 12.2.2 USB

1）在车机上安装恶意软件或植入恶意代码。

2）利用 USB 协议栈的漏洞来入侵车机系统。

3）通过 USB 安装被更改或者定制过的系统将 USB 短路或破坏，从而破坏车载或者车辆系统。

## 12.2.3 Bluetooth

1）通过蓝牙在车载系统上执行代码。

2）通过蓝牙协议栈的漏洞影响车机系统。

3）将有问题的联系人或者地址通过蓝牙上传，造成蓝牙崩溃或获得代码执行权从近距离攻击汽车。

## 12.2.4 车机 APP

1）通过逆向和重新编译在原厂的 APP 中植入恶意代码。

2）通过 APP 中的漏洞植入恶意代码。

3）在 APP 更新的时候写入篡改的 APP。

## 12.2.5 T-BOX

1）黑客通过逆向固件后在某些内存中能够读取到传输的数据。

2）进行中间人攻击来篡改通信的数据。

3）通过车机作为客户端来入侵车联网云系统。

4）干扰 T-BOX 使汽车不能正常工作，对驾驶人造成影响或伤害。

5）冒充 T-BOX 发出信息，影响用户的手机端或者人工服务。

## 12.2.6 通信及云平台

1）跨站脚本（Cross Site Script，XSS）：指服务端程序在接收用户提交信息时没有对信息进行必要的检查或编码而导致页面包含了可能对客户端造成伤害的脚本。跨站脚本能直接对车联网的云端、Web、APP 产生影响，如窃取敏感信息、下载恶意程序、钓鱼等，而由于跨站形成的 XSS Worm（蠕虫）可能造成更大的威胁，甚至导致整个车联网系统无法运转。

2）注入漏洞：常见的注入为 SQL 注入（SQL Injection）。SQL 注入是指当服务端接收客户端信息时，未对客户端信息进行任何校验就将其送入数据库中进行增删改查等操作，而恶意用户只需从客户端提交一些巧妙构造的 SQL 语句，就可以导致数据执行一些危险操作，如常见的拖库和删库。互联网 + 时代，SQL 注入漏洞，公认为对用户和厂商能造成极大的危害。

3）跨站请求伪造（Cross-Site Request Forgery，CSRF）：是一种网络攻击方式，该攻

击可以在受害者毫不知情的情况下以受害者名义伪造请求发送给受攻击站点，从而在未授权的情况下执行在权限保护之下的操作，具有很大的危害性。具体来讲，可以这样理解CSRF攻击：攻击者盗用了用户的身份，以用户的名义发送恶意请求，对服务端来说这个请求是完全合法的，但是却完成了攻击者所期望的一个操作，如以用户的名义发送邮件、消息，盗取用户的账号，添加系统管理员，甚至于恶意解锁车门、踩制动、让制动失灵或者锁定用户汽车，影响车辆的正常使用，危害车主的人身安全。

4）服务端请求伪造（Server-Side Request Forgery，SSRF）：是一种由攻击者构造形成从服务端发起请求的一个安全漏洞。一般情况下，SSRF攻击的目标是外网无法访问的内部系统。正是因为它是由服务端发起的，所以它能够请求到与它相连而与外网隔离的内部系统，如只对内开放的数据库服务器。SSRF形成的原因大都是由于服务端提供了从其他服务端应用获取数据的功能且没有对目标地址做过滤与限制。例如，从指定URL地址获取网页文本内容，加载指定地址的图片、下载一些敏感的文件和数据。

5）权限绕过：是指非法绕过某些限制，执行未授权操作，可分为垂直越权和平行越权。垂直越权是指低权限账号非法获得高权限账号的权限，进行高权限操作；平行越权是指同一权限等级的账号A和账号B，账号A可非法获得账号B的权限，对账号B的资源进行恶意操作。其形成原因往往是服务端未对账号体系进行权限管理控制，导致权限管理混乱。

6）Webshell：是一种网站后门方式，简称网马。黑客在入侵了一个服务器后，通常会将asp或php后门文件与网站服务器Web目录下正常的网页文件混在一起，然后通过浏览器来访问asp或者php后门，得到一个命令执行环境，以达到控制网站服务器的目的。常见的是一句话木马（小马），黑客向网站服务器写入一句话木马，然后通过中国菜刀（Cknife，或中国蚁剑）连接该一句话木马，从而获取网站服务器的权限。

7）撞库：是指黑客通过收集互联网已泄露的用户和密码信息或者利用社工库，生成对应的字典表，尝试批量登录其他网站后，得到一系列可以登录的用户。很多用户在不同网站使用的是相同的账号密码，因此黑客可以通过获取用户在A网站的账户从而尝试登录B网址，这就可以理解为撞库攻击。

8）拖库（又叫脱裤）：简单来说是指从数据库导出数据。黑客通过常见漏洞（如SQL注入、文件上传漏洞或者Webshell后门），从数据库服务器中导出数据，获取数据库中所有有价值的敏感数据。

9）DDoS（分布式拒绝服务）攻击：指借助于客户/服务器技术，将多台计算机联合起来作为攻击平台，对一个或多个目标发动DDoS攻击，从而成倍地提高拒绝服务攻击的威力，这样的攻击会使云服务瘫痪。

### 12.2.7 人工服务

1）黑客或不法分子可以利用已有信息，通过社会工程，欺骗客服人工或者车主达到自己的目的。例如，黑客通过社工拿到车主的敏感信息，然后拨号呼叫中心，谎称自己的车钥匙丢了或者车出问题等情况，呼叫中心会需要车主提供个人信息，在核对黑客提供的个人信息无误后，很可能会帮助黑客进行后续的攻击，如帮助黑客重置车钥匙、帮助黑客远程解锁车门等操作。因为黑客攻击前都会做大量的信息收集，对互联网中存在的大量信息碎片做针对性的整理，所以在实施攻击时容易得逞。这些安全问题的出现，主要是因为信息安全管理上没有很明确的流程和对于员工没有严格的信息安全意识培训而造成的。

2）员工权限过大，可以远程操控车辆。

### 12.2.8 手机 APP

1）黑客能够逆向 APP 从而找到 APP 中的漏洞。

2）黑客一般可以窃取手机和车辆之间的通信内容，从而进行复制攻击。

3）手机被盗或者丢失后，其他人员可通过手机 APP 远程操控车辆。

### 12.2.9 Web 访问

1）黑客能够通过上述“通信及云平台”所述的安全漏洞，入侵车联网云平台系统从而入侵车辆。

2）黑客可以复制 Web 端和车联网云平台的内部通信。

3）通过 Web 端可以窃取敏感信息。

## 12.3 信息交互安全保护技术

### 12.3.1 加密算法

#### 1. 基本概念

简单的加密传输示意图如图 12-1 所示。

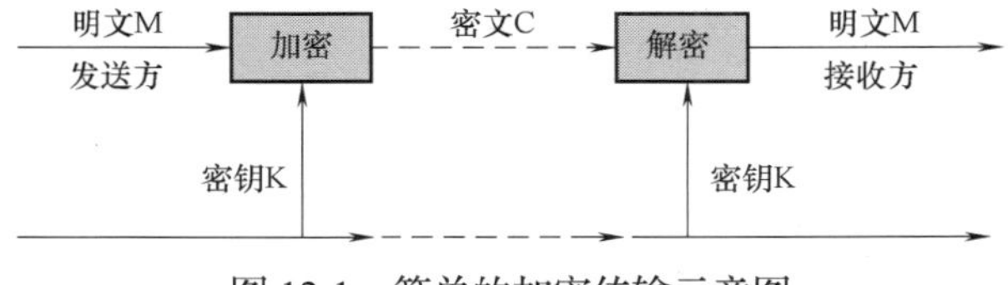


图 12-1 简单的加密传输示意图

1）明文是指需要被隐蔽处理的信息。

2）密文是指由明文经变换形成的隐蔽形式的信息。

3）加密是指把明文信息转化为密文的过程。

4）解密是指把密文信息还原成明文的过程。

### 2. 加密算法分类

按照技术特征，加密算法可分为以下三类：

（1）对称加密算法

对称加密算法在两个通信者之间需要一把共享的密钥。通信双方事先约定好加密的具体算法和密钥，发送者将信息通过该算法和密钥进行加密，然后传输加密后的报文。接收者收到该密文后，按照约定的算法和同一个密钥进行解密。

对称加密算法的优缺点如下：

1）优点：速度快，对称加密通常在消息发送方需要加密大量数据时使用，算法公开、计算量小、加密速度快、加密效率高。

2）缺点：①在数据传送前，发送方和接收方必须商定好密钥，然后使双方都能保存好密钥；②如果一方的密钥被泄露，那么加密信息也就不安全了；③每对用户每次使用对称加密算法时，都需要使用其他人不知道的唯一密钥，这会使得收、发双方所拥有的钥匙数量巨大，密钥管理成为双方的负担。

常见的对称加密算法有 AES（高级加密标准）算法、DES（数据加密标准）算法等。

（2）非对称加密算法

非对称加密算法有两个密钥，一个是公开的，称为公钥；一个是私密的，称为私钥。

1）非对称加密算法的特点如下：

① 公开密钥是对大众公开的，私密密钥是个人私有的，两者不能互推得出。

② 用公开密钥对数据进行加密，私密密钥可解密；用私密密钥对数据进行加密，公开密钥可解密。

2）非对称加密算法的优点如下：

① 公钥加密技术与对称加密技术相比，其优势在于不需要共享通用的密钥。

② 公钥在传递和发布过程中即使被截获，由于没有与公钥相匹配的私钥，截获的公钥对入侵者没有太大意义。

③ 密钥少便于管理，$N$ 个用户通信只需要 $N$ 对密钥。

④ 密钥分配简单，将加密密钥分发给用户，而解密密钥由用户自己保留。

3）非对称加密算法的缺点：非对称加密算法复杂，加密和解密的速度比较慢。

常见的非对称加密算法如下：

① RSA：是一个支持变长密钥的公共密钥算法，需要加密的文件块的长度也是可变的。

② DSA：数字签名算法，是一种标准的 DSS（数字签名标准）。

③ ECC（Elliptic Curves Cryptography）：椭圆曲线密码编码学。

（3）摘要算法

摘要算法严格意义上不是一个算法，而是一个函数。它通过一个函数，把任意长度的数据转换为一个长度固定的数据串（通常用十六进制的字符串表示），目的是发现原始数据是否被人篡改过。

摘要算法具有不可逆的特点，常见的有 MD5、SHA1、SM3 等。

### 3. 典型的加密算法选型

从性能和安全性综合评估，典型的车联网应用加密算法选择如下：

1）对称加密：AES（128位）。

2）非对称加密：ECC（160位）或RSA（1024位）。

3）消息摘要：MD5。

4）数字签名：DSA

## 12.3.2 安全传输层（TLS）协议

### 1. 概述

安全传输层（Transport Layer Security，TLS）协议用于在两个通信应用程序之间提供保密性和数据完整性。该协议由两层组成：TLS记录（TLS Record）协议和TLS握手（TLS Handshake）协议。较低的层为TLS记录协议，位于某个可靠的传输协议（如TCP）之上，与具体的应用无关，因此一般把TLS协议归为传输层安全协议。

### 2. 协议结构

TLS协议包括两个协议组——TLS记录协议和TLS握手协议，每组具有很多不同格式的信息。

TLS记录协议是一种分层协议，这种协议被用来封装高层协议（如HTTP、SMTP等），它首先将上层被传输的数据分片成便于管理的块，然后对数据有选择性地压缩，计算出消息认证码MAC并进行加密，最后将结果送出。接收到的数据经过解密、校验、解压缩、重组后传输到上层客户端。

TLS握手协议由三个子协议组构成，双方（服务器和客户端）在应用协议层（如HTTP、SMTP等）传输或接收到数据的第一个字节前，就记录层（TLS记录协议）的安全参数达成一致，鉴别彼此（交换密钥）、事例安全参数和向彼此报告错误情况。

### 3.TLS记录协议

TLS记录协议位于TLS握手协议之下，在可靠的传输协议（如TCP/IP）之上。TLS记录协议的一条记录包含长度字段、描述字段和内容字段。TLS记录协议处理数据的加密，即记录协议得到要发送的消息之后，将数据分成易于处理的数据分组，进行数据压缩处理（可选），计算数据分组的消息认证码MAC，加密数据然后发送数据；接收到的消息首先被解密，然后校验MAC值、解压缩、重组，最后传递给协议的高层客户。记录协议有四种类型的客户：握手协议、警告协议、改变密码格式协议和应用数据协议。通常使用一个对称算法，算法的密钥由握手协议提供的值生成。

TLS记录协议提供的连接安全性具有两个基本特性：

1）私有。对称加密用以数据加密（DES、RC4等）。对称加密所产生的密钥对每个连接都是唯一的，且此密钥基于另一个协议（如握手协议）协商。记录协议也可以不加密使用。

2）可靠。信息传输包括使用密钥的MAC进行信息完整性检查。安全哈希功能（SHA、MD5等）用于MAC计算。记录协议在没有MAC的情况下也能操作，但一般只能用于这种模式，即有另一个协议正在使用记录协议传输协商安全参数。

TLS记录协议用于封装各种高层协议。作为这种封装协议之一的握手协议允许服务器与客户机在应用程序协议传输和接收其第一个数据字节前彼此之间相互认证、协商加密算法和加密密钥。

4.TLS 握手协议

TLS 握手协议处理对等用户的认证，在这一层使用了公共密钥和证书，并协商算法和加密实际数据传输的密钥，该过程在 TLS 记录协议之上进行。TLS 握手协议是 TLS 协议中最复杂的部分，它定义了 10 种消息，客户端和服务器利用这 10 种消息相互认证，协商哈希函数和加密算法并相互提供产生加密密钥的机密数据。TLS 记录协议会在加密算法中用到这些加密密钥，从而提供数据保密性和一致性保护。

TLS 握手协议提供的连接安全性具有三个基本属性：

1）可以使用非对称的或公共密钥的密码术来认证对等方的身份。该认证是可选的，但至少需要一个节点方。

2）共享加密密钥的协商是安全的。对偷窃者来说，协商加密是难以获得的。此外经过认证过的连接不能获得加密，即使是进入连接中间的攻击者也不能获得。

3）协商是可靠的。没有经过通信方成员的检测，任何攻击者都不能修改通信协商。

5. TLS 的三个基本阶段

1）对等协商支援的密钥算法。

2）基于私钥加密交换公钥、基于 PKI 证书的身份认证。

3）基于公钥加密的数据传输保密。

## 12.3.3 公钥基础设施（PKI）

公钥基础设施（Public Key Infrastructure，PKI）是目前网络安全建设的基础与核心，通过自动管理密钥和证书，为用户建立起一个安全的网络运行环境，使用户可以在多种应用环境下方便地使用加密和数字签名技术，从而保证网上数据的机密性、完整性、有效性及抗抵赖性。

1. PKI 系统组成

常见的 PKI 系统组成如图 12-2 所示。整车生产企业在进行 PKI 系统建设时，一般会寻求具有专业资质的供应商来搭建或者选择租赁托管方式完成。

1）PKI 应用接口：供车联网应用系统调用的软件接口。有些系统会封装成 SDK，便于应用系统集成，SDK 一般会支持主流的操作系统。

2）CA（Certificate Authority，认证中心，认证机构）：主要解决证书管理问题，如签发、更新、作废、冻结、查询等。

3）CA 证书：建立公钥与用户对应关系，证明用户合法性。

4）RA（证书注册系统）：提供证书远程注册办理业务。

5）KMC（密钥管理系统）：生成密钥对，解决密钥备份、恢复等问题。

6）HSM（密码机）：提供密钥管理、密码运算服务，确保传输信息的机密性、完整性和有效性，同时提供安全、完善的密钥管理机制。

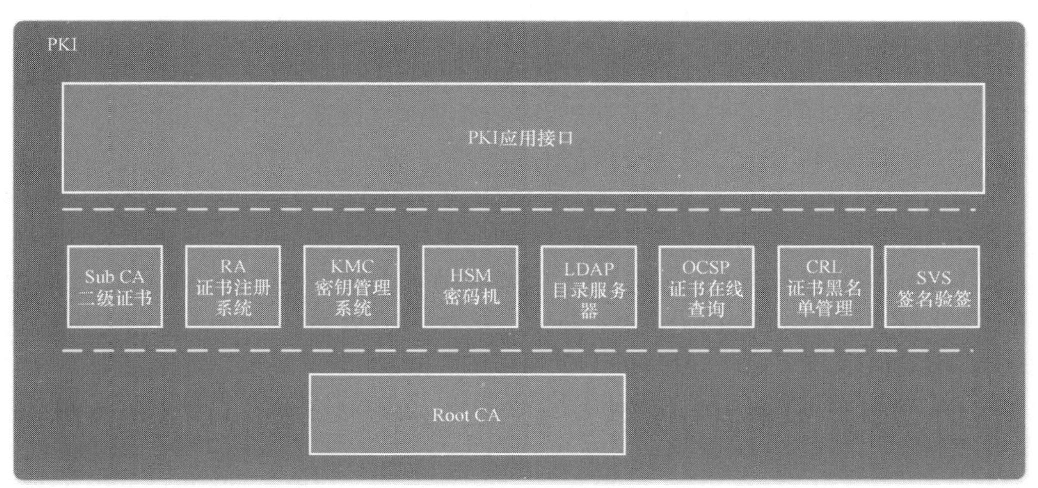


图 12-2 PKI 系统组成

7）LDAP（目录服务）：主要解决证书查询下载性能问题。

8）OCSP（证书在线查询协议）：是维护服务器和其他网络资源安全性的两种普遍模式之一，OCSP 克服了证书注销列表（CRL）的主要缺陷，可提供证书状态的实时查询功能。

9）CRL（证书作废列表 / 黑名单）：标识证书状态。

10）SVS（签名验签服务器）：对关键业务数据提供数字签名服务，并对已签名数据进行验证，实现抗抵赖、防篡改，支持双机热备及负载均衡。

### 2. PKI 核心功能

（1）数字证书的管理

为解决数字证书签发问题，PKI 引入 CA，它是证书的签发机构和 PKI 的核心。CA 对数字证书进行集中签发，CA 实际是一个特殊的公钥管理中心，为实现数字证书的安全性，对数字证书的全生命周期进行管理，主要包括数字证书的签发和更新、数字证书的作废（注销、撤销或吊销）、数字证书的冻结（挂失）和解冻、数字证书的查询或下载、数字证书的状态查询等。

（2）数字证书与私钥

1）用户或系统只有拥有自己的公钥和私钥后，才能实现数字签名和加解密功能，由于公钥是随机产生的，因此通过公钥无法直接判断属于哪个用户。

2）为解决公钥与用户的关系问题，便引入了数字证书，用于建立公钥与用户之间的对应关系。

3）数字证书是一种特殊的文件格式，包含用户身份信息、用户公钥信息和 CA 私钥的数字签名。

4）数字证书的特点：数字证书只包含公钥信息，并不包含私钥信息，因此数字证书具有公开性；数字证书包含 CA 私钥的数字签名，因此数字证书具有防伪性。

### 12.3.4 典型的通信安全设计方案

车联网的安全设计一般采用 TLS、非对称加密、PKI/CA 等作为 T-BOX 与云平台，以及云平台与应用软件的安全设计技术。典型的通信安全设计思路如下：

1）在 T-BOX 出厂前或者车辆下线前：

① 由 T-BOX 内部的安全芯片产生一个 T-BOX 的证书，包括 T-BOX 的公钥、T-BOX 的 ID 等信息，T-BOX 的私钥直接存储在 T-BOX 的安全芯片中。

② T-BOX 将证书传输给车联网系统，车联网系统将证书发送给 PKI 系统，PKI 系统的签名服务器对该证书进行签名，然后将证书发给 T-BOX，这样就形成了该 T-BOX 的完整证书，由 T-BOX 保存该证书，用于后续通信过程和后台验证 T-BOX 的合法性。

③ T-BOX 获取车联网系统的根证书和子证书，用于后续通信过程中 T-BOX 验证车联网后台的合法性。

④ 通过上述步骤后，T-BOX 本地存储了 T-BOX 证书、后台系统的根证书和子证书。

2）在 T-BOX 出厂后或者车辆下线后，与后台通信的过程如下：

① T-BOX 采用 TLS 及存储在本地的三个证书与车联网后台系统完成双向安全认证。

② 认证通过后，T-BOX 与车联网后台协商一个对称加密的密钥，用于本次连接生命周期的数据加密密钥。一般约定的加密算法常见的有 AES、DES、3DES 等。

③ 传输完成后关闭连接，下次传输时重复上述过程，重新进行双向的安全认证。

车联网云平台（数据平台）与其他应用软件子系统之间的通信安全设计，可以参考上述的安全设计方案。

## 12.4 国密在车联网中的应用

### 12.4.1 国密的基本原理

国密（即国家商用密码）管理办公室制定了一系列密码标准，包括 SM1（SCB2）、SM2、SM3、SM4、SM7、SM9、祖冲之密码算法（ZUC）等。其中，SM1、SM4、SM7、祖冲之密码是对称算法；SM2、SM9 是非对称算法；SM3 是哈希算法。目前已经公布算法文本的包括祖冲之序列密码算法、SM2 椭圆曲线公钥密码算法、SM3 密码杂凑算法、SM4 分组密码算法等。

1. SM1 对称算法

SM1 对称算法是分组密码算法，分组长度为 128 位，密钥长度为 128 位，该算法的安全保密强度及相关软硬件实现性能与 AES 相当，算法不公开，仅以 IP 核的形式存在于芯片中。

2. SM2 椭圆曲线公钥密码算法

SM2 算法与 ECC 椭圆曲线密码机制相似，但在签名、密钥交换方面不同于 ECDSA、ECDH 等国际标准，而是采取了更为安全的机制；另外，SM2 推荐了一条 256 位的曲线作为标准曲线。

SM2 标准包括总则、数字签名算法、密钥交换协议、公钥加密算法四个部分，并在每个部分的附录详细说明了实现的相关细节及示例，即在总则的基础上给出了数字签名算法（包括数字签名生成算法和验证算法）、密钥交换协议以及公钥加密算法（包括加密算法和解密算法），并在每个部分给出了算法描述、算法流程和相关示例。

数字签名算法适用于商用密码应用中的数字签名和验证，可满足多种密码应用中的身份认证和数据完整性、真实性的安全需求。密钥交换协议适用于商用密码应用中的密钥交换，可满足通信双方经过两次或可选三次信息传递过程，计算获取一个由双方共同决定的共享密钥（会话密钥）。公钥加密算法适用于国家商用密码应用中的消息加解密，消息发送者可以利用接收者的公钥对消息进行加密，接收者用对应的私钥进行解密获取消息。

数字签名算法、密钥交换协议以及公钥加密算法都使用了国家密码管理局批准的 SM3 密码杂凑算法和随机数发生器。数字签名算法、密钥交换协议以及公钥加密算法根据总则来选取有限域和椭圆曲线，并生成密钥对，具体算法、流程和示例见 SM2 标准。

### 3. SM3 密码杂凑算法

SM3 密码杂凑算法给出了杂凑函数算法的计算方法和计算步骤，并给出了运算示例。该算法适用于商用密码应用中的数字签名和验证，消息认证码的生成与验证以及随机数的生成，可满足多种密码应用的安全需求。该算法对输入长度小于 $2^{64}$ 位的消息，经过填充和迭代压缩，生成长度为 256 位的杂凑值，其中使用了异或模、模加、移位、与、或、非运算，由填充、迭代过程、消息扩展和压缩函数所构成。具体算法及运算示例见 SM3 标准。

### 4. SM4 对称算法

SM4 对称算法是一种分组密码算法，用于无线局域网产品。该算法的分组长度为 128 位，密钥长度为 128 位。加密算法与密钥扩展算法都采用 32 轮非线性迭代结构。解密算法与加密算法的结构相同，只是轮密钥的使用顺序相反，解密轮密钥是加密轮密钥的逆序。该算法采用非线性迭代结构，每次迭代由一个轮函数给出，其中轮函数由一个非线性变换和线性变换复合而成，非线性变换由 S 盒所给出。具体算法及运算示例见 SM4 标准。

### 5. SM7 对称算法

SM7 对称算法是一种分组密码算法，分组长度为 128 位，密钥长度为 128 位。SM7 的算法文本目前没有公开发布。SM7 适用于非接触 IC 卡应用，包括身份识别类应用（门禁卡、工作证、参赛证）、票务类应用（大型赛事门票、展会门票）、支付与通卡类应用（积分消费卡、校园一卡通、企业一卡通、公交一卡通）。

### 6. SM9 非对称算法

SM9 是基于对的标识密码算法，与 SM2 类似，其包含四个部分：总则、数字签名算法、密钥交换协议以及密钥封装机制和公钥加密算法。在这些算法中使用了椭圆曲线上的对这个工具，不同于传统意义上的 SM2 算法，SM9 算法可以实现基于身份的密码体制，也就是公钥与用户的身份信息即标识相关，因此比传统意义上的公钥密码体制有更多的优点，省去了证书管理等。

基于总则中的椭圆曲线以及对的基本选取，给出系统参数组、系统主密钥和用户密钥。用户密钥由系统的主密钥和用户标识共同产生。SM9 给出了数字签名算法（包括数字签名生成算法、数字签名验证算法)、密钥交换协议以及密钥封装机制和公钥加密算法(包括密钥封装算法、加密和解密算法)。数字签名算法适用于接收者通过签名者的标识验证数据的完整性和数据发送者的身份，也适用于第三方确定签名及所签数据的真实性。密钥交换协议可以使用通信双方通过双方的标识和自身的私钥经过两次或者可选三次信息传递过程，计算获取一个由双方共同决定的共享密钥。密钥封装机制和公钥加密算法中，利用密钥封装机制可以封装密钥给特定的实体。公钥加密和解密算法即基于标识的非对称加密算法，该算法使消息发送者可以利用接收者的标识对消息进行加密，唯有接收者可以用相应的私钥对该密文进行解密，从而获取消息。基于对的算法中同样使用了国家密码管理局批准的 SM3 密码杂凑算法和随机数发生器，密钥封装机制和公钥加密算法中使用了国家密码管理局批准的对称密码算法和消息认证码函数。基于对的数字签名算法、密钥交换协议以及密钥封装机制和公钥加密算法的具体算法、流程图和示例见 SM9 标准。

#### 7. 祖冲之密码算法（ZUC）

祖冲之密码算法由中国科学院等单位研制，运用于移动通信 4G 网络 LTE 中的国际标准密码算法。祖冲之密码算法（ZUC）的名字源于我国古代数学家祖冲之，祖冲之算法集是由我国学者自主设计的加密和完整性算法，是一种流密码。它是两个新的 LTE 算法的核心，这两个 LTE 算法分别是加密算法 128-EEA3 和完整性算法 128-EIA3。祖冲之密码算法由 3 个基本部分组成，依次为比特重组、非线性函数 F 和线性反馈移位寄存器(LFSR)。

### 12.4.2 国密在系统中的应用方案

简易的车联网系统组成如图 12-3 所示，根据信息交互安全保护技术的设计原则，车联网系统的信任基于 PKI 体系，车联网系统的信息服务云平台与智能车载终端向认证中心申请一个数字证书，作为身份的凭证，服务器与客户端之间的信任关系建立于数字证书的可靠性。

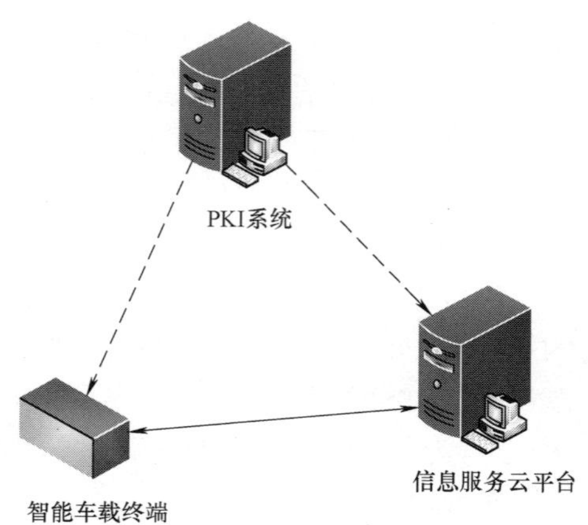

图 12-3 简易的车联网系统组成

典型的车联网信息交互安全业务流程中，国密技术的运用如下：

1）信息服务云平台向 PKI 系统申请服务器的数字证书，预埋在存储器本地；智能车载终端厂商向 PKI 系统申请获得客户端的数字证书，预埋在终端设备中。

2）智能车载终端与信息服务云平台建立连接时使用本地预埋的数字证书完成双向认证与密钥协商，数字签名算法、密钥交换协议以及公钥加密算法都使用了 SM3 密码杂凑算法和随机数发生器，SM2 加密算法在系统中主要用于许可证数据的签名。

3）使用密钥协商出的密钥对本次连接生命周期内的数据进行对称加密，加密算法采用 SM4 对称算法。

# 12.5 数据中心安全方案

## 12.5.1 安全防护和管理

数据中心的安全防护和管理主要包括以下几部分：

1. 物理层安全

物理层的安全设计应从环境安全、设备安全、线路安全三个方面考虑，可采取的措施包括机房屏蔽、电源接地、布线隐蔽、传输加密。

2. 系统层安全

信息系统平台安全包括操作系统安全和数据库安全。服务器包括数据库服务器、应用服务器、Web 服务器、通信服务器、接口服务器等。

（1）操作系统加固

Windows 操作系统平台加固通过修改安全配置、增加安全机制等方法，合理进行安全性加强，包括打补丁、文件系统、账号管理、网络及服务、注册表、共享、应用软件、审计 / 日志，其他（包括紧急恢复、数字签名等）。

Linux 操作系统平台加固包括打补丁、文件系统、配置文件、账号管理、网络及服务、网络文件系统、应用软件、审计 / 日志，其他（包括专用安全软件、加密通信及数字签名等）。

（2）数据库加固

数据库加固包括数据库系统的补丁、账号管理、口令强度和有效期检查、限制远程登录和远程服务、存储过程、审核层次、备份过程、角色和权限审核、并发事件资源限制、访问时间限制、审核跟踪、特洛伊木马查杀等。

3. 网络层安全

网络层安全主要涉及网络安全域的合理划分问题，其中最重要的是进行访问控制。网络安全域划分包括物理隔离、逻辑隔离等，访问控制技术包括身份认证技术、入侵检测技术、防火墙技术等。

1）身份认证技术即由硬件、软件、各种产品、过程、标准和人构成的一体化结构，做到：确认发送方的身份；保证发送方所发信息的机密性；保证发送方所发信息不被篡改；发送方无法否认已发该信息的事实。身份认证技术是一种遵循标准的密钥管理平台，它能够为所有网络应用透明地提供采用加密和数字签名等密码服务所必需的密钥和证书管理。

2）入侵检测技术通过从计算机网络系统中若干关键节点收集信息并加以分析，监控网络中是否有违反安全策略的行为或者是否存在入侵行为。它能提供安全审计、监视、攻击识别和反攻击等多项功能，并采取相应的行动，如断开网络连接、记录攻击过程、跟踪攻击源、紧急告警等，是安全防御体系的一个重要组成部分。

3）防火墙技术及产品是实现网络信息安全的最基本设施，采用包过滤或代理技术使数据有选择地通过，有效监控内部网和外部网之间的任何活动，防止恶意或非法访问，保证内部网络的安全。它们属于不同的网络安全域，根据提供信息查询等服务的要求，设置防火墙策略控制对关键服务的授权访问。

4. 应用层安全

应用层安全的目标是建立集中的应用程序认证与授权机制，统一管理应用系统用户的合法访问，建立统一的信息访问入口和用户管理机制，实现基于单点登录功能为用户提供极大的方便，也能实现应用系统内容的集中展现，保证应用和数据安全。应用安全问题包括信息内容保护和信息内容使用管理。

1）信息内容保护系统分析设计时，应充分考虑应用和功能的安全性。对应用系统的不同层面，如表现层、业务逻辑层、数据服务层等，采取软件技术安全措施。

① 数据加密技术：通过加密算法对信息数据进行加密，提高信息内容的安全性。

② 防病毒技术：病毒是系统最常见、威胁最大的安全隐患。对信息系统中关键的服务器，如应用服务器、数据服务器等，应安装防病毒软件客户端，由防病毒服务器进行集中管理。

2）信息内容使用管理采用身份认证技术、单点登录以及授权对各种应用的安全性增强配置服务来保障信息系统在应用层的安全。根据用户身份和现实工作中的角色和职责，确定访问应用资源的权限。做到对用户接入网络的控制和对信息资源访问及用户权限进行绑定。单点登录实现一次登录可以获得多个应用程序的访问能力。在提高系统访问效率和便捷方面扮演重要角色，有助于用户账号和口令管理，减少因口令破解引起的风险。

3）建立数据备份和恢复机制。建立数据备份和恢复系统，制定备份和恢复策略，系统发生故障后能在较短时间内恢复应用和数据。

5. 管理层安全

车联网系统建设完成后，应建立运行管理体系使信息系统真正能安全、高效运行，发挥应有的作用。

按照车联网系统安全的要求，应建立安全运行管理领导机构和工作机构。建立信息系统“三员”管理制度，即设立信息系统管理员、系统安全员、系统密钥员，负责系统安全运维和管理，为信息系统安全运行提供组织保障。

## 12.5.2 典型网络安全设计方案

典型的数据中心网络安全设计方案，包括以下几个部分：

1. 防火墙部署

在防火墙的部署方式上，类似于区域分割的三角方式，将网络分为内部网络（军事化区域）、外部网络和隔离区（DMZ）。例如，将 Web 服务器、邮件服务器、域名系统（DNS）服务器、前台查询计算机等放置在隔离区（DMZ），而内部的计算服务器、数据库服务器等关键应用都放置在内部网络中，从而使它们受到良好的保护。

企业网络拥有自己的 FTP、Web 和 Mail 等服务器，并对互联网及内部用户提供相应的服务。其中，将向外提供服务的主机放置在隔离区，以保证内部的安全。在接入互联网时，本方案选择使用防火墙来接入，并实现网络地址转换（NAT）、端口 NAT（PAT）和访问控制列表（ACL）等配置方案。

### 2. 防火墙应用规则与配置

（1）配置 IP/MAC 绑定与主机保护

设置 IP/MAC 地址绑定，就可以执行 IP/MAC 地址对的探测。如果防火墙某网口配置了“IP/MAC 地址绑定启用功能”“IP/MAC 地址绑定的默认策略（允许或禁止）”，当该网口接收数据包时，将根据数据包中的源 IP 地址与源 MAC 地址，检查管理员设置好的 IP/MAC 地址绑定表。如果地址绑定表中查找成功并匹配，则允许数据包通过，不匹配则禁止数据包通过。如果查找失败，则按默认策略（允许或禁止）执行。

（2）配置防火墙 URL 过滤

Web 服务是互联网上使用最多的服务之一。互联网上信息鱼龙混杂，存在部分不良信息，因此必须对其访问进行必要的控制。RG-WALL 防火墙可以通过对某些 URL 进行过滤实现对访问不良信息的控制。通过使用黑名单和白名单来控制用户不能访问哪些 URL 以及可以访问哪些 URL。

（3）NAT 配置

NAT 技术能够解决 IP 地址不够的问题，同时也能够隐藏网络内部信息，从而保护内部网络的安全。

RG-WALL 防火墙支持源地址一对一的转换，也支持源地址转换为地址池中的某一个地址。用户可通过安全规则设定需要转换的源地址（支持网络地址范围）、源端口。此处的 NAT 指正向 NAT，正向 NAT 也是动态 NAT，通过系统提供的 NAT 地址池，支持多对多、多对一、一对多、一对一的转换关系。

（4）配置安全规则

安全规则的配置是防火墙最重要的配置，因为没有安全规则，防火墙是不能转发数据流的。默认情况下，防火墙的行为是，除非明文允许，否则全部禁止。防火墙支持的安全规则有包过滤、NAT、IP 映射、端口映射和代理等。

（5）配置防火墙主机保护

增加主机保护可确保关键服务器的安全稳定，用于保护服务器访问时不会因为攻击而过载。

### 3. 虚拟专用网（VPN）设计

一般采用 L2TP+IPSEC 隧道协议，接入总部，用户即使在乘坐车船甚至飞机的途中，也可随时随地实现移动办公，犹如在办公室一样方便流畅地交流信息。

（1）VPN 与防火墙双重防护关键服务器群

此设计可防止恶意用户在网络中进行非法网络攻击及网络访问，并能保证公司带宽投入得到有效的利用。就算黑客能突破虚拟防火墙，里面还有一层 VPN 认证防护，提高了安全级别。

（2）VPN 与入侵检测系统（IDS）联动

网络安全不可能完全依靠单一产品来实现，网络安全是个整体，必须配置相应的安全产品作为必要的补充。IDS 可与安全 VPN 系统形成互补。入侵检测系统是根据已有的、最新的和可预见的攻击手段的信息代码对进出网络的所有操作行为进行实时监控、记录，并按制定的策略实行响应（阻断、报警、发送 E-mail），从而防止针对网络的攻击与犯罪行为。入侵检测仪是独立于网络使用的，网络数据全部通过 VPN 设备，而入侵检测设备在网络上进行监听，监控网络状况，一旦发现攻击行为将通过报警、通知 VPN 设备中断网络（即 IDS 与 VPN 联动功能）等方式进行控制（即安全设备自适应机制），最后将攻击行为进行日志记录以供以后审查。

（3）报文过滤

设置报文过滤策略来指定某些传输层协议能否通过 VPN。另外可以通过配置与 IDS 的联动规则，当 IDS 检测到攻击后，将立即通知报文过滤模块，过滤模块一方面显示对应的 IDS 过滤规则，同时也会对攻击报文进行过滤，从而阻止其对内部网络的攻击。

（4）VPN 虚子网配置

所谓虚子网就是把冲突一方的网络地址映射成另外一个不冲突的子网地址，网络地址部分发生变化，但是主机地址部分不变，这样用户仍然可以知道变换后对方的主机地址。

（5）日志审计配置

日志记录提供对系统活动的详细审计，VPN 提供了详细的日志审计信息，这些信息用于评估、审查系统的运行环境和各种操作，能够帮助管理员寻找系统中存在的问题，对系统维护十分有用。管理器中对日志进行分级管理，可使日志信息更详尽、更规范，层次更清楚。

**4. 入侵检测系统设计**

一般需实现入侵检测系统与防火墙的联动，从而使防火墙可以根据网络运行的状况来动态设置防火墙规则。

**5. 三层交换机系统设计**

三层交换机是整个企业网络的中枢节点，因此它的合理设置和安全规划将影响整个网络的运行。该方案将从以下几个方面进行设计：

1）合理的 VLAN 划分规划。

2）IP 与 MAC 地址的绑定设计。

3）防攻击的系统保护配置。

4）动态的地址解析协议（ARP）检测配置，防止 ARP 欺骗攻击等。

**6. 防病毒系统设计**

车联网系统的病毒入侵，主要是通过网络传输产生，应针对车联网网络病毒的侵入点进行详细分析，根据应用场景特点，做到车端到平台应用端对网络病毒有针对性的防护。具体措施如下：

1）车端通过运营商专网接入，通常采用 GRE(Generic Routing Encapsulation, 通用路由封装协议）VPN（Virtual Private Network，虚拟专用网络或虚拟私有网络）隧道接入，形成车端接入平台的私有网络，保证车辆接入的安全性。

2）对于车联网平台应用系统，主要是从以下三个方面：

① 车联网系统服务器采用 Linux 操作系统。通过 iptables 针对性的对外开放服务端口，隔离车联网服务器和企业内网系统病毒交互途径。

② 车联网系统在企业内网系统中，通过划分单独的 VLAN, 从网络层形成相对独立的私有局域网络，降低内网病毒对其影响。

③ 车联网采用授权访问的安全策略，减少恶意访问，保证网络访问的真实性。

一般建议车联网数据中心的服务器均采用 Linux 操作系统，利用 Linux 的开源特性，能够更好地解决车联网系统的病毒问题。

# 12.6 隐私数据保护

## 12.6.1 个人信息安全规范

2018 年 5 月 1 日生效的 GB/T 35273—2017《信息安全技术　个人信息安全规范》，可以作为车联网信息系统的隐私数据保护的设计依据。下文将介绍其中的主要内容。

### 1. 范围

GB/T 35273—2017 规范了开展收集、保存、使用、共享、转让、公开披露等个人信息处理活动应遵循的原则和安全要求。

### 2. 个人信息的定义

个人信息是指以电子或者其他方式记录的能够单独或者与其他信息结合识别特定自然人身份或者反映特定自然人活动情况的各种信息。个人信息包括姓名、出生日期、身份证件号码、个人生物识别信息、住址、通信联系方式、通信记录和内容、账号密码、财产信息、征信信息、行踪轨迹、住宿信息、健康生理信息、交易信息等。

### 3. 个人信息安全的基本原则

个人信息控制者开展个人信息处理活动，应遵循以下基本原则：

1）权责一致原则——对其个人信息处理活动对个人信息主体合法权益造成的损害承担责任。

2）目的明确原则——具有合法、正当、必要、明确的个人信息处理目的。

3）选择同意原则——向个人信息主体明示个人信息处理目的、方式、范围、规则等，征求其授权同意。

4）最少够用原则——除与个人信息主体另有约定外，只处理满足个人信息主体授权同意的目的所需的最少个人信息类型和数量。目的达成后，应及时根据约定删除个人信息。

5）公开透明原则——以明确、易懂和合理的方式公开处理个人信息的范围、目的、规则等，并接受外部监督。

6）确保安全原则——具备与所面临的安全风险相匹配的安全能力，并采取足够的管理措施和技术手段，保护个人信息的保密性、完整性、可用性。

7）主体参与原则——向个人信息主体提供能够访问、更正、删除其个人信息，以及撤回同意、注销账户等方法。

### 4. 个人信息的保存

GB/T 35273—2017 对个人信息控制者对个人信息的保存提出了具体要求，包括如下内容：

（1）个人信息保存时间最小化

对个人信息控制者的要求包括：

1）个人信息保存期限应为实现目的所必需的最短时间。

2）超出上述个人信息保存期限后，应对个人信息进行删除或匿名化处理。

（2）去标识化处理

收集个人信息后，个人信息控制者宜立即进行去标识化处理，并采取技术和管理方面的措施，将去标识化后的数据与可用于恢复识别个人的信息分开存储，并确保在后续的个人信息处理中不重新识别个人。

（3）个人敏感信息的传输和存储

对个人信息控制者的要求包括：

1）传输和存储个人敏感信息时，应采用加密等安全措施。

2）存储个人生物识别信息时，应采用技术措施处理后再进行存储，如仅存储个人生物识别信息的摘要。

（4）个人信息控制者停止运营

当个人信息控制者停止运营其产品或服务时，应：

1）及时停止继续收集个人信息的活动。

2）将停止运营的通知以逐一送达或公告的形式通知个人信息主体。

3）对其所持有的个人信息进行删除或匿名化处理。

### 5. 个人信息安全事件处置

（1）安全事件应急处置和报告

对个人信息控制者的要求包括：

1）应制定个人信息安全事件应急预案。

2）应定期（至少每年一次）组织内部相关人员进行应急响应培训和应急演练，使其掌握岗位职责和应急处置策略及规程。

3）发生个人信息安全事件后，个人信息控制者应根据应急响应预案进行以下处置：

① 记录事件内容，包括但不限于：发现事件的人员、时间、地点，涉及的个人信息及人数，发生事件的系统名称，对其他互联系统的影响，是否已联系执法机关或有关部门。

② 评估事件可能造成的影响，并采取必要措施控制事态，消除隐患。

③ 按《国家网络安全事件应急预案》的有关规定及时上报，报告内容包括但不限于：涉及个人信息主体的类型、数量、内容、性质等总体情况，事件可能造成的影响，已采取或将要采取的处置措施，事件处置相关人员的联系方式。

④ 按照要求实施安全事件的告知。

4）根据相关法律法规变化情况，以及事件处置情况，及时更新应急预案。

（2）安全事件告知

对个人信息控制者的要求包括：

1）应及时将事件相关情况以邮件、信函、电话、推送通知等方式告知受影响的个人信息主体。难以逐一告知个人信息主体时，应采取合理、有效的方式发布与公众有关的警示信息。

2）告知内容应包括但不限于：

① 安全事件的内容和影响。

② 已采取或将要采取的处置措施。

③ 个人信息主体自主防范和降低风险的建议。

④ 针对个人信息主体提供的补救措施。

⑤ 个人信息保护负责人和个人信息保护工作机构的联系方式。

### 12.6.2 车企和车主的保密约定

车主在购买车辆时，一般会被车企告知车联网系统的功能和相关数据保密的信息。在其汽车购买协议中，车企一般会明确如何收集、使用、分享及保护所收集的车主及车辆相关数据，并承诺不会将车主隐私数据进行泄露。

因为车企需要按照相关法规将数据发送到政府公共平台，所以一般会在购买协议中进行说明。例如特斯拉在其购车协议中有如图 12-4 所示的描述。

上海市消费者：

如果您申请上海市新能源汽车专用牌照，您同意我司根据《上海市鼓励购买和使用新能源汽车暂行办法》等相关法规和政策规定，将车辆相关数据(包括不限于注册信息、车辆实时信息、充电数据、异常报警信息)接入上海市指定的新能源汽车公共数据采集平台。

图 12-4 特斯拉关于数据发送到政府公共平台的说明

如果车主确实不愿意将车辆数据发送到企业车联网平台，特斯拉允许车主在车辆的 APP 上关闭远程连接。

### 12.6.3 车企和公共平台的保密协议

在车企与公共平台正式对接前，公共平台运营方会和车企签署一份《数据对接保密协议》，约定公共平台要对企业平台上报的新能源车辆原始数据，也包括车辆的注册信息、动力电池注册信息以及报警阈值进行保密。

### 12.6.4 公共平台 / 企业平台对外的数据服务

一般情况下，公共平台和企业平台均有权对数据进行处理和分析，为政府等第三方提供数据服务。公共平台 / 企业平台对外提供数据服务时需要满足以下条件：

1）满足信息保密及隐私保护相关法律法规的要求。

2）企业平台的数据使用必须满足车主和车企签署的保密协议要求。

3）公共平台的数据使用必须满足其与车企签署的保密协议要求。

4）数据必须进行脱敏、脱密处理。

5）必要时，需要征求车主的同意。

# 第13章 基于智能网联技术的电动汽车应用

随着石油资源的日益枯竭，以电动汽车为代表的新能源汽车将成为未来社会生产生活的必然选择。近年来，各国政府与社会民众对于能源安全和气候变化的关注，再一次为纯电动车辆的发展提供了机遇。然而，目前电动车辆的续驶里程尚存在一定的局限，储能电池循环寿命有限，充电时间长，充电站数目少，这些问题限制了电动车辆的快速发展。

目前，纯电动汽车及其电池、电机等相关领域是世界范围内汽车行业的研究重点。但由于动力电池的能量密度低、充放电时间长等缺点，纯电动车辆的使用性能相比于传统燃油车辆仍存在着较大的差距。同时由于电池技术以及大规模充电对电网的冲击和影响等原因，电动汽车的大规模运营依然面临诸多挑战。因此，提升电动车辆的使用性能，使之能够满足驾驶人的出行计划和使用习惯，是目前电动车辆发展所面临的首要问题。

随着科技和经济的不断进步，传统的电动车已经越来越不能满足国民的需求，现有的一些应用于电动车的技术在设计初期考虑问题尚不全面，功能很不完善，电动车车联网正是在这样的环境下应运而生的。近年来，伴随着智能交通系统（车联网技术）的快速发展，包括车车通信、车路通信等短距离实时无线通信信息，以及道路交通通行信息、天气变化信息等远距离交通信息，使得电动车辆能够实时获知周围车辆运动情况以及前方交通环境情况，有利于提高车辆对周围交通环境的感知能力，以实现合理的出行安排与行驶控制，从而提高电动车辆的使用性能。

车联网通过无线移动通信、互联网、海量数据处理等技术，为用户提供安全驾驶、应急救援等基本行车安全应用，并可延伸至生活娱乐等服务领域，形成了新型商业生态体系。随着电动汽车行业逐步发展成熟，车联网在电动汽车领域的应用存在广阔空间。技术革新离不开商业模式的支持，探索并积极实践电动汽车车联网创新模式，有利于支持和促进电动汽车产业发展。

## 13.1 面向电动汽车应用的车联网架构

随着物联网（IoT）概念的提出和技术的发展，车联网（IoV）技术作为物联网技术在智能交通领域的延伸，也是目前的一个研究热点。相比普通的汽车，电动车完全由电能驱动，更容易实现精确控制，而且电动车更加节能环保，因此应用在电动车上的车联网技术不仅更容易实现，而且得到了政策上的支持，成为电动车行业的发展方向。

通过无线通信网络，对电动汽车的运行参数进行监控管理，是在目前技术水平下，提高电动汽车安全性的一个切实可行的途径，而车联网是目前最好的可利用资源。



### 13.1.1 车联网含义及发展历史

在互联网出现之前，每一辆车都是独立运行的，车辆与外界的信息传递也是单向的，汽车只能收到广播，却无法与外界进行交互。而随着互联网的出现，车辆之间、车人之间、车与外界环境之间逐渐实现了信息交互，车联网初现端倪。当前车联网的技术和行业发展还处于起步阶段，不过随着互联网、无线通信等各方面技术的成熟，车联网技术也在经历着迅猛的发展。

车联网（Internet of Vehicle，IoV）是指车与车、车与路、车与人、车与传感设备等信息交互，实现车辆与公众网络通信的动态移动通信系统。它可以通过车与车、车与人、车与路互联互通实现信息共享，收集车辆、道路和环境的信息，并在信息网络平台上对多源采集的信息进行加工、计算、共享和安全发布，根据不同的功能需求对车辆进行有效的引导与监管，以及提供专业的移动互联网应用服务。车联网通过装载在车辆上的电子标签、无线射频等识别技术，实现在信息网络平台上对所有车辆的属性信息和静、动态信息进行提取和有效利用，并根据不同的功能需求对所有车辆的运行状态进行有效的监管和提供综合服务。

车联网的概念是车内网、车际网和车载移动互联网三者的融合，如图 13-1 所示。车联网是车与 X（X 指车、路、行人及互联网等）之间利用射频识别（RFID）、传感器和无线通信等技术，进行信息交换和数据通信的系统网络。从车联网的构成要素方面来看，车联网技术离不开硬件、操作系统和通信技术的支持。大数据、云计算技术的出现也使得对基数庞大的车辆进行有效管理成为可能。

在车联网的概念诞生之前，还有很多与之相关的概念，如在日本应用广泛的智能交通系统（ITS）、欧美的车辆自组织网络（VANET）以及通信运营商和汽车厂商合作开发的车载计算机系统（Telematics）等。

智能交通系统（ITS）的概念是由智能车辆道路系统（IVHS）升级转变而来的，主要是为了应对交通拥堵现象的出现。智能交通系统包含 GPS、GIS 等相关技术，基于信息和

控制技术，将其融合并有效地运用于交通运输管理体系之中，从而使运输系统更加安全和高效，减少堵车压力，同时达到改善环境和节约能源的效果。

车辆自组织网络（VANET）是无线自组网的一种形式，目的是用来提供车与车、车与路侧设施之间的通信。VANET 将车辆、行人以及路侧设施看作一个个节点，组成一个大的自组织网络，在军用、商用和民用方面都发挥着巨大作用，因此自诞生以来就是国内外研究机构密切关注的课题。车辆自组织网络是一个开放的系统，其主要问题在于现在仍受到路边智能设施覆盖率过低的限制。

车载计算机系统（Telematics）是汽车厂商与通信运营商共同开发的系统，是通过移动通信运营商向车辆驾驶人和乘客提供信息的服务系统。车载计算机系统的缺点是它依靠移动通信网提供服务，而且它的应用系统也都不在本地，使用通信网络、广播和卫星等方式无法做到对路况的实时响应；同时由于车载计算机系统开放性不足，推广应用的难度较大。

随着移动互联网技术和通信技术的发展，物联网的概念被提出，车联网作为物联网在交通领域的延伸，也成为一个热门课题。车联网作为智慧城市在交通方面的重要组成部分，是当前热门的移动互联网与汽车行业的融合，对于未来城市建设具有十分重要的意义。

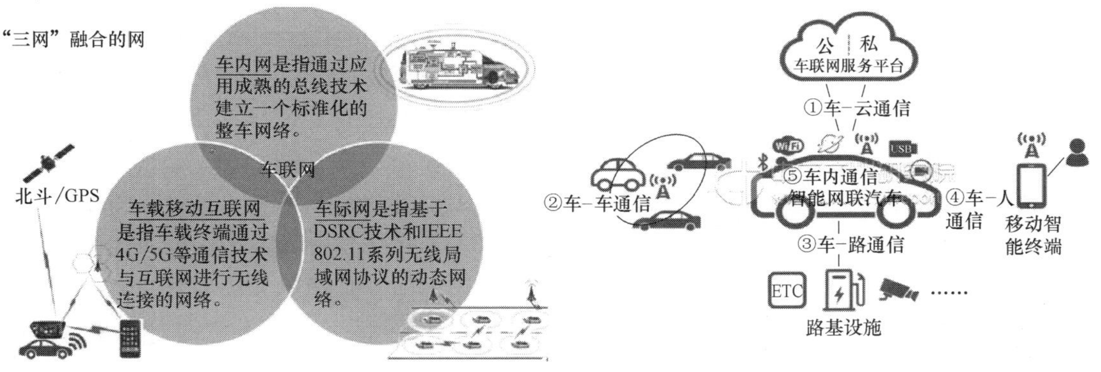


图 13-1 车联网的概念及含义

车联网的概念首先被应用于汽车，随着电动车技术的成熟和民众对电动车智能系统的迫切需求，电动车与车联网技术的融合越来越成为电动车发展的一个重要方向。对于电动车辆而言，从长时间尺度的出行规划角度，通过获得前方路网的交通环境信息、道路地形信息，能够使电动车辆更为合理地优化出行策略，达到减少行驶时间、优化出行路径、降低出行能耗的目的；而在电动车辆行驶控制的过程中，通过获知前方与周围车辆在当前时刻的位置、速度、加速度、踏板信号等信息，电动车辆对周围车辆运动行为进行建模并预测，并结合前方道路坡度变化信息，合理优化车辆的功率输出与行驶速度，保证在安全行驶的同时，节约行驶过程中的能量消耗。因此，得益于多种智能交通系统信息的有效利用，电动车辆的出行策略优化和行驶过程控制的效果均存在着进一步提升的潜力。对于纯电动车辆来说，考虑到当前电动车辆的诸多固有局限，如何通过合理利用智能交通系统的信息，进而提高电动车辆的使用性能，满足驾驶人的使用需求，是电动车辆一个重要的研究课题与前沿研究方向。

## 13.1.2 电动汽车车联网的体系架构

电动汽车车联网是基于电动汽车的车联网，同样包含车内网、车际网和车载移动互联网三个方面，是一个能够为电动汽车、用户和厂商提供智能控制、信息服务和车辆管理等综合服务的网络。其中，车内网是指电动车内部的局域网络，即车辆内部的多种传感器和控制器基于控制器局域网络（CAN）技术与车载中控系统连接建立的网络；车际网是以电动车为节点实现车辆之间信息交互的网络，即前面提到的车辆自组织网络；车载移动互联网是电动车与信息服务平台及云端信息交互的网络，电动车通过蜂窝通信技术以及 Wi-Fi 等短距离无线通信技术接入互联网。从车内网来看，现有的车辆本身已经部署了大量的传感器，以此获取来自内部和周围环境的信息，如速度、剩余电量、温度等，而智能车上还要添加一定数量的传感器。这些传感器组成传感器网络后，不仅可以实现与显示板控制器直连，还可以通过多跳的方式组成自组网络，从而提高信息传递的成功率。

从车际网来看，电动汽车车联网的一个重要特点就是车辆和车辆之间能够实现信息交换，因此每辆车都可以被看成是一个不同节点。通过 RFID 技术读取对象的相关信息，根据获取信息的特征识别目标对象。但对于电动汽车车联网中的每个对象来说，仅仅识别车辆的身份是远远不够的，无线传感器网络可以获取车辆的动态特征，包括路径、位置等。

根据电动汽车车联网的定义，其网络体系架构如图 13-2 所示。

从网络上看，电动汽车车联网的整体结构也可以分为“端”“网”“云”三个层次。

第一层端系统是电动汽车车联网的硬件平台，由多种智能传感器、执行器和控制器组合而成。与电动车中控系统连接的传感器负责采集行车状态和环境，获取车辆状态和周围环境信息，并将其转换为控制中心可以识别和处理的电信号。端系统是车内通信、车际通信、车载移动互联网通信的基础。

第二层网系统是电动汽车车联网实现通信的基础。通过蜂窝通信技术以及 Wi-Fi、蓝牙等短距离无线通信技术，实现车与车（V2V）、车与路（V2R）、车与网（V2I）、车与人（V2P）等的信息交换和数据通信，将车辆自组织网络和多种异构网络连接起来，保障对电动汽车车联网实时、有效的检测和控制。

第三层是云系统，电动汽车车联网必须是一个基于云架构进行管理的系统。主要结合不同用户的需求提供不同的服务，利用车云端与车辆的信息交互，实现真正的便捷出行。

车联网作为物联网技术在交通系统领域的延伸，结合车联网的定义，将电动汽车车联网系统分为从低到高三层架构，分别是感知层、网络层和应用层。

最底层是感知层，是整个车联网体系的基础。感知层由部署在电动车内部的传感器、执行器、控制器等硬件设备与中控芯片，以及车辆行驶环境中的具备感知和数据传输功能的终端设备等连接组成，负责采集人、车、环境的相关信息，并可以通过接收和执行相关指令，实现对车辆的控制。

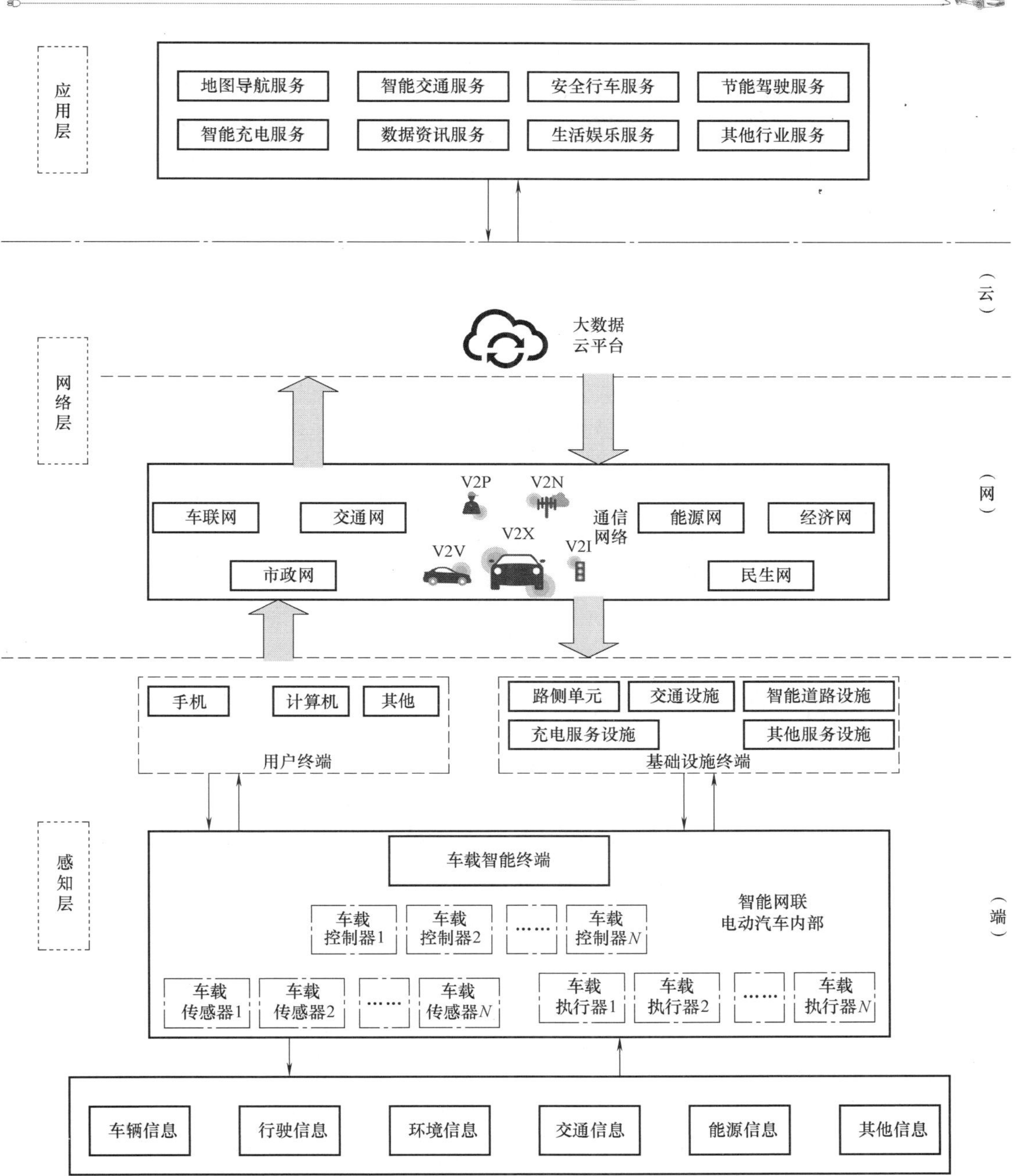

图 13-2 电动汽车的车联网体系架构

中间层是网络层，起到数据传递的作用。网络层为感知层提供统一接口，由于感知层设备复杂多样，网络层包含各类通信网络技术，如蜂窝移动通信网、无线局域网、蓝牙、射频识别等近距离无线通信技术以及互联网等。

最上层是应用层，提供各种类型的服务，实现对车辆获取数据的计算、处理、监控和管理。应用层的作用是为用户提供电动汽车车联网的可视化服务，降低操作的复杂度。

电动汽车车联网是电动汽车未来的发展方向，电动汽车内部的各种电子和机械设备通过网络连接起来，实现用户和企业对车辆的智能管理和远程控制，从而为用户提供更加便捷、安全的出行方式。

在电动汽车车联网系统中，电动汽车在其原有功能之上增加了信息处理和传递的功能，中控单元、通信模块、传感器网络等的应用支持用户和电动车以及电动车和环境之间的数据传递，最终实现用户对电动车终端的状态查看和远程控制。

## 13.2 车联网技术在电动汽车中的应用历史

智能交通系统（ITS）的概念于 20 世纪 60 年代末被提出，该系统利用先进的信息技术与数据通信传输技术建立互联网通信平台，结合电子传感技术、电子控制技术以及计算机处理技术等，实现交通系统中的多源异构信息的收集，并对这些信息进行处理，为各个交通参与者提供多样的服务，从而实时、准确、高效地实现交通系统整体的安全、通畅和低耗能的目标。在世界范围内，以美国、日本、欧洲在 ITS 领域的发展较早。美国早在 20 世纪 80 年代就开始开展智能交通系统的相关研究，其早期被称为智能车辆公路系统（Intelligent Vehicle-Highway System，IVHS）。在 2014 年，美国交通运输部与 ITS 联合项目办公室共同提出《 ITS 战略计划 2015—2019》，提出了美国 ITS 未来 5 年的发展目标与方向。日本早在 1994 年就成立了由建设省、运输省、警察厅、通产省、邮政省 5 省厅组成的联席会议，共同推进 ITS 的研发与应用。在 2013 年，日本道路交通委员会与信息通信战略委员会共同提出了 ITS 2014—2030 技术发展路线图，以汽车的网联化与智能化为发展方向，计划在 2020 年建成世界最安全的道路，在 2030 年建成世界最安全及最畅通的道路。1996 年 7 月欧盟正式通过了《跨欧交通网络（IEN-T）开发指南》，标志着欧盟开始促进交通系统向着信息化方向发展。在 2015 年，欧洲智能化系统集成技术联盟（EPoSS）发布了《欧盟自动驾驶技术路线》（European Roadmap Smart Systems for Automated Driving），从产业的角度指明了无人驾驶系统的发展路线以及关键技术要素。其中，利用交通信息为交通流进行优化，优化车辆出行过程，降低能量消耗并且减少尾气排放，是目前 ITS 的一个重要研究领域，如美国的 IntelliDrive、日本的 Smartway、欧盟的 eCoMove 等项目。

考虑到电动车辆清洁环保的特性，如何将智能交通系统应用于电动车辆，综合提高电动车辆的使用性能，以促进电动车辆的快速发展，这一研究领域也正在得到广泛的关注。其中欧盟对于这一研究领域的支持较早，如 ICT4FEV（Information and Communication Technology for Fully Electric Vehicle）为第一个欧盟框架下的清洁能源研究项目（European Green Cars Initiative），该项目旨在征集利用信息通信技术提高电动车辆的各项性能。随后包括 ElVIRE、eCoFEV、ECOGEM、Mobility2.0、OpEneR 等研究项目均受到了欧盟清洁能源研究项目的支持。这些项目可分为两类，其中第一类项目关注于利用智能交通系统为电动车辆进行合理的出行规划。ElVIRE 项目全称为 Electric Vehicle Communication to Infrastructure，Road Services and Electricity Supply，考虑驾驶人所面临的里程忧虑问题，即担心由于电动车辆续驶里程过短无法到达目的地，并考虑当前充电站位置稀少的现状，该项目旨在利用通信信息技术解决上述问题，其系统结构如图 13-3 所示。电动车辆在出行前与信息服务商（Service Provider）进行通信，获知车辆附近所有充电站的位置；同时信息服务商与电力运行商（Electricity Utility）进行通信，获知所有充电站当前的运行状况，并将此信息发送给电动车辆，车辆根据自身估计的可达范围判断是否能够到达目的地。如果不能到达，则预测充电站充电负荷，在可达范围内选择一个运行状态良好并有空位的充电站，对充电位进行预定，并前往进行充电。

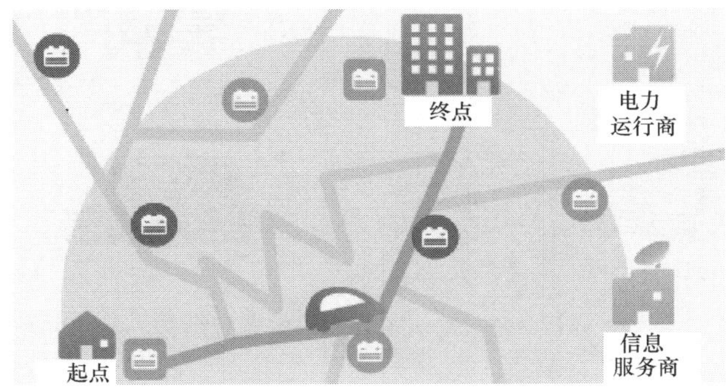


图 13-3　ElVIRE 项目的系统结构

与之类似，eCoFEV（Combining Infrastructures for Efficient Electric Mobility）项目着眼于建立一个交互式的通信平台，将各项基础设施与电动车辆进行信息互联互通，其系统结构如图 13-4 所示。该项目利用 Wi-Fi、IEEE 802.11p、蜂窝通信等方式，将包括路侧基站、电动车辆服务商、充电站设施、行驶中充电设施等交通系统和电网系统的各个基础设施都引入该通信平台中，进而为驾驶人提供涉及可用充电位信息和道路交通拥堵等信息，为驾驶人进行出行安排提供信息基础。

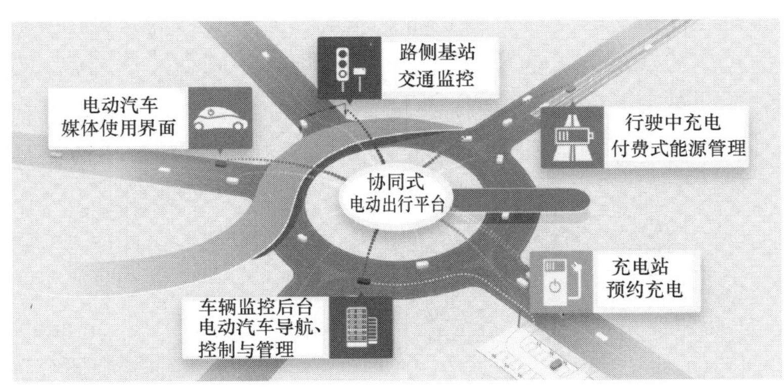


图 13-4　eCoFEV 项目的系统结构

ECOGEM（Cooperative Advanced Driver Assistance System for Green Cars）项目旨在为电动车辆的驾驶人推荐能量消耗最低的行驶路径，其系统结构如图 13-5 所示。根据车－车通信和车－路通信获得的实时交通信息、电池能量消耗速率、目的地与当前位置等信息，并利用出行历史数据对驾驶行为和道路交通环境进行建模，从而预测车辆通过各条道路的能量消耗，为车辆推荐节约行驶能量的通行路径，并搜索附近的充电站信息，为车辆指定合理的充电策略。

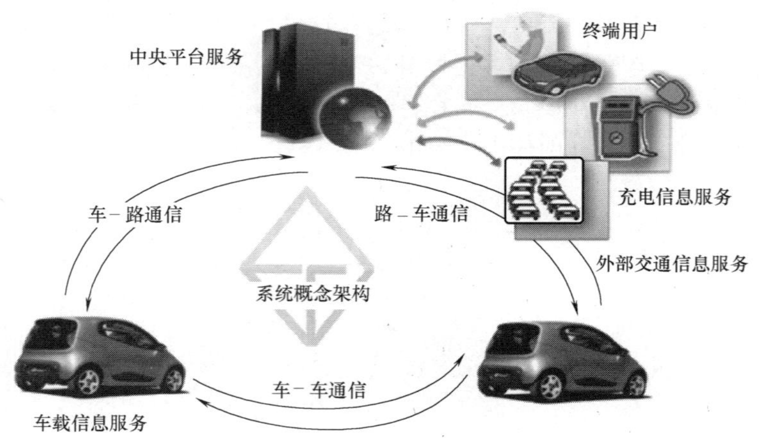


图 13-5　ECOGEM 项目的系统结构

Mobility2.0（Co-operative ITS Systems for Enhanced Electric Vehicle Mobility）项目着眼于利用智能手机通信，实现电动车辆与交通系统的有效结合，包括为电动车辆推荐合适的充电站，以及有效地利用沿途公共交通设施，并针对电网负荷实现城市范围内的大规模电动车辆的时间和空间的调度。

第二类项目关注于利用智能交通系统对电动车辆的行驶过程进行优化，通过获知道路交通信息，为电动车辆进行节能辅助控制，降低行驶过程中的能量消耗。OpEneR（Optimal Energy Consumption and Recovery Based on System Network）项目关注电池剩余能量与制动能量回收过程，通过进行节能控制来延长电动车辆行驶距离，其系统结构如图 13-6 所示。结合雷达和摄像头等车载传感器获知紧邻前车信息，以及车 - 车通信和车 - 路通信等无线通信技术获知前方交通环境信息，实现最大化制动能量回收、估计制动距离、制动能量回收结果可视化等功能。

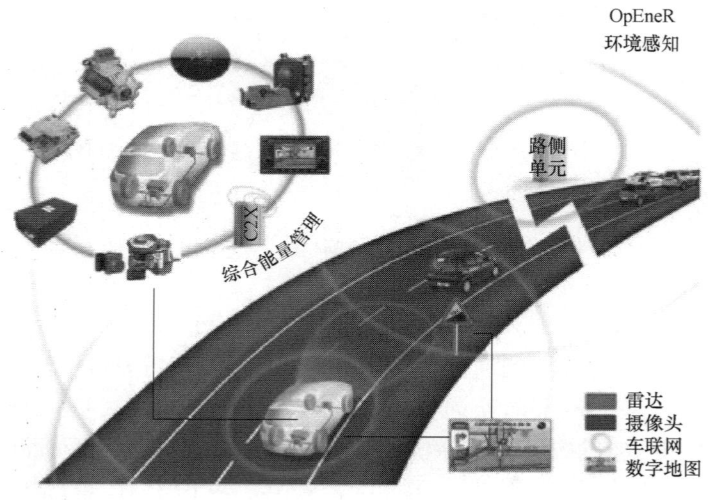


图 13-6　OpEneR 项目的系统结构（见彩插）

这些研究项目充分考虑到电动车辆的局限性，利用无线通信技术使电动车辆获得交通系统信息，并分别从广域规划和实时控制两个角度为电动车辆的出行过程进行优化：从广域规划的角度来看，通过合理规划电动车辆的出行路径、充电站选择、充电站预订、合理使用公共交通设备等行为，以缓解电动车辆电池储能不足、续驶里程短、充电站稀少等问题；从实时控制的角度来看，在车辆行驶过程中，通过获知前方及周围车辆运行状况、前方道路坡度，可以实时对电动车辆的行驶速度和电机转矩进行控制，进一步节约行驶过程中的能量消耗。这些项目的开展说明信息互联技术正在成为改善电动车辆使用性能的重要手段，体现了电动车辆未来发展的智能化与信息化趋势。

## 13.3 基于车联网技术的电动汽车典型应用

车联网是以车辆作为基本网络节点的运营生态体系，随着电动汽车逐步取代传统汽车，车联网网络运营的主要载体也将转化为电动汽车，并显现电动汽车的消费特性。

电动汽车车联网将整合电动车辆基础和运行大数据网、交通信息网、能源信息网、产业经济网、生活服务网等信息，并结合内容及服务提供商、地图软件及数据供应商等运营实体，向用户提供以时空导航、出行规划、交通安全、节能驾驶、智能充换电服务为核心的基本行车服务以及数据服务、生活服务等大类服务内容并探索基于能源互联网的新型服务模式。

### 13.3.1 电动汽车出行规划

车辆出行规划问题，一般可简化为车辆在道路交通系统网络中最短路径问题（Shortest Path，SP）和最短时间问题，是图论和网络优化问题中的一类典型问题。电动车辆的出行约束、出行目标和出行策略三者之间存在强相互耦合关系，其出行策略优化结果的优劣程度直接决定了电动车辆出行过程是否能够满足驾驶人需求。然而由于交通环境存在时变随机特性，同时出行策略中的出行路径与行驶速度、充电行为决策、电附件使用等行为相互影响制约，故需要设计相应的电动车辆出行优化方法，通过车 - 路通信获知前方道路交通信息、充电站信息、天气变化信息等多种信息，并合理考虑多个出行目标和出行约束，对电动车辆的出行策略进行优化设计，以优化得到更为优秀的出行方案。

对于网联电动车辆而言，电动车辆与交通系统的信息交互可以得到包括前方道路交通情况、充电站位置与状态、天气变化情况等信息，进而可为电动车辆合理规划其出行方案，包括出行路径、行驶速度、充电站推荐、充电模式、充电时间、电附件使用等，以提高电动车辆的使用性能，满足驾驶人的出行需求。在网联电动车辆的出行规划问题研究中，根据优化问题建立形式，可以分为单目标出行规划和多目标出行规划两类。其中，单目标出行规划仅对电动车辆出行过程中的某一主要目标进行优化，忽略其他出行目标，这种方式旨在得到该单一目标下的最优出行方案。与之相对的，多目标出行规划在搜索出行方案时，需要协调考虑多个出行目标，制定优化目标的权重系数，或搜索多目标意义下的前锋面解集，使得搜索优化得到的出行方案综合协同考虑了多个出行目标。

1. 车辆单目标出行规划

电动车辆的单目标出行规划研究中，一般涉及电动车队以及单辆电动车辆这两类研究对象。以电动车队为研究对象的出行规划问题，一般涉及车队运营管理优化问题，即希望能够在最经济的条件下，利用电动车队在规定的时间窗口内满足顾客的货物运输需求。在Erdogan等人的研究中，为替代能源车队（Alternative Fuel-Powered Fleet）进行出行规划，考虑到有限的补充燃料的场所、有限的续驶里程以及顾客的货物运输需求等约束条件，以最小车队总行驶距离作为车队出行过程的优化目标，为车队中的每辆车推荐行驶路径和充电策略。类似地，在Mehar等人的研究中，以行驶能量最低作为电动车队出行规划的优化目标，考虑道路坡度、天气情况、车辆特性、充电站位置等因素，为车队中的每辆车推荐出行路径和充电站。这类研究以电动车队为研究对象，考虑到客户服务需求、充电站设备位置、车辆续驶里程等约束，对其进行单目标下的出行规划。不过由于这类研究以满足车队出行为主要任务，忽视了单个驾驶人的出行需求，不适用于满足驾驶人的出行安排。

以单辆电动车辆为研究对象的出行规划问题，其问题结构主要由出行目标设计、出行约束定义以及所采用的道路环境模型等几个方面构成。

（1）电动车辆出行规划目标设计

与传统内燃机车辆的出行规划问题相似，电动车辆的出行规划目标一般包括行驶路径最短、时间最短、能量消耗最少等出行目标。但是，电动车辆与传统车辆在出行规划问题上主要有两个不同点，首先是由于电动车辆的出行距离有限，在行驶过程中需要考虑前往充电站停留并充电，因此最短出行路径便可能不是连接起点和终点的直线距离，而需要考虑途中绕远前往充电站，因此总时间消耗也不仅是行驶时间消耗，需要考虑潜在的充电时间。其次是由于电动车辆能够在行驶过程的制动或减速过程中实现能量回收，使得在出行规划问题建立中需要将能量回收特性考虑在内。因此，在单辆电动车辆的单目标出行规划问题中，需要考虑潜在充电行为的影响，满足驾驶人的出行任务，合理优化电动车辆的出行过程，为电动车辆推荐出行路径和充电策略。

针对前往充电站的充电行为，Kobayashi等人以行驶距离或行驶时间作为优化目标，考虑行驶距离、到达充电站时间、充满电所需时间等因素，为电动车辆推荐行驶路径和充电站，通过对道路地图进行预先缩减，降低在优化问题中的处理规模，并利用Dijkstra算法进行求解。Mariyasagayam等人通过建立充电站附近的交通模型，估计未来在各个充电站进行充电的车辆数目，对各充电站运行负荷、充电等待时间、允许的最大充电等级等进行预测，为被控电动车辆选择合适的充电站，并推荐总时间消耗最少的出行方案。Siddiqi等人将总行驶时间、交通灯导致的延误时间、总充电时间、总充电费用等作为约束项，并进行惩罚函数处理，将原多约束最短路径问题变成了无约束问题，并利用粒子群算法进行求解最短出行路径。

针对制动能量回收行为，Sachenbacher等人在出行过程中将道路坡度、行驶阻力、电机效率等引入，考虑制动能量回收特性，在A*算法框架下搜索能量消耗最低的出行方案。Eisner等人考虑电池储能过高和过低的限制，针对制动能量回收特性对地图网络进行预处理，并利用Dijkstra算法求解能耗最低的出行方案。类似地，Artmeier等人对电池的过高过低容量进行限制，并将相邻路段间的不同通行速度所造成的加速和减速能耗计算为一个加权图，优化出能耗最小的出行路径。

除了上述出行目标外，电动车辆还存在若干独有的出行目标。考虑到电动车辆的电池循环寿命有限，其循环充放电次数受到放电深度、充放电功率等因素的影响。车辆的行驶过程（即放电过程）和充电过程直接影响电池寿命。为缓解电池循环寿命的衰减，有必要对出行过程中的充电与放电过程进行优化。在 Barco 等人的研究中，将温度、电池荷电状态、放电深度等作为输入，估计电池在车辆行驶过程中由于充放电而导致的循环寿命衰减。另外，由于电动车辆储能低，电附件能耗不能忽略，其中以车载空调的能耗为主要部分。因此，电动车辆的车室内温度与空调使用，对于优化车辆能耗的出行规划方法也需要考虑进来。

（2）电动车辆出行规划约束设计

传统车辆的出行规划研究中的约束条件一般为油箱容量、到达时间、车辆载货负重等。与之类似，在电动车辆的出行优化过程中，到达时间和电池剩余能量也是常见的约束限制。

另外，由于电动车辆行驶距离有限的特点，可到达范围也是电动车辆出行规划中的常见约束条件，准确的电动车辆续驶里程估计是后续进行出行规划的基础。需要在出发前根据车辆状态和交通环境信息，估算电动车辆是否能够到达目的地或者沿途的充电站，如果无法到达，则说明电动车辆无法完成本次出行任务。在估计电动车辆续驶里程的相关工作中，一般有两种研究思路：基于短时段驾驶信息的续驶里程估算方法和基于未来能量消耗预测的续驶里程估算方法。

基于短时段驾驶信息的续驶里程估算方法的主要思想是，电动车辆在行驶一段距离后，其电池存储能量会相应变化，因此利用过去的一个时间段（或距离段）的车辆行驶距离长度与电池能量变化数据，得到单位电池能耗对应的车辆行驶距离，进而利用电池的当前剩余能量来估计未来的可达范围。这一续驶里程估计方法认为电动车辆在上一时间段（或距离段）的行驶行为与驾驶环境并不随着时间变化，或变化很小。Ceraolo 等人将电动车辆的续驶里程估算分为两步，首先利用当前电量和电池等效电压估算电池的剩余能量，然后利用当前车辆行驶能量与行驶里程的比例系数，估算电动车辆的续驶里程。类似地，Siy 等人通过求出上一段行驶距离与消耗能量的比例系数，再乘以当前电池的剩余能量得到续驶里程。Kayano 和 Cho 等人利用上一行驶路段的电池荷电状态（State of Charge，SOC）和行驶距离之间的关系，估计电动车辆的续驶里程。保时捷公司的 Meyer-Ebeling 等人为了避免未来的行驶习惯与驾驶环境有较大波动，提出通过限制车辆的最大速度、最大加速度以及舒适性以限制过高的能量输出，根据当前道路的道路坡度、道路等级、电池能量等信息来估测电动车辆的可行驶范围。帅志斌等人利用当前速度和电机功率的比值，乘以当前剩余能量估计车辆续驶里程。Kinser 等人考虑到行驶过程中能耗 - 距离比率随着交通环境的变化而变化，通过控制能量 - 距离比率的上下限，利用平均能量 - 距离比率计算续驶里程。这一类续驶里程估计方法的优点是所需的交通环境信息较少，能够仅根据车载传感器的信息进行估计，缺点是当前时刻的续驶里程估计结果无法充分反映交通环境的变化情况。

基于未来能量消耗预测的续驶里程估算方法，其思路是估计未来行驶过程中的行驶速度，并预测行驶能耗和电附件能耗，并与当前电动车辆的存储能量进行比较，进而计算出电动车辆可达范围。针对预测未来行驶速度的相关研究，主要是对历史行驶数据进行统计分析，利用随机抽样方法生成车辆未来的行驶速度，进而估计车辆能耗。Gong 等人统计了多辆 PHEV（插电式混合动力电动汽车）在一年中的行驶历史，利用聚类方法对车速数据进行分类，随后利用 MCMC（Markov Chain Monte Carlo）方法进行随机抽样得到新的速度曲线。Oliva 等人也利用 MCMC 方法进行随机抽样得到新的速度曲线，随后对车辆续驶里程进行估算。针对预测未来能量消耗的研究，Zhang 等人提出当电池的剩余能量高于设定阈值时，采用粗略估计的方式，仅考虑车辆当前位置、电池剩余能量和空调状态三个参数，利用满能量状态可行驶范围与当前剩余能量的对应比例关系，预测可行驶的范围；当电池的剩余能量低于阈值时，采用精细估计的方式，利用当前时刻路网交通情况作为估计算法中对未来行驶时刻的交通情况的描述，考虑了包括行驶阻力耗能、电附件耗能和驾驶习惯等因素。基于能耗预测的电动车辆续驶里程估算方法，考虑到了电动车辆在未来出行过程中的行驶能量消耗和电附件能量消耗。这类方法能够利用交通环境信息，提高了续驶里程估算方法对于交通环境变化的适应程度。

（3）电动车辆出行规划路网环境

在车辆出行规划问题的研究中，存在不同类型的路网模型，在各类路网模型下求解最优出行方案的方法也各不相同。根据网络中的状态特征是否随时间变化，可以将路网分成静态路网和动态路网两个类别。在静态路网中，网络状态并不随时间变化，而在动态路网中的网络状态会随时间进行动态变化。另外，根据路网中的信息是否明确已知，可以将路网分成确定性路网和随机性路网。确定性路网中所有边的权重是明确已知的；而在随机性路网中，所有边的权重是预先未知的，一般需要利用多个离散状态或概率分布对各边的权重进行描述。因此，一般可将道路交通环境简化为图 13-7 所示的四种路网环境模型。

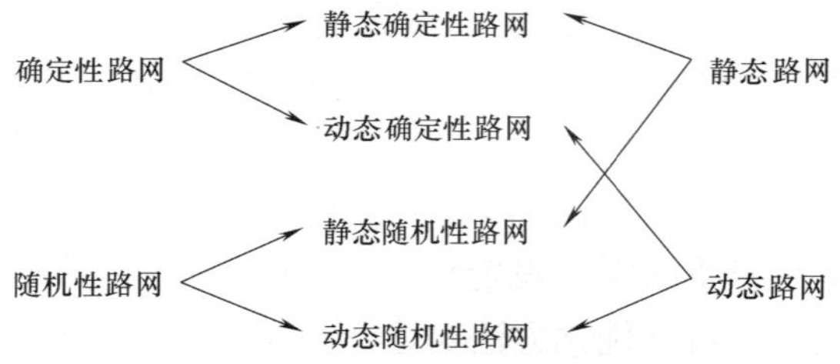


图 13-7　常见的四种路网环境模型

静态确定性路网是最简单的一类路网结构，路网中的节点连接关系明确，各边的权重确定且不随时间改变。传统的最短路径优化问题多为针对静态确定性路网模型，最短路径优化问题即转化为寻找一条从起点到终点的路径，能够使得各条边的权重和最小。其中最具代表性的是 Dijkstra 算法，该算法从起点开始进行循环迭代计算，得到从起点到达路网中某一节点的最短路径，循环搜索并最终达到终点。Ford 方法为标号修正算法，用于解决 Dijkstra 算法不能处理边负权重的问题。A* 算法将启发式函数引入路径搜索中，用于提高最短路径搜索效率，减少计算时间。但是，由于在实际交通网络中，道路平均通行速度常常受到周期性因素的影响（如早高峰和晚高峰），通行速度呈现近似周期性时变变化规律；另外，即使在同一路段的同一时段内，在不同日期下该道路的平均通行速度也并不相同，说明路段平均通行速度带有随机性特征。在以上的四种道路模型中，动态随机性路网模型能够比较好地描述真实的交通环境。在动态随机性路网模型中，各边的权重值不是一个常量，而是一个服从于时变的概率分布的随机变量。因此，经典最短路径的定义以及解法并

不适用于动态随机性路网模型中的最短路径问题。在现有的研究中，在动态随机性路网模型下对电动车辆进行出行规划的相关研究较少，并且在这一类路网结构中，一般也并不考虑车辆停留在某节点进行充电的情况。

### 2. 车辆多目标出行规划

电动车辆多目标出行规化指的是，在为电动车辆进行出行方案规化时，需要协同考虑多个出行目标。在电动车辆的多目标出行优化问题构成中，出行目标和出行约束的定义与单目标出行优化相类似。从多目标优化角度为电动车辆推荐出行方案，希望搜索得到的出行方案能够协调多个出行目标，保证出行方案的综合性能最优。从多目标优化问题的求解方式进行分类，可分为单输出多目标优化和多目标解集优化两类。

（1）单输出多目标优化

单输出多目标优化指的是在处理多目标优化问题时，通过将多目标优化问题简化为单目标优化问题，并利用单目标优化方法进行求解，最终输出一个优化结果。

权重法是处理单输出多目标优化的一类常用方法，根据优化问题中的各个目标的重要性，对各个目标进行加权并计算加权和，进而得到单一的优化目标，将问题简化为单目标优化问题。电动车辆的多目标出行研究中，Schneider 等人关注于利用多辆电动车辆进行货物配送，考虑到多个客户运送货物的时间限制，以及电动车队的充电需求和电池容量，对多个出行目标进行协同优化，将总行驶距离、电池容量、到达时间等各个元素进行加权求和，求解可行的出行方案。不同于权重法，Sassi 等人在求解多辆电动车辆出行的过程中，并不同时优化所有出行目标，而是采取顺序优化的方式，先优化车队总的行驶距离，再优化车队总的充电花费。Conrad 等人将以上两种方式进行合并，根据目标的重要性对多目标进行排序，首要目标是出行过程中的总的出行次数或总的车辆数目，次要目标是对行驶距离、服务时间和车辆充电花费等目标的综合加权。

这一类方法将多目标优化问题转换为单目标优化问题，简化问题结构并且易于求解。但是权重法需要设置权重系数，仅能得到在某一权重比例下的单一出行方案。这一类单输出的多目标优化方法对原问题进行了简化，无法保证求得在原问题下的最优出行方案。

（2）多目标解集优化

多目标解集优化与单输出多目标优化相反，该方法并不对优化目标进行预先处理，而是同时优化多个出行目标，得到一个优化结果解集。该优化结果解集称为 Pareto 解集，该解集中的所有解在 Pareto 条件下处于同一级别，彼此之间无法进一步分出优劣，该解集即是多目标优化方法的优化结果。

图 13-8 中示例为两目标最小化协同优化，各五角星表示搜索到的解，它们共同组成了多目标优化结果解集。在该解集中，各个解之间无法进行进一步的比较，即不存在某个解的两个目标值比另一个解的两个目标值都小的情况。这些解所构成的解集表示了在这个多目标优化问题中，可能出现的解的范围与形式。

不同于单目标优化方法存在单一的最优结果，对于多目标解集优化方法，由于其搜索结果是一个解集，其评价标准一般包括以下三个方面：

1）使优化算法找到的解集尽量靠近最优前锋面，使得解集的寻优效果最佳，如图 13-8a 所示，尽量靠近坐标原点。

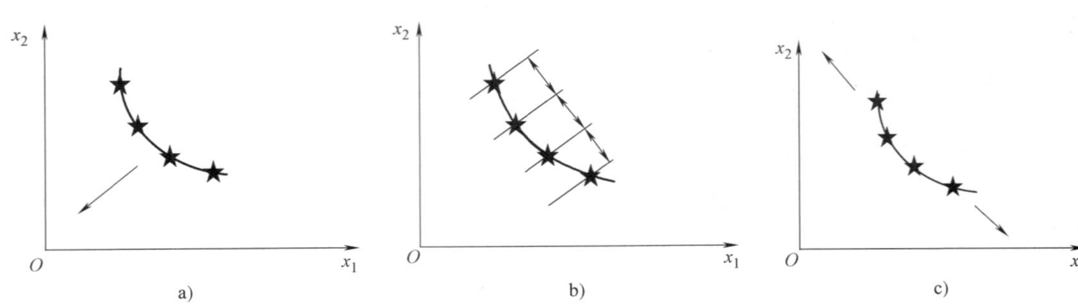


图 13-8　多目标解集优化方法

a）使解集尽量贴近最优前锋面　b）解集内的解尽量均匀分布　c）解集覆盖范围尽量扩大



2）使解集中的解能够均匀地分布，保证解集中的解能够有效地反映前锋面的形状，如图 13-8b 所示，以避免分布不均匀，使得部分解集区域没有解来表示。

3）使解集能够覆盖更广泛的区域，以有效表征这个解集的覆盖范围，如图 13-8c 所示。

在现有研究中，针对电动车辆出行规划的研究往往为单目标优化问题，忽视了出行过程中的多个目标间的相互影响。在电动车辆多目标出行优化的问题中，一般均将多目标问题简化为单目标问题再进行求解，仅能求得在某一权重系数下的优化方案，或在优化某一目标之后才考虑其他目标，所得结果难以表征多目标优化问题的所有优化方案。同时，现有研究中的路网模型，往往是静态确定性路网，与真实交通场景尚存在差异，没有充分考虑交通环境中的动态和随机特性。因此，在动态随机性路网模型下对电动车辆进行多目标出行优化，能够使这一优化问题贴近真实的交通环境，并且在满足多个出行约束的前提下实现有效地协调出行问题中的多个出行目标。目前国内外在这一方面还没有成熟的研究成果。

### 3. 网联电动车辆出行与控制系统总体设计

网联电动车辆的出行规划和智能节能控制系统通过利用无线通信系统提供的各种交通环境信息，为电动车辆的出行全过程进行优化设计。针对现有的电动车辆在出行规划领域内体系不完善、在纵向控制领域内信息利用不充分等问题，设计了一种充分利用无线通信信息的电动车辆出行规划与智能节能控制系统，综合优化电动车辆的出行方案制定和行驶节能效果。

（1）系统架构设计

网联电动车辆即利用无线通信信息技术增强电动车辆对于交通环境的感知能力，从包括交通道路信息、充电站信息、天气变化信息的长时间尺度信息，到包括周围车辆当前运动信息和当前道路坡度的短时间尺度信息，均能够基于车 - 路通信和车 - 车通信传递给电动车辆，随后电动车辆可有效利用这些信息，合理规划未来的出行安排，并实现安全节能的行驶过程。根据所获得信息的时间尺度，网联电动车辆的关键技术包括两部分：① 基于交通环境信息的网联电动车辆出行规划；② 基于周围车辆运动信息的网联电动车辆节能控制。网联电动车辆出行规划和智能节能控制系统如图 13-9 所示。

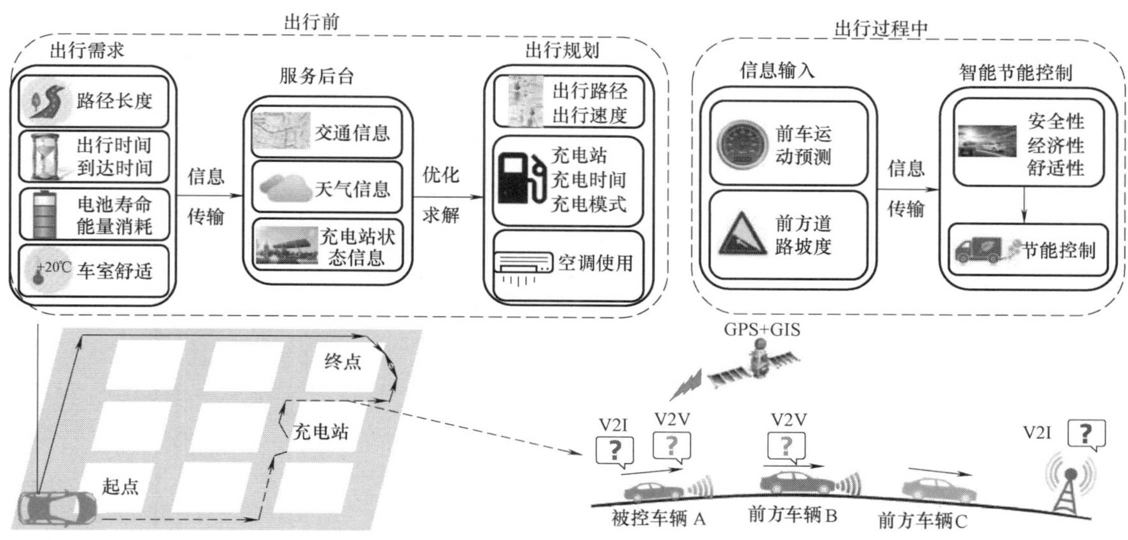

图 13-9 网联电动车辆出行规划和智能节能控制系统

从图 13-9 中可以看出，在网联电动车辆出行前，需要明确其出行需求，包括目的地、预计到达时间、到达目的地 SOC 值等，随后基于车 - 路通信技术获得交通环境信息、充电站信息以及天气情况信息，合理规划电动车辆的出行方案、充电方案、电附件使用方案。随后，在网联电动车辆的出行过程中，需要根据实时获得的周围车辆运动信息与道路坡度信息，进行智能节能控制，实时优化电机转矩与行驶车速，降低行驶过程中的能量消耗。由此可以看出，在从出行前到出行过程中的完整出行任务中，车 - 车通信与车 - 路通信技术均能够为电动车辆提供交通环境信息，为其出行规划与行驶控制提供信息基础，使其能够合理地规划出行方案并优化行驶过程中的能量消耗，改善电动车辆现有的使用性能。

在确认了上述的系统功能后，设计了网联电动车辆多目标出行规划和智能节能控制系统的整体结构，如图 13-10 所示。根据本文所设计系统的各项功能，明确了各子部分间的信息传输与逻辑关系，综合建立了多目标出行规划及智能节能控制总体方案。

网联电动车辆利用无线通信技术获得路网信息 $\zeta=(\Gamma,\ \gamma,\ P,\ T,\ \phi)$，包括路网节点集合 $\Gamma$、节点连接关系 $\gamma$、充电站信息 $P$、时间区间集合 $T$、路网平均速度 $\phi$ 等信息。随后结合电动车辆的出行任务，采用合适的出行规划方法，对电动车辆的出行方案、充电方案、电附件使用方案等进行协同优化。网联电动车辆的出行方案优化为其行驶控制过程提供了基础。结合出行规划优化方案中所选路径的道路长度 $l$ 与坡度信息 $\alpha$，可对网联电动车辆和网联电动车队进行智能节能控制。针对单辆电动车辆的智能节能控制，除了利用已有的道路信息外，还需利用前方两辆前车 p 和 pp 的运动信息，包括速度 $v_{\mathrm{p}}$ 和 $v_{\mathrm{pp}}$、加速度 $a_{\mathrm{p}}$ 和 $a_{\mathrm{pp}}$、位置 $s_{\mathrm{p}}$ 和 $s_{\mathrm{pp}}$、踏板位置 $p_{\mathrm{p\_brake}}$ 和 $p_{\mathrm{p\_drive}}$ 等，预测紧邻前方车辆 p 的未来运动行为，并进而对自车进行节能控制，优化得到分布式电动车辆的前后轮驱动转矩 $T_1$ 和 $T_2$。针对电动车队的智能节能控制，同样利用车队前方多辆车 L1 和 L2 的运动信息，对车辆 L1 的未来运动进行预测，同时考虑到不同的车队通信结构，对车队内的集中驱动电动车辆的转矩 $T$ 和档位 $i_{\mathrm{g}}$，以及分布式驱动电动车辆的转矩 $T_1$ 和 $T_2$ 进行优化控制，以降低电动车队的总能量消耗。

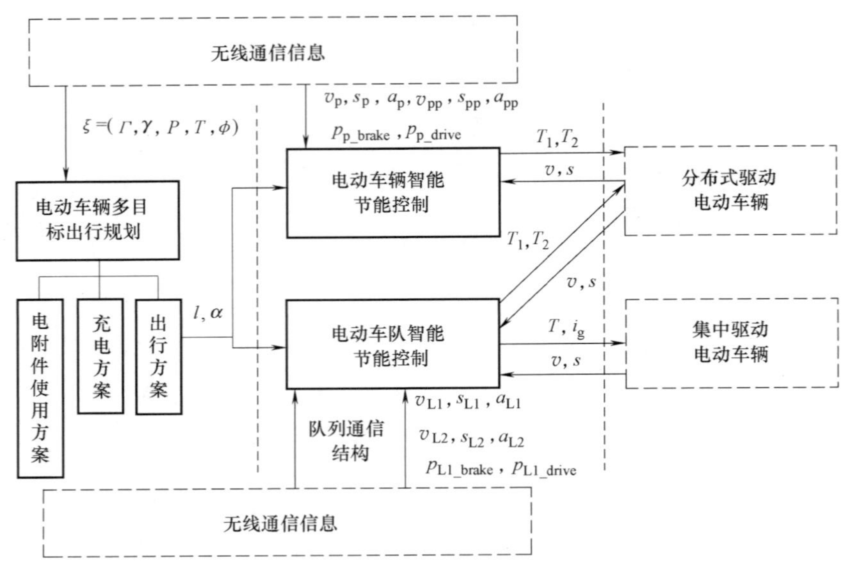


图 13-10　网联电动车辆多目标出行规划和智能节能控制系统的整体结构

（2）网联电动车辆出行规划方案设计

考虑到电动车辆出行规划问题的独有特性，以及其出行目标、约束限制和出行计划间存在的复杂相互耦合关系，对电动车辆的出行规划问题框架进行了整理，如图 13-11 所示。

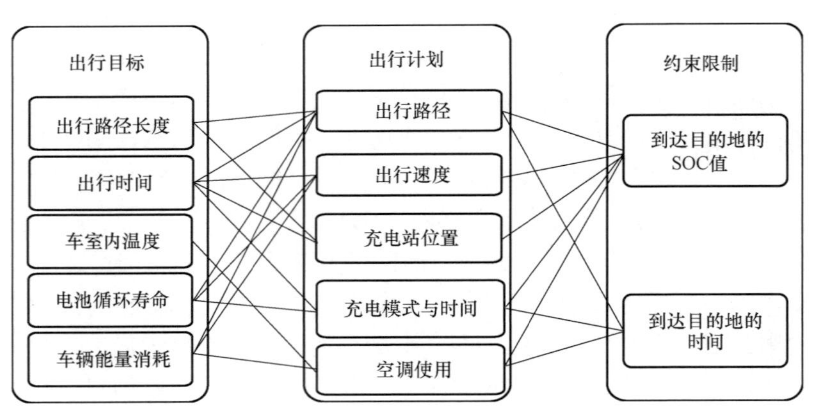


图 13-11　电动车辆出行规划问题框架

从图 13-11 中可以看出，电动车辆的出行过程主要需要考虑五个目标，它们分别是出行路径长度、出行时间、车室内温度、电池循环寿命以及车辆能量消耗。对于出行路径长度目标，由于电动车辆行驶里程有限，可能需要途中前往充电站进行充电，因此其与传统车辆不同，最优出行路径不再是起点与终点间的最短路径，而与出行路径和充电站位置均相关。对于出行时间目标，其由充电时间和行驶时间两部分组成，其中行驶时间与行驶道路长度以及在各条道路上的通行速度相关。对于车室内温度，其与在行驶过程中的空调开启关闭情况以及天气变化情况相关，将会影响车室内的舒适性。对于电池循环寿命，其与电池的充电过程和放电过程均相关，其中充电过程由充电电流（即充电等级）和相应的充电时间决定，放电过程由放电电流大小（即出行速度）和放电时间（出行时间）决定。对于车辆能量消耗目标，由行驶能量消耗和电附件能量消耗组成，行驶能量消耗与出行策略中的出行路径选择和出行速度均相关，而在电附件能量消耗中的空调占比较大，因此出行过程中的空调使用情况也将影响车辆的总能量消耗。

对于电动车辆的出行约束，考虑到驾驶人在到达目的地时的需求，一般包括到达目的地的 SOC 值和到达目的地的时间。对到达目的地的 SOC 值进行约束，即保证电动车辆能够完成未来的潜在出行任务，该约束与出行过程的能量消耗过程和充电过程均相关。例如，当到达目的地的 SOC 约束值要求较高时，出行方案将倾向于降低出行过程中的能量消耗，选择合适位置的充电站、较高等级的充电模式和较长的充电时间，以及降低空调使用以节约电池能量。因此，这一约束与出行策略中的多个出行行为均相关。对于到达目的地的时间进行约束，即保证电动车辆到达目的地的时间不晚于预定到达时间，以满足驾驶人的出行需求，避免迟到。到达时间约束也与多个出行策略相关，其中影响行驶时间的主要因素是出行路径和出行速度，同时考虑到电池储能低，出行途中可能存在充电行为，因此充电站的位置、充电时间也会对总的出行时间产生影响，同理减少电附件使用（空调使用）也能够牺牲舒适性以减少充电时间。因此，从图 13-11 中可以看出，电动车辆的出行策略制定同时要受到多个出行目标和出行约束的影响，需要考虑到出行路径、出行速度、充电站选择和充电时间选择、空调使用等多个行为，是一个典型的多目标多约束的优化问题。

更重要的是，在现有的出行规划研究中，往往假设道路环境为静态确定性路网，忽略了交通道路平均通行速度值随时间的动态随机变化特性，与实际交通环境不相符。为此，提出了利用动态随机性路网模型描述交通环境，使得交通环境模型更为接近实际情况。网联电动车辆多目标出行规划方案的结构如图 13-12 所示。

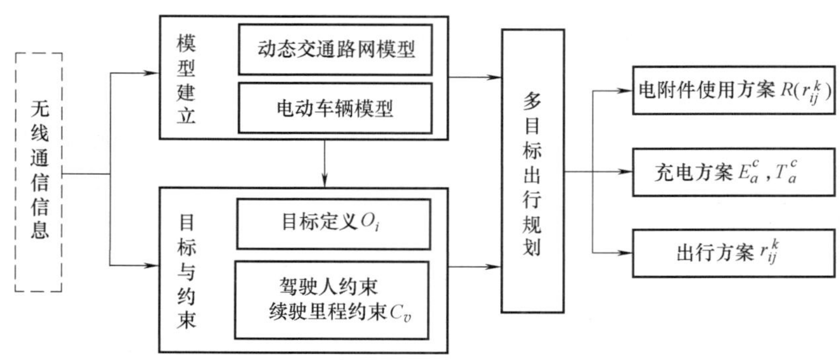


图 13-12　网联电动车辆多目标出行规划方案的结构

从图 13-12 中可以看出，网联电动车辆的多目标出行规划问题主要包括三个部分，分别是：

1）结合无线通信信息获得道路环境信息，模型建立部分包括能够描述动态随机变化特性的动态交通路网模型和涉及车辆能耗与充电特性的电动车辆模型。

2）优化目标及约束建立部分对出行规划问题中涉及的各个目标 $O_i$ 进行了定义，并且定义了驾驶人约束和车辆续驶里程约束 $C_v$ 等各个约束条件。

3）多目标出行规划方法用于求解电动车辆的出行方案解集，当云端服务平台获得了模型信息以及目标与约束信息后，优化得到包括在各条路径 $r_{ij}^k$ 上电附件使用（空调开启）情况 $R(r_{ij}^k)$，充电站的选择以及充电能量 $E_a^c$ 和充电时间 $T_a^c$，以及出行路径选择 $r_{ij}^k$ 等。随后云端服务平台将得到的出行方案传输回电动车辆，优化算法的计算时间由云端服务平台来保证。



## 13.3.2　网联电动汽车的节能驾驶控制

电动车辆行驶过程中的能量消耗受到道路坡度和前方车辆运动的共同影响，在实际行驶过程中，往往不能够预先获知前方车辆的全程运动行为，因此在对电动车辆进行节能辅助控制时，一般仅能利用前方车辆在当前时刻的运动信息。

利用车 - 车通信与车 - 路通信信息，道路中行驶的车辆可以获得周围车辆的速度、位置、加速度、转向盘转角等信息，以及道路曲率、道路坡度、路面附着、交通灯配时等道路信息，这些信息为车辆的节能辅助控制提供了信息基础，不仅可以降低单辆电动车辆的行驶能耗，还可以为电动车队优化行驶过程，降低车队能量消耗。考虑到电动车辆存在集中式驱动和分布式驱动两种结构，因此电动车队优化控制方法需要能够协同考虑两种电动车辆构型。电动车队的节能控制优化方法即需要以降低车队总行驶能耗并考虑安全行驶与舒适性能目标，同时能够考虑到不同的电动车辆构型、多种通信架构与信息输入，为电动车队实现安全节能行驶。

对于电动车辆而言，由于其行驶距离受限，利用车 - 车通信与车 - 路通信技术实现电动车辆的节能辅助控制，提高电动车辆的能量利用率，对于提升电动车辆的使用性能有着积极的意义。

### 1. 基于信息互联的单车节能辅助驾驶控制

基于车 - 车通信和车 - 路通信等无线交互通信信息，电动车辆在行驶过程中不仅能够获得前方道路信息、当前时刻前方多辆车的运动信息，还能够获得前方车辆的历史行驶数据与运动模型信息。因此，需要设计合理的电动车辆节能控制方法，在满足行车安全性和舒适性的前提下，合理利用坡度信息和前方车辆当前运动信息与运动模型信息，实现优化电动车辆行驶过程中的驱动 / 制动过程以及行驶速度，达到降低行驶能量消耗的目的。

（1）基于全局信息的车辆节能控制

目前针对电动车辆和混合动力车辆的节能辅助控制的相关研究中，主要研究思路为假设在交通灯配时、全程道路坡度变化或自车速度变化规律等信息全程已知的前提下，为电动车辆和混合动力车辆进行能量分配和转矩优化。通过合理优化车辆行驶速度，使车辆能够顺利地通过各个路段并使电机效率最高，避免不必要的加速、减速或停车行为，以达到节约能量和顺畅通行的控制目标。这一类节能控制研究中，研究对象包括传统车辆、混合

动力车辆（HEV）、插电式混合动力车辆（PHEV）以及电动车辆（EV）等。

在这类研究中，常常假设预先已知或通过优化能够得到自车需要跟随的速度变化规律，或称为速度谱（Velocity Profile）。根据速度谱是否预先已知，这类研究可分为两类。在有些研究中，出发前未知行驶过程中的速度谱，因此结合道路坡度信息并以降低行驶全程能量消耗为目标，利用动态规划方法优化车辆行驶速度与转矩分配。在另外一些研究中，出发前已知行驶过程的速度谱，利用 MPC 或 DP 等方法控制自车跟随该速度谱，同时对混合动力车辆进行多能量源的协调，或对分布式电动车辆进行前后轴电机的转矩分配，实现速度跟随过程中能量消耗最低。在这两类研究中，无论是未知速度谱并基于全局坡度信息优化得到速度谱，还是已知全局速度谱信息并进行速度跟随，均需要利用全局信息。这类研究对前方交通情况进行了简化，往往假设在行驶过程中没有前车，因此这类方法无法考虑到前车运动不可知的情况，难以适用于复杂的交通场景。

（2）基于前方交通场景的车辆节能控制

当考虑到前方交通环境不能全程已知，无法预先优化速度谱的情况下，需要将前方车辆的运动信息引入自车的节能控制中。在 Vahidi 等人的研究中，利用前方道路的微观和宏观交通信息，对前方交通情况进行预测，以实现车辆的节能辅助驾驶。其中，在考虑微观交通信息的研究中，利用马尔科夫链方法建立前方车辆位置变化模型，利用 MPC 方法跟随前方车辆，在预测时域内通过蒙特卡洛方法对前车的可能位置进行预测，以降低行驶过程中的能量消耗。类似地，利用无线通信信息，获知前方车辆运动以及远处交通灯信息，利用贝叶斯网络方法对前方车辆的运动进行建模，根据前车当前位置和前方交通灯配时信息，对前车未来运动行为进行预测，以实现对自车的行驶速度和功率输出进行优化。预测性节能辅助驾驶控制如图 13-13 所示。

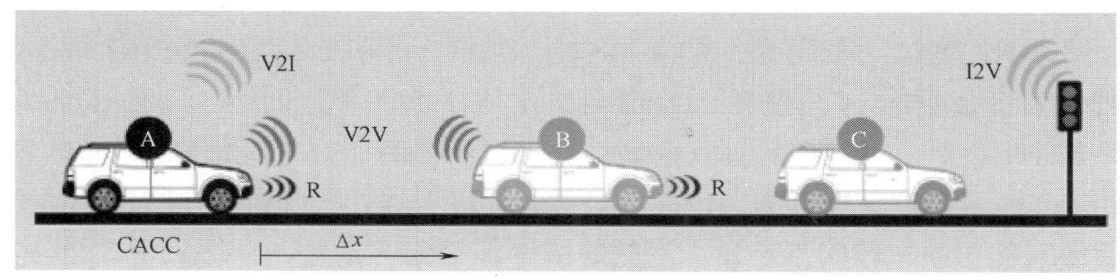


图 13-13　预测性节能辅助驾驶控制

这类方法将前方车辆运动信息引入自车的节能辅助控制中，使得自车在控制过程中，在与前车保持合理相对距离的基础上，能够降低自车的行驶能耗。这类研究常局限于传统车辆，并且通常忽视了前方道路坡度对于车辆行驶能耗的影响。

（3）前车运动行为预测研究

利用车－车通信技术获知前方车辆运动预测信息，使得自车在每个控制周期中均能够准确推断出前方车辆未来的运动状态，将有助于提高自车的控制效果。对于车辆运动进行建模并预测，其是驾驶辅助系统研究中的重要组成部分，通过预测驾驶人操作行为，可以为前撞报警、车道保持、变道辅助等功能提供预测信息，使这些系统能够提早动作，保证车辆行驶安全。

在 Doshi 等人的研究中，指出利用驾驶人行为预测研究来实时预测车辆的轨迹，有利于驾驶辅助系统应对不舒适或危险的工况。根据预测时间尺度的不同，将预测分为操作预测（Operational）、策略预测（Tactical）和轨迹预测（Strategic），时间尺度分别在百毫秒级、秒级和分钟级。其中，操作与策略级别的预测结果与控制器的控制周期处于相近的时间范围内。在策略级别的预测中，根据预测目标可以分为两类：以换道、转向或者停车操作为例的单策略预测以及考虑多种目标组合的多策略预测。在策略预测时，输入为自车 CAN 总线信息、车道位置传感器、前方雷达以及盲点监测雷达等。在预测算法中一般为支持向量机、贝叶斯网络或者隐性马尔科夫模型，通常提前 1.5~2.5s 对驾驶人的行为进行预测，其中以纵向的避撞预警和变道超车这两个典型工况为主。Hayashi 等人提出如果能够预测周围车辆在未来几秒内的运动情况，驾驶辅助系统能够进一步提高行车的舒适性与安全性。Hayashi 等人认为，利用车 – 车通信技术，可以实现将不同驾驶人的驾驶动机与目标信息进行互相发送，使得自车可以预测周围车辆在未来几秒内的运动变化，能够实现危险预警与协同驾驶。Kumegai 等人考虑到纵向驾驶辅助系统如果能够识别自车驾驶人的驾驶意图，就能够提前进行预警，并且有效避免误报警。Kumegai 等人利用贝叶斯方法根据当前车辆与周围车辆的关系，对在当前驾驶情况下需要制动的概率，以及驾驶人自己将要制动的概率进行估计。Ohashi 等人通过利用车辆前置雷达、盲点监测雷达、变道辅助摄像头及驾驶人头部监控摄像头等设备收集信息，将变道动作的信息片段进行筛选，训练相关向量机模型（Relevance Vector Machine），用于提前预测驾驶人今后的变道驾驶行为。Gunnarsson 等人利用 4 个摄像头记录车辆周围的交通情况，驾驶人头部位置与注意点位置，以及车辆的制动、换档、转向盘转角、速度与加速度踏板等信息，并利用动态图模型（Dynamical Graphical Model）、隐性马尔科夫链（Hidden Markov Model，HMM）和融合隐性马尔科夫链（Combined Hidden Markov Model，CHMM）进行模型训练，得到 7 种训练工况：超车、左变道、右变道、左转、右转、起步、停车。利用训练得到的模型，对车辆的驾驶行为进行提前 1s 的预测。Dagil 等人对比了前向神经网络（Feed-forward Neural Network，FNN）、递归神经网络（Recurrent Neural Network，RNN）和支持向量机（Support Vector Machine，SVM）3 种方法，在直道与弯道上对于驾驶人变道动作的预测情况。将车道偏移、横向加速度、转向盘转角、道路曲率等作为输入参数，训练以上 3 个预测模型，可以利用以上的模型在车辆中心通过车道线 1~1.5s，就可以预测出变道动作。

在目前的研究中，利用车辆行驶运动信息进行建模并预测，主要对纵向避撞和变道辅助两种工况开展了研究，分别对应于常见的前向避撞系统（Forward Collision Warning，FCW）和变道预警系统（Lane Change Warning，LCW）。目前的研究中以自车的运动行为预测为主，这一预测结果对于周围车辆的潜在应用考虑较少。对车辆的未来运动行为进行预测不仅可以用于自车的驾驶辅助系统中，利用车 – 车通信还可以将此运动预测信息向周围车辆进行广播，使得周围车辆能够预知此车辆的未来运动。在车辆的每个控制周期内，如果能够对周围车辆未来几步的运动行为有着更为清晰的认识，将能够有效提高自车控制效果，避免过度的加速与制动行为，有效节约行驶能量。因此，对于电动车辆而言，考虑电动车辆的电机能耗特性，利用车 – 车通信和车 – 路通信技术获得前方坡度信息和周围车辆的运动预测信息，对电动车辆进行节能控制，将有助于降低行驶能耗。

（4）电动车辆智能节能控制系统设计

利用车–路通信与车–车通信实时获知前方道路中的坡度信息与周围车辆的运动信息，在保证安全性的前提下，合理优化电动车辆的驱动扭矩与行驶速度，将有助于降低电动车辆行驶过程中的能量消耗。常见的电动车辆智能节能控制的应用场景如图13-14所示。

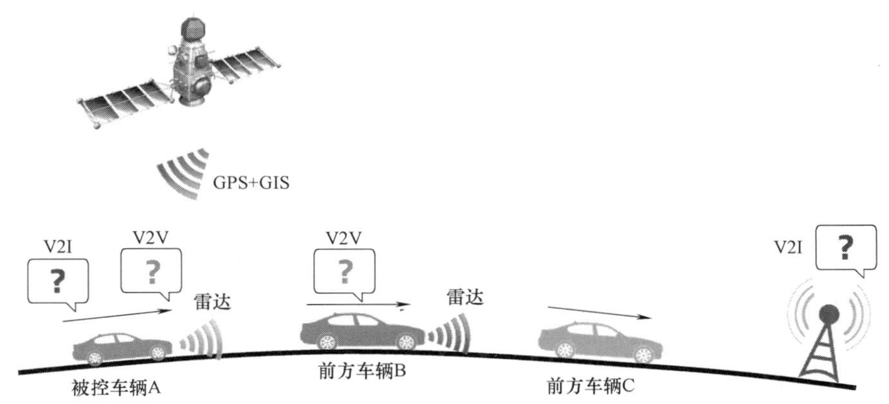


图13-14 电动车辆智能节能控制的应用场景

在图13-14中，车辆A是被控电动车辆，前方存在两辆前车B和C。一方面，车辆A的行驶能量消耗受到前方道路的坡度影响，因此车辆A需要基于GPS、GIS、车路通信等获取前方道路坡度信息。另一方面，车辆A的运动会受到前车B运动的影响，而前车B的运动同时也会受到前车C运动的影响，因此需要基于车–车通信技术，使车辆A获得车辆B和车辆C的当前运动信息，以及车辆B的历史运动信息和运动行为模型信息，随后在车辆A的每个控制周期内均对前车B的运动进行预测，在保证与前车B合理间距的基础上，优化控制自车A的运动，降低其行驶能量消耗。相比于传统的节能辅助驾驶方法，智能节能控制方法充分利用车–车通信技术，不仅可以获取当前时刻的周围车辆运动信息，还可以获得周围各辆车的运动行为模型信息，并依据此模型对周围车辆的未来运动行为进行预测，使得被控电动车辆能够更为准确地获知周围车辆的未来运动行为，提高自车的控制精度。电动车辆智能节能控制系统结构如图13-15所示。

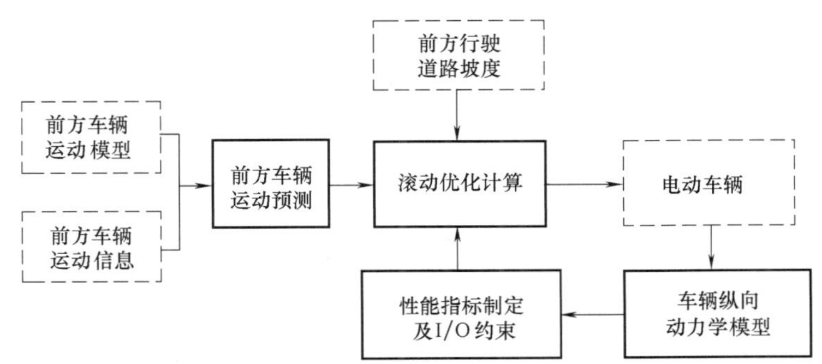


图13-15 电动车辆智能节能控制系统结构

通过车－路通信获知前方道路坡度变化，并通过车－车通信获知前方车辆当前运动信息及运动模型信息，利用贝叶斯网络方法预测前车未来运动行为；智能节能控制器以电动车辆的纵向动力学模型为控制对象，结合前方坡度信息和前车运动预测信息，根据自车运行状态，建立协调安全性、经济性和舒适性的综合性能指标，以非线性模型预测控制（Nonlinear Model Predictive Control，NMPC）理论框架为设计基础，进行滚动优化求解最优控制量，在保证车间相对距离在合理范围内的前提下，实现降低电动车辆行驶能量，达到延长车辆行驶距离的目的。

2. 基于信息互联的车队节能辅助驾驶控制

随着雷达与车－车通信技术的日益进步，车队控制研究得以在近几十年内快速发展，其对于提高交通通行效率、降低交通拥堵、保证行驶安全、降低燃油消耗等方面都有明显作用。车队控制的主要目标是在单一车道内，保证车队内的所有相邻车辆间的相对距离符合期望相对距离，各辆车的速度协同一致。最早的车队研究可以追溯到在 20 世纪 80 年代的加州 PATH 项目，该项目深入研究了车队控制目标、控制结构、传感、驱动、制动、通信等硬件构成，以及车头时距等影响因素。

（1）基于信息交互的车队控制

在现有的车队控制领域中，主要研究重点在车辆动力学、信息传输拓扑结构、车间相对距离、队列稳定性及稳定裕度等方面。

对于车辆动力学模型，目前主要包括单积分器、二阶模型、三阶模型、单输入单输出模型以及非线性模型等。在车队控制中，为了能够解析地分析队列的性能与特性，多数研究忽略车辆的非线性特性，采用线性模型对车队内的车辆进行描述。例如，在单积分器中将车速作为控制输入，位移作为车辆唯一状态，或在双积分器中将车辆假设为质量块，将加速度作为车辆的控制输入。

信息传输拓扑结构用于描述车队内部各辆车之间的信息传输过程，在早期的车队研究中，由于仅使用雷达探测车辆运动，意味着车辆仅能获取紧邻的前后方车辆运动。随着车－车通信的快速发展，车辆可以与车队中的各辆车进行通信，从而产生了多种通信形式，包括前车跟随式、前车 - 领航者跟随式、双向跟随式、双前车跟随式等多种形式。

车间相对距离指的是在车队控制过程中，紧邻两车间的期望相对距离的定义形式。在车队控制过程中，使实际相对距离与期望相对距离的差距尽量小是车队控制过程的主要控制目标之一。常见的车间相对距离定义包括：恒定距离，即期望两车间的距离为定值；恒定时距，即期望两车间的距离与自车速度呈线性关系。非线性模型指的是期望两车距离是车速的非线性函数。

对于车队控制性能的研究，一般集中为队列稳定性和稳定裕度等。队列稳定性指的是在车队内前方的跟踪误差信号在沿队列方向传播过程中，需要得到抑制的特性。常见的方法有增大队列中的期望相对距离和车队领航车辆的信息广播等方法。稳定裕度用于描述当队列前部出现跟踪误差时，该初始扰动在队列中的衰减速度。

以上这些研究工作主要集中于对车队的结构与稳定性能开展研究，对车队的其他性能涉及较少。另外，在大多数车队的研究工作中，常将车辆模型简化为单积分器、二阶模型或三阶模型等，难以反映车辆的非线性特性与发动机的能耗特性，并且在控制目标中较少

将能量消耗作为车队优化目标函数。

（2）基于信息交互的车队节能辅助控制

在高速行驶过程中，克服风速阻力是车辆能量消耗的主要部分。车队队列化控制实现降低行驶能耗的主要手段是在车队高速行驶过程中，缩短车间相对距离，利用流体力学中的“雁阵效应”，以减小后方车辆所受的空气阻力，从而降低车队总体的能量消耗。

例如，在重型货车车队的节能控制方法中，考虑到重型车辆的迎风面积大，高速行驶时受到的风速阻力大的特点，有关文献中提出两层控制结构，上层作为车队协调控制器，以车队总能耗为优化目标，对于车队的平均速度进行限制，优化得到车队速度变化规律曲线，用于车队内的所有车辆进行跟随；在下层控制中，利用分布式模型预测控制方法对各辆车进行控制，实现每辆车对于速度谱的跟随误差均最小，同时保证各辆车之间的相对安全距离。这一结构将车队总能耗作为优化目标，并且每辆车跟随的速度谱均相同，将显著降低动态规化（DP）搜索维度，缩短优化时间。节能车队控制器流程如图 13-16 所示。

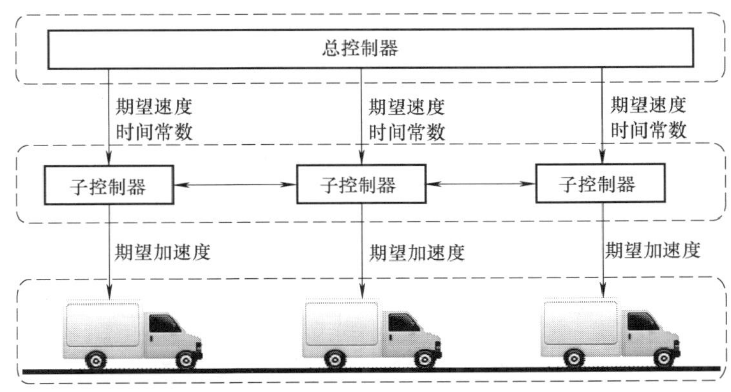


图 13-16　节能车队控制器流程

在现有的车队控制方面的研究工作中，针对车队特性的研究主要集中于车队稳定性方向，在考虑降低车队总能量消耗的研究中，一般思路是降低车间距离以降低风阻阻力。类比于单车节能辅助控制研究的思路，利用车 - 车通信对车队外的头车运动进行预测，进而在车队控制的每个周期中，均能够更为准确地得到该车的未来运动信息，将有助于提高车队整体的控制效果，避免过度的加速和减速过程，从而降低行驶过程中的能耗。

（3）电动车队智能节能控制

在对单辆电动车辆的智能节能控制系统展开研究后，将智能控制系统扩展到电动车队，常见的电动车队智能节能控制的应用场景如图 13-17 所示。

在图 13-17 中，编号为 $i$，$i$–1，…，1 的电动车辆共同组成了电动车队，车队前方存在两辆前车 L1 和 L2。在行驶过程中，车队中各辆车的能量消耗受到前方道路的坡度影响，因此需要利用 GPS 和 GIS 系统将前方坡度信息传递给电动车队。同时，车队前方的车辆 L1 和 L2 的运动并不预先可知，其运动行为也会对电动车队的行驶能量消耗产生影响，因此需要利用车 - 车通信获得前方多辆车的运动信息，并对头车 L1 的运动行为进行建模并预测其未来运动，以保证在电动车队进行控制的每个周期内，能够获得更为准确的车辆 L1 的未来运动信息，以降低车队的总体能量消耗。电动车队智能节能控制系统结构如图 13-18 所示。

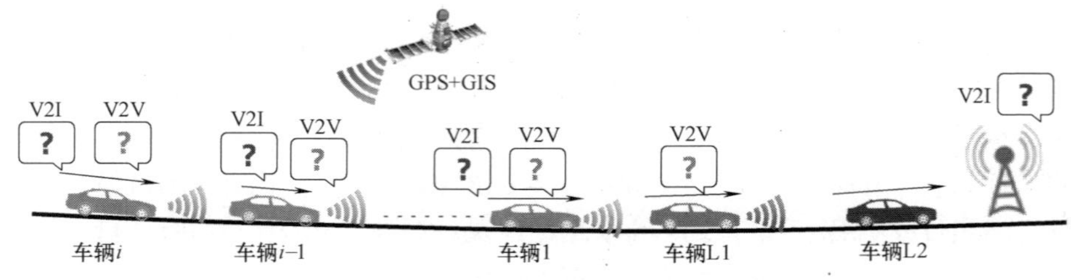


图 13-17 电动车队智能节能控制的应用场景

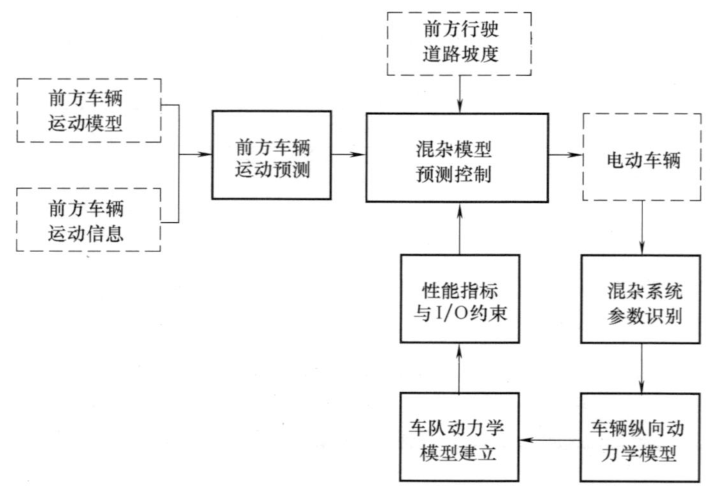


图 13-18 电动车队智能节能控制系统结构

利用车 – 路通信获得前方行驶道路坡度信息，并利用车 – 车通信获得车队前方多辆车的运动信息，利用已有的贝叶斯网络模型对前车 L1 的运动进行建模并预测其未来运动；考虑到电动车队中存在着集中驱动和分布式驱动两种构型的电动车辆，利用混杂系统参数辨识方法将纵向车辆动力学模型变为分段仿射化模型，以建立单车动力学模型并扩展为车队动力学模型；根据经济性、安全性和舒适性性能指标建立优化目标和约束函数，并以混杂模型预测控制方法建立优化问题，进行滚动时域优化求解最优控制量，达到降低车队总体能耗的目的。

## 13.3.3 基于信息互联的电动汽车智能充电服务

在电动汽车中，充电服务主要为其提供电能，全面保障汽车安全运行。从电动汽车的服务价值链可以看出，充电服务网的相关因素主要包括充电基础设施、被服务终端、设备管理以及电能提供等。借助于车联网完善电动汽车充电服务主要是融合用户的充电服务和数字化技术、信息化技术，这样可以紧密联系充电基础设施规划和智慧城市建立。

为了使电动汽车充电服务能够实现长久稳定发展，需要为其提供技术准确的充换电服务，因此在实际使用电动汽车期间，需要及时更新各项信息，并且确保各信息之间的互通互联，这样可以在出现问题之后及时采取有效措施进行补救。

1. 电动汽车充电服务网与车联网之间的关系

车联网技术主要是综合应用移动互联网技术和物联网技术，全面监控车辆行驶状态和道路环境等。监控道路环境主要是检测道路监控设备反馈的信息，对道路交通情况、安全情况进行实时查看，这样可以为电网调度以及交管部门提供信息依据。监控车辆运行状态主要是对车辆的行驶参数、路线以及电量使用情况进行监控。电动汽车充电服务网主要是在充换电基础设施网、充放电控制网以及配电网之间进行信息交换，借助于服务平台使三者之间交换数据，主要表现在充电设施使用信息、充电地点信息以及数据信息等。

车联网和电动汽车充电服务网都借助于融合通信方式在互联网上进行连接，融合各种信息，并且实现信息之间的交换，如服务信息和交通信息等充电服务网与车联网共同服务的终端为电动汽车，并且能够交换各项信息，为电动汽车的出行提供优质服务。利用车联网与路、车、人之间的信息交互，能够传递和交换信息，主要是借助于充电服务网和信息流方式实现，对配电网进行全面调整，与电网管理系统之间进行信息交互，按照市场发展情况和汽车运行里程对充换电费用进行制定，这样可以促进充电服务网更加具备安全性和智能化。

传统的充电服务模式中充电服务的角色主要包括电动汽车、智能电网、充电设施以及综合信息服务平台等。在该服务模式中，通过监控充电桩状态，能够获得充电桩的使用情况，之后将信息传输到综合信息服务平台，借助于车联网中的数据处理技术，能够提供给电动汽车用户最适宜的节能驾驶信息和充电导航、电网调度信息，这样能够使用户在驾驶汽车时更加具有合理性，避免减少电动汽车续驶里程，其次还可以通过电动汽车反馈的各项数据信息为汽车用户提供较多的增值服务。

随着新一代通信技术的革新，快速发展的物联网作为智能交通和智慧城市建设的重要内容，必将成为新一轮信息技术浪潮中的支柱。近年来也有不少专家学者投身于与电动汽车充电相关内容的研究和应用，但对于电动汽车充电导航及管理服务方面的智能化、系统化研究与应用仍旧很欠缺。让人欣慰的是物联网的兴起恰恰为电动汽车电池管理、充电监控管理和车载导航的信息化提供了新手段。在现实的物联网应用中，仍在发展和完善中的交通信息采集设备可以实时采集、计算、分析和共享相关的交通信息参数；要想实现全方位的数据采集工作，包括监测管理蓄电池工作情况、电动汽车驾驶状态和充电设施运行及使用情况等数据的实时监测和上传，需要借助安装在电动汽车车身、动力电池和充电设施中的全球定位系统、传感器和射频识别系统等来完成。

目前，已有的电动汽车充电研究考虑单一、不够全面，大多是从电动汽车与电网交互的角度考虑，站在交通角度考虑的较少，且将物联网、交通信息和电网智能融合为一体的研究则更少了。对于电动汽车充电预警的研究也是寥寥无几，用户面临很大的“里程焦虑”问题。在路径规划中，也没有充分结合动态交通环境考虑优化标准来实现更加合理的路径导航。

在动态变化的交通环境下，结合物联网技术支持下采集的相关数据，设置充电预警条件，提醒用户及时向周边充电站发出充电请求，在此前提下提出在一次出行过程中以电动汽车总耗时（包括排队等候时间、充电时间和在途行程时间）最少为目标进行充电导航路径规划。通过对该充电导航方法的研究，可以避免电动汽车因剩余电量不足、没能及时充电而不能顺利到达目的地，大大减少用户的“里程焦虑”，为电动汽车用户的出行提供最佳行驶路线，实现方便快捷有序的智能充电导航，进而更加方便人们的快速出行。

### 2. 融合路网 - 电网信息的大规模电动汽车充电调度

电动汽车作为解决日益严峻的环境能源问题的重要途径，其发展受到广泛的关注与重视。但是，电动汽车在推广过程中受到一些限制，如续驶里程较短、充电时间相对较长等车辆本身特性带来的限制，以及充电基础设施缺乏等外在客观因素的限制。一方面，电动汽车的大规模应用会对路网系统和电网系统的运行产生影响，有研究对三者之间的相互作用关系与影响机理展开了讨论。另一方面，为减少电池电量耗尽给驾驶人带来的里程忧虑，需要提供充电站的地理位置信息等，并进一步为电动汽车推荐充电站、规划行驶路径，从而有必要针对大规模电动汽车进行充电调度策略的开发。

由于电动汽车的充电行为在时间和空间上具有不确定性，并且由此会给路网系统和电网系统带来不利影响。在不加调度时，大规模电动汽车的充电行为将带来路网局部交通拥堵、电网运行受冲击等不利影响，因此有必要对其进行充电调度。

现有电动汽车充电调度策略存在研究对象充电方式单一、信息考虑不完全等不足，针对这些不足，需要融合路网信息与电网信息分别针对快速充电车辆和快速换电车辆开发充电调度策略。在采用融合路网信息与电网信息的充电调度策略时，能够满足电动汽车的充电需求，并能减缓充电设施周围区域的道路拥堵状况，减少电网运行时的节点电压偏移、网络损耗等，实现整体系统的优化运行。

现阶段，对电动汽车的调度主要从电网管理角度出发，希望通过对电动汽车的充电负荷进行调度，从而最大程度地减少给电网带来的不利影响，并更进一步利用负荷的调度实现电网系统的优化运行。

近年所提的 V2G（Vehicle to Grid）概念描述了电动汽车与电网系统之间的一种互动关系，基于此很多研究集中在电动汽车接入电网系统后的影响及利用电网信息进行电动汽车充电调度。某些研究提出了电动汽车与电力系统之间的整合，并提出了概念性的框架，以期电动汽车的接入能给电网带来益处。

另外，部分研究根据充电基础设施在交通路网中的布局，为电动汽车推荐充、换电站并规划行驶路径，从路网系统的角度实现电动汽车充电调度。某些公司直接提供了快速充电站布局图，并且在智能手机上给出相关信息，以方便驾驶人根据所处空间位置选择合适地点进行充电。相关研究中有根据电动车辆电池剩余电量确定其可达范围，从而在可达区域内选择充电站进行充电。

同时，利用交通信息和充电站负荷信息进行充电站推荐的构架在某些研究中被初步建立，但重点是减少充电负荷对配电网的影响，且规模较小，不适用于电动汽车大规模应用的场景。

纵观目前国内外的研究，有关电动汽车大规模应用场景下对其进行调度的研究较少，且缺乏将路网系统与电网系统结合起来进行分析的研究。

（1）基于电网信息的充电调度

1）降低用户成本的充电调度。为降低电动汽车用户的充电成本，可基于电价变化状况进行充电调度。可采用动态规划方法，通过对未来电价的预测来优化电动汽车充电时间；也可在目前电价下，通过预测电动汽车充电负荷，建立以最小化电动汽车中间商购电成本为目标的优化模型，实现电动汽车有序充电。

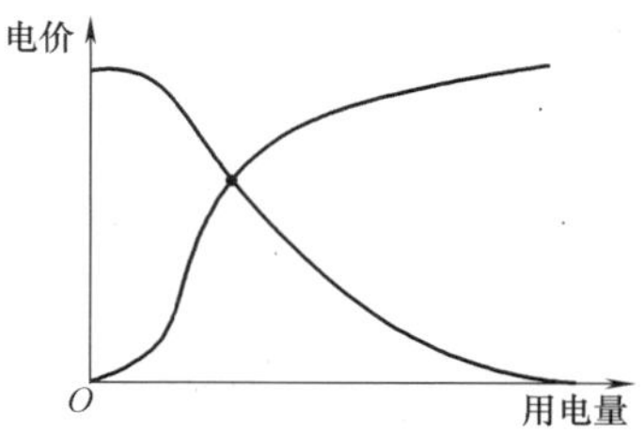

图 13-19 用电量与电价关系

除简单的在低电价时段充电外，应用 V2G 相关技术，在图 13-19 所示的用电量与电价关系下，用电高峰高价卖出、用电低峰低价买进，实现用户和电网管理的双赢。

2）优化电网运行的充电调度。在电动汽车带有随机性、间歇性的充电负荷接入时，电力系统调度模型可表示为

$$\left.\begin{aligned} \min f(x,\xi) \\ \text{s.t.}\, g(x,u,\xi)=0 \\ h(x,u,\xi)\leqslant 0 \end{aligned}\right\} \tag{13-1}$$

式中 $x$——状态变量；

$u$——控制变量，均为确定性变量；

$\xi$——随机变量，通过随机规划进行优化问题求解。

一般可通过求解期望值模型进行调度。当优化目标为减小电网负荷峰谷差、平抑电网负荷波动、增大电网负荷率等时，相应的求解结果与调度效果便能实现电网的优化运行。相比简单地通过电价进行引导，设立确定目标函数的有序调度方法能够更好地优化电网运行。以减小负荷峰谷差为目标进行优化，得到的负荷曲线如图 13-20 所示；不同充电策略下电网经济运行效果如图 13-21 所示。

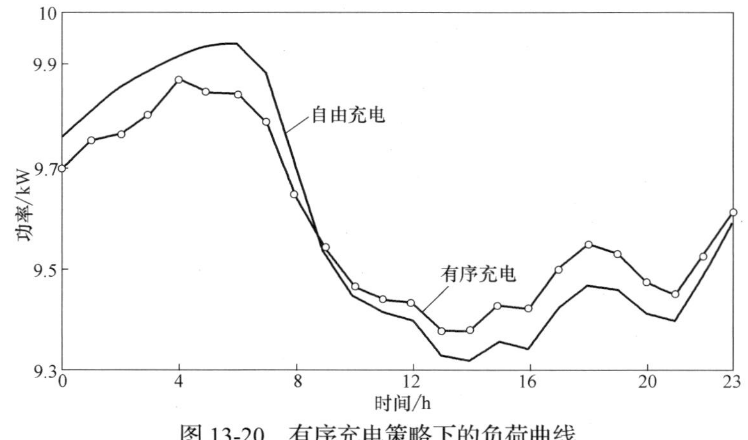

图 13-20 有序充电策略下的负荷曲线

3）综合电网、交通管理的充电调度。某些研究中建立了统一调度中心，同时进行电网管理与交通控制。相关文献提出了一种智能充电导航系统（Smart Charging Guide

System，SCGS）的架构，包含了电网系统控制中心和交通控制中心，如图 13-22 所示。在进行充电站搜索时，将各充电站的充电负荷信息反馈给控制中心，计算各充电站的安全系数 $SI=1-\frac{|P_{cal}|}{|P_{max}|}$。其中，$P_{cal}$ 为充电站负荷功率；$P_{max}$ 为充电站能容纳的最大功率。修改充电站到车辆所在位置的“距离” $D$，使修改后的距离 $D'=-\ln(SI)D$，通过规划 $D'$ 最小的路径从而有效避免将充电负荷很大的充电站推荐给电动汽车。

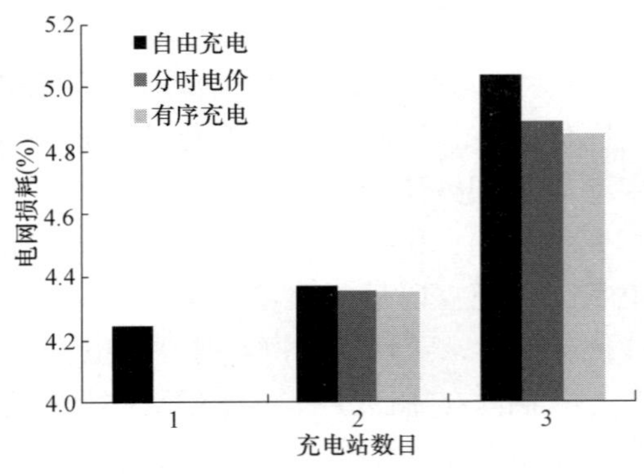


图 13-21　不同充电策略下电网经济运行效果



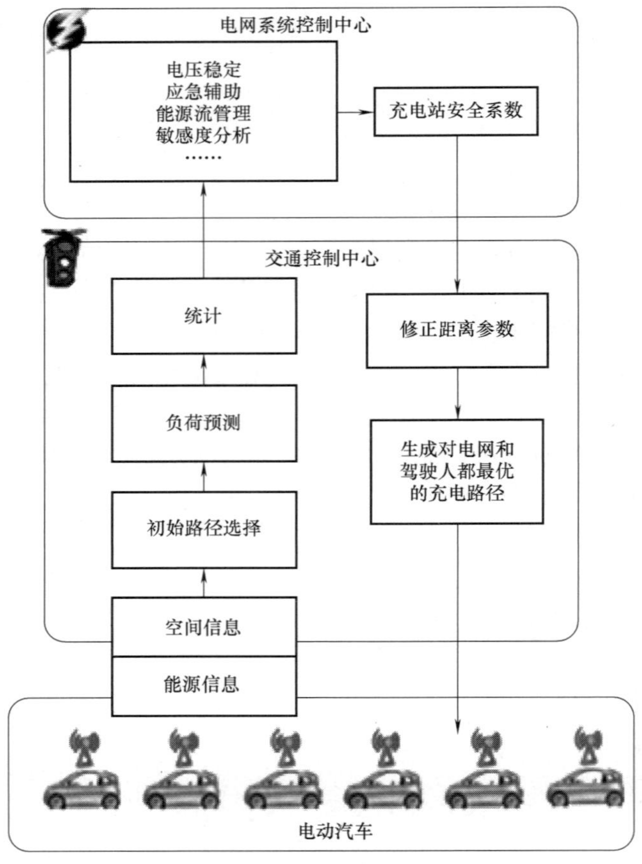


图 13-22　SCGS 的架构

（2）路网 - 电网充电系统模型建立与评估

1）电动汽车负荷模型建立。电动汽车的充电负荷由充电功率与充电时间共同决定。在开展工作时，各研究都根据各自研究重点与方向自行建立充电负荷模型。典型的电动汽车充电负荷模型计算公式之一为

$$P_{\text{EVloadt}} = \sum_{i=1}^{N} P_{n,t} \tag{13-2}$$

式中 $P_{\text{EVloadt}}$ ——第 $t$ 小时的总充电功率，$t$=1，2，…，24；

$N$ ——电动汽车的总数量；

$P_{n,t}$ ——第 $n$ 辆电动汽车在第 $t$ 小时的充电功率。

一方面，电动汽车的充电功率与车辆类型以及它采取的充电方式有密切关系。现阶段，充电方式包括充电模式与快速换电模式：充电模式下，电动车辆直接通过专用插座与配电网相连而从中获取电能；快速换电模式下，待电动车辆驱动电池能量耗尽时，在适当的地点快速换电，然后根据情况将换下的电池接入配电网进行充电。现有的大多数研究中，只采用充电模式为研究对象进行充电，而充电模式又分为功率较大的快速充电与功率较小的常规充电。

另一方面，电动汽车的充电时间具有较大的随机性，由驾驶人的用车习惯、上下班时间以及引导政策等决定。在我国，目前无法得到电动汽车充电行为的可靠历史数据，研究的展开根据传统车辆数据以及各自需求进行设定，见表 13-1。

表 13-1 几种典型电动汽车充电特性

| 特性 | 车型 | | | |
|---|---|---|---|---|
| | PHEV 30 | PHEV 40 | PHEV 60 | BEV |
| 最大功率 /kW | 44 | 46 | 99 | 80 |
| 电池容量 /kW · h | 8 | 17 | 18 | 48 |
| 0.2$C$ 的充电功率 /kW | 1.6 | 3.4 | 3.6 | 9.6 |
| 1$C$ 的充电功率 /kW | 8 | 17 | 18 | 48 |

注：1. 0.2$C$ 的充电功率表示电池从零电量至充满需要 5h，1$C$ 指需要 1h。

2. PHEV X 中的 X 表示电动行驶里程 [ 以英里（mile）计，1mile=1609.344m]，BEV 为纯电动汽车。

同时，充电额定电压、额定电流等也是决定电池充电功率的关键参数。

2）路网建模。面向电动汽车充电调度的路网建模方式倾向于车辆导航系统中路网模型的建立。导航计算过程中，为便于路径规划算法实现，会用到将道路信息、交通信息等抽象出来的拓扑网络。在数学模型概念中，将路网抽象为简单拓扑结构并利用邻接矩阵或者关联矩阵储存数据。

一般的路网可表示为集合 $\{V, A, W\}$，$V$ 表示道路交叉口，$A$ 表示相邻两个交叉口间的路段，$W$ 则是描述各种道路长度等各种属性的集合。拓扑结构用来表示节点、弧段和面域等要素之间的邻接、关联、包含等关系，如此建立的最基本的道路网络结构能够表明道路方向性和连通性。

实际道路模型中的道路权值并不是简单的单个分量，还包含各种道路、交通信息。同时，可通过更改储存数据对拓扑网络进行修改，包括转向限制设定，用户对出行距离、时间、费用等的需求设定。

在某些研究中，针对动态的路径规划方法，建立了动态分时路网模型。在图 13-23 所示的路网模型中，节点 $i$，$j$ 之间的权值 $T_{ij}$（$t_i$）不再为路段长度等，而是表示车辆随车流在 $t_i$ 时刻到达节点 $i$ 并行驶到节点 $j$ 所需的时间，且 $T_{ij}$（$t_i$）随时间变化时满足一定特性关系。

3）路网运行评价。关于路网运行状况的评价可从静态与动态两个方面进行。交通的静态评价方式反映了路网本身属性，如单位面积的道路长度，各路段的最高限速、通行能力等。交通的动态评价则可以表征车辆在交通路网中的运行状况，一般评价道路的拥堵状况，具体到参数表示方面，则以道路的平均通行速度 $v$（km/h）、车流量饱和度 $q/C$[$q$ 为实际车流量，$C$ 为道路通行能力（辆 /h）]、拥堵路段的里程比例等方面进行评价。

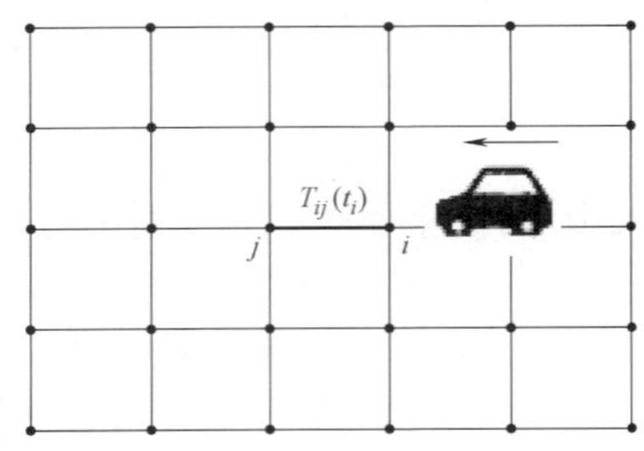

图 13-23　分时路网模型

道路建设的指标属性包含最高限速与通行能力等。道路最高限速见表 13-2，道路通行能力见表 13-3。

表 13-2　道路最高限速

| 类别 | 快速路 | 主干路 | 次干路 | 支路 |
|---|---|---|---|---|
| 最高限速 $v_0$/（km/h） | [80，60] | [60，50] | [50，40] | [40，30] |
| | | [50，40] | [40，30] | [30，20] |
| | | [40，30] | [30，20] | [20] |

表 13-3　不同车速下的道路通行能力　（单位：辆 /h）

| 50km/h | 40km/h | 30km/h | 20km/h |
|---|---|---|---|
| 1690 | 1640 | 1550 | 1380 |

另外，与路网运行的某些指标相关，有研究针对行程速度与车流量的关系，在经典模型基础上做出修改，建立新模型 $v=\dfrac{v_0}{1+\alpha(q/C)^{\beta}}$。其中，$v$ 为道路平均通行速度；$v_0$ 为道路最高限速；$q$ 为实际车流量；$C$ 为道路通行能力；$\alpha$ 与 $\beta$ 为加权系数。

4）电网建模。电网模型不需要考虑其具体构成方式，只需要体现电网系统的基本特性即可。研究中常用已有的标准配电网进行运算、分析，如 IEEE-33 标准模型。而在面向电动汽车充电调度中，一般需要进行潮流计算，电网建模需要根据实际标准设定参考功率、参考电压，并考虑基本有功功率、无功功率、电压、相角、线路阻抗等因素，常用配电网拓扑结构图 13-24 所示。

5）电网运行评价。有研究指出电动汽车接入对输电网的影响是间接的，对配电网的影响是直接的。在探讨大规模电动汽车接入对配电网的影响时，研究者从不同角度建立了评价方法，各主要评价指标如图 13-25 所示。

大多数研究中，所讨论电动汽车接入对配电网的影响集中在安全、经济、电能质量三个方面。其中，在不同电动汽车渗透率（= 电动汽车最大充电功率 / 系统峰荷）的情况下，可从配电系统总负荷、节点电压变化情况等方面进行电网安全性的评价；而网络损耗能充分表示电网的运行经济性；另外，充电负荷可能带来的电网谐波污染是电能质量评价的重

要方面。

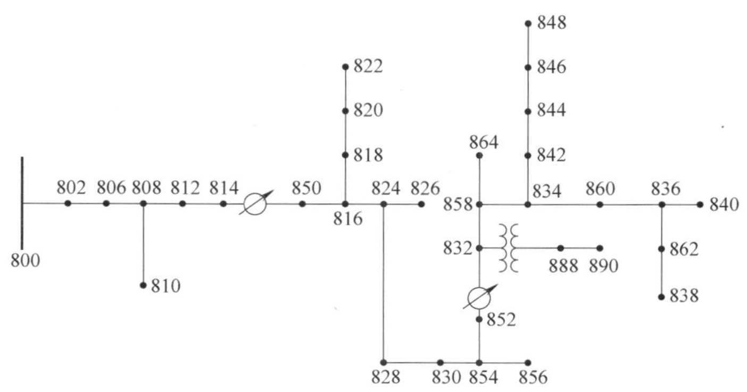


图 13-24 配电网拓扑结构

#### 3. 大规模电动汽车充电调度策略开发

下面针对大规模电动汽车应用的场景，展开充电调度策略开发的研究。对大规模电动汽车充电行为进行调度，既是解决电动汽车续驶里程较短、充电基础设施缺乏的有效途径，能充分缓解由电池电量消耗带给驾驶人的里程忧虑；同时，调度后的行驶路径、充电负荷等能够优化路网系统、电网系统的运行性能。针对现有充电调度策略研究中存在的车辆充电方式单一、未充分融合路网与电网信息等不足，提出了基于路网信息与电网信息交互、面向多种类型电动汽车的充电调度策略。

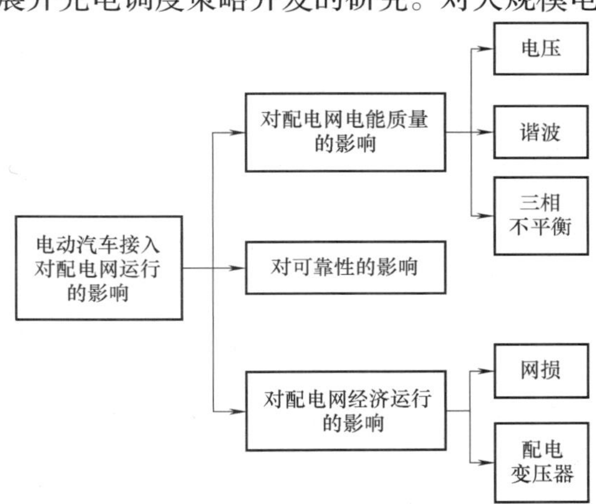


图 13-25 电动汽车接入对配电网的影响评价指标

（1）充电调度系统设计

考虑到对大规模电动汽车进行充电调度的复杂性，首先进行充电调度系统的设计，以利于后期充电调度策略的开发和改进。在总体的充电调度系统中，以大规模电动汽车为被控对象，当满足充电需求并做出充电决策后，充分融合多方面信息，为车辆进行充电调度。充电调度系统总体结构如图 13-26 所示，其主要包括充电需求判断、充电决策和充电调度。

（2）充电需求判断

在设计充电调度系统时，首先考虑充电调度触发机制的制定，只有在满足了充电调度需求后，系统才会主动为电动汽车进行充电调度。充电调度触发机制的具体原理：针对车辆当前状态进行评估，判断其是否会给驾驶人带来里程忧虑，能否顺利到达目的地。充电调度需求触发流程如图 13-27 所示。

图 13-27 中，$BL_R$ 表示当前时刻电池电量。由图 13-27 可知，当电池电量低于满充时

的 30% 或者当前电量不足以支撑车辆顺利行驶到达目的地时，该车的充电调度需求被触发，系统根据需求进行下一步骤。

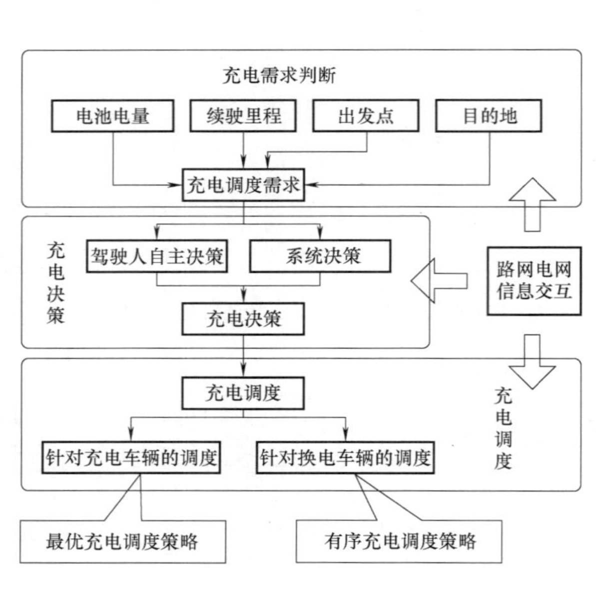


图 13-26　充电调度系统总体结构

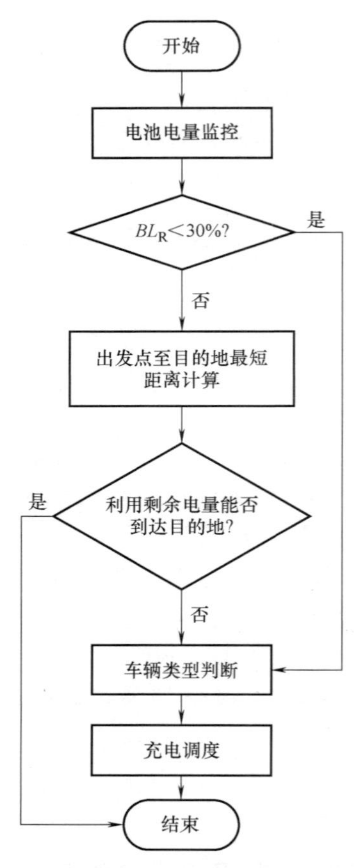


图 13-27　充电调度需求触发流程

（3）充电决策

当充电调度需求触发后，一方面，系统对车辆类型进行判断，以选择适合它的充电调度策略。但另一方面，系统预留给用户充分的自主选择权，用户可结合自身条件自主选择是否需要充电，或者选择系统所推荐的几条前往充、换电站的行驶路线中的一条。充电决策触发流程如图 13-28 所示。

最后系统根据车辆类型选择相应的策略进行调度。针对现有大规模电动汽车的应用研究，存在车辆类型与充电方式单一的局限性，这里对不同电能补充方式下的电动车辆进行充电调度。根据一般情况下电动汽车获取电能的方式，系统中所涵盖车辆类型为快速充电车辆、常规充电车辆和快速换电车辆。鉴于常规充电车辆充电功率较低（几千瓦），且充电地点不受限（工作、家庭、停车场等地均可），可看作大功率电器；而快速充电车辆与快速换电车辆均需要在专门修建的充电基础设施处才能完成电能补充。因此，仅对快速充电车辆与快速换电车辆的充电行为进行调度，并开发相应的调度策略。

（4）充电调度

在对电动车辆进行充电调度时，根据车辆类型的不同采用不同的调度策略。下面对快速充电车辆和快速换电车辆开发了不同的充电调度策略。

1）快速充电车辆充电调度。研究人员针对快速充电车辆提出了融合路网信息和电网信息的最优充电调度策略流程，如图 13-29 所示。它主要是为电动汽车搜寻最优的充电站并规划行驶路径，完成该策略开发的主要内容包括路径规划算法选择、优化目标制定和路段赋权。

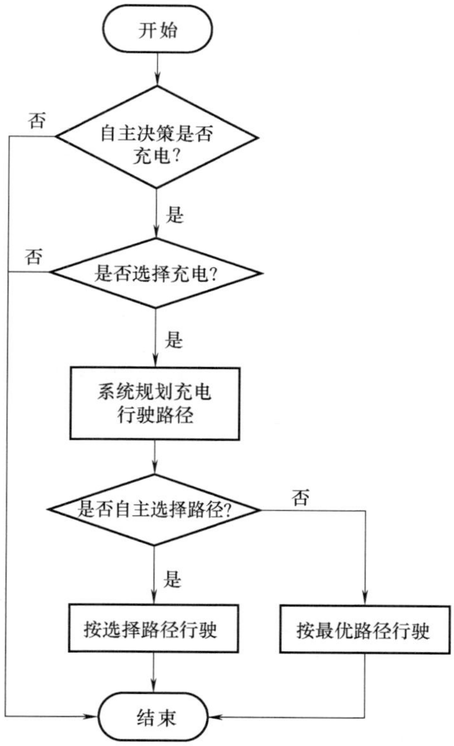

开始
自主决策是否充电？
否
是
是否选择充电？
否
是
系统规划充电行驶路径
是否自主选择路径？
是
否
按选择路径行驶
按最优路径行驶
结束

图 13-28　充电决策触发流程

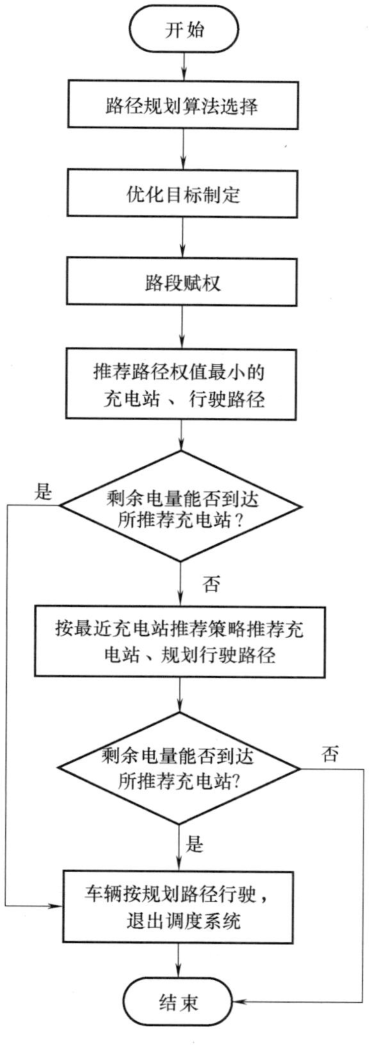

开始
路径规划算法选择
优化目标制定
路段赋权
推荐路径权值最小的充电站、行驶路径
剩余电量能否到达所推荐充电站？
是
否
按最近充电站推荐策略推荐充电站、规划行驶路径
剩余电量能否到达所推荐充电站?
否
是
车辆按规划路径行驶，退出调度系统
结束

图 13-29　最优充电调度策略流程

由于路径规划贯穿整个调度过程，首先需要选择合适的路径规划算法，然后设定最优策略中所要达到的优化目标，根据优化目标，选择相应参数进行路段赋权，从而通过寻求最小权值的路径得到最优结果。在最小权值路径搜索完成后，需要判断车辆在当前电

池剩余电量下能否顺利前往所推荐的充电站进行充电。图 13-29 中，最近充电站推荐策略是基础策略，仅根据车辆的位置分布选择充电站，并规划距离最短的行驶路径。

2）快速换电车辆充电调度。研究人员针对快速换电车辆提出了有序充电调度策略流程，如图 13-30 所示。该策略对车辆的行驶实行实时调度，而对换下电池的充电规划，则是利用离线优化手段得到合理结果，并在其他相似场景中加以应用。电动汽车行驶路径的规划借助于针对快速充电车辆的最优充电调度策略，该策略重点研究各换电站电池充电时间的规划。通过制定优化目标函数并求解，得到相应的调度结果。

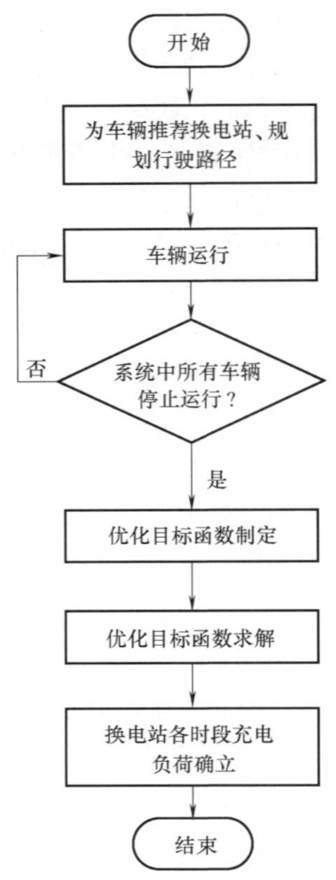

图 13-30　有序充电调度策略流程

（5）快速充电车辆最优充电调度策略开发

快速充电车辆充电功率较大，一般容量为 20~30kW・h 的电池，在快速充电模式下 0.5~1h 内即可充满电量。高达 25~60kW 的充电功率不能直接通过家用插座完成充电，需要通过专门的充电站 / 桩进行充电。一般在假设电动汽车分布的前提下进行充电站布局的研究，假设建立的 $n_C$ 个快速充电站均匀分布在路网中，并且路网与电网中相关参数均储存在相应的数据结构中。

基于电动汽车的充电特性，以及作为车辆在路网中运行的相关特性，融合路网与电网信息，可提出最优充电调度策略，在该策略下为用户推荐充电站并规划行驶路线，以实现整体系统的运行优化。

根据图 13-29 中最优充电调度策略的主要思想，下面将具体介绍路径规划算法选择、优化目标制定和路段赋权这三个关键技术。

1）路径规划算法选择。鉴于未来电动汽车应用场景广泛，计算量大，在算法选择时，更多考虑运算效率的高低。由于路网拓扑结构中只有节点间的连接关系以及权，并没有点的坐标位置（以及经纬度等），因此现有的路径规划运算中效率最高的 A* 算法无法运用。此处主要讨论原始的 Dijkstra、改进的 Dijkstra、原始的 Bellman-ford、改进的 Bellman-ford 几种算法进行路径规划时的效率。Dijkstra 算法属于标号设定算法，Bellman-ford 算法属于标号修正算法。标号设定算法是指在通过迭代对标号进行逐步修正的过程中，将某节点的临时标号变为永久性标号；标号修正算法是指每次迭代时只是对临时标号进行一次修正，并不一定变为永久标号，直到最后一步迭代完成，才将所有节点标号转变为永久标号。

效率对比时，选择一节点数目为 817 的路网进行示例，寻求同一节点至各充电站的最短路径，比较不同算法的运算效率，结果见表 13-4。

比较表 13-4 中的几种情况可知，对于寻求点到点的路径，Dijkstra 算法的稳定性与运算效率优于 Bellman-ford 算法。虽然在第一种情况中采用改进的 Bellman-ford 算法时的计算时间较短，但其对于不同点之间的寻路具有不确定性，因此这里选择 Dijkstra 算法作为路径规划的基本算法。

表 13-4 几种路径规划算法的运算效率比较

| 路径 \ 算法 | 原始的 Dijkstra | 改进的 Dijkstra | 原始的 Bellman-ford | 改进的 Bellman-ford |
|---|---|---|---|---|
| 从节点 1 出发 | 0.93s | 0.11s | 1.32s | 0.15s |
| 从节点 817 出发 | 0.92s | 0.11s | 10.50s | 1.16s |
| 从节点 453 出发 | 0.92s | 0.10s | 4.41s | 0.49s |

原始的 Dijkstra 算法将所有节点划分在两个节点集合 $S_1$ 与 $S_2$ 中，其中，$S_1$ 为永久性标号集合，$S_2$ 为临时标号集合。寻找从起点 $s$ 到目标点的最短路径的过程就是逐步将 $S_2$ 中节点加入 $S_1$ 中的过程，这个过程中对所有与 $S_1$ 中直接相连或者不相连的节点，均进行临时标号计算及大小判断，最小者将其变为永久性标号并将节点加入 $S_1$，如图 13-31 所示。在改进的 Dijkstra 算法中，先判断选择的节点到 $S_1$ 中现有节点的距离是否为 ∞，若是，则表明其不与 $S_1$ 中任一点直接相连，在当前步骤中不再考虑将其加入永久性标号。结果也表明，改进后的 Dijkstra 运算效率更高，更适用于从单点到多点的路径规划。

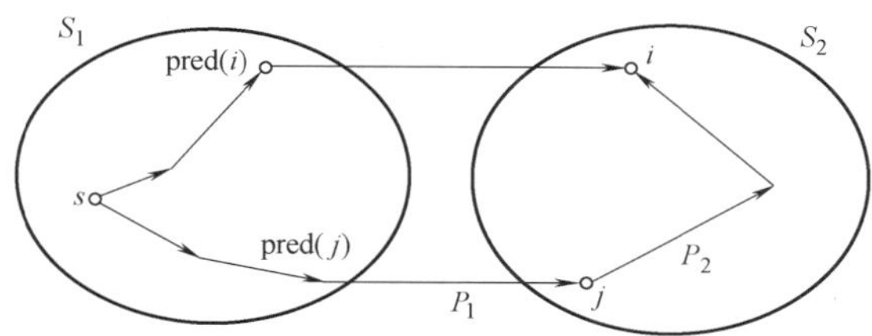


图 13-31 Dijkstra 算法示意图

Dijkstra 算法适用于正费用有向网络，因此在对路段（即节点间的弧段）赋权时，需保证权值为正；同时，通过对路段赋予具有不同物理意义的权值，便可寻求得到从起点到终点的不同意义下的最小权路径。例如，当以通过该路段的时间为该路段权值时，就能得到从起点到终点总行驶时间最少的路径。

2）优化目标制定。融合路网与电网信息的最优充电调度策略，充分考虑大规模电动汽车集群整体的特性，优化目标是实现整体系统的最优化运行，该方法不仅仅考虑单辆车的行驶效率，还涉及对交通系统和电网系统运行性能的优化，如图 13-32 所示。

融合路网和电网信息的最优充电调度策略的开发，以优化大规模电动汽车集群、路网系统、电网系统的运行为目标，具体包括：①大规模电动汽车行驶的距离和时间短，充电排队等候时间短；②路网交通状况良好，避免充电站附近区域产生严重道路拥堵状况；③充电负荷的引入不对电网造成过大冲击，能保证其安全性、经济性。为实现这几个目标，通过将上述因素赋权给路段，并求取权值最小的路径的方式完成最优充电调度。

3）路段赋权。一般将路网抽象为一个有向网络，用于描述路网特性的属性数据等都存储在对应数据结构中。前面已经提到，融合路网信息和电网信息的最优充电调度策略中最关键的技术是对路网中的路段进行赋权，赋权的过程主要分为两个部分，引入路网信息的赋权和引入电网信息的赋权，根据综合的最终权值寻求路径的过程也就是充分融合路网和电网信息进行路径规划的过程。下面将对路段赋权值的过程进行分析。

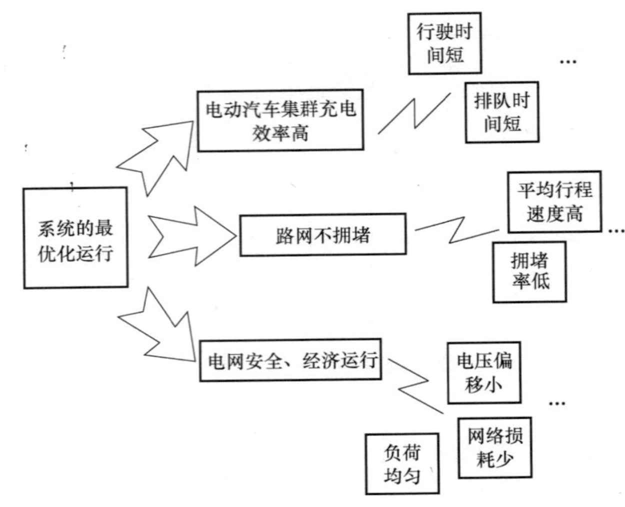


图 13-32　系统优化目标

$w$ 表示路段权值，其下标数字表明了各信息被引入的顺序，各权值的含义见表 13-5。

表 13-5　各权值的含义

| 符号 | 含　义 |
|---|---|
| $w_1$ | 路段长度 |
| $w_2$ | 通过路段的时间 |
| $w_3$ | 考虑了充电站附近交通拥堵状况的加权 |
| $w_4$ | 考虑了充电站附近交通拥堵以及负荷状况的加权 |

① 路段赋权——引入路网信息。根据优化目标，要求充电站周围区域道路不拥堵，利用路网相关信息对路网中各路段进行赋权，赋权流程如图 13-33 所示。

a. 初始化。图 13-33 中显示了一次完整的路段赋权过程，在实际仿真运行中，路网和电网的运行状态一直处于变化之中，因此在赋权时若涉及随时间变化的量，需要在每次对电动汽车进行充电调度时重新赋予路段实时权值；而将路段长度等不变量赋权给路网，可以在初始化阶段完成，得到

$$w_1=l \tag{13-3}$$

式中　$l$——路段长度，此时各路段权值 $w_1$ 即为其长度。

需要注意的是，每次对路段赋权值时，面向的对象不一定是路网中所有道路，有可能是针对充电站周围区域道路，因此在初始时段需要将每个充电站周围区域的路段划分出来。

b. 路段平均速度。在将路段长度这个基本属性赋给路网中所有路段得到权值 $w_1$ 后，考虑能表征路网交通拥堵状况的参量，选择各道路的平均行程速度，它指在各道路上行驶的车辆的平均速度。再对路网中所有道路赋权，得到

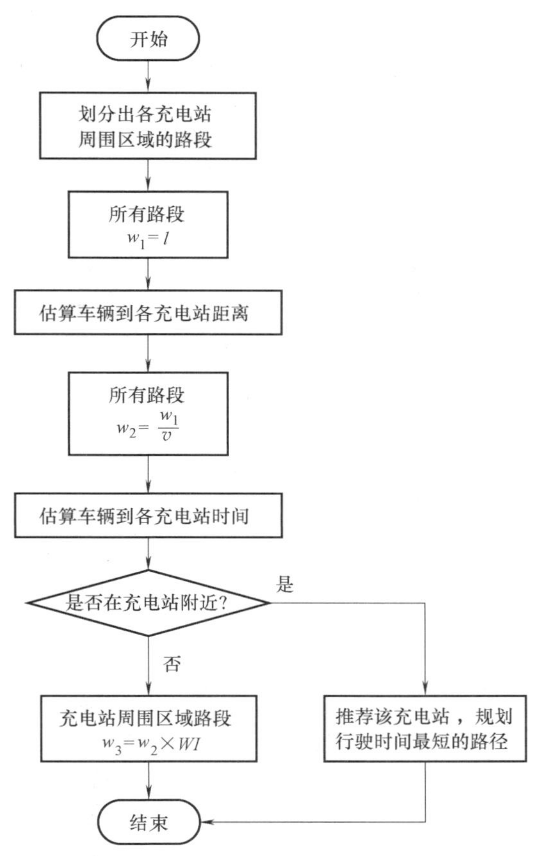


图 13-33　引入路网信息的路段赋权流程

$$w_2=\frac{w_1}{v} \tag{13-4}$$

式中　$v$——路段的行程速度，即车辆通过该路段的平均速度。

此时路段权值 $w_2$ 相当于通过这条道路的平均时间，若在此时利用 Dijkstra 算法寻求路径权值最小的充电站与行驶路径，等同于寻找车辆行驶时间最短的充电站。

另外，理论上，道路平均行程速度是当前时刻在该道路上行驶的车辆速度经过简单算术平均所得；在实际仿真中，假设车辆在通过某路段的行驶速度为定值，并以节点的通行速度决定，而节点通行速度与路段通行能力、限速以及车辆数目相关，可以用交通 - 流量模型求得。

c. 车辆行驶时间估算。在融合路网信息与电网信息进行最优充电调度策略开发时，关键技术之一是对将来某段时间范围内的路网、电网运行状态进行预测，此处需要估算车辆到达各充电站的时刻。在进行行驶时间估算时，先根据 $w_2$ 基于 Dijkstra 算法寻求到达每一个充电站的最小权值的路径，此最小权值即为车辆前往各个充电站的行驶时间。

d. 排队等候系数。为节约电动汽车的充电成本，该策略探讨了车辆位于充电站周围区域的情况，此时，不再做进一步的路段加权，选定该充电站为目标点，直接为车辆寻求一条行驶时间最短的路径。

若电动汽车不在任何一座充电站附近，则考虑电动车辆到达充电站的排队等候问题。策略中引入了排队等候系数，只针对充电站周围区域路段加权，并且不同的充电站周围区域路段的加权值一般不同，此时得到

$$w_3(i)=w_2(i)\times WI(i),\ (i=1,\ 2,\ \cdots,\ n_C) \tag{13-5}$$

式中 $WI(i)$——第 $i$ 个充电站周围区域的排队等候系数；

$n_C$——充电站数目。

对某充电站 $i$ 周围区域路段而言，其排队等候系数计算如下：

$$WI(i)=\frac{N_{\mathbf{cev}}(i,T_{\text{reach}})}{CN(i)} \tag{13-6}$$

式中 $N_{\text{cev}}$——车辆数目；

$T_{\text{reach}}$——到达充电站时刻；

$CN(i)$——充电站 $i$ 中充电桩数目。

② 路段赋权——引入电网信息。根据优化目标中希望电网安全、经济运行，要求电网负荷均匀、节点电压偏移小、网络损耗少等，利用电网相关信息对路网中各路段进行赋权，赋权流程如图 13-34 所示。

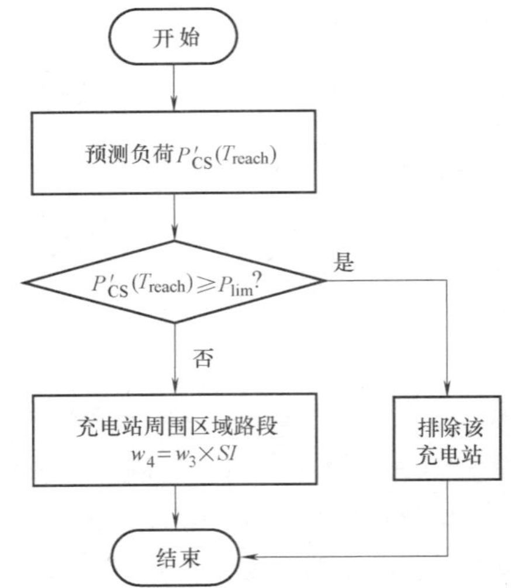


图 13-34　引入电网信息的路段赋权流程

如前所述，该最优充电调度策略需要对电网侧运行状态进行预测，需估算车辆到达各充电站时刻 $T_{\text{reach}}$，还需预测车辆开始充电时刻 $T_1$ 和结束充电时刻 $T_2$，以各车辆在充电站的充电功率叠加得到充电站预测负荷$P'_{\text{CS}}$。

以对某车进行充电调度为始，车辆离开充电站为终，假设初始时刻为 $T_0$，车辆从当前位置到充电站的行驶时间为 $t_1$，充电等候时间为 $t_w$，充满电量的充电时间为 $t_2$，那么车辆到达充电站时刻

$$T_{\text{reach}}=T_0+t_1 \tag{13-7}$$

该车在该充电站实际的充电行为的开始时刻

$$T_1=T_{\text{reach}}+t_w \tag{13-8}$$

结束充电时刻

$$T_2=T_1+t_2 \tag{13-9}$$

假设车辆电池充电负荷为 CP，从而在 $T_1$ 到 $T_2$ 之间，该充电站的充电负荷需要在原

计算基础上叠加 $CP$。若上述数据均为预测估算所得，那么为新一辆电动汽车进行规划时，能得到车辆到达充电站时，充电站的预测负荷值$P'_{CS}$（$T_{reach}$）。

若车辆到达充电站时刻，预测的充电负荷$P'_{CS}$（$T_{reach}$）已经超过阈值 $P_{lim}$，便不再将此充电站作为该车的目标充电地点；否则对此充电站周围区域路段进行赋权。在路网信息以权值形式赋给路段的基础上，将电网的负荷信息反映在电力安全系数 $SI$ 上，得到

$$w_4(i)=w_3(i)\times SI(i),\ (i=1,\ 2,\ \cdots,\ n_C) \tag{13-10}$$

$$SI(i)=-\ln\left[1-\frac{P'_{CS}(i,t_{reach})}{P_{lim}(i)}\right] \tag{13-11}$$

由图 13-35 可知，随着负荷比增大也即预测负荷值增大，该充电站的电力安全系数值呈反对数趋势增大；当预测负荷无限趋近于充电站负荷阈值时，电力安全系数值趋于无穷大，与当充电负荷大于阈值时不再为车辆推荐该充电站的策略相切合。

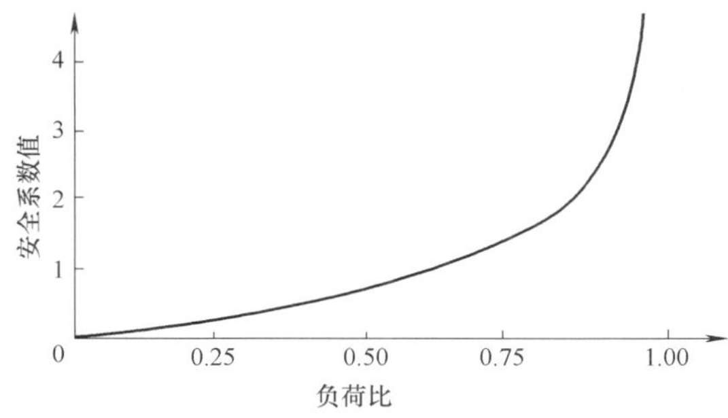


图 13-35　电力安全系数值随负荷比变化

至此，已完成为路段赋权的过程，该过程充分考虑了路网和电网的运行状态，融合了多方面信息。最终根据图 13-26 对车辆进行最优化充电调度，寻求总权值最小的路径，达到电动汽车本身行驶时间与等候时间较短、充电站周围区域不过度拥堵、各充电站负荷均匀无过载等目标。

（6）快速换电车辆有序充电调度策略开发

在电动汽车广泛发展的未来，电池类型也会趋于多样化，而快速换电车辆也需要在专门的、统一的换电站进行动力电池更换及针对置换电池的能量补充，因此可预见快速换电车辆将更多地应用于出租车、公交车等市政公共交通工具。对出租车而言，电池容量为 20~30kW・h，可以用常规充电方式为换下的电池充电，充电功率为 2~4kW。对公交车而言，电池容量跨度较大，60~200kW・h 均有，此时的充电功率比常规方式稍高。与充电站建模类似，下文不对换电站的布局进行深入研究，所建的数个换电站均匀分布在路网中。

针对快速换电车辆的充电调度，主要包含两方面的研究内容：前往换电站的路径规划和换下电池充电时间规划。在快速充电车辆的充电调度策略中已经较为详细地给出了电动汽车路径规划方法，下文阐述的调度中，所有的换电车辆的行驶路径按照 $w_2$ 基于 Dijkstra 算法计算，即寻求行驶时间最短的路径；所提及的调度策略仅指对电池充电时间的规划。

下文对快速换电车辆进行有序充电调度，由调度中心对从车辆上更换下的各电池的充电时间与充电功率进行统一规划。主要讨论基于优化目标函数的有序调度：基于负荷标准差最小的调度策略和基于负荷峰谷差最小的调度策略。

在大规模电动汽车应用的情况下，若采取对每块电池进行直接调度的方式，将会引起在相应优化问题中出现“维数灾难”，大大降低调度效率和浪费运算的存储空间。因此，下文在讨论快速换电车辆的充电行为与负荷调度时，按充、换电站基础设施在路网中的地域布局进行分区讨论；同时，在确定好各车辆前往的换电站后，以换电站作为调度对象进行相应的规划。

1）优化目标函数制定。根据有序充电调度策略的主体思想，制定利于电网运行的目标函数，采取计算方式分配各换电站在不同时段的充电负荷。这里选取的优化目标函数有以下两种。

① 以负荷标准差最小为优化目标函数。该策略以减小区域负荷曲线的标准差为优化目标函数：

$$F=\min\sqrt{\frac{1}{n}\sum_{j=1}^{n}(P_j'-\overline{P})^2} \tag{13-12}$$

式中 $n$——划分的总时间段数目；

$\overline{P}$——区域日平均负荷；

$P_j'$——$j$ 时段所求区域的调度后的总负荷。

那么

$$\overline{P}=\frac{1}{n}\sum_{j=1}^{n}P_j' \tag{13-13}$$

并且

$$P_j'=\sum_{i=1}^{k}P_{ij}'+\sum_{r=1}^{m}P_{\mathrm{CS\_}rj} \tag{13-14}$$

式中 $k$、$m$——该区域中换电站与快速充电站数目；

$P_{ij}'$——$j$ 时段第 $i$ 个换电站在调度后的负荷；

$P_{\mathrm{CS\_}rj}$——$j$ 时段第 $r$ 个快速充电站的负荷。

在快速充电车辆的规划完成后，充电站负荷便已经确定，不需要再次对快速充电站的充电负荷进行调度。

同时，由于为快速换电车辆规划了前去充电的换电站，因此对于换电站 $i$，其在一天范围内的充电能量 $E_i$ 是一定的，即

$$E_i=\sum_{j=1}^{n}P_{ij}'\Delta t=C \tag{13-15}$$

式中 $\Delta t$——在划分时段时相对应的时长；

$C$——常数。

② 以负荷峰谷差最小为优化目标函数。该策略以减小区域负荷曲线的峰谷差为优化目标函数：

$$F=\min\left[\max\left(P_j'\right)-\min\left(P_j'\right)\right] \tag{13-16}$$

式中　max（$P_j'$）、min（$P_j'$）——调整后的负荷峰值、谷值；

$P_j'$——与式（13-12）中的符号意义相同。

2）优化目标函数求解。降低区域负荷曲线的标准差与峰谷差，均利于区域电网的优化运行。通过求解优化目标函数实现调度策略，其优化目标函数的求解通过粒子群优化（Particle Swarm Optimization，PSO）算法实现。

PSO 算法是从鸟群捕食的社会行为中得到启发而提出的。将鸟群视为粒子群，将食物视为误差超曲面的全局最优解，将鸟群捕获该食物的过程等价于粒子群寻找全局最优解的过程。

将每个换电站每个时段的充电功率作为粒子位置坐标，目标函数最优值即全局最优解。以负荷标准差最小的策略为例，仿真时长为 1d，即 24h，$n$=24，共有 $n_{\mathrm{C}}$ 个快速充电站，$n_{\mathrm{B}}$ 个快速换电站，那么优化问题如式（13-17）所示。PSO 算法中粒子维数为 $24\times n_{\mathrm{B}}$。

$$\left.\begin{array}{l}\min\sqrt{\dfrac{1}{24}\displaystyle\sum_{j=1}^{24}\left(\sum_{i=1}^{n_{\mathrm{C}}}P_{ij}'+\sum_{r=1}^{n_{\mathrm{B}}}P_{\mathrm{CS\_}rj}-\bar{P}\right)^2}\\ \text{s.t.}\quad\displaystyle\sum_{j=1}^{24}P_{ij}'=E_i\\ \qquad P_{ij}'\geqslant 0\end{array}\right\} \tag{13-17}$$

从而求解每个时段每个换电站的充电负荷 $P_{ij}'$。

4. 电动汽车的 V2G 技术应用

电动汽车需要依靠供电网络提供可持续行驶的电能，而现在的电网实际上效率并不是非常高，其中一部分问题是由每天发生的负荷需求波动和需要对电网进行电压及频率调节引起的。当电网需求超过基本负荷发电厂的容量时，由于电网本身并没有足够的电能存储，调峰电厂就会投入运行。而当电网需求较低时，用电量会低于基本负荷发电厂的输出，这样那些未被使用的能量均会被浪费掉。此外，对电网进行的电压和频率调节在很大程度上也增加了电网的运营成本。

对于电动汽车的充电服务而言，一方面电动汽车总体可观的充电量可能造成电网容量不足、频率偏移以及日负荷峰谷差增大，另一方面电动汽车作为具有可调度性的负荷，其需求响应潜力具有巨大的挖掘空间。为了充分发挥电动汽车充电负荷对电网的调节作用，同时减少其对电网的不利影响，可在分析电动汽车充电对电网运行影响的基础上，以降低用户充电成本、提升电网运行效率与稳定性、消纳分布式能源等为目标，合理规划用户充电时间及充电功率，实现电网与用户利益双赢。考虑电动汽车对交通网络和电网的动态影响，通过规划用户的充电时间和驾驶模式，缓解电动汽车给交通网络与电网带来的双重压力，采用基于 V2G 技术的电动汽车有序充电，通过电能在电动汽车与电网之间的双向流动实现电网的调峰调频与经济运行要求。

互联网 + 的兴起为电力行业带来了转变和发展模式的机遇，借助互联网的高覆盖率与高传输效率，可实现电网与用户的互动，促进需求侧响应，使电网朝着更加智能与高效的方向发展。在电动汽车有序充电领域，用户通过互联网移动终端将电动汽车与充电系统连接，实现对电动汽车充电行为的远程控制，同时充电管理者可将有序充电方案通过互联网平台传达给用户移动终端，两者通过互联网进行连接与互动的过程即为电动汽车车联网系统运行机理。该系统通过互联网移动终端实现用户、电动汽车和充电系统三者联络，形成有序充电系统的实施载体。

V2G 的概念就是针对上述问题提出的，其核心思想就是利用大量电动汽车的储能源作为电网和可再生能源的缓冲。当电网负荷过高时，由电动汽车储能源向电网馈电；而当电网负荷低时，用来存储电网过剩的发电量，避免造成浪费。通过这种方式，电动汽车用户可以在电网电价低时从电网买电，电网电价高时向电网售电，从而获得一定的收益。

现在，插电式混合动力汽车（PHEV）和纯电动汽车（EV）正大量进入市场。由于这些汽车上均装有较大容量的电池，可以考虑让它们在停车时为电网提供能量缓冲，因为大多数汽车每天有大约 22h 是处于停止状态的，在这段时间内它们代表了一种闲置资产。而当这些汽车的数量足够大时，其电池的总容量是相当巨大的，因而可以将其作为电网以及可再生能源系统的缓冲。

通过对 V2G 的评估可以看出，利用电动汽车电池作为电网储能源是可行的，不论是从工程上还是从经济上，V2G 的效益都是引人注目的。从直接效益来看，通过 V2G 可以：①利用电动汽车电池作为电网的缓冲，为电网提供辅助服务，如调峰、无功补偿等；②能为车主提供额外的收入，抵消购买电动汽车的部分花费，有利于清洁汽车的普及；③可以增加电网稳定性和可靠性，降低电力系统的运营成本。

此外，从长远来看，V2G 能减少对新发电基础设施的投资；还可以产生能量存储缓冲，从而为可再生能源提供支持；电动汽车的大量使用可以减少温室气体的排放。

但是，电动汽车并不能随意地、毫无管理地接入电网中，这是因为如果电网正处于峰值负荷需求，大量汽车的充电要求必然会对电网产生极其严重的影响；对于汽车而言，除了为电网提供辅助服务外，还必须能够满足日常的行驶需求。因此，在向电网馈电的过程中，还必须兼顾汽车自身的能量存储状态，以避免影响汽车的正常使用。综合上述两个方面，电动汽车 V2G 技术有待进行系统深入的研究，协调汽车与电网间的充电和放电，使得既不会影响电网的运行，也不会限制汽车的正常使用。

V2G 的四个关键问题分别涉及四种关键技术：V2G 智能调度技术、智能充放电管理技术、电力电子技术和电池管理技术。同时装置的集成化、高效率和低成本等也是其重要的发展方向，未来必将与智能电网相结合，向智能化、信息化的趋势发展。

#### 5. 网联电动汽车高压安全监控系统

相对于传统汽车，电动汽车以动力电池、电机和电控系统组成的高压回路为动力源。为减小高压回路的电流，电动汽车常采用高压平台，动力电池电压在 300V 左右，有的甚至高达 700V。如果电动汽车在行驶过程中发生动力电池或电机温度过高、高压回路短路、接触不良、高压暴露、绝缘失效等故障，必然会危及乘员人身安全和车载电气设备的使用安全。特别是动力电池导致的电动汽车自燃事件，已引起产业界和消费者对电动汽车安全的重视。因此，如何提高电动汽车的高压安全性，采取有效措施加以改进已成为电动汽车研究的热点。

避免安全事故发生的一个重要方法是安装监控预警系统，发现故障后及时报警并进行维护。而对于电动汽车的高压安全，一般实时监控高压回路，在发生高压安全事故时立即报警或切断高压回路，避免事故危害扩展。在电动汽车高压安全监控方面，国内外学者已开展了一系列的研究。但是，由于这些研究没有从交通系统的角度出发，提出的方案仅限于提高车辆自身的安全性，不能保障周围车辆的安全，也不能实现交通事故的及时救援。因此，应开发基于车联网技术框架的高压安全监控系统，以确保当发生故障时提醒周围车辆避让，并根据需要实现交通管制与救援申请。

在车联网环境下，可将发生高压安全故障的电动汽车作为信息系统的一个节点，在网络中实现故障信息的互联共享。利用车辆内部、车辆之间以及道路基础设施、交通信息网等网络资源，及时将车辆的故障类型、应保持的安全距离发送给其他车辆和数据处理中心，在车辆发生电系统故障或潜在风险的情况下除了给本车驾驶人以各种方式提供预警信息外，还方便其他道路车辆和交通控制系统做出相应调整，保持安全距离和行驶管理策略，保证交通安全和交通效率；对于特别严重的高压安全故障或事故，可自动申请医疗、消防和警力救援。

考虑到纯电动车辆目前仍存在着许多使用局限，其性能尚不足以满足驾驶人的驾驶需求，因此应通过充分利用多源交通环境信息、能源网络信息和车辆运行信息，并协同多个出行目标与出行约束，对电动车辆出行过程中的出行行为、充电行为和电附件使用行为等多个应用行为进行协同优化，通过车联网框架的信息互联和交互技术提高电动车辆的使用性能。

## 参考文献


[1] 卞羽生 . 面向电动车的车联网技术的研究和应用 [D]. 西安：西安电子科技大学，2017.

[2] YAN X，ZHANG H，WU C. Research and development of intelligent transportation systems[C]. Proceedings of the 11th International Symposium on Distributed Computing and Applications to Business，Engineering &Science，Guilin，2012.

[3] DUA A，KUMAR N，BAWA S. A systematic review on routing protocols for vehicular ad hoc networks [J]. Vehicular Communications，2014，1（1）：33-52.

[4] 张瑞锋 . 车载自组网通信技术研究综述 [J]. 汽车工程学报，2014，4（2）：79-85.

[5] ALAM K M，SAINI M，SADDIK A E. Toward social internet of vehicles: concept，architecture，and applications [J]. Access IEEE，2015（3）：343-357.

[6] 张书玮 . 网联电动车辆的出行规划与智能节能控制 [D]. 北京：清华大学，2017.

[7] BRIEC E，MAZAL C，MEYER G，et al. ICT for the fully electric vehicle : research needs and challenges ahead[R/OL]. [2010-05-10]. http://www.ict4fev.eu/publications/roadmaps/roadmaps-1.

[8] TULUSAN J，KAFTANIUKAITE A，KAMMERER S D. ELVIRE scenario and business model:

executive summary and recommendations [R/OL]. [2013-10-01]. http://www.elvire.eu/IMG/pdf/D2200-2_M27__Business_Model_Evaluation_Executive_Summary_and_Recommendations_PUBLIC_Final.pdf.

[9] LENARDI M. Combining infrastructures for efficient electric mobility[EB/OL]. [2013-10-01]. http://www.eco-fev.eu/.

[10] BOUKERCHE M，KNODLER K. Optimal energy consumption and recovery based on a system network[EB/OL]. [2013-10-01]. http://www.fp7-opener.eu/.

[11] ERDOGAN S，MILLER-HOOKS E. A green vehicle routing problem[J]. Transportation Research Part E，2012（48）: 100-114.

[12] MEHAR S，SENOUCI S M，REMY G. EV planning：electric vehicle itinerary planning[C]. Proceedings of IEEE 2013 International Conference on Smart Communications in Network Technologies，Paris，France，2013.

[13] KOBAYASHI Y，KIYAMA N，AOSHIMA H，et al. A route search method for electric vehicles in consideration of range and locations of charging stations[J]. 2011 IEEE Intelligent Vehicles Symposium，2011，30（1）: 920-925.

[14] MARIYASAGAYAM M N，KOBAYASHI Y. Electric vehicle route assistance using forecast on charging station[C]. Proceedings of Energy 2013：The Third International Conference on Smart Grids，Green Communications and IT Energy-Aware Technologies. International Academy，Research，and Industry Association（IARIA），2013.

[15] SIDDIQI U F，SHIRAISHI Y，SAIT S M. Multi-constrained route optimization for electric vehicles（EVs）using particle swarm optimization（PSO）[C]. Proceedings of 2011 11th International Conference on Intelligent Transportation Systems Design and Applications，IEEE，Cordoba，Spain，2011.

[16] SACHENBACHER M，LEUCKER M，ARTMEIER A，et al. Efficient energy-optimal routing for electric vehicles[C]. Proceedings of 25th AAAI Conference on Artificial Intelligence，San Francisco，California，USA，August，2011.

[17] EISNER J，FUNKE S，STORANDT S. Optimal route planning for electric vehicles in large networks[C]. Proceedings of the Twenty-fifth AAAI Conference on Artificial Intelligence，San Francisco，California，USA，2011.

[18] ARTMEIER A，HASELMAYR J，LEUCKER M，et al. The optimal routing problem in the context of battery-powered electric vehicles[C]. Proceedings of CPAIOR Workshop on Constraint Reasoning and Optimization for Computational Sustainability，2010.

[19] BARCO J，GUERRA A，MUNOZ L，et al. Optimal routing and scheduling of charge for electric vehicles：case study[J]. Computer Science，2013：1-21.

[20] CERAOLO M，PEDE G. Techniques for estimating the residual range of an electric vehicle[J]. IEEE Transactions on Vehicular Technology. 2001，50（1）: 109-115.

[21] CERAOLO M，PRATTICHIZZO D，ROMANO P，et al. Experiences on residual-range estimation of electric vehicles powered by lead-acid batteries[C]. Proceedings of the 14th International Electric

Vehicle Symposium & Exhibition（EVS-14）, 1997.

[22] SIY T, HERRMANN M A, LINDEMANN T P, et al. Electrical vehicle range prediction：US Patent 20120109408A1[P]. 2012-05-03.

[23] KAYANO M, HARA K, PARYANI A. Battery soc and distance to empty meter of the Honda EV plus [C]. Proceedings of the 14th International Electric Vehicle Symposium & Exhibition（EVS-14）, 1997.

[24] CHO I, KIM W, KIM H, et al. Method for estimating remaining travel distance for electric vehicle: US Patent 20120143435[P]. 2012-06-07.

[25] EBELING J M, RETH M. Method for estimating the range of a motor：US Patent US-20110112710A1[P]. 2013-11-26.

[26] SHUAI Z, LI J, LI X. Online estimation of remaining mileage on the fuel cell city bus[C]. Proceedings of the 25th World Battery, Hybrid and Fuel Cell Vehicle Symposium & Exhibition, Shenzhen, China, 2010.

[27] KINSER C A, HERRMANN M A. Method for determining an estimated driving range for a vehicle: US Patent 8538613[P]. 2013-09-07.

[28] GONG Q, MIDLAM-MOHLER S, MARANO V, et al. Statistical analysis of phev fleet data[C]. Proceedings of IEEE Vehicle Power and Propulsion Conference, Lille, France, 2010.

[29] OLIVA J A, WEIHRAUCH C, BERTRAM T. Model-based remaining driving range prediction in electric vehicles by using particle filtering and markov chains[C]. Proceedings of International 27th Electric Vehicle Symposium & Exhibition, Barcelona, Spain, 2013.

[30] ZHANG Y, WANG W, KOBAYASHI Y, et al. Remaining driving range estimation of electric vehicle[C]. Proceedings of IEEE International Electric Vehicle Conference, Greenville, SC, USA, 2012.

[31] 张照生. 交通约束下的行车最优路径规划 [D]. 北京：清华大学, 2013.

[32] SCHNEIDER M, STENGER A, GOEKE D. The electric vehicle-routing problem with time windows and recharging stations[J]. Transportation Science, 2013, 48（4）:500-520.

[33] SASSI O, OULAMARA A. Electric vehicle scheduling and optimal charging problem: complexity, exact and heuristic approaches[J]. International Journal of Production Research, 2014, 55（2）: 1-26.

[34] CONRAD R G, FIGLIOZZI M A. The recharging vehicle routing problem[C]. Proceedings Of The 2011 Industrial Engineering Research Conference, 2011.

[35] DEB K. Multi-Objective Optimization Using Evolutionary Algorithms[M]. Chichester, New York：John Wiley & Sons, 2001.

[36] ZHANG C, VAHIDI A. Predictive cruise control with probabilistic constraints for eco driving[C]. ASME 2011 Dynamic System and Control Conference and Bath/ASME Symposium on Fluid Power and Motion Control, Arlington, USA, 2011.

[37] ZHANG C. Predictive energy management in connected vehicles：utilizing route information

preview for energy saving[D]. South Carolina：Clemson University，2010.

[38] LANG D，SCHMIED R，DEL RE L. Prediction of preceding driver behavior for fuel efficient cooperative adaptive cruise control[J]. SAE International Journal of Engines，2014，7（1）：14-20.

[39] MOSER D，WASCHL H，KIRCHSTEIGER H，et al. Cooperative adaptive cruise control applying stochastic linear model predictive control strategies[C]. Proceedings of 2015 European Control Conference（ECC)，Liz，Austria，2015.

[40] MOSER D，WASCHL H，SCHMIED R，et al. Short term prediction of a vehicle ' s velocity trajectory using ITS[C]. Proceedings of SAE 2015 World Congress & Exhibition，Detroit USA，2015.

[41] DOSHI A，TRIVEDI M M. Tactical driver behavior prediction and intent inference ： a review[C]. Proceedings of 2011 IEEE International Conference on Intelligent Transportation Systems，Washington DC，US，2011.

[42] HAYASHI K，KOJIMA Y，ABE K，et al. Prediction of stopping maneuver considering driver ' s state[C]. Proceedings of the IEEE Intelligent Transportation Systems Conference，Toronto，Canada，2006.

[43] KUMEGAI T，SAKAGUCHI Y，OKUMA M，et al. prediction of driving behavior through probabilistic inference[C]. Proceedings of the Eighth International Conference on Engineering Applications of Neural Networks，Malaga，Spain，2003.

[44] OHASHI K，YAMAGUCHI T，TAMAI I. Humane automotive system using driver intention recognition[C]. Proceedings of the SICE Annual Conference，Japan，2004.

[45] GUNNARSSON J，SVENSSON L，BENGTSSON F，et al. Joint driver intention classification and tracking of vehicles[C]. Proceedings of the IEEE Nonlinear Statistical Signal Processing Workshop，IEEE，2006.

[46] DAGIL I，REICHARDT D. Motivation-based approach to behavior prediction[C]. Proceedings of 2002 IEEE Intelligent Vehicle Symposium，IEEE，2002.

[47] HEDRICK J K，TOMIZUKA M，VARAIYA P. Control issues in automated highway systems[J]. IEEE Control Systems，1994，14（6）：21-32.

[48] TURRI V，BESSELINK B，JOHANSSON KH. Cooperative look-ahead control for fuel-efficient and safe heavy-duty vehicle platooning[J]. IEEE Transactions on Control Systems Technology，2017，25（1）：12-18.

[49] 朱陶 . 融合路网信息和电网信息的大规模电动汽车充电调度 [D]. 北京：清华大学，2014.

[50] 胡泽春，宋永华，徐智威 . 电动汽车接入电网的影响与利用 [J]. 中国机电工程学报，2012，32（4）：1-10.

[51] ARMSTRONG M，EI HAJJ MOUSSA C，ADNOT J，et al. Optimal recharging strategy for battery-switch stations for electric vehicles in France[J]. Energy Policy，2013（60）：569-582.

[52] GUO Q，WANG Y，SUN H，et al. Research on Architecture of ITS Based Smart Charging Guide System[C]. Proceedings of 2011 IEEE Power and Energy Society General Meeting，IEEE，2011.

[53] 黄润 . 电动汽车入网对电网负荷影响的研究 [D]. 上海：上海交通大学，2012.

[54] 王辉，文福拴，辛建波 . 电动汽车充放电特性对配电系统的影响分析 [J]. 华北电力大学学报，2011，38（5）：17-24.

[55] 颜波，杨殿阁，丁捷 . 基于分时路网模型的车辆导航动态自适应寻路算法 [J]. 汽车工程，2003，25（6）：606-609.

[56] 沈屹楠 . 城市道路交通评价方法及评价系统开发 [D]. 北京：北京交通大学，2008.

[57] 彭飞，柳重堪，张其善 . 车辆定位与导航系统中的快速路径规划算法 [J]. 北京航空航天大学学报，2002，28（1）：70-73.

[58] YANG Z，YU X，HOLMES G. Evaluating impact of plug-in hybrid electric vehicle charging on power quality[C]. Proceedings of 2011 International Conference on Electrical Machines and Systems（ICEMS），IEEE，2011.

[59] 刘晓飞，张千帆，崔淑梅 . 电动汽车 V2G 技术综述 [J]. 电工技术学报，2012，27（2）：59-64.

[60] 张志勇 . 车联网环境中电动汽车高压安全监控系统研究 [J]. 中国安全科学学报，2015，25（10）：121-127.

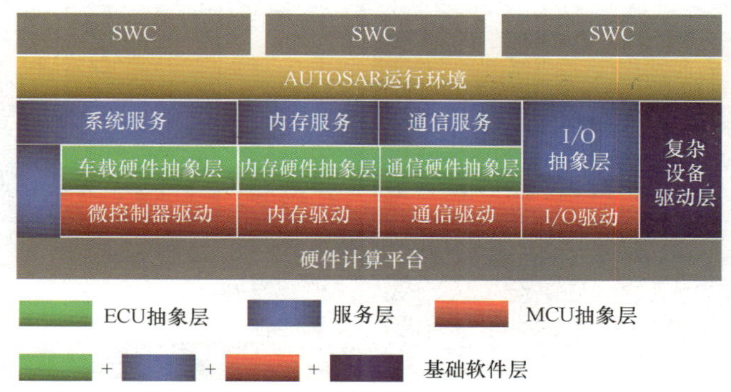


图 2-23 Classic AUTOSAR

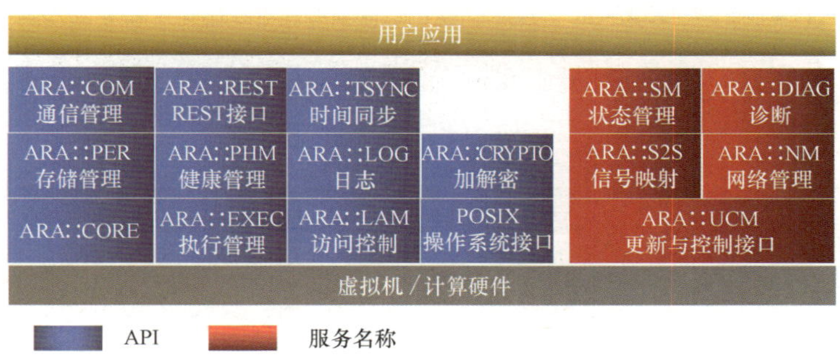


图 2-24 Adaptive AUTOSAR 软件架构

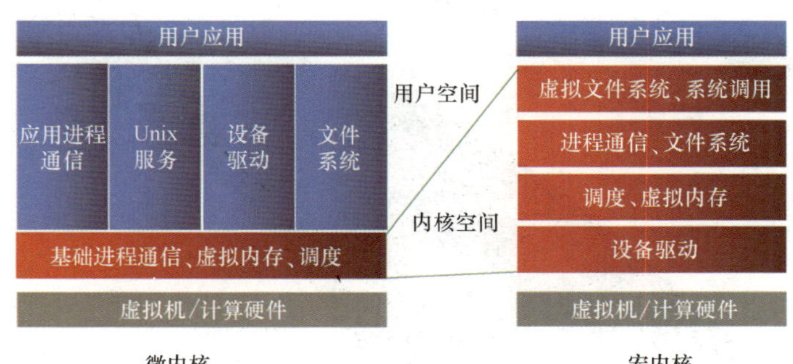


图 2-25 微内核与宏内核的基本结构

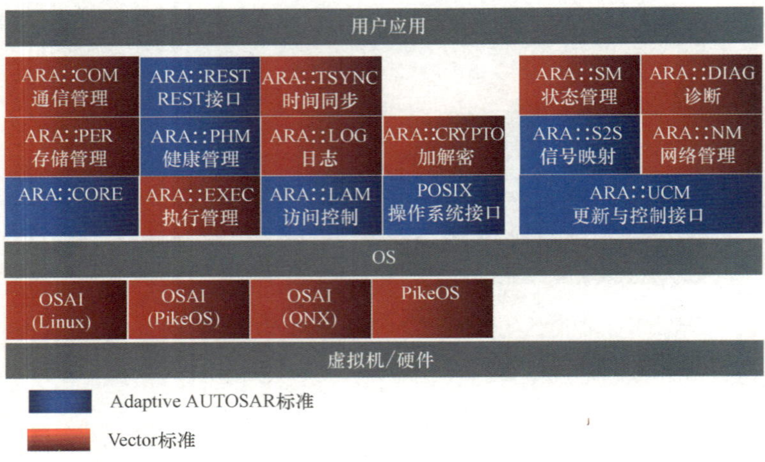


图 2-29 Adaptive MICROSAR 各个模块及其支持标准

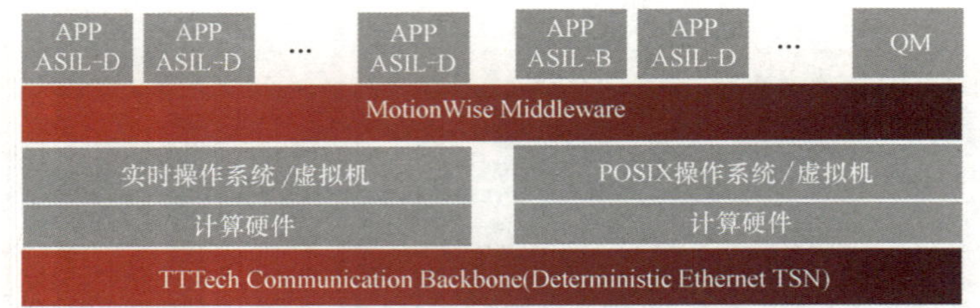


图 2-31 TTTech 方案（红色为 TTTech 提供）

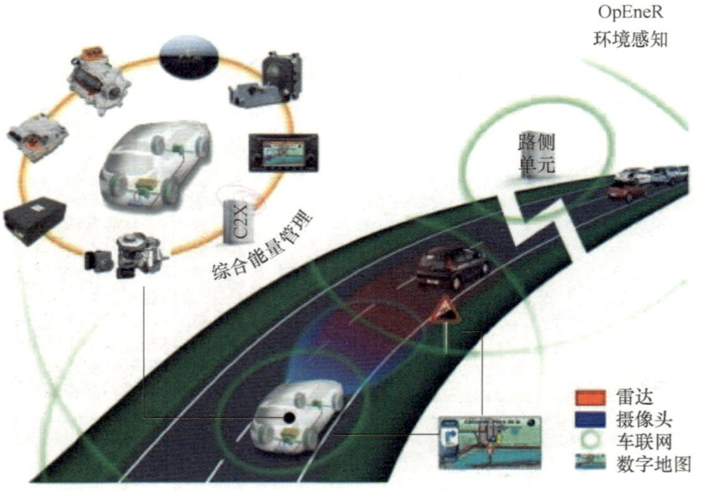


图 13-6 OpEneR 项目的系统结构

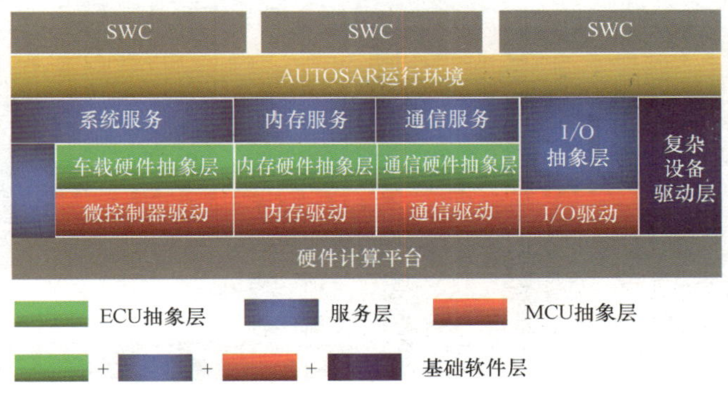


图 2-23 Classic AUTOSAR

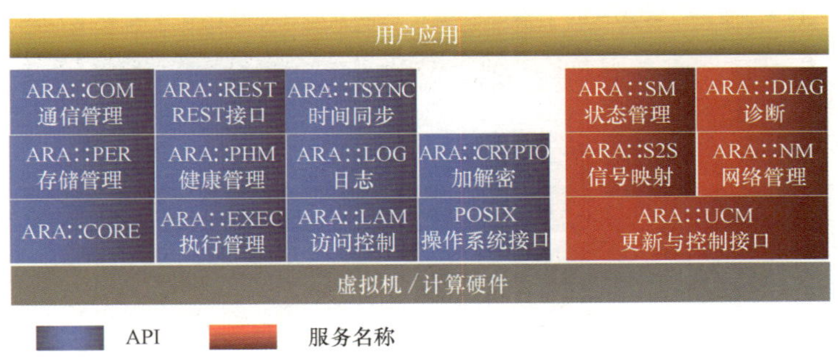


图 2-24 Adaptive AUTOSAR 软件架构

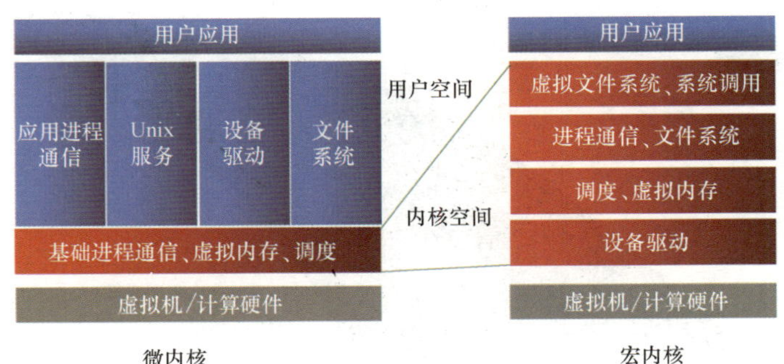


图 2-25 微内核与宏内核的基本结构

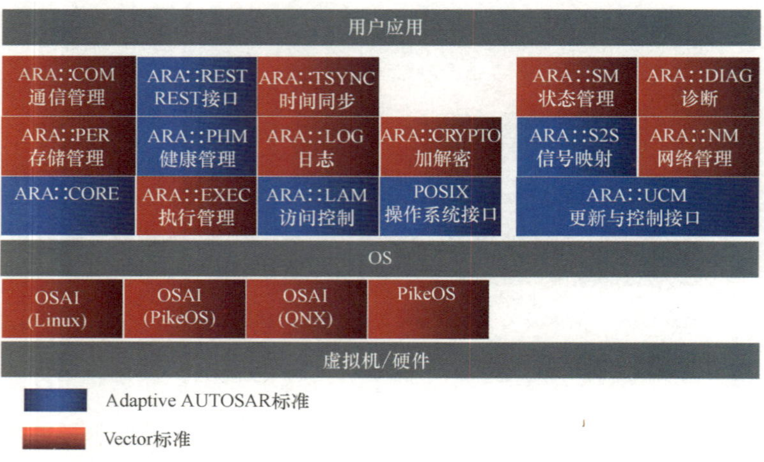


图 2-29　Adaptive MICROSAR 各个模块及其支持标准

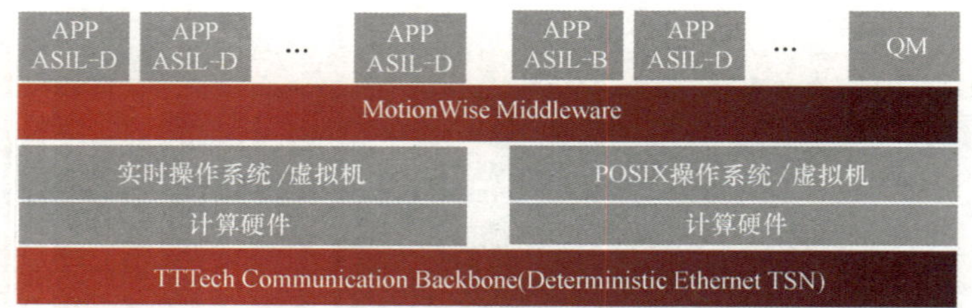


图 2-31　TTTech 方案（红色为 TTTech 提供）

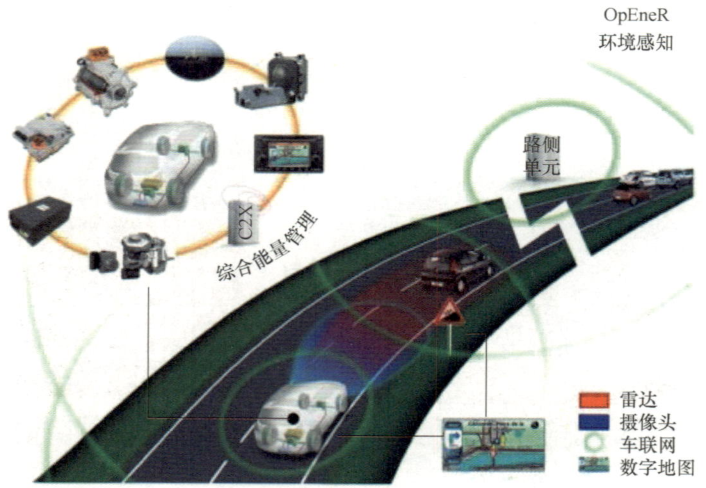


图 13-6　OpEneR 项目的系统结构